VERHANDLUNGEN DES ACHTUNDFÜNFZIGSTEN DEUTSCHEN JURISTENTAGES

München 1990

Herausgegeben von der
STÄNDIGEN DEPUTATION
DES DEUTSCHEN JURISTENTAGES

BAND I
Gutachten

C. H. BECK'SCHE VERLAGSBUCHHANDLUNG
MÜNCHEN 1990

ISBN 3 406 34665 0

C. H. Beck'sche Verlagsbuchhandlung (Oscar Beck), München

INHALT

ABTEILUNG MEDIENRECHT

Empfiehlt es sich, die Rechte und Pflichten der Medien präziser zu regeln und dabei den Rechtsschutz des einzelnen zu verbessern?

Gutachten von Professor Dr. Rolf Stürner . . . A 1 bis A 107

STRAFRECHTLICHE ABTEILUNG

Absprachen im Strafverfahren? Grundlagen, Gegenstände und Grenzen

Gutachten von
Professor Dr. Bernd Schünemann . . . . B 1 bis B 178

ABTEILUNG BERUFSRECHT

Welche gesetzlichen Regelungen empfehlen sich für das Recht der rechtsberatenden Berufe, insbesondere im Hinblick auf die Entwicklung in der Europäischen Gemeinschaft?

Gutachten von Richter am EuGH a. D.
Professor Dr. Ulrich Everling . . . . C 1 bis C 97

KOMMUNALRECHTLICHE ABTEILUNG

Soll das kommunale Satzungsrecht gegenüber staatlicher und gerichtlicher Kontrolle gestärkt werden?

Gutachten von Minister für Bundesangelegenheiten Professor Dr. Hermann Hill . . . . D 1 bis D 114

ABTEILUNG JURISTENAUSBILDUNG

Welche Maßnahmen empfehlen sich – auch im Hinblick auf den Wettbewerb zwischen Juristen aus den EG-Staaten – zur Verkürzung und Straffung der Juristenausbildung?

Gutachten der Professoren
Dr. Winfried Hassemer, Dr. Friedrich Kübler . E 1 bis E 112

Gutachten von Vizepräsident des OLG
Horst-Diether Hensen und von Richter am LG
Dr. Wolfgang Kramer . . . . F 1 bis F 142

Gutachten A
zum 58. Deutschen Juristentag
München 1990

VERHANDLUNGEN DES ACHTUNDFÜNFZIGSTEN DEUTSCHEN JURISTENTAGES

München 1990

Herausgegeben von der
STÄNDIGEN DEPUTATION
DES DEUTSCHEN JURISTENTAGES

BAND I
(Gutachten)
Teil A

C.H.BECK'SCHE VERLAGSBUCHHANDLUNG
MÜNCHEN 1990

Empfiehlt es sich, die Rechte und Pflichten der Medien präziser zu regeln und dabei den Rechtsschutz des einzelnen zu verbessern?

GUTACHTEN A
für den 58. Deutschen Juristentag

erstattet von

DR. ROLF STÜRNER

o. Professor an der Universität Konstanz
Richter am Oberlandesgericht Stuttgart

C.H. BECK'SCHE VERLAGSBUCHHANDLUNG
MÜNCHEN 1990

ISBN 3 406 34627 8

© 1990 C.H.Beck'sche Verlagsbuchhandlung (Oscar Beck), München
Printed in Germany
Satz und Druck: C.H.Beck'sche Buchdruckerei, Nördlingen

Inhalt

A. *Das Thema* .... A 9
B. *Der rechtsgeschichtliche und rechtskulturelle Rahmen* ... A 11
   I. Pressefreiheit und Staatsgewalt .... A 11
      1. Die mühsame Entwicklung der Pressefreiheit ..... A 11
      2. Nachwirkungen in die Gegenwart .... A 12
      3. Publizisten und Richter .... A 12
   II. Medienmacht und Individualschutz .... A 14
      1. Publizistische Machtübung und ihre Kritik ...... A 14
      2. Die Machtkontrolle .... A 15

C. *Die Rechtswirklichkeit der Medienberichterstattung* .... A 16
   I. Trend zur Selektion negativer Neuigkeiten? .... A 16
   II. Formen der Kollision mit dem Individualschutz .... A 16
   III. Wirkungen von Medieneingriffen in die Individualsphäre .... A 17
   IV. Häufigkeit .... A 18

D. *Der Schutz der Individualität im rechtlichen Gesamtsystem* .... A 19

E. *Der strafrechtliche Individualschutz gegen Medienübergriffe* .... A 20
   I. Ehrschutz .... A 20
   II. Indiskretionsschutz und Schutz vor unbefugter Informationsbeschaffung .... A 21
   III. Besonderes Rundfunk- und Pressestrafrecht .... A 23
   IV. Schutz der prozeßbefangenen Persönlichkeit ...... A 23
      1. Die besondere Konfliktlage .... A 23
      2. Besonderer strafrechtlicher Persönlichkeitsschutz A 24
      3. Schutz eines fairen Verfahrens für den einzelnen .. A 25

F. *Individualschutz gegen Medienübergriffe durch Selbstkontrolle und öffentlichrechtliche Regelungen* .... A 29
   I. Selbstkontrolle .... A 29
      1. Öffentlichrechtliche Funkmedien .... A 29
      2. Druckmedien und privatrechtliche Funkmedien .. A 32
   II. Öffentlichrechtlich organisierte Fremdkontrolle bzw. mittelbare Staatsaufsicht .... A 36

1. „Pressekammer" oder Aufsichtsanstalt mit Disziplinarbefugnissen? ... A 36
  2. Ombudsmann bzw. Pressebeauftragter? ... A 37
  3. Landesanstalten des Medienrechts mit individualrechtsschützender Aufsicht? ... A 38
  III. Gerichtsverfassungsrechtliche Schutznormen für prozeßbefangene Personen? ... A 41
  1. Grundsätze des gerichtsverfassungsrechtlichen Schutzes im geltenden Recht ... A 41
  2. Verbesserung des Schutzes gegen Ton- und Bildaufnahmen? ... A 41
  3. Nichtöffentlichkeit von Verfahren? ... A 42
  4. Gerichtliche Befugnisse zur Einschränkung der Informationsverbreitung und Informationsbeschaffung? ... A 43
  IV. Grenzen behördlicher Medieninformation zum Schutz der Persönlichkeit ... A 44
  1. Presserechtlicher Auskunftsanspruch, nichtöffentliche Verfahren und personenbezogene Daten .... A 44
  2. Recht auf Einsicht in Akten und Register und Individualschutz ... A 49
  3. Informationsbefugnis und Individualschutz ... A 51
  4. Rechtsschutz gegen Übergriffe auf die Individualsphäre ... A 51
  V. Aufsicht über Medien und ihre publizistischen Daten ... A 53
  1. Aufsichtsverfahren und Schutznormen ... A 53
  2. Bereichsspezifischer Schutz publizistischer Daten ... A 53
  3. Individualschutz durch Aufsicht? ... A 55

G. Der Individualschutz gegen Medienübergriffe im Privatrecht ... A 59
  I. Aufrechterhaltung und Fortentwicklung deutscher Vielfalt? ... A 59
  II. Grundfragen des Kodifikationsbedarfs ... A 61
  1. Kodifikation oder Case-Law? ... A 61
  2. Ort einer Regelung ... A 63
  III. Der persönlichkeitsrechtliche Grundtatbestand ... A 67
  1. Begründung und Inhalt ... A 67
  2. Formulierungsvorschlag ... A 68
  IV. Schutz der persönlichen Identität ... A 68
  1. Formulierungsvorschlag ... A 68
  2. Vom Ehrschutz zum Schutz der Identität ... A 69
  3. Rechtswidrigkeit und Beweislage ... A 70

Inhalt

4. Rechtsfolgen	A 70
5. Ergänzungsanspruch	A 72
V. Schutz gegen ansehensmindernde Werturteile	A 72
1. Formulierungsvorschlag	A 72
2. Funktion des Ehrschutztatbestandes und Rechtswidrigkeitsurteil	A 73
3. Abgrenzung Tatsachenbehauptung und Meinungsäußerung	A 74
4. Rechtsfolgen	A 74
VI. Schutz der Anonymität und Vertraulichkeit	A 75
1. Formulierungsvorschlag	A 75
2. Persönlichkeitsrechtsverletzung durch Veröffentlichung oder Verbreitung	A 76
3. Verletzung durch Ermittlung und Informationsbeschaffung	A 79
VII. Schutz der verfahrensbefangenen Persönlichkeit ..	A 81
1. Ausgangspunkt	A 81
2. Regelungsprobleme	A 82
VIII. Geschäftstätigkeit	A 84
IX. Juristische Personen und Personengesellschaften ..	A 85
X. Schadensersatz	A 86
XI. Präventiver datenrechtlicher Schutz im Zivilrecht..	A 86
1. Die Bedeutung des Medienprivilegs	A 86
2. Relativierung des Medienprivilegs und pressespezifischer Datenschutz im Privatrecht	A 87
3. Formulierungsvorschlag	A 90
XII. Gegendarstellungsrecht	A 91
1. Reformdiskussion und Zweck des Instituts	A 91
2. Die Voraussetzungen	A 91
3. Inhaltliche Gestaltungsfragen	A 93
4. Beseitigung von Verfahrenshindernissen	A 95
5. Gesetzesformulierung	A 96
XIII. Einwilligung nur nach Aufklärung?	A 97
XIV. Milderung der Prozeßrisiken	A 98
XV. Internationales und interlokales Recht	A 99
H. Zusammenfassende Thesen	A 102

A. Das Thema

Das Thema zielt auf die Kollision von Meinungs- und Pressefreiheit und Individualrechtsschutz. Die Informationsbeschaffung, Informationsspeicherung und die Veröffentlichung von Tatsachen und Werturteilen durch Presse, Funk, Fernsehen oder andere Medien können die Freiheitsrechte des einzelnen Bürgers verletzen: seine private oder geschäftliche Ehre, sein Recht auf persönliche Identität, sein Recht auf Anonymität, sein „Recht auf informationelle Selbstbestimmung", das dem einzelnen die Entscheidung über Preisgabe und Verwendung seiner persönlichen Daten grundsätzlich überläßt, oder sein Recht auf ein faires Gerichtsverfahren. Wenn man nach den Rechtsnormen sucht, die diesen sensiblen Bereich der Abgrenzung zweier grundlegender Positionen freiheitlicher Gesellschaft regeln, so wird man nur beschränkt und sehr weitläufig und verstreut fündig: Ehr- und Geheimnisschutz im Strafgesetzbuch, Pressegesetze der Länder, Rundfunk- und Mediengesetze der Länder, Datenschutzrecht, Generalklauseln des Deliktsrechts im BGB, ferner zahlreiche Einzelvorschriften in vielen Rechtsgebieten. So bietet sich dem einzelnen Bürger, der sich von Medien verletzt fühlt, ein durchaus unübersichtliches Bild möglichen Rechtsschutzes; er kämpft nicht nur mit der Gemengelage von Bundesrecht und Landesrecht im Medienrecht, der Freude landesrechtlicher Gesetzgebung an der Variation im Detail und einer unübersichtlichen Organisation im Rundfunkwesen, sondern auch noch mit der reichhaltigen Kasuistik einer Rechtsprechung zum zivilrechtlichen Persönlichkeitsschutz, deren stichwortartige Übersichtsdarstellung in einschlägigen Sammelwerken viele Seiten beansprucht. Die Frage nach besserer Übersicht drängt sich auf, ebenso die Frage nach der Effektivität des komplizierten Schutzsystems mit seinen oft unklaren und generalklauselartig positivierten Rechtsregeln. Die Begutachtung fällt allerdings mit der Jahreswende 1989/1990 in eine Zeit vielfältiger gesetzgeberischer Aktivität im In- und Ausland, so daß teilweise die rasche Überholung der jeweils geschilderten Rechtslage und Reformpläne nicht auszuschließen ist. Dies gilt auch im Verhältnis zur DDR, deren bisherige medienrechtliche Verfassung freilich zur Diskussion unter freiheitlichen Vorzeichen so wenig beiträgt, daß einige Hinweise genügen müssen. Die Hoffnung gilt hier der besseren Zukunft und den Neuansätzen. Wie weit bisher festgefügte Ausgangspunkte des Gutachtens, insbesondere das Grundgesetz, seine Kompetenzverteilung und verfassungsgerichtliche Auslegung, die

Grundzüge der Medienorganisation etc., der Entwicklung voll standhalten werden, bleibt abzuwarten: die politische Dynamik könnte auch hier gesteigerte Veränderungsbereitschaft im Kodifikationsgefüge bescheren, über deren Auswirkungen sich gegenwärtig nur spekulieren läßt. Dies kann aber allenfalls für das äußere Gewand der Mediengesetzgebung gelten, nicht für seine Inhalte, die sich stets an den Traditionen des freiheitlichen Teils unserer Rechtsgeschichte und am französischen, englischen und U.S.-amerikanischen Vorbild orientieren müssen. Wenn die Zeichen nicht trügen, werden sich auch die gegenwärtigen Koordinaten rechtlicher Medienorganisation kaum entscheidend verschieben. Die Einbindung in zerbrechliche Geschichtlichkeit teilt das Gutachten im übrigen mit allem juristischen Denken und Gestalten, die Gegenwart macht dies nur besonders deutlich.

B. Der rechtsgeschichtliche und rechtskulturelle Rahmen

Es wäre wenig empfindsam, gerade dieses Thema ohne einen kurzen Blick auf seinen rechtshistorischen und rechtskulturellen Rahmen abhandeln zu wollen.

I. Pressefreiheit und Staatsgewalt

1. Die mühsame Entwicklung der Pressefreiheit[1]

Ein Thema, das nach präziser Regelung der Rechte und Pflichten von Medien fragt, ist historisch belastet – auf deutschem Boden gleich in mehrfacher Weise. Dem Ruf nach einer Regelung von Pflichten der Presse haftet allzuleicht ein Geschmack von Zensur an, wie sie zuerst von der Kirche und dann von der absolutistischen Staatsgewalt bis ins 19. Jahrhundert beansprucht worden war; erst die Paulskirchenverfassung proklamierte die Pressefreiheit als Verbot der Vor- und Nachzensur (Art. IV § 143), das Kaiserreich kannte dann aber nur die einfachrechtliche Garantie der Pressefreiheit im „Reichspressegesetz" (§ 1), die jedoch in den Sozialistengesetzen und dem Kulturkampf Einschränkungen für die einschlägige Tendenzpresse erfuhr.[2] Art. 118 Abs. 1 S. 1 WRV garantierte Meinungsfreiheit, nicht Informationsfreiheit und förmliche Pressefreiheit, eine Novellierung des Pressegesetzes scheiterte, und die „Gesetzgebung zum Schutze der Republik" gestattete ebenso wie Art. 48 Abs. 2 S. 2 WRV Eingriffe vor allem gegen die radikale Presse – was immer man darunter verstand.[3] Der Nationalsozialismus beseitigte die Pressefreiheit durch Notverordnung und gängelte die Presse durch die „Reichspressekammer" und das Schriftleitergesetz.[4] Erst die Bundesrepublik garantierte formelle und materielle Pressefreiheit ebenso wie Informationsfreiheit in ihrer Verfassung, konnte aber ein Presserechtsrahmengesetz trotz vieler Anläufe (1952, 1958, 1964, 1974) nie verabschieden, nicht zuletzt weil politische Widerstände angesichts einer verhängnisvollen jüngeren Rechtsgeschichte den ungeregelten Freiraum einer Reglementierung vorzogen; die Presse- und Mediengesetze der Länder halten sich beim Pflichtenkatalog an den überkommenen Standard, wie er sich im 19. Jahrhundert unter französischem Einfluß entwickelt hat. Die Verfassung der DDR proklamierte zwar in Art. 27 Meinungs- und Äußerungsfreiheit ebenso wie Freiheit von Presse, Funk und Fernsehen. Der Grundsatz der Leitung und Planung aller gesellschaftlichen Bereiche (Art. 9 Abs. 3 Verfassung) verdichtete sich jedoch – vor allem

---

[1] Guter Überblick bei *Löffler/Ricker*, Handbuch des Presserechts, 2. Aufl. 1986, S. 21 ff.

[2] Hierzu *Koszyk*, Deutsche Presse im 19. Jahrhundert, Geschichte der deutschen Presse II, 1966, S. 162 ff., 180 f.; 184 ff., 198 f.

[3] Zur Problematik dieser Eingriffsmöglichkeiten *Koszyk*, Deutsche Presse 1914–1945, Geschichte der deutschen Presse III, 1972, S. 338 ff.

[4] *Koszyk*, Deutsche Presse III, S. 347 ff.; *Hale*, The Captive Press in the Third Reich, 1964, S. 76 ff.

auch über ein Lizenz- und Genehmigungssystem mit Monopolbildung – zu einer Vorzensur, welche die Freiheitsrechte mehr oder weniger beseitigte, so daß erst neuere Entwicklungen freiheitliche Verhältnisse erwarten lassen.

2. Nachwirkungen in die Gegenwart

Die Verwundbarkeit der Pressefreiheit und der Meinungsfreiheit bis in die jüngere Rechtsgeschichte hat in der Bundesrepublik zu einem besonders wachen Mißtrauen der deutschen Publizistik gegenüber allen rechtlichen oder gesellschaftlichen Regungen geführt, die zu einem Freiheitsverlust führen könnten. Die publizistische Abneigung gegen gängelnde Staatsgewalt hat von der Aufklärung bis heute eine kontinuierliche Tradition,[5] die Reaktionen der publizierenden Geister auf law-and-order-Tendenzen oder gesellschaftlichen Gesinnungsdruck fallen zuweilen recht heftig aus.[6] Dabei richtet sich die Reserve der Publizistik nicht nur gegen Polizei, Staatsanwaltschaft oder berufsständische Aufsicht, sondern letztlich auch gegen eine Gerichtsbarkeit, die in die Geschichte zensierender und reglementierender Staatsgewalt voll involviert war. Die Rechtsgeschichte mit ihren Nachwirkungen spricht so für größte Zurückhaltung bei strafrechtlicher oder berufsständischer Reglementierung, sie legt aber auch ein Höchstmaß an Vorsicht bei richterlichen Eingriffen nahe, weil ein gewisses Vertrauen in die Ausgewogenheit der Presserechtsprechung erst die letzten Jahrzehnte zu wachsen begonnen hat.[7] Die Rechtsgeschichte empfiehlt die Suche nach Kontrollmechanismen, die möglichst wenig hoheitlich eingreifen und möglichst viel der geistigen Auseinandersetzung überlassen.

3. Publizisten und Richter

Wer durch rechtliche Reglementierung die Rechte und Pflichten der Medien präziser umschreiben und auf diese Weise letztlich Gerichte zum Hüter der Medien machen will, muß eine mentale Spannung zwischen Richtern und Publizisten einkalkulieren, welche die Befriedungsfunktion richterlicher Tätigkeit durchaus in Frage stellen kann. Während die Richter typischerweise Laufbahnrichter sind und ihre berufliche Karriere in voraussehbare Bahnen legen, ist der Publizist stärker einem freiheitlichen Berufsbild mit Wechseln und Risiken

---

[5] Informativ insoweit der Band *Pinkert* (Hrsg.), Büttel, Schutzmann, Prügelknabe – Staatsgewalt als Motiv deutscher Lyrik von 1816–1976, Gedichte, Lieder, Balladen, 1976.
[6] Beispielhaft *Duve/Böll/Staeck*, Briefe zur Verteidigung der Republik, 1977.
[7] Sichtbar z. B. bei *Holzer* AfP 1988, 113 r. Sp.

zugetan. Die deutsche Richterschaft hat die schöpferischen Elemente der Rechtsprechung erst relativ spät bewußt ausgeschöpft, die Neigung zur Bewegung im Gewohnten ist beim anklagenden und urteilenden Juristen – zum Teil völlig legitimerweise – verhältnismäßig groß; demgegenüber sucht der Publizist und Journalist stärker das Neue und bewegt sich oft außerhalb gesicherter handwerklicher Regeln, eine vorgegebene Ausbildung und ein zwingendes Berufsbild fehlen, über sein berufliches Schicksal entscheidet weithin der Markt.[8] In der jüngeren Vergangenheit des Nationalsozialismus ist dieser Mentalitätsunterschied nicht folgenlos geblieben: zwar wurden sowohl die Rechtsprechung wie auch die Presse mehr oder weniger gleichgeschaltet und es gab – von der Presse für ihr Gebiet bisher etwas unzureichend gewürdigt – in beiden Sparten viel persönliche Anpassung bis hin zur politischen Hetze; die Zahl der Journalisten und Publizisten, die ihrer Überzeugung treu blieben und Verfolgungen oder Pressionen ausgesetzt waren oder Deutschland verließen, war aber sicherlich größer als die Zahl verfolgter oder emigrierender Richter.[9] Dabei hat auch die recht weltläufige Orientierung des gehobenen Publizisten und Journalisten eine tragende Rolle gespielt, wohingegen selbst der gehobene Richterstand traditionsgemäß stärker in nationalen Begrenzungen verharrt hat, die ihm einen Ausbruch erschweren. Die jüngere Geschichte der DDR präsentiert insoweit überraschend ähnliche Verhaltensmuster. Man mag in der Bundesrepublik der Richterschaft der Gegenwart trotz gleich gebliebener beruflicher Laufbahn erhöhte Mobilität, Öffnung und Emanzipation[10] bescheinigen und vor allem die weniger laufbahnmäßig orientierte Auswahl der Bundesverfassungsrichter positiv ins Feld führen – die Distanz zweier verschiedener Welten ist geblieben, und man muß ein historisch begründetes Gefühl moralischen Übergewichts der gehobenen Publizistik in Rechnung stellen, wenn man sie dem Spruch der Gerichte unterwirft.

---

[8] Aufschlußreich zu Rekrutierung, Ausbildung, Arbeitsweise und Selbstverständnis der Journalisten *Russ-Mohl* und *Ronneberger*, Publizistik 1987, 1ff., 149ff.; *Ronneberger*, Publizistik 1988, 395ff.; *Weischenberg*, Media Perspektiven 1989, 227ff.; *Haas*, Publizistik 1987, 277ff.; *Haller*, Publizistik 1987, 305ff.

[9] Die justizkritische Literatur zur Zeit des Nationalsozialismus ist sich über die Seltenheit passiven oder gar aktiven richterlichen Widerstandes einig, der Streit geht um die Ursachendeutung und ihre Folgen auf die Gegenwart; statt aller *Rüthers*, Entartetes Recht, 1988, S. 208ff., 213 m.Nw.

[10] So verhalten z.B. *Wassermann*, Rechtsprechende Gewalt und Grundgesetz, DRiZ 1989, 161ff., 162/163.

II. Medienmacht und Individualschutz

1. Publizistische Machtübung und ihre Kritik

Die grobe Skizze des Verhältnisses von Staatsgewalt bzw. Gerichtsbarkeit und Medienfreiheit beschreibt indessen nur eine Seite der Rechtsgeschichte und Rechtskultur. In dem Freiheitsraum, wie er gegen die Staatsgewalt mühsam erkämpft worden war, hat sich im Laufe der Jahrzehnte Macht angesiedelt und geballt. Diese Macht beruht auf der Gleichförmigkeit der Masseninformation und bietet damit Mißbrauchsmöglichkeiten, die sich auch gegen das Individuum wenden können. Der Anfang dieser Machtbildung ist in der Ausbildung der Massenpresse im 19. Jahrhundert zu sehen; Funk, Fernsehen und ähnliche Medien schaffen mit ihren Kommunikationstechniken noch weithin überlegene Möglichkeiten gleichförmiger Information, die bis in die häusliche Intimsphäre tief eindringt. Die Informationsmacht, die den Massenmedien an sich schon eigen ist, wird durch Konzentrationsprozesse innerhalb der Massenmedien zur Machtballung;[11] im Bereich des Funks und Fernsehens schaffen der „Binnenpluralismus" der öffentlichen Medien und der „Außenpluralismus" privater Unternehmen nur mühsame Entflechtung.[12] Neben dem Publizisten, der die Fahne der Informationsfreiheit gegen Zensur hochhält, steht in der Geschichte unserer Rechtskultur der manipulierende und manipulierte Publizist, der die Wahrheit dem eigenen journalistischen Erfolg opfert und die Medien zur Hetze auch gegen den einzelnen einsetzt. Es ist nicht ohne Interesse, daß mit dem Aufkommen der Massenpresse gerade die literarische Kritik an diesem Phänomen einsetzte[13] und bis in die Gegenwart anhält.[14] Sie ist Ausdruck eines gesellschaftlichen Bewußtseins, das die Notwendigkeit einer Balance gegenüber den Medien als „vierter Gewalt"[15] anerkennt. Nicht selten kämpfen gerade Publizisten um die Beschränkung der Medienmacht[16] – eine Verkehrung der Fronten,[17] die man in der ersten Hälfte des

---

[11] Statt vieler *Röper*, Media Perspektiven 1989, 325 ff., 533 ff.; *Diederichs*, Media Perspektiven 1989, 313 ff.
[12] Zur Entwicklung eines „dualen" Funkmediensystems BVerfGE 57, 295 ff.; 73, 118 ff.; 74, 297 ff.; statt vieler *Jarass*, 56. DJT 1986, S. 69 ff.; *Lange*, Media Perspektiven 1989, 268 ff.
[13] Z.B. *Guy de Maupassant*, Bel ami, Paris 1883.
[14] Z.B. *Jean Paul Sartre*, Nekrassow, 1956; *Heinrich Böll*, Die verlorene Ehre der Katharina Blum, 1974.
[15] *Löffler/Ricker*, Handbuch des Presserechts, 2. Aufl. 1986, Kap. 3, Rn. 25; hierzu noch *Kirchhoff*, Gegenwartsfragen an das Grundgesetz, JZ 1989, 453, 455.
[16] Exemplarisch die Fälle Böll/Walden und Sender Freies Berlin, BVerfGE 54, 208 = NJW 1980, 2072; Bild/Wallraff, BVerfGE 66, 116 ff.
[17] Hierzu noch *Kübler*, JZ 1984, 541 ff., 543.

19. Jahrhunderts so nicht für denkbar gehalten hätte. Im Raume der Freiheit erwächst Macht, die andere Freiheiten zerstört und deshalb der Gegenmacht bedarf.

2. Die Machtkontrolle

Es gibt keine Rechtskultur freiheitlicher Prägung, die gegen Medienmacht nicht Kontrollmechanismen und Gegenkräfte entwickelt hätte. Der Streit kann deshalb immer nur das „Wie" der Kontrolle betreffen, nie das „Ob". Neben das Wissen um eine allzu obrigkeitlich geprägte Rechtsgeschichte in Sachen Pressefreiheit, die das schlechte Gewissen des Juristen ruhig wachhalten sollte, muß deshalb die Erkenntnis der freiheitswahrenden Funktion einer Medienkontrolle treten. Es geht vor dem Hintergrund auch der deutschen Rechtsgeschichte weniger um Grundsatzfragen als um die richtige Balance.

C. Die Rechtswirklichkeit der Medienberichterstattung

I. Trend zur Selektion negativer Neuigkeiten?

„Alles, was geschieht, kommt in die Zeitung. Es muß nur ein bißchen außergewöhnlich sein. Wenn ein Kalb vier Beine hat, so interessiert das natürlich niemanden. Wenn es aber fünf oder sechs hat – und das kommt vor! – so wollen das die Erwachsenen zum Frühstück lesen. Wenn Herr Müller ein anständiger Kerl ist, so will das niemand wissen. Wenn Herr Müller aber Wasser in die Milch schüttet und das Gesöff für süße Sahne verkauft, dann kommt er in die Zeitung. Da kann er machen, was er will..." Diese liebenswürdige Charakteristik der Nachrichtenselektion durch Medien, wie wir sie der Feder *Erich Kästners* verdanken,[1] scheint noch heute Gültigkeit zu haben. Dafür mag nicht nur die spießbürgerliche Sensationslust, wie sie *Kästner* beschreibt, ursächlich sein, es gehört zu den legitimen Aufgaben der Medien, Mißstände der Gesellschaft aufzuzeigen und zu kritisieren. Moderne Untersuchungen der Fernsehprogramme haben das Übergewicht negativer Berichte und Kommentare empirisch bestätigt[2] – bei allen Vorbehalten gegen die Möglichkeit objektiver Bewertung. Die Deregulierung der Funkmedien wird daran schwerlich etwas ändern: mögen sich auch öffentliche Funkmedien stärker als „moralische Anstalt" begreifen als private Funkmedien, so wird doch das Bedürfnis nach marktwirksamer Sensation bei privaten Medien den Trend zur Negativselektion zusätzlich begründen. Die Medien tragen also eine Neigung zur Negativberichterstattung sozusagen als genetisches Merkmal in sich, der Konflikt mit dem Individuum liegt im Wesen der Medien begründet.

II. Formen der Kollision mit dem Individualschutz

Die Kollision mit dem Individuum kann sich zeigen in schlichter Fehlinformation, abwertender Kritik oder unberechtigter Bloßstel-

---

[1] Emil und die Detektive, Text zum zehnten Bild.
[2] Vgl. *Erwin Faul,* Die Fernsehprogramme im dualen Rundfunksystem, 1988, S. 237ff. für Deutschland und S. 320 für Frankreich. Die Aufgabe der Kritik entspricht journalistischem Selbstverständnis; hierzu *Weischenberg,* Media Perspektiven 1989, 227ff., 235.

lung. Neben diese klassischen Kollisionsfälle treten vor allem beim „investigativen Journalismus"[3] Konfliktfälle, die aus dem speziellen Bestreben des Publizisten herrühren, mehr wissen und erfahren zu wollen, als es allgemeinzugängliche Informationsquellen zulassen: Einschleichen in die fremde Sphäre zur Informationsbeschaffung[4] („Einschleichjournalismus"), öffentliche Verdächtigung zur Provokation besserer Information („spekulativer Journalismus") und schließlich die Ausnutzung von Archiven und Datenbanken mit der Gefahr eines verfälschenden Persönlichkeits- oder Sachverhaltsmosaiks („Computerjournalismus"). Die Wahrheit verdankt dem investigativen Journalismus viel,[5] mag er auch Rechtsverletzungen als vom Zweck geheiligte Mittel oft in Kauf nehmen und mag auch nicht stets die Wahrheitssuche Triebfeder sein: es ist nicht selten die Schlechtigkeit der Mitmenschen, die Schlechtigkeiten anderer aufdekken hilft. Die Bild- und Wortproduktion gestattet in der Auseinandersetzung mit einzelnen Personen die Manipulation von Darstellungseffekten in oft schwer nachprüfbarer Form:[6] Ausblenden oder Hervorheben von Gestik und Mimik und anderer nonverbaler Verhaltensweisen, Gestaltung der Kameraperspektive bei Interviews, Einstellungsgrößen und Mikrophonstellung, Fotoauswahl etc.

III. Wirkungen von Medieneingriffen in die Individualsphäre

Die Frage nach der sozialen Bedeutung von Medieneingriffen führt mitten in die sozialwissenschaftliche Diskussion um die Wirkungsforschung, die bisher eindeutige Ergebnisse nicht erbracht hat und vielleicht auch gar nicht erbringen kann.[7] Insgesamt ist in den letzten Jahren eher eine Abkehr von Lehren zu beobachten, die in der unmittelbaren Einstellungsbeeinflussung des Konsumenten eine nachweisbare Wirkung vermuteten und dabei z.B. die Verstärkung bereits vorhandener Werturteile und Meinungen zur Hauptwirkung erklärten und nur bei Uninformiertheit des Empfängers den Medien kreative Effekte zubilligten. Neuere Forschungen betonen stärker die Bedeutung „sekundärkommunikativer" Einwirkungen bei der Verarbeitung von Wissenserweiterungen durch die Medien, also z.B. Gruppenbeziehungen mit Meinungs-

---

[3] Hierzu *Holzer* und *Kremp* AfP 1988, 113, 114; ferner der Bericht *Rudolf Gerhard* AfP 1988, 125ff.
[4] Die Kategorisierung folgt *Steffen* AfP 1988, 117.
[5] Aufschlußreiche Beispiele bei *Holzer* und *Kremp* AfP 1988, 113ff.
[6] Ausführlich *Kepplinger*, Darstellungseffekte. Experimentelle Untersuchungen zur Wirkung von Pressefotos und Fernsehfilmen, 1987.
[7] Guter Überblick bei *Bergler/Six*, Psychologie des Fernsehens, 1979, und – neuer – *Schenk*, Medienwirkungsforschung, 1987, mit umfassenden Nw.; zusammenfassend *Berry*, Media Perspektiven 1988, 166ff.; *Lüscher*, Verh. 54. DJT 1982, H 21 ff.; *Weischenberg*, Media Perspektiven 1989, 227ff.; konkret zum Lebach-Fall *Lüscher*, in: *Hoffmann-Riem/Kohl/Kübler/Lüscher*, Medienwirkung und Medienverantwortung, 1975, S. 145ff.

führerschaft etc. Festzustehen scheint, daß z.B. gerade der investigative Journalismus Wandlungsprozesse im Wissen und Denken des Publikums und vor allem der politischen Elite strukturiert („Agenda-Setting-Funktion"), mag auch die Einstellungsänderung als solche noch von vielen weiteren Faktoren, wie z.B. der unterschiedlichen Glaubwürdigkeit der Medien[8], abhängen. Letztlich bestätigen aber alle Ergebnisse der Wirkungsforschung, mögen sie noch so widersprüchlich sein, die hohe soziale Bedeutung der Medieninformation überhaupt und damit auch der Information über das Individuum, was ja in dieser Allgemeinheit auch durchaus schon immer den vielgeschmähten „Alltagstheorien" entspricht.

IV. Häufigkeit

Es gibt keine Statistiken über die Häufigkeit von Rechtsverletzungen. Man sollte sich aber immer klar machen, daß es zwar ein Medienübergewicht geben mag, die Verhältnisse in der Bundesrepublik jedoch keinen Rechtsnotstand für den Individualschutz vermuten lassen. Deutsche Journalisten scheinen auch gegenüber aggressiven Recherchemethoden verglichen mit ihren englischen oder amerikanischen Kollegen eher zurückhaltend zu sein.[9] Die Diskussion um eine Verbesserung des Individualschutzes kann also ohne den Druck einer zerrütteten Wirklichkeit in großer Gelassenheit geführt werden. Sie betrifft auch weniger den Normalbürger als die politisch, wirtschaftlich und sozial etablierte Schicht, wobei allerdings nur die Dimension der Betroffenheit umschrieben und kein Plädoyer für eine schichtspezifische Entrechtung gehalten sein soll.

---

[8] Ausführlich *Bentele*, Publizistik 1988, 406ff. m.Nw.
[9] Hierzu die Umfrageergebnisse bei *Weischenberg*, Media Perspektiven 1989, 227ff., 230.

D. Der Schutz der Individualität im rechtlichen Gesamtsystem

Der Schutz der Individualität gegen Übergriffe der Medien und insbesondere der Massenmedien kann erfolgen durch Strafrecht, öffentliches Recht und Maßnahmen freiwilliger Selbstkontrolle oder zivilrechtlichen Rechtsschutz. Jede Möglichkeit ist bereits – mehr oder weniger entwickelt – im positiven Recht verwirklicht oder richterrechtlich vorgeformt. Die verschiedenen Kontrollmöglichkeiten müssen zueinander in einer sinnvollen Zuordnung stehen: die schwache Ausprägung eines Kontrollinstrumentariums zwingt zur Verstärkung des anderen, eine gleichmäßige Kontrolldichte in allen Bereichen müßte zu einem Kontrollübergewicht führen, nicht jedes Kontrollinstrumentarium ist gleich effektiv und praktikabel. Falls man – der Geschichte deutscher Rechts- und Pressekultur in besonderer Weise adäquat – das schonendste Mittel der Balance zwischen Pressefreiheit und Individualitätsschutz sucht, fällt der Blick von vornherein auf das Zivilrecht und die freiwillige Selbstkontrolle als die schonenderen Mittel. Sowohl beim Strafrecht als auch beim Verwaltungsrecht als Kontrollinstrumente verdoppelt sich konstruktionsbedingt die staatliche Präsenz: neben die staatliche Gerichtsbarkeit tritt eine Überwachungs- bzw. Verfahrenseinleitungsbehörde. Solchen Konstruktionen steht bei effektiver Handhabung eine bedenkliche Zensurtendenz ins Gesicht geschrieben, gleich welche Formen der konkreten Verwirklichung gewählt werden sollten. Demgegenüber geht das zivilrechtliche Schutzinstrumentarium von der Gleichordnung der Kontrahenten aus, sein Problem liegt in oft fehlender Waffengleichheit zwischen Medien und Individuum.

E. Der strafrechtliche Individualschutz gegen Medienübergriffe

I. Ehrschutz

Beim strafrechtlichen Ehrschutz der §§ 185 ff. StGB ist es zuvörderst der Rechtfertigungsgrund „Wahrnehmung berechtigter Interessen" (§ 193 StGB), der gegenüber Falschbehauptungen nach angemessener journalistischer Prüfung[1] und gegenüber ehrenrührigen Werturteilen – auch in Gestalt eines scharfen „Gegenschlags"[2] – die Schutzposition des einzelnen zugunsten der Meinungsfreiheit beschränkt. Bei Falschbehauptungen präzisieren die Landespressegesetze mit ihrer Beschreibung journalistischer Sorgfaltspflicht[3] die strafrechtliche Generalklausel: Prüfung aller Nachrichten vor ihrer Verbreitung „mit der nach den Umständen gebotenen Sorgfalt auf Inhalt, Wahrheit und Herkunft". Eine ausführlichere gesetzliche Regelung des strafrechtlichen Ehrschutzes könnte den inzwischen von der Rechtsprechung des BVerfG vorgegebenen Rahmen der Abwägung[4] nicht verlassen. Eine Verschiebung der Grenze, wie sie das BVerfG gezogen hat, wäre nur durch Verfassungsänderung denkbar, die stärkerem Persönlichkeitsschutz Rechnung trüge – politisch auch unter den geänderten Vorzeichen der jüngsten Verfassungsdiskussionen letztlich zu Recht eine Utopie. Aber selbst wenn man die verfassungsrechtliche Grenze für die Gesamtrechtsordnung teilweise falsch gezogen sehen mag:[5] das Strafrecht wäre nicht das geeignete Instrument, eine von schwierigen Abwägungen beherrschte Materie sozusagen an

---

[1] Hierzu BGHSt 12, 287; 14, 48; 18, 132; Celle NJW 1988, 353, 354; zur Tendenz zum strengen Maßstab der Prüfungspflicht *Schönke/Schröder/Lenckner* § 193 Rn. 17 m. Nw.

[2] Hierzu Hamm NJW 1982, 1656, 1658 (Fall Staeck).

[3] § 6 BaWüLPG; § 3 BayLPG; § 3 LPG Berlin; § 6 LPG Bremen; § 6 HambLPG; § 6 NdsLPG; § 6 NRWLPG; § 6 rhpfLPG; § 6 saarl. LPG; § 6 SchlHolLPG; Art. 4 Abs. 2 Nr. 9 BayRuFuG; § 24 DW/DLFG; § 3 Nr. 4 HessRuFuG; § 7 Abs. 2 NDRStV; § 2 Abs. 5 RuFuG Bremen; § 4 Abs. 1 saarl. RuFuG; § 2 RuFuG Berlin iVm § 3 Abs. 1 S. 2 Satzung; § 3 württ-bad. RuFuG iVm § 2 Abs. 4 Nr. 6, 7 Satzung; § 5 Abs. 3 Staatsvertrag Südwestfunk, Art. 6 Abs. 1 Satzung; § 5 Abs. 5 WDRG; § 3 Abs. 1 ZDF-Vertrag; Ziff. I 4 Abs. 2 Grundsätze ARD; § 50 BaWüMedienG; Art. 4 Abs. 4 BayMEG; § 9 HambMedienG; § 11 Abs. 2 S. 3 PRFG Hessen; § 13 NdsLRuFuG; § 10 Abs. 2 rhpfLRuFuG; § 13 Abs. 3 SchlHoLRuFuG; § 12 Abs. 4 NWR LRuFuG.

[4] Hierzu BVerfGE 7, 198; 12, 113; 42, 163; 54, 129; 60, 234; 61, 1; (alle zum Zivilrecht); s. noch BVerfGE 67, 213; 69, 257 (Strafrecht).

[5] Teilw. kritisch z. B. *Tettinger* JZ 1983, 317 ff.; *Dreher/Tröndle* § 193 Rn. 14; zustimmend *Kübler* JZ 1984, 541 ff.

vorderster Front zu regeln. Sein Einsatz bei grober Eindeutigkeit sollte wie bisher die Regel bleiben. Die bessere Präzisierung der Abwägung von Ehrschutz und Äußerungsfreiheit innerhalb des vorgegebenen verfassungsmäßigen Rahmens empfiehlt sich ebenfalls eher für das Zivilrecht.[6] Der strafrechtliche Ehrschutz mag sich an verfeinerten positivierten Abwägungskriterien des Zivilrechts fortorientieren können – als Schrittmacher ist das Strafrecht auch insoweit weniger geeignet. Hervorzuheben ist die Möglichkeit der Bekanntmachung einer Verurteilung wegen Ehrverletzung (§ 200 StGB) nach richterlichem Ermessen, die auch für zivilrechtliche Gestaltungen Vorbild sein könnte (sub G IV).

II. Indiskretionsschutz und Schutz vor unbefugter Informationsbeschaffung

Der strafrechtliche Schutz der Persönlichkeitssphäre vor Indiskretion („Anonymitätsinteresse") erfolgt in §§ 201 ff. StGB in eng umschriebenen Tatbeständen und mehr fragmentarisch. Das geltende Strafrecht läßt es insbesondere zu, daß der Wahrheitsbeweis über ehrenrührige Tatsachen des engeren Persönlichkeitsbereichs erbracht wird (§ 186 StGB) und es kennt keinen allgemeinen Tatbestand gegen ungerechtfertigte öffentliche Indiskretion. Die Bemühungen um einen allgemeinen Indiskretionstatbestand sind alt[7] und letztlich immer hängen geblieben, weil das Gefühl überwog, man überlasse die dann notwendige Abgrenzung zur „verständigen" Indiskretion und zur Indiskretion im „öffentlichen Interesse" besser dem Zivilrecht. Der strafrechtliche Indiskretionsschutz knüpft wie der strafrechtliche Schutz vor unbefugter Informationsbeschaffung deshalb immer nur an besondere Qualifikation: beim vertraulichen Wort an die Tonträgeraufnahme und ihren Gebrauch (§ 201 StGB),[8] beim geschriebenen Wort an die technische Überwindung des äußeren Verschlusses (§ 202 StGB), bei gespeicherten Daten an die Überwindung fehlender unmittelbarer Wahrnehmbarkeit oder den Vertrauensbruch des Informanten (§ 202a StGB; § 41 BDSG iVm §§ 25ff. StGB),[9] beim allgemeinen Geheimnisschutz an besondere Pflichten von Amtsträgern oder Berufen zur Vertraulichkeit (§§ 203, 204 StGB, 17 UWG, 93 Abs. 1 S. 2 AktG etc.), schließlich allgemein an das Eindringen in die räumliche Individualsphäre (§ 123 StGB) oder die Verletzung

---

[6] Siehe unter G III–V.
[7] Zum Ganzen *Arzt*, Der strafrechtliche Schutz der Intimsphäre, 1970, S. 142ff., 286ff.; *Schünemann* ZStW 90, 11, 39ff.; *Hanack*, in: Rundfunkrecht, Schriften der Gesellschaft für Rechtspolitik Bd. 1, 1981, S. 195ff., 213f.
[8] Hierzu speziell *Schilling* JZ 1980, 7ff., 9/10; *Dreher/Tröndle* § 201 Rn. 1, 6.
[9] S. noch das einschlägige Landesdatenschutzrecht, z.B. §§ 33ff. DSG NRW.

fremden Eigentums (§ 242 StGB). Die bloße Weitergabe ursprünglich strafbar erlangter Kenntnisse, die ihrerseits die Qualifikationen nicht erfüllt, steht idR nicht unter Strafe, so daß – praktisch bedeutsam – oft nur der erste Informant einer Kette, nicht aber der publizierende Journalist des Medienunternehmens strafbar ist. Die Pönalisierung schon der unqualifizierten Weitergabe brächte eine gewichtige Ausdehnung des Indiskretionsschutzes, ist aber zwischenzeitlich durch die Rechtsprechung des BVerfG weithin versperrt, weil das BVerfG diese Weitergabe grundsätzlich dem Schutz des Art. 5 Abs. 1 GG unterwirft und – letztlich zu Recht – die Güterabwägung über die Rechtswidrigkeit der Weitergabe entscheiden läßt.[10] Die Konkretisierung des Rechtswidrigkeitsurteils müßte das Strafrecht überfordern und die Medien mit einem allzu vagen Bestrafungsrisiko überziehen, das schon für sich selbst die Tendenz zum verfassungswidrigen Eingriff in die Pressefreiheit in sich trüge. Zutreffend liegt deshalb die gegenwärtige strafrechtliche Grenze bei der Teilnahme des Journalisten an qualifiziert unerlaubter Informationsbeschaffung, die bloße Ausnutzung bleibt straflos. Eine Ausdehnung der Strafbarkeit hätte überdies schwer absehbare Folgen für die strafprozessuale Beschlagnahmefähigkeit redaktionellen Materials (§ 97 Abs. 5 S. 2, Abs. 2 S. 3 StPO).

Ohne große praktische Bedeutung ist die Strafbarkeit rechtswidriger Bildnisverletzung durch die Bildberichterstattung (§ 33 Kunst-UrhG).[11] Obwohl hier beim objektiven Tatbestand zivilrechtlicher (§§ 22, 23 KUG) und strafrechtlicher Indiskretionsschutz zusammenfallen, scheint sich angesichts schwieriger zivilrechtlicher Abgrenzungen das Vorsatzmerkmal doch recht einschränkend auszuwirken. Hier wäre ein bestimmter gefaßter Straftatbestand erwägenswert, der die Aufnahme und Veröffentlichung von Bildern aus dem Intim- und Privatbereich ohne Einwilligung des Betroffenen unter Strafe stellt, falls besondere Rechtfertigungsgründe fehlen. Diese Regelung entspräche dem strafrechtlichen Schutz des gesprochenen Worts gegen Aufnahmen, sie wäre in ihrer Beschränkung auf den inneren Persönlichkeitsbereich enger als das geltende Recht, bei der Einbeziehung schon der Aufnahme hingegen weiter. Der Gleichlauf des strafrechtlichen Schutzes des gesprochenen Wortes und des Bildes im Privatbereich entspricht ähnlich französischem Recht (art. 368, 369 Code pénal 1970).

---

[10] BVerfGE 66, 116ff., 137ff.; ähnlich New York Times v. U.S., 403 U.S. 713 (1971); teilw. anders aber art. 369 Code pénal Frankreich!
[11] Statt vieler *Wenzel*, Das Recht der Wort- und Bildberichterstattung, 3. Aufl. 1986, S. 323 f.

III. Besonderes Rundfunk- und Pressestrafrecht

Neben dem Verbot der Verbreitung von Sendungen und Schriften strafbaren Inhalts (Rundfunk- und Presseinhaltsdelikt),[12] das den strafrechtlichen Schutz der Individualgüter durch Einbeziehung aufsichtspflichtiger Redakteure etc. deutlich verstärkt, existieren teilweise Strafvorschriften bzw. Ordnungswidrigkeitentatbestände zum Schutz zivilrechtlicher Ansprüche: verweigerte Gegendarstellung[13] oder verweigerte Auskunft[14] zur Vorbereitung der Rechtsverfolgung. Dieses landesrechtlich kodifizierte Sonderstrafrecht ist teilweise in der Bestimmung der verantwortlichen Personen sehr unpräzise und führt zu bedenklichen Ungleichheiten zwischen den einzelnen Ländern, die vor allem bei organisatorischem Verbund (ARD) ins Auge fallen.[15] Die vereinzelte Strafbewehrung zivilrechtlicher Ansprüche erscheint übertrieben und praktisch bedeutungslos. Eine Bereinigung und Vereinheitlichung der landesrechtlichen Inhaltsdelikte erschiene wünschenswert. Ist schon beim Ehr-, Persönlichkeits- und Indiskretionsschutz die zurückhaltende Linie zu befürworten, so gilt dies erst recht für die vereinzelt diskutierte Pönalisierung der Programmgrundsätze. Die Programmgrundsätze der Rundfunkgesetze bzw. der Satzungen etc. enthalten – weitergehend als die Landespressegesetze – neben der Verpflichtung zur journalistischen Sorgfalt Verpflichtungen zur Ausgewogenheit, Meinungsvielfalt, Toleranz etc.[16] Ihre Pönalisierung brächte natürlich eine Vorverlegung des Individualrechtsschutzes, verbietet sich aber angesichts ihrer Unbestimmtheit und programmatischen Weite von selbst.[17]

IV. Schutz der prozeßbefangenen Persönlichkeit

1. Die besondere Konfliktlage

Das prozeßbefangene Individuum ist in zweifacher Weise besonders schutzwürdig: einmal rollt das Verfahren – vor allem in Strafsa-

---

[12] Presse: § 20 BaWüLPG; § 11 BayLPG; § 19 LPG Berlin; § 20 LPG Bremen; § 19 HambLPG; § 11 HessLPG; § 20 NiedersächsLPG; § 21 LPG NW; § 19 rhpfLPG; § 20 saarlLPG; § 20 SchlHoLPG; Funk und Fernsehen: Art. 19 BayRuFuG; § 35 DW/DLFG; § 8 Abs. 5 saarlRFG; § 81 BWLMedienG; § 25 Abs. 1 BaWüLPG; § 23 LPG Berlin; § 25 Abs. 3 LPG Bremen; § 25 Abs. 3 NiedersächsLPG; § 24 rhpfLPG; § 25 SchlHoLPG.
[13] Z.B. §§ 13c, 14e BayLPG; Art. 18 BayRuFuG; § 66 saarlLRFG.
[14] Z.B. § 66 saarlLRFG.
[15] Zu Recht kritisch *Scharnke*, Die Verantwortlichkeit der leitenden Personen des Rundfunks, 1978, passim; *Hanack*, Rundfunkrecht, S. 232, 233.
[16] Art. 4 BayRuFuG; § 23 DW/DLFG; § 3 HessRuFuG; §§ 6ff. NDRStV; § 2 RuFuG Bremen; §§ 3ff. saarl. RuFuG; § 2 RuFuG Berlin iVm § 3 Satzung; § 3 württ.-bad. RuFuG iVm § 2 Satzung; § 5 Staatsvertrag Südwestfunk iVm Art. 5 Satzung; §§ 5ff. WDRG; § 2 ZDF-Vertrag iVm Programmrichtlinien; Ziff. I Grundsätze ARD; §§ 48ff. BaWüMedienG; Art. 3, 4 BayMEG; §§ 9 HambMedienG; §§ 11ff. NdsLRuFuG; §§ 10ff. rhpfLRuFuG; §§ 11ff. SchlHoLRuFuG etc.
[17] So schon *Lüttger/Junck* und *Hanack*, in: Rundfunkrecht, Schriften der Gesellschaft für Rechtspolitik Bd. 1, 1981, S. 123 ff., 195 ff. m. Nw.

chen – Tatsachen der Privat- und Geschäftssphäre auf; zum anderen können „trials by newspaper or television" und eine Schauprozeßatmosphäre das Grundrecht auf ein faires und rechtsstaatliches Verfahren mit unvoreingenommenen Verfahrensbeteiligten und die strafprozessuale Unschuldsvermutung beeinträchtigen. Der zweifach erhöhten Schutzwürdigkeit des Individuums stehen gegenüber das gesteigerte Informationsbedürfnis der Öffentlichkeit gerade über Gerichts- und insbesondere Strafverfahren und das Prinzip öffentlicher Kontrolle gerade auch der Justiz.

2. Besonderer strafrechtlicher Persönlichkeitsschutz

Das gegenwärtige Strafrecht pönalisiert zunächst zum Schutz der Privat- und Geheimsphäre Verstöße gegen das richterliche Schweigegebot (§§ 174 Abs. 3 GVG, 353d Nr. 2 StGB), erfaßt dabei aber nicht den journalistischen Bericht auf Grund des Rechtsbruchs eines vom Journalisten verschiedenen Schweigeverpflichteten:[18] auch hier also – zu Recht – grundsätzlich keine Strafbarkeit der Verwertung ursprünglich rechtswidrig erlangten Materials (oben E II). Rechtswidrige Bildaufnahmen der Verfahrensbeteiligten und insbesondere des Angeklagten während der Verhandlung (§ 169 S. 2 GVG) sind nicht besonders strafbar; nur ihre Veröffentlichung kann im Rahmen der üblichen Güterabwägung[19] unter Strafe stehen (§§ 22ff., 33 Kunst-UrhG), falls der subjektive Tatbestand gegeben ist. Darin liegt ein unbedingter Mangel: gerichtsverfassungsrechtliche Zulässigkeit und Strafrechtsschutz sollten beim Bild wie beim Verstoß gegen das Schweigegebot zusammenfallen. Eine andere Frage ist, ob der gerichtsverfassungsrechtliche Schutz nicht einerseits zu weit (generelles Verbot) und andererseits zu eng (Ausdehnung auf das Gerichtsgebäude) ist.[20] Für den Schutz des gesprochenen Worts vor Aufnahmen in der Verhandlung (§ 169 S. 2 GVG) liegen die Dinge ähnlich: wegen seiner „Öffentlichkeit" kein Verstoß gegen § 201 StGB.[21] Der Fall Weimar hat einmal mehr gezeigt, wie grob sich selbst öffentliche Rundfunkanstalten über das gerichtsverfassungsrechtliche Verbot von Ton- und Bildaufnahmen bei Gerichtsverhandlungen hinwegsetzen.[22] Dabei stehen die Massenmedien in U.S.-amerikanischem Sog; in den U.S.A. galt das Verbot von Ton- und Bildaufnahmen für lange

---

[18] Zutreffend *Wenzel*, Wort- und Bildberichterstattung, Rn. 10.50 mNw.
[19] Hierzu BVerfGE 35, 202ff., 230–233.
[20] Hierzu F III 2.
[21] Vgl. *Dreher/Tröndle* § 201 Rn. 2; *Kissel*, GVG, § 169 Rn. 67.
[22] Verharmlosend *Töpper* DRiZ 1989, 389.

Jahre, bis der Supreme Court[23] 1981 entschied, daß die Verfassung solche Aufnahmen weder verbiete noch erlaube; viele Einzelstaaten haben hierauf Ton- und Bildaufnahmen in gewissem Umfang gestattet[24] und richterlicher Regelung überlassen. Selbst wenn man für Deutschland diese Lösung eingeschränkt befürworten wollte, wäre doch die problematische Lücke zwischen Gerichtsverfassungsrecht und Strafrecht zu schließen.

3. Schutz eines fairen Verfahrens für den einzelnen

a) Geltendes Recht und frühere Reformversuche

Einen Schutz des fairen Verfahrens und der Unschuldsvermutung für den Angeklagten verbunden mit dem Schutz der Persönlichkeit vor vorzeitiger Bloßstellung[25] gewährt sehr eingeschränkt § 353 d Nr. 3 StGB, der die wörtliche Vorveröffentlichung von Anklageschriften etc. in Straf-, Bußgeld- und Disziplinarverfahren verbietet. Mit dieser Vorschrift ist nur Verfahrensbeeinflussung und Bloßstellung durch das wörtliche Zitat verboten, ihre Eignung zum Schutz des unbeeinflußten fairen Verfahrens und zum Schutz vor verfahrensmäßiger Indiskretion ist deshalb unbestrittenermaßen nur eingeschränkt gegeben,[26] oft mag der nicht strafbare Bericht über den Akteninhalt oder eigene Nachforschungen gleiche oder schwerere Folgen haben. Die Vorschrift erklärt sich indessen aus dem Bestreben des Gesetzgebers, dem Recht auf ein faires Gerichtsverfahren gegenüber der Pressefreiheit Gewicht zu geben und dabei im Interesse der Rechtssicherheit das Beeinträchtigungsverbot zu formalisieren.[27] Die Vorschrift stammt aus Frankreich,[28] das allerdings außerdem Strafvorschriften gegen die vorsätzliche Beeinträchtigung der gerichtlichen Unabhängigkeit durch öffentliche Druckübung und herabsetzende Gerichtskritik kennt.[29] Der deutsche Gesetzgeber konnte sich trotz zahlreicher Entwürfe (1936, 1950, 1962) zur Pönalisierung unbefugter Einflußnahme auf Verfahren nicht entschließen:[30] entweder erschie-

---

[23] Chandler v. Florida, 449 U. S. 560 (1981); ferner Westmoreland v. CBS, Inc., 752 F. 2d 16 (2d Circ. 1984), cert. denied 472 U. S. 1017 (1985).
[24] Hierzu *Zuckman/Gaynes/Carter/Lushbough Dee*, Mass Communications Law, 3rd ed. 1988, p. 219–221 m. Nw.
[25] Zur Zwecksetzung BVerfGE 71, 206 ff., 216 ff. (Fall Flick/Lambsdorff und Spiegel).
[26] Darin ist dem Gutachten *Schuppert* AfP 1984, 67 ff. zuzustimmen.
[27] So zutreffend BVerfGE 71, 206 ff., 216 ff., leider ohne Bezug auf Art. 10 Abs. 2 MRK, Rechtsgeschichte und ausländisches Recht.
[28] Loi sur la liberté de la presse vom 29. 7. 1881, art. 38, übernommen in §§ 17, 18 ReichspresseG 1874.
[29] Art. 226, 227 Code pénale.
[30] Zur Reformgeschichte BT.-Drucks. 10/4608 S. 13 ff. mit Entwurftexten.

nen die Tatbestände zwar wirksam, aber zu unbestimmt und pressefeindlich, oder aber sie waren bestimmt und untauglich.

b) Rechtsvergleichung: England und U.S.A.

Rechtsvergleichend bietet der angloamerikanische Rechtskreis zwei Extreme. England, dessen Einfluß die Einschränkung der Pressefreiheit in Art. 10 Abs. 2 MRK zu danken ist, betreibt als Ausfluß der richterlichen contempt power eine relativ strenge Bestrafung auch absichtsloser publizistischer Einflußnahme auf schwebende Verfahren („strict liability rule").[31] Einen gewissen Höhepunkt erreichte diese Contempt-Praxis, als das House of Lords 1973 Contempt-Verstöße von Sunday Times bestätigte.[32] Diese Zeitung hatte kritisch über das Prozeßgebaren eines britischen Arzneimittelherstellers berichtet, der sich bei Vergleichsverhandlungen über Arzneimittelschäden wenig entgegenkommend zeigte; darin sah das House of Lords verbotenes „trial by newspaper". Der EGMR stellte wenige Jahre später mit knapper Mehrheit einen Verstoß gegen Art. 10 MRK fest,[33] vor allem weil das House of Lords die Bedeutung öffentlicher Diskussion von Rechtsfragen allgemeinen Interesses für ein demokratisches Staatswesen verkannt habe. Im Contempt of Court Act 1981 hat hierauf England sein Recht teilweise reformiert, aber an der strict liability rule festgehalten und nur für öffentliche Diskussionen großzügigere Maßstäbe verordnet, um der Entscheidung des EGMR gerecht zu werden.[34] Seither sind Contempt-Strafen durchaus wieder verhängt worden,[35] mögen auch bei Sachverhalten besonderen öffentlichen Interesses großzügigere Maßstäbe gelten.[36] Die Strafdrohung hat stark präventive Wirkung, weil sich die Medien auf sie eingestellt und eine eigene innere Vorkontrolle eingeführt haben, so daß Medienübergriffe auf Gerichts- und insbesondere Strafverfahren in England seltener sind als in anderen Ländern.[37]

Die U.S.A verfolgen die gegenteilige Linie: obwohl die entsprechende contemptpower durchaus gemeinsamer Tradition mit England entspricht, gilt etwa seit dem Zweiten Weltkrieg aufgrund der Rechtsprechung des Supreme Court der praktisch absolute Vorrang der Pressefreiheit,[38] state law hält der Nachprüfung nicht stand, soweit es Veröffentlichungen über laufende Verfahren unter Strafe stellt, z.B. die unbefugte Namensveröffentlichung jugendlicher Straftäter.[39] Bemerkenswert ist, daß der EGMR in seiner Sunday-Times-Entscheidung die Argumentation des U.S.-Supreme

---

[31] Hierzu *Stürner* JZ 1978, 161 ff.; *Bornkamm*, Pressefreiheit und Fairneß des Strafverfahrens, 1980, insbes. S. 21 ff.; Report of the Committee on Contempt of Court, 1974 („Phillimore-Report"); *Huber* BT-Drucks. 10/4608, S. 44 ff.; *Miller*, Contempt of Court, 2nd ed. 1989.

[32] A–G v. Times Newspapers Ltd (1973) 3 All ER 54 ff.; hierzu *Stürner* JZ 1978, 161, 162.

[33] EGMR EuGRZ 1979, 386 ff.; hierzu *Stürner* JZ 1980, 1 ff.

[34] Vgl. die Wiedergabe des Contempt of Court Act 1981 in BT-Drucks. 10/4608, S. 63 ff.

[35] Vgl. z.B. zu Zeitungsberichten über den Buckingham-Palast-Einsteiger *Borrie/Lowe*, Law of Contempt, 2nd ed. 1983, p. 121 et sequ. m.Nw.

[36] A–G v. Englisch (1982) 2 All E.R. 903, (1983) A.C. 116.

[37] Hierzu zutreffend *Huber* BT-Drucks. 10/4608, S. 51, 59/60.

[38] Bridges v. California, 314 U.S. 252 (1941); Wood v. Georgia, 370 U.S. 375 (1962); Landmark Communications, Inc. v. Virginia, 435 U.S. 829 (1978).

[39] Smith v. Daily Mail Publishing Co. 443 U.S. 97 (1979); zum Ganzen *Zuckman/Gaynes/Carter/Lushbough Dee*, Mass Communications Law, 3rd ed., p. 231 f.

Court aufnimmt, die Justiz bedürfe „der Unterstützung einer aufgeklärten Öffentlichkeit", wozu auch öffentliche Vorabdiskussion des Verfahrens gehöre.[40]

c) Strafrechtsschutz in Deutschland?

Während Österreich 1981 in seinem neuen Mediengesetz den pönalisierenden Tatbestand der Vorveröffentlichung des Inhalts von Strafakten abschaffte, die unbefugte Einflußnahme auf ein Strafverfahren aber unter Strafe stellte,[41] haben in Deutschland auch gegenwärtige Diskussionen über eine Pönalisierung der Verfahrensbeeinflussung immer negativen Ausgang.[42] Natürlich ist ein Straftatbestand gegen Verfahrensbeeinflussung nicht nur vor dem Hintergrund des Individualschutzes zu beurteilen, sondern auch unter dem selbständigen Aspekt des öffentlichen Interesses an unabhängigen Gerichtsverfahren: oft sind es ja gerade auch Verfahrensbeteiligte, die den Strafprozeß über Medien führen.[43] Aus der Tatsache, daß zwei stabile und klassische Demokratien, nämlich die U.S.A. und England, zwei völlig entgegengesetzte Lösungen verwirklichen, erhellt, wie wenig eine grundsätzliche verfassungsrechtliche Argumentation hier vermag. Es gibt kein zwingendes rechtliches Argument gegen strafrechtlichen Verfahrensschutz, und wer in der Retorte juristischer Konstruktion denkt, wird das englische Vorbild amerikanischen Sitten vorziehen müssen, weil es Ausgewogenheit wirksam schafft; niemand wird ernsthaft behaupten, England sei deshalb ein Land mit richterlich gegängelter Pressefreiheit. So ist es letztlich die andere richterliche und rechtskulturelle Tradition, die zaudern läßt: einer Justiz, die an der Perversion der Staatsgewalt in ihrer Geschichte nur allzuoft teil hatte und aus dem Schatten der Exekutive nur zögernd heraustreten konnte, wird man die strafrechtliche Aufsicht über ihre eigenen Kritiker letztlich nicht anvertrauen wollen – ein Stück Mißtrauen, das englischer Rechtstradition in dieser Weise fremd ist und fremd sein muß. Die jüngere Rechtsgeschichte der DDR muß dieses Mißtrauen wachhalten. Dieser Unterschied wiegt stärker als einzelne Unter-

---

[40] Hierzu *Stürner* JZ 1980, 1, 4.
[41] § 23 MedienG 1981.
[42] Hierzu Bericht der Bundesregierung zum Thema „Öffentliche Vorverurteilung" und „faires Verfahren", BT-Drucks. 10/4608; *Kohl*, 57. Tagung des Studienkreises Presserecht 1985, AfP 1985, 102 ff.; *Hassemer* NJW 1985, 1921 ff.; *Stürner* JZ 1978, 161 ff., 168; JZ 1980, 1 ff., 6.
[43] Hierzu *Wagner*, Strafprozeßführung über Medien, 1987, insbes. S. 52 ff., 67 ff., 71 ff., 81 ff., 87 ff. Die Behandlung und Begleitung des Memminger Abtreibungsprozesses durch Fernsehsendungen gibt ein gutes weiteres Beispiel, daß auch öffentlichrechtliche Rundfunkanstalten die Grenze zwischen Berichterstattung und Einflußnahme nicht beachten – dies als kritische Feststellung auch dann, wenn man von der Verfahrensführung in vielen Punkten nicht überzeugt ist.

schiede in der Gerichtsverfassung, z. B. die stärkere Laienbeteiligung in England mit – vielleicht! – leichterer Beeinflußbarkeit. Wenn man sich deshalb gegen strafrechtlichen Verfahrensschutz entscheidet, so sollte man allerdings konsequent sein und auch die noch bestehenden Halbherzigkeiten – also § 353 d Nr. 3 StGB – verabschieden; er taugt so wenig wie seine Schwesternvorschriften im europäischen Ausland (Frankreich, Österreich), die mehr beruhigendem gesetzgeberischem Aktionismus ihre Existenz verdanken als dem Glauben an ihre Effizienz.[44]

---

[44] Im Ergebnis gleich *Kübler* JZ 1984, 541 ff., 547.

F. Individualschutz gegen Medienübergriffe durch Selbstkontrolle und öffentlichrechtliche Regelungen

I. Selbstkontrolle

1. Öffentlichrechtliche Funkmedien

a) Gegenwärtige Rechtslage

Die Funkmedien öffentlichrechtlicher Organisation sehen in ihren Organisationsgesetzen die Überwachung der Programmgrundsätze und damit auch der Pflicht zur wahrhaftigen und ausgewogenen Berichterstattung durch den Intendanten, Rundfunkräte oder Ausschüsse vor.[1] Vielfach ist die Beschwerdemöglichkeit des Bürgers formalisiert, ob als Popularbeschwerde oder nur bei Betroffenheit, kann hier dahinstehen;[2] wo eine gesetzliche Regelung der Beschwerde- oder Eingabenbefugnis fehlt, wird sie doch tatsächlich bestehen. Die Beschwerde bzw. Eingabe kann also die „anstaltsinterne Selbstkontrolle"[3] des Mediums einleiten. Dieser Behelf ist aber mit vielen Unwägbarkeiten und Zweifelsfragen belastet, die ihm Schärfe nehmen. Zunächst einmal hat der betroffene Bürger allenfalls ein klagbares Recht auf Verbescheidung, sicher kein subjektives Recht auf Zubilligung einer Gegendarstellung, auf Widerruf, Unterlassung etc. Zum andern sind die anstaltsinternen Kontrollmittel, welche eine solche Beschwerde bzw. Eingabe in Gang setzt, konfliktbeladen. Falls der Intendant von der Richtigkeit der Eingabe überzeugt ist, müßte er im Rahmen seiner Programmverantwortlichkeit[4] entweder den einzelnen Redakteur von der Notwendigkeit einer Korrektur überzeugen oder

---

[1] Art. 7 Abs. 3 Nr. 8, 12 Abs. 2 BayRuFuG; §§ 9 Abs. 2, 13 Abs. 2 DW/DLFG; §§ 9 Nr. 3, 16 Abs. 3 HessRuFuG; §§ 18 Abs. 2, 27 Abs. 5 NDRStV; §§ 7 Nr. 5, 13 Abs. 3 RuFuG Bremen; §§ 15 Abs. 2, 27 Abs. 1 saarl. RuFuG; §§ 7 Abs. 1 Buchst. c und e, 11 Abs. 1 Satzung SFB Berlin; §§ 5 Buchst. c, 7 Abs. 4, 8 Abs. 5 Satzung SDR; §§ 9 Abs. 1, 12 Abs. 1, 14 SWF-Staatsvertrag, Art. 8 Abs. 1, 19 Abs. 1, 23 Abs. 1 SWF-Satzung; §§ 16 Abs. 4, 25 Abs. 1 WDRG; §§ 13 Abs. 1, 16 Abs. 2, 22 Abs. 1 ZDF-Vertrag; §§ 5 Abs. 1, 11 Abs. 2, 17 Abs. 2 Satzung ZDF.
[2] Art. 19a BayRuFuG; § 4 Satzung Hessischer Rundfunk; § 13 NDRStV; § 7 Abs. 1 Buchst. e Satzung SFB; § 10 WDRG und § 33 Satzung WDR; § 8 Abs. 4 saarl. RuFuG.
[3] Hierzu *Ossenbühl*, Rundfunkrecht, Schriften der Gesellschaft für Rechtspolitik Bd. 1, 1981, S. 1ff., 62ff.
[4] Vgl. *Grabert*, Öffentlichrechtliche Fragen der Programmverantwortlichkeit des Rundfunkintendanten, 1979.

aber ein Weisungsrecht beanspruchen bzw. die Sendung am Redakteur vorbei mit anderen Mitarbeitern korrigieren; dieser Weg führt mitten in die Problematik der „inneren Rundfunkfreiheit"[5] und damit der Programmitbestimmung,[6] der Redaktions- bzw. Programmstatute[7] und des medienrechtlichen Arbeitsrechts.[8] Die Überwachung der Programmgestaltung durch den Rundfunkrat bzw. einschlägige Ausschüsse[9] folgt bei den einzelnen Institutionen Vorschriften, die zumindest ihrem Wortlaut nach eine sehr unterschiedliche Kontrolldichte zugestehen. Zur Umsetzung solcher Kontrollbeschlüsse lassen die einschlägigen Vorschriften selten förmliche Weisungen an den Intendanten zu, so daß sie meist vom Ermessen des Intendanten abhängt, der sich bei der Umsetzung wiederum allen Schwierigkeiten ausgesetzt sieht, wie sie für die Wahrnehmung seiner Programmverantwortung allgemein gelten. Hinzu kommt, daß die Objektivität und Neutralität der Rundfunkgremien gerade im Zusammenhang mit der Programmüberwachung ebenso fragwürdig erscheint wie die Effektivität der Überwachung,[10] wobei der „Binnenpluralismus" nicht selten zur Blockade führt.

b) Individualrechtsschutz durch verbesserte Programmaufsicht?

Wenn man eine Verbesserung des Individualrechtsschutzes von einer wirksameren anstaltsinternen Kontrolle der Programmgrundsätze und entsprechenden Eingriffsrechten der Kontrollinstanz erwartet und damit letztlich von einer Novellierung der Rundfunkgesetze mit einer Verschärfung und Klärung der Aufsichtsrechte, verknüpft man das Schicksal des Individualrechtsschutzes mit der Gesamtproblematik der Programmgestaltung und Programmkontrolle im Interesse der Allgemeinheit. Die rechtspolitischen Aussichten einer solchermaßen globalen Neuregelung sind schlecht, weil sie die sensible Balance der medieninternen Gewaltenteilung treffen müßte, die sich stets nur kompromißhaft und kaum im Sinne klarer Rechtsverwirklichung wird gestalten lassen,[11] so daß insoweit vieles für die Erhaltung des gegenwärtigen Zustandes spricht. Der Schutz des Individuums vor Übergriffen wäre dabei auch nur Reflex eines

---

[5] Zurückhaltend *Herrmann,* Fernsehen und Hörfunk in der Verfassung der Bundesrepublik Deutschland, 1975, S. 252 ff.
[6] Statt vieler *Lerche,* in *Bulliger/Kübler,* Rundfunkorganisation und Kommunikationsfreiheit, 1979, S. 51 ff.; Beispiel: § 30 WDRG.
[7] *Hoffmann-Riem,* Redaktionsstatute im Rundfunk, 1972; *Bethge* Ufita 69 (1973), 143 ff.; *Holtz-Bacha* ZUM 1986, 384–387; Beispiel: § 31 WDRG.
[8] Exemplarisch LAG Baden-Württemberg AfP 1988, 391 ff. (Report-Redaktion); zum Problemkreis *Hillig,* Festgabe Ule, 1988, S. 11 ff. m. Nw.
[9] Zum folgenden insbesondere *Cromme* NJW 1985, 351 ff.; *Hoffmann-Riem* RuF 1978, 111 ff.; *Bethge* AfP 1979, 286 ff.; *Ossenbühl* DÖV 1977, 381 ff.; *ders.* in: Rundfunkrecht, 1981, S. 1 ff., 62 ff.; zum rundfunkrechtlichen Organstreit zuletzt *Puttfarken,* Festgabe Ule, 1988, S. 63 ff.
[10] Hierzu z. B. *Ossenbühl* in: Rundfunkrecht, 1981, S. 63 f.; sehr kritisch *Ekkehart Stein,* in: Rundfunkrecht, 1981, S. 72 ff., 92 ff., 117 ff. Zur begrenzten sekundären Aufsicht der staatlichen Exekutive *Rüggeberg,* Festgabe Ule, 1988, S. 109 ff., 113 ff.
[11] S. z. B. § 30 WDRG.

mühsamen internen Entscheidungsprozesses. Soweit z. b. die Rundfunkkommission des österreichischen Rundfunks Aufhebungsrechte hat,[12] ist es doch Aufgabe des zuständigen Organs, einen rechtmäßigen Zustand selbst herzustellen – auch in Auseinandersetzung mit den programmgestaltenden Mitarbeitern.[13] Wollte man dem betroffenen Bürger ein subjektiv-öffentliches Recht auf bestimmte Aufsichtsmaßnahmen verschaffen, wie z. B. auf Anordnung von Gegendarstellung, Widerruf oder Unterlassung, so schüfe man die öffentlichrechtliche Dopplung zum privatrechtlichen Rechtsschutzsystem – ein wenig sinnvolles Unterfangen. An der privatrechtlichen Einordnung persönlichkeitsrechtlicher Abwehrrechte auch gegenüber öffentlichen Funkmedien sollte man schon um der Einheitlichkeit des Medienpersönlichkeitsrechts willen nicht länger rütteln.[14]

c) *Individualrechtsschutz durch Beschwerdeausschüsse: öffentliche Kritik und Schlichtung*

Erwägenswert wäre indessen die durchgängige gesetzliche Formalisierung eines Beschwerdeverfahrens, das zur Feststellung einer Verletzung der Programmgrundsätze mit entsprechender Veröffentlichungspflicht führen könnte, von einer weiteren „Umsetzung" der Mißbilligung aber absehen und so die vielfachen inneren Kompetenzkonflikte meiden würde. Ein solches Verfahren stünde dann unterstützend neben den privatrechtlichen Behelfen und hätte eine ähnliche Funktion wie die „Rüge" des deutschen Presserats. Ausländisches Vorbild einer solchen Institution ist zuvörderst die Broadcasting Complaints Commission Großbritanniens,[15] dessen Rundfunkwesen für die Bundesrepublik ja vielfache Vorbildfunktion hatte. Die Broadcasting Complaints Commission kann die Veröffentlichung ihrer Beurteilung im Rundfunk bzw. Fernsehen anordnen und sie veröffentlicht einen Jahresbericht über ihre Verfahren. Zwar muß man sich beim rechtsvergleichenden Argument darüber im klaren sein, daß die Complaints Commission mit ihren Befugnissen ursprünglich das fehlende „right of reply" als Gegenstand von „legal proceedings" kompensieren sollte und sich gerade deshalb die Frage stellt, ob in Deutschland neben einem voll ausgebauten zivilrechtlichen Schutzsystem für derartige Beschwerdeausschüsse mit Rügerecht ein Bedürfnis besteht. Die Funktion eines Beschwerdeausschusses und seiner Spruchpraxis ginge indessen über den Rahmen zivilrechtlicher Rechtswahrung für Individuen hinaus: es würden Programmgrund-

---

[12] § 29 Abs. 2 S. 1 und 2 österreichisches RFG.
[13] Hierzu §§ 17, 18 österreichisches RFG und das ORF-Redaktionsstatut v. 1. 7. 76.
[14] Grundlegend BGHZ 66, 182 ff. (Panorama); streitbar aber wieder *Kopp*, Festgabe Ule, 1988, S. 31 ff., 36 ff. m. Nw.
[15] Broadcasting Act 1981 sec. 53 et sequ.; hierzu Grünbuch der EG-Kommission über die Errichtung des gemeinsamen Marktes für den Rundfunk, 1984, S. 298; zur Vorläuferin, der Programms Complaints Commission des BBC, *Martin*, The right of reply in England, in: *Löffler/Golsong/Frank*, Das Gegendarstellungsrecht in Europa, 1974, S. 34 ff., 38 f.

sätze individualrechtsschützenden Charakters in einem Kodex von Verhaltensregeln konkretisiert und neben durchsetzbare Rechtsregeln gestellt im Sinne eines wünschenswerten journalistischen Standards. Die Rechte und Pflichten von Funk und Fernsehen würden auf diese Weise um die Maßstäblichkeit eines öffentlichen Gütetestes ergänzt. Die veröffentlichten Entscheidungen z. B. der österreichischen Rundfunkkommission über Beschwerden stehen neben dem zivilrechtlichen Rechtsschutz des österreichischen MedienG[16] und orientieren sich an weitergehenden Gütemaßstäben.[17] Die veröffentlichte Spruchpraxis könnte z. B. auch erfassen: Fälle der Nichtanhörung des Betroffenen, Fälle manipulierter Beleuchtungs- und Tontechnik, Fälle unsachlicher Assoziation durch begleitende Informationselemente etc., alles Phänomene, die sich streng rechtlicher Normierung weithin entziehen. Es geht dabei nicht um „Standesrecht" und „Standesregeln", die Durchsetzung durch Aufsichtsinstanzen intendieren und an deren Bestimmtheit und formalgesetzliche Legitimation das BVerfG zu Recht strenge Maßstäbe anlegt,[18] sondern um öffentliche Kritik kritischer Publizistik ohne unmittelbaren Zwang zur Selbstkorrektur und Sanktion. Beschwerdeausschüsse dieser Art könnten darüber hinaus zur vergleichsweisen außergerichtlichen Schlichtung erheblich beitragen.

2. Druckmedien und privatrechtliche Funkmedien

a) Interne Selbstkontrolle

Im Bereich der Druckmedien und privatrechtlichen Funkmedien richtet sich die interne Kontrolle von Übergriffen auf Individualrechte nach der inneren Organisation. Für Druckmedien ist unter dem jetzigen Rechtszustand von einem Recht des Verlegers bzw. des vertretungsberechtigten Chefredakteurs auszugehen, ohne Verletzung der „Detailkompetenz" des einzelnen Redakteurs auf Veröffentlichungen mit möglichen zivilrechtlichen Haftungsfolgen Einfluß zu nehmen,[19] wobei seine Beurteilungskompetenz zwar nicht durch Tarifverträge,[20] wohl aber mit schuldrechtlicher Wirkung durch Redaktionsstatute eingeschränkt sein kann. Für die neuen privatrechtlich organisierten Funkmedien sehen die neuen Landesgesetze eine besondere Organisationsstruktur grundsätzlich nicht vor,[21] so daß man von den Regeln auszugehen haben wird, wie sie

---

[16] §§ 1 Abs. 1 Nr. 1, 6 ff. MedienG; *Twaroch/Buchner*, Rundfunkrecht in Österreich, 1985, § 2 Bem. 2.

[17] Hierzu die Zusammenstellung bei *Twaroch/Buchner*, Rundfunkrecht in Österreich, 1985, § 2 Bem. 8, S. 45–60.

[18] BVerfGE 76, 171 ff.

[19] Statt vieler *Kübler*, 49. DJT, Bd. I, D 104; *Mallmann*, 49. DJT, Bd. II, N 31 f.; *Löffler/Ricker* Kap. 38 Rn. 21; so übrigens auch § 13 Abs. 3 E 1974 PresserechtsrahmenG.

[20] Hierzu *Rüthers*, Tarifmacht und Mitbestimmung in der Presse, 1975, S. 39 ff.

[21] S. aber §§ 18 Abs. 5 HambMedienG, 7 Abs. 2 NRW LRuFuG, wo Veranstalter mit gesteigerter innerer Rundfunkfreiheit u. U. privilegiert zuzulassen sind; ferner

für Printmedien gelten. Der Wirkungsgrad einer Beschwerde beim Verleger bzw. Anbieter ließe sich durch gesetzliche Regelung, wie sie einzelne Landesrundfunkgesetze neuerdings enthalten,[22] schwerlich steigern, die veröffentlichungspflichtige Entscheidung eines medieninternen Gremiums ähnlich wie beim öffentlichrechtlichen Rundfunk wäre mit den Grundrechten des Verlegers bzw. Anbieters (Art. 5, 14 GG) letztlich unvereinbar.

b) Externe Selbstkontrolle

aa) Der Presserat unter gegenwärtigem Recht

Eine Form externer Selbstkontrolle erfolgt durch den Deutschen Presserat; sein Träger ist ein privatrechtlich organisierter Verein mit dem Bundesverband Deutscher Zeitungsverleger e.V., dem Verband Deutscher Zeitungsverleger e.V., dem Deutschen Journalisten-Verband e.V., der IG Druck (jetzt: IG Medien) und einer entsprechenden Anzahl verbandsbenannter natürlicher Personen als Mitglieder. Der Deutsche Presserat besteht aus 20 Mitgliedern, welche die Trägerorganisationen entsenden. Er bzw. sein Beschwerdeausschuß entscheidet nach seiner Beschwerdeordnung über Beschwerden gegen Druckmedien und erteilt Mißbilligungen, nichtöffentliche und öffentliche Rügen. Öffentliche Rügen veröffentlichen die Mitglieder des Trägervereins in ihren Verbandsorganen.[23] Neben dieser „ehrengerichtlichen" Funktion des Deutschen Presserates stehen prophylaktische Maßnahmen auch zugunsten des Individualschutzes in Gestalt des „Pressekodex"[24] und der „Richtlinien für die redaktionelle Arbeit".[25] Pressekodex und Richtlinien verstehen sich als berufsethische Grundsätze jenseits rechtlicher Haftungsgründe. Sie enthalten auch zum Schutz des Individuums Regeln, die über den Inhalt von Rechtsnormen hinausgehen (z.B. spontane Berichtigungspflicht, Verbot unlauterer Beschaffungsmethoden, Verbot präjudizierender Stellungnahme zu schwebenden Gerichtsverfahren etc.). Art. 16 des „Pressekodex" bestimmt, es entspreche „fairer Berichterstattung, vom Deutschen Presserat öffentlich ausgesprochene Rügen abzudrucken, insbesondere in den betroffenen Publikationsorganen". Die einzige ge-

---

§§ 23 ff. NRW LRuFuG (Organisation der Veranstalter lokalen Rundfunks). Hierzu *Ory* AfP 1988, 336 und *Bethge* AfP 1989, 525.

[22] Z.B. §§ 16 Abs. 2 und 3 NRW LRuFuG, 8 Abs. 4 saarl. RuFuG.

[23] Zum Ganzen Satzung für den Trägerverein des Deutschen Presserats vom 25. 2. 1985; Geschäftsordnung des Deutschen Presserats und seines Beschwerdeausschusses vom 25. 2. 1985.

[24] Publizistische Grundsätze (Pressekodex) v. 31. 12. 1979 (Jahrbuch 1980, S. 34). Die Neufassung 1990 war bei Drucklegung leider noch nicht zugänglich.

[25] Richtlinien für die redaktionelle Arbeit nach den Empfehlungen des Deutschen Presserates v. 31. 12. 1979 (Jahrbuch 1980, S. 37).

setzliche Regelung der Funktionen des Deutschen Presserats stellt das Finanzierungsgesetz des Bundes dar.[26]

Die Arbeit des Presserats und seines Beschwerdeausschusses erfaßte 1979 ca. 150 Beschwerden.[27] Viele davon wurden gütlich erledigt. Die Kontrolldichte der Entscheidungen blieb hinter der staatlichen Gerichtsbarkeit eher zurück, brisante Fälle fielen oft der Blockade qualifizierter Mehrheiten zum Opfer, vielfach unterließen Presseorgane den Abdruck einer Rüge. 1980 geriet der Presserat in eine lähmende Krise, auf der Basis novellierter Satzungen (1985) hat er inzwischen wieder seine Arbeit aufgenommen. Die überwiegend positive Beurteilung der Grundidee[28] betont die grundsätzliche Notwendigkeit einer Selbstkontrolle gegen Mißbräuche, die Möglichkeit einer Verfahrenseinleitung durch „jedermann" – die Aktivität des Verletzten ist anders als bei Gerichtsverfahren nicht nötig – und die Elastizität eines nicht streng gerichtsförmigen Verfahrens. Als gravierende Mängel sind häufiger kritisiert das Fehlen fachfremder Persönlichkeiten als Repräsentanten der Leser in den Gremien, die Unmöglichkeit verfahrensförmiger Wahrheitserforschung und die fehlende Vollstreckbarkeit der Veröffentlichung von Rügen.

bb) Ausländische Vorbilder und Erfahrungen

Es ist bekannt, daß der Deutsche Presserat sich am schwedischen und englischen Vorbild orientiert. In Schweden[29] ist der Presserat – mit einem Presseombudsmann als Vorprüfer – 1916 als freiwillige berufsständische Einrichtung von den Presseorganen geschaffen worden, er stellt Verstöße gegen die Presseethik (Neufassung des Ehrenkodex 1978) veröffentlichungspflichtig fest und kann Geldbußen verhängen, wobei rechtliche Zwangsmittel fehlen. Der Presserat ist paritätisch mit Vertretern des Pressewesens und anderen Mitgliedern besetzt, Vorsitzender war bisher stets ein höherer Richter. Der schwedische Presserat behandelt jährlich ca. 350 Beschwerden, wobei etwa 80 Zeitungsartikel getadelt werden. Die Akzeptanz seiner Arbeit bei den einzelnen Presseorganen wird als groß geschildert. Den ebenfalls als freiwillige berufsständische Einrichtung entwickelten englischen Press Council mit seinem Complaints Committee[30] gibt es seit 1953, nach einer Reform 1963 unter Mitwirkung von Laien und unter Leitung eines hohen Richters. Der englische Press Council erfreut sich gleichermaßen hohen Ansehens, seine Entscheidungen werden von den Presseorganen ganz überwiegend veröffentlicht und respektiert. In Schweden und England ist die Autorität der Presseräte so groß, daß sich gesetzliche Schutzrechte des Individuums (z.B. Gegendarstellungsrecht) schwächer oder gar nicht entwickelt haben:[31] die Medien akzeptieren die Entscheidungen ihrer Selbstverwaltungsorgane, um sich nicht staatlichen Gerichten mit immer engermaschigem staatlichen Recht ausgesetzt zu sehen. Aus der Fülle anderer Länder mit Presseräten[32] sollen die U.S.A. mit gegenläufigen Erfahrungen herausgegriffen sein. Ein National Council und Press Councils in Einzelstaaten waren zwar begründet, die Medien veröffentlichten und respektierten aber ihre Ent-

---

[26] Gesetz zur Gewährleistung der Unabhängigkeit des vom Deutschen Presserat eingesetzten Beschwerdeausschusses v. 18. 8. 1976 (BGBl I S. 2215).

[27] Hierzu und zum folgenden *Hauss* AfP 1980, 178 ff.

[28] Hierzu die Diskussion auf der 48. Tagung des Studienkreises für Presserecht und Pressefreiheit, NJW 1981, 908 f.

[29] Vgl. *Cornils* BT-Drucks. 10/4608, S. 100 ff., 101/102, 104 f.; *Fischer/Breuer/Wolter*, Die Presseräte der Welt, 1976, S. 26 ff.

[30] Hierzu *Martin* in: *Löffler/Golsong/Frank*, Das Gegendarstellungsrecht in Europa, 1974, S. 34 ff., 37 ff.; *Fischer/Breuer/Wolter*, Die Presseräte der Welt, 1976, S. 66 ff.

[31] *Martin* in: *Löffler/Golsong/Frank*, S. 34 ff.; *Brunn* daselbst S. 85 f.

[32] Vgl. *Fischer/Breuer/Wolter*, Die Presseräte der Welt, 1976, passim.

scheidungen nicht und Sanktionen fehlten, so daß die Presseräte ihre Arbeit einstellten oder mehr archivarische Bedeutung hatten.[33] Mehr Einfluß konnten „guidelines" für Presseberichte über Strafverfahren gewinnen, wie sie in vielen Einzelstaaten gefördert durch die Bar Association, Society of Newspapers Editors und Newspapers Publishers Association ausgehandelt worden sind.[34] Insgesamt lehrt die ausländische Entwicklung, daß die Presseselbstkontrolle zwar eine engere Rechtskontrolle durch Gerichte durchaus ersetzen und entlasten kann, bei fehlender freiwilliger Unterwerfung aber doch einer gewissen Stützung bedarf, soll sie nicht kläglich scheitern.

cc) Reformüberlegungen

Alle Überlegungen zu einer gesetzgeberischen Verbesserung des Wirkungsgrades der Selbstkontrolle im Bereich privater Medien sollten die Grenze zwischen autonom organisierter Selbstkontrolle und öffentlichrechtlich organisierter Aufsicht mit einer inneren Tendenz zur Staatsaufsicht peinlich beachten. Falls der Gesetzgeber Organisation, Mitgliedschaft, Zwangskompetenzen etc. des Deutschen Presserates regeln wollte, käme man rasch in die Nachbarschaft anstaltlicher Aufsicht oder kammermäßiger Kontrolle, einer – wie nachher zu zeigen sein wird[35] – grundsätzlich abzulehnenden und nur mit größter Vorsicht beim Privatfunk akzeptablen Lösung. Es ist gerade ein Vorzug der rechtlichen Architektur des Deutschen Presserats, nicht auf der Basis hoheitlicher Aufsicht, sondern der Gleichordnung Wirkung zu entfalten, was sich u. a. darin zeigt, daß gegen rechtswidrige Rügen des Deutschen Presserats ähnlich wie gegen falsche bzw. unzulänglich fundierte Warentestveröffentlichungen die Zivilgerichte angerufen werden können.[36] Wenn man jede Tendenz zu hoheitlicher Aufsicht vermeiden will, müssen die wesentlichen Elemente der Selbstkontrolle der Satzung und damit der privaten Organisation überlassen bleiben, wobei z. B. die Anreicherung des Presserats um nicht fachlich eingebundene Persönlichkeiten durchaus wünschenswert schiene. Mit hoheitlichen Kompetenzen, wie z. B. gerichtsähnlichen Befugnissen bei der Wahrheitsermittlung oder zwangsweise durchsetzbaren Befugnissen zur Veröffentlichung von Rügen, sollte man den Presserat nicht umkleiden. Auch gerichtlicher Rechtshilfe für zwangsweise Beweisaufnahmen, wie sie der (Vereins-)Schiedsgerichtsbarkeit offensteht (§ 1036 ZPO), kann man aus ähnlichen Gründen nicht das Wort reden. Zur Stärkung der Publizität der Arbeit des Presserates könnte man sich allerdings weniger einen unmittelbaren

---

[33] Dazu *Zuckman/Gaynes/Carter/Lushbough Dee*, Mass Communications Law, 3rd ed. 1988, p. 213 ff.; optimistischer noch *Fischer/Breuer/Wolter*, Die Presseräte der Welt, 1976, S. 327 ff.
[34] *Zuckman* u. a. Mass Communications Law, p. 214 f.
[35] Sub F II 1.
[36] Ausführlich *Ulmer/Niemeier* AfP 1975, 829 ff., 838 ff.

Publizierungszwang für Rügen[37] vorstellen als vielmehr einen gesetzlichen Anspruch betroffener Bürger, der ähnlich wie das Gegendarstellungsrecht im Wege der einstweiligen Anordnung durchsetzbar sein müßte; dem betroffenen Presseunternehmen sollte dabei nur der Einwand des rechtswidrigen Eingriffs in den Gewerbebetrieb bleiben, der die Beweislast für Schlechtarbeit des Presserats bzw. seines Beschwerdeausschusses dem Presseunternehmen überbürden würde. Diese Konstruktion bliebe beim Gleichordnungsmodell und würde nur die Waffengleichheit des Bürgers erhöhen, der auf dem Forum der Kritik an seiner Persönlichkeit nicht nur die eigene Gegendarstellung, sondern auch die Stellungnahme einer objektiven Instanz veröffentlichen lassen könnte. Die Bedeutung des Presserats für die außergerichtliche Schlichtung ist bereits erwähnt. Angesichts der Ausbreitung des Privatfunks mit wenig formalisierbarer interner Selbstkontrolle[38] wäre die Ausdehnung der Arbeit des Presserats auf den Privatfunk wünschenswert und finanziell förderungswürdig, ebenso ein entsprechender Veröffentlichungsanspruch in privaten Funkmedien. Neugründungen neben dem Presserat sollte der Gesetzgeber allerdings nur berücksichtigen, soweit die Träger des Vereins und die Mitglieder seiner Ausschüsse in gleicher Weise für Ausgewogenheit und breite Repräsentation Gewähr leisten.[39]

II. Öffentlichrechtlich organisierte Fremdkontrolle bzw. mittelbare Staatsaufsicht

Unter öffentlichrechtlich organisierter Fremdkontrolle sollen alle Kontrollformen erörtert werden, die durch gesetzlich geschaffene Anstalten oder andere juristische Personen mit hoheitlichen Befugnissen erfolgen. Sie sind eine Form mittelbarer Staatsaufsicht, wobei je nach der Zusammensetzung der Organe der Übergang zu einer öffentlichrechtlich organisierten Form der Selbstkontrolle durchaus fließend sein kann.

1. „Pressekammer" oder Aufsichtsanstalt mit Disziplinarbefugnissen?

Die öffentlichrechtliche Organisation der Kontrolle presserechtlicher Standesregeln müßte bei voller Unabhängigkeit der Aufsichtsin-

---

[37] So aber *Hauss* AfP 1980, 183: Nichtveröffentlichung als Ordnungswidrigkeit iSd Landespresserechts.
[38] Vgl. F I 2 a.
[39] Der Freiwilligen Selbstkontrolle der Filmwirtschaft mit ähnlichen Organisationsformen sind ebenfalls von Gesetzes wegen (insbes. § 6 JSchG) Kontrollaufgaben delegiert (hierzu zusammenfassend *v. Hartlieb,* Handbuch des Film-, Fernseh- und Videorechts, 2. Aufl. 1984, Kap. 9, S. 23 ff.); ihre Kontrolle hat indessen keine primär individualschützende Funktion.

stitution und ausgewogener Besetzung ihrer Organe durchaus nicht verfassungswidrig sein[40] und könnte auch u. U. die effektive Kontrolle individualschützender Standesregeln und ihre Fortentwicklung in annehmbarer Qualität leisten. Ein solcher gesetzgeberischer Vorschlag wäre aber rechtspolitisch von vorneherein zum Scheitern verurteilt – und das m. E. aus gutem Grund. Der sog. Lüders-Entwurf des Jahres 1952, der eine paritätisch aus Verlegern und Journalisten zusammengesetzte Körperschaft des öffentlichen Rechts mit Disziplinierungsbefugnissen vorsah, mag zwar vor allem vor dem Hintergrund einer unglücklichen Erinnerung an die Reichspressekammer gescheitert sein.[41] Man sollte aber das Verbot von Standeszwang und Standesgerichtsbarkeit, wie es alle Landespressegesetze einfachrechtlich enthalten (§§ 1, 2 LPG), nicht nur als kurzfristige Reaktion auf den nationalsozialistischen Staat begreifen, sondern als ein tieferwurzelndes Phänomen deutscher Rechts- und Kulturgeschichte. Die Presse hat sich nach ihrem eigenen Selbstverständnis zum Raum der Freiheit von Laufbahnzwängen, Standesregeln, Zunftdenken und ständestaatlichen Ordnungskategorien entwickelt, und gerade in einer Gesellschaft mit gut ausgeprägter historischer Tendenz zur Einordnung und Kategorisierung ist sie notwendiger und heilsamer Gegensatz zu anderen gesellschaftlichen Bereichen. Die Kontrolle der Presse wählt deshalb besser keine Organisationskategorien, die sich letztlich am Vorbild der Zünfte und Kammern mit hierarchischer Disziplinargewalt orientieren und so dem historischen Selbstverständnis[42] der Publizistik entgegenlaufen müssen. Daß andere Länder freiheitlicher Verfassung eine Standesgerichtsbarkeit ebenfalls nicht kennen, sollte zu denken geben. Der Deutsche Presserat als privatrechtliches Organ aller wesentlichen Verbände des Pressewesens, dessen Befugnisse sich am Bild des qualifizierten privaten Kritikers orientieren und auf den sich jeder Bürger öffentlich berufen kann, erscheint als wesentlich adäquateres Instrument notwendiger Balance.

2. Ombudsmann bzw. Pressebeauftragter?

Ähnliche Bedenken, wie sie gegen eine Kammer oder Anstalt zur Presseaufsicht bestehen, gelten letztlich auch gegen einen öffentlich bestellten, unabhängigen Pressebeauftragten, der veröffentlichungspflichtige Rügen erteilen oder den Abdruck von Zusatzinformationen verlangen könnte,[43] wobei seine Anordnungen verwaltungsge-

---

[40] Insoweit sicher überzeugend *Löffler*, Presserecht, Bd. I, 3. Aufl. 1983, § 1 LPG Rn. 190–193 m. Nw.; *Scholz*, Festschr. Maunz, 1981, 337 ff., 344 ff.; *Hauss* AfP 1980, 179 r. Sp.
[41] Zur Geschichte der Selbstkontrolle *Hauss* AfP 1980, 178 f. m. Nw.
[42] Hierzu schon B I 1–3; zu wenig berücksichtigt bei *Kriele* ZRP 1990, 109 ff.
[43] Vgl. die Hinweise bei *Erwin Stein*, Die Institution des Pressebeauftragten, 1974,

richtlicher Anfechtung unterlägen. Der Pressebeauftragte als „Ein-Mann-Überwachungsbehörde" mit gerichtlich nachprüfbarer Disziplinargewalt wäre nicht nur überfordert, sondern auch mit allen historischen Vorbehalten belastet, die für behördliche Presseaufsicht generell bestehen.

3. Landesanstalten des Medienrechts mit individualrechtsschützender Aufsicht?

a) Das geltende Recht

Die Programmgestaltung privatrechtlich organisierter Medien untersteht im dualen Rundfunksystem der Aufsicht unabhängiger Anstalten,[44] die nach dem Willen des BVerfG effektiv ausgestaltet sein muß.[45] Die Aufsicht und die verfassungsgerichtlichen Anforderungen an ihre Effektivität sind zwar bisher in erster Linie im Hinblick auf Ausgewogenheit und Pluralismus Gegenstand zahlreicher Überlegungen gewesen, die Landesmediengesetze stellen aber oft sehr ausführlich individualrechtsschützende Programm- und Recherchegrundsätze auf[46] und schließen sie in die Aufsicht ein.[47] Häufig ist ein Beschwerdeverfahren vorgesehen mit allerdings sehr unterschiedlicher Ausgestaltung.[48] Die Maßnahmen der Aufsicht reichen von einer Feststellung des Regelverstoßes[49] – gegebenenfalls mit Folgewirkung auf die Erlaubnis[50] – bis hin zum Weisungsrecht auf Unterlassung und Wiedergutmachung;[51] bemerkenswert ist die vereinzelt bestehen-

---

S. 38 ff., 41/42; der Band enthält einen Bericht zur versuchsweisen Einführung bei der „Hessischen Allgemeinen" auf freiwilliger Basis.
[44] §§ 31 ff. BW LMedienG, §§ 52 ff. HambMedienG; §§ 27 ff. Nds. LRuFuG; §§ 10, 51 ff. NRW LRuFuG; §§ 24 ff. rhpf. LRuFuG; §§ 32 ff. SchlH LRuFuG; §§ 53 ff. saarl. LRuFuG.
[45] BVerfGE 57, 295 ff., 329 ff., 331 ff.; 73, 118 ff., 164 ff., 167 ff.
[46] S. die Zusammenstellung zur journalistischen Sorgfaltspflicht sub. E I.
[47] § 31 BW LMedienG; § 54 Abs. 1 S. 1 HambMedienG; §§ 28 Abs. 1, 13 Abs. 2, 3 Nds. LRuFuG; § 60 Abs. 1 Nr. 7 NRW LRuFuG; § 28 Nr. 7 rhpf. LRuFuG; §§ 33 Abs. 1 Nr. 4, 13 Abs. 2 und 3 SchlHoLRuFuG; §§ 54 Nr. 3, 58 saarl. LRuFuG. Hierzu *Rüggeberg*, Festgabe Ule, 1988, S. 109 ff., 118 ff., 126 f.
[48] § 66 Abs. 3 BW LMedienG; §§ 11 Abs. 3, 53 Abs. 2 Nr. 3 HambMedienG; § 15 Abs. 3 S. 2 NRW LRuFuG; § 30 Abs. 2 Nr. 6 rhpf. LRuFuG; § 8 Abs. 4 S. 2 saarl. RuFuG.
[49] § 32 Abs. 2 BW LMedienG; § 54 Abs. 1 HambMedienG; § 28 Abs. 2 Nds. LRuFuG; § 58 Abs. 3 saarl. LRuFuG; § 34 Abs. 2 SchlHo. LRuFuG.
[50] § 28 Abs. 1 Nr. 2 BW LMedienG; § 24 Abs. 2 Nr. 3 HambMedienG; § 28 Abs. 4 Nds. LRuFuG; §§ 10 Abs. 2, Abs. 5d NRW LRuFUG; § 9 rhpf. LRuFuG; § 28 Abs. 4 saarl. LRuFuG; § 10 Abs. 2 Nr. 3 SchlHo LRuFuG.
[51] § 54 Abs. 1 HambMedienG; § 28 Abs. 2 Nds. LRuFuG; § 10 Abs. 1 NRW LRuFuG; § 34 Abs. 2 SchlHo. LRuFuG; in BW nicht vorgesehen (arg § 41 Abs. 1 LMedienG).

de Möglichkeit, die Verbreitung einer Beanstandung anzuordnen.[52] Stets ist – oft ausdrücklich gesetzlich geregelt – eine verwaltungsgerichtliche Klage des Anbieters gegen die Aufsichtsverfügung möglich.

b) Ausländische Vorbilder und europäische Entwicklung

Vorbilder individualschützender Aufsicht über private Funkmedien geben vor allem U.S.A. und England. In den U.S.A.[53] wacht die Federal Communications Commission über den privatrechtlichen Funk und die Programmgestaltung und hat hierfür umfangreiche „federal regulations" aufgestellt. Die Programmgestaltung unterlag dabei bisher einer Kontrolle anhand der sog. Fairness-Doktrin, die – neben den englischen Aufsichtsregeln das historische Vorbild deutscher Programmgrundsätze – bei Streitfragen öffentlichen Interesses grob gesagt zur Ausgewogenheit verpflichtete.[54] Sind in Sendungen zu Streitfragen öffentlichen Interesses Angriffe auf Redlichkeit, Charakter oder Integrität von Personen geplant, so verlangen die Regeln der FCC die vorherige Benachrichtigung der betroffenen Privatperson vom Zeitpunkt der Sendung, die Mitteilung ihres Inhalts und das Angebot zur Gegendarstellung („personal attack rule").[55] Die individualschützende Wirkung der Fairness-Doktrin mit ihrer „personal attack rule" sollte allerdings nicht überschätzt werden: auf rund 10000 jährliche Programmbeschwerden nimmt die FCC lediglich bei etwa 1% ihre Kontrolltätigkeit auf, nur ca. 0,15% führen zu behördlichen Maßnahmen.[56] Wichtig ist die begleitende Aktivität von Bürgerinitiativen, welche die Regeln der Fairness-Doktrin – oder was sie dafür halten – auf informellem Wege durchsetzen. Die Fairness-Doktrin als Grundlage der Programmüberwachung war nach amerikanischem Verständnis Folge eines beschränkten Pluralismus im Rundfunkmarkt;[57] mit der technisch möglichen Vermehrung der Anbietervielfalt ist sie gegenwärtig rechtspolitisch umstritten und umkämpft.[58] In Großbritannien umfaßt die Kompetenz der Broadcasting Complaints Commission auch Beschwerden gegen unfaire oder persönlichkeitsverletzende Angriffe durch *private* Programmveranstalter, wobei dann die Aufsichtskörperschaft (Independent Broadcasting Authority, Cable Authority, Satellite Broadcasting Board) um die Veröffentlichung der Entscheidung besorgt sein muß.[59] Mit der Deregulierung des Rundfunkmarktes wird indessen ähnlich wie in den U.S.A. auch in Europa eine allzu enge Ausgewogenheitskontrolle gegen private Veranstalter immer schwerer durchsetzbar,[60] das englische Aufsichtssystem steht mit dem gesamten Rundfunkwesen vor schwer absehbaren Veränderungen,[61] und die Entwicklung der französischen[62] und deutschen

---

[52] § 10 Abs. 3 NRW LRuFuG.
[53] Guter Überblick bei *Zuckman/Gaynes/Carter/Lushbough Dee*, Mass Communications Law, 3rd ed. 1988, S. 362 ff.; *Wente*, UFITA 100 (1985), 131 ff.
[54] Hierzu *Zuckman* u. a. S. 455 ff.; *Le Duc* RuF 36 (1988), S. 56 ff.; *Simmons*, The Fairness Doctrine and the Media, 1978; *Wente* UFITA 100 (1985), 131 ff., 150 ff.
[55] 47 C.F.R. § 73. 1920.
[56] Nach *Le Duc* RuF 36 (1988), 56 ff., 59/60.
[57] National Broadcasting Co v. US, 319 US 190 (1943).
[58] Ausführlich *Zuckman* u. a. S. 455 ff.; *Le Duc* RuF 36 (1988), 56 ff.
[59] Vgl. Broadcasting Act 1981 sec. 53 et sequ. mit Ergänzungen 1984.
[60] Dazu *Hoffmann-Riem*, Rundfunkaufsicht auf der Schwelle zur Deregulierung, Rundfunk und Fernsehen 37 (1989), 215 ff.
[61] Hierzu *Collins*, Broadcasting – The United Kingdom and Europe in the 1990's, Rundfunk und Fernsehen 37 (1989), 251 ff.
[62] Zur insoweit eingeschränkten Aufsicht der Commission Nationale de la Communication et des Libertés s. art. 14, 1 Abs. 2, 3 Abs. 1–3 de la loi du 30. sept. 1986 relative

Aufsicht wird sich auf die Dauer wohl eher am mehr lässigen amerikanischen Vorbild orientieren, zumal die neue EG-Richtlinie besondere EG-eigene Aufsichtsregeln nicht vorsieht.[63]

c) Reformvorstellungen

Die Rechtsvergleichung ermutigt insgesamt nicht dazu, für die Zukunft in der Aufsicht über private Funkmedien das effektive Mittel des Individualschutzes zu sehen. Zur Skepsis mahnen auch weitere Gesichtspunkte. Die Effektivität der anstaltlichen Programmaufsicht wird man angesichts der ähnlichen Zusammensetzung der Organe der aufsichtsführenden Anstalt und der internen Aufsichtsorgane des öffentlichen Rundfunks gleich skeptisch zu beurteilen haben wie die interne Aufsicht des öffentlichen Funks, die etwas schwerfällige Willensbildung lohnt eher für das Politikum als für den Einzelfall.[64] Den Schwierigkeiten interner Umsetzung von Mißbilligungsbeschlüssen in der öffentlichen Funkanstalt entspricht beim Privatfunk die Schwierigkeit der Durchsetzung gegenüber dem Veranstalter, der das Verwaltungsgericht anrufen kann. Immerhin liegt es nahe, für den privaten Rundfunk ein Recht auf Veröffentlichung einer Rüge durch ein Kontrollgremium in gleicher Weise vorzusehen wie für die Druckmedien und den öffentlichen Rundfunk. Ob man es dem Modell des öffentlichen Rundfunks angleicht (formalisiertes Beschwerdeverfahren mit Veröffentlichungszwang[65]) oder dem presserechtlichen Modell (privatrechtlicher Anspruch auf Veröffentlichung der Rüge des Presserats), ist gültig schwer zu entscheiden. Wenn man beim Individualschutz weniger die Aufsicht und die hoheitliche Reglementierung von Inhalten für richtig hält als die Herstellung von Waffengleichheit, so wird man – wie hier bereits vorgeschlagen[66] – das Modell des Presserats vorziehen, gestärkt um den privatrechtlichen Veröffentlichungsanspruch, der im Wege der einstweiligen Maßnahme durchgesetzt werden kann.

à la liberté de communication; hierzu *Debbasch*, Revue internationale de droit comparé 1989, 305ff., 311.

[63] Art. 3 Abs. 1 und 2 der EG-Richtlinie zur Koordinierung bestimmter Rechts- und Verwaltungsvorschriften der Mitgliedstaaten über die Ausübung der Fernsehtätigkeit, EG-ABl. Nr. L 298 v. 17. 10. 1989, S. 23 ff.; hierzu *Hoffmann-Riem*, RuF 37 (1989), 215 ff., 238/239.
[64] Vgl. F I 1 a und b; ferner *Jarras*, Verh. 56 DJT, 1986, C 86 ff.
[65] Vgl. F I 1 c.
[66] S. F I 2 b, cc.

III. Gerichtsverfassungsrechtliche Schutznormen für prozeßbefangene Personen?

1. Grundsätze des gerichtsverfassungsrechtlichen Schutzes im geltenden Recht

Das geltende Recht versucht der durch Publizistik besonders leicht verwundbaren prozeßbefangenen Persönlichkeit gerecht zu werden durch die Nichtöffentlichkeit von Jugendstrafverfahren (§ 48 Abs. 1 JGG) und von Verfahren, die typischerweise die engere Persönlichkeitssphäre berühren (§§ 170, 171 GVG), ferner durch die Möglichkeit des Ausschlusses der Öffentlichkeit im Einzelfall, falls der engere Lebensbereich eines Prozeßbeteiligten unverhältnismäßig bloßgestellt würde (§§ 171a, 171b, 172 Nr. 3 GVG). Beim Ausschluß der Öffentlichkeit zum Schutze der Persönlichkeitssphäre kann das Gericht ein Schweigegebot für alle Prozeßbeteiligten erlassen (§ 174 Abs. 3 GVG). Ton- und Fernsehrundfunkaufnahmen sowie Ton- und Filmaufnahmen für publizistische Zwecke sind generell unzulässig (§ 169 Abs. 1 S. 2 GVG), gewöhnliche Bildaufnahmen während der Verhandlung kann das Gericht untersagen (§ 176 GVG).

2. Verbesserung des Schutzes gegen Ton- und Bildaufnahmen?

Der gerichtsverfassungsrechtliche Schutz vor Ton- und Bildaufnahmen reicht einerseits – das ist allerdings nicht das Thema dieses Gutachtens – etwas zu weit, vor allem sofern es z. B. um Aufnahmen von Prozessen vor dem BVerfG und den obersten Bundesgerichten ohne unmittelbare Laienbeteiligung geht: in solchem Falle könnte es durchaus dem Ermessen des Gerichts überlassen bleiben, ob es Ton- und Bildaufnahmen für publizistische Zwecke gestatten will, falls sie den Prozeßablauf aus seiner Sicht nicht stören. Der Schutz ist aber andererseits zu eng, weil er gewöhnliche Fotos nicht erfaßt,[67] nur in der öffentlichen Verhandlung gilt und so außerhalb der Verhandlung die Prozeßbeteiligten im Gerichtsgebäude der fotografischen Jagd überläßt. Es liegt außerhalb der Verhandlung im Ermessen des Hausrechtsinhabers, ob er Aufnahmen im Gebäude gestattet.[68] Die Praxis scheint hier von einem Überwiegen des Informationsinteresses auszugehen und eine Beschränkung der Medienarbeit zu scheuen – anders lassen sich Bildberichte des Fernsehens vor allem über Strafverfahren nicht erklären, in denen Fotoreporter den Angeklagten umschwärmen wie Fliegen das wehrlose erlegte Wild.

Man sollte sich insoweit nicht am amerikanischen Vorbild orientieren. Vieles spricht dafür, das grundsätzliche gerichtsverfassungsrecht-

---

[67] Hierzu *Wenzel*, Das Recht der Wort- und Bildberichterstattung, 3. Aufl. 1986, Rn. 10.148; *Maul* MDR 1970, 826; BGH AfP 1970, 67.
[68] Vgl. hierzu noch RiStBV Nr. 129; BGHSt 29, 129; BGH AfP 1971, 39; zur Abgrenzung Sitzungspolizei – Hausrecht *Stürner* JZ 1972, 665 ff.

liche Aufnahmeverbot auf Bildaufnahmen aller Art zu erstrecken[69] und auf das Gerichtsgebäude auszudehnen.[70] Ton- und Bildreportagen im Gerichtsgebäude sollten außerhalb der Verhandlung von gerichtlicher Erlaubnis abhängig sein, die nur bei Zustimmung betroffener prozeßbeteiligter Laien erteilt werden könnte – allerdings nicht erteilt werden müßte. Es geht dabei nicht nur um den Persönlichkeitsrechtsschutz vor allem des Angeklagten, für den die bildliche Medienberichterstattung auch im unmittelbaren Umfeld der Verhandlung Prangerwirkung hat, sondern allgemein um das Recht der verfahrensbeteiligten Laien, ihr Verfahren ohne den belastenden Gang durch die Schleuse bildlicher oder tonlicher Medienöffentlichkeit antreten zu können. Die Kontrolle des Verfahrens durch die Öffentlichkeit – und allein in ihr liegt der Sinn der Verfahrensöffentlichkeit – bedarf keiner Bild- und Toninformation, bei der die Medien die Zwangspräsenz der Verfahrensbeteiligten ausnützen; es genügt der mediatisierende wörtliche Bericht, so daß jeder weitergehende Zwangseingriff in das Persönlichkeitsrecht vor allem der verfahrensbeteiligten Laien der Rechtfertigung entbehrt. Die Medien wären so gehalten, sich Bild- und Tonmaterial über oder mit Verfahrensbeteiligten auf freiwilliger Basis oder im Rahmen sonst bestehender Möglichkeiten außerhalb des Gerichtsgebäudes zu verschaffen. Daß das gerichtsverfassungsrechtliche Verbot gegen unmittelbare Verstöße voll strafbewehrt sein sollte, ist an anderer Stelle ausgeführt.[71]

3. Nichtöffentlichkeit von Verfahren?

Die Überlegungen, zum Schutze der Persönlichkeitssphäre die Öffentlichkeit des Strafprozesses[72] oder auch des Zivilprozesses[73] ganz oder teilweise abzuschaffen, sind nicht neu. Obwohl das BVerfG die Öffentlichkeit von Gerichtsverfahren als Verfassungsgrundsatz nicht eindeutig anerkannt hat,[74] wird man doch von einer grundsätzlichen verfassungsrechtlichen Gewährleistung der Öffentlichkeit auszugehen haben, die dem Persönlichkeitsrecht nur in begründeten Fällen weicht.[75] Unabhängig von einer grundsätzlichen Verfassungsgarantie unmittelbarer und mittelbarer Öffentlichkeit zur Kontrolle der Justiz wird man sich auch daran zu erinnern haben, daß die grundsätzli-

---

[69] So auch art. 308 C. p. p. und art. 38 ter PresseG Frankreich.
[70] Damit ist teilweise ein alter Vorschlag von *Eb. Schmidt* aufgegriffen: Justiz und Publizistik, Recht und Staat Heft 353/354, 1968, S. 8 ff., 37 und NJW 1968, 804, 805 r. Sp.
[71] Vgl. E IV 2 a. E.
[72] Ausführlich zuletzt *Zipf*, Verh. 54. DJT 1982, insbes. C 66 ff. m. Nw.
[73] Statt vieler *Köbl*, FS v. Carolsfeld, 1973, S. 235 ff.
[74] Vgl. BVerfGE 4, 74 ff., 94 einerseits und BVerfGE 15, 303 ff., 307 anderseits.
[75] Ausführlich *M. Wolf*, Gerichtsverfassungsrecht aller Verfahrenszweige, 6. Aufl. 1987, 244 f.; *Stürner*, Festschr. Baur, 1981, S. 647 ff., 659/660 m. Nw.

che Öffentlichkeit alter deutscher liberaler Tradition,[76] der Europäischen Menschenrechtskonvention[77] und dem Standard traditionsreicher rechtsstaatlicher Demokratien wie U.S.A.[78] und England[79] entspricht. Es spricht deshalb alles dafür, das Regel-Ausnahme-Prinzip beizubehalten, wie es das geltende Recht zugunsten der Öffentlichkeit und damit auch zugunsten der Massenmedien verwirklicht, und Radikallösungen zu verwerfen.

4. Gerichtliche Befugnisse zur Einschränkung der Informationsverbreitung und Informationsbeschaffung?

Man könnte daran denken, den Gerichten sitzungspolizeiliche Befugnisse gegenüber den Medien und den Verfahrensbeteiligten zu verleihen, mit der Möglichkeit von Verboten zum Schutz des Persönlichkeitsrechts und des unbeeinflußten Verfahrens.

Auch hier bietet – ähnlich wie im Strafrecht – der angloamerikanische Rechtsraum zwei gegensätzliche Vorbilder. Während in England die Gerichte bei bevorstehenden oder schwebenden Verfahren den zeitlichen Aufschub von Berichten über einzelne Aspekte des Verfahrens anordnen können[80] (Berichte über Geständnisse, Zeugenaussagen, Hintergrunddarstellungen, Charakteranalysen etc.) und in bestimmten Fällen ein volles Veröffentlichungsverbot denkbar ist (z.B. bei jugendlichen Zeugen oder Angeklagten, bei Opfern von Erpressungen oder Vergewaltigungen),[81] sind in den U.S.A. solche Veröffentlichungsverbote („gag order") nur als äußerste Notmaßnahme zulässig und vom Supreme Court um der Pressefreiheit willen an fast unerfüllbare Bedingungen geknüpft.[82]

Im deutschen Recht müßte eine solche Regelung an die sitzungspolizeilichen Befugnisse des § 174 Abs. 3 GVG anknüpfen (Schweigegebot) und ihren Anwendungsbereich entsprechend erweitern; denkbar wäre ein Veröffentlichungsverbot gegenüber der Presse oder auch ein Schweigegebot gegenüber Zeugen, Parteien und Anwälten, das entsprechende Informationsbeschaffung der Presse verhindern könnte. Obwohl eine solche Lösung vieles für sich hätte[83] – die Notwendigkeit einer Sanktion (Ordnungsgeld, Ordnungshaft) rückt sie doch in

---

[76] Paulskirchenverfassung 1849 Art. X § 178; zum Ganzen *Fögen*, Der Kampf um die Gerichtsöffentlichkeit, 1974.
[77] Art. 6 Abs. 1 MRK.
[78] Hierzu vor allem Richmond Newspaper, Inc. v. Virginia, 448 U.S. 555 (1980) und Press-Enterprise Co v. Superior Court (II), 106 S. Ct. 2735 (1986).
[79] „Justice has to be seen": R. v. Denbigh JJ (1974) 2 All E.R. 1052.
[80] S. Contempt of Court Act 1981, sec. 4 (2).
[81] S. Contempt of Court Act 1981, sec. 11; zum Ganzen *Huber* BT-Drucks. 10/4608, S. 55/56 m.Nw.
[82] Nebraska Press Association v. Stuart, 427 U.S. 539 (1976); zum Ganzen *Zuckman* u.a., Mass Communications Law, 3rd ed. 1988, S. 224ff.
[83] Hierzu *Stürner* JZ 1978, 161ff., 168f.; JZ 1980, 1ff.; BVerfGE 50, 234 lehnt zu Recht sitzungspolizeiliche Befugnisse ohne gesetzliche Grundlage zum Schutz des Gerichts ab.

die unangenehme Nähe des Strafrechts, so daß alle Argumente gegen strafrechtliche Sanktionen auch hier modifiziert greifen. Auch kämen solche Verbote meist zu spät, weil das Gericht im voraus von Veröffentlichungsvorhaben kaum erfahren wird; dies vor allem dann, wenn man – wie kaum anders denkbar – eine derart weitreichende Befugnis bei höheren Gerichten ansiedeln wollte.

Eine besondere Spielart gerichtlicher Befugnis zur Informationssteuerung wäre – nach dem Vorbild des englischen Criminal Justice Act 1967[84] – eine Regelung, die für besonders gefährdete Verfahren oder Verfahrensabschnitte ein grundsätzliches Berichtsverbot festlegt, bestimmte Daten ausnimmt (z. B. im englischen strafprozessualen Vorverfahren Identifizierung des Gerichts, des Beschuldigten und der Zeugen, Beschreibung der zur Last gelegten Tat, Name der beteiligten Anwälte, Gegenstand der Anklage, Ort der Verhandlung, Bedingungen der Freilassung) und weitergehende Hintergrundberichte von gerichtlicher Erlaubnis abhängig macht. Der wirksame Schutz der Persönlichkeitsrechte von Angeklagten und Zeugen, der Unschuldsvermutung und des unvorbelasteten Verfahrens wäre aber auch hier letztlich von der Strafbewehrung der gerichtlichen Steuerungsbefugnisse abhängig, die Grenze zwischen berechtigter und fundierter Kritik am Verfahren und rechtswidrigen Eingriffen schwer zu ziehen – vor allem durch eine Justiz, welche die Kritik gerade in Bedrängnis gebracht hat. Wie beim Strafrechtsschutz sprechen historische Hypotheken gegen ein solches Modell für das deutsche Rechtsleben. Man könnte ein solches Teilberichtsverbot mit Erlaubnisvorbehalt auch aus guten Gründen als verfassungswidrige Beschränkung der Pressefreiheit betrachten, weil die Waage doch allzusehr zugunsten des Persönlichkeits- und Verfahrensschutzes gewichtet.

IV. Grenzen behördlicher Medieninformation zum Schutz der Persönlichkeit

1. Presserechtlicher Auskunftsanspruch, nichtöffentliche Verfahren und personenbezogene Daten

a) Geltendes Recht

Gerichtliche Verfahren bzw. Verfahrensabschnitte sind zum Schutz der beteiligten Personen ausnahmsweise nichtöffentlich (strafprozessuales Ermittlungsverfahren, u. U. mit Einstellung gemäß § 153a StPO, finanzgerichtliches Verfahren auf Antrag gemäß § 52 Abs. 2 FGO, disziplinarrechtliches Verfahren gemäß § 73 Abs. 1 S. 1 BDO, §§ 170 ff. GVG etc.); behördliche Verwaltungsverfahren sind regelmäßig nichtöffentlich (§§ 9 ff., 63 ff., 68 Abs. 1 S. 1 VwVfG). Bei solchen schriftlichen oder nichtöffentlichen Verfahren stellen die Medien „mittelbare Öffentlichkeit" her, soweit der presserechtliche Auskunftsanspruch[85] reicht. Die Pressegesetze berücksichtigen den Per-

---

[84] Zusammenfassend *Huber* BT-Drucks. 10/4608, S. 55/56.
[85] § 4 LPG BW, Bayern, Berlin, Bremen, Hamburg, Nds, NRW, RhPf, Saarland, SchlH; § 3 LPG Hessen; für Funkmedien § 25 LPG BW, Bremen, Nds, SchlH, § 23

sönlichkeitsschutz meist durch ein Auskunftsverweigerungsrecht der Behörde bei Verletzung „überwiegender schutzwürdiger privater Interessen" und bei Verletzung von „Geheimhaltungsvorschriften"; die verfahrensbefangene Persönlichkeit ist regelmäßig durch einen Weigerungstatbestand miterfaßt, falls durch die Auskunft „die sachgemäße Durchführung eines schwebenden Verfahrens vereitelt, erschwert, verzögert oder gefährdet werden könnte". Hamburg schränkt den besonderen Verfahrensschutz auf Gerichts-, Bußgeld- und Disziplinarverfahren ein, Hessen auf Straf- und dienststrafgerichtliche Verfahren. Bayerns völlig abweichende Regelung verweist allgemein auf die Verschwiegenheitspflicht „aufgrund beamtenrechtlicher oder sonstiger gesetzlicher Vorschriften".

b) Offene Probleme und Streitfragen

Die unterschiedliche Fassung der presserechtlichen Auskunftsansprüche in den Landespressegesetzen wirkt zwar etwas unglücklich und komplizierend, man ist sich heute aber weitgehend darüber einig, daß bei sachgerechter Auslegung wesentliche Unterschiede für den Persönlichkeitsschutz nicht bestehen.[86] Beim Schutz der verfahrensbefangenen Persönlichkeit und ihres Verfahrens kritisiert die Literatur teilweise die Weite des Verweigerungsrechtes und fordert einschränkende Kriterien (z.B. Beschränkung auf Gerichtsverfahren oder förmliche Verwaltungsverfahren, Beschreibung von Gefährdungstatbeständen wie Wegfall der Überraschung beim Ermittlungszugriff, Beeinflussung von Zeugen und Laienrichtern etc.).[87] Bei den „Geheimhaltungsvorschriften" ist man sich – trotz der unklaren bayerischen Regelung – zwar darüber einig, daß die beamtenrechtlichen Schweigepflichten (§§ 39 BRRG, 61ff. BBG) hierunter nicht fallen,[88] jedoch ist oft wenig geklärt, inwieweit Geheimhaltungsvorschriften eine absolute Schranke errichten oder nur eine Abwägung verlangen, die bei überwiegendem Geheimhaltungsinteresse zur Auskunftsverweigerung führt (relative Schranke). Eine absolute Schranke nimmt die h.M. beispielsweise an bei Amtsgeheimnissen i.S.d. § 203 Abs. 1 StGB (Arztgeheimnis etc.) oder beim richterlichen Beratungsgeheimnis (§§ 43, 45 Abs. 1 S. 2 DRiG); auch beim Schutz der Sozialdaten scheint sie von einer absoluten Schranke der Auskunft auszugehen (§§ 35 SGB I, 67ff., 73, 74 SGB X). Zahlreiche Gesetze sind hingegen für Abwägung offen und relativieren damit den Geheimnisschutz: z.B. § 21 MRRG für Auskünfte der Melderegisterbehörden;[89] § 30 VwVfG für die persönliche und geschäftliche Geheimsphäre („unbefugt"); § 30 Abs. 5 AO für das Steuergeheimnis[90] – wenigstens bei zwingendem öffentlichem Interesse an Steuerstrafverfahren. Auffallen muß dabei, daß in wichtigen Bereichen Unsicherheit bleibt, z.B. will die verschiedene Behandlung von Steuerdaten und Sozialdaten im Rahmen von Auskünften über laufende Ermittlungsverfahren nicht ohne weiteres einleuchten. Im

---

Berlin, § 24 RhPf, § 26 NRW; § 51 LMedienG BW; § 19 PRG Hessen; zur verfassungsrechtlichen Herleitung des Auskunftsanspruchs bei fehlender einfachrechtlicher Regelung statt vieler *Löffler*, Presserecht I, 3. Aufl., 1983, § 4 LPG Rn. 16–18.

[86] Statt vieler *Löffler*, Presserecht I, § 4 Rn. 114.
[87] *Löffler*, Presserecht I, § 4 Rn. 94, 95.
[88] Statt vieler *Wente*, Das Recht der journalistischen Recherche, 1987, S. 148f.; *Löffler*, Presserecht I, § 4 Rn. 104.
[89] *Wente*, Recht der Recherche, S. 159ff.
[90] Hierzu Hamm NJW 1981, 356ff.; *Wente*, Recht der Recherche, S. 156f.

Bereich schutzwürdiger privater Interessen besteht Einigkeit über die Notwendigkeit der Abwägung, wie sie aus dem zivilrechtlichen Persönlichkeitsschutz bekannt ist: je stärker eine Auskunft in den Persönlichkeitsbereich eindringt, desto gewichtiger muß das öffentliche Informationsinteresse sein, bis es im innersten Persönlichkeitsbereich (z. B. Ehescheidungsverfahren) nahezu stets bei der Abwägung unterliegt.[91]

Die Bedeutung des geltenden Datenschutzrechts für das Auskunftsrecht der Presse und den Persönlichkeitsschutz ist gegenwärtig relativ gering. Das Bundesdatenschutzgesetz erfaßt bisher nur personenbezogene Daten in Dateien, wozu gewöhnliche Akten oder Aktensammlungen nicht gehören (§§ 1, 2 Abs. 3 Nr. 3 BDSG). Die Regeln der Datenübermittlung durch Behörden an nichtöffentliche Stellen (§ 11 BDSG) sperren den Auskunftsanspruch der Medien nicht, weil zu den Aufgaben der öffentlichen Verwaltung die Unterrichtung der Presse gehört und sich hieraus die Übermittlung von Daten rechtfertigt. Soweit § 11 BDSG auf die Schranken besonderer Amts- und Berufsgeheimnisse verweist, handelt es sich bei richtiger Auslegung um einen Gleichlauf mit den Beschränkungen des presserechtlichen Auskunftsanspruchs, der neue Gesichtspunkte nicht einbringt.[92] Neuere Datenschutzgesetze der Länder[93] beziehen zwar – allen voran § 1 DSG Hessen – allgemein personenbezogene Daten in den Schutz ein,[94] gestatten aber die Datenübermittlung an nichtöffentliche Stellen, falls es eine Rechtsvorschrift erlaubt.[95] Die Möglichkeit der Sperrung von Daten mit zweifelhafter Richtigkeit[96] kann den presserechtlichen Auskunftsanspruch insoweit individualschützend beeinträchtigen, als die Weitergabe an die Presse dann nur noch erlaubt ist, falls sie aus überwiegendem Informationsinteresse unerläßlich ist – ein Fall, der nur selten eintreten wird.[97]

c) Reformbedarf?

Die laufenden Reformen gelten dem allgemeinen und bereichsspezifischen Datenschutz und berühren dabei den presserechtlichen Auskunftsanspruch im Sinne einer individualschützenden Beschränkung sehr unterschiedlich. Insgesamt ist die Tendenz der Ausdehnung des Schutzes auf personenbezogene Daten unabhängig von dateimäßiger Verarbeitung zu beobachten, deutlich im Bereich des Verwaltungsverfahrensrechts[98] und des Strafverfahrensrechts,[99] offen und zögerlich ist diese Entwicklung

---

[91] Statt aller *Löffler*, Presserecht I, § 4 Rn. 109–113.
[92] Zum Ganzen *Wente*, Recht der Recherche, S. 150 ff.
[93] § 1 Abs. 1 DSG Bremen; §§ 1, 3 Abs. 1 DSG NRW.
[94] In Erfüllung von BVerfGE 65, 1 ff.
[95] Z. B. §§ 16 Abs. 2 Buchst. b, 13 Abs. 2 Buchst. a DSG NRW.
[96] § 14 Abs. 2 BDSG; gleich die Länder, z. B. § 19 Abs. 3 DSG NRW.
[97] *Wente*, Recht der Recherche, S. 155.
[98] Vgl. § 3a Regierungsentwurf VerwaltungsverfahrensG, BR-Drucks. 618/88.
[99] Vgl. §§ 473–479 Entwurf eines StrafverfahrensänderungsG 1988, in: Der Strafverteidiger 1989, 172 ff., 176 f.

bisher im allgemeinen Datenschutz.[100] Sowohl der Entwurf eines Strafverfahrensänderungsgesetzes als auch der Entwurf einer Ergänzung des VwVfG regelt das Informationsrecht nichtöffentlicher Stellen bzw. von Privatpersonen recht einschränkend: § 475 EStPO gibt bei glaubhaft gemachtem berechtigtem Interesse ein Auskunftsrecht über einen beauftragten Anwalt, § 3c EVwVfG knüpft die Auskunft ebenfalls an das glaubhaft gemachte berechtigte Interesse und das Fehlen schutzwürdiger Gegeninteressen des Betroffenen. Während der Regierungsentwurf zum BDSG in §§ 14 Abs. 1 Nr. 1, 12 Abs. 2 Nr. 1 der Weitergabe von Daten an nichtöffentliche Stellen aufgrund gesetzlicher Vorschriften und damit auch des Presseauskunftsanspruchs freien Lauf läßt, faßt sich hier der SPD-Entwurf in § 16 ähnlich eng wie der EVwVfG. Die Regelung der Weitergabe gesperrter Daten entspricht im Regierungsentwurf zum BDSG geltendem Recht (§ 18 Abs. 5), ebenso im SPD-Entwurf (§ 19 Abs. 2); hingegen enthält § 3f EVwVfG elastischer nur ein Soll-Verbot für weitere Übermittlungen. Das geplante JustizmitteilungsG, das die Datenweitergabe unter Justizbehörden regeln und dabei entsprechende Justizverwaltungsvorschriften (MiStra, RiVASt, MiZi) ablösen soll, scheint auf Bestimmungen über Medieninformation ganz verzichten zu wollen. Die anstehenden Reformen des Landesrechts versprechen sich innerhalb der vorgegebenen Muster bereits reformierten Landesrechts und der bundesweiten Reformen zu bewegen.

Die anstehenden Reformen lassen bisher wie schon das geltende Recht das Verhältnis von presserechtlichem Auskunftsrecht und Schutz personenbezogener Daten in sehr unglücklicher Form im Unklaren. Beim EStPO hat man – ähnlich wie beim geplanten JustizmitteilungsG – den Eindruck, daß der presserechtliche Auskunftsanspruch bewußt ausgeklammert bleiben soll, andere Entwürfe lassen auch eine andere Lesart zu. Eine Mitregelung der Grenzen des presserechtlichen Auskunftsanspruchs im allgemeinen Datenschutz sollte man vermeiden, weil dort nur generalklauselartige Abwägungen denkbar sind, wie sie das Presserecht für den Auskunftsanspruch bereits enthält. Es befriedigt auch wenig, im Datenschutzrecht die Medien wie beliebige „nichtöffentliche" Stellen oder Private zu behandeln: dies wird ihrer besonderen Aufgabe, wie sie in den presserechtlichen Auskunftsansprüchen anerkannt ist, wenig gerecht. Entweder müßte man also für die Medien im Datenrecht besondere Informationsregeln schaffen, die das Auskunftsrecht der Medien berücksichtigen, oder man sollte – besser – in einer Öffnungsklausel den presserechtlichen Auskunftsanspruch unberührt lassen. Die bisherige Gangart zeugt von Unsicherheit. Soweit die allgemeinen Regeln über die Datensperre zu einer Beschränkung des Auskunftsanspruchs führen, kann man mit gutem Grund die Auffassung vertreten, daß Me-

---

[100] Hierzu §§ 1 Abs. 1, 3 Abs. 1 und 2 Regierungsentwurf (BR-Drucks. 618/88) und die Kritik der Ausschüsse des Bundesrats BR-Drucks. 618/88, S. 2ff.; ferner § 1 Abs. 2 des Entwurfs eines Bundesinformationsschutzgesetzes der SPD, abgedruckt RdV 1988, 286ff. Der Fortgang der Novellierung war im Zeitpunkt der Drucklegung noch nicht absehbar. Offenbar plant die Koalition inzwischen die Einbeziehung aktenmäßig gespeicherter Daten öffentlicher Stellen; hierzu F.A.Z. 1990 Nr. 62 vom 14. 3. 1990, S. 7.

dien auch über zweifelhafte gesperrte Daten Auskünfte erhalten können sollten, falls ein besonderes Interesse an der Unterrichtung der Öffentlichkeit besteht; auch in diesem Punkt erweist sich also die undifferenzierte Subsumtion des Auskunftsrechts der Medien als „Übermittlung an nichtöffentliche Stellen" als reichlich fragwürdig. Eine andere Frage ist die bereichsspezifische Einschränkung des Informationsanspruchs. So könnte man z.B. daran denken, nach U.S.-amerikanischem Vorbild[101] den Informationsfluß während des strafrechtlichen Vorverfahrens zu beschränken auf Identität und Alter des Beschuldigten, die Art des strafrechtlichen Vorwurfs, die ermittelnden Behörden, die Dauer der Ermittlungen und die Umstände der Inhaftierung, hingegen Informationen über den Charakter des Beschuldigten, seine Einlassungen und Geständnisse, Alibis, Untersuchungsergebnisse, Identität und Glaubwürdigkeit von Zeugen etc. ebenso wie die Weitergabe von Bildern regelmäßig zu verbieten. Eine derartige gesetzliche Regelung könnte in Deutschland den Inhalt von Merkblättern, Richtlinien oder Erlassen in förmliches Recht umsetzen, wie sie in den einzelnen Bundesländern für die Pressearbeit der Ministerien existieren.[102] Solche detaillierten Regelungen tragen indessen die Gefahr unübersichtlichen Paragraphengestrüpps und falscher Festlegungen in sich. In vielen Punkten – das lehrt die Lektüre der Richtlinien und der amerikanischen Veröffentlichungsregeln für Strafsachen – wird man über Ermessensvorschriften, die Kriterien der Abwägung beispielhaft benennen, nicht hinauskommen. Schon die Veröffentlichung des Namens eines strafrechtlich Beschuldigten oder Verurteilten hängt von vielen Faktoren ab: Art des Delikts, Bekanntheitsgrad und Alter des Beschuldigten, Dichte des Tatverdachts und seiner voraussichtlichen medienmäßigen Präsentation, zeitliche Distanz zwischen Verfahren und Veröffentlichung, öffentliches Interesse an der Tat etc. Allein dieser Punkt bedürfte bei detaillierter Regelung eines langen und ausführlichen Paragraphen – und er wäre nur der kleine Teil einer riesigen Kodifikation. Die geltende Regelung des Auskunftsanspruchs in den Landespressegesetzen mit ihrer Abwägung entgegenstehender Geheimhaltungsinteressen schneidet als Alternative zur bereichsspezifischen Detailregelung so schlecht gar nicht ab.[103] Wenn man – wie zu zeigen sein wird (sub G) – für den

---

[101] Statement of Policy Concerning the Release of Information by Personnel of the Department of Justice Relating to Criminal Proceedings 1965, 28 CFR § 50.2 („Katzenbach Rules").

[102] Vgl. hierzu die Sammlung aller einschlägigen Vorschriften bei *Delp*, Das gesamte Recht der Publizistik, Stand Mai 1989, Nr. 162–172 a.

[103] Grundsätzlich a.A. und für eine detaillierte bereichsspezifische Regelung des Auskunftsanspruchs neuerdings *Simitis*, Datenschutz und „Medienprivileg", AfP 1990, Nr. 1 sub. 4.

zivilrechtlichen Persönlichkeitsschutz trotz reichhaltiger Rechtsprechungskasuistik und langer praktischer Erfahrung über Abwägungstatbestände nicht hinauskommt, weil Einzeltatbeständen mit klaren Verboten die Verfassungslage ebenso entgegensteht wie die Vielgestaltigkeit möglicher Rechtskollision, so sollte man für den Konflikt zwischen Auskunftsanspruch und Persönlichkeitsrecht nicht detaillierte Einzelregelungen anstreben und damit die Quadratur des Kreises versuchen. Erwägenswert ist die Verfeinerung der Abwägung der Pressegesetze. Die Vielfalt landesrechtlicher Sonderfassungen, in denen sich abweichend vom Modellentwurf 1963 oft Einzelpersönlichkeiten der Ministerialverwaltung oder der Landesparlamente selbstverwirklichen, erscheint angesichts der sachlich zwingenden Tendenz zur gleichen Abwägung trotz unterschiedlichen Wortlauts zudem als unnötiger Ballast. Auch müßte bei der Formulierung bereichsspezifischen Datenschutzes im Sinne voller Geheimhaltung, wie z.B. im Sozialgesetzbuch, besser auf die Belange der Medien geachtet werden, deren Informationsinteresse im Einzelfall nahezu immer überwiegen kann.

Als Reformanliegen bleiben im Spannungsfeld presserechtlicher Auskunftsanspruch – Persönlichkeitsschutz also folgende Punkte: ausdrückliche Öffnung des allgemeinen und bereichsspezifischen Datenschutzes für den medienrechtlichen Auskunftsanspruch, der seine Schranken in verfeinerten Abwägungsnormen selbst regelt; einheitlichere Fassung der presserechtlichen Auskunftsansprüche anhand des Modellentwurfs. Doktrinäre Enge bei der Medieninformation, wie sie sich angesichts der gegenwärtigen datenschützerischen Diskussion nur allzuleicht einstellen könnte, müßte die journalistische Direktrecherche mit oft fragwürdigen Mitteln stimulieren – ein rechtspolitisch sicher nicht wünschenswerter Effekt.

2. Recht auf Einsicht in Akten und Register und Individualschutz

a) Rechtslage

Die Einsicht in Akten der Verwaltung und der Gerichtsbarkeit ist nach deutschem Recht Dritten überwiegend nicht gestattet, sondern nur Beteiligten (§§ 29 VwVfG; 100 VwGO; 120 SGG; 78 FGO; ähnlich § 406e StPO). Eine Ausnahme gewährt § 299 Abs. 2 ZPO, falls der Dritte ein rechtliches Interesse glaubhaft macht. Vom berechtigten Interesse hängt auch die Einsicht ins Grundbuch ab (§ 12 GBO). Bestimmte Register kann jedermann einsehen: das Handelsregister (§ 9 Abs. 1 HGB), Güterrechtsregister (§ 1563 BGB), Schuldnerverzeichnis (§§ 915 Abs. 3 ZPO, 107 Abs. 2 KO), andere wiederum sind grundsätzlich geheim, z.B. das Melderegister (§§ 17ff.

MRRG) oder das Strafregister (§§ 30ff. BZRG). Den verschiedenen Regelungen liegt die Abwägung zwischen Verkehrsschutz und Persönlichkeitsrecht zugrunde, bei offenen oder beschränkt öffentlichen Registern und Akten sind die Medien sozusagen Trittbrettfahrer, das Informationsinteresse der Medien dürfte selten oder nie besonders mit abgewogen worden sein. Die Gerichte neigen neuerdings dazu, beim beschränkt öffentlichen Grundbuch das Einsichtsrecht der Medien zur Erfüllung ihrer Informationsaufgabe zu bejahen, falls z. B. ein Journalist Recherchen über Grundstücksverwaltung durch die öffentliche Hand oder Grundstücksschiebungen eines konkursgefallenen Unternehmens anstellen will.[104] Die Gewährung von Urteilsabschriften mit geschwärzten Parteinamen an Publikationsorgane entspricht der Praxis, ohne daß freilich für alle Verfahrensarten ein entsprechendes Recht positivrechtlich feststünde.[105]

b) Regelungsbedarf

Das deutsche Recht geht im Grundsatz von der Nichtöffentlichkeit der Akten eines Verwaltungs- oder Gerichtsverfahrens aus und läßt ausnahmsweise den Einblick zu – anders als z. B. das U.S.-Recht, das den Grundsatz freier Akteneinsicht nur im Einzelfall u. a. zugunsten des Persönlichkeitsschutzes beschränkt.[106] Es besteht kein zwingender Grund, neben den Auskunftsanspruch der Presse noch ein gegenständlich nur schwer begrenzbares Akteneinsichtsrecht zu stellen, das den Persönlichkeitsschutz nur als begründete Ausnahme zuließe, man sollte an der nichtöffentlichen Akte mit ihrer präventiven Schutzfunktion auch für die Persönlichkeit festhalten.[107] Das ausnahmsweise Einsichtsrecht Dritter sollte auf Fälle rechtlichen Interesses im Sinne der Rechtsverfolgung beschränkt – so auch § 475 EStPO – und den Medien auch in Fällen besonderen öffentlichen Informationsinteresses kein Einsichtsrecht zugestanden werden. Der Selektionsaufwand zur Kontrolle des Persönlichkeitsschutzes wäre zu groß, eine lasche Praxis müßte tief in die Individualsphäre eingreifen. Einer durchgrei-

---

[104] Vgl. Hamm AfP 1988, 267ff.; LG Frankfurt Rpfleger 1978, 316.
[105] Hierzu *Hirte* NJW 1988, 1699ff.; aufschlußreich OVG Bremen JZ 1989, 633 m. Anm. *Hoffmann-Riem*.
[106] Siehe zum Freedom of Information Act 1966 (5 U.S.C.A § 552), dem Privacy Act 1974 (5 U.S.C.A. § 552a) und entsprechender Gesetzgebung der Einzelstaaten den Überblick bei *Zuckman* u. a., Mass Communications Law, 3rd ed. 1988, S. 238ff., 261ff.; dort auch die Darstellung der „sealing orders" (S. 221ff.) zum Verschluß grundsätzlich öffentlicher Gerichtsakten.
[107] Ob der Kommissionsvorschlag für eine EG-Richtlinie über den freien Zugang zur Information über die Umwelt (ABl. Nr. C 335 vom 30. 12. 1988, 5) die – grundsätzlich abzulehnende – Öffnung der EG für U.S.-amerikanische Vorstellungen bedeutet (so wohl *Simitis* AfP 1990, Nr. 1, sub 4., Fn. 16), bleibt abzuwarten.

fenden Regelung bedürfte aber der Anspruch der Medien auf Einsicht in gerichtliche und verwaltungsverfahrensrechtliche Entscheidungen bei Löschung individueller Merkmale.[108] Bei beschränkt öffentlichen Registern erscheint es hingegen sachgerecht, mit der h. M. das begründete Informationsinteresse von Medien ausreichen zu lassen, eine Neufassung der einzelnen Vorschriften ist insoweit nicht erforderlich.

3. Informationsbefugnis und Individualschutz

Der mittelbare Schutz des einzelnen vor Rechtsverletzungen durch Medien kann verstärkt werden durch eine Regelung der Informationsbefugnisse, die über den presserechtlichen Auskunftsanspruch hinausgehen. Der Schutz der Persönlichkeit wird regelmäßig verlangen, daß derartige Informationen oder Offenbarungen von Material unterbleiben, weil ein rechtfertigender Grund für den Eingriff in das Persönlichkeitsrecht in Gestalt des Informationsanspruchs der Presse nicht besteht. Den Behörden wird es allerdings idR freistehen, Informationen im Rahmen des Auskunftsanspruchs durch Dokumentation zu untermauern. § 11 BDSG läßt „überpflichtmäßige" Informationen im Ergebnis für personenbezogene Daten in Dateien nur zu, falls sie zur Erfüllung der behördlichen Aufgabe notwendig sind; gegenüber Medien ist dies eigentlich immer nur der Fall, wenn die Behörde über die Medien der Mitarbeit der Öffentlichkeit bedarf (z. B. Strafverfolgung, Warnung vor Gefahren etc.). Der Regierungsentwurf ändert hieran nichts (§ 14), die Reform sollte aber insoweit die Ausdehnung auf alle personenbezogenen Daten unabhängig von dateimäßiger Verarbeitung bringen,[109] wie dies neueres Landesrecht schon vorsieht.[110] §§ 131–131b EStPO enthalten ausführliche bereichsspezifische Regelungen über Fahndungen nach Beschuldigten und Zeugen mit Hilfe von Medien; hier ist die Frage überpflichtmäßiger Information der Presse praktisch am bedeutsamsten und befriedigend geregelt, wenngleich sich zeigt, daß Detailregelungen gegenüber der Generalklausel des allgemeinen Datenschutzrechts nur geringe Vorzüge haben und vor allem der grundsätzliche Richtervorbehalt (§ 131b Abs. 5 EStPO) den wirksamsten Schutz darstellen dürfte.

4. Rechtsschutz gegen Übergriffe auf die Individualsphäre

Wenn der Eingriff des Staates in die Persönlichkeitssphäre zugunsten der Medien letztlich nur durch mehr oder weniger präzise Abwägungsregeln zu bestimmen ist, kommt dem gerichtlichen Rechtsschutz besondere Bedeutung zu. Der repressive Rechtsschutz in Gestalt der Amtshaftung[111] ist dabei weniger problembeladen als der

---

[108] Hierzu der weiterreichende Vorschlag *Hirte* NJW 1988, 1699 ff., 1705, der Urteile jedermann zugänglich machen will.
[109] So § 16 iVm § 2 Abs. 1 des SPD-Entwurfs. Die Verbesserung des Regierungsentwurfs ist im Zeitpunkt der Drucklegung insoweit geplant; F.A.Z. 1990 Nr. 62 vom 14. 3. 1990, S. 7.
[110] Z. B. § 16 iVm § 3 Abs. 1 DSG NRW.
[111] Hierzu BGHZ 27, 338 ff. (Haftung wegen fehlerhafter Presseinformation über

präventive Rechtsschutz in Gestalt der Unterlassungsklage gegen die Behörde, die Auskunft und Veröffentlichung durch Medien verhindern kann. Obwohl der Auskunftsanspruch der Medien zum öffentlichen Recht gehört und insoweit die Auskunft öffentlichrechtliches Verwaltungshandeln ist, differenziert der BGH den Rechtsweg nach der Zugehörigkeit der Materie, über die Auskunft erteilt wird, so daß gegen Eingriffe aus Auskünften ein gespaltener Rechtsweg zu den Verwaltungsgerichten und Zivilgerichten gegeben sein soll.[112] Damit nicht genug: bei Eingriffen aus Auskünften der Ermittlungs- oder Justizbehörden haben früher die Verwaltungsgerichte teilweise ihre Zuständigkeit wegen §§ 23 ff. EGGVG ablehnt,[113] die ordentlichen Gerichte neigten nicht selten zur Verneinung einer Klagemöglichkeit im Rahmen der §§ 23 ff. EGGVG, weil ein Justizverwaltungsakt nicht vorliege und eine Unterlassungsklage gegen schlichtes Verwaltungshandeln in den §§ 23 EGGVG nicht vorgesehen sei.[114] Die Zuständigkeit für die Beurteilung der Auskunftspflicht – Verwaltungsgerichte bzw. in Justizsachen entgegen dem BVerwG die ordentlichen Gerichte gemäß §§ 23 ff. EGGVG[115] – sollte mit der Zuständigkeit für Unterlassungsklagen gegen die Auskunft zusammenfallen. Im Auskunftsprozeß – auch soweit man hier das Verfügungsverfahren als Eilverfahren für zulässig hält[116] – sollte der betroffene einzelne Bürger, im Unterlassungsprozeß – als Verfügungs- oder Hauptsacheverfahren – das auskunftsuchende Medienunternehmen beigeladen werden (§ 65 Abs. 2 VwGO) mit Urteilswirkung für bzw. gegen das Medienunternehmen und den einzelnen Bürger (§ 121 VwGO). Diese verfahrensrechtlichen Regeln bedürften zur Klarstellung und angesichts einer Tendenz zur Beschränkung der Rechtsschutzformen in

---

Ermittlungsverfahren); 78, 274 (Warnung vor Sekten); ferner LG Stuttgart NJW 1989, 2257 (Produktwarnung – Fall Birkel).

[112] BGH NJW 1978, 1860f. Ob BVerwG NJW 1989, 412, 413 allgemein anderer Auffassung ist, bleibt unklar; s. a. BVerwG NJW 1989, 2272 mit BVerfG NJW 1989, 3269.

[113] Z.B. VGH Mannheim NJW 1973, 214; ausführlich *Wasmuth* NJW 1988, 1705 ff.; für umfassende Zuständigkeit jetzt BVerwG NJW 1989, 412; zu Recht kritisch *Langer* JA 1989, 466, 467; *Wasmuth* NStZ 1990, 138 f.

[114] Z.B. Karlsruhe NJW 1965, 1545; a. A. *Kissel*, GVG, 1981, § 23 EGGVG Rn. 36; BVerwG NJW 1989, 412, 413.

[115] Zutreffend Hamm NJW 1981, 356 ff. Soweit BVerwG NJW 1989, 412, 413 bei staatsanwaltschaftlichen Auskünften die Verwaltungsgerichtsbarkeit bemüht, harmoniert dies nicht mit dem Gesamtzusammenhang zwischen Auskunft und Verfahrensführung, wie er vor allem auch bei Einschaltung der Medien zur Strafverfolgung (sub F IV 3) deutlich wird, wo strafrichterliche Zuständigkeit gelten soll (§ 131b Abs. 5 EStPO).

[116] Problemaufbereitung bei *Löffler/Ricker*, Handbuch des Presserechts, 2. Aufl. 1986, Kap. 22, Rn. 4 und 5 m. Nw.

§§ 23 ff. EGGVG[117] der Kodifikation beim presserechtlichen Auskunftsanspruch und in den Verwaltungsverfahrensgesetzen. Weil der Bürger oft um anstehende Pressemitteilungen nicht zuverlässig weiß, wäre eine Auskunftsobliegenheit der Behörde sinnvoll, deren Nichterfüllung einen Verfügungsgrund für den Unterlassungsanspruch darstellt. Nur so läßt sich der in diesem Punkte wichtige Rechtsschutz für den Bürger effektivieren. Er hatte bisher zu Unrecht kaum Bedeutung, weil der Bürger sich überrollen ließ; eine entsprechende Kodifikation könnte hier ein besseres Gleichgewicht herstellen.

V. Aufsicht über Medien und ihre publizistischen Daten

1. Aufsichtsverfahren und Schutznormen

Die öffentlichrechtliche Kontrolle von Datenschutznormen zugunsten des einzelnen setzt zunächst einmal voraus, daß es solche Normen in nennenswerter Zahl gibt; hier zeigt die Entwicklung hoffnungsvolle Ansätze zu einem entsprechenden bereichsspezifischen Datenschutz, auf die zunächst einzugehen ist. In einem zweiten Schritt sind dann die wünschenswerten individualschützenden Aufsichtsmaßnahmen zu erörtern.

2. Bereichsspezifischer Schutz publizistischer Daten

a) Die ältere gesetzgeberische Konzeption des Medienprivilegs

Das Medienprivileg nach § 1 Abs. 3 BDSG befreit Unternehmen und Hilfsunternehmen der Presse und des Rundfunks für Daten, die zu publizistischen Zwecken verarbeitet werden, vom gängigen Datenschutz (§§ 23 ff. BDSG: Rechtfertigung der Speicherung und Übermittlung; Berichtigung und Sperrung; Auskunftsansprüche) und verlangt nur organisatorische und technische Maßnahmen zur Datensicherung gegen unbefugte Fremdeinwirkung (§ 6 Abs. 1 BDSG mit Anlage). Damit sind der Deutschlandfunk, die Deutsche Welle und alle privaten Presseunternehmen, Presseagenturen und Archive einer materiellen Datenkontrolle nur unterworfen, soweit nichtpublizistische Daten (Abonnenten, Arbeitnehmer, Anzeigenkunden etc.), ihre Trennung von publizistischen Daten oder die Verwendung bzw. Weitergabe von publizistischen Daten zu nicht publizistischen Zwecken in Frage stehen.[118] Da viele aktenmäßigen Datensammlungen und Archive von Funk und Presse bisher keine Datei iSd § 2 Abs. 3 Nr. 3 BDSG darstellen,[119] ist selbst diese beschränkte Datenkontrolle von nicht immer tra-

---

[117] Hierzu *Kissel*, GVG, 1981, § 23 EGGVG Rn. 56 ff., 62; a. A. BVerwG NJW 1989, 412, 413.
[118] Guter Überblick bei *Simitis/Dammann/Mallmann/Reh*, 3. Aufl. 1981, § 1 Rn. 66–81; ausführlich *Wente*, Recht der Recherche, S. 239–254 m. umfassenden Nw.
[119] Umfassende Darstellung bei *Wente*, Recht der Recherche, S. 221–226, 229–238.

gender Bedeutung, wobei allerdings halbautomatisch geführte Archive (Hybrid-Systeme) und echte Datenbankarchive mit dem Fortschreiten der Datenverarbeitung zunehmen werden. Viele Datenschutzgesetze der Länder folgen für den öffentlichen Rundfunk noch (?) dem Muster des BDSG.[120] Der Bildschirmtext-Staatsvertrag verweist auf das BDSG (Art. 9 Abs. 1) und damit auch das Medienprivileg, unterwirft aber Anbieter wohl zumindest teilweise den Schutzvorschriften des BDSG, sofern sich ihre publizistische Aktivität auf Bildschirme beschränkt (Art. 9 Abs. 5, Abs. 7 S. 2).

b) Neuere Konzeption pressespezifischen Datenschutzes und Reformvorstellungen

Neuere Datenschutz-, Rundfunk- und Mediengesetze der Länder haben demgegenüber den publizistischen Datenschutz ausgeweitet auf alle personenbezogenen Daten unabhängig von dateimäßiger Speicherung,[121] statuieren die Pflicht zur Mitspeicherung einer Gegendarstellung[122] und gewähren einen Anspruch auf Auskunft über Daten und auf ihre Berichtigung oder Ergänzung, falls eine Persönlichkeitsrechtsverletzung durch Berichterstattung erfolgt ist.[123] Diese Regelung entspricht alten Bestrebungen, wie sie schon im Entwurf eines Presserechtsrahmengesetzes 1974 (§ 6 Abs. 2 und 3) – stärker ausgeprägt – sichtbar waren,[124] verschiedentlich abgeschwächt im SPD-Änderungsentwurf zum BDSG (§ 1a Abs. 2 und 3)[125] und im SPD-Entwurf eines Bundesinformationsschutzgesetzes 1988 (§ 53)[126] wiederkehren und im Regierungsentwurf eines BDSG für Personendaten in Dateien auf Rundfunkanstalten des Bundesrechts beschränkt sind (§ 37 Abs. 2 und 3).[127] Sie mag – auf alle personenbezogenen Daten angewandt – gerade noch den verfassungsrechtlichen Anforderungen gerecht werden, die der Ausgleich zwischen Pressefreiheit (Art. 5 Abs. 1 S. 2 GG) und Persönlichkeitsschutz (Art. 1 Abs. 1, 2

---

[120] § 1 Abs. 3 DSG BW; Art. 21 Abs. 4 DSG Bayern; § 3 Abs. 4 DSG Berlin; § 24 Abs. 2 DSG RhPf; § 23 Abs. 1 DSG Saarland.
[121] § 1 Abs. 1, 2 und 5 DSG Bremen; §§ 1, 3 Abs. 6 DSG Hessen; §§ 1, 3 Abs. 1 DSG NRW; Art. 19 Abs. 4 MEG Bayern; § 49 Abs. 3 HambMedienG; § 47 LRuFuG Nds; § 34 Abs. 4 LRuFuG RhPf; § 63 Abs. 1 LRuFuG Saarland; § 44 LRuFuG SchlH; § 50 PRFG Hessen.
[122] Z.B. § 50 Abs. 1 HambMedienG; § 52 PRFG Hessen; § 46 Abs. 2 LRuFuG NRW; § 50 Abs. 2 WDRG; § 63 Abs. 5 LRuFuG Saarland; § 37 Abs. 1 DSG Hessen; kritisch zur Speicherung von Gegendarstellungen bei nicht dateimäßig geordneten Daten *Wente*, Recht der Recherche, S. 58 ff.
[123] Z.B. § 50 Abs. 2 HambMedienG; § 46 Abs. 3 LRuFuG NRW; § 50 Abs. 3 WDRG; § 63 Abs. 6 LRuFuG Saarland.
[124] Vgl. *Hoffmann-Riem/Plander*, Rechtsfragen der Pressereform, S. 213 ff., 216.
[125] BR-Drucks. 65/86.
[126] Abgedruckt RDV 1988, 286 ff., 297.
[127] BR-Drucks. 618/88; BT-Drucks. 11/4306 vom 6. 4. 1989. Die Erstreckung des BDSG auf aktenmäßig gespeicherte Daten scheint geplant. Endgültiges ist im Zeitpunkt der Drucklegung nicht absehbar; hierzu F.A.Z. 1990 Nr. 62 vom 14. 3. 1990, S. 7.

Abs. 1 GG) im Sinne informationeller Selbstbestimmung verlangt (sub G XI). Jedenfalls ist die gleichmäßige Anwendung dieser oder noch ausgewogenerer Datenschutznormen auf publizistische, personenbezogene Daten aller Medien unabdingbar und durch entsprechende Reformgesetze sicherzustellen (BDSG, LDSG bzw. LRuFuG). Im Interesse der Medien sollte dabei geklärt werden, was geschieht, wenn Medienarchive in geringem Umfang Auskunft und Einblick für nicht publizistische Zwecke gewähren (Information von Lesern etc.). Soweit dies nur in geringerem und gelegentlichem Umfange geschieht, muß das Archiv bzw. die Datenbank insgesamt privilegiert bleiben.[128] Die Übermittlung der konkreten publizistischen Daten im Einzelfall sollte dann aber – und dies bedürfte der Klarstellung – allgemeinen Regeln folgen, wäre dann also nur möglich, falls die Daten allgemein speicherungs- und übermittlungsfähig waren, und müßte auskunftspflichtig machen, soweit die Erstspeicherung auskunftspflichtig war. Die Gesetzesvorschläge[129] meiden bisher – wohl aus Unsicherheit – hier die nötige Klarheit. Bei abrufbaren Textmedien fällt die Abgrenzung zwischen klassischen publizistischen Daten und gewöhnlichen geschäftsmäßig gespeicherten Daten besonders schwer. Ob sie überhaupt sinnvoll durchhaltbar oder ob hier nicht besser ein besonderer bereichsspezifischer Datenschutz zu entwickeln ist,[130] muß offen bleiben, zumal Bildschirmtexte als Massenmedien bisher kaum persönlichkeitsrechtliche Kollisionsprobleme aufgeworfen haben.

3. Individualschutz durch Aufsicht?

Ähnlich wie bei individualschützenden Programmgrundsätzen bzw. journalistischen Regeln stellt sich auch bei datenschützenden Regeln die Frage nach einem Bedarf behördlicher Aufsicht neben dem Privatrechtsschutz.

a) Geltendes Recht

Das BDSG, das für Rundfunkanstalten des Bundesrechts und private Druckmedien eingeschränkt gilt, unterstellt die Rundfunkanstalten des Bundesrechts der Aufsicht des Bundesbeauftragten für Datenschutz (§§ 7, 19, 20 BDSG), private Druckmedien haben einen Datenschutzbeauftragten zu stellen (§§ 28, 29 BDSG) und unterliegen der Aufsichtsbehörde der einzelnen Länder (§ 30 BDSG); allgemeine Oberinstanz oder Mittelinstanz, Datenschutzkommission bzw. Datenschutzbeauftragter). Den öffentlichen

---

[128] Guter Überblick zum Meinungsstand bei *Wente*, Recht der Recherche, S. 251–253; *Simitis* u. a., BDSG, § 1 Rn. 81 ff.
[129] § 37 Gesetzesentwurf BDSG; § 53 SPD-Entwurf.
[130] Hierzu *Simitis* AfP 1990, Nr. 1 sub 3 (bei und in Fn. 5 ff.); ferner *Ulbricht* AfP 1989, 438 ff., 440.

Rundfunkanstalten gestehen die Landesgesetze auch beim Datenschutz Selbstverwaltung in Gestalt eines eigenen Datenschutzbeauftragten und der Selbstüberwachung (Intendant, Verwaltungsrat bzw. Rundfunkrat) zu.[131] Die neuen privaten Funkmedien unterliegen entweder wie die Druckmedien der allgemeinen Aufsicht,[132] der Aufsicht des Landesdatenschutzbeauftragten (u. U. zusammen mit der Rundfunkaufsichtsanstalt)[133] oder der Aufsicht eines besonderen Beauftragten der Rundfunkaufsichtsanstalt in Zusammenarbeit mit der Anstalt.[134]

Die Informationsrechte der Aufsichtsbehörde gehen auf umfassende Auskunft und Zutritt zu Grundstücken und Räumen.[135] Der individualschützende Charakter der Aufsicht zeigt sich vor allem bei der sog. Anlaßaufsicht, die auf die begründete Behauptung einer Rechtsverletzung durch den Betroffenen einsetzt.[136] Der Betroffene hat einen Anspruch gegen die Datenaufsichtsbehörde auf Entgegennahme seiner Beschwerde, auf sachliche Prüfung und Bescheidung, hingegen keinen klagbaren Anspruch auf bestimmte Maßnahmen oder Feststellungen.[137] Die öffentlichrechtlichen Folgerungen aus Datenschutzrechtsverletzungen müssen vielmehr bei öffentlichen Rundfunkanstalten von den Rundfunkaufsichtsgremien selbst[138] und bei privaten Funkmedien von den Aufsichtsanstalten der Länder[139] gezogen werden, bei privaten Druckmedien bleibt praktisch keine behördliche Sanktion.

b) Perspektiven und Reform

Die individualschützende Funktion der Datenaufsicht liegt rechtspraktisch in der Unterrichtung des Betroffenen über das Untersuchungsergebnis, die von der h. M.[140] als Inhalt notwendiger Bescheidung geschildert ist. Die fehlende Kodifikation dieser Unterrichtungspflicht[141] ist ein bedenklicher und reformwürdiger Mangel;[142] denn die Unterrichtung erleichtert dem einzelnen die eigene Rechtswahrnehmung, die Kenntnisse über den fremden Geschäftsbereich erfordert.

---

[131] § 22 DSG BW; Art. 21 DSG Bayern; §§ 27 DSG Berlin; 29 DSG Bremen; 24 DSG Hamburg; 37 Abs. 2 DSG Hessen; 52 WDRG; 24 DSG RhPf; 23 Abs. 3 DSG Saarland.

[132] Z. B. § 80 Abs. 1 LMedienG BW (hierzu *Bullinger/Gödel*, LMedienG, 1986, § 80 Rz. 1); §§ 47, 48 LRuFuG Nds; § 63 Abs. 8 LRuFuG Saarland; §§ 43, 44 LRuFuG SchlH.

[133] Z. B. Art. 19 Abs. 2 MEG Bayern; § 51 HambMedienG; § 34 Abs. 2 LRuFuG RhPf (Datenschutzkommission); § 54 LRuFuG Hessen.

[134] Z. B. § 50 LRuFuG NRW.

[135] § 19 Abs. 3 BDSG und DSG der Länder (öffentliche Stellen); § 30 Abs. 2 und 3 BDSG (private Stellen); Art. 19 Abs. 3 MEG Bayern; § 51 Abs. 6 und 7 HambMedienG; § 50 Abs. 8 und 9 LRuFuG NRW; § 34 Abs. 3 LRuFuG RhPf.

[136] §§ 21, 30 Abs. 1 BDSG; ferner z. B. §§ 22 Abs. 6, 19 DSG BW; § 27 Abs. 5 DSG Berlin; § 24 Abs. 5 DSG Hamburg; § 37 Abs. 2 S. 2 DSG Hessen.

[137] Hierzu *Simitis* u. a., BDSG, § 21 Rn. 18 ff.; § 30 Rn. 72 ff., 77 ff.

[138] § 20 BDSG; für die Länderanstalten die Sonderregeln der DSG der Länder (Fußn. 131).

[139] Z. T. ausdrücklich angesprochen: § 51 Abs. 4 HambMedienG (Teil- oder Volluntersagung); § 50 Abs. 3 LRuFuG NRW; § 34 Abs. 2 S. 2 LRuFuG RhPf; § 54 S. 2 LRuFuG Hessen; § 63 Abs. 8 LRuFuG Saarland.

[140] Hierzu *Simitis* u. a., BDSG, § 30 Rn. 77 ff.

[141] §§ 20, 21, 30, 40 BDSG und die entspr. landesrechtlichen Vorschriften.

Diese Unterrichtungspflicht durch die Aufsichtsbehörde macht aber auch den verfassungsrechtlichen Konflikt plastisch deutlich, der sich mit der behördlichen Aufsicht über Medien schon nach geltendem Recht und erst recht nach einem reformierten erweiterten Datenschutz verbindet. Was soll z. B. aufsichtsbehördlich geschehen, wenn ein Oppositionspolitiker behauptet, ein Presseunternehmen habe ursprünglich publizistische Daten des Persönlichkeitsbereichs an die Regierungspartei weitergegeben und damit entgegen § 24 Abs. 1 BDSG zum politischen, nichtpublizistischen Kampf zweckentfremdet? Was soll die Aufsichtsbehörde unternehmen, wenn – unter neuem Recht – ein Bürger behauptet, man habe über die einer persönlichkeitsrechtsverletzenden Berichterstattung zugrunde liegenden Daten eine unvollständige oder falsche Auskunft gegeben? Die Aufsichtsbehörde müßte hier letztlich publizistische Daten durchforschen und dabei sozusagen die Eingeweide der Presseunternehmen ausleuchten, um Rechtsverletzungen zu überprüfen und über sie zu berichten. Die verfassungsrechtliche Gewährleistung informationeller Selbstbestimmung und damit des Persönlichkeitsrechts[143] ist dabei abzuwägen gegen die Pressefreiheit, die auch den Schutz der Vertraulichkeit der Redaktionsarbeit umfaßt.[144] Es liegt auf der Hand, daß zumindest die Grenzen strafprozessualer Beschlagnahme (§ 97 Abs. 5 StPO) auch für Einsichtsrechte zu gelten hätten und die Unterrichtung das Redaktionsgeheimnis achten müßte.[145] Selbst wenn man diese Grenzen beachtet, bleibt ein Unterrichtungsrecht der Administration im Bereich publizistischer Daten problematisch, weil der Anlaß zur Ausforschung weniger gewichtig ist als etwa der begründete Verdacht einer Straftat im Strafprozeß. Allenfalls bei starker Mediatisierung der Aufsichtsbehörde oder bei selbstverwalteter Aufsicht (z. B. Wahl eines besonderen Beauftragten durch Rundfunkkommissionen,[146] Presserat etc.) schienen inhaltliche Aufsicht und Unterrichtung verfassungsrechtlich haltbar.[147] Vieles spricht indessen dafür, Aufsicht und

---

[142] Unverändert der Regierungsentwurf zum BDSG § 34; vorbildlich insoweit SPD-Entwurf 1988 § 38 Abs. 5. Ob die geplante Verbesserung des Regierungsentwurfs (F.A.Z. 1990 Nr. 62 vom 14. 3. 1990, S. 7) eine Unterrichtungspflicht berücksichtigt, ist im Zeitpunkt der Drucklegung nicht bekannt.
[143] Vgl. BVerfGE 65, 1 ff., 41 ff.
[144] Zuletzt BVerfGE 66, 116 ff., 133 ff. und 77, 65, 75 f. m. w. N.
[145] So für die Auskunftspflicht der Funkmedien selbst §§ 50 Abs. 2 HambMedienG, 46 Abs. 3 LRuFuG NRW, 50 Abs. 3 WDRG, 63 Abs. 6 LRuFuG Saarland.
[146] So schon beim öffentlichen Rundfunk und teilweise beim Privatrundfunk, s. sub F V 3 a.
[147] Für eine Kooperation zwischen staatlicher Aufsichtsbehörde und Selbstverwaltungsorganen der Medien bei der Schaffung von Verarbeitungsregeln und ihrer Durchsetzung *Simitis* AfP 1990, Nr. 1 sub 7 m. Nw. Gesetzesreife mit unmittelbar individualschützender Wirkung kann man solchen Grundkonzeptionen bisher allerdings kaum attestieren.

Unterrichtung über publizistische Daten auf organisatorische Maßnahmen (Trennung von nichtpublizistischen Daten, Sicherung gegen Fremdeingriffe, Maßnahmen zur Mitspeicherung von Gegendarstellungen etc.) zu beschränken und den Individualschutz im übrigen voll den zivilrechtlichen Rechtsbehelfen zu überlassen. Mit persönlichen Belastungen wird der Kampf ums Recht immer verbunden sein; die Vorstellung, datenschützerische Prävention könne hieran etwas ändern,[148] zeugt von m. E. unbegründetem Optimismus. Hinzu kommt, daß der Zuständigkeitswirrwarr bei der Datenaufsicht über Medien besonders bürgerunfreundlich ist und ein wirksames Instrumentarium mit Breitenwirkung nur bei einer kaum realistischen Zuständigkeitsvereinheitlichung geschaffen wäre. Endlich: eine effektive inhaltliche Kontrolle publizistischer Daten müßte die Gefahr der Verlagerung in den Privatbereich der sammelnden Redakteure verstärken mit komplizierenden unliebsamen Konsequenzen.

---

[148] So teilweise Simitis AfP 1990, Nr. 1, sub 5.

G. Der Individualschutz gegen Medienübergriffe im Privatrecht

I. Aufrechterhaltung und Fortentwicklung deutscher Vielfalt?

Es ist schon gesagt worden, das deutsche Recht biete gegen Persönlichkeitsrechtsverletzungen vor allem durch unerwünschte Tatsachenbehauptungen vielfältigen Schutz wie kaum eine andere Rechtsordnung:[1] Unterlassung, Widerruf, Gegendarstellung, Schadensersatz. Daran ist sicher richtig, daß der deutsche zivilrechtliche Schutz relativ gut ausgebaut ist, vor allem verglichen mit U.S.A. und England. Wo allerdings – wie z.B. in den U.S.A. – präventiver Rechtsschutz weithin fehlt und eine Gegendarstellung nur als Obliegenheit schadensmindernd wirkt[2] oder Gegenstand rundfunkbehördlicher Aufsicht ist,[3] beginnt die Schadensersatzsanktion als einzig wesentliches Regulativ zweifelhaftes Gewicht zu entwicklen („volle Freiheit mit dickem Ende"), und gerade den Amerikanern sind die Nachteile der einseitigen Gewichtung auf repressiven Rechtsschutz mit harten finanziellen Konsequenzen durchaus bewußt.[4] Auch England, das ein privatrechtliches „right of privacy" und ein privatrechtliches „right of reply" letztlich nicht kennt und die Naturalkompensation besonderen Rundfunkorganen bzw. der Selbstkontrolle überläßt,[5] sucht dafür in einer Dehnung des defamation-Tatbestandes mit einer strengen und finanziell aufwendigen Schadensersatzhaftung sein Heil[6] – ein Umstand, der gerade wieder die Times zu einer Klage beim EGMR veranlaßt hat.[7] Man muß auch immer sehen, daß etwa England für die verfahrensbefangene Persönlichkeit strafrechtliche und gerichtsverfassungsrechtliche Schutzformen entwickelt hat, die zivilrechtlichen Schutz unnötig machen.[8]

Wenn das deutsche Recht sich strafrechtlich, gerichtsverfassungsrechtlich und verwaltungsrechtlich eher zurückhält und zurückhalten sollte, Formen der Selbstkontrolle mehr öffentliche Gegenkritik darstellen als Verhinderung und Kompensation bewirken sollen und die Schadensersatzsanktion nicht existenzbedrohend anwachsen darf, so bietet sich die gleichmäßige Fortentwicklung auch präventiver und naturalkompensatorischer Schutzformen an, wie sie Gesetzgebung

---

[1] *Kübler* JZ 1984, 541 ff., 546.
[2] Hierzu *Stadler* JZ 1989, 1084 ff., 1094 m. Nw.; *Zuckman* u. a., Mass Communications Law, 3rd ed. 1988, p. 61.
[3] Sub F II 3 b.
[4] Zur sog. Schuller-Bill 1985 und Reformüberlegungen, die auf bloße Feststellung der Rechtsverletzung ohne Schadensersatz abzielen, *Stadler* JZ 1989, 1084 ff., 1094 l. Sp.
[5] Sub F I 1c, F I 2b, F II 3b.
[6] Hierzu *Kötz*, Der zivilrechtliche Persönlichkeitsschutz im anglo-amerikanischen Rechtskreis, in: Schriftenreihe des Instituts für Rundfunkrecht Köln, Bd. 49, 1988, S. 97 ff.
[7] Hierzu die Mitteilung AfP 1989, 449; hiernach sind Summen von über 1 Million DM Schadensersatz durchaus denkbar!
[8] Sub E IV 3b; F III 4.

und Rechtsprechung vorgezeichnet haben. Die Gefahr nationaler Isolierung des deutschen Rechts ist dabei m. E. gering. In Frankreich tritt neben den Ersatz materiellen und immateriellen Schadens in neuerer Zeit zumindest teilweise auch der präventive Rechtsschutz,[9] der für den Schutz der Privatsphäre (le droit au respect de la vie privée) sogar kodifiziert ist (art. 9 Abs. 2 C.c.); dem Gegendarstellungsanspruch, der für Druckmedien die längste europäische Tradition hat[10] und auch gegen Funkmedien modifiziert gilt,[11] kommt durchaus naturalkompensatorische Wirkung zu, ebenso der Urteilsveröffentlichung[12] und der Verurteilung zum „franc symbolique"[13] bei eigentlich fehlendem Schaden. In Italien existieren neben der Schadensersatzsanktion, die bei immateriellem Schaden an Straftatbestände geknüpft[14] und bei Diffamation durch die Presse um eine Strafschadenssumme ergänzt ist,[15] der vorbeugende Unterlassungsanspruch[16] zur Prävention, zur Naturalkompensation die Urteilsveröffentlichung[17] und der Gegendarstellungsanspruch.[18] Das Gegendarstellungsrecht entspricht inzwischen gesamteuropäischem Mindeststandard,[19] so daß z. B. die amerikanische Lösung für Deutschland ohnehin gar nicht mehr gangbar wäre. Der Gang der internationalen Rechtsgeschichte weist eher auf das Durchsetzungsvermögen differenzierter Schutzsysteme ohne übertriebene Akzentsetzung auf einen Rechtsbehelf.

Der Trend zur Naturalkompensation und Naturalvollstreckung ist im übrigen keine Besonderheit des Persönlichkeitsschutzes im Medienrecht, sondern eine allgemeine

---

[9] Hierzu *Hohloch*, Die negatorischen Ansprüche und ihre Beziehung zum Schadensersatzrecht, 1976, S. 98–104; ders. ZUM 1986, 165, 168 f. Allerdings ist die Beschlagnahme („saisie") vor Erscheinen bzw. die gerichtliche Verhinderung des Erscheinens nur die ultima ratio, die greift, falls Schadensersatz keinen Ausgleich bringen könnte; *Lindon*, Les droits de la personnalité, 1983, S. 248 ff. m. Nw.; *Solal/Gatineau*, Communication presse écrite et audiovisuelle, 2 ed. 1985, S. 279 ff.
[10] Ausführlich *Kreuzer*, Festschr. Geiger, 1974, S. 61 ff., 62 ff.
[11] Nunmehr Décret du 6 avril 1987; hierzu *Francon*, Revue internationale du droit comparé 1989, 403 ff., 417 ff.
[12] *Hohloch*, Negatorische Ansprüche, S. 114 m. Nw.; *Lindon*, Les droits de la personnalité, S. 254 („publication de la décision avec astreinte").
[13] *Stoll*, International Encyclopedia of Comparative Law XI Ch. 8, 1983, S. 79; *Hohloch*, Negatorische Ansprüche, S. 103.
[14] Art. 2059 C.c. i. V. m. Art. 185, 594, 595 C.p.
[15] Art. 12 PresseG („somma a titolo di riparazione").
[16] Vgl. Art. 7, 9, 10 C.c.; zur Verallgemeinerungsfähigkeit *Alpa/Bessone/Sillani*, La responsabilità civile, Bd. IV, Turin 1987, S. 405.
[17] Hierzu *Alpa/Bessone/Sillani*, La responsabilità civile, S. 404, m. Nw.; ferner Art. 7 C.c., Art. 120 C.p.c. und zur Verallgemeinerung App. Turin v. 10. 2. 1983, Resp. Civ. Prev. 1984, 87.
[18] Art. 8 PresseG; Art. 7, 34 RundfunkG Nr. 103/1975.
[19] Vgl. European Convention on Transfrontier Television v. 15. 3. 1989, Art. 8 (RuF 1989, 335 ff.); EG-Fernsehrichtlinie Art. 23 (EG-ABl. Nr. L 298 v. 17. 10. 1989, S. 23 ff.).

Entwicklungslinie speziell des deutschen Rechts, das früher als andere Rechte die Vollstreckung möglichst aller Ansprüche in Natur intendiert hat[20] und die Freiheit zum Unrecht, die man sich durch Schadensersatz in Geld erkauft, nicht kennt. Wenn die Zeichen nicht trügen, geht die internationale Entwicklung auch insoweit eher in Richtung verstärkter Erzwingbarkeit von Ansprüchen und Rechten (z. B. Ausbreitung der „astreinte", der „injunction" und der „specific performance" im Vertragsrecht), das historisch ältere Modell reinen Geldersatzes bzw. der Geldstrafe für Rechtsbruch hat mehr und mehr ausgedient. Ein Bedürfnis nach einer grundsätzlichen Korrektur des deutschen zivilrechtlichen Schutzsystems besteht also trotz oder gerade wegen seiner Vielfalt nicht. Es kann sich nur um eine Verfeinerung handeln, die übrigens durchaus nicht immer eine Verschärfung zuungunsten der Medien sein muß.

II. Grundfragen des Kodifikationsbedarfs

1. Kodifikation oder Case-Law?

a) Reformgeschichte

Es gibt mehrere Versuche, das Verhältnis von Persönlichkeitsrecht und Medien ganz oder teilweise zu kodifizieren: den ausführlichen Regierungsentwurf eines Gesetzes zur Neuordnung des zivilrechtlichen Persönlichkeits- und Ehrenschutzes von 1959,[21] der das Persönlichkeitsrecht generalklauselartig und in Einzeltatbeständen einschließlich des Gegendarstellungsanspruchs dem Allgemeinen Teil des BGB (§§ 12–20) inkorporieren und die Schadensersatzvorschriften anpassen wollte; den Referentenentwurf eines Gesetzes zur Änderung und Ergänzung schadensersatzrechtlicher Vorschriften 1967,[22] der das Persönlichkeitsrecht als weiteres Rechtsgut in § 823 Abs. 1 BGB einfügte und § 824 BGB auf Werturteile erweiterte; den Entwurf eines Presserechtsrahmengesetzes 1974, der den privatrechtlichen Datenschutz mit Auskunfts- und Berichtigungsanspruch, eine Neufassung des Gegendarstellungsrechts und kostensparende Streitwertbegrenzungen für Presseprozesse vorsah;[23] endlich die bereits erwähnten Entwürfe zum Datenschutzrecht mit Auskunfts- und Berichtigungsansprüchen.[24] Alle Entwürfe sind bisher an dogmatischen Streitfragen, insbesondere dem ungeklärten Verhältnis von Erfolgs- und Handlungsunrecht im Deliktrecht, der Unlust an ausführlicherer

---

[20] Hierzu *Stürner* JZ 1976, 384 ff., 389; zur weltweiten Entwicklung *Jacobssen/Jacob*, Trends in the enforcement of non-money jugdments and orders, 1988.
[21] BR-Drucks. 217/59 und BT-Drucks. 3/1237 v. 18. 8. 59; hierzu UFITA 29 (1959), 39 ff.
[22] Bundesministerium der Justiz, Verlag Versicherungswirtschaft e. V. 1967.
[23] Abgedruckt bei *Hoffmann-Riem/Plander*, Rechtsfragen der Pressereform, 1977, S. 213 ff. (hier: §§ 6, 8, 29).
[24] Hierzu F V 2 b.

Kodifikation überhaupt und dem Widerstand der Medien gescheitert, die – teilweise übrigens nicht zu Unrecht – zu starke Kontrolltendenzen fürchteten.

b) Kodifikationsbedarf?

Der Sinn einer Kodifikation kann zunächst darin bestehen, mühsam zugängliches Fallrecht in übersichtliche, leicht zugängliche Regeln zu fassen, also Rechtsklarheit und Rechtssicherheit zu fördern. Diese Funktion der Kodifikation, wie sie dem Fallrecht entwächst, wird dem Kontinentaleuropäer besonders eindringlich in Gestalt der U.S.-amerikanischen Restatements, aber auch der Model Codes vor Augen geführt, obwohl es sich dabei natürlich nicht um förmliche Kodifikationen handelt. Ein solches Bedürfnis nach mehr Übersichtlichkeit und Klarheit besteht im deutschen Persönlichkeitsmedienrecht in hohem Maße. Auch der versierte Jurist muß die für die einzelnen Schutzpositionen des Persönlichkeitsrechts geltenden Abwägungsregeln sich jedes Mal neu aus einer großen Rechtsmasse herausdestillieren, die Rechtsfolgen einer Schutzpositionsverletzung sind sehr unterschiedlich und so sehr Filigranwerk, daß ein klarer Überblick schwer zu gewinnen ist. Der Sinn einer Kodifikation besteht aber auch in der Steuerung und Korrektur einer Rechtsmaterie durch den Gesetzgeber. Wo das BVerfG – wie in vielen Bereichen des Persönlichkeitsschutzes – den Rahmen vorgegeben hat, wird sich zwar die Aktivität des Gesetzgebers auf ein Nachzeichnen und Harmonisieren beschränken müssen. Es gibt aber durchaus Bereiche des Persönlichkeitsrechts – vor allem auf der Rechtsfolgenseite und im Gegendarstellungsrecht –, wo eine Steuerung von Divergenzen und Fehlentwicklungen der Rechtsprechung möglich schiene und auch notwendige neue Akzente zu setzen wären, welche über den Rechtsfortbildungsauftrag der Rechtsprechung hinausgehen. Auch die Ausgewogenheit der Gesamtentwicklung bedarf gesetzgeberischer Überwachung.

c) Generalklausel oder Einzeltatbestände?

Die Generalklausel, mit der nur das Persönlichkeitsrecht in die bestehenden Schutznormen des BGB eingefügt würde, müßte den geschilderten Zweck einer Kodifikation völlig verfehlen. Eine Reform lohnt nur, wenn dieses wichtige Rechtsgebiet in seinen einzelnen Ausprägungen ausführlicher geregelt wird.[25] Dabei lassen sich Einzelregelungen mit einer Generalklausel als Auffangtatbestand kombinie-

---

[25] A.A. z.B. *von Bar*, Gutachten und Vorschläge zur Überarbeitung des Schuldrechts, Bd. II, 1981, S. 1753/1754.

ren, so daß dem Bedürfnis nach Rechtsklarheit und Spielraum für Rechtsfortentwicklung gleichermaßen Rechnung getragen ist. Vor allem Verbesserungen bei den Rechtsfolgen einer Persönlichkeitsrechtsverletzung kann eine Generalklausel überhaupt nicht erfassen. So läßt die schweizerische Generalklausel zum Schutz des Persönlichkeitsrechts nicht nur bei der Festlegung rechtswidriger Verletzungsformen, sondern auch bei der Zuordnung der aufgezählten Rechtsfolgen allzu vieles offen (Art. 28, 28a ZGB). Immerhin konnte das Zivilgesetzbuch der DDR 1975 die schweizerische Regelung noch im Entwurfsstadium in ein völlig anderes rechtliches Umfeld teilweise übernehmen (§ 327 ZGB DDR), ohne den Import des schweizerischen Medienpersönlichkeitsrechts befürchten zu müssen. Die Grenzen kodifikatorischer Steuerung zeigen sich eben bei generalklauselartigen Tatbeständen besonders deutlich.

2. Ort einer Regelung

a) Sinnhaftigkeit einer einheitlichen BGB-Regelung des Persönlichkeitsrechtsschutzes

Die Problematik einer Kodifikation des Persönlichkeitsmedienrechts liegt weniger in der Frage nach dem „Ob" als dem „Wo" einer systematisch geschlossenen Neuregelung. Die innere Sachgesetzlichkeit weist auf den Allgemeinen Teil des BGB (§§ 12ff.) und das Deliktsrecht (§§ 823, 847). Soweit Widerruf, Veröffentlichungspflicht, Unterlassung oder Schadensersatz in Frage stehen, muß der Persönlichkeitsschutz gegen Medien mit dem Schutz vor anderen Eingriffen harmonieren, öffentlich-rechtliche Übergriffe im Recht der öffentlichen Funkmedien sind abgeschlagen (sub F I 1b), eine Sonderregelung im Medienrecht stand in Deutschland – anders als z.B. in Österreich oder Frankreich[26] – insoweit bisher nicht zur Diskussion. Die Inkorporation des Bildnisschutzes ins BGB wäre die notwendige Konsequenz der Entwicklung eines allgemeinen Persönlichkeitsrechts, der Neukodifikation des UrheberrechtsG und der Schrumpfung des alten KunsturheberG auf den Bildnisschutz. Die Einordnung des Gegendarstellungsanspruchs schwankt in der Reformdiskussion zwischen BGB – so der Entwurf 1959 – und Medienrecht – so bisher die Landespressegesetze, Landesrundfunkgesetze und der Presserechtsrahmengesetzentwurf 1974. Kaum Streit dürfte darüber

---

[26] Vgl. §§ 6–8 MedienG 1981 Österreich (Entschädigungsbetrag bei übler Nachrede, Indiskretion etc. im Strafverfahren), ähnlich art. 29ff. loi sur la liberté de la presse 1881 mit Novellierungen („injure" und „diffamation" als Pressedelikte, Strafverfahren mit Entschädigungsmöglichkeit; zur wahlweisen Zivilklage Solal/Gatineau, Communication presse écrite et audiovisuelle, 2 ed. 1985, p. 92).

bestehen, daß der Gegendarstellungsanspruch vorrangig ein Rechtsbehelf des Persönlichkeitsrechts[27] ist, seine Medienbezogenheit teilt er mit den anderen Rechtsbehelfen des Persönlichkeitsrechts, die sich ganz überwiegend im Konflikt mit Medien entwickelt haben. Die Notwendigkeit der Einpassung des Gegendarstellungsanspruchs ins persönlichkeitsrechtliche Gesamtschutzsystem und bessere Übersichtlichkeit zur Erleichterung der Rechtsverfolgung sprechen für eine umfassende Regelung im BGB – so auch inzwischen das reformierte schweizerische Recht (Art. 28 g–28 l ZGB).

b) Verfassungsrechtliche Kompetenzfragen

Eine solche Gesamtkonzeption führt indessen auf bekannte verfassungsrechtliche Zweifelsfragen gesetzgeberischer Kompetenz. Eine einheitliche Kodifikation für alle Medien im BGB wäre nur unproblematisch, falls man sämtliche Rechtsbehelfe des Persönlichkeitsschutzes zum bürgerlichen Recht im Sinne grundgesetzlicher Gesetzgebungskompetenz rechnen wollte (Art. 74 Nr. 1 GG), gleichgültig ob sie medienrechtliche Besonderheiten beinhalten oder nicht. Vor allem für den Gegendarstellungsanspruch ist dies aber sehr umstritten. Die Rechtsprechung des BVerfG zur Kompetenzabgrenzung zwischen Art. 74 Nr. 1 GG (bürgerliches Recht, Strafrecht, Gerichtsverfahrensrecht) und Art. 75 Nr. 2 GG (allgemeine Rechtsverhältnisse der Presse) hat die kurze Verjährung von Pressedelikten zum Presserecht,[28] das Zeugnisverweigerungsrecht zum Verfahrensrecht[29] und das einstweilige Verfahren beim Gegendarstellungsanspruch zum Presserecht[30] geschlagen und ergibt so keine klare Linie, obgleich die Zuordnung des presserechtlichen Gegendarstellungsrechts zur presserechtlichen Rahmenkompetenz des Bundes eher der h. M.[31] und verfassungsgerichtlicher Tendenz entspricht.[32] Diese Kompetenzzuordnung des Gegendarstellungsanspruchs bei Druckmedien besagt allerdings nichts Zwingendes über die Zuordnung des Gegendarstellungsanspruchs bei Funkmedien: weil hier eine besondere verfas-

---

[27] Hierzu BVerfGE 63, 131, 142; BGHZ 66, 182, 195; MünchKomm/*Schwerdtner* § 12 Rn. 373; *Löffler*, Presserecht I, 3. Aufl. 1983, § 11 Rn. 30ff.; ausführlich *Kreuzer*, Festschr. Geiger, 1974, S. 61 ff., 93 ff. m. Nw.

[28] BVerfGE 7, 29 ff., 38.

[29] BVerfGE 36, 193 ff., 201 ff.; ähnlich BVerfGE 48, 367 ff. zur weiteren Beschwerde gegen strafprozessuale Beschlagnahme.

[30] BVerfG AfP 1975, 800. Es handelt sich um eine schlecht begründete Dreierentscheidung; zu Recht kritisch *Wenzel* AfP 1975, 800, 801.

[31] Hierzu *Groß* DVBl 1981, 247, 248; *Maunz*, in: *Maunz/Dürig*, GG, Stand Okt. 1984 bzw. Mai 1986, Art. 74 Rn. 57 und Art. 75 Rn. 91, 101; *v. Münch*, GG, 2. Aufl. 1983, Art. 74 Rn. 5; wohl auch *Löffler*, Presserecht I, 3. Aufl. 1983, Einl. Rn. 93.

[32] Grundsätzlich a. A. *Lerche* JZ 1972, 468 ff. (Vorrang der Bundeskompetenz gemäß Art. 74 Nr. 1 GG).

sungsrechtliche Kompetenz für Medien fehlt, die wie beim Presserecht zur einschränkenden Auslegung der Kompetenz für bürgerliches Recht und Verfahrensrecht (Art. 74 Nr. 1 GG) zwingt,[33] erscheint die Zuordnung des funkmedienrechtlichen Gegendarstellungsanspruchs zum bürgerlichen Recht der konkurrierenden Bundeskompetenz denkbar und sinnvoll. Der Bund könnte also im BGB den Gegendarstellungsanspruch einheitlich für alle Medien im Sinne einer Rahmengesetzgebung regeln, welche die volle konkurrierende Kompetenz für Funkmedien nicht ausschöpft.[34] Damit wäre immerhin ein tragbarer Zustand geschaffen, der im Zeitalter der EG-Vereinheitlichung[35] die auf LandespresseG,[36] RundfunkG bzw. Staatsverträge[37] und MedienG[38] verstreute Regelung des Gegendarstellungsrechts mit ihren vielen Facetten vereinheitlichen und mit dem übrigen Persönlichkeitsschutz harmonisieren könnte.[39]

Falls man entgegen der hier vertretenen Ansicht den funkmedienrechtlichen Gegendarstellungsanspruch zum Rundfunkrecht schlüge und insoweit Länderkompetenz annehmen wollte, bliebe ohne Verfassungsänderung nur die landesrechtliche Angleichung im Presse- und Medienrecht oder die Regelung für Druckmedien in einem PresserechtsrahmenG, eine Kodifikation im BGB wäre sinnlos. Letztlich ist zu fragen, ob das Grundgesetz vor dem neuen Hintergrund der EG-Harmonisierungsbestrebungen, welche den Blick vom Bund-Länder-Verhältnis notwendigerweise auf das Verhältnis Bundesrepublik – EG lenken, nicht überall dort bundesfreundlicher ausgelegt werden müßte, wo es um Kompetenzen ohne Organisationsgewalt mit dem Trend zu unerwünschter Machtballung und Zentralisierung geht. Daß das Organisationsrecht der Medien nicht voll dem Bund zufällt – vor allem soweit es um aufsichtsrechtliche Kompetenzen und öffentlich-rechtliche Medien geht –, hat gute Gründe. Im Medienpersönlichkeitsrecht wirkt aber eine Kompetenzzersplitterung angesichts nahezu weltweiter Verbreitungsmöglichkeit reichlich provinziell, und man sollte alles tun, sie zu verhindern, indem man das GG angemessen interpretiert – seine Änderung sollte nicht nötig sein, auch wenn die jüngsten Überlegungen zur deutschen Einheit Verfassungsänderungen generell stärker ins Blickfeld gerückt haben. Einer zeitgemäßen Interpretation der Art. 74 Nr. 1, 75 Nr. 2 GG entspräche die Zuordnung des gesamten Medien-

---

[33] So die Argumentation BVerfGE 7, 29 ff., 38.
[34] Statt aller *Maunz* in: *Maunz/Dürig* Art. 74 Rn. 20.
[35] EG-Fernsehrichtlinie 1989 Art. 23.
[36] Für die Druckmedien: §§ 10 oder 11 der insgesamt *elf* Landespressegesetze mit variierendem Inhalt; für den Rundfunk: § 10 Abs. 6 LPG Berlin; § 25 Ziff. 2 LPG Bremen.
[37] Art. 17 BayRuFuG; § 25 RuFuG des Bundes; § 3 Nr. 9 HessRuFuG; § 12 NDR-Staatsvertrag; § 3 Abs. 3 Gesetz Radio Bremen; § 7 RuFuG Saarland; § 3 Abs. 1 G Süddeutscher Rundfunk iVm § 2 Ziff. 8 Satzung (sehr dürftig!); § 7 Südwestfunk-Staatsvertrag (Beschränkung auf wahrheitswidrige Tatsachen!); § 9 WDRG; § 4 ZDF-Staatsvertrag; Ziff. IV ARD-Programmrichtlinien; Art. 7 Bildschirmtext-Staatsvertrag.
[38] § 47 KabelpilotprojektG Berlin; § 3 SatellitenprogrammG Hessen; § 55 MedienG BW; Art. 17 MEG Bayern; § 13 MedienG Hamburg; § 18 LRuFuG Nds; § 18 LRuFuG NRW; § 16 LRuFuG RhPf; § 19 RFG SchlHo; § 22 PRuFuG Hessen.
[39] Immerhin zählen die vorhergehenden drei Fußnoten 36 Rechtsquellen auf und schöpfen dabei die bundesdeutsche Rechtsmasse nicht aus!

persönlichkeitsrechts zum bürgerlichen Recht – gegenläufigen verfassungsgerichtlichen Tendenzen zum Trotz. Damit wären auch die Probleme des interlokalen Rechts (sub XV) weithin entschärft.

c) Datenrechtlicher Persönlichkeitsschutz

Das Elend verfassungsrechtlicher Kompetenzzersplitterung droht sich beim datenrechtlichen Persönlichkeitsschutz zu wiederholen, soweit Ansprüche auf Speicherung der Gegendarstellung, Auskunft über gespeicherte Daten und Berichtigungsansprüche in Frage stehen. Diese Ansprüche haben vorbeugende und unterstützende Funktion und müssen folglich als datenschutzrechtliche Verlängerung des klassischen Schutzinstrumentariums gesehen werden. Nachdem das Datenschutzrecht – auch soweit es bürgerlichrechtliche Ansprüche gewährt – aus dem BGB voll ausgegliedert und zur selbständigen geschlossenen Materie erwachsen ist, scheint nur eine Regelung in den Datenschutzgesetzen denkbar oder – bereichsspezifisch – in den einzelnen Mediengesetzen. Die angemessenste Lösung bestünde darin, die persönlichkeitsschützenden Ansprüche des Datenschutzrechtes, welche die herkömmlichen Rechtsbehelfe vorbereiten oder unterstützen, wie diese Rechtsbehelfe und Ansprüche einheitlich dem bürgerlichen Recht zuzurechnen, so daß der Bund konkurrierende Kompetenz hätte (Art. 74 Nr. 1 GG) und eine einheitliche Regelung für alle Medien im BDSG möglich wäre.[40]

Wenigstens eine einheitliche Rahmenkompetenz als zweitbeste Lösung müßte Ergebnis sachgerechter Kompetenzauslegung sein. Falls man entsprechend gegenwärtiger gesetzgeberischer Tendenz die datenrechtlichen Schutzansprüche dem Presserecht oder Rundfunkrecht zuordnen will, bliebe nur die Bundeskompetenz für die Rundfunkanstalten des Bundes,[41] die Rahmenkompetenz für die Druckmedien[42] und die Länderkompetenz für den übrigen Funk.[43] Nachdem im PresserechtsrahmenG politisch unerwünscht scheint, wäre dann die Rechtszersplitterung mit einer Vielzahl divergierender datenschutzrechtlicher Privatrechtsnormen besiegelt – synchrone Landesgesetzgebung ist bisher gerade hier nicht in Sicht, und entsprechende Regelungsvorschläge hätten eine schlechte Verwirklichungsprognose.

---

[40] So wohl § 53 SPD-Entwurf eines Bundesinformationsschutzgesetzes (RDV 1988, 297); in diesem Sinne *Maunz*, in: *Maunz/Dürig*, GG, Stand Okt. 1984, Art. 74 Rn. 61 m. Nw. Ob der verbesserte Regierungsentwurf (F.A.Z. 1990 Nr. 62 vom 14. 3. 1990, S. 7) eine einheitliche Regelung für alle Medien anstrebt, ist im Zeitpunkt der Drucklegung nicht bekannt.
[41] So § 1a des Entwurfs der SPD-regierten Länder zur Änderung des BDSG 1986 (BR-Drucks. 65/86); § 37 Regierungsentwurf BDSG 1988 (BR-Drucks. 618/88).
[42] So § 6 PresserechtsrahmenG 1974.
[43] Hierzu die Gesetzesnachweise sub F V 2a und b.

III. Der persönlichkeitsrechtliche Grundtatbestand

1. Begründung und Inhalt

Der persönlichkeitsrechtliche Grundtatbestand, wie er bei einer Entscheidung für die Kombination aus Grund- und Einzeltatbeständen zu schaffen ist, muß die traditionell absoluten Rechtsgüter des Persönlichkeitsrechts, nämlich Leben, Gesundheit, Körper, Freiheit und Namen als Tatbestände des Erfolgsunrechts formulieren, beim allgemeinen Persönlichkeitsrecht als Rahmenrecht hingegen die Güterabwägung tatbestandlich festschreiben und dabei insbesondere der gleichgewichtigen Bedeutung von Art. 5 GG gerecht werden. Es ist ein Geburtsfehler aller bisherigen Reformvorschläge und -entwürfe, daß sie diesen Aspekt nicht ausreichend berücksichtigt[44] und dadurch die berechtigte Kritik der Medienlobby auf sich gezogen haben.[45] Die Entwicklung z. B. in den U. S. A. als einem Land des case law[46] und in Frankreich als dem Mutterland moderner Kodifikation[47] weist wie in Deutschland auf diese Abwägungslösung, im Ergebnis gibt es keine freiheitliche Rechtsordnung, die fest definierte Verbotsgrenzen bzw. Verbotstatbestände mit scharf definierten Ausnahmen praktiziert. Es kommt bei diesem Grundtatbestand also nur darauf an, die Abwägungskriterien der Rechtsprechung des BVerfG[48] und des BGH[49] klar

---

[44] Hierzu v. Bar, Gutachten II, S. 1754 (E 1959); Nipperdey NJW 1967, 1985, 1987 (E 1967) und v. Bar, Gutachten II, S. 1757.

[45] Zum Parallelproblem beim eingerichteten Gewerbebetrieb Kübler JZ 1968, 542 ff., 547 f.; v. Bar, Gutachten II, S. 1757 f.

[46] New York Times v. Sullivan 376 U. S. 254 (1964); Time Inc. v. Hill 385 U. S. 374 (1967); Ginzburg v. Goldwater 396 U. S. 1049 (1970); Rosenbloom v. Metromedia 403 U. S. 29 (1971); Gertz v. Welch 418 U. S. 323 (1974); Cantrell v. Forest City Publishing 419 U. S. 245 (1974); Cox Broadcasting Corp. v. Cohn 420 U. S. 469 (1975); Herbert v. Lando 441 U. S. 153 (1979); Dun and Bradstreet, Inc. v. Greenmoss Builders, Inc., 472 U. S. 749 (1985); Hustler Magazine and Flint v. Falwell 56 L. W. 4180 (1988); zum Ganzen Stadler JZ 1989, 1084 ff.; Kübler JZ 1984, 541 ff., 542; Zuckman u. a., Mass Communications Law, 3 ed. 1988, S. 45 ff., 116 ff. m. Nw.

[47] Zur Relativierung der strengen Tatbestände der art. 29 ff. loi sur la liberté de la presse durch die Rechtsprechung s. Solal/Gatineau, Communication presse écrite et audiovisuelle, 2 ed. 1985, S. 89/90 („bonne foi" bei „diffamation"). S. 158/159 (provocation excusable beim „injure"-Tatbestand); zur Auslegung der Generalklausel der art. 9 C. c. (vie privée) nach Fallgruppen mit verschiedenen Abwägungsmerkmalen Lindon, Les droits de la personnalité, 1983, S. 256 ff., 261 ff. m. Nw.

[48] Wichtig BVerfGE 7, 198 (Lüth); 12, 113 (Schmidt/Spiegel); 30, 173 (Mephisto); 35, 202 (Lebach); 42, 143 (Deutschland-Magazin); 42, 163 (Echternach); 43, 130 („flüchtiger Leser" kein Maßstab); 51, 148 (Eppler); 54, 208 (Böll/Walden); 60, 234 (Kredithaie); 61, 1 („NPD Europas"); 66, 116 (Wallraff); 67, 213 (Straßentheater im Wahlkampf gegen Strauß); 68, 226 (ziviler Sicherheitsdienst); 69, 257 (Tolerierung von Abtreibung als „Mord"); 75, 369 (Strauß-Karikatur); NJW 1989, 3269 („Jugendsekte").

[49] Insoweit besonders bedeutsam BGHZ 24, 200 (heimliche Bildaufnahme und In-

wiederzugeben. Der geeignete Ort im BGB ist der Anfang des Allgemeinen Teils, also § 12 ff. BGB, eine Lösung, die voll dem schweizerischen Vorbild (Art. 28 ff. ZGB) und französischer bzw. italienischer Kodifikation[50] teilweise entspricht und der Bedeutung der natürlichen Person als zentraler Größe des BGB gerecht wird.

2. Formulierungsvorschlag

§ 12. Wer widerrechtlich das Leben, den Körper, die Gesundheit, die Freiheit oder den Namen eines anderen verletzt, ist zur Beseitigung der Beeinträchtigung verpflichtet. Gegen bevorstehende Beeinträchtigung kann der Verletzte auf Unterlassung klagen.

§ 13. (I) Wer widerrechtlich in sonstiger Weise die Persönlichkeit eines anderen beeinträchtigt, ist zur Beseitigung der Beeinträchtigung verpflichtet. Der Verletzte kann bei bevorstehender Beeinträchtigung auf Unterlassung klagen.

(II) Die Persönlichkeitsbeeinträchtigung ist nur widerrechtlich, wenn eine Güter- und Interessenabwägung dies ergibt. Bei der Abwägung sind Art, Anlaß und Beweggrund des Eingriffs sowie das Verhältnis zwischen dem mit ihm verfolgten Zweck und der Schwere des Eingriffs zu berücksichtigen. Dabei sind berechtigte Interessen, wie sie sich aus den verfassungsmäßigen Freiheitsrechten ergeben können, angemessen zu würdigen, insbesondere auch die öffentliche Aufgabe von Presse, Funk und Film, die Öffentlichkeit zu unterrichten und Kritik zu üben.[51]

IV. Schutz der persönlichen Identität

1. Formulierungsvorschlag

Ein Sondertatbestand sollte für unrichtige Tatsachenbehauptungen geschaffen werden, um die besonderen Schwierigkeiten des Rechtswidrigkeitsurteils gesetzgeberisch zu bewältigen und die Rechtsbehelfe zu präzisieren. Zur Veranschaulichung der weiteren Erörterungen sei ein Formulierungsvorschlag vorangestellt:

---

formationsinteresse); 31, 308 („alte Herren"); 36, 77 („Waffenhandel"); 39, 124 (Formalbeleidigung – Fernsehansagerin); BGH NJW 1964, 1471 (Sittenrichter); NJW 1965, 1374 (Bildnis des satten Deutschen); LM Art. 5 GG Nr. 16 (Gretna Green-Namensnennung); NJW 1965, 1476 („glanzlose Existenz"); NJW 1965, 2148 (Spielgefährtin); NJW 1966, 2353 („Vor unserer eigenen Tür"); BGHZ 45, 296 („Höllenfeuer"); 50, 133 (Mephisto); 73, 120 (Kohl/Biedenkopf); 75, 160 (Leugnung des Verfolgungsschicksals); 78, 9 („Verdeckte" Behauptungen); NJW 1981, 1366 („Aufmacher"); BGHZ 84, 237 (Moritat); 90, 113 (Bundesbahnplanung).

[50] Vgl. art. 9 C. c. Frankreich (vie privée); art. 5–10 C. c. Italien (Körper, Namen, Bild).

[51] Die Textfassung nimmt teilweise Vorschläge des E 1959 §§ 13, 14 auf, vor allem aber den Vorschlag bei v. Bar, Gutachten II, S. 1761 zum deliktischen Tatbestand der Persönlichkeitsrechtsverletzung (§ 825).

§ 14. (I) Eine Persönlichkeitsbeeinträchtigung im Rahmen einer Äußerung oder Berichterstattung ist insbesondere gegeben, wenn jemand durch die Behauptung oder Verbreitung unrichtiger Tatsachen das Persönlichkeitsbild in erheblicher Weise verfälscht.

(II) Die Beeinträchtigung ist als rechtswidrig zu beurteilen, falls nicht der behauptende oder verbreitende Teil die Richtigkeit beweist. Handelt der behauptende oder verbreitende Teil in Wahrnehmung berechtigter Interessen, erfüllt er dabei insbesondere die öffentliche Aufgabe der Medien zur Unterrichtung der Öffentlichkeit, so ist die Beeinträchtigung erst als rechtswidrig zu beurteilen, wenn er nähere Umstände für die Richtigkeit der Tatsache nicht ausreichend darlegt oder wenn der beeinträchtigte Teil der Unrichtigkeit des dargelegten Sachverhalts beweist. Auf die Wahrnehmung berechtigter Interessen kann sich nur berufen, wer die Richtigkeit einer Tatsache vor ihrer Behauptung oder Verbreitung mit der nach den Umständen gebotenen Sorgfalt auf Wahrheit, Inhalt und Herkunft geprüft hat.

(III) Ist eine rechtswidrige Beeinträchtigung zu besorgen, so kann der Betroffene auf Unterlassung klagen. Er kann Beseitigung einer fortbestehenden rechtswidrigen Beeinträchtigung durch die veröffentlichungspflichtige gerichtliche Feststellung verlangen, daß der behauptete oder verbreitete Sachverhalt unrichtig, klarstellungs- oder ergänzungsbedürftig sei, falls die Unrichtigkeit feststeht. Ergibt sich für die Unrichtigkeit der Tatsachendarstellung nur eine überwiegende Wahrscheinlichkeit, so kann der Betroffene die veröffentlichungspflichtige Feststellung beantragen, die Richtigkeit sei nicht erwiesen; die weitere Behauptung oder Verbreitung ohne gleichzeitigen Hinweis auf die gerichtliche Feststellung ist rechtswidrig.

(IV) Das Gericht ordnet die angemessene Veröffentlichung oder Verbreitung des Feststellungsurteils auf Kosten des behauptenden Teils an.

(V) Wenn das Persönlichkeitsbild ohne die nachfolgende Darstellung des zeitlich oder sachlich eng zusammenhängenden Fortgangs eines Berichtsereignisses erheblich verfälscht würde, so kann der Betroffene die angemessene Ergänzung eines Berichts verlangen, der in Presse oder Rundfunk verbreitet worden war.

2. Vom Ehrschutz zum Schutz der Identität

Der Schutz der Persönlichkeit vor unrichtigen Tatsachenbehauptungen hat sich lange Zeit hauptsächlich an strafrechtlichen Tatbeständen und Rechtfertigungsgründen orientiert, vor allem an §§ 186, 193 StGB, und damit auf ehrverletzende unwahre Behauptungen beschränkt.[52] Daneben hat sich zögernd vor allem im Bereich des „eigenen Worts" ein anderer Denkansatz durchgesetzt, der die Selbstdefinition des sozialen Geltungsanspruchs betont[53] und damit die Identität des Persönlichkeitsbildes und weniger die im Ehrbegriff liegende Fremddefinition des sozialen Geltungsanspruchs.[54] Dieser einleuchtenden verfassungsgerichtlichen Akzentverschiebung wird man am

---

[52] Hierzu *Wenzel*, Das Recht der Wort- und Bildberichterstattung, 3. Aufl. 1986, Rn. 5.53 ff. m. Nw. und Kritik.
[53] BGHZ 13, 335 (Schacht-Brief); BGH NJW 1965, 685 und BVerfGE 34, 269, 282 (Soraya-Interview); deutlich BVerfGE 54, 148, 155 (Eppler) und 54, 208, 217 (Böll/Walden); NJW 1989, 1789 (Rasterfahndung).
[54] Vgl. *Kübler* JZ 1984, 541, 544.

besten gerecht, wenn man generell jede unrichtige Darstellung als Persönlichkeitsbeeinträchtigung bewertet, die den Betroffenen „in ein falsches Licht" bringt[55] und damit in erheblicher Weise sein Persönlichkeitsbild verfälscht. Diese Korrektur der Rechtslage verdeutlicht vor allem neuere Entwicklungen der Rechtsprechung des BVerfG und nimmt literarische Reformvorschläge auf.[56]

3. Rechtswidrigkeit und Beweislage

Bei der Güterabwägung, die das Rechtswidrigkeitsurteil begründet, sind materiellrechtliche und beweisrechtliche Elemente zu berücksichtigen. Es entspricht der Rechtsprechung des BGH,[57] wie sie letztlich auch durch das BVerfG abgesegnet ist,[58] daß beeinträchtigende Tatsachen in Wahrnehmung berechtigter Interessen und nach Erfüllung einer Prüfungs- bzw. Recherchepflicht bis zum Beweis der Unwahrheit durch den Betroffenen verbreitet werden dürfen. Die gesetzliche Präzisierung dieser sorgsamen Balance zwischen Persönlichkeitsrecht und Presse- bzw. Meinungsfreiheit erscheint für die Fortorientierung des Medienrechts hilfreich, zumal von einer relativ abgeschlossenen Entwicklung mit weithin internationalem Standard auszugehen ist.[59] Es verdient auch Klarstellung, daß der Ausbruch aus der öffentlichen Aufgabe vor allem durch mangelhafte Recherche das Rechtswidrigkeitsurteil begründet, wenn nicht spätestens im Prozeß der Wahrheitsbeweis erbracht ist. Auf diese Weise ist „spekulativem" Journalismus (sub C II) behutsam ein Riegel vorgeschoben, der ins Blaue hinein Behauptungen aufstellt und in nicht vertretbarer Weise auf Wahrheitsfindung durch Provokation vertraut. Vorteilhaft ist schließlich die bundesrechtliche Kodifikation der Recherchepflicht im Medienpersönlichkeitsrecht.

4. Rechtsfolgen

Das Arsenal möglicher Rechtsfolgen kann sich auch für die Zukunft grundsätzlich am bewährten, von Lehre und Rechtsprechung

---

[55] BGH NJW 1977, 1288, 1289; zur U.S.-amerikanischen Genese insbesondere Time v. Hill 385 U.S. 374 (1967) und *Zuckman* u.a., Mass Communications Law, S. 130 ff. („false light").
[56] *Wenzel* GRUR 1970, 278, 286 f.; *Kübler* JZ 1984, 544; *Stürner*, Festschr. Lukes 1989, S. 237 ff., 241 ff.
[57] Vgl. BGHZ 37, 187, 191; NJW 1977, 1288; NJW 1985, 1621.
[58] BVerfGE 54, 148, 157; NJW 1989, 1789.
[59] Vgl. etwa *Solal/Gatineau*, Communication, 2 ed. 1985, S. 89 f.; *Zuckman* u.a., Mass Communications Law, 3rd ed. 1988, S. 77 ff.

entwickelten Kanon orientieren. Gewisse Korrekturen und Verbesserungen erscheinen allerdings zunächst beim Widerrufsanspruch angebracht. Das geltende Richterrecht geht zu Recht davon aus, daß ein voller Widerruf allein möglich ist, wenn die Unwahrheit einer Tatsache feststeht, und erkennt je nach Anlaß auf Richtigstellung, Klarstellung oder berichtigende Ergänzung;[60] der sog. eingeschränkte Widerruf (Nichtaufrechterhalten einer Behauptung) setzt doch noch voraus, daß ernstliche Anhaltspunkte für die Wahrheit fehlen und der Beweis der Unwahrheit „fast" erbracht ist.[61]

Es ist häufig vorgeschlagen worden, den Widerruf durch ein Feststellungsurteil zu ersetzen,[62] vor allem um Streitigkeiten um die Art des Widerrufs[63] und Vollstreckungsschwierigkeiten (§ 888 oder § 894 ZPO)[64] zu vermeiden und um dem Schuldner eine demütigende Willensbeugung zu ersparen. Auch wenn sich die Gerichte unter geltendem Recht dieser Argumentation verschlossen haben,[65] spricht de lege ferenda doch vieles für diesen Vorschlag. Der öffentliche „Widerruf" hat nicht nur eine unglückselige geistesgeschichtliche Tradition, er führt in der Tat zu Umständlichkeiten in der Vollstreckung, die man bei Veröffentlichung eines sachgerecht formulierten Feststellungstenors vermeiden könnte: bei Veröffentlichung im betroffenen Medium selbst Vollstreckung nach § 888 ZPO, sonst nach § 887 ZPO. Das Feststellungsurteil könnte auch die Halbherzigkeit des derzeitigen „eingeschränkten" Widerrufs durch eine ausgewogenere Lösung ersetzen: man mag die eigene Abstandserklärung erst bei hoher Wahrscheinlichkeit für die Unwahrheit zumuten können, die gerichtliche Feststellung der Nichterweislichkeit kann schon früher bei überwiegender Wahrscheinlichkeit für die Unwahrheit einsetzen und damit einen Ausgleich schaffen, der seither fehlt. Die Möglichkeit weiterer Verbreitung nur unter Berücksichtigung dieses Urteilsergebnisses knüpft an Vorschläge für einen „eingeschränkten" Unterlassungsanspruch[66] und bringt Meinungsfreiheit und Persönlichkeits-

---

[60] BGHZ 69, 181; zum Ganzen *Wenzel*, Wort- und Bildberichterstattung, Rn. 13.53 ff. m. Nw.
[61] BGHZ 69, 181; zum Ganzen *Wenzel*, Wort- und Bildberichterstattung, Rn. 13.53 ff. m. Nw.
[62] Statt vieler *Stoll*, Verh. 45. DJT 1964, Bd. I, S. 141 ff.; *Leipold* ZZP 84 (1971), 150 ff.; *Hohloch*, Gutachten Bd. I, 1981, S. 446 f.; zur schweizerischen Lösung vgl. Art. 28a Abs. 1 Nr. 3, Abs. 2 ZGB und *Pedrazzini/Oberholzer*, Grundriß des Personenrechts, 3. Aufl. 1989, S. 154 ff.; insoweit übernommen in § 327 Abs. 1 Nr. 4 ZGB DDR.
[63] Vgl. BVerfGE 28, 1, 10.
[64] Hierzu *Baur/Stürner*, Zwangsvollstreckungs-, Konkurs- und Vergleichsrecht, 11. Aufl. 1983, Rn. 670 und 699 m. Nw.
[65] BVerfGE 28, 1, 9; BGHZ 68, 331 ff.
[66] *Kübler* JZ 1984, 546/547.

recht in sinnvolle Konkordanz. An prozeßdogmatischen Erwägungen sollte die Tatsachenfeststellungsklage nicht scheitern: § 256 ZPO will mit seiner Beschränkung auf die Feststellung von Rechtsverhältnissen die unökonomische Zerstückelung von Prozessen in eine Vielzahl von Tatsachenfeststellungsverfahren verhindern; sein Zweck ist hier nicht betroffen, ganz abgesehen davon, daß er für den vom Gesetzgeber als wichtig erachteten Fall der Urkundenechtheit selbst eine Ausnahme zuläßt.

5. Ergänzungsanspruch

Einen Anspruch auf ergänzende Berichterstattung über den Fortgang von Ereignissen billigt die Rechtsprechung im Einklang mit ausländischen Pressegesetzen bisher nur im Falle späterer Aufhebung einer strafgerichtlichen Verurteilung zu, über die berichtet worden war.[67] Die ängstliche Beschränkung auf den Tatbestand des strafprozessualen Prozeßberichtes – wohl aus Furcht vor einer Pflicht der Medien zum „Fortsetzungsroman" – wirkt unausgereift.[68] Wenn die Medien um der Aktualität willen durch Berichte über „halbfertige" Vorgänge das Persönlichkeitsbild verändern, so bringt nur die Pflicht zum ergänzenden Bericht als sehr geringfügiger Eingriff in die Pressefreiheit den notwendigen Ausgleich, vor allem wenn der Normalbürger angesichts der Medienkonzentration bei anderen Medien mit Veröffentlichungswünschen kein Gehör findet; zur Abstufung dieser Ergänzung auf die Veröffentlichung einer Mitteilung des Betroffenen besteht – entgegen dem BGH – kein Grund. Wichtig ist die Beschränkung auf eng zusammenhängende Tatsachenkomplexe.

V. Schutz gegen ansehensmindernde Werturteile

1. Formulierungsvorschlag

§ 15. (I) Eine Persönlichkeitsbeeinträchtigung ist insbesondere gegeben, wenn jemand durch eine Meinungsäußerung Ehre und Ansehen eines anderen mindert.

(II) Die Güter- und Interessenabwägung zur Begründung der Widerrechtlichkeit hat insbesondere zu würdigen
1. die Vermutung zugunsten der freien Rede, vor allem bei Fragen mit Bedeutung für die öffentliche Meinungsbildung,
2. die Selbstdarstellung und das vorausgegangene Verhalten des Betroffenen,

---

[67] BGHZ 57, 325 ff.; so auch § 10 MedienG Österreich.
[68] *Wenzel*, Recht der Wort- und Bildberichterstattung, Rn. 13.69 ff.

3. den sachlichen Anlaß der Kritik,
4. das Verbot mißachtender Schmähkritik.

(III) Bei Zweifeln, ob eine Äußerung in ihrem Sinnzusammenhang als Tatsachenbehauptung oder als Meinungsäußerung zu werten sei, gilt die Vermutung zugunsten der Meinungsäußerung.

(IV) Ist eine rechtswidrige Beeinträchtigung zu besorgen, so kann der Betroffene auf Unterlassung klagen. Der Betroffene kann die Beseitigung einer fortbestehenden Beeinträchtigung durch die veröffentlichungspflichtige gerichtliche Feststellung verlangen, daß die Meinungsäußerung Ehre und Ansehen rechtswidrig verletzt habe. Das Gericht ordnet die angemessene Veröffentlichung oder Verbreitung des Feststellungsurteils auf Kosten des Verletzers an.

2. Funktion des Ehrschutztatbestandes und Rechtswidrigkeitsurteil

Die Ausdehnung des Persönlichkeitsschutzes auf alle unrichtigen Tatsachenbehauptungen unabhängig von einer Ehrverletzung bedingt die Schrumpfung des Ehrschutztatbestandes auf Meinungsäußerungen bzw. Werturteile. Die Rechtswidrigkeit ist nur mit einer Güterabwägungsformel befriedigend zu erfassen, die den Grundtatbestand ausreichend präzisiert. Die Kriterien, die vor allem das BVerfG für die gestattete Schärfe der Kritik „verfassungsfest" herausgearbeitet hat (Vermutung zugunsten der freien Rede; „Tatsachenkern" einer Kritik; vorausgegangener Geltungsanspruch des Kritisierten in der Öffentlichkeit; Bedeutung für die öffentliche Diskussion; Notwendigkeit deutlichen Akzents; Recht auf Gegenschlag nach scharfem Angriff etc.),[69] finden sich in dieser Güterabwägungsformel wieder. Der besondere Hinweis auf die Menschenwürde, den Geltungsanspruch als Person, im Sinne der äußersten Grenze zwischen u. U. noch berechtigter Kritik[70] und rechtswidriger Schmähkritik[71] ist wichtiger Bestandteil der Abwägungsformel. Die Offenheit des Abwägungstatbestandes läßt auch genügend Raum für sanfte Akzentverschiebungen, die trotz gewisser Versteinerungstendenzen der verfassungsgerichtlichen Rechtsprechung immer noch möglich und manchem auch wünschenswert scheinen.[72]

---

[69] Vor allem BVerfGE 7, 198, 228f. (Lüth); 12, 113, 130f. (Schmid/Spiegel); 24, 278, 282ff. (Tonjäger: „Östliche Zustände"); 42, 143 (Deutschland Magazin – rechtsradikales Hetzblatt); 42, 163 (Deutschland-Stiftung); 60, 234 (Kredithaie); 61, 1 (NPD Europas); 69, 257 (Tolerierung von Abtreibung als „Mord" – mit merkwürdiger Tendenz zur Enge!); NJW 1989, 3269 („Jugendsekte").
[70] Hierzu zuletzt BVerfGE 75, 369, 379/380 (Strauß-Karikatur).
[71] Vgl. BGHZ 45, 296, 306ff., 310 („Höllenfeuer"); hierzu *Kübler* JZ 1984, 546; ähnlich BGHZ 84, 237ff. (Horten/Delius).
[72] Für bessere Gewichtung zugunsten der Ehre z.B. *Tettinger* JZ 1983, 317, 325.

3. Abgrenzung Tatsachenbehauptung und Meinungsäußerung

Bei Tatsachenbehauptungen stützt sich das Rechtswidrigkeitsurteil auf andere – im Ergebnis schärfere – Abwägungskriterien als bei der Meinungsäußerung, die Unterschiede auf der Rechtsfolgenseite sind im geltenden Rechtsprechungsrecht erheblich (Widerruf), bei der vorgeschlagenen Neuregelung wären sie – darin liegt ein Vorteil – mehr gradueller Natur (verschieden gestaltete Feststellungsurteile). Die notwendige Unterscheidung von Tatsachenbehauptung und Meinungsäußerung kann nicht an die Beweisbarkeit anknüpfen,[73] weil die Beweisbarkeit ihrerseits Tatsachenqualität voraussetzt und so ein Zirkelschluß entsteht. Letztlich ist die Unterscheidung erkenntnistheoretisch schwer haltbar,[74] sie ist vielmehr selbst Ergebnis einer Wertung innerhalb eines bestimmten Sinnzusammenhanges.[75] Von besonderer Bedeutung ist deshalb die vom BVerfG aufgestellte Vermutung als Ausfluß der Meinungsfreiheit (Art. 5 GG), die eine Äußerung im Zweifel der milderen Kontrolle des Werturteils zuweist.[76] Sie erscheint kodifikationswürdig, weil sie der Schlüssel für die freiheitliche Prägung richterlicher Äußerungskontrolle ist;[77] dies auch dann, wenn man der konkreten Abwägung innerhalb des Ehrverletzungstatbestandes manchmal gerne andere Gewichtung wünschen würde.

4. Rechtsfolgen

Das Rechtsprechungsrecht versagt bekanntlich den Widerruf rechtswidriger Meinungsäußerungen[78] und beschränkt den Rechtsschutz damit auf Prävention (Unterlassungsklage) und schadensersatzrechtliche Repression in schweren Fällen. Eine Beseitigung der Beeinträchtigung ist so ausgeschlossen, es entsteht angesichts der – zu Recht – hohen Schwelle zum immateriellen Schadensersatz eine Rechtsschutzlücke, die nur das Strafrecht schließen kann (§§ 185, 200 StGB). Man sollte deshalb alte Vorschläge,[79] eine Beseitigung fortbestehender Beeinträchtigung durch veröffentlichungspflichtige ge-

---

[73] Zutreffend *Kübler* JZ 1984, 547 l. Sp.; fragwürdig § 9 Abs. 2 MedienG Österreich.
[74] Ausführlich *Wenzel* und *Steffen* AfP 1979, 276, 284; *Steffen*, RGRK, 12. Aufl., § 824 Rn. 12.
[75] Zutreffend *Wenzel*, Recht der Wort- und Bildberichterstattung, 3. Aufl. 1986, Rn. 4.51 ff.
[76] Andeutungsweise BVerfGE 42, 143, 149, 151; grundlegend BVerfGE 61, 1, 7 ff., 9.
[77] Zum Gewicht dieser Zweifelsregel zutreffend *Kübler* JZ 1984, 547.
[78] BGHZ 65, 325, 337; 99, 133, 138; *Brandner* JZ 1983, 689, 696.
[79] Insbesondere *Stoll*, Verh. 45. DJT 1964, Bd. I, S. 141 ff.; zu entsprechenden Vorschlägen in den U.S.A. *Stadler* JZ 1989, 1094; zur Schweiz Art. 28a Abs. 1 Nr. 3, Abs. 2 ZGB.

richtliche Feststellung zu gewähren, gesetzgeberisch verwirklichen; damit wäre auch das Rechtsschutzgefälle zum Rechtsschutz gegen unrichtige Tatsachenbehauptungen etwas ausgeglichener – ein angesichts der gültig kaum festlegbaren Unterscheidung besonders wohltuender Effekt. Wenn die Rechtsprechung in neuerer Zeit einen Anspruch auf Veröffentlichung freiwilliger Unterwerfungserklärungen zur Beseitigung fortbestehender Beeinträchtigungen zugesteht, so zeigt sich darin sicheres Gespür für die Notwendigkeit einer Rechtsfortbildung.[80]

VI. Schutz der Anonymität und Vertraulichkeit

1. Formulierungsvorschlag

§ 16. (I) Eine Persönlichkeitsbeeinträchtigung ist insbesondere gegeben, wenn jemand persönliche Lebenssachverhalte, das Bild oder gesprochene Wort eines anderen veröffentlicht oder verbreitet.

(II) Veröffentlichungen über den Intimbereich sind ebenso wie die öffentliche Wiedergabe einer Tonbandaufnahme des nichtöffentlich gesprochenen Worts oder von Bildaufnahmen einer Person in ihrem Geheim- und Privatbereich grundsätzlich nur mit Einwilligung des Betroffenen rechtmäßig. Im übrigen hat die Güter- und Interessenabwägung zur Begründung der Widerrechtlichkeit insbesondere zu würdigen:

1. ob es sich um einen Sachverhalt des Geheimbereichs, des Privatbereichs, der Sozialsphäre oder nur der Öffentlichkeitssphäre der Persönlichkeit handelt;
2. ob die Wahrnehmung der verfassungsmäßigen Freiheitsrechte, insbesondere der Medien, zeitgeschichtlichen Informationsbedürfnissen oder dem Interesse von Kunst und Wissenschaft dient;
3. ob die Identität des Betroffenen erkennbar und ob er Haupt- oder bloß Nebenfigur ist;
4. ob die veröffentlichte Information rechtswidrig beschafft ist.

(III) Ist eine rechtswidrige Beeinträchtigung zu besorgen, so kann der Betroffene auf Unterlassung klagen. Er kann die Beseitigung einer fortbestehenden Beeinträchtigung durch die veröffentlichungspflichtige gerichtliche Feststellung verlangen, daß das Verhalten des Störers sein Persönlichkeitsrecht rechtswidrig verletzt habe. Das Gericht ordnet die angemessene Veröffentlichung oder Verbreitung des Feststellungsurteils auf Kosten des Verletzers an. Der Betroffene kann nach Wahl des Verletzers Vernichtung oder Herausgabe von Bild- oder Tonaufnahmen verlangen.

§ 17. (I) Eine Persönlichkeitsbeeinträchtigung ist insbesondere gegeben, wenn jemand persönliche Lebenssachverhalte eines anderen ermittelt oder das Bild oder gesprochene Wort eines anderen aufnimmt oder sonst festhält.

(II) Erfüllt das Verhalten den Tatbestand einer strafrechtlichen Schutzvorschrift, so ist es grundsätzlich nur bei Einwilligung des Betroffenen rechtmäßig. Im übrigen hat die Güterabwägung zur Begründung der Widerrechtlichkeit insbesondere zu würdigen:

---

[80] BGHZ 99, 133 ff.

1. welcher Bereich des Persönlichkeitsrechts (§ 16 II) von der Ermittlung oder Aufnahme betroffen ist;
2. ob die Ermittlung oder Aufnahme in Wahrnehmung verfassungsmäßiger Freiheitsrechte einem rechtmäßigen Zweck zu dienen bestimmt ist und ob sie angesichts des Gewichts dieses Zwecks noch angemessen erscheint;
3. die Art und Weise der Ermittlung oder Aufnahme, insbesondere ob sie heimlich oder unter Überwindung vertraulichkeitswahrender Vorkehrungen erfolgt.

(III) Die Rechtsfolgen gemäß § 16 III gelten entsprechend.

2. Persönlichkeitsrechtsverletzung durch Veröffentlichung oder Verbreitung

a) Einheitlicher Tatbestand

Die rechtswidrige Veröffentlichung unter Verletzung des Persönlichkeitsrechts ist bisher überwiegend Richterrecht und nur gesetzlich geregelt für das Recht am eigenen Bild in den Rumpfvorschriften des Kunsturhebergesetzes und für das Recht am eigenen Wort in §§ 823 Abs. 2 BGB, 201 Abs. 1 Nr. 2, 1. Alt. StGB. Ein einheitlicher Tatbestand bietet sich an zur konsistenten Regelung der Unrechtsmerkmale für alle Verletzungsformen durch Veröffentlichung und zur Regelung einheitlicher Rechtsfolgen, die neben dem vorbeugenden Unterlassungsanspruch genau wie beim Identitäts- und Ehrschutz die veröffentlichungspflichtige gerichtliche Feststellung der Rechtsverletzung umfassen sollten, um auf diese Weise eine Rechtsschutzlücke zu schließen, wie sie die Schadensersatzsanktion mit hoher Schwelle läßt. Der Herausgabe- bzw. Vernichtungsanspruch gegenüber dem Verletzer entspricht beim rechtswidrig veröffentlichten Bild geltendem Recht (§§ 37ff. KunstUrhG), seine Ausdehnung auf Tonaufnahmen ist folgerichtig.[81] Dieser Anspruch birgt Abgrenzungsschwierigkeiten zum datenrechtlichen Löschungsanspruch, jedoch spricht die Rechtstradition für eine Regelung im BGB.

b) „Absoluter" Schutzbereich mit regelmäßiger Rechtswidrigkeit

Einen „absoluten" Schutzbereich, innerhalb dessen die Rechtswidrigkeit die Regel und nur ausnahmsweise ausgeschlossen ist, gibt es im gegenwärtigen Gesetzesrecht nur für das nichtöffentlich gesprochene Wort (§ 201 Abs. 1 Nr. 2, 1. Alt. StGB)[82] und kraft Richterrechts für die Intimsphäre als den Kernbereich privater Lebensgestaltung.[83] Beide Bereiche „absoluten" Schutzes verdienen legislatorische

---

[81] Zuletzt BGH NJW 1988, 1016, 1017.
[82] Hierzu BGH NJW 1988, 1017; wohl auch BVerfGE 34, 238, 246 ff.
[83] BGH NJW 1988, 1017; NJW 1988, 1985 m. Nw.; BGHZ 73, 120, 124; BVerfGE 34, 238, 245 und neuerdings NJW 1990, 563 ff.

Klarstellung, das Regel-Ausnahme-Verhältnis von Rechtswidrigkeit und Rechtmäßigkeit hat insoweit bedeutsame Schutzfunktion. Vor allem für die Veröffentlichung von Charakteranalysen oder gar Psychogrammen – auch bei Personen der Zeitgeschichte – könnte eine entsprechende positivrechtliche Regelung Grenzen verdeutlichen, welche die Medien bisher nicht immer beachten, z. B. bei ungeliebten Politikern oder Straftätern;[84] dasselbe gilt für Bildaufnahmen von Menschen im Schmerz oder gar im Tode mit Porträtcharakter, auch wenn die Aufnahme in der Öffentlichkeit gemacht wird. Soweit man §§ 22, 23 KunstUrhG als den legislatorischen Versuch betrachten wollte, für das Recht am eigenen Bild einen „absoluten" Schutzbereich zu schaffen, der nur ausnahmsweise rechtmäßige Durchbrechungen erlaubt,[85] ist dieser Ansatz von der Rechtsentwicklung überrollt worden.[86] Dies ist nur insoweit zu bedauern, als Bildveröffentlichungen aus der persönlichen Geheim- oder Privatsphäre in Frage stehen,[87] die eigentlich gleichen ansatzweisen absoluten Schutz verdienen wie das nichtöffentlich gesprochene Wort. Die Differenzierung des geltenden Rechts wirkt hier wenig überzeugend: die Informationswirkung und der Eingriffscharakter sind beim aufgenommenen Wort und Bild zwar unterschiedlich, aber letztlich gleich gewichtig. Es spricht deshalb vieles dafür, den „absoluten" Schutzbereich des Bildnisschutzes enger zu formulieren als im geltenden positiven Recht und ihm dafür aber auch eine Realisierungschance zu geben. Verfassungsrechtliche Vorgaben[88] mißachtet dieses deutliche Regel-Ausnahme-Prinzip sicher nicht, weil es eigentlich nur das regelmäßige Übergewicht des Persönlichkeitsrechts bei der Abwägung festlegt und die ausnahmsweise gegenläufige Abwägung nicht verbietet. In den übrigen Bereichen des Bildnisschutzes muß es ohne Überwiegensregel bei der Einzelfallabwägung bleiben, für die schon unter geltendem Recht die Relativierung zeitgeschichtlicher Bedeutung[89] im Zusammenwirken mit § 23 Abs. 2 KunstUrhG den Weg freigegeben hat. Umgekehrt haben die Wertungen der §§ 22, 23 KunstUrhG die Abwägungskriterien des allgemeinen Persönlichkeitsrechts mitge-

---

[84] Zutreffend MünchKomm/*Schwerdtner*, 2. Aufl. 1984, § 12 Rn. 197.
[85] Zur entsprechenden Gesetzgebungsgeschichte statt vieler *Hubmann*, Das Persönlichkeitsrecht, 2. Aufl. 1967, S. 296 ff., 298 ff.
[86] Einen gewissen Schlußstrich zieht insoweit BVerfGE 35, 202, 219 ff., 224 ff.: „flexible Gestaltung" der Tatbestände mit ausreichendem Raum für eine Interessenabwägung.
[87] Für weitreichenden Schutz insoweit z.B. auch MünchKomm/*Schwerdtner* § 12 Rn. 188 m. Nw.
[88] Insbes. BVerfGE 35, 202, 219 ff.
[89] *Neumann-Duesberg* JZ 1971, 305 ff.; kritisch *Schwerdtner*, Das Persönlichkeitsrecht in der deutschen Zivilrechtsordnung, 1976, S. 214 ff.

prägt.[90] Die Rückführung des Bildnisschutzes ins BGB sollte deshalb auch die bereits vorgezeichnete Vereinheitlichung der Rechtswidrigkeitskriterien verdeutlichen.

c) Die Güterabwägung des „relativen" Schutzbereichs mit offenem Rechtswidrigkeitsurteil

Eine Präzisierung der Rechte und Pflichten kann nicht darin bestehen, einzelne Handlungsformen als rechtswidrig zu beschreiben, sie kann aber die Abwägungskriterien eines persönlichkeitsrechtlichen Grundtatbestandes für den Schutz der Anonymität und Vertraulichkeit konkretisieren. Diese Gesetzgebungstechnik, die im güterabwägenden Fallrecht eine mehr oder weniger verfassungsfeste Rechtsfindungsmethode[91] verarbeitet, sollte nicht vorschnell als nutzlos abgetan werden: wenn das deutsche Recht gerade im Verfassungsrecht und im verfassungsorientierten Privatrecht sich auf die Methodik U.S.-amerikanischer Rechtsfindung zubewegt,[92] so läßt sich auch die entsprechende Gesetzgebungstechnik nutzbar machen, die in der Aufzählung maßgeblicher Abwägungskriterien besteht. Solche deutscher Tradition im Privatrecht zugegebenermaßen fremde Gesetzgebungstechnik ablehnen, heißt sich jeder brauchbaren Kodifikation des Persönlichkeitsrechts entziehen. Die Begrifflichkeiten der einzelnen Persönlichkeitsbereiche entstammen der Rechtsprechung und Lehre;[93] wer ihre Unschärfe kritisiert,[94] muß sich klar machen, daß es nichts Besseres gibt und gesetzliche Abwägungskriterien auch ohne die scharfe Kontur gewöhnlicher Subsumtionsmerkmale brauchbare Dienste leisten. Die Aufzählung hervorhebenswerter – natürlich nicht abschließender – Kriterien legitimer Veröffentlichungsinteressen nimmt die Tradition des Kunsturhebergesetzes sinnvollerweise auf, weil hier durchaus bewährte Gesichtspunkte geschaffen sind, die nur einer elastischeren Anordnung bedürfen als im gegenwärtig kodifizierten Recht.

---

[90] Statt vieler MünchKomm/*Schwerdtner* § 12 Rn. 191 ff. (Lebens- und Charakterbild); ferner BVerfGE 35, 202, 224 ff.; BGHZ 26, 52.

[91] Zur Schwierigkeit „abstrakter Umschreibung" BVerfGE 34, 238, 248; 44, 353, 372; 54, 148, 153/154.

[92] Hierzu *Kübler* JZ 1984, 541 ff., 542, 544, passim; allgemein *Stürner*, Festschr. Rebmann, 1989, S. 839 ff., 844 ff., 854 f.

[93] Statt aller *Wenzel*, Wort und Bildberichterstattung, S. 110 ff. m. Nw.; aufschlußreich insoweit insbesondere BGH NJW 1981, 1366 (Wallraff II: Intimsphäre, Privatsphäre, Berufssphäre); BVerfGE 54, 148, 154 (Privat-, Geheim- und Intimsphäre); BGHZ 80, 25, 35 (Sozialsphäre etc.).

[94] Statt vieler *Wente*, Recht der Recherche, 1987, S. 80/81 m. Nw.; illustrativ BVerfG NJW 1990, 563 ff.

d) Rechtswidrig erlangte Information

Das BVerfG hat den Streit um ein absolutes Veröffentlichungsverbot – letztlich zu Recht – zugunsten der relativierenden Rechtsprechung des BGH[95] beendet und die Veröffentlichung rechtswidrig erlangter Informationen dem Schutzbereich des Art. 5 Abs. 1 GG unterstellt,[96] so daß nur das Rechtswidrigkeitsurteil nach Güterabwägung bleibt. Die potentielle Veröffentlichungsgrenze, welche aus diesem Kriterium folgt, verdient besondere Hervorhebung durch gesetzliche Regelung, den Medien zur Mahnung und den Gerichten als besonders wichtige Leitlinie.

3. Verletzung durch Ermittlung und Informationsbeschaffung

a) Notwendigkeit eines gesonderten Tatbestandes?

Die meisten offenen Konfliktfälle zwischen Medien und Persönlichkeit betreffen Veröffentlichungen; aus ihnen setzt sich denn auch die große Masse der Rechtsprechung zusammen. Rechtliche Konflikte mit Medien um die Informationsbeschaffung sind seltener, sie spielen eher zwischen Privatleuten, wenn es um Beweismittelbeschaffung für künftige Prozesse geht. Das kann aber nicht bedeuten, daß rechtswidrige Eingriffe bei der Informationsbeschaffung tatsächlich selten wären; sie kommen nur oft erst ans Tageslicht, wenn die Veröffentlichung schon erfolgt und es zu spät ist. Die bessere Erfassung der Informationsbeschaffung hätte stark präventive Rechtsschutzfunktion. Das Datenschutzrecht regelt, auch wenn man das Medienprivileg etwas abbaut und bereichsspezifischen Datenschutz gegen Medienübergriffe schafft, Speicherung, Weitergabe und Löschung von Informationen, nicht aber deren Beschaffung.[97]

Informationsbeschaffungs- bzw. Ermittlungsverbote finden sich im Strafrecht,[98] sie bewirken als Schutzgesetze über § 823 Abs. 2 BGB präventiven und kompensatorischen Rechtsschutz. Besondere zivilrechtliche Verbote gibt es nicht, nicht einmal in §§ 22 ff. KunstUrhG. Trotzdem haben Rechtsprechung und Lehre teilweise weitergehende Informationsbeschaffungsverbote aus dem allgemeinen Persönlichkeitsrecht hergeleitet: keine unbeschränkte Tonbandaufnahme des öffentlich gesprochenen Worts;[99] kein heimliches Belauschen des vertraulich gesprochenen Worts;[100] u. U. keine Kenntnisnahme vertraulicher Schriftstücke;[101] keine Bildaufnahme ohne Einwilligung und

---

[95] BGHZ 73, 120, 127; 80, 25, 38 ff.; krit. statt vieler *Bettermann* NJW 1981, 1065 ff.
[96] BVerfGE 66, 116, 137 ff.
[97] So sehr klar und prägnant *Wente*, Recht der Recherche, S. 98.
[98] Ausführlicher E II m. Nw.; *Wente*, Recht der Recherche, S. 71 ff.
[99] Köln NJW 1979, 661; sehr str., vgl. *Wente*, Recht der Recherche, S. 89 ff.
[100] BGH NJW 1970, 1848 (Privaträume); anders BayObLG NJW 1962, 1782 (Parkbank); zur Zulässigkeit des Wortprotokolls durch Gesprächsteilnehmer BGHZ 80, 25, 41 f. (sehr fraglich!).
[101] Sehr zurückhaltende Beurteilung geboten: BGHZ 15, 249 ff. (Tagebücher); 31, 308, 314, 315 (Sicherstellung vertraulicher Behandlung); 36, 77, 83 (unlautere Besitzverschaffung); s. aber LG Hamburg AfP 1988, 170 (anwaltlicher Aktenvermerk).

ausreichende Rechtfertigung;[102] keine Begutachtung des psychischen Erscheinungsbildes aufgrund äußerer Ausdrucksmittel ohne Einwilligung oder ausreichende Rechtfertigung.[103] Inwieweit generell ein Schutz vor systematischer Ausforschung ohne rechtfertigendes Interesse besteht, ist bisher offengeblieben.[104]
Man könnte die Ansicht vertreten, angesichts der bisher verhaltenen Entwicklung der Kasuistik subsumiere man diese Art der Persönlichkeitsverletzung besser unter den Grundtatbestand mit seiner Generalklausel und überlasse die weitere Entwicklung der Praxis. Diese Argumentation wird umkehren, wer die ausgewogene Entwicklung des Persönlichkeitsschutzes anregen will und die Gestaltungsaufgabe des einfachen Rechts im Verfassungsstaat ernst nimmt, nachdem das BVerfG die verfassungsrechtlichen Grenzen staatlicher Datenerhebung aufgezeigt hat.[105] An dieser Frage werden sich die Geister scheiden. Wenn man allerdings ein Kodifikationsbedürfnis für das Persönlichkeitsrecht grundsätzlich bejaht, so sollte man in diesem Punkt keinen weißen Fleck lassen, der zu Mißdeutungen führen müßte.

b) Die Problematik eines Tatbestandes

Wie auch sonst liegt die Problematik eines Schutzes der Persönlichkeit vor Ausforschung im Rechtswidrigkeitsurteil. Dabei ist zu beachten, daß Rechtswidrigkeit der Veröffentlichung und Rechtswidrigkeit der Informationsbeschaffung nicht voll identisch sein müssen. Es ist bereits ausgeführt – und dieser Ausgangspunkt ist verfassungsgerichtlich kanonisiert –, daß rechtswidrige Informationsbeschaffung nicht zwingend die Rechtswidrigkeit der Veröffentlichung indiziert. Umgekehrt mag es rechtmäßige Informationsbeschaffung geben, auch wenn eine Veröffentlichung rechtswidrig wäre. Oft erfolgt die Informationsbeschaffung global und wird erst vor der Veröffentlichung selektiert. Wenn z. B. nach einem Flugzeugabsturz auf eine Menschenmenge eine Frau mitgefilmt wird, die schmerzverzerrt ihr sterbendes Kind beweint, so mag die Bildaufnahme rechtmäßig sein, ihre Veröffentlichung wäre eher rechtswidrig. Noch deutlicher wird die Diskrepanz bei mittelbarer Beschaffung von Informationsmaterial. Der Kauf von Bildern durch ein Presseunternehmen, die einen Massenprediger in verfänglichen sexuellen Situationen mit einschlägigen Partnerinnen zeigen, mag zur Recherche für einen Wortbericht

---

[102] BGHZ 24, 200, 208 f.; NJW 1966, 2353, 2354; Hamm JZ 1988, 308 ff. m. Anm. *Helle;* zur Aufnahme von Polizeibeamten *Rebmann* AfP 1982, 189, 191; zur Videoüberwachung am Arbeitsplatz BAG BB 1988, 137.
[103] LAG Baden-Württemberg NJW 1976, 310 f.
[104] Guter Überblick bei *Wente,* Recht der Recherche, S. 96 ff.
[105] BVerfGE 27, 1 ff., 6 ff.; 65, 1 ff., 41 ff.; 78, 77 ff., 84.

angezeigt und rechtmäßig sein, die Veröffentlichung der Bilder selbst wäre ziemlich sicher rechtswidrig. Das Rechtswidrigkeitsurteil muß sich bei Informationsbeschaffung zwar auch an den verschiedenen Persönlichkeitsbereichen orientieren, es muß aber zum Schutz der Medien und auch privater Datensammler klar herausgestellt sein, daß nicht die unmittelbare Verwendungsmöglichkeit, sondern der Verwendungszweck im weiteren Sinne die Abwägung prägt, also ein gegenüber der Veröffentlichung erweiterter Spielraum besteht. Nur so wird man der Gewährleistung freier Informationsbeschaffung als besonderem Element der Pressefreiheit ausreichend gerecht.[106] Das heimliche Erschleichen ist von der Rechtsprechung ebenso wie die Durchbrechung erkennbarer Vertraulichkeit stets als Wertungsgesichtspunkt betrachtet worden[107] und bedürfte deshalb besonderer Erwähnung. Einen Schutzbereich regelmäßiger Rechtswidrigkeit über bestehende strafrechtliche Schutznormen hinaus zu schaffen, schiene angesichts spärlicher Kasuistik und insoweit noch fließender Rechtsentwicklung weniger ratsam; auf die Notwendigkeit eines Straftatbestandes gegen Bildaufnahmen im Privatbereich ist bereits verwiesen (sub E II).

Die Rechtsfolgen können in einem (Fort-)Ermittlungsverbot bestehen, veröffentlichungspflichtiger Feststellung rechtswidrigen Verhaltens und in einem Herausgabe- oder Vernichtungsanspruch, der aber nicht greift bei rechtmäßiger Beschaffung ursprünglich rechtswidrig gewonnenen Materials (z. B. Bilder über El Fata-Kontakte eines israelischen Politikers, die ein Fotoreporter widerrechtlich mit im Hotelzimmer eingebauten Videokameras gemacht und weiterverkauft hat etc.). Die gesonderte Güterabwägung muß hier zur unterschiedlichen Beurteilung dinglicher Abwehr führen, zum Schutz vor allem der Medien. Nur vom Fotoreporter, der rechtswidrig fotografiert hat, sollte also z. B. Herausgabe bzw. Vernichtung verlangt werden können, nicht vom strafrechtlich unbeteiligten, aufkaufenden Presseunternehmen, das – in Worten – noch berichten will.

VII. Schutz der verfahrensbefangenen Persönlichkeit

1. Ausgangspunkt

Die Ablehnung eines strafrechtlichen oder gerichtsverfassungsrechtlichen[108] besonderen Schutzes der verfahrensbefangenen Persönlichkeit gibt vor allem für das Strafver-

---

[106] BVerfGE 77, 65, 74 ff.; 66, 116, 133 ff.
[107] Z. B. BGHZ 24, 208; NJW 1966, 2354; BGHZ 80, 38 ff.; BVerfGE 66, 136, 137.
[108] Sub E IV 3; F III 4.

fahren immer wieder Überlegungen Auftrieb, das faire Verfahren dem zivilrechtlichen Persönlichkeitsschutz zu überantworten.[109] Die Stellung des strafrechtlich Beschuldigten drängt diesen Gedanken förmlich auf, ist doch die Unschuldsvermutung letztlich Ausfluß personaler Würde.[110] Nachdem indessen das BVerfG aus den materiellen Grundrechten iVm dem Rechtsstaatsprinzip allgemein die verfassungsrechtliche Gewährleistung eines fairen, rechtsstaatlichen Verfahrens über Art. 19 Abs. 4 GG hinaus herleitet,[111] liegt der Gedanke nahe, mit dem Schutz der Persönlichkeit generell auch den Schutz eines ihrer Würde und ihren Einzelgrundrechten entsprechenden Verfahrens zu verbinden, soweit es um Störungen durch Dritte geht. Die Gerichte betrachten teilweise die Unschuldsvermutung des Strafverfahrens als Element des Persönlichkeitsrechts, geben aber Schmerzensgeld wegen medienmäßiger Vorverurteilung meist nur bei Freispruch.[112]

2. Regelungsprobleme

Der gewöhnliche zivilrechtliche Persönlichkeitsschutz greift angesichts des gesteigerten öffentlichen Interesses an verfahrensbefangenen Personen nur sehr eingeschränkt. Nur wenn man sich für eine „kleine Lösung" entscheidet und allein die Unschuldsvermutung zugunsten des Angeklagten schützen will, bedarf es keiner besonderen Regelung, ausreichender Schutz kann insoweit im Rahmen des persönlichkeitsrechtlichen Grundtatbestandes und der Sondertatbestände erfolgen. Falls man aber allgemein einen Rechtsbehelf gegen Verfahrensbeeinflussung durch Medien in Gestalt von vorweggenommener Verurteilung, verwertbarkeitsbeeinträchtigenden Parallelermittlungen, wertender Veröffentlichung eigener Beweisergebnisse, Veröffentlichung von Schriftsätzen[113] etc. schaffen wollte, bliebe nur ein eigener Tatbestand, der alte Entwürfe zum StGB zivilrechtlich einzukleiden hätte. Der Unterschied zur strafrechtlichen oder gerichtsverfassungsrechtlichen Lösung wäre allerdings beträchtlich: es käme nicht darauf an, ob sich – manchmal durchaus empfindliche – Richter oder Staatsanwälte, sondern nur ob sich private Prozeßbeteiligte so gestört fühlten, daß sie die Klage wagen. Eine bedenkliche Dimension eröffnet ein solcher Tatbestand allerdings in Strafsachen, falls die Medien eine einverständliche Vertuschung durch Beschuldigte, Strafverfolgungsorgane und Gerichte kritisieren und untersuchen wollen; deshalb müßte er den Medien den Einwand des schlecht geführten Verfahrens lassen.

---

[109] *Stürner* JZ 1980, 1 ff., 3; eindringlich *Zeidler* u. a. in der Diskussion des Studienkreises Presserecht und Pressefreiheit 1985, Bericht *Kohl* AfP 1985, 102 ff., 104.
[110] Art. 6 Abs. 2 MRK; zur verfassungsrechtlichen Begründung über Rechtsstaatsprinzip und Persönlichkeitsrecht BVerfGE 22, 254, 265; 35, 202, 232.
[111] Zuletzt BVerfGE 79, 80, 84; 79, 372, 375; 78, 123, 126.
[112] KG NJW 1968, 1969, 1970; Karlsruhe Justiz 1974, 223.
[113] Hierzu die urheberrechtliche Lösung Düsseldorf AfP 1988, 154 ff.

Die volle Problematik zeigt sich dann bei den Rechtsfolgen. Während die Unterlassungsklage – meist als einstweiliges Verfahren parallel zum eigentlichen Rechtsstreit – noch einleuchtet, allerdings der schon prozeßbefangenen Persönlichkeit die Notwendigkeit eines zweiten Verfahrens überbürdet, müßte die Beseitigung fortbestehender Beeinträchtigung letztlich die Beeinflussung des rechtskräftig abgeschlossenen Verfahrens überprüfen; will man dies vermeiden, bleibt nur die Feststellung der Rechtswidrigkeit ohne Rücksicht auf fortbestehende Beeinträchtigung. Das gleiche Problem zeigt sich im Rahmen eines Anspruchs auf Ersatz materiellen Schadens. Beim immateriellen Schaden erscheint es – mit der derzeitigen Gerichtspraxis[114] und entgegen reformerischen Vorschlägen[115] – schwer vertretbar, dem rechtskräftig verurteilten Angeklagten noch immateriellen Schaden für erlittene Medienunbill zuzusprechen. Man denke an den Raubmörder, der medienmäßig vorverurteilt worden war. Vieles spricht also für eine „kleine Lösung", welche die Gerichtsberichterstattung unter die gewöhnlichen Tatbestände subsumiert. Es geht im Ergebnis einfach zu weit, dem Recht auf ein faires Verfahren volle Drittwirkung zu verschaffen. Immerhin sei zur Veranschaulichung ein Formulierungsvorschlag vorgestellt.

(I) Eine Beeinträchtigung des Persönlichkeitsrechts ist insbesondere gegeben, wenn jemand ein Gerichtsverfahren, an dem ein anderer als Angeklagter oder Partei beteiligt ist oder voraussichtlich beteiligt sein wird, öffentlich in einer Weise erörtert, welche die Unschuldsvermutung zugunsten des Angeklagten mißachtet oder geeignet ist, die Wahrheits- und Rechtsfindung ernsthaft zu gefährden.

(II) Die Güter- und Interessenabwägung zur Begründung der Widerrechtlichkeit hat insbesondere zu würdigen:

1. ob und inwieweit die öffentliche Erörterung die Unbefangenheit der Mitglieder des Gerichts, der Zeugen, Sachverständigen oder sonstigen Verfahrensbeteiligten gefährdet;

2. ob die öffentliche Erörterung vor oder nach der Entscheidung des ersten Rechtszuges stattfindet;

3. ob die öffentliche Erörterung das Ergebnis der richterlichen Entscheidung vorwegnimmt;

4. ob die öffentliche Erörterung in Wahrnehmung verfassungsmäßiger Rechte, insbesondere der Aufgabe der Medien zur Information und Kritik, angemessen auf etwaige Mängel des Verfahrens hinweisen wollte.

(III) Ist eine rechtswidrige Beeinträchtigung zu befürchten, so kann der Betroffene auf Unterlassung klagen. Er kann die veröffentlichungspflichtige gerichtliche Feststellung verlangen, daß das Verhalten des Störers sein Recht auf ein ungestörtes Gerichtsverfahren rechtswidrig verletzt habe.

---

[114] Siehe Fn. 112.
[115] Vgl. die Diskussion bei *Kohl* AfP 1985, 102, 104.

VIII. Geschäftstätigkeit

Der Geschäftsbereich der Persönlichkeit, der teilweise sehr schwer gegen den Sozialbereich der Persönlichkeit (berufliche Tätigkeit) abzugrenzen ist,[116] unterfällt für Tatsachenbehauptungen überwiegend dem Schutz des § 824 BGB,[117] für Werturteile § 823 Abs. 1 BGB[118] (eingerichteter Gewerbebetrieb), entsprechende Unterlassungs- und Beseitigungsansprüche bergen ähnliche Probleme wie beim Persönlichkeitsrecht. Es kann nicht die Aufgabe dieses Gutachtens sein, sich zentral den Rechtsschutzfragen dieses Gebietes zu widmen. Die Überschneidung und enge Berührung des Persönlichkeitsrechts mit der Geschäftstätigkeit einer Person sollte jedenfalls Anlaß sein, oft kritisierte, schwer begründbare Differenzierungen abzubauen. Beim Schutz vor unrichtigen Tatsachenbehauptungen wäre die Beweislastverteilung an das Persönlichkeitsrecht anzugleichen.[119] Es sollte auch nicht auf den Schutz vor unmittelbarer Schädigung geschäftlicher Beziehungen, sondern – entgegen dem BGH[120] – auf das Identitätsinteresse abgehoben werden,[121] so daß jede verfälschende Tatsachenbehauptung rechtswidrig wäre, auch z. B. die spezifizierte Behauptung von internen Streitigkeiten in einem Unternehmen etc.; nur so läßt sich ein unglückliches Auseinanderlaufen des Rechtsschutzes im Kernbereich des Persönlichkeitsrechts und im eng benachbarten Bereich der Geschäftstätigkeit vermeiden. Bei Werturteilen über die Geschäftstätigkeit gelten schon heute mehr oder weniger gleiche Rechtswidrigkeitskriterien wie beim Persönlichkeitsschutz, die Rechtsprechung zieht auch ganz offen die Parallelen.[122] Manches spricht dafür, den Rechtsschutz gegen Äußerungen über die Geschäftstätigkeit an die persönlichkeitsrechtliche Regelung anzupassen und damit das gesamte Äußerungsrecht einheitlich zu regeln.[123]

Dieser Schritt ist allerdings dogmatisch befriedigend nur möglich, falls man das Recht am eingerichteten Gewerbebetrieb als subjektives Rahmenrecht nichtdinglicher Art am Anfang des BGB voll mitregelt, soweit Rechtswidrigkeit, Unterlassung und

---

[116] BGHZ 36, 77, 80; 91, 117, 120; BVerfGE 68, 226 ff.
[117] BGHZ 45, 296, 306 ff.; 65, 325, 328 ff.
[118] BGHZ 45, 296, 306 ff.; 65, 325, 330 ff.; 91, 117, 120; NJW 1987, 2746 (hierzu *Brinkmann* NJW 1987, 2721).
[119] Statt vieler *v. Bar*, Gutachten Bd. II, S. 1771 für den deliktsrechtlichen Tatbestand.
[120] BGHZ 90, 113, 119 ff. (für Behauptungen über die Bundesbahn).
[121] *Wenzel* GRUR 1970, 278 ff.; *Stürner*, Festschr. Lukes, 1989, S. 237 ff., 241 ff.; gegen Einengung auch *Steinmeyer* JZ 1989, 781 ff.
[122] Ganz deutlich z. B. BGHZ 91, 117, 120 ff.; 65, 325, 333; BVerfGE 60, 234, 239 ff.
[123] Für ein einheitliches Äußerungsdelikt schon *Wenzel* GRUR 1970, 278 ff.; inhaltlich gleich die Vorschläge bei *v. Bar*, Gutachten Bd. II, S. 1760 ff.

Beseitigung der Beeinträchtigung in Frage stehen. Wenn man mit der neueren Dogmatik[124] das Deliktsrecht in drei Generalklauseln teilt – Schutz subjektiver Rechte (§§ 823 Abs. 1, 824 BGB), Verstoß gegen Schutzgesetze (§ 823 Abs. 2 BGB), sittenwidrige Schädigung (§ 826 BGB) –, läge in dieser Gliederung innere Logik, weil damit alle wesentlichen subjektiven Rechte am Anfang des BGB stünden, die nicht zum Sachenrecht gehören.[125] Man sieht auch hier: eine voll abgerundete Regelung des Medienpersönlichkeitsrechts ist nur im Rahmen einer wohlüberlegten Reform des BGB möglich, die dem grundrechtsorientierten Rechtsstaat wohl anstünde. Hier kann es nicht darum gehen, den Gesamttatbestand zum eingerichteten Gewerbebetrieb zu entwerfen;[126] nur die Regelung seines äußerungsrechtlichen Teils soll angedeutet sein:

§ 18. ... Für unrichtige Tatsachenbehauptungen, die das Bild der Geschäfts- oder Erwerbstätigkeit eines anderen in erheblicher Weise verfälschen, gilt § 14 entsprechend, für ansehensmindernde Meinungsäußerungen zur Geschäfts- oder Erwerbstätigkeit § 15.

IX. Juristische Personen und Personengesellschaften

Die entsprechende Anwendung persönlichkeitsrechtlicher Regelungen auf Personengesellschaften des Handelsrechts und juristische Personen entspricht der Lehre und Praxis, soweit es ihrem Wesen und den ihnen gesetzlich zugewiesenen Aufgaben entspricht.[127] Beim eingerichteten Gewerbebetrieb als dem Recht auf ungestörte Geschäftstätigkeit ist die Gleichbehandlung weithin herrschende Praxis. Deutliche Unsicherheiten bestehen noch, soweit es um den Schutz des geschäftlichen Geheimbereichs und seiner Vertraulichkeit gegen Publizistik[128] geht, schließlich auch beim Schutz des Ansehens vor Verletzungen durch publizistische Satire oder Verballhornung sehr unterschiedlichen Niveaus.[129] Eine gesetzliche Regelung könnte wohl nur die entsprechende bzw. modifizierte Anwendung festschreiben, aber schwerlich die Modifikation genauer beschreiben. Immerhin könnte sie die Rechtsprechung zur Erarbeitung analoger Maßstäbe ermutigen, die bisher mehr zurückhaltend erfolgt ist.

§ 19. Auf Personengesellschaften und juristische Personen finden die Vorschriften über den Schutz der Persönlichkeit und des Gewerbebetriebs insoweit Anwendung, als es ihrem Wesen und ihren besonderen, gesetzlich zugewiesenen Aufgaben entspricht.

---

[124] Grundlegend *Fezer*, Teilhabe und Verantwortung, 1986, S. 453 ff., 525 ff.; gleich *Medicus*, Schuldrecht II, 3. Aufl. 1987, § 135 III, S. 334.
[125] A. A. *v. Bar*, Gutachten Bd. II, S. 1760, der die ganze Materie nur generalklauselartig geregelt zum Deliktsrecht schlagen will.
[126] Ob den aufzählenden Einzeltatbeständen bei *v. Bar*, Gutachten Bd. II, S. 1761 nicht ein Tatbestand mit abwägenden Rechtswidrigkeitskriterien vorzuziehen wäre, ist eine andere Frage!
[127] Aus jüngerer Zeit BGHZ 78, 24 ff.; 81, 75, 78 ff.; 98, 94 ff., 97 ff.
[128] BGHZ 80, 25, 32 ff.; BVerfGE 66, 116, 124 ff. behandeln den Sonderfall des durch Art. 5 GG geschützten Geheimbereichs eines Presseunternehmens.
[129] Sehr zurückhaltend BGHZ 98, 94 ff. (BMW = Bums mal wieder) für Aufklebervertrieb.

X. Schadensersatz

Das Deliktsrecht könnte sich, falls man die Regelung wichtiger subjektiver Rechte im allgemeinen Teil vorzieht, mit einem kurzen Verweis auf die dort formulierten Rechte begnügen und hätte nur die Schadensersatzsanktion anzuordnen. Für den immateriellen Schaden wäre mit neueren Vorschlägen § 253 BGB als sedes materiae dem – abzuschaffenden – § 847 BGB vorzuziehen.[130] Die Voraussetzungen und den Umfang des Ersatzes immateriellen Schadens bestimmt die Praxis – seit langem verfassungsgerichtlich bestätigt[131] – gleich wie frühere Gesetzesvorschläge:[132] unzureichende Kompensation durch „ideelle" andere Rechtsbehelfe (Unterlassung, Widerruf bzw. Feststellung der Rechtsverletzung, Gegendarstellung); Erheblichkeit der Beeinträchtigung; Schwere des Verschuldens. Das BVerfG hat darüber hinaus betont, unvorhersehbar hohe Summen könnten die Pressefreiheit verfassungswidrig beschränken.[133] Offenbar wollte es damit andeuten, amerikanische Summen mit ihrem ausgeprägten Abschreckungseffekt[134] seien nach deutschen und kontinentaleuropäischen[135] Verhältnismäßigkeitsmaßstäben nicht wünschenswert, womit der Gedanke der Prävention bei der Schadenszumessung zwar nicht völlig ausgeschlossen, aber doch auf einen maßvollen Begleiteffekt reduziert ist.[136] Besondere Erwähnung verdient er nicht. Ebensowenig sollte man sich allerdings darauf einlassen, durch Höchstsummen – etwa nach österreichischem Vorbild[137] – die Waffe des Schadensersatzes zu stumpfen. Man kann sich also in diesem Punkt alten Vorschlägen anschließen.

XI. Präventiver datenrechtlicher Schutz im Zivilrecht

1. Die Bedeutung des Medienprivilegs

Wenn das geltende Medienprivileg die Medien für publizistische Daten von Benachrichtigung und Auskunft über Datenspeicherung,

---

[130] *Hohloch*, Gutachten Bd. I, 1981, S. 375 ff., 431, 474 gegen die Entwürfe 1959 und 1967.
[131] BVerfGE 34, 269, 285 f.
[132] Siehe die Texte bei *Hohloch*, Gutachten Bd. I, S. 431; ferner BVerfGE 34, 269, 272 ff.
[133] BVerfGE 34, 269, 285 f.; s. a. BVerfGE 54, 208, 222/223.
[134] Hierzu jüngst *Stadler* JZ 1989, 1084 ff., 1091, 1092; zu „punishment and deterrence" allgemein *Stiefel/Stürner* VersR 1987, 829 ff., 835 f. m. Nw.
[135] Zu Frankreich *Hohloch*, Gutachten Bd. I, S. 466 m. Nw.
[136] Hierzu *Stiefel/Stürner* VersR 1987, 841.
[137] §§ 6, 7 MedienG (50 000 bzw. 100 000 öS!).

besonderer Rechtfertigung der Speicherung und Berichtigung bzw. Ergänzung und Löschung befreit,[138] so ist damit der präventive Rechtsschutz schwer beeinträchtigt: der einzelne muß uninformiert die (bevorstehende) Verletzung durch Veröffentlichung abwarten, das Instrumentarium der Unterlassungsklage, Rechtswidrigkeitsfeststellung oder Schadensersatzpflicht schafft oft nur unzureichende Abhilfe. Die Berechtigung des Verzichts auf jeden pressespezifischen Datenschutz unterliegt deshalb neuerdings starkem Zweifel.[139] Der Verzicht harmoniert auch schlecht mit dem Schutz vor rechtswidriger Informationsbeschaffung:[140] ihm müßte sich, so könnte man argumentieren, der Anspruch gegen rechtswidrige Speicherung konsequent anschließen. Und endlich: wozu Daten speichern, die man eh nicht veröffentlichen darf? Schon die Inkongruenz von Rechtmäßigkeit der Veröffentlichung und Rechtmäßigkeit der Beschaffung weist allerdings darauf hin, daß auch die Gleichung „Rechtmäßigkeit der Veröffentlichung gleich Rechtmäßigkeit der Speicherung" so nicht stimmen kann. Das Medienprivileg begründet sich aus dem Bestreben, die Freiheit der Informationsbeschaffung vor frühzeitiger Störung zu bewahren: der Journalist soll auch falsches oder nicht veröffentlichungsfähiges Material sammeln können, um sich langsam an den wahren bzw. veröffentlichungswürdigen Sachverhalt heranzutasten. Die Gefährdung zunächst unzulänglicher Recherche in statu nascendi durch privatrechtliche Auskunfts- und Abwehransprüche würde gerade den investigativen Journalismus zu sehr an Ketten legen, ein mit dem verfassungsmäßigen Schutz der Vertraulichkeit journalistischer Arbeit und der Informationsbeschaffung[141] sicher unvereinbares Ergebnis. Das Persönlichkeitsrecht in Gestalt informationeller Selbstbestimmung, das den Schutz gegen unbegrenzte Erhebung und Speicherung persönlicher Daten umfaßt,[142] rechtfertigt deshalb bei der Abwägung sicher keinen Informations- oder gar Berichtigungsanspruch, solange der sammelnde Journalist „stille hält".

2. Relativierung des Medienprivilegs und pressespezifischer Datenschutz im Privatrecht

a) Auskunftsanspruch

Die Abwägung ändert sich indessen zugunsten des Persönlichkeitsrechts, wenn der Journalist selbst Daten öffentlich benutzt, die un-

---
[138] Sub F V 2 m. Nw.
[139] Insbesondere *Simitis*, Festschr. Ridder, 1989, S. 125 ff. m. Nw.; ders. AfP 1990, Nr. 1; anders *Damm* AfP 1990, Nr. 1.
[140] Sub G VI 3.
[141] Zuletzt BVerfGE 66, 116, 133 ff.; 77, 65, 75 f.
[142] BVerfGE 65, 1, 41 ff.; 78, 77 ff., 84.

richtig oder unsorgfältig recherchiert sind, und dabei sichtbar wird, daß dies nur der Anfang weiterer Befassung mit einer Persönlichkeit in einem bestimmten Zusammenhang sein könnte. Hier gewinnt das Persönlichkeitsrecht an Gewicht, das grundsätzlich die Vorhersehbarkeit der Verwendung und Weitergabe persönlicher Daten einschließt. Hinzu kommt, daß die Waffengleichheit in der Auseinandersetzung nur gewahrt ist, falls die angegriffene Persönlichkeit nicht defensiv zuwarten muß, ob scheibchenweise weitere unrichtige Daten an die Öffentlichkeit gebracht werden. Der erste öffentliche Schritt in die rechtswidrige Persönlichkeitsrechtsverletzung sollte deshalb den Anspruch auf offene Karten auslösen, der die weitere Veröffentlichung nur behindert, wenn nachweislich weitere falsche Veröffentlichungen drohen oder die Daten unsorgfältige Recherche offenbaren.

Eine solche Regelung ginge über einzelne Mediengesetze der Länder und über diskutierte Reformen[143] insoweit hinaus, als auch Daten über unmittelbar zusammenhängende Komplexe miterfaßt wären, falls nur in der Eröffnung der Berichterstattung eine rechtswidrige Beeinträchtigung läge. Letztlich wäre damit ein Journalist angehalten, mit der Veröffentlichung erst nach voll abgeschlossener sorgfältiger Recherche zu beginnen. Gegen die Ausdehnung des Auskunftsanspruchs auf Daten, die rechtswidriger Verletzung des Ansehens durch Werturteile bzw. Meinungsäußerungen zugrunde liegen, bestehen bei gleicher Ausgangslage für die Güterabwägung keine Bedenken. Auch wo der journalistische Rechtsbruch in rechtswidrigen Veröffentlichungen aus geschützten Persönlichkeitsbereichen liegt oder in einem Akt rechtswidriger Informationsbeschaffung, mag der Persönlichkeitsschutz das Informationsgeheimnis insoweit überwiegen. Es versteht sich von selbst, daß das prozessuale Weigerungsrecht zum Schutz des Redaktionsgeheimnisses (Informantenschutz) mit dem geltenden Landesrecht und entsprechenden Entwürfen die verfassungsfeste Grenze[144] der Auskunftspflicht darstellt. Ob man in einer Vorverlegung des Auskunftsanspruchs auf den Zeitpunkt unmittelbar drohender Persönlichkeitsrechtsverletzung (§ 6 Abs. 3 Presserechtsrahmengesetzentwurf 1974) bereits einen Angriff auf die Pressefreiheit oder noch erlaubte Prävention zugunsten des Persönlichkeitsrechts sehen will, ist gültig schwer zu entscheiden. Zwar könnte die Bündelung von präventivem Auskunfts- und Unterlassungsanspruch die Abwehr u.U. in die Phase der Recherche vorverlegen, was die Zurückhaltung der neueren Gesetze und Entwürfe verständlich erscheinen ließe.[145] Andererseits ist es widersprüchlich, dem Betroffe-

---

[143] Sub F V 2 m.Nw.
[144] §§ 383 Abs. 1 Nr. 5 ZPO; 53 Abs. 1 Nr. 5 StPO; hierzu BVerfGE 64, 108, 114ff.; 77, 65, 74ff. m.Nw.
[145] *Simitis* AfP 1990, Nr. 1, sub 7.

nen bei Aktualisierung des rechtswidrigen Eingriffs die vorbeugende Unterlassungsklage zuzugestehen, ihm aber andererseits das Wissen um die Hintergründe zu verwehren. Vorbeugender Unterlassungsanspruch und Auskunftsanspruch müssen deshalb zusammenfallen.

Der Auskunftsanspruch ändert entgegen einem ersten Eindruck die Rechtswirklichkeit nicht grundlegend, weil schon bisher z. B. bei Klagen des Betroffenen gegen unwahre Behauptungen eine Darlegungslast der Medien bestanden hat, der Auskunftsanspruch bringt insoweit die Vorverlegung vor den Prozeß. Man muß zudem sehen, daß auch in den U.S.A. als dem gelobten Land der Pressefreiheit das auf Schadensersatz verklagte Presseunternehmen im Rahmen der pretrial-discovery zur Offenlegung seines Hintergrundmaterials gezwungen ist, falls die Information zur Präsentation des klägerischen Anspruchs im trial unbedingt nötig ist.[146]

Effektiven Rechtsschutz für den Auskunftsanspruch kann – ähnlich wie beim Unterlassungs- oder Gegendarstellungsanspruch – oft nur das einstweilige Verfahren gewähren. Nachdem die einstweilige Anordnung von Auskünften überwiegend für grundsätzlich unzulässig erachtet wird,[147] bedürfte sie gesetzlicher Regelung („Befriedigungsverfügung"), die sich aus der Abwägung verfassungswerter Rechtsgüter voll rechtfertigen ließe.

b) Berichtigung, Löschung und Mitspeicherung der Gegendarstellung

Die Berichtigung falscher Daten und ihre Ergänzung ist als Beseitigung rechtswidriger Beeinträchtigung informationeller Selbstbestimmung den Medien zumindest dann abzuverlangen, wenn Rechtsverstöße durch Veröffentlichung oder Informationsbeschaffung feststehen und vorausgehen bzw. unmittelbar bevorstehen. Die Einbeziehung bloß „zweifelhafter" Daten widerspräche anders als im datenrechtlichen Normalfall hingegen eindeutig Art. 5 GG, weil zweifelhafte Tatsachen nach sorgfältiger Recherche sogar veröffentlichungsfähig sind. Wie steht es aber mit nicht veröffentlichungsfähigen Daten geschützter Persönlichkeitsbereiche? Ähnlich wie die Informationsbeschaffung ist die Informationsspeicherung schon rechtmäßig, falls sie im weitesten Sinne eine rechtmäßige Veröffentlichung stützen kann (z. B. das nicht veröffentlichungsfähige Video-Band aus dem Sexualbereich den geplanten Bericht in zurückhaltenden Worten). Auch die zeitliche Dimension mit ihrer Dynamik ist zu beachten: was heute veröffentlicht als rechtswidriger Eingriff in den Privatbereich erscheint, mag morgen im Zusammenhang mit weiteren Tatsachenkomplexen rechtmäßige Information der Öffentlichkeit sein. In diesem Punkt sprechen also die besseren Argumente für Zurückhaltung. Dem Anspruch auf Herausgabe oder Vernichtung rechtswidrig be-

---

[146] Hierzu Herbert v. Lando, 441 U.S. 153 (1979); ausführlich *Zuckman* u.a., Mass Communications Law, 3rd ed. 1983, S. 290ff., 302ff.; *Stadler* JZ 1989, 1084ff., 1093/1094.

[147] *Baur/Stürner*, Zwangsvollstreckungs-, Konkurs- und Vergleichsrecht, 11. Aufl. 1983, Rn. 918 m. Nw.

schaffter Bilder von Personen oder Tonaufnahmen vom gesprochenen Wort gegenüber dem Verletzer[148] sollte hingegen generell ein Anspruch auf Löschung rechtswidrig beschaffter Daten gegen den Verletzer, seine Anstifter und Gehilfen – nicht gegen Dritte – zur Seite stehen (z.B. rechtswidrige Aufnahmen vertraulicher Schriftstücke etc.). Am Gedächtnis des Journalisten endet hingegen jede Prävention gegen unrechtmäßige Speicherung – und das ist gut so: die Gedanken sind frei. Der Anspruch auf Mitspeicherung einer Gegendarstellung entspricht bereits dem verbesserten Standard neuerer Gesetze[149] und sollte allgemein für alle Medien gelten.

c) *Durchsetzung der Rechte*

Der Auskunftsanspruch ist das einzige Mittel, das die Kontrolle publizistischer Datensammlung ermöglicht, falls man inhaltliche Aufsicht durch Behörden oder Selbstverwaltungsorgane – aus guten Gründen – ablehnt. Der Auskunftsanspruch muß deshalb schlagkräftig ausgestaltet sein, am besten durch Verweis auf §§ 260, 261 BGB: schriftliches Bestandsverzeichnis mit Pflicht zur eidesstattlichen Versicherung der Vollständigkeit bei begründeten Zweifeln. Da die Auskunfts- und Versicherungspflicht bei juristischen Personen den gesetzlichen Vertreter und nicht den einzelnen Redakteur oder Journalisten trifft, ist die Kontrollwirkung einer solchen Versicherung groß.

3. *Formulierungsvorschlag*

Eine Regelung sollte möglichst im BDSG[150] einheitlich für alle Medien erfolgen und alle personenbezogenen Daten[151] unabhängig von der Art ihrer Speicherung erfassen:

„Wird jemand durch Berichterstattung in Medien oder durch Maßnahmen der Informationsbeschaffung für Medien in seinem Persönlichkeitsrecht rechtswidrig beeinträchtigt oder könnte er wegen unmittelbar bevorstehender rechtswidriger Beeinträchtigung auf Unterlassung klagen, so kann er Auskunft über die zu seiner Person gespeicherten Daten verlangen, soweit sie mit der Berichterstattung oder dem Zweck der Informationsbeschaffung eng zusammenhängen. Eine Auskunftspflicht besteht nicht, soweit im Prozeß ein Zeugnisverweigerungsrecht anzuerkennen wäre (§ 383 Abs. 1 Nr. 5 ZPO). §§ 260, 261 BGB sind entsprechend anzuwenden. Die Ansprüche können im einstweiligen Verfahren verfolgt werden. Der Betroffene kann die Berichtigung, Ergänzung oder Löschung unrichtiger Daten verlangen. Daten, die das speichernde

---

[148] Sub G VI 3 b.
[149] Vgl. zu landesrechtlichen Regelungen und Reformentwürfen sub F V 2 b.
[150] Hierzu G II 2 c.
[151] Vgl. F V 2. Ob der von der Koalition verbesserte Regierungsentwurf zum BDSG (F.A.Z. 1990 Nr. 62 vom 14. 3. 1990, S. 7) den Wunsch nach einheitlicher Regelung für alle Medien und alle personenbezogenen Daten erfüllt, ist im Zeitpunkt der Drucklegung offen, aber eher unwahrscheinlich.

Unternehmen rechtswidrig beschafft hat oder rechtswidrig hat beschaffen lassen, sind zu löschen. Der Inhalt von Gegendarstellungen ist mitzuspeichern."

XII. Gegendarstellungsrecht

1. Reformdiskussion und Zweck des Instituts

Die jüngere Reformdiskussion um das Gegendarstellungsrecht dreht sich vor allem um seine Voraussetzungen (Tatsachenbehauptungen oder auch Werturteile?), die Art seiner Durchsetzung (Einfluß des Gerichts auf den Inhalt, Fristen) und eingeschränkt um seinen Inhalt (Tatsachenbehauptungen, Umfang, „Redaktionsschwanzverbot", Funkmedien). Diese Fragen sind vor dem Zweck des Instituts zu beurteilen: alsbaldige und besonders wirksame Verteidigung der Persönlichkeit, wenn Medien ihre Angelegenheiten öffentlich erörtert haben.[152] Das Gegendarstellungsrecht verkörpert den Gedanken des „audiatur et altera pars" und damit des publizistischen Gehörs vor dem Tribunal der Öffentlichkeit.[153] Es schafft Waffengleichheit zwischen Medien und Betroffenen, ohne den Meinungskampf durch inhaltliche Gebote oder Verbote zu gängeln. Daß ein Flickenteppich von über 30 schwer auffindbaren, teilweise unterschiedlichen gesetzlichen Regelungen dem Gedanken leicht zugänglichen Rechtsschutzes für den Bürger nicht gerecht wird und die in Grundzügen einheitliche Regelung im BGB not tut, ist schon ausgeführt.[154]

2. Die Voraussetzungen

Der Zweck der Gegendarstellung verlangt eine niedrige Zugangsschwelle, zumal die Presse- und Funkfreiheit durch sie inhaltlich nur unwesentlich beeinträchtigt wird.[155] Mit diesem Zweck ist es unvereinbar, wenn in einzelnen Vorschriften noch heute die Unwahrheit einer Behauptung Voraussetzung der Gegendarstellung ist.[156] Nachdem die Rechtswidrigkeitsschwelle bei Meinungsäußerungen – zu Recht – sehr hoch liegt[157] und hier folglich andere, bisher ohnehin spärliche Kompensationsmöglichkeiten selten greifen, ist die Be-

---

[152] Eindrucksvoll BVerfGE 63, 131, 142 f.
[153] Zur Genese des Gegendarstellungsrechts in Frankreich und Deutschland insbesondere *Kreuzer*, Festschr. Geiger, 1974, S. 61 ff.
[154] Sub G II 2 b.
[155] BVerfGE 63, 131, 143.
[156] Z. B. § 7 I Südwestfunk – Staatsvertrag; § 3 Nr. 9 HessRuFuG.
[157] Sub G V 2 und 3.

schränkung des deutschen Rechtskreises auf Angriffe durch Tatsachenbehauptungen rechtspolitisch besonders unglücklich. Die Differenzierung zwischen Meinungsäußerung und Tatsachenbehauptung befrachtet Rechtsstreitigkeiten um den Gegendarstellungsanspruch zudem mit der verzögernden Auswertung einer unübersichtlichen Kasuistik obergerichtlichen Scharfsinns,[158] der Rat zur Vermutung zugunsten der Tatsachenbehauptung[159] und damit zur Umkehr der Regel, wie sie für das Rechtswidrigkeitsurteil bei Persönlichkeitsbeeinträchtigungen gilt, schafft keine durchgreifende Abhilfe. Man sollte besser vollen Abschied von der badischen Verengung der Rezeption französischen Rechts nehmen[160] und nach französischem Vorbild[161] jede Befassung durch Tatsachenbehauptungen oder Werturteile genügen lassen.[162] Dabei scheint die Beschränkung auf Äußerungen mit Eignung zur Ansehensverletzung, wie sie neuerer französischer Gesetzgebung und alten deutschen Reformvorschlägen entspricht,[163] überflüssig; sie widerspricht vor allem der Funktion des Persönlichkeitsrechts als Identitätsschutz und bringt neue Abgrenzungsschwierigkeiten mit geringem Abwehreffekt. Es muß genügen, wenn die Belanglosigkeit einer Äußerung für eine Person mit der allgemeinen Einwendung des fehlenden berechtigten Interesses geltend gemacht werden kann.[164] Sie muß im übrigen regelmäßig auch greifen, wenn dem Betroffenen schon vorher ausreichend Gehör gegeben (Fehlen abweichender Aussage) oder – dies als am Zweck der Gegendarstellung orientierte, gewichtige Reformanregung – auch nur angeboten war[165] und damit die Fairness journalistischer Darstellung und Recherche beachtet ist. Die Furcht vor einer Überschwemmung mit trivialen und unberechtigten Gegendarstellungen ist angesichts dieser Kautelen letztlich nicht begründet; die Erfahrungen des romanischen

---

[158] Hierzu die Überblicke bei *Löffler*, Presserecht I, Rz. 79–104; *Wenzel*, Wort- und Bildberichterstattung, Rn. 11.12ff.; MünchKomm/*Schwerdtner* § 12 Rn. 369, 370; *Seitz/Schmidt/Schoener*, Der Gegendarstellungsanspruch, 2. Aufl. 1990, S. 97–139.

[159] Statt vieler *Kübler* JZ 1984, 546/547.

[160] Zur Entstehung der Pressegesetze 1832 und 1851 in Baden ausführlich *Kreuzer*, Festschr. Geiger, S. 67/68.

[161] Art. 13 loi sur la liberté de la presse 1881; zu den Vorläufern *Kreuzer*, Festschr. Geiger, S. 62ff.; art. 6 loi sur la communication audiovisuelle 1982 („imputation"), insoweit aufrechterhalten durch art. 83 loi relative à la liberté de communication 1986; décret du 25 mai 1983.

[162] So z.B. *Kreuzer*, Festschr. Geiger, S. 105ff.; *Kübler* und *Stoll*, in: *Dworkin* u.a., Die Haftung der Massenmedien, 1972, S. 129/130, 150; *Schwerdtner*, Persönlichkeitsrecht, S. 339f.; a.A. insbes. *Wenzel* AfP 1971, 161 m.Nw.

[163] Art. 6 loi sur la communication audiovisuelle 1982; § 20 BGB-Entwurf 1959; *Kreuzer*, Festschr. Geiger, S. 105ff.

[164] Zur Kasuistik *Löffler*, Presserecht, § 11 Rn. 52ff.; *Seitz/Schmidt/Schoener*, Gegendarstellungsanspruch, S. 78ff., 80.

[165] So ausdrücklich § 11 Nr. 7, 9 MedienG Österreich.

Rechtskreises vermögen sie auch nicht zu stützen, so wenig wie deutsche Erfahrungen mit dem bisherigen Gegendarstellungsrecht, von dem relativ selten Gebrauch gemacht wird. Leider präsentiert Art. 23 EG-Fernseh-Richtlinie für die Voraussetzungen der Gegendarstellung jetzt das gemeinrechtliche Minimum, zu dem u. a. auch die Tatsachenbehauptung des germanischen Systems gehört (Beeinträchtigung berechtigter Interessen aufgrund der Behauptung falscher [sic!] Tatsachen).

Nicht ausführlich erörtert werden kann die Problematik der Gegendarstellung auf Werbeanzeigen. Vieles spricht dafür, hier die Gegendarstellung weder ganz auszuschließen (so z. B. § 55 Abs. 3 BWMedienG) noch generell kostenpflichtig zuzulassen (so z. B. § 9 Abs. 5 WDRG); vielmehr wäre hier eine Lösung vorzuziehen, die den Wettbewerber auf seine wettbewerbsrechtlichen Ansprüche verweist, dem betroffenen Dritten aber seinen kostenlosen Gegendarstellungsanspruch läßt.[166]

3. Inhaltliche Gestaltungsfragen

a) Beschränkung auf Tatsachen

Die Aufgabe der Tatsachenbehauptung als Voraussetzung muß auch zur Aufgabe des entsprechenden Inhaltserfordernisses führen.[167] Wenn die Medien sich bewertend äußern dürfen, muß auch – in den bereits bestehenden Grenzen strafrechtlicher Haftung – dem Betroffenen die bewertende Äußerung gestattet sein. Wer argumentiert, die Medien dürften „nicht zum Tummelplatz öffentlicher Polemik"[168] werden, betrachtet Polemik zu Unrecht als journalistisches Privileg: niemand denkt im Ernst daran, Polemik als Waffe des Journalismus gegen den Einzelnen anzufeinden oder gar zu verbieten. Wenn aber dann der Journalist die öffentliche Diskussion eröffnet, so muß seinem Gegner die gleiche Waffe an die Hand gegeben sein. Ob man die bisherige Grenze strafrechtlicher Beleidigung auf Gegenäußerungen vorverlegen will, die *geeignet* sind, Ehre und Ansehen anderer und insbesondere der verantwortlichen Redakteure zu beeinträchtigen, ist eine Frage des rechten Maßes; das neue französische Recht für Funkmedien könnte u. U. insoweit als Vorbild bemüht werden.[169] Auch hier stünde man aber vor dem eigenartigen Phänomen, daß der professionelle Journalismus ein Voraus an Legitimation zur Kritik beanspruchen würde, das sich angesichts absoluter oder regionaler Mono-

---

[166] Zum Diskussionsstand *Löffler/Ricker* §§ 133/134 Rn. 4–7; *Seitz/Schmidt/Schoener*, Gegendarstellungsanspruch, Rn. 280–281; a. A. *Wenzel*, Wort- und Bildberichterstattung, Rn. 11.35.
[167] *Kreuzer*, Festschr. Geiger 1974, S. 106 f.
[168] *Löffler*, Presserecht I, § 11 Rn. 111.
[169] Décret du 25 mai 1983 art. 5 V.

polstellung und fehlender demokratischer Legitimation des einzelnen Kritikers kaum oder nur schwer rechtfertigen ließe. Es reicht, wenn öffentliche und private Monopole die Initiative öffentlicher Diskussion prägen, ihren Stil sollten sie nicht mit den stärkeren Waffen bestimmen können: Waffengleichheit in Kritik und Gegenkritik.

b) Länge der Gegenäußerung

Die inhaltliche Öffnung der Gegenäußerung läßt die Frage nach ihrem Umfang akuter werden. Zwar ist – so das geltende Recht – die Länge der Befassung als Maßstab für die Angemessenheit der Erwiderung der richtige Ausgangspunkt.[170] Höchstgrenzen nach französischem Vorbild erscheinen jedoch generell und vor allem bei Funkmedien mit ihren teuren Sendezeiten und weiträumigem Verbreitungsgrad empfehlenswert (z. B. max. 200 Zeilen in Druckmedien, 2 Minuten in Funkmedien);[171] im Einzelfall sicherlich notwendige Ausnahmen sollte man gerichtlichem Ermessen überlassen. Damit wäre ein sinnvoller Kompromiß zwischen Formalismus und Billigkeit erreicht.

c) Mittel der Gegenäußerung

Im deutschen Recht ist das geschriebene oder gesprochene Wort die Regel, die erwidernde Bild- und Tondarstellung die diskutierte Ausnahme,[172] ein Interview oder eine Diskussion mit dem Betroffenen freiwillige Leistung.[173] Während Frankreich durchgängig vom gedruckten oder gesprochenen Wort als Darstellungsmittel auszugehen scheint,[174] wagt das österreichische MedienG die ausdrückliche Regelung der Gegendarstellung durch Lauf- oder Standbild.[175] Es empfiehlt sich, die wörtliche Gegendarstellung als Regelform beizubehalten, aber andere Formen der Gegendarstellung in Bild und Ton, durch Interview oder Diskussion gerichtlichem Ermessen vorzubehalten. Nur eine solch flexible Regelung wird der Vielfalt der Medientechnik und der beteiligten Personen gerecht.

d) „Redaktionsschwanz"

Während die Pressegesetze den auf tatsächliche Angaben beschränkten „Redaktionsschwanz" zulassen,[176] verbieten neuere Me-

---

[170] *Seitz/Schmidt/Schoener*, Gegendarstellungsanspruch, S. 229 ff., 230; *Wenzel*, Recht der Wort- und Bildberichterstattung, Rn. 11.95 ff.; 11.203 ff.
[171] Art. 13 loi 1881; art. 5 V décret 1983.
[172] Statt vieler *Wenzel*, Rn. 11.78, 11.205 ff. m. Nw.
[173] So Art. IV Abs. 3, Abs. 9 ARD-Grundsätze.
[174] Art. 5 V, VI décret 1983.
[175] §§ 12 I 2, 13 VI MedienG 1981.
[176] § 11 III LPresseG (§ 10 III Berlin, § 10 II Hessen); ohne Beschränkung Bayern.

diengesetze den Redaktionsschwanz am gleichen Tage oder im unmittelbaren Zusammenhang völlig.[177] Das völlige Verbot gleichzeitiger bzw. anschließender Stellungnahme, wie es auch dem Presserechtsrahmengesetzentwurf 1974 (§ 8 Abs. 4) entspricht, ist vorzuziehen. Wenn die öffentliche Darstellung ohne ausreichendes Gehör für den Betroffenen erfolgt und deshalb der Gegendarstellungsanspruch erst ausgelöst wird und selbst zeitlich nachhinkt, so verlangt die Waffengleichheit die gleiche Freiheit von Fremdbeeinträchtigung für die Gegenäußerung; viele Medien verstehen sich auf die Kunst, die Gegendarstellung schon mengenmäßig – man unterliegt ja selbst keiner Begrenzung – zuzuschütten.

4. Beseitigung von Verfahrenshindernissen

Mit der Entscheidung des BVerfG zur Verfassungswidrigkeit einer zweiwöchigen Frist für das Gegendarstellungsbegehren[178] ist der Gesetzgeber letztlich auf das Modell der Unverzüglichkeit seit Kenntnisnahme gekoppelt mit einer reichlicher bemessenen Ausschlußfrist ab Veröffentlichung verwiesen.[179] Unbefriedigend ist aber die gerichtliche Praxis bei der Behandlung von Anträgen, die das Gericht für verfehlt hält. Im Spannungsfeld von Höchstpersönlichkeit der Gegendarstellungserklärung, Zugangserfordernis beim Veröffentlichungspflichtigen und Streitgegenstandslehre hat sich hier – außerhalb der Reichweite revisionsgerichtlicher Kontrolle – eine prozessuale Subkultur gebildet,[180] die den Gegendarstellungsanspruch nicht selten an den Hürden lokaler oberlandesgerichtlicher Rechtsprechung scheitern läßt. Die Lösungsvielfalt reicht vom Änderungsverbot während des Verfahrens ohne erneute Zustellung an die Medien bis zur freien Änderbarkeit durch die Partei, vom inhaltlichen Änderungsverbot für das Gericht bis zu großzügigen Gestaltungsrechten, vom vollen Kürzungsverbot bis zur Kürzungsmöglichkeit bei mehreren selbständigen Gegendarstellungsbehauptungen („Bündelungstheorie"). Eine inhaltliche Öffnung des Gegendarstellungsrechts wird zwar viele bisherige Streitigkeiten überflüssig machen, eine klare und

---

[177] § 25 III 2 RuFuG des Bundes; § 12 III 3 NDR-Staatsvertrag; § 7 IV 2 RuFuG Saarland; § 4 III 2 ZDF-Staatsvertrag; § 55 IV 2 LMedienG BW; Art. 17 II 2 Bay MEG; § 22 IV 2 PRFG Hessen; § 13 III 2 MedienG Hamburg; § 18 IV 2 LRuFuG Nds; § 16 IV 3 LRuFuG RhPf; § 19 IV RFGSchlH etc.
[178] BVerfGE 63, 131, 142 ff.
[179] So die meisten Landespressegesetze und neuen Mediengesetze!
[180] Ausführlich *Wenzel*, Recht der Wort- und Bildberichterstattung, Rn. 11.184 ff.; *Seitz/Schmidt/Schoener*, Gegendarstellungsanspruch, S. 247 ff.; *Wenzel* AfP 1982, 89 ff.; *Pietzko* AfP 1985, 22 ff. m. Nw.; neuere Beispiele Hamburg AfP 1989, 465, 466; Karlsruhe AfP 1989, 564; Köln AfP 1989, 565.

einfachere Regelung der Anspruchskonkretisierung erscheint aber trotzdem vorteilhaft. Das Veröffentlichungsbegehren an das Medienunternehmen bzw. den Anspruchsschuldner sollte nicht als materielle Anspruchsvoraussetzung, sondern ausschließlich als prozessuale Last mit Kostenfolge formuliert sein, ähnlich der Abmahnung im Wettbewerbsprozeß; ob zuerst ein Veröffentlichungsbegehren zugeht oder ob – fristgerecht – sofort eine einstweilige Verfügung beantragt wird, hätte dann nur Bedeutung im Rahmen des § 93 ZPO. Daraus folgt, daß auch die Änderung auf richterlichen Hinweis im Prozeß (§§ 139, 263 ZPO) ohne weiteres – gegebenenfalls wiederum mit Kostenfolge – denkbar bliebe.[181] Betrachtet man die Gegenäußerung nicht als Form der Tatsachenrichtigstellung, sondern – wie hier – als Form persönlicher Verteidigung gegen Angriffe, so harmoniert damit ein richterliches Änderungsrecht ohne Parteiwillen nicht; vielmehr bildet dann die verlangte Erklärung eine Einheit ohne richterliche Änderungs- oder Kürzungsmöglichkeit, falls nicht die Partei selbst auf richterlichen Hinweis ändert. Der Partei muß es aber offen stehen, die Bestimmung des Anspruchsinhalts billigem richterlichem Ermessen zu überlassen, insbesondere wenn es um Überlängen oder Sonderformen der Gegenäußerung in Funkmedien geht; die Kosten wären hier nach billigem Ermessen entsprechend vorprozessualem Verhalten zu verteilen. Es ist dringend notwendig, den Gegendarstellungsanspruch nicht nur inhaltlich elastisch zu gestalten, sondern ihn auch aus seinem prozessualen Prokrustesbett zu befreien. Als Verfahren wäre das einstweilige Verfahren ohne Hauptsacheverfahren, aber mit regelmäßiger mündlicher Verhandlung ausnahmslos festzuschreiben. Wahlweise Zuständigkeit des Gerichts des Verbreitungsortes könnte die prozessuale Waffengleichheit fördern (sub XV).

5. Gesetzesformulierung

Ein Vorschlag zur Gesetzesformulierung kann sich an den vielen inländischen und ausländischen Vorlagen (Frankreich, Österreich, Schweiz) und Entwürfen orientieren, zumal anders als bei den Tatbeständen des Persönlichkeitsrechts methodische Probleme sich nicht oder weniger stellen. Der einheitlichen Regelung der Grundzüge im BGB (§ 20) könnten die Presse- und Mediengesetze der Länder Detailregelungen zur Seite stellen (z.B. Länge, Inhalt). Die Vorschrift zur Kostenverteilung gehört in die ZPO (dazu sub G XIV). Die Presse- und Mediengesetze sollten schließlich die Passivlegitimation des Anspruchs in einer Weise regeln, die der jeweiligen Organisationsstruktur des Medienunternehmens angepaßt ist.[182]

---

[181] So ausdrücklich §§ 17 I 3, 19 II Nr. 1 MedienG Österreich für Verbesserungen ohne Änderung des Sinngehaltes.
[182] Zum geltenden Recht *Seitz/Schmidt/Schoener*, Gegendarstellungsanspruch,

§ 20 (I) Periodisch oder fortlaufend erscheinende Medien sind verpflichtet, die Gegendarstellung der Person, Gruppe oder Stelle zu verbreiten, die durch Darstellung oder Erörterung ihrer Angelegenheiten unmittelbar betroffen ist.

(II) Die Verbreitung der Gegendarstellung muß unverzüglich, für den gleichen Bereich, in möglichst gleicher Art und Weise sowie an möglichst gleichwertiger Stelle wie die Verbreitung der beanstandeten Erstdarstellung erfolgen und ohne Ergänzungen, Einschaltungen oder Weglassungen. Eine Erwiderung am gleichen Tage oder im unmittelbaren Zusammenhang mit der Gegendarstellung ist unzulässig. Die Gegendarstellung erfolgt kostenfrei.

(III) Die Gegendarstellung erfolgt grundsätzlich in Worten. Ihr Umfang richtet sich nach der Erforderlichkeit angemessener Erwiderung auf den beanstandeten Teil der Erstdarstellung, darf aber regelmäßig Höchstlängen landesrechtlicher Mediengesetze nicht überschreiten. Das Gericht kann auf Antrag des Betroffenen nach billigem Ermessen Abweichungen von Höchstlängen gestatten. Es kann auf Antrag des Betroffenen andere Formen der Gegendarstellung nach Maßgabe landesrechtlicher Mediengesetze zulassen.

(IV) Der Betroffene muß die Gegendarstellung unverzüglich nach Kenntnis der Erstdarstellung und spätestens drei Monate nach Verbreitung der Erstdarstellung verlangen. Bei wiederholter oder fortlaufender Verbreitung der Erstdarstellung beginnt die Ausschlußfrist mit dem Ende der Verbreitung.

(V) Eine Verpflichtung zur Verbreitung der Gegendarstellung besteht nicht, wenn ein berechtigtes Interesse an einer Verbreitung der Gegendarstellung fehlt. Ein berechtigtes Interesse fehlt insbesondere
1. wenn die Erstdarstellung ein wahrheitsgetreuer Bericht über öffentliche Sitzungen des Europäischen Parlaments, der gesetzgebenden Organe des Bundes, der Länder oder Vertretungen der Gemeinden (Gemeindeverbände) sowie der Gerichte war;
2. wenn die Gegendarstellung einen strafbaren Inhalt hat oder unwahre Behauptungen enthält;
3. wenn die Erstdarstellung den Inhalt der Gegendarstellung schon ausreichend berücksichtigt hat oder Abweichungen für den Betroffenen belanglos sind;
4. wenn dem Betroffenen zu einer Stellungnahme in der Erstdarstellung oder einer gleichwertigen Veröffentlichung angemessene Gelegenheit geboten war, er davon aber keinen Gebrauch gemacht hat;
5. wenn bereits eine Richtigstellung oder Ergänzung in gleichwertiger Form veröffentlicht worden ist;
6. wenn der Betroffene bei Anzeigen, die dem geschäftlichen Verkehr dienen, auf wettbewerbsrechtliche Ansprüche zumutbar verwiesen werden kann.

(VI) Die Durchsetzung des Gegendarstellungsanspruchs erfolgt im Verfahren der einstweiligen Verfügung nach regelmäßiger mündlicher Verhandlung vor den ordentlichen Gerichten. Der Betroffene soll zur Vermeidung von Kostenfolgen dem Anspruchsgegner ein schriftliches, unterzeichnetes Gegendarstellungsverlangen übersenden, das die beanstandete Veröffentlichung genau bezeichnet und den Inhalt der verlangten Gegendarstellung genau wiedergibt.

XIII. Einwilligung nur nach Aufklärung?

Soweit die einverständliche Präsentation in Massenmedien zu urheberrechtlich geschützten Werken führt, also insbesondere bei anspruchsvolleren Interviews[183] oder

S. 25–34; speziell zu öffentlichrechtlichen Funkmedien *Bethge*, Festgabe Ule, 1988, S. 147 ff., 150 ff. und Frankfurt AfP 1985, 288 ff.

[183] Statt vieler *Löffler/Ricker*, Handbuch des Presserechts, Kap. 62, Rn. 10 m. Nw.; *Fromm/Nordemann*, Urheberrecht, 7. Aufl. 1988, § 2 Rn. 36.

Vorträgen (§ 2 Abs. 1 Nr. 1 UrhG), ist der Betroffene gegen entstellende Kürzungen (§§ 14, 39, 62 UrhG) oder Änderungen, unerlaubte Mehrfachbenutzung (§§ 31 ff. UrhG), Verwendung nach gewechselter Überzeugung (§ 42 UrhG) etc. ausreichend geschützt. Der Vertrag über die Nutzung mag sogar Nebenpflichten erzeugen, die eine Verwendung in unfreundlicher Nachbarschaft (z. B. scharfe Kritik sofort nach dem Interview etc.) ausschließen; das ist Tatfrage und bedarf keiner ins einzelne gehenden Regelung. Soweit aber ein Urheberrecht nicht geschaffen wird, z. B. bei Kurzinterviews mit dem Normalbürger auf der Straße in der „Rede des täglichen Verkehrs",[184] schützt nur die sachgerechte Auslegung der Einwilligung den Betroffenen vor Mißbräuchen. Die Rechtsprechung – vorzüglich zum Recht am eigenen Bild[185] – überbürdet dem anderen Teil den Beweis, daß die Einwilligung die gewählte Verwendung auch umfasse. Es könnte sich empfehlen, diese Rechtsprechung in der Weise weiterzuführen, daß eine Einwilligung insbesondere zu persönlichkeitsbeeinträchtigenden Bild- oder Tonaufnahmen ähnlich wie im Arzthaftungsrecht nur wirksam ist, wenn der Betroffene vom Journalisten über die Verwendung in der erforderlichen Weise aufgeklärt worden ist. Sendungen, in denen der Fernsehreporter harmlose Passanten befragt, ihren Auftritt auf mehr clownhafte Elemente kürzt, um sich dann über sie lustig zu machen, wären so deutlich in die Rechtswidrigkeit gedrängt, es sei denn, ausreichende Aufklärung über die Art der Verarbeitung wäre erfolgt. Eine ausdrückliche gesetzliche Regelung ist nicht unbedingt nötig, würde aber den Presse- bzw. Mediengesetzen gut anstehen und journalistische Pflichten insoweit präzisieren.[186]

XIV. Milderung der Prozeßrisiken

Die prozessuale Rechtsdurchsetzung leidet häufig unter dem Machtgefälle zwischen den Massenmedien und dem einzelnen, vor allem wenn es um weniger prominente Mitbürger als Kontrahenten der Medien geht. Hier ist zunächst das Kostenrisiko zu erwähnen, wie es bei allen Individualrechtsbehelfen abschreckend spürbar werden kann und durch die gängige Prozeßkostenhilfe nur teilweise gelindert wird. Der Entwurf eines Presserechtsrahmengesetzes 1974 sah deshalb die Möglichkeit einer Streitwertbegrenzung bzw. -herabsetzung vor (§ 29), eine Variante der Prozeßrisikomilderung, die auch das Wettbewerbsrecht bis in die jüngste Gegenwart pflegt (§§ 23 a und b UWG 1965/1986). Trotz anwaltschaftlicher Bedenken sollte man diesen Gedanken aufgreifen und für alle Medienprozesse in die ZPO eine Streitwert- und Kostenvorschrift einfügen, die allgemein eine adäquate Streitwertfeststellung und Kostenverteilung nach Billigkeit speziell in Gegendarstellungsprozessen[187] erlaubt. Noch abschreckender wirkt das Schadensersatzrisiko (§ 945 ZPO), bei Unter-

---

[184] *Löffler/Ricker* Kap. 62, Rn. 10.
[185] BGHZ 20, 345, 348; NJW 1979, 2203; st. Rspr.
[186] Ansatzweise gleich Ziff. I 5, S. 2 ARD-Programmrichtlinien: „Personen, die um Mitwirkung an einer Sendung gebeten werden, dürfen über Art und Zweck ihrer Mitwirkung nicht getäuscht werden."
[187] Vgl. sub G XII 4 und 5.

lassungsverfügungen fast ausgeprägter als bei Verfügungen auf Gegendarstellung:[188] der Schaden aus einer später aufgehobenen Verfügung auf Gegendarstellung hält sich regelmäßig in Grenzen (z. B. Ausfall an Werbekapazität),[189] der Schaden aus einer unberechtigten Unterlassungsverfügung kann dagegen leicht höhere Summen erreichen, wenn z. B. ein fertiger Film neu bearbeitet oder ein Umbruch geändert werden muß etc. Der Entwurf 1974 eines PresserechtsrahmenG sah für Verfügungen über Gegendarstellungsansprüche die Beschränkung der Ersatzpflicht vor allem auf Fälle grober Fahrlässigkeit vor (§ 8 Abs. 6), das schweizerische Recht trifft allgemein für presserechtliche Unterlassungsverfügungen eine ähnliche Regelung (Art. 28f ZGB). Wenn man zur Bewahrung der Pressefreiheit den präventiven Rechtsschutz vor allem gegen Informationsbeschaffung und -speicherung nur eingeschränkt verbessern kann und deshalb dem betroffenen Bürger vielfach nur das Eilverfahren gegen die Veröffentlichung als wirksame Rechtsschutzform bleibt, so ist es durchaus vertretbar, den Medien einen Teil des Risikos eiligen Rechtsschutzes zu überbürden – entgegen sonst geltenden Regeln. Eine Modifikation der ZPO bietet sich insoweit an, nachdem es ein einheitliches Mediengesetz ohne Verfassungsänderung nicht geben kann.

Bei Prozeßparteien ungleicher Stärke und Erfahrenheit entspricht es vor allem auf dem Gebiete des Verbraucherschutzes zeitgenössischem Bestreben, durch besondere Schlichtungsstellen Barrieren einer Rechtsdurchsetzung abzubauen. Im Bereich des Schutzes vor Übergriffen der Massenmedien liegt es nahe, solche Schlichtungsfunktion den Einrichtungen der inneren und äußeren Selbstkontrolle (Presserat, Beschwerdekommissionen der Rundfunk- und Fernsehanstalten etc.) zu überlassen[190] und keine neuen gesonderten Schlichtungsstellen zu gründen. Eine verbandsmäßige Organisation der „Medienverbraucher", z. B. auch im Rahmen bestehender Verbraucherschutzverbände, könnte – anders als z. B. im Wettbewerbsrecht oder Recht der AGB – schwerlich eine Verbandsklage intendieren; dazu ist die Materie zu sehr mit der Einzelpersönlichkeit verflochten, die über jede Aktivität zur Rechtswahrung mit all ihren persönlichkeitsbeeinträchtigenden Implikationen selbst entscheiden können muß.[191] Denkbar wäre aber die Beratung und prozessuale Vertretung durch Verbraucherschutzverbände, natürlich im Rahmen der geltenden Regeln des Anwaltszwanges. Hier ließe sich im Vorfeld des Prozesses manches verbessern, zumal die Zersplitterung des Rechtsgebietes Spezialkenntnisse verlangt, über die nur wenige Anwälte verfügen.

XV. Internationales und interlokales Recht

Es bleibt zum Schluß noch das Problem der grenzüberschreitenden Persönlichkeitsrechtsverletzung, die an Bedeutung gewinnen wird.

---

[188] BGH NJW 1974, 642 m. abl. Anm. *Kreuzer* JZ 1974, 505.
[189] Hierzu *Wenzel*, Recht der Wort- und Bildberichterstattung, Rn. 11.202.
[190] Sub F I und II.
[191] Zur verfassungsmäßigen Grenze von Verfahren zur Wahrung objektiven Rechts s. *Stürner*, Festschr. Baur, 1981, S. 647ff., 652.

Bei Schadensersatz, Unterlassungs- und Widerrufsansprüchen bzw. Feststellungsklagen ist die wahlweise internationale Zuständigkeit des Sitzes des Mediums und der Verbreitungsorte relativ unstreitig[192] – sowohl nach autonomem Recht als auch nach dem EuGVÜ und dem künftigen Luganer Abkommen; ob und inwieweit die Tatortregel des Deliktsstatuts bei mehreren Verbreitungsorten zu präzisieren sei, ist angesichts unterschiedlicher ausländischer Lösungsmuster bereits recht umstritten.[193] Völlig diffus ist der Meinungsstand beim Gegendarstellungsanspruch: internationale Zuständigkeit des Delikts (oft Klägerwohnsitz) oder nur des Mediensitzes; Deliktsstatut und damit Recht des Verbreitungsortes oder Statut des Mediensitzes; falls man das Recht des Verbreitungsortes und Tatortzuständigkeit bejaht: Anerkennungsfähigkeit einer Entscheidung wenigstens innerhalb des Geltungsbereichs des EuGVÜ, auch wenn der Vollstreckungsstaat einen Gegendarstellungsanspruch in dieser Form und in diesem Umfang gar nicht kennt?[194] Die EG-Richtlinie löst in ihrem Art. 23 diese Fragen nicht, wenngleich Art. 23 Abs. 1 und Abs. 3 (Verbot der Ausländerdiskriminierung, ausländerfreundliche Fristen) eher für den Gerichtsstand und das Recht des Mediensitzes zu sprechen scheinen. Allerdings würde damit der Schutz vor Medien in einer Weise ins Abseits gedrängt, die sonst dem Standard des EG-Verbraucherschutzes nicht entspricht (Art. 5 Nr. 3, 7ff., 13ff. EuGVÜ).

Wer Informationen in fremde Rechtsgebiete exportiert, muß sich – genau wie beim Warenexport – nach Wahl des Betroffenen vor den Gerichten dieses Rechtsgebietes und der dortigen Rechtsordnung verantworten, falls er andere verletzt. Das autonome internationale Recht sollte diese Grundsätze auch für das Gegendarstellungsrecht kodifizieren, sofern sie sich in der Diskussion nicht durchsetzen, und Deutschland sollte entsprechende Abkommen auch außerhalb der EG anstreben. Die EG wird um eine entsprechende Regelung nicht herumkommen und weitergehender harmonisieren müssen. Die Empfehlung an die EG überschreitet den herkömmlichen Aufgabenkreis des Deutschen Juristentages – womit die Frage nach der künftigen Notwendigkeit eines Europäischen Juristentages im Raume steht.

Die Probleme des *interlokalen* Gegendarstellungsrechts wären bezüglich des anzuwendenden Rechts entschärft, falls man zur einheitlichen Grundsatzregelung im BGB käme; bekanntlich nimmt die ganz h. M. nicht die Geltung des Rechts des Verbreitungsortes, sondern

---

[192] Statt vieler *Schack*, Schriftenreihe des Instituts für Rundfunkrecht an der Universität zu Köln Bd. 49, 1988, S. 113ff., 126f.; *Hohloch* ZUM 1986, 165ff., 170 m.w.Nw.
[193] *Schack*, Schriftenreihe Rundfunkrecht, S. 120–125; *Hohloch* ZUM 1986, 176ff.
[194] *Schack* aaO S. 118–120, 128/129, 130; *Hohloch* ZUM 1986, 165ff., 174ff., 179; zum Ganzen *Wagner*, Das deutsche internationale Privatrecht bei Persönlichkeitsrechtsverletzungen, 1986; *J. Helle* AfP 1988, 118ff.

des Mediensitzes an.[195] Regelungsbedürftig wäre ein verbraucherfreundlicher innerstaatlicher Gerichtsstand für den Gegendarstellungsanspruch analog § 32 ZPO:[196] die h.M. zwingt den Betroffenen an den Sitz des Medienunternehmens und gebärdet sich damit nicht gerade rechtsschutzfördernd. Der Abschied von diesem Gerichtsstandsprivileg der Medien legt sich nahe. Angesichts meist flächendeckender Verbreitung von Massenmedien böte sich – um ein unerfreuliches „forum shopping" zu vermeiden – der wahlweise Gerichtsstand des Klägerwohnsitzes als Ort der Verbreitung an.

---

[195] Statt vieler *Hohloch*, Festgabe Ule, 1988, S. 71 ff., 76 ff.; MünchKomm/*Kreuzer*, BGB, 1983, Art. 12 EGBGB, Rn. 219.

[196] *Hohloch*, Festgabe Ule, 1988, S. 79 f.

H. Zusammenfassende Thesen

I. Die Kontrolle der Massenmedien zum Schutze des einzelnen muß bei aller Einsicht in ihre Notwendigkeit dem besonderen Spannungsverhältnis zwischen Staatsgewalt und Publizistik bzw. Justiz und Publizistik Rechnung tragen, wie es deutscher Rechtsgeschichte und Rechtskultur entspricht. Freiheitswahrende Medienkontrolle ist deshalb tunlichst durch ein Instrumentarium zu verwirklichen, das möglichst wenig hoheitlich eingreift und möglichst viel der geistigen Auseinandersetzung überläßt.

II. Obwohl die deutschen Massenmedien keinen Rechtsnotstand durch besonders aggressive Recherchemethoden und Berichterstattung schaffen, scheint der Trend zur Negativberichterstattung den Medien vorgegeben, und die soziale Eingriffswirkung von Negativdarstellungen über einzelne ist groß, mag es auch empirisch gesicherte Erkenntnisse über genaue Wirkungen nicht geben.

III. Die Suche nach einem möglichst schonenden Kontrollinstrumentarium lenkt den Blick von vorneherein weg von strafrechtlicher oder verwaltungsmäßiger Regulierung und weist auf Medienkritik und Schlichtung durch Selbstkontrollorgane und auf zivilrechtliche Rechtsbehelfe, die den Konflikt zwischen Medien und Individuum auf der Basis der Gleichordnung und in Waffengleichheit zu bewältigen versuchen.

IV. Eine Präzisierung der Pflichten und Rechte der Massenmedien durch geänderte oder neue *Strafvorschriften* ist nur sehr eingeschränkt zu empfehlen. Die *Ehrschutzdelikte* sollten unverändert bleiben, beim *Indiskretionsschutz* sollte man keinen allgemeinen Tatbestand schaffen und an den bisherigen qualifizierten Tatbeständen festhalten, den breiten und praktisch wirkungslosen Straftatbestand zum *Bildnisschutz* (§ 33 KunstUrhG) aber durch ein Verbot der unbefugten Veröffentlichung und Aufnahme von Bildern aus dem Privatbereich ablösen und den Bildnisschutz damit an den Schutz des gesprochenen Wortes (§ 201 StGB) angleichen. Die *prozeßbefangene Persönlichkeit* sollte gegen Bild- und Tonaufnahmen während des Verfahrens im Umfange gerichtsverfassungsrechtlicher Verbote (§ 169 S. 2 GVG) strafrechtlich geschützt sein, wie dies beim wörtlichen Bericht entgegen richterlichem Schweigegebot (§ 174 Abs. 3 GVG) schon jetzt der Fall ist (§ 353d Nr. 2 StGB). Ein allgemeiner

Straftatbestand zum *Schutz vor Verfahrensbeeinflussung* ist nicht gutzuheißen, den fragwürdigen § 353 d Nr. 3 StGB (Verbot wörtlicher Vorveröffentlichung von Schriftstücken) sollte man besser abschaffen.

V. Im Bereich der *Selbstkontrolle* der Massenmedien und *öffentlichrechtlicher Reglementierung* könnten einige vorsichtige Neuerungen den Rechtsschutz des einzelnen in sehr schonender Weise verbessern. Ein stärkerer Ausbau des öffentlichrechtlichen Aufsichtsinstrumentariums ist dabei aber grundsätzlich abzulehnen.

1. Wenig zu erwarten ist bei Funkmedien von einer Verbesserung der internen *Programmaufsicht* (öffentlichrechtliche Medien) oder externer anstaltlicher Aufsicht (privatrechtliche Medien). Für Druckmedien sollten alte Pläne zur Begründung *kammermäßiger Aufsicht* nicht neu belebt werden, die Formalisierung interner Beschwerdemöglichkeiten brächte schwerlich Fortschritte. Sinnvoll wäre für alle Medien die weitere *Verbesserung und Institutionalisierung von Selbstkontrollorganen*, die Journalisten und Medien nicht zur Selbstkorrektur zwingen könnten, wie z. B. zivilrechtliche Rechtsbehelfe oder echte Aufsichtsmaßnahmen, sondern auf Beschwerden veröffentlichungspflichtige Kritik schlechter journalistischer Arbeit zu leisten hätten. Auf diese Weise ließen sich jenseits rechtlicher Haftungsbegründung verfeinerte Qualitätsmaßstäbe journalistischer Arbeit schaffen. Die Wirkung der Arbeit des *Deutschen Presserats* (Druckmedien) könnte ein Anspruch des Betroffenen auf Veröffentlichung der Entscheidung nachhaltig stärken, wobei die Anspruchsdurchsetzung dem einstweiligen Verfahren vorbehalten wäre. Diese Lösung sollte man auf private Funkmedien ausdehnen. In öffentlichrechtlichen Funkmedien bietet sich eher die durchgängige Einrichtung entsprechender *Beschwerdeausschüsse* an, deren Entscheidung ebenfalls zu veröffentlichen wäre. Sämtliche Beschwerdeausschüsse erscheinen darüberhinaus als Organe außergerichtlicher Streitschlichtung geeignet.

2. Das *gerichtsverfassungsrechtliche* Verbot der Ton- und Bildaufnahmen verfahrensbefangener Persönlichkeiten sollte auf alle Aufnahmen im gesamten Gerichtsgebäude erstreckt und außerhalb der Verhandlung von der Erlaubnis des Gerichts *und* der Betroffenen abhängig sein. Hingegen ist an der grundsätzlichen Öffentlichkeit der Gerichtsverfahren festzuhalten; gerichtsverfassungsrechtliche Befugnisse zur Einschränkung der Verbreitung und Beschaffung von Informationen über laufende Gerichtsverfahren sollten nicht geschaffen werden.

3. Das Verhältnis zwischen dem *Auskunftsanspruch* der Presse gegen Behörden und dem allgemeinen und bereichsspezifischen Daten-

schutzrecht ist im Sinne des spezialgesetzlichen Vorrangs des Auskunftsanspruchs zu klären. Die persönlichkeitsrechtlichen Beschränkungen des Auskunftsanspruchs sind in verfeinerten Abwägungstatbeständen zu regeln und die Landespressegesetze insoweit möglichst zu vereinheitlichen. Die *Nichtöffentlichkeit von Verfahrensakten* ist grundsätzlich allgemein und gegenüber Medien beizubehalten; einheitlicher Kodifikation bedarf der Zugang zu Entscheidungen bei Löschung individueller Merkmale. Die *Informationsbefugnis* der Behörden gegenüber der Öffentlichkeit sollte für alle persönlichen Daten unabhängig von der Art ihrer Speicherung allgemein auf den zur Erfüllung der behördlichen Aufgabe erforderlichen Umfang beschränkt sein und in besonders sensiblen Gebieten wie z. B. der Verbrechensaufklärung detailliert geregelt werden. Der *gerichtliche Rechtsschutz* gegen Persönlichkeitsrechtsverletzungen durch Auskünfte bedürfte einer einheitlichen Zuständigkeit für Auskunfts- und Unterlassungsklagen mit notwendiger Beiladung des Betroffenen bzw. Medienunternehmens; eine Auskunftsobliegenheit der Behörde über beabsichtigte Auskünfte und Informationen, deren Nichterfüllung ausreichender Grund für einstweilige Verfügungen sein müßte, könnte den Rechtsschutz verbessern.

4. Eine behördliche Aufsicht über die *Verarbeitung publizistischer Daten* sollte auf *organisatorische* Maßnahmen (Trennung von nichtpublizistischen Daten, Sicherung gegen Fremdeingriffe, Maßnahmen zur Mitspeicherung von Gegendarstellungen etc.) beschränkt bleiben; die gesetzliche Regelung einer Unterrichtungspflicht auf Beschwerden ist – generell – wünschenswert. Eine *inhaltliche* Aufsicht (zweckwidrige Weitergabe publizistischer Daten, Erfüllung von Auskunfts- oder Löschungsansprüchen) erscheint zwar bei selbstverwalteter Aufsicht verfassungsrechtlich noch haltbar, jedoch ist der Ausbau privatrechtlicher Kontrollbehelfe vorzugswürdig.

VI. Der *zivilrechtliche Rechtsschutz* gegen Medienübergriffe muß die Ausgewogenheit und Vielfalt der Rechtsbehelfe des deutschen Rechts erhalten und fortschreiben, um Einseitigkeiten anderer Rechtsordnungen zu vermeiden. Dabei empfiehlt sich eine einheitliche Kodifikation des Medienpersönlichkeitsrechts überwiegend im BGB und teilweise im BDSG, die landesrechtliche Rechtszersplitterung muß ebenso beendet werden wie die unterschiedliche Behandlung der Druck- und Funkmedien in zentralen Rechtsfragen. Die verfassungsrechtlichen Kompetenzen des Bundes sind bei sachgerechter Auslegung des Grundgesetzes durchaus gegeben.

1. Es ist ein *persönlichkeitsrechtlicher Grundtatbestand* im allgemeinen Teil des BGB (§§ 12ff. BGB) einzufügen, dessen abwägende

Rechtswidrigkeitskriterien die Medienfreiheit ausreichend berücksichtigen.

2. Ein besonderer Tatbestand zum *Schutz gegen unrichtige Tatsachenbehauptungen* sollte den Übergang vom Ehrschutz zum Schutz vor Unwahrheit festschreiben und die Beweislage für den Wahrheitsbeweis nach dem Stand der Rechtsprechung ausführlich klarstellen. Bei den Rechtsfolgen ist der Widerrufsanspruch durch ein veröffentlichungs- bzw. verbreitungspflichtiges Feststellungsurteil zu ersetzen, das Unwahrheit oder Nichterweislichkeit feststellen kann. Bei Feststellung der Nichterweislichkeit besteht ein Anspruch auf Unterlassung künftiger Behauptungen ohne entsprechenden Zusatz. Ein Berichtsergänzungsanspruch ist für den Fall zu schaffen, daß ohne Darstellung des eng zusammenhängenden Fortgangs eines Berichtsereignisses das Persönlichkeitsbild verfälscht wäre.

3. Ein Tatbestand zum *Schutz gegen ansehensmindernde Werturteile* müßte die Abwägungskriterien der Rechtswidrigkeit aufzählen (einschließlich der Vermutung zugunsten der freien Rede), die Zweifelsregel gegen die Tatsachenbehauptung mit ihrer strengeren Rechtswidrigkeitskontrolle positivieren und die Rechtsfolgen um die veröffentlichungspflichtige Feststellung rechtswidriger Persönlichkeitsverletzung erweitern.

4. Ein Tatbestand zum *Schutz der Vertraulichkeit gegen Veröffentlichung* könnte den „absoluten" Schutz des Intimbereichs und „absoluten" Schutz vor Wort- oder Bildveröffentlichungen aus dem Privatbereich klarstellen, im übrigen für weniger schutzwürdige Persönlichkeitsbereiche die wesentlichen Abwägungskriterien der Rechtswidrigkeit benennen und auch hier die Rechtsfolgen um das veröffentlichungspflichtige Feststellungsurteil ergänzen. Daneben empfiehlt sich um der besseren Prävention willen ein Tatbestand zum *Schutz der Vertraulichkeit gegen Informationsbeschaffung*, der allerdings auch den weiteren Spielraum gegenüber dem Schutz vor Veröffentlichung festzulegen hätte; insbesondere der Schutz bereits vor ungerechtfertigten Bild*aufnahmen* wäre damit positiviert.

5. Ein besonderer Tatbestand zum Schutz der verfahrensbefangenen Persönlichkeit gegen Eingriffe Dritter in Verfahren ist nicht zu empfehlen.

6. Der Schutz gegen wahrheitswidrige oder ansehensmindernde Äußerungen, welche die *Geschäftstätigkeit* betreffen, ist der persönlichkeitsrechtlichen Regelung anzupassen. Auch der Schutz juristischer Personen läßt sich am besten durch entsprechende Anwendung persönlichkeitsrechtlicher Regeln bewältigen.

7. Der *Ersatz immateriellen Schadens* ist in § 253 BGB einheitlich anhand der von der Praxis entwickelten Kriterien zu regeln.

8. Der bürgerlichrechtliche Rechtsschutz ist für gespeicherte bzw. gesammelte Daten um einen datenrechtlichen *präventiven Auskunfts-, Berichtigungs- und Löschungsanspruch* zu ergänzen, der nach rechtswidriger Persönlichkeitsrechtsverletzung oder bei unmittelbar drohender rechtswidriger Persönlichkeitsrechtsverletzung greift und alle mit der Rechtsverletzung unmittelbar zusammenhängenden Daten erfaßt. Die Pflicht zur Mitspeicherung des Gegendarstellungsanspruchs muß für alle Medien einheitlich gelten.

9. Das *Gegendarstellungsrecht* ist zumindest in seinen Grundzügen einheitlich für alle Medien im BGB zu regeln. Als Form publizistischen Gehörs vor dem Tribunal der Öffentlichkeit stellt es Waffengleichheit her und muß dem Betroffenen bei jeder Befassung der Medien mit seinen Angelegenheiten zustehen, gleichgültig ob es sich um *Tatsachenbehauptungen oder Werturteile* handelt. Es sollte aber nicht geltend gemacht werden können, wenn die Darstellung in den Medien dem Betroffenen schon ausreichend Gehör gewährt oder wenn der Betroffene eine Stellungnahme abgelehnt hat. Die inhaltliche Beschränkung auf Tatsachen sollte fallen, innerhalb der Gegendarstellung muß *Gegenkritik* erlaubt sein. Man sollte aber *Höchstlängen* festlegen, die nach richterlichem Ermessen überschritten werden können. Die Regelform der Gegendarstellung, nämlich die verbale Erwiderung, sollte vor allem in Funkmedien nach richterlichem Ermessen durch andere Darstellungsformen ersetzt werden können, der *Redaktionsschwanz* ist generell zu verbieten. Die *Änderung der Gegendarstellung* muß während des gerichtlichen Verfahrens möglich sein, die Last vorheriger Mitteilung sollte nur für Kostenfolgen bedeutsam sein.

10. Die *Wirksamkeit einer Einwilligung* in persönlichkeitsbeeinträchtigende Berichterstattung, insbesondere durch Ton- und Bildaufnahmen, könnte man von ausreichender Aufklärung über die Art der Verwendung abhängig machen und eine entsprechende *Aufklärungsobliegenheit* in die Presse- bzw. Mediengesetze einfügen.

11. Zur *Milderung der Prozeßrisiken* empfehlen sich in der ZPO Vorschriften über die Streitwertherabsetzung, über Kostenteilung nach Billigkeit in Gegendarstellungsprozessen und über die Begrenzung von Schadensersatzpflichten nach einstweiligen Verfügungen.

12. Im *internationalen Privatrecht* sind für die Gegendarstellung autonome deutsche Regeln und Zuständigkeits- und Anerkennungsabkommen anzustreben, welche die Klage im Staat der Verbreitung und unter dem Recht des Verbreitungsstaates gewährleisten. Die Bedeutung des *interlokalen Gegendarstellungsrechts* ist durch Verein-

heitlichung der Gegendarstellung im BGB zu reduzieren, wahlweise Zuständigkeit des Gerichts des Klägersitzes als des Verbreitungsortes ist innerstaatlich ein Gebot der Fairness.

Gutachten B
zum 58. Deutschen Juristentag
München 1990

VERHANDLUNGEN DES ACHTUNDFÜNFZIGSTEN DEUTSCHEN JURISTENTAGES
München 1990

Herausgegeben von der
STÄNDIGEN DEPUTATION
DES DEUTSCHEN JURISTENTAGES

BAND I
(Gutachten)
Teil B

C. H. BECK'SCHE VERLAGSBUCHHANDLUNG
MÜNCHEN 1990

Absprachen im Strafverfahren?
Grundlagen, Gegenstände und Grenzen

GUTACHTEN B
für den 58. Deutschen Juristentag

erstattet von
DR. BERND SCHÜNEMANN
o. Professor an der Universität Freiburg

C.H. BECK'SCHE VERLAGSBUCHHANDLUNG
MÜNCHEN 1990

ISBN 3 406 34628 6

© 1990 C.H.Beck'sche Verlagsbuchhandlung (Oscar Beck), München
Printed in Germany
Satz und Druck: C.H.Beck'sche Buchdruckerei, Nördlingen

Inhaltsverzeichnis

§ 1. *Abgrenzung des Themas und Überblick* .... B 9
§ 2. *Die Erscheinungsformen der Verständigung in der heutigen Strafprozeßwirklichkeit* .... B 12
    I. Beurteilungsbasis .... B 12
    II. Kategorienbildung .... B 14
    III. Zur Entstehung der modernen Verständigungsformen B 16
    IV. Zur heutigen Rechtswirklichkeit .... B 17
    V. Die realen Funktionstypen der informellen Verständigung .... B 19

§ 3. *Zur Theorie der Verständigung im Strafverfahren* ...... B 27
    I. Sachzwänge und Nutzen der Verfahrensbeteiligten ...... B 27
    II. Informelle Verständigungen als Verhandlungsspiel ...... B 47
    III. Einordnung der informellen Verständigungen in eine soziologische Theorie des Strafverfahrens .... B 50
    IV. Der Standort der informellen Verständigung in der Evolution von Recht und Gesellschaft .... B 57

§ 4. *Die informellen Verständigungen im geltenden Recht* .... B 66
    A. Informelle Verständigung als überhaupt zulässige Prozeßhandlung? .... B 66
    B. Zur Kollision oder Vereinbarkeit mit den Strukturprinzipien der StPO .... B 80
        I. Vereinbarkeit mit der Instruktionsmaxime und der gerichtlichen Aufklärungspflicht? .... B 80
        II. Verletzung des Unmittelbarkeits- und Mündlichkeitsprinzips? .... B 84
        III. Verletzung des Öffentlichkeitsgrundsatzes? .... B 87
        IV. Kollision der informellen Absprachen mit Anwesenheitspflichten? .... B 89
        V. Vereinbarkeit mit dem Legalitätsprinzip? .... B 90
    C. Zur Kollision oder Vereinbarkeit mit den dem Schutz des Beschuldigten dienenden Rechtsinstituten .... B 93
        I. Kollision mit der Unschuldsvermutung? .... B 93
        II. Kollision mit § 136a? .... B 98
        III. Verletzung des Anspruches auf ein faires Verfahren? .. B 115
        IV. Zur Ablehnung des an einer informellen Verständigung beteiligten Richters wegen Besorgnis der Befangenheit B 117

D. Rechtfertigung der informellen Verständigungen durch Gewohnheitsrecht, Einwilligung, Verzicht oder Verwirkung? . . B 121
E. Die Rechtsfolgen der informellen Verständigung . . . . B 121
    I. Die Rechtswirkungen prozeßordnungsgemäßer Zusicherungen. . . . . B 121
    II. Rechtswirkungen prozeßordnungsgemäßer labiler Absichtserklärungen . . . . B 123
    III. Rechtswirkungen prozeßordnungswidriger Zusicherungen . . . . B 124
    IV. Die Revisibilität der auf einer informellen Verständigung beruhenden Urteile. . . . . B 127
    V. Wiederaufnahme des Verfahrens gegen abgesprochene Urteile? . . . . B 128
F. Zur Strafbarkeit prozeßordnungswidriger Absprachen . . . B 131
    I. Vorbemerkung . . . . B 131
    II. Rechtsbeugung (§ 336 StGB). B 131
    III. Strafvereitelung im Amt (§ 258 a StGB) . . . . B 135
    IV. Verfolgung Unschuldiger (§ 344 StGB) . . . . B 136
    V. Aussageerpressung (§ 343 StGB) . . . . B 136
    VI. Nötigung (§ 240 StGB) . . . . B 136
    VII. Teilnehmerstrafbarkeit des Verteidigers oder des Angeklagten . . . . B 137
    VIII. Parteiverrat (§ 356 StGB) . . . . B 138
    IX. Verletzung der Verschwiegenheitspflicht (§ 203 Abs. 1 Nr. 3 StGB) . . . . B 139

§ 5. *Die informellen Verständigungen im künftigen Recht* . . . . B 141
A. Notwendigkeit eines legislatorischen Eingreifens? . . . . B 141
B. Verfassungsrechtliche Vorgaben . . . . B 143
    I. Die Kammerentscheidung des BVerfG . . . . B 143
    II. Weitere verfassungsrechtliche Anforderungen . . . . B 146
    III. Ergebnis. . . . . B 149
C. Verwendbarkeit ausländischer Regelungen und vorliegender Entwürfe?. . . . . B 149
    I. Lehren aus dem plea bargaining-System der USA . . . . B 149
    II. Spanien als Vorbild? . . . . B 153
    III. Der neue italienische Strafprozeß . . . . B 155
    IV. Der Alternativentwurf zum Strafverfahren mit nichtöffentlicher Hauptverhandlung . . . . B 156
D. Das Dreistufenkonzept zur Quadratur des Kreises. . . . . . . B 157
    I. Die Wiederherstellung des Gesetzesgehorsams . . . . . . B 158
    II. Die Konservierung legitimer Verständigungsformen . . B 160
    III. Entwicklungsrichtung der Gesamtreform . . . . B 163

§ 6. *Zusammenfassende Thesen* . . . . B 168

Abkürzungsverzeichnis

(beschränkt auf Werke, die in Lieferungen oder als Loseblattausgaben erscheinen, und auf Abkürzungen, die nicht allgemein üblich oder aus sich heraus verständlich sind; im übrigen wird auf Kirchner, Abkürzungsverzeichnis der Rechtssprache, 3. Aufl. 1983, verwiesen; §§ ohne Gesetzesangabe sind solche der StPO).

ARSP	Archiv für Rechts- und Sozialphilosophie.
BewHi.	Bewährungshilfe.
BGHR	BGH-Rechtsprechung – Strafsachen, hrsg. von den Richtern des Bundesgerichtshofes.
C.p.p.	Codice di Procedura Penale, am 24. 10. 1989 in Kraft getreten.
EGGVG	Einführungsgesetz zum Gerichtsverfassungsgesetz v. 27. 1. 1877 (RGBl. 1877 77; letztes Änderungsgesetz v. 27. 1. 1987, BGBl. 1987 I 475).
EGMR	Europäischer Gerichtshof für Menschenrechte.
EGStGB	Einführungsgesetz zum Strafgesetzbuch vom 2. 3. 1974 (BGBl. 1974 I 469; letztes Änderungsgesetz v. 13. 4. 1986, BGBl. 1986 I 393, 396).
EKMR	Europäische Kommission für Menschenrechte.
Erbs/Kohlhaas	Strafrechtliche Nebengesetze, Loseblatt, 4. Aufl., Stand: Nov. 1989; zit.: Bearbeiter, in: *Erbs/Kohlhaas*.
EWGV	Vertrag zur Gründung der Europäischen Wirtschaftsgemeinschaft v. 25. 3. 1957 (BGBl. 1957 II 753, 766).
FRCP	Federal Rules of Criminal Procedure.
FS	Festschrift.
KB	Kriminalsoziologische Bibliographie
KMR	Kommentar zur Strafprozeßordnung, begründet von *Kleinknecht/Müller/Reitberger*, hrsg. von *Hermann Müller, Walter Sax und Rainer Paulus*, Loseblatt, 7. Aufl., Stand: Jan. 1990; zit.: KMR-Bearbeiter.
LECrim	Ley de Enjuiciamiento criminal v. 14. 9. 1882; jetzt gültig mit der Neuregelung des Gesetzes v. 28. 12. 1988.

Leibholz/Rinck/
Hesselberger ... Grundgesetz, Kommentar an Hand der Rechtsprechung des Bundesverfassungsgerichts, Loseblatt, 6. Aufl., Stand: Nov. 1989.
LK .... Strafgesetzbuch, Leipziger Kommentar, hrsg. v. *Hans-Heinrich Jescheck, Wolfgang Ruß und Günther Willms*, 10. Aufl., 1978 ff., Stand: Dez. 1988; zit.: LK/Bearbeiter.
LR .... *Löwe-Rosenberg*, Die Strafprozeßordnung und das Gerichtsverfassungsgesetz, Großkommentar, hrsg. von *Peter Rieß*, 24. Aufl., 1984 ff., Stand: März 1989; zit.: LR/Bearbeiter.
Maunz/Dürig .. Grundgesetz, Kommentar, Loseblatt, Stand: Dezember 1989; zit.: Bearbeiter, in: Maunz/Dürig.
MRK .... Konvention zum Schutze der Menschenrechte und Grundfreiheiten v. 4. 11. 1950 (BGBl. 1952 II 685).
RiStBV .... Richtlinien für das Strafverfahren und das Bußgeldverfahren v. 1. 1. 1977 in der ab 1. 10. 1988 (bundeseinheitlich) geltenden Fassung.
RStPO .... Reichstrafprozeßordnung v. 1. 2. 1877 (RGBl. 1877 253).
RuP .... Recht und Politik.
SK-StGB ..... Systematischer Kommentar zum Strafgesetzbuch, *Hans-Joachim Rudolphi/Eckhard Horn/Erich Samson*, Loseblatt, Bd. 1, Allgemeiner Teil, 5. Aufl., Stand: Juni 1989; Bd. 2, Besonderer Teil, 4. Aufl., Stand: Okt. 1989; zit.: Bearbeiter, in: SK-StGB.
SK-StPO ..... Systematischer Kommentar zur Strafprozeßordnung und zum Gerichtsverfassungsgesetz, *Hans-Joachim Rudolphi/Wolfgang Frisch/Klaus Rogall/Ellen Schlüchter/Jürgen Wolter*, Loseblatt, Stand: Juli 1988; zit.: Bearbeiter, in: SK-StPO.
StVÄG .... Strafverfahrensänderungsgesetz 1987 (BGBl. 1987 I 475).
1. StVRG ..... Erstes Gesetz zur Reform des Strafverfahrensrechts v. 9. 12. 1974 (BGBl. 1974 I 3393, 3533).
v. .... versus (= gegen).
WuW .... Wirtschaft und Wettbewerb.
ZfRSoz. ...... Zeitschrift für Rechtssoziologie.
ZfS .... Zeitschrift für Sozialpsychologie.

§ 1. Abgrenzung des Themas und Überblick

1. Das mir gestellte Thema „Absprachen im Strafverfahren? Grundlagen, Gegenstände und Grenzen" weicht von der traditionellen Fragestellung von Juristentagsgutachten insoweit ab, als es bei ihm nicht primär um Empfehlungen an die Adresse des Gesetzgebers geht. Unbeschadet der Überlegungen, die bei dieser Formulierung des Themas in der Ständigen Deputation maßgeblich gewesen sein mögen, rechtfertigt sich die Zurückdrängung der klassischen rechtspolitischen Fragestellung durch die Notwendigkeit, das obskure Phänomen der strafprozessualen Absprachen – die für die Allgemeinheit so lange unsichtbar gewesen und bezüglich ihrer rechtlichen Ausbildung bis heute nicht aus den Kinderschuhen herausgekommen sind – erst einmal empirisch und dogmatisch aufzuklären, bevor der Ruf nach dem Gesetzgeber laut werden kann.

2. Den Anfang der Untersuchungen muß deshalb die Erfassung der Verfahrenswirklichkeit bilden, zunächst durch eine bloße *Beschreibung* dessen, was sich in der Interaktion der Verfahrensbeteiligten tatsächlich ereignet, und sodann durch eine sozialwissenschaftliche *Erklärung*, die von relativ konkreten Ansätzen der Entscheidungspsychologie bis zur Einordnung der strafprozessualen Absprachen in gesellschaftstheoretische und rechtssoziologische Globalkonzepte reicht. Die überragende Bedeutung dieser wirklichkeitswissenschaftlichen Aufklärung des Absprache-Phänomens ergibt sich daraus, daß die Erforschung des Feldes durch zwei einander überlagernde Systeme von Finten und Maskierungen erschwert ist, weil es zu den Regeln des Verhandlungsspiels gehört, den Kontrahenten über die eigenen Absichten im unklaren zu lassen, und weil wiederum die Öffentlichkeit über die Hintergründe der auf Absprachen beruhenden Urteile im unklaren gelassen wird, so daß für den Bereich der informellen Absprachen ein verhüllender Jargon eigentümlich ist, hinter dem man das eigentlich Gemeinte nur entweder ethnomethodologisch oder (was hier bevorzugt wurde) durch eine Berücksichtigung der für Aushandlungsprozesse allgemein bekannten sozialen Erklärungszusammenhänge offenlegen kann. Zu diesem Zweck wird zunächst im nachfolgenden Kapitel 2 durch begriffliche Unterscheidung und Beschreibung der äußerlichen Phänomene eine deskriptive Basis gelegt, an die sich im folgenden Kapitel 3 die Analyse der Interaktionszusammenhänge anschließt.

3. Die *Bewertung* dieser Phänomene durch das *geltende Verfahrensrecht* ist Thema des vierten, umfangreichsten Kapitels. Selbstverständlich muß man sich besonders im Hinblick auf die hier vorzunehmenden Untersuchungen davor hüten, das Gutachtenthema allzu wörtlich zu nehmen, etwa so als ob die strafprozessualen Absprachen fraglos eine (scil. legale und legitime) „Grundlage" besäßen und die dogmatische Arbeit nur in der Aufzeigung von „Grenzen" bestehen könne. Das Wahrheitsethos der Wissenschaft zwingt vielmehr auch zu der Frage, ob die Absprachen *überhaupt* Grundlagen im geltenden Strafprozeßrecht finden und ob zwischen ihren Grenzen überhaupt noch ein nennenswertes Territorium übrig bleibt. Wegen der enormen Ausdifferenzierung rechtlicher Garantien im Handlungssystem der Straßprozeßordnung muß die Frage der Vereinbarkeit der Absprachen mit dem Recht ferner ebenso ausdifferenziert gestellt und entsprechend komplex beantwortet werden, so daß es hier keine „eindimensionalen" Lösungen geben kann.

4. Obwohl schon die bisher zusammengestellten Gegenstandsbereiche mehr Stoff bergen, als in einem umfangmäßig streng limitierten Gutachten bewältigt werden kann, habe ich mich im abschließenden fünften Kapitel auch der *rechtspolitischen* Problematik gestellt. Denn weil die Ergebnisse des dogmatischen Teils niemanden ruhen lassen, dem ein mit dem Gesetz und unserer Verfassung in Einklang lebendes Strafverfahren am Herzen liegt, ist es ausgeschlossen, beim Nachdenken über die strafprozessualen Absprachen die rechtspolitische Dimension auszuklammern.

Insgesamt ist damit freilich eine solche Stoffülle zusammengekommen, daß der maximale Umfang nur durch einige schmerzhafte Limitierungen und Eliminierungen gewahrt werden konnte. Bei der Beschreibung und Erklärung der Verfahrenswirklichkeit mußte ich mich zum großen Teil auf die Wiedergabe von Untersuchungs*ergebnissen* beschränken, ohne deren Herleitung mitberücksichtigen zu können. Dies gilt insbesondere für meine eigenen empirischen Untersuchungen zu den informellen Absprachen, die mit der Durchführung einer Repräsentativ-Umfrage unter deutschen Richtern, Staatsanwälten und Verteidigern im Jahre 1986 begonnen wurden und mit einer Bevölkerungsumfrage im Jahr 1989 abgeschlossen worden sind und von denen ich hier nur einige Resultate vorstellen kann, wobei ich aus Raumgründen ebenso wie bei der Darstellung kriminalstatistischer Befunde auf die Wiedergabe von Tabellen zum größten Teil verzichten mußte. Die für das Verständnis der informellen Absprachen zentralen soziologischen Ansätze konnten zumeist nur holzschnittartig dargestellt werden, und bei der dogmatischen Analyse mußte ich mich auf die Hauptdiskussionspunkte beschränken und konnte nicht den Ehrgeiz haben, alle in der bisherigen Diskussion auftauchenden Argumente ausführlich zu würdigen. Einschneidende Beschränkungen mußte sich auch der Vergleich mit ausländischen Prozeßformen gefallen lassen, der nirgendwo systematisch in Angriff genommen werden konnte; immerhin habe ich Wert darauf gelegt, daß die unvergleichlich wichtigen Verbindungslinien zum amerikanischen Strafverfahren nirgendwo vernachlässigt wurden. Bei den abschließenden rechtspolitischen Betrachtungen schließlich, mit denen ich ohnehin schon an der Grenze des mir gestellten Themas angekommen bin, mußte ich nicht nur auf jegliche Detaildurchführung verzichten, sondern auch auf eine Vertiefung der Grundsatzfrage, welcher Stellenwert den Absprachen überhaupt in der modernen Strafrechtspflege zukommt bzw. zukommen kann.

5. Das vorliegende Gutachten kann deshalb nicht mehr als einen *Extrakt* anbieten. Im Hinblick auf die Bedeutung des Themas und nicht zuletzt auch wegen seiner nach wie vor anhaltenden Brisanz halte ich mich für verpflichtet, dem Leser auch eine vollständige Herleitung der hier zu findenden Ergebnisse zugänglich zu machen, weshalb ich bis zum 58. DJT eine umfassende Monographie vorlegen zu können hoffe, in der alle Punkte, die hier zu kurz kommen mußten, eine ausführliche Behandlung erfahren.[1] Auf sie wird deshalb im folgenden durchweg stillschweigend verwiesen, wenn von empirischen Untersuchungen nur die Resultate mitgeteilt werden können oder ausgedehnte und komplexe soziologische, dogmatische und rechtspolitische Problemfelder im Galopp durchgepflügt werden müssen.

---

[1] Die Monographie wird im Carl Heymanns-Verlag, Köln, erscheinen und den Titel tragen: „Absprachen im Strafverfahren".

§ 2. Die Erscheinungsformen der Verständigung in der heutigen Strafprozeßwirklichkeit

I. Beurteilungsbasis

Wenn die Verständigung im Strafverfahren heute auch anders als noch vor wenigen Jahren nicht mehr insgesamt ein okkultes Phänomen darstellt, so ist doch ihre empirische Erfassung nach wie vor schwierig und mit zahlreichen Unsicherheiten und Fehlerquellen behaftet. Denn unbeschadet dessen, daß die Absprache-Thematik in abstracto in den letzten 4 Jahren in das Zentrum der öffentlichen Auseinandersetzung über den Strafprozeß und seine Reform getreten ist,[2] gilt für die konkrete Anbahnung einer Verständigung nach wie vor der Rat aus Expertenmund, daß strenge *Diskretion* gewahrt werden müsse.[3] Und selbst wenn einmal eine Absprache als Urteilsgrundlage ruchbar wird, sei es aufgrund von Presseberichten über eine anders nicht erklärbare, für den Außenstehenden völlig überraschende Wendung der Hauptverhandlung,[4] sei es aufgrund einer

---

[2] Die Absprachen im Strafprozeß bildeten u. a. das Thema der 5. Alsberg-Tagung der Deutschen Strafverteidiger e.V. 1985 (mit Vorträgen von *Schmidt-Hieber* und *Widmaier*, StrV 1986, 355, 357), des vom Baden-Württembergischen Minister für Justiz, Bundes- und Europaangelegenheiten veranstalteten Triberger Symposiums 1986 (publiziert in: Ministerium für Justiz, Bundes- und Europaangelegenheiten Baden-Württemberg (Hrsg.), Absprachen im Strafprozeß – ein Handel mit der Gerechtigkeit?, 1987), der Tagung des Hessischen Richterbundes in Königstein 1987 (Referat von *Nestler-Tremel* in DRiZ 1988, 288, von *Weider* u. *Schmidt-Hieber* in Mitt. des Hess. Richterbundes 1988, 1ff.), von Fortbildungsveranstaltungen der Deutschen Richterakademie in Trier in den Jahren 1987, 1988, 1989 und 1990, der Justizakademie des Landes Nordrhein-Westfalen 1988, von Podiumsdiskussionen der Arbeitsgemeinschaft Strafrecht des DAV in München und der Vereinigung Berliner Strafverteidiger e.V. in Berlin 1988 sowie des Deutschen Anwaltstages 1989 in München (Referate von *Schünemann* und *Gatzweiler* in NJW 1989, 1895, 1903 = AnwBl. 1989, 494, 502), der Sankelmarker Richterwoche des Schleswig-Holsteinischen Richterverbandes 1989 und des 13. Strafverteidigertages in Köln 1989 (Referat von *Nestler-Tremel*, KJ 1989, 448ff.).

[3] Vgl. *Widmaier*, StrV 1986, 357, 359 („äußerstes Stillschweigen über die Einzelheiten all solcher Verhandlungen"); *Dahs*, Handbuch des Strafverteidigers, 5. Aufl. 1983, Rdnr. 135; ders., NJW 1987, 1318; ders., NStZ 1988, 153, 157; *Rückel*, NStZ 1987, 297, 298; *Deal* (i. e. *Weider*), StrV 1982, 545, 552; *Hanack*, StrV 1987, 501; *Gatzweiler*, NJW 1989, 1903, 1906.

[4] Vgl. nur aus der unübersehbaren Fülle einschlägiger Presseartikel Der Spiegel, Nr. 45 v. 7. 11. 1988, S. 102ff.; *Esser*, Quick, Nr. 15 v. 1. 4. 1987, S. 142f.; *Koch*, Die Zeit, Nr. 28 vom 7. 7. 1989, S. 21; *Kempf*, Heilbronner Stimme v. 21. 11. 1988; *Richter*, Süddeutsche Zeitung v. 16./17./18. 6. 1989, S. 28.

(neueren Forderungen im Schrifttum[5] Rechnung tragenden) ausdrücklichen Offenlegung in der Hauptverhandlung, so sind doch solche Momentaufnahmen für die Beantwortung der zentralen Fragen nach Umfang, Domäne und Interaktionsstrukturen der Absprachen gänzlich unergiebig und haben deshalb so lange nur *anekdotischen* Wert, wie man sie nicht in ein auf andere Weise gewonnenes Gesamtbild einordnen kann. Weil aus diesen Gründen auch die gängigen Methoden der Kriminologie und der Justizforschung, nämlich kriminalstatistische Analysen, Aktenuntersuchungen und systematische Beobachtungen von Hauptverhandlungen, zu einer Beschreibung und Erklärung des Absprache-Phänomens wenig beitragen können, dürften die zuverlässigsten Ergebnisse von standardisierten *Umfragen* unter den professionellen Akteuren des Strafverfahrens (Richtern, Staatsanwälten und Rechtsanwälten) zu erwarten sein. Die nachfolgende Darstellung orientiert sich deshalb in erster Linie an den Resultaten der Repräsentativ-Umfrage, die ich in den Jahren 1986/87 gemeinsam mit *Raimund Hassemer* durchgeführt habe.[6] Allerdings dürfen auch die Grenzen und Unsicherheitszonen dieser Untersuchung nicht übersehen werden, die sich daraus herleiten, daß das von den Befragten berichtete Selbstbild durchaus von den von ihnen tatsächlich befolgten Verhaltensmaximen abweichen kann,[7] daß angesichts des zumindest 1986 noch als heikel einzuschätzenden Themas und insbesondere bei besonders brisanten Fragen mit einer eher defensiven Beantwortung gerechnet werden muß und daß schließlich aus den gleichen Gründen Fragen nach möglicherweise illegalen (oder gar strafbaren) Praktiken so zurückhaltend formuliert werden mußten, daß ein gewisser Auslegungsspielraum nicht zu vermeiden war. Sowohl zur Kontrolle als auch zur Ergänzung der Repräsentativ-Umfrage werden deshalb auch alle übrigen verfügbaren empirischen

---

[5] Vgl. zur Forderung nach einer Offenlegung der Absprache in der Hauptverhandlung einstweilen nur *Schmidt-Hieber,* Verständigung im Strafverfahren, 1986, S. 77; a. M. etwa *Hanack,* StrV 1987, 500, 505; *Cramer,* FS für Rebmann, 1989, S. 145, 149.

[6] Die Untersuchung ist mit einem von Dipl. Soz. Dr. Wolfgang *Bandilla* (jetzt Universität Bielefeld) geleiteten Mitarbeiterstab an der Universität Mannheim durchgeführt und von der Deutschen Forschungsgemeinschaft im Rahmen des Schwerpunktprogrammes „Empirische Sanktionsforschung" finanziert worden. Eine vollständige und detaillierte Darstellung der Ergebnisse, von denen im Text dieses Gutachtens nur ein Extrakt berücksichtigt werden kann, wird in: *Schünemann* (Hrsg.), Absprachen im Strafverfahren, im Carl Heymanns-Verlag, Köln 1990 publiziert. Hierauf ist wegen aller Einzelheiten der nachfolgenden Darstellung im Text zu verweisen.

[7] Die Diskrepanzen zwischen dem Selbstbild und den realiter handlungsleitenden Einstellungen haben sich schon als Hemmschuh für die Erklärung des richterlichen Handelns in der amerikanischen Attitüdenforschung erwiesen, vgl. *Röhl,* Rechtssoziologie, 1987, S. 236; ferner *Bierbrauer,* ZfS 1976, 4, 9f., mit Hinweis auf die Untersuchungen von *Asch, Milgram* u.a., die eine Diskrepanz von verbaler Attitüde und tatsächlichem Verhalten aufzeigen.

Daten berücksichtigt, seien sie in methodisch angeleiteter Form gewonnen wie in der Pilotumfrage von R. *Hassemer/Hippler*,[8] der Bremer Untersuchung von *Lüdemann/Bussmann*[9] oder in dem (im Rahmen unseres Mannheimer Forschungsprojektes durchgeführten) Simulationsexperiment,[10] seien sie aus einzelnen Urteilen oder Presseberichten abgeleitet, als (publizierte fremde oder auch eigene) Strafprozeß-Erfahrung auf der common-sense-Ebene gebildet oder schließlich durch Einzelfall-Schilderungen vermittelt worden, die ich auf Rückfrage von den an der Repräsentativ-Umfrage teilnehmenden Rechtsanwälten, auf vielen Diskussionsveranstaltungen von Richtern und Staatsanwälten sowie auch spontan durch Betroffenen-Zuschriften bekommen habe.[11]

II. Kategorienbildung

1. Wo eine prozessuale Maßnahme (im weitesten Sinne) im Einvernehmen solcher Prozeßsubjekte erfolgt, deren Rollen antagonistisch strukturiert sind, tritt ein das (durch den Rollengegensatz und die Letztentscheidung des Gerichts geprägte) antagonistisch-autoritäre Prozeßmodell nicht nur äußerlich, sondern auch der Sache nach transzendierendes Moment in Erscheinung. Dieser Gegenstandsbereich einer nicht nur durch unkoordinierte Verzichtsleistungen zustandegekommenen *Einigkeit* von Haus aus gegensätzlicher Prozeßbeteiligter *über das weitere Procedere* ist deshalb – als die schlechthin allgemeine Kategorie meines Themas – auf den Begriff zu bringen, wofür ich als verhältnismäßig unspezifischen Terminus die „*Verständigung*" benutzen möchte.[12]

---

[8] StrV 1986, 360 ff.
[9] Erste Ergebnisse werden in KrimJ 1989, 54 ff. berichtet.
[10] Auch dieses mit richterlichen Versuchspersonen im Stuttgarter Raum durchgeführte Simulations-Experiment wird in dem in Fn. 1 nachgewiesenen Werk vollständig und detailliert publiziert, worauf wegen der Einzelheiten ebenfalls zu verweisen ist.
[11] Schilderungen von Betroffenen sind hierbei selbstverständlich sehr zurückhaltend zu verwerten, dürfen aber keinesfalls a limine zurückgewiesen werden, da sie – wie mir der vom OLG Bremen (StrV 1989, 145 ff.) entschiedene Fall gezeigt hat – u. U. sogar besonders zuverlässig sein und gerade solche Praktiken beleuchten können, die bei einer Befragung der professionellen Akteure des Strafverfahrens nicht berichtet werden.
[12] Wenig zweckmäßig erscheint dagegen die von *Dencker* (in: *Dencker/Hamm*, Der Vergleich im Strafprozeß, 1988, S. 36 ff.) vorgeschlagene Nomenklatur, die von der StPO zugelassenen kooperativen Möglichkeiten „Verständigung", die eindeutig rechtswidrigen Verfahrenspraktiken „Vergleich" und das abgestimmte Prozeßverhalten im Grenzbereich als „Absprachen" zu bezeichnen. Denn die begriffliche Ordnung des phänotypischen Materials muß der rechtlichen Bewertung vorausgehen; die Reservierung bestimmter Termini für prozeßordnungswidrige oder prozeßordnungsgemäße Verständigungsformen läuft auf einen nutzlosen Pleonasmus hinaus; und sie verfehlt

Was der Herstellung der Einigkeit (dem Verständigungs*akt*) an darauf abzielenden Äußerungen vorausgeht, soll „Verständigungs*kommunikation*" heißen. Die dem Verständigungsakt entsprechenden weiteren Prozeßhandlungen der Beteiligten sind die „*Realisierung* der Verständigung". Wenn sich die Partner des Verständigungsaktes gegenseitig zusichern, im weiteren Verlauf so zu verfahren, soll von einer „*Absprache*" gesprochen werden. Wenn dagegen ein oder beide Partner keine entsprechende Zusicherung abgeben, sondern nur ein mögliches Verhalten des anderen Partners hypothetisch antizipieren und daraufhin ein bestimmtes eigenes Verhalten als die rebus sic stantibus rechtlich gebotene Konsequenz kennzeichnen, liegt nach der hier verwendeten Terminologie (nur) eine „*Antizipation*" vor.[13] Wo es auf diese Unterscheidung nicht ankommt, soll der Ausdruck „Absprache" auch als Oberbegriff und Synonym zur „Verständigung" verwendet werden.

2. Im Gegensatz zu den *formellen* Verständigungen, die *in* der Hauptverhandlung erzielt und im Protokoll festgehalten werden, finden die „*informellen* Verständigungen" *außerhalb* der Hauptverhandlung statt (bzw. – in den übrigen Verfahrensphasen – außerhalb des in den Akten festgehaltenen Prozeßgeschehens). Der Relevanz dieser Unterscheidung für die *Form*prinzipien der Öffentlichkeit und Mündlichkeit entspricht die Differenzierung nach dem Verständigungs*inhalt* unter dem Aspekt der materiellen Prinzipien der Wahrheitsfindung durch eine inquisitorische Hauptverhandlung (§§ 155 Abs. 2, 244 Abs. 2, 261). Die theoretisch und praktisch bedeutsamste Gruppe bilden die Verständigungen über das *Verfahrensergebnis* mit den Untergruppen der Einstellung (einschließlich der Teileinstellung), des Strafbefehls und des Urteils. Danach kommen – weiterhin aus dem Blickwinkel der Justiz betrachtet – die Verständigungen über Anordnung oder Aufhebung von *Zwangsmitteln*, über den Ablauf der *Beweisaufnahme* und über die *technische* Seite des Verfahrensablaufes. Auf Seiten des Beschuldigten bilden die Ablegung eines *Geständnisses*, der *Verzicht* auf avisierte *Beweisanträge* oder deren *Rücknahme* und die Erbringung von *Wiedergutmachungsleistungen* den wichtigsten Verständigungsinhalt, danach der *Verzicht* auf *Entschädigungsleistungen* oder die *Übernahme* von *Kosten*. Bei mehreren Beschuldigten kann es auch – als Teil eines Geständnisses oder als aliud – um die *Belastung eines Mitbeschuldigten* gehen. Schließlich

---

auch ohne einsehbaren Grund in concreto das umgangssprachliche Vorverständnis (zu Recht kritisch auch *Odersky*, FS für Rebmann, 1989, S. 343, 355). Selbstverständlich wird der Terminus „Verständigung" hier nicht zur Camouflage und Schein-Legitimation benutzt, worin nach *Bussmann* (KritV 1989, 376 ff.) seine Beliebtheit bei Justizpraktikern wurzelt.

[13] Vgl. bereits *Schünemann*, NJW 1989, 1895 f.

kommt für den Beschuldigten, die Staatsanwaltschaft und die Nebenbeteiligten (namentlich den Verletzten) auch die Nichteinlegung von *Rechtsmitteln* bzw. von Rechtsbehelfen als Gegenstand einer Verständigung in Betracht. Diese inhaltliche Aufgliederung, für die Überschneidungen nicht nur möglich, sondern geradezu typisch sind (exemplarisch in der plakativen Formulierung von *Zierl:* „Tausche Geständnis gegen Bewährung!"),[14] präjudiziert zugleich in erheblichem Umfange auch die Aufgliederung nach Verfahrens*stadien* und Verständigungs*partnern* im Sinne der von der Absprache betroffenen, d. h. für ihre Realisierung zuständigen Prozeßsubjekte.

3. Eine weitere kategoriale Einteilung der Verständigungsformen wird erst im Rahmen der Prüfung ihrer Vereinbarkeit mit den einzelnen Prozeßprinzipien je nach Maßgabe der konkreten Relevanz vorzunehmen sein; für den nachfolgenden Überblick über die Bedeutung der Verständigung in der heutigen Verfahrenswirklichkeit genügt die vorstehende Ordnung.

III. Zur Entstehung der modernen Verständigungsformen

Es gibt eine ganze Anzahl triftiger Gründe für die Annahme, daß sich die heute üblichen strafprozessualen Absprachen erst *seit Mitte der 70er Jahre* in der Rechtswirklichkeit ausgebreitet haben. Die drei Einstiegsnischen dürften von den seit Anfang der 70er Jahre intensiver betriebenen Wirtschaftsstrafverfahren, den im gleichen Zeitraum zahlenmäßig immer mehr zunehmenden BtM-Verfahren und der Einführung des § 153a durch das EGStGB gebildet worden sein. Hinzu kamen ein wachsendes Bedürfnis der Strafjustiz nach Entlastung von Verfahrensflut und überlanger Verfahrensdauer und die Ersetzung der Idee der Schuldvergeltung als primärem Sinn und Zweck der Strafe durch ein zweckrationales Präventionskonzept, wodurch Notwendigkeit und Legitimierbarkeit verfahrensökonomischer und konsensorientierter Erledigungsformen unterstrichen wurden. Im Jahre 1982 erschienen dann die ersten Abhandlungen über die informellen Verständigungen im deutschen Strafprozeß,[15] und seitdem muß nach allen Befunden von einer ununterbrochenen weiteren Ausbreitung der hierunter fallenden Verfahrenspraktiken ausgegangen werden.

---

[14] AnwBl. 1985, 505.
[15] Nämlich von *Deal* (Pseud. f. *Weider*), StrV 1982, 545ff.; *Schmidt-Hieber,* NJW 1982, 1017ff.

IV. Zur heutigen Rechtswirklichkeit

1. Wie bereits bemerkt, stützt sich die nachfolgende Darstellung im wesentlichen auf die Ergebnisse der 1986/87 durchgeführten Repräsentativ-Umfrage, die an anderer Stelle vollständig publiziert[16] wird. Unter zusätzlicher Berücksichtigung zahlreicher Erfahrungsberichte aus der Praxis[17] wird man davon ausgehen können, daß informelle Verständigungen bei manchen Richtern, Staatsanwälten und Verteidigern an der Tagesordnung sind, während sie von den übrigen teils häufig, teils gelegentlich praktiziert werden. Bei dem Versuch, diese qualitativen Aussagen in eine *quantitative* Dimension in Form einer Gesamt-Prozentschätzung zu transformieren, wird man neben der aus der Aussagepsychologie bekannten typischen menschlichen Unsicherheit bei der Schätzung von numerischen Größen[18] den Einfluß der unsicheren Rechtslage und der mutmaßlichen Tendenz zur Verdrängung etwaiger dubioser Praktiken oder Einzelfälle in Rechnung stellen müssen, was nach der empirisch gut bestätigten sozialpsychologischen Theorie der kognitiven Dissonanz[19] eine tendenziell zu niedrige quantitative Schätzung erwarten läßt.

---

[16] Vgl. die Nachweise in Fn. 1. Dort findet sich auch die tabellarische Darstellung der im Text aus Raumgründen zusammengefaßten und abgekürzten Ergebnisse.

[17] Über eine Reihe extremer Fallschilderungen durch Verteidiger berichtet insbesondere *Hübsch*, in: Absprachen im Strafprozeß (Fn. 2), S. 66 ff. Vgl. außerdem die Fallschilderungen bei *Dahs*, NStZ 1988, 153, 154 f.; *Deal* (i.e. Weider), StrV 1982, 546–548; *Gallandi*, MDR 1987, 801 f.; *Gatzweiler*, NJW 1989, 1905 f.; *Hamm*, in: Dencker/Hamm (Fn. 12), S. 109 f., 111 f., 127 f., 132 f.; ders., in: Hamm/Lohberger, Beck'sches Formularbuch für den Strafverteidiger, 1988, S. 112, 123 u.ö.; *Ostler*, BRAK-Mitteilungen 3/1987, 156; *Rückel*, NStZ 1987, 297, 300; *Schlothauer*, StrV 1982, 449 ff.; *Widmaier*, StrV 1986, 357, 358 f.; *Maeffert*, Strafjustiz: vom Niedergang des Rechts auf Verteidigung, 1989, S. 111 ff., 122 ff. Gegenüber den immer wieder ins Anekdotische hineingleitenden und dadurch „lebensprallen" Darstellungen an anwaltlicher Seite fällt in den Publikationen von Richtern und Staatsanwälten die abstrakt-normative Behandlung des Themas auf, vgl. etwa *Bode*, DRiZ 1988, 281 ff., und *H. Schäfer*, DRiZ 1989, 294 ff. Dubiose Fälle werden deshalb seitens der Justiz fast ausschließlich durch (später veröffentlichte) Gerichtsentscheidungen publik gemacht, vgl. etwa OLG Bremen StrV 1989, 145 ff.; BGH StrV 1984, 318, 449 f.

[18] *Undeutsch*, Handbuch der Psychologie, 11. Band, 1967, S. 3 ff.; *Trankell*, Der Realitätsgehalt von Zeugenaussagen – Methodik der Aussagepsychologie, 1971, S. 121 ff.; *Dorsch*, Psychologisches Wörterbuch, 11. Aufl. 1987, S. 69; *Mönkemöller*, Psychologie und Psychopathologie der Aussage, 1930, S. 5 ff.; *Kette*, Rechtspsychologie, 1987, S. 174 f.

[19] Grundlegend *Festinger*, A theory of cognitive dissonance, Stanford 1957; *Irle/Möntmann*, in: *Festinger*, Theorie der kognitiven Dissonanz, 1978, S. 274 ff.; *Frey*, in: *Frey* (Hrsg.), Kognitive Theorien der Sozialpsychologie, 1978, S. 243 ff. Auf die konkrete Konstellation angewendet, würde die Dissonanztheorie besagen, daß Richter und Staatsanwälte den Umfang der von ihnen vorgenommenen Verständigungen in ihren

Läßt man dies zunächst beiseite, so kommen prozeßerledigende informelle Verständigungen nach der Umfrage in knapp *16%* aller Urteile und gut *27%* aller Einstellungen nach § 153a vor, in Wirtschaftsstrafsachen als Urteilsabsprachen sogar in knapp *27%*.

Daß diese Zahlen wegen tendenziell restriktiver Schätzungen der Befragten aus dem Justizbereich an der *unteren Grenze* des realen Vorkommens der prozeßerledigenden informellen Verständigungen liegen und daß außerdem vermutlich allein schon in den seit ihrer Erhebung verstrichenen drei Jahren eine weitere Ausbreitung stattgefunden hat, erscheint fast sicher. *Lüdemann* und *Bußmann* kamen bei ihren etwas jüngeren 177 Interviews für informelle Absprachen nach Eröffnung des Hauptverfahrens auf einen Wert, der bei allgemeinen Strafsachen knapp unter und bei Wirtschaftsstrafsachen knapp über der Mitte einer Skala zwischen „nie" und „immer" lag.[20]

Unter Berücksichtigung aller vorliegenden Daten wird man deshalb davon sprechen können, daß verfahrenserledigende Absprachen in der heutigen Praxis der deutschen Strafrechtspflege in ungefähr *20–30%* aller Fälle vorkommen, daß dies auch für Urteilsabsprachen gilt, die insbesondere in Wirtschaftsstrafsachen in einem noch größeren Ausmaße üblich sind und je nach den Gepflogenheiten des einzelnen Spruchkörpers bis über *80%* der überhaupt erledigten Fallzahl ausmachen können.

2. Nicht weniger wichtig als dieser Befund sind die weiteren Ergebnisse der Repräsentativ-Umfrage, daß die informellen Verständigungen zwar gewissen *Häufigkeits-Schwankungen* nach Bundesland, Art des gerichtlichen Spruchkörpers, Alter des Richters und Deliktstyp unterliegen, hiervon abgesehen aber in *allen Gegenden* und auf *allen Ebenen* vorkommen. So läßt sich kein Nord-Süd-Gefälle feststellen (zwar scheinen etwa in Hamburg die Verständigungen weniger häufig zu sein als anderswo, dafür sind sie aber in Berlin besonders beliebt),[21] und eine altersspezifische Auswertung zeigt erst bei den Richtern und Staatsanwälten über 50 Jahren eine deutliche Abnahme des Verständigungsanteils.[22] Ferner weisen die Einschätzungen der

---

eigenen Kognitionen („vor sich selbst") unterschätzen werden, wenn und je mehr sie diese als rechtlich zweifelhaft ansehen.

[20] KrimJ 1989, 54, 56.

[21] Während in Hamburg nach der allgemeinen Einschätzung von (nur) 40% der befragten Richter und Staatsanwälte informelle Verständigungen an der Tagesordnung sind bzw. häufig vorkommen (der gleiche Wert macht in der eigenen Erfahrung 43,7% aus), nehmen die gleiche Einschätzung 62,5% der in Berlin tätigen Richter und Staatsanwälte (mit einer eigenen entsprechenden Erfahrung von 64,6%) vor. Wegen aller Einzelheiten ist auf die in Fn. 1 nachgewiesene Veröffentlichung zu verweisen.

[22] Diese Abnahme der Verständigungsbereitschaft bei über 50-jährigen Richtern und Staatsanwälten gilt für alle Ebenen und sowohl für die Einstellung nach § 153a als auch

Befragten außer bei den Wirtschaftsdelikten auch bei der Massen- und Bagatellkriminalität (Ladendiebstahl etc. und Verkehrsstrafsachen) eine erhöhte Bereitschaft zu informellen Verständigungen auf, während beim Einbruchsdiebstahl eine leichte und bei Staatsschutzdelikten und schweren Gewaltdelikten eine deutliche Verminderung zu registrieren ist.

3. Die alle anderen Absprachenformen übertreffende Verbreitung informeller Verständigungen vor einer Einstellung nach *§ 153a* gewinnt eine besondere Bedeutung vor dem Hintergrund des Befundes, daß diese Erledigungsform auch *außerhalb* der vom Gesetz definierten *Grenzen* angewendet wird. Insoweit sind von der Tendenz her zwei unterschiedliche Typen der Überschreitung der in § 153a gezogenen Grenzen festzustellen, nämlich entweder *zugunsten* des Beschuldigten oder *zu dessen Ungunsten:* Zu seinen Gunsten wirkt es sich aus, daß von § 153a durchaus auch in Fällen erheblicher Wirtschaftskriminalität Gebrauch gemacht wird, bei denen man redlicherweise nicht von einer „geringen Schuld" des Beschuldigten sprechen kann. Zu seinen Ungunsten wirkt es sich aus, daß diese Vorschrift im Interesse der Abkürzung des Ermittlungsverfahrens nicht erst nach der Feststellung eines hinreichenden Tatverdachts und damit am Ende des Ermittlungsverfahrens, sondern durchaus auch lange vor dessen Abschluß herangezogen wird. Die Repräsentativ-Umfrage hat beide Befunde kraft der eigenen Einschätzung der Befragten bestätigt. 32% aller Befragungsteilnehmer bejahten die Existenz einer den gesetzlichen Anwendungsbereich des § 153a überdehnenden Praxis, wovon wiederum 30% als Grund eine schwierige bzw. unklare Beweislage anführten (also Auferlegung einer Buße ohne hinreichenden Tatverdacht!), während 22% die Ausdehnung dieser Vorschrift in den Bereich auch gravierenderer Wirtschaftskriminalität hinein angaben.

V. Die realen Funktionstypen der informellen Verständigung

1. Die zuletzt betrachteten Formen einer außerhalb der Grenzen des § 153a praktizierten *Einstellung* des Verfahrens gegen Bußgeldauflage erfüllen zwei unterschiedliche Funktionen: soweit sie zugunsten des Beschuldigten wirken, diejenige einer *Diversion* über den bisher gesetzlich geregelten Bereich hinaus; und soweit sie zuungunsten des Beschuldigten wirken, die Funktion einer Rumpf-Sanktionierung in demjenigen Bereich, der durch den *Verdacht* einer Straftat gekenn-

---

für eine Urteilsabsprache; wegen der Einzelheiten ist wieder auf die in Fn. 1 nachgewiesene Veröffentlichung zu verweisen. Das gilt auch für die im Text anschließend mitgeteilten Befunde.

zeichnet ist, bei der nach schulmäßiger Durchführung des Strafverfahrens der für die Verhängung einer Strafe vorausgesetzte Tat*nachweis* aber vielleicht *nicht* geführt werden kann. Der Unterschied zum gesetzlich definierten Funktionstyp liegt darin, daß bei diesem wegen des in § 153a vorausgesetzten hinreichenden Tatverdachts der Tatnachweis prospektiv als führbar erscheint und der Verzicht darauf durch den Verhältnismäßigkeitsgrundsatz legitimiert wird, weil das durch die geringe Schuld des Täters ausgelöste Präventionsbedürfnis bereits durch eine von ihm akzeptierte Geldbuße befriedigt werden kann,[23] wobei der Staat gleichzeitig seine Interventionsressourcen für solche Delikte schont, bei denen ein gravierenderes Präventionsbedürfnis besteht. Natürlich läuft auch das in gewissem Umfange auf eine bloße Verdachts-Sanktion hinaus,[24] aber durch die Voraussetzung des hinreichenden Tatverdachts wird garantiert, daß der Zweck der Maßnahme nicht hierin, sondern in einer *ressourcenschonenden Diversion* liegt. In diesem entscheidenden Punkt anders ist dagegen die Funktion einer Geldbußenauflage ohne hinreichenden Tatverdacht, durch die in einem Bereich eine Rumpfprävention erreicht werden soll, wo die Führbarkeit eines Tatnachweises zumindest *ungewiß* und deshalb seit der Abschaffung der *Verdachtsstrafe* des gemeinrechtlichen Prozesses,[25] also mit der Durchsetzung des materiellrechtlichen Schuldgrundsatzes und des prozessualen Prinzips der Unschuldsvermutung, für eine strafrechtliche Sanktion nicht der mindeste Raum mehr übrig geblieben ist. Es liegt nahe, daß diese kriminalpolitische „Speerspitze" der heutigen Praxis gerade in denjenigen Bereichen zur Anwendung kommt, wo ein an sich hohes Präventionsbedürfnis bejaht wird, wo also die mutmaßliche Schuld des Täters gerade nicht gering wäre, und daß also die beiden Typen einer über den gesetzlichen Anwendungsbereich hinaus erfolgenden Einstellung gegen Auflage in den meisten Einzelfällen wieder zusammenwachsen, indem Geldbuße als *Sanktion* für eine *vermutete*, aber *nicht liquide nachweisbare beträchtliche Schuld* auferlegt wird.

2. Die Übertragbarkeit dieser unterschiedlichen Funktionstypen auf die *Urteils*absprachen scheint zunächst daran zu scheitern, daß eine Verurteilung gem. § 261 die volle richterliche Überzeugung von der Schuld des Angeklagten voraussetzt, so daß für Verdachtsstrafen hier

---

[23] Vgl. LR/*Rieß*, § 153a Rdnr. 4 m.z.w.N. Der vom Gesetzgeber peinlich vermiedene Ausdruck „Geldbuße" ist hier u.ö. bewußt gebraucht worden, um den sanktionsähnlichen Charakter der Auflage (Nachw. u. Fn. 254) gegenüber den eingebürgerten Euphemismen zu akzentuieren.
[24] Scharf akzentuiert von *Kuhlen*, Diversion im Jugendstrafverfahren, 1988, S. 42 ff.
[25] Zur Verdachtsstrafe vgl. neuestens instruktiv *Schaffstein*, ZStW 101 (1989), 493 ff. Zu ihrer Abschaffung im 19. Jahrhundert zuletzt exemplarisch *Achenbach*, in: 175 Jahre Oberlandesgericht Oldenburg, 1989, S. 177, 187.

anscheinend kein Raum ist. Dabei wird jedoch verkannt, daß als Zeitpunkt zur Fixierung der rechtlichen Basis einer Prozeßerledigung aufgrund einer informellen Verständigung nicht nur der formelle Abschlußakt (hier: die Verurteilung aufgrund eines abgesprochenen Geständnisses), sondern auch der Zeitpunkt der *Initiierung* der Verständigung selbst in Betracht gezogen werden muß und daß für diesen Zeitpunkt sehr wohl eine Differenzierung nach dem Grad der Überzeugung von der Schuld des Angeklagten möglich ist. Dem gesetzlich definierten Institut des § 153a würde bei der Urteilsabsprache eine Situation entsprechen, in der aufgrund einer eindeutigen Prozeßlage die Schuld des Angeklagten als so gut wie *sicher* einzuschätzen ist und lediglich noch aufgrund unerledigter Beweisanträge o. ä. ein mehr oder weniger langer und mühevoller, vom Ergebnis her aber eindeutig vorgezeichneter Beweisführungsaufwand in der Hauptverhandlung geleistet werden muß. Der außerhalb der gesetzlichen Grenzen des § 153a praktizierten Einstellung gegen Auflage würde dagegen als Funktionstyp eine Urteilsabsprache entsprechen, die bei einer auch im Endergebnis faktisch noch *offenen Prozeßlage* eine Verständigung über eine Verurteilung auf der Basis eines noch abzulegenden Geständnisses zum Gegenstand hat. Dieser Funktionstyp könnte wiederum nachträglich in den klassischen Prozeß mit voller richterlicher Schuldüberzeugung einmünden, wenn der Angeklagte in Durchführung der Verständigung eindeutige, jeden Zweifel an seiner Schuld ausschließende Beweise in die Hauptverhandlung einführen würde. Hingegen verbleibt es bei dem Funktionstyp der „Verdachtsstrafe", wenn die vor der Verständigung noch ausstehende Gewißheit bezüglich der Schuld des Angeklagten auch im Zuge der Realisierung der Verständigung nicht „nachgeschoben" wird.

Für eine terminologische Unterscheidung dieser Funktionstypen bieten sich folgende Bezeichnungen an: Der gesetzlich definierte Bereich des § 153a ist eine *„verfahrensökonomische Erledigung"*; die außergesetzliche Anwendung dieses Institutes ist eine *„Verdachtssanktion"*; Urteilsabsprachen bei faktischer Gewißheit einer ohne sie zu erwartenden Verurteilung führen ebenfalls zu einer *„verfahrensökonomischen Erledigung"*; ohne eine solche Gewißheit handelt es sich um eine *„echte Verdachtsstrafe"*.

3. a) Daß die dargestellten unterschiedlichen Funktionstypen im Bereich des § 153a tatsächlich vorkommen, ist bereits dargestellt worden. Es leuchtet auch ohne weiteres ein, daß gerade hier die Domäne der vorangehenden informellen Verständigung liegt: Ein Abbruch des Ermittlungsverfahrens vor Begründung eines hinreichenden Tatverdachts ist schwer vorstellbar, wenn hierüber nicht zuvor mit dem Beschuldigten *Einverständnis* erzielt wird. Auch *Schmidt-Hieber*

weist deshalb, offensichtlich gestützt auf seine praktische Erfahrung, darauf hin, daß es zweckmäßig sein kann, schon vor Abschluß des Ermittlungsverfahrens wegen einer möglichen Einstellung nach § 153a mit der Verteidigung Kontakt aufzunehmen.[26]

b) Daß es einen entsprechenden Funktionstyp auch beim *Strafbefehlsverfahren* gibt, liegt schon deshalb auf der Hand, weil auch der Strafbefehl an die Voraussetzung des hinreichenden Tatverdachts anknüpft,[27] weil sich sein Anwendungsbereich mit § 153a jedenfalls seit der faktischen Ausdehnung dieses Instituts in den Bereich nicht mehr geringer Schuld hinein überschneidet[28] und weil in den Verständigungskommunikationen häufig beide Erledigungsformen gleichzeitig diskutiert werden.[29] Auch insoweit versteht es sich wiederum fast von selbst, daß diese Erledigungsform ohne ein vorheriges Einverständnis zwischen Staatsanwaltschaft und Verteidigung überhaupt nicht funktionieren kann. Dafür sorgt nicht nur die Einspruchsmöglichkeit gem. § 410, die jeden nicht abgesprochenen Strafbefehl, der vor dem mit dem Ergebnis eines hinreichenden Tatverdachts erfolgenden Abschluß des Ermittlungsverfahrens ergeht, zu einem unkalkulierbaren Risiko, wenn nicht gar zu einem Eigentor der Justiz machen würde, sondern auch die richterliche Kontrolle gem. § 408 Abs. 2, die zwar rechtlich an die gleichen Voraussetzungen gebunden ist wie die Zustimmung zu einer Einstellung nach § 153a Abs. 1,[30] durch den ausdrücklichen Verweis des Richters auf die Prüfung des hinreichenden Tatverdachts aber jedenfalls verbal strenger ausgestaltet ist.

c) Im Bereich der *Urteils*absprachen stellt sich das Verhältnis der beiden Funktionstypen im Vergleich zu § 153a und dem Strafbefehl insoweit neu, als die von einer informellen Verständigung gedeckte Erweiterung bei § 153a und beim Strafbefehl vom *hinreichenden* Tatverdacht zum *schlichten* Tatverdacht führt, während es, wie bereits bemerkt, bei der Initiierung einer Urteilsabsprache darum geht, statt der völligen *Gewißheit* die bloße *Wahrscheinlichkeit* im Sinne des hinreichenden Tatverdachts ausreichen zu lassen. Daß eine derartige Erweiterung in der Praxis tatsächlich als eigener Funktionstyp etabliert ist, muß nach den hierzu vorliegenden empirischen Untersuchungen zweifelsfrei angenommen werden.

---

[26] Verständigung im Strafverfahren (Fn. 5), S. 29. Die Festsetzung von Verdachtssanktionen im Rahmen des § 153a bestätigt auch *Rieß*, Festgabe für Koch, 1989, S. 217.
[27] Dazu näher u. Fn. 167.
[28] Vgl. *Hamm*, in: *Dencker/Hamm* (Fn. 12), S. 103ff.; *ders.*, in: *Hamm/Lohberger* (Fn. 17), S. 120ff.
[29] Vgl. *Hamm*, in: *Dencker/Hamm* (Fn. 12), S. 107. Ferner darf ich hier auf eigene Erfahrungen und die übereinstimmenden Erfahrungsberichte von Praktikern in zahlreichen Diskussionen zum Thema verweisen.
[30] S. u. Fn. 167.

Bei der Repräsentativ-Befragung ergab sich, daß die drei Verfahrenssituationen, die nach der übereinstimmenden Einschätzung der Richter, der Staatsanwälte und der Rechtsanwälte die Bereitschaft der Justiz für eine informelle Verständigung am deutlichsten fördern, in einer *unklaren Beweislage,* einer *unklaren Rechtslage* und einer *langwierigen Beweisaufnahme* bestehen, wobei die unklare Beweislage sogar die am deutlichsten absprachefördernde Konstellation darstellt, während die langwierige Beweisaufnahme knapp dahinter auf dem zweiten und die unklare Rechtslage auf dem dritten Platz folgen, mit deutlichem Vorsprung vor den weiteren absprachebegünstigenden Konstellationen des Opferschutzes, der drohenden Verhandlungsunfähigkeit des Angeklagten und der drohenden Verjährung.

Obwohl dieses Resultat, wonach offensichtlich die Bereitschaft zur Verhängung von Verdachtssanktionen einschließlich echter Verdachtsstrafen allgemein verbreitet ist, von stupend hohen Prozentzahlen getragen wird, wird man darin angesichts der entgegengesetzten deutschen Tradition so lange ein bloßes Befragungs-Artefakt argwöhnen müssen, wie sich nicht weitere „Sedimente" einer solchen Bereitschaft feststellen lassen. In der Repräsentativ-Umfrage wurden die Richter deshalb danach gefragt, ob sie ein vom Verteidiger angebotenes Geständnis auch dann akzeptieren würden, wenn die Schuldfrage nach den bisherigen Verfahrensergebnissen noch ungeklärt sei, was zu folgenden Ergebnissen führte:

Tabelle 1: Wie würden Sie sich verhalten, wenn vom Verteidiger ein Geständnis angeboten wird, obwohl nach den bisherigen Verfahrensergebnissen die Schuldfrage noch ungeklärt ist?

	RiAG	RiLG	RiLG Wirtsch.-StrK	insgesamt
würde das Geständnis akzeptieren	170 (71%)	106 (77%)	61 (69%)	337 (72%)
würde das Geständnis als Entscheidungsgrundlage ablehnen	71 (29%)	31 (23%)	28 (31%)	130 (28%)

Daß somit über 70% der Richter bereit sind, ein von der Verteidigung angebotenes Geständnis zu einem Zeitpunkt als Entscheidungsgrundlage zu akzeptieren, da die Schuldfrage noch ungeklärt ist, bestätigt nachdrücklich die aus der Einschätzung der unklaren Beweislage bzw. Rechtslage als eindeutig verständigungsfördernder Momente abgeleitete Folgerung, daß der Verfahrenstyp der informellen Verständigung, wie er sich in der Praxis herausgebildet hat, wesentlich auch dazu führt, daß Verdachtssanktionen und echte Verdachtsstrafen verhängt werden. Zu demselben Ergebnis führt auch eine Fülle von Erfahrungsberichten aus der Praxis, von denen hier einige exemplarisch angeführt werden sollen. *Dahs* hat unter der Bezeichnung als „Wildwuchs" eine Reihe von der Praxis entnommenen Beispielen geschildert, in denen die Staatsanwaltschaft bereits in einem frühen Stadium der Ermittlungen eine detaillierte Einstellungs- oder Urteilsabsprache angeboten hat, und hat auch die Kategorie des „schlank formulierten Geständnisses" definiert und belegt, das so knapp wie möglich formuliert, vom Verteidiger in der Hauptverhandlung verlesen und vom Angeklagten bestätigt wird.[31] Diese Praxiskategorie des *„schlanken Geständnisses"* bietet offensichtlich für eine nachträgliche, d. h. gerade aufgrund eines in substantiierter und nachprüfbarer Form alle Merkmale der Straftat beweisenden Geständnisses gewonnene volle richterliche Überzeugung von der Schuld des Angeklagten keinerlei Basis – im Gegensatz zu dem schon oben erwähnten, hier sog. *„qualifizierten Geständnis"*, durch das bei Realisierung der Verständigung nachträglich doch noch ein voller Beweis für die Schuld des Angeklagten erbracht wird. Typisch für die von *Dahs* berichteten Verständigungen in einem frühen Stadium des Ermittlungsverfahrens sind die Urteilsabsprachen im Haftverfahren, denen *Rückel* in seiner „Checkliste" die Rubriken „Geständnis – Verzicht auf weitere Ermittlungen"; „Geständnis – Zusage schneller Anklageerhebung, rasche Hauptverhandlung durchzuführen"; und „Geständnis – schnelle Anklage, schnelle Hauptverhandlung, schnelle Haftentlassung in Hauptverhandlung, insoweit Vereinbarung" widmet.[32] Die praktische Bedeutung dieser Gruppe wird durch Presseberichte[33] und mir vorliegende konkrete Falldarstellungen unterstrichen und läßt sich geradezu Jahrzehnte zurückverfolgen, weil die Ablegung eines Geständnisses unter dem Druck der Untersuchungshaft immer schon vorkam, wenn auch früher ohne die Verständigung über eine präzise „Gegenleistung" der Justiz.[34]

Während Verständigungen über das Verfahrensergebnis noch während des *Ermittlungsverfahrens*, also vor Durchermittlung des Sach-

---

[31] NStZ 1988, 153, 154 f.

[32] NStZ 1987, 297, 303.

[33] Zum Augsburger Fall des sog. Bio-Unternehmers F. vgl. *Richter*, Süddeutsche Zeitung v. 29. 12. 1986, S. 5; ders., Süddeutsche Zeitung v. 16./17./18. 6. 1989, S. 28; Frankfurter Rundschau v. 8. 3. 1987, S. 5.

[34] Um die Ablegung eines Geständnisses durch einen Untersuchungshäftling, in dem seitens der Strafverfolgungsbehörden durch mehr oder weniger präzise Angaben die Hoffnung auf eine milde Strafe oder andere Vorteile geweckt worden war, ging es bereits in BGHSt. 1, 387 f.; vgl. auch BGHSt. 20, 268 f. zur Veranlassung eines Geständnisses durch das vom BGH für prozeßordnungswidrig erklärte Versprechen des Staatsanwaltes, Haftverschonung zu gewähren.

verhalts, den Verdachtscharakter der darin abgesprochenen Sanktionen besonders deutlich hervortreten lassen, hängt es bei einer Verständigung im *Zwischenverfahren* von der konkreten Situation ab, ob eine erdrückende Beweislage gegeben ist, die die Durchführung der Hauptverhandlung nur als einen formellen Akt und die Verständigung über das Verfahrensergebnis dementsprechend als eine rein prozeßökonomische Maßnahme erscheinen läßt, oder ob nur ein von praktischer Gewißheit noch erheblich entfernter (sei es auch zumindest nach dem Urteil der Staatsanwaltschaft hinreichender) Tatverdacht besteht, der die Basis der zur Verfahrensbeendigung führenden Verständigung bietet und auch durch das in Realisierung der Verständigung abgelegte „schlanke Geständnis" nicht weiter substantiiert, elaboriert und fundiert wird. Ein besonders drastisches Beispiel für die Selbstverständlichkeit, mit der in der Praxis hierbei die Verhängung von Verdachtsstrafen im Verständigungswege in Erwägung gezogen und darauf hingearbeitet wird, bietet der durch eine Beschwerdeentscheidung des OLG Bremen bekanntgewordene und mir vollständig vorliegende Fall eines Notars, der im Zwischenverfahren bei einem Gespräch von den für die Eröffnungsentscheidung zuständigen berufsrichterlichen Mitgliedern einer Strafkammer dazu aufgefordert wurde, unter Verzicht auf das bisherige Bestreiten der Anklage eine Urteilsabsprache zu treffen, obwohl das Belastungsmaterial nach seiner Struktur (in den entscheidenden Punkten keine Urkunden, sondern in ihrer Glaubwürdigkeit bestrittene Zeugenaussagen) für einen nach Aktenlage praktisch vollgültigen Tatnachweis keinesfalls ausreichte. Nach den dienstlichen Erklärungen der Richter kannte allein der Berichterstatter die Akten, während der Vorsitzende lediglich die Anklageschrift „flüchtig durchgelesen" und der weitere Beisitzer sich darüber überhaupt nicht informiert hatte; gleichwohl gaben diese beiden Richter dem Berichterstatter „den Auftrag, ein solches Gespräch zu initiieren", wobei sie „selbstverständlich davon ausgingen, ein sog. plea bargaining anzustreben, einen Vergleich also, der allen zu bedenkenden Interessen gerecht werden sollte."[35]

Als letztes Beispiel soll schließlich ein von *Gallandi*[36] berichteter Fall dienen, der eine typische Konstellation illustriert, deren praktische Häufigkeit mir auf zahlreichen Diskussionsveranstaltungen mit Richtern immer wieder bestätigt worden ist. Die Hauptverhandlung steht in einem Vergewaltigungsprozeß „auf der Kippe", wobei von vornherein oder im Laufe der Beweisaufnahme absehbar ist, daß die

---

[35] OLG Bremen StrV 1989, 145 ff. m. Anm. v. *Hamm*. Die wörtlichen Zitate aus den dienstlichen Erklärungen der Richter finden sich beim OLG Bremen auf S. 146 sowie bei *Hamm* auf S. 147.
[36] MDR 1987, 801 f. Daß es sich nicht um erdachte, sondern um der Praxis entnommene Fälle handelt, wird auf S. 802 li. u. deutlich.

Entscheidung über die Glaubwürdigkeit der einzigen Belastungszeugin (dem potentiellen Tatopfer) von dem Resultat solcher Erhebungen abhängt, die für die Zeugin mit großen seelischen und sozialen Belastungen verbunden sein würden. Nunmehr wird – auf Initiative bald des Vorsitzenden, bald des Verteidigers – eine Verständigung darüber erzielt, daß der Angeklagte ein Geständnis ablegt und danach (nur) zu einer Freiheitsstrafe auf Bewährung verurteilt wird, während alle Beteiligten im Falle einer kontradiktorisch zu Ende geführten und zuungunsten des Angeklagten ausgehenden Beweisaufnahme eine mehrjährige und in jedem Fall zu verbüßende Freiheitsstrafe kalkuliert hatten. Dieser Erledigungstyp ist zugleich, wie mir von seinen „Praktikanten" wiederholt versichert wurde, mit einem „schlanken Geständnis" verbunden, weil gravierende Details des Tatherganges, die das Verständnis der Öffentlichkeit für die Bewährungsstrafe gefährden könnten, absprachegemäß in die Hauptverhandlung nicht eingeführt werden.

4. Wenn man diese Erfahrungsberichte aus der Praxis mit dem eindeutigen Ergebnis der Repräsentativ-Umfrage zusammenhält, so kann kein vernünftiger und redlicher Zweifel mehr daran bestehen, daß die informellen Verständigungen in der heutigen Verfahrenswirklichkeit sowohl zur Erzielung *verfahrensökonomischer Erledigungen* als auch zur Verhängung von *Verdachtssanktionen* einschließlich *echter Verdachtsstrafen* eingesetzt werden, wobei eine Quantifizierung dieser beiden in qualitativer Hinsicht scharf gegeneinander abgrenzbaren Funktionstypen nach dem heutigen Erkenntnisstand überhaupt nicht und auch nach weiteren empirischen Forschungen nur in groben Umrissen möglich erscheint, weil die hierfür präjudiziellen Grenzen zwischen schlichtem Tatverdacht, hinreichendem Tatverdacht und praktischer Gewißheit selbst fließend sind und von den verschiedenen Verfahrensbeteiligten unterschiedlich interpretiert werden können. Unbeschadet dessen wird man angesichts des Ergebnisses der Repräsentativ-Umfrage, wonach die unklare Beweis- oder Rechtslage weitaus eindeutiger als viele andere, rein verfahrensökonomische Aspekte als verständigungsfördernd bezeichnet worden ist, von einem ganz erheblich ins Gewicht fallenden Anteil von Verdachtssanktionen einschließlich echter Verdachtsstrafen ausgehen müssen, die auf der Basis einer informellen Verständigung festgesetzt werden.

§ 3. Zur Theorie der Verständigung im Strafverfahren

Der Begriff der Theorie wird in diesem Kapitel im sozialwissenschaftlichen Sinn verwendet, d. h. es geht nach der im vorangegangenen Kapitel geleisteten *Beschreibung* des Phänomens nunmehr um dessen *Erklärung* und Einordnung in die Entwicklung unserer Gesellschaft und ihrer Rechtskultur. Zu diesem Zweck kann man auf zwei verschiedenen Ebenen ansetzen: In einer auf das System der Strafrechtspflege beschränkten „Binnenperspektive" wird zum einen nach den Sach*zwängen* gefragt, die die Prozeßbeteiligten zur Verständigungspraxis drängen (und deren Kehrseite der von ihnen erwartete *Nutzen* ist), und zum anderen nach der Einfügbarkeit der Verständigungspraktiken in die Entwicklung der normativen Grundprinzipien des Strafrechts und der von ihnen geprägten „Kultur" der Strafrechtspflege. Und in einer die gesamte Entwicklung des Rechts und der Gesellschaft einbeziehenden „Globalperspektive" kann der Versuch unternommen werden, das Aufkommen und die Ausbreitung der Absprachen im Strafverfahren als einen spezifischen Ausdruck der *Evolution* unserer Gesellschaft zu begreifen.

I. Sachzwänge und Nutzen der Verfahrensbeteiligten

1. In den einschlägigen Veröffentlichungen aus Justizkreisen wird immer wieder betont, daß die Strafjustiz ihrer chronischen Überlastung ohne die Verfahrensform der informellen Verständigung längst nicht mehr Herr zu werden vermöchte.[37] In den USA, wo annähernd 90% aller Strafverfahren nicht durch eine Hauptverhandlung mit Beweisaufnahme, sondern durch ein guilty plea erledigt werden,[38] herrscht

---

[37] Vgl. *Römer*, FS für Schmidt-Leichner, 1977, S. 133, 138; *Schmidt-Hieber*, in: Justiz und Recht (FS aus Anlaß des 10jährigen Bestehens der Deutschen Richterakademie), 1983, S. 193 ff.; *ders.*, (Fn. 5), S. 9 f.; *Bode*, DRiZ 1988, 281, 285 f.; vgl. auch den Hinweis auf die „derzeitigen notstandsähnlichen Umstände" in der Stellungnahme der Strafverfahrensrechtskommission des Deutschen Richterbundes, DRiZ 1987, 244.

[38] Vgl. *Bond*, Plea Bargaining and Guilty Pleas, 2. Aufl. New York 1983, S. 1–2 ff. m. w. N.; *Halberstam*, The Journal of Criminal Law and Criminology 73 (1982), 1, 35 f.; *Mather*, Law and Society Review 8 (1973–74), 187; Santobello v. New York, 404 U. S. 257, 260, 92 S. Ct. 495 (1971); *Schmid*, Das amerikanische Strafverfahren, 1986, S. 62; *Damaska*, ZStW 93 (1981), 701, 721. Ferner *Schumann*, Der Handel mit Gerechtigkeit, 1977, S. 79 ff.; *Schulhofer*, Harvard Law Review 97 (1984), 1037, 1040; *Alschuler*, University of Chicago Law Review 36 (1968), 50; vgl. auch m. w. N. *Buckle/*

die – nur ganz vereinzelt in Zweifel gezogene[39] – Auffassung, daß die Strafrechtspflege ohne das System von plea bargaining und guilty plea zusammenbrechen würde und daß nicht einmal ein Rückgang des guilty plea-Anteils um 10% verkraftet werden könnte, weil er eine Verdoppelung der Richterstellen nötig machen würde.[40] Wegen der weitaus geringeren Kriminalitätsrate einerseits und der weitaus höheren Richterzahl andererseits in der Bundesrepublik Deutschland[41] kann das Überlastungs-Argument aber nicht ohne eingehende Prüfung auf die deutschen Verhältnisse übertragen werden; außerdem ist es selbst für die USA umstritten, ob in der übermäßigen Geschäftsbelastung der Strafrichter wirklich auch die Ursache der Verfahrenserledigung im Verständigungswege zu sehen ist.

a) Mit der Frage einer quantitativen Überforderung des herkömmlichen Strafjustizsystems habe ich mich für den Zeitraum bis 1984 im Anschluß an *Rieß*[42] schon früher auseinandergesetzt und bin dabei zu dem Ergebnis gelangt, daß zwar die zunehmende „Verfahrensflut" (d.h. die Zunahme der Verfahrensanzahl) durch eine ungefähr proportionale Personalvermehrung der Justiz aufgefangen worden ist, daß dies aber nicht auch für das hinzukommende Anwachsen der Verfahrensdauer, insbesondere bezüglich der für die Erledigungskapazität der Justiz besonders kritischen Größe der Zahl der Hauptverhandlungstage pro Strafsache gilt.[43] Schlagwortartig ausgedrückt, könnte man für die 70er und die frühen 80er Jahre von einem exponentiellen Wachstum der Geschäftsbelastung in Strafsachen sprechen (Zunahme der Verfahrenszahl, multipliziert mit der Zunahme der Hauptverhandlungsdauer pro Verfahren), die nicht durch die lineare

---

Buckle, Bargaining for Justice, New York-London 1977, S. 3f., 27f.; *Heumann*, Plea Bargaining, Chicago-London 1978, S. 157ff.

[39] Vgl. *Schulhofer* (Fn. 38), 1037, 1040, 1085f.; *Alschuler*, University of Chicago Law Review 97 (1984), 931, 938ff.; *Miller/McDonald/Cramer*, Plea Bargaining in the United States, Washington 1978, S. 23ff.; *Parnas/Atkins*, Criminal Law Bulletin 14 (1978), 101, 117.

[40] Vgl. Chief Justice *Burger*, American Bar Association Journal 56 (1970), 929, 931; *Halberstam* (Fn. 38), 1, 35f.; *Arenella*, Michigan Law Review 78 (1979-80), 463, 524; *Parnas/Atkins* (Fn. 39), 101, 117. Bei einer Pilotbefragung unter amerikanischen Richtern, Staatsanwälten und Verteidigern, die ich im Oktober 1989 in Chicago durchgeführt habe, war in diesem Zusammenhang die Schilderung eines ehemaligen Strafrechtsprofessors lehrreich, der nach seiner Ernennung zum Richter wegen seiner prinzipiellen Ablehnung des plea bargaining zunächst ohne dieses Rechtsinstitut auszukommen versuchte, hiervon aber Abstand nehmen mußte, um nicht mit seinen Erledigungszahlen in eine Katastrophe hineinzugeraten.

[41] Zu den Kriminalitätsraten vgl. *Schneider*, Kriminologie, 1987, S. 284; *Kaiser*, Kriminologie, 2. Aufl. 1988, S. 382 (für vorsätzliche Tötungsdelikte). Zur Richterzahl in der BRD vgl. *Rieß*, DRiZ 1982, 201, 212ff., 464, 465f.; zu derjenigen in den USA vgl. *Schmid* (Fn. 38), S. 47f.

[42] DRiZ 1982, 201, 205ff., 464ff.; ders., FS für Sarstedt, 1981, S. 265f.

[43] FS für Pfeiffer, 1988, S. 463ff.

Vermehrung der Richter- und Staatsanwaltsstellen allein, sondern nur in Verbindung mit einer ebenfalls wachsenden Bevorzugung summarischer Erledigungsformen aufgefangen werden konnte.[44]

b) Die seither eingetretene Entwicklung ist im wesentlichen durch eine *Stagnation* gekennzeichnet; lediglich bei den summarischen Erledigungsformen läßt sich noch eine gewisse weitere Zunahme feststellen.

Dies läßt sich anhand der wichtigsten Indikatoren für die Geschäftsbelastung wie folgt belegen:[45]

Tabelle 2: Geschäftsentwicklung der Strafsachen vor den Landgerichten in 1. Instanz zwischen 1981 und 1986

	1981	1986	Veränderungen
Neuzugänge:	12 972	13 312	+ 2,6%
Erledigte Verfahren:	12 867	13 505	+ 5%
Unerledigte Verfahren am Jahresende:	5 758	6 137	+ 6,6%

Tabelle 3: Entwicklung der Dauer der Hauptverhandlungen von 1981 bis 1986

	1981	1986	Veränderungen
Hauptverhandlungstage vor dem Amtsgericht in Strafsachen insgesamt:[46]	966 795	874 802	− 9,5%
Hauptverhandlungstage in Strafsachen vor dem Landgericht (1. Instanz) insgesamt:	26 704	27 410	+ 2,6%

---

[44] FS für Pfeiffer, 1988, S. 465 f.

[45] In den nachfolgenden Tabellen können nur die für die Beurteilung der Geschäftsentwicklung wichtigsten Zahlen wiedergegeben werden; eine vollständige Auswertung findet sich in meiner in Fn. 1 angegebenen Veröffentlichung. Das Zahlenmaterial stammt aus: Statistisches Bundesamt Wiesbaden, Statistisches Jahrbuch, Rechtspflege FS 10 Reihe 2, Zivil- und Strafgerichte, 1981 und 1986; Reihe 3, Strafverfolgung, 1987; ferner Statistisches Landesamt Baden-Württemberg, Statistik von Baden-Württemberg, Das Rechtswesen, 1981 und 1986. Statistische Angaben für Rheinland-Pfalz finden sich bei *Caesar*, RuP 1990, 45 ff.

[46] Hierbei ist zu berücksichtigen, daß auf der Amtsgerichtsebene Mehrfach-Zählungen vorkommen.

Tabelle 4: Geschäftsentwicklung der Staatsanwaltschaften in Baden-Württemberg von 1981 bis 1986

	1981	1986	Veränderungen
Neueingänge:	168 979	179 327	+ 6,1 %
Erledigte Verfahren:	169 027	178 990	+ 5,9 %
Erledigung durch Klageerhebung:	62 884	62 547	− 0,5 %
Einstellungen aus Opportunitätsgründen insgesamt:	32 548	40 055	+ 23,1 %

Aufgrund dieser Zahlen läßt sich cum grano salis sagen, daß die Geschäftsbelastung ebenso wie die Personalstärke von 1981–1986 ungefähr konstant geblieben ist. Die Hauptverhandlungstage als „Flaschenhals" der gerichtlichen Erledigungskapazität haben beim Amtsgericht sogar nicht unbeträchtlich abgenommen, während sie beim Landgericht in der 1. Instanz nur geringfügig gestiegen sind. Auffallend ist die weitere Zunahme der Einstellung aus Opportunitätsgründen, die hier anhand der Zahlen über den Geschäftsanfall der Staatsanwaltschaften in Baden-Württemberg demonstriert worden ist.

c) Wenn man damit insgesamt den Zeitraum von ungefähr 2 Jahrzehnten seit der Strafrechtsreform überblickt, so kann man von einer dynamischen Entwicklung des registrierten Kriminalitätsaufkommens und der von der Justiz entwickelten Bewältigungsstrategien für das erste Jahrzehnt und von einer auf beiden Ebenen stattfindenden Konsolidierung für das zweite Jahrzehnt sprechen. Die im vorigen Kapitel aufgestellte These, daß die Entwicklung der informellen Verständigungsformen zu einem eigenständigen, auch quantitativ gewichtigen Erledigungstyp in die 70er Jahre fällt, wird deshalb auch von der kriminalstatistischen Analyse gestützt. Daß dann die einmal entwickelten Erledigungspraktiken in den 80er Jahren nicht wieder obsolet wurden, erklärt sich nicht erst aus hangpsychologischen Gesetzmäßigkeiten, sondern bereits aus der *Konsolidierung* der Geschäftsanfallszahlen insgesamt, weil ja der hohe Geschäftsanfall (und entsprechend, wie die Zahlen für die badenwürttembergischen Staatsanwaltschaften zeigen, jeder Mehranfall) nur unter Zuhilfenahme der etablierten summarischen Erledigungsformen bewältigt werden kann. Neben diese *Geschäftsbelastung* durch die *Masse* der Verfahren und des von diesen bei ordnungsgemäßer Hauptverhandlung verlangten Zeitaufwandes treten die Sachzwänge des je einzelnen *Großverfahrens*, das in dem von der Strafprozeßordnung vorgegebenen institutionellen und technischen Rahmen der Hauptverhandlung nicht angemessen bewältigt werden kann, wie unter Hinweis auf die einschlägige Diskussion der letzten zwei Jahrzehnte[47] und unter Abgrenzung dieses Phänomens von der durch justizinterne Saumseligkeit verursachten überlangen Verfahrensdauer[48] hier nur festgestellt und nicht weiter ausgeführt werden kann. Man darf ungeachtet der Zurückhaltung des 50. Deutschen Juristentages[49] wie auch der anschließend vom Gesetzgeber realisierten Reformansätze[50] nicht die Augen davor verschließen, daß das geltende Recht den Richter bei der Bewältigung von Großverfahren mit einer contradictio in adiecto abspeist, weil es die Akten als Entscheidungsbasis zugunsten einer den Grundsätzen der Mündlichkeit und Unmittelbarkeit gehorchenden Hauptverhandlung verwirft, obwohl diese Hauptverhandlung in concreto ein Monstrum ist, welches die Fassungskraft des menschlichen Gedächtnisses überfordert und deshalb letztlich Folianten füllende richterliche Notizen als eigentliche Urteilsgrundlage erzwingt, die als solche weder den Grundsätzen der Mündlichkeit und Unmittelbarkeit genügt noch überhaupt den Verfahrensbeteiligten zugänglich und dadurch von diesen kontrollierbar ist.

Dieser aus den *Aporien* der gegenwärtigen strafprozeßrechtlichen Regelung des je einzelnen Großverfahrens herrührende *Sachzwang* für das Gericht zur Bemühung um eine informelle Verständigung muß noch in seiner gegenseitigen Potenzierung mit der quantitativen Überlastung durch die Anzahl der Verfahren herausgestellt werden, wie sie gerade durch die Konzentration der Wirtschaftsstrafsachen auf die Wirtschaftsstrafkammern für diese Spruchkörper geschaffen worden ist. Es ist deshalb keinesfalls überraschend, daß die Wirtschaftsstrafverfahren für die Praktiken der informellen Verständigung nach allem, was wir wissen, seit den 70er Jahren eine Schrittmacherfunktion ausgeübt haben und diese auch heute noch ausüben dürften.

2. a) Der größte *Nutzen* für die Organisation „Strafjustiz" wie auch für deren einzelne Angehörige (Richter und Staatsanwälte) erwächst offensichtlich als *Kehrseite* der *Zwangslage,* die die Ausbreitung der informellen Verständigungen ausgelöst hat: Durch sie steigt die Erle-

---

[47] Vgl. *Hanack,* JZ 1971, 705 ff.; *Hermann,* ZStW 85 (1973), 255 ff.; Gutachten von *Grünwald* auf dem 50. DJT 1974, C 1 ff.; *Peters,* in: *Schreiber* (Hrsg.), Strafprozeß und Reform, 1979, S. 82 ff.; *Berz,* NJW 1982, 729 ff.; *Schroeder,* NJW 1983, 137 ff.; *Rebmann,* NStZ 1984, 241 ff.; *Keller/Schmidt,* wistra 1984, 201 ff.

[48] Vgl. dazu *Ulsamer,* FS für Faller, 1984, S. 373 ff.; *I. Roxin,* Die Rechtsfolgen schwerwiegender Rechtsstaatsverstöße in der Strafrechtspflege, 1988, S. 260 ff.; *Kohlmann,* FS für Pfeiffer, 1988, S. 203 ff.; *Roxin,* Strafverfahrensrecht, 21. Aufl. 1989, S. 89 m.w.N.; krit. zur Beschleunigung auf Kosten der Rechtsstaatlichkeit *Gollwitzer,* FS für Kleinknecht, 1985, S. 147 ff.

[49] Vgl. die Beschlüsse in Sitzungsbericht K zum 50. DJT 1974, K 261, 270.

[50] Vgl. dazu die Übersicht bei *Roxin* (Fn. 48), S. 435 ff.; *Kohlmann,* FS für Pfeiffer, 1988, S. 208 ff.; *Rieß,* FS für Pfeiffer, 1988, S. 155 ff.

digungsfrequenz und die Erledigungsquote, wodurch der Geschäftsanfall in weniger Zeit und mit geringerem Arbeitsaufwand bewältigt werden kann. Weiterhin ist die Steigerung der Erledigungszahlen auch sowohl für eine *Organisation,* die durch eine hohe Zahl komplizierter Verfahren belastet ist, als auch für das einzelne Organisations*mitglied,* das einem bestimmten Pensenschlüssel unterworfen ist,[51] offensichtlich von hervorragender Bedeutung.

b) Zu diesem *output*-bezogenen *Nutzen,* den die Justiz insgesamt und die je einzelnen Angehörigen des Justizstabes von den informellen Verständigungen haben, tritt für die einzelnen Staatsanwälte und Richter ein gewichtiger *tätigkeits*bezogener *Nutzen* hinzu, der in die drei Formen der *äußeren,* der *inneren* und der *kontrollebezogenen* Arbeits*erleichterung* zerfällt.

Die *äußere* Arbeitserleichterung resultiert daraus, daß die enormen Leistungsanforderungen, die an das Gericht und speziell an den Vorsitzenden in einer kontradiktorischen Hauptverhandlung gestellt werden, bei einer informellen Verständigung weitgehend zurückgenommen werden.

Die *innere* Arbeitserleichterung resultiert aus der Entlastung von dem Entscheidungsdruck, unter dem jeder Strafrichter steht und der um so stärker empfunden wird, je höher das Berufsethos des einzelnen Richters rangiert und je intensiver er kriminologische und psychologische Forschungsergebnisse zum abweichenden Verhalten und zur Strafrechtspflege bei seiner Tätigkeit berücksichtigt. Die Ersetzung einer antagonistisch-autoritären Entscheidungsfindung durch eine Konsensfindung hat infolgedessen für den Richter einen inneren Entlastungseffekt, der für seine Wertschätzung des Erledigungstyps der informellen Verständigung vielleicht sogar stärker zu Buche schlägt als der äußere Nutzen für output und Arbeitserleichterung.

Die dritte Form der *kontrollebezogenen* Erleichterung ergibt sich daraus, daß der zwischen Staatsanwaltschaft und Verteidigung abgesprochene Rechtsmittelverzicht zum Standardarsenal der informellen Verständigungen gehört.[52] Unabhängig von dem generellen subjektiven Nutzen, den jede Befreiung von Kontrolle bringt und für den nur auf den überragenden Stellenwert der Freiheit des Individuums in

---

[51] Die Pensenzahlen sind Richtzahlen zur Bewertung der Arbeitsleistungen der Richter. Sie beruhen auf Vereinbarungen der Konferenz der Justizminister und -senatoren, deren Inhalt nicht veröffentlicht ist (vgl. *Brück,* DRiZ 1969, 141 f.; *Herr,* DRiZ 1979, 371 f.; *Rasehorn,* DRiZ 1964, 140; *Schaffer,* DRiZ 1982, 383; *Schneider,* DRiZ 1969, 221; *Thieme,* DRiZ 1969, 237, 239).
[52] *Hamm,* in: *Dencker/Hamm* (Fn. 12), S. 114 ff.; *Schmidt-Hieber* (Fn. 4), S. 111; *ders.,* in: FS aus Anlaß des 10jährigen Bestehens der Deutschen Richterakademie (Fn. 37), S. 193, 203; *Widmaier,* StrV 1986, 357; *Rückel,* NStZ 1987, 297, 304.

unserer Gesellschaft verwiesen zu werden braucht, schafft die Beseitigung der Revisionskontrolle dem Tatrichter noch einen besonderen sowohl äußeren als auch inneren Nutzen: Die daraus folgende Abkürzung der schriftlichen Urteilsbegründung gem. § 267 Abs. 4 enthebt den Berichterstatter und auch den für die Makellosigkeit der Urteilsgründe regelmäßig ebenso verantwortlichen Vorsitzenden speziell im deutschen Strafprozeß einer ebenso langwierigen wie ihres post-festum-Charakters wegen im Grunde lästigen Tätigkeit, die einen erheblichen Teil der richterlichen Arbeitskapazität allein wegen der von den Revisionsgerichten immer höher geschraubten Anforderungen[53] absorbiert. Nimmt man hinzu, daß die justizinterne Karriere eines Instanzrichters durch eine häufige Aufhebung seiner Urteile im Rechtsmittelzuge negativ beeinflußt wird,[54] so summiert sich der Fortfall der Revisionskontrolle bei den informellen Verständigungen für den einzelnen Richter zu einem sehr erheblichen *persönlichen Nutzen*, dem in Gestalt der entsprechenden Verfahrensabkürzung auch ein Nutzen der *Organisation* „Strafjustiz" insgesamt an die Seite tritt. Dieser Nutzen läßt sich dann wieder auch statistisch erfassen und kommt in einem Rückgang der Geschäftsbelastung der Rechtsmittelgerichte zum Ausdruck, der beim Landgericht als Berufungsinstanz noch verhältnismäßig bescheiden, beim Oberlandesgericht als Revisionsinstanz hingegen dramatisch ausgefallen ist (zwischen 1981 und 1986 eine Abnahme um 11% bzw. um 21%).

c) Von besonderer Bedeutung ist in diesem Zusammenhang die weitreichende *Parallelität* des für die *Staatsanwälte* und für die *Richter* von den Verständigungen zu erwartenden Nutzens. Die Bewältigung des hohen Geschäftsanfalles ist für beide Sparten der Strafjustiz ein gleich wichtiges Anliegen, wobei die Staatsanwaltschaft als vorgeschaltete Instanz von der Verfahrensflut sogar noch weitaus härter betroffen wird als die Gerichte.[55] Zwar wird die Größe des Nutzens

---

[53] Vgl. *Dahs/Dahs*, Die Revision im Strafprozeß, 4. Aufl. 1987, S. 141 ff.; LR/*Hanack*, § 337 Rdnr. 121, 123, 131 ff. m.w.N.; *Sarstedt/Hamm*, Die Revision in Strafsachen, 5. Aufl. 1983, S. 261. Vgl. ferner den Überblick bei *Maul*, FS für Pfeiffer, 1988, S. 409 ff. zur Überprüfung der tatsächlichen Feststellungen; ferner *Theune*, ibid., S. 449 ff. zur Überprüfung der Strafzumessungsbegründung.
[54] Vgl. *Berra*, Im Paragraphenturm, 1966, S. 34 f.; *Lautmann*, Justiz – die stille Gewalt, 1972, S. 166. Das ist im übrigen ebenso begreiflich und berechtigt wie die auch unter Prestigeaspekten bei Gesprächen mit Praktikern immer wieder zu beobachtende Faszinationswirkung der „Aufhebungsquote", denn die Richtigkeit der Urteile kann im Strafjustizsystem gar nicht anders definiert werden als durch ihre Rechtsmittelfestigkeit, und die Fähigkeit zur Fällung richtiger Urteile ist selbstverständlich die wichtigste Qualifikation des Richters überhaupt.
[55] So hatten etwa die Staatsanwaltschaften in Baden-Württemberg im Jahre 1986 179 327 Neueingänge zu bearbeiten, während sie im gleichen Zeitraum nur 62 547

fast in jedem Einzelfall differieren, beispielsweise weil die Staatsanwaltschaft von der frühzeitigen Einstellung eines komplizierten Ermittlungsverfahrens gem. § 153a den größten output-bezogenen Vorteil hat, während eine Verständigung in der Hauptverhandlung wiederum dem Gericht den größeren Nutzen bringt. Wegen der Notwendigkeit zu einer ständigen *Zusammenarbeit* (bei § 153a vermittelt durch das gesetzliche wechselseitige Zustimmungserfordernis, bei den Verständigungen in der Hauptverhandlung aus der Natur der Sache heraus) kommt es aber, wie die amerikanischen Erfahrungen mit dem „package deal" lehren,[56] naheliegenderweise zu einer *kooperativen Nutzenmaximierung*, indem jeder den Nutzen des anderen als erstrebenswert akzeptiert, um im umgekehrten Fall auf die gleiche Einstellung rechnen zu können. Die deutschen Untersuchungen zu § 153a haben gezeigt, daß die Gerichte die erforderliche Zustimmung zu einer staatsanwaltschaftlichen Einstellung so gut wie niemals verweigern;[57] es liegt deshalb auf der Hand, daß ein Staatsanwalt, dessen Kapazitätsnöte auf diese Weise vom Gericht honoriert werden, bei einer vom Gericht angeregten Verständigung in der Hauptverhandlung schwerlich die Kapazitätsengpässe des Gerichts ignorieren kann.

Diese wechselseitige Verwiesenheit wird naturgemäß nochmals gesteigert, wenn die Protagonisten – wie bei den Wirtschaftsstrafverfahren – nicht nur der gleichen Organisation angehören, sondern auch über viele Verfahren hinweg personell identisch bleiben. Hierin dürfte infolgedessen ein weiterer wichtiger Erklärungsfaktor nicht nur für die allgemeine Ausbreitung der informellen Verständigung, sondern auch für ihr spezielles Ausmaß in den Wirtschaftsstrafsachen liegen. Und für die rechtspolitischen Überlegungen besteht die Bedeutung dieser in der Natur der Sache angelegten kooperativen Nutzenmaximierung darin, daß die vom Gesetz an sich vorgesehene wechselseitige Kontrolle[58] in einer solchen Situation faktisch leerlaufen muß.

Verfahren durch Klageerhebung (einschl. Strafbefehlsanträge) an die Gerichte „weiterreichten" (Quelle wie in Fn. 45).

[56] Beim package deal geht es um die in den USA als „trade-out" bekannte Praxis, daß ein Staatsanwalt und ein Verteidiger das plea bargaining über mehrere Fälle „im Paket" abhandeln; vgl. dazu *Weigend*, in: *Jescheck/Leibinger*, Funktion und Tätigkeit der Anklagebehörde im ausländischen Recht, 1979, S. 587, 661; *Schumann* (Fn. 38), S. 128f.; *Cole*, Law and Society Review 4 (1969–70), 331, 340; *Alschuler*, Yale Law Journal 84 (1975), 1179, 1210f.

[57] Vgl. *Meinberg*, Geringfügigkeitseinstellungen bei Wirtschaftsstrafsachen, 1985, S. 88f.

[58] Die Staatsanwaltschaft wird deshalb auch speziell hinsichtlich ihrer Funktion in der Hauptverhandlung seit *Savigny* als „Wächter des Gesetzes" bezeichnet, vgl. hierzu *Kleinknecht/Meyer*, Strafprozeßordnung, 39. Aufl. 1989, vor § 141 GVG Rdnr. 3; *Krey*, Strafverfahrensrecht, Band 1, 1988, S. 135; *Roxin* (Fn. 48), S. 68; *Eb. Schmidt*, Einführung in die Geschichte der deutschen Strafrechtspflege, 3. Aufl. 1965, S. 330f.; *Wagner*, JZ 1974, 212, 214.

d) Für die an dieser Stelle einzunehmende *Binnenperspektive* läßt sich damit resümieren, daß die informellen Verständigungen sowohl der *Justiz* insgesamt als auch ihren einzelnen *Angehörigen* einen *massiven, multiplen* und *evidenten Nutzen* bringen, während irgendwelche ins Gewicht fallenden *Nachteile nicht* ersichtlich sind.

3. Nach dieser für die Justiz eindeutigen Bilanz ist nunmehr die Erklärung dafür zu suchen, warum sich auch die *Beschuldigten* und die *Verteidiger* auf die Erledigungsform der informellen Verständigungen eingelassen haben, da es doch auf den ersten Blick in dem antagonistisch konzipierten Strafprozeß kaum vorstellbar erscheint, daß ein und dasselbe Institut auch für den prozessualen Antipoden des Nutznießers attraktiv sein kann.

a) Der Ausgangspunkt für die Berechnung des den *Beschuldigten* von den informellen Verständigungen erwachsenden *Nutzens* ist zunächst sehr einfach zu bestimmen: Er besteht in ihrem je einzelnen und dadurch allgemeinen Interesse, nach Möglichkeit keinem (weiteren) Strafverfahren unterzogen und mit keiner Sanktion belegt zu werden, woraus sich eine Nutzen*skala* nach dem *Maß* der *Abkürzung* oder Abmilderung des *Verfahrens* und der *Reduzierung* der *Sanktion* entwickeln läßt. Die Schwierigkeit der Nutzenmessung ergibt sich erst bei der Bestimmung des archimedischen Punktes, nämlich der Bestimmung des *ohne* informelle Verständigung zu erwartenden Resultats. In dieser Hinsicht muß zwischen drei möglichen Vor- bzw. Nachteilen unterschieden werden: Dauer und Intensität des Verfahrens, Freispruch oder Sanktionierung, Schärfe der Sanktion.

aa) Daß allein schon das *Strafverfahren* für den Beschuldigten eine gravierende *Belastung* darstellt, liegt unter vielfältigen Aspekten auf der Hand und wird auch bei der Qualifikation der Einstellung ohne Auflagen gem. §§ 153 StPO, 45 Abs. 2 Nr. 2 JGG als eine Diversionsmaßnahme, die wegen der hinreichenden präventiven Wirkung des Verfahrens überhaupt gerechtfertigt ist,[59] anerkannt; unter dem Schlagwort „Der Prozeß ist die Strafe" ist der Übelscharakter des Verfahrens von *Feeley* im einzelnen beschrieben worden.[60] Neben den Verteidigungskosten, dem allgemeinen Zeitverlust und der Belastung der sozialen Beziehungen bis hin zur irreparablen Zerstörung des Rufes, den jedes intensiver geführte Ermittlungsverfahren, beson-

---

[59] Vgl. *P.-A. Albrecht,* Jugendstrafrecht, 1987, S. 97, 99, 152f. Daß das Verfahren schon wie eine Strafe wirken kann, wird der Sache nach auch in der Rechtsprechung anerkannt, die bei überlanger Verfahrensdauer eine Einstellung nach § 153 für geboten hält, vgl. BVerfG NJW 1984, 967; BGHSt. 24, 239, 242; 27, 274, 275; BGH NJW 1990, 1000; LR/*Rieß,* § 153 Rdnr. 31 m.w.N.; aus dem Schrifttum zuletzt *Schroth,* NJW 1990, 29 ff.

[60] *Feeley,* The Process is the Punishment, New York 1979.

ders massiv aber naturgemäß eine öffentliche Hauptverhandlung mit sich bringt, sei hier noch auf die dritte Belastungsform hingewiesen, die in meinen Pilot-Interviews mit Verteidigern in Chicago immer wieder als ein Hauptgrund für die Akzeptanz des plea bargaining bei den Angeklagten angeführt worden ist und die in der seelischen Pein besteht, die die Hauptverhandlung allgemein und besonders das darin zelebrierte Zeremoniell dem Angeklagten aufgrund der *Ungewißheit* des Ausganges und des dadurch bedingten ständigen Wechsels zwischen Hoffen und Bangen bereitet.

bb) Keineswegs so eindeutig, sondern teils ambivalent und teils sogar umgekehrt verhält es sich auf der *zweiten* Ebene, auf der es um *"Freispruch oder Sanktionierung"* geht. Wenn und soweit die Fortsetzung des kontradiktorischen Verfahrens die Chance auf einen Freispruch bietet, führt die informelle Verständigung über die Hinnahme einer Sanktion für den Beschuldigten zunächst einmal zu einem qualitativen Nachteil, der nur dann kompensiert wird, wenn sie entweder nur eine Verfahrenseinstellung zum Gegenstand hat oder aber in einer Prozeßsituation getroffen wird, wo keine reelle Chance auf einen Freispruch (mehr) besteht. Eine verfahrensökonomische Erledigung im Sinne der oben[61] gegebenen Definition ist deshalb für den Beschuldigten allenfalls ganz ausnahmsweise mit Nachteilen verbunden,[62] während die informelle Verständigung über eine echte Verdachtsstrafe[63] auf der zweiten Prüfungsebene ausnahmslos einen Nachteil begründet.

cc) Auf der *dritten* Ebene geht es um den Vergleich zwischen der informellen Verständigung und der kontradiktorischen Verfahrensdurchführung nach dem *Ausmaß* der abgesprochenen bzw. zu erwartenden Sanktion. Für das plea bargaining-System der USA kann davon ausgegangen werden, daß die Strafe nach einem guilty plea wesentlich milder ausfällt, als wenn es zu einer Verurteilung nach einer Hauptverhandlung vor dem Schwurgericht oder (nach einem entsprechenden Verzicht des Angeklagten) vor dem Richter (jury trial oder bench trial) kommen würde.[64] Dies kann auch seitens des Angeklagten bzw. seines Verteidigers ganz genau kalkuliert werden, sei es

---

[61] S.o. § 2 V 2.

[62] Nämlich dann, wenn eine große Freispruchchance mit einer geringen Empfindlichkeit des Angeklagten gegenüber den Belastungen einer formellen Verurteilung zusammentrifft.

[63] Wie sie oben § 2 V 2 definiert ist.

[64] Vgl. nur *Blumberg*, StrV 1988, 79, 82; *Dielmann*, GA 1981, 560f.; *Massaro*, StrV 1989, 454; *Schumann* (Fn. 38), S. 77f.; *Weigend*, ZStW 94 (1982), 200, 220ff.; *ders.*, in: *Jescheck/Leibinger* (Fn. 56), S. 587, 651, 663; *Church*, Law and Society Review 13 (1978–79), 509, 511f.; *Feeley* (Fn. 60), S. 195ff.; *Halberstam* (Fn. 38), 1, 8; *LaFree*, Criminology 21 (1985), 289, 299ff. m.w.N.; *Mather* (Fn. 38), 187; *Parnas/Atkins* (Fn. 39), 101, 117; *Schulhofer* (Fn. 38), 1037, 1092f.

aufgrund der Kenntnis der aus deutscher Sicht drakonisch anmutenden Strafaussprüche nach einer Hauptverhandlung,[65] sei es aufgrund eines plea bargaining über die Nichtberücksichtigung massiv strafschärfender Umstände wie etwa der Nachtzeit bei Begehung eines Raubes,[66] sei es schließlich unter der Geltung der neuerdings im Bundesstrafprozeß und verschiedenen Jurisdiktionen der Einzelstaaten eingeführten *Strafzumessungsrichtlinien,* die den zu erwartenden Strafausspruch ziemlich weitgehend determinieren und denen nur noch durch ein (sei es auch formell verbotenes) plea bargaining entkommen werden kann.[67] Für die informellen Verständigungen in Deutschland gibt es jedoch *keine* vergleichbar präzise *Kalkulationsbasis,* und zwar aus einer ganzen Reihe von Gründen. Nach der die Strafzumessung offiziell beherrschenden *Spielraumtheorie*[68] kann der Richter die Strafe im Rahmen eines sehr erheblichen, von ihm nicht einmal in seinen Grenzen kenntlich zu machenden Schuldspielraumes im einzelnen nach general- oder spezialpräventiven Strafbedürfnissen festsetzen, was ihm trotz der in den letzten Jahren intensivierten Kontrolle der Revisionsgerichte[69] einen erheblichen Ermessens-Spiel-

---

[65] Dafür nur zwei Beispiele: Auf einfachen Raub und Einbruch sind im Normalfall nach dem Recht des Staates Illinois 3–7 Jahre Gefängnis, auf Raub mit Waffen 6–30 Jahre angedroht (s. Illinois Criminal Law and Procedure, 1989 Edition, Chapter 38, Division I, Article 18–1, 18–2, 19–1 i.V.m. Division X, Chapter V, Article 1005-8-1 (a)). Nach den Sentencing Guidelines der United States Sentencing Commission steht auf Einbruch im Rückfall eine Gefängnisstrafe von 24–30 Jahren, auf Raub von 27–33 Jahren (s. Chapter 2 Part B 2, 3 i.V.m. dem „Sentencing Table" in Chapter 5 Part A).

[66] Vgl. *Schumann* (Fn. 38), S. 122, 232 f.; *Newman,* Conviction: The determination of guilt or innocence without trial, Boston 1966, S. 100 f.; *McIntyre,* Law Enforcement in the Metropolis, Chicago 1967, S. 133 f.

[67] Die Strafzumessungsrichtlinien (Sentencing Guidelines) wurden von der United States Sentencing Commission am 13. 4. 1987 verabschiedet. In Chapter 6 Part B § 6 B 1.2 wird angeordnet, daß das Gericht ein plea agreement nur akzeptieren darf, wenn dabei der Rahmen der Richtlinien eingehalten oder allenfalls davon aufgrund berechtigter Gründe (for justifiable reasons) abgewichen worden ist. Vgl. im übrigen zur Anwendung und Kritik der Strafzumessungsrichtlinien *Alschuler,* 117 Federal Rules Decisions 1988, 459 ff.; *A. von Hirsch,* Federal Sentencing Guidelines: The United States and Canadian Schemes Compared, New York 1988; *Weigend,* FS der Rechtswiss. Fakultät Köln, 1988, S. 579, 589 ff.

[68] Vgl. BGHSt. 20, 264, 266 f.; 24, 132, 133 f.; 29, 319, 321; BGH VRS 28, 359, 362; BVerfGE 45, 187, 259 f.; 50, 1, 11 f.; *Bruns,* Das Recht der Strafzumessung, 2. Aufl. 1985, S. 281 ff.; *Jakobs,* Strafrecht Allgemeiner Teil, 1983, S. 21 Fn. 73; *Lackner,* Strafgesetzbuch, 18. Aufl. 1989, § 46 Anm. III 2; *LK/G. Hirsch,* Rdnr. 12 ff. vor § 45; *Maurach/Gössel/Zipf,* Strafrecht Allgemeiner Teil 2, 7. Aufl. 1989, S. 508; *Maurach/Zipf,* Strafrecht Allgemeiner Teil 1, 7. Aufl. 1987, S. 90 f.; *Roxin,* Festgabe für Hans Schultz, 1977, S. 463, 465 ff.; *ders.,* FS für Bockelmann, 1979, S. 279, 306 f.; *Schaffstein,* FS für Gallas, 1973, S. 99, 101 ff. Daß die h.M. dogmatisch auf schwachen Füßen steht (s. *Schünemann* – Fn. 148 –), ändert für die reale Situation des Angeklagten nichts.

[69] Vgl. dazu *Theune,* FS für Pfeiffer, 1988, S. 449 ff.; *ders.,* StrV 1985, 162 ff., 205 ff.; *ders.,* NStZ 1989, 173 ff., 215 ff. m.z.w.N. der neueren Rspr. des BGH.

raum beläßt, sofern er sich nur bei der Strafzumessungsbegründung vor technischen Fehlern hütet. Die Strafaussprüche nach einer kontradiktorischen Hauptverhandlung sind – verglichen mit den in den USA üblichen Sätzen – *maßvoll,* in diesem Rahmen aber je nach Region und Spruchkörper so *unterschiedlich,*[70] daß eine auch nur einigermaßen zutreffende Prognose eine große Vertrautheit mit den Usancen des konkreten Spruchkörpers voraussetzt.[71]

Die Voraussetzungen für den (durch seinen Verteidiger beratenen) Angeklagten, auf der dritten Ebene einen ihm durch die informelle Verständigung erwachsenden Nutzen präzise auszumachen, sind also bei uns erheblich ungünstiger als in den USA. Generell spricht zwar eine gewisse Vermutung dafür, daß die Gerichte auch in Deutschland bereit sind, eine informelle Verständigung mit einem Sanktionsrabatt zu honorieren, aber ob dies auch für den konkreten Einzelfall gilt, ob die avisierte Sanktionsreduzierung die Preisgabe der Freispruchschancen überwiegt und damit zu einem subjektiven Netto-Nutzen im Sinne der kognitiv-hedonistischen Verhaltenstheorie[72] für den Angeklagten führt oder ob nicht vielleicht stattdessen grosso modo nur diejenige Sanktion herauskommt, die nach einer entschlossenen Einführung aller Entlastungsmomente in die Hauptverhandlung auch im kontradiktorischen Verfahren zu erreichen sein würde, wird sich in vielen Fällen nicht eindeutig beantworten lassen. Denn auch in den USA hat sich bei empirischen Untersuchungen herausgestellt, daß ein allzu frühes Schuldeingeständnis zu keiner ins Gewicht fallenden Strafmilderung führt[73] – was eine bemerkenswerte Berührung mit der praxisgereiften Empfehlung *Widmaiers* ergibt, zwecks Erlangung eines fühlbaren Strafrabattes ja nicht zu früh die Geständnisbereitschaft zu signalisieren.[74] In Deutschland kommen weitere Relativierungen hinzu: Bei der Repräsentativ-Umfrage wurde von den Richtern zwar

---

[70] Vgl. dazu *Schiel,* Unterschiede in der deutschen Strafrechtsprechung, 1969; *H.-J. Albrecht,* in: *Kerner/Kury/Sessar* (Hrsg.), Deutsche Forschungen zur Kriminalitätsentstehung und Kriminalitätskontrolle, 1983, S. 1297 ff.; *Streng,* Strafzumessung und relative Gerechtigkeit, 1984, S. 5 ff.; *Giehring,* in: *Pfeiffer/Oswald* (Hrsg.), Strafzumessung, 1989, S. 77, 80; *Burgstaller* und *Csaszar,* ÖJZ 1985, 1 ff., 43 ff., 417 ff. für die Praxis in Österreich.

[71] Ausgenommen natürlich bei der Existenz fester Straftaxen, vgl. dazu *R. Hassemer,* MschrKrim 1983, 26 ff.; 1986, 21 ff.

[72] Zur hedonistisch-kognitiven Basis des menschlichen Entscheidungsverhaltens vgl. *Kirsch,* Einführung in die Theorie der Entscheidungsprozesse, 2. Aufl. 1977, Band I, S. 31, 68 ff.

[73] Vgl. *LaFree* (Fn. 64), 289, 305 f., 308 (allerdings wird hier nicht klar, ob überhaupt kein Rabatt oder nur kein zusätzlicher Rabatt gegenüber den späten Geständnissen gemeint ist; im Hinblick darauf, daß ein frühes Geständnis auf der zweiten Ebene (s. o. bb) immer nachteilig ist, würde also auch das Fehlen eines zusätzlichen Rabattes hier zu einer negativen Bilanz führen!).

[74] *Widmaier,* StrV 1986, 357, 358.

die Gewährung von Strafaussetzung zur Bewährung als häufiges und die Verhängung eines geringen Strafmaßes als gelegentliches bis häufiges Zugeständnis des Gerichts bei einer informellen Verständigung angeführt, die konstruktiv klarsten, etwa dem amerikanischen *charge bargaining* entsprechenden Wege hierzu (Annahme von Tateinheit oder einer fortgesetzten Handlung, Milderung bei Gesamtstrafenbildung, Verneinung des Täterwillens oder Annahme eines minderschweren Falles) aber nur als seltenes Mittel angeführt; und bei der Nagelprobe, auf die für die deutsche Strafzumessungspraxis typische Strafschärfung bei Rückfall[75] zu verzichten, gaben sogar 249 von 731 befragten Richtern und Staatsanwälten (also mehr als ein Drittel) die Antwort: „Nie".

Weiterhin konnte in der bisher einzigen einschlägigen Untersuchung in Deutschland kein signifikanter Einfluß des Geständnisses auf die Strafzumessung festgestellt werden[76] – und zwar, was besonders ins Gewicht fällt, trotz der ausdrücklichen Erwähnung des Geständnisses als eines Strafmilderungsgrundes in den untersuchten Urteilen. Weil die Strafmilderungswirkung eines Geständnisses nach der in Rechtsprechung und Schrifttum herrschenden sogenannten *Indiztheorie* davon abhängt, daß es Reue und innere Umkehr und damit eine verminderte Strafbedürftigkeit des Täters anzeigt,[77] ergeben sich bei einem im Verständigungswege erzielten, also offensichtlich zumindest in der letzten Entscheidung *taktisch motivierten* Geständnis weitere Bedenken gegen eine effektive Strafmilderungswirkung, denen wir im Rahmen unseres Forschungsprojektes durch ein Experiment mit Richtern aus den Landgerichtsbezirken Stuttgart und Ulm nachgegangen sind, denen als Versuchsmaterial eine videosimulierte Hauptverhandlung präsentiert wurde, die bei den einzelnen Versuchsgruppen danach variiert wurde, ob der Verteidiger eine Verständigung initiierte oder nicht und ob der Angeklagte ein Geständnis ablegte oder nicht. Als Ergebnis bleibt der Befund bemerkenswert, daß die Ablegung eines Geständnisses ohne vorherige entsprechende Initiative nur zu einer ganz geringfügigen Strafmilderung, die Einfüh-

---

[75] Vgl. dazu *Meier*, in: *Kerner/Kury/Sessar* (Fn. 70), S. 1333 ff.; *Schiel* (Fn. 70), S. 34 ff.; *Kaiser* (Fn. 41), S. 869.

[76] Vgl. dazu *Schiel* (Fn. 70), S. 52, sowie auch *Dencker*, ZStW 102 (1990), 51, 52 f. In neueren Untersuchungen zur Strafzumessung wird der Einfluß des Geständnisses leider nicht berücksichtigt, vgl. die Studie von *Albrecht*, in: *Kerner/Kury/Sessar* (Fn. 70), S. 1297 ff., wo in den simulierten Fällen kein Geständnis vorkommt, sowie *Meier*, ibid. S. 1333 ff., wo das Verhalten im Prozeß einschließlich eines Geständnisses unberücksichtigt bleibt (S. 1345).

[77] Zur sog. Indiztheorie, wonach das Geständnis nur als Indiz für Reue und Schuldeinsicht und damit mittelbar Bedeutung für die Strafzumessung erlangen kann, vgl. einstweilen nur *Bruns* (Fn. 68), S. 233 ff.; *Ruth Moos*, Das Geständnis im Strafverfahren und der Strafzumessung, Diss. iur. Göttingen 1983, S. 133 ff. m. w. N.

rung des Geständnisses durch eine vom Verteidiger initiierte Absprache dagegen sogar zu einer drastischen Strafschärfung geführt hat.[78]

Als Resümee für den vom Beschuldigten zu erwartenden Nutzen von informellen Verständigungen auf der dritten Ebene bleibt damit übrig, daß es in Deutschland mit Sicherheit *keinen Automatismus des Strafrabatts* gibt, sondern daß die Erzielbarkeit eines solchen Strafrabatts von einer ganzen Reihe von Randbedingungen abhängt, die sich gegenwärtig weder präzise noch abschließend angeben lassen.

dd) Auf der nächsten Ebene der Nutzen-Kosten-Relation des Beschuldigten ist das *Realisierungsrisiko* zu verbuchen, das nach der gegenwärtigen Praxis der informellen Verständigungen zumindest zum größten Teil bei ihm liegt. Daß eine Verständigung über das Verfahrensergebnis keinerlei rechtliche Bindungswirkung im Sinne eines prozessualen Anspruchs auf Realisierung erzeugen können soll, entspricht der heute einhelligen Auffassung[79] und hat deshalb auch die Basis der soziologischen Kostenanalyse zu bilden. Weiterhin liegt es in der Natur der Sache der auf das Verfahrensergebnis bezogenen Verständigungen, daß die Prozeßhandlungen des Angeklagten zur Realisierung der Verständigung zum größten Teil *im voraus* vorgenommen werden müssen. So müssen das Geständnis und die Zurücknahme oder die Nichtstellung von Beweisanträgen dem Urteil mit der vorgesehenen milden Strafe notwendig vorausgehen, dem nur der vom Angeklagten avisierte Rechtsmittelverzicht noch nachfolgt. Wie nun sowohl aus der Repräsentativ-Umfrage wie aus neuerdings zunehmenden einschlägigen Entscheidungen hervorgeht,[80] kommt es zwar nicht häufig, aber doch immer wieder vor, daß die Verständi-

---

[78] Wegen aller Einzelheiten ist auf die in Fn. 1 nachgewiesene Publikation zu verweisen.

[79] Selbst *Schmidt-Hieber* als der engagierteste Verfechter der Verständigung im Strafprozeß betont immer wieder, daß die Absprachen keine rechtliche Bindungswirkung, sondern nur faktische Verläßlichkeit erzeugen (– Fn. 5 –, S. 111 f.).

[80] Die Problematik nicht realisierter Absprachen ist Gegenstand der Entscheidungen LG Koblenz wistra 1988, 236 ff.; OLG Koblenz wistra 1988, 238; LG Kassel StrV 1987, 288 f.; OLG Frankfurt StrV 1987, 289 f.; BGHSt. 36, 210 ff. (w. N. in Fn. 327). Auch die Entscheidung BGHSt. 14, 189 ff. hätte in diese Kategorie gepaßt, wenn sich der Tatrichter damals nicht wohlweislich so zurückhaltend ausgedrückt hätte, daß der Angeklagte darin keine Zusicherung der Annahme mildernder Umstände erblicken konnte. In der Repräsentativ-Umfrage sind dem Problem der gescheiterten Absprachen eine ganze Anzahl von Fragen gewidmet worden, deren Ergebnisse im einzelnen in der Fn. 1 angeführten Publikation dargestellt werden. Ganz generell läßt sich sagen, daß es zwar nur selten vorkommt, daß sich die Verfahrensbeteiligten nicht an das Ergebnis der informellen Verständigung halten, daß es aber durchaus Konstellationen gibt, bei denen die Justiz an der Verständigung nicht mehr festhalten kann, beispielsweise wenn in der Urteilsberatung neue Gesichtspunkte auftauchen, wenn das Gesprächsergebnis darin keine Mehrheit findet oder wenn sich die Beweislage doch noch überraschend ändert.

gungen von den Beteiligten aus den verschiedensten Gründen *nicht realisiert* werden, auf seiten des Gerichts beispielsweise durch eine Änderung der Einschätzung bei einer erneuten Beratung, durch den Widerspruch von an der Verständigung nicht beteiligten Kollegiumsmitgliedern wie insbesondere den Schöffen oder wegen einer unerwarteten Entwicklung der weiteren Hauptverhandlung. Nicht selten wird das Verständigungsergebnis zwischen den Kommunikationspartnern auch so *unpräzise* formuliert, daß ein Dissens über den Verständigungsinhalt vorliegt. Insgesamt gibt es deshalb ein durchaus ins Gewicht fallendes Risiko nachträglich scheiternder Verständigungen, das bei der Zurücknahme oder Nichtstellung von Beweisanträgen zwar noch durch die Statuierung einer gerichtlichen Hinweispflicht kompensiert werden kann,[81] nach Ablegung eines Geständnisses als der charakteristischen „Vorleistung" des Angeklagten aber gerade dann, wenn man die für die Verständigungen vorgebrachte rechtliche Konstruktion ernst nimmt, zu Lasten des Angeklagten ausfällt. Denn während es im amerikanischen Strafprozeßrecht entsprechend der Rechtsnatur des guilty plea als einer Verfügungserklärung keine konstruktiven Schwierigkeiten macht, ein wirksam widerrufenes guilty plea als ein nullum zu behandeln und dem Verurteilten ein Recht zum Widerruf für den Fall einer Enttäuschung seiner berechtigten Erwartung auf ein bestimmtes Strafmaß einzuräumen,[82] kann das in der deutschen Praxis als Beweismittel verwertete Geständnis zwar frei widerrufen, dadurch aber nicht aus der Welt und das heißt: aus der freien Würdigung des gesamten Beweisergebnisses eliminiert werden.[83] Und gerade bei einem „qualifizierten Geständnis"[84] kann

---

[81] So BGHSt. 36, 210 ff.

[82] Zur Widerruflichkeit des guilty plea vor Verhängung der Strafe und zur daraus folgenden Unbeachtlichkeit und Unverwertbarkeit des guilty plea und der dabei abgegebenen Erklärungen vgl. nur Rule 32 d der Federal Rules of Criminal Procedure sowie Standard 14–2.1 der ABA-Standards, abgedruckt bei *Bond* (Fn. 38), App. A und B. Zur Widerruflichkeit des guilty plea auch nach dem Strafausspruch im Falle einer Irreführung des Angeklagten durch die Justiz über die zu erwartende Strafhöhe vgl. *Bond*, § 7.15 (b) m. w. N. sowie zur Widerruflichkeit des guilty plea bei Nichterfüllung des plea agreement durch die Justiz ibid., § 7.19, besonders 7.19 (b) m. z. w. N. Vgl. auch *Cramer*, FS für Rebmann, 1989, S. 154, 156 f. m. w. N.; *LaFave/Israel*, Criminal Procedure (Vol. 2), St. Paul 1984, S. 782 ff. Grundlegend die Entscheidung des US Supreme Court in Santobello v. New York (404 U.S. 257, 92 S. Ct. 495, 30 L. Ed. 2d 427 (1971).

[83] Zur Aussage des Beschuldigten als Beweismittel im materiellen Sinne vgl. nur *Rogall*, in: SK-StPO, Vor § 133 Rdnr. 122 ff. m. z. w. N.; *Dencker*, ZStW 102 (1990), 51, 54 f. Zur Funktion des abgesprochenen Geständnisses als wichtiger und häufig sogar zentraler Verurteilungsgrundlage, die auch bei den informellen Verständigungen die Einhaltung der gerichtlichen Aufklärungspflicht garantieren soll, vgl. vorerst nur *Schmidt-Hieber* (Fn. 5), S. 83; *ders.*, in: FS für Wassermann, 1985, S. 995, 1003 ff.; *ders.*, RuP 1988, 141, 143; *ders.*, NJW 1982, 1017, 1020 f.; vgl. ferner *Cramer*, FS für Rebmann, 1989, S. 145, 149. Während das Problem der prozessualen Folgewirkung

dies auf eine faktische *Endgültigkeit der Selbstbelastung* gerade auch für den Fall der Aufkündigung der informellen Verständigung durch das Gericht hinauslaufen.

ee) Ein weiterer *Kostenfaktor* für den Beschuldigten ergibt sich daraus, daß eine einmal begonnene Absprachekommunikation in vielen oder vielleicht sogar in allen Fällen nicht ergebnislos *abgebrochen* werden kann, ohne daß sich daraus *Nachteile für den Beschuldigten* ergeben. Bei der Repräsentativ-Umfrage haben von den Anwälten, die schon einmal die von Gericht oder Staatsanwaltschaft angebotenen Zugeständnisse als zu gering abgelehnt und deshalb den Versuch einer informellen Verständigung für gescheitert erklärt hatten, 55% nach ihren Angaben persönlich eine negative Konsequenz erlebt, davon wiederum ein knappes Drittel in der Weise, daß das Gericht schon die Führung von Gesprächen als Indiz für ein Schuldbewußtsein wertete. Das deckt sich mit dem Praxisbericht von *Dahs,* der die Öffnung der Verteidigungslinie durch Aufnahme einer Verständigungskommunikation als einen „point of no return" kennzeichnet,[85] und hat auch in unserem Stuttgarter Richterexperiment eine nachdrückliche Bestätigung erfahren, wo die in der Beweisaufnahme für alle Versuchspersonen identische videosimulierte Hauptverhandlung je nach dem zur Verurteilung oder zum Freispruch führte, ob der Verteidiger in der Sitzungspause eine (mangels ausreichender Konzession für gescheitert erklärte) Verständigungskommunikation initiiert hatte oder nicht.

ff) Die Nutzen-Kosten-Analyse der informellen Verständigungen für die Beschuldigten ergibt damit, über alle Betroffenen gerechnet

---

von widerrufenen Geständnissen bei *Schmidt-Hieber* (Fn. 5), S. 113 ff. nicht erörtert wird, denkt *Cramer,* FS für Rebmann, 1989, S. 145, 158 f., über einen Schutz des Vertrauens des Angeklagten durch den Grundsatz des „fair trial" nach, was aber – von seiner rechtlichen Bedenklichkeit (ausführlich dazu unten § 4 C III sowie D III, 3) ganz abgesehen – jedenfalls gegenwärtig von der Rechtsprechung noch nicht praktiziert wird. Zum fortdauernden Gewicht eines widerrufenen Geständnisses vgl. BGH StrV 1987, 374 m. Anm. v. *Peters* sowie für die Station des Wiederaufnahmeverfahrens BGH NJW 1977, 59; LR/*Gössel,* § 359 Rdnr. 164; *Kleinknecht/Meyer* (Fn. 58), § 359 Rdnr. 57, alle m. w. N.

[84] Zu diesem Begriff s. o. § 2 V 3 c).

[85] *Dahs,* NStZ 1988, 153, 156; *ders.,* Taschenbuch des Strafverteidigers, 4. Aufl. 1990, Rdnr. 142 a; ferner auch *Rückel,* NStZ 1987, 297, 299; *Widmaier,* StrV 1986, 357, 359. Zur Erklärung dieses Phänomens durch eine unterschiedliche Attribuierung der Gründe für die Aufnahme von Verständigungsbemühungen (weil nämlich nach den Ergebnissen der Repräsentativ-Umfrage aus der Sicht der Justiz eine hohe Verurteilungswahrscheinlichkeit den größten positiven Einfluß auf die Bereitschaft des Verteidigers zu einer informellen Verständigung ausüben soll, während die Aussichtslosigkeit der Verfahrenssituation nach der Einschätzung der Rechtsanwälte für ihre Aufnahme von Verständigungsbemühungen nur eine eher beiläufige Rolle spielt) vgl. bereits *Schünemann,* NJW 1989, 1900 sowie wegen der diesbezüglichen Einzelergebnisse der Umfrage die in Fn. 1 nachgewiesene Publikation.

und auf die Parameter „Sanktionierung ja/nein/wie hoch" beschränkt, jedenfalls für die *Urteils*absprachen einen *negativen Saldo*. Das heißt nicht, daß es für den einzelnen Beschuldigten nicht je nach Lage seines Falles und nach seinem subjektiven Vorteil durch eine Verfahrensabkürzung zu einem *Nettonutzen* kommen kann. Ein derartiger konkreter Nettonutzen kann aber nur anhand aller Umstände des Falles und der gegebenen Prozeßlage zuverlässig beurteilt werden, wobei es wegen der Notwendigkeit, verschiedene Nutzen- und Kosten-Dimensionen ohne die objektive Existenz einer *homogenen Ertragskategorie* miteinander zu verrechnen, stets um eine *unvertretbare Entscheidung* geht, die der Beschuldigte zwar nur bei sachkundiger Beratung durch seinen Verteidiger in rationaler Form zu treffen vermag, die aber wegen der Höchstpersönlichkeit der bei der Abwägung benötigten Vorzugsregeln *nicht* ohne Verfälschung ihres Inhalts *delegiert* werden kann.

b) Die *Verfahrenswirklichkeit* der in Deutschland etablierten Verständigungspraxis wird diesen sachlogischen Voraussetzungen für eine rationale Entscheidung des Beschuldigten nun aber keinesfalls gerecht, weil er als Person für die Verständigungskommunikation *marginal* und diese für ihn opak bleibt: Weder wird er in einer seiner Prozeßsubjektstellung angemessenen Weise an den der Absprache vorausgehenden Gesprächen beteiligt, noch wird überhaupt auf eine hinreichende Transparenz der Aushandlung des Verfahrensergebnisses für den davon eigentlich Betroffenen geachtet. In der Repräsentativ-Umfrage wurden von den Staatsanwälten, Richtern und Rechtsanwälten mit großer Übereinstimmung der Verteidiger (von 71,5%), der Staatsanwalt (von 62,1%), der Vorsitzende Richter (von 77,5%) und – mit einem gewissen Abstand – noch der berichterstattende Richter (von 31,4%) als an einer informellen Verständigung wesentlich beteiligt eingeschätzt, während der Beschuldigte mit einem weiten Abstand nur noch von 9,8% in diesem Zusammenhang angeführt wurde – ganz knapp vor dem Nebenkläger, den 8,1% erwähnten. Noch krasser fiel die Beantwortung der Frage nach dem (einen) wesentlichen Gesprächspartner in der eigenen Praxis aus, wo nur 14 von 548 Richtern und Staatsanwälten den Beschuldigten nannten, also gerade noch 2,6%.

In Ermangelung einer wesentlichen eigenen Beteiligung des Beschuldigten an der Absprachekommunikation hängt deren Transparenz für ihn also von der *Information* durch seinen *Verteidiger* ab. Hierzu brachte die Repräsentativ-Umfrage ebenso krasse Ergebnisse, weil die Hälfte der Anwälte über die Aufnahme von Verständigungsgesprächen ganz allein entscheidet, ein Drittel den Mandanten vorher nicht klar informiert und nur 41% über das Ergebnis lückenlos berichten.

Diese Resultate werden durch die im Schrifttum häufig zu findenden Hinweise bestätigt, daß der Verteidiger dem Beschuldigten auf keinen Fall die Details seiner vertraulichen Gespräche mit Gericht oder Staatsanwaltschaft mitteilen dürfe.[86] Der Beschuldigte dürfte deshalb kaum jemals in der Lage sein, die für eine rationale eigene Entscheidungsfindung notwendige höchstpersönliche Definition der Vorzugsregeln auf einer umfassenden Informationsbasis in kompetenter Form selbst vorzunehmen.

c) Nach allem wird die Schlüsselrolle für die Ausbreitung der informellen Absprachen auf der Seite des Beschuldigten vom *Verteidiger* eingenommen, dessen *persönlicher Nutzen* nunmehr genauer ins Auge zu fassen ist.

Wenn man zu diesem Zweck an den Nutzen des Richters anknüpft und dessen Eckdaten auf den Verteidiger projiziert, so gelangt man zu dem frappierenden Ergebnis, daß die Vorteile völlig *parallel* verlaufen, beim Verteidiger aber sogar noch in einer für ihn persönlich potenzierten Form in Erscheinung treten. Die kapazitätserweiternde Wirkung der informellen Verständigungen bedeutet für den Rechtsanwalt, daß er innerhalb seiner umfangmäßig stark begrenzten Arbeitszeit weitaus mehr Mandate abwickeln kann, wobei die Wirkung der Hauptverhandlung als Flaschenhals der Erledigungskapazität bei ihm ja genauso wie bei der Justiz in Erscheinung tritt und deshalb mit dem gleichen Nutzen abgekürzt oder vermieden wird. Zwar wird im Schrifttum die Auffassung vertreten, daß der Anwalt durch die Bereitschaft zu informellen Verständigungen persönliche finanzielle Opfer bringe, weil dadurch die Zahl der ihm nach der BRAGO zu vergütenden Hauptverhandlungstage reduziert werde.[87] Aber das vermag nicht zu überzeugen. Insbesondere bei kürzeren Hauptverhandlungen, die ja nach wie vor die Masse der Strafsachen ausmachen, führt die informelle Verständigung weniger zu einer Verminderung der Sitzungs*zahl* als vielmehr der Sitzungs*dauer*. Vor allem aber *reduziert* sie ganz erheblich den zur Vorbereitung und zur Nachbereitung eines Termins erforderlichen *Aufwand*, der eine normale Hauptverhandlung so unerhört arbeitsintensiv macht[88] und die Gebührensätze des § 85 BRAGO nicht selten unter die Kostendeckungsgrenze

---

[86] *Dahs* (Fn. 3), S. 86 Rdnr. 135; *ders.*, NStZ 1988, 153, 157f.; *Rückel*, NStZ 1987, 297, 299; *Widmaier*, StrV 1986, 357, 359.

[87] Darauf zielte offenbar der gebührenrechtliche Hinweis von *Dahs*, NStZ 1988, 153.

[88] Zur Vorbereitung vgl. nur *Dahs* (Fn. 3), S. 236 Rdnr. 363; *Schlothauer*, Vorbereitung der Hauptverhandlung durch den Verteidiger, 1988, S. 4ff., 64ff.; die Nachbereitung wird in den gängigen Anleitungsbüchern für Verteidiger nicht erwähnt, ist aber nicht weniger wichtig.

rückt,[89] was wiederum erst recht für die Gebühren des gerichtlich bestellten Verteidigers gem. § 97 BRAGO gilt.[90]

Für Anwälte, die nicht auf die gesetzliche Gebührenregelung angewiesen sind, sondern mit dem Mandanten eine Honorarvereinbarung treffen können, gestalten sich die Vorteile einer informellen Verständigung eher noch prägnanter. Weil das Ergebnis bereits vor der Urteilsfällung bekannt ist, kann im praktischen Effekt ein sonst standesrechtlich verpöntes *Erfolgshonorar*[91] vereinbart werden, wobei sich der „Erfolg" gewissermaßen aus der Mechanik des Verständigungsvorganges von selbst ergibt: Es gibt immer eine hypothetische höhere Strafe, der gegenüber die real abgesprochene Strafe niedriger ist, und die redliche Überzeugung des Verteidigers, „mehr sei nicht herauszuholen gewesen", stempelt dann jedes Ergebnis eo ipso zu einem Erfolg.[92] Vor dem Hintergrund der auf der Hand liegenden Bereitschaft des Beschuldigten, für eine nach seinem Eindruck erfolgreiche Verteidigung auch erhebliche Vermögensopfer zu bringen, und der infolge ihrer Entstehungsgeschichte und diskreten Existenz geradezu vom Hauch des Esoterischen umwehten, wegen der traditionell vorausgesetzten *Vertrautheit mit dem Gesprächspartner*[93] jedenfalls in den Augen eines unerfahrenen Beschuldigten fast elitär wirkenden Kunst einer Verteidigung durch informelle Verständigung ergeben sich damit für den Anwalt außergewöhnlich gute Chancen für pro rata temporis weitaus lukrativere Honorarvereinbarungen, als sie bei einer kontradiktorischen Hauptverhandlung möglich sind.

Neben diesen *ökonomischen Vorteilen* der informellen Verständigung für den Verteidiger fällt die *Erleichterung seiner Berufstätigkeit*

---

[89] Vgl. dazu *Elmar Müller*, Strafverteidigung im Überblick, 1989, S. 34; *Madert*, Gebühren des Strafverteidigers, 1987, S. 2.

[90] Vgl. *Schmidt-Balders*, Gebühren und Kostenerstattung in Straf- und Bußgeldsachen, 3. Aufl. 1989, S. 61; *Thomas*, in: Deutscher Anwaltsverein (Hrsg.), Pflichtverteidigung und Rechtsstaat, 1985, S. 67; *Hannover*, StrV 1981, 487ff.; *Eisenberg/Classen*, NJW 1990, 1021 ff.

[91] Vgl. § 52 Abs. 1 der Grundsätze des anwaltlichen Standesrechts und dazu *Dahs* (Fn. 3), S. 620ff.

[92] Zu den in den USA üblichen Überredungstechniken für einen solchen Fall vgl. *Alschuler* (Fn. 56), 1179, 1191 f., 1286 f.; *Feeley* (Fn. 60), S. 189 f.

[93] Zur traditionellen Bedeutung der Vertrautheit mit dem Gesprächspartner als Voraussetzung informeller Verständigungen vgl. *R. Hassemer/Hippler*, StrV 1986, 360, 361; *Bußmann/Lüdemann*, MSchrKrim 1988, 81, 84. Nach dem Ergebnis der Repräsentativ-Umfrage spielt die Vertrautheit mit dem Verteidiger als Voraussetzung einer informellen Verständigung für 45% der Richter und Staatsanwälte eine große, für 38% eine geringe und für 17% überhaupt keine Rolle, was ungefähr auch umgekehrt für die Vertrautheit mit dem Richter als Voraussetzung einer Verständigungsbereitschaft des Verteidigers gilt. Insgesamt scheint mir das auf eine abnehmende Relevanz der persönlichen Vertrautheit hinzudeuten, was eine plausible Konsequenz der weiteren Ausbreitung der informellen Verständigungen wäre.

vielleicht nicht weniger stark ins Gewicht. In seiner schwierigen Prozeßrolle muß die Aufnahme kooperativer, letztlich auf Konsens angelegter Beziehungen zum Gericht als eine starke psychische Entlastung empfunden werden, weil Konflikt, Mißerfolg und Frustration durch Zusammenarbeit, Konsens und relativen Erfolg (jedenfalls bei einer Betrachtung aus der Binnenperspektive der Verständigungskommunikation) ersetzt werden können.

Die *persönlichen Vorteile*, die der Verteidiger durch eine Verfahrenserledigung qua informeller Verständigung erlangt, sind deshalb *eindeutig, massiv* und für alle Fälle *gleichbleibend*. In welchem Umfange sich die Verteidiger hierdurch und nicht durch die Orientierung an den Interessen des Mandanten zur Durchführung informeller Verständigungen motivieren lassen, kann nur an Hand von Folgephänomenen beurteilt werden, indem diese auf ihre indizielle Bedeutung hin befragt werden. Das hierfür wichtigste Phänomen ist bereits vorstehend unter b) beschrieben worden, wobei mir seine spezifische Bedeutung für die Handlungsorientierung von Verteidigern durch eine in vielen Diskussionen mit Richtern und Anwälten gewonnene Zusatzinformation klar geworden ist. Die weitgehende „Aussperrung" des Beschuldigten von der Verständigungskommunikation und die Beschränkung der vom Verteidiger an den Beschuldigten über deren Inhalt weitergegebenen Informationen beruht danach nämlich wesentlich auch auf dem Bedürfnis, unter den professionellen Akteuren des Strafverfahrens Themen ansprechen und Sätze aussprechen zu können, für die der Beschuldigte aus seiner Situation heraus keinerlei Verständnis aufbringen könnte. Für den Verteidiger scheint mir diese Einstellung darauf hinauszulaufen, daß es ihm bei der Verständigung letztlich um die Wahrnehmung des *wohlverstandenen* (und d.h. des von *ihm* definierten) *Interesses* des Beschuldigten geht, was völlig unabhängig von dem dogmatischen Streit über die Aufgabe des Verteidigers als Organ der Rechtspflege, Interessenvertreter oder Anwalt sozialer Gegenmacht[94] auf eine Zurückdrängung des realen Willens und der realen Entscheidungsmacht des Beschuldigten hinausläuft und im Rahmen der anwaltlichen Interessendefinition Platz für die Berücksichtigung *eigener* Interessen des Anwalts schafft. Das setzt sich fort in der im Schrifttum von anwaltlicher Seite immer wieder betonten Übernahme einer Art *faktischen Bürgschaft* für die „Verständigungstreue" des Beschuldigten durch den Verteidiger,[95] bei der die Rücksichtnahme auf die eigene Reputation und damit ein eigenes handlungsleitendes Interesse ganz deutlich im Vordergrund stehen.

---

[94] Zum gegenwärtigen Stand dieser Auseinandersetzung eingehend und m.z.w.N. LR/*Lüderssen*, Rdnr. 33 ff. vor § 137.

[95] Vgl. nur *Hamm*, in: *Dencker/Hamm* (Fn. 12), S. 114; *Dahs*, NStZ 1988, 156, 157; *Deal* (i.e. *Weider*), StrV 1982, 545, 549; *Lüdemann/Bußmann*, KrimJ 1989, 54, 57.

4. Die Überlegungen zu Nutzen und Nachteil der informellen Verständigung für Gericht und Staatsanwaltschaft auf der einen, Beschuldigte und Verteidiger auf der anderen Seite als Mittel zur soziologischen Erklärung des Heraufkommens und der Ausbreitung dieser Erledigungsform in der Strafprozeßwirklichkeit haben damit zu dem Ergebnis geführt, daß die Verständigungen für die *Justizangehörigen* und für die *Verteidiger* nicht nur im Ergebnis, sondern in fast allen Einzelaspekten eminent *vorteilhaft* sind, während die Beurteilung für die *Beschuldigten ambivalent* ausfällt. Unter diesem Aspekt wird man deshalb mindestens drei Typen von informellen Verständigungen zu unterscheiden haben: Die Einstellungsabsprachen sowie die Urteilsabsprachen bei einer erdrückenden Beweislage (namentlich bei einem „150%igen Tatnachweis" durch das Ermittlungsverfahren) sind in der Regel auch für den Beschuldigten per Saldo vorteilhaft, so daß ihr Vorkommen durch den Nutzen aller Beteiligten erklärt werden kann. Bei einer noch offenen Beweislage können die Urteilsabsprachen zwar im Einzelfall auch für den Beschuldigten vorteilhaft sein; dies hängt aber von den konkreten Randbedingungen ab und ist weder notwendig noch regelmäßig der Fall. Die Erklärung für Verständigungen in diesen Fällen, an deren verbreiteter Existenz jedenfalls nicht gezweifelt werden kann, besteht deshalb primär in ihrem Nutzen für die professionellen Akteure des Strafverfahrens (Gericht, Staatsanwalt und Verteidiger).

II. Informelle Verständigungen als Verhandlungsspiel

1. Eine Beschreibung der informellen Verständigungen als Verhandlungsspiel (engl. *bargaining game*) und dementsprechend ihre *spieltheoretische* Erklärung drängt sich nicht nur aus Gründen der sprachlichen Analogie sofort auf und ermöglicht auch eine erkenntnisfördernde Bildung von Interaktionstypen, stößt aber bald auf Grenzen, weil die komplizierten Strukturen der strafprozessualen Absprachen nicht in einem einzigen Modell der Spieltheorie abgebildet werden können, sondern mehr oder weniger alle Modelle in einem von den Randbedingungen des Einzelfalles abhängigen Mischungsverhältnis vereinen.

2. Die in der Spiel- und Verhandlungstheorie bisher entwickelten Modelle können deshalb keine lückenlose Erklärung des Geschehens liefern, aber doch die Ausgangsbedingungen für den *Übergang* von einer *kontradiktorischen* zu einer *kooperativen Prozeßführung* präzisieren helfen, die Bedeutung des *Machtfaktors* erläutern und Randbedingungen für die Benutzung der unterschiedlichen *Verhandlungsstrategien* angeben.

a) Weil der Übergang von einseitigem Handeln zum Verhandeln bei einer Konfliktlösung zur Voraussetzung hat, daß es die Möglichkeit zu einem Übereinkommen gibt, welches jeder Partei mehr (jedenfalls nicht weniger) bringt, als wenn kein Übereinkommen erzielt würde,[96] darf keine Partei in der Lage sein, das erwünschte Ergebnis allein zu erzielen, so daß sich die *Kooperationshäufigkeit* proportional zur ungefähren *Gleichheit der Machtverhältnisse* bewegt, während mit steigender Asymmetrie der Machtverhältnisse die Kooperationsrate immer mehr abnimmt.[97] Da der deutsche Strafprozeß durch eine Asymmetrie der Machtverteilung, nämlich durch ein starkes Machtübergewicht des Gerichts (das als einziger Beteiligter zu einer einseitigen Konfliktsentscheidung in der Lage ist) gekennzeichnet ist,[98] markiert der Erscheinungsbereich informeller Absprachen die zentralen Scharniere für eine (partielle) *Ausbalancierung* der Machtverhältnisse im Strafprozeß: Der Kapazitätsengpaß der Justiz macht es ihr unmöglich, alle Verfahren durch einseitige Maßnahmen zu erledigen; die Wirtschafts- und sonstigen Monsterstrafverfahren reproduzieren diese generelle Macht-Limitierung für das je einzelne Verfahren; und der in keiner Diskussion mit Richtern unerwähnt bleibende „Beweisantrag mit Auslandszeugen unmittelbar vor Schluß der Beweisaufnahme" bezeichnet pointierend die stärkste Machtposition der Verteidigung überhaupt: das Beweisantragsrecht. Zugleich wird dadurch unmißverständlich klargestellt, was es bedeuten würde, wenn man die Auslösekonstellationen für strafprozessuale Verständigungen durch eine kompensationslose Liquidierung der hier dingfest zu machenden Machtpositionen der Verteidigung, etwa durch eine Einschränkung des Beweisantragsrechts oder durch summarische Verfahrensformen in Wirtschaftsstrafsachen, beseitigen würde: die Aufrichtung einer unbegrenzten richterlichen Macht, sozusagen des aufgeklärten Absolutismus im Strafverfahren.

b) Die *Machtverteilung* spielt aber nicht nur für die Aufnahme von Verhandlungen, sondern auch für deren *Ergebnis* eine wichtige Rolle.

---

[96] Vgl. dazu *Raiffa*, Einführung in die Entscheidungstheorie, 1973, S. 348; *Bühl*, Theorien sozialer Konflikte, 1976, S. 69f.

[97] So *Herkner*, Einführung in die Sozialpsychologie, 2. Aufl. 1981, S. 439 m.w.N.; vgl. ferner *Frey/Greif*, Sozialpsychologie, 2. Aufl. 1987, S. 235f.; *Mueller/Thomas*, Einführung in die Sozialpsychologie, 1974, S. 347, 353.

[98] Speziell im Hinblick auf das Strafverfahren bietet sich eine Definition der Macht als der Fähigkeit an, Konflikte ohne Verhandlungen nach eigenen Präferenzen zu entscheiden. In Sozialpsychologie und Entscheidungstheorie wird von Macht über eine andere Person üblicherweise dann gesprochen, wenn diese Person ihren Entscheidungen Prämissen zugrunde legen muß, die sie sonst nicht in ihre Definition der Situation aufnehmen würde (vgl. *Kirsch* – Fn. 72 –, Bd. 3, S. 198; ferner *Crott/Kutschker/Lamm*, Verhandlungen I, 1977, S. 92ff.).

Aufgrund zahlreicher empirischer Untersuchungen kann es als ausgemacht gelten, daß Verhandlungspartner mit einer im Verhältnis zu ihren Gegnern relativ hohen Macht zu einem auf Manipulation und Ausbeutung des Gegners angelegten Verhalten, die Partner mit einer relativ geringen Macht dagegen zu einem nachgiebigeren Verhalten tendieren, was zugleich zu einer weitaus stärkeren Durchsetzung der Position des Mächtigeren und in diesem Sinne zu einem *asymmetrischen Ergebnis* führt.[99]

c) Wenn die Akteure einer kontradiktorischen Hauptverhandlung unter den dargestellten Bedingungen in eine Verständigungskommunikation eintreten, so können sie sich – neben zahlreichen Misch- und Übergangsformen – prinzipiell *zweier* unterschiedlicher Strategien bedienen: Die *Druckstrategie* soll durch ein hartes und unnachgiebiges Auftreten maximale Konzessionen der Gegenseite erzielen, während die *Kooperationsstrategie* darauf baut, daß Druck Gegendruck erzeugt und deshalb der Aufbau von Vertrauen und die Bereitschaft zur Informationsteilung zu besseren Ergebnissen führen.[100] Nach amerikanischen Untersuchungen ist die erste Strategie typisch und erfolgreich bei einem gelegentlichen Zusammentreffen von miteinander noch nicht vertrauten Verhandlungspartnern, während sich bei einem längeren Kontakt die Kooperationsstrategie einspielt.[101] Eine systematische Untersuchung der deutschen informellen Verständigungen hat in dieser Hinsicht bisher nicht stattgefunden, doch sprechen einige Streiflichter für eine Bestätigung der amerikanischen Resultate. So berichtet *Widmaier* von der Erfahrung, daß ein allzu früh und ohne Kampf angebotenes Geständnis nur zu geringen Kompensationen führe,[102] und nach den Umfrageergebnissen scheinen die Verteidiger die als „initial offer" angebotenen Zugeständnisse häufiger als die Richter und Staatsanwälte im Laufe der Verhandlungen

---

[99] Vgl. *Rubin/Brown*, The Social Psychology of Bargaining and Negotiation, New York u. a. 1975, S. 221 ff. m. z. w. N.; *Crott/Kutschker/Lamm* (Fn. 98), S. 44 ff., 84 f. m. w. N.; *dies.*, Verhandlungen II, 1977, S. 94 f.; *Bartol*, Psychology and American Law, Belmont/California 1983, S. 228 ff.; Etzioni, Die aktive Gesellschaft, 1975, S. 321, 357; *Röhl* (Fn. 7), S. 461; *Bühl* (Fn. 96), S. 69. Zur Bedeutung des Machtfaktors für die Verständigungskommunikation auch *Savelsberg*, KrimJ 1987, 193, 204 ff.

[100] Vgl. zu diesen idealtypischen Strategieformen *Siegel/Fouraker*, Bargaining and group decision making, New York 1960; *Pruitt/Lewis*, in: *Druckman* (Hrsg.), Negotiation: A social psychological perspective, New York 1977, S. 169 ff.; *Bartol* (Fn. 99), S. 228 ff.

[101] Zu den amerikanischen Erfahrungen vgl. *Bartol* (Fn. 99), S. 228–232 m. w. N.; zu der für kooperative Strategien prädestinierten amerikanischen Form des sog. package bargaining vgl. *Schumann* (Fn. 38), S. 128 f.; *Weigend*, in: *Jescheck/Leibinger* (Fn. 56), S. 587, 661; *Cole*, The Decision to Prosecute, Law and Society Review 4 (1969–70), 331, 340; *Alschuler* (Fn. 56), 1179, 1210 f.

[102] *Widmaier*, StrV 1986, 357, 358.

erweitern zu müssen,[103] was auf einen relativ unnachgiebigeren Standpunkt der Justiz schließen läßt.

III. Einordnung der informellen Verständigungen in eine soziologische Theorie des Strafverfahrens

1. Der Einfluß der informellen Verständigungen auf eine soziologische Theorie des Strafverfahrens muß naturgemäß in Relation zu dem gewählten theoretischen Bezugsrahmen beschrieben werden, dessen (unterschiedliche Perspektiven der Wirklichkeitsbetrachtung ausdrückende) Varianten hier zugunsten einer *konflikttheoretischen* Analyse vernachlässigt werden (müssen), weil sich mit ihrer Hilfe die durch die Absprachen in den kontradiktorischen Strafprozeß hineingetragenen neuen Elemente in dem vorgegebenen begrenzten Rahmen am prägnantesten herausarbeiten lassen.[104]

Das Gerichtsverfahren ist ein in Regeln gefaßter und begrenzter *Konflikt*, der den ursprünglichen Konflikt (im Strafrecht: zwischen Täter und Opfer bzw., genauer, zwischen dem sich selbst so definierenden Opfer und dem angeblichen Täter) als *Meta-Konflikt* ablöst und sich ihm gegenüber durch zwei fundamentale neue Eigenschaften auszeichnet: Durch das Hinzutreten des Richters wird die *Dyade* der streitenden Parteien zur *Triade* erweitert, wodurch zugleich der *Interessen*konflikt zwischen den Parteien in einen *Wert*konflikt transformiert werden muß und kann (transformiert werden muß, weil ein Interessenkonflikt nicht von einem Unbeteiligten nach objektiven Kriterien, sondern nur durch Aushandlung der Parteien entschieden werden kann; und transformiert werden kann, weil überpersonale Werte und Normen nur in der Gesellschaft, und d.h. in der vom Ego, vom Alter und von den Dritten gebildeten Triade geschaffen werden

---

[103] Dies folgt daraus, daß die Anwälte ihr Ausgangsangebot laut Umfrage gelegentlich bis häufig erweitern (müssen), Gericht und Staatsanwaltschaft dagegen nur gelegentlich bis selten.

[104] Denn der konflikttheoretische Bezugsrahmen bringt den Prozeß auf den allgemeinen Begriff, während rollen-, kommunikations- oder normtheoretische Erklärungsansätze bereits auf einzelne Aspekte oder Perspektiven spezialisiert sind. Auch die sog. ökonomische Analyse des Rechts (dazu grdl. *R. Posner,* Economic Analysis of Law, 3rd ed. 1986; für das Strafverfahren *Easterbrook,* Journal of Legal Studies 1983, 289 ff.; krit. *Fezer,* JZ 1986, 820 ff.; zust. *Ott/Schäfer,* JZ 1988, 213 ff.) liefert keinen befriedigenden Erklärungsansatz, obwohl sie prima facie auf die strafprozessualen Absprachen als Austauschverhältnisse optimal zugeschnitten zu sein scheint, denn durch ihre Definition des Preises des Verbrechens durch das Produkt aus nach jury trial drohender Strafe und Verhängungswahrscheinlichkeit (*Easterbrook,* S. 289, 308, 311) beschreibt sie die Verdachtsstrafe als Normalfall des Strafverfahrens und kann deshalb die (für den Regelfall respektierten) rechtlichen Vorgaben nicht abbilden.

können).[105] Damit der hinzukommende Dritte von beiden Parteien akzeptiert werden kann, muß er *unbeteiligt* und *unparteiisch* sein, d. h. er muß den Wertkonflikt nach objektiven Maßstäben entscheiden und nicht aufgrund einer „normativen Allianz" mit einer Partei,[106] was am besten durch eine konditionale Programmierung seiner Entscheidung mit Hilfe von Rechtssätzen der „Wenn-Dann-Struktur" gewährleistet wird.[107] Für die Parteien ist die *Ungewißheit über den Ausgang* des Verfahrens die treibende Kraft ihrer Mitarbeit daran und somit der eigentlich legitimierende Faktor,[108] während für die Legitimationswirkung in der Gesamtgesellschaft die *Öffentlichkeit*, d. h. die Möglichkeit der Beobachtung des Verfahrens der Konfliktentscheidung wesentlich ist.[109]

Wenn man dieses in Anlehnung an *Aubert* und *Luhmann* in ganz groben Strichen skizzierte konflikt- und systemtheoretische Modell des Gerichtsverfahrens mit der Struktur unseres kontradiktorischen Strafprozesses vergleicht, so findet man sämtliche Einzelzüge in bemerkenswerter Prägnanz wieder: Das Strafverfahren stellt den (durch Transformation des Ausgangskonflikts zwischen Opfer und potentiellem Täter institutionalisierten) Meta-Konflikt dar, wobei das Sühnebedürfnis des Opfers durch das gesellschaftliche Bedürfnis nach einer präventiven Manifestation ersetzt und in den staatlichen Strafanspruch transformiert worden ist, der durch die Anklage vom Staatsanwalt geltend gemacht wird; die Pflicht des Staatsanwalts zur Objektivität[110] ändert aus soziologischer Sicht an dessen Parteistel-

---

[105] Zum Gerichtsverfahren als Konflikt vgl. *Röhl* (Fn. 7), S. 411; *Luhmann*, Legitimation durch Verfahren, 2. Aufl. 1975, S. 100 ff. Zum Begriff des Meta-Konflikts vgl. *Bühl*, in: ders. (Hrsg.), Konflikt und Konfliktstrategie, 1972, S. 26 ff.; *Galtung*, ibid., S. 127 ff., 141 ff. Zur Entwicklung von der Dyade zur Triade vgl. *Bühl*, ibid., S. 40, 46 f.; *Aubert*, ibid., S. 192 ff., 200 ff.; *Bühl* (Fn. 96), S. 33 f., 128 f. Zum Unterschied zwischen Interessen- und Wertkonflikt und zur Transformation in der Triade vgl. *Aubert*, ibid., S. 180 ff., 189 ff., 194 f.; *Röhl* a. a. O., S. 460 ff., 463 f. Zur angemessenen Lösung von Interessenkonflikten durch Aushandlung und nicht durch Entscheidung von außen her vgl. *Röhl* a. a. O., S. 461; *Aubert*, S. 191. Zur Triade als Fundament der Gesellschaft überhaupt und der gesellschaftlichen Produktion von Normen und Werten und zum triadischen Konfliktmodell vgl. *Simmel*, Soziologie, 4. Aufl. 1958, S. 81; *Bühl*, in: Konflikt und Konfliktstrategie, S. 44 ff.; *Aubert*, ibid., S. 178 ff., 191 ff.
[106] Vgl. dazu *Aubert* (Fn. 105), S. 194 f., 199 ff.
[107] Vgl. *Luhmann* (Fn. 105), S. 124 ff.
[108] So treffend *Luhmann* (Fn. 105), S. 116 f.
[109] Vgl. dazu *Luhmann* (Fn. 105), S. 121 ff.
[110] Die Pflicht des Staatsanwalts zur Objektivität ergibt sich u. a. aus § 160 Abs. 2 und ist vor allem von *Eb. Schmidt* unter Billigung der h. L. zum Anlaß genommen worden, eine Parteistellung der Staatsanwaltschaft und damit die Charakterisierung des deutschen Strafprozesses als Parteiverfahren überhaupt zu verneinen; vgl. *Eb. Schmidt*, Lehrkommentar zur Strafprozeßordnung und zum Gerichtsverfassungsgesetz, Teil I, 2. Aufl. 1964, Rdnr. 9, 96, 105 ff.; *Peters*, Strafprozeß, 4. Aufl. 1985, S. 101; *Roxin* (Fn. 48), S. 92 f. Das mag in dogmatischer Hinsicht richtig sein, vermag aber nichts an dem

lung nichts, da sie lediglich garantieren soll, daß keine Anklage ohne zugrunde liegendes Präventionsbedürfnis erhoben wird, m.a.W. eine Konsequenz daraus ist, daß nicht das individuelle Opferinteresse, sondern ein durch die Verletzung des Opfers als Repräsentant der Allgemeinheit begründetes allgemeines Präventionsinteresse geltend gemacht wird. Durch die gesetzliche Regelung wird der Interessenkonflikt in einen Wertkonflikt transformiert, den der Richter nach dem gesetzlichen Konditionalprogramm als unbeteiligter und unparteiischer Dritter unter den Augen der Öffentlichkeit entscheidet. Kritische Fragen wirft nur die „Ungewißheit über den Ausgang" auf, die bei einer Freispruchsquote von inzwischen weniger als 4%[111] und der nachweisbaren Prägung der richterlichen Informationsverarbeitung durch das Bild der Ermittlungsakten mit dem Effekt einer Überschätzung der belastenden Fakten (von mir sog. Schulterschlußeffekt)[112] in tatsächlicher Hinsicht im deutschen Strafprozeß zweifelhaft erscheint. Aber abgesehen davon, daß zumindest der genaue Inhalt des Urteils wegen des erheblichen Strafzumessungsspielraumes fast in jedem Einzelfall auch in faktischer Hinsicht ungewiß ist,[113] hat die Strafprozeßordnung sehr starke normative Bastionen aufgerichtet, die bei einer theoretischen und nicht statistischen Betrachtungsweise den Ausgang in jedem *Einzelfall unsicher* machen und eine *normative Allianz* des Gerichts mit der Staatsanwaltschaft *verhindern*: Der Richter kann wegen Besorgnis der Befangenheit abgelehnt werden,

---

rechtssoziologischen Befund zu ändern, daß die Staatsanwaltschaft in der Hauptverhandlung tatsächlich als Gegenspieler der Verteidigung und damit als Partei auftritt, was sich auch an dem Rollenspiel der Strafzumessung zeigt (vgl. dazu *Schünemann*, in: *Kaiser/Kury/Albrecht* (Hrsg.), Kriminologische Forschung in den 80er Jahren, 1988, Band 35/1, S. 265 ff.).

[111] Siehe dazu die Nachweise unten in Fn. 429. In den USA findet man dagegen in Schwurgerichtsverfahren eine Freispruchsquote von etwa 30%, vgl. *Schumann* (Fn. 38), S. 186; *LaFave/Israel* (Fn. 82), S. 18.

[112] Die systematische Überschätzung der anklagekonsonanten Fakten bei entsprechender systematischer Unterschätzung der entlastenden Fakten unter den Informationsbedingungen des deutschen Strafverfahrens ist in einer Reihe von Experimenten belegt und als „Inertia-Effekt" (Trägheitseffekt, Perseveranzphänomen) mit der psychischen Bindung des Richters an den eigenen Eröffnungsbeschluß erklärt worden (vgl. m.w.N. *Schünemann*, in: *Kerner/Kury/Sessar* – Fn. 70 –, S. 1109 ff.). Mehrere von mir im Jahre 1984 und 1985 durchgeführte Experimente haben aber gezeigt, daß dieser Effekt bereits durch die Aktenkenntnis als solche ausgelöst wird, weshalb ich dafür nunmehr die Bezeichnung „Schulterschlußeffekt" vorgeschlagen habe (in: *Lampe* – Hrsg. –, Beiträge zur Rechtsanthropologie, ARSP-Beiheft Nr. 22, 1985, S. 68 ff., 83 f.; vgl. ferner *Schünemann/Bandilla*, in: *Wegener/Lösel/Haisch* (Hrsg.), Criminal Behavior and the Justice System, New York u.a. 1989, S. 181 ff., wo die Ergebnisse der i.e. noch unveröffentlichten neueren Experimente zusammengefaßt sind).

[113] Abgesehen von den Deliktsbereichen, wo eine eingefahrene Strafttaxe besteht, wenngleich auch hier noch eine gewisse Streuung zu berücksichtigen bleibt (vgl. *R. Hassemer*, MschrKrim 1983, 26, 31 ff.).

wenn sich der Eindruck einer vorzeitigen Festlegung auf ein bestimmtes Ergebnis nicht von der Hand weisen läßt,[114] als verwertbare Urteilsgrundlage kommt gem. § 261 ausschließlich der Inbegriff der Hauptverhandlung in Betracht, und die Verteidigung hat durch ihr Frage- und Beweisantragsrecht eine normativ so gut wie unbegrenzte Möglichkeit, das von den Ermittlungsakten repräsentierte Bild zu durchkreuzen und die vom Gericht im Eröffnungsbeschluß attestierte Wahrscheinlichkeit der Verurteilung zu widerlegen. Die *faktische Allianz* von Gericht und Staatsanwaltschaft, die durch die inquisitorische Stellung des Richters in der Hauptverhandlung in Verbindung mit der Aktenkenntnis der Berufsrichter in Form gleichgerichteter Informationsverarbeitungsdispositionen in Erscheinung tritt, durch die Justizorganisation verstärkt wird[115] und folglich in der früheren Sitzordnung deutscher Gerichtssäle mit einer am Rande des erhöhten Richtertisches Platz nehmenden Staatsanwaltschaft einen optisch sinnfälligen Ausdruck fand, ist infolgedessen von der StPO durch eine *qualifizierte Gegenmacht* der Verteidigung *kompensiert* worden, die z. B. im Vergleich zum amerikanischen Strafprozeß darin zum Ausdruck kommt, daß der deutsche Verteidiger gem. § 147 spätestens mit Abschluß der Ermittlungen ein uneingeschränktes Recht auf Akteneinsicht erlangt, ohne seine eigenen Handakten – wie sein amerikanischer Kollege – zum Ausgleich dafür der Staatsanwaltschaft öffnen zu müssen,[116] sowie daß das deutsche Beweisantragsrecht des § 244 weitaus mehr Mißbrauchsmöglichkeiten bietet als das für die USA

---

[114] Zur Ablehnung des Richters, wenn er durch sein Verhalten bei einem verständigen Angeklagten die Besorgnis einer voreiligen Festlegung auf ein bestimmtes Ergebnis auslöst, vgl. BGH NJW 1982, 1712; BGHSt. 4, 264, 268 f.; KG StrV 1988, 98 f.

[115] Wegen der Zugehörigkeit von Richtern und Staatsanwälten zur gleichen Organisation der Justiz vermag die Theorie der sozialen Vergleichsprozesse zu erklären, daß der Richter kognitive Unsicherheiten, die als Folge von „weichen" Gegenständen und Methoden der Tatsachenfeststellung auftreten können, weniger durch eine Orientierung an der Einschätzung des Verteidigers und eher an derjenigen des Staatsanwalts kompensieren wird, weil er diesem gleiche Ziele attribuiert und ihn deshalb im Unterschied zum Verteidiger eher als relevante Vergleichsperson akzeptiert – was wiederum durch das süddeutsche System des karriereüblichen Wechsels zwischen Staatsanwalts- und Richterstellen verstärkt werden könnte (näher dazu m. w. N. *Schünemann*, in: *Lampe* – Fn. 112 –, S. 68, 83 f.).

[116] Zum Recht des USA-Verteidigers auf Einblick in die Akten der Staatsanwaltschaft vgl. *Herrmann*, Die Reform der deutschen Hauptverhandlung nach dem Vorbild des anglo-amerikanischen Strafverfahrens, 1971, S. 201 ff.; *LaFave/Israel* (Fn. 82), S. 725 ff.; *Schmid* (Fn. 38), S. 65, 134; zur korrespondierenden Pflicht des Verteidigers, seine Akten zugänglich zu machen, *Herrmann* a. a. O., S. 281 ff.; *LaFave/Israel* (Fn. 82), S. 741 ff.; *Schmid* (Fn. 38), S. 65 f.; für das Bundesstrafverfahren vgl. auch FRCP 16, mit weiteren Erläuterungen abgedruckt in: *Rhodes* (ed.), Orfield's Criminal Procedure, Vol. 2 (Rules 10–22), New York, 2. Aufl. 1985, S. 566 ff., 598 ff., 672 ff.

charakteristische, in Deutschland gem. § 245 zusätzlich existierende Recht der Beweisführung durch präsente Beweismittel.[117]

Insgesamt entspricht die StPO damit formal ohne jede Einschränkung dem *konfliktsoziologischen Idealtyp* des Gerichtsverfahrens, und die aus der inquisitorischen Stellung des deutschen Richters drohenden Gefahren für die Ungewißheit des Ergebnisses und für die Äquidistanz des Richters zu beiden Prozeßparteien werden durch eine jedenfalls auf der normativen Ebene eindrucksvolle Ausstattung der Verteidigung mit kompensatorischen Rechtspositionen konterkariert.

2. Die Veränderungen, die von den *informellen Verständigungen* in dieses System hineingetragen werden, hängen in ihrem teilweise dramatischen Ausmaß von dem jeweiligen Verständigungstyp ab.

a) Wenn man die echte *verfahrensökonomische Erledigung*, bei der die Verfahrensbeteiligten wegen völlig eindeutiger, einmütig beurteilter Ergebnisse des Ermittlungsverfahrens eine gehaltvolle Hauptverhandlung durch eine informelle Verständigung abkürzen oder erübrigen, in den bisher erarbeiteten konflikttheoretischen Rahmen einzufügen versucht, so scheitert man bereits an der *Grund*voraussetzung des *Konflikts*, weil sich zwar noch ein ursprünglicher Interessenkonflikt, aber nach der Transformation auf die Meta-Ebene *kein* realer Wertkonflikt mehr ausmachen läßt (von der Frage der Strafhöhe zunächst einmal abgesehen). Die Hauptverhandlung dient also in diesen Fällen *nicht* der Konfliktlösung, sondern *fingiert* die Existenz eines Konflikts um anderer Ziele willen (etwa zwecks Verhinderung von Mißbräuchen oder zwecks Vermittlung von Erkenntnissen über strafbares Verhalten an die Öffentlichkeit). Infolgedessen leuchtet auch sofort ein, warum eine derartige, auf einem fingierten Konflikt aufbauende Hauptverhandlung in der Praxis schlecht funktioniert und so häufig durch eine Absprache ersetzt oder abgekürzt wird: Weil eine gehaltvolle Hauptverhandlung von der antagonistischen Mitwirkung der Parteien lebt, die Ungewißheit der künftigen Entscheidung aber (in den Worten *Luhmanns*) „als Motiv in Anspruch genommen wird, um den Entscheidungsempfänger zu unbezahlter zeremonieller Arbeit zu veranlassen",[118] wird die auf ein bereits feststehendes Ziel hintreibende Hauptverhandlung nicht nur ihres primären Sinnes beraubt, sondern kann auch nach dem Fortfall des Interes-

---

[117] Vgl. zum amerikanischen Beweisführungsrecht *Gardner*, Criminal Evidence: Principles, Cases and Readings, St. Paul 1978, S. 84ff. und *Torcia*, Wharton's Criminal Evidence, New York, 14. Aufl. 1987, S. 880ff.; ein Unterbrechungsanspruch besteht höchstens, wenn ein wichtiger Zeuge zeitweise nicht erscheinen kann (s. *Alschuler* – Fn. 56 –, 1179, 1232).

[118] Fn. 105 –, S. 117.

ses ihrer wichtigsten Akteure bestenfalls noch als routinehafte Zeremonie durchgeführt werden. Die echten verfahrensökonomischen Erledigungen sind dementsprechend unter konflikttheoretischen Aspekten nichts anderes als die *sachlogische Konsequenz* der bereits eingetretenen Erledigung des Konflikts selbst, jedenfalls was den Wertkonflikt „Schuldfrage" anbetrifft.[119]

b) Diametral entgegengesetzt verhalten sich die *echten Vergleiche*, bei denen die Beilegung des Wertkonflikts *nicht* am *Anfang,* sondern am *Ende* der informellen Verständigung steht. Obwohl die Ausgangsposition für die gesetzlich geregelte Konfliktlösung in einem triadischen Erkenntnisverfahren, der Wertkonflikt zwischen den Parteien, in diesem Fall noch besteht, werden alle Strukturen der triadischen Konfliktlösung preisgegeben, weil der Strafprozeß in ein *Verhandlungsspiel rückverwandelt* wird, in dem der *Richter* als eine *Partei* der Verhandlungs*dyade* agiert: Das Ziel des Richters besteht darin, den Angeklagten zur Akzeptierung einer raschen und unkomplizierten Verurteilung zu bewegen, wodurch er seine konditionale Programmierung durch das Hinarbeiten auf ein Verhandlungs*ziel* ersetzt, das er mit dem Staatsanwalt teilt und das ihn deshalb in eine nicht nur faktische, sondern auch *normative Allianz* mit der Staatsanwaltschaft bringt (mögen auch bezüglich des konkreten Inhalts der Verurteilung zwischen Gericht und Staatsanwaltschaft zunächst noch Einstellungsunterschiede bestehen, die aber durch ein separates Verhandlungsspiel intern ausgeglichen werden können). Der Richter verfolgt hierbei, wie oben unter I. ausführlich dargelegt, dezidierte und massive *eigene Interessen,* die auf das Interesse des Angeklagten an einer möglichst geringen Bestrafung treffen, woraus sich entsprechend den oben unter II. dargelegten Prinzipien des Verhandlungsspiels die Möglichkeit zu einer Übereinkunft ergibt, bei der den konkurrierenden Interessen jeweils nach der konkreten Machtverteilung Rechnung getragen wird. Bei der informellen Verständigung über einen echten Vergleich wird also der geregelte Wertkonflikt des Strafverfahrens wieder in einen Interessenkonflikt re-transformiert, in dem der Richter als Partei und nicht etwa als unbeteiligter und unparteiischer Dritter agiert. Man kann auch nicht etwa das Interesse des Gerichts an einer raschen Verfahrenserledigung und dessen Durchsetzung in der Verständigungskommunikation als die Entscheidung eines den Beschleunigungsgrundsatz und damit letztlich die Funktionstüchtigkeit

---

[119] Auch ein Dissens über das wirkliche Geschehen ist aus rechtssoziologischer Sicht ein Wertkonflikt, vgl. *Röhl* (Fn. 7), S. 462; *Austin/Tobiasen*, in: *Folger* (ed.), The Sense of Injustice, 1984, S. 227ff., 252, im Anschluß an *Thibaut/Walker*, California Law Review 1978, 541ff.

der Strafrechtspflege[120] betreffenden Wertkonflikts verstehen, weil es erstens nicht um eine Entscheidung nach Rechtsgrundsätzen, sondern um einen normativ nicht determinierten Aushandlungsprozeß geht, weil zweitens das Eigeninteresse des Richters und damit seine höchstpersönliche Beteiligung evident ist und weil drittens die Transformation von Interessenkonflikten in Wertkonflikte an die triadische Struktur gebunden ist, die in der Verständigungskommunikation gerade preisgegeben wird. Weil hierdurch wiederum das Ziel der Justiz auf der Hand liegt, das von ihr aufgrund der Aktenlage für richtig gehaltene Ergebnis möglichst beschleunigt zu verwirklichen, *fehlt* es an der für ein Gerichtsverfahren zentralen Legitimationsbasis der *Ungewißheit* der künftigen richterlichen Entscheidung (die nicht etwa mit der Unsicherheit verwechselt werden darf, inwieweit sich die Machtposition des Gerichts in dem Verhandlungsspiel gegenüber dem Angeklagten durchsetzen wird). Da schließlich auch die heute üblichen Verständigungskommunikationen prinzipiell ohne Anwesenheit der Öffentlichkeit stattfinden, bleibt bei ihnen *kein einziger Wesenszug* der Entscheidung von Wertkonflikten durch ein gerichtliches Erkenntnisverfahren mehr übrig. Der Prozeß ist vielmehr lückenlos in einen *Interessenkonflikt* retransformiert worden, bei dem Gericht und Staatsanwaltschaft in normativer Allianz dem Angeklagten und seinem Verteidiger gegenüberstehen und sich hierbei, wie oben unter II. ausführlich dargelegt, in der Regel durch ein starkes *Machtübergewicht* auszeichnen. Während die Machtfrage dort bisher nur instrumentell betrachtet wurde, muß bei der Analyse der Re-Transformation eines Wertkonflikts in einen Interessenkonflikt zwar auch der moralische Stellenwert der konkurrierenden Positionen berücksichtigt werden, weil natürlich der Interessenkonflikt die zentralen normativen Fragen des Wertkonflikts nicht etwa völlig verdrängt, sondern nur überformt,[121] so daß es sich von selbst versteht, daß normative Argumente in der Verständigungskommunikation weiterhin eine hervorragende Rolle spielen werden. Gerade auch in dieser Hinsicht besitzt die Justiz aber normalerweise deshalb die stärkere Verhandlungsposition, weil der strafrechtliche Schuldvorwurf bei den echten Vergleichen vom Angeklagten ja letztlich akzeptiert wird, so daß sein Kampf um eine milde Strafe von einer *unterlegenen moralischen Position* her geführt werden muß.

---

[120] Vgl. dazu BVerfGE 33, 367, 383; 38, 105, 115; 38, 312, 321; 39, 156, 163; 41, 246, 250; 44, 353, 374; 46, 214, 222; 51, 324, 343; 53, 152, 160.
[121] Zu einer solchen typischen Mischung von Interessen- und Wertkonflikt bei der Austragung realer Konflikte vgl. *Röhl* (Fn. 7), S. 461; *Aubert*, in: *Bühl* (Hrsg.), Konflikt und Konfliktstrategie (Fn. 105), S. 189.

IV. Der Standort der informellen Verständigung in der Evolution von Recht und Gesellschaft

1. a) Da das Strafprozeßrecht ein Teil des öffentlichen Rechts ist, bietet es sich unter systematischen Gesichtspunkten geradezu an, die strafprozessualen Absprachen als einen Sonderfall der Praxis des „*informalen Verwaltungshandelns*" zu begreifen, welches in den letzten Jahren in das Zentrum einer verwaltungswissenschaftlichen und verwaltungsrechtlichen Diskussion getreten ist, die sich auch bereits ausdrücklich auf die Absprachen im Strafverfahren bezieht[122] und in ganz ähnlicher Weise wie im Strafverfahren die zunächst ohne jede wissenschaftliche Reflexion in der Praxis entstandenen und etablierten Handlungsformen aufarbeiten muß.[123] Gegenstand der Untersuchungen ist eine im gesamten Bereich des staatlichen Handelns[124] zu beobachtende, inzwischen vielfältig beschriebene und belegte,[125] vielgestaltige Praxis von Verständigungen, Absprachen, Abstimmungen und ähnlichen Arten der Kooperation, die als Arrangements, konsensusorientierte Verwaltungsmodelle, tauschförmiges Recht bzw. zunehmend als „informales Verwaltungshandeln" qualifiziert[126] und durch das *Fehlen einer rechtlichen Regelung* und eines Rechtsfolgewillens, durch ein Alternativverhältnis zu rechtlichen Verfahren und Entscheidungsformen sowie durch die *Tauschförmigkeit* der Beziehungen zwischen den Beteiligten charakterisiert wird.[127] Die theoreti-

---

[122] Vgl. *Bohne*, Der informale Rechtsstaat, 1981, S. 96f.; *Hoffmann-Riem*, Konfliktmittler in Verwaltungsverhandlungen, 1989, S. 2f.; *Eberle*, Arrangements im Verwaltungsverfahren, Die Verwaltung 1984, 439, 441 Fn. 12 und *Röhl* (Fn. 7), S. 564f.

[123] Vgl. *Hoffmann-Riem* (Fn. 122), S. 3.

[124] Für den Bereich des Wirtschaftsrechts vgl. *Bauer*, VerwArch. 1987, 241 ff.; *Windbichler*, Informelles Verfahren bei der Fusionskontrolle, 1981; *Gotthold/Vieth*, in: *Gessner/Winter*, Rechtsformen der Verflechtung von Staat und Wirtschaft (Jahrbuch für Rechtssoziologie und Rechtstheorie VIII), 1982, S. 282 ff. Für den Bereich des Baurechts vgl. *Brohm*, VVDStRL 40 (1982), 274. Für das technische Anlagenrecht *Bohne* (Fn. 122), S. 49 ff. Für das Umweltschutzrecht *Bohne*, VerwArch. 1984, 343 ff.; *Winter*, Das Vollzugsdefizit im Wasserrecht, 1975, S. 10 ff.; *Bohne* (Fn. 122), S. 90 ff. Für das Steuerrecht *Eberle* (Fn. 122), S. 440. Für das Staatsorganisationsrecht *Schulze-Fielitz*, Der informale Verfassungsstaat, 1984.

[125] Zu vertraulichen Hinweisen vgl. *Hoffmann-Riem*, VVDStRL 40 (1982), 187, 192 Fn. 7. Freimütige Äußerungen eines Praktikers finden sich bei *Bulling*, DöV 1989, 277 ff. Auf einer empirischen Erhebung basiert die Arbeit von *Bohne* (Fn. 122), vgl. dort S. 20 ff., 35 ff., 49 ff.; zur Notwendigkeit weiterer Forschungen *Brohm*, in: *Heinz* (Hrsg.), Rechtstatsachenforschung heute, 1986, S. 103 ff.

[126] Vgl. dazu *Bauer*, VerwArch. 1987, 241; *Winter*, KJ 1978, 254 ff.; *Eberle* (Fn. 122); *Bohne* (Fn. 122), S. 42 ff.; *ders.*, in: *Blankenburg/Lenk* (Hrsg.), Organisation und Recht, 1980, S. 24 ff.; *ders.*, in: *Kimminich/Lersner/Storm* (Hrsg.), Handbuch des Umweltrechts 1988, Sp. 1055.

[127] Vgl. *Bohne*, in: Handbuch des Umweltrechts (Fn. 126), Sp. 1055 ff.

sche Erklärung fußt auf der Grunderkenntnis der *Organisationssoziologie,* daß das Handeln von Organisationen nur zum Teil in den Bahnen vorgegebener Formalisierungen abläuft und daß es neben den hierdurch zu erklärenden *formalen Handlungen* einen weiten Bereich des *informalen Verhaltens* gibt, welches die formale Ordnung ergänzt oder modifiziert.[128] Die Hauptgründe für die Ausbreitung des informalen Verwaltungshandelns sieht die Verwaltungswissenschaft in der *Komplexität* der Entscheidungssituationen (die einen erhöhten Kooperationsbedarf auslöst und durch Verhandlungslösungen wirkungsvoll reduziert werden kann),[129] in einer *geringeren Regelungsdichte* aufgrund der allgemeinen Interpretationsunsicherheiten und der speziell im öffentlichen Recht verbreiteten Ermessens- und Beurteilungsspielräume (so daß informelle Vorabklärungen zu einer für den Betroffenen wie für die Behörde wichtigen Vertrauensstabilisierung führen),[130] in der Notwendigkeit zum elastischen *Ausgleich* multipler Ziel- und Interessenkonflikte,[131] in der Steigerung von *Effektivität* und *Akzeptanz* der Verwaltung[132] und in dem *Steuerungsversagen* im Sinne einer Krise regulativer Politik.[133]

b) In der verwaltungswissenschaftlichen und öffentlich-rechtlichen Diskussion ist unbestritten, daß das informale Verwaltungshandeln eine Fülle von *Angriffs-* und *Kritikpunkten* aufweist, die sowohl in organisationssoziologisch faßbaren Gefahren als auch in Kollisionszonen mit den normativen Anforderungen des Rechts greifbar sind. Informale Entscheidungsprozesse haben eine gefährliche Eigendynamik, durch die sie sich kaum eingrenzen lassen, und können andererseits durch ein Übermaß an praktischer Konkordanz zu einer Stagnation der Entwicklung führen.[134] Sie schmälern die „Durchschlagskraft

---

[128] Für die deutsche Diskussion grundlegend *Luhmann,* Funktionen und Folgen formaler Organisation, 1964, S. 46 ff., 239 ff., 283 ff., 304 ff. Zur „Entdeckung" der informalen Organisation durch *Roethlisberger* und *Dickson* vgl. *Bohne* (Fn. 122), S. 114.

[129] Dazu *Bohne* (Fn. 122), S. 77 ff.; *Hoffmann-Riem,* VVDStRL 40 (1982), 187, 202. Krit. dazu *Eberle* (Fn. 122), S. 450 f., mit dem Hinweis, daß Verhandlungen immer zu einer Verengung der Entscheidungsbasis tendieren.

[130] Vgl. *Bauer,* VerwArch. 1987, 241, 250 f.; *Bohne* (Fn. 122), S. 84 f.; *Hoffmann-Riem,* VVDStRL 40 (1982), 187, 203, der allerdings (ebenso wie *Bauer,* ibid., S. 253) auf die Dialektik von Vertrauensbildung und Flexibilisierung durch informelle Absprachen hinweist.

[131] Dazu *Eberle* (Fn. 122), S. 451 f.; *Hoffmann-Riem,* VVDStRL 40 (1982), 187, 209; *Bohne* (Fn. 122), S. 79 ff.

[132] Siehe dazu *Bohne* (Fn. 122), S. 82 ff., aber auch *Bauer,* VerwArch. 1987, 241, 256 mit dem Hinweis auf informelle Verschleppungsstrategien.

[133] Z.B. von *Hoffmann-Riem* (Fn. 122), S. 7 ff.; *dems.,* VVDStRL 40 (1982), 187, 201; *Brohm,* NVwZ 1988, 794.

[134] Dazu eingehend *Schulze-Fielitz* (Fn. 124), S. 134 ff.

des Gesetzes" und trüben das klassische Bild eines Rechtsstaats, in dem nicht einzelne Menschen, sondern die für alle gleichen Gesetze herrschen.[135] Der Gesetzesvollzug wird zu dem nur noch äußerlich erforderlichen Erfüllungsgeschäft eines auf der außerrechtlichen Ebene bereits vollzogenen und eigentlich inhaltsbestimmenden Kausalgeschäfts herabgestuft,[136] was eine „doppelte Moral" begünstigt, indem auf der formalen Ebene an hochrangigen Zielen (scheinbar) festgehalten wird, während in Wahrheit auf informalem Wege Sonderinteressen befriedigt werden.[137] Das *Gesetz degeneriert* zum *Tauschmittel* („Gesetzesvollzug als Handelsobjekt")[138] und andererseits zum *Druckmittel*, so daß das Recht eine Drohfunktion für Verhandlungen erhält und der Gesetzesvollzug zur Sanktion für die Nichtbefolgung informaler Absprachen wird.[139] Es wird deshalb geltend gemacht, daß das informale Verwaltungshandeln den Grundsatz der Gesetzmäßigkeit der Verwaltung verletze,[140] ferner auch den Gleichheitssatz, das Prinzip der Unparteilichkeit der Verwaltung, das Koppelungsverbot gem. §§ 54 ff. VwVfG und den Untersuchungsgrundsatz.[141]

c) Ungeachtet dieser Kritik wird nirgendwo gefordert, daß das informale Verwaltungshandeln gänzlich beseitigt werden solle; vielmehr wird als Ziel angeführt, es durch „kooperativ-interaktiv gewonnene Lösungen rechtsstaatlich so zu bändigen, daß (es) den Schutzzweck des Verwaltungsrechts nicht" unterlaufe.[142] Zur Begründung beruft man sich auf der einen Seite darauf, daß informale Verhaltensmuster eine unvermeidbare Folge formaler Strukturen seien[143] (*organisationssoziologische Notwendigkeit* informalen Verwaltungshandelns), und auf der anderen Seite darauf, daß informale Verhandlungslösungen die Erfüllung des gesetzlichen Regelungsauftrages optimieren und dadurch zur Selbsterhaltung des Gesetzesvollzugssystems unter den konkreten Bedingungen von Interessenkonflikten, Ressourcenknappheit, Umweltveränderungen und anderen Bestandsproblemen beitragen könnten[144] (*Systemfunktionalität* informalen Verwaltungshandelns).

---

[135] *Brohm*, NVwZ 1988, 794, 796.
[136] So *Ritter*, NVwZ 1987, 937.
[137] So *Bohne*, VerwArch. 1984, 343, 373.
[138] Vgl. *Brohm* (Fn. 125); *Bohne*, in: Handbuch des Umweltrechts (Fn. 126), Sp. 1057, 1062.
[139] Vgl. *Hoffmann-Riem* (Fn. 122), S. 59; *Brohm*, NVwZ 1988, 794, 796.
[140] Vgl. *Hoffmann-Riem*, VVDStRL 40 (1982), 187, 204; *Bauer*, VerwArch. 1987, 241, 254; *Eberle* (Fn. 122), S. 450; *Bohne* (Fn. 122), S. 196 ff.
[141] Vgl. *Eberle* (Fn. 122), S. 450 ff.
[142] *Hoffmann-Riem* (Fn. 122), S. 3. Vgl. auch *Bohne* (Fn. 122), S. 234 ff.
[143] Vgl. *Bohne* (Fn. 122), S. 116.
[144] Vgl. dazu *Hoffmann-Riem* (Fn. 122), S. 5 ff.; *Bohne* (Fn. 122), S. 109, 120, 239 u. ö.

d) Vor diesem Hintergrund betrachtet, kann man die strafprozessualen Absprachen durchaus als einen *Sonderfall* des informalen Verwaltungshandelns begreifen, und zwar als Sonderfall in einer offensichtlichen Extremposition. So erfüllen die Absprachen in der Form des echten Vergleiches die Begriffsmerkmale der Informalität, der Alternativität zu rechtlichen Handlungsformen und der Tauschartigkeit, und man kann ihr Auftreten zumindest teilweise auch durch die Komplexität des Sachverhalts und das Bedürfnis nach einem Abbau von Rechtsunsicherheit erklären. Bei den Absprachen fehlt aber die Notwendigkeit einer informellen Vorabklärung des Verfahrensergebnisses zur Absicherung weitreichender Dispositionen der Beteiligten wie etwa in einem Planfeststellungsverfahren, und der Angeklagte verfügt auch nur in Ausnahmefällen (wie etwa bei einem in einer normalen Hauptverhandlung nicht zu bewältigenden Großverfahren) über eine vergleichbare Gegenmacht wie etwa ein Großbetrieb als Legitimationsgrundlage für informales Verwaltungshandeln. Vor allem aber *fehlt* es auch bezüglich der strafprozessualen Absprachen bisher an jedem Nachweis für die organisationssoziologische *Notwendigkeit* und die *Systemfunktionalität*. Die organisationssoziologische Notwendigkeit ist bisher nur für interne Strukturen und Entscheidungsprozesse von Industriebetrieben und Verwaltungsbehörden belegt, bei denen die Effizienzgesichtspunkte über denen der formalen Regelhaftigkeit stehen,[145] während sich Gerichtsverfahren allgemein durch eine größere und Strafverfahren speziell durch eine nochmals *gesteigerte Regelungsdichte* auszeichnen, die die notwendigen Interaktionen der Beteiligten im Prinzip lückenlos erfaßt. Zwar existieren natürlich zwischen dem durch formelle Regeln geleiteten Prozeßverhalten Freiräume, die nach der freien Entscheidung des Einzelnen und deshalb auch durch informellen Programme der Konsensherstellung ausgefüllt werden können.[146] Aber eine Notwendigkeit für die Herausbildung solcher informellen Verhaltensregeln besteht nicht, und erst recht gibt es keine Notwendigkeit, die formellen Regeln auf diese Weise partiell zu verdrängen bzw. in bloße Rituale zu verwandeln; dies zeigt gerade das Beispiel der Absprachen, die nach den im Eingangskapitel angestellten Überlegungen bis vor 20 Jahren nur in minimalem Umfange existiert haben, ohne daß deshalb früher die Durchführung von Strafprozessen nicht möglich gewesen wäre.

aa) Anders als beim informalen Verwaltungshandeln läßt sich deshalb bei den strafprozessualen Absprachen *keine* organisationssozio-

---

[145] Vgl. dazu *Bohne* (Fn. 122), S. 101.
[146] Dazu unter dem Aspekt der Vermittelung von strategischem Wissen W. *Hassemer*, StrV 1982, 377 ff.

logische *Notwendigkeit* begründen, und zwar auch nicht unter dem Aspekt der im ersten Kapitel dargestellten Geschäftsbelastung der Strafjustiz, weil das Verhältnis von Verfahrensinput und Erledigungskapazität ja auch durch vielfältige andere Maßnahmen beeinflußt werden kann und nicht spezifisch auf den Aufbau einer informellen Erledigungsebene angewiesen ist. Und was die zweite zentrale Apologie des informalen Verwaltungshandelns, nämlich dessen *Systemfunktionalität*, anbetrifft, so muß man sich gleichfalls davor hüten, sie allein schon wegen der Outputsteigerung der Strafjustiz zu bejahen. Denn die Funktion der Strafjustiz für die Gesellschaft besteht ja *nicht* in der *Erledigung* von Verfahren als solcher, sondern in der *Realisierung* der Ziele des *materiellen Strafrechts*,[147] und d.h. aus heutiger Sicht angesichts der gescheiterten Versuche einer Strafbegründung durch Schuldvergeltung oder Resozialisierung: in der Gewährleistung einer zum Rechtsgüterschutz hinreichenden *Generalprävention*.[148] Nun wird man zwar unbeschadet aller Streitigkeiten über die realen Voraussetzungen einer generalpräventiven Wirkung des Strafrechts[149] von einer Steigerung des Sanktionierungsoutputs und damit letztlich auch der Sanktionierungsrate ceteris paribus zumindest eine Steigerung der Abschreckungswirkung (sog. *negative* Generalprävention), möglicherweise auch eine Verstärkung seiner Normbekräftigungswirkung (sog. positive oder *Integrations-Generalprävention*) erwarten dürfen. Aber gerade an diesem „ceteris paribus" fehlt es massiv und offensichtlich. Denn unter dem Gesichtspunkt der *Abschreckungs*-Generalprävention darf der *Preis* nicht unberücksichtigt bleiben, der für die Steigerung der Sanktionierungsrate in Gestalt der

---

[147] Zur Durchsetzung des materiellen Strafrechts als Ziel des Strafverfahrens vgl. *Henkel*, Strafverfahrensrecht, 2. Aufl. 1968, S. 16f.; *Peters* (Fn. 110), S. 7; *Tiedemann*, in: Festgabe für Peters, 1984, S. 131, 140, 145. Die im Schrifttum traditionell angeführten sonstigen Ziele, wie etwa die Herstellung von Rechtsfrieden (vgl. hierzu *Roxin* – Fn. 48 –, S. 2; KK-*Pfeiffer*, Karlsruher Kommentar, Strafprozeßordnung, 2. Aufl. 1987, Einleitung Rdnr. 1) sind demgegenüber teils als ungenaue Reformulierungen, teils als Verabsolutierung von Teilaspekten anzusehen.

[148] Seit der Preisgabe der Vergeltungstheorie in den 60er Jahren und der Krise des Resozialisierungsdenkens in den 70er Jahren bleibt nur noch die Generalprävention als harter Felsen der Strafzwecktheorie übrig, vgl. dazu nur m.z.w.N. *Schünemann*, in: *Eser/Cornils* (Hrsg.), Neuere Tendenzen der Kriminalpolitik, 1987, S. 209, 219; ders., in: *Schünemann* (Hrsg.), Grundfragen des modernen Strafrechtssystems, 1984, S. 153, 168ff., sowie zur positiven oder Integrations-Generalprävention zuletzt *Moos* u. *Zipf*, FS für Pallin, 1989, S. 283ff., 479ff.

[149] Während etwa W. *Hassemer* die empirische Überprüfbarkeit des generalpräventiven Paradigmas überhaupt anzweifelt (in: *Hassemer/Lüderssen/Naucke*, Hauptprobleme der Generalprävention, 1979, S. 42ff.), gibt es durchaus seriöse empirische Ansätze zur generalpräventiven Effektivitätsmessung, vgl. *Dölling*, in: *Kerner/Kury/Sessar* (Fn. 70), S. 51ff.; ders., ZStW 102 (1990), 1ff.; *Schumann*, Positive Generalprävention, 1989, S. 35ff.

Sanktions*milderung* gezahlt wird und der vor allem bei einem auf die Zahlung einer Geldbuße gem. § 153 a hinauslaufenden Vergleich, genau genommen aber auch bei einer Milderung des Urteilsstrafmaßes zu dysfunktionalen Konsequenzen führt.

Noch größere Einschätzungsprobleme bereitet die *Integrations*-Generalprävention. Die Kommunikation des hinter der Strafrechtsnorm stehenden Wertes durch die in der Verurteilung des Normbrechers steckende symbolische Interaktion kann offensichtlich nur gelingen, wenn der Adressat – nämlich die Allgemeinbevölkerung – die gerichtliche Entscheidung als *gerecht* empfindet, was bei abgesprochenen Urteilen aus einem doppelten Grund fraglich erscheint: Aus einer *Beobachter*perspektive heraus, die wegen der negativen moralischen Bewertung einer Straftat auf eine Identifikation mit der Opferperspektive hinauslaufen wird, könnte der quivis ex populo eine ausgehandelte Sanktionierung wegen der damit wirklich oder vermeintlich verbundenen Abmilderung gegenüber dem „Normalmaß" als zu lasch und deshalb als *ungerecht* empfinden; und bei Einnahme der *Betroffenen*-Perspektive könnte das Angebot „Strafmilderung gegen Geständnis" als unzumutbare Druckausübung und deshalb ebenfalls als *ungerecht* empfunden werden. Eine von mir im vergangenen Jahr durchgeführte Repräsentativ-Befragung der *Allgemeinbevölkerung*[150] hat diese Gefahren im wesentlichen bestätigt: 68,3% der im Rahmen einer repräsentativen Stichprobe Befragten haben sich mit der Begründung gegen die Möglichkeit von mit einer erheblichen Strafmilderung honorierten Schuldbekenntnissen ausgesprochen, daß dies dem Strafrecht seine abschreckende Wirkung nehmen würde (so 42% dieser Gruppe) bzw. daß es mit den Prinzipien der Gerechtigkeit nicht zu vereinbaren wäre (so 58%). Und 63,9% würden das Angebot, gegen ein frühzeitiges Schuldeingeständnis eine Bewährungsstrafe zu erhalten, mit welcher für den Fall einer Verurteilung nach kontradiktorischer Hauptverhandlung nicht zu rechnen wäre, als einen unzumutbaren Druck empfinden, um ein – womöglich sogar falsches – Geständnis zu provozieren.

bb) Insgesamt gibt es deshalb weder einen Beweis noch auch nur eine Plausibilität dafür, daß die informellen Absprachen i.S. des echten Vergleichs im Hinblick auf das Ziel des Strafverfahrens, das materielle Recht durchzusetzen, wirklich systemfunktional sind; nach den

---

[150] Die Repräsentativ-Umfrage wurde mit finanzieller Unterstützung der Gesellschaft der Freunde der Universität Freiburg sowie mit technischer Unterstützung des Zentrums für Umfragen und Analysen (ZUMA), Mannheim, im November 1989 in meinem Auftrag von der MARPLAN Forschungsgesellschaft, Offenbach, durchgeführt. Zu den Einzelergebnissen dieser Untersuchung vgl. die in Fn. 1 nachgewiesene Publikation, zu weiteren gravierenden Bedenken gegen eine integrationsgeneralpräventive Wirkung ausgehandelter Urteile u. § 4 C II 6a.

vorliegenden Befunden müssen vielmehr erhebliche Zweifel angemeldet werden. Ihre unbestreitbare Funktionalität bezieht sich stattdessen auf ein anderes System, welches durch das oben unter I. im einzelnen herausgestellte gemeinsame Interesse von Richtern, Staatsanwälten und Verteidigern konstituiert wird. In einschlägigen amerikanischen Arbeiten[151] wird in diesem Zusammenhang von einer „Gerichtssaal-Elite" bzw. „Gerichtssaal-Arbeitsgruppe" gesprochen und das Zusammenwirken der professionellen Akteure des Strafverfahrens als eine formale Organisation begriffen, die von dem gemeinsamen Interesse an einer raschen Erledigung des Verfahrens getragen werde und deren Ziele nun freilich, wie bereits ausführlich dargelegt, durch die informellen Absprachen optimal verwirklicht werden. Weil das Ziel des Strafverfahrens aber selbstredend nicht in dem gemeinsamen Interesse seiner professionellen Akteure bestehen kann, könnte durch diesen Zusammenhang die Systemfunktionalität der strafprozessualen Absprachen nicht begründet, sondern nur *kompromittiert* werden.

2. Die in der modernen politologischen Diskussion geführte *Unregierbarkeitsdebatte* könnte in ihrer neoliberalen Variante auch für die strafprozessualen Absprachen Bedeutung erlangen, weil sie die Unregierbarkeit der modernen Demokratien als Folge einer zu großen Staatstätigkeit und einer Überlastung der Regierung durch überzogene Ansprüche der Gesellschaft an den Staat ansieht und deshalb die Lösung in einem Abbau der Staatstätigkeit und einer Verlagerung von Staatsaufgaben in den privaten Sektor, d.h. in einer „*De-Regulierung*" erblickt,[152] als deren Sonderfall man die Absprachen als ein gewissermaßen gesellschaftsnäheres Konfliktlösungsmodell auffassen könnte. Dabei würde aber zweierlei verkannt. Zum ersten betreffen die neoliberalen Thesen zur Unregierbarkeit hauptsächlich die Überfrachtung des Staates mit wohlfahrtsstaatlichen Aufgaben, während das Strafrecht seit eh und je die Aufgabe erfüllt hat, die Freiheitsspielräume der Gesellschaftsmitglieder gegeneinander abzugrenzen, so daß eine institutionelle Deregulierung auf diesem Gebiet nicht einmal für extrem liberalstaatliche Positionen in Betracht käme. Und zweitens führt die Technik der informellen Verständigungen ja weder zu einer inhaltlichen Deregulierung noch zu einer Rücküberantwortung

---

[151] Vgl. dazu *Nardulli*, The Courtroom Elite, Cambridge, Mass., 1978; *Eisenstein/Jacob*, Felony Justice, Boston, Mass., 1977; ferner auch *Bohne* (Fn. 122), S. 104.

[152] Vgl. dazu *Hennis/Kielmannsegg/Matz* (Hrsg.), Regierbarkeit, Bd. 1, 1977, Bd. 2, 1979; *Mayntz*, in: *Ellwein* u.a. (Hrsg.), Jahrbuch zur Staats- und Verwaltungswissenschaft, Bd. 1, 1987, S. 89f.; *Lehner*, Unregierbarkeit, in: Pipers Wörterbuch zur Politik, Bd. 2, 1983, S. 448ff.; *v. Beyme*, in: *ders.* (Hrsg.), Politikwissenschaft, Bd. 2, 1987, S. 326.

der Konfliktlösung an die Gesellschaft (wie bei den auch in Deutschland neuerdings intensiv diskutierten Konzepten der *Diversion* und des *Abolitionismus*[153]), sondern lediglich zu einer *Erweiterung des Handlungsinstrumentariums* der *Justiz* bei der staatlichen Normdurchsetzung und Normbruchsanktionierung,[154] so daß die Verhältnisse geradezu auf den *Kopf* gestellt würden, wenn man die (partielle) Preisgabe des liberal-rechtsstaatlichen Prozeßmodells, d.h. die Aufweichung der der staatlichen Zwangs- und Sanktionierungsgewalt auferlegten, wesentlich vom deutschen Liberalismus geprägten[155] rechtsstaatlichen Fesseln, mit dem die wohlfahrtsstaatliche Überforderung des Staates bekämpfenden und eine Rückkehr zu liberalen Grundpositionen propagierenden Zweig der Unregierbarkeitsdebatte in Verbindung bringen wollte.

3. An dem gleichen Ausgangspunkt des Steuerungsversagens des modernen Staates (der sog. *Krise des regulativen Rechts*) setzt auch die soziologische Theorie der *autopoietischen Systeme* an, die aber im Vergleich zur Unregierbarkeitsdiskussion zu einer weitaus fundamentaleren Erklärung dieses Phänomens vorzudringen versucht und die Ursache des Steuerungsversagens darin findet, daß die Eigendynamik der gesellschaftlichen Teilsysteme eine zentrale politische Steuerung durch traditionelle Formen des Rechts immer weniger gestatte, weil die Geschlossenheit der gesellschaftlichen Subsysteme keine einseitige Steuerung von außen (hier: durch den Staat als Teil der sog. Umwelt des Systems) zulasse.[156] Die Lösung des Steuerungsproblems soll allein durch den Übergang zum *reflexiven Recht* möglich sein, welches nur noch die Entscheidungsstrukturen regelt, innerhalb derer

---

[153] Vgl. zur Diversion: *Blau*, ZStW 96 (1984), 485 ff.; *ders.*, Jura 1987, 25 ff.; *Herrmann*, ZStW 96 (1984), 455 ff.; *Kerner* (Hrsg.), Diversion statt Strafe?, 1983; *Kury/Lerchenmüller* (Hrsg.), Diversion. Alternativen zu klassischen Sanktionsformen, Bd. 1 und 2, 1981; zum Abolitionismus: *Christie*, Die Grenzen des Leids, 1986; *Scheerer*, KrimJ 1989, 90 ff.; *Sessar/Beurskens/Boers*, KrimJ 1986, 86 ff.; *Steinert*, KB 1984, 69 ff.

[154] Auch die Anwendung des § 153a zählt nur dort zur Diversion, wo es sich um eine echte Entkriminalisierung der Bagatellkriminalität handelt, nicht aber dort, wo es zu einem echten Vergleich über einen gravierenden Schuldvorwurf kommt.

[155] Zur RStPO als Frucht des deutschen Liberalismus vgl. *Eb. Schmidt* (Fn. 58), S. 345 f.; *ders.*, Strafprozeß und Rechtsstaat, 1970, S. 47, 48 f., 59. Im übrigen gibt es hierzu keine eindrucksvollere Lektüre als *Hahn*, Die gesammten Materialien zur Strafprozeßordnung und dem Einführungsgesetz zu demselben vom 1. Februar 1877, Bd. 3, Neudruck der 2. Aufl. 1885, 1986, wo man den Kampf der Nationalliberalen um eine rechtsstaatliche Eingrenzung der Macht der Strafverfolgungsorgane allenthalben dokumentiert findet.

[156] Vgl. dazu *Teubner*, Recht als autopoietisches System, 1989, S. 87 ff., 93 ff.; *Teubner/Willke*, ZfRSoz. 1984, 4 ff.; *Willke*, Entzauberung des Staates, 1983, S. 9 ff.; *Voigt*, in: *ders.* (Hrsg.), Grenzen des Rechts, 1987, S. 3; *Görlitz*, Politische Steuerung sozialer Systeme, 1989, S. 13 ff.

konkrete Regeln erst *ausgehandelt* werden müssen, so daß dem gesellschaftlichen Subsystem eine „regulierte Autonomie" eingeräumt wird und das staatliche Recht sich auf eine „dezentrale Kontextsteuerung" zurückzieht.[157]

Für die informellen Absprachen läßt sich nun aber leicht zeigen, daß es sich bei ihnen gerade nicht um die Speerspitze der Evolution unserer Rechtskultur hin zum reflexiven Recht handelt, sondern um eine Benutzung bloß der äußeren Formen bei unveränderter Substanz, die ich in Anlehnung an die biologische Terminologie, die bereits bei der Autopoiesis Pate gestanden hat,[158] als *hagiographische Mimikry* bezeichnen möchte. Denn bei den strafprozessualen Absprachen findet ja in Wahrheit – anders als etwa bei einer vollständigen Diversion durch Täter-Opfer-Ausgleich[159] – überhaupt keine vom Recht nur organisierte gesellschaftliche Konfliktlösung statt, vielmehr bleibt die materielle Strafrechtsnorm für den Aushandlungsprozeß im Rahmen der Absprachen weiterhin von bestimmender Bedeutung, steht dem Richter weiterhin als Druckmittel in den Verhandlungen und notfalls als einseitiges Lösungsmittel zur Verfügung und gestattet deshalb keine „regulierte Autonomie", sondern nur das sog. *bargaining in the shadow of the law:* Das Drohpotential der rechtlichen Sanktion wird gerade nicht liquidiert, sondern bleibt als rechtlich garantierte Verhandlungsmacht für den staatlichen Akteur erhalten und kann deshalb den scheinbar autonomen selbstregulatorischen Prozeß zur *Farce* machen.[160]

---

[157] Vgl. dazu *Teubner*, ARSP 1982, 13 ff.; *Teubner/Willke*, ZfRSoz. 1984, 13 ff., 19 ff.; *Willke*, in: *Ellwein* u.a. (Fn. 152), S. 303; *Teubner*, in: *Kübler* (Hrsg.), Verrechtlichung von Wirtschaft, Arbeit und sozialer Solidarität, 1984, S. 316; weithin ähnlich ist auch der Begriff des medialen Rechts von *Voigt* und *Görlitz*, vgl. *Görlitz* (Fn. 156), S. 26 ff.

[158] Zur erstmaligen Verwendung des Begriffs der Autopoiesis durch die Biologen *Maturana* und *Varela* vgl. *Maturana/Varela*, Autopoiesis, Dordrecht 1972; *Druwe*, in: *Görlitz* (Fn. 156), S. 37 f.

[159] Vgl. dazu *Dünkel*, BewHi. 1985, 358 ff.; *Frehsee*, Schadenswiedergutmachung als Instrument strafrechtlicher Sozialkontrolle, 1987; *Janssen*, Täter-Opfer-Ausgleich, in: Jugendgerichtsverfahren und Kriminalprävention, 1984, S. 360 ff.; *Kube*, DRiZ 1986, 121 ff.; *Schöch* (Hrsg.), Wiedergutmachung und Strafrecht, Symposium aus Anlaß des 80. Geburtstags von Fr. Schaffstein, 1987; *Sessar/Beurskens/Boers*, KrimJ 1986, 86 ff.

[160] Vgl. *Teubner* (Fn. 156), S. 336, 338 f.; *Röhl* (Fn. 7), S. 476; der Ausdruck wurde geprägt von *Mnookin/Kornhauser*, Yale Law Journal 88 (1979), 950 ff.

§ 4. Die informellen Verständigungen im geltenden Recht

Die nachfolgende Untersuchung ist nach den als Maßstab in Betracht kommenden Rechtsgrundsätzen gegliedert, wobei drei unterschiedliche Ebenen der prozeßrechtlichen Normierung zu unterscheiden sind: Auf der ersten Ebene ist zu fragen, ob sich die informellen Verständigungen überhaupt in das Repertoire zulässiger Verhaltensweisen der Prozeßsubjekte einfügen lassen; auf der zweiten Ebene geht es um die Verletzung der für die Prozeßstruktur grundlegenden Normen und Prinzipien; und auf der dritten Ebene geht es um die speziellen Vorschriften zum Schutz des Angeklagten. Im Anschluß daran werden die Rechtsfolgen einmal getroffener Absprachen und zum Schluß die einschlägigen Probleme des materiellen Strafrechts untersucht.

A. Informelle Verständigungen als überhaupt zulässige Prozeßhandlung?

1. Die Frage nach der Einordnung der informellen Verständigungen in das *System der prozessualen Handlungsformen* ist bisher zu Unrecht weitestgehend vernachlässigt worden, obwohl sie den systematischen Ausgangspunkt der prozeßrechtlichen Überprüfung bezeichnet. Man hat sich bisher mit dem Hinweis *Schmidt-Hiebers* begnügt, daß die StPO in einer ganzen Reihe von Vorschriften das Einverständnis der Verfahrensbeteiligten mit einem bestimmten Procedere regelt und die Verständigung also offenbar eine prozessual zulässige Kategorie darstelle.[161] Aber dabei ist die gesetzliche Konstruktion dieser „Verständigungsfälle" übersehen worden, die in allen Fällen durch *vier Prinzipien* gekennzeichnet ist, die ich als *Entscheidungszwang* des Gerichts sowie *Einseitigkeit, Verfügungscharakter* und *Koppelungslosigkeit* der Erklärung bezeichnen möchte. „Entscheidungszwang" bedeutet, daß etwa das Einverständnis der Beteiligten *nicht* schon die gerichtliche Entscheidung *substituiert*, sondern nur *ermöglicht* und das Gericht insbesondere auch nicht von der Prüfung der inhaltlichen Voraussetzungen entbindet, z.B. ob bei § 153a eine geringe Schuld vorliegt oder bei § 251 die bloße Verlesung mit der Aufklärungspflicht zu vereinbaren ist.[162] Die „Einseitigkeit der Erklä-

---

[161] Vgl. die Übersicht bei *Schmidt-Hieber* (Fn. 5), S. 4ff.
[162] Zur Aufklärungspflicht als Grenze des richterlichen Ermessens bei § 251 vgl. nur LR/*Gollwitzer*, § 251 StPO Rdnr. 44 m.w.N.

rung" bedeutet, daß die StPO auch dort, wo wie bei § 251 übereinstimmende Erklärungen mehrerer Prozeßsubjekte vorliegen müssen, keine vertragliche Vereinbarung voraussetzt, sondern nur das additive Vorliegen der je einzelnen Erklärungen. „Verfügungscharakter" heißt, daß die in der StPO geregelten Erklärungen unmittelbar rechtliche Hindernisse für eine bestimmte gerichtliche Entscheidung beseitigen und nicht lediglich die Verpflichtung begründen, diese Rechtswirkung durch zukünftige weitere Erklärungen herbeizuführen. Und „Koppelungslosigkeit" meint schließlich, daß es in den Regelungen der StPO keinen Austausch zwischen verschiedenen prozessualen Positionen gibt, daß also zwischen Einverständnis, Zustimmung, Verzicht oder Anerbieten und der anschließenden weiteren Prozeßhandlung ein gesetzlich definiertes Verhältnis der *Eindimensionalität* und *Bereichsidentität* gegeben ist, beispielsweise indem das Anerbieten einer Leistung gem. § 265 a nicht mehr und nicht weniger als eine Voraussetzung für das vorläufige Absehen von einem Auflagenbeschluß des Gerichts gem. § 56b Abs. 3 StGB darstellt, also wie der Schlüssel zum Schloß paßt. Solange sich eine Verständigungskommunikation ebenfalls im Rahmen dieser vier Prinzipien hält, sind Konflikte nicht vorstellbar, weil z.B. das unerwartete Ausbleiben der gerichtlichen Folgeentscheidung die vorangegangenen Erklärungen eo ipso gegenstandslos macht, ohne irgendwelche Folgeprobleme aufzuwerfen.

2. Die informellen Verständigungen können deshalb überhaupt erst dann eigenständige Wirkungen entfalten und folglich auch zu Problemen führen, wenn sie die von den genannten vier Prinzipien gezogenen Grenzen *verlassen*, beispielsweise und namentlich wenn sie den Charakter eines *verpflichtenden Koppelungsgeschäfts* annehmen. So stiefmütterlich Abmachungen dieser Art in der bisherigen Dogmatik des Strafverfahrensrechts behandelt worden sind, so intensiv sind sie von der Zivilprozeßrechtslehre unter der Kategorie der „*Prozeßverträge*", speziell etwa der „Beweisverträge", diskutiert worden, wobei sich als völlig herrschende, wenn auch in mancherlei (hier nicht darzustellender) Hinsicht noch umstrittene Meinung der Grundsatz herausgeschält hat, daß solche Prozeßverträge trotz der Natur des Prozeßrechts als öffentliches Recht insoweit rechtswirksam sind, wie sie dispositives Prozeßrecht berühren,[163] was wiederum einen Zusam-

---

[163] Vgl. dazu m.z.w.N. *Stein/Jonas/Leipold*, ZPO, 20. Aufl. 1984, Rdnr. 236 ff. vor § 128; *Grunsky*, Grundlagen des Verfahrensrechts, 2. Aufl. 1974, S. 208 ff.; *Teubner/Künzel*, MDR 1988, 720 ff.; *Rosenberg/Schwab*, Zivilprozeßrecht, 14. Aufl. 1986, S. 395; *Zeiss*, Zivilprozeßrecht, 7. Aufl. 1989, Rdnr. 260; besonders weitgehend *Schlosser*, Einverständliches Parteihandeln im Zivilprozeß, 1968, dessen Ansatz „in dubio pro libertate" (ibid. S. 9) allerdings gegenüber der herrschenden Ableitung aus der Privatautonomie und ihrer Beschränkung durch zwingende Normen des Zivilprozeßrechts

menhang mit der Verfügungsbefugnis über den Streitgegenstand voraussetzt.

Wenn man diese in der zivilprozeßrechtlichen Diskussion weitgehend geklärte dogmatische Basis der Prozeßverträge bei der Frage nach ihrem etwaigen Anwendungsbereich im Strafverfahren im Blick behält, so ergibt sich ohne weiteres, daß die Selbstverpflichtung zu einem bestimmten Prozeßverhalten hier nur in dem Umfange wirksam sein kann, in dem nicht nur über die einzelne Prozeßhandlung, sondern über den *Prozeßgegenstand* insgesamt *verfügt* werden kann. Dies trifft vor allem für das *Vergeltungsbedürfnis des Verletzten* zu, soweit es im modernen Strafverfahren noch anerkannt ist, also sein Recht zur Privatklage, Nebenklage, zur Stellung eines Strafantrages und zur Durchführung des Klageerzwingungsverfahrens. Obwohl die StPO in § 380 nur den Verzicht auf die Privatklage im sog. *Sühnevergleich* indirekt anspricht, ist es deshalb zu Recht allgemein anerkannt, daß verpflichtende Koppelungsverträge, durch die der Verletzte eine Nichtwahrnehmung seiner prozessualen Rechte verspricht, im Strafverfahren ebenso wie Prozeßverträge im Zivilrechtsstreit zu beachten sind, d. h. ein die Bindung mißachtendes Prozeßbegehren des Verletzten unzulässig machen.[164]

Im *Offizialverfahren* gibt es dagegen prinzipiell *keine Dispositionsmöglichkeit* über den Prozeßgegenstand, d. h. den staatlichen Strafanspruch,[165] und auch nicht über den Prozeß*stoff*, d. h. die den

---

(vgl. *Schiedermair,* Vereinbarungen im Zivilprozeß, 1935, S. 57 und passim; *Baumgärtel,* Wesen und Begriff der Prozeßhandlung einer Partei im Zivilprozeß, 2. Aufl. 1972, S. 188) keine Fortschritte zu bringen scheint; s. ferner *Baumgärtel,* ZZP 87 (1974), 121, 133 ff.; *Hellwig,* Zur Systematik des zivilprozeßrechtlichen Vertrages, 1968, passim.

[164] Für den Fall des außergerichtlichen Vergleichs des Privatklägers vgl. *Kleinknecht/ Meyer* (Fn. 58), Rdnr. 17 vor § 374 m. z. w. N.; für den Vergleich des Nebenklägers *KK-Pelchen* (Fn. 147), Rdnr. 6 vor § 395; *Kleinknecht/Meyer* (Fn. 58), Rdnr. 13 vor § 395; *Schmidt-Hieber* (Fn. 5), S. 98 f. Auch die vertraglich übernommene Verpflichtung zur Zurücknahme eines Strafantrages führt richtigerweise, sobald sie der Strafverfolgungsbehörde bekannt gemacht wird, zur Einstellung des Verfahrens (*Meyer,* NJW 1974, 1325 f.), während nach der wenig praktikablen Gegenmeinung die Zurücknahmeerklärung erst im Zivilrechtswege erstritten werden muß (BGH – ZS – NJW 1974, 900). Der vertraglich vereinbarte Verzicht auf einen Klageerzwingungsantrag gem. § 172 wird, soweit ersichtlich, nicht diskutiert, doch muß für ihn a fortiori das gleiche gelten.

[165] Bei der in der strafprozeßrechtlichen Standardliteratur heute üblichen Charakterisierung des Prozeßgegenstandes als des angeklagten Lebensvorganges i. S. des § 264 (vgl. nur *Schlüchter,* Das Strafverfahren, 2. Aufl. 1983, S. 344, 346 f.; *LR/Gollwitzer,* § 264 Rdnr. 3 f.) darf natürlich nicht vergessen werden, daß nicht die Feststellung des Lebensvorganges, sondern der Ausspruch der daraus sich ergebenden Rechtsfolge das Ziel des einzelnen Strafverfahrens abgibt (zutr. *Baumann,* Grundbegriffe und Verfahrensprinzipien des Strafprozeßrechts, 3. Aufl. 1979, S. 168 f.), wodurch zugleich der Gegenstand einer möglichen Disposition bezeichnet wird: eben der staatliche Strafanspruch, der aber natürlich kein Analogon zum zivilrechtlichen Anspruch, sondern die

gem. § 264 angeklagten Lebensvorgang konstituierenden Tatsachen: Die Strafverfolgungsbehörden sind durch das Legalitätsprinzip zur Durchführung des Verfahrens und durch den Ermittlungsgrundsatz zur Auffindung der materiellen Wahrheit verpflichtet, und der Beschuldigte kann weder den Strafanspruch noch einzelne belastende Tatsachen mit Verfügungswirkung „anerkennen", weil es ein dem guilty plea und dem zivilprozessualen Anerkenntnis gem. § 307 ZPO entsprechendes Institut in unserem Strafverfahren nicht gibt und weil hierin das Geständnis auch keine Verfügungswirkung hat wie im Zivilprozeß gem. § 288 ZPO, sondern vom Richter auf seine Wahrheit hin zu überprüfen und deshalb nicht mehr als ein Mosaikstein bei der Ermittlung der materiellen Wahrheit ist.[166] Auch der Beschuldigte kann die Strafverfolgungsbehörden von der Einhaltung des Ermittlungsgrundsatzes, der in der Hauptverhandlung als richterliche Aufklärungspflicht (§ 244 Abs. 2) in Erscheinung tritt, rechtlich nicht dispensieren, sondern ihnen nur die Erfüllung durch Ablegung eines Geständnisses und eine zurückhaltende oder gänzlich resignative Ausübung der eigenen Mitwirkungsrechte faktisch erleichtern. Lediglich in einer einzigen Konstellation besitzt er eine Dispositionsmöglichkeit über den Prozeßgegenstand selbst: Wenn er gegen einen *Strafbefehl keinen Einspruch* einlegt, so läßt er eine Straffestsetzung rechtskräftig werden, die als Basis nur einen durch die Ermittlungsakten begründeten hinreichenden Tatverdacht hat (arg. § 408 Abs. 2),[167] akzeptiert also eine *Verdachtsstrafe* im eigentlichen Sinne,

---

zusammenfassende Bezeichnung für Recht und Pflicht des Staates zur Anordnung und Vollstreckung einer im Einzelfall verwirkten Strafe ist (s. *Goldschmidt*, Der Prozeß als Rechtslage, 1925, S. 240 ff.).

[166] Zur Unverfügbarkeit von Prozeßgegenstand und Prozeßstoff kraft des Legalitätsprinzips und des Ermittlungsgrundsatzes vgl. KK-*Pfeiffer* (Fn. 147), Einl. Rdnr. 2, 5, 7; *Kleinknecht/Meyer* (Fn. 58), Einl. Rdnr. 10; KMR-*Sax*, Einl. I, Rdnr. 4; *Baumann* (Fn. 165), S. 56 ff.; *Henkel* (Fn. 147), S. 100 ff.; *Kühne*, Strafprozeßlehre, 3. Aufl. 1988, S. 90 ff.; *Roxin* (Fn. 48), S. 77 f.; *Rüping*, Das Strafverfahren, 2. Aufl. 1983, S. 127 f.; zur immerhin noch eingeschränkten Verfügungswirkung des Geständnisses im reformierten Strafprozeß des 19. Jahrhunderts vgl. *Ruth Moos* (Fn. 67), S. 30 ff. sowie ibid., S. 39 ff., 93 ff. m.w.N. zu seiner heutigen Stellung; dazu auch *Roxin* (Fn. 48), S. 81; *Baumann* (Fn. 165), S. 59; KK-*Herdegen* (Fn. 147), § 244 Rdnr. 1; *Hahn* (Fn. 155), Abt. 1, S. 220 f., 460 f. (auf S. 221 heißt es in den Motiven: „Dem Geständnisse darf also im Strafverfahren nur die Bedeutung eines Beweismittels beigelegt werden", und die daraus folgende Verwerfung des guilty plea wurde in den Beratungen ohne Aussprache einhellig gebilligt, vgl. a.a.O. S. 906).
[167] Denn nach der zutr. h.M. setzt der Erlaß des Strafbefehls nicht mehr als hinreichenden Tatverdacht voraus (vgl. *Kleinknecht/Meyer* – Fn. 58 –, Rdnr. 1 vor § 407, § 408 Rdnr. 7; KK-*Meyer-Goßner* – Fn. 147 –, § 408 Rdnr. 11; KMR-*Müller*, § 408 Rdnr. 8); die Gegenmeinung von *Rieß*, JR 1988, 133 f.; LR/*Gössel*, Rdnr. 11 ff. vor § 407 (m.w.N. in Fn. 11, die aber nur z.T. die Meinung *Gössels* unterstützen) würde nicht nur das Strafbefehlsverfahren auf einen minimalen Anwendungsbereich reduzieren, weil die Ermittlungsakten namentlich in Bagatellsachen zur Begründung einer

die in einem an der materiellen Wahrheit orientierten Strafverfahren einen Ausnahmefall darstellt, der aus prozeßökonomischen Gründen einem reinen Parteiprozeß entliehen ist. Die Strafverfolgungsbehörden können wiederum lediglich im Bereich des *Opportunitätsprinzips* über den staatlichen Strafanspruch disponieren, wobei das dabei wahrzunehmende „Ermessen" nach moderner Auffassung selbstverständlich nicht mit privatautonomer Willkür verglichen werden kann, weil es teils nur als Beurteilungsspielraum bei der Anwendung unbestimmter Rechtsbegriffe (wie z. B. der „geringen Schuld") in Erscheinung tritt und im übrigen nach den gesetzlichen Zielvorgaben einer nach dem Präventionsinteresse abgestuften Entkriminalisierung auszufüllen ist.[168]

3. Das daraus abzuleitende Ergebnis, daß die *Prozeßabsprachen* im Strafverfahren anders als die Prozeßverträge im Zivilprozeß grundsätzlich *keine prozeßrechtlich beachtlichen Handlungskategorien* sind, wirkt zunächst wenig aufregend, bildet aber den unverzichtbaren Ausgangspunkt zur Beurteilung der Frage, ob sich die Strafverfolgungsbehörden dann wenigstens an rechtlich *unverbindlichen* informellen Verständigungen beteiligen dürfen, wofür in rechtsbegrifflicher Hinsicht zwei Formen in Betracht kommen: einmal die *gentlemen's agreements*, die im Schrifttum gewöhnlich mit den strafprozessualen Absprachen assoziiert werden,[169] und sodann das *aufeinander abgestimmte Verhalten*.

a) Für die Annahme, daß die informellen Absprachen gerade deshalb, weil sie außerhalb des Prozeßrechts angesiedelt sind, so lange keinen rechtlichen Bedenken begegneten, wie sie keinen Straftatbestand erfüllen, könnte man sich auf die von *Niese* im Anschluß an *Goldschmidt* ausgearbeitete Doktrin der *doppelfunktionellen Prozeßhandlungen* berufen, wonach „die Wertkategorie der Rechtmäßigkeit und Rechtswidrigkeit in dem prozessualen Raum nicht anwendbar" sein soll, weshalb die sozusagen negativste Rechtsfolge des Prozeßrechts in der Unbeachtlichkeit bestehen und die Qualifikation als rechtswid-

---

praktischen Überzeugung von der Schuld des Beschuldigten nur selten hinreichen werden, sondern ist auch mit der gesetzlichen Konstruktion ersichtlich nicht zu vereinbaren: Der Verzicht auf die vorherige Anhörung des Angeschuldigten gem. § 407 Abs. 3 kann zwar bei einer summarischen Erledigung „auf Unterwerfung", nicht aber vor einer richterlichen Überzeugungsbildung hingenommen werden; und wenn der Richter wirklich volle Überzeugung von der Schuld gewinnen müßte, wäre er nach dem Einspruch in der Hauptverhandlung eo ipso wegen Besorgnis der Befangenheit ablehnbar, weil er dem Angeklagten ja nicht mehr offen gegenüberstehen könnte!

[168] Vgl. nur LR/*Rieß*, § 152 Rdnr. 44, 50; *Rieß*, NStZ 1981, 2ff.

[169] Vgl. *Dahs*, NJW 1987, 1318; *Hanack*, StrV 1987, 500, 501; *Haas*, NJW 1988, 1345, 1350.

rig, die nur im außerprozessualen Raum einen Sinn mache, lediglich durch das Strafrecht herstellbar sein soll.[170] Nachdem diese Doktrin jahrzehntelang ein Mauerblümchendasein gefristet, in den Lehrbüchern nur eine beiläufige Erwähnung gefunden[171] und in der Dogmatik der Beweisverbote als der ihr auf den Leib geschnittenen Nagelprobe keine nennenswerte Rolle gespielt hat,[172] könnte sie als theoretische Basis für eine Apologie der informellen Absprachen auf den ersten Blick doch noch einen späten Frühling erleben. In der bisherigen Diskussion hat sich jedoch niemand auf sie berufen, und das mit gutem Grund, weil sie die angemessene rechtliche Konstruktion des Strafverfahrens, bei dem es sich von Anfang bis Ende um ein staatliches Eingriffsverfahren handelt, ab ovo verfehlt, wobei dieser Grundfehler für unser Thema gerade darin zum Ausdruck kommt, daß der Begriff der Prozeßhandlung sowohl auf Hoheitsakte als auch auf Parteihandlungen angewendet[173] und dadurch jeder teleologischen Sinngebung beraubt wird, weil die gerichtliche Tätigkeit in einem Eingriffsverfahren prinzipiell ebenfalls dem verfassungsrechtlichen Vorbehalt des Gesetzes untersteht,[174] während die Parteihandlungen genau umgekehrt im Zweifel frei und nur durch besondere gesetzliche Regelung einschränkbar sind.[175] Wenn die StPO von ihrer Systematik her die „Verpflichtungsfeindlichkeit" von Prozeßhandlungen der „Parteien" und von Entscheidungen des Gerichts statuiert, indem sie Prozeßverträge nur mit dem Verletzten zuläßt, im übrigen aber selbst in einem verständigungsschwangeren Bereich die vier Prinzipien des Entscheidungszwanges und der Einseitigkeit, des Verfügungscharakters und der Koppelungslosigkeit der prozessualen Erklärungen festsetzt, so kann zwar der Beschuldigte alle möglichen anderen Erklä-

---

[170] *Niese*, Doppelfunktionelle Prozeßhandlungen, 1950, S. 75.
[171] Vgl. *Peters* (Fn. 110), S. 261 f.; *Baumann* (Fn. 165), S. 141.
[172] Vgl. die Ablehnung von *Dencker*, Verwertungsverbote im Strafprozeß, 1977, 23 f.; *Gössel*, NJW 1981, 649, 650 f.; *Rogall*, ZStW 91 (1979), 1, 24 f. Auch die Anerkennung des Anspruchs des Beschuldigten auf ein faires Verfahren in der neueren Rspr. von BVerfG und BGH (vgl. BVerfGE 26, 66, 71; 38, 105, 111; 57, 250, 274 f.; 66, 313, 318 f.; BGHSt. 24, 125, 131; 32, 44, 47; BGH JR 1984, 171 ff.) läßt die Kategorie der Rechtswidrigkeit in der Strafprozeßrechtsdogmatik übrigens als unerläßlich erscheinen.
[173] Vgl. *Goldschmidt* (Fn. 165), S. 362 ff., 495 ff.; *Niese* (Fn. 170), S. 31 ff., 47 ff.
[174] BVerfGE 33, 303, 341; 41, 251, 265; 53, 30, 65.
[175] Daß die Einteilung der Prozeßhandlungen in Be- und Erwirkungshandlungen und die weitere Ausdifferenzierung der hierfür einschlägigen Relevanzkategorien (vgl. *Goldschmidt* – Fn. 165 –, S. 364 ff.; *Niese* – Fn. 170 –, S. 89 ff.) sinnvoll und für gewisse Teilgebiete der prozessualen Betrachtungsweise sogar konstitutiv ist, soll damit nicht bestritten werden; die fundamentale Frage lautet aber im Strafprozeß nicht anders als im Verwaltungsrecht, ob eine richterliche Maßnahme auf einer Ermächtigungsgrundlage beruht oder nicht, so daß die von *Goldschmidt* vorgenommenen Einteilungen nur Subkategorien betreffen.

rungen abgeben, ohne mehr als die prozessuale Folge der Unbeachtlichkeit und ggf. eine materiellrechtliche Strafbarkeit (sei es auch etwa nur wegen Beleidigung) zu riskieren. Weil Gericht und Staatsanwaltschaft aber nicht wie der Beschuldigte eine ursprüngliche Handlungsfähigkeit haben, der das Recht lediglich Schranken setzt, sondern ihre Handlungskompetenz *allein aus dem Gesetz ableiten,* haben sie selbstverständlich außerhalb dieser Kompetenz auch keine Handlungsbefugnis: Wenn sie bestimmte Maßnahmen nicht treffen dürfen, weil es hierfür keine gesetzliche Grundlage gibt (beispielhaft: Aufhebung des Haftbefehls im Verfahren a, wenn der Beschuldigte im Verfahren b ein Geständnis ablegt), so besitzen sie selbstverständlich auch *keine* Kompetenz dazu, den Erlaß solcher rechtswidrigen Maßnahmen durch ein *gentlemen's agreement zu versprechen:*[176] Die Figur eines rechtlich unwirksamen, aber unverbotenen und deshalb moralisch (sozial) wirksamen Versprechens macht nur im Bereich der *Privatautonomie* einen Sinn, *nicht* aber in bezug auf ein *Staatsorgan,* welches dann, wenn ein bestimmtes Versprechen rechtlich unwirksam wäre, eben überhaupt kein Versprechen abgeben darf, weil es nicht nach privater Willkür, sondern nach den Vorgaben des Rechts handeln muß und deshalb in seiner Rolle als Privatperson, wo es freilich ein Gentleman sein mag, dem man ein persönliches Vertrauen schenken und den man bei Enttäuschung dieses Vertrauens mit sozialen Sanktionen ad personam belegen kann, überhaupt nicht in Betracht kommt. Dieses Ergebnis läßt sich bereits aus Kompetenzerwägungen zwingend ableiten und erfährt deshalb nicht erst die Begründung, sondern lediglich eine Bestätigung durch die teleologische Erwägung, daß die gesetzliche Statuierung der Verpflichtungsfeindlichkeit die „*Entscheidungsfreiheit bis zum letzten Augenblick*" garantieren soll, so daß eine vorherige Festlegung vom Gesetz auch inhaltlich mißbilligt wird.

Dieses hinter der Systematik der strafprozessualen Staatsakte und Prozeßhandlungen stehende inhaltliche Prinzip der „Entscheidungsoffenheit bis zur Vornahme der Prozeßhandlung selbst" weist damit von allen als Regulatoren der informellen Absprachen in Betracht kommenden strafprozeßrechtlichen Prinzipien den höchsten Grad an Allgemeingültigkeit auf und bildet auch die systematische Basis für die Interpretation einzelner konkreter Vorschriften im Sinne eines Zusicherungsverbotes, so wenn *Niemöller* die Vorschrift des § 261 im Sinne eines Ausschlusses der gerichtlichen Selbstbindungsmacht in-

---

[176] Das in der StPO enthaltene Verbot einer Festlegung untersagt deshalb eo ipso auch eine Festlegung durch ein gentlemen's agreement – ähnlich wie sogar im Zivilrecht gesetzliche Einschränkungen der Privatautonomie nicht durch ein gentlemen's agreement umgangen werden können (vgl. *Esser/Schmidt,* Schuldrecht I, 5. Aufl. 1975, S. 95 f.).

terpretiert[177] oder wenn der Versuch *Schmidt-Hiebers,* die Vorschrift des § 265 a als Beweis für die allgemeine gesetzliche Zulässigkeit informeller Verständigungen auszumünzen,[178] nicht erst an dem für prozeßökonomische Absprachen allzu späten Zeitpunkt der hier geregelten Befragung,[179] sondern unter dem Aspekt des gentlemen's agreement bereits an dem eindeutigen Ausschluß jeder Bindungswirkung durch diese Vorschrift[180] scheitert.

b) Damit bleibt allein noch zu untersuchen, ob das Abspracheverhalten der Justiz sich wenigstens unter dem Aspekt des *„abgestimmten Verhaltens"* mit der StPO vereinbart, d.h. als unverboten angesehen werden kann. Allerdings bereitet die *Abgrenzung* des aufeinander abgestimmten Verhaltens von den zuvor betrachteten gentlemen's agreements ganz enorme Schwierigkeiten, und zwar nicht erst bei der in der praktischen Rechtsanwendung notwendigen Zuordnung des konkreten, häufig ambivalenten Geschehens und im Hinblick auf die für die rechtspolitische Beurteilung ins Gewicht fallenden vielfältigen Mißbrauchs- und Camouflagemöglichkeiten, sondern schon bei der begrifflichen Unterscheidung im Rahmen der prozessualen Verhaltensformen. Im *Kartellrecht,* wo das aufeinander abgestimmte Verhalten eine lange Tradition als Rechtsbegriff hat, die bis zu der in der amerikanischen Antitrustrechtsprechung herausgebildeten Rechtsfigur der „concerted action" zurückgeht,[181] ist bis heute keine endgültige Klärung erzielt worden. Die h.M. ordnet das aufeinander abgestimmte Verhalten zwischen dem gentlemen's agreement und dem schlichten Parallelverhalten ein, verwickelt sich aber in Widersprüche, weil sie im gleichen Atemzuge betont, daß es keinerlei Bindung voraussetze, die beteiligten Unternehmen sich jedoch über das künftige Verhalten verständigten und darüber willenseinig seien.[182]

---

[177] StrV 1990, 37f.
[178] – Fn. 5 –, S. 4; StrV 1986, 355; NJW 1982, 1017, 1018; ferner in: Absprachen im Strafprozeß (Fn. 2), S. 58.
[179] Vgl. bereits den Hinweis von *Schünemann,* in: Absprachen im Strafprozeß (Fn. 2), S. 43f., daß die Frage nach der Bereitschaft zur freiwilligen Erfüllung von Bewährungsauflagen erst am Ende der Beweisaufnahme (und damit nach Eintritt der „Schuldspruchreife") zulässig ist.
[180] Denn die Entscheidung des Gerichts wird durch seine Frage in keiner Weise vorgezeichnet, und nicht einmal der Angeklagte selbst ist an seine Bereitschaftserklärung gebunden, wie aus der Regelung in § 56b Abs. 3 und § 56e StGB zu entnehmen ist.
[181] Und zwar auf Grund des Sherman Act von 1890, vgl. *Bahntje,* Gentlemen's agreement und abgestimmtes Verhalten, 1982, S. 90; *Rittner,* Wettbewerbs- und Kartellrecht, 3. Aufl. 1989, S. 292; *Gabriel,* WuW 1961, 802ff.; *Belke,* ZHR 139 (1975), 51, 61 m.w.N.
[182] Vgl. *Rittner* (Fn. 181), S. 293; *Emmerich,* Kartellrecht, 5. Aufl. 1988, S. 46ff.; eingehend *Immenga,* in: Immenga/Mestmäcker, GWB, 1981, § 25 Rdnr. 9ff.; *Sand-*

Diese Widersprüche, die sich ganz ähnlich auch in der Absprachediskussion finden,[183] verschwinden erst, wenn zwei unter dem Aspekt der Bindungswirkung kategorial unterschiedliche Kommunikationsformen auseinandergehalten werden, die ich als die *episodale (labile)* und die *solide (stabile) Absichtserklärung* bezeichnen möchte. Bei der episodalen (labilen) Absichtserklärung wird nach Antizipation eines zukünftigen Verhaltens des Kommunikationspartners diesem mitgeteilt, wie man darauf nach gegenwärtiger Beurteilung reagieren würde, wobei es aber offen bleibt, ob sich nicht schon aufgrund erneuter Überlegung die gegenwärtige Einschätzung verändern wird; bei der soliden (stabilen) Absichtserklärung wird die eigene Einschätzung als definitiv hingestellt, jedoch ein expliziter oder impliziter objektiver Vorbehalt nach dem Muster einer clausula rebus sic stantibus hinzugefügt. Während die Verläßlichkeit einer episodalen (labilen) Absichtserklärung vom Charakter des Erklärenden („stur oder wetterwendisch") und bei einer Gruppe von den Unwägbarkeiten des gruppendynamischen Prozesses abhängt (etwa: die Verlierer der Montagsberatung ziehen am Dienstag das ausschlaggebende schwankende Kollegiumsmitglied auf ihre Seite[184]), mithin nicht allzu hoch eingeschätzt werden darf, weist die solide (stabile) Absichtserklärung einen hohen und vor allem exakt kontrollierbaren Verläßlichkeitsgrad auf, wenn die abgestimmten Handlungen rasch aufeinander folgen und deshalb eine zwischenzeitliche Änderung der objektiven Gegebenheiten so gut wie ausgeschlossen ist.

Eine genauere Betrachtung dieser Erklärungsformen lehrt, daß die *stabile* Absichtserklärung in Wahrheit nur ein *Sonderfall* des *gentlemen's agreement* ist, weil sie über die Mitteilung einer gegenwärtigen Einschätzung hinaus das Versprechen des innerlichen Festhaltens an dieser Einschätzung enthält und eben deshalb doch ceteris paribus mit Bindungswillen abgegeben wird, wodurch es sich erklärt, daß sowohl im Kartellrecht und in der Theorie *Schmidt-Hiebers* immer

---

rock, WuW 1971, 861 f.; *ders.*, BB 1973, 101; vgl. ferner *Beuthien*, in: Wettbewerbsordnung im Spannungsfeld von Wirtschafts- und Rechtswissenschaft (FS für G. Hartmann), 1976, S. 51, 61 f.; *Lübbert*, Das Verbot abgestimmten Verhaltens im deutschen und europäischen Kartellrecht, 1975, S. 54–61; *v. Gamm*, Kartellrecht, 1987, S. 248; *Belke*, ZHR 139 (1975), 51, 59 f.; *O. Möhring/Illert*, BB 1974, 817, 819; *Ph. Möhring*, NJW 1973, 777, 778 f.; Frankfurter Kommentar zum GWB, Stand: Februar 1977, § 25 Rdnr. 18, wonach das abgestimmte Verhalten als rechtlich unverbindliche Willensübereinstimmung qualifiziert wird; w.N.b. und Kritik an der Verneinung jeglicher Bindungswirkung bei *Bahntje* (Fn. 181), S. 69 ff.
[183] Vgl. *Schmidt-Hieber* (Fn. 5), S. 75 ff.
[184] Im Schöffengericht spielt immer schon ein Richter das Zünglein an der Waage, und auch bei der Großen Strafkammer bedarf es nur des Sinneswandels eines Richters, um aus einem für eine schärfere Strafe gem. § 263 nicht ausreichenden 3 : 2-Verhältnis eine 4 : 1-Zweidrittelmehrheit zu machen.

wieder von einer Einigung über das künftige Vorgehen gesprochen wird als auch in der Umfrage und in Praktikerschilderungen immer wieder die Vorstellung einer – wenn auch rechtlich unverbindlichen – *Zusicherung* evoziert wird.[185] Zugleich wird offensichtlich, daß die von *Schmidt-Hieber* angeführten Beispielsfälle von in der StPO ausdrücklich vorgesehenen Zwischenberatungen mit Prognosecharakter[186] ausschließlich *labile* Absichtserklärungen betreffen und deshalb mitnichten die Zulässigkeit stabiler Absprachen beweisen, denn nur die in der Rechtsprechung betonte völlige innere Offenheit des Richters bewahrt ihn beispielsweise nach einem Eröffnungsbeschluß oder einer Entscheidung über die Haftfortdauer vor einer Ablehnung wegen Besorgnis der Befangenheit.[187]

4. Weil die stabilen Absichtserklärungen als gentlemen's agreements dem hierfür aus der lex lata bereits oben abgeleiteten Verdikt unterfallen, bleibt damit im Bereich der informellen Verständigungen als eine für die Justizorgane statthafte Handlungsform allenfalls die *labile* Absichtserklärung übrig, die nun aber die Legitimationsprobleme der modernen informellen Absprachen im deutschen Strafverfahren keinesfalls zu lösen vermag, von den noch weiterhin untersuchungsbedürftigen Voraussetzungen ihrer konkreten Prozeßordnungsmäßigkeit ganz abgesehen.

a) Wie die Repräsentativ-Umfrage ergeben hat, ist die Rechtswirklichkeit der informellen Absprachen im Strafverfahren durch einen ganz erheblichen Anteil echter *Zusicherungen* gekennzeichnet, der mit zunehmender Erfahrung der Verteidiger immer größer wird: 48% der nicht spezialisierten Rechtsanwälte, aber 56% der auf Strafverteidigungen spezialisierten Rechtsanwälte qualifizieren die gerichtlichen Zugeständnisse bei Urteilsabsprachen als konkrete Zusi-

---

[185] Zu den Ergebnissen der Repräsentativ-Umfrage bzgl. des Charakters der vom Gericht erlangbaren Zugeständnisse als Zusicherung oder Absichtserklärung vgl. die in Fn. 1 angegebene Veröffentlichung; von den Praktikerberichten vgl. nur *Deal*, StrV 1982, 545, 546ff.; *Hamm*, in: *Dencker/Hamm* (Fn. 12), S. 109f., 112f.

[186] Vgl. *Schmidt-Hieber* (Fn. 5), S. 76ff.; *ders.*, FS für Wassermann, 1985, S. 995, 1001.

[187] So *Schmidt-Hieber* selbst in: Verständigung im Strafverfahren (Fn. 5), S. 77 m. w. N. in Fn. 50. Sehr aufschlußreich ist auch das dort von *Schmidt-Hieber* angeführte Beispiel des informellen Schuldinterlokuts, welches natürlich nur als labile Absichtserklärung mit dem geltenden Prozeßrecht in Einklang gebracht werden kann und in dieser Form keinen prozessualen Gewinn erwarten läßt (wobei hier nur am Rande bemerkt werden soll, daß die Praxis die Idee des informellen Schuldinterlokuts schon wegen der darin steckenden starken Überschätzung von Sinn und Möglichkeiten einer spezialpräventiven Strafzumessung zu Recht nicht angenommen hat, so daß ein großer Teil der wissenschaftlichen Reformdiskussionskapazität – vgl. nur die Nachweise bei *Roxin* – Fn. 48 –, S. 280f. – in den letzten 20 Jahren in eine Sackgasse investiert worden sein dürfte).

cherungen, und der ungeschminkte Bericht von *Widmaier* über einen echten „strafprozessualen Vergleich", der nicht erst legalisiert zu werden brauche und sich auch nicht verbieten lasse,[188] belegt ebenso wie die Hinweise von *Dahs* (daß eine rechtlich unverbindliche Absprache mit Rücksicht auf die Interessenlage und die unter den Beteiligten bestehende Vertrauensbasis de facto ebenso zuverlässig sein könne wie verfahrensrechtlich bindende Absprachen, daß ein gentlemen's agreement eben nicht einklagbar sei, er aber noch niemals erlebt habe, daß sich eine Justizbehörde an eine eindeutige Vereinbarung (!) über Verfahrensgang und Verfahrensergebnis nicht gehalten habe[189]), daß ein erfahrener Strafverteidiger sich nicht mit labilen Absichtserklärungen zufrieden gibt und zufrieden zu geben braucht, sondern auf Zusicherungen besteht, die dann später von der Justiz auch durchweg eingehalten werden, und dieses Bild ist auf den zahlreichen Diskussionsveranstaltungen, die ich in den letzten Jahren mit Strafrichtern geführt habe, so eindrucksvoll und einheitlich bestätigt worden, daß man davon ausgehen darf, daß die labile Absichtserklärung der Justizorgane nur noch entweder gegenüber gänzlich unerfahrenen Verteidigern oder aber als bloße sprachliche Camouflage für eine eigentlich gemeinte und vom Empfängerhorizont auch so aufgefaßte Zusicherung vorkommt. Eine frappierende Bestätigung erfährt diese Beurteilung dadurch, daß sich buchstäblich alle Fallschilderungen, die sich in der einschlägigen Literatur in insgesamt überreichem Maße finden,[190] auf Zusicherungen beziehen und daß sogar *Schmidt-Hieber* selbst, wenn er konkret wird, eindeutige Selbstbindungsfälle berichtet.[191]

b) Aufgrund der im dritten Kapitel unternommenen soziologischen Analyse der Absprachen ist es auch schlechthin evident, daß die Justizorgane aus einem völlig richtigen Gerechtigkeitsgefühl heraus den Rückzug auf die prozessual relativ unbedenklichen labilen Absichtserklärungen verschmähen und dem Angeklagten, der ja in Gestalt der Geständnisablegung oder des Verzichts auf Beweisanträge „Vorleistungen" zu erbringen hat, durch die er sich auch nach Auffasung von *Schmidt-Hieber* die in Aussicht gestellte Strafmilderung erst noch „verdienen" muß,[192] die hierfür unerläßliche *Vertrauensbasis* durch *gentlemen's agreements* verschaffen und ihn gerade nicht – unter eigener Übernahme der Rolle eines Croupiers – zu einem Va-Banque-Spiel auffordern.[193] Denn wenn schon einmal das Modell der

---

[188] StrV 1986, 357.
[189] NJW 1987, 1318; ders., NStZ 1988, 153, 154.
[190] Vgl. außer den in Fn. 17 und 185 nachgewiesenen Fallschilderungen auch *Dahs*, NStZ 1988, 154 f.; *Hübsch*, in: Absprachen im Strafprozeß (Fn. 2), S. 66 ff.
[191] Vgl. *Schmidt-Hieber* (Fn. 5), S. 70 ff. u. ö. (86, 111 f.).
[192] *Schmidt-Hieber* (Fn. 5), S. 78.
[193] Vgl. bereits *Schünemann*, in: Absprachen im Strafprozeß (Fn. 2), S. 39.

triadischen Lösung von Wertkonflikten in eine dyadische Lösung von Interessenkonflikten retransformiert wird, so gehört zur Minimalvoraussetzung der hierfür gültigen *Austauschgerechtigkeit,*[194] daß eine Vorleistung zumindest mit einer *Zusage* honoriert wird, während das Ansinnen an den Verhandlungspartner, er solle auf labile Absichtserklärungen hin zu einschneidenden Vorleistungen bereit sein, unter dem leitenden Aspekt der Tauschgerechtigkeit geradezu impertinent wirkt. Die informellen Absprachen verlangen deshalb von ihrer *immanenten Gerechtigkeitsstruktur* her zumindest nach der Form des gentlemen's agreement und lassen sich nicht mit Hilfe von labilen Absichtserklärungen in das für sie unpassende Prokrustesbett unserer völlig anders konzipierten Strafprozeßordnung zwängen. Zugleich verleihen diese objektiven Strukturen der Absprachesituation der richterlichen Äußerung unabhängig von ihrer individuellen Formulierung eo ipso den *objektiven Erklärungswert der Stabilität,* eben weil dies in dieser Situation redlicherweise von ihm erwartet wird und er durch Benutzung einer im *praktischen* Handeln bereits *etablierten* Prozeßfigur schlüssig deren essentialia aufruft. Die *prozessuale Lebensform* legt hier also die Bedeutung fest, solange sich kein Beteiligter davon sprachlich klar und unmißverständlich lossagt – womit er sich aus der Gemeinschaft der redlichen Absprachenakteure verabschieden würde, was natürlich möglich, aber schon wegen des damit verbundenen Verlustes aller Absprachen-Vorteile immer seltener zu erwarten ist.

c) Dieses Ergebnis ist nicht nur eindeutig, sondern muß auch im Interesse der wissenschaftlichen Aufrichtigkeit klar und „wahrheitshart" *(Bottke)* ausgesprochen werden, wenn über den informellen Absprachen nicht nur unser geltendes Strafprozeßrecht (über dessen Ablösungsbedürftigkeit ja noch im fünften Kapitel Klarheit zu gewinnen ist), sondern auch die Integrität der deutschen Strafprozeßrechtswissenschaft (die zu den unveräußerlichen Gütern unserer Rechtskultur zählt) zu Grabe getragen werden soll. Es ist erst wenige Jahre her und bis heute noch nicht ausgestanden, daß in der sog. Parteispendenaffäre Auftragsforschung und wissenschaftliche Publikationsformen so eng verquickt wurden, daß eine numerisch herrschende Meinung durch äußere Einflüsse auf den Wissenschaftsbetrieb hervorgerufen wurde, was für eine hermeneutische Wissenschaft einen Anschlag auf ihre Grundfesten bedeutet.[195] Bei den strafprozes-

---

[194] Zur Austauschgerechtigkeit in der Verhandlungsdyade sowie zur Equity-Theorie als einer allgemeinen Theorie des gesellschaftlichen Verhaltens vgl. *Röhl* (Fn. 7), S. 36 ff., 144 f., 146 ff.; *Müller/Crott,* in: *Frey/Irle* (Hrsg.), Theorien der Sozialpsychologie, 1984, S. 218 ff.; *Folger* (Fn. 119).
[195] Musterbeispiel ist hier die Betriebsausgabentheorie der Parteispenden, die ihrer dogmatischen Unhaltbarkeit zum Trotz sehr rasch durch Publikationen aus Verteidi-

sualen Absprachen ist die Ausgangsposition aber noch weitaus prekärer, weil die im dritten Kapitel beschriebene Interessenidentität der professionellen Akteure nicht nur fast zwangsläufig eine numerisch konkurrenzlose apologetische Literatur, sondern auch entsprechende prästabilierte Mehrheitsverhältnisse auf einem Juristentag besorgen läßt, auf dem die eigentlich Betroffenen – die Beschuldigten in einem Strafverfahren – wegen des Interessenkonflikts mit den Rechtsanwälten als ihren üblichen Sachwaltern ebenso wenig repräsentiert werden, wie ihre Interessen auch sonst in der Gesellschaft außerhalb einer Parallelrichtung mit den Berufsinteressen der Rechtsanwälte überhaupt organisiert sind. Wenn die wissenschaftliche Diskussion über die strafprozessualen Absprachen nicht zu einer Farce werden soll, müssen deshalb an die Lauterkeit der Teilnehmer allerstrengste Anforderungen gestellt werden, und das verlangt insbesondere den rückhaltlosen Verzicht auf den Versuch, die vordergründige Choreographie und verhüllenden Redewendungen der informellen Absprachen scheinbar für bare Münze zu nehmen und den modernen Prozeßpraktiken, die im Bereich des von *Dahs* sogenannten Wildwuchses[196] durch ihre Verheimlichung in der öffentlichen Hauptverhandlung durchaus auf eine „Schmierenkomödie" hinauslaufen können,[197] durch ein noch weitaus peinlicheres *wissenschaftliches Schmierentheater* zu sekundieren.

Für eine seriöse Problemerörterung ist deshalb nicht daran zu zweifeln, daß die labilen Absichtserklärungen von vornherein nur einen kleinen und keinesfalls den charakteristischen Teil der heute etablierten informellen Verständigungsformen abzudecken vermögen, während die schon auf der Handlungsebene prozeßordnungswidrige stabile Absichtserklärung den Regelfall bildet.

5. a) Freilich bedarf selbst die Vereinbarkeit des schmalen Rumpfbereiches der labilen informellen Absprachen mit den Prozeßhandlungsformen der StPO noch des positiven Nachweises, der abermals zu einer *Einschränkung* und darüberhinaus zu dem bis heute kaum thematisierten, geschweige denn auch nur ansatzweise gelösten Rechtsproblem

---

ger- und Verteidigungsgutachter-Kreisen zur in numerischer Hinsicht herrschenden Meinung avancierte (zur Kritik vgl. nur *Ipsen, Schünemann* und *Offczors*, in: de Boor/ Pfeiffer/Schünemann – Hrsg. –, Parteispendenproblematik, 1986, S. 12 ff., 41 ff., 157 ff.; BGHSt. 34, 272, 287 ff.), wobei das eigentlich prekäre Moment darin zu finden ist, daß in der ohne harte empirische Richtigkeitskriterien arbeitenden Rechtswissenschaft die herrschende Meinung üblicherweise als ein Gütesiegel betrachtet wird, was aber natürlich stillschweigend eine Zufallsauswahl der publizierenden Autoren voraussetzt.
[196] NStZ 1988, 153, 154; ders., Taschenbuch (Fn. 85), Rdnr. 142b.
[197] Vgl. *Damaska*, StrV 1988, 398, 399; *Deal*, StrV 1982, 545, 552; *Dencker/Hamm* (Fn. 12), S. 52, 100; *Seier*, JZ 1988, 683; *Schmidt-Hieber*, StrV 1986, 355; ders. (Fn. 5), S. 91; ders., NStZ 1988, 302, 303; *Widmaier*, StrV 1986, 357, 358. Dagegen *Dahs*, NJW 1987, 1318. Zu entsprechenden Ansätzen bei der „Verarbeitung" des Phänomens s. u. Fn. 479.

der *Gleichbehandlung* aller Beschuldigter führt. Eine labile Absichtserklärung setzt zunächst einmal eine Verständigung über den erreichten Verfahrensstand voraus, die ihrerseits eine Erweiterung der in § 265 geregelten Hinweispflicht bei Veränderung des rechtlichen Gesichtspunktes auf ein umfassendes Sach- und Rechtsgespräch bedeutet, wie es ursprünglich allgemein von *Adolf Arndt*,[198] im Zusammenhang mit der Reform der Hauptverhandlung 1978 von mir[199] und kürzlich im Zusammenhang mit den Absprachen von *Baumann*[200] de lege ferenda gefordert worden ist und de lege lata zwar nicht generell zum Pflichtenkreis des Gerichts gehört,[201] aber doch von der Rechtsprechung punktuell aus den Generalklauseln der Fürsorgepflicht und des fair-trial-Grundsatzes abgeleitet worden ist[202] und deshalb als zulässige prozessuale Handlungsform außer Frage steht. Dieser Dreierschritt von erreichtem Verfahrensstand, antizipiertem Prozeßverhalten des Beschuldigten und darauf beabsichtigter eigener Reaktion steht nun allerdings insoweit unter dem Vorbehalt einer „*Prägnanzbremse*", als der nächstfolgende Schritt niemals prägnanter ausfallen kann als der vorhergehende (so daß man auch von einer „Unbestimmtheitskontinuität" sprechen könnte): Eine breit streuende Prämisse kann immer nur eine entsprechend breit gestreute Rechtsfolge nach sich ziehen. Das braucht – etwa wenn der Antizipationssachverhalt bei einem von der Verteidigung zurückzunehmenden Beweisantrag exakt feststeht – keine Probleme zu machen, kann jedoch auch zu einer *Unbestimmtheitspotenzierung* führen, insbesondere wenn die Absprache bei einem noch offenen Ergebnis der bisherigen Hauptverhandlung durch Antizipation eines den Rest der Hauptverhandlung erübrigenden Geständnisses gesucht wird, weil es selbstverständlich bei einem redlichen Vorgehen (d. h. wenn wirklich eine labile Absichtserklärung abgegeben und diese nicht nur als Verbrämung für ein in Wahrheit durchgeführtes plea bargaining benutzt werden soll) ausgeschlossen ist, aus der Bestandsaufnahme eines in die Zukunft noch offenen Geschehens und eines in allen Details gar nicht antizipierbaren Geständnisses für den dritten Schritt der Strafzumessung mehr als einen in seiner Spannweite von den Parametern des je einzelnen Falles abhängigen *Rahmen* abzuleiten. Und daraus folgt zwingend, daß immer dann, wenn seitens des Gerichts bei einem zur Abkürzung der Hauptverhandlung dienlichen Geständnis eine *numerisch bestimmte* Strafe in Aussicht gestellt wird – und das ist nach allen Praxisberichten inzwischen der Prototyp der informellen Absprachen –, keine redliche labile Absichtserklärung, sondern ein verkapptes *echtes plea bargaining* vorliegt, bei dem die zulässige Prozeßhandlungsform nicht benutzt, sondern nur vorgeschützt wird.

b) Die informellen Absprachen können somit erst durch ihre vollständige Zurückführung auf den gewachsenen Fels der *gerichtlichen Hinweise* auf die Sach- und Rechtslage und nur *in diesem Umfange* als eine von der StPO gestattete Prozeßhandlungsform der *labilen Absichtserklärung* legitimiert werden, womit sich freilich eo ipso mit besonderer Dringlichkeit die Frage nach der *Gleichbehandlung* aller Beschuldigter stellt: Sowohl nach der gesetzlichen Regelung des § 265

---

[198] *Arndt*, NJW 1959, 6, 7; ders., NJW 1959, 1297, 1300f.

[199] Und zwar in Form von Beweiswürdigungs-Statements, vgl. Schünemann, GA 1978, 161, 179ff.

[200] *Baumann*, NStZ 1987, 157, 161.

[201] BVerfGE 31, 364, 370; 54, 100, 117; *Schmidt-Aßmann*, in: *Maunz/Dürig*, Art. 103 Abs. 1 Rdnr. 78; *Leibholz/Rinck/Hesselberger*, Art. 103 Rdnr. 8; *Frohn*, GA 1984, 554, 556.

[202] Vgl. BGHSt. 32, 44, 47f.; BGH StrV 1982, 523, 524; 1988, 9; BGHSt. 36, 210, 212.

Abs. 1 u. 2 als auch bei den von der Rechtsprechung aus der Fürsorgepflicht und dem Grundsatz des fair trial herausgearbeiteten weiteren Hinweispflichten steht die Erteilung ja nicht im Ermessen, geschweige denn im freien Belieben des Gerichts, sondern ist für den Fall einer notwendigen Information des Beschuldigten über die Prozeßlage obligatorisch. Wenn sich die Rechtsprechung zur Legitimation der informellen Absprachen auf diese Prozeßhandlungsform zurückziehen sollte, was für die Form der „labilen Absichtserklärung" dogmatisch haltbar wäre, so wäre sie in diesem Fall auch an das damit verknüpfte Gleichbehandlungsprinzip gebunden, so daß man dann auch einen Anspruch jedes Angeklagten bejahen müßte, daß das Gericht auf Antrag der Verteidigung hin die der konkreten Prozeßlage entsprechende „labile Absichtserklärung" abgibt.

B. Zur Kollision oder Vereinbarkeit mit den Strukturprinzipien der StPO

I. Vereinbarkeit mit der Instruktionsmaxime und der gerichtlichen Aufklärungspflicht?

Die Frage nach der Einhaltung oder Verletzung des für das gesamte Verfahren geltenden Instruktionsprinzips und der speziell die Hauptverhandlung prägenden gerichtlichen Aufklärungspflicht (§§ 152 Abs. 2, 155 Abs. 2, 160, 244 Abs. 2) gerät deshalb zur *Nagelprobe* der informellen Absprachen, weil das Inquisitionsprinzip in theoretischer Hinsicht die stärkste Bastion gegenüber einer Aushandlung des Verfahrensergebnisses darstellt und weil in praktischer Hinsicht der Prototyp der modernen Absprachen, der nach dem Muster „Tausche Geständnis gegen Bewährung"[203] funktioniert und wie keine andere Abspracheform den zu Beginn des dritten Kapitels ausführlich beschriebenen Nutzen dieser Erledigungsmethode in sich konzentriert, und damit der von den Beteiligten erstrebte Hauptgewinn von der Aufklärungspflicht am stärksten bedroht wird. Die Prüfung soll deshalb auch mit diesem heikelsten Punkt beginnen.

1. Zunächst lassen sich unschwer diejenigen Absprachetypen aussondern, bei denen *keine Kollision* mit der richterlichen Aufklärungspflicht zur Debatte steht, nämlich alle Absprachen, die *nach der Schuldspruchreife* getroffen werden, d.h. nachdem sich das Gericht bereits durch die Beweisaufnahme in der Hauptverhandlung und nach Ausschöpfung aller sich ihm aufdrängenden Beweismittel die im Augenblick der Absprache nicht in Frage gestellte Überzeugung von

---

[203] So die Formulierung von *Zierl*, AnwBl. 1985, 505.

der Schuld des Angeklagten verschafft hat.[204] Die Verständigung über die Abstandnahme von einem Beweisantrag oder dessen Zurücknahme, eine typische und unlängst auch vom BGH beurteilte Konstellation,[205] ist also mit § 244 Abs. 2 ohne weiteres zu vereinbaren, sofern nicht die Antragsbegründung zu einer Erweiterung der richterlichen Aufklärungspflicht führt, was aber insbesondere beim kritischen Beweismittel des nebulosen Auslandszeugen, der von der Verteidigung nicht selten zur Initiierung einer Absprachekommunikation benannt wird,[206] nicht der Fall ist. Das gleiche gilt für ein nach Schuldspruchreife abgegebenes Geständnis, welches gewissermaßen eine Verbindung von Inquisitionsprozeß und Konsensprinzip schafft und nach Berichten aus der Praxis von allen Beteiligten als eine besonders befriedigende Form der Prozeßerledigung empfunden wird.

2. Weitaus weniger klar ist dagegen die Rechtslage bei dem die *Beweisaufnahme abkürzenden Geständnis*, bei dem die Erfüllung der Aufklärungspflicht mit der Frage steht und fällt, ob das Geständnis in Verbindung mit dem zuvor erzielten Beweisergebnis eine sichere, die Fortsetzung der Beweisaufnahme erübrigende Verurteilungsgrundlage bietet. Typische, bei Diskussionsveranstaltungen von Praktikern immer wieder berichtete Beispiele bilden ein großes Wirtschaftsstrafverfahren wegen *Betruges* mit zahllosen Geschädigten und womöglich weiteren, ideell konkurrierenden Vorwürfen, das nach kurzer Verhandlungsdauer aufgrund eines ausgehandelten Geständnisses mit einer Verurteilung zu einer verhältnismäßig sehr milden Strafe abgeschlossen wird, sowie ein Verfahren wegen *Vergewaltigung*, in dem der Angeklagte, der noch im Ermittlungsverfahren den Tatvorwurf energisch bestritten hat, zu Beginn der Hauptverhandlung ein Geständnis ablegt und hierdurch die andernfalls unvermeidbare Belastung der Geschädigten mit einer ihr gesamtes Privatleben bloßstellenden und für sie nervlich ruinösen Vernehmung in der Hauptverhandlung erübrigt, nachdem ihm für diesen Fall eine Bewährungsstrafe in Aussicht gestellt worden ist. Unrichtig und sonst auch nirgendwo vertreten ist hierzu *Schmidt-Hiebers* Auffassung, daß das Gericht „im Normalfalle" die Aufklärungspflicht erfülle, wenn es sich mit dem Geständnis begnüge.[207] Vielmehr ist umgekehrt allgemein aner-

---

[204] Vorbehaltlich eines noch ungedeckten Aufklärungsbedarfs für die Strafzumessung, s. u. 3.
[205] BGHSt. 36, 210 ff.; vgl. auch den Fall des LG Berlin, StrV 1989, 108 f.
[206] Nach dem Ergebnis der Repräsentativ-Umfrage sind 44% der Rechtsanwälte bereit, zur Initiierung informeller Absprachen unorthodoxe Mittel zu ergreifen, und davon wiederum 75% zur Benennung eines Auslandszeugen, von dessen wirklichem Wissen wenig bekannt ist.
[207] Der Hinweis in: Verständigung im Strafverfahren (Fn. 5), S. 83 Fn. 73, auf LR/ *Gollwitzer*, § 244 Rdnr. 30 (24. Aufl. Rdnr. 33) ist nicht zutreffend, denn *Gollwitzer*

kannt, daß das Geständnis in jedem Einzelfall auf seinen *Beweiswert* hin kritisch *überprüft* werden muß und nur dann eine weitere Beweisaufnahme erübrigt, wenn hiernach an seinem Wahrheitsgehalt *keinerlei Zweifel* mehr offenbleiben.[208] Speziell bei den informellen Absprachen liegt nun ein möglicher Grund für ein falsches Geständnis so massiv auf der Hand, daß auch die euphemistische Redeweise vom „richterlichen Hinweis auf seine strafmildernden Wirkungen"[209] nicht an der Erkenntnis vorbeiführen kann, daß ein im Austausch gegen die Inaussichtstellung einer ganz bestimmten milden Strafe abgeliefertes Geständnis, durch das sich der Angeklagte diese Strafe erst noch „verdienen" muß,[210] *als solches keinerlei* Beweiswert besitzt, weil es ja nur das in der deutschen Prozeßordnung anders nicht darstellbare *Substitut* für ein guilty plea ist. Spektakuläre falsche oder zumindest später als falsch bezeichnete Geständnisse aufgrund von Absprachen haben in den letzten Jahren immer wieder die Gerichte beschäftigt,[211] und *Schmidt-Hiebers* Regel muß deshalb für den Normalfall der informellen Absprachen genau *umgekehrt* werden: Ein ausgehandeltes Geständnis kann nur bei besonderen inhaltlichen Qualitäten die weitere Beweisaufnahme erübrigen, namentlich wenn es den Tatvorgang so vollständig, anschaulich und intrasystematisch kontrollierbar schildert, daß es aus sich selbst heraus Gewißheit zu erzeugen vermag. Daß solche *„qualifizierten* Geständnisse" im Anschluß an informelle Verständigungen vorkommen, wird man annehmen müssen, und ich möchte auch nicht ausschließen, daß man sie sogar häufiger beobachten kann. Der Regelfall, wie er sich mir aufgrund der Stellungnahmen im Schrifttum und zahlreicher Praktikeräußerungen auf einschlägigen Diskussionsveranstaltungen darstellt, dürfte aber anders aussehen. Dem Zweck als Substitut des guilty plea

---

verficht gerade nicht die von *Schmidt-Hieber* behauptete Regel, sondern erklärt umgekehrt, daß das Gericht die Glaubwürdigkeit des Geständnisses jedenfalls in Erfüllung seiner Aufklärungspflicht kritisch prüfen müsse.

[208] Vgl. außer LR/*Gollwitzer*, § 244 Rdnr. 30, KK-*Herdegen* (Fn. 147), § 244 Rdnr. 1; *Ruth Moos* (Fn. 67), S. 95f.; BGHSt. 21, 285, 287f.; BGH NStZ 1987, 474 für den Fall einer Einlassung, die vom Gericht als gewissermaßen fahrlässiges Geständnis angesehen wird.

[209] *Schmidt-Hieber*, FS für Wassermann, 1985, S. 1004.

[210] So *Schmidt-Hieber* selbst, in: Verständigung im Strafverfahren (Fn. 5), S. 78.

[211] Zum falschen Geständnis eines Mitangeklagten im SMH-Bank-Prozeß vgl. *Hamm*, in: Dencker/Hamm (Fn. 12), S. 125f.; s. ferner OLG Köln DRiZ 1989, 181; zum Augsburger Fall des Bio-Unternehmers F. vgl. die Presseberichte in Fn. 33. Ferner liegen mir zahlreiche Dokumentationen vor, in denen Verurteilte (z.T. unter ausdrücklicher Bestätigung ihres Verteidigers) geltend machen, auf Anraten des Verteidigers ein falsches Geständnis abgelegt zu haben. Allg. zur Fehlerquelle des falschen Geständnisses und dessen Gründen *Beneke*, Das falsche Geständnis als Fehlerquelle im Strafverfahren, Freiburger iur. Diss. 1990, S. 107ff. m.z.w.N.; *Eisenberg*, Kriminologie, 2. Aufl. 1985, S. 267f.; *Peters*, StrV 1987, 375f. m.w.N.

entsprechend, scheint das ausgehandelte Geständnis normalerweise in der bloßen *Anerkennung der Richtigkeit des Ermittlungsergebnisses* zu bestehen (wobei aus vernehmungspsychologischer Sicht selbst dessen mündliche Wiederholung durch den Angeklagten keinen Beweis für die Glaubhaftigkeit des Geständnisses liefert, weil es dafür auf Details ankäme, die der Beschuldigte nicht den Akten entnommen haben kann[212]). In dem angeführten typischen Vergewaltigungsfall würde also das ausgehandelte „Geständnis nach Aktenlage" eine die Geschädigte stark belastende, inquisitorische Vernehmung gerade nicht entbehrlich, sondern *erst recht notwendig* machen, weil die Absprache den Beweiswert des Geständnisses im vorhinein ruiniert und das Gericht sich dadurch im Blickwinkel der Aufklärungspflicht den eine forensische Schonung der Zeugin ermöglichenden Ast selbst abgesägt hat, eben weil der bargaining-Kontakt mit dem Angeklagten die einzige neben der Zeugin noch verfügbare Beweisquelle getrübt oder gar verstopft hat. Diese Untauglichkeit des ausgehandelten Geständnisses zur Erfüllung der Aufklärungspflicht steigert sich noch in den Fällen des von *Dahs* sogenannten „*schlanken* Geständnisses",[213] dessen Text von der Verteidigung wie eine diplomatische Note ausgefeilt wird, um den Ersatzansprüchen der Geschädigten so wenig Raum wie möglich zu geben, und das insbesondere in Wirtschaftsstrafsachen an der Tagesordnung zu sein scheint. Und zu guter Letzt ist der Angeklagte in vielen Fällen, die durch das oben gebildete Betrugs-Beispiel illustriert werden, zu einer Schilderung des *gesamten subsumtionsrelevanten* Tatgeschehens überhaupt *nicht* in der Lage, weil er aus eigenem Wissen etwa über den Irrtum und den individuellen Vermögensschaden des Getäuschten sowie über die Kausalität des Irrtums für die Vermögensverfügung bei § 263 StGB gar keine verläßlichen Angaben machen kann.

3. Als Fazit der Überlegungen zum Schuldspruch ergibt sich damit, daß die richterliche Aufklärungspflicht allein durch ein „qualifiziertes Geständnis" des Angeklagten erfüllt werden kann, welches sämtliche subsumtionsrelevanten Tatsachen anschaulich, erschöpfend und intrasystematisch abschließend überprüfbar darlegt und beweist.

Außerdem setzt die Verfahrensbeendigung wegen eines Geständnisses aber auch die Entbehrlichkeit weiterer Ermittlungen zur Fixierung des *Strafzumessungs*sachverhalts voraus, für den § 244 Abs. 2 grundsätzlich ebenfalls gilt.[214]

---

[212] Vgl. *Ruth Moos* (Fn. 67), S. 96; *Busam*, Das Geständnis im Strafverfahren, 1983, S. 43.
[213] Vgl. *Dahs*, NStZ 1988, 155; *ders.*, in: Absprachen im Strafprozeß (Fn. 2), S. 192.
[214] *Bruns*, Strafzumessungsrecht, 2. Aufl. 1974, S. 151 ff.; *ders.* (Fn. 68), S. 277 f.; OLG Hamm NJW 1956, 1934; *Eser*, Einführung in das Strafprozeßrecht, 1983, S. 75 f.

4. Die vorstehenden Grundsätze gelten schließlich entsprechend für die Absprachen über eine Prozeßerledigung *ohne Hauptverhandlung,* weil den Strafverfolgungsbehörden auch in den übrigen Verfahrensstadien durch die *Instruktionsmaxime* die Erforschung der materiellen Wahrheit zur Pflicht gemacht wird.[215] Immerhin fällt die Beschränkung der informellen Absprachen durch die Instruktionsmaxime im Ermittlungsverfahren damit doch insgesamt weitaus weniger streng aus als durch die Aufklärungspflicht in der Hauptverhandlung, weil ja für die Erledigung sowohl nach § 153a als auch durch Strafbefehl nur *hinreichender Tatverdacht,* d.h. die Wahrscheinlichkeit der Schuld des Beschuldigten vorausgesetzt wird,[216] so daß etwa ein Geständnis, das diese Voraussetzungen erfüllen soll, bei weitem nicht so „qualifiziert" zu sein braucht wie ein Geständnis als Verurteilungsgrundlage in der Hauptverhandlung.

II. Verletzung des Unmittelbarkeits- und Mündlichkeitsprinzips?

1. Auf den ersten Blick scheint die Mißachtung der für die Hauptverhandlung geltenden Grundsätze der Unmittelbarkeit und Mündlichkeit geradezu das Wesen der informellen Absprachen auszumachen, wirft man ihnen doch bei einer kritischen Sicht gemeinhin die Kungelei oder Mauschelei hinter den Kulissen und die Verwandlung der Hauptverhandlung in ein bloßes Schmierentheater vor,[217] während die Grundsätze der Unmittelbarkeit und Mündlichkeit gerade dafür sorgen sollen, daß alle für die Urteilsfindung wesentlichen Prozeßvorgänge in der mündlichen Hauptverhandlung stattfinden, die im Unterschied zum „endlichen Rechtstag" des Gemeinen Rechts kein Theater, sondern das *Zentrum* des Strafverfahrens und die alleinige Urteilsgrundlage darstellen soll.[218] Gleichwohl hat die Rechtsprechung, sofern sie sich bisher überhaupt mit dieser Frage befaßt hat, eine prinzipielle Verletzung dieser Grundsätze durch eine außerhalb der Hauptverhandlung stattfindende informelle Verständigung

---

[215] Dazu *Pfeiffer,* Grundzüge des Strafverfahrensrechts, 1987, Rdnr. 7; *Roxin* (Fn. 48), S. 77f.; *Schlüchter* (Fn. 165), S. 483ff.; *Kleinknecht/Meyer* (Fn. 58), § 244 Rdnr. 10ff.

[216] Für § 153a vgl. *Eser,* FS für Maurach, 1972, S. 258; LR/*Schoreit,* § 153a Rdnr. 10 mit Verweis auf § 153 Rdnr. 5; LR/*Rieß,* § 153a Rdnr. 31; für den Strafbefehl vgl. o. Fn. 167.

[217] Vgl. *Damaska,* StrV 1988, 398, 399; *Deal,* StrV 1982, 545, 552; *Dencker,* in: *Dencker/Hamm* (Fn. 12), S. 52; *Schmidt-Hieber* (Fn. 5), S. 91; *ders.,* StrV 1986, 355, 356; *ders.,* NStZ 1988, 302, 303.

[218] Vgl. KK-*Pfeiffer* (Fn. 147), Einl. Rdnr. 8f.; *Kleinknecht/Meyer* (Fn. 58), § 250 Rdnr. 1ff.; *Roxin* (Fn. 48), S. 292ff.; *Peters* (Fn. 110), S. 557f.; *Geppert,* Der Grundsatz der Unmittelbarkeit im deutschen Strafverfahren, 1979, S. 17.

mit der Begründung verneint, daß es dem Vorsitzenden nicht verwehrt sein könne, zur Förderung des seiner Leitung unterliegenden Verfahrens mit den Prozeßbeteiligten auch außerhalb der Hauptverhandlung Fühlung aufzunehmen und eine sachgerechte Antragstellung anzuregen,[219] und daß die Vorschrift des § 261, nach der die richterliche Überzeugung ausschließlich aus dem Inbegriff der Hauptverhandlung geschöpft werden müsse, gerade dann nicht verletzt sei, wenn das Gericht die außerhalb der Hauptverhandlung vorangegangene Verständigung bei der Würdigung des daraufhin abgelegten Geständnisses *nicht* heranziehe.[220] Daß also gerade die Ignorierung der außerhalb der Hauptverhandlung vorgenommenen Verständigung die Grundsätze der Unmittelbarkeit und Mündlichkeit bewahren soll, wirkt verblüffend, scheint aber eine zwanglose Konsequenz aus der auch sonst in der Rechtsprechung vorherrschenden Interpretation des Unmittelbarkeitsgrundsatzes darzustellen, daß dieser nur die Verwertung außerhalb der Hauptverhandlung erworbenen Wissens verbiete, nicht aber die Benutzung der sachnächsten Beweismittel positiv vorschreibe, weil der Verzicht auf verfügbare Beweismittel keine Frage der Unmittelbarkeit, sondern eine solche der gerichtlichen Aufklärungspflicht sei.[221]

2. Eine Verletzung der positiv-rechtlichen Ausprägungen des Unmittelbarkeitsprinzips setzt deshalb den Nachweis voraus, daß die StPO die *Absprachekommunikation außerhalb* der Hauptverhandlung *untersagt*, was auf den ersten Blick deshalb schwierig, wenn nicht unmöglich zu sein scheint, weil das Gesetz hierzu ja überhaupt schweigt. Aber dieser Schein trügt, und der Fehler in der Position der Rechtsprechung liegt bereits in ihrem undifferenzierten Ausgangspunkt, daß es dem Vorsitzenden nicht verwehrt sein könne, zur Förderung des Verfahrens auch außerhalb der Hauptverhandlung mit den Prozeßbeteiligten Fühlung aufzunehmen und eine sachgerechte Antragstellung anzuregen. Den Schlüssel zur Widerlegung dieser Behauptung hat das BVerfG selbst gewiesen, indem es die Nichteinführung der informellen Verständigung in die Hauptverhandlung zwecks Beurteilung der Beweiskraft des Geständnisses als möglichen Gegen-

---

[219] Diese Wendung findet sich, soweit ersichtlich, erstmals im Urteil des 3. Strafsenats des BGH vom 4. 5. 1977 (3 StR 93/77), S. 4, wo es aber gar nicht um eine Absprache ging. Vgl. seitdem BGH StrV 1984, 449, 450; OLG Bremen StrV 1989, 145 ff.; BGH NStZ 1985, 36, 37; BGH StrV 1988, 417, 418; BGHSt. 36, 210, 214; zust. *Cramer*, FS für Rebmann, 1989, S. 145, 150.
[220] So BVerfG (3. Kammer 2. Senat) wistra 1987, 134, 135 = DRiZ 1987, 196, 197 = NStZ 1987, 419, 420; zust. *Cramer*, FS für Rebmann, 1989, S. 145, 149.
[221] So (nicht nur im Zusammenhang mit der V-Mann-Problematik) die st. Rspr., vgl. BGHSt. 6, 209, 210; 17, 382, 383 f.; 22, 268, 270 f.; 32, 115, 122 (GrS); 33, 178, 181; BVerfGE 57, 250, 292; BGH MDR 1969, 156; BGH bei *Dallinger*, MDR 1971, 898.

stand einer *Aufklärungsrüge* charakterisiert hat,[222] denn wie sollte eine solche Einführung prozeßordnungsgemäß möglich sein? Eine Befragung des Angeklagten wäre kein probates Mittel, weil dieser – von der Seltenheit seiner Teilnahme an den Absprachekommunikationen[223] ganz abgesehen – insoweit schweigen oder ohne Angst vor Sanktionen falsche Angaben machen könnte. Weil der Verteidiger erst von seiner Schweigepflicht entbunden werden müßte, bleibt als sicherer Weg zur Einführung in die Hauptverhandlung nur die Aussage des Vorsitzenden selbst (und ggf. der anderen an der Absprache teilnehmenden Justizpersonen) übrig, die nun aber in der Form der Zeugenvernehmung gem. § 22 Nr. 5 zur *Ausschließung* des Richters führen würde. Es fragt sich deshalb, ob das vom Richter in der Absprachekommunikation dienstlich erworbene Wissen in anderer Weise in die Hauptverhandlung eingeführt werden kann, was in der Rspr. bisher für durch Rückfragen bei Zeugen oder Sachverständigen außerhalb der Hauptverhandlung nachträglich erlangte Informationen sowie für die Wahrnehmungen des beauftragten Richters entschieden worden ist. Im ersten Fall gibt es keine Möglichkeit, die Information anders als durch die erneute Vernehmung des Zeugen oder Sachverständigen in die Hauptverhandlung einzuführen,[224] und im zweiten Fall dürfen nur diejenigen Wahrnehmungen eines beauftragten Richters verwertet werden, die in der kommissarischen Niederschrift vermerkt und dementsprechend in der Hauptverhandlung verlesen worden sind.[225] Hiervon abgesehen, gibt es keine Möglichkeit, ein außerhalb der Hauptverhandlung erworbenes Wissen des Richters in die Hauptverhandlung einzuführen, *ohne* ihn als *Zeugen* zu vernehmen. Insbesondere kann er auch nicht über seine eigenen Wahrnehmungen außerhalb der Hauptverhandlung eine dienstliche Äußerung in der Hauptverhandlung abgeben, weil es sich hierbei um ein im *Strengbeweisverfahren unzulässiges* Beweismittel handelt, so daß sich der Richter durch die dienstliche Äußerung selbst zum Zeugen macht und hierdurch eo ipso der Ausschließungsregelung des § 22 Nr. 5 unterfällt.[226] Damit ist aber klar, was es mit dem vom BGH bejahten

---

[222] Wistra 1987, 134, 135 = DRiZ 1987, 196, 197 (in NStZ 1987, 419, 420 insoweit nicht abgedruckt).
[223] S. o. § 3 I 3 b).
[224] Vgl. RGSt. 71, 326 ff.; RG HRR 1939 Nr. 1214; BGH bei *Dallinger*, MDR 1952, 532; LR/*Gollwitzer*, § 261 Rdnr. 22; KK-*Hürxthal* (Fn. 147), § 261 Rdnr. 9; *Jung*, in: Jung/Müller-Dietz (Hrsg.), Dogmatik und Praxis des Strafverfahrens, 1989, S. 77 ff.
[225] BGHSt. 2, 1, 2; BGH bei *Holtz*, MDR 1977, 105, 108; BGH NStZ 1983, 182; LR/*Gollwitzer*, § 261 Rdnr. 18; KK-*Hürxthal* (Fn. 147), § 261 Rdnr. 9; *Kleinknecht/Meyer* (Fn. 58), § 251 Rdnr. 17 m.w.N.
[226] Vgl. für den Fall des privaten Wissens LG Aachen StrV 1984, 20; für den Fall eines dienstlich erworbenen Wissens OLG Koblenz GA 1977, 313 f.; OLG Koblenz VRS 65, 379 ff.; LR/*Gollwitzer*, § 261 Rdnr. 19, 24. Die anerkannte Möglichkeit, das

Recht des Vorsitzenden, „zur Förderung des seiner Leitung unterliegenden Verfahrens mit den Prozeßbeteiligten auch außerhalb der Hauptverhandlung Fühlung aufzunehmen und eine sachgerechte Antragstellung anzuregen", nach der StPO nur auf sich haben kann: Es darf hierbei nur um *prozessuale* Fragen gehen, über die dann ja auch bei einer späteren Kontroverse im *Freibeweisverfahren* und deshalb unter Einschluß der dienstlichen Äußerung zu befinden ist,[227] nicht aber um eine Fortsetzung der Sachverhaltsaufklärung, die im Hauptverfahren nur in der Hauptverhandlung oder ausnahmsweise durch eine kommissarische Vernehmung durchgeführt werden darf und nicht durch außerhalb der Hauptverhandlung erfolgende eigene Ermittlungen des Vorsitzenden, die anschließend nicht mehr in die Hauptverhandlung eingeführt werden können.

3. Während also (nur) prozessuale Fragen ohne Verletzung des Unmittelbarkeits- und Mündlichkeitsprinzips außerhalb der Hauptverhandlung vorbesprochen werden können, hat die Initiierung eines Geständnisses immer innerhalb der Hauptverhandlung zu erfolgen, weil die Umstände seines Zustandekommens für die Schuld- und Straffrage von Bedeutung sind.

III. Verletzung des Öffentlichkeitsgrundsatzes?

1. Daß informelle Absprachen, die in der Hauptverhandlung nicht einmal mehr *mitgeteilt* werden, den Öffentlichkeitsgrundsatz verletzen, darf inzwischen als eindeutig herrschende Meinung angesehen werden,[228] was freilich auffällig mit der Rechtswirklichkeit kontrastiert, die nach dem Ergebnis der Repräsentativ-Umfrage und noch stärker nach den Berichten erfahrener Praktiker überwiegend von strenger *Diskretion* geprägt ist.[229] Die Gegenmeinung beruft sich auf

---

außerhalb der Hauptverhandlung erworbene Wissen zum Gegenstand eines Vorhalts zu machen (vgl. LR/*Gollwitzer*, § 261 Rdnr. 24), hilft natürlich nicht weiter, wenn die Richtigkeit des Vorhalts bestritten wird.

[227] RGSt. 66, 113, 116; BGHSt. 13, 358, 359; KK-*Herdegen* (Fn. 147), § 244 Rdnr. 10; *Alsberg/Nüse/Meyer*, Der Beweisantrag im Strafprozeß, 5. Aufl. 1983, S. 145, 155 m.w.N.

[228] Vgl. *Schmidt-Hieber* (Fn. 5), S. 91 f.; *ders.*, NJW 1982, 1017, 1021; *ders.*, StrV 1986, 355, 356; *ders.*, RuP 1988, 141, 143; *ders.*, NStZ 1988, 302, 303; *Schünemann*, in: Absprachen im Strafprozeß (Fn. 2), S. 46 f.; *Dencker*, in: *Dencker/Hamm* (Fn. 123), S. 52; StPO-Kommission des DRB, DRiZ 1987, 244; *Hanack*, StrV 1987, 500, 503; *Rönnau*, Die Absprache im Strafprozeß, 1990, S. 165 ff.

[229] Nach der Umfrage wird die Absprache nur von den Amtsrichtern mehrheitlich in der Hauptverhandlung offen mitgeteilt, am Landgericht von 42%. Zum Diskretionsbedürfnis der Praxis vgl. auch *Deal*, StrV 1982, 545; *Widmaier*, StrV 1986, 357, 359; *Hanack*, StrV 1987, 500, 503; *Dahs*, NStZ 1988, 153, 157; *Schäfer*, DRiZ 1989, 294; *Haas*, NJW 1988, 1345, 1351.

die bereits angesprochene Rechtsprechung des BGH, daß dem Vorsitzenden eine Fühlungnahme mit den Prozeßbeteiligten außerhalb der Hauptverhandlung nicht verwehrt sei, und bezieht den Öffentlichkeitsgrundsatz rein formal auf die als solche deklarierte Hauptverhandlung, weshalb er für nicht als deren Teil behandelte Vorgänge von vornherein nicht einschlägig sei.[230]

2. Wie schon beim Unmittelbarkeitsgrundsatz scheint auf den ersten Blick die Verletzung des Öffentlichkeitsprinzips durch informelle Absprachen außerhalb der Hauptverhandlung evident zu sein – soll doch die abwertende Bezeichnung als „Schmierentheater" eine Irreführung der Öffentlichkeit andeuten, die man in vielen Prozeßberichten mit Händen greifen zu können glaubt[231] –, während sich bei genauerer Betrachtung dahinter die Gefahr einer zirkulären Argumentation abzeichnet. Denn weil der Öffentlichkeitsgrundsatz im Grundgesetz – anders als in der Paulskirchenverfassung – nicht garantiert ist,[232] darf man in ihn keinen über die §§ 169 ff. GVG hinausgehenden Regelungsgehalt hineinlesen, und § 169 GVG spricht schlicht von der „öffentlichen Verhandlung vor dem erkennenden Gericht", was den Vertretern der formalen Auffassung recht zu geben scheint. Aber doch nur scheint, denn weil die Norm des § 169 GVG primär an den Richter adressiert ist, der die Öffentlichkeit nur unter den Voraussetzungen der §§ 171 a ff. GVG ausschließen kann, darf sein Anwendungsbereich *nicht* von der richterlichen *Deklaration* eines Vorganges als „Verhandlung", sondern nur von der *Sache selbst* abhängig gemacht werden, und d.h. für das Strafverfahren: davon, was die StPO als den „*Inbegriff der Verhandlung*" festlegt. Was wegen des Unmittelbarkeitsprinzips in der Hauptverhandlung stattfinden muß, muß deshalb auch der Kontrolle der Öffentlichkeit unterworfen werden, so daß § 261 StPO und § 169 GVG den gleichen Anwendungsbereich haben. Hieraus folgt, daß die insbesondere von *Schmidt-Hieber* vertretene Forderung einer (scil. nachträglichen) *Offenlegung* aller möglicherweise das Verfahrensergebnis beeinflussenden Vereinbarungen in der Hauptverhandlung[233] auf *halbem Wege* stehenbleibt. Von dem (dem irrigerweise sogenannten Funktionswandel[234] zum

---

[230] Vgl. *Jähnke*, in: Absprachen im Strafprozeß (Fn. 2), S. 151; *Cramer*, FS für Rebmann, 1989, S. 149; *Baumann*, NStZ 1987, 157, 158.

[231] Vgl. *Hamm*, in: *Dencker/Hamm* (Fn. 12), S. 125 f.; *Preuß*, Der Spiegel Nr. 4/1986, S. 135; *Baur*, Süddeutsche Zeitung Nr. 64/1987, S. 23; *Koch*, Die Zeit Nr. 28/1989, S. 21.

[232] Die Öffentlichkeit ist kein Verfassungsrechtssatz des Grundgesetzes (BVerfGE 4, 74, 94; 15, 303, 307). Anders Art. X, § 178 der Reichsverfassung von 1849.

[233] Vgl. die Nachweise in Fn. 228.

[234] Angeblich soll das Öffentlichkeitsprinzip heute überwiegend dem Informationsinteresse der Allgemeinheit dienen (vgl. *Kleinknecht*, FS für Schmidt-Leichner, 1977,

Trotz unveränderten) *Zweck* des Öffentlichkeitsgrundsatzes[235] her, eine Kontrolle über die von keiner anderen Staatsgewalt mehr kontrollierte Justiz sicherzustellen und das Vertrauen der Bevölkerung auf die Unverbrüchlichkeit der Rechtsordnung zu bewahren und zu stärken, ist der Aushandlungs*vorgang* selbst mindestens ebenso wichtig wie das *Ergebnis*, denn ob durch eine abgewogene Diskussion der Prozeßlage Konsens erzielt oder aber ein prozessualer „Kuhhandel" durchgeführt wurde, ob sich der Angeklagte dem Gewicht der Belastungsmomente nicht entziehen konnte oder ob sein Verteidiger vom Gericht „über den Tisch gezogen wurde", kann nur durch Beobachtung der Absprachekommunikation selbst und nicht durch eine bloße Information über das Ergebnis zuverlässig beurteilt werden. Systematische Konsequenz ist, daß die *Öffentlichkeit* die *gleiche* Informationsbasis haben muß wie das *Gericht* bei der Entscheidungsfindung, und d. h.: Wenn und weil der Beweiswert eines Geständnisses und sein Gewicht für die Strafzumessung von der Art seines Zustandekommens abhängen, muß auch dieser Vorgang, wenn er vom Gericht gesteuert wird, als Teil der Hauptverhandlung unter der Kontrolle der Öffentlichkeit ablaufen.

IV. Kollision der informellen Absprachen mit Anwesenheitspflichten?

1. Aus den vorstehenden Überlegungen zum Unmittelbarkeitsprinzip und zum Öffentlichkeitsgrundsatz ergibt sich unmittelbar, ob und unter welchen Voraussetzungen die Verständigungskommunikation in „Hauptverhandlungsbesetzung", d.h. in Anwesenheit aller erkennenden Richter einschließlich der Laienrichter, des Vertreters der Staatsanwaltschaft, des Urkundsbeamten der Geschäftsstelle (!), des Angeklagten (!) mitsamt seinem Verteidiger, ggf. des Nebenklägers (§ 397!) und ggf. des Verletztenbeistands (§ 406g Abs. 2!), durchgeführt werden muß. Was daran auf den ersten Blick noch frappierend wirkt, weil ja die heutige Rechtswirklichkeit nur vier dominierende Partner der Verständigungskommunikation kennt (den Vorsitzenden, den Berichterstatter, den Staatsanwalt und den Verteidiger) – wäh-

---

S. 111 ff.; *Kleinknecht/Meyer* (Fn. 58), § 169 GVG Rdnr. 1; *Kissel*, GVG, 1981, § 169 Rdnr. 1, 3; differenzierend *Zipf*, Verhandlungen des 55. DJT, Band I (Gutachten), Teil C, 1984, C 48f.). In Wirklichkeit hat sich aber nicht der Zweck des Instituts geändert – das Informationsinteresse könnte die mit dem Öffentlichkeitsgrundsatz verbundenen Belastungen für den Angeklagten für die Masse der Prozesse niemals rechtfertigen –, sondern nur die Struktur der Öffentlichkeit; zutreffend deshalb *Hillermeier*, DRiZ 1982, 281 ff.; *Roxin* (Fn. 48), S. 302, die nach wie vor an der klassischen Zweckbestimmung festhalten.

[235] Vgl. KK-*Mayr* (Fn. 147), § 169 Rdnr. 2; LR/*Schäfer*, 23. Aufl. 1979, vor § 169 GVG Rdnr. 2, 3, 11.

rend insbesondere die Laienrichter und der Angeklagte regelmäßig ausgeschlossen sind, von den übrigen Verfahrensbeteiligten ganz zu schweigen[236] –, erweist sich neuerlich als eine selbstverständliche Konsequenz aus dem weichenstellenden *Unmittelbarkeitsgrundsatz,* so daß die eigentlich verblüffenden Auswirkungen erst bei den hiervon nicht erfaßten Absprachen liegen: Ein Schöffe muß also beispielsweise bei der Aushandlung eines Geständnisses des Angeklagten unbedingt hinzugezogen werden, nicht aber bei der Verständigung über die Rücknahme eines Beweisantrages.[237] Unberührt bleibt freilich die Notwendigkeit für das Gericht, vor jedem Rechtsgespräch über den erreichten Verfahrensstand und erst recht vor jeder Absichtserklärung eine *Zwischenberatung* unter selbstverständlicher Beteiligung der Schöffen durchzuführen.[238]

V. Vereinbarkeit mit dem Legalitätsprinzip?

1. Während die Vereinbarkeit der Absprachepraxis mit dem Legalitätsprinzip in systematischer Hinsicht als erstes untersucht werden müßte, muß sie bei der hier bevorzugten problemorientierten Gliederung auf einem hinteren Platz landen, weil die Absprachenphänomene zwar bei einer doktrinären Verengung des Blickfeldes auf das einzelne Verfahren, *nicht* aber bei einer *Gesamtschau* mit dem Legalitätsprinzip in Kollision geraten können. Wie die Analyse der Geschäftsbelastung im zweiten Kapitel gezeigt hat, ist die Etablierung der informellen Absprachen gerade die Antwort der Justiz auf ein sonst nicht mehr zu bewältigendes Verfahrensaufkommen gewesen, und speziell durch die Erledigung der Großverfahren wird ad oculos demonstriert, daß allein auf diesem Wege Verfahrens-input und Sanktionierungs-output ausbalanciert werden können und eine jährliche Steigerung der Restequote zu verhindern ist. Daß es auf diesem Wege zu einer nicht unerheblichen Anzahl von Einstellungen gem. § 153 a kommt, bei denen die Grundvoraussetzung der „geringen Schuld" auch bei extensiver Auslegung nicht bejaht werden kann, ist ebenso

---

[236] Zu den Ergebnissen der Repräsentativ-Umfrage s. o. § 3 I 3 b, ferner die in Fn. 1 angegebene Veröffentlichung; zu den Bemühungen im Schrifttum, den weitgehenden Ausschluß des Angeklagten von der Absprache-Kommunikation zu rechtfertigen, vgl. *Dahs,* in: Absprachen im Strafprozeß (Fn. 2), S. 207; dens., NStZ 1988, 153, 157 ff.; *Hammerstein,* in: Absprachen im Strafprozeß (Fn. 2), S. 213 ff.
[237] Etwas anderes würde natürlich gelten, wenn man mit dem LG Berlin die Zurücknahme eines Beweisantrages für strafzumessungsrelevant halten würde (StrV 1989, 108 f.), was aber abwegig ist (zutr. die Kritik von *Nestler-Tremel,* StrV 1989, 109 ff.).
[238] Vgl. zur Zulässigkeit von Zwischenberatungen allgemein *Schmidt-Hieber* (Fn. 5), S. 75 ff.; *Mellinghoff,* Fragestellung, Abstimmungsverfahren und Abstimmungsgeheimnis im Strafverfahren, 1988, S. 18 m. w. N.

unbestreitbar[239] wie die in der Praxis eingebürgerte Anwendung der in § 154 Abs. 1 Nr. 2 formulierten Regel auf die auch von § 154a nicht erfaßten *Strafschärfungsgründe*.[240] Dennoch erscheint es vorschnell und unbedachtsam, wenn im Schrifttum die Unvereinbarkeit der informellen Absprachen mit dem Legalitätsprinzip teilweise als evident angesehen und von *Dencker* sogar behauptet wird, daß sich über das Legalitätsprinzip kaum zu reden lohne, weil der Vergleich auf Konsens beruhe und nicht das Gesetz seine eigentliche Basis sei.[241] *Dencker* verkennt offensichtlich, daß es beim Legalitätsprinzip nicht um die ausnahmslose Durchsetzung der Prozeßrechtsnormen, sondern derjenigen des *materiellen Rechts* geht,[242] was ja durchaus – wie das formelle plea bargaining in den USA zeigt – mit Zustimmung des Betroffenen möglich ist. Und auch alle übrigen Kritiker lassen unberücksichtigt, daß ein *schrankenlos* gedachtes Legalitätsprinzip angesichts einer ebenfalls durch Gesetz, nämlich durch den die Justizplanstellen regelnden Haushaltsplan, festgesetzten *Ressourcenbegrenzung* und einer gesetzlich geregelten absoluten Verjährungsfrist für fast alle Delikte (§§ 78, 78c Abs. 3 StGB) notwendig zu einer *Pflichtenkollision* führt, deren Auflösung durch eine Generalanalogie zu § 154 Abs. 1 Nr. 2 von der Sache her angemessen und methodisch durchaus vertretbar und konsequent erscheint. Denn *erstens* läuft die heutige Gesamtregelung der §§ 152 ff. ja nicht mehr auf das Gebot der ausnahmslosen Durchsetzung des materiellen Rechts, sondern auf die Wahrung des *Gleichbehandlungsgrundsatzes* nach dem Maße des konkreten Strafbedürfnisses hinaus,[243] *zweitens* gibt § 154 Abs. 1 Nr. 2 die modernste, erst durch das StVÄG 1979 ins Gesetz aufgenommene Lösung für die Kollision zwischen Verfolgungsinteresse und Begrenzung der Erledigungskapazität an,[244] die deshalb auch für die nicht ausdrücklich geregelten, aber unvermeidbaren Kollisionsfälle Modellcharakter besitzt; *drittens* würde die Ausermittlung aller Strafschärfungsmomente in einer Sache, die auf Kosten der Durch-

---

[239] Vgl. dazu oben § 2 V 3b, ferner auch *Dencker*, in: Dencker/Hamm (Fn. 12), S. 62f. mit Fn. 85 u.m.w.N.; *Schünemann*, in: Absprachen im Strafprozeß (Fn. 2), S. 32 f. m.w.N.; *Rönnau* (Fn. 228), S. 124.
[240] Vgl. dazu, daß die „Verfügungsmasse" für eine Absprache in der Hauptverhandlung häufig durch eine Abstandnahme von der Ausermittlung des Strafzumessungssachverhalts beschafft wird, *Dencker*, in: Dencker/Hamm (Fn. 12), S. 53 und *Hamm*, ibid., S. 133.
[241] *Dencker*, in: Dencker/Hamm (Fn. 12), S. 52. Vgl. auch *W. Hassemer*, JuS 1989, 890, 892f.; *Nestler-Tremel*, KJ 1989, 448, 451.
[242] Insoweit zutr. *Hassemer*, JuS 1989, 890, 892.
[243] Vgl. nur nochmals LR/*Rieß*, § 152 Rdnr. 8ff.; *ders.*, NStZ 1981, 2, 5f.; *Zipf*, FS für Peters, 1974, S. 487ff.
[244] Vgl. zu dieser Vorschrift und ihrer Entstehungsgeschichte BT-Drucks. 8/976 S. 19, 39; *Kapahnke*, Opportunität und Legalität im Strafverfahren, Diss. iur. Tübingen 1982, S. 120f.; LR/*Rieß*, § 154 Rdnr. 20ff. m.z.w.N.

führung eines anderen Verfahrens ginge, das Ziel einer möglichst effektiven Durchsetzung des materiellen Strafrechts weitaus empfindlicher beeinträchtigen, so daß die analoge Anwendung des § 154 Abs. 1 Nr. 2 im Strafzumessungsbereich dem Leitzweck der optimalen Ressourcennutzung korrespondiert, nur in bonam partem wirkt und deshalb unabhängig von der Frage, unter welchen Voraussetzungen auch im Strafverfahren das Analogieverbot gilt,[245] methodisch keinerlei Bedenken begegnet; *viertens* läßt sich der sub specie Verfahrensökonomie legitimierbare Bereich einer analogen Anwendung des § 153a i. V.m. § 154 Abs. 1 Nr. 2 dahin kennzeichnen, daß ein Urteil innerhalb angemessener Frist nicht zu erwarten und die Präventionswirkung einer Geldbußenverhängung immer noch höher zu veranschlagen ist als die mit einem ungewissen Ausgang erfolgende und zu einem erheblichen Ressourcenverzehr führende Fortsetzung des Verfahrens; und *fünftens* ist das Legalitätsprinzip zwar nach der Rechtsprechung des BVerfG im Rechtsstaatsprinzip verankert und genießt deshalb Verfassungsrang,[246] steht damit aber eo ipso unter dem Gebot der vom BVerfG hier als Leitidee anerkannten Funktionstüchtigkeit der Strafrechtspflege[247] und muß deshalb im Sinne der bestmöglichen Ausnutzung der begrenzten Erledigungskapazität interpretiert werden.

2. Insgesamt läßt sich damit sagen, daß der *Prototyp* der strafprozessualen Absprachen, nämlich die Konzession einer Strafmilderung gegen ein verfahrensabkürzendes Geständnis, und erst recht die Konzession von Teileinstellungen gem. §§ 154, 154a, mit dem Prinzip der „präventionsbedürfnisentsprechenden Ressourcenausnutzung", wie

---

[245] Vgl. dazu *Baumann/Weber*, Strafrecht Allgemeiner Teil, 9. Aufl. 1985, S. 126; *Krey*, Studien zum Gesetzesvorbehalt im Strafrecht, 1977, S. 35f., 238f. m.w.N., welche das Analogieverbot entgegen der Auslegung des Art. 103 Abs. 2 GG durch das BVerfG (E 25, 269, 287) auch auf strafprozessuale Vorschriften anwenden wollen, soweit diese die Verfolgbarkeit des Täters betreffen. Ähnlich *Schönke/Schröder/Eser*, Strafgesetzbuch, 23. Aufl. 1988, § 1 Rdnr. 34.

[246] Vgl. dazu BVerfG NStZ 1982, 430; BVerfGE 16, 194, 202; 20, 162, 222; 46, 214, 222f.; KK-*Pfeiffer* (Fn. 147), Einl. Rdnr. 5.

[247] Vgl. nur BVerfGE 46, 214, 222f.; 49, 24, 54; 51, 324, 343f. Die von mir in: Absprachen im Strafprozeß (Fn. 2), S. 33f., 48 nicht ausdiskutierte Frage, wie die aufgrund einer einem Verfolgungsnotstand nahekommenden Überforderung der Strafjustiz erfolgte Derogation der gesetzlichen Grenzen des § 153a normtheoretisch zu beurteilen ist, scheint mir deshalb heute dahin zu beantworten zu sein, daß es sich im Rahmen der analogen Anwendung des § 154 Abs. 1 Nr. 2 um eine zulässige Rechtsfortbildung handelt, wobei noch anzumerken ist, daß es natürlich nicht um Analogie im technischen Sinne (= Bejahung der gleichen Rechtsfolge bei ähnlichem Tatbestand), sondern um eine Rechtsschöpfung anhand des auf den ähnlichen Fall angewendeten teleologischen Grundgedankens geht. Freilich kann die Belastung des Beschuldigten nicht durch Analogie, sondern höchstens durch seine Einwilligung gerechtfertigt werden, weil insoweit der Gesetzesvorbehalt eingreift (s. i. e. u. C. I. 1.).

es hinter der heutigen Regelung der §§ 152 ff. ausgemacht werden kann, unabhängig von der Frage der materiellrechtlichen Bedeutung eines Geständnisses durchaus *vereinbar* erscheint. Auch die Überschreitung der gesetzlichen Grenzen des § 153 a läßt sich, soweit sie im Rahmen einer Analogie zu § 154 Abs. 1 Nr. 2 verbleibt, methodisch rechtfertigen. Natürlich bleiben immer noch eindeutige Verstöße gegen das im Sinne der heutigen Vorschriften der StPO definierte Legalitätsprinzip übrig, etwa wenn § 153 a durch „Herabstufung" eines nachweisbaren Verbrechens zu einem Vergehen „anwendbar" gemacht wird.[248] Aber das sind Einzelfälle, denn die Stoßrichtung der informellen Absprachen geht seitens der Justiz eindeutig dahin, das *kompossible Maximum* an Sanktionierungs-output herauszuholen,[249] und dieses Streben nach einer möglichst hohen Sanktionsgeltung der Strafrechtsnormen liegt nicht auf Kollisions-, sondern auf Parallelkurs zu der heutigen Regelung der §§ 152–154 e.

C. Zur Kollision oder Vereinbarkeit mit den dem Schutz des Beschuldigten dienenden Rechtsinstituten

I. Kollision mit der Unschuldsvermutung?

1. Daß die Verurteilung aufgrund eines abgesprochenen nicht-qualifizierten Geständnisses, durch das nach den oben B. I. angestellten Überlegungen der richterlichen Aufklärungspflicht nicht genügt und also eine *Verdachtsstrafe* verhängt wird, außerdem auch die *Unschuldsvermutung* des Art. 6 Abs. 2 MRK verletzt und damit auch das diese Garantie als Bestandteil enthaltende Rechtsstaatsprinzip, müßte angesichts der wortgetreuen Auslegung dieses Grundsatzes in der Jurisdiktion von EGMR und BVerfG wie auch des deutschen Schrifttums[250] fast als trivial erscheinen, wenn nicht die EKMR das *englische*

---

[248] In Abwandlung des bei *Dahs*, NStZ 1988, 153, 155 berichteten Falles, daß von einem angeklagten Meineid nach gerichtlichem Hinweis auf uneidliche Falschaussage übergegangen und das Verfahren sodann gem. § 153 a eingestellt wird – was bei mangelnder Nachweisbarkeit des Meineidsvorsatzes natürlich statthaft ist (s. LR/*Rieß*, § 153 Rdnr. 7 f.; and. *Dencker*, in: *Dencker/Hamm* – Fn. 12 –, S. 27 Fn. 38), nicht aber bei einer bloßen Abstandnahme von aussichtsreichen weiteren Beweiserhebungen.

[249] Das ist in der Repräsentativ-Umfrage durch die Bereitschaft der Richter belegt worden, gerade bei unklarer Sach- oder Rechtslage zu einer informellen Verständigung zu greifen, s. o. § 2 V 3 c.

[250] Vgl. dazu m. z. w. N. *Vogler*, in: Internationaler Kommentar zur EMRK, 1986, Art. 6 Rdnr. 397 f.; *Kleinknecht/Meyer* (Fn. 58), Art. 6 Rdnr. 12 ff.; *Kühl*, Unschuldsvermutung, Freispruch und Einstellung, 1983, S. 10 f.; *ders.*, NJW 1988, 3233 ff.; BVerfGE 22, 254, 265; 74, 358 ff.

guilty plea-System, welches Schuldsprüche ohne jede richterliche Beweisaufnahme vorsieht,[251] für mit der Unschuldsvermutung allgemein vereinbar erklärt hätte, ohne hiermit auf nennenswerten Widerspruch des Schrifttums zu stoßen.[252] Die sich hiernach aufdrängende Frage, ob nicht entweder Art. 6 Abs. 2 MRK dem englischen Strafverfahrenssystem den Todesstoß versetzt oder ob umgekehrt – wenn die in Deutschland weithin übersehene Entscheidung der Menschenrechtskommission zur Vereinbarkeit von guilty plea-System und Unschuldsvermutung zutrifft – der Grundsatz „volenti non fit iniuria" über die MRK die Oberhand behält, kann im vorliegenden Rahmen nicht ausdiskutiert werden, aber auch dahingestellt bleiben, weil die in der deutschen Prozeßpraxis etablierten Formen der echten Verdachtssanktion außerhalb des § 153a und der echten Verdachtsstrafe aufgrund eines abgesprochenen nicht-qualifizierten Geständnisses auch die in Art. 6 Abs. 2 MRK aufgestellte weitere Voraussetzung der „*Gesetzlichkeit*" des Schuldnachweises *nicht* erfüllen. Die *echte Verdachtsstrafe* verletzt deshalb *eo ipso* die *Unschuldsvermutung*, während die echte *Verdachtssanktion* in der Form einer *Geldbußen*auferlegung bei vermuteter, aber nicht nach Durchermittlung des Sachverhalts hinreichend wahrscheinlicher Schuld je nach der systematischen Einordnung des § 153a nur allgemein das Gesetzlichkeitsprinzip oder auch speziell die Unschuldsvermutung verletzt: Wenn man auch in der auflagenbewehrten Einstellung gem. § 153a eine die Schuldfrage offen lassende Prozeßentscheidung sieht,[253] so kann freilich auch die Anwendung dieses Instituts außerhalb seiner gesetzlichen Grenzen den Schutzbereich des Art. 6 Abs. 2 MRK nicht tangieren; wenn man dagegen wegen des Übelscharakters der (sei es auch mit Zustimmung des Beschuldigten) beigefügten Auflagen ihren Zweck in einer Genugtuung für begangenes (!) Unrecht sieht[254] oder gar die Einstellung gegen Auflagen als Sachentscheidung zur Erledigung einer neuen summarischen Verfahrensform qualifiziert,[255] so mag man zwar die im gesetzlichen Anwendungsbereich dieser Vorschrift gegebene Kombination von hinreichendem Tatverdacht mit Unterwerfung des Beschuldigten ähnlich dem englischen guilty plea-System als eine spe-

---

[251] *Wimmer*, Einführung in das englische Strafverfahren, 1947, S. 39; *Lewis*, Civil & Criminal Procedure, London 1968, S. 147f.; *Arguile*, Criminal Procedure, London 1969, S. 62f.; *Emmins*, A practical approach to Criminal procedure, 4. Aufl. 1988, S. 82.

[252] EKMR, Ev. 23. 3. 1972 (5076/71), CD 40, 64; kritiklos zitiert bei *Vogler* (Fn. 250), Rdnr. 439.

[253] So die h.M., vgl. *Kühl* (Fn. 250), S. 109f., 114ff. m.w.N.

[254] Zur pönalen Natur der Auflagen bereits *Dencker*, JZ 1973, 144, 150; *Hirsch*, ZStW 92 (1980), 218, 224f.; *Kuhlen* (Fn. 24), S. 44ff.

[255] So *Naucke*, Verhandlungen des 51. DJT, 1976, D, 28ff.; *Kausch*, Der Staatsanwalt – ein Richter vor dem Richter?, 1980, S. 63f., 240.

zielle gesetzliche Form des Schuldnachweises interpretieren,[256] kommt dann aber *außerhalb* der gesetzlich festgelegten Grenzen dieses Instituts an einer Verletzung der Unschuldsvermutung *nicht* mehr vorbei.

2. a) Die informellen Absprachen müssen jedoch nicht nur in ihrem *Endergebnis* an der Unschuldsvermutung gemessen werden, sondern auch in der Art ihres *Zustandekommens*. Daß bereits die *Aufnahme* einer Absprachekommunikation jedenfalls in Form des Prototyps, daß dem Angeklagten für den Fall eines Geständnisses eine milde Strafe angeboten wird, die Unschuldsvermutung verletze, weil der Richter zur Initiierung eines Geständnisses nicht schon durch den bloßen hinreichenden Tatverdacht befugt werde, so daß er also durch ein derartiges Verhalten eine Schuldvermutung artikuliere, ist von mir schon 1986 behauptet und seitdem im Schrifttum mehrfach wiederholt[257] worden, entbehrt aber eigentlich bis heute einer dogmatisch überzeugenden Begründung, weil der Anwendungsbereich der Unschuldsvermutung außerhalb der unter 1. betrachteten Fälle der Verurteilung ohne Schuldnachweis bis heute noch wenig geklärt[258] und dementsprechend jede Berufung auf sie dem Vorwurf des Zirkelschlusses ausgesetzt ist. Nötig ist deshalb zunächst eine *Explikation* dieses Grundsatzes für das dem Urteil vorausgehende Prozeßgeschehen, die bei einer Ordnung der hierzu bisher vorfindbaren Kasuistik[259] durch zwei Grundsätze erfolgen könnte: Die Handlungen des Gerichts müssen darauf *abzielen*, die Schuldfrage durch den *Nachweis* der wirklichen Sachlage zu entscheiden;[260] und durch sie darf dem Beschuldigten nichts zugemutet werden, was einem *Unschuldigen* auch unter dem Gesichtspunkt einer Aufopferung für das gemeine Wohl *schlechterdings nicht zugemutet* werden könnte.[261] Wenn

---

[256] Allein mit dieser Argumentation kann m. E. der sonst durchschlagenden Kritik an § 153 a die Spitze genommen werden.

[257] In: Absprachen im Strafprozeß (Fn. 2), S. 24, 42; ausführlicher, aber vom gleichen Grundgedanken aus in NJW 1989, 1898; ebenso, wenn auch ohne Bezugnahme und knapper begründet *Dencker*, in: *Dencker/Hamm* (Fn. 12), S. 53; *W. Hassemer*, JuS 1989, 890, 892; *Nestler-Tremel*, DRiZ 1988, 288, 294; *ders.*, KJ 1989, 448, 453 f.; *Rönnau* (Fn. 228), S. 176.

[258] Vgl. zum gegenwärtigen Stand der dogmatischen Auseinandersetzung und der zwischen Rechtsprechung und h. L. anhaltenden Kontroverse über die Reichweite der Unschuldsvermutung *Vogler* (Fn. 250), Art. 6 Rdnr. 380 ff.; *ders.*, FS für Tröndle, 1989, S. 423 ff.; *Kühl*, NJW 1988, 3233 ff.; *ders.*, ZStW 100 (1988), 613 ff.

[259] Vgl. dazu *Vogler* (Fn. 250), Rdnr. 427 ff. m. w. N.

[260] Vgl. *Kühl*, NJW 1988, 3233, 3235, daß Aussagen über die Verurteilungswahrscheinlichkeit vom Beschuldigten hinzunehmen seien, solange noch beabsichtigt werde, die Unschuldsvermutung durch den gesetzlichen Nachweis der Schuld zu widerlegen; ähnlich auch die Begründung zum EGOWiG, BT-Drucks. V/2600 und 2601, S. 19.

[261] Ebenso *Frister*, Schuldprinzip, Verbot der Verdachtsstrafe und Unschuldsvermu-

man diese beiden, hier nicht weiter ableitbaren Maximen akzeptiert und auf die strafprozessualen Absprachen anwendet, so ergibt sich als erstes, daß das Gericht die Unschuldsvermutung verletzt, wenn es an einer auf ein *nicht*-qualifiziertes Geständnis und damit auf eine echte Verdachtsstrafe abzielenden Absprachekommunikation teilnimmt. Zweitens geht das Gericht aber auch mit der Initiierung einer auf die Ablegung eines qualifizierten Geständnisses zielenden Absprachekommunikation über die Grenze hinaus, die ihm die Rücksichtnahme auf die immer noch mögliche und immer noch zu vermutende Unschuld des Angeklagten vorschreibt, und bringt dadurch gerade den unschuldigen Angeklagten in eine *unzumutbare Situation:* Die Initiative zielt *nicht auf eine objektive Verdachtsklärung* ab, die nach beiden Seiten hin ausfallen kann (wie es selbst die Ladung und Vernehmung des Hauptbelastungszeugen tut, weil sie ja auch dessen Unglaubwürdigkeit ergeben kann), sondern auf den direktesten Weg zur *Verurteilung.* Sie erweitert zwar den Handlungsspielraum des Schuldigen, *nicht* aber denjenigen des Unschuldigen und bringt diesen gerade dann in eine unzumutbare Prozeßsituation, wenn er erheblich belastet, aber nicht überführt ist, weil er – das Risiko der Verurteilung vor Augen – dem Gericht anders als der Schuldige nichts anzubieten hat als höchstens ein falsches Geständnis. Durch die *Initiierung* einer auf Ablegung eines Geständnisses im Austausch gegen Strafmilderung gerichteten Absprache, die nur für den *Schuldigen* einen *Sinn* macht, gibt der Richter infolgedessen zu erkennen, daß er den Angeklagten für schuldig hält und die *Prämisse der Schuld* zur *Richtschnur* seines prozessualen Vorgehens macht – gleichgültig, mit welchen verhüllenden Redewendungen diese tatsächlich wirksame Verhaltensmaxime nach außen drapiert wird. Dies gilt insbesondere auch für die beiden denkbaren Rechtfertigungsversuche, daß durch das Angebot „Strafmilderung gegen Geständnis" gewissermaßen nur die Unschuld des Angeklagten getestet werden solle bzw. daß dem Angeklagten mit diesem Hinweis ja nur etwas mitgeteilt werde, was er sich eigentlich auch von selbst sagen könne. Denn als „Wahrheitstest" wäre das Absprachangebot so unspezifisch wie die alten Gottesurteile, weil ja „in Wahrheit" nur die Kaltblütigkeit des Beschuldigten auf die Probe gestellt wird (von der impliziten Mißachtung des nemo-tenetur-Grundsatzes ganz abgesehen). Und die „Trivialitätsapologie", die

---

tung als materielle Grundprinzipien des Strafrechts, 1988, S. 103 ff.; im Ergebnis wohl ebenso, aber mit komplizierter Begründung *Vogler* (Fn. 250, Rdnr. 428 ff.), der bei allzu langer Dauer z. B. der Untersuchungshaft einen „qualitativen Umschlag" in eine strafende Maßnahme bzw. strafähnliche Sanktion annimmt; bei dieser Begründung wird aber nicht auf den potentiell Unschuldigen, sondern auf den potentiell Schuldigen abgehoben, so daß sie das Verhältnismäßigkeitsprinzip, nicht aber den spezifischen Gehalt der Unschuldsvermutung zur Sprache bringt.

vom BGH mehrfach als Argument zur Vereinbarkeit gerichtlicher Hinweise auf die Strafmilderungswirkung eines Geständnisses mit § 136a angeführt worden ist,[262] kann erstens nur mit einem Augurenlächeln vorgetragen werden, weil das Gericht ja mehr als eine dem Angeklagten sowieso bekannte Trivialität im Schilde geführt haben muß (so daß gerade die triviale Oberfläche des Hinweises eine Tiefenstruktur mehr enthüllt als verbirgt, die in der die Unschuldsvermutung mißachtenden Andeutung besteht, daß nunmehr der letzte Zeitpunkt für eine sich noch auszahlende Kapitulation gekommen sei[263]); und zweitens geht ja die Absprachekommunikation über einen allgemeinen Hinweis weit hinaus und führt prototypischerweise zur Inaussichtstellung eines *bestimmten Strafmaßes*, das sich der Angeklagte gerade *nicht* von selbst sagen kann.

b) Eine schutzzweckadäquate Interpretation der Unschuldsvermutung führt damit zu dem Ergebnis, daß der Richter *keine* auf ein *Geständnis* gerichtete Absprachekommunikation *initiieren* darf, solange der Angeklagte noch nicht in der Hauptverhandlung überführt ist. Das deckt sich weitestgehend mit der Rechtsprechung des BGH zur Ablehnung wegen Besorgnis der Befangenheit, die mit m. E. hervorragendem Judiz die Maxime herausgearbeitet hat, daß eine Aufforderung an den Angeklagten, die Ablegung eines Geständnisses zu überlegen, erkennen läßt, daß das Gericht bereits jetzt von dessen Schuld überzeugt ist, und deshalb den Richtern gegenüber die Besorgnis der Befangenheit begründet, wenn zu diesem Zeitpunkt noch nicht ein zur *Überführung* des Angeklagten ausreichendes Beweisergebnis vorliegt.[264] Es bedarf keiner weiteren Darlegung, daß diese für den Fall einer bloßen Prüfungsaufforderung anerkannte Maxime für die Initiierung einer auf Geständnisablegung gerichteten Absprachekommunikation *a fortiori* gelten muß, weil diese durch ihre zusätzliche Angebotskomponente von dem „Bemühen um einen gesetzlichen Schuldnachweis" noch weiter entfernt ist. Auf der anderen Seite ergibt sich daraus – quasi in Form einer Gegenprobe – eine überzeugen-

---

[262] BGHSt. 1, 387f.; 14, 189, 191 (mit dem vom BGH nicht bemerkten inneren Widerspruch, daß auf S. 192 ein „Hinweis auf die erdrückende (!) Beweislage" für prozeßordnungsmäßig erklärt, auf S. 191 aber das Beruhen des Urteils auf dem daraufhin abgegebenen Geständnis bejaht wird, so daß die Beweislage vor dessen Ablegung in Wahrheit gar nicht erdrückend gewesen sein kann).

[263] Denn die Ablegung eines Geständnisses zwecks Erlangung von Strafmilderung zu einem bestimmten Zeitpunkt lohnt sich ja für den Angeklagten nur dann, wenn ein späteres Geständnis nicht mehr den gleichen Effekt haben würde, so daß sich selbst hinter der trivialsten Formulierung des Richters immer ein „hic Rhodos, hic salta" versteckt.

[264] BGH NJW 1982, 1712 re. Sp. (insoweit in BGHSt. 31, 15 nicht abgedruckt!); BGH StrV 1984, 449, 450 („Das erscheint umso schwerwiegender, als die Beweisaufnahme noch nicht abgeschlossen war.").

de Beschreibung derjenigen Verständigungsformen, die mit der Unschuldsvermutung zu *vereinbaren* sind. Dies gilt erstens für eine vom *Angeklagten* bzw. seinem *Verteidiger initiierte* Absprachekommunikation, wie sie auch der Kammerentscheidung des BVerfG vom 27. 1. 1987 zugrunde lag. Und zweitens wird die Unschuldsvermutung als innerprozessuales Regulativ dann funktionslos, wenn (in den Worten des BGH[265]) „ein zur Überführung ausreichendes Beweisergebnis vorliegt", was dann zu bejahen ist, wenn das Gericht die von der Aufklärungspflicht gebotene Beweisaufnahme durchgeführt und auf ihrer Grundlage die *Überzeugung* von der Schuld des Angeklagten gewonnen hat. Die vom BGH im Urteil vom 7. 6. 1989[266] entschiedene Verfahrenssituation (es standen nur noch mögliche Beweisanträge der Verteidigung zur Straffrage aus) ließ deshalb die vom Vorsitzenden ausgehende Verständigungsinitiative aus dem Blickwinkel der Unschuldsvermutung unbedenklich erscheinen, und die hierfür relevante Zäsur der *„Schuldspruchreife"* hängt auch entgegen der Entscheidung des BVerfG zu den Auswirkungen der Unschuldsvermutung für die Einstellung des Privatklageverfahrens[267] nicht von der vorherigen Gewährung des letzten Wortes an den Angeklagten ab. Denn abgesehen davon, daß die in dieser Entscheidung formulierten Anforderungen der Unschuldsvermutung an die prozessuale Abschlußentscheidung nicht ihre innerprozessuale Wirkung präjudizieren können, wird die Bedeutung des letzten Wortes nicht untergraben, sondern eher gesteigert, wenn das Gericht dem Angeklagten zuvor seine Würdigung der abgeschlossenen Beweisaufnahme mitteilt, so daß die „Schuldspruchreife" bei innerprozessualer Betrachtung jedenfalls *vor* der Gewährung des *letzten Wortes* an den Angeklagten eintritt, mag auch die Gewährung des rechtlichen Gehörs erst danach abgeschlossen sein.

II. Kollision mit § 136a?

1. Schon bei flüchtiger Betrachtung stellt die Garantie des § 136a nach oder neben der Unschuldsvermutung den wichtigsten Prüfstein der informellen Absprachen und das solideste Bollwerk des Beschuldigten dar, weshalb es nicht überrascht, daß die Prozeßordnungswidrigkeit der Absprachen häufig auf diese Vorschrift oder auf den allgemeinen Grundsatz der Selbstbelastungsfreiheit des Beschuldigten (*nemo tenetur se ipsum prodere*) gestützt wird,[268] wobei auf diesen

---

[265] S. BGH NJW 1982, 1712 re. Sp.
[266] BGHSt. 36, 210ff.
[267] BVerfGE 74, 358, 374, 378.
[268] Eine Verletzung des § 136a bejahen *Dencker*, in: *Dencker/Hamm* (Fn. 12), S. 43f.,

allgemeinen Grundsatz wegen der den Absprachebereich vollständig abdeckenden lex specialis des § 136 a richtigerweise freilich nicht de lege lata zurückgegriffen zu werden braucht:[269] § 136 a Abs. 1 S. 3 verbietet die Beeinträchtigung der Willensentschließungs- und -betätigungsfreiheit des Beschuldigten (speziell oder zumindest) bei Vernehmungen[270] durch das Versprechen eines gesetzlich nicht vorgesehenen Vorteils und trifft dadurch so präzise den Nerv der Absprachenpraxis, daß daneben für einen Rückgriff auf den allgemeinen nemo-tenetur-Grundsatz weder Raum noch Bedürfnis besteht.

2. Das erste Auslegungsproblem bereitet bereits der Begriff des „Versprechens", das nach h. M. die Abgabe einer *bindenden Zusage* voraussetzt,[271] während nach der Gegenmeinung auch das bloße *Inaussichtstellen* ausreichen soll.[272] Diese Entgegensetzung ist jedoch, wie die hier angestellte Analyse des Bindungsproblems bei den informellen Absprachen gezeigt hat,[273] in ihrer Holzschnittartigkeit unbrauchbar, und die h. M. ist sogar evident unrichtig und beruft sich überdies zu Unrecht auf die BGH-Rechtsprechung. Denn das bindende Versprechen eines gesetzlich nicht vorgesehenen Vorteils, also einer gesetzeswidrigen Prozeßhandlung, kann es begrifflich nicht geben, und wenn bei dem rechtsunkundigen Angeklagten ein anderer Eindruck erzeugt würde, so wäre stattdessen die *Täuschungs*alternative des § 136 a erfüllt. Der BGH hat sich in den hierzu angeführten Entscheidungen BGHSt. 1, 387 und 14, 189 in Wahrheit auch gar nicht über den Unterschied zwischen bindender Zusage und bloßer Inaussichtstellung verbreitet, sondern die bloße *Belehrung* über die Rechts- und Prozeßlage und über die *möglichen* Folgen eines Ge-

---

85 f., 97; *Seier*, JZ 1988, 683, 688; letztlich auch *Niemöller*, StrV 1990, 34, 36, der nämlich die hier noch offen gelassene Befugnis des Gerichts, eine bestimmte Strafmilderung zu versprechen, auf S. 38 verneint; unklar und wenig folgerichtig *Nestler-Tremel*, DRiZ 1988, 288, 294 und KJ 1989, 448, 455 f., der § 136 a anscheinend nur beim gescheiterten Vergleich anwenden will, ohne die hierfür geltende Voraussetzung des Täuschungsvorsatzes hinreichend zu berücksichtigen. Daneben findet man auch den nemo-tenetur-Grundsatz angeführt bei *Dencker*, in: *Dencker/Hamm* (Fn. 12), S. 54; *Nestler/Tremel*, KJ 1989, 448, 453; W. *Hassemer*, JuS 1989, 890, 892.

[269] Zwar lassen sich bei einer rechtstheoretischen Analyse unterschiedliche Anwendungs- und Schutzbereiche des nemo-tenetur-Grundsatzes und des § 136 a angeben (eingehend *Rogall*, Der Beschuldigte als Beweismittel gegen sich selbst, 1977, S. 107 ff.; *ders.*, in: SK-StPO, Rdnr. 137 vor § 133 m. w. N.). Die Absprachen fallen aber in den (weiten) Deckungsbereich dieser Garantien, wobei § 136 a als die speziellere fungiert.

[270] Siehe nur *Rogall*, in: SK-StPO, § 136 a Rdnr. 18, 23 m. z. w. N.; *Kleinknecht/Meyer* (Fn. 58), § 136 a Rdnr. 4.

[271] So unter Berufung auf BGHSt. 14, 191 KK-*Boujong* (Fn. 147), § 136 a Rdnr. 32; *Kleinknecht/Meyer* (Fn. 58), § 136 a Rdnr. 23; *Rogall*, in: SK-StPO, § 136 a Rdnr. 65 m. w. N.

[272] *Grünwald*, NJW 1960, 1941; LR/*Hanack*, § 136 a Rdnr. 50.

[273] S. o. A. 3. b).

ständnisses für die Strafzumessung für mit § 136a vereinbar erklärt. Mit der „bindenden Zusage" ist die h. M. deshalb auf einen bloßen Formulierungsmißgriff des BGH[274] hereingefallen, der nicht einmal als obiter dictum angesprochen werden kann, weil sich der BGH dabei die vier Intensitätsstufen der labilen und stabilen Absichtserklärung, des gentlemen's agreement und der rechtlichen Bindung[275] überhaupt nicht klargemacht und deshalb zu der Frage, wo hier die Grenze für den Anwendungsbereich des § 136a zu ziehen ist, in keiner Weise Stellung genommen hat. In der Sache liegt es – wenn § 136a, wie dargelegt, schon nicht die rechtliche Bindung gemeint haben kann – auf der Hand, daß außer dem *gentlemen's agreement* auch *jede* Form der *Absichtserklärung* ausreichen muß, weil die bei der Analyse der prozessualen Verhaltensformen aufgewiesene semantische Grenze zwischen der stabilen und der labilen Absichtserklärung[276] angesichts der Prozeßordnungswidrigkeit des in den Fällen des § 136a ausgelegten Köders (des „gesetzlich nicht vorgesehenen Vorteils") hier keine Rolle spielen kann: Wenn ein Richter einen rechtswidrigen Vorteil nur als Gegenstand seiner momentanen labilen Absicht in Aussicht stellt, übt er sogar einen besonders perfiden Druck auf die unantastbare Aussagefreiheit des Angeklagten aus, weil dieser sich gezwungen fühlen muß, diese einmalige Gelegenheit nicht ungenutzt verstreichen zu lassen.

3. Auch für den Begriff des „gesetzlich nicht vorgesehenen *Vorteils*", auf den es nach allem zur Bestimmung der Reichweite des § 136a entscheidend ankommt, liegen zwei rivalisierende Interpretationsvorschläge vor, die ebenso wie beim „Versprechen" auf eine Simplifizierung der Problemstruktur hinauslaufen. Die h. M. hält jeden Vorteil für unzulässig, der überhaupt als Gegenleistung für eine Aussage gewährt wird,[277] während eine neuere Auffassung darauf abhebt, ob der Vorteil nach dem Gesetz überhaupt nicht oder jedenfalls nicht in dem konkreten Fall gewährt werden darf.[278] Durch diese Entgegensetzung wird verdeckt, daß die Problemlösung auf *zwei* voneinander zu unterscheidenden Ebenen vor sich gehen muß: Die fehlende „gesetzliche Vorsehung" kann einmal entsprechend dem Wortlaut des § 136a auf die spätere Prozeßhandlung *als solche* bezogen werden, wobei das Problem dann in der Behandlung gesetzlicher Beurteilungs- oder Er-

---

[274] BGHSt. 14, 189, 191.
[275] Siehe eingehend oben A. 3.
[276] S.o. A. 3. b).
[277] BVerfG NStZ 1984, 82; *Erbs*, NJW 1951, 386, 388; KK-*Boujong* (Fn. 147), § 136a Rdnr. 32; KMR-*Müller*, § 136a Rdnr. 15; *Eb. Schmidt*, Lehrkommentar zur Strafprozeßordnung und zum Gerichtsverfassungsgesetz, Teil II, 1957, § 136a Rdnr. 18; LR/*Meyer*, 23. Aufl., § 136a Rdnr. 38.
[278] *Rogall*, in: SK-StPO, § 136a Rdnr. 67; LR/*Hanack*, § 136a Rdnr. 52.

messensspielräume besteht; man kann aber auch auf den Augenblick des *Versprechens* abstellen und eine spezielle gesetzliche Basis für die Verknüpfung von Aussage und Vorteil, also sozusagen ein „Koppelungsgebot" verlangen. Nach den Regeln der Kombinatorik ergeben sich hieraus *vier* mögliche Interpretationen des § 136 a, deren weiteste (= für die Justiz rigideste) Alternative nur noch das gesetzlich zumindest implizit vorgesehene Versprechen einer als Konsequenz der Beschuldigtenaussage von Rechts wegen gebotenen Prozeßhandlung gestattet, während die engste (= für die Justiz großzügigste) Alternative jede zukünftige Maßnahme als prozeßordnungsgemäßen Versprechensgegenstand behandelt, die sich nur überhaupt noch in den weitgespannten Grenzen des richterlichen Ermessens- oder Beurteilungsspielraums bewegt.

a) Die extrem *weite* Auslegung des § 136 a ist weder mit einer grammatischen (besser: alltagssemantischen) noch mit einer systematischen Auslegung zu vereinbaren und erscheint auch in teleologischer Hinsicht nicht überzeugend. Wenn es nur um die Zusage eines rechtlich ohnehin gebotenen Verhaltens gehen könnte, so hätte diese nur deklaratorische Bedeutung und wäre der Sache nach mit einem bloßen rechtlichen Hinweis identisch, was dem Gesetzgeber, der ja die eigene Kategorie des „Versprechens" gebildet hat, nicht vorgeschwebt haben kann. Die von § 136 a e contrario anerkannte Kategorie des „gesetzlich vorgesehenen Vorteils" setzt deshalb im Grunde genommen sogar einen Spielraum des Versprechenden voraus, so daß zumindest in einigen Normen aus dem Geltungsbereich des *Opportunitätsprinzips* die systematisch notwendige Ergänzung zu § 136 a gefunden werden muß, beispielsweise in § 153 e Abs. 1 S. 2 und § 154 c StPO sowie in § 37 BtMG. Die „Offenbarung des mit der Tat zusammenhängenden Wissens" gemäß § 153 e Abs. 1 S. 2, die in § 154 c regelmäßig gegebene Selbstanzeige und der „Nachweis, daß sich der Beschuldigte wegen seiner Abhängigkeit einer Behandlung unterzieht", enthalten allesamt mindestens *Teilgeständnisse*, vor deren Ablegung eine Absicherung zumindest durch eine Absichtserklärung der Strafverfolgungsbehörden so offensichtlich im berechtigten Interesse des Beschuldigten liegt, daß eine Anwendung des § 136 a auf diese Fälle absurd erscheinen müßte. Und diesem Interesse des Beschuldigten korrespondiert wiederum das Interesse der Strafjustiz, die genannten Vorschriften in der Praxis auch effizient anwenden zu können. Die prozessuale Entschließungs- und Handlungsfreiheit des Beschuldigten wird in diesen Fällen auch gar nicht eingeschränkt, sondern durch die Steigerung der Erwartungssicherheit erweitert, so daß gerade auch vom Zweck des § 136 a her im Bereich des Opportunitätsprinzips legale Versprechungen möglich sein müssen.

b) Die extrem *restriktive* Auslegung des § 136a, die allein auf die rechtliche Zulässigkeit des Vorteils als solchen abstellt und hierbei die Frage der Zusicherungs*fähigkeit* ausklammert, wird gegenwärtig in verschiedenen Varianten vertreten. Am weitesten scheint *Rogall* zu gehen, der wegen des richterlichen Strafzumessungsspielraumes die Zusicherung einer Strafmilderung für den Fall eines Geständnisses wohl niemals unter § 136a subsumieren würde;[279] *Hanack* hält dagegen gerade diese Konstellation für bedenklich und sieht in einem „Handeln mit dem staatlichen Strafanspruch" nur dann eindeutig keinen Fall des § 136a, wenn eine spezielle Norm wie etwa § 31 BtMG die Offenbarung des Täterwissens privilegiert oder eine Einstellung nach § 154 versprochen wird;[280] und das BVerfG hat in der Kammerentscheidung vom 27. 1. 1987 im Fall einer Absprache mit offenbar klar vereinbartem Rechtsfolgenausspruch und Einstellung weiterer Verfahrensteile gem. § 154 gegen Geständnis und Abstandnahme von Rechtsmitteln „eine rechtsstaatlich bedenkliche Beeinträchtigung der Willensentschließungsfreiheit von beachtenswerter Erheblichkeit" mit der Begründung verneint, daß die Strafhöhe im Bereich des Schuldangemessenen gelegen habe, die Verständigungsinitiative vom Angeklagten selbst ausgegangen sei, zwischen der Nichteinlegung von Rechtsmitteln und dem Absehen von der Verfolgung gem. § 154 Konnexität bestanden und der Angeklagte die Rechtsmittelfrist zur Überlegung auszuschöpfen vermocht habe.[281]

Ähnlich wie die extrem extensive hält aber auch diese extrem restriktive Auslegung auf keiner einzigen Interpretationsebene einer genaueren Überprüfung stand. Schon der natürliche Wortsinn sperrt sich gegen die Qualifikation eines aus beliebigen anderen Gründen existierenden Entscheidungsspielraumes der Strafjustiz als „gesetzlich vorgesehenen", d.h. mit dem Versprechen und damit mit der wegen des Versprechens abgegebenen Aussage offenbar in einer bestimmten *Beziehung* stehenden Vorteil. Dieser Befund wird durch die systematische Interpretation erhärtet, weil sich der Verzicht auf eine Konnexität zwischen Versprechen und Vorteil selbst ad absurdum führt. Denn weil Richter und Staatsanwalt selbstverständlich einen Beurteilungs- oder Ermessensspielraum niemals nach Willkür, sondern nach dem jeweiligen Normzweck auszufüllen haben, müssen sich das Versprechen und die durch das Versprechen bewirkte Aussage zwangsläufig in diesen Normzweck einpassen lassen, wenn überhaupt die Möglichkeit der Versprechensrealisierung bestehen soll. Und darüber

---

[279] Freilich bleiben seine Ausführungen unklar, da er in: SK-StPO, § 136a Rdnr. 67 u. 69 Raum für eine „Verständigung im Strafverfahren" sieht, einen bloßen Hinweis aber für „nicht unproblematisch" erklärt.
[280] In: LR, § 136a Rdnr. 53–55.
[281] Wistra 1987, 134 re. u./135 o.

hinaus muß die betreffende Ermessensnorm auch eine *Voraus-Festlegung* im Augenblick des Versprechens gestatten, denn wenn die durch das Versprechen erklärte Selbstbindung von Gesetzes wegen weder vollständig noch partiell (im Sinne eines rebus-sic-stantibus-Vorbehalts) eingegangen werden darf, ist das Versprechen ebenfalls prozeßordnungswidrig und aus diesem Grunde abermals *nicht systematisch erfüllbar.* Die Notwendigkeit einer vom Normzweck der Ermessensnorm her definierten *Konnexität* zwischen Versprechen, Aussage und Vorteil ist deshalb als Resultat der logisch-systematischen Analyse ebenso eindeutig, wie sie auch als Ergebnis der – von den Vertretern der extrem restriktiven Interpretation leichtfertig ignorierten – teleologischen Betrachtung unabweisbar ist. Wenn die Organe der Strafverfolgung die ihnen um anderer Zwecke willen verliehene institutionelle und persönliche Macht, die aus jedem Entscheidungsspielraum resultiert, tatsächlich zur Belohnung des Beschuldigten für willfährige Aussagen einsetzen könnten, so bliebe angesichts der strukturellen Allgewalt der Justiz von der „Freiheit der Willensentschließung und der Willensbetätigung des Beschuldigten", die § 136 a schützen soll, allein die Möglichkeit übrig, daß dem von einer Verlockung nicht anders als von Folter, Zwang und Drohung ausgehenden seelischen Druck unter Umständen auch widerstanden werden kann – was aber auch bei der schlimmsten Folter nicht anders und deshalb nicht die Freiheit ist, die § 136 a meint. Als in seiner Radikalität und Offenheit nicht mehr überbietbares Beispiel steht hierfür das amerikanische plea bargaining-System, das ungefähr 90% der Beschuldigten[282] schlicht dadurch zu einem Verzicht auf den ihnen verfassungsmäßig garantierten Schwurgerichtsprozeß (mit allen prozessualen Garantien und Wahrheitsfindungskautelen)[283] bringt, daß das guilty plea mit einem horrenden Nachlaß von der bei einer schwurgerichtlichen Verurteilung zu erwartenden drakonischen Strafe honoriert wird, wobei die (im Bereich der Sentencing Guidelines endgültig fixierten[284]) „ordentlichen Strafen" nach einem jury trial wie auch die Größe des durch ein plea bargaining zu erreichenden Nachlasses nach deutschem Verständnis so deutlich außerhalb jeder an legitimen Strafzwecken orientierten Strafzumessung liegen,[285] daß das ganze System

---

[282] S. o. Fn. 38.
[283] Zu den rechtsstaatlichen Garantien des Geschworenenverfahrens und des due process durch das 5., 6. und 14. Amendment zur US-Verfassung siehe *LaFave/Israel* (Fn. 64), S. 33 ff., 824 ff.; *Dowling,* Teaching Materials on Criminal Procedure, St. Paul 1976, S. 17 ff., 436 ff.; *Johnson,* Cases and Materials on Criminal Procedure, St. Paul 1988, S. 405 ff., 688 ff.; *Schmid* (Fn. 38), S. 54 f.; *Hay,* Einführung in das amerikanische Recht, 2. Aufl. 1987, S. 213 f., 216.
[284] Vgl. dazu oben Fn. 67.
[285] Vgl. dazu die Nachweise o. 65 sowie zwei ebenso typische wie drastische Beispiele: Die Angst vor der Todesstrafe, die nach deutschem Recht bspw. im Falle des

eine ebenso gigantische wie erfolgreiche guilty plea-Erzwingungsmaschinerie darstellt, die anstelle der Willensfreiheit, die § 136 a meint, nur einen Rest an formaler Entscheidungskompetenz übrig läßt, deren aufwendige Prüfung vor Entgegennahme des guilty plea durch den Richter[286] angesichts des im System steckenden *strukturellen Zwanges* wenig mehr als ein aufwendiges Ritual zur Beschwörung der Formen des im plea bargaining-System ja gerade nicht mehr stattfindenden due process darstellt.[287]

c) Die Vereinbarkeit der bei informellen Absprachen von den Organen der Strafjustiz gegebenen Zusagen mit § 136 a setzt deshalb entweder voraus, daß es sich bei der zugesagten Prozeßhandlung um eine von Gesetzes wegen *vorgeschriebene* Reaktion auf die Aussage des Beschuldigten handelt, oder daß dadurch die Konkretisierung eines Beurteilungs- oder Ermessens*spielraumes* in einer vom *Zweck* der betreffenden Norm *dreifach* gedeckten Weise vorweggenommen wird: weil die Ausfüllung des Spielraumes überhaupt vorweggenommen werden darf, weil die konkrete Ausfüllung auch schon von der jetzigen Beurteilungsbasis her möglich ist und weil zwischen dem Normzweck und der Herbeiführung einer Aussage durch das Vor-

---

Befehlsnotstandes einen Schuldausschließungsgrund ergibt (vgl. nur *Schünemann*, FS für Bruns, 1978, S. 223 ff.), schließt nach der Entscheidung des Supreme Court in Brady v. United States (397 U.S. 742 – 1970 –, vgl. dazu eingehend *Bond* – Fn. 38 –, S. 3–43 ff.) die „Freiwilligkeit" des guilty plea im amerikanischen Rechtssinne nicht aus. Und nichts anderes gilt für das Angebot, anstelle der für vier mit einem Messer begangenen Raubüberfälle „an sich" gesetzlicher- und üblicherweise zu erwartenden 60 Jahre Freiheitsstrafe nach einem plea bargaining „nur" 18 Jahre zu erhalten, wie es nach meinen eigenen Beobachtungen in einem großstädtischen Criminal Court geradezu an der Tagesordnung ist.

[286] Die verfassungsrechtlichen Grundlagen hierfür hat der US-Supreme Court in einer Reihe von Entscheidungen niedergelegt, deren wichtigste wohl diejenige in Sachen Brady v. United States of America aus dem Jahre 1970 ist (397 U.S. 742, 755). Für die Bundesgerichtsbarkeit sind die Maßstäbe in Rule 11 c und d der Federal Rules of Criminal Procedure niedergelegt (beispielsweise abgedruckt bei *Bond* – Fn. 38 –, App. B), die sich weitgehend mit Standard 14–1.4. und Standard 14–1.5. der American Bar Association Standards for Criminal Justice Relating to Pleas of Guilty (abgedruckt u. a. bei *Bond* – Fn. 38 –, App. A) übereinstimmen. Zu den Voraussetzungen im einzelnen und den darüber geführten Kontroversen vgl. *Bond* (Fn. 38), S. 3–1 ff.; *LaFave/Israel* (Fn. 82), S. 802 ff.

[287] Diese sich in rituellen Wendungen vollziehende formale Prüfung dauert bezeichnenderweise in der Regel länger als die ganze plea negotiation. Die hierin zum Ausdruck kommende enorme Diskrepanz zwischen dem formalen amerikanischen und dem materiellen deutschen Freiwilligkeitsbegriff erklärt sich nicht nur durch die spezifisch deutschen Erfahrungen mit dem Nationalsozialismus, die den unmittelbaren Auslöser für die Vorschrift des § 136 a gebildet haben (s. nur BGHSt. 1, 387; *Rogall*, in: SK-StPO, § 136 a Rdnr. 2), sondern auch durch den Status des amerikanischen plea negotiations als echter „Vergleichsverhandlungen", bei denen die Gleichordnung der Partner fingiert wird und dementsprechend der normale Einsatz ihrer Machtmittel legal sein muß.

teilsversprechen Konnexität besteht. Für die Erfüllung dieser Voraussetzungen kann es anders als bei der Unschuldsvermutung *keine* Rolle spielen, *wer* die Verständigungsinitiative ergreift, so daß die darauf abhebende Argumentation im Kammerbeschluß des BVerfG [288] fehlgeht. Denn wie § 136a Abs. 3 unmißverständlich deutlich macht, wird der Beschuldigte durch § 136a Abs. 1 und 2 auch „gegen sich selbst" geschützt, und der korrumpierende seelische Druck, den § 136a verpönt, kann eben nur dann aus dem Strafverfahren effektiv herausgehalten werden, wenn er auch vom Beschuldigten selbst nicht abgerufen werden kann. Es verbleibt deshalb bei der beschriebenen *dreifachen Konnexitätsbedingung,* die nachfolgend für die drei wichtigsten Anwendungsformen – spezielle Privilegierungsvorschriften, Teileinstellung und allgemeine Strafmilderung bei Geständnisablegung – genauer ins Auge gefaßt werden soll.

4. Als Beispiele für spezielle Privilegierungsvorschriften sind bereits die §§ 153e Abs. 1 Satz 2, 154c StPO, 31 und 37 BtMG angeführt worden; in die gleiche Gruppe gehört auch Art. 4 des sog. Artikelgesetzes mit seiner Kronzeugenregelung bei terroristischen Straftaten.[289] Besonders leicht fällt hier die Beurteilung bei den Vorschriften der §§ 153e Abs. 1 Satz 2 und 154c und der dadurch für den Beschuldigten geschaffenen Möglichkeit, durch die Offenbarung seiner Tat bzw. eines damit zusammenhängenden Wissens ein Absehen von der Strafverfolgung zu erreichen. Die prinzipielle Konnexität zwischen Aussage und Rechtsfolge ist hier ebenso evident wie das berechtigte Interesse des Beschuldigten, über die zu erwartenden Reaktionen der Strafverfolgungsbehörden vor der Offenbarung als seinem point of no return Bescheid zu wissen. Das korrespondierende Interesse der Strafjustiz an einer Erschließung dieser Erkenntnisquelle für wichtigere andere Strafverfahren impliziert eine Gesetzesauslegung, die eine *Vorwegnahme* der Ermessensausübung im Augenblick des Versprechens gestattet, was auch darin zum Ausdruck kommt, daß hier nicht der geringste Grund für die Informalität der Verständigung ersichtlich ist: Warum sollen der Generalbundesanwalt im Fall des § 153e Abs. 1 Satz 2 oder der Staatsanwalt im Fall des § 154c ihre Versprechen nicht schriftlich fixieren und ihre Verhandlungspartner darauf bestehen können, wofür auch die moderne Kronzeugenregelung in Art. 4 des Artikelgesetzes spricht, die in § 1 ausdrücklich die Offenbarung „durch Vermittlung eines Dritten" vorsieht und diesen „in seiner Eigenschaft als Vermittler" gem. § 4 sogar von jeglicher Anzeigepflicht freistellt, wodurch die Absprachekommunikation also erstmals formell institutionalisiert worden ist?

---

[288] Wistra 1987, 134f. = NStZ 1987, 419f.
[289] BGBl. 1989 I, 1059, 1061.

Für das Absehen von der Verfolgung gem. § 37 BtMG gelten die vorstehenden Überlegungen entsprechend, und für die Kronzeugenregelung des § 31 BtMG muß jedenfalls insoweit das gleiche gelten, als die Staatsanwaltschaft deshalb gem. § 153b von der Erhebung der öffentlichen Klage absehen will.

5. Die nächste Gruppe der Zusage einer *Teileinstellung* zur Erlangung eines *Geständnisses* scheint zunächst durch das Opportunitätsprinzip wohlabgesichert zu sein und hat deshalb nicht nur die Billigung *Hanacks*,[290] sondern auch den Segen des BGH[291] und in der Variante „Teileinstellung gegen Nichteinlegung eines Rechtsmittels" sogar der 3. Kammer des Zweiten Senats des BVerfG gefunden, die auch die ausführlichste Begründung ersonnen hat: Prozeßökonomische Aspekte, der Gesichtspunkt einer baldigen und umfassenden Wiederherstellung des Rechtsfriedens, die gesetzliche Vorgabe des § 154 über den Zusammenhang zwischen einer Erledigung des Ausgangsverfahrens und eventuellen weiteren Ermittlungsverfahren sowie die verbleibende Überlegungsfrist für die Rechtsmitteleinlegung schlössen eine rechtsstaatlich bedenkliche Beeinträchtigung der Willensentschließungsfreiheit von beachtenswerter Erheblichkeit aus.[292]

Der vom BVerfG reklamierte „Zusammenhang" vermag aber den oben entwickelten dreifachen Konnexitätsanforderungen keinesfalls zu genügen, und seinen weiteren Argumenten kommt ohnehin kein besonderes Gewicht zu; vielmehr muß umgekehrt mit Nachdruck festgestellt werden, daß das Versprechen einer Teileinstellung gegen Geständnis oder Rechtsmittelverzicht die für die in § 136a geschützte Freiheit des Beschuldigten *schädlichste* und die Ideale des deutschen Strafprozeßmodells am gründlichsten kompromittierende Strategie darstellt, die eindeutig dem Verdikt des § 136a unterfällt. Vorab ist anzumerken, daß das BVerfG die Absprache „Teileinstellung gegen Nichteinlegung von Rechtsmitteln" völlig zu Recht im Rahmen des § 136a erörtert hat, weil dessen von der h. M. behauptete Beschränkung auf Aussagen[293] weder mit dem Wortlaut noch mit dem Sinn dieser Norm harmoniert und zu dem paradoxen Ergebnis führt, daß man eine Vorschrift des positiven Rechts mühsam für unanwendbar erklärt, um sich sodann zur Beurteilung der Wirksamkeit von Rechtsmittelerklärungen auf nirgendwo gesetzlich niedergelegte und deshalb hochproblematische, angeblich allgemeingültige Sätze der Prozeßhandlungstheorie zurückzuziehen[294] – weshalb letztlich auch die

---

[290] In: LR, § 136a Rdnr. 54.
[291] Bei *Pfeiffer*, NStZ 1982, 188 (allerdings bei einer Zeugenvernehmung und deshalb gerade unter Wahrung der Konnexität!).
[292] Wistra 1987, 134f.
[293] Siehe die Nachweise oben in Fn. 270.
[294] Mit Recht deshalb auch zweifelnd LR/*Hanack*, § 136a Rdnr. 14 m.w.N.

meisten Vertreter der h. M. um eine „Anleihe" bei § 136a doch nicht herumkommen.[295] Weiterhin spielt die vom BVerfG hervorgehobene Nutzbarkeit der Rechtsmittel- als Überlegungsfrist für die direkte oder analoge Anwendung des § 136a keine Rolle, weil der von einer unerlaubten Versprechung ausgehende psychische Druck im Falle einer Überlegungsfrist ja nicht geringer wird, so daß zwar die Überrumpelung einen *zusätzlichen* prozessualen Verstoß in Gestalt der Verletzung der gerichtlichen Fürsorgepflicht begründen,[296] nicht aber etwa die fehlende Überrumpelung die Verletzung des § 136a heilen kann. Entscheidender Prüfstein ist deshalb die *Konnexitätsfrage*, aber auch in dieser Hinsicht ist das Argument des BVerfG, daß der durch die Absprache geschaffene Zusammenhang „zwischen einer Erledigung des Ausgangsverfahrens und eventuellen weiteren Ermittlungsverfahren ohnedies über die Bestimmung des § 154 gesetzlich vorgegeben" gewesen sei, unrichtig: § 154 Abs. 1 sieht die Teileinstellung ja *nicht nur* bei der *rechtskräftigen* Verhängung einer anderweitigen Sanktion, sondern unter im übrigen gleichen Voraussetzungen auch dann vor, wenn der Täter diese Sanktion nur *„zu erwarten hat"*, und § 154 Abs. 4 sieht speziell für diesen Fall eine Wiederaufnahmemöglichkeit des gerichtlich eingestellten Verfahrens vor, wenn die Sanktionserwartung in dem anderen Verfahren enttäuscht worden ist.[297] Das Gesetz hat die Teileinstellung also gerade *nicht* als „Annexregelung" zur Erledigung eines anderen Prozeßgegenstandes bzw. (bei der zugehörigen Vorschrift des § 154a) eines anderen Vorwurfes ausgestaltet, sondern im Interesse der prozeßökonomischen Nutzung der knappen Ressourcen der Strafverfolgung deren Organe in den Stand gesetzt, die beweismäßig liquide Beschuldigung vorneweg zu exekutieren und die weiteren Beschuldigungen in einen vorläufigen Ruhestand zu versetzen, aus dem sie in Beachtung des Legalitätsprinzips nur wieder zu erlösen sind, wenn die von den Präventionsbedürfnissen diktierten Sanktionserwartungen von dem wegen der liquideren Beschuldigung durchgeführten Verfahren nicht erfüllt werden. Mit einer Einsetzung der *sekundären* Beschuldigungen als *Druckmittel*, um den Beschuldigten gegenüber der *primären* Beschuldigung zur Kapitulation zu zwingen, hat das überhaupt *nichts* zu tun, so daß es in mehrfacher Hinsicht an der erforderlichen Konnexität

---

[295] Vgl. etwa BGHSt. 17, 14, 18; KK-*Boujong* (Fn. 147), § 136a Rdnr. 7; *Kleinknecht/Meyer* (Fn. 58), Einl. Rdnr. 110.
[296] Vgl. BGHSt. 2, 371, 373; 13, 320, 323; 23, 95, 96; 25, 287, 288f.; BGH NStZ 1983, 34, 35 und dazu eingehend *Hübner*, Allgemeine Verfahrensgrundsätze, Fürsorgepflicht oder fair trial?, 1983, S. 70ff.
[297] Während bei einer Einstellung durch die Staatsanwaltschaft das Wiederaufgreifen sogar unbegrenzt zulässig sein soll, vgl. LR/*Rieß*, § 154 Rdnr. 33 m. w. N.; s. ferner für § 154a dessen Abs. 3.

fehlt: Anders als bei den zuvor betrachteten speziellen Privilegierungsvorschriften besteht zwischen der Teileinstellung der sekundären Beschuldigung und einem Wohlverhalten des Beschuldigten im primären Verfahren kein spezifischer Zusammenhang. Die Strafverfolgungsbehörden können sich auch spätestens mit Anklageerhebung wegen der Primärbeschuldigung nicht mehr darauf berufen, daß hierfür erst aufgrund des Geständnisses des Beschuldigten eine Sanktion „zu erwarten" sei, weil diese Erwartung ja bereits durch die Behauptung eines hinreichenden Tatverdachts in der Anklageschrift dokumentiert worden ist. Wie aber, wenn bei zwei parallellaufenden Ermittlungsverfahren in keinem von beiden mehr als ein Anfangsverdacht besteht, so daß erst das Geständnis in dem einen Verfahren hier die Sanktionserwartung begründen und dadurch die Brücke zur Einstellung des anderen schlagen könnte? Prüfstein ist hierfür die Auslegung des Relativsatzes „die er wegen einer anderen Tat zu erwarten hat", zu der sich aber die StPO-Kommentare merkwürdigerweise ausschweigen.[298] Lediglich *Schmidt-Hieber* spricht offen davon, daß der Wortlaut der §§ 154, 154a auch Stoffbeschränkungen in einem frühen Verfahrensstadium begünstige, daß die Staatsanwaltschaft jedoch zu einer Stoffbeschränkung nur bereit sein werde, wenn sie hinsichtlich des anzuklagenden Komplexes von einer nahezu sicheren Verurteilung ausgehen könne.[299] Bei einer ausschließlich effizienz- und outputorientierten Betrachtung sind das in der Tat verlockende Aussichten, die aber in einem offensichtlichen Konflikt mit den Grundprinzipien einer rechtsstaatlichen Strafrechtspflege und der in § 136a geschützten Entschließungsfreiheit des Beschuldigten stehen. Wenn der Staat schon nicht mehr gehalten wäre, im Ermittlungsverfahren wenigstens wegen *einer* Beschuldigung „durchzuermitteln", sondern die Befugnis besäße, aus einem *doppelten Anfangs*verdacht durch eine frühzeitige Absprache *eine Verurteilung* zu destillieren, so wäre die Instruktionsmaxime im innersten Mark versehrt. Wenn die Initiative in einem solchen Fall von der Staatsanwaltschaft ausgeht, kommt nach den oben unter II. angestellten Überlegungen eine eklatante Verletzung der Unschuldsvermutung hinzu. Ergreift aber der Beschuldigte – entsprechend der Empfehlung von *Schmidt-Hieber* – in einem so frühen Verfahrensstadium die Initiative, so ist die Gefahr, daß die Leichen in seinem Keller durch eine Absprache über Schießen an bewohnten Orten zugedeckt werden sollen, so manifest, daß eine den Präventionsauftrag ernst nehmende Strafrechtspflege auf eine weitere Aufklärung keinesfalls verzichten kann. Der Begriff der

---

[298] Auch bei LR/*Rieß*, § 154 Rdnr. 13, wird hierzu nur der Spezialfall der begonnenen Vollstreckung erörtert.
[299] – Fn. 5 –, S. 33 f.

„Sanktionserwartung" muß deshalb so ausgelegt werden, daß er jedenfalls einen nach der Instruktionsmaxime *ermittelten hinreichenden Tatverdacht* wegen der *Primär*beschuldigung voraussetzt. Es besteht deshalb bei einer systematischen Analyse *kein* Konnexitätszusammenhang zwischen einem Geständnis bezüglich *eines* Vorwurfs und der Verfahrenseinstellung bezüglich eines *anderen* Vorwurfs, und es kann auch keine Rede davon sein, daß § 154 das Versprechen dieser Einstellung als gesetzlich vorgesehenen Vorteil für ein Geständnis in anderer Sache legitimiere. Das hat die Praxis freilich nicht gehindert, die Tauschbeziehung „Geständnis gegen Teileinstellung" als ein Grundmuster der informellen Absprachen zu etablieren, wobei die heutige deutsche Verfahrenswirklichkeit[300] auch hier eine in den USA seit langem vollzogene Entwicklung[301] nachholt. Für die teleologische Betrachtung der Konnexitätsfrage gibt diese Realität (unbeschadet der Unzulässigkeit eines kruden Fehlschlusses vom Sein aufs Sollen) unter dem Aspekt der Folgenberücksichtigung einen wichtigen Fingerzeig, weil sie einen aus dem prozessualen Gefüge geratenen *Machtkampf* vor Augen führt, dem die für andere Zwecke eingerichteten Prozeßinstitute in einer die Idee der Wahrheitsfindung und sogar der Prozeßökonomie pervertierenden Weise dienstbar gemacht werden. Um genügend „Manövriermasse" zu haben, wird der Staatsanwalt, wie es von *Schmidt-Hieber* ziemlich unverblümt eingeräumt worden ist,[302] zunächst einmal ohne Rücksicht auf die Prozeßökonomie alles anklagen, was an strafrechtlichen Vorwürfen in Betracht kommt, solange der Beschuldigte nicht wenigstens bezüglich eines Vorwurfes endgültig die Waffen gestreckt hat. Umgekehrt muß der Beschuldigte gerade bezüglich der gefährlichsten Vorwürfe alles aufbieten, um das Verfahren und insbesondere die Hauptverhandlung in einer sei es auch ihn selbst enorm belastenden Weise in die Länge zu ziehen, um dann schließlich in einem klassischen destruktiven Verhandlungsspiel durch das Angebot eines stark limitierten Geständnisses ein glimpfliches Gesamtergebnis zu erzielen. Durch die ständige Inkonnexität von Mittel und Zweck werden die wechselseitigen Nötigungsversuche zum Alltag des Strafverfahrens, und der von *Dahs* sogenannte „Wildwuchs" der informellen Absprachen[303] wird

---

[300] Zu ersehen aus den praktischen Verhaltensanweisungen bei *Schmidt-Hieber* (Fn. 5), S. 31 ff.; den Praxisschilderungen bei *Hamm,* in: *Dencker/Hamm* (Fn. 12), S. 110 f.; *Dahs,* NStZ 1988, 153 ff.; *Gatzweiler,* NJW 1989, 1903; *Lüdemann/Bußmann,* KrimJ 1989, 54, 55. Nach den Ergebnissen der Repräsentativ-Umfrage steht die Teileinstellung als Gegenleistung der Justiz an dritter Stelle nach der Einstellung gem. §§ 153, 153 a und der Konzession einer milden Strafe.
[301] Vgl. *Heumann,* Law and Society Review 9 (1974), 515, 518 ff.
[302] – Fn. 5 –, S. 33 f.
[303] *Dahs,* NStZ 1988, 153, 154; *ders.,* in: Absprachen im Strafprozeß (Fn. 2), Diskussionsbeitrag, S. 163.

zu ihrer täglichen Form, die durch hagiographische Beiträge auf Diskussionsveranstaltungen und Appelle an die guten Umgangsformen der Konfliktpartner bestenfalls verbrämt werden kann.

Das Versprechen, von der Verfolgung einer anderen Tat abzusehen oder das deshalb vor Gericht anhängige Verfahren vorläufig einzustellen, wenn in dem primären Verfahren ein Geständnis abgelegt oder von der Wahrnehmung der Verteidigungsrechte Abstand genommen wird, betrifft somit einen „gesetzlich *nicht* vorgesehenen Vorteil" und verstößt deshalb gegen § 136a. Hiermit schließt sich auch der „Teufelskreis" zwischen dem ungesetzlichen Vorteils*versprechen* und der *Drohung* mit einer unzulässigen Maßnahme,[304] denn wenn die Teileinstellung angeboten und zugleich von einem Geständnis abhängig gemacht wird, so kommt darin konkludent zum Ausdruck, daß die Entscheidung darüber von Voraussetzungen abhängig gemacht werden soll, die § 154 nicht vorgesehen hat und die auch im Rahmen einer etwaigen Ermessensausübung[305] dem Zweck der Ermächtigung zuwiderlaufen würden und deshalb ermessensfehlerhaft wären.

6. Die *dritte* Gruppe der Zusage einer *milden Strafe* im Austausch für ein vom Angeklagten abzulegendes *Geständnis*, die nach allen Praxisberichten ebenso wie nach dem Ergebnis der Repräsentativ-Umfrage die zahlenmäßig größte Gruppe und der *Prototyp* der informellen Absprachen überhaupt ist, muß sich ebenfalls auf mehreren Stufen die Konnexitätsfrage stellen lassen: nach dem *prinzipiellen* Zusammenhang zwischen (ausgehandeltem) Geständnis und Strafmilderung und nach den Voraussetzungen für eine *numerisch exakte* Festlegung der Strafe bei Abgabe des Versprechens.

a) Bevor die Absprachen auf der prozessualen Bildfläche erschienen, herrschte in der Frage, ob und unter welchen Voraussetzungen die Ablegung eines Geständnisses einen Strafmilderungsgrund abgibt, in Rechtsprechung und Schrifttum weitestgehende Einigkeit: Weil ein nachträgliches prozessuales Verhalten die Tatschuld nicht mehr verändern kann, beschränkte sich der Einfluß des Geständnisses von vornherein auf den Spielraum zwischen der noch und der schon schuldangemessenen Strafe, falls es nämlich als Indiz für *Reue* und *Schuldeinsicht* anzuerkennen war und deshalb das general- und spezialpräventive Strafbedürfnis verminderte (sog. *Indiztheorie*), was bei einem auf erdrückenden Beweisen beruhenden oder erst auf eindringlichen Vorhalt hin abgegebenen Geständnis nicht der Fall sein sollte,

---

[304] Vgl. LR/*Hanack*, § 136a Rdnr. 49, 55 (unter Einbeziehung auch der Täuschung).

[305] Zur Frage, ob § 154 einen Ermessens- oder nur einen Beurteilungsspielraum einräumt, s. LR/*Rieß*, § 154 Rdnr. 19, 22.

so daß dieses *überhaupt keinen* Strafmilderungsgrund abgab.[306] Diese aus der herrschenden Spielraumtheorie stringent abgeleitete Konzeption läßt freilich für *informelle Absprachen keinen* interessanten Spielraum mehr übrig und treibt den darauf hinarbeitenden Richter sogar zwischen die Scylla der Ablehnbarkeit wegen Besorgnis der Befangenheit und die Charybdis einer von § 136a verbotenen Täuschung. Denn weil Reue und Schuldeinsicht bei der *Aushandlung* eines Geständnisses *kontraindiziert* sind, kommt die Indiztheorie hier schon allgemein nicht zum Zuge. Initiiert der Richter das Geständnis schon vor der „Schuldspruchreife", so begründet er hierdurch nach der bereits angeführten BGH-Rechtsprechung die Besorgnis der Befangenheit;[307] legt er erst nach Schuldspruchreife dem Angeklagten die Ablegung eines strafmildernden Geständnisses nahe, so begeht er – Kenntnis der BGH-Rechtsprechung vorausgesetzt – eine Täuschung, weil ein so spät abgegebenes Geständnis danach ja die Strafzumessung überhaupt nicht mehr beeinflussen soll.[308]

Während sich die Praxis der informellen Absprachen über diese Rechtsgrundsätze stillschweigend hinweggesetzt hat, kommt auch hier *Schmidt-Hieber* das Verdienst zu, die dogmatischen Fahrtrinnen für eine strafmildernde Wirkung auch des ausgehandelten Geständnisses ausgelotet und zwei prima facie hoffnungsvolle Kurse abgesteckt zu haben, indem er die Indizkonstruktion nach dem Grundsatz „in dubio pro reo" für alle Geständnisse reklamiert und in der durch das Geständnis ermöglichten raschen Verfahrensbeendigung eine Minderung der Tatauswirkungen im Sinne des § 46 Abs. 2 StGB erblickt.[309] Aber diese Verbindungslinie zum materiellen Strafrecht, de-

---

[306] Wobei diese Indiztheorie sogar „doppelspurig" entwickelt worden ist, weil das Nachtatverhalten u. U. auch ein Licht auf die Tatschuld selbst werfen soll (vgl. nur BGH StrV 1981, 235; NJW 1971, 1758; BGH VRS 40, 418 f.; BGH bei *Dallinger*, MDR 1971, 545; BGH bei *Dallinger*, MDR 1970, 14; BGH bei *Dallinger*, MDR 1966, 727; OLG Karlsruhe JR 1961, 441; *Dreher/Tröndle*, Strafgesetzbuch, 44. Aufl. 1988, § 46 Rdnr. 29; LK/G. *Hirsch*, § 46 Rdnr. 96; *Schönke/Schröder/Stree* (Fn. 245), § 46 Rdnr. 39; *Bruns* (Fn. 214), S. 596; *ders*. (Fn. 68), S. 233 f. m.w.N.; *Moos* (Fn. 67), S. 133 ff. Krit. Dencker, ZStW 102 (1990), 51, 56 f., dessen eigene Theorie (Geständnis als Medium zur Einführung unbekannter Strafmilderungsgründe, ibid. S. 72 ff.) aber nur die Einführung des Schuldinterlokuts impliziert und für die Absprachproblematik folgenlos bleibt.
[307] S.o. Fn. 264.
[308] Daß nur ein offenes, von Schuldeinsicht und Sühnebereitschaft getragenes Geständnis strafmildernd wirken kann, hat der BGH auch in seiner Rechtsprechung zu § 136a festgehalten, zwar mit einer wichtigen und zunächst absprachegünstigen Modifizierung, indem strafmildernde Geständnisse auch bei erdrückender Beweislage für möglich erklärt wurden, aber letztlich doch ohne Raum für Absprachen zu schaffen, weil die Abgabe eines Versprechens (scil. der Strafmilderung) für den Fall eines Geständnisses ausdrücklich für bedenklich erklärt wurde, vgl. hierzu BGHSt. 14, 189 ff. sowie bereits BGHSt. 1, 387 f.
[309] Vgl. *Schmidt-Hieber*, NJW 1982, 1017, 1020 f.; *ders.*, in: Schmidt-Hieber/Was-

ren Lebenswichtigkeit für die informellen Absprachen von ihrem Verteidiger *Schmidt-Hieber* klarer als von vielen Kritikern erkannt worden ist, läßt sich *nicht* halten, denn auch *Schmidt-Hiebers* Rettungsversuche sind zum Scheitern verurteilt. Seinem in-dubio-Argument ist bisher schon mit Recht entgegengehalten worden, daß es auch auf das Leugnen des Angeklagten anwendbar sein würde, welches ja auf abgrundtiefer Scham und Reue beruhen könnte,[310] und daß die Tatsache der Absprache Reue und Schuldeinsicht als unmittelbare Auslöser ja gerade ausschließe,[311] was noch dahin verdeutlicht werden kann, daß die Strafmilderung ja schon in der Verständigung *vor* der Geständnisablegung antizipiert und das Geständnis erst auf diese *Antizipation* hin abgegeben wird, so daß es unausweichlich an der *Unbedingtheit* der Reue fehlt, ohne die die Milderungsbegründung in einen *circulus vitiosus* hineinführt. Und drittens kann es bei der Strafzumessung *nicht* auf die Reue als forum internum ankommen, sondern – nach der heute als rocher de bronce von den relativen Strafbegründungstheorien übrig gebliebenen Theorie der Integrations-Generalprävention[312] – auf deren normbekräftigende Betätigung, die ein Bekenntnis zur Norm *um der Norm willen* voraussetzt und nicht durch eine Aushandlung des Verfahrensergebnisses geleistet werden kann[313] – ähnlich wie auch eine ausgehandelte Sanktion vom Betroffenen weniger ernst genommen wird[314] und deshalb unter spezialpräventiven Aspekten *eher strenger* als milder ausfallen müßte.

Auch *Schmidt-Hiebers* neueres Argument, die rasche Beendigung des Verfahrens aufgrund des Geständnisses als eine Reduzierung der Tatfolgen im Sinne des § 46 Abs. 2 StGB zu interpretieren, kann nicht akzeptiert werden, weil der Gesetzgeber damit keinesfalls den zur Verfolgung der Tat angestrengten Strafprozeß meinte[315] und auch gar

---

sermann (Hrsg.), Justiz und Recht, 1983, S. 206f.; *ders.*, FS für Wassermann, 1985, S. 995ff., 998; *ders.* (Fn. 5), S. 78ff.; *ders.*, StrV 1986, 355, 356; *ders.*, in: Absprachen im Strafprozeß (Fn. 2), S. 61. Entgegen der Würdigung von *Dencker*, in: Dencker/Hamm (Fn. 12), S. 37 Fn. 53, hat sich *Schmidt-Hieber* mit der in-dubio-Konstruktion auch von Anfang an für die generelle Strafmilderungswirkung des Geständnisses eingesetzt und diese lediglich später auf das zusätzliche Tatauswirkungs-Argument gestützt.

[310] *Grünwald*, StrV 1987, 453, 454.
[311] *Schünemann*, in: Absprachen im Strafprozeß (Fn. 2), S. 44.
[312] Vgl. zur Integrationsgeneralprävention *Roxin*, FS für Bockelmann, 1979, S. 279, 305f.; *Müller-Dietz*, FS für Jescheck, 1985, S. 813ff.; *ders.*, Grundfragen des strafrechtlichen Sanktionensystems, 1979, S. 18, 29f.; sie wird neuerdings auch gerne als positive Generalprävention bezeichnet, vgl. *Zipf*, FS für Pallin, 1989, S. 479ff.; *Albrecht*, in: Kaiser/Kerner/Sack/Schellhoss (Hrsg.), Kleines kriminologisches Wörterbuch, 2. Aufl. 1985, S. 132, 133; *W. Hassemer*, JuS 1987, 257, 262; *Horn*, in: SK-StGB, § 46 Rdnr. 9f.
[313] Richtig gesehen von *Dencker*, in: Dencker/Hamm (Fn. 12), S. 56f.
[314] Vgl. die Beobachtung von *Hamm*, in: Dencker/Hamm (Fn. 12), S. 131 f., deren Richtigkeit mir von vielen Praktikern bestätigt worden ist.
[315] *Schünemann*, in: Absprachen im Strafprozeß (Fn. 2), S. 44f.; *Grünwald*, StrV 1987, 453, 454; *Dencker*, ZStW 102 (1990), 51, 59.

nicht meinen konnte, weil das einen rechtsstaatswidrigen Rückfall in die finstersten Zeiten des Inquisitionsprozesses bedeutet hätte: Ein langwieriger Prozeß wäre ja dann als eine gravierende und mithin strafschärfende Folge zu qualifizieren, so daß man den Angeklagten für die *Schwierigkeit des Tatnachweises bestrafen* und ihm folglich nicht anders als in den Zeiten der Folter implizit eine Geständnispflicht auferlegen würde.

Wenn damit alle dogmatischen Ableitungen versagen, bleibt als letztes die schlichte Behauptung übrig, daß ein Geständnis dem Angeklagten ganz allgemein als Beitrag zur Sachaufklärung und Verfahrensabkürzung zugute gehalten werden könne.[316] Aber damit wird nichts gebessert, denn das begründungslose Postulat einer Prämie für prozessuales Wohlverhalten hat ja die Straf*schärfung* für die Wahrnehmung der dem Beschuldigten von Grundgesetz und StPO zuerkannten Verfahrensrechte zur unablösbaren *Kehrseite*, ist also nur eine vordergründig harmlose Paraphrase der in einem rechtsstaatlichen Strafverfahren mit Recht verpönten Forderung, daß der Angeklagte umso strenger bestraft werden müsse, je schwerer er seine Überführung mache. Hinter dieser Maxime, die sich mit keiner materiellrechtlich haltbaren Strafzweck- und Strafzumessungstheorie begründen läßt, dafür aber alle prozessualen Rechtspositionen des Beschuldigten zur Farce stempelt, steht offenbar nichts anderes als der in unübertreffbarer Nonchalance von einem amerikanischen Richter formulierte Satz: „Er (i.e. der Angeklagte) nimmt mir etwas von meiner Zeit, also nehme ich ihm etwas von seiner Zeit",[317] wobei die in dieser Äußerung klüglich verschleierte Perfidie darin steckt, daß dem Richter Tage oder vielleicht Wochen, dem Angeklagten aber Jahre seines Leben genommen werden und daß die „Zeitnahme" für den einen in der Wahrnehmung seiner Amtspflichten, für den anderen in der Wegnahme seiner Fortbewegungsfreiheit wie auch in der Verlust seiner gesamten sozialen Existenz besteht.

b) Aus dem eine strafmildernde Wirkung des Geständnisses regelnden Mechanismus folgt eo ipso, daß es *materiellrechtlich ausgeschlossen* ist, es lückenlos zu antizipieren und bereits im Rahmen einer Verständigungskommunikation ein *numerisch exakt* bestimmtes Strafmaß für den Fall seiner Ablegung anzugeben. Prozeßrechtlich

---

[316] So *Niemöller*, StrV 1990, 34, 36 Fn. 16 unter Berufung auf eine ebenfalls nicht weiter begründete Diskussionsbemerkung von *H. Schaefer*, in: Strafverteidiger-Forum, Sonderheft oJ, S. 15; ebenso ohne überprüfbare Begründung für den Fall der Bereitschaft des Angeklagten, die Tat über seinen Beitrag hinaus aufzuklären, BGH bei *Theune*, NStZ 1988, 304 (Nr. 6), sowie *Schäfer*, Praxis der Strafzumessung, 1990, S. 108f.

[317] Mitgeteilt bei *Alschuler*, Columbia Law Review 76 (1976), 1059, 1089; *Schumann* (Fn. 38), S. 93.

folgt daraus wiederum, daß ein vorher exakt benanntes Strafmaß kein „gesetzlich vorgesehener Vorteil" ist, so daß eine darüber getroffene Absprache auch aus diesem Grunde § 136a verletzt. Die Verbreitung gerade dieses Absprachentyps bedeutet also, daß sich die Praxis längst von der gesetzlichen Normierung der Strafzumessung gelöst hat und über das Strafmaß nach den Prinzipien des *echten Vergleiches* befindet, bei dem freilich eine vorherige präzise Festlegung der beiderseitigen Leistungen zur Redlichkeit gehört. Und zu guter Letzt darf das exorbitante Ausmaß des durch ein abgesprochenes Geständnis erzielbaren Strafrabattes nicht unberücksichtigt bleiben, das in den USA seit langem institutionalisiert ist[318] und in Deutschland je nach der Stärke der Verhandlungsposition des Beschuldigten und der Verhandlungskunst seines Verteidigers u.U. ebenfalls erzielt werden kann.[319] Daß hierdurch der Rahmen jeder auch nur halbwegs seriösen Strafzumessungstheorie gesprengt wird und das Ergebnis eben nur als *echte Verdachtsstrafe* gerechtfertigt werden könnte, wenn diese selbst verfassungsrechtlich zulässig wäre, läßt sich bei wissenschaftlicher Redlichkeit ebensowenig bestreiten wie die praktische Unausweichlichkeit dieses „Prinzips der *Überreaktion*", das allein die durch plea bargaining und informelle Absprachen geschaffene Welt im Innersten zusammenhält: Nur wenn gegenüber dem Angeklagten zumindest der Eindruck erweckt wird, daß ihm der Verzicht auf den „due process" geradezu vergoldet wird, wird dieser sich in den echten Vergleichsfällen auf die Verhängung einer Verdachtsstrafe einlassen, wodurch die informellen Absprachen sub specie § 136a in eine letzte Schere hineingeraten, weil dem Angeklagten der selbst von einem reuigen Geständnis nicht aufgewogene und deshalb nirgendwo gesetzlich vorgesehene, exorbitante Rabatt von der nach kontradiktorischer Hauptverhandlung verurteilungsadäquaten Strafe entweder *versprochen* oder zumindest *vorgetäuscht* werden muß,[320] was seine Entschließungsfreiheit so oder so prozeßordnungswidrig beeinträchtigt.

---

[318] S.o. Fn. 64.

[319] Beispiele bei *Hamm*, in: Dencker/Hamm (Fn. 12), S. 133f. Noch krasser ist im Grunde die Behandlung des oben (§ 2 V. 3. c) als Prototyp dargestellten Vergewaltigungsfalles, bei dem es nach einer offenbar fest eingespielten Handlungsroutine um die Alternative „zwei Jahre Freiheitsstrafe mit Bewährung" oder „mehrjährige Freiheitsstrafe ohne Bewährung" geht, was aus der Sicht des Angeklagten fast eine Alles-oder-Nichts-Entscheidung ist. Aus jüngster Zeit bietet etwa das Urteil des LG Braunschweig im VW-Skandal (Süddeutsche Zeitung Nr. 32 v. 8. 2. 1990, S. 29 und Nr. 33 v. 9. 2. 1990, S. 28; Frankfurter Allgemeine Zeitung Nr. 34 v. 9. 2. 1990, S. 21) zumindest das äußere Erscheinungsbild eines dem Angeklagten vergoldeten Vergleiches.

[320] Zu den insoweit in den USA üblichen Praktiken s.o. Fn. 92.

III. Verletzung des Anspruches auf ein faires Verfahren?

1. Der Anspruch des Beschuldigten auf ein faires Verfahren („fair trial") ist vom BVerfG in ständiger Rechtsprechung als Konkretisierung des Rechtsstaatsprinzips[321] sowie vom BGH und der h. M. als Bestandteil von Art. 6 Abs. 1 S. 1 MRK[322] anerkannt worden. Weil man der daran geübten methodologischen Kritik[323] (nur) durch die Qualifikation des fair trial als eines Prinzips der *Lückenfüllung* die Spitze nehmen kann,[324] ist die Würdigung der informellen Absprachen im Lichte dieses Grundsatzes von vornherein auf diejenigen Gesichtspunkte zu beschränken, die nicht schon bisher anhand von *speziellen* Normen und Garantien abgehandelt worden sind. Bei der hier vorgenommenen Auslegung des § 136 a besteht für eine solche Lückenfüllung weder Raum noch Bedürfnis, aber wenn man die labile Absichtserklärung, für den Fall eines Geständnisses auf eine bestimmte Strafe zu erkennen, entgegen jeder Auslegungsvernunft aus dem Anwendungsbereich des § 136 a heraushalten wollte, so müßte man in einer solchen „Pontius-Pilatus-Strategie" des Gerichts zumindest eine *Verletzung des fair trial* sehen: *Erstens* läßt sich weder die rechtliche Bindung der Justiz nach der „Vorleistung" des Angeklagten noch wenigstens die Revozierbarkeit des Geständnisses nach Enttäuschung der vom Gericht geweckten Erwartungen innerhalb der zwingenden Rechtsnormen der StPO durchsetzen, so daß diese fundamentale Gerechtigkeitsbasis des amerikanischen guilty plea-Modells[325] in Deutschland de lege lata nicht substituiert werden kann. *Zweitens* bietet die in der Praxis beobachtete weitgehende *faktische*

---

[321] BVerfGE 26, 66, 71; 38, 105, 111; 39, 238, 243; 40, 95, 99; 41, 246, 249; 46, 202, 210.

[322] BGHSt. 24, 125, 131; 29, 109, 111; 36, 210; *Pfeiffer* (Fn. 215), Rdnr. 28; *Roxin* (Fn. 48), S. 60f.; *Rogall*, in: SK-StPO, Rdnr. 101 ff. vor § 133; *Dörr*, Faires Verfahren, 1984, S. 144 ff. und passim.

[323] Vgl. vor allem *Heubel*, Der „fair trial" – ein Grundsatz des Strafverfahrens?, 1981, S. 136 u. ö.; *Hübner* (Fn. 296), S. 70 ff.

[324] Vgl. *Pfeiffer* (Fn. 215), Rdnr. 28; *Meyer*, JR 1984, 173 f.; *Herdegen*, NStZ 1984, 337, 343; *Kleinknecht/Meyer* (Fn. 58), Einl. Rdnr. 19.

[325] Vgl. zur Bindung des Staatsanwalts an die im plea agreement gemachten Konzessionen die Entscheidung des US Supreme Court in *Santobello* v. New York (404 U.S. 257, 92 S. Ct. 495, 30, L. Ed. 2d 427 – 1971 –); *LaFave/Israel* (Fn. 82), S. 782 ff.; *Gasner*, Journal of Law Reform 14 (1980), 105 ff. Der Richter ist zwar an die Strafzumessungsempfehlung des Staatsanwalts nach amerikanischem Recht nicht gebunden, doch gilt in einer ganzen Anzahl von Staaten teils durch Gesetzgebung, teils durch Rechtsprechung das Prinzip, daß der Angeklagte sein Schuldbekenntnis zurückziehen darf, wenn das Gericht die Absprache nicht ausführt (vgl. *Bond* – Fn. 38 –, S. 6–48 ff. m.w.N.). Auch Rule 11 der Federal Rules of Criminal Procedure eröffnet im Abschnitt (e) (4) diese Möglichkeit.

Verläßlichkeit der Verständigungsergebnisse[326] keinen Ersatz für die *rechtliche* Bindung, weil eben auch immer wieder die Enttäuschung des vom Angeklagten aufgebrachten Vertrauens vorkommt[327] und außerdem die faktische Verläßlichkeit in Wahrheit weitgehend auf einer heimlichen, durch die Benutzung der Absprache-Figur aber erkennbar gemachten Bindungsabsicht des Gerichts beruht, die dann sprachlich übertüncht werden muß und nicht selten prekäre Entscheidungskapriolen nach sich zieht.[328] *Drittens* gibt es im deutschen System keinerlei Vorsorge für die manifeste Gefährdung der prozessualen Position des Angeklagten durch den „erfolglos angedealten Fall".[329] Daß die gebotene Abschottung von Verständigungsverfahren und normalem Prozeß durch ein bloßes Verwertungsverbot[330] nicht wirksam geleistet werden kann, steht nach den Befunden aus der heutigen deutschen Praxis (wo ja das Verwertungsverbot in Gestalt von § 261 bereits existiert) außer Frage; die einzig effiziente Maßnahme, nämlich der in den USA verwirklichte Austausch der Spruchkörper (Richter gegen Jury), ist in der geltenden Gerichtsverfassung aber nicht möglich. *Viertens* hat die deutsche Rechtswirklichkeit gezeigt, daß die Bedürfnisse der Beteiligten nach Orientierungssicherheit von der „geständnisantizipierenden labilen Absichtserklärung über ein rahmenmäßig bestimmtes Strafmaß" nicht befriedigt werden, so daß dieses Institut in äußerstem Maße mißbrauchs*gefährdet* ist (nämlich in Richtung auf hinter seiner Fassade praktizierte echte Vergleiche). *Fünftens* ist es aber auch im höchsten Grade mißbrauchs*geneigt*, weil es keinerlei Probleme macht, den echten Vergleich in einer informellen Praxis neu mit gerade denjenigen Floskeln zu codieren, die bei der formellen Verständigung über die labile Absichtserklärung benutzt werden müssen. *Sechstens* gibt es im gegenwärtigen System keinerlei Vorsorge dagegen, daß das Gericht dem antizipierten Geständnis einen strafzumessungsrechtlich unvertretbar großen Einfluß auf das Strafmaß einräumt, wie es andererseits *siebtens* an jeder Garantie für eine Gleichbehandlung der Angeklagten fehlt, weil das Gericht selbst

---

[326] S. o. Fn. 80.

[327] Das zeigen allein schon die Entscheidungen BGHSt. 14, 189; 20, 268; BGH StrV 1988, 372 m. Anm. Sieg; BGH wistra 1988, 70; LG Kassel StrV 1987, 288 ff.; OLG Frankfurt StrV 1987, 289; LG Koblenz NStZ 1988, 311 f.; OLG Koblenz wistra 1988, 238; BGHSt. 36, 210 (wobei der vom BGH gewiesene Ausweg einer Hinweispflicht versagt hätte, wenn es nicht um die Abstandnahme von einem Beweisantrag, sondern um ein qualifiziertes Geständnis gegangen wäre).

[328] Typisch die verständlichen, aber rechtlich unhaltbaren Rettungsversuche von LG Koblenz und LG Kassel (Fn. 327), vgl. *Gallandi*, StrV 1987, 290 f. sowie *Schmidt-Hieber*, NStZ 1988, 302 ff.

[329] S. o. § 3 I. 3. a) ee).

[330] Woran *Dencker*, in: *Dencker/Hamm* (Fn. 12), S. 95 f., in diesem Zusammenhang lediglich denkt.

dann, wenn man es kraft der Fürsorgepflicht zur formellen Beantwortung jeder Verständigungsanfrage zwingen wollte, diese Pflicht durch utopische Strafmaßangaben praktisch unterlaufen könnte. *Achtens* könnte die Benachteiligung des unverteidigten Angeklagten, der mit diesem Instrument nicht sachgemäß umzugehen vermag, de lege lata nicht behoben werden, und *neuntens* bedeutet der auch bei dieser Verständigungsform stattfindende Funktionsverlust der Hauptverhandlung eine Aufwertung des Ermittlungsverfahrens, die angesichts der hier de lege lata schwachen Mitwirkungsbefugnisse des Beschuldigten die Gesamtbalance des Strafverfahrens zerstören würde.

2. Alle diese Gesichtspunkte zusammengenommen, halte ich es für unbestreitbar, daß das hier analysierte Absprachen-Rudiment keine gerechte und ausgewogene Verfahrensgestaltung bescheren kann, sondern – zivilrechtlich gesprochen – dem Kunstprodukt einer Kautelarjurisprudenz gleicht, welches um die speziellen Normen und Gewährleistungen herumlaviert, dafür aber mit den allgemeinen Anforderungen von Treu und Glauben (hier: fair trial) *unvereinbar* ist.

IV. Zur Ablehnung des an einer informellen Verständigung beteiligten Richters wegen Besorgnis der Befangenheit

1. Als leading case in der Frage, wann ein an einer informellen Verständigung teilnehmender Richter wegen Besorgnis der Befangenheit abgelehnt werden kann, wird in der Rechtsprechung der letzten Jahre immer wieder ein unveröffentlichter Beschluß des 3. Strafsenats des BGH vom 4. 5. 1977[331] und aus dieser Entscheidung vor allem die Maxime angeführt,[332] daß es einem Vorsitzenden Richter nicht verwehrt sein könne, zur Förderung des seiner Leitung unterliegenden Verfahrens mit den Prozeßbeteiligten auch außerhalb der Hauptverhandlung Fühlung aufzunehmen und eine sachgerechte Antragstellung anzuregen. Tatsächlich betrafen diese Entscheidung und diese Sentenz aber überhaupt keine Absprache, sondern eine Unterredung des Vorsitzenden mit dem Vorgesetzten des Sitzungsstaatsanwalts, in der sich der Vorsitzende über die zu lasche und auf Obstruktion gerichtete Sitzungstätigkeit des „wie ein vierter Verteidiger fungierenden" Sitzungsstaatsanwalts beschwerte. Unabhängig von der Frage, ob das befremdliche Verhalten des Tatrichters (dessen Ablehnung der

---
[331] 3 StR 93/77; das wörtliche Zitat im Text findet sich auf S. 4.
[332] Vgl. BGH StrV 1984, 449, 450; BGH NStZ 1985, 36, 37; OLG Bremen StrV 1989, 145, 146; auch in der Kammerentscheidung des BVerfG vom 27. 1. 1987 findet sich eine Adaption an diesen Satz (wistra 1987, 134 re. Sp.), und BGHSt. 36, 210, 214 hat ebenso wenig gezögert, die dubiose Floskel ohne Prüfung oder Begründung weiter zu tradieren.

BGH in freilich ziemlich gewundenen Wendungen für begründet erklärte) überhaupt Veranlassung zu der Formulierung des ohne nähere Analyse allzu gewagten Obersatzes bot, kann daraus jedenfalls kein ernsthaftes Argument für die Korrektheit einer Absprache-Initiierung durch den Vorsitzenden und erst recht keine Rechtsprechungstradition hergeleitet werden.

Unmittelbar relevant, wenngleich auch nicht in einem Absprachefall formuliert ist dagegen der Obersatz einer BGH-Entscheidung aus dem Jahre 1982, daß es die Besorgnis der Befangenheit begründe, wenn der Vorsitzende vor Schluß der Beweisaufnahme und ohne ein zur Überführung des Angeklagten ausreichendes Beweisergebnis diesen ausdrücklich zu der Überlegung auffordert, ob er ein Geständnis ablegen wolle.[333] Denn die Initiierung einer Absprache nach dem Muster „Geständnis gegen Strafmilderung" enthält allemal diese Aufforderung und muß deshalb, wenn sie vom Vorsitzenden *vor Schuldspruchreife* erfolgt, im Einklang mit der treffenden Begründung dieser Entscheidung als Befangenheitsgrund gewertet werden.

Die einzigen Entscheidungen, in denen der BGH bisher – soweit ersichtlich – *direkt* zu einer Absprachetätigkeit als Befangenheitsgrund Stellung genommen hat, betrafen allesamt „zweiseitige Absprachen", bei denen also nicht alle Prozeßbeteiligten zur Absprachekommunikation hinzugezogen wurden. Der BGH hat hierzu im Ergebnis überzeugend entschieden, daß ein Gespräch des Gerichts allein mit den Verteidigern der Mitangeklagten als solches – d. h. wenn über den Inhalt nichts Verfängliches bekannt ist – keine Befangenheit begründet, während die Weigerung des Richters, über ein in einer Hauptverhandlungspause mit der Staatsanwaltschaft geführtes Gespräch nähere Auskunft zu geben, und erst recht eine geheime Zusage an die Staatsanwaltschaft über die Höhe des Strafmaßes klare Befangenheitsgründe darstellen.[334] Um eine dreiseitige Absprachekommunikation ging es schließlich im Fall des OLG Bremen, welches bei einer auf eine Geständnisablegung gerichteten Abspracheinitiierung durch das Gericht im Zwischenverfahren den Gesichtspunkt der Besorgnis der Befangenheit in den Kreis näherer Erwägungen gerückt gesehen und im Hinblick darauf endgültig bejaht hat, daß sich bis dahin überhaupt nur ein einziger Richter der Strafkammer in den Fall eingearbeitet hatte.[335]

2. Daß das Problem der richterlichen Befangenheit durch Teilnahme an Absprachekommunikationen von den bisher vorliegenden Entscheidungen bestenfalls angerissen worden ist, steht außer Frage.

---

[333] NJW 1982, 1712.
[334] BGH StrV 1988, 417ff.; StrV 1984, 318; NStZ 1985, 36f.
[335] StrV 1989, 145ff. m. Anm. v. *Hamm*.

Denn in allen eine Besorgnis der Befangenheit bejahenden Entscheidungen ging es um *zusätzliche* gravamina, sei es um Verständigungen hinter dem Rücken von Verteidiger und Angeklagtem und auf dessen Kosten, sei es um die skandalöse Aufforderung zur Geständnisablegung im Zwischenverfahren durch ein nur teilweise mit den Akten vertrautes Gericht. Bei dieser Situation multipler Befangenheitsgründe besteht das eigentlich überraschende und gefährliche Moment der Entscheidungen in der scheinbaren Mühe, mit der das evidente Ergebnis hergeleitet wird, wobei die Art und Weise, wie der Obersatz aus dem für die Absprachen völlig unbehelflichen BGH-Beschluß vom 4. 5. 1977 zu einer ständigen Rechtsprechung hochstilisiert und kaum merklich ausgewalzt wird, entschiedenen Widerspruch herausfordert: Aus der damals bejahten angeblichen Befugnis des Vorsitzenden, durch eine Fühlungnahme mit den Prozeßbeteiligten außerhalb der Hauptverhandlung eine „sachgerechte Antragstellung" anzuregen, hat der BGH neuerdings die „Anregung zu einer bestimmten Prozeßhandlung" gemacht,[336] was vom OLG Bremen scheinbar konsequent auf die Aufforderung zu einer Geständnisablegung angewendet worden ist,[337] wobei die Berufung auf die unveröffentlichte und überhaupt nicht einschlägige Entscheidung aus dem Jahre 1977 inzwischen jede sachliche Begründung ersetzt und wie ein Unfehlbarkeitsdogma gehandhabt wird.

In Wahrheit muß man weitaus *tiefer* ansetzen, wenn man den Befangenheitsproblemen im Zusammenhang mit den strafprozessualen Absprachen gerecht werden will. Das Recht, einen Richter wegen Besorgnis der Befangenheit abzulehnen, ist ein Ausfluß der Garantie des gesetzlichen Richters[338] und steht in engem Zusammenhang mit dem Begriff der Rechtsprechung als der nach Rechtsgrundsätzen erfolgenden Entscheidung eines Konfliktes durch einen unparteiischen, ohne eigenes Interesse am Konfliktsausgang tätigen und deshalb *unbeteiligten* und *streitenthobenen* Dritten.[339] Die im dritten Kapitel vorgelegte Analyse der Rückverwandlung des triadischen Wertkonflikts in einen *dyadischen Interessenkonflikt* im plea bargaining[340] sowie der überragenden *eigenen Interessen* des Richters an dem Ergeb-

---

[336] NStZ 1985, 36, 37.
[337] StrV 1989, 145, 146.
[338] BVerfGE 21, 139, 145 f.
[339] BVerfGE 3, 377, 381; 4, 331, 346; 14, 56, 69; 18, 241, 255; 21, 139, 145 f.; 26, 186, 198; *Badura*, Staatsrecht, 1986, S. 448 Rdnr. 2; *Bettermann*, in: *Isensee/Kirchhof* (Hrsg.), Handbuch des Staatsrechts Bd. III, 1988, S. 791 Rdnr. 34; *Meyer*, in: *v. Münch*, Grundgesetz-Kommentar Bd. III, 2. Aufl. 1983, Art. 92 Anm. 9; *Seifert/Hömig* (Hrsg.), Grundgesetz, 3. Aufl. 1988, Art. 92 Anm. 2; *Stern*, Staatsrecht Bd. II, 1980, S. 897 f.
[340] S. o. § 3 III. 2. b).

nis der Verhandlungen[341] macht deutlich, daß der Richter bei den informellen Absprachen seine streitenthobene Stellung aufgibt und sich als ein eigene Interessen verfolgender Beteiligter und damit als *Partei* in die Arena begibt (weshalb bezeichnenderweise in den USA in vielen Jurisdiktionen dem Richter die Teilnahme an den plea negotiations überhaupt und in den übrigen Jurisdiktionen jedenfalls die Initiative dazu verwehrt wird[342]). Die hieraus abzuleitende Besorgnis der Befangenheit wird man freilich als allgemeine Aussage auf die vor Schuldspruchreife erfolgende *Initiierung* einer auf Geständnisablegung gerichteten Absprachekommunikation beschränken müssen, womit man sich auch wieder auf dem sicheren Boden der (vom OLG Bremen leider übersehenen) Entscheidung BGH NJW 1982, 1712 befindet. Zwar kann der Richter auch bei anderen, nicht auf Geständnisablegung gerichteten Verständigungsbemühungen sein persönliches Interesse an einer raschen Verfahrenserledigung über seine prozessualen Pflichten stellen und dadurch seine Unparteilichkeit verlieren; aber das hängt von den konkreten Umständen ab, zu deren Beurteilung man dann auch durchaus auf die vom BGH entwickelte Formel zurückgreifen mag, daß die Fühlungnahme sachlich gerechtfertigt sein und der Richter dabei die gebotene Zurückhaltung wahren muß, um jeden Anschein der Parteilichkeit zu vermeiden.[343] Und der Distanzverlust eines Richters, der sich auf eine auf Geständnisablegung gerichtete Absprachekommunikation einläßt, ist zwar bei einer von der *Verteidigung* ausgehenden Verständigungsinitiative kaum weniger groß als wenn der Richter den ersten Schritt getan hat; aber in einem solchen Fall ist außerdem noch zu berücksichtigen, daß der Angeklagte nach einer verbreiteten Rechtsprechung aus seinem eigenen Verhalten keine Ablehnungsgründe ableiten darf[344] und daß dieser Grundsatz jedenfalls unter dem Aspekt des venire contra factum proprium den Ausschluß des Ablehnungsrechts wegen einer vom Angeklagten selbst initiierten Verständigungskommunikation auch sachlich zu rechtfertigen vermag.

---

[341] S. o. § 3 I. 2.
[342] Zum Verbot der Richterbeteiligung auf Bundesebene vgl. FRCP 11e (1); zur unterschiedlichen Handhabung in den Bundesstaaten vgl. *Cramer/Rossmann/McDonald*, in: McDonald/Cramer (Hrsg.), Plea Bargaining, Toronto 1980, S. 139 ff.; *Dielmann*, GA 1981, 558, 565; *Schumann* (Fn. 38), S. 151 ff.
[343] Vgl. die Nachweise in Fn. 331, 332 sowie BGH NStZ 1985, 36, 37.
[344] BGH NJW 1952, 1425 f.; OLG München NJW 1971, 384 f.; *Kleinknecht/Meyer* (Fn. 58), § 24 Rdnr. 7 m. w. N.; einschränkend LR/*Wendisch*, § 24 Rdnr. 24.

D. Rechtfertigung der informellen Verständigungen durch Gewohnheitsrecht, Einwilligung, Verzicht oder Verwirkung?

Eine Heilung der vorstehend festgestellten Rechtsverstöße durch Einwilligung, Verzicht oder Verwirkung scheidet aus, weil es durchweg um im öffentlichen Interesse liegende Garantien geht, über die der Beschuldigte nicht disponieren kann.[345] Auch eine Legitimation durch Gewohnheitsrecht scheidet aus, weil sich im Strafverfahren ein gesetzesderogierendes nachkonstitutionelles Gewohnheitsrecht nicht bilden kann und weil außerdem auch die kurze Zeit einer noch dazu heimlichen Praxis nicht ausreicht, um die Entstehungsvoraussetzungen der longa consuetudo sowie der opinio necessitatis[346] zu erfüllen.

E. Die Rechtsfolgen der informellen Verständigung

I. Die Rechtswirkungen prozeßordnungsgemäßer Zusicherungen

1. Im Rahmen der Überlegungen zu den prozessualen Handlungsformen und zu § 136a ist grundsätzlich die Kompetenz der Strafverfolgungsorgane bejaht worden, im Rahmen des *Opportunitätsprinzips* sowie bei *spezialgesetzlichen Privilegierungen* gegenüber dem Beschuldigten *Zusicherungen* hinsichtlich des weiteren Procedere abzugeben, sofern sich die Zulässigkeit einer Antizipation der späteren Entscheidung aus dem *Zweck* der jeweiligen Norm begründen läßt.[347] Mit den prozessualen Rechtsfolgen solcher Zusicherungen tut sich die traditionelle Auffassung gleichwohl schwer. So erklärt etwa *Rieß* bei § 154c eine Zusicherung der Nichtverfolgung durch die Staatsanwaltschaft für zulässig (im Einklang mit Nr. 102 Abs. 2 RiStBV), verneint aber ausdrücklich eine rechtliche Bindung,[348] ohne sich mit der Frage auseinanderzusetzen, welche Rechtsnatur eine Zusicherung ohne rechtliche Bindungswirkung haben soll. Bei § 153e wird die hier besonders naheliegende Zusicherung von *Rieß* überhaupt nicht themati-

---

[345] Vgl. eingehend W. *Schmid*, Die „Verwirkung" von Verfahrensrügen im Strafprozeß, 1967, S. 89ff.; LR/*Hanack*, § 337 Rdnr. 271 f.; *Amelung*, Die Einwilligung in die Beeinträchtigung eines Grundrechtsgutes, 1981, S. 105 ff.; *ders.*, in: Festgabe zum 10jährigen Jubiläum der Gesellschaft für Rechtspolitik, 1984, S. 1, 20 ff. zur sog. „eingriffsmildernden Einwilligung".
[346] Vgl. nur BVerfGE 9, 117; 34, 303 f.; *Ossenbühl*, in: *Erichsen/Martens* (Hrsg.), Allgemeines Verwaltungsrecht, 8. Aufl. 1988, S. 110 f.
[347] S. o. C. II. 3.
[348] In: LR, § 154c Rdnr. 11.

siert,³⁴⁹ während *Bernsmann* bezüglich der Kronzeugenregelung des Artikelgesetzes immerhin für prüfenswert hält, ob der Kronzeuge nicht eine Zusage des Generalbundesanwalts, die Zustimmung des BGH zur Verfahrenseinstellung zu beantragen, gem. § 23 EGGVG einklagen oder deshalb ein Verfahrenshindernis geltend machen könne.³⁵⁰ Erheblich weiter geht *Kühne*, der allgemein Einstellungszusicherungen der Staatsanwaltschaft gem. § 23 EGGVG für einklagbar hält und anscheinend gegen eine Versagung der erforderlichen und ebenfalls zugesagten gerichtlichen Zustimmung das Rechtsmittel der Beschwerde für statthaft hält.³⁵¹ Die Rechtsprechung hat sich mit der Problematik bisher, soweit ersichtlich, nicht befaßt.

2. Entsprechend dem hier entwickelten Konzept, die Möglichkeit zu bindenden prozessualen Vereinbarungen aus der Dispositionsbefugnis über den Prozeßgegenstand abzuleiten und durch diese zu beschränken, müssen Zusagen der Staatsanwaltschaft über das Absehen von Verfolgung oder die Verfahrenseinstellung aus Opportunitätsgründen eine *primäre rechtliche Bindung* auslösen, so daß es nicht des ohnehin verdächtig in die Nähe eines Zirkelschlusses geratenden Umweges bedarf, erst aus dem Gedanken des Vertrauensschutzes eine sekundäre Verpflichtungswirkung abzuleiten. Der im Rahmen des Legalitäts- und Instruktionsprinzips geltende Grundsatz der Bindungsfreiheit bis zum Moment der Entscheidungsfindung gilt hier also von vornherein nicht, und außerdem ergibt eine Auslegung der speziellen Ermächtigungsvorschriften, wie bereits bemerkt, die Zulässigkeit und Notwendigkeit einer verbindlichen Entscheidungsantizipation.³⁵² Wie diese Verbindlichkeit vom Begünstigten geltend zu machen ist, scheint mir durch die heute einhellige Auffassung zum strafprozessualen Vergleich mit dem Verletzten und zu den Prozeßverträgen im Zivilprozeß deutlich vorgezeichnet zu sein. Eine verbindliche Zusage auf Nichtverfolgung oder Einstellung schafft ein von Amts wegen zu beachtendes *Verfahrenshindernis*, was gegenüber der alternativen Rechtsschutzmöglichkeit des § 23 EGGVG den Vorzug hat, daß es auch gegenüber einer anderen, etwa kumulativ ebenfalls zuständigen Staatsanwaltschaft wirkt.³⁵³ Lediglich wenn die

---

³⁴⁹ In: LR, § 153e Rdnr. 13, erwähnt *Rieß* nur die Möglichkeit einer zurückhaltenden Belehrung des Beschuldigten.
³⁵⁰ NStZ 1989, 449, 460.
³⁵¹ – Fn. 166 –, S. 184f.
³⁵² S. o. C. II. 4.
³⁵³ Übersehen vom 5. Strafsenat im Urteil vom 9. 9. 1986 (BGHR Strafsachen, StPO § 136a Abs. 1 S. 3, Versprechungen 1), wo die Einleitung des Verfahrens durch eine andere, ebenfalls zuständige Staatsanwaltschaft trotz einer vom BGH für wirksam gehaltenen Zusage über die Anwendung des § 154 Abs. 1 Nr. 2 nicht beanstandet wurde. Die konkrete Zusage war übrigens auch nach der hier vertretenen Konnexitäts-

Staatsanwaltschaft wegen fehlender Alleinzuständigkeit nicht die Einstellung, sondern die Einholung der gerichtlichen Zustimmung zugesagt hat, muß anstelle der Verfahrenshindernis-Lösung doch auf den Rechtsbehelf des § 23 EGGVG zurückgegriffen werden (mit dem freilich nicht auch die gerichtliche Zustimmung durchgesetzt werden kann!).

II. Rechtswirkungen prozeßordnungsgemäßer labiler Absichtserklärungen

1. Nach dem hier entwickelten Begriff und den Zulässigkeitsvoraussetzungen einer labilen Absichtserklärung versteht es sich von selbst, daß sie keinerlei Verpflichtung auslöst, an der darin zum Ausdruck gekommenen derzeitigen Einschätzung der Prozeßlage und des antizipierten weiteren Geschehens festzuhalten, so daß das Gericht auch ohne neue Tatsachen oder Beweismittel in einer erneuten Beratung zu einer abweichenden Beurteilung kommen darf. Zwar hat es bei der Ausfüllung eines Beurteilungs- oder Ermessensspielraumes die Tatsache seiner früheren (in öffentlicher Hauptverhandlung abgegebenen!) Absichtserklärung mitzuberücksichtigen, weil der Angeklagte und die Öffentlichkeit an der Gleichmäßigkeit der Strafrechtspflege irre würden, wenn diese in der Beurteilung des Falles innerhalb kürzester Zeit die größten Kapriolen schlagen würde. Aber dem kann und muß schon durch die Fassung der Absichtserklärung Rechnung getragen werden, die nur einen Strafrahmen angeben darf, um nicht nolens volens zu einer unzulässigen stabilen Absichtserklärung zu avancieren.[354]

2. Weiterhin liegt es in der Konsequenz der Einbettung der labilen Absichtserklärung in die gerichtlichen Hinweis-, Aufklärungs- und Fürsorgemaßnahmen, daß das Gericht die Beteiligten von einer *Änderung* seiner Beurteilung *unterrichten* muß, bevor es in diesem Punkt eine definitive Entscheidung fällt. So ist es etwa bei § 265 immer schon anerkannt, daß das Gericht einen entsprechenden Hinweis erteilen muß, wenn es die Anklage nur mit Änderungen zugelassen hat und danach zur Rechtsauffassung der ursprünglichen Anklage zurückkehren will oder wenn es ausdrücklich erklärt hat, daß es die ursprünglichen rechtlichen Gesichtspunkte nicht mehr in Betracht ziehe und später doch wieder zur früheren Rechtsauffassung zurück-

---

forderung für § 154 prozeßordnungsgemäß, weil dadurch das Eingeständnis gerade derjenigen Tat veranlaßt worden zu sein scheint, die gem. § 154 nicht weiter verfolgt wurde.

[354] S. o. A. 5. a).

kehren will.³⁵⁵ Auch für den Fall des Abrückens von einer zugesagten Wahrunterstellung, des Wechsels in der Beurteilung einer zunächst als bedeutungslos eingestuften Beweistatsache und der Verwertung des nach §§ 154, 154a ausgeschiedenen Verfahrensstoffes ist in der Rechtsprechung die Notwendigkeit eines entsprechenden *Hinweises* inzwischen allgemein anerkannt.³⁵⁶ Die vom BGH in seinem Urteil vom 7. 6. 1989³⁵⁷ entwickelte Regel paßt deshalb genau zu der Konstellation der prozeßordnungsgemäßen labilen Absichtserklärung,³⁵⁸ wobei der Leitsatz dahin zu präzisieren ist, daß das Gericht den Angeklagten nicht auf die „Möglichkeit" der Abweichung hinzuweisen hat (denn die besteht ja immer!), sondern auf seine Absicht, bei der endgültigen Entscheidung nicht mehr an der früheren Absichtserklärung festzuhalten.

III. Rechtswirkungen prozeßordnungswidriger Zusicherungen

1. Nach Auffassung des BGH in seinem Urteil vom 7. 6. 1989 soll die *Hinweispflicht* für den Fall des Abrückens von der Zusicherung unabhängig von deren Rechtmäßigkeit, also auch bei einer prozeßordnungswidrigen Absprache bestehen; erst bei Zusicherungen, deren Erfüllung außerhalb der Kompetenz des Tatrichters läge oder offensichtlich rechtswidrig wäre, sollen keine schutzwürdigen Erwartungen der Verfahrensbeteiligten begründet werden.³⁵⁹ Ich habe dem in meiner Rezension entgegengehalten, daß der in einer prozeßordnungswidrigen Absprache steckende Verfahrensfehler *nicht* wegen *Vertrauensschutzes* für den Angeklagten, sondern wegen der Pflicht des Gerichts zu *justizförmigem Prozedieren* durch den contrarius actus beseitigt werden müsse, so daß der Vertrauensschutz keine von Rechts wegen eintretende Folge, sondern ein bloßer *Reflex* sei.³⁶⁰ Während dieser Begründungsunterschied aus der Sicht des konkreten Revisionsverfahrens auf eine bloße Finesse hinausläuft, spielt er für die Pflichten des Tatrichters eine erhebliche Rolle: Solange man die Statthaftigkeit der Absprache dahingestellt sein läßt und den Richter lediglich zur Respektierung des vom Angeklagten entgegengebrach-

---

³⁵⁵ LR/*Gollwitzer*, § 265 Rdnr. 7, 10, 73 m. w. N.; BGH bei *Dallinger*, MDR 1972, 925.
³⁵⁶ Vgl. BGHSt. 32, 44, 47; BGH StrV 1988, 9f.; BGH NStZ 1981, 100; BGH StrV 1982, 523; 1985, 221; BGHR StPO § 154 Abs. 2 Hinweispflicht 1.
³⁵⁷ BGHSt. 36, 210, 212.
³⁵⁸ Näher dazu bereits *Schünemann*, JZ 1989, 984, 986 ff. (freilich noch ohne die hier vorgenommene Unterscheidung unterschiedlicher Bindungsformen).
³⁵⁹ BGHSt. 36, 210, 215 f.
³⁶⁰ JZ 1989, 984, 988 f.

ten Vertrauens zwingt, braucht der Richter nur zu reagieren, wenn er von der Absprache abweichen will. Tatsächlich ist er aber zwecks *Heilung* des in der unstatthaften Absprache steckenden Verfahrensfehlers so oder so zum Tätigwerden verpflichtet.[361] Diese gebotene Aufkündigung der Absprache unter Hinweis auf ihre Prozeßordnungswidrigkeit führt nun allerdings dann zu erheblichen Problemen, wenn der Angeklagte bereits seine „Leistung" in Form einer Geständnisablegung erbracht hat. Wenn die Absprache als Versprechen eines gesetzlich nicht vorgesehenen Vorteils für die Geständnisablegung zu qualifizieren war, wofür nach der hier vertretenen Auffassung bereits jede Absichtserklärung des Gerichts ausreicht,[362] so ist das Geständnis freilich gem. § 136a *unverwertbar* und der Schaden behoben. Anders verhält es sich dagegen nach der (aus der absprachelosen Zeit überkommenen) h. M., die für § 136a die Abgabe einer bindenden Zusage verlangt[363] und deshalb bei einer bloßen Absichtserklärung des Gerichts die *Verwertbarkeit* des Geständnisses *bejahen* müßte. Daran könnte auch die hier von den Prämissen der h. M. aus bejahte Verletzung des fair trial[364] nichts ändern, sofern man sich nicht außerdem noch zur Annahme eines Beweisverwertungsverbotes entschlösse, was aber der bisherigen Entwicklung dieses Grundsatzes nicht gerecht würde[365] und auch in der Sache nicht gerechtfertigt erscheint: Wenn man – entgegen der hier vertretenen Auffassung – in einer Absichtserklärung kein Versprechen im Sinne des § 136a sieht, eine rechtswidrige Beeinträchtigung der Entschließungsfreiheit des Angeklagten also verneint, so ist auch nicht mehr daran vorbeizukommen, daß der Angeklagte dann eben (wenn auch unter prozeßordnungswidriger Mitwirkung des Gerichts) va banque gespielt hat und seinen Beitrag zur Wahrheitsfindung nicht mehr ungeschehen machen kann.

2. Mit der Gewährung von Vertrauensschutz werden die Folgeprobleme auch dann *nicht* gelöst, wenn die von der Justiz übernommenen Leistungen nicht mit einer milden Strafzumessung ihr Ende finden, sondern etwa eine nachträgliche Gesamtstrafenbildung oder eine

---

[361] Vgl. zur nachträglichen Heilung von Verfahrensfehlern in der Hauptverhandlung ausführlich *Schmid*, JZ 1969, 757ff.; *Roxin* (Fn. 48), S. 274; *Gössel*, Strafverfahrensrecht, 1977, S. 166; *Kleinknecht/Meyer* (Fn. 58), Einl. Rdnr. 159, § 337 Rdnr. 39, § 338 Rdnr. 3; KMR-*Sax*, Einl. X Rdnr. 38ff.; KMR-*Paulus*, § 337 Rdnr. 39ff.; KK-*Pfeiffer* (Fn. 147), Einl. Rdnr. 158; LR/*Gollwitzer*, vor § 226 Rdnr. 54ff.; LR/*Hanack*, § 337 Rdnr. 261 ff., § 338 Rdnr. 3 – jeweils m.z.w.N.
[362] S.o. C. II. 2.
[363] Nachweise oben in Fn. 271.
[364] S.o. C. III.
[365] Denn wie in BGHSt. 24, 125, 131 richtig erkannt worden ist und durch ein arg. e contrario zu § 136a bestätigt wird, kann ein Verstoß gegen den fair-trial-Grundsatz für sich allein nur bei Vorsatz des Justizorgans ein Verwertungsverbot auslösen.

bestimmte Ausgestaltung des Strafvollzuges einschließen. Geradezu einen Modellfall dieser Art, der das inzwischen erreichte hohe kautelarjuristische Niveau der Abspracheprasis belegt, hatte das LG Kassel zu entscheiden: Der Verteidiger vereinbarte mit dem zuständigen Staatsanwalt unter Sondierung mit dem Strafkammervorsitzenden und dem Leiter der zuständigen Justizvollzugsanstalt, daß im Verfahren a die Strafaussetzung nicht widerrufen und das Verfahren b gem. § 154 Abs. 2 eingestellt würde, während der Angeklagte im Verfahren c seine Berufung gegen die Verurteilung in der fundierten Erwartung zurücknahm, sogleich in den offenen Vollzug zu kommen, was dann aber später entgegen der vorläufigen Einschätzung des Anstaltsleiters scheiterte. Das LG Kassel hat hier eine Anfechtung der Berufungsrücknahme wegen Irrtums für berechtigt erklärt,[366] ist darin aber vom OLG Frankfurt korrigiert worden.[367] Beiden Gerichten entging dabei, daß als anrüchiges Verhalten in Wahrheit nicht das des Anstaltsleiters, sondern die *Zusage des Staatsanwalts* über eine dem Angeklagten günstige Sachbehandlung der Verfahren a und b zur Debatte stand, welche wegen ihrer evidenten Inkonnexität zur Berufungsrücknahme das Versprechen eines gesetzlich nicht vorgesehenen Vorteils bedeutete. Da § 136a richtigerweise auch auf Rechtsmittelerklärungen anzuwenden ist,[368] war das Berufungsverfahren also fortzuführen und der Angeklagte von der StPO nicht nur ausreichend, sondern sogar überkompensierend geschützt, weil zwar das eingestellte Verfahren b wieder aufzunehmen gewesen wäre, das Verfahren a aber inzwischen durch Straferlaß rechtskräftig erledigt war. Hieran zeigt sich die ganze Sprengkraft des § 136a, die offensichtlich bisher von der Justiz noch nicht erkannt und von den Verteidigern noch nicht genutzt worden ist: Wenn dem Angeklagten gesetzlich nicht vorgesehene Vorteile irreversibel *gewährt* worden sind, kann er seine „Gegenleistung" unter Berufung auf § 136a ohne Risiko für null und nichtig erklären. Und selbst wenn man deshalb mit der h.M. § 136a auf Rechtsmittelerklärungen nur teilweise analog anwenden[369] und davon für den Fall des unzulässigen Vorteilsversprechens eine Ausnahme machen wollte, bliebe immer dann, wenn sich die Absprache auf eine Geständnisablegung erstreckt, die noch unten näher zu betrachtende Wiederaufnahme des Verfahrens übrig. Die Rechtsfolgen prozeßordnungswidriger Absprachen können sich also in ganz verheerender Weise auch *gegen die Justiz* wenden.

---

[366] StrV 1987, 288.
[367] StrV 1987, 289 m. Anm. *Gallandi.*
[368] S. o. C. II. 5.
[369] Vgl. *Seier,* JZ 1988, 683, 686; *Roxin* (Fn. 48), S. 342f., beide m.w.N.

3. Die nach geltendem Recht eintretenden Rechtswirkungen prozeßordnungswidriger Absprachen haben also nichts mit einem „Recht der Leistungsstörungen" zu tun, dessen Ausarbeitung *Dencker* de lege ferenda fordert,[370] sondern besitzen überhaupt *keinen spezifischen Bezug* auf „gescheiterte Absprachen" im Sinne ihrer ausbleibenden Realisierung. Leidtragender kann dabei je nach der Komposition der auszutauschenden Leistungen bald die Justiz, bald der Angeklagte sein. Auch dieses Resultat ist eine notwendige Konsequenz aus dem Versuch, das plea bargaining in den deutschen Strafprozeß zu inkorporieren, weil die Korrektive der StPO auf ein notleidend gewordenes Austauschgeschäft nicht zugeschnitten sind und deshalb dafür auch keine billige Lösung bereithalten können. Insbesondere halte ich den von *Cramer*[371] angesprochenen und vom BGH in seinem Urteil vom 7. 6. 1989 für den Fall der Hinweispflicht beschrittenen Weg, bei gescheiterten Absprachen einen *Vertrauensschutz* durch Rückgriff auf das Gebot des fair trial zu installieren, für die prozeßordnungswidrigen Absprachen unter keinen Umständen für weiter ausbaubar. Denn diese Generalklausel darf keinesfalls dazu benutzt werden, um gemeinsames prozeßordnungswidriges Verhalten der Prozeßbeteiligten mit Rechtsschutz zu versehen und damit an die Stelle der gesetzlichen Rechtsfolge – nämlich daß diese illegalen Manöver null und nichtig sind – angebliche Billigkeitslösungen zu setzen, durch die die Grundstruktur unseres Strafverfahrens ausgerechnet vom fair trial-Prinzip aus den Angeln gehoben würde.

IV. Die Revisibilität der auf einer informellen Verständigung beruhenden Urteile

1. Aus den oben unter B. angestellten Überlegungen geht ohne weiteres hervor, daß ein großer Teil der heute üblichen Absprachen, der in der Aushandlung eines mit einer Strafmilderungszusage verbundenen Geständnisses außerhalb der Hauptverhandlung und in Abwesenheit der Schöffen und des Angeklagten besteht, gleich *drei absolute Revisionsgründe* schafft: die nicht vorschriftsmäßige Gerichtsbesetzung gem. § 338 Nr. 1, die Hauptverhandlung in Abwesenheit des Angeklagten gem. § 338 Nr. 5 und die Verletzung der Vorschriften über die Öffentlichkeit gem. § 338 Nr. 6. Insbesondere ist die Rüge nach § 338 Nr. 1 nicht etwa präkludiert, weil es unstreitig ist, daß erst während der Hauptverhandlung entstandene Besetzungsfehler wie

---

[370] In: *Dencker/Hamm* (Fn. 12), S. 99.
[371] FS für Rebmann, 1989, S. 145, 158 f.

die Abwesenheit eines Richters davon nicht erfaßt werden.[372] Die Befangenheit des Richters kann dagegen natürlich nur dann mit der Revision weiterverfolgt werden, wenn bereits in der Hauptverhandlung die Ablehnung erklärt wurde (§ 338 Nr. 3).

2. Daneben kommen auch eine ganze Reihe von *relativen* Revisionsgründen in Betracht, nämlich vor allem die Verletzung der gerichtlichen Aufklärungspflicht, wenn das Urteil auf ein nicht qualifiziertes Geständnis gestützt wird; die Verletzung des § 136 a; die Verletzung des Anspruchs auf ein faires Verfahren und die Mißachtung der Unschuldsvermutung.

3. Bei einer zulässigen Absprache *mit Bindungswirkung* kann gerügt werden, daß diese Bindung nicht respektiert worden sei, wobei die verletzte Rechtsnorm in der (ungeschriebenen) Verbindlichkeitsanordnung besteht und deshalb nicht auf den Grundsatz des fair trial zurückgegriffen zu werden braucht. Die Rüge der Verletzung der *Hinweispflicht* nach einer prozeßordnungsgemäßen labilen Absichtserklärung ist dagegen nur eine Sonderform der Rüge, daß der Anspruch auf ein *faires Verfahren* verletzt sei.

4. Auch bei der Revision bestätigt sich damit das Bild, daß die Strafprozeßordnung für den Fall der Mißachtung prozeßordnungsgemäßer Verständigungen konzise Rechtsschutzmöglichkeiten bereithält, während gegenüber prozeßordnungswidrigen Absprachen kein spezifischer Rechtsschutz unter dem Aspekt der enttäuschten Erwartung, sondern eine multiple Rügemöglichkeit mit dem Effekt einer Radikalexstirpation bereitgehalten wird.

V. Wiederaufnahme des Verfahrens gegen abgesprochene Urteile?

1. Die Wiederaufnahme des Verfahrens bildet geradezu den Schlußstein des auf die Erforschung der materiellen Wahrheit angelegten deutschen Strafverfahrens, weil sie bei neuen Tatsachen und Beweismitteln gem. § 359 Nr. 5 unbeschränkt zulässig ist, so daß ein abgesprochenes, auf die zwischen den Parteien vereinbarte „formelle Wahrheit" gegründetes Urteil zwar nach Realisierung des ebenfalls abgesprochenen Rechtsmittelverzichts in Rechtskraft, nicht aber in absolute Bestandskraft erwachsen kann. Jeder Versuch, die Entscheidung der StPO für die materielle Wahrheitsfindung durch eine informelle Absprache zu unterlaufen, muß deshalb in theoretischer Hinsicht an dem Institut der Wiederaufnahme des Verfahrens notwendig *scheitern*, und wenn sich dies auch in der Vergangenheit wegen einer

---

[372] LR/*Hanack*, § 338 Rdnr. 50 m.w.N.

außerordentlich hohen „Vergleichstreue" der Verurteilten praktisch nicht ausgewirkt hat, so kann die Zukunft doch eine Veränderung bringen, seitdem im Schrifttum auf diese Möglichkeit hingewiesen wird und ein erstes Wiederaufnahmeverfahren die Probe aufs Exempel durch alle Instanzen bestanden hat.[373] Es lohnt sich deshalb, die Voraussetzungen einer *Wiederaufnahme propter nova* etwas genauer zu betrachten.

a) Wenn die informelle Verständigung lediglich darin bestanden hat, daß die Verteidigung von formell nicht ablehnbaren, in der Sache aber wenig aussichtsreichen Beweisanträgen Abstand genommen hat, so können zwar die darin benannten und vom Gericht nicht (mehr) benutzten Beweismittel nunmehr als nova präsentiert werden; sie werden in der Regel aber schon in der Geeignetheitsprüfung des Aditionsverfahrens scheitern. Für Rechtsprechung und h. L., die seit je die Anwendung des Grundsatzes „in dubio pro reo" im Wiederaufnahmeverfahren ablehnen,[374] versteht sich das von selbst. Auch auf dem Boden der gegenteiligen Mindermeinung[375] gelten für die Geeignetheitsprüfung aber jedenfalls nicht die Grundsätze des § 244 Abs. 3, die ja insbesondere das Verbot der Beweisantizipation enthalten,[376] so daß ein auf eine detaillierte, die richterliche Aufklärungspflicht erfüllende Beweisaufnahme gestütztes Urteil durch die Benennung eines dubiosen Auslandszeugen im Wiederaufnahmeverfahren nicht aus den Angeln gehoben werden kann. Anders verhält es sich dagegen, wenn das Urteil auf ein abgesprochenes Geständnis gegründet ist und dementsprechend die formelle Beweisaufnahme stark abgekürzt wurde oder sogar gänzlich entfiel. Wenn die einzige Urteilsgrundlage in einem *„schlanken Geständnis"* besteht, so braucht dieses nicht einmal formell widerrufen zu werden, weil es neben den neuen Entlastungstatsachen und -beweismitteln, deren Beibringung dem Verurteilten in einem solchen Falle nicht schwer fallen wird, keinerlei Beweiskraft besitzt. Zwar sind bei der Eignungsprüfung außer dem Beweisergebnis der früheren Hauptverhandlung, das bei deren Reduzierung auf ein schlankes Geständnis gleich Null ist, auch die Ermittlungsakten zu berücksichtigen.[377] Aber das kann auch vom Standpunkt der h. M.

---

[373] Vgl. *Seier*, JZ 1988, 683; *Dencker*, in: Dencker/Hamm (Fn. 12), S. 35 f.; *Schünemann*, NJW 1989, 1895, 1900; OLG Köln StrV 1989, 98 ff. und DRiZ 1989, 181.

[374] *Roxin* (Fn. 48), S. 377; *Kleinknecht/Meyer* (Fn. 58), § 370 Rdnr. 4; LR/*Gössel*, § 359 Rdnr. 137 ff., § 370 Rdnr. 24; OLG Köln NJW 1968, 2119.

[375] *Schünemann*, ZStW 84 (1972), 870, 889 ff.

[376] Zum Verbot der Beweisantizipation bei § 244 vgl. nur *Alsberg/Nüse/Meyer* (Fn. 227), S. 28 ff., 413 ff. m. z. w. N.; zur Antizipationsmöglichkeit im Rahmen der Geeignetheitsprüfung siehe *Kleinknecht/Meyer* (Fn. 58), § 368 Rdnr. 9 m. w. N.; *Schünemann*, ZStW 84 (1972), 895; einschränkend LR/*Gössel*, § 368 Rdnr. 20.

[377] Vgl. *Kleinknecht/Meyer* (Fn. 58), § 368 Rdnr. 9; LR/*Gössel*, § 368 Rdnr. 23, beide m. w. N.

aus nicht bedeuten, daß ein hinsichtlich der Beweissubstanz nacktes Urteil allein mit Hilfe des Akteninhalts gegen die „Erschütterung" durch die nova[378] gewappnet werden kann, denn eine stärkere Erschütterung als den Nachweis des Verlustes jeder Beweisbasis kann es nicht geben, und die Aufrechterhaltung eines Urteils allein mit Hilfe der Ermittlungsakten würde die Dominanz des „Hauptverhandlungshorizontes" mißachten, die sich auch im Wiederaufnahmeverfahren etwa bei der Bestimmung der Neuheit niedergeschlagen hat.[379]

b) Anders sieht es aus, wenn die Verurteilung aufgrund eines *qualifizierten Geständnisses* erfolgt ist. Der Verurteilte kann hier zwar zusätzlich zu den sonstigen Entlastungs-nova oder auch ausschließlich den *Widerruf* seines Geständnisses vorbringen,[380] und er kann durch den Hinweis auf die Absprache auch seiner erweiterten Darlegungslast zu der Frage genügen, weshalb er die Tat in der Hauptverhandlung der Wahrheit zuwider zugegeben habe und weshalb er sein Geständnis erst jetzt widerrufe,[381] sofern ihm für den Fall eines Geständnisses in prozeßordnungswidriger Weise eine bestimmte milde Strafe in Aussicht gestellt worden war: Wenn dadurch die Voraussetzungen des § 136a erfüllt wurden, so sind die genannten Plausibilisierungsvoraussetzungen eo ipso erfüllt, und wenn es sich (entsprechend der h. M.) um eine „nur" den Grundsatz des fair trial verletzende Absichtserklärung vor Schuldspruchreife gehandelt hat, so liegt darin in tatsächlicher Hinsicht ebenfalls ein plausibles Motiv und in normativer Hinsicht ein ausreichender Anlaß für eine von der Wahrheitslinie abweichende Verteidigungsstrategie. Während nun aber bei einem allein auf ein schlankes Geständnis gegründeten Urteil die speziellen nova und/oder der Geständniswiderruf ohne weiteres zum Zulassungsbeschluß gemäß § 368 und zur Anordnung der Wiederaufnahme gemäß § 370 Abs. 2 führen müssen,[382] gilt dies bei dem Widerruf eines qualifizierten Geständnisses nur dann, wenn die Voraussetzungen des *§ 136a* erfüllt sind. Bleibt das Geständnis dagegen verwertbar, so wird es in der Regel „wiederaufnahmefest" sein, eben weil ein die Aufklärungspflicht in der Hauptverhandlung erfüllendes Geständnis so detailliert, intrasystematisch kontrollierbar und mit dem

---

[378] Zu dieser in der Praxis beliebten Formel m. z. w. N. LR/*Gössel*, § 359 Rdnr. 137; *Kleinknecht/Meyer* (Fn. 58), § 368 Rdnr. 10.
[379] LR/*Gössel*, § 359 Rdnr. 84 f.
[380] Zur Frage, ob das eine neue Tatsache oder ein neues Beweismittel ist, siehe LR/*Gössel*, § 359 Rdnr. 65 m. w. N.
[381] BGH NJW 1977, 59; *Kleinknecht/Meyer* (Fn. 58), § 359 Rdnr. 47; LR/*Gössel*, § 359 Rdnr. 164.
[382] Dazu, daß in Ausnahmefällen eine Beweisaufnahme im Probationsverfahren entbehrlich ist, siehe *Kleinknecht/Meyer* (Fn. 58), § 369 Rdnr. 2; LR/*Gössel*, § 369 Rdnr. 4.

Akteninhalt konsistent sein muß, daß eine Erschütterung der darauf gestützten Beweiswürdigung nur durch völlig neue, auch in den Akten noch niemals zur Sprache gekommene Gesichtspunkte und damit nur unter den Voraussetzungen eines „normalen" Wiederaufnahmeverfahrens möglich erscheint.

2. Neben der Wiederaufnahme propter nova kommt in den Absprachefällen aber auch eine Wiederaufnahme sowohl zugunsten als auch zuungunsten des Verurteilten wegen *Amtspflichtverletzung* gem. § 359 Nr. 3 bzw. § 362 Nr. 3 in Betracht, worauf zuerst *Rönnau*[383] hingewiesen hat. Wegen der materiellen Voraussetzung der strafbaren Amtspflichtverletzung durch einen erkennenden Richter ist auf den nachfolgenden Abschnitt zur möglichen Strafbarkeit der an einer Absprache Beteiligten zu verweisen.

F. Zur Strafbarkeit prozeßordnungswidriger Absprachen

I. Vorbemerkung

Die Berührungsangst mit dem Strafrecht, die die bisherige Diskussion der Absprachproblematik auszeichnet,[384] kann nicht länger Richtschnur der wissenschaftlichen Analyse sein. Vielmehr gilt es die dunkel mahnenden Worte im Kammerbeschluß des BVerfG, daß einer Verständigung zwischen Gericht und Verfahrensbeteiligten „schon das Strafrecht Grenzen setzt",[385] mit präzisem Inhalt zu füllen.

II. Rechtsbeugung (§ 336 StGB)

1. Die zentrale Bedeutung des Rechtsbeugungstatbestandes für den gesamten Absprachenkomplex ergibt sich daraus, daß sich dessen Täterkreis und Schutzbereich nicht auf Richter und Gerichtsverfahren beschränken, sondern daß auch die eigenverantwortlichen Entscheidungen des Staatsanwalts im Ermittlungsverfahren darunter zu subsumieren sind, weil dieser hier als ein „anderer Amtsträger bei der Entscheidung einer Rechtssache" tätig wird.[386] Grundsätzlich kom-

---

[383] – Fn. 228 –, S. 257 ff.
[384] Obwohl sich die Frage der Strafbarkeit zahlreicher Absprachepraktiken geradezu aufdrängt, hat erst *Beulke* (in: Die Strafbarkeit des Verteidigers, S. 100 ff.) diesem Thema im Jahre 1989 größere Aufmerksamkeit gewidmet.
[385] Wistra 1987, 134.
[386] BGHSt. 32, 357; LK/*Spendel*, § 336 Rdnr. 19; *Schönke/Schröder/Cramer* (Fn.

men deshalb auch alle rechtswidrigen Absprachen im *Ermittlungsverfahren* für den Tatbestand der Rechtsbeugung in Betracht.

2. Die Kernfrage des objektiven Tatbestandes bildet deshalb die „Beugung des Rechts", die unstreitig auch in einer Beugung des *Prozeßrechts* bestehen kann,[387] etwa durch eine Verletzung der richterlichen Aufklärungspflicht, die gemeinhin als mögliche Begehungsform der Rechtsbeugung genannt wird.[388] Der typische Absprachefall, daß sich das Gericht mit einem die Aufklärungspflicht nicht erschöpfenden schlanken Geständnis als Verurteilungsgrundlage begnügt, erfüllt also den objektiven Rechtsbeugungstatbestand, falls nicht ein weiteres Korrektiv eingreift. Die zu diesem Zweck früher vertretene *subjektive Theorie*, die schon für den objektiven Tatbestand eine Rechtsanwendung in bewußtem Widerspruch zur Überzeugung des Richtenden verlangt,[389] ist von der h. M. immer schon zurückgewiesen worden[390] und spätestens seit der Strafrechtsreform obsolet, weil seitdem für den subjektiven Tatbestand bedingter Vorsatz ausreicht,[391] der aber nach der subjektiven Theorie des objektiven Tatbestandes gar nicht vorstellbar wäre. Auch das nächste im Schrifttum vorzufindende Korrektiv, daß der Widerspruch zum Recht *eindeutig*, d.h. die Grenze des Vertretbaren klar überschritten sein müsse,[392] ist für die Absprachproblematik nur bedingt fruchtbar, weil das Eindeutigkeitskriterium paradoxerweise selbst gerade nicht eindeutig ist und weil ein ganz erheblicher Teil der heute üblichen Absprachen, wie von keinem anderen als *Schmidt-Hieber* selbst betont wird,[393] jenseits

---

245), § 336 Rdnr. 3; *Rudolphi*, in: SK-StGB, § 336 Rdnr. 6; *Wessels*, Strafrecht Besonderer Teil 1, 13. Aufl. 1989, S. 240.

[387] LK/*Spendel*, § 336 Rdnr. 49; *Schönke/Schröder/Cramer* (Fn. 245), § 336 Rdnr. 4; *Rudolphi*, in: SK-StGB, § 336 Rdnr. 10; *Blei*, Strafrecht II, 12. Aufl. 1983, S. 443.

[388] So ausdrücklich RGSt. 57, 31, 33 ff.; 69, 213, 216; LK/*Spendel*, § 336 Rdnr. 58; *Rudolphi*, in: SK-StGB, § 336 Rdnr. 11; *Wessels* (Fn. 386), S. 241.

[389] *v. Weber*, NJW 1950, 272; *Mohrbotter*, JZ 1969, 491; *Sarstedt*, FS für Heinitz, 1972, S. 427, 428 ff.

[390] Denn in der Ablehnung der subjektiven Theorie sind sich die herrschende objektive Theorie (LK/*Spendel*, § 336 Rdnr. 41; *Schönke/Schröder/Cramer* – Fn. 245 –, § 336 Rdnr. 5 a; *Seebode*, Das Verbrechen der Rechtsbeugung, 1969, S. 21) und die moderne Pflichttheorie (Nachweise unten in Fn. 394) einig.

[391] Denn der Regierungsentwurf eines Einführungsgesetzes zum Strafgesetzbuch (EEGStGB, BT-Drucks. 7/550) hatte in den Rechtsbeugungstatbestand die Worte „absichtlich oder wissentlich" eingefügt, womit die bis dahin geltende Rspr. festgeschrieben werden sollte. Auf Initiative des Rechtsausschusses des Deutschen Bundestages wurde hierauf aber verzichtet (*Schmidt-Speicher*, Hauptprobleme der Rechtsbeugung, 1982, S. 83), so daß die allgemeine Regel des § 15 nunmehr zwingend zu dem Ergebnis führt, daß bedingter Vorsatz ausreicht.

[392] So *Lackner* (Fn. 68), § 336 Anm. 5 a; *Wessels* (Fn. 386), S. 241; wohl auch LK/*Spendel*, § 336 Rdnr. 43.

[393] Man beachte insbesondere die sehr strengen Grenzen, die *Schmidt-Hieber* in seiner jüngsten einschlägigen Veröffentlichung (NStZ 1988, 302 ff.) den prozeßord-

jeder vertretbaren Anwendung der Strafprozeßordnung liegt. Als Korrektiv käme als nächstes eine restriktive Auslegung des Merkmals „zugunsten oder zum Nachteil einer Partei" in Betracht, indem man dafür verlangen würde, daß die Entscheidung von der „wirklichen Rechtslage" abwiche, d. h. von dem Ergebnis, das bei einer optimalen Verfahrensdurchführung herauskommen würde. Soweit sich Rechtsprechung und Schrifttum mit dieser Frage bisher befaßt haben, ist zwar durchweg nicht die „eigentliche" Rechtslage, sondern die nach der gegebenen Verfahrenssituation gebotene Entscheidung zum Maßstab genommen worden, was in der modernen sog. *Pflichttheorie* beredten Ausdruck gefunden hat.[394] Die Ausbreitung der informellen Absprachen scheint mir aber nur vom Boden einer anderen Rechtsüberzeugung aus verständlich zu sein: Die Tatrichter haben, wie mich viele einschlägige Diskussionen belehrt haben, in der Regel keine tiefschürfenden Reflexionen über die formelle Legalität der Absprachenpraxis angestellt, sondern sich mit dem Befund begnügt, daß die Einzelergebnisse von der Aktenlage gedeckt waren, daß das Gesamtergebnis das zugunsten der staatlichen Strafansprüche erzielbare kompossible Maximum darstellt und daß dem Beschuldigten wegen seiner Zustimmung materiell kein Unrecht geschehe – wobei sie, wie m. E. die Heimlichkeit der Praxis beweist, die Verletzung der StPO in Kauf nahmen, im Hinblick auf das „eigentlich" richtige Ergebnis aber nicht die Vorstellung einer Rechtsbeugung hatten.

Daß sich eine solche tiefgreifende Restriktion des § 336 StGB methodisch seriös begründen ließe, wird zwar schwer zu zeigen sein, aber hier liegt das heimliche Credo der Absprachepraxis, das jeder implizit mitanstimmt, der ihre Tolerierung verficht!

3. Besondere Probleme werfen die in einem „strafprozessualen Vergleich" konzedierten Abstriche an der vollen Verwirklichung des staatlichen Strafanspruches auf, also die durch das ausgehandelte Geständnis nicht legitimierte *Strafmilderung,* die in einer Einstellung gegen Bußgeldauflage steckende Abstandnahme von der Anklage in

---

nungsgemäßen Absprachen zieht und die in dem Satz gipfeln: „Man wird einwenden, eine Verständigung könne in der Regel nur dann (!) herbeigeführt werden, wenn sich die Beteiligten auf die Verbindlichkeit der abgegebenen Erklärungen verlassen können und wenn diese Verbindlichkeit auch das Verfahrensergebnis einschließt. Dies mag zutreffen (!). Aber Zweckmäßigkeitserwägungen erlauben keine Gesetzesverstöße." (S. 303).
[394] Vgl. nur RGSt. 57, 31, 33; *Lackner* (Fn. 68), § 336 Anm. 5a; LK/*Spendel,* § 336 Rdnr. 56. Exakt hierauf gründet sich auch die Pflichttheorie, die die Rechtsbeugung in der Mißachtung der aus den einschlägigen Verfahrensregeln folgenden Amtspflichten sieht (grundlegend *Rudolphi,* ZStW 82 (1970), 611 ff.; vgl. ferner *Rudolphi,* in: SK-StGB, § 336 Rdnr. 13; *Wagner,* Amtsverbrechen, 1975, S. 195 ff.; *Schmidt-Speicher* (Fn. 391), S. 63, 80).

einem Fall nicht geringer Schuld oder die großzügige Vornahme von Teileinstellungen. Daß hier der Rechtsbeugungstatbestand unter dem Aspekt einer ungerechtfertigten Begünstigung des Beschuldigten erfüllt sein kann, hat der BGH erst kürzlich in dem bisher bizarrsten Absprachefall ausgesprochen, in dem ein Staatsanwalt die Einstellung von Jugendstrafverfahren im Austausch gegen eine von den Beschuldigten und ihren Eltern konsentierte Züchtigung durch Prügel auf das nackte Gesäß durchführte.[395] Soweit die Prozeßordnungswidrigkeit hier aus der Verletzung von Normen zum Schutz des Beschuldigten resultiert, kann daraus freilich kein Vorwurf einer Rechtsbeugung zu dessen Gunsten hergeleitet werden: Das gegen § 136a verstoßende Versprechen einer Teileinstellung etwa ändert also nichts daran, daß die Teileinstellung dem Tatbestand des § 336 nicht unterfällt, sofern die in § 154 bestimmten (weiten) Grenzen eingehalten sind. Bei einer mit dem Strafzumessungsrecht unvereinbaren, den tatrichterlichen Spielraum überschreitenden[396] Strafmilderung, die häufig mit einer Verletzung der Aufklärungspflicht bezüglich strafschärfender Umstände gepaart ist, wie auch bei dem Verzicht auf den Versuch, das Verfahren wegen des Verdachts einer nicht geringen Schuld bis zum Urteil durchzuführen, fehlt es dagegen an einem entsprechenden gesetzlichen Rückhalt. Daß die Strafverfolgungsbehörden auf diese Weise in allen Verfahren zusammengenommen das kompossible Maximum für die staatlichen Strafansprüche erzielen, soll ihnen nach Auffassung von *Dencker* und *Beulke* für den je einzelnen Vorwurf der Rechtsbeugung nichts nützen.[397] Aber das halte ich nicht nur für zu formalistisch, sondern bei konsequenter Durchführung auch für selbstwidersprüchlich, weil die Alternative, zahllose Strafansprüche verjähren zu lassen oder das Verfahrenshindernis der überlangen Verfahrensdauer auszulösen,[398] eine noch größere Zahl von Rechtsbeugungsvorwürfen auslösen müßte, denen bei isolierter Betrachtung immer nur eines Verfahrens niemals entgegengehalten werden könnte, gerade dieses sei nicht bis zur restlosen Abstrafung durchführbar gewesen. Freilich bereitet die methodengerechte Umsetzung der vorzugswürdigen „Saldotheorie" auf der Ebene des auf eine Einzelbetrachtung fixierten Rechtsbeugungstatbestandes kaum überwindliche Schwierigkeiten, weshalb der einzige konstruktiv gangbare Ausweg in der hier bei der Erörterung des Legalitätsprinzips befürworteten *Rechtsfortbildung* durch eine umfassende Analogie zu § 154 Abs. 1 Nr. 2 bestehen dürfte.[399]

---

[395] BGHSt. 32, 357, 361.
[396] S. LK/*Spendel*, § 336 Rdnr. 69.
[397] *Dencker*, in: *Dencker/Hamm* (Fn. 12), S. 77f.; *Beulke* (Fn. 384), S. 108.
[398] Vgl. dazu zuletzt m.z.w.N. *Schroth*, NJW 1990, 29, 31.
[399] S.o. B. V.

Als methodisch weniger anspruchsvolle, gewissermaßen konventionelle Alternative bietet es sich an, die Besserstellung des Angeklagten erst dann zu bejahen, wenn die verhängte Strafe in abstracto zu der abgenötigten Tat nicht mehr paßt, wenn es also ausgeschlossen werden kann, daß irgendein anderer Richter ohne Absprache zu dem gleichen Strafausspruch gekommen wäre.

4. Die äußerst komplizierten Fragen des *subjektiven* Rechtsbeugungstatbestandes können im vorliegenden Rahmen nicht näher untersucht werden, zumal es dafür auf die ganz konkreten Vorstellungen des jeweiligen Richters oder Staatsanwalts im Einzelfall ankommt. Wenn man die hier skizzierten Vorschläge für eine restriktive Interpretation des objektiven Tatbestandes und für eine Gesamtanalogie zu § 154 Abs. 1 Nr. 2 als in methodologischer Hinsicht allzu kühn ablehnt, wird sich die in den meisten Fällen vermutlich nur in dieser undifferenzierten Form vorhandene Annahme, durch die informelle Absprache materiell nichts Unrechtes zu tun, strafrechtsdogmatisch nicht als Tatbestandsirrtum, sondern nur als *Verbotsirrtum* qualifizieren lassen: Das Gesamtverhalten der Justiz bei der Etablierung der informellen Absprachen ist durchaus jener vom BGH nicht als Tatbestandsirrtum anerkannten Einstellung des züchtigungssüchtigen Staatsanwalts zu vergleichen, der „seinen eigenen pädagogischen Vorstellungen den Vorrang vor dem Gesetz gab",[400] weil die Strafverfolgungsorgane eben durch die Aufnahme von plea bargaining-Komponenten in den deutschen Strafprozeß ihren eigenen kriminalpolitischen Vorstellungen den Vorrang vor der StPO gegeben haben. Anders läge es, wenn der Richter oder Staatsanwalt sich in einem konkreten *Interpretationsirrtum* über die für sein Handeln einschlägigen Rechtsnormen, beispielsweise über § 136a, befunden hat, was bei interpretatorisch komplizierten Normen (wie gerade § 136a in der Versprechensalternative) häufiger vorkommen wird: Dieser Irrtum über den Inhalt der anzuwendenden (Sekundär-)Norm *schließt* anders als ein Subsumtionsirrtum über die Primärnorm gem. § 16 StGB den *Tatbestandsvorsatz* aus.[401]

III. Strafvereitelung im Amt (§ 258 a StGB)

Weil der Tatbestand des § 258 a StGB auch die Vereitelung eines Sanktionsteiles erfaßt, also auch eine rechtlich nicht haltbare Strafmil-

---

[400] BGHSt. 32, 360.
[401] Allg. anerkannt, vgl. LK/*Spendel*, § 336 Rdnr. 86; *Rudolphi*, in: SK-StGB, § 336 Rdnr. 19.

derung,⁴⁰² sind die Subsumtionsprobleme hier weitgehend mit denen einer Rechtsbeugung zugunsten einer Partei identisch. Auf eine weitere Erörterung kann hier deshalb verzichtet werden.

IV. Verfolgung Unschuldiger (§ 344 StGB)

Die Anwendung des § 344 StGB ist nur bei den echten strafprozessualen Vergleichen in der zweiten Alternative in Betracht zu ziehen, daß das Opfer der Verdachtssanktion „sonst nach dem Gesetz nicht strafrechtlich verfolgt werden darf". Im Schrifttum versteht man darunter bisher zwar nur die Verfolgung trotz eines Verfahrenshindernisses;⁴⁰³ vom natürlichen Wortsinn her läßt das Gesetz aber durchaus eine Auslegung zu, die die ohne den erforderlichen Tatnachweis erfolgende Verurteilung eines Verdächtigen einschließen würde.⁴⁰⁴ Im Hinblick auf das Spezialitätsverhältnis von § 344 zu § 336⁴⁰⁵ erscheint diese extensive Auslegung auch in systematischer Hinsicht sachgerecht, und in teleologisch-kriminalpolitischer Hinsicht fällt hierfür maßgeblich ins Gewicht, daß nur auf diese Weise die für die Rechtspflege wie für den Bürger gleichermaßen gefährliche, eklatant rechtsstaatswidrige Praktizierung von Verdachtsstrafen durch eine speziell auf die „Rechtsbeugung im Strafverfahren" zugeschnittene Norm erfaßt werden kann, während § 344 bei der engen Auslegung keinen praktisch erheblichen Anwendungsbereich fände und gewissermaßen ins Raritätenkabinett verbannt würde.

V. Aussageerpressung (§ 343 StGB)

Diese Vorschrift findet in den Absprachefällen keinen erkennbaren Anwendungsbereich, weil die in ihr perhorreszierten Ermittlungshandlungen den Einsatz der „Peitsche" und nicht des bei den Absprachen benutzten „Zuckerbrotes" betreffen.

VI. Nötigung (§ 240 StGB)

Weil § 240 StGB die Willensbeeinflussung durch das Versprechen eines rechtswidrigen Vorteils als weitaus häufigster Form einer durch

---

⁴⁰² *Blei* (Fn. 387), S. 434; LK/*Ruß*, § 258a Rdnr. 4 i.V.m. § 258 Rdnr. 11; *Samson*, in: SK-StGB, § 258a Rdnr. 7 i.V.m. § 258 Rdnr. 23; *Schönke/Schröder/Stree* (Fn. 245), § 258a Rdnr. 7 i.V.m. § 258 Rdnr. 16.

⁴⁰³ Vgl. LK/*Jescheck*, § 344 Rdnr. 9; *Schönke/Schröder/Cramer* (Fn. 245), § 344 Rdnr. 17.

⁴⁰⁴ In diesem Sinne ist möglicherweise *Horn*, in: SK-StGB, § 344 Rdnr. 8, zu verstehen.

⁴⁰⁵ Vgl. nur LK/*Jescheck*, § 344 Rdnr. 13 m.w.N.

informelle Absprachen erfolgenden Verletzung des § 136a nicht erfaßt, kommen für § 240 nur spezielle Drohungen mit rechtswidrigen Maßnahmen in Betracht, die in der Praxis durchaus vorkommen dürften[406] und ja sogar in der Logik eines bargaining game liegen, in ihrer Einzelfallbeliebigkeit eine Erörterung im gegebenen Rahmen aber nicht lohnen.

VII. Teilnehmerstrafbarkeit des Verteidigers oder des Angeklagten

Unterstellt, die Verurteilung aufgrund einer Absprache erfülle die Tatbestände der Rechtsbeugung und der Strafvereitelung im Amt, müßte bei einer konventionellen Anwendung der Beteiligungsvorschriften der Verteidiger wegen Anstiftung oder Beihilfe zum Sonderdelikt der Rechtsbeugung und wegen mittäterschaftlicher Strafvereitelung (§§ 258, 28 Abs. 2 StGB), der Angeklagte ebenfalls wegen Anstiftung oder Beihilfe zur Rechtsbeugung strafbar sein.[407] Dogmatisch überzeugend ist das freilich *nicht*, weil die am *Kausalprinzip* orientierten Strukturen der Teilnehmerzurechnung, die für die sinnlich wahrnehmbare Verletzung körperlicher Rechtsgutsobjekte entwickelt worden sind, nicht ohne weiteres auf die Begründung der strafrechtlichen Verantwortlichkeit in spezialgesetzlich durchnormierten Handlungssystemen wie dem Strafverfahren übertragen werden dürfen. Vielmehr setzt die Rechtswidrigkeit des Verhaltens hier die *Überschreitung* der mit einer bestimmten *Verfahrensrolle* gegebenen Befugnisse voraus, was der BGH in seiner neueren Rechtsprechung zum strafvereitelnden und dennoch erlaubten Verteidigerhandeln[408] im Prinzip auch anerkannt hat. Weil der Verteidiger keine Verantwortung für die restlose Verwirklichung des staatlichen Strafanspruches trägt, kann seine Mitwirkung an einer prozeßordnungswidrigen Absprache „schlankes Geständnis gegen Strafaussetzung zur Bewährung" nicht als die rechtlich relevante Förderung einer etwa daraufhin vom Gericht begangenen Rechtsbeugung und Strafvereitelung im Amt durch rechtswidrig milde Bestrafung gesehen werden, denn er hat ja umgekehrt das Recht und sogar die Pflicht, für den völligen

---

[406] Beispiele finden sich bei *Hamm*, in: *Dencker/Hamm* (Fn. 12), S. 127f. Einen instruktiven und vermutlich sogar exemplarischen Fall liefert EGH München BRAK-Mitt. 1986, 225 m. zust. Anm. v. *Ostler*, BRAK-Mitt. 1987, 155.
[407] In diesem Sinne für den Verteidiger *Beulke* (Fn. 384), S. 109 i. V. m. S. 136ff.
[408] BGHSt. 29, 99ff.; vgl. ferner RGSt. 37, 321, 322; 66, 316, 325; BGHSt. 2, 375, 377f.; 10, 393, 395; BGH bei *Dallinger*, MDR 1957, 267; BGH bei *Holtz*, MDR 1982, 970; BGH NStZ 1981, 144, 145; OLG Düsseldorf StrV 1987, 288f.; aus dem Schrifttum *Ostendorf*, NJW 1978, 1345, 1348ff.; *Pfeiffer*, DRiZ 1984, 341, 348; LK/*Ruß*, § 258, Rdnr. 20; *Strzyz*, Die Abgrenzung von Strafverteidigung und Strafvereitelung 1983, passim; *Vormbaum*, Der strafrechtliche Schutz des Strafurteils, 1987, S. 414ff.

Freispruch zu kämpfen, solange der Angeklagte nicht in der Hauptverhandlung überführt worden ist. Bei dem Angeklagten kommt der Gesichtspunkt der *notwendigen Teilnahme* hinzu,[409] die zwar bei *rollenüberschreitender* Mitwirkung nur unter eingeschränkten Voraussetzungen zur Straflosigkeit führt,[410] die aber bei Delikten in spezialgesetzlich geregelten Verhaltenssystemen unter Einbeziehung der *Prozeßrolle* gewürdigt werden muß und deshalb etwa das Betteln um eine milde Strafe und die Ablegung eines schlanken Geständnisses durch den Angeklagten von strafrechtlicher Verantwortlichkeit für die daraufhin ergehenden Akte der Strafrechtspflege freistellt.

Die Beteiligung des Verteidigers und des Angeklagten bietet deshalb eine Fülle bis heute kaum thematisierter Zurechnungsprobleme, deren weitere Untersuchung an dieser Stelle nicht möglich ist.

VIII. Parteiverrat (§ 356 StGB)

1. Angesichts der heute üblichen Interaktionsstruktur bei den informellen Absprachen (der Verteidiger handelt anstelle des Beschuldigten, den er allenfalls in groben Zügen informiert, und übernimmt gegenüber der Justiz die faktische Bürgschaft für die Bestandskraft der Absprache) erscheint es nicht übertrieben, in vielen Fällen von einem „*Super-Schulterschluß*" der professionellen Akteure des Strafverfahrens zu sprechen,[411] was sich namentlich für die Fälle der Pflichtverteidigung aufdrängt, bei denen die Intensität der Mandatspflege auch in Deutschland kaum größer sein dürfte, als dies für die USA im einzelnen belegt worden ist.[412] Entgegen einer im Schrifttum gelegentlich vertretenen Auffassung[413] kann auch kein Zweifel daran bestehen, daß das Strafverfahren im Sinne des § 356 ein *Parteiverfahren* darstellt, weil erstens dieser Begriff im materiellen Strafrecht nicht durch die Nomenklatur der Prozeßrechtsdogmatik präjudiziert wird,[414] weil zweitens an der antagonistischen Ausgestaltung der An-

---

[409] Vgl. dazu allgemein LK/*Roxin*, Vor § 26 Rdnr. 27 ff.; *Samson*, in: SK-StGB, Vor § 26 Rdnr. 43 ff.; *Schönke/Schröder/Cramer* (Fn. 245), Vor §§ 25 ff. Rdnr. 49.

[410] Nämlich dann, wenn der Tatbestand zumindest auch dem Schutz des notwendigen Teilnehmers dient (*Herzberg*, Täterschaft und Teilnahme, 1977, S. 134; LK/*Roxin*, Vor § 26 Rdnr. 33), was bei einer Rechtsbeugung zum Nachteil des Angeklagten der Fall ist.

[411] Vgl. hierzu oben § 3 I. 3. c) sowie *Schünemann*, NJW 1989, 1895, 1901 ff.

[412] Hierzu eingehend *Alschuler* (Fn. 56), 1179, 1206 ff.; *McConville/Mirsky*, Criminal Defense of the Poor in New York City, New York 1989.

[413] Nachweise bei LK/*Hübner*, § 356 Rdnr. 57, wo sich auch eine durchschlagende Kritik findet; *Rönnau* (Fn. 228), S. 240 f.

[414] Wo insbesondere *Eb. Schmidt* (Fn. 110), Rdnr. 105 ff., die Redeweise von den prozessualen Parteien, die früher gebräuchlich war (vgl. etwa *Birkmeyer*, Deutsches

kläger- und Beschuldigtenrolle speziell in der Hauptverhandlung überhaupt nicht gedeutet werden kann und weil drittens ja gerade die Absprachen auf die Inkorporierung sogar eines idealtypischen Parteiverfahrens in den deutschen Strafprozeß hinauslaufen.

2. Als Tathandlung des *pflichtwidrigen Dienens* kommt vor allem ein *Unterlassen*, nämlich *der Aufklärung* des Mandanten über die Möglichkeiten zur nachträglichen Infragestellung des Abspracheresultates (d. h. zur Anfechtung des Urteils), in Betracht: „Durch Schweigen im rechten Augenblick, durch Untätigbleiben zur rechten Zeit hat schon mancher manchen guten Dienst erwiesen".[415] Der Verteidiger ist im Verhältnis zu seinem Mandanten nicht befugt, diese von Rechts wegen gegebenen prozessualen Möglichkeiten zu unterdrücken,[416] so wie er auch Befangenheitsgründe, die sich aus der Absprachekommunikation gegenüber dem Richter ergeben, seinem Mandanten offenbaren muß, wenn die von *Dahs* empfohlene „Diskretionsvereinbarung"[417] nicht auch für diesen Fall getroffen worden ist.

IX. Verletzung der Verschwiegenheitspflicht (§ 203 Abs. 1 Nr. 3 StGB)

Während es ebenso rechtlich trivial wie tatsächlich selten ist, daß der Verteidiger durch Preisgabe der ihm von seinem Madanten anvertrauten speziellen Geheimnisse in der Absprachekommunikation eine Straftat nach § 203 Abs. 1 Nr. 3 StGB begeht, wirft ein häufiger Kommunikationsbestandteil in dieser Hinsicht erhebliche Rechtsprobleme auf, die bis heute aber völlig übersehen worden sind. Der übliche Ausschluß des Angeklagten von der Absprachekommunikation dient ja u. a. dem Ziel, daß die professionellen Akteure des Verfahrens ihre Meinungen unverblümt und out of records austauschen können,[418] was für den Verteidiger auf die unverblümte Preisgabe von eigenen *kritischen Einschätzungen* (etwa über die Glaubhaftigkeit gewisser Teile der Einlassung des Angeklagten) hinausläuft, die in der Hauptverhandlung unvorstellbar wäre, die in der Absprachekommunikation aber eine wichtige Rolle zur Beglaubigung der eigenen Seriosität

---

Strafprozeßrecht, 1893, S. 292 ff.; *v. Kries,* Lehrbuch des Deutschen Strafprozeßrechts, 1892, S. 186 ff.; *Ullmann,* Lehrbuch des Deutschen Strafprozessrechts, 1893, S. 206 ff.), erfolgreich bekämpft hat.
[415] LK/*Hübner,* § 356 Rdnr. 40 m. z. w. N.; *Dahs,* Taschenbuch (Fn. 85), Rdnr. 142 b für den Fall aktiver Mitwirkung.
[416] *Schünemann,* NJW 1989, 1895, 1900.
[417] NStZ 1988, 153, 157 f.
[418] Dies wird insbesondere von der Verteidigerseite verlangt (vgl. *Rückel,* NStZ 1987, 297, 299; *Widmaier,* StrV 1986, 357, 359).

und hinreichenden Distanz gegenüber einem blinden Parteistandpunkt spielt. Da diese Einschätzungen wiederum durch den Inhalt der vertraulichen Beratungsgespräche mit dem Angeklagten mindestens mitkonstituiert sind, erscheint es vom Wortlaut her nicht ausgeschlossen und vom Normzweck her sogar geboten, sie als „sonst bekanntgewordene Tatsachen" zu qualifizieren.[419] Wenn man dementsprechend daran denken würde, zusätzlich zu der von *Dahs*[420] vorgeschlagenen ausdrücklichen Befreiung des Verteidigers von der Pflicht zu vollständiger Information auch noch eine Art Blankoeinwilligung in die Preisgabe eigener negativer Einschätzungen in dem nach der konkreten Gesprächssituation angezeigten Umfange beim Mandanten einholen zu lassen, so würde gerade durch diese Absicherung der strafrechtlichen Risiken die vollständige *Demontage der Prozeßsubjektsstellung* des Angeklagten offenbar.

---

[419] So werden aufgrund besonderen beruflichen Wissens gezogene Schlußfolgerungen dem Geheimnisbegriff zugeordnet, sofern Tatsachen und Erfahrungssätze miteinander verknüpft werden (LK/*Jähnke*, § 203 Rdnr. 20; *Knemeyer*, DB 1984 Beil. 18/84, S. 1, 5). Die aufgrund ärztlicher Untersuchung festgestellte ausgeschlossene Eignung eines Bewerbers für einen bestimmten Beruf ist ebenso ein Geheimnis (LK/*Jähnke*, § 203 Rdnr. 20; s.a. *Scholz*, NJW 1981, 1987, 1989) wie die sich dem Apotheker aus dem Rezept erschließende Diagnose (*Noll*, Gerwig-Festgabe, 1960, S. 135, 139).

[420] NStZ 1988, 153, 157f.

§ 5. Die informellen Verständigungen im künftigen Recht

A. Notwendigkeit eines legislatorischen Eingreifens?

1. Die Beschreibung der Verfahrenswirklichkeit, ihre soziologische Erklärung und ihre rechtsdogmatische Bewertung haben keinen vernünftigen Zweifel daran übriggelassen, *daß* die informellen Verständigungen zum wichtigsten und vermutlich auch größten Teil als *echte Absprachen* über das künftige Prozeßverhalten praktiziert werden, die unter Verletzung zahlreicher Verfahrensnormen und -garantien Formen des plea bargaining-Verfahrens unter Meidung der öffentlichen Hauptverhandlung in den außerhalb der Beteiligung des Verletzten und der Geltung des Opportunitätsprinzips hierfür nicht aufnahmefähigen deutschen Strafprozeß einbauen; *daß* das Ergebnis der Aushandlungsprozesse nach dem Prinzip der *Durchsetzung des Stärkeren* gefunden wird und keine rechtlichen Garantien für Ausgewogenheit und Gleichmäßigkeit bestehen; *daß* die Hauptverhandlung als Kernstück des deutschen Strafverfahrens weitgehend zur *Farce* und die Stellung des Beschuldigten als *Prozeßsubjekt ausgehöhlt* wird, ohne daß die hierdurch bewirkte Zerstörung der in der StPO vorgenommenen Ausbalancierung der Prozeßrollen an irgendeiner anderen Stelle kompensiert würde; *daß* dadurch ausgerechnet das *Strafverfahren,* in dem der Beschuldigte und die durch die Öffentlichkeit repräsentierte Gesellschaft durch die symbolische Kommunikation der Strafrechtsnormen nachdrücklich an das ethische Minimum unseres staatlichen und gesellschaftlichen Zusammenlebens gemahnt und gebunden werden sollen, in einen unerträglichen Zustand der *Gesetzesmißachtung* und *Normlosigkeit,* der Verheimlichung gegenüber dem Beschuldigten und der Öffentlichkeit und der Instrumentalisierung aller prozessualen Befugnisse zur Einleitungsfinte oder zur Gegnermanipulation bei Aushandlungsprozessen gestürzt worden ist; *daß* deshalb nur ein schleuniges *Eingreifen des Gesetzgebers* einen irreversiblen Legitimationsverlust verhindern kann, der sich bereits in einer durch Medienresonanz und Repräsentativ-Umfrage unter der Allgemeinbevölkerung greifbaren Form abzeichnet und zum Vorreiter der Legitimationskrise des modernen Staates zu werden droht, wenn das ganze Phänomen weiterhin ausschließlich aus der bürokratisch-betriebswirtschaftlichen Effizienzperspektive der in diesem Bereich durch gemeinsame Interessen zusammenge-

schmiedeten professionellen Akteure des Strafverfahrens betrachtet wird. Weil schließlich in diesem *normativen Vakuum*, das sich hinter einer immer perfekter arbeitenden technischen Organisation des mit Absprachen arbeitenden Strafverfahrens aufgetan hat, auch die wertvollen, d.h. legitimationsfähigen Verständigungsformen unkenntlich zu werden drohen, weil die strafrechtlichen Risiken der gegenwärtigen Verfahrenspraktiken erheblich sind und weil es eine unerhörte Zumutung des Staates an seine Amtsträger darstellt, die Funktionstüchtigkeit der Strafrechtspflege mit illegalen Mitteln aufrechtzuerhalten, während sich der bei terroristischen Bedrohungen zu schnellsten Reaktionen fähige Gesetzgeber vornehm zurückhält, muß von jedem denkbaren Standpunkt aus, den man bei der rechtspolitischen Beurteilung der strafprozessualen Absprachen überhaupt nur einnehmen kann, das sofortige Einschreiten des Gesetzgebers verlangt werden. Denn in einer Situation, wo das sonst ausreichende und vielfach sogar Vorzüge gegenüber dem legislatorischen Verfahren aufweisende Kontrollpotential der Revisionsrechtsprechung durch die üblichen Rechtsmittelverzichtsabsprachen paralysiert worden ist, wo die primär Betroffenen – die Beschuldigten – nach weitgehender Aushöhlung ihrer Prozeßsubjektsstellung mehr oder weniger hilflos dem Kartell der professionellen Akteure im Strafverfahren gegenüberstehen und wo schließlich die sekundär Betroffenen – die Gesamtgesellschaft – durch Sekretierungspraktiken von der Beobachtung des eigentlichen Geschehens ausgeschlossen sind, steht irgendeine andere Abhilfeinstanz nicht mehr zur Verfügung.

2. Selbstverständlich kann dieses sofortige Tätigwerden nicht bedeuten, daß das unübersehbar komplexe und komplizierte Werk eines die Absprachewirklichkeit verarbeitenden neuen Prozeßkonzepts vom einen auf den anderen Tag dastehen kann, gleich Pallas Athene dem Kopf des Zeus entsprungen. Der Gesetzgeber wird deshalb in *zwei Phasen* vorgehen müssen, indem zunächst rasch ein Minimalprogramm zur Behebung der gröbsten Anstößigkeiten der gegenwärtigen Verfahrenswirklichkeit verabschiedet wird, damit danach in Ruhe das Prozeßmodell der Zukunft ausgearbeitet werden kann. Inhaltlich hat die Ausarbeitung eines Regelungsvorschlages in *drei Schritten* zu erfolgen: Zunächst muß der Bewegungsspielraum ermittelt werden, den das Grundgesetz dem Gesetzgeber überhaupt einräumt; sodann muß bestimmt werden, welche Verfahrensformen wünschenswert und deshalb gesetzlich vorzusehen, welche unerwünscht und deshalb zu unterbinden sind; und sodann muß untersucht werden, durch welche gesetzestechnischen Mittel sichergestellt werden kann, daß sich die Praxis zukünftig an die normativen Vorgaben hält und diese nicht etwa ebenso unterläuft, wie das mit der traditionellen Prozeßstruktur der StPO gegenwärtig geschehen ist.

B. Verfassungsrechtliche Vorgaben

I. Die Kammerentscheidung des BVerfG

1. Wenn man die verfassungsrechtlichen Vorgaben anhand der Rechtsprechung des BVerfG zum Strafverfahren[421] einschließlich der Kammerentscheidung vom 27. 1. 1987 analysiert, so gewinnt man zunächst – in deutlichem Gegensatz zu den abspracheapologetischen Interpretationsversuchen – den Eindruck, daß der Gesetzgeber zur Reformation der kontradiktorischen Prozeßstruktur durch Einbau konsensueller Erledigungsformen nur einen äußerst *schmalen* Bewegungsspielraum besitze. Denn die beiden Prinzipien, die in der Kammerentscheidung (abgesehen von dem Hinweis auf die Generalklauseln des fairen, rechtsstaatlichen Verfahrens und der Idee der Gerechtigkeit) an die Spitze gestellt werden, nämlich das aus der Schutzpflicht des Staates und dem Gleichbehandlungsgrundsatz folgende Legalitätsprinzip und das Prinzip der materiellen Wahrheit zur Verwirklichung des materiellen Schuldprinzips,[422] schließen jede Disposition über den staatlichen Strafanspruch aus und bedeuten deshalb wörtlich genommen bereits das Todesurteil für jedes echte Absprachenmodell, das – wie durch den amerikanischen Strafprozeß beispielhaft vorgeführt wird – das *Opportunitätsprinzip* und die Idee der *formellen Wahrheit* zur natürlichen Basis hat.

2. Bei genauerer Prüfung wird jedoch offenbar, daß das BVerfG hier eine Art Popanz aufgebaut hat, weil das Legalitätsprinzip so, wie es von ihm charakterisiert wird, seit langem nicht mehr existiert und weil das Prinzip der materiellen Wahrheit durchaus Flexibilität erkennen läßt, wenn man es in einer nach den einzelnen Verfahrensstadien differenzierenden Weise betrachtet.

a) Wenn das im Rechtsstaatsprinzip enthaltene *Legalitätsprinzip* wirklich verlangen würde, daß eingeleitete Verfahren bis zur vollständigen Durchsetzung des staatlichen Strafanspruches fortgesetzt werden,[423] so wäre nicht nur die Vorschrift des § 154 verfassungswidrig; vielmehr würde sich die Strafrechtspflege sogar unter den realen Bedingungen der Verfahrensflut und überlangen Verfahrensdauer, die

---

[421] Vgl. dazu allgemein *Niemöller/Schuppert*, AöR 107 (1982), 387 ff.
[422] Wistra 1987, 134 unter Hinweis auf BVerfGE 46, 222 f.; 49, 54; 51, 343 f.; 57, 275; 63, 45, 63 (wobei das BVerfG den Ausdruck „Legalitätsprinzip" allerdings durch Umschreibungen ersetzt). Zum verfassungsrechtlichen Status des Legalitätsprinzips und der materiellen Wahrheit vgl. auch *Niemöller/Schuppert*, AöR 107 (1982), 387 ff., 414, 442 ff.; *Pfeiffer*, Grundzüge (Fn. 215), Rdnr. 5, 7.
[423] So BVerfG wistra 1987, 134 li.Sp.u.

im zweiten Kapitel näher dargestellt sind, selbst ad absurdum führen. Denn weil es unmöglich ist, das gesamte Aufkommen an formell registrierter Kriminalität bis zur lückenlosen Durchsetzung sämtlicher Strafansprüche organisatorisch zu bewältigen, könnte immer nur ein Teil der Verfahren vollständig durchgeführt und dafür der andere Teil überhaupt nicht in Angriff genommen werden, was die Durchsetzung des Rechtsgüterschutzes in concreto zu einem Spiel des Zufalls machen und die Idee der Gleichbehandlung völlig ruinieren würde. Wegen der Knappheit der justizorganisatorischen Ressourcen[424] bleibt deshalb gerade für eine Strafrechtspflege, die dem Ideal des Legalitätsprinzips verpflichtet ist, in der Realität nichts anderes übrig, als von den Ressourcen mit einem möglichst großen Wirkungsgrad im Einzelfall Gebrauch zu machen, und d.h.: das *kompossible Maximum* an general- und spezialpräventiver Wirkung herauszuholen. Dieser echte „Sachzwang" hat, wie schon mehrfach bemerkt, seinen modernsten und klarsten Ausdruck in der Vorschrift des § 154 Abs. 1 Nr. 2 gefunden, die einer relativen Ressourcenverschwendung entgegensteuert, während die Einstellungsvorschriften der §§ 153 und 153 a nach ihrer Entstehungsgeschichte[425] zwar ebenfalls dem Ziel der *Ressourcenschonung* dienen, von ihrer Konstruktion her (in der die Ermittlungsaufwand nicht vorkommt) aber Maßnahmen zur *Entkriminalisierung* der Bagatellkriminalität darstellen.[426] Durch die informellen Absprachen wird nun auf der einen Seite dieses bisher fragmentarische Instrumentarium *vervollständigt,* d.h. der Sanktionierungsdruck generell nach dem Maßstab des Ressourcenverzehrs *reguliert,* auf der anderen Seite aber auch der Sanktionierungszugriff gegenüber der gesetzlichen Regelung *erweitert,* nämlich durch die Ermöglichung von *Verdachtssanktionen.*

Die *erste* Gruppe wird durch die Absprachenfälle exemplifiziert, bei denen ein frühes Geständnis mit einer erheblichen Strafmilderung honoriert wird: Auf der jetzt erreichten Abstraktionsebene wird es vollends offenbar, daß die Legitimation hierfür nicht in strafzumessungsdogmatischen Kapriolen steckt, sondern in dem in § 154 Abs. 1 Nr. 2 vorgezeichneten Parallelogramm aus der Größe des Strafbedürfnisses und der Größe des drohenden Ressourcenverzehrs, dessen *Resultante* (= das konkret ausgeworfene Strafmaß) hinter dem von der Tat- und Schuldschwere bestimmten Strafmaß wesentlich zurück-

---

[424] Vgl. *Pfeiffer,* ZRP 1981, 121 ff.
[425] Vgl. BGHSt. 10, 88, 92; LR/*Rieß,* § 153 Rdnr. 1, § 153a Rdnr. 3, § 154 Rdnr. 1; *Marquardt,* Die Entwicklung des Legalitätsprinzips, jur. Diss. Mannheim, 1982, S. 90 ff.
[426] Vgl. hierzu LR/*Rieß,* § 153 Rdnr. 1, § 153a Rdnr. 3; *ders.,* Festgabe für Koch, 1989, S. 215, 217; eingehend *Kunz,* Das strafrechtliche Bagatellprinzip, 1984, S. 49 ff.

bleiben kann, sofern entsprechend § 154 Abs. 1 Nr. 2 die Minimalbedürfnisse der Spezial- und Generalprävention gewahrt bleiben.

Anders sieht es dagegen bei der *zweiten* Gruppe aus, in der die Strafverfolgungsorgane die Absprachen dazu benutzen, um die Unsicherheiten des Tatnachweises (bzw. bei § 153 a: überhaupt der erstmaligen Sachverhaltsdurchermittlung) zu überbrücken und im Vergleichswege eine *Verdachtssanktion* auszuhandeln, die die Resultante in einem „Spat"[427] darstellt, als dessen Kanten die im Fall der Verurteilung eigentlich verdiente Strafe, der Ressourcenverzehr und zusätzlich die Überführungswahrscheinlichkeit fungieren. Durch die Aushandlung einer solchen Verdachtsstrafe wird weder die materiellstrafrechtliche Norm exekutiert noch eine Gleichbehandlung der Normverletzer garantiert, so daß genau hier der sich im Lichte des Legalitätsprinzips deutlich abzeichnende Rückfall der Absprachepraxis in einen rechtsstaatswidrigen Inquisitionsprozeß liegt. Und daraus folgt wiederum, daß gegen eine Legalisierung von Absprachen unter „rechtsstaatlich-legalitätsprinzipiellen Gesichtspunkten" dann und nur dann keine Bedenken bestehen, wenn es gelingt, dies in einer mißbrauchsgefeiten Weise *nur für die erste* und nicht auch für die zweite Gruppe durchzuführen.

b) Hieraus folgt zugleich, daß der Gesetzgeber auch das Ziel der materiellen Wahrheitsfindung *nicht* preisgeben kann, weil das Strafverfahren sonst wieder eo ipso bei der *Verdachtsstrafe* landet. Es wäre aber kurzschlüssig, wenn man die Überlegungen an dieser Stelle abbrechen würde, denn es ist weder verfassungsrechtlich vorgegeben noch in der Natur der Sache angelegt, daß allein die Hauptverhandlung zur Auffindung der materiellen Wahrheit führen könnte. Wir dürfen uns auch keinen Illusionen hingeben hinsichtlich des im Vergleich zum Ermittlungsverfahren zusätzlichen Wahrheitsfindungspotentials einer Hauptverhandlung, in der der mit Aktenkenntnis ausgestattete und eine inquisitorische Funktion wahrnehmende Vorsitzende durch den dissonanztheoretisch erklärbaren inertia-Effekt psychologisch unausweichlich die der Anklageschrift konsonanten Beweisergebnisse systematisch überschätzt und die dissonanten unterschätzt,[428] weshalb die Freispruchsquote auch inzwischen auf weniger als 4 % abgesunken ist,[429] sowie bezüglich der Strafzumessung in einem seit langem fest etablierten und den Beteiligten kaum noch bewußt werdenden Rollenspiel den Schulterschluß mit der Staatsan-

---

[427] D.h. ein „schiefer Quader" (Paralle ... lepiped).
[428] Vgl. zu dieser „Entscheidungsperseveranz" m.w.z.N. *Schünemann,* in: *Kerner/Kury/Sessar* (Fn. 70), S. 1109ff.; *ders.,* ZfS 1986, 50ff.; *ders.,* ARSP-Beiheft Nr. 22, 1985, 68ff.; *Schünemann/Bandilla,* in: *Wegener/Lösel/Haisch* (Fn. 112), S. 181ff.
[429] *Rieß,* DRiZ 1982, 202, 211; *Schünemann,* FS für Pfeiffer, 1988, S. 461, 476.

waltschaft herstellt.[430] Die *Zauberformel* der StPO „Ermittlungsergebnis + Hauptverhandlung = materielle Wahrheit" bietet deshalb mit Sicherheit nicht die einzige und vielleicht nicht einmal die zuverlässigste Lösung, so daß aus der Perspektive der materiellen Wahrheit gegen die Legalisierung von Absprachen nichts einzuwenden ist, wenn sich für den Verzicht auf eine komplette StPO-gemäße Hauptverhandlung ein ihrem Wahrheitsgarantiepotential gleichkommendes *Surrogat* finden läßt.

II. Weitere verfassungsrechtliche Anforderungen

Eine Überprüfung der in der Kammerentscheidung nicht genannten, aber für die Absprachen ebenfalls relevanten verfassungsrechtlichen Garantien führt zu folgendem Ergebnis:

1. Wegen der Garantie des *gesetzlichen Richters* können die Schöffen von der Absprachekommunikation höchstens dann ausgeschlossen werden, wenn diese als ein eigenes *Vorschaltverfahren* organisiert wird, das dann auch durch eine Sachentscheidung abgeschlossen werden kann, die allein von den daran mitwirkenden Richtern gefällt wird. In den USA sorgt dafür schon die Trennung von Richter und Jury, welches Vorbild im Hinblick auf die ebenfalls dem Normbereich des Art. 101 Abs. 1 S. 2 GG zugehörige *Befangenheitsproblematik* die Frage nach einer völligen *Separierung der Spruchkörper* aufwirft, die nach einem Verständigungs-Vorschaltverfahren oder aber – bei dessen Erfolglosigkeit – nach einer ordentlichen Beweisaufnahme in der Hauptverhandlung entscheiden.

Die Bedeutung dieser Frage läßt übrigens ohne weiteres erkennen, daß der *Richtervorbehalt* des Art. 92 GG entgegen der Auffassung von *Dencker*[431] durch die Absprachen keinesfalls verletzt wird, da der Richter nicht nur formal weiterhin die Entscheidung trifft, sondern auch materiell die alleinige Verantwortung für ihre Vereinbarkeit mit allen einschlägigen Rechtsprinzipien trägt. Wenn ein Richter diese Verantwortung im Einzelfall nicht wahrnimmt, was ja auch anderweitig (beispielsweise bei Ausübung der Kontrollaufgaben des Ermittlungsrichters) vorkommt, so verletzt nicht das Abspracheinstitut den Richtervorbehalt, sondern der individuelle Richter das Gesetz.

2. Anders als bei den entscheidenden Richtern ist die *Anwesenheit* des Angeklagten und der Öffentlichkeit verfassungsrechtlich nicht vorge-

---

[430] Vgl. dazu *Schünemann*, in: *Kaiser/Kury/Albrecht* (Hrsg.), Kriminologische Forschung in den 80er Jahren, 1988, Band 35/1, S. 265 ff.
[431] In: *Dencker/Hamm* (Fn. 12), S. 52 f. Dagegen zutr. *Rönnau* (Fn. 228), S. 204 f.: And. als im früheren steuerstrafrechtlichen Unterwerfungsverfahren (dazu BVerfGE 22, 49 ff.) verbleibt die Strafverhängung bei den Absprachen in der Hand des Richters.

schrieben: Das Anwesenheitsrecht des *Angeklagten* wurzelt in Art. 103 Abs. 1 GG und soll ihm deshalb nur die *Möglichkeit* zur Äußerung geben, zu der er aber natürlich nicht gezwungen werden kann,[432] so daß die Vertretung des Angeklagten durch seinen Verteidiger in der Absprachekommunikation verfassungsrechtlich unbedenklich ist; und die *Öffentlichkeit* des Verfahrens ist, wie bereits bemerkt wurde,[433] im Grundgesetz überhaupt *nicht* garantiert.

3. Der ebenfalls im Grundgesetz verankerte *Schuldgrundsatz*,[434] der die Verhängung einer Verdachtsstrafe verbietet,[435] wird (nur) dann durch die Legalisierung der Absprachen nicht verletzt, wenn die Findung der materiellen Wahrheit in anderer Weise als durch die gegenwärtige Hauptverhandlungsstruktur sichergestellt werden kann. Das gleiche gilt für die *Unschuldsvermutung*, insoweit sie als Bestandteil des *Rechtsstaatsprinzips* die Verhängung einer Strafe aufgrund eines bloßen Tatverdachts verbietet.[436]

4. Eine *selbständige* Bedeutung erlangt die *Unschuldsvermutung*, wie bereits bei der dogmatischen Analyse festgestellt,[437] im Hinblick auf die Frage, unter welchen Voraussetzungen der Richter zur *Initiierung* einer auf Geständnisablegung gerichteten Absprachekommunikation befugt sein kann. Für die heutigen informellen Absprachen ist das mit der Begründung verneint worden, daß dem Beschuldigten vor der Schuldspruchreife eine solche Behandlung nicht zugemutet werden kann.[438] Bei einer insgesamt neuen Prozeßstruktur, innerhalb derer dieses Vorschaltverfahren selbständig und ohne Diskriminierung ausgestaltet werden könnte, greifen diese Bedenken aber nicht notwendig durch, so wie ja auch die EKMR eine Verletzung der Unschuldsvermutung durch das englische guilty plea-System abgelehnt hat.[439]

5. Schwierige verfassungsrechtliche Fragen wirft der in der Menschenwürde, der Handlungsfreiheit und dem Rechtsstaatsprinzip verankerte Grundsatz „*nemo tenetur se ipsum accusare*"[440] auf. Zwar scheint er in der geläufigen Formulierung, daß niemand zur Aussage

---

[432] Dies folgt nicht nur aus dem nemo-tenetur-Grundsatz, sondern auch aus der entsprechenden Auslegung des Art. 103 Abs. 1 GG, vgl. BVerfGE 1, 418, 429; 11, 218, 220; 42, 364, 367; 60, 175, 210.
[433] S.o. Fn. 232.
[434] BVerfGE 20, 323 ff.; 50, 125 ff.; ferner: *Frister* (Fn. 261), S. 29 ff.
[435] Vgl. nur *Roxin* (Fn. 48), S. 85; BGHSt. 18, 274, 275 f.; ferner auch: *Frister* (Fn. 261), S. 77 ff.
[436] Vgl. nur *Frister* (Fn. 261), S. 89 ff.
[437] S.o. C. I. 2.
[438] S.o. C. I. 2. a).
[439] S.o. Fn. 252.
[440] Zu dieser Verankerung vgl. BVerfGE 38, 105, 114, 115; 55, 144, 150; *Nothelfer*, Die Freiheit von Selbstbezichtigungszwang, 1989, S. 11 f., 63 f., 77 f.

gegen sich selbst gezwungen ist,[441] durch die Privilegierung eines Geständnisses nicht berührt zu sein, aber eine solche Annahme wäre allzu kurzsichtig, weil man ja nicht die Kehrseite, nämlich die Androhung einer ungemilderten Strafe für die Ausübung des prozessualen Schweigerechts,[442] übersehen darf. Mit der Ablehnung einer Pseudo-Verankerung der Strafmilderung im Strafzumessungsrecht steht auch fest, daß es tatsächlich um eine *Prämie* für den *Verzicht* auf das prozessuale *Schweigerecht* geht. In den USA, wo ja ebenfalls das privilege against self-incrimination Verfassungsrang genießt,[443] beruhigt man sich mit der Ausrede, daß die ohne guilty plea im Falle einer Verurteilung zu erwartende strenge Strafe die „eigentlich angemessene" und die Strafmilderung also doch eine echte Privilegierung und keine verkappte Nicht-Verschärfung sei,[444] aber das ist wegen der Überzahl der auf einem guilty plea beruhenden Strafaussprüche mit dem hierdurch geprägten Normalbild des betreffenden Delikts nicht zu vereinbaren, darüber hinaus auch in sich unschlüssig, weil der nemo-tenetur-Grundsatz auf prozessuale Prämien, die außerhalb der materiellrechtlichen Strafzumessung angesiedelt sind, sinngemäß ebenfalls angewendet werden muß. Hierauf wird deshalb bei der Ausgestaltung der verschiedenen Verfahrenstypen Bedacht zu nehmen sein.

6. Keine besonderen Schwierigkeiten bereitet dagegen der allgemeine Grundsatz des *fair trial,* dessen Verletzung bei der dogmatischen Analyse aus der de lege lata nicht herstellbaren Bindungswirkung und damit aus dem Risiko des vorleistenden Angeklagten abgeleitet wurde.[445] Denn wenn die Absprachen schon gesetzlich geregelt werden, versteht es sich von selbst, daß ihre Rechtsfolgen dabei in einer auch die berechtigten Interessen des Beschuldigten berücksichtigenden Weise festgelegt werden müssen.

7. Noch weniger Probleme bereitet die *Rechtsweggarantie* des Art. 19 Abs. 4 GG, weil sie nach h. M. Rechtsmittel gegen Gerichtsentscheidungen ohnehin nicht garantiert[446] und weil es außerdem nach einer

---

[441] Zur Verwendung dieser Formulierung in der Rechtsprechung vgl. *Nothelfer* (Fn. 440), S. 11 m. z. w. N.

[442] Dazu bereits *Dencker,* in: *Dencker/Hamm* (Fn. 12), S. 54; *Schünemann,* NJW 1989, 1895, 1901 f.

[443] Vgl. Zusatz VI. der amerikanischen Verfassung und dazu *Schmid* (Fn. 38), S. 122 f.

[444] Vgl. Brady v. United States, 397 U. S. 742, 753 (1970); kritisch zum Problem der Belohnung bzw. Bestrafung *Alschuler,* California Law Review 69 (1981), 652, 658 ff.; *Halberstam* (Fn. 38), 1, 13 ff.; *LaFave/Israel* (Fn. 82), S. 561 ff. m. z. w. N.

[445] S. o. C. III.

[446] Vgl. BVerfGE 11, 263, 265; 15, 275, 280; 22, 106, 110; 25, 352, 365; 49, 329, 340; BVerwGE 50, 11, 14; *Pieroth/Schlink,* Grundrechte Staatsrecht II, 5. Aufl. 1989, S. 260; auch insoweit unterscheiden sich die Absprachen deshalb vom früheren Unterwerfungsverfahren im Steuerstrafrecht (s. dazu BVerfGE 22, 49, 81).

gesetzlichen Regelung der Absprachen des heute vorab zugesicherten Rechtsmittelverzichts überhaupt nicht mehr bedarf: Während dieser gegenwärtig die Funktion hat, die (illegale) Absprachepraxis vor dem Zugriff der Revisionsgerichte zu bewahren, können und sollen in einem neuen Verfahrenssystem Rechtsmittel durchaus vorgesehen werden, mit deren Hilfe die Einhaltung der gesetzlichen Absprachevoraussetzungen überprüft werden kann.

8. Als letztes bleibt der allgemeine *Gleichheitssatz* (Art. 3 GG) zu berücksichtigen, der in zwei verschiedenen Vergleichsbeziehungen als Maßstab in Betracht kommt. Zum einen müßte sich die etwa vorzusehende Strafmaßprivilegierung für den Fall einer Absprache entsprechend der üblichen Umschreibung des Gleichheitssatzes[447] als eine willkürfreie Maßnahme darstellen lassen, was bei Einführung der in den USA üblichen Diskrepanzen auf Schwierigkeiten stoßen dürfte, nicht aber bei einer der Vorschrift des § 154 Abs. 1 Nr. 2 entsprechenden, eklatante Diskrepanzen vermeidenden Regelung. Und zum anderen muß dann für jeden Beschuldigten nach dieser Maxime die Verfahrenserledigung möglich sein, so daß die heute herrschende Auffassung, die Mitwirkung an Verständigungskommunikationen liege im freien Belieben des Gerichts,[448] für ein zukünftiges geregeltes Verfahren nicht übernommen werden könnte.

III. Ergebnis

Die Auslotung des verfassungsrechtlichen Spielraumes für eine Legalisierung der Absprachen hat also zu drei Hauptproblemen geführt, die sich mit den Stichworten „Verdachtsstrafe, indirekte Sanktion für Ausübung des Schweigerechts und Ungleichbehandlung" umschreiben lassen.

C. Verwendbarkeit ausländischer Regelungen und vorliegender Entwürfe?

I. Lehren aus dem plea bargaining-System der USA

1. Ein formelles plea bargaining gibt es nicht nur in den USA, sondern im gesamten *englischen Rechtskreis* mit intensiven rechtspolitischen

---

[447] Vgl. BVerfGE 1, 14, 52; 21, 12, 26f.; 29, 327, 335; 33, 367, 384; 42, 64, 72; 49, 148, 165; 53, 313, 329; 54, 11, 25f.; 65, 325, 354; BVerwGE 39, 1, 4; 64, 248, 261; *Hesse*, Grundzüge des Verfassungsrechts der Bundesrepublik Deutschland, 16. Aufl. 1988, S. 170; *Pieroth/Schlink* (Fn. 446), S. 112ff.
[448] So ausdrücklich *Schmidt-Hieber* (Fn. 5), S. 13f.; ähnlich auch *Müller-Dietz*, ZStW 93 (1981), 1177, 1262, aber eher aus der Sicht des Beschuldigten argumentierend. Bedenken im Hinblick auf Art. 3 GG äußert auch *Baumann*, RuP 1990, 50, 51.

Auseinandersetzungen namentlich in Kanada und Australien.[449] Unbeschadet dessen kommt dem US-amerikanischen Prozeß aus zahlreichen Gründen auch für die Diskussion in Deutschland eine schlechthin überragende Bedeutung zu: Nachdem das plea bargaining-System in den USA jahrzehntelang eine prozeßrechtliche Grauzone wie gegenwärtig die Absprachen bei uns gebildet hat, ist es dort seit rund 20 Jahren vom Supreme Court abgesegnet und damit definitiv anerkannt,[450] so daß man im Hinblick auf den auf vielen gesellschaftlichen Gebieten üblichen zeitversetzten Transfer amerikanischer Entwicklungen nach Europa am Beispiel des plea bargaining abschätzen kann, wohin eine Legalisierung der Absprachen bei uns führen würde, und zwar unter optimalen Beobachtungsbedingungen: Es liegt ein enorm reiches und wegen der zahlreichen unterschiedlichen Jurisdiktionen in den USA vielfältig differenziertes Erfahrungsmaterial in Gestalt von Gerichtsentscheidungen und empirischen Untersuchungen vor, das in einer umfangreichen Spezialliteratur verarbeitet worden ist; die amerikanische Neigung, rechtliche Zusammenhänge unverblümter und ohne Rücksicht auf ideologischen Ballast zu sehen, ermöglicht uns Einblicke in typische Praktiken, über die in Deutschland auch heute noch allenfalls hinter vorgehaltener Hand berichtet würde; und zu guter Letzt kann man die bei uns in diskreter Atmosphäre stattfindenden Absprachekommunikationen in den USA „in freier Wildbahn" verfolgen.

2. Um die Lehren aus dem amerikanischen Beispiel zu ziehen, müßte bei solcher Materialfülle freilich Raum für ein eigenes Gutachten vorhanden sein, so daß ich an dieser Stelle nur ein holzschnittartiges und kaum begründetes Resümee meiner eigenen Einschätzung geben kann und im übrigen auf die tiefschürfenden kritischen Untersuchungen verweisen muß, die in den USA vor allem von *Alschuler* und *Schulhofer* vorgelegt worden sind,[451] während die besten und gründlichsten Einschätzungen aus deutscher Sicht von *Schumann* und *Weigend*

---

[449] Zur englischen Rechtsdiskussion vgl. *Baldwin/McConville*, Law and Society Review 13 (1978–79), 287ff.; *Smith*, The Journal of Criminal Law and Criminology 77 (1986), 949ff.; zur Situation in Australien vgl. *Byrne*, The Australian Law Journal 62 (1988), 799ff.; *Clark*, The Australian Law Journal 60 (1986), 199ff.; *Sallmann*, Law Institute Journal 54 (1980), 185ff.; zur Lage in Kanada vgl. *Brannigan/Levy*, Canadian Journal of Criminology 1983, 399ff. Die Law Reform Commission of Canada hat soeben (1989) ihr Working Paper 60 „Plea Discussions and Agreements" vorgelegt.

[450] Zur Geschichte des plea bargaining in den USA vgl. *Alschuler*, Law and Society Review 13 (1978–79), 211ff.; *Friedmann*, ibid., 273ff.; *Langbein*, ibid., 261ff.; *Mather*, ibid., 281ff.

[451] Vgl. *Alschuler*, Chicago Law Review 36 (1968–69), 50ff.; ders. (Fn. 56), 1179ff.; ders., California Law Review 69 (1981), 652ff.; ders., Chicago Law Review 50 (1983), 931ff.; *Schulhofer* (Fn. 38), 1037ff.; ders., Journal of Legal Studies 17 (1988), 43ff.

stammen.⁴⁵² Das plea bargaining-System in den USA läuft im Grunde darauf hinaus, daß die Masse der Kriminalität und insbesondere die Unterschicht-Kriminalität gewissermaßen in zwei *Verwaltungsverfahren* (der Polizei und der Vollzugsbehörde) „bewältigt" werden kann, während der Justizbereich hier eigentlich nur als *Schleusenstation* fungiert. Die plea negotiations selbst sind in den meisten Fällen zu einem *Routinevorgang* geworden, dessen Ergebnis aufgrund von Taxen im vorhinein festliegt. Der Angeklagte ist Objekt gerade auch des plea bargaining-Verfahrens, in dem der Super-Schulterschluß der drei beteiligten Juristen vor allem bei einer Verteidigung durch den public defender (der in der Funktion ungefähr unserem Pflichtverteidiger entspricht) manifest ist, aber auch bei vielen privaten, sog. „cop-out lawyers" außer Diskussion steht. Die richterliche Mitwirkung ist hochgradig *ritualisiert*, was besonders in einem fast schon grotesken Mißverhältnis zwischen der oberflächlichen sachlichen Prüfung, ob das plea agreement eine „tatsächliche Basis" hat, und der floskelreichen Ausführlichkeit bei der Prüfung der formalen Freiwilligkeit des vom Angeklagten abgegebenen guilty plea zum Ausdruck kommt. Weil die amerikanische Justiz wegen ihrer im Vergleich mit Deutschland ärmlichen Personalausstattung auf die Erledigung der überwältigenden Mehrheit der Strafverfahren im Wege des guilty plea angewiesen ist, hat sich ein für deutsche Anschauungen nicht mehr legitimierbares *Strafmaßgefälle* zwischen der Strafzumessung nach einer zur Verurteilung führenden Hauptverhandlung und den bei einem guilty plea üblichen Sätzen herausgebildet, dessentwegen die Alternative der Hauptverhandlung trotz der dort üblichen beachtlichen Freispruchsquote von etwa 30 %⁴⁵³ so gut wie niemals attraktiv, die Option für das guilty plea also faktisch erzwungen ist. Der in der US-Bundesverfassung garantierte *due process* hat infolgedessen für den größten Teil der Verfahrenswirklichkeit nur noch eine *Alibifunktion*.

Daß das plea bargaining-System in den USA trotz dieser manifesten Gebrechen sowohl bei Juristen wie offenbar auch in der Bevölkerung auf *Akzeptanz* gestoßen ist, dürfte ohne die spezifisch amerikanischen geschichtlichen Erfahrungen und die besondere Gesellschafts- und Kriminalitätsstruktur nicht wiederholbar sein. Ein noch ganz ursprüngliches Vertrauen in die Strafjustiz, und darunter übrigens auch in die Effizienz drakonischer Strafen, eine hohe Wertschätzung der formalen Autonomie der Person und die Rekrutierung der registrierten Tatverdächtigen jedenfalls in den Großstädten aus einer ethnisch ziemlich prägnant bestimmbaren Unterschicht, schließlich die

---

⁴⁵² *Schumann* (Fn. 38); *Weigend*, in: *Jescheck/Leibinger* (Fn. 56), S. 587, 649 ff.; *ders.*, ZStW 94 (1982), 200 ff.
⁴⁵³ Zur Freispruchsquote vgl. auch Fn. 429.

hohe Kriminalitätsbelastung und die im Verhältnis äußerst milde Sanktionspraxis nach einem guilty plea haben den pro-forma-Charakter der hier stattfindenden Rechtspflege anscheinend nicht ins allgemeine Bewußtsein treten lassen. Weil es sich bei uns mit diesen Grundvoraussetzungen durchgehend *anders* verhält, erscheint es ausgeschlossen, daß das USA-Modell in Deutschland Akzeptanz finden könnte. Angesichts der in amerikanischen Untersuchungen schonungslos herausgearbeiteten zahllosen Gebrechen des dortigen plea bargaining-Systems[454] muß deshalb aus dem Vergleich eine doppelte Lehre gezogen werden: Eine Übernahme des reinen plea bargaining-Systems ist *nicht* zu verantworten; gerade deshalb ist aber ein schleuniges und energisches Tätigwerden des deutschen Gesetzgebers unverzichtbar, weil die letzten 15 Jahre eine so rasante *Annäherung* an die amerikanischen Verhältnisse bewirkt haben, daß jetzt vielleicht der letzte Augenblick gegeben ist, da die Entwicklung noch angehalten und in überzeugendere Bahnen gelenkt werden kann.

3. Während die zahlreichen Einzelfragen, zu denen in den USA eine intensive Diskussion und vielfältige Erfahrungen vorliegen, im gegebenen Rahmen überhaupt nicht aufgegriffen werden können, müssen jedenfalls noch zwei prinzipielle Erkenntnisse hervorgehoben werden, die nicht auf den amerikanischen Typ des plea bargaining beschränkt erscheinen und deshalb in Deutschland zu beachten wären, gleichgültig in welcher Form Absprachelemente zukünftig legalisiert werden sollten: Die Frage der *Beteiligung des Richters* an den Absprachen wird zwar in der Theorie kontrovers diskutiert[455] und ist auch in den einzelnen Jurisdiktionen unterschiedlich geregelt,[456] scheint aber in der Praxis durch einen eindeutigen Entwicklungstrend in Richtung auf die den deutschen informellen Absprachen entsprechenden *dreiseitigen* Verhandlungen geprägt zu sein.[457] Und die konstruktive Form der Absprache nicht durch eine Beweis-, sondern durch eine *Verfügungserklärung*, die – um die Präjudizierung von Zivilprozessen zu vermeiden – neben dem guilty plea noch in der abgeschwächten Form des nolo contendere vorkommt, sofern das

---

[454] Siehe die Nachweise in Fn. 451.
[455] Zu den Vor- und Nachteilen einer Mitwirkung des Richters an den plea negotiations vgl. *Schumann* (Fn. 38), S. 154 ff.; *Weigend*, ZStW 94 (1982), 200, 212 f. m. w. N.
[456] Während der Richter im Bundesstrafprozeß an den plea negotiations nicht teilnehmen darf, ist ihm im Prozeß der Einzelstaaten in der Regel nur die Initiierung untersagt, vgl. Fn. 342.
[457] Diese Tendenz ist in den von mir im Oktober 1989 in Chicago durchgeführten Leitfaden-Interviews von Richtern, Staatsanwälten und Verteidigern einhellig bestätigt worden.

Gericht zustimmt,[458] ist gerade im Hinblick auf die Abwicklung gescheiterter Absprachen dem bei uns in der Praxis entstandenen Geständnis-Modell eindeutig überlegen.

II. Spanien als Vorbild?

1. Die spanische Strafprozeßordnung (Ley de Enjuiciamiento criminal vom 14. 9. 1882 – LECrim –, jetzt gültig in der Fassung des Gesetzes vom 28. 12. 1988 mit seiner Neuregelung des Verfahrens wegen weniger schwerer Delikte) sieht immer dann, wenn der Staatsanwalt in der Anklageschrift einen konkreten Strafantrag (der in Spanien vorgesehen ist) von nicht mehr als sechs Jahren Freiheitsstrafe stellt, die Möglichkeit des Einverständnisses mit der Anklage *(conformidad del acusado)* vor, das vom Verteidiger und vom Angeklagten in verschiedenen, hier nicht näher interessierenden Formen erklärt werden kann (s. Art. 655, 688, 791, 793.3° LECrim). Spanien kennt also für einen Bereich, der den größten Teil der Kriminalität abdeckt,[459] ein guilty plea-System, das nun aber bemerkenswerterweise nicht auf einen Parteiprozeß, sondern auf einen Inquisitionsprozeß gegründet ist: Das Vorverfahren befindet sich in Spanien in der Hand des Untersuchungsrichters; seine Ergebnisse können grundsätzlich unmittelbar bei der Urteilsfindung verwertet werden; und die Staatsanwaltschaft hat nur einen ganz geringen Bewegungsspielraum, weil sie über den Prozeßgegenstand überhaupt nicht verfügen kann und bei der Formulierung des konkreten Strafantrages durch das spanische Strafensystem stark limitiert ist.[460] Die bis 1988 gültige spanische Form des guilty plea ist deshalb von *Volkmann-Schluck* bei einer funktionalen Betrachtungsweise eher mit dem deutschen *Strafbefehlsverfahren* verglichen worden, hinter dessen Häufigkeit es mit einem Anteil von nur etwa 15% an allen Verfahren wegen Vergehen aber weit zurückbleibt.[461] Seit der Neuregelung gibt es aber auch die Möglichkeit, daß die Staatsanwaltschaft in der Sitzung einen gegenüber der Anklage abgemilderten Strafantrag stellt oder (wenn der Angeklagte die Richtigkeit der Anklage auch in tatsächlicher Hinsicht zugesteht) das Ge-

---

[458] Vgl. FRCP 11 b; *Dielmann*, GA 1981, 558; *Schmid* (Fn. 38), S. 60 f., 67; *Weigend*, ZStW 94 (1982), 200, 201.
[459] Nach den Angaben des Statistischen Bundesamtes (FS 10, Reihe 3, 1987, S. 48 f.) betrug jedenfalls in der BRD schon der Anteil der Freiheitsstrafen von mehr als 5 Jahren im Jahre 1987 nur 0,2 % der Verurteilungen.
[460] Dazu eingehend *Volkmann-Schluck*, Der spanische Strafprozeß zwischen Inquisitions- und Parteiverfahren, 1979, S. 19 ff., 77 ff., 102 ff., 107 f., 128 f.
[461] *Volkmann-Schluck* (Fn. 460), S. 129, 131; der Anteil der deutschen Strafbefehle beträgt 35% an der amtsgerichtlichen Gesamterledigung (vgl. *Rieß*, FS f. Sarstedt, 1981, 253, 260).

richt auf eine mildere Strafe erkennt, was Raum für ein echtes plea bargaining schafft.[462]

2. Wenn man bei der älteren conformidad von den Besonderheiten der spanischen Justizorganisation abstrahiert, so ist ihr die Botschaft zu entnehmen, daß auf eine Hauptverhandlung in einem weitaus größeren Umfange als bei uns nach § 407 verzichtet werden kann, wenn das Vorverfahren mit hinlänglicher Sicherheit die Wahrheitsfindung garantiert und der Beschuldigte dessen Ergebnis als richtig akzeptiert. Der Vorteil des Beschuldigten besteht dann nicht in einem Strafrabatt, sondern darin, daß auch ihm die Belastungen einer Hauptverhandlung erspart werden.[463] Es geht deshalb auch *nicht* um die Aushandlung einer *Verdachtsstrafe*, sondern um die Akzeptierung einer *verfahrensökonomischen* Lösung durch den Beschuldigten, so daß viele Einwände, die das plea bargaining-System treffen, hier *nicht* durchgreifen.

Daß die deutsche Diskussion hierin ein Vorbild finden kann, liegt angesichts der bei uns bisher ziemlich erfolglosen Bemühungen um eine Ausweitung des Strafbefehlsverfahrens[464] auf der Hand. Hierbei darf aber natürlich nicht übersehen werden, daß das spanische Modell insoweit im Hinblick auf Art. 92 GG nach Deutschland nicht übertragen werden kann, als die dort bei der conformidad eintretende Bindung des Gerichts an den staatsanwaltschaftlichen Strafzumessungsantrag bei uns ausgeschlossen ist. Ferner kommt eine Ausdehnung des Strafbefehls in den Freiheitsstrafenbereich sicherlich nur in Betracht, wenn eine vorherige *mündliche Erörterung* obligatorisch gemacht wird.

3. (Noch) schwerer zu beurteilen ist die Neuregelung, die anscheinend dem im übrigen inquisitorischen Verfahren ohne sonstige Ausbalancierung das plea bargaining überstülpt und in dieser Zusammenkettung widerstreitender Elemente äußerste Skepsis hervorrufen muß, weil dadurch einseitig die Machtposition der Justiz verstärkt wird und der Prozeß aus den Fugen gerät.

---

[462] Vgl. *Almagro/Gimeno/Moreno/Cortes*, El nuevo proceso penal, Valencia 1989, S. 146 ff.
[463] *Volkmann-Schluck* (Fn. 460), S. 129.
[464] Vgl. die „Vorüberlegungen zu einer Neugestaltung des Strafbefehlsverfahrens" aus dem Bundesjustizministerium, StrV 1982, 495 ff., und das StVÄG v. 27. 1. 1987, BGBl. I 475.

III. Der neue italienische Strafprozeß

1. Die am 24. 10. 1989 in Kraft getretene neue italienische Strafprozeßordnung[465] hat unter Preisgabe der bis dahin geltenden stark inquisitorischen Struktur des Strafverfahrens einen deutlich an das amerikanische Parteiverfahren angelehnten Anklageprozeß geschaffen[466] und in diesem Rahmen ein plea bargaining-System installiert, das in seiner Einzelausgestaltung teilweise sogar noch radikaler als das amerikanische System, vom Anwendungsbereich aber auf die *leichte und mittlere Kriminalität* beschränkt ist. In den Art. 444–448 C.p.p. ist die „Anwendung der Strafe auf Antrag der Parteien" geregelt, die das erstmals durch Gesetz vom 24. 11. 1981 für die Bagatellkriminalität eingeführte *"patteggiamento"* („Paktieren")[467] auf eine Sanktion bis zu zwei Jahren Freiheitsstrafe ausgedehnt hat. Rechtstechnisch geht die Sanktionierung dabei so vor sich, daß der Beschuldigte oder die Staatsanwaltschaft jeweils im Einverständnis der Gegenpartei beim Richter die Anordnung einer bestimmten Strafe beantragt, die – als Anreiz für den Beschuldigten – durch *Verminderung* des für das konkrete Delikt eigentlich angemessenen Strafmaßes um bis zu einem *Drittel* gebildet wird; der Richter überprüft diesen Antrag nach Aktenlage daraufhin, ob kein Freispruch zu erfolgen hat, ob die rechtliche Subsumtion zutreffend ist und ob die Strafhöhe richtig hergeleitet ist; wenn sich keine Bedenken ergeben, hat er die beantragte Strafe auszusprechen, während er im gegenteiligen Fall nicht etwa eine andere Strafe festsetzen kann, sondern den Antrag abzulehnen hat.[468]

2. Die Art, wie die neue italienische Strafprozeßordnung den Riesenknäuel der Absprachenproblematik in einigen wenigen Artikeln zu ordnen versucht, erinnert zweifellos an die alexandrinische Lösung des gordischen Knotens: Bei aller Bewunderung für die dahinter stehende Courage kann die kritische Frage nicht unterdrückt werden, ob es sich nicht nur um eine scheinbare Lösung des Problems handelt. Gerade dadurch, daß die italienische Strafprozeßordnung nunmehr die *Hauptverhandlung* zum *Kernstück* des Strafverfahrens gemacht und Zeugenaussagen, die im Vorverfahren ohne Kreuzverhör zustande gekommen sind, ziemlich deutlich jeden Beweiswert abgesprochen hat,[469] hat sie die auf Antrag der Parteien nach Aktenlage verhängte

---

[465] Codice di Procedura Penale (C.p.p.), veröffentlicht in Gazetta Ufficiale vom 24. 10. 1988 Nr. 250.
[466] Eingehend dazu *Amodio*, ZStW 102 (1990), 169 ff.
[467] Vgl. dazu die Darstellung von *Budde*, ZStW 102 (1990), 194 ff.; *Gambini Musso*, Il „Plea Bargaining" Tra Common Law E Civil Law, 1985, S. 113 ff.
[468] Eingehende Darstellung bei *Budde*, ZStW 102 (1990), 194, 206 ff.; vgl. auch *Amodio*, ZStW 102 (1990), 169, 184.
[469] *Amodio*, ZStW 102 (1990), 169, 176 ff., 191.

Strafe selbst als *reine Verdachtsstrafe* festgeschrieben, die dem Beschuldigten durch einen „Drittelrabatt" schmackhaft gemacht wird. Weiterhin läßt sich schon jetzt absehen, daß die Ermittlung dieses Rabattes wie auch die Umgrenzung des hierfür in Betracht kommenden Kriminalitätsbereiches zum Gegenstand eines *Sekundär-Handels* avancieren wird, ähnlich wie ja auch in der deutschen Praxis die Geldbußenauflage längst nicht mehr nur in Fällen geringer Schuld vorkommt. Die richterliche Entscheidungskompetenz bleibt formal gewahrt, aber weil der Richter nicht einmal zu eigenen Beweiserhebungen befugt ist,[470] ist seine Position insgesamt so schwach, daß die Kontrolle ähnlich ineffektiv ausfallen wird, wie sie es im deutschen Strafverfahren bei der erforderlichen richterlichen Zustimmung zur Opportunitätseinstellung ist. Durch eine Übernahme der italienischen Regelung wird man die deutschen Reformprobleme deshalb *nicht* lösen können.

IV. Der Alternativentwurf zum Strafverfahren mit nichtöffentlicher Hauptverhandlung

Der im Jahre 1980 vorgelegte Alternativentwurf eines Strafverfahrens mit nichtöffentlicher Hauptverhandlung ist bereits Gegenstand der Verhandlungen des 54. Deutschen Juristentages 1982 gewesen, wo seine Grundidee, eine Bewährungsstrafe bis zu einem Jahr gegenüber einem geständigen Angeklagten in nichtöffentlicher Hauptverhandlung verhängen zu lassen,[471] auf breite *Ablehnung* gestoßen ist.[472] Seine Erwähnung an dieser Stelle erfolgt nicht etwa deshalb, weil sich darin ein Rezept zur Lösung der Absprachenproblematik auffinden lassen würde, sondern weil seine Behandlung auf dem 54. DJT leicht zum *Menetekel* für den 58. DJT werden kann, falls sich nicht ein *aufrichtigeres Verhältnis zur Verfahrenswirklichkeit* durchsetzt: Die Autoren und Sympathisanten des Alternativentwurfs hatten beredte, aber letztlich erfolglose Mühe auf die Verteidigung gegen den (teilweise antizipierten) Vorwurf verwendet, daß mit seinen Vorschlägen der Einführung des plea bargaining in Deutschland der Weg geebnet würde,[473] ohne daß auch nur ein einziger der auf dem 54. DJT anwe-

---

[470] *Budde*, ZStW 102 (1990), 194, 209 unter Hinweis auf die amtliche Begründung des Vorentwurfs.
[471] Vgl. §§ 407, 407a AE-StPO sowie die Vorbemerkung in: *Arbeitskreis AE* (Hrsg.), Alternativ-Entwurf Novelle zur Strafprozeßordnung, 1980, S. 6 ff.
[472] 54. DJT, 1982, Sitzungsberichte Bd. II, K 162.
[473] Vgl. AE-Begründung, S. 7 f.; *Schüler-Springorum*, NStZ 1982, 305, 308; *Baumann*, NJW 1982, 1558, 1562; *Schöch*, in: Verhandlungen des 54. DJT 1982, Sitzungsberichte Bd. II, K 84, 86; demgegenüber kritisch *Hilger*, NStZ 1982, 312, 313; *Hertwig* und *Lang*, Verhandlungen des 54. DJT, K 81 f.

senden Praktiker den Schleier über der damals schon in voller Ausbildung begriffenen Verfahrenswirklichkeit der informellen Absprachen gelüftet hätte. Vor dem 58. DJT sollte deshalb rechtzeitig Klarheit darüber bestehen, daß es *nicht* um *Kosmetik* und *Drapierung*, sondern um die *Sache selbst* geht.

D. Das Dreistufenkonzept zur Quadratur des Kreises

Das bisher erzielte Ergebnis scheint ebenso geradlinig wie hoffnungslos in eine doppelte Aporie hineinzuführen: Die rein verfahrensökonomischen Absprachen müssen, weil sie nützlich und bei der heutigen Geschäftsbelastung der Strafjustiz sogar unverzichtbar sind, erhalten werden, während die auf die Verhängung echter Verdachtsstrafen hinauslaufenden Vergleiche, die unheilbar rechtsstaatswidrig und deshalb letztlich für die Legitimierbarkeit der Strafrechtspflege insgesamt tödlich sind, beseitigt werden müssen – was mangels eines operationalisierbaren, praktisch handhabbaren Abgrenzungskriteriums nicht gleichzeitig realisierbar erscheint; und der Gesetzgeber müßte dies mit demselben Instrument erreichen, das bisher schon bei der Verhinderung der illegalen Absprachen versagt hat, nämlich durch das Mittel des Normbefehls, das gegenüber einer *unheiligen Allianz* der Normadressaten mit den Organen des Sanktionsapparates scheinbar zwangsläufig versagt.

Ohne diese ungeheuren Schwierigkeiten verharmlosen zu wollen, halte ich die Position des Gesetzgebers aber für längst noch nicht ausgereizt, sondern umgekehrt die Versuche, seine Chancenlosigkeit herbeizureden, für eine besonders ausgeklügelte Strategie der unheiligen Allianz. Vielmehr kann und muß sich das Recht, dessen oberste Prinzipien in unserer Gesellschaft im Grundgesetz konzentriert sind und das im Gesetzgeber personifiziert ist, gegen seine notorische Mißachtung in dem präzise abgrenzbaren Interaktionssystem des Strafverfahrens dadurch zur Wehr setzen, daß es auf der *ersten* Stufe die *Schlupflöcher* und Maskierungen des Rechts- und Verfassungsbruches *zerstört*, auf der *zweiten* Stufe den nicht legitimierbaren Absprachen jegliche *Attraktivität* für einen der notwendigen Verhandlungspartner *nimmt* und auf der *dritten* Stufe die Institute des Strafverfahrens in einer Weise *fortentwickelt*, daß den hinter der heutigen Verfahrenswirklichkeit stehenden berechtigten Anliegen ohne Verlust für die unverfügbaren Werte des Strafverfahrens Rechnung getragen werden kann. Das klingt nicht ganz zu Unrecht wie ein Vorschlag für die Quadratur des Kreises, läßt sich aber, wie ich glaube, realisieren, falls der Gesetzgeber die Kraft aufbringt, anstelle des für die heutige Rechtssetzungskultur typischen Kompromiß-Sammelsuriums zwischen den Forderungen der sich beteiligt fühlenden Interessengruppen[474] eine systematisch ausgearbeitete Gesamtkonzeption zu entwickeln.

Aus Raumgründen ist es an dieser Stelle nur noch möglich, die technisch-institutionelle Realisierung der *Grundkonzeption* zu skizzieren, die hier im Rahmen der soziologischen Theorienbildung sowie der dogmatischen Analyse der StPO und der verfassungsrechtlichen Vorgaben Schritt für Schritt entfaltet worden ist und deren zum Angelpunkt der lex ferenda zu nehmender Kern in der *Legitimität* und Nützlichkeit der echten *verfahrensökonomischen* Erledigung und in der Illegalität, *Illegitimität* und Schädlichkeit der *echten Verdachtsstrafen* zu sehen ist.

I. Die Wiederherstellung des Gesetzesgehorsams

Aus der Unausrottbarkeit der informellen Verhaltenssysteme, die die Organisationstheorie lehrt,[475] der Selbstorganisation der autopoietischen Systeme[476] und dem Versagen der Revisionskontrolle ohne Revisionsführer[477] darf man nicht den Fehlschluß eines „nothing works" auf dem Feld der illegalen Absprachen ziehen, weil sich hier nämlich in Wahrheit sogar eine ganze Anzahl erfolgversprechender Ansatzpunkte für eine legislatorische Gegensteuerung bietet.

1. Die Erklärung für die Absprachenausbreitung in der Justiz ist darin zu sehen, daß bezüglich der materiellen Illegitimität von Anfang bis heute von einer rollenspezifischen *Gutgläubigkeit* auszugehen ist. Entsprechend der Entwicklung unserer Rechtskultur in den letzten Jahrzehnten mit ihrer starken Ausbreitung der richterlichen Rechtsfortbildung, die durch das vom BVerfG gestützte Dogma der objektiven Auslegung[478] meistens auch dort nur als Interpretation empfun-

---

[474] Der Fehler der heutigen Gesetzgebungspraxis liegt m. E. darin, daß die durch die Gesetzgebung auf dem Gebiet des Straf- und Strafverfahrensrechts stattfindende Entscheidung von Wertkonflikten von den Interessengruppen so überwältigt wird, wie es bei der Entscheidung von Verteilungskonflikten üblich und angemessen ist (vgl. am Beispiel der Indienstnahme des Sexualstrafrechts *Scheerer*, KrimJ 1986 (1. Beiheft), S. 133 ff.; für den Bereich der Körperverletzung durch Infizierung mit HIV beispielhaft die als wissenschaftliche Rezension getarnte Interessenverfolgung von Selbsthilfegruppen durch *Becker*, StrV 1989, 277).
[475] W. *Hassemer*, StrV 1982, 377, 381.
[476] S. o. § 3 IV. 3.
[477] Darauf hebt *Cramer* ab, in: FS für Rebmann, 1989, S. 145, 150.
[478] Zur Bevorzugung der objektiven Auslegungstheorie vgl. BVerfGE 1, 299, 312; 10, 234, 244; 11, 126, 129 ff.; 48, 246, 256; 64, 256, 275; 73, 261, 275; zur methodologi-

den wird, wo sie den Willen des historischen Gesetzgebers beiseite schiebt, wird der Richter nun aber der Legitimität seiner Entscheidung im Normalfall den Vorzug vor der Respektierung des vom historischen Gesetzgeber entworfenen Konzeptes geben, zumal wenn sich – wie bei den Absprachen – das BVerfG durch eine sibyllinische Kammerentscheidung zunächst einmal wieder aus der Verantwortung entfernt und der Bundesjustizminister auf eine parlamentarische Anfrage hin eine beschwichtigende, sachlich falsche Parole ausgibt,[479] die offensichtlich darauf berechnet ist, den Schlaf des Gesetzgebers nicht zu stören. Das heißt nun aber beileibe nicht, daß man bei den Strafrichtern und Staatsanwälten die Bereitschaft unterstellen müßte, sie würden auch nach einer legislatorischen Klarstellung der Prozeßordnungswidrigkeit und Strafbarkeit gewisser Absprachepraktiken so weitermachen wie bisher, weshalb die Behauptung, der Gesetzgeber könne auf diesem Feld sowieso nichts ausrichten, im Grunde eine abwegige Beleidigung an die Adresse der deutschen Justiz ist.

2. Außerdem wird dabei übersehen, daß es ja noch einen weiteren, wenn auch gegenwärtig völlig in den Hintergrund gedrängten Beteiligten gibt, der sogar der Hauptbetroffene ist, nämlich der *Beschuldigte*, der nur aus seiner durch sein Informationsdefizit begründeten *Unmündigkeit erlöst* zu werden braucht, damit die Attraktivität der Absprachen für die Justiz mit einem Schlage zerstört wird. Denn diese hängt von der Bestandskraft der Absprachen ab, die bisher nicht rechtlich, sondern nur durch die faktische Bürgschaft des Verteidigers abgesichert ist und deshalb in dem Augenblick zwangsläufig verloren geht, da der Angeklagte seine rechtlich nicht beschränkten Möglichkeiten zur risikolosen Unterminierung des Absprachergebnisses nach Genuß des für ihn dabei herauskommenden Vorteils erfährt.

---

schen Problematik vgl. nur *Koch/Rüßmann*, Juristische Begründungslehre, 1982, S. 222 ff.; *Schünemann*, FS für Klug, 1983, S. 169 ff.

[479] Der Parlamentarische Staatssekretär beim Bundesminister der Justiz hat Ende 1989 in der Beantwortung einer parlamentarischen Anfrage erklärt, daß das BVerfGE in seinem Kammerbeschluß festgestellt habe, „daß die Grundsätze eines rechtsstaatlichen Strafverfahrens es nicht verbieten, außerhalb des Hauptverfahrens eine Verständigung herbeizuführen", sowie daß auch der BGH in seinem Urteil vom 7. 6. 1989 entsprechend entschieden habe und „eine informelle Verständigung der Verfahrensbeteiligten außerhalb der Hauptverhandlung in diesem Bereich grundsätzlich nicht ausschloß" (siehe: recht, Informationen des Bundesministers der Justiz, Nr. 6/1989, S. 100) – womit durch (absichtsvoll oder leichtfertig?) unvollständiges Zitieren aus den beiden Entscheidungen ein evident irreführender Eindruck erweckt wird und die im Schrifttum kursierenden Falschinterpretationen dieser Judikate gewissermaßen eine offiziöse Weihe erhalten. Die vergleichbare Strategie des apologetischen Schrifttums (vgl. etwa *Füllkrug*, MDR 1989, 119 f.; *Dahs*, NStZ 1988, 153, 159; *Widmaier*, StrV 1986, 357) gipfelt in der 4. Aufl. von *Dahs'* Taschenbuch (Fn. 85), wo die kritischen Stimmen der Wissenschaft einfach totgeschwiegen werden (Rdnr. 142a).

3. Der heutigen Praxis *illegaler* Absprachen kann deshalb vom Gesetzgeber sogar in besonders einfacher Weise der *Garaus* bereitet werden, nämlich durch einige wenige *klarstellende Vorschriften* zu § 136a, zum Revisions- und zum Wiederaufnahmerecht sowie durch die Einführung einer umfassenden Belehrungspflicht für den Fall eines Geständnisses, dessen Zulässigkeit als Urteilsgrundlage der Gesetzgeber ebenfalls deklaratorisch festlegen sollte. Die Formulierungen könnten folgendermaßen lauten:

§ 136a Abs. 1 S. 4:

„Hierzu zählt auch die Inaussichtstellung eines exakt oder annähernd bestimmten Strafmaßes oder einer Teileinstellung für den Fall der Ablegung eines Geständnisses."

§ 261 S. 2:

„Ein Geständnis kommt als alleinige oder hauptsächliche Urteilsgrundlage nur in Betracht, wenn es alle Merkmale der strafbaren Handlung und die relevanten Strafzumessungstatsachen kraft eigener Wahrnehmung des Angeklagten in einer jeden Zweifel ausschließenden Weise belegt und dieser gem. § 243 Abs. 4 S. 5 belehrt worden ist."

§ 243 Abs. 4 S. 5:

„Kommt die Ablegung eines Geständnisses in Betracht, so ist der Angeklagte über die Vorschriften der §§ 136a, 261 S. 2, 368 Abs. 2 S. 2 und 373 Abs. 2 zu belehren."

§ 368 Abs. 2 S. 2:

„Wird der Antrag auf den Widerruf eines Geständnisses gestützt, bei dessen Ablegung die Vorschriften des § 136a oder des § 243 Abs. 4 S. 5 nicht beachtet worden sind, so ist gem. § 370 Abs. 2 zu verfahren."

II. Die Konservierung legitimer Verständigungsformen

1. Der Gesetzgeber sollte bei dem *Kahlschlag* im Bereich der auf das Verfahrensergebnis bezogenen informellen Absprachen, den die vorstehend skizzierten Maßnahmen zweifellos bringen würden, jedoch nicht stehen bleiben, sondern auf der zweiten, aufbauenden Stufe ihren legitimen Kern, nämlich die reine verfahrensökonomische Erledigung, *konservieren.* Das zentrale Regelungsproblem besteht hier in der funktionierenden *Abgrenzung* von den auf eine echte Verdachtsstrafe hinauslaufenden Absprachen. Den Richter trägt, wie bereits bemerkt, gerade der Inertia-Effekt hierüber hinweg,[480] während der

---

[480] Daß meine frühere Auffassung, die Richter würden gerade in Anerkennung des inertia-Effektes zu den Absprachen greifen (in: Absprachen im Strafprozeß – Fn. 2 –,

Beschuldigte durch die Verlockung des enormen Strafrabatts bzw. als Kehrseite durch die Furcht vor einer sonst überaus strengen Bestrafung zu einem falschen Geständnis korrumpiert werden kann. Eine bestimmte Ausgestaltung der Richterrolle führt also in Verbindung mit einer Mißachtung des nemo-tenetur-Grundsatzes zur Möglichkeit von Verdachtsstrafen als einer *systematischen Praxis,* und diese Erkenntnis braucht man nur noch umzudrehen, um den entscheidenden evolutionären Schritt von einer *imperativischen* zu einer *prozeßstrukturellen Sicherstellung* der materiellen Wahrheitsfindung vor sich zu sehen und plötzlich alle bisher getrennten Aspekte vereinigen zu können. Der an den Richter adressierte Imperativ, das Urteil nur auf die Basis der materiellen Wahrheit zu gründen, kann überhaupt nichts leisten, wenn dieser aufgrund seines commitments an das Ergebnis des Ermittlungsverfahrens den Beschuldigten durch die Zuckerbrot-und-Peitsche-Methode der mit einem Strafrabatt als Köder arbeitenden Absprachen zu einer aus seiner Sicht die Schuldhypothese verifizierenden, in Wahrheit aber nur die Stärke der Drucksituation testierenden Selbstbelastung veranlaßt, während umgekehrt nur bei peinlicher Respektierung des nemo-tenetur-Grundsatzes sichergestellt ist, daß eine erfolgreiche Verständigung einen echten Konsens anzeigt und das mit diesem verbundene enorme Legitimationspotential auf den Plan ruft, das man dann ohne weiteres auch als Explikation des Begriffs der materiellen Wahrheit auffassen kann.[481]

2. Die *rechtstechnische* Umsetzung dieses Konzepts kann nur unter Berücksichtigung der dritten Stufe der Gesamtreform des Strafverfahrens vollkommen aufgehen, weil die notwendige Verstärkung der dem Beschuldigten und der Verteidigung in der Verständigungskommunikation zuerkannten Position, die ihre Zustimmung anders als in der bisherigen Praxis zum Signum für die materielle Wahrheit avancieren läßt, nur dann nicht in ein beliebig einsetzbares Obstruktionspotential ausufert, wenn zum Ausgleich die heute fast unbegrenzten Möglichkeiten der Verteidigung beseitigt werden, eine an sich aussichtslose Hauptverhandlung endlos in die Länge zu ziehen – was eine *Neuorganisation* der *Verteidigung* in der *Hauptverhandlung* erforderlich macht, die im Vergleich zu der heutigen Stellung auf eine Abschwächung ihrer Obstruktionsbefugnisse hinauslaufen muß und

---

S. 43), viel zu idealistisch und im Grunde naiv war, muß ich meinem Kritiker *Nestler-Tremel* (DRiZ 1988, 288, 294) aufgrund zahlreicher Diskussionen mit Tatrichtern zugestehen.
[481] Vgl. zur Legitimitätsfrage einer auf Konsens gegründeten Absprache, die hier nicht mehr vertieft werden kann, früher bereits *Schünemann,* in: Absprachen im Strafprozeß (Fn. 2), S. 24, 48; *ders.,* FS für Pfeiffer, 1988, S. 481; *ders.,* NJW 1989, 1895, 1898f.; *Lüderssen,* Die Krise des öffentlichen Strafanspruchs, 1989, S. 10ff.

deshalb wiederum – damit die Ausbalancierung der gesamten Machtverhältnisse im Strafverfahren nicht aus den Fugen gerät – eine *Stärkung* ihrer Position im *Ermittlungsverfahren* erfordert, wodurch zugleich der *Schlußstein* in den Umbau des Gesamtsystems eingefügt wird, weil ja die Legalisierung der Absprachen zu einer Zurückdrängung der Hauptverhandlung unter gleichzeitiger Verstärkung des Gewichts des Ermittlungsverfahrens führt, was eine entsprechende kompensatorische Verlagerung der gegenwärtig in der Hauptverhandlung konzentrierten Verteidigungsrechte zur Kehrseite haben muß.

Wenn diese systematische Einbindung, der sogleich auf der dritten Stufe noch etwas nachzugehen ist, in ausgewogener Weise durchgeführt wird, so kann bei der rechtstechnischen Regelung der Absprachen die Sicherstellung der materiellen Wahrheit mit einer Lösung der Verläßlichkeitsproblematik kombiniert und damit die endgültige *systematische Zusammenführung* aller divergierenden Gesichtspunkte geleistet werden, indem gegenüber der heutigen Praxis die Leistungsreihenfolge umgedreht, die *Justiz* zur *Vorleistung* gezwungen und dem Beschuldigten, um der Justiz jeden Anreiz für eine heimliche Strafmilderungslösung zu nehmen, ein *befristetes Widerrufsrecht* eingeräumt wird. Anstelle der in vielfacher Hinsicht unangemessenen, für die meisten Probleme der heutigen Praxis verantwortlichen Geständnislösung ist deshalb eine *„Strafbescheidlösung"* vorzusehen, die mit einer entscheidenden Modifikation auf eine Erweiterung des gegenwärtigen Strafbefehlsverfahrens hinausläuft[482] und wie folgt aussehen sollte: Auf Antrag der Staatsanwaltschaft (der natürlich schon vorher Gegenstand einer Verständigungskommunikation sein kann) kann das Gericht nach eingehender mündlicher *Erörterung* mit dem Beschuldigten und seinem Verteidiger einen *Strafbescheid* erlassen, der u. U. (das kann hier nicht mehr ausdiskutiert werden) nicht nach Schwere oder Höhe der darin festgesetzten Sanktion limitiert, sondern nur für den Fall eines unbedingten Interesses der Öffentlichkeit an einer Klärung des strafrechtlichen Vorwurfes in einer Hauptverhandlung ausgeschlossen sein sollte. Dieser Strafbescheid erlangt die Wirkung eines rechtskräftigen Urteils, wenn der Beschuldigte nicht binnen einer Woche Einspruch dagegen einlegt, wobei (anders als gegenwärtig beim Strafbefehl) in diesem Fall für das weitere Verfahren das *Verbot der reformatio in peius* gelten muß, es sei denn, daß gravierende neue tatsächliche Umstände hervortreten, die bei Erlaß des Strafbescheides nicht bekannt waren. In jedem Falle hat der Beschuldigte bei einer Verurteilung nach seinem Einspruch die *Verfah-*

---

[482] Mit einem gewissen Anklang an die oben erwähnte spanische Regelung (s. o. C. II.); vgl. auch *Bode*, DRiZ 1988, 283, 287 f., sowie zum Gedanken des Verschlechterungsverbots bei § 153 a *Weigend*, KrimJ 1984, 8, 29, und einer Ausweitung des Strafbefehlsverfahrens mit mündlichem Erörterungstermin *Wolter*, GA 1989, 397, 405, 416.

renskosten zu tragen, während der Strafbescheid für ihn kostenfrei ist. Hierdurch soll sichergestellt werden, daß es wirklich nur das Interesse an Vermeidung einer Hauptverhandlung ist, welches den Beschuldigten dazu bringt, den Strafbescheid rechtskräftig werden zu lassen, und nicht etwa der Köder einer sonst nicht zu erlangenden Strafmilderung; denn nur unter dieser Voraussetzung, die mit der peinlichen Respektierung des nemo-tenetur-Grundsatzes identisch ist, kann das Einverständnis des Beschuldigten als *Signum der materiellen Wahrheit* verwertet werden.

Durch die Eliminierung des Strafmilderungsköders sind zugleich die die gegenwärtige Praxis belastenden *Gleichbehandlungs*probleme gelöst. Als denkbarer Einwand bleibt dann eigentlich nur noch die Besorgnis übrig, daß jeder Beschuldigte in der dem Strafbescheid vorangehenden Absprachekommunikation die Bereitschaft zum endgültigen Einverständnis signalisieren und dann doch mit dem Verbot der reformatio in peius im Rücken Einspruch einlegen und dies wiederum bei der Justiz die Reaktion auslösen könnte, mit strengen Sanktionsfestsetzungen im Strafbescheid auf „Nummer sicher" zu gehen. Wenn die Beweislage wirklich klar ist – und nur in solchen Fällen soll das Gericht ja zum Strafbescheid greifen –, so brockt sich der Beschuldigte dadurch aber nur eine unnötige Kostenlast ein (von der persönlichen Belastung durch die Hauptverhandlung ganz abgesehen), so daß eine solche Strategie für ihn insbesondere dann perspektivenlos und dysfunktional ist, wenn – worauf sogleich zurückzukommen ist – sein Obstruktionspotential im neuen Recht der Hauptverhandlung entschieden beschnitten sein wird. Weiterhin nützt dem Richter eine übertriebene Strenge bei der Sanktionshöhe des Strafbescheides gar nichts, weil er damit ja den Einspruch und die zeitaufwendige Hauptverhandlung provoziert, während ihm umgekehrt beim Strafbescheid jeder Anreiz für einen das heutige Strafbefehlsverfahren teilweise kennzeichnenden „Strafmilderungsköder" in Gestalt einer Unterschreitung der für den Fall einer Hauptverhandlung zu erwartenden Strafhöhe abgeht, weil dieser Köder im heutigen Strafbefehlsverfahren ja nur wegen des dort fehlenden Verbots der reformatio in peius einen Sinn macht.

III. Entwicklungsrichtung der Gesamtreform

1. Um die gegenwärtig fast unbegrenzte *Obstruktionsmacht* der Verteidigung in der Hauptverhandlung, die nach dem Urteil vieler Tatrichter bei einschlägigen Diskussionsveranstaltungen sogar den *zentralen Anlaß* für die Bereitschaft der Richter zu informellen Absprachen abgeben soll, auf den Umfang eines sachlich berechtigten Mit-

wirkungsrechts zu reduzieren, wäre die Übernahme der *amerikanischen* Hauptverhandlung, so wie sie nunmehr auch der neue italienische Strafprozeß im wesentlichen durchgeführt hat, die konsequenteste (freilich auch radikalste) Lösung, und zwar einschließlich der Ersetzung des Beweisantragsrechts durch den Aufruf der präsenten Beweismittel.[483] Der Alternativ-Entwurf zur Reform der Hauptverhandlung, der in § 243 a Abs. 2 AE-StPO-HV in einer freilich mit der amerikanischen Hauptverhandlung nicht identischen Weise das *Wechselverhör* vorsieht, hat diesen inneren Zusammenhang zwischen der Beweisvorführung durch die Parteien und den präsenten Beweismitteln einerseits, der Beweiserhebung durch das Gericht und dem Beweisantragsrecht der Verteidigung andererseits freilich nicht (an-) erkannt, sondern durch Beibehaltung von § 244 Abs. 3–6 eine Kombination von beidem vorgeschlagen.[484] Aber damit wird übersehen, daß die heutige Regelung zwar in der Rollenverteilung bei der Beweiserhebung für den Angeklagten (zu) nachteilig, im Beweisantragsrecht aber (zu) weitgehend ist, so daß eine ausgewogene Neuregelung der Hauptverhandlung *beide Aspekte* berücksichtigen muß, wenn die Balance nicht nach der anderen Seite hin zerstört werden soll.[485]

2. Diese größere Verantwortung kann die Verteidigung in der Hauptverhandlung freilich nur übernehmen, wenn ihre Position im *Ermittlungsverfahren gestärkt* wird, was zugleich, wie schon bemerkt, die unerläßliche Voraussetzung für die Legalisierung hauptverhandlungserübrigender Absprachen ist. Der Verteidiger muß deshalb ein eigenes Recht erhalten, *Zeugen* vor den Ermittlungsrichter zu *laden* und unter dessen (bloßer) Aufsicht und Protokollierung selbst zu *vernehmen,* wobei dieses Recht völlig parallel zum heutigen Vernehmungsrecht des Staatsanwalts gem. § 161 a ausgestaltet sein und auch die bereits vom Staatsanwalt vernommenen Zeugen betreffen muß. Diese Rechte des Verteidigers bilden gleichzeitig eine unerläßliche Voraussetzung dafür, daß die Entscheidung des von ihm beratenen Beschuldigten, sich dem Strafbescheid zu unterwerfen, auf einer opti-

---

[483] Zur amerikanischen Beweisaufnahme vgl. *Herrmann* (Fn. 116), S. 238 f., 241 ff., 273 f., 277 ff.; 284 ff.; *LaFave/Israel* (Fn. 82), S. 875 ff.; *Perrine,* Administration of Justice, St. Paul 1980, S. 256 ff.; *Schmid* (Fn. 38), S. 74, 132. Die Behauptung von *Rieß* (FS für Schäfer, 1980, S. 155, 211), daß das amerikanische Modell bei uns nicht (mehr) ernsthaft vertreten würde, trifft nicht zu, vgl. *Herrmann,* ZStW 100 (1988), 41 ff.

[484] *Arbeitskreis AE* (Hrsg.), Alternativ-Entwurf Novelle zur Strafprozeßordnung Reform der Hauptverhandlung, 1985, S. 21 ff., 68 ff., und dazu außer *Herrmann* (Fn. 483) krit. *Rieß,* FS für Lackner, 1987, S. 965 ff.; verteidigend *Rolinski,* FS für Maihofer, 1988, S. 371 ff.

[485] Denn die negativen Auswirkungen der Aktenkenntnis werden durch das Wechselverhör nicht beseitigt, s. *Schünemann/Bandilla,* in: *Wegener/Lösel/Haisch* (Fn. 112), S. 181 ff.

malen Beurteilungsbasis ruht und deshalb eine maximale Garantie der materiellen Wahrheitsfindung bedeutet.

3. Daß die *Verteidigung* in einem solchen Prozeß in allen Verfahren *obligatorisch* ist und daß die Qualität der Pflichtverteidigung erheblich gesteigert werden muß, versteht sich bei diesen Vorschlägen von selbst, würde aber ohnehin nur die längst überfällige Beseitigung eines der schlimmsten Gebrechen des deutschen Strafverfahrens bedeuten. Klar ist auch, daß die heute bei den Absprachen übliche faktische Verdrängung des Beschuldigten aus seiner Prozeßsubjektstellung unterbunden werden muß, was mit der Rechtsfigur der *notwendigen Anwesenheit* bei der Absprachekommunikation ohne Schwierigkeiten sichergestellt werden kann.

4. Wenn die Hauptverhandlung auf diejenigen Verfahren beschränkt wird, in denen entweder eine Klärung des Tatherganges unter den Augen der Öffentlichkeit unerläßlich erscheint oder in denen vorher eine allseits akzeptierte Wahrheitsfindung nicht gelingt, während gleichzeitig der zur Verhängung von Verdachtsstrafen führende *Strafmilderungsköder eliminiert* wird, so muß über die Vorschrift des § 153a neu nachgedacht werden, weil hier gerade nach der heutigen Praxis die Benutzung dieses Köders und damit die Verhängung von Verdachtssanktionen außer Frage steht. Andererseits hat der Gesetzgeber dem durch die Beseitigung jeglichen Strafmakels Rechnung getragen, so daß vieles dafür spricht, die Unschuldsvermutung entsprechend restriktiv zu interpretieren und § 153a von ihrem Anwendungsbereich auszunehmen.[486] Mit der skizzierten Verstärkung der Verteidigungsrechte im Ermittlungsverfahren erschiene es auch vertretbar, die heute schon praktizierte Ausdehnung des § 153a auf nicht durchermittelte Fälle beizubehalten, weil der Verteidiger ja vor der Erteilung der Zustimmung durch den Beschuldigten die Entlastungsmöglichkeiten durch eigene Ermittlungen ausloten könnte. Die Hauptgefahr des § 153a sehe ich deshalb an einer ganz anderen Stelle, nämlich in einer kriminalpolitisch unerträglichen *Entkriminalisierung* im Bereich des Wirtschafts- und Umweltstrafrechts, so wie es auch die hierzu vorliegenden kriminologischen Untersuchungen für Einzelfälle bestätigt haben.[487] An dieser Stelle muß deshalb unbedingt ein *zusätzliches Kontrollinstitut* etabliert werden, sei es durch die Pflicht zur vorherigen Aktenvorlage an den Generalstaatsanwalt unter Beifügung einer Stellungnahme des Opfers, sei es durch Schaffung einer neuen Prozeßrolle des „Vertreters der überindividuellen Rechtsgü-

---

[486] Erst recht, wenn man an die Entscheidung der EKMR zur Zulässigkeit des englischen guilty plea-Systems denkt, s. o. Fn. 252.
[487] S. o. § 2 IV. 3.

ter" oder sei es durch Verlagerung der Kompetenz für die gerichtliche Zustimmung auf das nicht durch eigene Erledigungsinteressen in der Sache selbst befangene Oberlandesgericht.

5. Alle diese Fragen führen schon weit über die Neuregelung der strafprozessualen Absprachen hinaus und können deshalb hier ebensowenig weiterverfolgt werden wie die möglichen Konsequenzen für die zuständigen Spruchkörper, etwa durch eine *Inkompatibilität* zwischen dem Richter des Strafbescheids und dem Richter der Hauptverhandlung oder durch eine Preisgabe der den inertia-Effekt tragenden richterlichen Aktenkenntnis in der zukünftig von den Parteien bestimmten Beweisaufnahme. Erst recht kann das eigenständige und umfangreiche, in letzter Zeit intensiv bearbeitete Problemfeld der *Restitution* im Strafverfahren[488] trotz seiner zahlreichen Verbindungslinien zu den Absprachen hier nicht (mehr) thematisiert werden. Stattdessen will ich nur noch auf zwei ebenso naheliegende wie fehlerhafte Einwände eingehen: Während die Idee einer Demontage des *Beweisantragsrechts* der Verteidigung regelmäßig bei Tatrichtern auf Begeisterung, bei Verteidigern aber auf Entsetzen stößt,[489] verhält es sich mit der Stärkung der Verteidigungsrechte im *Ermittlungsverfahren* genau umgekehrt.[490] Die darin zum Ausdruck kommende Einstellung ist als Vorrang der Interessenverfolgung über selbstkritische Abwägung am Gemeinwohl eine Konstante unseres politischen Prozesses, unter wissenschaftlichen Aspekten aber Ausdruck eines kognitiv verbrämten Infantilismus, der nach dem Prinzip des „alles haben und nichts geben wollen" zur Regelung menschlicher Handlungssysteme prinzipiell untauglich ist. Und der nachdenklichen Frage von *Rieß*,[491] ob nicht am Ende aller Reformüberlegungen doch der gegenwärtige Prozeß als relativ beste Gesamtlösung übrigbleiben würde, muß mit Nachdruck entgegengehalten werden, daß es diesen Prozeß in der Realität ja nur noch teilweise gibt, wie durch das Absprachephänomen ad oculos demonstriert wird. Wir befinden uns deshalb gegenwärtig schon längst in der Situation der Bremer Stadtmusikanten,[492]

---

[488] Vgl. dazu aus dem stark anwachsenden Schrifttum nur *Frehsee*, Schadenswiedergutmachung als Instrument strafrechtlicher Sozialkontrolle, 1987, S. 375 ff.; *Schöch* (Hrsg.), Wiedergutmachung und Strafrecht, 1987.

[489] Vgl. nur die Stellungnahme der Vereinigung hessischer Strafverteidiger e.V. zur sogenannten „Horrorliste" der Justizverwaltungen (StrV 1982, 392, 396).

[490] Zur Forderung einer Stärkung der Stellung der Verteidigung im Ermittlungsverfahren vgl. *Dahs*, NJW 1985, 1113, 1118; *Müller*, NJW 1976, 1063, 1067; *Richter II*, NJW 1981, 1820, 1822; *Müller, Thomas, Deckers, Krekeler, Hamm* u. *Bandisch*, AnwBl. 1986, 50 ff.; *Quedenfeld*, in: Arbeitsgemeinschaft Strafrecht des DAV (Hrsg.), Der Bürger im Ermittlungsverfahren – staatliche Eingriffe und ihre Abwehr, 1988, S. 115, 134 f.

[491] FS für Lackner, 1987, S. 965, 989.

[492] Vgl. Gebrüder *Grimm*, Kinder- und Hausmärchen, 1937, S. 354: „Zieh lieber mit mir fort, sagte der Esel, etwas Besseres als den Tod findest du überall".

es ist *unvermeidlich*, daß wir uns auf den Weg zu einem neuen Haus des Strafverfahrens begeben.[493] Und wenn es der vorgegebene Umfang des Gutachtens auch nicht mehr gestattet, eine der zukünftig vielleicht tragenden Säulen dieses Hauses, nämlich das aus den Trümmern der informellen Absprachen zu bergende *Konsensprinzip*, durch eine abermalige Abstützung in der allgemeinen Theorie der menschlichen Gesellschaft Zentimeter für Zentimeter aufzurichten und in seinen Funktionen für das Gesamtgebäude der neuen StPO im einzelnen zu bestimmen, so lassen sich doch Grund und Grenzen seiner Verwirklichung im Strafprozeß, wie ich hoffe, durch die hier geworfenen Schlaglichter in einer für die pragmatische Lösung hinreichend deutlichen Form ausmachen.

---

[493] Die gleiche Einschätzung findet sich bei *Engelhard*, in: FS für Rebmann, 1989, S. 45 ff.

§ 6. Zusammenfassende Thesen

1.0. Der Schwerpunkt des Gutachtens liegt in der Beschreibung und soziologischen Analyse der Verfahrenswirklichkeit sowie in der Überprüfung der Verständigungsformen auf ihre Vereinbarkeit mit dem geltenden Recht.

1.1. Informelle Verständigungen, d.h. die Einigung der Prozeßbeteiligten über das weitere Procedere, haben sich seit Mitte der 70er Jahre in der deutschen Strafverfahrenswirklichkeit ausgebreitet, wobei die Wirtschaftsstrafverfahren, die BtM-Verfahren und die Einstellung gegen Geldbußenauflage gem. § 153a die Haupteinfallstore gebildet haben.

1.2. Verständigungen über das Verfahrensergebnis (verfahrenserledigende Absprachen) kommen heute in ungefähr 20–30% aller Strafverfahren vor, und zwar grundsätzlich im gesamten Bundesgebiet und bei allen Deliktstypen, aber mit besonderer Häufigkeit bei Wirtschafts-, bei Massen- und Bagatelldelikten und seltener bei Gewaltdelikten und Richtern/Staatsanwälten über 50 Jahren.

1.3. Eine Verfahrenseinstellung gegen Geldbußenauflage findet in zweifacher Weise außerhalb des Anwendungsbereiches des § 153a statt, nämlich auch in Fällen nicht geringer Schuld und auch vor Durchermittlung des Sachverhalts, d.h. vor Begründung eines hinreichenden Tatverdachts.

1.4. Sowohl bei der Urteilsabsprache als auch bei der Absprache einer Einstellung gegen Geldauflage sind funktional 2 Typen zu unterscheiden, nämlich die Absprache einer verfahrensökonomischen Erledigung auf der Basis des erreichten Verfahrensstandes (bei einem Urteil bei praktischer Gewißheit, bei der Einstellung bei hinreichendem Tatverdacht) und die Absprache einer echten Verdachtsstrafe (bei einem Urteil trotz unklarer Beweis- oder Rechtslage) bzw. einer echten Verdachtssanktion (bei einer Geldauflage ohne hinreichenden Tatverdacht).

1.5. In der Verfahrenswirklichkeit kommen beide Verständigungstypen im Rahmen des o. 1.2. geschätzten Gesamtaufkommens vor, wobei der zweite Typ zum Zeitpunkt des Urteils (nicht zum Zeitpunkt der Verständigungskommunikation) in den ersten Typ einmündet, wenn es aufgrund der Absprache zu einem die Aufklärungspflicht restlos erfüllenden sog. qualifizierten Geständnis kommt, nicht aber bei dem in der Praxis ebenfalls verbreiteten sog. schlanken Geständnis.

1.6. Vom Gegenstand her sind Verständigungen über das Verfahrensergebnis (mit den Untergruppen der Urteils-, Einstellungs- und Strafbefehlsabsprachen), über Zwangsmittel, über die Beweisaufnahme und über den technischen Verfahrensablauf zu unterscheiden, von der „Leistung" des Beschuldigten her über Geständnisablegung, Verzicht auf Beweisanträge, Wiedergutmachung, Verzicht auf Entschädigung, Kostenübernahme und Belastung eines Mitbeschuldigten sowie Nichteinlegung von Rechtsmitteln, von der „Leistung" der Justiz her vor allem über Strafmilderung und (Teil-)Einstellung sowie Aufhebung von Zwangsmitteln.

2.1. Der Sachzwang zur Herausbildung der informellen Absprachen bestand für die Justiz in der in den 70er Jahren durch steigende Verfahrensflut und -dauer exponentiell wachsenden Geschäftsbelastung, die durch die lineare Vermehrung der Richter- und Staatsanwaltstellen nicht aufgefangen werden konnte.

2.2. Für die 80er Jahre ist eine Stagnation der Geschäftsbelastung festzustellen, die allerdings teilweise auf einem weiteren Ausbau der summarischen Erledigungsformen und damit auch der Absprachen beruht.

2.3. Für die Justiz als Organisation wie für die einzelnen Angehörigen des Justizstabes bieten die strafprozessualen Absprachen einen output-bezogenen Nutzen durch Steigerung der Erledigungsfrequenz und -quote sowie einen tätigkeitsbezogenen Nutzen durch äußere, innere und kontrollebezogene Arbeitserleichterung; diesem für Richter und Staatsanwälte insgesamt parallelen, massiven, multiplen und evidenten Nutzen stehen keine ins Gewicht fallenden Nachteile gegenüber.

2.4. Der Nutzen für den Beschuldigten besteht in der Vermeidung oder Abkürzung der Hauptverhandlung sowie unter Umständen in der Abmilderung der Sanktion, die aber in Deutschland weitaus weniger klar bestimmbar ist als im plea-bargaining-System der USA und keinesfalls als quasi automatischer Nutzen einer Absprache eintritt.

2.5. Diesem z.T. ungewissen Nutzen steht als Nachteil für den Beschuldigten gegenüber, daß er in der Regel das Realisierungsrisiko der informellen Verständigung trägt, daß allein schon die Aufnahme einer Absprachekommunikation seine Freispruchschancen verschlechtert und daß er mangels Beteiligung an der Absprachekommunikation und infolge eines erheblichen Defizits der darüber vom Verteidiger normalerweise erhaltenen Information zu einer rationalen Entscheidungsfindung kaum in der Lage ist, was zumindest bei der Absprache einer echten

Verdachtsstrafe die Möglichkeit eines negativen Nutzen-Kosten-Saldos offenläßt.

2.6. Im Gegensatz zum Beschuldigten und ähnlich wie bei der Justiz sind die Absprachen für den Verteidiger ausschließlich vorteilhaft, nämlich durch einen ökonomischen Nutzen wie auch durch die Erleichterung der Berufstätigkeit. Die lückenhafte Information des Beschuldigten durch den Verteidiger über den Inhalt der Absprachekommunikation und die vom Verteidiger üblicherweise übernommene faktische Bürgschaft für die Bestandskraft der Absprache lassen es plausibel erscheinen, daß sich die Verteidiger bei den Absprachen zumindest nicht ausschließlich von der Maximierung des Nutzens für den Beschuldigten leiten lassen.

2.7. Bei einer spieltheoretischen Analyse erweisen sich die informellen Verständigungen als ein außerordentlich komplexes Verhandlungsspiel, bei dem der Machtfaktor die entscheidende Rolle spielt, was in der Regel zugunsten des Standpunkts der Justiz zu Buche schlägt.

2.8. Bei einer konfliktsoziologischen Analyse, für die das in der StPO geregelte Strafverfahren dem Idealtyp der Entscheidung eines Wertkonflikts durch einen unbeteiligten Dritten in der sog. Triade entspricht, stellen sich die informellen Absprachen über eine verfahrensökonomische Erledigung als die sachlogisch angemessene Liquidierung eines nur noch fingierten Konflikts, die Absprachen über echte Verdachtssanktionen dagegen als die Re-Transformation des Wertkonflikts in einen Interessenkonflikt dar, in dessen sog. Dyade Richter und Staatsanwalt dem Angeklagten in normativer Allianz gegenüberstehen und der Richter seine unparteiische Stellung einbüßt.

2.9. Vor dem Hintergrund der allgemeinen Krise der regulativen Staatstätigkeit können die strafprozessualen Absprachen zwar als ein Sonderfall des informalen Verwaltungshandelns begriffen werden. Im Unterschied dazu fehlt es ihnen aber sowohl an der organisationssoziologischen Notwendigkeit als auch an der Systemfunktionalität und an der Akzeptanz durch die Allgemeinheit.

2.10. Die in der Unregierbarkeitsdebatte entwickelte Forderung nach Deregulierung stützt die Absprachen nur scheinbar, weil es bei ihnen nicht um Aufgabe des staatlichen Zwangsmodells, sondern nur um die Preisgabe seiner rechtsstaatlichen Fesseln und Kautelen geht.

2.11. Die strafprozessualen Absprachen können auch nicht durch die soziologische Theorie der autopoietischen Systeme legitimiert werden, weil es bei ihnen in Wahrheit nicht um eine regulierte

Autonomie, sondern um bargaining in the shadow of the law geht, bei dem das Drohpotential der rechtlichen Sanktion unverändert erhalten bleibt („hagiographische Mimikry").

3.1. Die Untersuchung der informellen Absprachen auf ihre Vereinbarkeit mit dem geltenden Recht hat mit einer Untersuchung der zulässigen prozessualen Handlungsformen zu beginnen, die im Strafprozeß anders als im Zivilprozeß grundsätzlich keine Prozeßverträge umfassen, weil der Prozeßgegenstand und der Prozeßstoff nicht zur Disposition der Prozeßbeteiligten stehen und weil die in der StPO geregelten Fälle des Einverständnisses durch die vier Prinzipien des Entscheidungszwanges des Gerichts sowie der Einseitigkeit, des Verfügungscharakters und der Koppelungslosigkeit der Erklärung limitiert sind. Eine Ausnahme gilt nur für den in verschiedenen Ausprägungen in der StPO anerkannten Ahndungsanspruch des Verletzten sowie für den staatlichen Strafanspruch im Rahmen des Opportunitätsprinzips, soweit hier eine vorzeitige Ermessensausübung nach dem Sinn der betreffenden Ermessensnorm gestattet ist.

3.2. In dem gleichen Maße, wie den Strafverfolgungsbehörden hiernach rechtlich bindende Zusagen verboten sind, liegt auch die Verabredung eines gentlemen's agreement außerhalb ihrer Kompetenz, und das gleiche gilt auch für ein abgestimmtes Verhalten im Sinne einer stabilen Absichtserklärung, die letztlich nur ein Sonderfall des gentlemen's agreement ist.

3.3 Weil das gentlemen's agreement in der Praxis den Regelfall der informellen Absprachen bildet und wegen der hier geltenden Regeln der Austauschgerechtigkeit auch bilden muß, ist der Großteil der heute üblichen Absprachen schon auf der handlungssystematischen Ebene mit der StPO nicht zu vereinbaren, woran durch die Benutzung verhüllender Redewendungen sei es in der Praxis, sei es in der wissenschaftlichen Diskussion nichts geändert werden kann.

3.4. Wo Prozeßverträge außerhalb der Dispositionsbefugnisse des Verletzten und der Justiz im Rahmen des Opportunitätsprinzips unzulässig sind, bleibt also nur Raum für labile Absichtserklärungen, die einen Sonderfall des gerichtlichen Hinweises bilden und unter dem doppelten Vorbehalt einer „Prägnanzbremse" und der „Gleichbehandlung" stehen: Weder kann aufgrund der Antizipation des in allen Details gar nicht erkennbaren Geständnisses ein numerisch bestimmtes Strafmaß in Aussicht gestellt werden, noch darf die Erteilung des Hinweises im freien Belieben des Gerichts stehen.

3.5. Die nicht zur Disposition der Beteiligten stehende gerichtliche Aufklärungspflicht wird durch ein abgesprochenes Geständnis nur erfüllt, wenn dieses sämtliche subsumtionsrelevanten Tatsachen einschließlich des Strafzumessungssachverhalts anschaulich, erschöpfend und intrasystematisch überprüfbar darlegt und beweist („qualifiziertes Geständnis"), nicht aber durch ein lediglich die Aktenlage als richtig anerkennendes oder gar noch ihr gegenüber eingeschränktes „schlankes Geständnis". Bei vielen Tatbeständen wie etwa dem Betrug ist ein qualifiziertes Geständnis aus eigenem Wissen des Beschuldigten gar nicht möglich. Die bloße Wahrscheinlichkeit des vom Beschuldigten eingeräumten Tatherganges genügt demgegenüber nur dann, wenn die Entscheidung lediglich hinreichenden Tatverdacht voraussetzt wie die Einstellung nach § 153a oder der Strafbefehl.

3.6. Absprachekommunikationen, die die Ablegung eines Geständnisses und nicht nur prozessuale Fragen wie die Abstandnahme von einem Beweisantrag betreffen, müssen kraft des Mündlichkeits- und Unmittelbarkeitsgrundsatzes in der Hauptverhandlung durchgeführt werden, weil die Beurteilung von Wahrheit und Strafzumessungsrelevanz des Geständnisses hiervon abhängt und die Kommunikation deshalb zum „Inbegriff der Hauptverhandlung" gehört.

3.7. Das gleiche gilt für die Anforderungen des Öffentlichkeitsgrundsatzes, dem durch eine bloß nachträgliche Offenlegung der Absprache nicht genügt wird.

3.8. Das gleiche gilt schließlich auch für die auf den Inbegriff der Hauptverhandlung bezogenen Anwesenheitspflichten der Prozeßbeteiligten, wogegen namentlich der übliche Ausschluß der Schöffen und des Angeklagten von der Absprachekommunikation verstößt.

3.9. Entgegen verbreiteter Auffassung sind die Absprachen dagegen mit dem Legalitätsprinzip in derjenigen Form, die es heute in §§ 152ff. gefunden hat, in der Regel zu vereinbaren, weil sie auf dem Bestreben der Justiz beruhen, das kompossible Maximum an Sanktionierungsoutput aufrechtzuerhalten, so daß sie insgesamt durch eine umfassende Rechtsanalogie zu § 154 Abs. 1 Nr. 2 gedeckt sind.

3.10. Die Verurteilung aufgrund eines abgesprochenen nichtqualifizierten Geständnisses verletzt die Unschuldsvermutung, ebenso wie eine ohne hinreichenden Tatverdacht auferlegte Geldzahlung gem. § 153a.

3.11. Daneben wird die Unschuldsvermutung auch durch die richterliche Initiierung einer auf Geständnisablegung gerichteten Absprachekommunikation verletzt, sofern diese vor der Schuldspruchreife, d.h. vor der nach Erschöpfung der Aufklärungspflicht gewonnenen richterlichen Überzeugung von der Schuld des Angeklagten erfolgt.

3.12. Für die Prüfung der Vereinbarkeit der Absprachen mit der für sie zentralen Norm des § 136a ist als „Versprechen" jede (auch die labile) Absichtserklärung, als „gesetzlich nicht vorgesehener Vorteil" jede Besserstellung anzusehen, die nicht (1.) in den Kompetenz- bzw. Ermessensbereich des betreffenden Strafverfolgungsorgans fällt, (2.) als eine Folge der Aussage gesetzlich vorgesehen ist und (3.) bei einer teleologischen Interpretation der betreffenden Norm auch als deren spezifische Folge nach Art und Ausmaß antizipiert werden darf (sog. dreifache Konnexität).

3.13. Um das Versprechen gesetzlich vorgesehener Vorteile handelt es sich hiernach bei den speziellen Privilegierungsvorschriften der §§ 153e Abs. 1 Satz 2, 154c StPO, 37 BtMG und Art. 4 Artikelgesetz, wo deshalb auch formelle Zusagen im Sinne eines Prozeßvertrages zulässig und geboten sind.

3.14. Die weitverbreitete Absprache „Teileinstellung gegen Teilgeständnis" genügt dagegen den Konnexitätsanforderungen nicht und verletzt deshalb § 136a.

3.15. Das gleiche gilt für die weitverbreitete Absprache „Strafmilderung gegen Geständnis", weil erstens ein ausgehandeltes Geständnis kein materiellrechtlich tauglicher Strafmilderungsgrund ist und weil zweitens die Konnexitätsanforderungen nicht gewahrt sind, da das Tauschangebot gegen den nemotenetur-Grundsatz verstößt und ein wirklich relevantes Geständnis nicht in sämtlichen Details mit der Folge eines numerisch exakten Strafmaßes antizipiert werden könnte.

3.16. Während bei der vorstehend skizzierten, methodisch zutreffenden Auslegung des § 136a für die Anwendung des allgemeinen Prinzips des fair trial weder Raum noch Bedürfnis besteht, müßte man bei einer restriktiveren Auslegung des § 136a zu dem Ergebnis kommen, daß der Absprachetyp „Geständnis gegen labile Absichtserklärung bezgl. einer milden Strafe" den Anspruch des Angeklagten auf ein faires Verfahren verletzt, weil diese Verfahrensgestaltung einseitig die Justiz begünstigt und es an jeder Ausbalancierung der Prozeßposition des Angeklagten fehlt.

3.17. Durch die Initiierung einer auf Geständnisablegung gerichteten Absprache vor Schuldspruchreife begründet der Richter auch die Besorgnis der Befangenheit.

3.18. Eine Heilung des in einer unzulässigen Absprache liegenden Verfahrensfehlers durch Einwilligung, Verzicht oder Verwirkung scheitert an der fehlenden Dispositionsbefugnis des Angeklagten über die dadurch verletzten Rechtsprinzipien, und eine Rechtfertigung durch Gewohnheitsrecht kommt sowohl aus verfassungsrechtlichen Gründen wie auch wegen der bisher fehlenden longa consuetudo und opinio necessitatis nicht in Betracht.

3.19. Prozeßordnungsgemäße Zusicherungen etwa bei den speziellen Privilegierungen (oben 3.13.) begründen für eine dagegen verstoßende Prozeßführung ein Verfahrenshindernis bzw. – soweit es um ein Tätigwerden geht – sind gem. § 23 EGGVG durchsetzbar.

3.20. Rechtsfolge einer prozeßordnungsgemäßen labilen Absichtserklärung ist die Notwendigkeit eines Hinweises, wenn das Gericht seine Absicht ändert.

3.21. Prozeßordungswidrige Absprachen erzeugen keinen rechtlich begründeten Vertrauensschutz, verpflichten aber das Gericht zur Heilung des durch sie begangenen Verfahrensfehlers zu ihrem offenen Widerruf, so daß das Vertrauen des Angeklagten für die Kausalität des in der Absprache liegenden Verfahrensfehlers für das Urteil relevant bleibt.

3.22. Unzulässige Absprachen ergeben eine ganze Anzahl von Revisionsgründen, nämlich die absoluten Revisionsgründe des § 338 Nr. 1, 5 und 6 sowie ggf. Nr. 3, ferner eine Anzahl von relativen Revisionsgründen wie vor allem der Verletzung des § 244 Abs. 2, des § 136a, des Anspruchs auf ein faires Verfahren und der Unschuldsvermutung (Art. 6 Abs. 2 MRK).

3.23. Wenn die Verurteilung auf einem schlanken Geständnis oder aber auf einem gegen § 136a verstoßenden qualifizierten Geständnis beruht, so ist die Wiederaufnahme des Verfahrens gem. § 359 Nr. 5 zulässig und begründet. Daneben kommt auch die Wiederaufnahme wegen Amtspflichtverletzung gem. § 359 Nr. 3 bzw. § 362 Nr. 3 in Betracht, wenn die Absprachen einem Straftatbestand unterfallen.

3.24. Für die Erfüllung des Rechtsbeugungstatbestandes genügt nach ständiger Rechtsprechung die Verletzung der Aufklärungspflicht oder die Verkürzung des staatlichen Strafanspruches. Das sich hiernach bei unzulässigen Absprachen ergebende Strafbarkeitsrisiko ist beträchtlich, weil die verbleibenden Korrektive sowohl im objektiven als auch im subjektiven Tatbestand in methodologischer Hinsicht problematisch sind. Die Tatbestände der Strafvereitelung im Amt und der Verfolgung Unschuldiger folgen ebenfalls diesen Grundsätzen.

3.25. Während es bei der Strafbarkeit wegen Nötigung auf den Einzelfall ankommt, wirft die Strafbarkeit des Verteidigers oder des Angeklagten wegen einer Beteiligung an der Rechtsbeugung

oder Strafvereitelung schwierige dogmatische Fragen der notwendigen Teilnahme auf, die bis heute kaum geklärt sind.
3.26. Für den Verteidiger kommt eine Strafbarkeit wegen Parteiverrats in Betracht, wenn er seinen Mandanten über die prozessualen Möglichkeiten, das absprachegemäße Ergebnis anzugreifen, nicht unterrichtet. Unter Umständen kann auch in der Absprachekommunikation eine Verletzung von Privatgeheimnissen seines Mandanten liegen.
4.1. Weil die heutige Verfahrenswirklichkeit der informellen Absprachen in vielfacher Weise das geltende Recht verletzt, das Kontrollpotential der Revisionsrechtsprechung durch die üblichen Rechtsmittelverzichtsabreden paralysiert ist und die Mißachtung der Gesetze ausgerechnet innerhalb der für die Normtreue der Bevölkerung fundamentalen Strafrechtspflege zu einem irreversiblen Legitimationsverlust zu führen droht, kann kein Zweifel an der Notwendigkeit eines sofortigen Einschreitens des Gesetzgebers bestehen, welches in 2 Phasen (eines Minimalprogrammes zur Behebung der gröbsten Anstößigkeiten der gegenwärtigen Praxis und danach der Ausarbeitung des Prozeßmodells der Zukunft) und hierbei jeweils in drei Schritten zu erfolgen hat, indem der verfassungsrechtliche Bewegungsspielraum ermittelt, die wünschenswerte Verfahrensform definiert und sodann die zu ihrer Durchsetzung geeigneten und eine erneute Mißachtung in der Praxis ausschließenden gesetzestechnischen Mittel herausgearbeitet werden.
4.2. Von den verfassungsrechtlichen Vorgaben her ist zunächst die verfahrensökonomische Erledigung, nicht aber die Verhängung von echten Verdachtsstrafen mit dem modernen Gehalt des Legalitätsprinzips zu vereinbaren, das auf Gleichbehandlung und ein kompossibles Maximum an Sanktionierungs-output gerichtet ist und in § 154 Abs. 1 Nr. 2 modellhaft Ausdruck gefunden hat. Ganz entsprechend verletzt die Verhängung einer echten Verdachtsstrafe den Grundsatz der materiellen Wahrheit, während eine verfahrensökonomische Erledigung damit zu vereinbaren ist, wenn sich anstelle der Hauptverhandlungs-Garantie, die wegen der inquisitorischen Struktur der deutschen Hauptverhandlung mit dem daraus folgenden inertia-Effekt eines durch die Aktenkenntnis von der Marschroute der Staatsanwaltschaft geprägten und auch bei der Strafzumessung in Interaktion mit dem Staatsanwalt stehenden Richters ohnehin nicht überschätzt werden darf, eine ebenso wirksame Wahrheitsfindungs-Garantie als Korrelat finden läßt.
4.3. Alle übrigen verfassungsrechtlichen Anforderungen können durch eine entsprechende gesetzliche Ausgestaltung der Ab-

sprachen ohne Probleme erfüllt werden, mit Ausnahme des Grundsatzes „nemo tenetur se ipsum accusare" und des Gleichbehandlungsgrundsatzes, die bei einer nach Willkür des Richters einzuräumenden Strafmilderung für ein Geständnis verletzt würden.

4.4. Das Beispiel des amerikanischen plea-bargaining-Systems bietet sich unter keinen Umständen für eine Übernahme in Deutschland an, sondern zeigt gerade im Gegenteil, zu welchen rechtsstaatlich nicht erträglichen Konsequenzen die weitere Fortsetzung der in den letzten 15 Jahren in Deutschland etablierten informellen Absprachen führen würde, wobei der Wert des amerikanischen Beispiels gerade darin liegt, daß die in Deutschland durch Sekretierung und sprachliche Euphemismen vernebelten Zusammenhänge in den USA deutlich zu beobachten und von der amerikanischen Prozeßrechtswissenschaft auch in allen Einzelheiten analysiert sind. Beherzigenswert bleibt danach allein das Modell der Verfügungserklärung, das dem Geständnis-Modell der deutschen informellen Absprachen eindeutig überlegen ist.

4.5. Der Versuch der spanischen Strafprozeßordnung, die Möglichkeit eines Schuldanerkenntnisses im Rahmen eines Inquisitionsverfahrens vorzusehen, verdient für die deutsche Reform insoweit Aufmerksamkeit, als dadurch die Erweiterung des Strafbefehlsverfahrens als entscheidender Prüfstein herausgestellt wird.

4.6. Das Institut der „Anwendung der Strafe auf Antrag der Parteien" in der neuen italienischen Strafprozeßordnung läßt dagegen zu viele Fragen offen, als daß es als Modell für die deutsche Reform empfohlen werden könnte.

4.7. Das Schicksal des Alternativentwurfs eines Strafverfahrens mit nichtöffentlicher Hauptverhandlung auf dem 54. Deutschen Juristentag 1982 könnte zum Menetekel für den 58. DJT werden, falls dieser nicht von einer größeren Aufrichtigkeit gegenüber der Verfahrenswirklichkeit geprägt sein und von einer prästabilierten Mehrheit der mit eigenen Interessen involvierten professionellen Akteure des Strafverfahrens verschont bleiben wird.

4.8. Die als allererstes gebotene Wiederherstellung des Gesetzesgehorsams in der deutschen Strafrechtspflege kann dadurch auf verhältnismäßig einfache Weise sichergestellt werden, daß die Attraktivität der illegalen Absprachen für die Justiz durch einige gesetzliche Klarstellungen beseitigt und die Aufklärung des Beschuldigten über seine Rechtsposition garantiert wird, indem § 136 a ausdrücklich auf die Inaussichtstellung einer Strafmilderung oder Teileinstellung für den Fall eines Geständnisses erweitert, in § 261 der Mindestinhalt eines qualifizierten Geständnisses definiert, in § 243 Abs. 4 eine umfassende Belehrung des Angeklagten hierüber und in § 368 die Zulässigkeit und Begründetheit einer Wiederaufnahme des Verfahrens für den Fall einer Mißachtung dieser Vorschriften klargestellt wird.

4.9. Als nächsten Schritt sollte der Gesetzgeber die Absprache einer verfahrensökonomischen Erledigung legalisieren, weil hierin der bewahrenswerte Kern der Praxis-Innovation liegt. Der notwendige Ausschluß jeder Mißbrauchsmöglichkeit zur Vereinbarung von Verdachtsstrafen kann nicht durch ein „imperativisches Modell", das von den sich einig wissenden Prozeßbeteiligten beliebig mißachtet werden könnte, sondern nur durch eine neue Ausbalancierung der Machtverhältnisse sichergestellt werden, indem die heutige Vorleistungs-Reihenfolge umgedreht und dem Beschuldigten ein befristetes Widerrufsrecht gewährt wird. Rechtstechnisch muß dies durch die Einrichtung eines „Strafbescheidsverfahrens" erfolgen, welches sich vom heutigen Strafbefehlsverfahren dadurch unterscheidet, daß es einerseits nach einer obligatorischen mündlichen Erörterung nicht auf eine Geldstrafe oder ähnlich geringfügige Sanktionen beschränkt, andererseits aber durch das Verbot der reformatio in peius ausbalanciert ist, sofern nicht in der Hauptverhandlung gravierende neue tatsächliche Umstände hervortreten. Hierdurch sowie durch eine Beschränkung der Kostentragungspflicht des Angeklagten auf die nach Einspruch gegen einen Strafbescheid erfolgende Verurteilung würde für alle Beteiligte im Regelfall garantiert, daß sie den Strafbescheid nur für eine verfahrensökonomische Erledigung und nicht als Deckmantel für die Verhängung einer Verdachtsstrafe benutzen, da der Versuch einer Übertölpelung des Partners dann für keinen Beteiligten mehr attraktiv wäre.

4.10. Damit das Ermittlungsverfahren vor dem Strafbescheid genügende Garantien für die Auffindung der materiellen Wahrheit enthält, müßte die Stellung des Verteidigers hier gestärkt und ihm beispielsweise ein eigenes Vernehmungsrecht (unter der Aufsicht lediglich des Ermittlungsrichters) eingeräumt werden, was andererseits – um die Machtbalance nicht plötzlich zugunsten der Verteidigung zu zerstören – eine Umgestaltung der Hauptverhandlung nach amerikanischem Muster nahelegt, indem der Verteidiger hier anstelle des für alle möglichen Mißbräuche geeigneten Beweisantragsrechts der StPO (nur noch) das Beweisvorführungsrecht erhält, das infolge der Installierung des eigenen Vernehmungsrechts hinreichend effizient sein wird.

4.11. Diese dem Funktionsverlust der Hauptverhandlung angemessen Rechnung tragende Neukonzeption kann dann auch die heutige Praxis des § 153a in sich aufnehmen, wobei ein zusätzliches Kontrollinstrument nicht zum Schutze des Beschuldigten, sondern zur Absicherung des staatlichen Strafanspruches eingebaut werden muß, etwa durch eine Stärkung des Mitspracherechts des Verletzten und die Schaffung einer neuen Prozeßrolle des „Vertreters der überindividuellen Rechtsgüter".

Gutachten C
zum 58. Deutschen Juristentag
München 1990

VERHANDLUNGEN DES ACHTUNDFÜNFZIGSTEN DEUTSCHEN JURISTENTAGES

München 1990

Herausgegeben von der
STÄNDIGEN DEPUTATION
DES DEUTSCHEN JURISTENTAGES

BAND I
(Gutachten)
Teil C

C. H. BECK'SCHE VERLAGSBUCHHANDLUNG
MÜNCHEN 1990

Welche gesetzlichen Regelungen empfehlen sich für das Recht der rechtsberatenden Berufe, insbesondere im Hinblick auf die Entwicklung in der Europäischen Gemeinschaft?

GUTACHTEN C
für den 58. Deutschen Juristentag

erstattet von
Professor DR. ULRICH EVERLING
Bonn

C.H.BECK'SCHE VERLAGSBUCHHANDLUNG
MÜNCHEN 1990

ISBN 3 406 34629 4

© 1990 C. H. Beck'sche Verlagsbuchhandlung (Oscar Beck), München
Printed in Germany
Satz und Druck: C. H. Beck'sche Buchdruckerei, Nördlingen

Inhaltsverzeichnis

Einleitung: Gegenstand des Gutachtens .... C 7

I. Zur gegenwärtigen Entwicklung des anwaltlichen Berufs- und Standesrechts .... C 10
   1. Wurzeln des geltenden Berufs- und Standesrechts der Rechtsanwälte .... C 10
   2. Zur gegenwärtigen Diskussion in der Bundesrepublik .. C 13
   3. Anwendung des EG-Rechts auf die Rechtsanwälte ..... C 15
   4. Grundlagen der Regelungen des EG-Rechts für die Rechtsanwälte .... C 18

II. Dienstleistungen der Rechtsanwälte in der Gemeinschaft .. C 21
   1. Grundsätze der Rechtsprechung des Gerichtshofs ..... C 21
   2. Rechtsprechung zur Dienstleistungs-Richtlinie .... C 23
   3. Folgerungen aus der Rechtsprechung .... C 26
   4. Abgrenzung zwischen Dienstleistungen und Niederlassungsrecht .... C 31

III. Niederlassungsrecht der Rechtsanwälte in der Gemeinschaft .... C 35
   1. Grundsätze der Rechtsprechung des Gerichtshofs ..... C 35
   2. Neuere Entwicklung der Rechtsprechung .... C 38
   3. Folgerungen aus der Rechtsprechung .... C 41
   4. Gegenseitige Anerkennung der Diplome .... C 48

IV. Bedeutung der europäischen Entwicklung für das anwaltliche Berufs- und Standesrecht .... C 52
   1. Auswirkungen des EG-Rechts auf das Berufs- und Standesrecht .... C 52
   2. Probleme der Inländerdiskriminierung .... C 56
   3. Berufspolitische Folgerungen aus der europäischen Entwicklung .... C 60
   4. Folgerungen für Einzelprobleme .... C 63

Anhang: Rechtsvergleichende Hinweise auf das Recht anderer Mitgliedstaaten .... C 69
1. Frankreich .... C 69

2. Italien .... C 75
3. Belgien .... C 79
4. Niederlande .... C 82
5. England und Wales .... C 86
6. Zusammenfassende Würdigung .... C 91

Thesen .... C 95

Einleitung: Gegenstand des Gutachtens

Als sich der 7. Deutsche Juristentag 1869 mit der Neuregelung des Anwaltsrechts befaßte,[1] ging es um die Freiheit der Advokatur als Grundlage für die Anpassung der Rechtspflege an die Anforderungen der konstitutionellen Monarchie und die Entwicklung der modernen Gesellschaft, so wie es *Rudolf Gneist* in seiner berühmten, gleichnamigen Schrift gefordert hatte.[2] Es ging ferner um die Beseitigung der Rechtszersplitterung in Deutschland, das gerade im Norddeutschen Bund und alsbald im Deutschen Reich zu seiner staatlichen Einheit fand. Wenn sich der Deutsche Juristentag wiederum, 130 Jahre später auf seiner 58. Tagung, mit dem Recht der rechtsberatenden Berufe befaßt, so geschieht das mit ähnlicher Fragestellung. Auch diesmal wird der Ruf nach der freien Advokatur erhoben, um das Berufsrecht an die Anforderungen der gegenwärtigen Verfassung anzupassen und den Entwicklungen der modernen Industriegesellschaft gerecht zu werden.[3] Auch diesmal sind die Probleme zu lösen, die sich aus den unterschiedlichen Berufsregelungen in einem größeren Zusammenschluß von Staaten ergeben, der in der Europäischen Gemeinschaft zwar noch nicht zu staatlicher Form, aber doch zu zunehmend wirtschaftlicher und in gewissem Umfange auch politischer Einheit gefunden hat.

Die öffentliche Diskussion darüber konzentriert sich vor allem auf das Berufsrecht der Rechtsanwälte, bei denen sich diese Probleme allein schon wegen des sprunghaften Anwachsens der Zahl der Berufsangehörigen, aber auch wegen der Beschlüsse des Bundesverfassungsgerichts zu den Standesrichtlinien[4] besonders nachdrücklich stellen. Bei den Steuerberatern, Patentanwälten und Notaren beste-

---

[1] Die Beschlüsse sind abgedruckt in der Begründung zum Entwurf der Rechtsanwaltsordnung, Drucksachen des Dt. Reichstags, 3. Leg. Periode, II. Session 1878, Nr. 5.
[2] *R. Gneist*, Freie Advocatur. Die erste Forderung aller Justizreform zu Preußen, Berlin 1967.
[3] Vgl. *F.-J. Friese*, Die freie Advokatur in Deutschland im Lichte des Grundgesetzes und des EWG-Vertrages, AnwBl. 1987, 3; *K. Redeker*, Freiheit der Advokatur – heute, NJW 1987, 2610. Aus der lebhaften Diskussion darüber, die sich z.B. in fast jedem Heft des Anwaltsblattes niederschlägt, können im folgenden nur Beispiele gebracht werden.
[4] Beschlüsse vom 14. 7. 1987, BVerfGE 76, 171, 196.

hen jeweils gesonderte Verhältnisse, so daß die Frage nach dem Selbstverständnis und den Zukunftschancen der Berufsangehörigen nicht in gleicher Weise diskutiert wird.

Das Gutachten wird sich deshalb trotz des weitergefaßten Themas auf die bei den Rechtsanwälten bestehenden Probleme beschränken und die anderen rechtsberatenden Berufe nur einbeziehen, soweit es der Zusammenhang erfordert.

Besondere Unsicherheit besteht bei den gegenwärtigen Auseinandersetzungen über die Auswirkungen der zunehmenden Internationalisierung und insbesondere der europäischen Entwicklung in der Perspektive des Binnenmarktes 1992. Vor allem seit dem Urteil des Gerichtshofs der Europäischen Gemeinschaften vom 23. Februar 1988 zur Dienstleistungsfreiheit der Rechtsanwälte[5] werden die unterschiedlichsten Meinungen dazu geäußert, welche Forderungen das Europäische Gemeinschaftsrecht an das nationale Berufsrecht stellt und wie sich der nationale Gesetzgeber im Rahmen einer etwa fortbestehenden Gestaltungsfreiheit auf die neuen Herausforderungen einstellen sollte.

Die zuständigen Gremien des Juristentages haben durch die Formulierung des Themas hervorgehoben, daß es ihnen vordringlich gerade um die Klärung dieser Fragen geht. Sie haben dem Gutachter die Freiheit eingeräumt, sich entsprechend seiner beruflichen Erfahrung auf sie zu beschränken. Die verfassungsrechtlichen Probleme und die berufspolitischen Fragen sind vielfach behandelt worden,[6] so daß auf ihre gutachtliche Vorbereitung weitgehend verzichtet werden kann. Sie werden deshalb nur einbezogen, soweit es wegen des Zusammenhanges angebracht ist. Im übrigen aber werden sie in den Referaten behandelt.

Für die Erörterungen des deutschen Berufs- und Standesrechts der Anwälte sind die Regelungen der anderen Mitgliedstaaten und die dort diskutierten Reformen von besonderem Interesse. Sie lassen Tendenzen erkennen, die die anderen Mitgliedstaaten und die Kommission bei künftigen Gemeinschaftsinitiativen verfolgen werden. Sie geben auch Hinweise auf das Vorverständnis, mit dem die Richter des Gerichtshofs an weitere Verfahren herangehen. Außerdem können die Erfahrungen anderer Staaten wertvolle Anregungen für eigene Überlegungen geben.

Rechtsvergleichung ist deshalb unerläßlich, um die künftige Entwicklung in der Gemeinschaft abzuschätzen und die rechtspolitische

---

[5] Urteil vom 23. 2. 1988, Rs 427/85, *Kommission/BR Deutschland*, Slg. S. 1123.
[6] Vgl. neuerdings L. *Michalski*, Das Gesellschafts- und Kartellrecht der rechtlich gebundenen freien Berufe, Köln 1989, sowie G. *Ring*, Wettbewerbsrecht der freien Berufe, Baden-Baden 1989, beide mit umfangreichen Nachweisen.

Einleitung

Diskussion auf eine breite Grundlage zu stellen. Sie ist im Rahmen des Gutachtens aber nur begrenzt möglich, es kann lediglich eine gedrängte Übersicht über die Regelungen einiger wichtiger Mitgliedstaaten gegeben werden. Sie ist dem Gutachten als Anhang beigefügt.

Die Untersuchung muß von einer kurzen Skizze der historischen Entwicklung und der gegenwärtigen Lage ausgehen und sodann zunächst die Grundlagen für die Anwendung des europäischen Gemeinschaftsrechts auf die Rechtsanwälte darstellen.

I. Zur gegenwärtigen Entwicklung des anwaltlichen Berufs- und Standesrechts

1. Wurzeln des Berufs- und Standesrechts der Rechtsanwälte

Der einleitende Hinweis auf die Debatten des Deutschen Juristentages von 1869 ist keine bloße historische Reminiszenz. Er ist besonders deshalb berechtigt, weil die Bundesrechtsanwaltsordnung von 1959 bewußt an die Rechtsanwaltsordnung von 1878 anknüpfte,[7] die am Ende der seinerzeit geführten Auseinandersetzungen schließlich im Rahmen der großen Justizreform verabschiedet wurde.[8] Durch sie wurde die Anwaltschaft aus ihrer staatlichen Bevormundung befreit und die Rechtszersplitterung beseitigt.[9] Ein derartiger Rückgriff auf die fernere Vergangenheit war angesichts der umstürzenden Veränderungen in allen Lebensbereichen und nicht zuletzt im Recht erstaunlich. Er muß aber aus der Situation der fünfziger Jahre heraus, die zu Unrecht häufig als lediglich restaurativ bezeichnet werden, verstanden werden. In der NS-Zeit war das Berufsrecht in mannigfacher Weise pervertiert worden, insbesondere war die freie Advokatur durch ein Zulassungssystem praktisch beseitigt,[10] und es war in vielfältiger Form versucht worden, den Rechtsanwalt als Rechtswahrer in den Dienst des Regimes zu stellen.[11] Ganze Wertwelten waren im Gefolge des Krieges und des Endes des Dritten Reiches zusammengebrochen, es fehlten Maßstab und Orientierung. Deshalb lag es nahe, auf die Zeit zurückzugreifen, in der erstmals eine freiheitliche Regelung des anwaltlichen Berufsrechts gelungen war.

Für den Kern der freien Advokatur, nämlich die Zulassung jedes qualifizierten Bewerbers ohne numerus clausus, ist das auch tatsächlich geschehen. Für die grundlegenden §§ 1 bis 3 BRAO, in denen der

---

[7] BT-Drucks. III/120, S. 45 ff.
[8] Rechtsanwaltsordnung vom 1. 7. 1878, RGBl. 177.
[9] Vgl. zur Lage der Anwaltschaft vor der Reform *Mittermaier*, Die würdige Stellung des Advokatenstandes, AcP Bd. 44, 1861, S. 361. Zur Reform vgl. *F. Ostler*, Die deutschen Rechtsanwälte 1871–1971, Essen 1971; *G. Hartstang*, Der deutsche Rechtsanwalt, Heidelberg 1986; *C. Tomuschat*, Der Vorbehalt der Ausübung öffentlicher Gewalt in den Berufsfreiheitsregelungen des EWG-Vertrages und die freie Advokatur im Gemeinsamen Markt, ZaöRV Bd. 27, 1967, S. 53.
[10] Erstes Gesetz zur Überleitung der Rechtspflege auf das Reich vom 16. 2. 1934, RGBl. I 91, ferner Rechtsanwaltsordnung i.d.F. vom 13. 12. 1935, RGBl. 1936 I 107.
[11] Vgl. *F. Ostler* (Fn. 9), S. 229, 237, 267; *G. Hartstang* (Fn. 9), S. 32; *U. Reifner*, Die freie Advokatur und das Bundesverfassungsgericht, NJW 1984, 1151.

Rechtsanwalt als „Organ der Rechtspflege" bezeichnet wird, der einen freien Beruf und kein Gewerbe ausübt, stellt sich aber doch die Frage, ob den ursprünglichen Vorstellungen Rechnung getragen wurde.

„Das Bedürfnis des rechtsuchenden Publikums muß an erster Stelle über die Gestaltung der Rechtsanwaltschaft entscheiden", schrieb *Gneist*,[12] und der Staat soll sich darauf beschränken, die „Ehrenhaftigkeit des in die Advocatur eintretenden Personals", die „Fürsorge für die juristisch-technische Bildung", die „Ehrenhaftigkeit der Berufserfüllung" und die „Taxierung für die eigentlich prozessualischen Geschäfte" zu garantieren.[13]

Demgemäß enthält die RAO von 1878 keine Aussagen wie die Eingangsbestimmungen der BRAO. Der Rechtsanwalt wird weder als „Organ der Rechtspflege" noch als Angehöriger eines freien Berufes bezeichnet, der „kein Gewerbe" ausübt. Es werden ihm aber Berufspflichten auferlegt, er hat den Beruf nach § 28 RAO „gewissenhaft auszuüben" und sich „der Achtung würdig zu zeigen, die sein Beruf erfordert".

Das Gesetz fügte sich damit ganz in den Geist der Gründerzeit ein, die von der Gewerbefreiheit und dem Aufbruch in eine industrielle Zukunft geprägt war. Aber es war auch die Zeit des aufstrebenden, selbstbewußten Bürgertums, das sich von den bisher den Staat tragenden Schichten emanzipierte und ein eigenes Standesbewußtsein entwickelte.

So ist es zu verstehen, daß die neugeschaffene Ehrengerichtsbarkeit bereits 1883 die Formel entwickelte, der Rechtsanwalt sei ein „Organ der Rechtspflege" und habe eine „auf Wahrheit und Gerechtigkeit gerichtete amtsähnliche Stellung inne".[14] Ob sich damit die Rechtsanwaltschaft wieder in die Nähe des Staates rückte, von dessen Bevormundung sie sich gerade befreit hatte, sei dahingestellt. Jedenfalls wurde die Formel oft wiederholt, und das Verständnis des Anwaltsberufs als amtsähnlich war in der Zeit der Weimarer Republik vorherrschend.[15] Das entsprach einer verbreiteten national-konservativen, ständischen Auffassung vom Staat, die dann in der NS-Zeit zu einer weitgehenden Organisation von Wirtschaft und Gesellschaft in Reichsgruppen, Reichsnährstand, Arbeitsfront und eben auch Berufskammern führte.[16]

---

[12] AaO (Fn. 2) S. 58.
[13] AaO S. 53f.
[14] EGH 1, 140.
[15] Vgl. *A. und M. Friedländer*, Kommentar zur Rechtsanwaltsordnung, 3. Aufl., München 1930, Einleitung Anm. 9. Dazu auch *K. Stern*, Anwaltschaft und Verfassungsstaat, München 1980, S. 8.
[16] Vgl. etwa EGH 28, 174 = JW 1934, 3134.

Insofern handelte es sich 1959 bei der Übernahme der Formel vom „Organ der Rechtspflege" entgegen der amtlichen Begründung[17] nicht um einen Rückgriff auf die freie Advokatur von 1878, sondern auf das, was später aus ihr entwickelt wurde.

Ähnliches gilt auch für die Formulierung, der Anwaltsberuf sei kein Gewerbe. *Gneist* hat sich zwar in diesem Sinne geäußert, um Einwänden zu begegnen, er öffne den Beruf einem hemmungslosen Gewinnstreben, aber er hat auch darauf hingewiesen, daß die Parallele zur Gewerbefreiheit nicht ganz verschmäht werden solle, die zur Beseitigung des Zunftzwanges und des Konzessionswesens geführt habe.[18] Auch dazu schweigt das Gesetz von 1878, erst die spätere Praxis hat zu einem Verständnis geführt, wie es in § 2 BRAO ausgedrückt ist.

Dagegen entspricht die Regelung der BRAO über die Lokalisation im wesentlichen der des Gesetzes von 1878, das insoweit den Grundsatz der freien Advokatur nicht in Form einer freien Betätigung vor allen Gerichten verwirklichte. Die Anwaltschaft hatte nach heftigen Auseinandersetzungen, in denen zunächst die unbeschränkte Freiheit des gerichtlichen Auftretens gefordert worden war, als Kompromiß die Zulassung bei allen Gerichten des Bezirks eines Appellationsgerichtes vorgeschlagen. Der Gesetzgeber entschied sich aber für die engere, im Kern immer noch gültige Regelung, die allerdings wegen der Verbindung mit § 78 ZPO auf Zivilgerichte beschränkt ist.[19]

Ein letzter Gesichtspunkt verdient noch hervorgehoben zu werden. § 4 RAO von 1878 beschränkte den Anspruch auf Zulassung als Rechtsanwalt auf die Gerichte des Bundeslandes, in welchem der Bewerber die Fähigkeit zum Richteramt erlangt hatte, weil die Ausbildungssysteme als zu unterschiedlich angesehen wurden. Diese Beschränkung entfiel erst durch die „Verreichlichung" im Jahre 1934, freilich zugleich mit der Einführung eines Zulassungssystems. Erst 1959 wurde insoweit die Freizügigkeit hergestellt.

Im Kaiserreich wie in der Weimarer Republik wurde also hingenommen, daß Rechtsanwälte, die in einem Bundesland ihre Qualifikation nachgewiesen hatten, in den anderen Bundesländern nicht gerichtlich tätig werden konnten. In der Europäischen Gemeinschaft wird gerade die Herstellung dieser grenzüberschreitenden Freizügigkeit als zentrale Aufgabe angesehen. Das zeigt den Wandel, der durch den Aufschwung der Wirtschaft, das Zusammenwachsen der Räume, die Verkürzung der Verkehrswege und den Ausbau der Kommunikationsmittel eingetreten ist.

---

[17] Oben Fn. 7.
[18] AaO (Fn. 2) S. 56 f.
[19] Vgl. *F. Ostler* (Fn. 9) S. 18 ff., der das nicht als Einschränkung der freien Advokatur bewertet.

2. Zur gegenwärtigen Diskussion in der Bundesrepublik

Die gegenwärtige Diskussion wurde durch eine Reihe von Faktoren ausgelöst.

Äußerer Anlaß ist die stürmische Zunahme von Berufsangehörigen; die Zahl hat sich seit dem Erlaß der BRAO im Jahre 1959 bis 1989 von 18 000 auf 55 500 mehr als verdreifacht.[20] Die damit verbundene Unsicherheit der Berufschancen muß zur Auseinandersetzung mit der Frage führen, ob das geltende Berufsrecht den gegenwärtigen Anforderungen noch gerecht wird und genügend Entfaltungsmöglichkeiten bietet.[21]

Es deutet aber sicher auf tieferliegende Brüche in der gesellschaftlichen Entwicklung hin, daß sich die Diskussion insbesondere in den 70iger Jahren, also im Anschluß an die Unruhen im Jahre 1968, belebte und zunächst von den Vorgängen um den Terrorismus und die Reaktion des Staates auf ihn belastet wurde. In diese Zeit fielen vor allem Angriffe gegen das Verständnis vom Rechtsanwalt als Organ der Rechtspflege.[22]

Doch dabei blieb es nicht, die Diskussion erstreckt sich auf die Standesrichtlinien und ihre Ausgestaltung. Es wird kritisiert, daß durch sie ein „Gruppenethos", das „aus Kaiser- und Nazireich" stamme, auf die heutigen mehr als 50 000 Anwälte übertragen werde, wobei die Illusion erweckt werde, damit werde „die Auffassung der Berufsangehörigen nur niedergeschrieben".[23] Aber auch weniger polemisch wird beanstandet, daß die Richtlinien der modernen Entwicklung des Anwaltsberufs nicht gerecht würden, insbesondere die zunehmende Funktion des Rechtsanwalts im außergerichtlichen Bereich nicht zur Kenntnis nähmen.[24] Der Anwaltsberuf als Dienstleistung wird diskutiert.[25]

---

[20] Vgl. *W. Strobel*, Der Markt der anwaltlichen Dienstleistungen – die ökonomische Zukunft der Rechtsberatung, AnwBl. 1988, 307.
[21] Vgl. die *Prognos-Studie* Zur Zukunft der Anwaltschaft vom September 1986, AnwBl. Sonderheft März 1987; ferner *W. Strobel*, Die ökonomische Zukunft der Rechtsberatung in Orientierung an der Steuerberatung/Wirtschaftsprüfung, BB 1987, 699; *W. Paul*, Anwaltsberuf im Wandel – Rechtspflegeorgan oder Dienstleistungsgewerbe?, Fakten und Überlegungen zur empirischen Verdeutlichung des Verhältnisses von Anwaltschaft und Gesellschaft in Deutschland, in: *F. Kübler* (Hrsg.), Anwaltsberuf im Wandel, Frankfurt 1982, S. 11.
[22] Vgl. z.B. *W. Knapp*, Der Verteidiger – Ein Organ der Rechtspflege? Köln 1974; *R. Schneider*, Der Rechtsanwalt, ein unabhängiges Organ der Rechtspflege, Berlin 1976.
[23] *M. Kleine-Cosack*, Verfassungswidriges Standesrecht, NJW 1988, 164.
[24] Vgl. etwa *K. Redeker* (Fn. 3), NJW 1987, 2610; *H.-J. Rabe*, Auf dem Wege zum neuen anwaltlichen Berufsrecht, NJW 1989, 1113; *R. Wimmer*, Konturen eines neuen Anwaltsbildes, DVBl. 1988, 821.
[25] *W. Schiefer*, Anwalt im Zeitalter der Dienstleistung – Herausforderung zum Wan-

Doch an Gegenstimmen fehlt es nicht. So wird der Anwalt noch immer im wesentlichen als Prozeßanwalt gewertet, und es wird die Gefahr gesehen, daß er vom „privilegierten Organ der Rechtspflege zum reinen Interessenvertreter individualisierter Ansprüche absinken" werde.[26] Die Notwendigkeit von Berufsethos, Rechtskultur und freiberuflichem Standesrecht wird beschworen und die Entwicklung mit Skepsis betrachtet.[27]

Im Kreuzfeuer stehen dabei insbesondere Lokalisationsprinzip, Zweigstellenverbot, Werbeverbot, Spezialisierungsangaben, Sozietäts- und Organisationsbeschränkungen sowie Gebührenregelungen.

In dieser Situation haben die Entscheidungen des Bundesverfassungsgerichts, nach denen die Richtlinien des anwaltlichen Standesrechts nicht mehr als Hilfsmittel zur Auslegung und Konkretisierung der Generalklausel über die anwaltlichen Berufspflichten herangezogen werden können, den Weg zu einer Neuregelung frei gemacht.[28] Die Entscheidung ist sicher nicht nur formal dahin zu werten, daß die Rechtsgrundlage als unzureichend beanstandet wird. Im Kern geht es darum, daß dem Bundesgesetzgeber als dem berufenen Repräsentanten des Volkswillens im demokratischen Rechtsstaat die Gelegenheit gegeben werden muß, das Berufsrecht den heutigen Gegebenheiten anzupassen. Darauf deutet die Formulierung in dem Beschluß hin, daß die Kammersatzungen zu „Immobilismus" führen.[29]

Diese innerstaatliche Debatte wird überlagert und verstärkt durch die Einflüsse der sprunghaft zunehmenden Internationalisierung der Rechtsberatung, die vor allem eine Folge der alle staatlichen Grenzen überwindenden Verflechtung der Wirtschaft ist. Es wird mit Recht befürchtet, daß die deutsche Anwaltschaft den Anschluß an diese Entwicklung verpaßt.[30] Im Vordergrund steht dabei die Entwicklung in der Europäischen Gemeinschaft mit der Perspektive des Binnenmarktes 1992. Ihre Chancen und Risiken werden lebhaft diskutiert.[31]

---

del, NJW 1987, 1978; *G. Commichau,* Der Markt anwaltlicher Dienstleistungen, AnwBl. 1988, 314.
[26] *G. Pfeiffer,* Der Rechtsanwalt in unserer Rechtsordnung, BRAK-Mitt. 1987, 102; *ders.,* Der Rechtsanwalt gestern und heute, FS für Ernst C. Stiefel, München 1987, S. 559; *F. Ostler,* Neueste Entwicklungen in der Rechtsanwaltschaft, NJW 1987, 281.
[27] *P. Tettinger,* „Abschied vom Werbeverbot" – Gedanken zum freiberuflichen Standesrecht, JZ 1988, 228.
[28] Oben Fn. 4.
[29] Vgl. *R. Wimmer,* Wer gibt das neue anwaltliche Berufsrecht? Zur Kompetenzaufteilung zwischen Gesetz- und Satzungsgeber, NJW 1989, 1772.
[30] Vgl. außer den Hinweisen oben Fn. 20, 21 und 25 etwa *W. Kühn,* Deutsche Anwälte international in der Abstiegszone, AnwBl. 1988, 129; *C. Hauschka,* Internationalisierung der Rechtsberatung in der Wirtschaft Europas, AnwBl. 1988, 553; *R. Zuck,* Internationales Anwaltsrecht, NJW 1987, 3033.
[31] Dazu etwa *H.-J. Rabe,* Internationales Anwaltsrecht – Dienstleistung und Nie-

Anders als bei den innerstaatlichen Problemen besteht insoweit aber nur noch ein beschränkter Handlungsspielraum für die Ausgestaltung des Berufs- und Standesrechts. Der EWG-Vertrag, die Richtlinien des Rates und vor allem die Rechtsprechung des Gerichtshofs haben Grenzen gesetzt, die der deutsche Gesetzgeber zu respektieren hat. Diese Grenzen sind in der weiteren Untersuchung aufzuzeigen. Selbst insoweit, als dem deutschen Gesetzgeber Wahlmöglichkeiten verbleiben, muß er die durch die Öffnung der Grenzen für die Berufstätigkeit eingetretenen Wandlungen berücksichtigen. Er muß politisch entscheiden, ob er sich mit Rückzugsgefechten gegen eine unaufhaltsame Entwicklung wehren oder ihr durch eine ausgewogene, aber zukunftsweisende Ausgestaltung des Berufs- und Standesrechts Rechnung tragen soll.

Bevor auf diese Fragen eingegangen wird, ist zunächst die Ausgangslage für die Anwendung des Gemeinschaftsrechts auf die Rechtsanwälte kurz darzustellen.

3. Anwendung des EG-Rechts auf die Rechtsanwälte

Nach der geschilderten Entwicklung in der Bundesrepublik ist es nicht verwunderlich, daß bei den Verhandlungen über den EWG-Vertrag, die etwa zu derselben Zeit wie die Vorbereitungen zur BRAO stattfanden, die Vorstellung, das Gemeinschaftsrecht könne das gerade entstehende einheitliche Bundesrecht wieder infrage stellen, wenig Gegenliebe fand. Die Rechtspflege ist ureigenste Sache jedes Staates, ein „Organ der Rechtspflege" mußte deshalb nach der Vorstellung der Beteiligten seiner Natur nach von einer Vergemeinschaftung, und das hieß in diesem Fall von einer Öffnung gegenüber ausländischen Staatsangehörigen oder gar gegenüber solchen Berufsangehörigen, die die an die Inländer gestellten Anforderungen nicht erfüllten, ausgenommen sein.[32] In ähnlicher Weise gingen wohl bei den Vertragsverhandlungen auch alle anderen Delegationen davon aus, daß der Beruf des Rechtsanwalts nicht vom Vertrag erfaßt werden sollte.[33]

---

derlassung, AnwBl. 1987, 394; *R. Zuck*, Die Neuordnung des anwaltlichen Berufs- und Standesrechts im Lichte der europäischen Rechtsentwicklung, EuGRZ 1987, 585; *G. Flécheux/S. Deniniolle*, Pour un Barreau européenne, La semaine juridique 1987 I 3298; skeptisch etwa *F. Ostler*, Neuestes zum Europa-Anwaltsrecht und etwas über seine Folgen, AnwBl. 1988, 577.

[32] Vgl. etwa *H. Arnold*, Anwalt und Gemeinsamer Markt, AnwBl. 1959, 27.

[33] Dazu *U. Everling*, Vertragsverhandlungen 1957 und Vertragspraxis 1987, dargestellt an den Kapiteln Niederlassungsrecht und Dienstleistungen des EWG-Vertrages, FS für Hans von der Groeben, Baden-Baden 1987, S. 111.

Dabei spielte die sogar heute noch verbreitete Ansicht eine Rolle, die Gemeinschaft sei ein wirtschaftlicher Zusammenschluß und ihr Recht könne daher Tätigkeiten nicht-wirtschaftlicher Art nicht erfassen.[34] Diese Ansicht verkennt die politische Zielsetzung der Gemeinschaft, die von Anfang an ihre eigentliche Rechtfertigung darstellte,[35] was durch die Aufnahme des Ziels der Europäischen Union in die Präambel der Einheitlichen Europäischen Akte nunmehr ausdrücklich bestätigt worden ist. Der Gerichtshof hat diese Argumentation deshalb auch zurückgewiesen, und zwar besonders bei der Anwendung des Vertrages auf die Lehrer. Sie fallen wie alle Berufsgruppen, die eine Tätigkeit in abhängiger Stellung gegen Entgelt ausüben, unter die Regeln der Freizügigkeit.[36]

Für die freien Berufe, die nach der gängigen Formel kein Gewerbe ausüben, aber ihre Tätigkeit doch gegen Entgelt ausüben, schloß der Vertrag selbst jeden Zweifel an der Einbeziehung in seine Regelungen aus. Art. 57. Abs. 3 EWG-Vertrag erwähnt nämlich ausdrücklich, wenn auch an untergeordneter Stelle, die ärztlichen Berufe.

Gegen die Einbeziehung der Rechtsanwälte wurde vor allem Art. 55 EWG-Vertrag geltend gemacht, wonach das Kapitel Niederlassungsrecht

„auf Tätigkeiten, die in einem Mitgliedstaat dauernd oder zeitweise mit der Ausübung öffentlicher Gewalt verbunden sind, ... in dem betreffenden Mitgliedstaat keine Anwendung" findet.[37]

Bald verstärkten sich aber die Stimmen, die bezweifelten, ob die Rechtsanwälte, die doch gerade nicht an der öffentlichen Gewalt teilhaben, sondern ihr gegenüber die Rechte der Bürger vertreten sollen, unter die Ausnahme fallen und ob das überhaupt wünschenswert wäre.[38] Sie konnten sich dabei auf die allgemeinen Programme zur

---

[34] Dagegen mit Recht *E. Steindorff*, Berufsfreiheit für nicht-wirtschaftliche Zwecke im EG-Recht, NJW 1982, 1902.
[35] Vgl. etwa *W. Hallstein*, Die Europäische Gemeinschaft, 5. Aufl., Düsseldorf 1979.
[36] Urteil vom 3. 7. 1986, Rs 66/85, *Lawrie-Blum*, Slg. S. 2121; Urteil vom 30. 5. 1989, Rs 33/88, *Pilar*, noch nicht in Slg. Dazu *S. Forch*, Freizügigkeit für Studienreferendare, NVwZ 1987, 27; *K. Hailbronner*, Die neuere Rechtsprechung zum EG-Freizügigkeitsrecht, ZAR 1988, 3; *U. Everling*, Zur Rechtsprechung des Europäischen Gerichtshofs über die Beschäftigung von EG-Ausländern in der öffentlichen Verwaltung, DVBl. 1990, 225.
[37] So *H. Brangsch*, Die Entwicklung des Anwaltsrechts in der EWG, AnwBl. 1962, 234. Zur seinerzeitigen Diskussion vgl. *U. Everling* Das Niederlassungsrecht im Gemeinsamen Markt, Berlin 1963, S. 115 mit Nachweisen.
[38] Vgl. *P. Möhring*, Aktuelle Wirkungen des EWG-Vertrages auf das Kartellrecht, das Niederlassungsrecht, den Dienstleistungsverkehr und das Agrarrecht, NJW 1965, 1633; *G. Holch*, Auf dem Wege zum „europäischen" Rechtsanwalt? NJW 1969, 1505. Ausführlich in historischer und rechtsvergleichender Perspektive *C. Tomuschat* (Fn. 9).

Durchführung der Kapitel Niederlassungsrecht und Dienstleistungen berufen, in deren Anhängen die rechtsberatenden Berufe erwähnt sind.[39]

Auf die damaligen Erörterungen braucht aber nicht weiter eingegangen zu werden, denn der Gerichtshof hat die Frage im Urteil *Reyners* geklärt, in dessen erstem Teil festgestellt wurde, daß das Niederlassungsrecht nach Art. 52 EWG-Vertrag seit dem Ende der Übergangszeit unmittelbar geltendes Recht ist, auf das sich jedermann berufen kann.[40] In dem Urteil heißt es, daß

„wegen der grundsätzlichen Bedeutung, die im Rahmen des Vertrages die Grundsätze der Niederlassungsfreiheit und der Inländerbehandlung haben, ... die in Artikel 55 Absatz 1 zugelassenen Ausnahmen nicht weiterreichen (können), als der Zweck es erfordert, um dessentwillen sie vorgesehen sind".

Deshalb gelten die Ausnahmen nur für die Tätigkeiten eines Berufes,

„die, in sich selbst betrachtet, eine unmittelbare und spezifische Teilnahme an der Ausübung öffentlicher Gewalt darstellen", was „für jeden Mitgliedstaat gesondert anhand der nationalen Bestimmungen über die Struktur und die Ausübung des betreffenden Berufes zu würdigen" sei.

Sodann wird festgestellt:

„Berufliche Dienstleistungen, die einen Verkehr mit den Gerichten mit sich bringen, stellen als solche keine Teilnahme an der Ausübung öffentlicher Gewalt dar, selbst wenn sie regelmäßig erbracht werden, organisch in das Gerichtsverfahren eingebettet sind und auf eine obligatorische Mitarbeit bei der Erfüllung der Aufgaben der Gerichte hinauslaufen. Insbesondere können die typischsten Tätigkeiten des Anwaltsberufes wie Rechtsberatung und Rechtsbeistand nicht als eine derartige Teilnahme angesehen werden, ebensowenig wie die Vertretung und die Verteidigung des Auftraggebers vor Gericht, selbst wenn die Einschaltung oder die Betreuung durch Gesetz zwingend vorgeschrieben oder ausschließlich einem Rechtsanwalt vorbehalten ist. Denn die Wahrnehmung dieser Aufgaben läßt die richterliche Beurteilung und die freie Ausübung der Rechtsprechungsbefugnis unberührt."

Seitdem ist unstreitig, daß der Vertrag und insbesondere seine Kapitel Niederlassungsrecht und Dienstleistungen auf den Beruf des Rechtsanwalts, und zwar sowohl soweit er vor Gericht als auch soweit er außergerichtlich tätig wird, Anwendung findet. Allerdings ist nicht ausgeschlossen, daß einzelne Funktionen des Rechtsanwalts unter Art. 55 EWG-Vertrag fallen können. Hierzu gehört etwa der immer wieder erwähnte, praktisch aber wohl kaum vorkommende Fall, daß ein französisches Gericht, das unvollständig besetzt ist, sich

---

[39] Allgemeines Programm zur Aufhebung der Beschränkungen der Niederlassungsfreiheit vom 18. 12. 1961, ABl. 1962, 36; Allgemeines Programm zur Aufhebung der Beschränkungen des freien Dienstleistungsverkehrs vom 18. 12. 1961, ABl. 1962, 32.

[40] Urteil vom 21. 6. 1974, Rs 2/74, *Reyners*, Slg. S. 631, nachfolgend zitiert Nr. 43 bis 53.

durch einen Rechtsanwalt vervollständigen kann. Ebenso dürfte es zulässig sein, die Mitwirkung in Ehrengerichten oder Funktionen in der Kammerorganisation den inländischen Staatsangehörigen vorzubehalten. Das deutsche Recht sieht das allerdings nicht vor, und das ist im Interesse der Solidarität und Kollegialität, die alle Berufsangehörigen umfassen muß, zu begrüßen.

Unter den anderen rechtsberatenden Berufen dürften die Notare ausgeschlossen sein, da sie öffentliche Urkundsbeamten sind.[41] Bisher ist das vom Gemeinschaftsrecht allerdings nur für die Mitwirkung an Versteigerungen anerkannt,[42] die Kommission ist aber gegen weitergehende Beschränkungen nicht vorgegangen.

4. Grundlagen der Regelungen des EG-Rechts für die Rechtsanwälte

Für die Rechtsanwälte sind vor allem die Bestimmungen des Vertrages über das Niederlassungsrecht und die Dienstleistungen von Bedeutung.[43]

Das Niederlassungsrecht nach den Art. 52 ff. EWGV betrifft die dauerhafte, selbständige Erwerbstätigkeit des Staatsangehörigen eines Mitgliedstaates in einem anderen Mitgliedstaat. Es kann durch Übersiedlung in diesen Mitgliedstaat oder auch durch eine dort errichtete Agentur, Zweigniederlassung oder Tochtergesellschaft ausgeübt werden und gilt nach Maßgabe des Art. 58 EWGV auch für Gesellschaften.

Bei den Dienstleistungen nach Art. 59 ff. EWGV geht es dagegen um Leistungen, die von einem in einem Mitgliedstaat ansässigen selbständigen Erwerbstätigen in einem anderen erbracht werden. Das kann grundsätzlich in drei Formen geschehen, nämlich dadurch, daß der Erbringer der Leistung sich in den anderen Mitgliedstaat begibt, um gegenüber dem dort ansässigen Empfänger tätig zu werden, zum anderen dadurch, daß der Empfänger in dem anderen Mitgliedstaat von dem dort ansässigen Erbringer eine Leistung entgegennimmt, und schließlich dadurch, daß der Erbringer seine Leistung ohne Ortswechsel der Beteiligten von einem Mitgliedstaat aus über die Grenze

---

[41] *U. Everling* (Fn. 37) S. 115. Vgl. § 5 der Bundesnotarordnung vom 24. 2. 1961, BGBl. I 97.

[42] Vgl. Art. 4 Abs. 2 der Richtlinie 64/224 des Rates vom 15. 2. 1964 über die Verwirklichung der Niederlassungsfreiheit und des freien Dienstleistungsverkehrs für Vermittlertätigkeiten in Handel, Industrie und Handwerk, ABl. S. 869.

[43] Vgl. zum folgenden statt aller Nachweise die Erläuterungen zu den Art. 52 ff. und 59 ff. von *P. Troberg* in *Groeben/Boeckh/Thiesing/Ehlermann* (Hrsg.), Kommentar zum EWG-Vertrag, 3. Aufl. Baden-Baden 1983, und von *A. Randelzhofer* in *E. Grabitz* (Hrsg.), Kommentar zum EWG-Vertrag, Loseblatt, München 1983 ff.

hinweg dem Empfänger in dem anderen Mitgliedstaat zukommen läßt.

Für das Recht der Rechtsanwälte sind die beiden letzten Fälle unproblematisch. Wer in einen Mitgliedstaat kommt, um sich von einem Rechtsanwalt beraten oder vertreten zu lassen, unterwirft sich voll dem dort geltenden Recht. Ebenso entstehen auch bei einem schriftlich oder mündlich über die Grenze geleisteten Rat oder Mandat keine Besonderheiten. Sie ergeben sich aber, wenn ein in einem Mitgliedstaat zugelassener Anwalt sich in einen anderen begibt und dort tätig wird, ohne seinen ständigen Aufenthalt zu wechseln. Den Inhalt des Niederlassungsrechts umschreibt Art. 52 Abs. 2 EWGV dahin, daß es

„die Aufnahme und Ausübung selbständiger Erwerbstätigkeiten ... nach den Bestimmungen des Aufnahmelandes für seine eigenen Angehörigen (umfaßt)."

Das wurde allgemein dahin verstanden, daß das Niederlassungsrecht die Inländerbehandlung gewähre.[44] Demgemäß formulierte das Niederlassungsprogramm, das den Rahmen für die Liberalisierung bildete, ein weit verstandenes Diskriminierungsverbot[45]. Abschnitt III bezeichnete als aufzuhebende Beschränkungen

„jedes Verbot oder jede Behinderung der selbständigen Tätigkeiten der Staatsangehörigen der anderen Mitgliedstaaten, die darin bestehen, daß (sie) ... anders behandelt werden als die eigenen Staatsangehörigen."

Das gilt auch für solche Voraussetzungen für die Aufnahme und Ausübung selbständiger Tätigkeiten, die

„zwar unabhängig von der Staatsangehörigkeit gelten, jedoch ausschließlich oder vorwiegend Ausländer ... behindern."

Auch der Inhalt der Dienstleistungsfreiheit wird im Vertrag unter Hinweis auf die Stellung der Inländer umschrieben. Nach Art. 60 Abs. 3 EWGV

„kann der Leistende zwecks Erbringung seiner Leistungen seine Tätigkeit vorübergehend in dem Staat ausüben, in dem die Leistung erbracht wird, und zwar unter den Voraussetzungen, welche dieser Staat für seine eigenen Angehörigen vorschreibt."

Das Dienstleistungsprogramm umschreibt die aufzuhebenden Beschränkungen deshalb ebenso wie das Niederlassungsprogramm.[46] Gleichwohl wurde vor allem im Hinblick auf die Dienstleistungen der Versicherungen schon frühzeitig diskutiert, ob das Recht des

---

[44] Vgl. *U. Everling* (Fn. 33).
[45] Oben Fn. 39.
[46] Oben Fn. 39.

Aufnahmestaates in vollem Umfang gegenüber dem nur vorübergehend tätigen Dienstleistungserbringer angewendet werden könne.[47] Die Frage, ob und wieweit Niederlassungsrecht und Dienstleistungsfreiheit Rechte gewähren, die über die Inländerbehandlung hinausgehen, steht seitdem im Mittelpunkt der Diskussion. Der Gerichtshof ist dabei in einer differenzierten Rechtsprechung in beiden Bereichen unterschiedlich vorgegangen. Das ist nunmehr darzustellen. Dabei soll von den Dienstleistungen ausgegangen werden, weil bei ihnen die Entwicklung begonnen hat.

---

[47] Vgl. R. *Schmidt,* Zu den rechtlichen Grundfragen des Gemeinsamen Marktes, Karlsruhe 1962, S. 47 ff.

II. Die Dienstleistungen der Rechtsanwälte in der Gemeinschaft

1. Grundsätze der Rechtsprechung des Gerichtshofs

Im Mittelpunkt der Auseinandersetzungen über die Dienstleistungen stand und steht die Frage, in welcher Weise die zitierte Formulierung des Art. 60 Abs. 3 EWG ausgelegt werden muß, nach der der Leistungserbringer im anderen Mitgliedstaat „vorübergehend" unter den Voraussetzungen tätig werden kann, die „dieser für seine eigenen Angehörigen vorschreibt". Die Rechtsprechung des Gerichtshofs ging seit dem ersten Urteil zu diesem Vertragskapitel über die bloße Inländerbehandlung hinaus.

Der Fall *van Binsbergen* von 1974 betraf einen Rechtsbeistand niederländischer Staatsangehörigkeit, der in Belgien ansässig war und in den Niederlanden als Prozeßbevollmächtigter vor einem Gericht ohne Anwaltszwang auftreten wollte.[48] Der Gerichtshof bezeichnete, ohne sich mit der Formulierung des Art. 60 Abs. 3 EWG auseinanderzusetzen, als zu beseitigende Beschränkungen nach Art. 59 und 60 EWG alle Anforderungen,

„die an den Leistenden namentlich aus Gründen seiner Staatsangehörigkeit oder wegen des Fehlens eines ständigen Aufenthaltes in dem Staate, in dem die Leistung erbracht wird, gestellt werden und nicht für im Staatsgebiet ansässige Personen gelten oder in anderer Weise geeignet sind, die Tätigkeiten des Leistenden zu unterbinden oder zu behindern."

Insbesondere der letzte Satzteil hat die weitere Entwicklung maßgebend bestimmt, weil er über die Inländerbehandlung hinausging. Allerdings hat ihn der Gerichtshof eingeschränkt, indem er hinzufügte:

„In Anbetracht der Besonderheit der Dienstleistungen dürfen jedoch diejenigen an den Dienstleistungserbringer gestellten besonderen Anforderungen nicht als mit dem Vertrag unvereinbar angesehen werden, die sich aus der Anwendung durch das allgemeine Interesse gerechtfertigter Berufsregelungen – namentlich der Vorschriften über Organisation, Befähigung, Berufspflichten, Kontrolle, Verantwortung und Haftung – ergeben und die für alle im Gebiet des Staates, in dem die Leistung erbracht wird, ansässigen Personen verbindlich sind".

Damit war der Grundsatz aufgestellt, daß im Falle der Dienstleistungen jede Regelung, die die Tätigkeit von in anderen Mitgliedstaa-

---

[48] Urteil vom 3. 12. 1974, Rs 33/74, *van Binsbergen*, Slg. S. 1299, im folgenden zitiert Nr. 10 ff.

ten ansässigen Personen in irgendeiner Weise behindert, gegenüber diesen nicht angewendet werden darf, wenn sie nicht durch das Allgemeininteresse gerechtfertigt ist. Für die Hilfspersonen der Justiz wurde festgestellt,

„daß das Erfordernis einer festen beruflichen Niederlassung innerhalb des Bezirks bestimmter Gerichte nicht als mit den Bestimmungen der Artikel 59 und 60 unvereinbar angesehen werden kann, falls dieses Erfordernis sachlich geboten ist, um die Einhaltung der Berufsregelungen zu gewährleisten, die sich namentlich auf das Funktionieren der Justiz und die Erfüllung der Standespflichten beziehen."

Im konkreten Fall wurde diese Voraussetzung verneint, weil die betreffende Tätigkeit keinerlei Regelungen unterlag und „dem guten Funktionieren der Justiz mit weniger einschränkenden Mitteln wie der Angabe einer Zustellungsanschrift genüge geleistet werden" konnte.

Diese Grundsätze wurden in einer Reihe von Urteilen fortentwickelt.[49] In diesen Urteilen wurde, ähnlich wie in der Rechtsprechung zu den Maßnahmen mit gleicher Wirkung wie mengenmäßige Beschränkungen,[50] das nationale Regelungsbedürfnis mit dem gemeinschaftsrechtlichen Erfordernis der Öffnung des Marktes abgewogen.[51] Das braucht im einzelnen nicht dargestellt zu werden, weil die Rechtsprechung im Urteil *Webb* zusammengefaßt wurde.[52]

In dem Urteil nahm der Gerichtshof, nachdem er zunächst die unmittelbare Anwendbarkeit des Art. 59 EWGV seit dem Ende der Übergangszeit bekräftigt hatte, erstmals zu dem Einwand Stellung, Art. 60 Abs. 3 EWGV begrenze die Dienstleistungsfreiheit auf die Inländerbehandlung. Er stellte fest:

„Artikel 60 Absatz 3 soll es in erster Linie dem Leistungserbringer ermöglichen, seine Tätigkeit in dem Mitgliedstaat, in dem die Leistung erbracht wird, ohne Diskriminierung gegenüber den Staatangehörigen dieses Staates auszuüben. Er impliziert

---

[49] Vgl. vor allem: Urteil vom 26. 11. 1975, Rs 39/75, *Coenen* (Versicherungsmakler), Slg. S. 1545; Urteil vom 18. 1. 1979, Rs 110 u. 111/78, *van Wesemael* (Stellenvermittlungsbüro), Slg. S. 35; Urteil vom 3. 2. 1982, Rs 62 u. 63/81, *Seco* (Sozialversicherungsbeiträge), Slg. S. 223; Urteil vom 10. 2. 1982, Rs 76/81, *Transporoute* (öffentliche Aufträge), Slg. S. 417. Zum Fernsehen vgl. Urteil vom 30. 4. 1974, Rs 155/73, *Sacchi*, Slg. S. 409; Urteil vom 18. 3. 1980, Rs 52/79, *Debauve*, Slg. S. 833; Urteil vom 18. 3. 1980, 62/79; *Coditel I*, Slg. S. 881; Urteil vom 6. 10. 1982, Rs 262/81, *Coditel II*, Slg. S. 3381; Urteil vom 26. 4. 1988, Rs 352/85, *Bond van Adverteerders*, Slg. S. 2085.
[50] Vgl. die Nachweise zu den Art. 30 ff. in den oben Fn. 43 genannten Kommentaren zum EWG-Vertrag.
[51] Vgl. U. *Everling,* Sur la jurisprudence récente de la Cour de Justice en matière de libre préstation des services rendus dans d'autres Etats membres, Cah. dr. eur. 1984, 3.
[52] Urteil vom 17. 12. 1981, Rs 279/80, *Webb*, Slg. S. 3304, im folgenden zitiert Nr. 16, 17. Grundlegend auch Urteil vom 4. 12. 1986, Rs 205/84, *BR Deutschland* (Versicherungen), Slg. S. 3755. Vgl. ferner Urteil vom 5. 10. 1988, Rs 196/87, *Steymann* (Bhagwan-Sekte), Slg. S. 6159.

hingegen nicht, daß jede für die Staatsangehörigen dieses Staats geltende nationale Regelung, die normalerweise eine Dauertätigkeit von in diesem Staat ansässigen Unternehmen zum Gegenstand hat, in vollem Umfang auf zeitlich begrenzte Tätigkeiten angewandt werden könnte, die von in anderen Mitgliedstaaten ansässigen Unternehmen ausgeübt werden".

Der Gerichtshof führte dann unter Hinweis auf die frühere Rechtsprechung weiter aus, daß der

„freie Dienstleistungsverkehr als fundamentaler Grundsatz des Vertrags nur durch Regelungen beschränkt werden (darf), die durch das allgemeine Interesse gerechtfertigt sind und die für alle im Hoheitsgebiet des genannten Staats tätigen Personen oder Unternehmen verbindlich sind, und zwar nur insoweit, als dem Allgemeininteresse nicht bereits durch die Rechtsvorschriften Rechnung getragen ist, denen der Leistungserbringer in dem Staat unterliegt, in dem er ansässig ist".

2. Rechtsprechung zur Dienstleistungs-Richtlinie

Bereits die angeführten ersten Urteile des Gerichtshofs in diesem Bereich gaben der Diskussion über die Regelungen, die für Rechtsanwälte in der Gemeinschaft gelten sollten, neuen Auftrieb. Sie führten im Jahre 1977 zur Verabschiedung der Richtlinie 77/249 über die Dienstleistungen der Rechtsanwälte.[53] Die Richtlinie sieht im Kern vor, daß ein Rechtsanwalt, der in einem Mitgliedstaat zugelassen ist, in jedem anderen Mitgliedstaat in Form der Dienstleistung, also der vorübergehenden Tätigkeit, unter seiner heimischen Berufsbezeichnung und unter Berücksichtigung der im Heimatland wie im Tätigkeitsland geltenden Standesregeln die Vertretung eines Mandanten „im Bereich der Rechtspflege oder vor Behörden des Aufnahmestaates" unter den Bedingungen wahrnehmen kann, die für die in diesem Staat niedergelassenen Rechtsanwälte gelten.

Entsprechend einer in der Richtlinie enthaltenen Ermächtigung sah das Durchführungsgesetz von 1980 vor, daß der dienstleistende Anwalt an gerichtlichen Verfahren nur im Einvernehmen mit einem bei dem angerufenen Gericht zugelassenen Rechtsanwalt, der gegebenenfalls diesem Gericht gegenüber die Verantwortung trägt, handeln sollte.[54] Nach dem Gesetz sollte der Einvernehmensanwalt in dem konkreten Verfahren bevollmächtigt und in der mündlichen Verhandlung anwesend sein; das Einvernehmen sollte für jede einzelne Handlung

---

[53] Richtlinie 77/249 des Rates zur Erleichterung der tatsächlichen Ausübung des freien Dienstleistungsverkehrs der Rechtsanwälte, ABl. Nr. L 78/17. Dazu Gesetz vom 16. August 1980 zur Durchführung der Richtlinie des Rates der Europäischen Gemeinschaften vom 22. März 1977 zur Erleichterung der tatsächlichen Ausübung des freien Dienstleistungsverkehrs der Rechtsanwälte, BGBl. I 1453.

[54] Gesetz vom 16. 8. 1980 (Fn. 53).

nachgewiesen werden. Darüber und über einige andere Fragen kam es zu einem Vertragsverletzungsverfahren vor dem Gerichtshof, das mit dem bekannten Urteil vom 25. 2. 1988 endete.[55] In diesem Urteil entschied der Gerichtshof zunächst unter Hinweis auf das angeführte Urteil *Webb*, daß das Einvernehmen mit dem inländischen Anwalt von dem dienstleistenden Anwalt in Verfahren ohne Anwaltszwang nicht gefordert werden darf. Da die Parteien sich in Rechtsstreitigkeiten, in denen kein Anwaltszwang besteht, selbst vertreten oder die Vertretung einer anderen, nicht besonders qualifizierten Person anvertrauen können,

„können es Gesichtspunkte des Allgemeininteresses nicht rechtfertigen, daß in gerichtlichen Verfahren, in denen kein Anwaltszwang besteht, einem Rechtsanwalt, der in einem anderen Mitgliedstaat zugelassen ist und geschäftsmäßig Dienstleistungen erbringt, die Verpflichtung zu einvernehmlichem Handeln mit einem deutschen Rechtsanwalt auferlegt wird."

In dieser Begründung wird nicht berücksichtigt, daß Laienvertreter vor Gerichten ohne Anwaltszwang nur tätig werden dürfen, wenn sie fremde Rechtsangelegenheiten nicht geschäftsmäßig besorgen. Doch dieser Einwand läßt sich nicht mit Erfordernissen der Gerichtsverfahren begründen, denn für diese ist es unerheblich, ob ein Vertreter gelegentlich oder geschäftsmäßig auftritt. Insofern ist mit Recht festgestellt worden, daß dieser Teil des Urteils als indirekte Kritik am Rechtsberatungsgesetz gewertet werden kann, jedenfalls soweit es auf in anderen Mitgliedstaaten zugelassene Anwälte angewendet wird.[56] Der Gesetzgeber hat daraus bereits mit der Neufassung des § 206 BRAO die Folgerung gezogen.

Kern und Auslöser des Prozesses war die geschilderte Ausgestaltung des Einvernehmens zwischen dem dienstleistenden Rechtsanwalt und dem bei dem betreffenden Gericht zugelassenen Rechtsanwalt. Daß diese engherzige, kleinliche Regelung nicht haltbar war, wurde schon vor dem Prozeß prophezeit.[57]

Der Gerichtshof ging vom Sinn der Regelung aus. Die Verpflichtung, im Einvernehmen mit einem bei dem Gericht zugelassenen Rechtsanwalt zu handeln, soll dem dienstleistenden Rechtsanwalt

---

[55] Urteil vom 25. 2. 1988 (Fn. 5), im folgenden zitiert Nr. 14 sowie Nr. 23 ff. Vgl. dazu *B. Raczinski/D. Rogalla/E. Tomsche*, Die Freiheit des Dienstleistungsverkehrs der deutschen Rechtsanwälte in der Europäischen Gemeinschaft, AnwBl. 1989, 583; *W. Stefener*, EuGH-Dienstleistungsurteil, AnwBl. 1988, 367; *R. Zuck*, Freier Dienstleistungsverkehr der Rechtsanwälte, EuR 1988, 186; *A. Bleckmann*, Urteilsanm. JZ 1988, 509.
[56] Vgl. *R. Zuck*, aaO S. 188.
[57] Vgl. *H. Brangsch*, Grenzüberschreitende Dienstleistungen der Rechtsanwälte in der Europäischen Gemeinschaft, NJW 1981, 1177.

„die notwendige Unterstützung dafür geben, in einem anderen als dem ihm vertrauten Rechtssystem tätig zu werden; dem angerufenen Gericht soll sie die Gewähr dafür bieten, daß der dienstleistende Rechtsanwalt tatsächlich über diese Unterstützung verfügt und somit in der Lage ist, das geltende Verfahrensrecht und die geltenden Berufs- und Standesregeln voll und ganz einzuhalten."

Nach Ansicht des Gerichtshofs kann es den beiden beteiligten Rechtsanwälten überlassen bleiben, ihr Verhältnis untereinander zu regeln. Nach der Formulierung des Urteils ist davon auszugehen, daß die Rechtsanwälte,

„die beide den im Aufnahmemitgliedstaat geltenden Berufs- und Standesregeln unterliegen, in der Lage sind, gemeinsam unter Beachtung dieser Berufs- und Standesregeln und in Wahrnehmung ihrer beruflichen Selbständigkeit ihre Zusammenarbeit so zu gestalten, wie es dem ihnen anvertrauten Mandat angemessen ist."

Nach Ansicht des Gerichtshofs sind zwar die nationalen Gesetzgeber berechtigt, den allgemeinen Rahmen der Zusammenarbeit festzulegen, aber die dadurch begründeten Verpflichtungen dürfen

„nicht außer Verhältnis zu den mit der Pflicht zu einvernehmlichem Handeln verfolgten Zielen stehen, wie sie vorstehend beschrieben worden sind."

Das Urteil zog aus diesen Grundsätzen die Folgerung, daß die Regelungen des deutschen Rechts den Grundsatz der Verhältnismäßigkeit verletzten. Für das Gericht steht die Eigenverantwortung der beteiligten Rechtsanwälte im Mittelpunkt, wie es den Vorstellungen von einer freien und unabhängigen Berufsausübung durch den Rechtsanwalt entspricht. Sie müssen in erster Linie selbst entscheiden, wie sie die Interessen ihres Mandanten am besten und verantwortungsvoll wahrnehmen können.

Während die beiden bisher genannten Punkte im wesentlichen, wenn auch nicht einhellig,[58] hingenommen wurden, konzentriert sich die Diskussion auf die dritte Frage, die der Gerichtshof außer einigen weniger bedeutenden Nebenfragen ebenfalls zu entscheiden hatte. Es ging darum, ob die Dienstleistung eines in einem anderen Mitgliedstaat ansässigen Rechtsanwalts auch vor Gerichten gestattet werden muß, bei denen nach deutschem Recht nur die bei diesem Gericht zugelassenen Rechtsanwälte auftreten dürfen. Vor dem Gerichtshof wurde vor allem eingewandt, deutsche Rechtsanwälte könnten vor Gerichten, bei denen sie nicht zugelassen seien, auch nicht auftreten, und deshalb müsse der in anderen Mitgliedsstaaten ansässige Anwalt ebenso ausgeschlossen sein. Der Gerichtshof wiederholte dazu die angeführten Formulierungen des Urteils *Webb*, Art. 60 Abs. 3 EWGV impliziere nicht,

---

[58] Kritisch z.B. W. *Stefener* (Fn. 55) S. 372.

„daß jede für die Staatsangehörigen (des Aufnahmemitgliedstaates) geltende nationale Regelung, die normalerweise eine Dauertätigkeit von in diesem Staat ansässigen Personen zum Gegenstand hat, in vollem Umfang auf zeitlich begrenzte Tätigkeiten angewandt werden könnte, die von in anderen Mitgliedstaaten ansässigen Personen ausgeübt werden".[59]

Daraus zog er die Folgerung:

„Der in § 52 Abs. 2 der Bundesrechtsanwaltsordnung enthaltene Grundsatz der territorialen Ausschließlichkeit ist aber gerade Teil einer nationalen Regelung, die normalerweise eine Dauertätigkeit der im Gebiet des betreffenden Mitgliedstaates niedergelassenen Rechtsanwälte zum Gegenstand hat ... Hingegen befindet sich ein in einem anderen Mitgliedstaat niedergelassener dienstleistender Rechtsanwalt nicht in einer Situation, in der er bei einem deutschen Gericht zugelassen werden kann.

Unter diesen Umständen ist festzustellen, daß der Grundsatz der territorialen Ausschließlichkeit nicht auf zeitlich begrenzte Tätigkeiten von Rechtsanwälten angewendet werden kann, die in anderen Mitgliedstaaten niedergelassen sind, da für diese Anwälte insoweit rechtliche und tatsächliche Voraussetzungen gelten, die keinen Vergleich mit denjenigen erlauben, die auf die im Gebiet der Bundesrepublik Deutschland niedergelassenen Rechtsanwälte Anwendung finden."

Tragender Grund dieser Argumentation ist letztlich, daß die Dienstleistungsfreiheit in einem Mitgliedstaat, in dem das Auftreten vor bestimmten Gerichten den bei ihnen zugelassenen Anwälten vorbehalten ist, insoweit letztlich überhaupt ausgeschlossen wäre, wenn diese Voraussetzung auch gegenüber Anwälten, die in einem anderen Mitgliedstaat zugelassen sind, angewendet würde, denn diese können sie im ganzen Gebiet des betreffenden Mitgliedstaats nicht erfüllen. Das unterscheidet sie nach Ansicht des Gerichtshofs von dem inländischen Anwalt, der wenigstens bei einem Gericht des betreffenden Mitgliedstaats zugelassen ist und sich dort betätigen kann.

3. Folgerungen aus der Rechtsprechung

Der Bundesgesetzgeber hat inzwischen ein Änderungsgesetz zum Dienstleistungsgesetz verabschiedet, durch das die Folgerungen aus dem Urteil gezogen wurden.[60] Vor allem ist damit die Vorschrift entfallen, nach der sich der dienstleistende Anwalt von einem bei dem Gericht zugelassenen und im Verfahren bevollmächtigten Anwalt begleiten lassen und bei jeder Prozeßhandlung das Einvernehmen mit ihm nachweisen muß. Der Einvernehmensanwalt muß lediglich bei

---

[59] Urteil vom 25. 2. 1988 (Fn. 5), Nr. 40 sowie im folgenden Nr. 41 f.
[60] Erstes Gesetz vom 14. 3. 1990 zur Änderung des Gesetzes zur Durchführung der Richtlinie des Rates der Europäischen Gemeinschaften vom 22. März 1977 zur Erleichterung der tatsächlichen Ausübung des freien Dienstleistungsverkehrs der Rechtsanwälte, BGBl. I 479.

dem angerufenen Gericht zugelassen sein. Er ist verpflichtet, gegenüber den Dienstleistungsanwälten

„darauf hinzuwirken, daß sie bei der Vertretung oder Verteidigung die Erfordernisse einer geordneten Rechtspflege beachten."

Außerdem wird gegenüber einer gewissen Zweideutigkeit des Urteils klargestellt, daß ein Vertragsverhältnis zwischen dem Einvernehmensanwalt und dem Mandanten nur zustande kommt, wenn es besonders vereinbart ist. Das Einvernehmen ist bei der ersten Handlung dem Gericht gegenüber schriftlich nachzuweisen. Ferner wird klargestellt, daß Beschränkungen, die sich aus dem Erfordernis der Zulassung bei einem bestimmten Gericht ergeben, für den Dienstleistungsanwalt nur bei der Vertretung vor dem Bundesgerichtshof gelten (§ 3 Abs. 1). Die vom Gerichtshof beanstandete Verweisung auf § 52 Abs. 2 BRAO ist beibehalten worden, allerdings ohne die bisherige Bezugnahme auf den Fall der Vertretung durch Rechtsanwälte, die bei dem angerufenen Gericht zugelassen sind (§ 4 Abs. 4). Vor Oberlandesgerichten, bei denen Singularzulassung nach § 25 BRAO gilt, darf der Dienstleistungsanwalt nur auftreten, wenn er nicht im ersten Rechtszug Prozeßbevollmächtigter war.

Mit der Verabschiedung des Gesetzes wird den wichtigsten Forderungen des Urteils entsprochen. Für die Praxis sind damit aber noch nicht alle Probleme gelöst.[61]

Zunächst wird weiter diskutiert werden, wie das Einvernehmen konkret herzustellen ist. Nach der Vorstellung des Gerichtshofs sollen die beteiligten Anwälte in eigener Verantwortung klären, wie weit der Einvernehmensanwalt sich im Verfahren einschalten muß. Das wird vom konkreten Fall, von der Erfahrung des dienstleistenden Anwalts vor deutschen Gerichten und von der Natur der zu erörternden Rechtsfragen abhängen. In der Regel wird es im Interesse des dienstleistenden Anwalts und seines Mandanten liegen, sich weitgehend der Unterstützung seines ortsansässigen Kollegen, der mit den lokalen Besonderheiten vertraut ist, zu bedienen.

Bedeutung wird diese Frage vor allem dann gewinnen, wenn nach der Verantwortung für unterlassene oder nicht sachgemäße Prozeßhandlungen gefragt wird. Abstrakt läßt sich das kaum beantworten, insbesondere ist nur im Einzelfall zu beurteilen, wann eine Verletzung der Verpflichtung des Einvernehmensanwalts vorliegt, auf die Beachtung der Erfordernisse einer geordneten Rechtspflege durch den Dienstleistungsanwalt hinzuwirken, und ob sich der Einvernehmensanwalt gegebenenfalls sogar gegen den Willen des Dienstleistungsanwalts einschalten muß. Solche Konflikte werden sicher nur

---

[61] Vgl. G. *Commichau*, Fragen zum Europäischen Anwaltsrecht, IPRax 1989, 12.

in extremen Ausnahmefällen eintreten. Eine Haftung des Einvernehmensanwalts gegenüber dem Mandanten dürfte wohl nicht bestehen, sofern nicht ein Vertragsverhältnis mit ihm besonders begründet wird.

Es dürfte nicht zu beanstanden sein, daß die vom Gerichtshof kritisierte Verweisung auf § 52 Abs. 2 BRAO nicht gestrichen worden ist. Die Formulierung ist zwar nicht ganz klar, weil sie als Einschränkung der Regel verstanden werden könnte, nach der die Beschränkungen der Vertretungsbefugnis auf bei dem angerufenen Gericht zugelassene Anwälte für den dienstleistenden Anwalt nur für die Vertretung vor dem Bundesgerichtshof gilt. Nach der amtlichen Begründung soll die Verweisung aber gerade für diesen Fall des Auftretens vor dem Bundesgerichtshof gelten.[62] In dieser Auslegung ist die Bestimmung mit dem Urteil vereinbar und dient den Interessen der dienstleistenden Rechtsanwälte.

Diskutiert wird die Frage, ob die Anwälte aus anderen Mitgliedstaaten auch vor Oberlandesgerichten, vor denen Singularzulassung besteht, und dem Bayerischen Oberlandesgericht auftreten dürfen. Das dürfte durch das Urteil eindeutig beantwortet sein, denn es enthält, anders als für den Bundesgerichtshof, insoweit keine Ausnahme. Das Gesetz geht deshalb mit Recht von dieser Auffassung aus, schließt aber das Auftreten in Verfahren aus, in denen der dienstleistende Anwalt bereits im ersten Rechtszug Prozeßbevollmächtigter war.

Diese Regelung erscheint sachgerecht, denn zur objektiven Beurteilung der Chancen eines Rechtmittels und der vorzutragenden Argumente kann es zweckdienlich sein, einen neuen Anwalt einzuschalten. Jedenfalls erscheint es nicht unverhältnismäßig, wenn ein Gesetzgeber dies so beurteilt, selbst wenn in anderen Mitgliedstaaten oder sogar in einigen Regionen desselben Mitgliedstaates traditionell eine andere Beurteilung vorgenommen wird, denn gerade beim Anwaltsrecht spielen traditionelle Auffassungen eine besondere Rolle. Der den Mitgliedstaaten zustehende Beurteilungsspielraum dürfte eine derartige unterschiedliche Bewertung in verschiedenen Teilen eines Mitgliedstaates zulassen.

In diesem Zusammenhang stellt sich auch die Frage, wie die Dienstleistungs-Richtlinie in den Mitgliedstaaten anzuwenden ist, in denen die Aufteilung zwischen Barrister und Solicitor sowie avoué (procuratore) und avocat noch eine Rolle spielt.[63] Die Richtlinie sieht vor, daß der dienstleistende Anwalt im Einvernehmen entweder mit einem

---

[62] BT-Drucks. 11/4793.
[63] Vgl. *J. Herbots*, L'ávocat européen de service face au principe de la territorialité de la postulation, Cah.dr.eur. 1988, 508. Vgl. dazu die Angaben im Anhang.

bei dem betreffenden Gericht zugelassenen Anwalt oder mit einem avoué oder procuratore handeln kann. Daraus ergibt sich, daß er nicht auf die Handlungen beschränkt ist, die dem Einvernehmensanwalt gestattet sind. Er darf also z. B. dann, wenn er im Einvernehmen mit einem französischem avoué handelt, der bei einer Cour d'appel zugelassen ist, auch vor Gericht plädieren, was dem avoué nicht gestattet ist. Das folgt aus dem Sinn der Einvernehmensregelung, die Erfordernisse der Rechtspflege sicherzustellen. Gerade für sie, nämlich für die Prozeßhandlungen, ist aber der avoué zuständig. Der Dienstleistungsanwalt ist in diesem Falle nach dem Urteil des Gerichtshofs auch befugt, die Prozeßhandlungen selbst vorzunehmen.

Anders dürfte es sein, wenn der dienstleistende Anwalt im Einvernehmen mit einem am Gericht zugelassenen Anwalt tätig wird, der nicht über die Befugnisse eines avoué oder procuratore verfügt. In diesem Fall führen wohl die Interessen der Rechtspflege dazu, daß ohne das Einvernehmen mit dem Anwalt, der deren Belange zu wahren hat, nicht gehandelt werden darf. Das englische Recht sieht vor, daß der dienstleistende Anwalt, der im Einvernehmen mit einem Solicitor handelt, dessen Befugnisse besitzt, während er auf die Tätigkeit des Barristers beschränkt ist, wenn er im Einvernehmen mit einem solchen tätig wird.[64] Über alle diese Fragen wird es sicher noch Auseinandersetzungen geben.[65]

Weitere Probleme können sich in der Praxis aus der Regelung der Richtlinie ergeben, nach der der dienstleistende Anwalt „die Standesregeln des Aufnahmestaats neben den ihm im Herkunftsstaat obliegenden Verpflichtungen" einhalten soll. Das dürfte dahin zu verstehen sein, daß der dienstleistende Anwalt den Regeln des Tätigkeitsstaats voll unterworfen ist und die des Herkunftsstaats im Kollisionsfall zurücktreten. Er darf also beim Auftreten vor Gericht, beim Umgang mit Mandanten und bei der Gebührenerhebung nicht in einer weise handeln, die im Tätigkeitsstaat als rechts- oder standeswidrig gilt, selbst wenn es im Herkunftsstaat erlaubt und üblich ist. Konflikte können dann auftreten, wenn ein im Tätigkeitsstaat vorgeschriebenes oder übliches Verhalten im Herkunftsstaat verboten ist oder umgekehrt.

In solchen Fällen muß dem Recht am Ort der Tätigkeit der Vorrang eingeräumt werden, denn nach der Richtlinie soll der dienstleistende Anwalt dem inländischen Anwalt bei der Berufsausübung gleichstehen, soweit sich nicht aus dem vorübergehenden Charakter der Tätigkeit etwas anderes ergibt.[66]

---

[64] Vgl. Anhang Fn. 51.
[65] Vgl. die Klage gegen Frankreich (Anhang Fn. 15).
[66] Das dürfte insbesonderte Art. 4 Abs. 4 der Richtlinie ergeben, der allerdings Ein-

Schwierig ist die Lage zu beurteilen, wenn ein im Tätigkeitsstaat erlaubtes und übliches Verhalten im Herkunftsstaat standeswidrig ist. Auch in diesem Fall müssen wohl die Regeln des ersteren angewendet werden können, denn sonst ist der Anwalt nicht wettbewerbsfähig. Anderes gilt nur, wenn das Verhalten auch Auswirkungen im Herkunftsstaat hat.

So wird etwa ein in der Bundesrepublik zugelassener Rechtsanwalt bei seiner Dienstleistungstätigkeit in England in derselben Weise mit seiner Fachkenntnis werben können wie ein englischer Solicitor, ohne daß ihn die deutsche Standesaufsicht belangen kann. Ebenso wird er in Italien für den Fall des Erfolges ein Zusatzhonorar vereinbaren können, obwohl ihm das nach deutschem Berufs- und Standesrecht untersagt ist. Zweifel können insbesondere entstehen, wenn der Ort der Vereinbarung und der Ort der Tätigkeit auseinanderfallen. Dann dürfte es auf letzteren ankommen.

Um derartige Kollisionen möglichst zu vermeiden, hat der Zusammenschluß der Anwaltsorganisationen in der Gemeinschaft, CCBE, 1988 Standesregeln angenommen, die von allen Rechtsanwälten angewendet werden sollen, die Dienstleistungen nach der Richtlinie erbringen.[67]

Diese Regeln sind nicht verbindlich, sie geben lediglich die gemeinsame Auffassung der Anwaltsorganisationen wieder. Immerhin wird man aber einem dienstleistenden Anwalt, der sich an sie hält, schwerlich standeswidriges Verhalten vorwerfen können. Insofern erhöhen sie die Rechtssicherheit. Sie befreien den Anwalt aber nicht davon, Rechtsvorschriften, die ihnen etwa entgegenstehen, zu beachten. Die Standesregeln sind im übrigen auch deshalb von Bedeutung, weil sie gemeinsame Auffassungen der Anwaltschaft in der Gemeinschaft widerspiegeln und damit ein Ansatz für weitere Angleichungsprozesse sind.

---

schränkungen nach dem Grundsatz der Verhältnismäßigkeit vorsieht. Vgl. zu vergleichbaren Problemen VG Schleswig, NJW 1989, 1176, und dazu *V. Willemsen*, Die verwaltungs- und standesrechtliche Stellung des auch im Ausland zugelassenen deutschen Rechtsanwalts oder Rechtsbeistandes, NJW 1989, 1128.

[67] Standesregeln der Rechtsanwälte der Europäischen Gemeinschaft, angenommen am 28. 10. 1988 von den Delegationen der zwölf Mitgliedstaaten im Rat der Anwaltschaften der Europäischen Gemeinschaft CCBE, Beihefter zu Heft 3/89 der BRAK-Mitt., ferner AnwBl. 1989, 647. Dazu *H. Weil*, Standesregeln in der Europäischen Gemeinschaft – Warum?, AnwBl. 1988, 632; *K. Schmalz*, Europäisches Standesrecht, BRAK-Mitt. 1989, 165; *A. Braun*, Code de déontologie des avocats de la Communauté européenne, J. de Tribunaux 1989, 469.

4. Abgrenzung der Dienstleistungen von der Niederlassung

Schließlich wirft die Dienstleistungs-Richtlinie die Frage nach der Abgrenzung zum Niederlassungsrecht auf, denn dieses ist, wie noch zu zeigen ist, im Vertrag anders geregelt.

Dem Vertrag läßt sich dazu entnehmen, daß beim Niederlassungsrecht nach Art. 52 EWGV der Mittelpunkt der Erwerbstätigkeit von einem Mitgliedstaat in einen anderen verlagert oder dort eine dauerhafte sekundäre Niederlassung begründet wird. Bei den Dienstleistungen behält nach Art. 59, 60 EWGV der Erwerbstätige seinen gewerblichen Mittelpunkt in einem Mitgliedstaat bei und wird von diesem aus in einem anderen Mitgliedstaat „vorübergehend" tätig, ohne dort eine Niederlassung, etwa in Form einer Zweigniederlassung oder Agentur zu gründen.[68]

Wann eine Tätigkeit „vorübergehend" ausgeübt wird, ist abstrakt schwer zu bestimmen und hängt von der Art ab, in der der Erwerbstätige in dem Herkunftsstaat verwurzelt bleibt und sich im Aufnahmestaat einrichtet. Ein wesentliches Kriterium bildet die Dauer der Tätigkeit. Die Richtlinie über die Einreise und den Aufenthalt[69] sieht in Art. 4 Abs. 2 EWGV vor, daß

„für Leistungserbringer ... das Aufenthaltsrecht der Dauer der Leistung (entspricht). Übersteigt diese Dauer drei Monate, so stellt der Mitgliedstaat, in dem die Leistung erbracht wird, zum Nachweis dieses Rechts eine Aufenthaltserlaubnis aus."

Die Richtlinie geht also davon aus, daß der Zeitraum, der als „vorübergehend" durch die Dienstleistungsfreiheit gedeckt wird, durch die Dauer bestimmt wird, die für die Erbringung der Leistung erforderlich ist. Wie der Text zeigt, können dabei auch drei Monate überschritten werden. Vor allem bei Bauleistungen kommt das in Betracht.

Dienstleistungen der Rechtsanwälte werden in der Regel nur kurz sein, wenn auch Ausnahmen, etwa bei umfangreichen Strafverfahren, vorkommen mögen. Doch im allgemeinen wird der ausländische Anwalt nur zu einer wenige Stunden dauernden Beratung oder Verhandlung anreisen und dann wieder in den Mitgliedstaat, in dem er seine Residenz hat, zurückkehren. Die Tätigkeit ist dann wirklich vorübergehend, aber sie kann jederzeit wiederholt werden. Es fragt sich, ob ein Rechtsanwalt, der öfter oder gar ständig gezielt von seiner Kanzlei

---

[68] P. Troberg (Fn. 43), Art. 52, Anm. 2.
[69] Richtlinie 73/148 vom 21. 5. 1973 zur Aufhebung der Reise- und Aufenthaltsbeschränkungen für Staatsangehörige der Mitgliedstaaten innerhalb der Gemeinschaft auf dem Gebiet der Niederlassung und des Dienstleistungsverkehrs, ABl. Nr. L 172/14.

in einem anderen Mitgliedstaat aus im Bundesgebiet Mandanten berät und gerichtlich oder außergerichtlich vertritt, noch unter die erleichterten Regelungen für Dienstleistungserbringer fällt, insbesondere also keiner inländischen Zulassung aufgrund einer abgelegten oder anerkannten Prüfung bedarf. Die einzelne Dienstleistung ist in diesem Fall nämlich vorübergehend, aber das Gesamtbild stellt sich anders dar und nähert sich der Niederlassung an.

Diese Frage ist seit jeher gestellt worden,[70] aber im wesentlichen noch immer ungeklärt. Der Gerichtshof hat bereits im Urteil *van Binsbergen* dazu Hinweise gegeben. Dort heißt es im Anschluß an die bereits zitierte Formulierung, nach der die durch das Allgemeininteresse gerechtfertigten Regelungen des Aufnahmestaates auf die Tätigkeit des Dienstleistungserbringers angewendet werden können, wie folgt:[71]

„Ferner kann einem Mitgliedstaat nicht das Recht zum Erlaß von Vorschriften abgesprochen werden, die verhindern sollen, daß der Erbringer einer Leistung, dessen Tätigkeit ganz oder vorwiegend auf das Gebiet dieses Staates ausgerichtet ist, sich die durch Artikel 59 garantierte Freiheit zu nutze macht, um sich den Berufsregelungen zu entziehen, die auf ihn Anwendung fänden, wenn er im Gebiet dieses Staates ansässig wäre; denn es ist denkbar, daß auf einen solchen Fall nicht das Kapitel über die Dienstleistungen, sondern das über das Niederlassungsrecht anwendbar wäre."

Hier wird also die Möglichkeit angedeutet, daß bei einer wiederholt und dauerhaft ausgeübten Dienstleistung das Kapitel über das Niederlassungsrecht angewendet werden kann, obwohl keine Niederlassung im Tätigkeitsland begründet wird. Die Umgehungsabsicht wird dabei als Motiv genannt, sie kann aber wohl nicht Voraussetzung sein, denn es kommt auf den objektiven Tatbestand an.

Die Formulierung wurde im Urteil *Coenen* wiederholt, wobei erneut die Befugnis, die Umgehung der innerstaatlichen Vorschriften zu verhindern, hervorgehoben und nicht nur die Anwendung der Niederlassungsregelung unter Annahme einer fiktiven Niederlassung, sondern sogar die Forderung nach Begründung eines Wohnsitzes im Tätigkeitsland als zulässig angesehen wurde, wenn eine weniger einschränkende Regelung nicht ausreicht.[72] Es heißt dort im Anschluß an die zitierte Formulierung des Urteils *van Binsbergen*:

„Doch ist das Erfordernis eines Wohnsitzes in dem Mitgliedstaat, in dem die Leistung erbracht wird, nur ausnahmsweise zulässig, wenn der Mitgliedstaat keine weniger einschränkenden Maßnahmen ergreifen kann, um die Beachtung der in Frage stehenden Bestimmungen sicherzustellen."

---

[70] *U. Everling* (Fn. 37) S. 19.
[71] Urteil *van Binsbergen* (Fn. 48) Nr. 13.
[72] Urteil vom 26. 11. 1975, Rs 39/75, *Coenen*, Slg. S. 1547, Nr. 9.

Die Kriterien für die Abgrenzung bleiben aber weiterhin unklar. Dazu sind Hinweise dem Urteil über die Dienstleistungen der Versicherungen zu entnehmen, in dem es u. a. darum ging, ob der Mitgliedstaat, in dem die Leistung erbracht wird, eine inländische Niederlassung gemäß seinem Versicherungsaufsichtsrecht verlangen kann.[73] Der Gerichtshof stellte dazu fest,

„daß ein Versicherungsunternehmen eines anderen Mitgliedstaates, das in dem betreffenden Mitgliedstaat eine ständige Präsenz aufrechterhält, den Bestimmungen des Vertrages über das Niederlassungsrecht unterliegt, auch wenn diese Präsenz nicht die Form einer Zweigniederlassung oder einer Agentur angenommen hat, sondern lediglich durch ein Büro wahrgenommen wird, das von dem eigenen Personal des Unternehmens oder von einer Person geführt wird, die zwar unabhängig, aber beauftragt ist, auf Dauer für dieses Unternehmen wie eine Agentur zu handeln. In Anbetracht der Definition des Artikels 60 Absatz 1 kann sich ein solches Versicherungsunternehmen daher hinsichtlich seiner Tätigkeit in dem betreffenden Mitgliedstaat nicht auf die Artikel 59 und 60 berufen."

Im Anschluß daran wiederholte der Gerichtshof die Formel aus dem Urteil *van Binsbergen* und wies darauf hin, daß ein Fall, in dem ein Dienstleistungserbringer seine Tätigkeit ganz oder vorwiegend auf das Gebiet des Staates ausrichtet, in dem er tätig wird, nach dem Kapitel über das Niederlassungsrecht und nicht nach dem über die Dienstleistungen beurteilt werden kann.

Versucht man, daraus Folgerungen für die Rechtsanwälte zu ziehen, so erscheint zunächst der Fall eindeutig, in dem ein an der Grenze niedergelassener Rechtsanwalt in einem anderen Mitgliedstaat ständig und dauerhaft vor Gericht auftritt. Ebenso ist der Fall eindeutig, in dem der dienstleistende Anwalt in dem Mitgliedstaat, in dem er tätig wird, eine „ständige Präsenz" unterhält, also einen Mittelpunkt für seine Tätigkeit im Mitgliedstaat der Dienstleistungen, wofür sich besonders das Büro des Rechtsanwalts anbietet, mit dem er jeweils Einverständnis herstellt.

In diesen Fällen kann die Anwendung der Niederlassungsbestimmungen des Vertrages und damit des Rechts des Aufnahmelandes verlangt werden. Das hat zur Folge, daß eine Zulassung bei einem inländischen Gericht mit Residenz in dessen Bezirk und folglich auch der Nachweis des im Inland geforderten Examens oder eines als gleichwertig anerkannten Befähigungsnachweises gefordert werden kann.

Schwierig ist die Lage aber zu beurteilen, wenn ein in einem Mitgliedstaat zugelassener Anwalt häufig, aber nicht gezielt und ständig

---

[73] Urteil vom 4. 12. 1986, Rs 205/84, *Bundesrepublik Deutschland*, Slg. S. 3755, Nr. 21. *A. Bleckmann*, Urteilsanm. JZ 1988, 511, sieht nach dem Dienstleistungsurteil derartige Ansichten als „nicht mehr vertretbar" an.

vor Gerichten eines anderen Mitgliedstaates auftritt. Dann läßt sich nicht ohne weiteres sagen, daß er die Bestimmungen über die Niederlassung umgeht, und der Nachweis über sein wiederholtes Auftreten wird oft schwierig sein. Interessant ist dazu die spanische Regelung, nach der die Dienstleistungen auf fünf pro Jahr beschränkt werden und eine zentrale Überwachung eingerichtet ist.[74] Diese Begrenzung ist außerordentlich eng, und es ist verwunderlich, daß die Kommission dagegen noch nicht vorgegangen ist.[75]
Eine derartige Regelung dürfte nicht zu empfehlen sein. In den erwähnten krassen Fällen kann die zuständige Stelle auch ohne gesetzliche Regelung tätig werden und eine inländische Zulassung verlangen. In den übrigen Fällen ist zweifelhaft, ob wirklich ein Bedürfnis für ein Eingreifen und sogar für ein aufwendiges Überwachungssystem besteht. Bei den Dienstleistungen wird es sich, abgesehen von den Problemen an der Grenze, immer nur um Ausnahmefälle handeln, und an der Grenze arbeiten die Rechtsanwälte ohnedies zusammen und sind an einer Öffnung interessiert. Jedenfalls sollte zunächst die weitere Entwicklung abgewartet werden, bevor nach gesetzgeberischen Eingriffen gerufen wird.

---

[74] Real Decreto 607/1986 vom 21. 3. 1986, BOE núm 78 v. 1. 4. 1986, i. d. F. des Real Decreto 1062/1988 v. 16. 9. 1988, BOE núm 227 v. 21. 9. 1988.
[75] Vgl. C. *Schlitz*, Quel avocat pour l'Europe du XXIe siècle?, in: Diagonales à travers le droit luxembourgeois, Luxembourg 1986, S. 653, 665.

III. Das Niederlassungsrecht der Rechtsanwälte in der Gemeinschaft

1. Grundsätze der Rechtsprechung des Gerichtshofs

Anders als bei den Dienstleistungen war es lange Zeit unbestritten, daß das Niederlassungsrecht auf dem Grundsatz der Inländerbehandlung beruht und ein weitreichendes Diskriminierungsverbot begründet,[76] so wie es das Allgemeine Programm nach Art. 54 EWGV formulierte.[77] Eine solche Regelung erschien allein angemessen. Wenn sich der Angehörige eines Mitgliedstaates dauerhaft in einem anderen Mitgliedstaat niederläßt, um eine Erwerbstätgkeit auszuüben, muß er auch die dort von Inländern geforderten Voraussetzungen für den Zugang zur Tätigkeit erfüllen und die dort bestehenden Regeln für die Berufsausübung beachten. Schwierigkeiten, die sich dabei in der Praxis für ihn ergeben, sollen durch die gegenseitige Anerkennung der Diplome und die Koordinierung der Berufsregelungen nach Art. 57 EWGV gemindert werden.

Auch der Gerichtshof ließ lange Zeit keine Zweifel an dieser Auslegung erkennen. Er äußerte sich dazu erstmals in dem bereits zitierten Urteil *Reyners*, in dem er feststellte, daß Art. 52 EWGV seit Ende der Übergangszeit unmittelbar anwendbar ist und Rechte der Einzelnen begründet sowie daß die Rechtsanwälte in die Regelungen des Vertrages einbezogen sind.[78] Er ging in der Begründung davon aus, daß Inhalt des Niederlassungsrechts nach Art. 52 EWGV die Inländerbehandlung ist. Diese hat der Gerichtshof im Urteil *Thieffry*[79] im Jahre 1977 dahin präzisiert, daß

„nicht nur die offensichtlichen Diskriminierungen, sondern auch alle versteckten Diskriminierungen beseitigt werden."

Er hat ferner auf Art. 57 EWGV hingewiesen, der

„die Niederlassungsfreiheit mit der Geltung durch das Allgemeininteresse gerechtfertigter Berufsregelungen – namentlich der Vorschriften über Organisation, Befähigung, Standespflichten, Kontrolle, Verantwortlichkeit und Haftung – im Einklang bringen soll, vorausgesetzt deren Anwendung erfolgt ohne Diskriminierungen."

---

[76] Vgl. U. *Everling* (Fn. 37).
[77] Vgl. oben bei Fn. 45.
[78] Urteil *Reyners* vom 21. 6. 1974 (Fn. 40); ebenso Urteil vom 28. 6. 1977, Rs 11/77, *Patrick*, Slg. S. 1199; Urteil vom 7. 2. 1979, Rs 136/78, *Auer*, Slg. S. 437.
[79] Urteil vom 28. 4. 1977, Rs 71/76, *Thieffry*, Slg. S. 765, Nr. 13 sowie im Text folgend Nr. 12. Zur mittelbaren Diskriminierung vgl. Urteil vom 28. 11. 1978, Rs 16/78, *Choquet*, Slg. S. 2293.

In diesen Formulierungen wird davon ausgegangen, daß Hindernisse, die sich aus den unterschiedlichen Berufsregelungen ergeben, nicht automatisch wegfallen, sondern durch gegenseitige Anerkennung der Diplome oder durch Rechtsangleichung beseitigt werden sollen.

Eine gewisse Erweiterung der Inländerbehandlung brachten 1979 die Urteile *Knoors* und *Auer*, in denen die Mitgliedstaaten verpflichtet wurden, auch bei eigenen Staatsangehörigen die in anderen Mitgliedstaaten erworbenen, von ihnen als gleichwertig anerkannten Befähigungsnachweise zu berücksichtigen.[80]

Neue Entwicklungen wurden erst durch das Urteil *Klopp* im Jahre 1984 eingeleitet.[81] In diesem Fall ging es um die Zulassung eines deutschen Anwalts in Paris, der die in Frankreich erforderlichen Befähigungsnachweise besaß, aber seine Zulassung und Kanzlei in der Bundesrepublik mit Zustimmung der zuständigen Rechtsanwaltskammer beibehalten wollte. Dies sah die zuständige französische Anwaltskammer als nicht vereinbar mit den nationalen Regelungen an. Danach darf ein Rechtsanwalt nur eine einzige Kanzlei unterhalten, und diese muß sich im Bezirk des Gerichts befinden, bei dem die Anwaltskammer, der er angehört, besteht. Der Gerichtshof entschied auf Vorlage der französischen Cour de Cassation, daß es nach Art. 52 EWGV den zuständigen Stellen eines Mitgliedstaats verwehrt sei,

„einem Staatsangehörigen eines anderen Mitgliedstaats das Recht auf Zugang zum Rechtsanwaltsberuf nur deswegen zu versagen, weil der Betroffene eine Rechtsanwaltskanzlei in einem anderen Mitgliedstaat unterhält."

In der Begründung stellte der Gerichtshof zunächst fest, nach Art. 52 Abs. 2 EWGV stehe es

„jedem Mitgliedstaat in Ermangelung besonderer gemeinschaftsrechtlicher Vorschriften in diesem Bereich frei, die Ausübung des Rechtsanwaltsberufs für sein Hoheitsgebiet zu regeln."

Nach Ansicht des Gerichtshofs bedeutet dieser Grundsatz jedoch nicht,

„daß einem Rechtsanwalt durch die Rechtsvorschriften eines Mitgliedstaats vorgeschrieben werden kann, im gesamten Gebiet der Gemeinschaft nur eine einzige Kanzlei zu unterhalten. Eine solche einschränkende Auslegung hätte nämlich zur Folge, daß ein Rechtsanwalt, der sich einmal in einem bestimmten Mitgliedstaat niedergelassen hat, die Freiheitsrechte des Vertrages zur Niederlassung in einem anderen Mitgliedstaat nur

---

[80] Urteil vom 7. 2. 1979, Rs 115/78, *Knoors*, Slg. S. 399; Urteil *Auer* (Fn. 78).
[81] Urteil vom 12. 7. 1984, Rs 107/83, *Klopp*, Slg. S. 2971. Vgl. dazu *C. Borgreve*, Mehrfache Zulassung eines Rechtsanwalts im Bereich der Europäischen Gemeinschaft, RIW 1984, 988; *R. Zuck*, Internationales Anwaltsrechts, NJW 1987, 3033; *A. Brunois*, Après l'arret Klopp – état des prestations de service et des établissements des avocats en Europe, Rev.trim.dr.eur. 1985, 65.

noch in Anspruch nehmen könnte, wenn er seine bereits bestehende Niederlassung aufgeben würde."[82]

Das folgt der Gerichtshof daraus, daß das Niederlassungsrecht auch die Gründung von Zweigniederlassungen vorsieht. Dabei billigt er dem Aufnahmemitgliedstaat das Recht zu,

„den in seinem Hoheitsgebiet zugelassenen Rechtsanwälten im Interesse einer geordneten Rechtspflege vorzuschreiben, ihre Tätigkeit so auszuüben, daß sie ausreichenden Kontakt zu ihren Mandanten und zu den Gerichten unterhalten und daß sie die Standesregeln beachten."

Er ist jedoch der Meinung, daß dies nicht zu einem Hindernis für die tatsächliche Ausübung des durch den Vertrag gewährleisteten Niederlassungsrechts führen darf, und stellt fest,

„daß der heutige Stand des Verkehrs- und Fernmeldewesens es durchaus ermöglicht, den Kontakt zu den Gerichten und den Mandanten in geeigneter Weise sicherzustellen. Auch steht eine Zweitkanzlei in einem anderen Mitgliedstaat nicht der Anwendung der Standesregeln im Aufnahmemitgliedstaat entgegen."

Der Wortlaut der Begründung zeigt, daß der Gerichtshof das interne Recht der Mitgliedstaaten nicht in Frage stellt. Die Mitgliedstaaten sind also auch weiterhin berechtigt, innerhalb ihres Hoheitsgebiets zu verlangen, daß der zugelassene Rechtsanwalt nur eine Kanzlei unterhält und nur bei einem Gericht auftritt. Der Gerichtshof hält es aber für unzulässig, diese Regel über das Hoheitsgebiet eines Mitgliedstaats hinaus in einen anderen auszudehnen und zu verlangen, daß der betreffende Rechtsanwalt seine in diesem gelegene Kanzlei aufgibt.

Diese vom Gerichtshof entwickelten Grundsätze sind Ausfluß des weit verstandenen Diskriminierungsverbots, denn der in einem anderen Mitgliedstaat zugelassene Anwalt wäre gegenüber dem im Aufnahmeland zugelassenen benachteiligt, wenn ihm bei Beibehaltung seiner Zulassung im Herkunftsland eine Niederlassung im Aufnahmeland überhaupt verschlossen wäre. Zur Gleichstellung des Anwalts aus einem anderen Mitgliedstaat mit dem im Aufnahmeland zugelassenen Anwalt ist es erforderlich, aber auch ausreichend, wenn er das Verbot einer zweiten Niederlassung innerhalb dieses Staates beachten muß. Es wäre überdies unverhältnismäßig, wenn der Aufnahmestaat die Aufgabe der Zulassung im Herkunftsland verlangen würde, denn die Erfordernisse einer ordentlichen Rechtspflege werden durch sie nicht beeinträchtigt, wie der Gerichtshof dargelegt hat. Es würde vielmehr eine Zugangsschranke für die Berufstätigkeit errichtet, die den Vertragszielen widersprechen würde.

---

[82] Urteil *Klopp*, Nr. 17, 18 sowie im folgenden Nr. 20, 21.

2. Neuere Entwicklung der Rechtsprechung

In der Folgezeit hat der Gerichtshof eine ganze Reihe von Urteilen erlassen, in denen er Art. 52 EWGV als Diskriminierungsverbot angewendet hat. Dabei hat er dieses weit verstanden, also auch mittelbare Behinderungen wie die Benachteiligung bei der Zuteilung von Sozialwohnungen oder Krediten, bei der Einbeziehung in die Sozialversicherung oder bei der Zulassung zu Kammern beanstandet. So formuliert der Gerichtshof etwa im letzten einschlägigen Urteil dieser Art vom 5. Dezember 1989, daß

„das Prinzip der Gleichbehandlung, deren besonderer Ausdruck die Art. 52 und 59 des Vertrages sind, nicht nur offensichtliche Diskriminierungen aufgrund der Staatsangehörigkeit verbietet, sondern auch alle versteckten Formen der Diskriminierung, die durch die Anwendung anderer Unterscheidungsmerkmale tatsächlich zu dem gleichen Ergebnis führen."[83]

Nur in wenigen Fällen befaßte sich der Gerichtshof mit der Frage, ob über das Diskriminierungsverbot hinausgegangen werden müsse. In einem Vertragsverletzungsverfahren gegen *Frankreich* im Jahre 1986 ging es um eine ähnliche Konstellation wie im Fall *Klopp*. Das französische Recht verlangte von den in anderen Mitgliedstaaten niedergelassenen Ärzten und Zahnärzten, daß sie ihre dortige Zulassung rückgängig machten, wenn sie in Frankreich selbständig oder unselbständig tätig werden wollten. Der Gerichtshof sah dies als vertragswidrig an.[84] Er ging von dem Grundsatz aus,

„daß die Staatsangehörigen eines Mitgliedstaates, die ihre Berufstätigkeit in einem anderen Mitgliedstaat ausüben, dort die Vorschriften zu beachten haben, denen die Ausübung des betreffenden Berufs in diesem Mitgliedstaat unterliegt."

Diesen Grundsatz schränkte der Gerichtshof jedoch wesentlich ein:

„Führen diese Vorschriften jedoch zur Beschränkung der Freizügigkeit der Arbeitnehmer, der Niederlassungsfreiheit und des freien Dienstleistungsverkehrs innerhalb der Gemeinschaft, so sind sie mit dem EWG-Vertrag nur vereinbar, wenn die in ihnen

---

[83] Urteil vom 5. 12. 1989, Rs C–3/88, *Italien*, noch nicht in Slg., Nr. 8; vgl. ferner Urteil vom 18. 6. 1985, Rs 197/84, *Steinhauser* (Ausschreibung von Künstlerwohnungen), Slg. S. 1819; Urteil vom 28. 1. 1986, Rs 270/83, *Frankreich* (Besteuerung von Zweigniederlassungen), Slg. S. 273; Urteil vom 10. 7. 1986, Rs 79/85, *Segers* (Krankenversicherung des Geschäftsführers), Slg. S. 2375; Urteil vom 12. 11. 1987, Rs 198/86, *Conradi* (Großhandel), Slg. S. 4469; Urteil vom 14. 1. 1988, Rs 63/86, *Italien* (Sozialwohnungen), Slg. S. 29; Urteile vom 7. 7. 1988, Rs 143/87, *Stanton*, sowie Rs 154 u. 155/87, *Wolf* (Sozialversicherung), Slg. S. 3877, 3897; Urteil vom 14. 7. 1988, Rs 38/87, Griechenland (Kammerzugehörigkeit), Slg. S. 4415; Urteil vom 30. 5. 1989, Rs 305/87 *Griechenland* (Immobilienbesitz), noch nicht in Slg.

[84] Urteil vom 30. 4. 1986, Rs 96/85, *Frankreich*, Slg. S. 1475, im folgenden zitiert Nr. 10, 11, 14.

enthaltenen Beschränkungen wirklich in Anbetracht allgemeiner Verpflichtungen gerechtfertigt sind, von denen die ordnungsgemäße Ausübung der fraglichen Berufe abhängt, und wenn sie unterschiedslos für die eigenen Staatsangehörigen gelten. Dies ist nicht der Fall, wenn die Beschränkungen geeignet sind, eine Diskriminierung der in anderen Mitgliedstaaten niedergelassenen Ärzte und Zahnärzte zu bewirken oder den Zugang zum Beruf über das zur Erreichung der genannten Ziele erforderliche Maß hinaus zu behindern."

Mit dem letzten Satzteil entsprach der Gerichtshof der bisherigen Rechtsprechung zu den Dienstleistungen, ging aber über die früheren Urteile zur Freizügigkeit der Arbeitnehmer und vor allem zum Niederlassungsrecht hinaus. Im konkreten Fall stellte er eine Diskriminierung insoweit fest, als unter bestimmten Umständen den in Frankreich niedergelassenen Ärzten dort die Unterhaltung einer zweiten Praxis gestattet wird, während das bei im Ausland zugelassenen Ärzten nicht genehmigt wurde. Außerdem sah er die Regelung als unverhältnismäßig an, weil nicht jeder Arzt nach der Behandlung ständig in der Nähe des Patienten sein muß. Deshalb ist das Verbot

„zu absolut und zu allgemein, als daß es durch die Notwendigkeit gerechtfertigt werden könnte, die Kontinuität der Krankenversorgung sicherzustellen oder in Frankreich das französische Standesrecht anzuwenden."

In diesem Urteil wurde demnach zwar in der Begründung weiter gegangen als in den früheren Urteilen, offenbar weil Dienstleistungen und Niederlassungsrecht zusammen behandelt wurden. In der Sache handelte es sich aber nur um eine Fortschreibung der Grundsätze des Urteils *Klopp,* und ob dazu so weitgehende Aussagen erforderlich waren, erscheint zweifelhaft.

Daß der Gerichtshof damit seine bisherige Rechtsprechung zum Niederlassungsrecht nicht ändern wollte, zeigte wenig später ein Vertragsverletzungsverfahren gegen *Belgien.* Dabei ging es darum, daß Belgien die Kosten biologischer Laboratorien nur dann durch die Sozialversicherung erstattete, wenn die Mitglieder, Gesellschafter und Geschäftsführer der Laboratorien sämtlich zur Vornahme von medizinischen Analysen befugt waren.[85]

Entgegen der im Urteil ausdrücklich wiedergegebenen Auffassung der Kommission, daß Art. 52 EWG nicht nur diskriminierende Maßnahmen, sondern auch unterschiedslos auf inländische und ausländische Staatsangehörige angewandte verbiete, sofern sie eine ungerechtfertigte Behinderung der letzteren bedeuteten, prüfte der Gerichtshof nicht die sachliche Berechtigung der streitigen Regelung. Er stellte ähnlich wie in früheren Jahren fest,

---

[85] Urteil vom 12. 2. 1987, Rs 221/85, *Belgien* Slg. S. 719, im folgenden zitiert Nr. 9, 10. 11.

Gutachten von Prof. Dr. Ulrich Everling

„daß es jedem Mitgliedstaat vorbehaltlich der Beachtung dieser Gleichbehandlung mangels einschlägiger Gemeinschaftsbestimmungen freisteht, die Tätigkeit von Laboratorien, die Leistungen der klinischen Biologie erbringen, in seinem Hoheitsgebiet zu regeln."

Sodann wiederholte er die übliche Formulierung, nach der Art. 52 EWGV

„die Vergünstigung der Inländerbehandlung jedem Staatsangehörigen eines Mitgliedstaats"

garantiere und

„jede Diskriminierung aufgrund der Staatsangehörigkeit als Beschränkung der Niederlassungsfreiheit"

untersage. Nach einer Prüfung der belgischen Regelung wird dann gefolgert:

„Es handelt sich somit um Rechtsvorschriften, die unterschiedslos für die belgischen Staatsangehörigen und die Staatsangehörigen der anderen Mitgliedstaaten gelten und deren Inhalt und Ziele nicht die Annahme gestatten, daß sie zu diskriminierenden Zwecken erlassen worden sind oder derartige Wirkungen entfalten."

Mit dieser Formel, die am Grundsatz der Inländerbehandlung festhielt, präzisierte der Gerichtshof die zitierte Formulierung aus dem Urteil *Frankreich* von 1986 und knüpfte an das Allgemeine Programm an, wonach solche Regelungen untersagt sind, die

„zwar unabhängig von der Staatsangehörigkeit gelten, jedoch ausschließlich oder vorwiegend Ausländer bei der Aufnahme oder Ausübung dieser Tätigkeit behindern."[86]

Damit hat die Rechtsprechung zu einer gewissen Klärung geführt, die Ausgangsbasis für die weitere Erörterung sein kann. Der Gerichtshof hat allerdings in dem Anfang 1988 ergangenen Urteil *Gullung* wiederum Formulierungen verwendet, die weitergehende Tendenzen nicht ausschließen.[87]

In dem Fall ging es um einen in der Bundesrepublik zugelassenen Rechtsanwalt, der in Frankreich, wo er die erforderlichen Befähigungsnachweise besaß, ebenfalls tätig werden wollte, aber aufgrund früherer Vorfälle wegen persönlicher Unzuverlässigkeit abgelehnt wurde. Der Gerichtshof wiederholte die Formulierung aus dem Urteil *Klopp*,

„daß es jedem Mitgliedstaat in Ermangelung besonderer gemeinschaftsrechtlicher Vorschriften in diesem Bereich grundsätzlich freisteht, die Ausübung des Rechtsanwaltsberufs für sein Hoheitsgebiet zu regeln."

---

[86] Vgl. oben Fn. 45.
[87] Urteil vom 19. 1. 1988, Rs 292/86, *Gullung*, Slg. S. 111, im folgenden zitiert Nr. 28, 29, 30.

Er beließ es aber nicht bei dieser Formulierung, die die Anwendung der Zulassungsvorschriften ausreichend gerechtfertigt hätte, sondern fügte hinzu,

„daß das von einigen Mitgliedstaaten aufgestellte Erfordernis der Zulassung zur Rechtsanwaltschaft als gemeinschaftsrechtlich zulässig anzusehen ist, sofern diese Zulassung den Angehörigen aller Mitgliedstaaten ohne Diskriminierung offensteht.

Durch dieses Erfordernis soll nämlich die Zuverlässigkeit und die Beachtung der standesrechtlichen Grundsätze sowie die disziplinarische Kontrolle der Tätigkeit gewährleistet werden; es dient somit einem schutzwürdigen Zweck."

Demgemäß wurde entschieden, daß die Mitgliedstaaten berechtigt sind, ihre Regelungen über die Zulassung als Rechtsanwalt gegenüber Angehörigen anderer Mitgliedstaaten anzuwenden. Ob das aber nur insoweit gilt, als die Regelungen „einem schutzwürdigen Zweck" dienen, ist offen. Wenn das gemeint gewesen wäre, hätte der Gerichtshof die Zulassungserfordernisse auf ihre Verhältnismäßigkeit prüfen müssen. Immerhin läßt die Formulierung auch die Auslegung zu, daß damit nur „diskriminierende Wirkungen" im Sinne des Urteils *Belgien* ausgeschlossen werden sollten.

Der Gerichtshof wird voraussichtlich in Kürze Gelegenheit haben, sich noch einmal grundsätzlich zu der Problematik zu äußern. Der Bundesgerichtshof hat dem Gerichtshof einen Fall zur Vorabentscheidung vorgelegt, in dem es um eine in Griechenland zugelassene Rechtsanwältin geht, die in der Bundesrepublik seit 5 Jahren als Rechtsbeistand für griechisches Recht und für das Recht der EG zugelassen ist und in einer Anwaltskanzlei mit deutschen Anwälten auch in Fragen des deutschen Rechts zusammenarbeitet. Der Gerichtshof soll die Frage beantworten, ob in einem solchen Fall ein Antrag auf Zulassung zur Anwaltschaft im Tätigkeitsland genehmigt werden muß, auch wenn dort die Zulassungsvoraussetzungen nicht erfüllt sind, also weder ein inländisches noch ein als gleichwertig anerkanntes Examen vorliegt.[88] Der Gerichtshof wird dabei seine bisherige Rechtsprechung weiter verdeutlichen können.

3. Folgerungen aus der Rechtsprechung

Bereits seit den ersten Urteilen zu den Dienstleistungen, vor allem aber seit dem Urteil *Klopp* wird zunehmend diskutiert, ob die ursprünglich fast einhellig vertretene Ansicht vom Niederlassungsrecht als Inländerbehandlung mit weit verstandenem Diskriminierungsverbot[89] noch aufrecht erhalten werden kann.

---

[88] Vorlagebeschluß des BGH vom 18. 9. 1989, Rs 340/89, ABl. 1989 Nr. C 309/6, abgedruckt BRAK-Mitt. 1990, 49.
[89] Vgl. oben bei Fn. 44.

Eine verbreitete Meinung geht dabei davon aus, daß die Grundfreiheiten des Gemeinsamen Marktes, so wie sie zum Warenverkehr, zur Freizügigkeit der Arbeitnehmer und zu den Dienstleistungen entwikkelt worden sind, Grundrechte seien und daß dies, spätestens seit dem Urteil *Klopp,* auch für das Niederlassungsrecht gelte. Das Niederlassungsrecht begründet nach dieser Auffassung ein Recht auf Berufsfreiheit ähnlich wie Art. 12 GG, so daß Beschränkungen der Berufsausübung nur aus Gründen des Gemeinwohls und, soweit sie den Zugang zum Beruf betreffen, nur zum Schutz besonders wichtiger Gemeinschaftsgüter zulässig sind.[90]

Diese Auffassung beruht aber auf einer petitio principii. Das Niederlassungsrecht wird zunächst zu einem Grundrecht erklärt, und daraus wird dann abgeleitet, daß es mehr als Inländerbehandlung gewährt, und damit wird wiederum begründet, daß es ein Grundrecht ist. Vor allem wird aber verkannt, daß ein echtes Grundrecht auch für die Inländer gelten müßte; es besteht aber zur Zeit noch Einigkeit und entspricht vor allem der ständigen Rechtsprechung des Gerichtshofs, daß die Niederlassungsfreiheit wie die anderen Freiheiten des Gemeinsamen Marktes nach dem Vertrag nicht auf Sachverhalte mit reinem Inlandsbezug angewendet werden kann.[91] Demgemäß spricht der Gerichtshof in aller Regel von Grundfreiheiten des Gemeinsamen Marktes, wenn auch gelegentlich der Ausdruck Grundrecht in den nicht immer konsequent formulierten Urteilen anzutreffen ist.[92]

Diese Argumentation geht im übrigen von einem Grundrechtsver-

---

[90] Vgl. vor allem *A. Bleckmann,* Zur Dogmatik des Niederlassungsrechts im EWG-Vertrag, Wirtschaft und Verwaltung 1987, 119, mit Hinweisen auf seine früheren Arbeiten; *ders.,* Europarecht, 4. Aufl., Köln 1985, S. 432. Ferner *D. Blumenwitz,* Rechtsprobleme im Zusammenhang mit der Angleichung von Rechtsvorschriften auf dem Gebiet des Niederlassungsrechts der freien Berufe, NJW 1989, 621; *G. Gornig,* Probleme der Niederlassungsfreiheit und Dienstleistungsfreiheit für Rechtsanwälte in den Europäischen Gemeinschaften, NJW 1989, 1120; *F.-J. Friese,* Die Freie Advokatur in Deutschland, Frankfurt 1989, ferner AnwBl. 1987, 3.

[91] Gegen die Wertung der Marktfreiheiten als Grundrechte *B. Beutler,* Die Erklärung des Europäischen Parlaments über Grundrechte und Grundfreiheiten vom 12. April 1989, EuGRZ 1989, 185. Zur Unanwendbarkeit der Vertragsbestimmungen über die Marktfreiheit auf innerstaatliche Sachverhalte vgl. Urteil vom 27. 10. 1982, Rs 35 u. 36/82, *Morson,* Slg. S. 3723; Urteil vom 28. 6. 1984, Rs 180/83, *Moser,* Slg. S. 2539; Urteil vom 12. 11. 1987, Rs 1987/96, *Conradi,* Slg. S. 4469; Urteil vom 8. 12. 1987, Rs 20/87, *Gauchard,* Slg. S. 4879; Urteil vom 20. 4. 1988, Rs 204/87, *Bekaert,* Slg. S. 2029.

[92] Von einem Grundrecht auf Berufsfreiheit hat der Gerichtshof in der Regel nur in Fällen gesprochen, in denen Gemeinschaftsvorschriften die wirtschaftliche Tätigkeit regeln. Vgl. etwa Urteil vom 8. 10. 1986, Rs 234/85, *Keller* (Weinetikettierung), Slg. S. 2912, sowie *I. Pernice* in *E. Grabitz* (Fn. 43), Art. 164 Anm. 65 ff., mit Nachweisen. Im Urteil vom 15. 10. 1987, Rs 222/86, *Heylens* (Fußballtrainer), Slg. S. 4097, wird der Begriff allerdings auch im Zusammenhang mit der Freizügigkeit verwendet.

ständnis aus, das in dieser Form in den anderen Mitgliedstaaten nicht vertreten wird. Zu welchen unhaltbaren Folgerungen sie führt, zeigt die unlängst vertretene Ansicht, daß zwischen Dienstleistungen und Niederlassungsrecht kein Unterschied gemacht werden könne, da die Berufstätigkeit in beiden Fällen grundsätzlich in gleicher Weise ausgeübt werde, und daß deshalb von dem Anwalt aus anderen Mitgliedstaaten, der sich im Inland niederlassen wolle, nicht einmal mehr ein inländischer oder als gleichwertig anerkannter Befähigungsnachweis gefordert werden könne, sondern nur noch das Einvernehmen mit einem inländischen Anwalt.[93] Daß dies nicht richtig sein kann, ergibt sich schon daraus, daß dann die nach Art. 57 Abs. 1 EWGV vorgesehene und inzwischen beschlossene Anerkennung der Diplome überflüssig wäre. Die Ansicht wird auch durch die Rechtsprechung zu den Dienstleistungen widerlegt, nach der der Aufnahmestaat gegenüber dem Dienstleistungserbringer nicht alle Vorschriften anwenden darf, die für die Dauertätigkeit vorgesehen sind.[94] Daraus nun wieder die Unanwendbarkeit der auf Dauertätigkeit gerichteten Berufsregelungen des Aufnahmelandes herzuleiten, ist ein unzulässiger Zirkelschluß.

Gewichtiger sind die Auffassungen, die ohne eine derartige grundrechtsdogmatische oder gar ideologische Überhöhung aus der schrittweisen Auflockerung der Inländerbehandlung durch die Rechtsprechung in Randbereichen wie der Doppelniederlassung, aus der Ausstrahlung der Dienstleistungsfreiheit auf das inländische Recht und schließlich aus den Abgrenzungsproblemen zwischen beiden Bereichen herleiten wollen, daß die Niederlassungsfreiheit als Beschränkungsverbot anzusehen ist.[95]

Doch gegenüber dieser Ansicht ist einzuwenden, daß damit die Grenze zwischen beiden Bereichen verwischt und vor allem die Regelungsbefugnis, die den Mitgliedstaaten für ihren Bereich weiterhin zugestanden ist, aus den Angeln gehoben wird. Die wohl immer noch herrschende Meinung hält daher weiterhin mit Recht daran fest, daß das Niederlassungsrecht als Diskriminierungsverbot aufzufassen ist, wobei dieses weit ausgelegt werden muß und auch diskriminierende

---

[93] *A. Bleckmann*, Urteilsanm. JZ 1988, 509.
[94] Vgl. oben Urteil *Webb* (Fn. 52).
[95] *E. Steindorff*, Reichweite der Niederlassungsfreiheit, EuR 1988, 19; ähnlich *B. Raczinski/D. Rogalla/E. Tomsche*, Die Freiheit des Dienstleistungsverkehrs für deutsche Rechtsanwälte in der Europäischen Gemeinschaft, AnwBl. 1989, 583; *W. Kewenig*. Überörtliche Anwaltssozietäten und geltendes Recht, Frankfurt 1989; *R. Sack*, Auswirkungen der Art. 52, 58 EWGV auf das internationale Gesellschaftsrecht, JuS 1990, 352; zurückhaltender *M. Clausnitzer*, Niederlassungs- und Dienstleistungsfreiheit der Anwälte, BRAK-Mitt. 1989, 59; *J. Scherer*, Europäisches Niederlassungsrecht für Freiberufler, Wirtschaft und Verwaltung 1987, 159, 166.

Wirkungen erfassen soll, so wie es im Niederlassungsprogramm ausgeführt ist.[96] Die Rechtsprechung zum Warenverkehr und zu den Dienstleistungen ist wesentlich von der Vorstellung bestimmt, daß grenzüberschreitende Vorgänge liberalisiert werden müssen. Leistungen über die Grenze sind deshalb grundsätzlich zulässig, sofern nicht Gründe des Gemeinwohls entgegenstehen.

Beim Niederlassungsrecht ist aber die Lage anders. Hier gliedert sich der Erwerbstätige, der Angehöriger eines Mitgliedstaats ist, in die Wirtschaft und Gesellschaft des anderen Mitgliedstaates ein und muß sich dann bei seiner dortigen Berufsausübung auch sämtlichen Regeln unter denselben Voraussetzungen wie Inländer unterwerfen. Vom Standpunkt der Gemeinschaft aus ist der Marktzugang das zentrale Problem. Im Vergleich zu den grenzüberschreitenden Dienstleistungen besteht der entscheidende Unterschied vor allem darin, daß es sich bei der Niederlassung um eine auf Dauer angelegte Tätigkeit im anderen Mitgliedstaat handelt.

Diese vom Gerichtshof hervorgehobene Unterscheidung zwischen dauerhafter und vorübergehender Tätigkeit wird teilweise als fragwürdig angesehen, weil die ausgeübte Tätigkeit in beiden Fällen inhaltlich gleich ist. Wenn der vorübergehend tätige ausländische Anwalt nicht als Gefahr für eine geordnete Rechtspflege angesehen und die Mitwirkung des Einvernehmensanwalts auf das im Einzelfall von den beteiligten Anwälten selbst für erforderlich gehaltene Maß reduziert wird, so wird bezweifelt, daß die Beurteilung bei einer dauerhaften Tätigkeit anders ausfallen kann.[97]

Doch demgegenüber muß die Frage gestellt werden, ob nicht auch bei der beruflichen Tätigkeit die Quantität zu einem Problem der Qualität werden kann. Vorübergehende Dienstleistungen von einem Mitgliedstaat aus in einen anderen werden, wie dargelegt, allenfalls in Grenzregionen ein nennenswertes Ausmaß annehmen können. Sie

---

[96] Vgl. *P. Troberg* und *A. Randelzhofer* (Fn. 43); *U. Everling* (Fn. 37); *B. Beutler/ R. Bieber/J. Pipkorn/J. Streil*, Die Europäische Gemeinschaft, Rechtsordnung und Politik, 3. Aufl., Baden-Baden 1987, S. 316; *R. Dolzer*, Die Niederlassungsfreiheit der freien Berufe im europäischen Recht, in: *R. Dolzer/R. Hahndorf* u. a., Niederlassungsfreiheit von freien Berufen in Europa, Heidelberg 1986 S. 3; *H.-J. Rabe*, Internationales Anwaltsrecht – Dienstleistung und Niederlassung, NJW 1987, 2185; *W. Stefener*, EuGH-Dienstleistungsurteil, AnwBl. 1988, 367; *J.-P. Boivin/A. Carnelutti*, Les professions réglementées face à 1992, Rev.fr.adm.publ. 1988, 87; *U. Everling*, Niederlassungsrecht und Dienstleistungsfreiheit der Rechtsanwälte in der Europäischen Gemeinschaft, EuR 1989, 338, sowie BRAK-Mitt. 1989, 166. Ebenso wohl auch, jedoch weitergehend für den Berufszugang, *W.-H. Roth*, Grundlagen des gemeinsamen europäischen Versicherungsmarktes, RabelsZ 54, 1990, S. 65, 82.
[97] Vgl. *A. Bleckmann* (Fn. 93).

werden sich vorwiegend außergerichtlich abspielen, und vor Gericht wird das Einvernehmen mit dem ortsansässigen Anwalt, der für die Beachtung der inländischen Regeln Sorge trägt, dazu beitragen, daß die Rechtspflege nicht beeinträchtigt wird. Wenn sich der ausländische Anwalt aber dauerhaft niederläßt, also auch häufig vor inländischen Gerichten auftritt, muß von ihm die Erfüllung der an den Inländern gestellten Anforderungen verlangt werden, zumal er dann nicht mehr das Einvernehmen mit einem anderen Anwalt herstellen muß.

Noch wichtiger dürfte das Interesse des rechtsuchenden Publikums sein. Für eine moderne, am Wandel von Wirtschaft und Gesellschaft orientierte Auffassung von der Aufgabe des Anwalts steht das Interesse des Klienten im Vordergrund. Er muß dann, wenn er sich an einen im Inland zugelassenen Anwalt wendet, sicher sein, daß dieser die volle Qualifikation besitzt, ihn in Fragen des inländischen Rechts zu beraten und zu vertreten. Wenn er sich von einem in einem anderen Mitgliedstaat zugelassenen Anwalt beraten oder vertreten läßt, damit dieser im Wege der Dienstleistung tätig wird, so geschieht das in voller Kenntnis der Umstände und sicher aus besonderem Grund. Falls damit ein Risiko verbunden ist, nimmt er es bewußt in Kauf. Wenn er einen im Inland als Rechtsbeistand niedergelassenen ausländischen Anwalt beauftragt, der seine ausländische Berufsbezeichnung trägt, sucht er ebenfalls bewußt die Dienste eines in bestimmter Weise qualifizierten Beraters. Wenn dieser aber als inländischer Anwalt tätig werden kann, bietet er Dienste an, für die er nicht ohne weiteres qualifiziert ist, und dem Klienten gegenüber wird das nicht transparent.

Bedeutsam ist aber auch ein struktureller Gesichtspunkt. Die Gemeinschaft ist ein Zusammenschluß von Staaten, die zwar wesentliche Teile ihrer Hoheitsbefugnisse und Aufgaben abgegeben haben, aber doch fortbestehen und weiterhin Verantwortung tragen. In der Gemeinschaft können die gewachsenen Traditionen nicht einfach beseitigt werden, sie kann nicht zentralistisch regiert werden und ist nur föderal gegliedert vorstellbar.[98]

Demgemäß geht der Vertrag grundsätzlich davon aus, daß die Rechtsordnungen der Mitgliedstaaten fortgelten, sofern nicht gemeinsame Regelungen beschlossen worden sind. Der Gerichtshof hat immer wieder betont, daß es in Ermangelung gemeinschaftlicher Regelungen Sache der Mitgliedstaaten ist, das Berufsrecht in eigener Verantwortung zu regeln. In einem Raum von 320 Mio Einwohnern müssen unterschiedliche Traditionen, Wertvorstellungen und soziale Strukturen weiter nebeneinander bestehen können.

---

[98] *U. Everling*, Zur föderalen Struktur der Europäischen Gemeinschaft, FS für Karl Doehring, Berlin 1989, S. 179.

Die Gemeinschaft muß vor allem die Hindernisse beseitigen, die der grenzüberschreitenden Tätigkeit oder der Übersiedlung von einem Mitgliedstaat in den anderen aufgrund der Unterschiede der Rechtsordnungen entgegenstehen. Das geschieht insbesondere durch das Verbot der Diskriminierungen, bei grenzüberschreitenden Vorgängen auch durch die Prüfung der Rechtsvorschriften an den Erfordernissen des Gemeinwohls. Das in den Mitgliedstaaten für Inländer geltende Recht bleibt aber entsprechend den Grundsätzen föderaler Gliederung unberührt. Wer sich in einem anderen Mitgliedstaat niederläßt, muß sich auch, ähnlich wie in einem Bundesstaat, dem dort nichtdiskriminierend geltenden Recht in vollem Umfang unterwerfen. Soweit Schwierigkeiten dabei bestehen, können sie, wie der Gerichtshof in den zitierten Urteilen mehrfach ausgeführt hat, durch eine Anerkennung der Diplome oder eine Koordinierung der Rechtsvorschriften ausgeräumt oder wenigstens gemildert werden.

Allenfalls käme in Betracht, ähnlich wie nach Art. 12 GG zwischen Berufszugang und Berufsausübung zu unterscheiden. Art. 52 EWGV wäre dann dahin auszulegen, daß der Berufszugang den Angehörigen der Mitgliedstaaten in den anderen Mitgliedstaaten zur Berufsausübung nach deren Regelungen offenstehen muß, sofern nicht unterschiedslos für Inländer und Angehörige anderer Mitgliedstaaten geltende Bestimmungen Beschränkungen vorsehen, die aus Gründen des Gemeinwohls gerechtfertigt sind.

Eine so weitgehende Auffassung entspricht aber weder der Praxis der Organe noch der Rechtsprechung des Gerichtshofs. Der Rat hat mit seiner Richtlinie über die Anerkennung der Diplome[99] deutlich gemacht, daß subjektive Zulassungsbeschränkungen nicht automatisch wegfallen. Dasselbe zeigen die als Übergangsmaßnahmen bezeichneten Regelungen, nach denen Angehörige der Mitgliedstaaten, die in einem Mitgliedstaat eine bestimmte Zeit lang berufstätig waren, in den anderen Mitgliedstaaten den Personen gleichgestellt werden, die dort einen Befähigungsnachweis erworben haben.[100]

Auch die Rechtsprechung dürfte nicht in die bezeichnete Richtung gehen. Der Gerichtshof hat immer wieder ausgesprochen, daß in Er-

---

[99] Richtlinie 89/48 des Rates vom 21. 12. 1988 über eine allgemeine Regelung zur Anerkennung der Hochschuldiplome, die eine mindestens dreijährige Berufsausbildung abschließen, ABl. 1989 Nr. L 19/16. Vgl. dazu *R. Wägenbaur*, Neue Wege zur Anerkennung der Hochschuldiplome, EuR 1987, 113. Für einige Berufe wie z. B. Ärzte wurden spezielle Richtlinien erlassen. Zur Problematik unten zu III 4.
[100] Richtlinie 64/427 des Rates vom 7. 7. 1964 über die Einzelheiten der Übergangsmaßnahmen auf dem Gebiet der selbständigen Tätigkeiten der be- und verarbeitenden Gewerbe der CITI-Hauptgruppen 23–40 (Industrie und Handwerk), ABl. 1964 S. 1863. Entsprechende Richtlinien sind für weitere Tätigkeiten wie vor allem Groß- und Einzelhandel erlassen worden.

mangelung gemeinschaftsrechtlicher Regelungen die Mitgliedstaaten das Berufsrecht regeln können. Besonders für Rechtsanwälte hat er entschieden, daß die Mitgliedstaaten Vorschriften über die Zulassung erlassen können, ohne deren Ausgestaltung näher zu untersuchen.[101]

Selbst wenn der Gerichtshof aber dazu übergehen sollte, derartige Zugangsbeschränkungen daraufhin zu überprüfen, ob sie durch das Gemeinwohl gerechtfertigt und nicht unverhältnismäßig sind, so ist nach dem Urteil Gullung nicht zu erwarten, daß er zu einer negativen Beurteilung kommen könnte. Im übrigen würde daraus noch nichts für die inländischen Regelungen der Berufsausübung folgen. Ihnen muß sich der Anwalt, der sich dauerhaft in einen anderen Rechtsraum begibt, voll unterwerfen. Für den Anwaltsberuf würde aus dieser Auslegung folgen, daß nach Art. 52 überprüft werden könnte, ob Zulassungsvoraussetzungen wie die persönliche Qualifikation oder die noch zu behandelnde Eignungsprüfung nach der Anerkennungsrichtlinie unverhältnismäßig streng angewendet werden. Dagegen würden danach innerstaatliche Regelungen wie Lokalisationsgrundsatz, Werbeverbot oder Sozietätsbegrenzungen unberührt bleiben.

Zusammenfassend ergibt sich, daß die Mitgliedstaaten weiterhin berechtigt sind, das Berufs- und Standesrecht der Rechtsanwälte nach ihren verfassungsrechtlichen, prozeßrechtlichen und gesellschaftlichen Bedürfnissen und Vorstellungen zu regeln. Dabei ist allerdings jede Diskriminierung von Angehörigen anderer Mitgliedstaaten untersagt. Das Diskriminierungsverbot ist weit zu verstehen, auch mittelbare und indirekte diskriminierende Wirkungen dürfen nicht eintreten, und auch solche Bestimmungen sind unzulässig, die zwar unterschiedslos für Inländer und Angehörige anderer Mitgliedstaaten gelten, aber letztere besonders treffen.

In dieser Hinsicht ist ein strenger Maßstab bei Regelungen des Berufszugangs anzulegen. Der Gerichtshof hat das besonders im Fall *Klopp* gezeigt, in dem er die Forderung nach Aufgabe der Niederlassung im Herkunftsstaat als eine derartige Regelung mit diskriminierender Wirkung angesehen hat. Die bisherige Rechtsprechung läßt nicht erwarten, daß der Gerichtshof es als unzulässig ansehen wird, Anforderungen, die üblicherweise an die Zulassung von Anwälten gestellt werden, auch Angehörigen anderer Mitgliedstaaten gegenüber anzuwenden. Jedenfalls sind die Mitgliedstaaten aber weiterhin für die Regelung der Berufsausübung auch mit Wirkung gegenüber den im Inland niedergelassenen Angehörigen anderer Mitgliedstaaten befugt.

---

[101] Vgl. Urteil *Gullung* (Fn. 87).

4. Gegenseitige Anerkennung der Diplome

Aus diesen Überlegungen ergibt sich, daß die wichtigste Voraussetzung für die Zulassung eines Rechtsanwalts, nämlich der Nachweis der inländischen Examina, auch von Angehörigen anderer Mitgliedstaaten gefordert werden kann. Dieses Hindernis, das bei allen geregelten Berufen besteht, hat der Rat durch die bereits erwähnte Richtlinie 89/48 über die gegenseitige Anerkennung der Hochschuldiplome[102] wesentlich gemildert. Der Richtlinie liegt im Unterschied zur vorherigen Praxis, bei der jeweils gesonderte Richtlinien für die einzelnen Berufe beschlossen wurden, ein globaler Ansatz zugrunde. In der Regel werden alle Befähigungsnachweise, die in einem Mitgliedstaat aufgrund einer mindestens dreijährigen Hochschulausbildung erworben wurden, in den anderen Mitgliedstaaten anerkannt. Eine Sonderregelung gilt nach Art. 4 Abs. 1 b der Richtlinie unter anderem für Berufe,

„deren Ausübung eine genaue Kenntnis des nationalen Rechts erfordert und bei denen die Beratung und/oder der Beistand in Fragen des innerstaatlichen Rechts ein wesentlicher und ständiger Bestandteil der beruflichen Tätigkeit ist."

In diesen Fällen können die Mitgliedstaaten einen höchstens dreijährigen Anpassungslehrgang oder eine Eignungsprüfung vorschreiben.

In der Bundesrepublik besteht Einigkeit darüber, daß für Rechtsanwälte aus anderen Mitgliedstaaten eine Eignungsprüfung vorgesehen werden soll. Ein entsprechender Gesetzentwurf, der eine Rahmenregelung und eine Verordnungsermächtigung vorsieht, wird bereits beraten,[103] und auch der Entwurf der Rechtsverordnung wird vorbereitet.[104] Es stellt sich die Frage, ob die vorgesehene Regelung die Grenzen einhält, die ihr durch die Richtlinie und durch Art. 52 EWGV in der dargelegten Auslegung gesetzt sind, und ob sie nicht, selbst wenn das der Fall ist, dennoch im Interesse der europäischen wie der deutschen Anwälte großzügiger ausgestaltet werden sollte.

Als Grundregel für die Eignungsprüfung muß nach dem Sinn der Richtlinie und des Vertrages gelten, daß sie die Niederlassung der Anwälte aus anderen Mitgliedstaaten erleichtern und nicht etwa behindern soll. Sie bezweckt die Öffnung der Grenzen, darf also nicht

---

[102] Oben Fn. 99. Vgl. dazu *H. Hüchting,* Im Angesicht der EG-Richtlinie zur Anerkennung von Hochschuldiplomen, BRAK-Mitt. 1989, 2; *S. Tiemann,* Binnenmarkt der Diplome, BRAK-Mitt. 1989, 3.
[103] BT-Drucksache 11/6154,
[104] Vgl. die Übersicht bei *H. Lang,* Zur Eignungsprüfung von EG-Anwälten, BRAK-Mitt. 1990, 13. Zum folgenden *U. Everling* (Fn. 96), EuR 1989, 348.

als Schutzmaßnahme gegen das Eindringen ausländischer Anwälte ausgestaltet werden. Auf der anderen Seite darf sie aber auch das Niveau nicht zu niedrig ansetzen, weil sonst das rechtsuchende Publikum gefährdet und die konkurrierenden inländischen Anwälte benachteiligt werden könnten.[105]

Bei der Ausgestaltung der Prüfung ist vor allem zu beachten, daß sie der Feststellung der Befähigung von Personen dient, ihre Kenntnisse schon in ihrem Heimatland nachgewiesen haben. Die Richtlinie hebt ausdrücklich hervor, die Eignungsprüfung müsse dem Umstand Rechnung tragen, daß der Antragsteller in seinem Heimat- oder Herkunftsland bereits über eine berufliche Qualifikation verfügt. Die Prüfung darf sich demgemäß nur auf die Fähigkeit, den Beruf auch im Aufnahmestaat auszuüben, erstrecken, also vor allem auf Kenntnisse des in diesem Staat geltenden Rechts und eine ausreichende Beherrschung der Sprache.

Es wäre daher unzulässig, die Eignungsprüfung nach Art der zweiten Staatsprüfung auszugestalten. Durch diese soll der Kandidat vor allem zeigen, daß er fähig ist, Sachverhalte zu erfassen und unter rechtlichen Gesichtspunkten zu analysieren, sie sodann unter Rechtssätze, die aufgefunden werden müssen, zu subsumieren und schließlich die Ergebnisse in der jeweils gebotenen Form zu formulieren. Alles das hat der EG-Ausländer, der in seinem Herkunftsstaat die Qualifikation zum Rechtsanwalt erworben hat, bereits dort nachgewiesen. Deshalb kommt es nur darauf an, ergänzend zu belegen, daß er sich auch im deutschen Recht und dessen Formen und Besonderheiten zurechtfinden kann.

Es wäre aber auch unzulässig, die Prüfung als umfassende Wissensprüfung über das deutsche Recht auszugestalten. Jeder ausgebildete Jurist muß sich ständig in Materien einarbeiten, von denen er vorher wenig gehört hat. Es kann daher nur darum gehen, die Kenntnisse der Grundstrukturen des deutschen Rechts zu überprüfen, insbesondere soweit es sich von anderen Rechtsordnungen unterscheidet.

Schließlich wäre es auch unverhältnismäßig, an die Beherrschung der deutschen Sprache in Wort und Schrift übertriebene Anforderungen zu stellen. Wohl fast jeder, der sich in einer fremden Sprache ausdrücken muß, wird Schwächen bei Stil, Wortschatz und Grammatik aufweisen. Sie sollten in gewissem Umfang toleriert werden, in der Praxis stehen dem ausländischen Anwalt ohnedies inländische Hilfskräfte zur Verfügung.

Der Gesetzentwurf erkennt insofern diese Grundsätze an, als er ausdrücklich die begrenzte, ergänzende Funktion der Eignungsprüfung betont, aber die konkrete Ausgestaltung vor allem in dem Ent-

---

[105] Vgl. H. *Hüchting* (Fn. 102).

wurf der Durchführungsverordnung geht dann doch sehr weit. So ist mit Recht gefragt worden, ob wirklich schriftliche Aufsichtsarbeiten, noch dazu von fünfstündiger Dauer, gefordert werden sollten.[106] Sie stellen für einen Ausländer, der sich in einer fremden Sprache ausdrücken muß und mit deutscher Relationstechnik nicht vertraut ist, ein wesentliches Hindernis dar. Ob der Kandidat die Sprache angemessen beherrscht, läßt sich auch in einer mündlichen Prüfung feststellen. Ebenso dürften erfahrene Prüfer in der Lage sein, durch Kurzvortrag mit anschließendem Fachgespräch zu ermitteln, ob der Kandidat die erforderlichen Kenntnisse der Grundzüge des deutschen Rechts besitzt. Nicht ersichtlich ist, warum vorgesehen ist, daß die Eignungsprüfung nur zweimal wiederholt werden darf. Die Richtlinie dürfte eine solche Beschränkung kaum decken.

Auch die Fächerliste ist sehr anspruchsvoll. So ist sicher angebracht, das Zivilrecht, und zwar Allgemeinen Teil, Schuldrecht und Sachenrecht mit Prozeßrecht, als Pflichtfach in den Mittelpunkt zu stellen. Aber es fragt sich, ob ihre Kenntnis in vollem Umfang gefordert werden soll oder ob nicht die Grundzüge, etwa wie bei den Wahlfächern Handelsrecht und Gesellschaftsrecht, ausreichen. Vernünftige Prüfer werden sich zwar ohnedies auf die Diskussion der Grundlagen beschränken, aber bei den Aufsichtsarbeiten kann das nicht ohne weiteres vorausgesetzt werden, und jedenfalls wirkt es abschreckend.

Ähnliches gilt auch für einige Wahlfächer. Beim Wahlfach Öffentliches Recht muß die Erwähnung des Baurechts verwundern, an dem außer einigen Spezialisten wohl die meisten der in der Bundesrepublik tätigen Juristen scheitern würden und das für ausländische Anwälte wohl nur selten praktische Bedeutung besitzen dürfte. Daß es sich besonders als Exerzierfeld für dogmatische Probleme des Verwaltungsrechts eignet, dürfte seine Aufnahme als Prüfungsfach kaum rechtfertigen.

Wichtiger aber noch als der Katalog der Fächer ist die praktische Anwendung durch die Prüfungskommissionen. Ihnen sollten international erfahrene Anwälte angehören. Sie sollten bereit sein, dem Ziel der Regelung, nämlich der Öffnung des Berufszugangs in allen Mitgliedstaaten der Gemeinschaft, Rechnung zu tragen. Nennenswerte Risiken dürften dabei weder für die Anwaltschaft noch für das rechtsuchende Publikum bestehen. Schon wegen der Sprachbarriere, aber auch wegen der Unterschiede der Rechtsordnungen wird sich die Zahl der Bewerber in engen Grenzen halten, und nur besonders qualifizierte Juristen werden sich der intellektuellen Mühe einer solchen Prüfung unterziehen. Bei ihnen wird es sich in der Regel um ausländi-

---

[106] So vor allem *H. Lang* (Fn. 107).

sche Kollegen handeln, die durch ihre hohe Qualifikation das Ansehen der Anwaltschaft heben und einen Gewinn für sie darstellen. Da sie durch ihre grenzüberschreitenden Aktivitäten die internationale Zusammenarbeit fördern, sollte ihnen der Berufszugang auch im Interesse der deutschen Anwaltschaft nicht unnötig erschwert werden.

Vor allem aber muß bedacht werden, daß die deutsche Regelung und ihre praktische Durchführung erhebliche Bedeutung dafür besitzen wird, in welcher Weise deutsche Anwälte die Chance erhalten, in anderen Mitgliedstaaten tätig zu werden. Frankreich hat unter dem Eindruck des Urteils *Klopp* bereits vor dem Erlaß der Anerkennungsrichtlinien eine liberale Regelung getroffen, die nach allen vorliegenden Berichten großzügig gehandhabt wird und vor allem auch deutschen Anwälten zugute kommt.[107]

Im Vergleich dazu erscheint die zur Zeit in der Bundesrepublik erörterte Regelung defensiv, perfektionistisch und gemessen an der erstrebten europäischen Öffnung provinziell. Ob sie den gegebenen rechtlichen Rahmen einhält, sei dahingestellt. Entscheidend sollte die Überlegung sein, daß eine liberale Haltung anderer Mitgliedstaaten, die für die Berufschancen zahlreicher junger deutscher Anwälte lebensnotwendig ist, nur bei eigener Bereitschaft zur Öffnung des Zugangs erwartet werden kann. Die Regelung sollte unter diesem Gesichtspunkt nochmals überprüft werden.

---

[107] Vgl. besonders *H. Lang* (Fn. 104) sowie Anhang Fn. 17.

IV. Bedeutung der europäischen Entwicklung für das anwaltliche Berufs- und Standesrecht

1. Auswirkungen des Gemeinschaftsrechts auf das Berufs- und Standesrecht

Aus den bisherigen Überlegungen ergibt sich, daß das deutsche Berufs- und Standesrecht der Rechtsanwälte durch das Gemeinschaftsrecht in verschiedener Hinsicht betroffen ist.

Zunächst verbietet das Gemeinschaftsrecht Diskriminierungen nach der Staatsangehörigkeit. Formell haben diese im deutschen Berufsrecht der Anwälte, anders als bei anderen freien Berufen und anders als in anderen Mitgliedstaaten, seit jeher keine Rolle gespielt. Der Diskriminierungsbegriff wird aber weit verstanden, wie dargelegt wurde, und gilt auch bei unterschiedslos für Inländer und Ausländer anwendbaren Regelungen, die letztere besonders treffen. Deshalb mußte das Berufsrecht bereits in Randfragen geändert werden, vor allem ist dem im Inland zugelassenen Anwalt nunmehr gestattet, zugleich im Ausland eine Kanzlei zu unterhalten (§ 29a BRAO). Ferner mußten Regelungen zum Vollzug der Richtlinie über die Dienstleistungen erlassen und an die Auslegung angepaßt werden, die der Gerichtshof der Richtlinie im Urteil gegen die Bundesrepublik gegeben hat.[108] Ebenso wird zur Zeit der Vollzug der Richtlinie über die Anerkennung der ausländischen Befähigungsnachweise durch eine Eignungsprüfung erörtert, wie dargelegt wurde. Im Kern aber ist das deutsche Berufs- und Standesrecht der Rechtsanwälte bisher durch das Gemeinschaftsrecht nicht betroffen. Das entspricht der mehrfach wiederholten Aussage des Gerichtshofs, daß es Sache der Mitgliedstaaten ist, diese Regelungen zu erlassen.[109]

Demgemäß gilt auch weiterhin, jedenfalls im Grundsatz, das von den Rechtsanwälten nach dem Rechtsberatungsgesetz beanspruchte Monopol bei der Besorgung fremder Rechtsangelegenheiten. Dieses ist allerdings ohnedies bereits durch die in dem Gesetz vorgesehenen Ausnahmen vor allem für wirtschaftsberatende Berufe eingeschränkt. Nunmehr wird es weiter dadurch aufgelockert, daß sich im Ausland zugelassene Anwälte im Inland unter ihrer heimischen Berufsbezeichnung als Rechtsbeistand in Fragen internationalen und ausländischen

---

[108] Oben Fn. 60.
[109] Oben bei Fn. 87.

Rechts betätigen können (§ 206 BRAO);[110] § 1 RBerG gilt aber im Kern fort.

Wie allerdings zu entscheiden ist, wenn ein in einem anderen Mitgliedstaat ansässiger Rechtsbeistand, etwa ein französischer conseil juridique, in der Bundesrepublik als Rechtsbeistand tätig werden will, muß als offen bezeichnet werden. Wenn er fachliche Qualifikationen nachweist, wird ihm eine Genehmigung unter denselben Voraussetzungen wie Inländern erteilt werden müssen. Dagegen kann das Genehmigungserfordernis als solches nach der hier vertretenen Ansicht, daß das Niederlassungsrecht als Inländerbehandlung zu verstehen ist, nicht in Frage gestellt werden, selbst wenn es in den anderen Mitgliedstaaten nicht besteht.

Zweifelhaft ist aber, ob das auch für Dienstleistungen gilt. Dazu müßte nach der Rechtsprechung dargelegt werden, daß das Genehmigungserfordernis im allgemeinen Interesse gerechtfertigt ist. Die Frage ist dem Gerichtshof soeben zur Vorabentscheidung in einem Fall vorgelegt worden, in dem es um eine englische Gesellschaft mit Sitz in Großbritannien geht, die von dort aus die Überwachung und Aufrechterhaltung deutscher gewerblicher Schutzrechte betreibt.[111] Dieser Fall wirft interessante Abgrenzungsfragen zwischen Niederlassungsrecht und Dienstleistungen auf, weil die Tätigkeit ohne Ortsveränderung der Beteiligten, dafür aber offenbar permanent ausgeübt wird.

Das gegenwärtige Berufs- und Standesrecht könnte allerdings durch eine zusätzliche Rechtsangleichung betroffen werden. Konkrete Bestrebungen dazu bestehen vor allem im Rahmen der europäischen Berufsorganisation CCBE. Dort wird seit Jahren über den Entwurf einer Niederlassungsrichtlinie gesprochen, wobei sich eine weitgehende französische Auffassung, die eine Angleichung der Berufsregelungen anstrebt, und eine zurückhaltende britische Auffassung, nach der weitgehend auf das Recht des Herkunftsstaates verwiesen werden soll, gegenüberstehen. Nach dem bisherigen Stand sind aber wohl keine wesentlichen Eingriffe in das deutsche Recht zu erwarten.[112]

Die Kommission scheint auch zu beabsichtigen, im Interesse des

---

[110] Ob die Begrenzung auf Fragen des ausländischen und internationalen Rechts zulässig ist, sei dahingestellt. Praktisch dürfte die Begrenzung sich von selbst verstehen, denn Klienten werden ausländische Anwälte in der Regel nicht wegen des deutschen Rechts einschalten; bei Grenzüberschreitungen ist eine Kontrolle ohnedies nicht möglich. Vgl. *U. Everling* (Fn. 96) BRAK-Mitt. 1989, 172.

[111] Beschluß des OLG München vom 25. 1. 1990, Rs 76/90, ABl. 1990 Nr. C. 105/11.

[112] *N. Westenberger*, Auf dem Wege zu einer anwaltseigenen Niederlassungsrichtlinie, BRAK-Mitt. 1988, 230.

Verbraucherschutzes dem Rat einen Vorschlag zur Haftung bei Dienstleistungen vorzulegen,[113] der als Parallele zur bereits verabschiedeten Produkthaftungsrichtlinie gedacht ist.[114] Ein Bedürfnis dafür ist allerdings nicht ersichtlich; die Kommission sollte derartige Regelungen nach dem neuerdings von ihr betonten Subsidiaritätsprinzip den Mitgliedstaaten überlassen.[115] Ebenso sollte sich die Kommission nicht, wie verlautet, unter dem Gesichtspunkt des Verbraucherschutzes mit den Anwaltsgebühren beschäftigen.[116] Es mag sein, daß diese in einigen Mitgliedstaaten überhöht sind, so etwa in England wegen der gleichzeitigen Einschaltung eines Solicitors und eines Barristers, ggf. sogar eines Queens Counsel. Doch insoweit dürfte kein Handlungsbedarf für die Gemeinschaft bestehen; soweit erforderlich, müssen die Mitgliedstaaten handeln, die auch allein die zugrundeliegenden Strukturprobleme lösen können.

Die Gebührenregelungen und Standesregeln wie Werbeverbote könnten allerdings unter Wettbewerbsgesichtspunkten aufgegriffen werden. Art. 85 EWGV gilt zwar nur für Vereinbarungen von Unternehmen und Unternehmensvereinigungen, zu denen auch freiberuflich Erwerbstätige und ihre Berufskammern gehören,[117] nicht jedoch für Regelungen in Rechtsvorschriften oder solche, die von Berufskammern auf Grund einer in Rechtsvorschriften enthaltenen Ermächtigung erlassen werden.[118]

Insofern dürften für das deutsche Recht keine Schwierigkeiten bestehen, da die Gebühren gesetzlich in der BRAGO festgelegt sind und Standesregeln nach den Beschlüssen des Bundesverfassungsgerichts klarer gesetzlicher Grundlagen bedürfen. Aber in anderen Mitgliedstaaten haben die Kartellbehörden bereits eingegriffen, so in England beim Werbeverbot und in Frankreich bei Gebührenrichtsätzen.[119]

Es stellt sich aber die Frage, ob Art. 85 EWGV als zentrale Vorschrift für die Wirtschaftsordnung der Gemeinschaft Auswirkungen auf Regelungen haben kann, die in nationalen Rechtsvorschriften ent-

---

[113] Kritisch K. Schmalz, „Produzentenhaftung" für geleistete Dienste?, BRAK-Mitt. 1990, 1.
[114] Richtlinie 85/374 des Rates vom 25. 7. 1985 zur Angleichung der Rechts- und Verwaltungsvorschriften der Mitgliedstaaten über die Haftung für fehlerhafte Produkte, ABl. 1985 Nr. L 210/31.
[115] Vgl. U. Everling (Fn. 98).
[116] Vgl. S. Tiemann, Freie Berufe in der EG, Berliner AnwBl. 1989, 123.
[117] Vgl. U. Immenga/E.-J. Mestmäcker, GWB-Kommentar, München 1981, § 1 Rz. 84; ferner G. Ring (Fn. 6) S. 147.
[118] Vgl. etwa Urteil vom 7. 2. 1984, Rs 238/892, Duphar (Arzneimittel), Slg. S. 523; Urteil vom 5. 4. 1984, Rs 177 und 178/82, de Haar (Tabakhandel), Slg. S. 1797; Urteil vom 30. 4. 1986, Rs 209 bis 213/84, Asjes (Flugtarife) Slg. S. 1457.
[119] Vgl. Anhang bei Fn. 49 und 13.

halten sind. Der Gerichtshof hat seit dem Urteil *INNO/ATAB*[120] mehrfach angesprochen, daß die Mitgliedstaaten keine Maßnahmen treffen oder beibehalten dürfen, die den „effet utile", also die „praktische Wirksamkeit" der Wettbewerbsregeln des Vertrages beeinträchtigen. Er hat das vor allem aus Art. 5 Abs. 2 EWGV, den er als Ausdruck des Grundsatzes der Gemeinschaftstreue versteht, in Verbindung mit Art. 3f EWGV, der die Errichtung eines Systems unverfälschten Wettbewerbs fordert, hergeleitet. In späteren Urteilen, vor allem im Urteil *Vlaamse Reisbureaus*, hat er das entsprechend einem Vorschlag der Kommission dahin präzisiert, daß ein Verstoß gegen den effet utile „insbesondere" dann vorliegt,

„wenn ein Mitgliedstaat Art. 85 zuwiderlaufende Kartellabsprachen vorschreibt oder erleichtert oder deren Auswirkungen verstärkt."[121]

Demgemäß hat der Gerichtshof nationale Rechtsvorschriften als Verstoß gegen den effet utile der Wettbewerbsregeln und damit vertragswidrig angesehen, durch die eine Kartellvereinbarung, die nicht durchgesetzt werden konnte, in eine staatliche Regelung übernommen wurde, und ebenso hat er es beanstandet, eine private Vereinbarung für allgemein verbindlich zu erklären.[122] Ein solcher Fall liegt beim deutschen Berufs- und Standesrecht der Rechtsanwälte sicher nicht vor.

Fraglich ist aber, ob der Gerichtshof seine Rechtsprechung ausdehnen wird, was er durch die Verwendung des Wortes „insbesondere" vor der zitierten Formel immerhin nicht ausgeschlossen hat und ein Teil der Literatur fordert. Doch ein so weit gehender Eingriff in die Wirtschaftsordnung der Mitgliedstaaten würde der gegenwärtigen Struktur der Gemeinschaft nicht entsprechen.[123]

Aus all diesen Darlegungen ergibt sich, daß die Mitgliedstaaten weiterhin einen weitreichenden Handlungsspielraum zur Regelung des Berufs- und Standesrechts der Rechtsanwälte besitzen. Sie sind verpflichtet, ihr Recht gegenüber den Angehörigen anderer Mitgliedstaaten zu öffnen und alle Bestimmungen zu beseitigen, die diskriminierende Wirkungen haben. Aber der ordnungspolitische Kern der

---

[120] Urteil vom 16. 11. 1977, Rs 13/77, *INNO/ATAB*, Slg. S. 2115.
[121] Urteil vom 1. 10. 1987, Rs 311/85, *Vlaamse Reisbureaus*, Slg. S. 3801, Nr. 10. Überblick über die Rspr. bei *R. Joliet*, Reglementations étatiques anticoncurrentielles et droit communautaire, Cah.dr.eur. 1988, 363.
[122] Vgl. Urteil *Vlaamse Reisbureaus* (Fn. 121) sowie Urteil vom 30. 1. 1985, Rs 123/83, *Clair*, Slg. S. 391.
[123] Vgl. *U. Everling*, Der Beitrag des europäischen Gerichtshofs zur Weiterentwicklung des Wettbewerbsrechts der Gemeinschaft, in: Heft 124 der FIW-Schriftenreihe, Köln 1989, S. 103, 118, mit Nachweisen. Zu weitgehend neuerdings *G. Bauer*, Wettbewerbsbeschränkung durch Staaten?, München 1990.

Regelungen steht unverändert zur Disposition des nationalen Gesetzgebers.

Das bedeutet nun aber nicht, daß die europäischen Zusammenhänge, in die die Bundesrepublik und mit ihr die Anwaltschaft eingegliedert ist, ignoriert werden können. Im Gegenteil, diese ist Sachzwängen ausgesetzt, auf die sie sich einstellen muß. Zwei Problemkreise erfordern berufspolitische Überlegungen, nämlich einmal die partielle Benachteiligung der inländischen Anwälte im Vergleich zu bestimmten Gruppen von Anwälten aus anderen Mitgliedstaaten, und zum anderen die weitgehende Europäisierung der nationalen Rechtsordnungen und die internationale Verflechtung der Wirtschaft als der wichtigsten Klientel der Anwaltschaft.

2. Probleme der Inländerdiskriminierung

Eine Benachteiligung der im Inland zugelassenen Anwälte, die von diesen als Diskriminierung bewertet werden könnte, kann sich in allen Fällen ergeben, in denen das Berufs- und Standesrecht auf Grund gemeinschaftsrechtlicher Vorgaben nicht oder nicht in vollem Umfang auf Anwälte angewendet wird, die in anderen Mitgliedstaaten zugelassen oder ausgebildet sind.

Das gilt zum einen für die Befreiung vom Lokalisationsprinzip, die nach der Rechtsprechung des Gerichtshofs, insbesondere nach dem Dienstleistungsurteil gegen die Bundesrepublik, dienstleistenden Anwälten gewährt wird. Im Unterschied zu inländischen Anwälten können sie vor inländischen Zivilgerichten mit Anwaltszwang im Einvernehmen mit einem bei diesem Gericht zugelassenen Anwalt auftreten, ohne dort selbst zugelassen zu sein. Sie sind dann vor allem auch postulationsfähig. Auch Grenzen der Simultanzulassung gelten für sie nicht, wenn sie auch nach der Neufassung des Dienstleistungsgesetzes nicht in demselben Verfahren vor Gerichten verschiedener Instanz tätig werden dürfen.[124]

Ein weiterer Fall betrifft das Zweigstellenverbot. Nach dem Urteil *Klopp* kann ein in einem anderen Mitgliedstaat zugelassener Anwalt im Inland eine zweite Kanzlei unterhalten, und das gilt umgekehrt auch für im Inland zugelassene Anwälte insofern, als sie eine Zweitniederlassung in anderen Staaten errichten dürfen (§ 29a BRAO).[125] Dagegen ist es aber dem bei einem inländischen Gericht zugelassenen

---

[124] Vgl. oben bei Fn. 60.
[125] Vgl. oben bei Fn. 81 sowie *B. Reinmüller*, Anwaltliches Zweigbüro und Niederlassungsfreiheit in Frankreich und in der Bundesrepublik Deutschland, IPRax 1989, 54.

Anwalt weiterhin untersagt, im Inland eine zweite Kanzlei oder Zweigstelle zu errichten, und zwar sogar innerhalb des Bezirks des Gerichts, bei dem er zugelassen ist.

Schließlich ist auf die Anerkennung der Diplome hinzuweisen. Wenn die Anforderungen, die bei der Eignungsprüfung an Anwälte aus anderen Mitgliedstaaten gestellt werden, zu niedrig sind, können sich Inländer, die den beschwerlichen Weg über die zweite Staatsprüfung gehen müssen, als benachteiligt ansehen. Zur Zeit besteht allerdings eher die umgekehrte Gefahr, daß die Eignungsprüfung zu streng ausgestaltet wird.[126]

Es mögen sich aber auch Sondersituationen ergeben, in denen inländische Anforderungen umgangen werden. So könnte ein Deutscher versuchen, in einem anderen Mitgliedstaat, in dem das, wie anscheinend in Spanien, ohne Referendarzeit und zweites Examen möglich ist, die Qualifikation als Anwalt zu erwerben und dann über die Eignungsprüfung die inländische Zulassung zu erhalten.[127] Doch solche Fälle dürften seltene Ausnahmen bleiben, bedeutsam sind in erster Linie Lokalisation und Zweigstellenverbot.

Das Gemeinschaftsrecht löst diese Problematik nicht. Der gemeinschaftsrechtliche Gleichheitsgrundsatz gilt nur für Regelungen des Gemeinschaftsrechts;[128] lediglich das Diskriminierungsverbot im Bereich der landwirtschaftlichen Marktordnungen nach Art. 40 Abs. 3 Abs. 2 EWGV gilt auch für nationale Regelungen.

Für den Warenverkehr ist das bereits mehrfach entschieden worden. Nationale Regelungen über die Beschaffenheit oder Vermarktung von Waren, die als Maßnahmen mit gleicher Wirkung wie mengenmäßige Beschränkungen beurteilt werden, sind nach Art. 30 EWGV nur gegenüber Einfuhrwaren unanwendbar. Für inländische Produkte bleiben sie weiterhin gültig, sofern sie von dem betreffenden Mitgliedstaat nicht aufgehoben werden. Die damit verbundene Benachteiligung der inländischen Produzenten wird vom Gemeinschaftsrecht nicht beanstandet.[129]

Ebenso hat der Gerichtshof in bezug auf Arbeitnehmer entschieden, daß Rechtsverhältnisse zwischen Inländern und ihrem Staat allein nach dessen Recht beurteilt werden, selbst wenn sich dabei in einer konkreten Fallkonstellation eine Benachteiligung im Vergleich

---

[126] Oben bei Fn. 106.
[127] Vgl. *A. Kespohl-Willemer*, Der deutsche Anwalt in der Europäischen Gemeinschaft, rechtliche Rahmenbedingungen und Möglichkeiten, JZ 1980, 90.
[128] Urteil vom 11. 7. 1985, Rs 60 mit 61/84, *Cinéthèque* (Videofilme), Slg. S. 2605; Urteil vom 30. 9. 1987, Rs 12/86, *Demirel* (Türkische Arbeitnehmer), Slg. S. 3719.
[129] Urteil vom 23. 10. 1986, Rs 355/85, *Cognet* (Buchpreisbindung), Slg. S. 3211; Urteil vom 13. 11. 1986, Rs 80 und 159/85, *Edah*, (Preise für Backwaren), Slg. S. 3359.

zu Angehörigen anderer Mitgliedstaaten, die auf Grund der Freizügigkeitsregeln in demselben Staat tätig werden, ergibt.[130] Auch die Art. 52 und 59 EWGV regeln nur die Tätigkeit der Angehörigen eines Mitgliedstaates in anderen Mitgliedstaaten, nicht aber die Berufstätigkeit ganz allgemein. Deshalb können die Inländer, die sich benachteiligt fühlen, aus dem Gemeinschaftsrecht nichts herleiten. Es stellt sich aber die Frage, ob der nationale Gleichheitsgrundsatz, also Art. 3 GG, zu ihren Gunsten eingreift.[131]

Die Anwendbarkeit des Art. 3 GG kann nicht grundsätzlich unter Hinweis auf die Rechtsprechung des Bundesverfassungsgerichts zu Regelungsunterschieden im Bundesstaat bestritten werden, denn im vorliegenden Fall geht es nicht um den Vergleich von unterschiedlichen Rechtsvorschriften in verschiedenen Gebieten, sondern um solche, die im Bundesgebiet auf verschiedene Personengruppen angewendet werden.[132] Zweifelhaft ist aber, ob wirklich eine ungleiche Behandlung gleicher Sachverhalte vorliegt, die nicht durch sachliche Unterschiede gerechtfertigt ist.

Die Rechtsprechung hat bisher einen Verstoß gegen den Gleichheitsgrundsatz verneint. Das geschah schon frühzeitig bezüglich der auf einer Gemeinschaftsrichtlinie[133] beruhenden Sonderregelung in § 8 der Handwerksordnung, nach der sich Handwerker aus anderen Mitgliedstaaten auch ohne großen Befähigungsnachweis unter bestimmten Voraussetzungen in der Bundesrepublik selbständig betätigen dürfen. Das Bundesverwaltungsgericht begründete das mit der unterschiedlichen Ausgangslage der ausländischen Handwerker im Vergleich zu inländischen und mit den relativ strengen Voraussetzungen, die sie erfüllen müssen.[134]

Ebenso hat der Bundesgerichtshof in einem Fall entschieden, der den Warenverkehr betraf. Er hat eher beiläufig ausgesprochen, daß

---

[130] Urteil vom 27. 10. 1982, Rs 35/82, *Morson* (Arbeitnehmer), Slg. S. 3723; Urteil vom 28. 6. 1984, Rs 180/83, *Moser* (Radikalenerlaß), Slg. S. 2539.

[131] Vgl. zur Problematik A. *Bleckmann*, Die umgekehrte Diskriminierung (discrimination à rebours) im EWG-Vertrag, RIW 1985, 917; *U. Fastenrath*, Inländerdiskriminierung, JZ 1987, 170; *K. Mortelmans*, La discrimination à rebours et le droit communautaire, Dir.com.sc.int. 1980, 1; *U. Kleier*, Freier Warenverkehr (Art. 30 EWG-Vertrag) und die Diskriminierung inländischer Erzeugnisse, RIW 1988, 623; *M.-A. Reitmaier*, Inländerdiskriminierungen nach dem EWG-Vertrag, Kehl 1984; *F.-J. Schöne*, Die „umgekehrte Diskriminierung" nach der Rechtsprechung des Europäischen Gerichtshofs, RIW 1989, 450; *H. Weis*, Inländerdiskriminierung zwischen Gemeinschaftsrecht und nationalem Verfassungsrecht, NJW 1983, 2721. Zum Anwaltsrecht vgl. besonders *J. Pietzcker*, Der anwaltliche Lokalisationsgrundsatz, Verfassungsrechtliche und europarechtliche Problematik, Köln 1990.

[132] Ausführlich dazu *J. Pietzcker* aaO S. 20ff.

[133] Oben Fn. 100.

[134] BVerwG, DVBl. 1970, 620.

sich ein inländischer Produzent gegenüber einer inländischen Rechtsvorschrift nicht auf einen Verstoß gegen den Gleichheitsgrundsatz berufen könne, wenn die Vorschrift nach den Bestimmungen des Gemeinschaftsrechts auf aus anderen Mitgliedstaaten eingeführte Waren nicht angewendet werde. Diese befänden sich in einer anderen Lage als inländische Produkte, so daß eine unterschiedliche Behandlung nicht willkürlich sei.[135] Nunmehr hat der Bundesgerichtshof das Problem für das Lokalisationsprinzip ausdrücklich entschieden und wegen der besonderen, vom inländischen Anwalt verschiedenen Lage des Dienstleistungsanwalts eine Verletzung des Art. 3 GG verneint.[136] Das Bundesverfassungsgericht hat diese Entscheidung bestätigt und dazu ausgeführt:

„Ob das (sc. die Regelung für dienstleistende Anwälte) zu einer Inländerbenachteiligung durch Europarecht führt, auf die Art. 3 Abs. 1 GG anwendbar ist, kann hier offen bleiben. Selbst wenn man dies annimmt, ist eine Verletzung des allgemeinen Gleichheitssatzes mit den Erwägungen der angegriffenen Entscheidung zu verneinen. Der Bundesgerichtshof hat zutreffend festgestellt, daß zwischen beiden Gruppen von Rechtsanwälten solche Unterschiede bestehen, daß für eine Differenzierung sachliche Gründe sprechen. Während erwartet wird, daß der Anwalt aus dem Partnerland vor den deutschen Gerichten nur zeitlich begrenzt tätig wird, übt der inländische Anwalt eine Dauertätigkeit aus. Gerade für diese gelten aber die verfahrensbezogenen und prozeßökonomischen Erwägungen, die den Grundsatz der Lokalisierung rechtfertigen".[137]

Ob damit bereits das letzte Wort zur Frage der Inländerdiskriminierung gesprochen ist, erscheint allerdings zweifelhaft. Wenn die Besserstellung der Ausländer ein so erhebliches Ausmaß annehmen sollte, daß sich wesentliche Vorteile im Wettbewerb ergeben, könnte eine Grenze überschritten werden, bei der die Ungleichbehandlung unzumutbar wird. Das kann beim Warenverkehr der Fall sein, wenn die eingeführte Ware erhebliche Kostenvorteile gegenüber inländischen Produkten, an die strengere Anforderungen gestellt werden, genießt. In allen Fällen, die bisher aus dem Berufsrecht der Anwälte erörtert wurden, dürfte das allerdings kaum in Betracht kommen. Probleme könnten sich allenfalls ergeben, wenn der Gerichtshof das Niederlassungsrecht entgegen der oben vertretenen Auffassung als Beschränkungsverbot ansehen würde. Aber da sich das wohl, wie gezeigt wurde, nur auf Regelungen des Berufszugangs beziehen würde, dürfte sich wegen der unterschiedlichen Ausgangslage der Auslän-

---

[135] BGH, RIW 1985, 589 (Cocktailgetränk); kritisch dazu *U. Kleier* (Fn. 131).
[136] BGH, Beschlüsse vom 24. 4. 1989, 26. 6. 1989 und 18. 9. 1989, BRAK-Mitt. 1989, 157, 209, 208; NJW 1990, 108.
[137] BVerfG, Beschluß vom 8. 11. 1989, BRAK-Mitt. 1990, 53, AnwBl. 1989, 669; NJW 1990, 1033.

der und Inländer ihre unterschiedliche Behandlung rechtfertigen lassen. Wenn demnach die bisher zugunsten der Anwälte aus anderen Mitgliedstaaten erlassenen Regelungen nicht aus rechtlichen Gründen dazu Anlaß geben, das für inländische Anwälte geltende Berufsrecht zu ändern, so bleibt doch zu prüfen, ob der damit verbundene Einbruch in das herkömmliche Berufsrecht ignoriert werden kann. Das führt zu der allgemeineren Frage, welche berufspolitischen Folgerungen aus der europäischen Entwicklung zu ziehen sind.

3. Berufspolitische Folgerungen aus der europäischen Entwicklung

Die Bedeutung der europäischen Entwicklung für die künftige Gestaltung des Berufs- und Standesrechts kann nur auf dem Hintergrund des tiefgreifenden politischen, wirtschaftlichen und gesellschaftlichen Wandels beurteilt werden, der sich in den letzten Jahrzehnten vollzogen hat und auch den Anwaltsberuf nicht unberührt läßt.

Jede Überlegung dazu muß bei den Eingangssätzen der BRAO ansetzen, in denen sich das herkömmliche Verständnis des Rechtsanwaltsberufs niederschlägt, nämlich, daß der Rechtsanwalt „ein unabhängiges Organ der Rechtspflege" ist (§ 1 BRAO) und einen „freien Beruf" und „kein Gewerbe" ausübt (§ 2 BRAO).

Es wurde bereits darauf hingewiesen, daß diese Begriffe keineswegs der Rechtsanwaltsordnung von 1878, die sich jeder ideologischen Überhöhung enthielt, noch gar den Vorstellungen *Rudolf Gneists* von der freien Advokatur entsprachen. Sie wurden vom Ehrengerichtshof Anfang der 80er Jahre des vorigen Jahrhunderts entwickelt und entstammen damit der Gedankenwelt der Wilhelminischen Honoratiorengesellschaft. Sie wurden über ständestaatliche Vorstellungen der 20er und 30er Jahre bis in die Adenauer-Ära hinübergeleitet, als es darum ging, überkommene Werte aus den Trümmern von Diktatur und Krieg zu retten.[138]

Ob das aber heute noch der richtige Ansatzpunkt ist, muß bezweifelt werden. Ständestaatliche Vorstellungen haben in der modernen Demokratie keinen Platz, insbesondere läßt sich das Berufsethos einer überschaubaren Zahl von Berufsangehörigen nicht auf ein Heer von über 55 000 Anwälten übertragen.[139] Die Formel vom Organ der

---

[138] Oben bei Fn. 14 ff.
[139] Vgl. *G. Ring* (Fn. 6), S. 48; *M. Kleine-Cosack*, (Fn. 23). Deshalb sollte auf den Begriff des Standesrechts verzichtet werden. Im Text wird der übliche Sprachgebrauch beibehalten.

Rechtspflege, die auch das Bundesverfassungsgericht immer wieder verwendet,[140] wobei es einmal sogar den Anwaltsberuf zu einem „staatlich gebundenen Vertrauensberuf" erklärt hat,[141] ist juristisch wenig aussagekräftig. Schon sprachlich ist sie kaum verständlich, denn weder hat die Rechtspflege Organe noch besitzt der Rechtsanwalt eine Organstellung.[142] Der Begriff verführt dazu, dem Anwalt eine amtsähnliche Stellung zuzumessen, die dem Wesen der freien Advokatur, auf die sich gerade die Anhänger der Formel immer wieder berufen, widerspricht.[143]

Vor allem ist aber der Anwalt nicht mehr im wesentlichen Prozeßanwalt,[144] seine Funktion besteht in erheblichem Umfange in der Beratung, und er soll in erster Linie seinem Klienten gegen den Staat helfen, sich aber nicht von diesem als Organ vereinnahmen lassen. Die Zukunft des Anwaltsberufs liegt gerade darin, in erster Linie Dienstleistungen für eine Klientel zu erbringen, die sich in einer immer komplizierter werdenden Rechtsordnung zurechtfinden muß.[145]

Diese Entwicklung wird nun aber entscheidend verstärkt durch die Öffnung gegenüber Europa. In einer zum Binnenmarkt ausgebauten Europäischen Gemeinschaft hat der Anwalt eine die Grenzen überschreitende Funktion als Berater und Begleiter seines Klienten. Die Orientierung an der Rechtspflege des eigenen Staates verliert dann an Gewicht. Der Anwalt muß sich darauf einstellen, in der gesamten Gemeinschaft zu operieren, und da diese nach außen nicht abgeschlossen ist, muß er auch im Stande sein, darüber hinauszugreifen. Umgekehrt setzt er sich auch der Konkurrenz aus, die aus anderen Mitgliedstaaten kommt. Chance und Risiko der Rechtsanwaltschaft liegen hier dicht beieinander; sie ist gefordert, die Chancen zu ergreifen.

Diese Europäisierung und Internationalisierung des Anwaltsberufs ist bereits in vollem Gange. Wie bei den rechtsvergleichenden Hinweisen dargelegt wird, hat sie in anderen Mitgliedstaaten, vor allem in England, Frankreich und den Niederlanden, schon zu weitreichenden Reformen oder Reformvorschlägen geführt. Wenn die deutsche An-

---

[140] Vgl. etwa BVerfGE 34, 293; 63, 266; 76, 196.
[141] BVerfGE 38, 119. Dazu kritisch A. Krämer, Der Rechtsanwalt, ein „staatlich gebundener Vertrauensberuf"? NJW 1975, 849.
[142] Vgl. W. Knapp (Fn. 22), S. 141; R. Schneider (Fn. 22), S. 65.
[143] Vgl. U. Reifner (Fn. 11).
[144] Wie G. Pfeiffer (Fn. 26), BRAK-Mitt. 1987, S. 102, behauptet. Dazu vgl. R. Wasilewski, Streitverhütung durch Rechtsanwälte, BRAK-Mitt. 1990, 5, der als Ergebnis einer Untersuchung mitteilt, daß Rechtsanwälte durchschnittlich 70% der Zivilsachen außergerichtlich erledigen.
[145] K. Redeker, Fn. 3), NJW 1987, 2610; W. Schiefer (Fn. 25), NJW 1987, 1978; K.-P. Winters, Die Zukunft der Rechtsberatung, NJW 1988, 521.

waltschaft sich auf den internationalen Trend nicht positiv einstellt, kann sie leicht ins Hintertreffen geraten.[146] Sie läuft dann Gefahr, noch einmal den Anschluß zu verpassen, so wie es gegenüber den wirtschafts- und steuerberatenden Berufen geschehen ist, denen sie wichtige Felder überlassen hat.[147] Demgegenüber kann nicht eingewandt werden, daß die europäische Wirtschaftsberatung nur relativ geringe Teile der Anwaltschaft betreffe. Sicher wird das tägliche, örtlich gebundene Geschäft weiter einen wesentlichen Teil der anwaltlichen Dienste beanspruchen, und es wird verschiedene Typen anwaltlicher Tätigkeit nebeneinander geben.[148] Aber die sprunghafte Zunahme des europäischen Rechts in allen Bereichen wird keinen Anwalt unberührt lassen, und die Öffnung gegenüber den ausländischen Anwälten wird ihn vor eine neue Situation stellen.

Daraus ergeben sich Forderungen an das Berufs- und Standesrecht. Nicht der Dienst für die Rechtspflege sollte im Mittelpunkt der Regelungen stehen, sondern der Dienst für den Mandanten, und zwar besonders auch durch Rechtsberatung und außergerichtliche Streiterledigung. Das erfordert, daß die Handlungsfreiheit im Wettbewerb erhöht wird. Dem Anwalt muß gestattet werden, seine Leistungen im ganzen Bundesgebiet und darüber hinaus zu erbringen, und die Transparenz auf dem Markt anwaltlicher Leistungen muß erhöht werden.

Doch gegenüber Mißdeutungen muß betont werden, daß damit der Anwalt keineswegs vom „privilegierten Organ der Rechtspflege" zum „reinen Interessenvertreter individualisierter Ansprüche absinken" soll.[149] Auch der Anwalt, der in dieser Weise in eine wirklich freie Advokatur geführt werden soll, unterliegt Bindungen.

Gerade bei gewandelten Aufgaben in einem offenen europäischen Markt kommt den Berufspflichten des Anwalts Bedeutung zu. Dabei steht die Verantwortung gegenüber dem Mandanten, der ihm Vertrauen schenkt, im Vordergrund.[150] Sie wird bei grenzüberschreiten-

---

[146] *C. Hauschka* (Fn. 30), AnwBl. 1988, 553; *W. Kühn,* (Fn. 30), AnwBl. 1988, 129; *W. Oppenhoff,* Anwaltliche Dienstleistung – national oder international, FS 25 Jahre Bundespatentgericht, Köln 1986, S. 83; *H. Hüchting,* Die Relevanz des internationalen Wettbewerbs für die deutsche Anwaltschaft, AnwBl. 1989, 440.
[147] *W. Strobel* (Fn. 20).
[148] *W. Paul* (Fn. 21), S. 32.
[149] Diese Gefahr sieht *G. Pfeiffer* (Fn. 26), BRAK.Mitt. 1987, 102. Er betont allerdings mit Recht, daß der Anwalt, der nicht mehr als Organ der Rechtspflege in die Pflicht genommen wird, auch bereit sein muß, auf gewisse Privilegien zu verzichten; vgl. *G. Pfeiffer,* FS für Ernst Stiefel (Fn. 26), S. 559, 564.
[150] *K. Redeker,* Vom Sinn unseres anwaltlichen Standesrechts, NJW 1987, 304; *G. Schardey,* Das neue anwaltliche Berufsrecht, AnwBl. 1989, 304.

der Tätigkeit besonders wichtig, weil die Mandanten sich in den internationalen Beziehungen immer schwerer zurechtfinden. Die Standesaufsicht muß sich darauf einstellen, da die Instanzen eines einzelnen Staates nur noch beschränkten Zugriff haben. Sie müssen überstaatlich zusammenarbeiten, wie es in der CCBE begonnen hat. Der Anwalt wirkt weiterhin an der Rechtspflege mit und hat deshalb ihr gegenüber Verpflichtungen, aber nicht als ihr Organ, sondern als unabhängiger Vertreter seines Mandanten.[151]
Doch bei den Berufspflichten handelt es sich nur um Schranken, die, wie jeder Freiheit, auch der des Anwalts gesetzt sein müssen. Sie dürfen seine Handlungsmöglichkeiten für den Mandanten im offenen europäischen Wirtschaftsraum, der auch ein Rechtsraum ist, nicht mehr beschränken, als es im Interesse des Gemeinwohls erforderlich ist. Vor allem sollten alle Regeln fallen, in denen die Vorstellung von einer amtsähnlichen Stellung des Anwalts nachwirkt.

4. Folgerungen für Einzelprobleme

Was das für die einzelnen, in der gegenwärtigen Diskussion umstrittenen Probleme bedeutet, kann im Rahmen dieses Gutachtens nicht behandelt werden. Nur wenige Hinweise auf europäische Aspekte können gegeben werden.

a) Lokalisationsprinzip

Unter den zahlreichen, mit der Lokalisation verbundenen Problemen dürfte inzwischen durch die Rechtsprechung geklärt sein, daß die überörtliche Sozietät mehrerer, bei verschiedenen Gerichten zugelassener Rechtsanwälte zulässig ist.[152] Das ist im Interesse der internationalen Wettbewerbsfähigkeit zu begrüßen.

Ebenso wird nicht bezweifelt, daß der Rechtsanwalt auch im offenen Raum eine Residenz haben muß, über die er jederzeit für Klienten, Gerichte und Standesaufsicht zu erreichen ist.

Doch vor allem die Beschränkung der Zulassung auf in der Regel ein Gericht in Zivilsachen ist umstritten, und ebenso das Zweigstellenverbot.[153]

---

[151] W. Hartung, Das anwaltliche Standesrecht, AnwBl. 1988, 374.
[152] Vgl. BGH, Urteil vom 18. 8. 1989, AnwBl. 1989, 563. Zur Problematik W. Kewenig, Überörtliche Anwaltssozietäten und geltendes Recht, Frankfurt 1989; H. Prütting, Die Zulässigkeit der überörtlichen Anwaltssozietät nach geltendem Recht, JZ 1989, 705; D. Schroeder/E. Teichmann, Die überörtliche Sozietät, AnwBl. 1990, 22; zu den praktischen Problemen M. Heintzen, Die überörtliche Anwaltssozietät, Stuttgart 1990.
[153] Vgl. aus der umfangreichen Literatur etwa einerseits F.-J. Friese, Nochmals: In-

Soweit verfassungsrechtliche Argumente gegen die Lokalisation geltend gemacht wurden,[154] dürfte die Diskussion vorerst durch das Bundesverfassungsgericht beendet sein.[155] Doch das bedeutet keineswegs, daß die Lokalisation verfassungsrechtlich geboten ist; die Auseinandersetzung muß mit berufspolitischen Argumenten geführt werden. Dazu wird immer wieder behauptet, es sei im Interesse der Rechtspflege, vor allem der Terminplanung und Geschäftsabwicklung, erforderlich, daß Gerichte und Anwälte am Ort zusammenarbeiten können. Das Bundesverfassungsgericht lehnt den Hinweis auf die modernen Kommunikationsmittel ausdrücklich ab. Der Gerichtshof dürfte demgegenüber der heutigen Realität näher sein und, wie so häufig, engräumigem Denken den Weg in die Zukunft weisen. Im Urteil *Klopp* hat er die Einwände gegen Zweigstellen ausdrücklich unter Hinweis auf die neue Verkehrs- und Nachrichtentechnik zurückgewiesen.[156]

Die unterschiedliche Rechtsprechung führt in der Tat zu seltsamen Ergebnissen. Die modernen Verkehrs- und Nachrichtenverbindungen werden nach § 29a BRAO für Kontakte mit dem im Ausland ansässigen Rechtsanwalt als ausreichend angesehen, für den Verkehr im Inland, und zwar sogar innerhalb eines OLG-Bezirks, sollen sie nicht genügen.

Das spricht dafür, daß andere Gründe maßgebend sind. Geschichtlich handelt es sich um den letzten Rest des Systems des Procurators, das im letzten Jahrhundert beseitigt wurde und das auch in den anderen Mitgliedstaaten praktisch kaum noch Bedeutung hat.[157] Es beruht auf dem amtsähnlichen Verständnis vom Anwaltsberuf, das in der modernen europäischen Wirtschaft und Gesellschaft keinen Platz mehr haben dürfte.

Ob das Lokalisationsprinzip ein taugliches Mittel ist, um den Rechtsanwälten auch außerhalb der wirtschaftlichen Zentren ein angemessenes Einkommen zu ermöglichen, was wohl sein eigentliches Motiv ist,[158] und ob dieses Motiv verfassungsrechtlich überhaupt rele-

---

ternationales Anwaltsrecht, Dienstleistung und Niederlassung, NJW 1988, 3072; *R. Wimmer*, Konturen eines neuen Anwaltsbildes, DVBl. 1988, 821; andererseits *G. Hettinger*, Für und wider den Lokalisationsgrundsatz, BRAK-Mitt. 1988, 98; *W. Stefener*, EuGH-Dienstleistungsurteil, Auswirkungen auf Lokalisation und Zweigstellenverbot, AnwBl. 1988, 367.

[154] Vgl. *J. Pietzcker* (Fn. 131); *F.-J. Friese*, Die Freiheit der Advokatur in Deutschland, Frankfurt 1989.
[155] BVerfG, Beschluß vom 8. 11. 1989, BRAK-Mitt. 1990, 53, AnwBl. 1989, 669.
[156] Vgl. Urteil *Klopp* (Fn. 81), Nr. 21.
[157] Vgl. die Angaben im Anhang vor allem zu Italien, den Niederlanden und auch Frankreich bei Fn. 20, 35, 3.
[158] Vgl. *H.-J. Rabe*, Auf dem Wege zum neuen anwaltlichen Berufsrecht, NJW 1989, 1113.

vant ist, kann nicht weiter erörtert werden. Unter europäischen Gesichtspunkten muß aber darauf hingewiesen werden, daß die Nachteile, die sich dadurch für den Ausbau von Kanzleien ergeben können, die im internationalen Wettbewerb bestehen können, letztlich die gesamte Anwaltschaft treffen.

Unter dem Gesichtspunkt der europäischen Entwicklung kann daher die Aufhebung der Lokalisation entsprechend der Regelung außerhalb der Zivilgerichtsbarkeit nur befürwortet werden. Entsprechendes gilt auch für das Zweigstellenverbot, das soeben in Frankreich beseitigt wurde, wie im Länderbericht dargestellt wird.

b) Werbeverbot

Ähnliche Überlegungen gelten auch für das Werbeverbot, das ebenfalls der neueren Entwicklung angepaßt werden muß.[159] Auch in diesem Bereich ist die nationale Debatte lebhaft. Vor allem wird darauf hingewiesen, daß die Rechtsordnung immer komplizierter wird und auch von den Anwälten Spezialisierung verlangt. Sie müssen deshalb in der Lage sein, dem rechtsuchenden Publikum mitzuteilen, welche Rechtsgebiete sie vor allem bearbeiten, damit es sich über die Angebote auf dem Markt orientieren kann. Die Öffnung der Märkte führt zu mehr Wettbewerb. Dann muß der einzelne Anwalt aber auch die Möglichkeit erhalten, sich in diesem Wettbewerb zu behaupten.[160]

Allerdings muß es Grenzen geben, die anreißerische Werbung sollte weiter untersagt sein. Ob die Unterscheidung zwischen Informations- und Mandatswerbung[161] tragfähig ist, sei dahingestellt. Für die Fragestellung des Gutachtens muß aber hervorgehoben werden, daß die Öffnung des europäischen Marktes es erfordert, mehr Transparenz über die Leistungen, die angeboten werden, herbeizuführen. Frankreich, England und die Niederlande haben das erkannt.[162] Sie haben Wege gesucht, um zu verhindern, daß es bei einer Lockerung

---

[159] *G. Ring* (Fn. 6) S. 575, sieht das Werbeverbot als maßgebendes Kriterium der freien Berufe an. Doch das ist eine petitio principii: Das Werbeverbot besteht nicht als Selbstzweck und kennzeichnet dadurch den freien Beruf, sondern es folgt aus den Anforderungen, die an den freien Beruf zu stellen sind. Zu den Merkmalen des freien Berufs *L. Michalski* (Fn. 6), S. 15.
[160] Aus der Diskussion vgl. etwa *W. Berweck*, Anwaltswerbung und Öffentlichkeitsarbeit, AnwBl. 1989, 332; *U. Kornblum*, Zum Werbeverbot für die rechts- und wirtschaftsberatenden akademischen freien Berufe, BB 1985, 65; *M. Prinz*, Anwaltswerbung, Eine rechtsvergleichende Darstellung des deutschen und amerikanischen Rechts, Frankfurt 1986; *W. Schiefer*, Werbung und Marketing des Anwalts: Der Anwalt als Berater, AnwBl. 1989, 459.
[161] *R. Zuck*, Anwaltswerbung zwischen zulässiger Informations- und unzulässiger Mandatswerbung, NJW 1988, 528.
[162] Vgl. die Hinweise im Anhang, insbesondere zur neuen niederländischen Regelung.

zu Auswüchsen kommt, wie sie in den USA beobachtet werden.[163] Auch das deutsche Standesrecht sollte es der Wirtschaft wie dem Bürger des In- und Auslandes erleichtern, den für ihn geeigneten Anwalt zu finden, und umgekehrt sollte es auch diesem gestattet werden, sich dem Publikum mit seiner Leistung zu präsentieren.[164] Allerdings sollte die Bezeichnung als Fachanwalt weiter vom Nachweis einer besonderen Qualifikation abhängen.

c) Organisationsformen

Wesentliche Bedeutung wird der Organisationsform der Sozietäten zukommen. Ob moderne Beratungstätigkeit nach internationalen Maßstäben heute noch in den Formen der BGB-Gesellschaft betrieben werden kann, erscheint zweifelhaft. Selbst wenn man davon ausgeht, daß die Anwaltssozietäten nicht amerikanische oder britische Ausmaße annehmen werden, wird doch auch die Leitung und Vertretung von Sozietäten mittleren Zuschnitts, die staatenübergreifend tätig sind, in dieser Form kaum noch möglich sein. Insbesondere werden auch die Fragen der Vertretung, der steuerlichen Behandlung und der Versorgung immer schwieriger.

Ob ein Partnerschaftsgesetz, wie es 1976 vom Bundestag verabschiedet wurde, aber am Widerstand des von den traditionell denkenden Justizverwaltungen bestimmten Bundesrats scheiterte,[165] den heutigen Anforderungen noch gerecht würde, erscheint zweifelhaft. Die neue Rechtsform der Europäischen Wirtschaftlichen Interessengemeinschaft kann in manchen Fällen nützlich sein.[166] Sie ist allerdings nur bei Beteiligung eines Partners aus einem anderen Mitgliedstaat anwendbar.

Deshalb sollte geprüft werden ob die Form einer Beratungs-GmbH, bei der allerdings die Haftungsfragen besonders gelöst werden müssen, nicht ebenso wie bei Steuerberatern und Wirtschaftsprüfern zugelassen werden kann. Dem Ansehen der Angehörigen dieses Berufsstandes und auch ihrer persönlichen Verantwortung hat das keinen Abbruch getan.[167]

Gleichzeitig muß auch über die gemeinsamen Sozietäten mit wirtschaftsberatenden Berufen neu nachgedacht werden. Es müssen Mög-

---

[163] Vgl. *M. Prinz* (Fn. 160).
[164] *E. Löwe*, Werbung im künftigen Berufsrecht der Rechtsanwälte, AnwBl. 1989, 545. Für einen Fachanwalt für Europarecht plädieren *F. Eckstein/A. Kappus*, „Europäische Wege zur Fachanwaltschaft, NJW 1990, 963.
[165] BT-Drucksache 7/4089; Überblick BB 1975, 1549.
[166] Vgl. *A. Kespohl-Willemer* (Fn. 127); *R. Zuck*, Die Europäische wirtschaftliche Interessenvereinigung als Instrument anwaltlicher Zusammenarbeit, NJW 1990, 954.
[167] Vgl. *R. Zuck*, Formen anwaltlicher Zusammenarbeit, AnwBl. 1988, 19.

lichkeiten geschaffen werden, um der europäisch oder international tätigen Wirtschaft umfassende Beratungseinheiten zur Verfügung zu stellen, die ihren Bedürfnissen zusammenfassend und fachübergreifend Rechnung tragen. Nur auf diese Weise können die Anwälte auch das gegenüber den wirtschaftsberatenden Berufen verlorene Terrain wiedergewinnen.

d) Gebühren

Schließlich sollte auch das Gebührenrecht überdacht werden. Daß ein Beratungshonorar unabhängig von einem etwaigen Streitwert zugelassen werden muß, ist oft betont worden. Gerade im internationalen Rechtsverkehr gewinnt es Bedeutung. Nachgedacht werden muß auch über die Feststellung, daß sich die Gebühren in den anderen untersuchten Mitgliedstaaten nicht in erster Linie am Streitwert, sondern an der Bedeutung der Sache und an dem Arbeitsaufwand orientieren.

Dagegen erscheint Zurückhaltung gegenüber Tendenzen anderer Mitgliedstaaten geboten, Erfolgshonorare zuzulassen. Dadurch könnte ein ruinöser Wettbewerb entstehen, der die Prozeßlust wesentlich steigern könnte. Das Gewinnstreben würde damit stärker in den Mittelpunkt gerückt, als es auch bei einem liberalen Verständnis des Berufs, der mit der Wirtschaft verbunden ist und natürlich auch angemessen honoriert werden muß, mit den Aufgaben des Anwalts vereinbar ist, denn letztlich bleibt er Recht und Gerechtigkeit verpflichtet.[168]

Es sollte aber überlegt werden, ob nicht eine gemäßigte Form der Berücksichtigung des Erfolges eingeführt werden kann. Andere Mitgliedstaaten wie Niederlande, Belgien, Italien oder Frankreich und künftig England gestatten es, daß ein höheres Honorar oder auch ein Nachschlag gefordert wird, wenn ein Verfahren erfolgreich abgeschlossen wurde. Negative Folgen sind dabei, anders als beim reinen Erfolgshonorar, nicht bekannt geworden.[169]

e) Schlußbemerkung

Insgesamt ergibt sich ein gewandeltes Bild von der Aufgabe des Rechtsanwalts in der modernen Wirtschaft und Gesellschaft, die nach außen offen ist. Das Verständnis vom Rechtsanwalt als Organ der Rechtspflege dürfte ungeachtet aller inlandsbezogenen berufspolitischen Gesichtspunkte, die nicht behandelt wurden, jedenfalls in der

---

[168] Vgl. *F. Hummel* in: *Lingenberg/Hummel/Zuck/Eich*, Kommentar zu den Grundsätzen des anwaltlichen Standesrechts, 2. Aufl., Köln 1988, § 52 Anm. 13.
[169] Vgl. die Länderberichte im Anhang.

Perspektive eines Europas ohne wirtschaftliche Grenzen, das sich in die internationale Arbeitsteilung einfügt, überholt sein. Es dürfte schon der gegenwärtigen Realität, sicher aber der künftigen Entwicklung nicht mehr entsprechen.

Im Mittelpunkt der Aufgabe des Rechtsanwalts steht die Leistung für den rechtsuchenden Mandanten. Ihm muß der Rechtsanwalt in einem immer komplexer werdenden Umfeld, das zunehmend europäisch und international bestimmt wird, Berater und Wegweiser sein. Dabei überschreitet er die Grenzen des Staates, deren Rechtspflege er nach dem Anspruch des Gesetzes in erster Linie als Organ dienen soll.

Sicher unterliegt der Rechtsanwalt der Rechtspflege und überhaupt der Allgemeinheit gegenüber weiterhin Bindungen, denn er bleibt auch unter veränderten Umständen letztlich Recht und Gerechtigkeit verpflichtet. Doch dazu bedarf es keiner engherzigen Verbote und Reglementierungen.

Das Berufs- und Standesrecht sollte an dem Ziel ausgerichtet werden, der Anwaltschaft die Chance zu eröffnen, sich den Anforderungen einer sich wandelnden und öffnenden Welt zu stellen, damit sie auch in Zukunft ihre Aufgaben im Interesse der Wirtschaft und der Bürger in Eigenverantwortung wahrnehmen kann.

Anhang

Vergleichende Hinweise auf das Anwaltsrecht anderer EG-Mitgliedstaaten

In den Mitgliedstaaten der Europäischen Gemeinschaft ist das Berufs- und Standesrecht der Rechtsanwälte unterschiedlich geregelt. Das kann im Rahmen dieser Untersuchung, für die wenig Zeit und auch nur begrenzter Raum zur Verfügung gestanden haben, nur an Beispielen gezeigt werden.[1] Hervorzuheben sind vor allem das französische Recht, das die Entwicklung auf dem Kontinent wesentlich geprägt hat, und das englische Recht, das in die angelsächsische Welt ausgestrahlt hat. Neben dem Recht dieser beiden Mitgliedstaaten soll das unserer wichtigsten Nachbarn dargestellt werden, nämlich von Italien, Belgien und den Niederlanden, die wesentlich vom französischen Recht beeinflußt sind, aber teilweise auch eine andere Entwicklung genommen haben. Auf die übrigen Mitgliedstaaten muß leider verzichtet werden.[2]

Die Darstellung wird auf die Probleme beschränkt, die für die gegenwärtige deutsche Diskussion von Interesse sind. In einer Zusammenfassung wird versucht, einige Folgerungen für diese Probleme zu ziehen.

1. Frankreich

a) Allgemeine Struktur

In Frankreich waren die Regelungen des Anwaltsberufs noch bis in die neueste Zeit hinein durch das napoleonische Recht beeinflußt.

---

[1] Für die Mitarbeit an diesem Anhang dankt der Verfasser in erster Linie Frau *Julia Monar*, ferner stud. jur. *Christoph Henrichs*. Die Rechtsanwälte *Lise Funck-Brentano*, Paris, *Fausto Capelli*, Mailand, *Alexander Layton*, London, *H. J. Bronkhorst*, Den Haag, *Michel Walbroeck*, Brüssel, *Heinz Weil*, Paris, sowie Mitarbeiter des Gerichtshofs der EG gaben wertvolle Hinweise. Die Verantwortung für etwaige Mängel trägt aber allein der Verfasser.

[2] Vgl. die Übersichten bei *S.-P. Laguette*, Lawyers in the European Community, English version in collaboration with *P. Latham*, Brussels/Luxembourg, 1987; ferner *L. Spedding*, Transnational legal practice in the EEC and the US, New York 1987. Vgl. ferner den Überblick über Gerichtsverfassung und -verfahren (einschließlich Prozeßvertreter) der Mitgliedstaaten bei *S. O'Malley/A. Layton*, European Civil Practice, London 1989.

Erst durch Gesetz vom 31. Dezember 1971 wurden sie völlig reformiert.[3] Dabei wurde insbesondere die bisherige Aufteilung in den Beruf des avoué, dem die Prozeßhandlungen vornehmenden Parteivertreter vor Gericht, und dem avocat, dem eigentlichen Rechtsberater der Parteien, der vor den Gerichten plädierte, sowie dem in begrenztem Rahmen tätigen agrée, mit Ausnahme der Vertretung vor der Cour d'Appel beseitigt und durch den einheitlichen Beruf des avocat ersetzt.[4]

Nach Art. 3 und 7 des Gesetzes von 1971 übt der Anwalt einen freien und unabhängigen Beruf aus und ist auxiliaire (Gehilfe) der Justiz.[5] Er leistet einen Eid, Vertretung und Beratung mit Würde, Gewissenhaftigkeit, Unabhängigkeit und Menschlichkeit auszuüben.

Nach Art. 4 des Gesetzes von 1971 hat der avocat, mit gewissen Ausnahmen insbesondere für Handels-, Arbeits- und Sozialgerichte, das Monopol zur Vertretung von Parteien, zur Postulation und zum Plädoyer vor den Gerichten. Für die Tätigkeit an Cour de cassation (Kassationshof) und Conseil d'Etat (Staatsrat) bedarf es einer speziellen, besonders erworbenen Zulassung. An beiden Institutionen sind zusammen ca. 83 Rechtsanwälte zugelassen, die eine eigene Anwaltskammer bilden.

Bei der Cour d'appel, dem Berufungsgericht, das dem Oberlandesgericht vergleichbar ist, besteht der Beruf des avoué fort. Der avocat leitet hier den Rechtsstreit und trägt die Argumente seiner Partei mündlich vor; die Vertretung des Klienten im Verfahren, d.h. die Vorlage von Schriftsätzen und die Antragstellung, obliegt dagegen einem bei dem Gericht zugelassenen avoué. Die Zahl der Anwälte in Frankreich wird für das Jahr 1987 mit ca. 17400 angegeben, die der avoués mit ca. 330.[6]

---

[3] Loi n. 71–1130 du 13. 12. 1971 portant reforme de certaines professions judiciaires et juridiques, J. O. v. 5. 1. 1972. Dazu Décret n. 72–468 du 9. 6. 1972 organisant la profession d'avocat, J. O. v. 11. 7. 1972. Vgl. *A. Rieg*, Die Reform einiger rechtsberatender Berufe in Frankreich, JZ 1972, 581.

[4] Vgl. dazu und zum folgenden *J. Hamelin/A. Damien*, Les règles de la profession d'avocat, 5. Aufl., Paris 1987; *J. Lemaire*, Les règles de la profession d'avocat et les usages du barreau de Paris, Paris 1975; *M. Pédamon*, Anwaltsberuf im Wandel: Entwicklungen in Frankreich, in: *F. Kübler* (Hrsg.), Anwaltsberuf im Wandel, Frankfurt/ M. 1982, S. 37; *A. Maier*, Die Zukunft des Anwaltsberufs in Frankreich, AnwBl. 1989, 320.

[5] Vgl. *J. Hamelin/A. Damien* (Fn. 4), S. 47, ferner etwa Urteil der Cour d'Appel de Dijon vom 22. 11. 1988, Gazette du Palais v. 10. 2. 1989, 10: „L'avocat est un auxiliaire de justice qui a une activité judiciaire, en ce qu'il assiste ou représente les parties, postule ou plaide pour elles devant les juridictions..., et une activité juridique, en ce qu'il donne des consultations ou rédige des actes;... il exerce une profession libérale ou independant au sein d'un barreau..."

[6] Vgl. *J.-P. Boivin/A. Carnelutti*, Les professions reglementées face à 1992, Rev. dr. adm. publ. 1988, 603; *A. Maier* (Fn. 4).

b) Anwaltsmonopol für Rechtsberatung

In Frankreich wird bisher keine spezielle Qualifikation von Personen verlangt, die professionell Rechtsberatung betreiben, sofern sie keine Berufsbezeichnung führen. Es gibt also kein Beratungsmonopol der in Frankreich zugelassenen Anwälte. Das Gesetz von 1971 hat die Berufsbezeichnung conseil juridique (Rechtsberater) eingeführt, die 1988 ca. 4800 Personen zuerkannt war. Inländer und Angehörige der EG-Mitgliedstaaten werden nach Art. 54 des Gesetzes in die Liste der conseil juridique eingetragen, wenn sie einen juristischen Abschluß und genügende Berufspraxis nachweisen und sich dem Berufsrecht unterwerfen. Rechtsanwälte aus anderen Mitgliedstaaten können sich ohne Einschreibung in die Liste zur Rechtsberatung unter ihrer heimatlichen Berufsbezeichnung in Frankreich niederlassen.

c) Berufsorganisation

Die Anwälte werden in die Liste des barreau (Anwaltskammer) eingetragen, das bei dem Tribunal de grande instance (Landgericht) besteht, in dessen Bezirk sie sich niedergelassen haben. Sie wählen aus ihrer Mitte den Conseil d'Ordre (Vorstand) und den Präsidenten (bâtonnier). Der Conseil übt nach Art. 17 des Gesetzes von 1971 unter anderem die Disziplinaraufsicht über die Anwälte aus und regelt autonom im Rahmen der geltenden Gesetze das Standesrecht. Dabei soll er das Ziel verfolgen, die Prinzipien der Rechtschaffenheit, Uneigennützigkeit, Mäßigung und Kollegialität zu wahren. In Übereinstimmung mit der Tradition erarbeitet er die Verhaltensregeln, die die Anwälte bei der Ausführung ihrer Tätigkeiten beachten sollen. Da es keine nationale Anwaltskammer gibt, existiert auch kein einheitliches nationales Standesrecht.

d) Residenzpflicht, Lokalisation, Postulation

Gemäß Art. 83 des Décret vom 9. 6. 1972 muß der Anwalt seinen beruflichen Sitz im Bezirk des Gerichts haben, bei dem der barreau besteht, dem er angehört. Eine Zweigstelle durfte er bisher nur innerhalb des Kammerbezirks unterhalten. Nachdem die Rechtsprechung diese Beschränkung für unwirksam erklärt hatte, wurde nunmehr die Befugnis zur Errichtung von Zweigstellen in ganz Frankreich unter bestimmten Voraussetzungen und Vorbehalten gesetzlich anerkannt.[7]

---

[7] Loi n. 89–906, du 19. 12. 1989 relative à l'exercice de certaines professions judiciaires et juridiques, J. O. v. 20. 12. 1989. Vgl. *B. Reinmüller*, Anwaltliches Zweigbüro und Niederlassungsfreiheit in Frankreich und in der Bundesrepublik Deutschland, IPRax 1989, 54.

Bei der Regelung der Lokalisation wirkt die alte Unterscheidung zwischen avocat und avoué fort. Gemäß Art. 5 des Gesetzes von 1971 dürfen die avocats ohne territoriale Beschränkung in ganz Frankreich vor allen Gerichtsbarkeiten plädieren und vor Behörden der Verwaltung auftreten. Eine Ausnahme bilden Cour de Cassation und Conseil d'Etat, wo, wie erwähnt, eine spezielle Zulassung vorgesehen ist.

Abweichendes gilt aber für die Postulationsfähigkeit. Anwälte sind zur Prozeßvertretung, die früher dem avoué vorbehalten war, also insbesondere zur Vorlage von Schriftsätzen, mit gewissen Ausnahmen nur vor dem Tribunal de grande instance berechtigt, bei dem der barreau besteht, dem sie angehören.[8]

e) Organisationsformen

Die französischen Anwälte können Sozietäten in verschiedener Form bilden.[9] Das cabinet groupé und die societé de moyen sind Bürogemeinschaften. Zur gemeinsamen Berufsausübung können sich Rechtsanwälte in Form der association, die etwa der deutschen Gesellschaft des bürgerlichen Rechts entspricht, zusammenschließen. In diesem Fall bleibt jeder Anwalt gegenüber seinem Klienten verantwortlich. Insoweit bestehen wenig Besonderheiten.

Anwälte können sich aber auch zu einer societé civile professionelle zusammenschließen. Die Gesellschaft besitzt nach dem Décret vom 18. 7. 1972 Rechtspersönlichkeit und hat den gemeinsamen Betrieb der Kanzlei zum Gegenstand, in der Gewinne gemeinsam erwirtschaftet und aufgeteilt werden. Sie kann aus Anwälten verschiedener Anwaltskammern innerhalb des Bezirks einer Cour d'appel bestehen und dort, wo diese residieren, Zweigstellen unterhalten, ferner einen Firmennamen aus allen oder einigen Namen der Partner führen. Sie ist als solche Anwalt im Verfahren.

f) Werbung

Das französische Recht verbietet dem Anwalt und Rechtsberater die Werbung, soweit sie nicht darauf beschränkt ist, dem Publikum die notwendigen Informationen zu geben, und insbesondere die „démarchage", also die Anpreisung.[10] Eine verbotene Anpreisung liegt

---

[8] *J. Hamelin/A. Damien* (Fn. 4) S. 335.
[9] Zum folgenden vgl. Art. 8 des Gesetzes von 1971 und Art. 70 ff. des Décret vom 9. 6. 1971 (Fn. 3) sowie das Décret n. 72–669 du 13. 7. 1972 relatif aux societés civiles professionnelles, J O. v. 18. 7. 1972, Überblick bei *S.-P. Laguette* (Fn. 2) S. 129 ff., sowie *J. Hamelin/A. Damien* (Fn. 4) S. 67.
[10] Vgl. Art. 75 des Gesetzes vom 31. 12. 1971 und Art. 90 des Décret vom 9. 6. 1972 (Fn. 53) sowie Décret n. 72–785 du 25. 8. 1972 relatif au démarchage et à la publicité en matière de consultation et de rédaction d'actes juridiques, J. O. v. 29. 8. 1972.

vor, wenn der Anwalt einem potentiellen Klienten seine Dienste anträgt oder ihn zum Abschluß eines entsprechenden Vertrages bewegt, insbesondere indem er oder ein Vertreter sich zu ihm begibt. Als Werbung ist in dem Décret vor allem die Verwendung von Flugblättern, Briefen, Plakaten und Filmen untersagt. Einzelheiten werden im Standesrecht der Kammern geregelt. Diese machen im allgemeinen das Auftreten in Radio und Fernsehen von ihrer vorherigen Zustimmung abhängig. Da die Werbung in der Presse nicht ausdrücklich in dem Décret ausgeschlossen ist, kann dem Anwalt entgegen der bisherigen Auffassung[11] nach neuerer Rechtsprechung nicht untersagt werden, in Zeitungen seine hauptsächlichen Tätigkeitsgebiete bekannt zu geben, um der Öffentlichkeit die notwendigen Informationen zu geben.[12]

g) Gebühren

Die Vergütung, die der Rechtsanwalt aufgrund seiner Tätigkeit als Prozeßvertreter beanspruchen kann, wird gemäß Art. 10 des Gesetzes von 1971 nach einem durch Décret festgelegten Tarif berechnet. Dagegen wird das Honorar für die Beratung des Mandanten und das Plädoyer zwischen Anwalt und Mandant frei vereinbart. Dabei sind nach den Standesregeln Gegenstand und Bedeutung des Falles, Schwierigkeitsgrad und Zeitaufwand sowie der Bekanntheitsgrad des Anwalts und Struktur und Fixkosten seiner Kanzlei von Bedeutung. In Streitfällen wird der bâtonnier eingeschaltet. Manche Anwaltskammern haben sog. barèmes , also Richttabellen, aufgestellt, über die es kartellrechtliche Auseinandersetzungen gegeben hat. Sie sind jedenfalls nicht verbindlich und dürfen keine Mindesthonorare vorsehen. Ihre Zulässigkeit und Bedeutung ist zweifelhaft,[13] deshalb wurden sie weitgehend aufgegeben.

Gemäß Art. 10 Abs. 2 des Gesetzes von 1971 ist die Vereinbarung eines Erfolgshonorars untersagt, ebenso die einer quota litis. Es wird aber in der Praxis als zulässig angesehen, das Ergebnis bei der Festsetzung des Honorars zu berücksichtigen, gegebenenfalls also einen „Nachschlag" zu fordern.

h) Vollzug des Gemeinschaftsrechts

Die Richtlinie 77/249 über die Dienstleistungen der Rechtsanwälte wurde in Frankreich relativ frühzeitig umgesetzt.[14] Entsprechend der

---

[11] *J. Hamelin/A. Damien* (Fn. 4) S. 421.
[12] Urteil der Cour d'appel Dijon vom 22. 11. 1988 (Fn. 5).
[13] *Hamelin/Damien* S. 445 und zum folgenden S. 438.
[14] Décret n. 79–233 du 22. 3. 1979 relatif à la libre prestation en France par les

in der Richtlinie vorgesehenen Ermächtigung ist vorgesehen, daß der dienstleistende Anwalt im Einvernehmen mit einem bei einem französischen barreau eingeschriebenen Anwalt handelt (agir de concert). Für Prozeßhandlungen in Zivilsachen muß er sich jedoch bei einem Verfahren vor einem Tribunal de grande instance der Unterstützung eines Anwalts bedienen (avoir recours), der bei dem barreau dieses Gerichts eingeschrieben ist, und bei einem Verfahren vor einer Cour d'appel der eines dort tätigen avoué. Diese Regelung geht nach Ansicht der Kommission sowohl wegen der Lokalisation als auch wegen der das Einvernehmen überschreitenden Mitwirkung über die Richtlinie hinaus. Sie hat deshalb Vertragsverletzungsklage gegen Frankreich erhoben.[15]

Die Richtlinie 89/48 über die Anerkennung der Diplome ist noch nicht umgesetzt.[16] Unter dem Eindruck des Urteils *Klopp* des Gerichtshofs wurden aber bereits vorher Sonderregelungen für in anderen Mitgliedstaaten zugelassene Anwälte erlassen. Nach dem Décret vom 22. 10. 1985 können sie in ein barreau aufgenommen werden, wenn sie sich in einer Berufstätigkeit von in der Regel mindestens acht Jahren Kenntnisse des französischen Rechts erworben und diese in einer Eignungsprüfung nachgewiesen haben.[17] Sie können dann als französische Anwälte tätig werden.

i) Reformbestrebungen

Zur Zeit wird lebhaft über eine Reform des Berufsrechts der Anwälte diskutiert.[18] Die Reform soll vor allem der Entwicklung Rechnung tragen, die durch das wachsende Bedürfnis nach internationaler Rechtsberatung und Vertretung eingetreten ist und zu einer ständig zunehmenden Zahl von conseils juridiques geführt hat. Die Regeln des Berufsrechts sollen modernisiert werden, um die Anwaltschaft auf die Bedürfnisse des europäischen Binnenmarktes auszurichten.

Es wird bereits der Entwurf eines Gesetzes erörtert, durch das die

---

ressortissants des Etats membres des Communautés européeenees, J. O. v. 23. 3. 1979, nunmehr Art. 126-1 bis 6 des Décret vom 9. 6. 1972. Zur Richtlinie vgl. Gutachten II 2.
[15] Rs. 294/89, ABl. Nr. C 285/5.
[16] Zur Richtlinie vgl. Gutachten III 4.
[17] Décret n. 85-1123 du 22. 10. 1985 sur l'installation des Avocats étrangers en France, J. O. v. 23. 10. 1985, nunmehr Art. 44-2 des Décret vom 9. 6. 1972. Vgl. *A. Brunois*, Après l'arret Klopp – état des prestations de services et des établissements des avocats en Europe, Rev. trim. dr. eur. 1985, 65. Dazu *H. Lang*, Zur Eignungsprüfung von EG-Anwälten, BRAK-Mitt. 1990, 13.
[18] Vgl. *A. Maier* (Fn. 4) sowie *J.-P. Boivin/A. Carnelutti* (Fn. 6). Gesetzentwurf: Gazette du Palais vom 10. 10. 1989, S. 3. Kritisch z. B. *J. Chanson*, Gazette du Palais vom 30. 10. 1989, S. 4; *L. Funck-Brentano*, Un suicide collectif?, Gazette du Palais vom 25. 6. 1988, S. 15.

Berufe avocat und conseil juridique vereinigt werden und, vorbehaltlich einiger Ausnahmen für andere Berufe, ein Rechtsberatungsmonopol erhalten sollen. Der Entwurf sieht eine Reihe von weiteren Änderungen vor, so die Zulassung von Kapitalgesellschaften. Weitere Reformbestrebungen werden in ähnlicher Weise wie in der Bundesrepublik diskutiert.

2. Italien

a) Allgemeine Struktur

Der Anwaltsberuf wurde in Italien erstmals nach der politischen Einigung 1874 einheitlich geregelt. Diese Regelung wurde in den dreißiger Jahren umfassend reformiert, vor allem durch den Ordinamento, die Berufsordnung von 1933, und die Durchführungsvorschriften von 1934, die später mehrfach geändert und nach dem Kriege bereinigt wurden.[19] In den Fünfziger Jahren wurde intensiv über eine Neuregelung verhandelt. Der im Parlament bereits beratene Entwurf scheiterte aber schließlich im Gesetzgebungsverfahren an den Interessengegensätzen der Betroffenen. Deshalb gilt immer noch der Ordinamento von 1933 in teilweise geänderter Fassung.

Das Berufsrecht der Anwälte ist gekennzeichnet durch die aus dem römischen Recht überkommene Zweiteilung in procuratore legale und avvocato. Nach den Bestimmungen des codice procedurale civile (Zivilprozeßordnung) ist der procuratore zur Vertretung der Parteien vor Gericht berufen, während der avvocato die eigentliche Rechtsberatung betreibt und vor den Gerichten plädiert.[20] Der procuratore hat vor den Gerichten im Bezirk des tribunale, bei dem er in die Berufsliste eingetragen ist, aber dieselben Rechte wie ein avvocato, und der avvocato ist in aller Regel auch in die Liste der procuratori eingetragen und demgemäß postulationsfähig.

Die Unterscheidung zwischen den beiden Berufen hat deswegen heute nur noch geringe Bedeutung. Gewisse Unterschiede ergeben sich noch bei Lokalisation und Gebühren. Der procuratore ist praktisch ein junger Jurist auf dem Wege zum avvocato. Nur wer eine

---
[19] Die heute wichtigsten Berufsregelungen sind: R.D.L. 27. 11. 1933, n. 1578, Ordinamento delle professioni di avvocato e procuratore, G. U. 5. 12. 1933, n. 281; R.D. 22. 1. 1934, n. 37, Norme integrative e di attuazione del R.D.L. 27. 11. 1933, G. U. 30. 1. 1934, n. 24; L. 28. 3. 1936, n. 1003, Norme per iscrizione nell'albo speciale per il patrocinio davanti alle Corte di cassazione ed alle altre giurisdizioni superiori, G. U. 10. 6. 1936, n. 134: D. Lgs. Lgt. 23. 11. 1944, n. 382, Norme sui Consigli degli ordini e sulle Commissioni interne professionali, G. U. 23. 12. 1944, n. 98.
[20] Vgl. F. Carnelutti, Avvocato e procuratore, in: Enciclopedia del Diritto, IV, Varese 1959, S. 644; S. O'Malley/A. Layton (Fn. 2) S. 1165.

sechsjährige Berufspraxis als procuratore nachweist oder nach einer zweijährigen Berufspraxis eine Prüfung ablegt, wird nach Art. 16 des Ordinamento in die Liste der avvocati aufgenommen. Für die Zulassung zur Corte di cassazione, dem Kassationsgerichtshof, sind von gewissen Ausnahmen abgesehen acht Jahre Berufspraxis als avvocato erforderlich, für die Zulassung zur Corte costituzionale, dem Verfassungsgerichtshof, sogar zwölf Jahre.

Der Anwalt übt nach Art. 2229 ff. des codice civile (Zivilgesetzbuch) einen freien und unabhängigen Beruf aus und soll ihn mit Würde und Fleiß und unter Wahrung der Belange der Rechtspflege ausüben. Er muß nach Art. 12 des Ordinamento einen Eid dahin leisten, daß er seinen Beruf anständig, ehrenhaft und sorgfältig ausüben und den Belangen der Justiz und den höheren Interessen der Nation dienen wird. Trotz dieser aus dem faschistischen Staatsverständnis stammenden Formulierung orientieren sich die Anwälte traditionell in erster Linie an den Interessen ihrer Klienten. Es gibt zur Zeit ca. 60 000 Anwälte in Italien.

b) Anwaltsmonopol für Rechtsberatung

In Italien besteht kein Rechtsberatungsmonopol für Anwälte. Diese stehen im harten Wettbewerb mit den ragioneri (Spezialisten für Steuerrecht und Buchhaltung) und anderen freien Berufen, die in ihren Spezialbereichen auch juristisch beraten. Es steht jedermann frei, Rechtsberatung zu betreiben, selbst wenn er keine entsprechende Berufsausbildung vorweisen kann oder nicht registriert ist. Er darf dann aber keine Berufsbezeichnung führen und nicht geschäftsmäßig tätig sein.[21]

c) Berufsorganisation

In Italien bestehen lokale Anwaltskammern sowie eine Vertretung der Anwaltschaft auf nationaler Ebene. Avvocati und procuratori eines Gerichtsbezirks bilden die örtliche Kammer, deren Mitgliederversammlung den Consiglio locale (örtlichen Vorstand) wählt. Der Consiglio hat umfassende Verwaltungs- und Aufsichtsaufgaben, insbesondere überwacht er die Beachtung der Standespflichten.

Auf nationaler Ebene besteht ein Consiglio nazionale forense (nationale Vertretung der Anwaltschaft). Die Mitglieder werden von den örtlichen Anwaltskammern gewählt, wählbar sind nur beim Kassationsgerichtshof und den anderen höheren Gerichten zugelassene Anwälte. Der Consiglio wird nach dem Ordinamento unter anderem bei Gesetz- und Verordnungsentwürfen angehört und hat gewisse, die

---

[21] S.-P. *Laguette* (Fn. 2), S. 92.

örtlichen Kammern übergreifende Aufgaben, ferner entscheidet er über Berufungen in Disziplinarangelegenheiten; er hat aber keine allgemeinen Befugnisse.[22]

d) Residenzpflicht, Lokalisation, Postulation

Avvocato und procuratore unterliegen nach Art. 10 und 37 des Ordinamento einer Residenzpflicht innerhalb des Bezirks desjenigen Gerichts, bei dem sie eingeschrieben sind.

Der procuratore darf nach Art. 5 des Ordinamento seinen Mandanten nur innerhalb des Bezirks desjenigen Gerichts vertreten und beraten, bei dem er eingeschrieben ist. Der avvocato kann dagegen nach Art. 4 des Ordinamento vor jedem Gericht mit Ausnahme der obersten Gerichte in ganz Italien plädieren. Er muß allerdings außerhalb des Bezirks des Gerichts, bei dem er eingeschrieben ist, für die gerichtliche Vertretung seines Mandanten einen procuratore oder avvocato einschalten, der bei dem angerufenen Gericht zugelassen ist. Für das Auftreten vor Gerichten verschiedener Instanzen gibt es, abgesehen von der Zulassung bei den obersten Gerichten, keine Beschränkung, und zwar auch im Instanzenzug desselben Verfahrens.

Eine Zweigstellenregelung besteht nicht. Der procuratore darf innerhalb des Bezirks des Gerichts, bei dem er eingeschrieben ist, der avvocato in ganz Italien Zweigstellen errichten.

e) Organisationsformen

Avvocati können sich zu gemeinsamer Berufsausübung in Sozietäten, genannt studio legale, zusammenschließen, die der deutschen bürgerlich-rechtlichen Gesellschaft vergleichbar sind. Handelsgesellschaften sind jedoch nach Art. 3 des Ordinamento ausgeschlossen.[23] Bei derartigen Sozietäten wird jeder Anwalt selbständig tätig und ist seinem Mandanten verantwortlich.

In dieser Ausgestaltung spiegelt sich die traditionelle Auffassung wider, nach der Anwälte im allgemeinen persönlich und selbständig tätig werden. Große Anwaltsfirmen sind relativ selten, und die Konzentrationsbewegung hat noch nicht den Umfang wie in anderen Mitgliedstaaten angenommen.[24]

f) Werbung

Italienische Anwälte unterliegen nach Standesrecht einem strengen Werbeverbot, das aus den allgemeinen Berufspflichten hergeleitet

---

[22] Vgl. S.-P. *Laguette* (Fn. 2), S. 192; L. *Spedding* (Fn. 2), S. 114.
[23] S.-P. *Laguette* (Fn. 2), S. 192.
[24] C. *Blackhurst*, Int. Fin. Law. Rev. 6/1985, S. 5.

wird. Werbung ist weder in den Medien noch auf Plakaten oder in Broschüren gestattet. Informationsangaben über Tätigkeitsbereiche in Branchenführern oder auch in Zusätzen zum Briefkopf „studio legale", etwa „Diritto internazionale e comunitario", werden aber zunehmend gebräuchlich.[25]

g) Gebühren

Die Gebühren und Honorare der procuratori und avvocati werden in Tarifen durch den Consiglio nazionale forense festgelegt, wobei er sich an Schwierigkeitsgrad und Arbeitsumfang orientiert. Die Tarife unterliegen der Genehmigung durch den Justizminister (Art. 57, 58, 64 des Ordinamento). Höchst- und Mindestsätze dürfen nur über- oder unterschritten werden, wenn ein besonders schwieriger oder unbedeutender Fall vorliegt. Procuratori erhalten die Hälfte des Honorars des avvocato, selbst wenn sie dieselbe Tätigkeit wie dieser ausüben.

Die Vereinbarung eines Erfolgshonorars in Form einer quota litis ist gem. Art. 2233 Abs. 3 des codice civile (Zivilgesetzbuch) unzulässig. Die Vereinbarung eines „palmario", eines Palmenwedels für den Sieger, also eines Zusatzhonorars für den Fall des Obsiegens, wird gewohnheitsrechtlich als zulässig angesehen.

h) Durchführung des Gemeinschaftsrechts

Die italienische Gesetzgebung ist nur unvollkommen an das Gemeinschaftsrecht angepaßt worden, insbesondere ist das Erfordernis der Staatsangehörigkeit in Art. 17 und 30 des Ordinamento noch nicht förmlich beseitigt; es wird aber offenbar von den Kammern unter Berufung auf das unmittelbar geltende Gemeinschaftsrecht gegenüber Angehörigen der Mitgliedstaaten nicht mehr angewendet.

Die Richtlinie 77/249 über die Dienstleistungen der Anwälte wurde durch Gesetz vom 9. 2. 1982 umgesetzt.[26] Die Bestimmungen betonen den vorübergehenden Charakter der Tätigkeit des dienstleistenden Anwalts; er darf in Italien weder eine Kanzlei noch einen Haupt- oder Nebensitz begründen. Beim Auftreten in gerichtlichen Verfahren muß er im Einvernehmen mit einem avvocato oder procuratore handeln, der bei dem betreffenden Gericht zugelassen ist. Anwälte, die mehr als acht Jahre in einem anderen Mitgliedstaat zugelassen

---

[25] Vgl. die Hinweise bei *B. Danovi*, la deontologia delegata (ovvero la pubblicità dell' avvocato), Il Foro Italiano 1990, 705.
[26] L. 9. 2. 1982, n. 31, Libera prestazione di servizi da parte degli avvocati cittadini degli Stati membri delle Comunità europee, G. U. 12. 2. 1982, n 42.

sind, können im Wege der Dienstleistung auch vor den obersten Gerichten tätig werden.

i) Reformbestrebungen

In Italien wird ständig über Reformen diskutiert, aber konkrete Vorhaben, das Recht zu ändern, scheinen zur Zeit nicht zu bestehen.

3. Belgien

a) Allgemeine Struktur

Das belgische Recht der Anwälte beruhte weitgehend auf den napoleonischen Regelungen. Es wurde 1967 im 3. Buch des Code Judiciaire Belge (C. J.), Art. 428–508, zusammengefaßt. Bei dieser Gelegenheit wurde auch, ähnlich wie kurze Zeit später in Frankreich, der avoué abgeschafft. Der avocat hat nunmehr das ausschließliche Recht, vor Gericht Parteien zu vertreten und zu plädieren (Art. 440 C. J.), sofern sie nicht, wie vor allem in gewissen Zivilsachen, selbst auftreten dürfen (Art. 728 C. J.). Besondere Anforderungen bestehen bei der Cour de Cassation und beim Conseil d'Etat.

Der Anwalt hat, ähnlich wie in Frankreich, ein an der Tradition ausgerichtetes Berufsverständnis. Er übt einen freien und unabhängigen Beruf aus und ist relativ strengen Standespflichten unterworfen.[27] Diese verlangen von ihm nach Art. 456 C. J. insbesondere dignité (Würde), probité (Redlichkeit) und délicatesse (Gewissenhaftigkeit). Er schwört nach Art. 429 C. J. einen Eid auf König, Verfassung und Gesetze sowie Respekt gegenüber den Gerichten und der öffentlichen Gewalt und gelobt, nichts zu raten und zu vertreten, was Ehre und Gewissen widerspricht. Die belgische Anwaltschaft richtet sich zunehmend, auch infolge des Sitzes der europäischen Institutionen, auf die internationale Beratung ein. 1988 gab es ca. 8000 Anwälte in Belgien.[28]

b) Beratungsmonopol der Anwälte

Der belgische Anwalt besitzt kein Monopol für die Rechtsberatung, so daß er auf diesem Gebiet im Wettbewerb mit anderen Berufen steht. Es bestehen keine Beschränkungen oder Zulassungsvoraus-

---

[27] Vgl. *P. Lambert*, Règles et usages de la profession d'avocat du barreau de Bruxelles, Bruxelles 1980, S. 262 ff.; *B. Cardyn de Salle*, La profession d'avocat, Namur 1972.
[28] *A. Kespohl-Willemer*, Der deutsche Anwalt in der Europäischen Gemeinschaft – rechtliche Rahmenbedingungen und Möglichkeiten, JZ 1990, 25.

setzungen für die Tätigkeit als Rechtsberater. Jeder EG-Bürger kann also ein Büro in Belgien eröffnen und seinen juristischen Rat anbieten.[29]

Jeder ausländische Anwalt, der Mitglied einer Anwaltskammer seines Heimatstaates ist, kann sich bei einem der barreaux von Brüssel in eine besondere „Liste B" eintragen lassen und dann unter seiner Berufsbezeichnung als Rechtsberater tätig werden, wenn er sich verpflichtet, seine Praxis bei einem Mitglied eines Brüsseler barreau zu betreiben und nur ausländisches Recht oder EG-Recht zu behandeln.[30]

c) Berufsorganisation

Die in den 26 Gerichtsbezirken bestehenden Ordres des avocats du barreaux, die örtlichen Anwaltskammern und die von ihnen gewählten Organe, üben die Aufsicht über die Anwälte aus. Sie überwachen ferner die Ausbildung der avocats stagiaires.

Anders als in Frankreich ist die Anwaltschaft in Belgien in einer Berufsvertretung auf nationaler Ebene, dem Ordre national des avocats, zusammengefaßt (Art. 488 C. J.). Die bâtoniers (Präsidenten) der örtlichen Kammern bilden den Conseil géneral (Vorstand). Er soll nach Art. 493 C. J. Ehre, Rechte und beruflichen Interessen der Anwälte wahren und dazu Vorschläge an den Justizminister richten. Der Conseil géneral erläßt nach Art. 494 C. J. Regelungen über das Standesrecht. Diese sind nach Art. 501 C. J. für alle Anwälte verbindlich und werden von den Kammern angewendet.[31]

d) Residenzpflicht, Lokalisation, Postulation

Die Anwälte werden in die Liste des Ordre des avocats, der Anwaltskammer, eingetragen, in deren Bezirk sie ihre Kanzlei haben (Art. 430 C. J.). Eine Residenzpflicht ist nicht statuiert, weil es, abgesehen von der Cour de Cassation und dem Conseil d'Etat, keine Zulassung bei bestimmten Gerichten gibt. Seit dem Urteil *Klopp* sind Zweigbüros im Ausland erlaubt, innerhalb Belgiens sind sie jedoch untersagt. Die Beseitigung dieser Inländerbenachteiligung wird diskutiert. Nach den Regeln des Brüsseler Ordre français des avocats kann eine ständige Zusammenarbeit, eine correspondence organique, mit ausländischen Kanzleien begründet werden. Sie darf auf Geschäftspapieren vermerkt werden.

Seit der Beseitigung der Unterscheidung zwischen avoué und avo-

---

[29] L. *Spedding* (Fn. 2) S. 116.
[30] A. *Kespohl-Willemer* (Fn. 28) S. 28.
[31] P. *Lambert* (Fn. 27) S. 120.

cat können Anwälte, die in die Liste einer Kammer eingetragen sind, nach Art. 439 C. J. vor allen Gerichten Belgiens Prozeßhandlungen vornehmen und plädieren. Die in anderen Mitgliedstaaten aufgrund der Dienstleistungsrichtlinie und ihrer Auslegung durch den Gerichtshof aufgetretenen Probleme bestehen also in Belgien nicht.[32] Der Anwalt kann auch vor verschiedenen Instanzen in demselben Verfahren auftreten.

e) *Organisationsformen*

Nach den Standesregeln können sich avocats in einer Bürogemeinschaft zur gemeinsamen Ausübung ihres Berufs zusammenschließen. Sie teilen sich die Kosten für gemeinsam benutzte Einrichtungen. Auf dem Briefkopf können sie die Namen aller ihrer Mitglieder erwähnen, aber lediglich mit dem Zusatz „avocats".

Avocats mit mindestens zwei Jahren Berufspraxis dürfen sich zu einer societé civile (Gesellschaft bürgerlichen Rechts) zusammenschließen, in deren Rahmen sie Kosten und Gewinne der gemeinsamen Praxis teilen. Sie praktizieren unter einer gemeinsamen Firma, wobei die Namen aller Mitglieder mit dem Zusatz „avocats", „association d' avocats" oder „société civile d'avocats" verwendet werden müssen. Gemeinsame Berufsausübung mit Angehörigen anderer Berufe ist nicht zulässig.[33]

f) *Werbung*

Das nach den Standesregeln bestehende strenge Werbeverbot wird in letzter Zeit etwas gelockert. So gestattet der Ordre français des avocats von Brüssel Hinweise auf Arbeitsgebiete, Sprachen oder andere Besonderheiten in Anwaltsverzeichnissen, ferner seit Anfang 1990 auch Praxisbroschüren für Klienten und Personen, die sie anfordern.

g) *Gebühren*

Die Honorare werden zwischen dem Anwalt und dem Klienten frei vereinbart oder mangels Vereinbarung vom Anwalt festgelegt (Art. 459 C. J.). Dabei hat er sich Mäßigung aufzuerlegen. Wenn das Honorar das angemessene Maß überschreitet, kann der Kammervorstand es herabsetzen, wobei er sich an Bedeutung und Umfang der erbrachten Leistung orientiert. Einige Kammern haben Richtsätze für bestimmte Arten von Verfahren aufgestellt, die nicht unterschritten werden dürfen.

---

[32] *J. Herbots*, L'avocat européen de service face au principe de la territorialité de la postulation, Cah.dr.eur. 1988, 508, sowie Gutachten II, 3.
[33] *P. Lambert* (Fn. 27), S. 351.

Erfolgshonorare dürfen nicht als quota litis vereinbart werden. Es wird aber als zulässig angesehen und ist gängige Praxis, die Höhe des Honorars vom Erfolg abhängig zu machen.

h) Durchführung des Gemeinschaftsrechts

Die Richtlinie 77/249 über die Dienstleistungen der Rechtsanwälte wurde durch Gesetz vom 2.12.1982 durchgeführt, durch das die Art. 477 bis–sexies in den Code judiciaire eingefügt wurden.[34] Ergänzend wurde aufgrund der in der Richtlinie vorgesehenen Ermächtigung durch eine königliche Verordnung vorgeschrieben, daß der dienstleistende Anwalt im Einvernehmen mit einem bei dem angerufenen Gericht zugelassenen Anwalt handeln muß. Wie dieses Einvernehmen hergestellt wird, bleibt ausdrücklich der Absprache der Anwälte überlassen.

i) Reformbestrebungen

Über Anpassungen des Standesrechts wird ständig in den Kammern diskutiert. Größere Reformvorhaben sind aber nicht bekannt geworden.

4. Niederlande

a) Allgemeine Struktur

Das niederländische Anwaltsrecht geht wie das von Belgien auf das französische Recht der napoleonischen Zeit zurück, das noch in manchen Bestimmungen nachwirkt, unterlag aber auch anderen Einflüssen. Es wurde durch das Gesetz vom 23. 6. 1952 zusammenfassend geregelt.[35] Bestimmungen über die gerichtliche Vertretung und den Anwaltszwang finden sich in der Zivilprozeßordnung (wetboek van burgerlijke rechtsverordering, abgek. Rv) und Strafprozeßordnung (wetboek van strafordering, abgek. Sv). Der Anwaltsberuf ist, wie früher in Frankreich und Belgien und heute noch in Italien, dualistisch ausgestaltet, doch das hat wie dort praktisch kaum noch Bedeutung.

Der procureur, der dem avoué und procuratore entspricht, ist nach Art. 133 Rv der Prozeßbevollmächtigte in Zivilsachen, der alle Pro-

---

[34] Loi du 2. 12. 1982 adaptant la législation à la directive du Conseil des Communautés européennes, du 22 mars 1977, tendant à faciliter l'exercice effectif de la libre prestation de services par les avocats, M. B. v. 7. 1. 1983, n. 4; dazu arrêt royal du 14. 3. 1983, M. B. v. 28. 4. 1983, n. 82. Vgl. L. Goffin, L'européanisation de la profession d'acocat, J. Trib. 1983, 605.
[35] Wet van 23. 6. 1952, houdende instelling van de Nederlandse orde van advocaten alsmede regelen betreffende orde en discipline voor de advocaten en procureurs (Advocatenwet), Staatsblad 1952, No. 365.

zeßhandlungen vornimmt. Über ihn läuft der gesamte Schriftverkehr im Prozeß, und eigene Schriftstücke der Partei müssen zu ihrer Wirksamkeit von ihm unterzeichnet sein. Der advocaat dagegen übernimmt die materielle Rechtsberatung des Klienten. Er setzt in den meisten Fällen auch die Schriftstücke auf, die dann aber vom procureur unterzeichnet und in den Prozeß eingeführt werden müssen. Dem advocaat steht das ausschließliche Recht des Plädoyers vor Gericht zu, wobei aber für die formelle Prozeßführung ein procureur zugegen sein muß (Art. 21 Rv).

In der Praxis verliert diese Aufgabentrennung ihre Bedeutung dadurch, daß der Beruf des advocaat mit dem des procureur nach Art. 15 Advocatenwet vereinbar ist, so daß dieselbe Person beide Funktionen ausüben kann. Demgemäß sind die meisten niederländischen Anwälte als advocaat en procureur zugelassen. Ausbildung und Standesrecht sind nach Art. 63 und 69 advocatenwet gleich.

Der Anwaltsberuf befindet sich in den Niederlanden mehr noch als in den bisher behandelten Mitgliedstaaten im Umbruch. Zwar spielen Standesrecht und Standespflicht weiterhin eine große Rolle, aber allgemein versuchen sich die Anwälte auf die moderne internationale Entwicklung einzustellen. Das zeigt sich vor allem an Großbüros mit immer stärkerer Konzentration und Spezialisierung, zum Teil auch an einer kaufmännischen Einstellung der Anwälte und an einer Neuregelung der Werbung, auf die später einzugehen ist.[36] Gleichwohl wirkt aber die Tradition fort. Sie zeigt sich etwa beim Eid, mit dem der Anwalt gemäß Art. 3 Advocatenwet in althergebrachter Weise Treue zur Königin, Gehorsam zur Verfassung sowie Ehrerbietung vor den richterlichen Autoritäten schwört und zugleich gelobt, nichts zu raten oder zu verteidigen, was er nicht für gerechtfertigt hält. 1988 gab es ca. 5500 Anwälte in den Niederlanden.

b) Beratungsmonopol der Anwälte

Advocaten haben kein Monopol der Rechtsberatung. Diese wird auch von den rechtskundigen adviseurs (Rechtsberatern) ausgeübt. Es handelt sich dabei um keine geschützte Berufsbezeichnung, die eine bestimmte Ausbildung oder Prüfung voraussetzt. Rechtsberatende Funktionen werden auch vom deurwaarder wahrgenommen, dessen vielschichtiges Berufsbild (Gerichtsdiener – Gerichtsvollzieher – Rechtsberater) im deutschen System keine Entsprechung findet.

---

[36] Vgl. *L. Spigt*, Wie sich die niederländischen Anwälte auf Europa vorbereiten, BRAK-Mitt. 1989, 184.

c) Berufsorganisation

Die in einem arrondissement eingeschriebenen Anwälte bilden die orde van advocaten (Anwaltskammer). Sie wählen einen raad (Vorstand) und deken (Vorsitzenden). Der raad führt vor allem die Aufsicht über die Beachtung der Standespflichten und übt die Disziplinargewalt aus (Art. 46 und 56 advocatenwet). Wie in Belgien besteht eine nationale Anwaltskammer, die Nederlandse orde van advocaten. Sie handelt durch eine von den nationalen Kammern gewählte Delegiertenversammlung und einen allgemene raad und den deken, also den nationalen Vorstand und Vorsitzenden. Diese vertreten die Interessen der Berufsangehörigen. Die Delegiertenversammlung kann nach Art. 28 advocatenwet Regelungen über die ordnungsgemäße Berufsausübung und die Standespflichten der Anwälte sowie die Organisation der Kammern erlassen. Sie sind für die Mitglieder der Kammern verbindlich.

d) Residenzpflicht, Lokalisation, Postulation

Advocaten müssen in dem Bezirk des Gerichts ihre Kanzlei haben, bei dem sie eingetragen sind, und dürfen außerhalb des Bezirks keine Zweigstelle unterhalten. Procureurs werden bei dem Gericht eingetragen, in dessen Bezirk sie niedergelassen sind (Art. 12 und 61 Advocatenwet).

Der procureur kann nach Art. 61 advocatenwet seine Klienten nur in demjenigen Bezirk vor Gericht vertreten, bei dem er eingetragen ist. Außerhalb seines Bezirks muß er zur Vertretung seines Klienten die Dienste eines Kollegen in Anspruch nehmen. Der advocaat kann dagegen nach Art. 11 advocatenwet vor allen niederländischen Gerichten plädieren. Wenn er außerhalb des Bezirks, in dem er zugelassen ist, vor Gericht auftreten will, muß er von einem örtlichen procureur eingeführt werden. Auch die Ausstellung der Schriftsätze und die Vornahme der Prozeßhandlungen ist ausschließlich Sache des procureurs. Sonderregeln gelten für die obersten Gerichte.

e) Organisationsformen

Sozietäten zwischen den Anwälten sind nach Standesrecht in Form der Partnerschaft, also einer bürgerlich-rechtlichen Gesellschaft, bei der der Gewinn gemeinsam erwirtschaftet und die Kosten gemeinsam getragen werden, nach Standesrecht zulässig und weit verbreitet.[37] Wie bereits erwähnt, besteht eine deutliche Tendenz zur Bildung von Großpraxen. Sozietäten sind auch über die Grenzen des Gerichtsbe-

---

[37] S.-P. *Laguette* (Fn. 2), S. 131.

zirks hinaus und mit Angehörigen anderer freier Berufe zulässig. Auch mit ausländischen Anwälten können sie betrieben werden, selbst wenn diese nicht in den Niederlanden residieren. Die Anwälte müssen dann aber ihre berufliche Unabhängigkeit so weit bewahren, daß sie ihren jeweiligen Berufspflichten nachkommen können.[38]

f) Werbung

Die nationale Anwaltskammer hat am 1. 1. 1989 eine Werberegelung erlassen, durch die das erst 1985 bekräftigte strenge Verbot weitgehend aufgelockert wurde.[39] Anzeigen, Kanzleibroschüren und andere Mittel, mit denen Anwälte auf ihre Tätigkeit und deren besondere Tätigkeitsbereiche hinweisen, sind nunmehr zulässig. Es wird aber ein maßvolles Verhalten verlangt. Die Liberalisierung erfolgte unter dem Eindruck des zunehmenden internationalen Wettbewerbs, insbesondere der Entwicklung in England, um eine größere Transparenz zu erreichen.

Gleichzeitig wurde eine Marketingaktion gestartet, um Öffentlichkeit und Wirtschaft die beratende Funktion des Anwalts stärker bewußt zu machen und damit gegenüber den wirtschaftsberatenden Berufen verlorenes Terrain zurückzugewinnen.

g) Gebühren

Die Honorare können durch Vereinbarung zwischen Anwalt und Klient frei vereinbart werden. Dabei darf ein Erfolgshonorar nicht in Form einer quota litis festgesetzt werden. Es ist aber zulässig, daß für den Fall eines guten Ergebnisses ein höheres Honorar festgelegt wird als für den eines schlechten.[40]

Wenn keine Vereinbarung besteht, dient ein Kalkulationsschema, das die nationale Anwaltskammer festgesetzt hat, als Orientierung. Dieses ist nicht verbindlich, sondern nur eine Empfehlung. Es wird als angemessen angesehen, daß jüngere, unerfahrene Anwälte ein geringeres Honorar nehmen als erfahrene und daß spezielle Kenntnisse besonders vergütet werden. Bei der Gebührenerhebung wird auf die regulierende Kraft des Marktes vertraut.[41]

---

[38] *L. Spedding* (Fn. 2) S. 119.
[39] Verordening op de Publiciteit des Algemene Raad vom 6. 12. 1988, Advocatenblad 1988, 624. Vgl. dazu *L. Spigt* (Fn. 36); *A. Volders*, Werbung und Marketing des Anwalts: Der Anwalt als Berater, AnwBl. 1988, 458.
[40] *F. Kemkamp*, Das Honorar des Anwalts, AnwBl. 1988, 455.
[41] *F. Kemkamp*, aaO.

h) Durchführung des Gemeinschaftsrechts

Die Richtlinie 77/249 über die Dienstleistung der Anwälte wurde durch Gesetz vom 15. 10. 1980 umgesetzt.[42] Es übernimmt im wesentlichen den Wortlaut der Richtlinie und sieht vor, daß die dienstleistenden Anwälte im Einvernehmen mit einem bei dem betreffenden Gericht zugelassenen Anwalt handeln müssen.

i) Reformbestrebungen

Die Frage, wie das Berufsrecht der modernen internationalen Entwicklung angepaßt werden kann, wird in der nationalen Anwaltskammer ständig diskutiert. Die erwähnte Lockerung der Werberegelung ist Ergebnis dieser Diskussion.

5. England und Wales

In Großbritannien gelten drei unterschiedliche Rechtssysteme in England und Wales, Schottland sowie Nordirland. Die nachfolgende Darstellung beschränkt sich auf das englische Berufsrecht für Anwälte, das in England und Wales gilt. Es ist wegen der Bedeutung Londons im internationalen Rechtsverkehr und wegen der Unterschiede zu den kontinentalen Rechtsordnungen besonders interessant.

a) Allgemeine Struktur

Das englische Recht befindet sich im Umbruch. Eine tiefgreifende Reform wird zur Zeit beraten und wird im Laufe des Jahres 1990 als Courts and Legal Services Act verkündet werden. Weitere Durchführungsregelungen sind zu erwarten. Außerdem ist am 31. 3. 1990 ein neuer Code of Conduct for the Bar of England and Wales in Kraft getreten. Im folgenden wird versucht, Hinweise auf die Neuregelungen zu geben. Das kann nur ungenau und unter Vorbehalt geschehen, denn die Texte liegen noch nicht vor.

Die Reform betrifft besonders das Verhältnis zwischen Barrister und Solicitor. Die Aufteilung in diese Berufe, die für das englische Recht kennzeichnend war und wohl auch durch die Reform nur gemindert und nicht beseitigt wird, ist nur historisch zu erklären.[43] Die Unterscheidung erinnert an die Zweiteilung in avocat und avoué

---

[42] Wet van 15. 10. 1980, houende aanpassing van de Advocatenwet en het Wetboek van Strafvordering aan de EEG-richtlijn betreffende het vrij verrichten van diensten door advocaten, StBl. 1988, 558.

[43] S.-P. Laguette (Fn. 2) S. 23 ff.: S. O'Malley/A. Layton (Fn. 2) S. 1456.

(procuratore, procureur) in den romanischen Ländern, weist aber wesentliche Unterschiede auf.

Den Barristers als Prozeßanwälten stand bisher das ausschließliche Recht zu, in öffentlichen Verhandlungen vor den höheren Gerichten zu plädieren. Künftig soll dieses Recht allen geeigneten Personen nach noch festzulegenden Kriterien zustehen, so daß es wohl neben den Barristers auch einem wesentlichen Teil der Solicitors zuerkannt werden wird. Besonderes Ansehen genießen die Queen's Counsels, die von der Königin aus der Mitte der Barristers ernannt werden. Ein Queen's Counsel wird nur in besonders bedeutsamen und schwierigen Rechtsverfahren eingeschaltet. Hohe Richterposten werden traditionell mit Persönlichkeiten besetzt, die langjährige Berufserfahrung als Barrister erworben haben.

Nach englischem Standesrecht darf ein Barrister nicht direkt für einen Mandanten tätig werden.[44] Er bedarf der Vermittlung durch einen Solicitor, der den Barrister mit der gerichtlichen Vertretung seines Klienten beauftragt und instruiert. Der Solicitor hat nach der Solicitors Act von 1974 das Monopol für die Einleitung und Führung von Prozessen vor Zivil- und Strafgerichten.[45] Der Barrister muß sich in der mündlichen Verhandlung vor den höheren Gerichten von einem Solicitor begleiten lassen, dieser hat aber nach bisherigem Recht vor diesen Gerichten kein right of audience. Nur in nichtöffentlichen Zwischenverfahren sowie vor unteren und bestimmten besonderen Gerichten darf er plädieren.

Hauptaufgabe der Solicitors ist demnach die Rechtsberatung und die Vorbereitung und Einleitung von Prozessen. Allerdings schalten sich die Barristers häufig auch schon frühzeitig ein und betreiben Rechtsberatung insbesondere im Vorfeld von Prozessen. Sie werden oft als Spezialisten für besondere Rechtsgebiete konsultiert. Solicitors befassen sich auch mit Immobiliengeschäften sowie mit Beurkundungen, Beglaubigungen und der Errichtung von Testamenten ähnlich wie deutsche Notare, besitzen aber nicht mehr die frühere Monopolstellung bei Grundstücksübertragungen.

Die Unterscheidung zwischen Barrister und Solicitor hängt mit dem unterschiedlichen Prozeßverfahren zusammen, das in England weitgehend mündlich abgewickelt wird und bei dem der Anwalt dem Gericht alle tatsächlich und rechtlich relevanten Gesichtspunkte einschließlich der Präjudizien vortragen muß.[46]

---

[44] Gewisse Ausnahmen gelten nach den „Overseas practice rules of the Bar", abgedruckt in *S.-P. Laguette* (Fn. 2) S. 132. Ferner gelten Ausnahmen für die Instruktion durch andere, besonders anerkannte Berufe.
[45] Solicitors Act 1974, section 20, Halsbury's Statutes, Vol. 41, title Solicitors.
[46] Vgl. *V. Triebel*, Freier Wettbewerb für juristische Dienstleistungen in England, AnwBl. 1989, 578.

Daraus ergibt sich, daß hohe Anforderungen an Ehrenhaftigkeit und Verantwortungsbewußtsein besonders der Barristers gestellt werden und daß sie strengen, von Tradition geprägten Berufspflichten unterliegen. Barristers legen aber, ebenso wie Solicitors, keinen Eid ab. Ihre unterschiedliche Aufgabe zeigt sich auch an den Zahlen. 1988 gab es nur ca. 6000 Barristers, aber mehr als 50000 Solicitors. In welchem Maße die Stellung beider Berufsgruppen im Rahmen der Reform aneinander angeglichen wird, bleibt abzuwarten.

b) Beratungsmonopol der Anwälte

Englische Anwälte besitzen kein Monopol für außergerichtliche Leistungen. Rechtsberatung gegen Entgelt durch Anwälte ist grundsätzlich erlaubt.[47]

c) Berufsorganisation

Die Barristers werden von den vier Inns of Court (Rechtsinnungen) in London ausgebildet und zugelassen. Die Inns sind bereits im Mittelalter gegründete Institutionen, die als Vereinigungen ohne Rechtspersönlichkeit bis auf den heutigen Tag überlebt haben. Das Organ der Standesvertretung der Barrister, der General Council of the Bar, überwacht die Einhaltung der Standespflichten und setzt sich mit Beschwerden über anwaltliches Fehlverhalten auseinander.

Die Solicitors sind in der Law Society zusammengeschlossen. Durch den Solicitors Act von 1974 wurde der Law Society die Verantwortung für die Ausbildung und Zulassung von Solicitors verliehen. Der Council der Law Society erläßt auch mit Zustimmung des Master of the Rolls alle Regeln, die die Berufsausübung, das Verhalten und die Disziplin der Solicitors betreffen.

d) Residenzpflicht, Lokalisation und Postulation

Es gibt keine Regeln über die Residenzpflicht von englischen Anwälten oder über die örtliche Beschränkung der Postulation oder des Auftretens vor Gericht. Barristers und Solicitors können in ganz England und Wales tätig werden. Auch im Instanzenzug gibt es keine Beschränkungen, vor Gerichten aller Ebenen in demselben Verfahren aufzutreten.

e) Organisationsformen

Barristers sind meist Mitglieder einer Chamber (Bürogemeinschaft), wenn das auch aufgrund der Reform nicht mehr obligatorisch

---

[47] P. A. Leach, EEC: Moves towards a Directive on Freedom of Establishment for Lawyers in the European Community, The Guardian Gazette, Vol. 77/1980, No. 24.

ist. Sie arbeiten in gemeinsamen Büros, deren allgemeine Verwaltungskosten wie Miete, Nebenkosten, Bibliothek und Personal sie gemeinsam tragen. Dagegen sind ihnen Partnerschaften nicht gestattet, sie dürfen also nur die Kosten, nicht den Gewinn teilen.[48] Solicitors dürfen nach den Standesregeln mit Berufskollegen Partnerschaften gründen, nicht aber mit Angehörigen anderer Berufe. Diese Begrenzung dürfte aber im Rahmen der Reform wegfallen. Sie dürfen ferner Partnerschaften mit im Ausland zugelassenen Anwälten eingehen, verlieren dann aber das Recht, Tätigkeiten auszuüben, die gesetzlich einem Solicitor vorbehalten sind. Die Folge können sie dadurch umgehen, daß sie neben der gemeinsamen Praxis mit ausländischen Anwälten ihre eigene Praxis als Solicitor beibehalten.

f) Werbung

In England bestand ursprünglich ein strenges Werbeverbot für Anwälte. Dieses wurde jedoch von der englischen Monopolkommission für wettbewerbswidrig erklärt. Daraufhin änderte die Law Society ihre Regeln in den letzten Jahren. Solicitors dürfen nunmehr ihre Dienste in den Medien frei anbieten und dabei ihre Tätigkeitsgebiete und sogar Gebührensätze angeben.[49]

Auch für die Barristers ist das Verbot, Werbung zu betreiben und sich um Aufträge zu bemühen, aufgelockert worden. Nahezu alle Werbeformen sind erlaubt, doch muß die Werbung zurückhaltend sein und darf den Beruf nicht in Mißkredit bringen, darf keine Vergleiche mit anderen Anwälten und keine Angaben über die Qualität der Leistungen und die erzielten Erfolge enthalten. Für Barristers sind in der Regel allerdings Werbemöglichkeiten weniger bedeutend, da sie ihre Aufträge nicht von Mandanten, sondern von Solicitors erhalten;[50] doch neuerdings scheint ein gewisses Interesse zu bestehen.

g) Gebühren

Es gibt in England keine allgemeine Gebührenregelung. Die Gebühren für den Barrister werden zwischen seinem Clerk (Bürovorsteher) und dem Solicitor frei vereinbart und müssen zunächst auch vom Solicitor bezahlt werden. Sie richten sich gemäß den Standesregeln meist nach dem Zeitaufwand, der geleisteten Arbeit, dem Streitwert sowie der Komplexität und der Bedeutung des Falles. Falls wegen der

---

[48] Code of Conduct for the Bar of England and Wales, 3rd edition 1985, abgedr. in S.-P. *Laguette* (Fn. 2) S. 85, par. 25, 28. Partnerschaften mit im Ausland zugelassenen Anwälten sind aber zulässig.
[49] Vgl. V. *Triebel* (Fn. 46), S. 581.
[50] R. *Abel*, The Legal Profession in England and Wales, Oxford 1988, S. 91.

Bedeutung des Falles ein Queen's Counsel eingesetzt wird, schließt das mit ihm vereinbarte Honorar zumeist auch die des assistierenden Junior Counsel mit ein. Die Gebühren sind niedriger, wenn nur ein Junior Counsel eingeschaltet ist.

Der Solicitor macht seinerseits eine Aufstellung seiner Gebühren und der Kosten, die im Laufe des Mandats angefallen sind. Der Mandant kann diese Rechnung zunächst von der Law Society und danach von einem taxing officer (Gerichtsbeamten) auf ihre Angemessenheit überprüfen lassen.

Nach Section 59 der Solicitors Act 1974 ist die Vereinbarung einer contingency fee, also eines Erfolgshonorars, unwirksam und standeswidrig. Diese Regelung soll durch das Reformgesetz aufgelockert werden, insbesondere soll die Vereinbarung zugelassen werden, daß im Fall des Prozeßverlustes kein Honorar zu zahlen ist. Es soll aber weiter unzulässig sein, als Honorar einen Prozentsatz des erfolgreich eingeklagten Betrages zu vereinbaren.

h) Durchführung des Gemeinschaftsrechts

Das Vereinigte Königreich gehörte zu den ersten Mitgliedstaaten, die die Richtlinie 77/249 über die Dienstleistungen der Rechtsanwälte in innerstaatliches Recht umsetzten.[51] Den Anwälten aus anderen Mitgliedstaaten wurde generell die Erlaubnis erteilt, ihren Beruf auch im Vereinigten Königreich auszuüben und dort Dienstleistungen anzubieten, die sonst einheimischen Rechtsanwälten vorbehalten sind. Wenn sie vor Gericht auftreten, müssen sie im Einvernehmen mit einem britischen Anwalt handeln, der seinerseits ermächtigt ist, vor dem betreffenden Gericht aufzutreten. Die Verordnung berücksichtigt insbesondere die Aufgabenverteilung zwischen Barristers und Solicitors. Wenn ein Anwalt aus einem anderen Mitgliedstaat im Einvernehmen mit einem Barrister handelt, kann er für seinen Mandanten auch nur diejenigen Dienste erbringen, die ein Barrister anbieten könnte; im Falle der Zusammenarbeit mit einem Solicitor gilt das entsprechend.

i) Reformbestrebungen

Wie eingangs ausgeführt, werden zur Zeit weitgehende Reformvorschläge beraten. Hinweise dazu wurden bei den Einzelfragen gegeben; die genauen Ergebnisse der Reform bleiben abzuwarten.

---

[51] European Communities (Services of Lawyers) Order vom 20. 12. 1978, S. I. 1978/ 1910.

6. Zusammenfassende Würdigung

Versucht man einige Folgerungen aus diesem Überblick zu ziehen, der notwendig unvollkommen und lückenhaft ist, so zeigen sich bei zahlreichen Unterschieden doch auch übereinstimmende Tendenzen.

a) Allgemeine Struktur

Zunächst ist festzustellen, daß in den romanischen oder romanisch beeinflußten Rechtsordnungen die alte Aufteilung zwischen dem avocat (avvocato) als dem eigentlichen Rechtsberater, der vor Gericht plädiert, und dem avoué (procureur), dem zur Vornahme der Prozeßhandlungen berechtigten Prozeßvertreter, immer noch festzustellen ist. Sie wird allerdings dort, wo sie noch besteht, wie in Italien und in den Niederlanden, in der Praxis weitgehend, wenn auch nicht völlig bedeutungslos, weil der avvocato (advocaat) zugleich procuratore (procureur) sein kann und andererseits wirkt sie dort, wo sie abgeschafft ist, wie in Frankreich, bei der Cour d'appel immer noch nach. In England besteht wegen der Aufteilung zwischen Barrister und Solicitor eine besondere Situation.

In diesem Bereich zeigt sich die große Macht der Tradition bei allen Regelungen des Anwaltsberufs, die auch dann fortlebt, wenn ihr Sinn nicht mehr ersichtlich ist. Das deutsche Recht ist in dieser Frage fortschrittlich, bereits der Gesetzgeber von 1878 hatte die alte Aufteilung in Prokurator und Advokat, soweit sie noch bestand, beseitigt. Doch es hat die Tradition nicht gebrochen. Die Vorstellung von der amtsähnlichen Stellung des Prokurators wirkte fort und führte zu der Formel, der Anwalt sei „Organ der Rechtspflege". Eine ähnliche Formel findet sich in den anderen Rechtsordnungen nicht, in Frankreich wird allerdings von einem „auxiliaire" der Gerichte gesprochen. Eine Organstellung würde wohl teilweise dem Verständnis vom Anwaltsberuf als einen freien, von staatlichen Autoritäten unabhängigen Beruf geradezu widersprechen. Doch in allen Mitgliedsstaaten werden hohe Anforderungen an das Berufsethos gestellt, und die Anwälte sind verpflichtet, die Erfordernisse einer geordneten Rechtspflege zu beachten. Dazu müssen sie überall, außer in England und Wales, einen anspruchsvoll formulierten Eid leisten.

b) Beratungsmonopol der Anwälte

Kein anderer der behandelten Mitgliedsstaaten behält die Rechtsberatung den Anwälten vor, wie es in der Bundesrepublik, allerdings mit den bekannten Ausnahmen, der Fall ist. Das könnte EG-rechtlich relevant werden, wenn ein in einem anderen Mitgliedstaat tätiger conseil juridique in der Bundesrepublik tätig werden will. Frankreich strebt zur Zeit eine Angleichung an die deutsche Regelung an.

c) Berufsorganisation

In den meisten der behandelten Mitgliedstaaten haben die Kammerorganisationen weitreichende Befugnisse zur Regelung des Standesrechts. Diese gehen meist über die Befugnisse hinaus, die der Bundesrechtsanwaltskammer nach geltendem Recht zustehen und nach der Rechtsprechung des Bundesverfassungsgerichts übertragen werden können.[52] Doch insoweit lassen sich wegen der unterschiedlichen verfassungsrechtlichen Vorgaben aus den anderen Rechtsordnungen wohl kaum Lehren ziehen.

d) Residenzpflicht, Lokalisation, Postulation

In den meisten der untersuchten Mitgliedstaaten besteht die Pflicht, eine Kanzlei im Bezirk des Gerichts, bei dem der Anwalt zugelassen ist, oder in dem Bezirk seiner Anwaltskammer zu unterhalten. Damit wird ein Ansatzpunkt für die Standesaufsicht geschaffen.

Dagegen besteht eine Lokalisationsregelung meist nur noch, soweit die alte Unterscheidung zwischen Anwalt und avoué oder procureur fortwirkt. So sind die Anwälte in Frankreich auf den Gerichtsbezirk beschränkt, soweit es um die Prozeßführung geht, und ähnliches gilt für den avvocato in Italien, der gleichzeitig procuratore ist. Dem Auftreten in der mündlichen Verhandlung sind aber allgemein keine örtlichen Grenzen gesetzt.

e) Organisationsformen

Die meisten untersuchten Rechtsordnungen bleiben bei der Zulassung von Sozietäten im traditionellen Rahmen. Bürogemeinschaften und Partnerschaften, also ähnlich der BGB-Gesellschaft deutschen Rechts ausgestaltete Sozietäten, bei denen Kosten und Gewinn gemeinsam getragen werden, stehen im Vordergrund. Bei den wichtigsten Partnern, vor allem in England und Frankreich, zeichnet sich aber eine deutliche Tendenz zur mit Rechtspersönlichkeit ausgestatteten Gesellschaft ab.

f) Werbung

Bei der Werbung, die Anwälten bisher fast durchgängig streng untersagt war, findet zur Zeit der bedeutendste Umbruch statt. Der

---

[52] Vgl. *R. Wimmer*, Wer gibt das neue anwaltliche Berufsrecht?, NJW 1989, 1772; *B. Jähnke*, Rechtliche Vorgaben einer künftigen Neuregelung des anwaltlichen Standesrechts, NJW 1988, 1888.

Anstoß dafür ging nach den teilweise eher abstoßenden Folgen der völligen Freigaben in den USA[53] vor allem von der britischen Monopolkommission aus. Überwiegend hat sich bereits die Auffassung durchgesetzt, daß der Anwalt in der Lage sein muß, dem Publikum seine wichtigsten Tätigkeitsbereiche bekanntzumachen. Dabei wird ihm, etwa in England und in den Niederlanden, teilweise auch in Frankreich, der Weg in die Medien geöffnet, aber über die Grenzen zur anreißerischen Reklame bestehen wohl noch Unklarheiten. In diesem Bereich erscheint der Abstand des deutschen Rechts zur internationalen Entwicklung und deren Einfluß auf ein sich wandelndes Berufsverständnis besonders gravierend.

g) Gebühren

In den meisten Rechtsordnungen ist eine deutliche Tendenz zur freien Vereinbarung von Honoraren festzustellen, und zwar besonders bei der außergerichtlichen Rechtsberatung. Aber es werden doch auch Korrekturmöglichkeiten vorgesehen, etwa durch Einschaltung der Kammern oder durch Orientierungstabellen.

Feste Mindestgebühren sind, soweit ersichtlich, in den anderen Mitgliedstaaten außer Italien nicht vorgesehen, und die Gebühren werden auch, anders als nach deutschem Recht, in erster Linie am Arbeitsaufwand und der Bedeutung des Falles ausgerichtet.

Erfolgshonorare nach amerikanischem Muster sind allgemein untersagt, doch ist in Italien, Frankreich, Belgien, den Niederlanden und künftig wohl auch in England die Vereinbarung eines zusätzlichen Honorars bei erfolgreichem Vorgehen zugelassen, das allerdings nicht in einer quota litis bestehen darf.

h) Durchführung des Gemeinschaftsrechts

Wie weit die Regelungen der Mitgliedstaaten dem Gemeinschaftsrecht bereits entsprechen, ist schwer zu übersehen. Die Richtlinie 77/249 über die Dienstleistungen wurde in allen Mitgliedstaaten umgesetzt. Ob das auch wirklich korrekt geschehen ist und den Anforderungen der Rechtsprechung des Gerichtshofs entspricht, wird sicher noch erörtert werden.[54]

Aber auch im übrigen stellen sich Fragen. So erstaunt, daß in Italien im Ordinamento von 1933 noch immer die italienische Staatsangehörigkeit als Voraussetzung der Zulassung zum Anwalt genannt wird. Nach der Rechtsprechung des Gerichtshofs reicht es nicht aus, daß

---

[53] Vgl. *M. Prinz*, Anwaltswerbung, Eine rechtsvergleichende Darstellung des deutschen und amerikanischen Rechts, Frankfurt 1986.
[54] Vgl. Gutachten bei II 3.

dies gegenüber Angehörigen der EG-Mitgliedstaaten offenbar nicht mehr angewandt wird; im Interesse der Rechtssicherheit und Information der Bürger verlangt er auch eine formelle Bereinigung.[55] Ebenso ist nicht klar, ob in allen Mitgliedstaaten bereits Regelungen bestehen, die entsprechend dem im Gutachten erörterten Urteil *Klopp* die Niederlassung eines die inländischen Anforderungen erfüllenden Anwalts zulassen, der seine Niederlassung im Ausland beibehält, so wie es jetzt § 29a BRAO vorsieht.[56] Dagegen scheint die außergerichtliche Beratung durch Anwälte, die in anderen Mitgliedstaaten zugelassen sind, in den untersuchten Mitgliedstaaten gesichert (vgl. Neufassung des § 206 BRAO).

Die Anerkennungsrichtlinie ist bisher im allgemeinen noch nicht umgesetzt. Nur Frankreich scheint insoweit bereits eine befriedigende Regelung anzuwenden.

i) Reformbestrebungen

In den meisten untersuchten Mitgliedstaaten wird eine Reformdebatte unter großer Anteilnahme der betroffenen Berufsangehörigen geführt. Am weitesten scheinen die Überlegungen in Großbritannien und Frankreich fortgeschritten zu sein, aber auch in den Niederlanden ist das Berufsrecht in Bewegung.

Diese Reformen zielen vor allem darauf ab, der stärkeren Bedeutung der Rechtsberatung insbesondere im Gefolge der europäischen und internationalen Verflechtung Rechnung zu tragen. Die Orientierung am Interesse des rechtsuchenden Publikums, an der Stärkung des Wettbewerbs und an der Unabhängigkeit und Flexibilität der Berufsausübung steht im Vordergrund der Bestrebungen. Doch in allen Mitgliedstaaten bestehen auch gegenläufige Tendenzen, nach denen an Tradition, herkömmlicher Übung und überkommenen Wertvorstellungen möglichst festgehalten werden soll.

So werden die Reformen in allen Mitgliedstaaten schrittweise vorangetrieben und lassen sich als Kompromiß zwischen Tradition und Fortschritt kennzeichnen. Sie werden wesentlich durch die Entwicklung in der Gemeinschaft angestoßen und beeinflußt.

---

[55] Urteil vom 25. 10. 1979, Rs 159/78, *Italien*, Slg. S. 3247.
[56] Vgl. Gutachten III 1, Fn. 80.

Thesen

I.

1. Das Berufs- und Standesrecht der Rechtsanwälte befindet sich im Umbruch. Äußerer Anlaß dafür sind der wachsende Andrang von Berufsanfängern, die Rechtsprechung des Bundesverfassungsgerichts und die europäische Entwicklung. Das Gutachten befaßt sich mit dem letzteren Gesichtspunkt.
2. Das Berufs- und Standesrecht der Rechtsanwälte beruht wesentlich auf den Vorstellungen des ausgehenden 19. Jahrhunderts. Es bedarf der Überprüfung aufgrund des Wandels der Aufgaben des Rechtsanwalts in der modernen Wirtschaft und Gesellschaft, insbesondere aber auch wegen der Öffnung gegenüber Europa.
3. Aufgrund der Rechtsprechung des Gerichtshofs ist gegenüber anfänglichen Zweifeln heute unbestritten, daß die Rechtsanwälte den Bestimmungen des Gemeinschaftsrechts unterliegen. Das ist auch sachgerecht. Bei der Öffnung der Märkte in Europa für die Wirtschaft und die Bürger darf der Rechtsanwalt als ihr wichtigster Berater nicht abseits stehen.

II.

4. Die allgemein vertretene Ansicht, daß für die selbständige Erwerbstätigkeit von Angehörigen eines Mitgliedstaates in anderen Mitgliedstaaten der Grundsatz der Inländerbehandlung gelte, hat der Gerichtshof zunächst für die Dienstleistungen im Sinne des Vertrages, also die vorübergehenden Tätigkeiten von einem Mitgliedstaat aus in einem anderen, aufgelockert. Das für Inländer geltende Berufs- und Standesrecht darf auf Dienstleistungserbringer aus anderen Mitgliedstaaten nur angewendet werden, soweit es im Allgemeininteresse gerechtfertigt ist.
5. Diese Grundsätze sind in der Dienstleistungsrichtlinie für Rechtsanwälte von 1977 konkretisiert. Sie führt in der liberalen Auslegung durch den Gerichtshof zu einer wesentlichen Öffnung und trägt damit der zunehmenden Verflechtung der Mitgliedstaaten in der Gemeinschaft Rechnung. Sie sollte in erster Linie nach den Chancen beurteilt werden, die sie den eigenen Berufsangehörigen in der gesamten Gemeinschaft eröffnet.
6. Das inzwischen geänderte deutsche Durchführungsgesetz zur Richtlinie dürfte dem Urteil des Gerichtshofs entsprechen. Einige

Fragen bleiben allerdings offen, so sind Konflikte zwischen den Standesregeln des Herkunfts- und Tätigkeitsstaates möglich, und die Abgrenzung der Dienstleistungen zum Niederlassungsrecht ist unklar. Doch zunächst sollte die Entwicklung abgewartet werden; zur Zeit besteht insoweit kein Handlungsbedarf auf nationaler Ebene.

III.

7. Beim Niederlassungsrecht geht die Rechtsprechung des Gerichtshofs von der Inländerbehandlung in Form eines weit verstandenen Diskriminierungsverbots aus, das auch inländische, allgemein anwendbare Regelungen untersagt, die Angehörige anderer Mitgliedstaaten besonders treffen. Die Rechtsprechung ist aber nicht ganz eindeutig. Sie läßt Tendenzen erkennen, auch im Rahmen des Niederlassungsrechts das Recht des Aufnahmestaates daraufhin zu überprüfen, ob es einem berechtigten Zweck dient.
8. Das durch ein strenges Diskriminierungsverbot abgesicherte Prinzip der Inländerbehandlung dürfte dem Wesen des Niederlassungsrechts entsprechen. Wer sich in einen anderen Mitgliedstaat dauerhaft eingliedert, muß sich auch dem dort geltenden Recht unterwerfen. Etwaige weitergehende Tendenzen der Rechtsprechung dürften wohl allenfalls die Regeln über den Berufszugang betreffen, deren berechtigten Zweck der Gerichtshof für die Anwaltszulassung bereits anerkannt hat, und jedenfalls die über die Berufsausübung unberührt lassen. Das erfordert auch die föderale Struktur der Gemeinschaft.
9. Für die Öffnung des Berufszugangs ist die Richtlinie über die Anerkennung der Diplome wichtig. Die deutschen Vorschriften über die in ihr vorgesehene Eignungsprüfung sollten großzügig ausgestaltet werden, insbesondere sollte eine schriftliche Prüfung entfallen. Die Zahl der Bewerber wird sich ohnedies in Grenzen halten. Eine defensive Regelung kann sich negativ auf die Haltung der anderen Mitgliedstaaten auswirken und die Chancen deutscher Berufsangehöriger mindern, sich dort niederzulassen. Die zur Zeit erörterte Regelung sollte deshalb überprüft werden.

IV.

10. Wenn die Vorschriften über die Eignungsprüfung ausländischer Rechtsanwälte verabschiedet sind, ist für das Berufs- und Standesrecht der Rechtsanwälte kein aktueller Handlungsbedarf aus EG-rechtlichen Gründen ersichtlich. Er könnte sich aus Rechtsangleichungsrichtlinien ergeben; insoweit bleibt die Entwicklung abzuwarten. Offen ist noch, ob für Rechtsbeistände aus anderen

Mitgliedstaaten, die dort nicht als Anwälte zugelassen sind, Sonderregelungen getroffen werden müssen. Bisher ist ein Bedürfnis nicht festzustellen. Auch die partielle Benachteiligung der inländischen Rechtsanwälte im Vergleich zu Anwälten aus anderen Mitgliedstaaten zwingt nicht aus rechtlichen Gründen zur Änderung geltenden Rechts.

11. Aus berufspolitischen Gründen sollte aber überlegt werden, ob das Verständnis des Rechtsanwalts als eines Organs der Rechtspflege seiner Stellung in einer gegenüber Europa und der Welt offenen Wirtschaft und Gesellschaft noch entspricht. Die Belange des Mandanten sollten im Mittelpunkt stehen. Ihm muß der Rechtsanwalt in einem immer komplexer werdenden und zunehmend europäisch oder international bestimmten Umfeld als Berater und Wegweiser dienen. Das Berufs- und Standesrecht sollte es dem Rechtsanwalt ermöglichen, auch künftig in einer sich wandelnden und öffnenden Welt seine Aufgaben im Interesse der Wirtschaft und der Bürger zu erfüllen.

12. Dazu sollte das Berufs- und Standesrecht der Anwaltschaft die Möglichkeit geben, ihre Leistungen ohne lokale Bindungen im Bundesgebiet und darüber hinaus zu erbringen und dem rechtsuchenden Publikum die Vielfalt seiner Leistungsangebote transparent zu machen. Der Rechtsanwalt sollte die erforderliche Handlungsfreiheit haben, um sich auf dem offenen europäischen Markt der Dienste im Wettbewerb behaupten zu können. Unter diesem Gesichtspunkt sollten vor allem die Regelungen über Lokalisation, Werbung, Organisationsformen und Gebühren überprüft werden.

Gutachten D
zum 58. Deutschen Juristentag
München 1990

VERHANDLUNGEN DES ACHTUNDFÜNFZIGSTEN DEUTSCHEN JURISTENTAGES

München 1990

Herausgegeben von der
STÄNDIGEN DEPUTATION
DES DEUTSCHEN JURISTENTAGES

BAND I
(Gutachten)
Teil D

C.H. BECK'SCHE VERLAGSBUCHHANDLUNG
MÜNCHEN 1990

Soll das kommunale Satzungsrecht gegenüber staatlicher und gerichtlicher Kontrolle gestärkt werden?

GUTACHTEN D

für den 58. Deutschen Juristentag

erstattet von

Univ.-Professor

DR. HERMANN HILL, Speyer

Minister für Bundesangelegenheiten
des Landes Rheinland-Pfalz
Bonn

Stand: 15. Januar 1990

C. H. BECK'SCHE VERLAGSBUCHHANDLUNG
MÜNCHEN 1990

ISBN 3 406 34630 8

© 1990 C.H.Beck'sche Verlagsbuchhandlung (Oscar Beck), München
Printed in Germany
Satz und Druck: C.H.Beck'sche Buchdruckerei, Nördlingen

Inhaltsverzeichnis

A. Einführung .... D 7
B. Selbstverwaltung und Satzungsrecht in der Verfassungsordnung des Grundgesetzes .... D 12
C. Befund .... D 22
   I. Vorgaben für die Satzungsgebung .... D 22
      1. Verfassung .... D 22
      2. Gesetz .... D 22
      3. Rechtsverordnungen .... D 24
      4. Planung .... D 24
      5. Finanzen und Haushalt .... D 26
      6. Mustersatzungen und Satzungsmuster .... D 27
   II. Kontrolle durch staatliche Aufsicht .... D 28
      1. Das abgestufte System staatlicher Einflußnahme bei dem Erlaß kommunaler Satzungen .... D 28
      2. Insbesondere Rechtscharakter der Genehmigungsvorbehalte und Kontrollmaßstab .... D 34
   III. Gerichtliche Kontrolle .... D 41
      1. Äußeres Verfahren beim Erlaß von Satzungen ..... D 41
          a) Bebauungspläne .... D 41
          b) Allgemeine Regeln .... D 46
      2. Inneres Verfahren beim Erlaß von Satzungen ..... D 54
          a) Bebauungspläne .... D 54
          b) Sonstige baurechtliche Satzungen .... D 59
          c) Gebühren- und Beitragssatzungen .... D 61
          d) Sonstige Satzungen .... D 64
          e) Zum Vergleich: Gesetz- und Verordnungsgebung .... D 65
          f) Zusammenfassung .... D 67
      3. Inhaltliche Anforderungen an Satzungen .... D 68
          a) Bebauungspläne und andere baurechtliche Satzungen .... D 68
          b) Erschließungsbeitragssatzungen .... D 77
          c) Gebührensatzungen .... D 81
          d) Satzungen über Beiträge nach KAG .... D 87
          e) Allgemeine Anforderungen .... D 89
      4. Sonstige Besonderheiten .... D 96

IV. Behandlung (möglicherweise) nichtiger Bebauungspläne durch die Gemeinde und Dritte .... D 100
D. Weiterentwicklung der gerichtlichen Kontrolle von Satzungen .... D 105
  I. Zulässigkeit einer Normenkontrolle gem. § 47 VwGO   D 105
    1. Nachteil i. S. d. § 47 Abs. 2 VwGO .... D 105
    2. Rechtsschutzbedürfnis .... D 106
    3. Frist .... D 107
  II. Kontrollumfang bei der Normenkontrolle .... D 107
  III. Kontrolldichte .... D 108
  IV. Verwerfungskompetenz und Vorlagepflicht .... D 109
  V. Gerichtliche Sanktionen und Tenorierung .... D 110
    1. Allgemeinverbindlichkeit der Normenkontrollentscheidung? .... D 110
    2. „Rückwirkung von Rechtsprechungsgrundsätzen". D 111
    3. Abgestufte gerichtliche Tenorierung .... D 112

A. Einführung

Das diesjährige Thema der kommunalrechtlichen Abteilung des 58. Deutschen Juristentages mag vielleicht manchem zu spät kommen. Zuletzt hatte sich der Deutsche Juristentag vor zehn Jahren, damals umfassend, mit dem Handlungs- und Entfaltungsspielraum der kommunalen Selbstverwaltung befaßt.[1] In den folgenden Jahren war auf zahlreichen Tagungen[2] sowie im Schrifttum[3] zum Teil recht heftig und kontrovers insbesondere das Verhältnis zwischen kommunaler Selbstverwaltung und Verwaltungsgerichtsbarkeit diskutiert worden. Die Kritik der kommunalen Praxis richtete sich dabei vor allem gegen eine zu intensive gerichtliche Kontrolle, weitere Vorwürfe an die Adresse der Rechtsprechung waren fehlende Berechenbarkeit und Wirklichkeitsferne.

Man verwies auf die Folgen, die für Staat, kommunale Selbstverwaltung und Bürger entstünden, wie etwa
- allgemeine Rechtsunsicherheit durch häufige Änderung der Rechtsprechung, nicht nur bei Wechsel der Zuständigkeit der Senate oder der Besetzung der einzelnen Spruchkörper,
- die hohe Dunkelziffer bei gleichartigen, aber bisher noch nicht gerichtlich angegriffenen Satzungsregelungen,

---

[1] *Von Mutius*, Sind weitere rechtliche Maßnahmen zu empfehlen, um den notwendigen Handlungs- und Entfaltungsspielraum der kommunalen Selbstverwaltung zu gewährleisten?, Gutachten E zum 53. DJT, Berlin 1980, speziell zur Satzungsgewalt S. 144 ff., 199 ff.

[2] Städtetag NW/Justizminister NW, Kommunale Selbstverwaltung und Rechtsprechung, 1981, dazu *Erlenkämper*, Vr 1982, 44; Deutsche Richterakademie, Kommunen, Bürger und Verwaltungsgerichte, 1984; Dokumentation zum 7. Deutschen Verwaltungsrichtertag, 1983, S. 102 ff., dazu *Janning*, DVBl. 1983, 401, *Schmidt-Jortzig*, NJW 1983, 967; *Gaentzsch*, Der Städtetag 1983, 247; Deutscher Städte- und Gemeindebund, Kommunalpolitik im Gerichtssaal?, 1984; Justizminister NW, Spannungsverhältnis zwischen Verwaltung und Verwaltungsgerichtsbarkeit?, 1986; Die Kommunen unter der Vormundschaft der Verwaltungsgerichte?, Universität Frankfurt, 1986; zuletzt *Erichsen* (Hrsg.), Kommunalverfassung heute und morgen, 1989, insbes. S. 61 ff.

[3] *Schmidt/Roithmeier*, Kommunen vor Verwaltungsgerichten, 1979; *Neumann*, Vr 1983, 14; *Bickel*, in: von Mutius (Hrsg.), Selbstverwaltung im Staat der Industriegesellschaft, Festgabe von Unruh, 1983, S. 1035 (1050 ff.); *Seeger*, BWGZ 1984, 8; *Köstering*, Vr 1984, 401; *Fechtrup/Wiedemeier*, in: Erichsen/Hoppe/von Mutius (Hrsg.), System des verwaltungsgerichtlichen Rechtsschutzes, Festschrift Menger, 1985, S. 797 ff.; *Plate*, VBlBW 1985, 365; *Pappermann*, Der Städtetag 1986, 257; *Lecheler*, in: Knemeyer (Hrsg.), Bayerische Gemeinden – Bayerischer Gemeindetag, 1987, S. 159 ff.; *Wortmann*, NWVBl. 1989, 342.

– Investitionsstops sowie Einnahmeausfälle und Zinsverluste der Gemeinden,
– Ungerechtigkeiten, die etwa durch notwendig gewordene gerichtliche Vergleiche zwischen der Gemeinde und einem Beitragspflichtigen im Verhältnis zu den anderen Beitragspflichtigen entstünden,
– Unverständnis und Mißtrauen bei den Bürgern, die sich nach gewonnener erster Prozeßrunde mit einem neuen, auf eine nun rückwirkend nachgebesserte Satzung gestützten Beitragsbescheid konfrontiert sähen,
– Vertrauensverluste der Verwaltung gegenüber dem Rat, aber auch Mißtrauen und politische Vertrauensverluste bei den Bürgern im Hinblick auf die Rechtmäßigkeit und Ordnungsgemäßheit der Arbeit der gemeindlichen Organe.[4]

Die Rechtsprechung nahm diese Kritik durchaus ernst, einige höchste Richter sparten auch nicht mit Selbstkritik,[5] im Grundsatz verwiesen die Gerichte jedoch auf ihre Pflicht, bei Rechtsverletzungen durch die öffentliche Gewalt gem. Art. 19 Abs. 4 GG umfassenden Rechtsschutz zu gewähren.[6] Eine Lösung des Spannungsverhältnisses Kommunalverwaltung – Verwaltungsgerichtsbarkeit wurde indes auf den genannten Tagungen nicht erreicht, es blieb zumeist bei einer Wiederholung und allenfalls Vertiefung der Argumente.

Deshalb läßt sich durchaus die Frage stellen, ob eine Aufbereitung und Diskussion des Themas durch den Deutschen Juristentag im Jahre 1990 zusätzliche Erkenntnisse erwarten läßt. Jedenfalls in Bereichen des Baurechts wurde schon 1985 eine „Selbstkorrektur" der Rechtsprechung festgestellt.[7] Jedoch häufen sich in letzter Zeit wohl vor allem im Abgabenrecht neue Streitfälle. Soweit der Gesetzgeber die Folgen von Verfahrensfehlern für den Bestand kommunaler Satzungen durch Unbeachtlichkeitsklauseln im Bau- und Kommunalrecht entschärft hat, scheint sich daneben die gerichtliche Kontrolle zunehmend auf inhaltliche Fragen sowie Probleme der Entscheidungsfindung (sog. inneres Verfahren) beim Erlaß von Satzungen zu verlagern.

Weiterhin fragt sich, ob eine Beschränkung der Diskussionen des Deutschen Juristentages auf das kommunale Satzungsrecht angesichts grundlegender allgemeiner Fragen (Bevölkerungsentwicklung, Wertewandel, Umweltschutz, Technik, Europa), die auch die kommunale

---

[4] *Janning,* DVBl. 1983, 401 (410, 412); *Fechtrup/Wiedemeyer* (Fn. 3), S. 798, 803, 806; *Gerschlauer,* DÖV 1984, 493 (494 ff.); *Schink,* ZG 1986, 33 (52), vgl. auch BVerwG, DVBl. 1989, 1100 (1101).
[5] *Kissel,* NJW 1982, 177; *Sendler,* DVBl. 1982, 923.
[6] *Lotz,* in: Dokumentation zum 7. Deutschen Verwaltungsrichtertag 1983, S. 104 ff., 123 ff.; *Wortmann,* in: Justizminister NW, 1986 (Fn. 2), S. 19 ff., 37.
[7] *Schlichter,* ZfBR 1985, 107.

Selbstverwaltung berühren,[8] nicht einen nur allzu engen Ausschnitt aus diesem Bereich erfaßt und zudem das Augenmerk nur einseitig auf einen rein formalen Aspekt der Selbstverwaltung lenkt. Eine solche Sichtweise würde jedoch die Bedeutung der Satzung für die Funktionsfähigkeit und Aufgabenerledigung der kommunalen Selbstverwaltung verkennen. Sie ist nicht nur Rechtsnorm, sondern zugleich Instrument des Verwaltungshandelns, sie steuert, ordnet und lenkt die Angelegenheiten der örtlichen Gemeinschaft. Hinzu kommt, daß sich das dogmatische Umfeld des Verwaltungshandelns in den letzten Jahren zunehmend verändert hat. Grundlegende Entscheidungen des BVerfG und des BVerwG[9] haben das Verständnis der Gewaltenteilung weiterentwickelt, den Blick auf die Organisation, Ausstattung und Verfahrensweise des jeweiligen Funktions- und Entscheidungsträgers gelenkt sowie insbesondere die administrative Eigenverantwortung betont. Vor diesem Hintergrund gewinnt der Funktionsauftrag des Art. 28 Abs. 2 GG i.V.m. der politisch-demokratischen Legitimation des kommunalen Satzungsgebers gem. Art. 28 Abs. 1 Satz 2 GG neue Bedeutung und Gewicht auch gegenüber der Rechtsschutzfunktion der Gerichte. Diese erweiterte Sichtweise läßt eine erneute Behandlung des Themas angezeigt erscheinen.

Die auf mögliche rechtspolitische Änderungsvorschläge ausgerichtete Fragestellung „Soll das kommunale Satzungsrecht gegenüber staatlicher und gerichtlicher Kontrolle gestärkt werden?" geht offensichtlich von vorhandenen Defiziten bei der kommunalen Satzungsgebung aus. Dabei dürfen die Ursachen sicherlich nicht allein in Art, Reichweite und Intensität der gerichtlichen Kontrolle gesucht werden. Möglicherweise sind schon die gesetzlichen Vorgaben verbesserungsbedürftig, aber auch Fragen nach hausgemachten Problemen, Mängeln im Entscheidungsprozeß, die die Freiheit der kommunalen Selbstverwaltung von innen bedrohen könnten, müssen gestellt werden.[10]

Zu beachten ist, daß neben der Rechtskontrolle durch Gerichte und Aufsichtsbehörden auch interne Kontrollen existieren, die zur Stärkung des kommunalen Satzungsrechts in der Praxis zu aktivieren sind. Dies gilt sowohl für das Zusammenwirken der kommunalen Entscheidungsorgane im Vorfeld des Satzungsbeschlusses einschließlich der Beteiligung der unmittelbaren bzw. mediatisierten Öffent-

---

[8] *Blümel/Hill*, Die Zukunft der kommunalen Selbstverwaltung, 58. Staatswissenschaftliche Fortbildungstagung der Hochschule Speyer vom 4. bis 6. 4. 1990 in Speyer; *Hesse/Zöpel*, Die Zukunft der Städte, Tagung am 12. 1. 1990 in Düsseldorf.
[9] BVerfGE 61, 82; 68, 1; BVerwGE 72, 300; vgl. noch unten B.
[10] *Wollmann*, in: Rechtstatsachenuntersuchung zur Baugenehmigungspraxis, Schriftenreihe 03 „Städtebauliche Forschung" des Bundesministers für Raumordnung, Bauwesen und Städtebau, 1985, S. 49 ff.

lichkeit als auch für das in allen Gemeindeordnungen[11] vorgesehene Recht bzw. die Pflicht des Bürgermeisters, Gemeindedirektors bzw. Gemeindevorstands, einen Beschluß der Gemeindevertretung zu beanstanden, wenn dieser nach seiner Auffassung gesetz- oder rechtswidrig ist. Diese Kontrollmöglichkeit soll der innergemeindlichen Selbstkontrolle dienen, d. h. die gemeindliche Selbstverwaltung soll innerhalb ihrer eigenen Organisation über ausreichende Sicherungen der Gesetzmäßigkeit ihres Handelns verfügen, die einen Eingriff der Kommunalaufsicht nach Möglichkeit entbehrlich machen. Zweck der genannten Vorschriften sollte sein, bei auftretenden Differenzen zwischen einzelnen Gemeindeorganen einen Ausgleich innerhalb der Gemeinde herbeizuführen und somit schon innerhalb der eigenen Sphäre eine Beeinträchtigung des Rechts der kommunalen Selbstverwaltung zu verhindern.[12]

Neben Maßnahmen des primären Rechtsschutzes gegen kommunale Satzungen und ihre Vollzugsakte kann im Hinblick auf einen notwendigen Bestand der abstrakt-generellen, mit demokratischer Legitimation getroffenen Satzungsentscheidung unter Umständen auch eine sekundäre Kontrolle bzw. Sanktion angezeigt sein, wenn im Einzelfall den kommunalen Entscheidungsträgern gegenüber einem Dritten eine Amtspflichtverletzung anzulasten ist.

Dagegen erscheint es fraglich, ob es wirklich system- und funktionsadäquat ist, wenn neuerdings in einzelnen Fällen parlamentarische Petitionsausschüsse eine Aussetzung des Satzungsverfahrens bis zu ihrer Entscheidung verlangen und das Innenministerium die Aufsichtsbehörde anweist, nicht vorher eine Rechtsbeständigkeit der Satzung herbeizuführen oder Genehmigungen für Satzungen im Hinblick auf noch anstehende Entscheidungen des Petitionsausschusses befristet werden.[13]

Die folgende Darstellung widmet sich, nachdem zunächst ein Überblick über Stellung und Funktion von Selbstverwaltung und Satzungsrecht in der Verfassungsordnung des Grundgesetzes (B.) gegeben wird, in erster Linie dem Befund und der Problemaufbereitung (C.). Dabei danke ich vor allem den Landesinnenministerien, den kommunalen Spitzenverbänden sowie den OVG/VGH für ihre Mithilfe. Nach einer kurzen Darstellung der Vorgaben für die Satzungs-

---

[11] § 43 Abs. 2 Satz 1 1. Hbs., Abs. 3 Satz 1 GO BW; Art. 59 Abs. 2 GO Bay; § 63 Abs. 1 Satz 1 GO Hess; § 65 Abs. 1 Satz 1 GO Nds; § 39 Abs. 2 Satz 1, Abs. 3 Satz 1 GO NW; § 42 Abs. 1 GO RhPf; § 60 Abs. 1 KSVG Saarl; § 43 Abs. 1 Satz 1, § 47 Abs. 1 Satz 1 GO SH.
[12] *Galette/Laux*, GO SH, § 43, Erl. Abs. 1, 1; *Schuster/Diehl*, Kommunalverfassungsrecht in Rheinland-Pfalz, § 42 GO, Erl. I 2.
[13] So die Mitteilungen einzelner Teilnehmer beim Symposium des Deutschen Städtetages am 12. Juni 1989 in Hannover.

gebung folgt ein Abschnitt zur Kontrolle der Satzungsgebung durch die staatliche Aufsicht. Diese wird nach Aussage von Vertretern der kommunalen Spitzenverbände in der Praxis inzwischen als weniger problematisch angesehen.[14] Die wesentlichen Spannungsfelder erwachsen nach wie vor aus der gerichtlichen Kontrolle. Deshalb werden die Probleme der Satzungsgebung vor allem aus ihrer Sicht aufbereitet, nicht zuletzt auch, weil die Gerichte in der Regel die letztverantwortliche Definition und Interpretation der verfassungsrechtlichen und gesetzlichen Vorgaben in der Praxis übernehmen. Ein Spezialproblem stellt die Behandlung (möglicherweise) nichtiger Bebauungspläne durch andere Behörden und Gemeinden dar.

An den ausführlichen Befund schließt sich unter D. ein Abschnitt zur Weiterentwicklung der gerichtlichen Kontrolle als Ausgangspunkt für die Diskussion an.

---

[14] Schreiben des LKV Bayern vom 23. 6. 1989; ähnlich Schreiben des LKT BW vom 22. 3. 1989.

B. Selbstverwaltung und Satzungsrecht in der Verfassungsordnung des Grundgesetzes

Vor dem ausführlichen rechtstatsächlichen Befund und der Diskussion rechtspolitischer Vorschläge ist es zunächst erforderlich, den dogmatischen Standort des kommunalen Satzungsrechts herauszuarbeiten. Gem. Art. 28 Abs. 2 GG muß den Gemeinden das Recht gewährleistet sein, alle Angelegenheiten der örtlichen Gemeinschaft im Rahmen der Gesetze in eigener Verantwortung zu regeln. Auch die Gemeindeverbände haben im Rahmen ihres gesetzlichen Aufgabenbereichs nach Maßgabe der Gesetze das Recht der Selbstverwaltung. Dieses Recht zur Regelung der Angelegenheiten der örtlichen Gemeinschaft in eigener Verantwortung (Autonomie i. e. S.) schließt auch die Befugnis, Satzungen (Rechtssätze) zu erlassen, mit ein.[1] Mit der Gewährleistung dieser Autonomie wird gleichfalls anerkannt, daß in den einzelnen Gemeinden unterschiedliches Ortsrecht bestehen kann.[2]

Kommunale Satzungen sind zugleich Rechtsnormen und Handlungsformen (Instrumente) zur Regelung der eigenen Angelegenheiten der Kommune. Bei ausdrücklicher gesetzlicher Ermächtigung können sie auch im übertragenen Wirkungskreis (Auftrags- bzw. Weisungsangelegenheiten) Anwendung finden (vgl. z.B. § 6 Abs. 1 Satz 2 GO Nds). Ihre Hauptanwendungsgebiete liegen indessen im wesentlichen in drei Bereichen: Regelung kommunaler Massenverwaltung (insbesondere Abgaben und öffentliche Einrichtungen), gemeindliche Planung (Raumplanung, Haushaltsplanung) sowie kommunale Selbstorganisation.[3] Satzungen sind, auch wenn sie sich nur organisationsinterne Wirkung zumessen, Rechtssätze.[4]

Kommunale Satzungen stellen im Hinblick auf den örtlich begrenzten Wirkungskreis (Art. 28 Abs. 2 GG) eine Umsetzung und Konkre-

---

[1] BVerwGE 6, 247 (252); *von Mutius*, Gutachten E zum 53. DJT, 1980, S. 144; *Schmidt-Jortzig*, ZG 1987, 193 (195).

[2] BayVerfGH, DÖV 1960, 267; *Ernst*, in: Ernst/Zinkahn/Bielenberg, BauGB, § 132, Rdn. 7; *Thiem*, KAG SH, § 2 Rdn. 5.

[3] *Schmidt-Aßmann*, Die kommunale Rechtsetzung im Gefüge der administrativen Handlungsformen und Rechtsquellen, 1981, S. 5; *Ossenbühl*, in: Isensee/Kirchhof (Hrsg.), Handbuch des Staatsrechts, Band III, 1988, § 66 Rdn. 5; *Schink*, ZG 1986, 33 (36); *Scholler/Broß*, Grundzüge des Kommunalrechts in der Bundesrepublik Deutschland, 2. Aufl. 1979, S. 82ff.; *Schmidt-Jortzig*, ZG 1987, 193 (195ff.).

[4] Vgl. etwa die Hauptsatzung, dazu OVG Lüneburg, OVGE 35, 394 sowie noch *Schmidt-Jortzig*, ZG 1987, 193 (197).

tisierung der allgemeinen Verfassungs- und gesetzlichen Vorgaben dar. Die Satzung enthält hierzu eine rechtssatzmäßige allgemeinverbindliche Präzisierung (normative Feinsteuerung) für den kommunalen Bereich. Satzungen werden ihrerseits durch sonstige allgemeine Regelungen (Geschäftsordnungen, Richtlinien, Benutzungsordnungen) sowie durch Vollzugsakte der Verwaltung umgesetzt[5] bzw. bedürfen, wie etwa der Bebauungsplan, der Ausfüllung durch den Adressaten. Soweit bestimmte Tatbestände einer generalisierenden bzw. schematischen Regelung entzogen sind bzw. bestimmte Konflikte innerhalb der bestehenden Kompetenzen mit den zur Verfügung stehenden Mitteln zum jetzigen Zeitpunkt noch nicht bewältigt werden können, muß der Satzungsgeber die Konkretisierung späteren Maßnahmen der Verwaltung überlassen.

Teilweise wird gefordert, an den „Ortsgesetzgeber" dürften im Hinblick auf den Charakter der Satzungsgebung als Rechtsetzung und die demokratische Legitimation des Satzungsgebers (Art. 28 Abs. 1 Satz 2 GG) vom Grundsatz her keine strengeren Anforderungen gestellt werden als an den Bundes- und Landesgesetzgeber.[6] Die Kontrolle von Entscheidungen des „Ortsgesetzgebers" durch die Verwaltungsgerichtsbarkeit müsse sich darauf beschränken festzustellen, ob diese Entscheidungen in der Bandbreite vertretbarer Entscheidungen lägen, ob sie also nicht eindeutig widerlegbar oder offensichtlich fehlsam seien.[7] Diese generelle Einschränkung der gerichtlichen Kontrolldichte bei kommunalen Satzungen wird jedoch von der überwiegenden Meinung zu Recht abgelehnt.[8] Zwar hat das BVerfG in früheren Entscheidungen[9] vertreten, der Gemeinderat sei als demokratisch gewähltes Beschlußorgan dem Bereich der Legislative zuzuordnen und im Hinblick auf den Erlaß von Satzungen werde die Rechtsetzungsbefugnis insofern innerhalb der Legislative nur auf andere demokratische Gremien und nicht auf die Exekutive verlagert, jedoch hat das BVerfG diese Auffassung in neueren Entscheidungen

---

[5] *Schmidt-Aßmann* (Fn. 3), S. 21 ff.
[6] *Schmitt*, in: Dokumentation zum 7. Deutschen Verwaltungsrichtertag, 1983, S. 102 (110f.); *Schmidt-Eichstaedt*, in: Kommunale Selbstverwaltung in der Gegenwart, Festschrift für Richard Seeger, 1987, S. 113, 115f. (119).
[7] Zu entsprechenden Kontrollmaßstäben des BVerfG gegenüber der Gesetzgebung vgl. *Schmidt-Jortzig*, NJW 1983, 967 (968, Fn. 9) m. w. N.; vgl. auch neuerdings BVerwGE 80, 355 (370) zur Kontrolle der Allgemeinverbindlichkeitserklärung eines Tarifvertrages.
[8] *Papier*, DÖV 1986, 621 (627); *Schmidt-Jortzig*, NJW 1983, 967 (968); *Schmidt-Aßmann*, in: GS Martens, 1987, S. 249 (261); *Gaentzsch*, DVBl. 1985, 29 (32); *Haack*, StGB 1985, 331 (334); *Lotz*, in: Dokumentation zum 7. Deutschen Verwaltungsrichtertag 1983, S. 106 (132); *Köstering*, in: Kommunalpolitik im Gerichtssaal?, 1984, S. 48 (51).
[9] BVerfGE 21, 54 (62f.); 32, 346 (361).

aufgegeben.[10] Danach ist der Gemeinderat kein Parlament.[11] Die Satzung einer Gemeinde ist zwar eine Rechtsnorm, die der Rat der Gemeinde als „Ortsgesetz" erläßt. Im Sinne des Art. 20 Abs. 3 GG handelt es sich dabei aber nicht um einen Akt der Gesetzgebung (die lediglich an die Verfassung gebunden ist), sondern um Normsetzung der vollziehenden Gewalt.[12] Grundsätzlich unterliegen daher kommunale Satzungen nicht den gleichen gerichtlichen Kontrollbeschränkungen wie parlamentarische Gesetze. Auch kann die institutionelle Gewährleistung der kommunalen Selbstverwaltung in Art. 28 Abs. 2 GG als verbindliche Strukturentscheidung des Verfassungsgebers nicht generell als ein den Individualrechtsschutz des Bürgers begrenzendes Prinzip[13] verstanden werden in dem Sinne, daß der Individualrechtsschutz grundsätzlich hinter die Funktions- und Leistungsfähigkeit der kommunalen Selbstverwaltung[14] zurücktreten müsse. Vielmehr hat auch die kommunale Satzungsgebung die Grundrechte der Bürger zu beachten, bei deren Verletzung gem. Art. 19 Abs. 4 GG der Rechtsweg offen steht. Zwar drohen der Freiheit des einzelnen durch kommunale Satzungen nicht, etwa wie bei berufsständischen Satzungen, Gefahren durch die Macht gesellschaftlicher Gruppen,[15] da die Gemeindeordnungen die Gemeinde und ihre Organe ausdrücklich auf das Gemeinwohl verpflichten,[16] doch sind auch insoweit Grundrechtseinschränkungen nur aufgrund gesamtstaatlich-parlamentarischer Legitimation zulässig.

Für die rechtsdogmatische Einordnung der kommunalen Satzungsgebung bleibt demnach zu beachten, daß nicht allein die Gleichwertigkeit der Legitimation (Art. 28 Abs. 1 Satz 2 GG) entscheidend ist, sondern die Konkurrenz zweier Steuerungsansprüche, die die Verfassung eindeutig gelöst hat: Selbstverwaltung wird „im Rahmen der Gesetze" geübt (Art. 28 Abs. 2 GG).[17] Daher ist die kommunale Satzungsgebung im Hinblick auf die gerichtliche Kontrolle gem. Art. 20

---

[10] BVerfGE 65, 283 (289); BVerfG, NVwZ 1989, 46.
[11] Vgl. noch *Wurzel*, Gemeinderat als Parlament?, 1975, S. 170; BayVerfGH, BayVBl. 1984, 621; *Hartig*, BWVPr 1987, 193.
[12] OVG NW, DÖV 1987, 646 (647); NVwZ 1988, 272 (273); vgl. auch *Papier*, DÖV 1986, 621 (628); *Schmidt-Aßmann* (Fn. 8), S. 259; nach *Menger*, VerwArch 1972, 447 (450) stellt der Erlaß von Satzungen eine Durchbrechung des Gewaltenteilungsgrundsatzes dar; nach *Bethge*, NVwZ 1983, 577 (579) gilt der Gewaltenteilungsgrundsatz insoweit auf kommunaler Ebene nicht.
[13] Vgl. *Seeger*, Die Gemeinde SH 1984, 93 (94).
[14] Zu diesem Ansatz vgl. BVerwGE 67, 206 (209, 210); *Gaentzsch*, DVBl. 1985, 29 (32f.); *Janning*, DVBl. 1983, 401 (407).
[15] BVerfGE 33, 125 (160).
[16] *Von Arnim*, AöR 113 (1988), 1 (23f.).
[17] *Schmidt-Aßmann* (Fn. 8), S. 260.

Abs. 3 GG auch dem Maßstab der Gesetze unterworfen. Die Intensität des gerichtlichen Zugriffs ist nicht schon deshalb beschränkt, weil es sich um Akte eigenständig legitimierter Gremien handelt. Wohl aber muß genau geprüft werden, inwieweit die gesetzlichen Handlungsmaßstäbe in Selbstverwaltungsangelegenheiten nicht besonders häufig eine Ermächtigung zu letztverbindlicher Verwaltungsentscheidung und damit eine Einschränkung der gerichtlichen Kontrolldichte enthalten.[18] Die Auslegung der gesetzlichen Handlungsmaßstäbe durch die Gerichte[19] hat dabei in einer Gesamtschau unter Beachtung der Gesichtspunkte Legitimation, Entscheidungsstruktur, Funktion bzw. Normcharakter und Sachbereich zu erfolgen.

Beim Erlaß kommunaler Satzungen im Rahmen der Gesetze (Art. 28 Abs. 2 GG) ist zu beachten, daß dieser Gesetzesvorrang desto mehr sachlich an Gewicht verliert, je mehr ihm konkrete bindende Gebote nicht zu entnehmen sind, sondern lediglich allgemeiner gehaltene Zielvorstellungen.[20] Inhalt und Dichte der Gesetze im Sozialstaat sind jedoch weniger durch genaue und bindende Anweisungen gekennzeichnet, vielmehr ergehen sie oft ohne spezielle Bindungen und nur mit allgemeinen zielbeschreibenden Vorgaben. Die Gesetzgebung ist auch im Hinblick auf die kommunale Selbstverwaltung oft nichts weiter als Staatsaufgabenbestimmung mit recht allgemein gehaltenen Handlungsanweisungen. Auf dieser Grundlage nimmt Verwaltung immer mehr den Charakter einer selbstprogrammierten und selbstverantwortlichen Erfüllung öffentlicher Aufgaben und Gestaltung sozialer Wirklichkeit an.[21] Hinzu kommt, daß die den Kommunen gem. Art. 28 Abs. 2 GG gewährte Autonomie dazu bestimmt ist, die Berücksichtigung örtlicher Verschiedenheiten zu ermöglichen, die dem staatlichen Gesetzgeber nicht bekannt sind und mit denen er sich auch nicht befassen will.[22] Vor diesem Hintergrund enthält daher Art. 28 Abs. 2 GG einen Auftrag zur Anpassung und Entwicklung der in den allgemeinen Gesetzen enthaltenen Aufgabenbestimmungen und Handlungsprogramme im Hinblick auf die Besonderheiten der jeweiligen örtlichen Gemeinschaft. Dabei kann eine unscharfe Normformulierung gerade die gesetzgeberische Absicht signalisieren, es auf diese Weise der Verwaltung zu ermöglichen, bei der Konkretisierung

---

[18] Vgl. *Schmidt-Aßmann* (Fn. 8), S. 261; sowie ausführlich zur sog. normativen Ermächtigungslehre *ders.*, in: Maunz/Dürig/Herzog/Scholz, GG, Art. 19 Abs. 4 Rdn. 185 ff.; *Hill*, NVwZ 1989, 401, 403, 407.
[19] Vgl. dazu auch *Lotz* (Fn. 8), S. 132.
[20] Vgl. VGH BW, NVwZ 1983, 369 für die Verordnungsgebung.
[21] *Gaentzsch*, Der Städtetag 1983, 247; *Köstering*, Vr 1986, 241 (246).
[22] BVerwGE 6, 247 (251).

der allgemeinen gesetzlichen Vorgaben auf die spezifischen örtlichen Besonderheiten einzugehen.[23]

Mit der Zuweisung des Auftrags zur konkretisierenden Anpassung und Entwicklung des in den Gesetzen enthaltenen allgemeinen Handlungsprogramms an bestimmte Entscheidungsträger ist auch der Auftrag zur Entfaltung und Einbringung der spezifischen Organstrukturen und Entscheidungsbedingungen bei der Rechtskonkretisierung verbunden.[24] Wenn es sich auch bei dem Erlaß von kommunalen Satzungen im Rahmen des Selbstverwaltungsrechts gem. Art. 28 Abs. 2 GG nicht um Gesetzgebung, sondern um vollziehende Gewalt handelt, so stellt diese Form des Verwaltungshandelns jedoch einen ganz besonderen, eigenständigen Verwaltungstypus dar.[25] Seine spezifische Struktur zeigt sich im Hinblick auf die Legitimation, den Regelungsauftrag und die Organisation des Entscheidungsträgers sowie Struktur und Gegenstand bzw. Kontext der Entscheidung. Dem Gemeinderat als Satzungsgeber und Entscheidungsorgan kommt gem. Art. 28 Abs. 1 Satz 2 GG eine spezifische Legitimation und Verantwortung zu, an die eine entsprechende Sanktion geknüpft ist. Er ist unmittelbar vom Volk gewählt und muß sich auch ihm gegenüber für seine Entscheidungen verantworten. Teilweise, wie bei der kommunalen Bauleitplanung, wird diese eigene Legitimation des Entscheidungsträgers noch durch die Initiative und Teilhabe der örtlichen Öffentlichkeit am Zustandekommen der konkreten Satzung unterstützt.[26]

Der Auftrag zur Regelung der Angelegenheiten der örtlichen Gemeinschaft gem. Art. 28 Abs. 2 GG beinhaltet die Orientierung der Entscheidung an den jeweiligen örtlichen Besonderheiten. Die Nähe und Kenntnis des Entscheidungsgegenstandes und die Ausrichtung der Entscheidung im Hinblick auf die politische Zweckmäßigkeit können die Sachgerechtigkeit der Entscheidung fördern,[27] andererseits kann die mangelnde Distanz des Entscheidungsträgers zum Entscheidungsgegenstand und den betroffenen Personen aber auch zu politisch einseitigen Fehlentscheidungen führen.[28]

---

[23] So *Schmidt-Jortzig*, NJW 1983, 967 (970); allgemein *Franßen*, in: Fürst/Herzog/Umbach (Hrsg.), Festschrift Zeidler, 1987, Bd. 1, S. 451; *Wahl*, VBlBW 1988, 387 (391, Fn. 44).

[24] *Kirchhof*, in: Festschrift der Juristischen Fakultät zur 600-Jahr-Feier der Universität Heidelberg, 1986, S. 22; *Wahl*, VBlBW 1988, 387 (388, Fn. 18); *Hill*, NVwZ 1989, 401 (404, 408).

[25] *Schmidt-Aßmann* (Fn. 8), S. 260.

[26] BVerfG, DVBl. 1988, 482 (483).

[27] BVerfG, DVBl. 1988, 482 (483).

[28] *Schmidt-Aßmann* (Fn. 8), S. 256; ders., in: HdKWP, 2. Aufl. 1983, Bd. 3, S. 181 (185); *Bickel*, NJW 1985, 2441 (2443); *Scharmer*, Bebauungspläne in der Normenkontrolle, 1988, S. 95 ff.

Im Hinblick auf die Organisation des Entscheidungsträgers ist die kollegiale Struktur der Vertretungskörperschaft, die ehrenamtliche Tätigkeit ihrer Mitglieder sowie die Zusammenarbeit mit der Kommunalverwaltung[29] kennzeichnend. Sowohl in der Gemeindeverwaltung als auch in der Vertretungskörperschaft fehlt es, insbesondere in kleineren Gemeinden, häufig an spezialisiertem juristischem Sachverstand, oft auch an Kenntnis der neueren Rechtsprechung. Dies führt teilweise zu juristischen Fehlentscheidungen,[30] bringt andererseits aber auch wichtige, nicht-juristische Entscheidungskriterien mit ein.

Im Hinblick auf die Struktur der Entscheidung erscheint zunächst von Bedeutung, daß es sich bei den Mitgliedern des Entscheidungsorgans nicht um hierarchisch eingegliederte weisungsabhängige Amtswalter handelt, sondern um Mandatsträger mit individuellen wehrfähigen Rechten bezüglich der Mitwirkung an der Entscheidung. Dadurch sind in der kollegialen Struktur Interessenkonflikte nicht nur möglich, sondern vom Gesetzgeber sogar angelegt.[31] Die Entscheidungsbildung geschieht nach dem Mehrheitsprinzip und häufig aufgrund politischer Kompromisse. Sie unterscheidet sich daher grundlegend von einer Rechtsanwendung aufgrund Subsumtion. Dabei sind in der Regel (mit Ausnahme von Bebauungsplänen) Interessenkollisionen unbeachtlich, da es sich um abstrakt-generelle Entscheidungen handelt. In die Entscheidung selbst fließen eine Vielzahl unterschiedlicher Motive ein, die nachträglicher Kontrolle nur sehr schwer zugänglich sind.[32] Jedenfalls insoweit sind die Grundsätze über die Ermessensentscheidung beim Erlaß von Verwaltungsakten auf den Erlaß von Satzungen nicht übertragbar.[33]

Im Hinblick auf Entscheidungsgegenstand und -kontext bleibt zu beachten, daß der Satzungsgeber auch die Folgen und Rückwirkungen seiner Entscheidung auf die gemeindliche Leistungsfähigkeit und Ressourcen in seine Entscheidung einzubeziehen hat.[34] Wegen der Bündelungsfunktion der kommunalen Selbstverwaltung[35] trifft den Satzungsgeber im Unterschied etwa zu einer eine Rechtsverordnung

---

[29] Hierzu *Banner,* AfK 1982, 26; *Lehmann-Grube,* DÖV 1985, 1; *Wallerath,* DÖV 1986, 533.
[30] Vgl. *Scharmer* (Fn. 28), S. 88 ff.; *Wollmann,* in: Rechtstatsachenuntersuchung zur Baugenehmigungspraxis, 1985, S. 49 (51).
[31] Von *Mutius,* JuS 1979, 180 (186).
[32] Vgl. *Kuntzmann-Auert,* Rechtsstaat und kommunale Selbstverwaltung, 1967, S. 76 (90).
[33] So BVerwG, NVwZ-RR 1988, 41 (42); allgemein hierzu *Richter,* Sind die Grundsätze über die Ermessensausübung beim Erlaß von Verwaltungsakten übertragbar auf den Erlaß von Rechtsverordnungen und Satzungen?, Diss. Heidelberg 1972.
[34] *Schmidt-Aßmann* (Fn. 3), S. 11 f.; *ders.,* in: HdKWP (Fn. 28), S. 186 f.
[35] Vgl. *Gröttrup,* Örtliche Demokratie und Verfassung, Diss. Freiburg 1985, S. 122 ff.

erlassenden Fachverwaltung eine Gesamtverantwortung. Seine Entscheidung hat unter dem Blickwinkel der Normsetzung gemeinwohlorientiert zu erfolgen. Dabei kann auch die politische Bedeutung, die seine Entscheidung, insbesondere bei Bauleitplänen und Abgabensatzungen, im Kontext der lokalen Öffentlichkeit erlangt, nicht außer Betracht bleiben.

Im Hinblick auf gesetzliche Bindung, eigenverantwortlichen Gestaltungsauftrag und gerichtliche Kontrolle von kommunalen Satzungen sind vor allem auch Normcharakter und Funktion der Satzung innerhalb eines bestimmten Sachbereichs von Bedeutung. Innerhalb der Rechtsform der Satzung gibt es je nach Sachbereich Unterschiede im Hinblick auf Funktion und Handlungstyp. Diese nehmen auch auf das Ausmaß der Gestaltungsfreiheit und gerichtlichen Kontrolle Einfluß. Deshalb kann nicht für alle Satzungen von einem gleichen Normsetzungsermessen bzw. normativen Ermessen ausgegangen werden.[36]

Die planerische Abwägung beim Bebauungsplan, der grundsätzlich angesichts einer konkreten Sachlage ergeht, zielt darauf ab, über das Verhältnis konkurrierender Einzelinteressen für diese Sachlage einmalig und abschließend zu befinden.[37] Jedoch gibt es innerhalb der Bebauungspläne und sogar im selben Plan einen nicht unerheblichen Bereich, in dem die Gestaltungsmittel „Vorschrift" und „Plan" gleichsam ineinander übergehen und fließende Grenzen aufweisen.[38] Der erhebliche Umfang der Festsetzungen gem. § 9 BauGB, die gleitende Art ihrer Verwirklichung und der programmatische Gehalt vieler Planaussagen[39] lassen den Bebauungsplan sogar häufig in die Nähe generell-abstrakter Vorschriften rücken. Je mehr sich die Festsetzungen eines Bebauungsplans jedoch von der den §§ 1 und 2 BauGB zu entnehmenden grundsätzlichen Festlegung der Bebauungspläne auf konkret-individuelle Regelungen entfernen, desto eher bedürfen sie einer Rechtfertigung, d. h., planerischen Festsetzungen ist der Übergang zu abstrakt-allgemeinen Vorschriften nur in dem Ausmaß gestattet, in dem dies erforderlich ist.[40] Daneben hängt der Inhalt eines

---

[36] Auch Rechtsverordnungen sind insofern anders zu beurteilen als Satzungen (zu beidem vgl. *Badura*, in: GS Martens, S. 25 ff.; zu Verordnungen vgl. *von Danwitz*, Die Gestaltungsfreiheit des Verordnungsgebers, 1989) und wiederum anders als sonstige Rechtsnormen (zur Allgemeinverbindlichkeitserklärung von Tarifverträgen vgl. insoweit BVerwGE 80, 355 (370)).
[37] BVerwGE 50, 114 (119ff.); BVerwGE 70, 318 (329).
[38] BVerwGE 50, 114 (120); *Gaentzsch*, in: Berliner Kommentar zum BauGB, § 10 Rdn. 2.
[39] *Schmidt-Aßmann*, DVBl. 1984, 582 (586).
[40] BVerwGE 50, 114 (121).

Bebauungsplans auch davon ab, ob es sich um eine sog. Angebotsplanung oder eine sog. Projektplanung handelt.[41] Beim Erlaß einer sog. Gestaltungssatzung sind nach der Rechtsprechung[42] an die Abwägung keine strengen Anforderungen zu stellen. Dies ist vor allem darauf zurückzuführen, daß eine generelle Abwägung für vergleichbare Fälle, aber nicht eine Abwägung im Hinblick auf eine konkrete Sachlage erforderlich ist. Die eng gefaßten gesetzlichen Anwendungsvoraussetzungen der Erhaltungssatzungen lassen dagegen kaum noch Raum für eine Abwägung. Sie sind mit dem umfassenden planerischen Ermessen beim Erlaß eines Bebauungsplans schon nicht mehr vergleichbar.[43] Bei sog. abstrakt-generellen Satzungen (etwa Abgabensatzungen) ist lediglich ein genereller Interessenausgleich möglich und erforderlich. Solche „echten" Normen ergehen in der Regel nicht angesichts einer konkreten Sachlage, sondern sind offen für neue Sachverhalte; sie regeln eine Vielzahl je eigener, erst in Zukunft entstehender und aktuell werdender Fälle und treffen ihre Adressaten in unterschiedlichen Interessenlagen.[44]

Diese Unterschiede in der Funktion der gemeindlichen Rechtsetzung und der Normstruktur[45] müssen auch im Hinblick auf den Rechtsschutz und die gerichtliche Kontrolle der Satzung Beachtung finden. Deshalb kann die Überprüfung des Satzungsermessens nicht einheitlich an den Strukturen des Planungsermessens und seiner gerichtlichen Kontrolle orientiert werden.[46] Die gerichtliche Kontrolle von Satzungen kann auch nicht in allen Fällen aus der herkömmlichen Rechtsschutzperspektive des von einer fehlerhaften Norm Betroffenen[47] oder nur im Hinblick auf einen gegebenen bzw. überschaubaren Sachverhalt erfolgen, sondern muß vor allem auch die normative Perspektive des Satzungsgebers und seine Gesamtverantwortung im Auge behalten. So gewinnt etwa das dichtere, den Abwägungsvorgang einbeziehende Kontrollnetz der Rechtsprechung zum Planungsrecht seine Rechtfertigung daraus, daß planerische Festsetzungen „näher am Sachverhalt" liegen und deshalb stärker der durch die Rechtspre-

---

[41] Vgl. BVerwG, NVwZ 1988, 351 (352).
[42] OVG NW, NVwZ 1984, 319.
[43] OVG Lüneburg, NJW 1984, 2905 (2908); BVerfG, ZfBR 1987, 203 (204); vgl. noch unten S. D 61.
[44] Vgl. etwa *Maurer*, in: Püttner (Hrsg.), Festschrift Bachof, 1984, S. 215 (242); *Ossenbühl*, NJW 1986, 2805 (2808).
[45] Vgl. auch *Schmidt-Aßmann*, in: von Mutius (Hrsg.), Selbstverwaltung im Staat der Industriegesellschaft, Festschrift von Unruh, 1983, S. 607 (609).
[46] So aber tendenziell *Schmidt-Aßmann* (Fn. 3), S. 11; *ders.*, in: HdKWP (Fn. 28), S. 186; vgl. auch *dens.* (Fn. 18), Rdn. 217; ihm folgend *Ossenbühl* (Fn. 3), § 66 Rdn. 48; a. A. *Schink*, ZG 1986, 33 (43).
[47] *Ossenbühl*, NJW 1986, 2805 (2808).

chung zu wahrenden Einzelfallgerechtigkeit verpflichtet sind als andere Normativbestimmungen.[48] Insgesamt bleibt festzuhalten, daß Normsetzung kein bloßer Nachvollzug gesetzlich vorgeformter Entscheidungen, sondern administrative Selbstprogrammierung innerhalb eines gesetzlichen Rahmens darstellt.[49] Deshalb wird etwa bei Verordnungen vorgeschlagen, statt von Ermessen von Gestaltungsfreiheit zu sprechen.[50] Im Gegensatz zu Ermessensverwaltungsakten (§ 40 VwVfG) sind Zweck und Reichweite des Ermessens bei administrativen Normen neben der gesetzlichen Grundlage stärker aus der jeweiligen Legitimation (z.B. Art. 28 Abs. 1 Satz 2 GG) sowie aus Auftrag und Funktion (z.B. Art. 28 Abs. 2 GG) der Normsetzung zu bestimmen. Daraus ergeben sich auch unterschiedliche normativ eröffnete und funktionell untermauerte Gestaltungsfreiräume. Diese sind bei der Satzungsgebung der Kommunen im Hinblick auf die verfassungsrechtlich eingeräumte Autonomie und Eigenverantwortlichkeit der Aufgabenerfüllung (Art. 28 Abs. 2 GG) tendenziell größer als bei der Verordnungsgebung, was sich auch darin zeigt, daß bei der Satzungsgebung Art. 80 Abs. 1 Satz 2 GG weder unmittelbar noch analog gilt.[51] Bei abstraktgenerellen Satzungen ist im Gegensatz zur planerischen Abwägung angesichts einer konkreten Sachlage vor allem die normative Perspektive zu beachten, die in der generalisierenden Regelung, dem generellen Ausgleich und der auf Dauer angelegten Gesamtlösung zum Ausdruck kommt.

Je nach Sachbereich ist zu prüfen, ob die jeweiligen gesetzlichen Grundlagen der Satzungsgebung eher einen Auftrag zum Vollzug oder zur Gestaltung enthalten.[52] Wo die Rechtsetzung eher der Programmierung typischer Massenverwaltungsvorgänge dient (z.B. Abgabensatzungen), spricht das im Regelfall gegen eine Ermächtigung zu eigenverantwortlicher Gestaltung. Wo administrative Normen das Gesetzesprogramm ihrerseits erst entfalten sollen oder überhaupt nur Ermessensdirektiven vorgegeben sind, ist dagegen die gerichtliche Kontrolle begrenzt.[53] Dabei kann allerdings auch im ersten Fall für Teilbereiche durchaus eine eigene Einschätzungsprärogative des Satzungsgebers vom Gesetzgeber gewollt sein.[54]

---

[48] BVerwGE 70, 318 (329); vgl. auch *Badura* (Fn. 36), S. 32.
[49] *Schmidt-Aßmann* (Fn. 18), Rdn. 217.
[50] *Von Danwitz* (Fn. 36), S. 33 ff.
[51] Vgl. BVerfGE 12, 319 (325); 37, 1 (25).
[52] Vgl. auch *Starck*, in: Behrends/Henckel, Gesetzgebung und Dogmatik, 1989, S. 106 (113); für Rechtsverordnungen vgl. *von Danwitz* (Fn. 36), S. 188 ff.
[53] Vgl. *Schmidt-Aßmann* (Fn. 18), Rdn. 217.
[54] Etwa im Hinblick auf das öffentliche Bedürfnis beim Anschluß- und Benutzungszwang, insoweit wohl a. A. *Schmidt-Aßmann* (Fn. 18), Rdn. 217, Fn. 158.

Als Fazit ergibt sich, daß die Frage nach der Reichweite der eigenverantwortlichen Gestaltungsfreiheit des Satzungsgebers einerseits und der gerichtlichen Kontrolldichte andererseits nur aufgrund einer Gesamtschau der verfassungsrechtlichen und gesetzlichen Grundlagen, von Legitimation und Entscheidungsstruktur des rechtsetzenden Organs sowie der Funktion der gemeindlichen Rechtsetzung und des Normcharakters der Regelung innerhalb eines bestimmten Sachbereichs beurteilt werden kann.

C. Befund

I. Vorgaben für die Satzungsgebung

1. Verfassung

Das Grundgesetz enthält mit Ausnahme der allgemeinen Kompetenzzuweisung in Art. 28 Abs. 2 GG, die Angelegenheiten der örtlichen Gemeinschaft im Rahmen der Gesetze in eigener Verantwortung zu regeln, und der Regelung zur Bildung bzw. Legitimation des kommunalen Vertretungsorgans in Art. 28 Abs. 1 Satz 2 GG keine unmittelbaren Vorgaben für die kommunale Satzungsgebung. Eine Bindung an die Grundrechte (Art. 1 Abs. 3 GG) sowie an allgemeine Verfassungsprinzipien ergibt sich bereits aus dem Vorbehalt „im Rahmen der Gesetze" in Art. 28 Abs. 2 Satz 1 GG. Fraglich kann aber sein, inwieweit der kommunale Satzungsgeber befugt ist, eine auf den Geltungs- und Wirkungsbereich seiner Satzung begrenzte lokale Konkretisierung allgemeiner Verfassungsprinzipien, etwa des Sozialstaatsprinzips, vorzunehmen, soweit eine gesetzliche Konkretisierung nicht erfolgt ist.[1] Ebenso bedarf der Untersuchung, inwieweit unmittelbar aus dem Rechtsstaatsprinzip ohne nähere gesetzliche Ausgestaltung Anforderungen an das (innere) Verfahren der Satzungsgebung abzuleiten sind, die von den Gerichten auf ihre Einhaltung kontrolliert werden können.[2]

2. Gesetz

Gesetzliche Vorgaben für die kommunale Satzungsgebung im Rahmen des Art. 28 Abs. 2 GG können sehr unterschiedlicher Art sein. In formeller Hinsicht kann das Gesetz zunächst zwingende generelle Vorgaben normieren. So gilt etwa im Erschließungsbeitragsrecht folgende allgemeine Regel: Was über die Art der Aufwandsverteilung schon durch § 131 Abs. 1 BauGB festgelegt ist, kann durch Satzungen nicht abweichend geregelt werden.[3] Statt zwingender Vorgaben kann das Gesetz aber auch verschiedene Alternativen zur Auswahl anbieten. So ist etwa das neue KAG des Landes Rheinland-Pfalz im Hin-

---

[1] Vgl. unten S. D 85 ff.
[2] Vgl. unten S. D 61 ff., 63, 67.
[3] BVerwGE 62, 308 (314 f.); BVerwG, NVwZ 1984, 437 (439).

blick auf die Festlegung von Gebühren- und Beitragsmaßstäben durch kommunale Satzung verfahren (§§ 18 Abs. 3 Satz 2, 20 KAG RhPf).[4] In der Regel sind die gesetzlichen Vorgaben konkretisierungsbedürftig, wobei das Gesetz mehr oder weniger Vorgaben über das Zustandekommen und den notwendigen Inhalt der Satzung enthält (vgl. z. B. §§ 3, 9, 132 BauGB). In seltenen Fällen greift das Gesetz unmittelbar auf die Satzungsanwendung im Einzelfall durch.[5] In materieller Hinsicht ist vor allem ein Wandel des Gesetzeszwecks von einer Begrenzung der Staatstätigkeit hin zu einem Auftrag zur Aufgabenerfüllung zu beachten.[6] Teilweise wird darauf hingewiesen, daß unscharfe Normierungen geradezu die gesetzgeberische Absicht signalisierten, daß die Verwaltung die Möglichkeit haben solle, auf ortsnahe, konkrete Bedingungen elastisch eingehen zu können.[7] Da jedoch eine ausdrückliche gesetzliche Zuweisung zur Ausfüllung unbestimmter Rechtsbegriffe an die kommunale Selbstverwaltung selten eindeutig erkennbar ist, geht der Streit um die letztverantwortliche Ausfüllung dieser Begriffe in der Praxis regelmäßig zu Gunsten der Gerichte aus.[8]

Gesetzliche Vorgaben können auch dazu führen, daß die Satzungsgebung erschwert wird. So wurde teilweise für das Bauleitplanverfahren geltend gemacht, daß die Vielzahl und Kompliziertheit der Verfahrensvorschriften häufig eine förmliche Planung verzögerten oder gar verhinderten.[9] Auch materielle gesetzliche Vorgaben, wie etwa das Gebot planerischer Konfliktbewältigung, speziell § 50 BImSchG, können zu einer Planungsverweigerung, etwa im Bereich von Gemengelagen, führen.[10] Die strukturelle Anlage des gesetzlichen Systems des Erschließungsbeitragsrechts hat zeitweise den Vorwurf eines gesetzlichen Steuerungsversagens hervorgerufen.[11]

---

[4] *Bogner/Steenbock*, KAG Rheinland-Pfalz, Kommentar, Vorwort zur 2. Lieferung 1987, S. 1; *Steenbock*, Der Städtetag 1987, 651 (655); vgl. auch OVG RhPf, Urt. v. 29. 11. 1989 – 10 C 30/89.
[5] Vgl. etwa BVerwG, DVBl. 1989, 421 (423).
[6] *Gaentzsch*, Der Städtetag 1983, 247; *Köstering*, Vr 1986, 241 (246) sowie schon oben B.
[7] *Köstering*, in: Kommunalpolitik im Gerichtssaal?, 1984, S. 66.
[8] Vgl. dazu noch unten S. D 92 ff.
[9] *Wollmann*, in: Rechtstatsachenuntersuchung zur Baugenehmigungspraxis, 1985, S. 49 (58); *Scharmer*, Bebauungspläne in der Normenkontrolle, 1988, S. 134; *Gaentzsch*, Der Städtetag 1983, 247; *J. Ipsen*, Die Verwaltung 1987, 477 (487).
[10] Vgl. etwa *Schmidt-Aßmann*, in: von Mutius (Hrsg.), Selbstverwaltung im Staat der Industriegesellschaft, Festgabe von Unruh, 1983, S. 607 (615).
[11] *Franßen*, KStZ 1977, 1.

3. Rechtsverordnungen

Der Inhalt gemeindlicher Satzungen wird auf vielen Gebieten auch durch Rechtsverordnungen determiniert (vgl. etwa GemHVO, KAGVO). Je mehr der systematisierende und vergleichende Ansatz der Rechtsverordnung zu nivellierenden Vorgaben führt und je detaillierter diese sind, desto weniger Möglichkeiten verbleiben dem Satzungsgeber für örtlich differenzierende Regelungen. Im Hinblick auf den Inhalt von Bauleitplänen verlangt vor allem die BauNVO Beachtung. Soweit nicht die Gemeinde nach § 1 Abs. 4–9 BauNVO Modifikationen vornimmt, werden bei Festsetzung einer bestimmten Gebietsart im Bebauungsplan (§ 1 Abs. 3 Satz 2 BauNVO) die §§ 2–14 BauNVO dessen Bestandteil. Die Gemeinde übernimmt diese Vorschriften aufgrund des Verordnungsbefehls in ihre Satzung, sie gelten also aufgrund der Satzung. Ähnlich verhält es sich bei den Definitionen und Anrechnungsregeln der BauNVO (z. B. § 18), deren Inhalt die Gemeinde bei Verwendung dieser Begriffe ebenfalls in ihren Bebauungsplan übernimmt. Eine Ausnahme bildet etwa § 15 BauNVO, dessen Vorschriften unmittelbar als Verordnungsrecht gelten.[12] Vor Erlaß eines Bebauungsplans muß der Satzungsgeber entgegenstehende Landschaftsschutzverordnungen beachten. Der Bebauungsplan kann nur in Kraft treten, wenn der zuständige Normgeber vorher die Landschaftsschutzverordnung insoweit aufgehoben hat, als sie dem Bebauungsplan entgegenstand.[13]

Die örtliche Wasserversorgung kann von den Gemeinden durch Satzung geregelt werden. Dabei sind sie aber an die vom Bundesminister für Wirtschaft aufgrund von § 27 Satz 3 AGBG erlassene Verordnung über Allgemeine Bedingungen für die Versorgung mit Wasser vom 20. 6. 1980 (BGBl. I, S. 750) gebunden.[14]

4. Planung

Überörtliche Planung, die den räumlichen Bereich einer Gemeinde in Anspruch nimmt oder in diesen Bereich hineinwirkt, kann Vorgaben für die gemeindliche Satzungsgebung im Bereich der Bauleitplanung enthalten. Gem. § 1 Abs. 4 BauGB sind die Bauleitpläne den Zielen der Raumordnung und Landesplanung anzupassen. Die Fest-

---

[12] Vgl. *Pietzcker*, NVwZ 1989, 601 (602).
[13] HessVGH, NuR 1989, 87.
[14] Zur Verfassungsmäßigkeit dieser Verordnung vgl. BVerfG (Vorprüfungsausschuß), NVwZ 1982, 306; zur Vereinbarkeit eines durch gemeindliche Satzung angeordneten Anschluß- und Benutzungszwangs mit § 3 Abs. 1 AVB WasserVO vgl. BVerwG, NVwZ 1986, 483, NVwZ 1986, 754; vgl. auch OVG NW, NVwZ 1987, 727.

setzungen in den Raumplänen weisen sehr unterschiedliche Konkretisierungsgrade auf. Sie reichen von allgemeinen überörtlichen Aussagen über „gemeindescharfe", „bereichsscharfe" und/oder „funktionsscharfe" Bestimmungen bis zu einer annähernden oder gar vollständigen „Parzellenschärfe". Je konkreter diese Festlegungen sind, desto stärker wird die gemeindliche Planungshoheit eingeschränkt. Grundsätzlich dürfen überörtliche Festlegungen nach Zahl und Konkretisierungsgrad nur insoweit vorgenommen werden, als dies zur Verwirklichung des überörtlichen Planungsinteresses erforderlich ist. Entsprechend dem Maß der Konkretisierung ist dabei eine besondere Rechtfertigung bzw. Begründung erforderlich. Als hauptsächliche Kollisionspunkte zwischen örtlicher und überörtlicher Planung werden in diesem Zusammenhang die Standortvorsorgeplanungen, die Tendenz zur flächendeckenden Regionalplanung sowie das zentralörtliche Gliederungssystem empfunden.[15]

In formeller Hinsicht erfordert eine Einschränkung der kommunalen Planungshoheit als Bestandteil des Selbstverwaltungsrechts eine gesetzliche Grundlage (Art. 28 Abs. 2 GG). In der Praxis der Landesplanung fehlt es jedoch häufig an den erforderlichen hinreichend bestimmten Zielangaben im Parlamentsgesetz wie auch an der Rechtsnormqualität der Landesentwicklungsprogramme und -pläne, deren Festsetzungen die Anpassungspflicht der Gemeinden nach § 1 Abs. 4 BauGB auslösen und nach §§ 35 Abs. 3 Satz 3, 36 BauGB zu beachten sind.[16]

Den in § 38 BauGB bezeichneten Fachplanungen ist im Verhältnis zur Bauleitplanung ein Vorrang eingeräumt. Sie sind an die Vorschriften des BauGB nicht gebunden, vielmehr nur den Vorschriften der jeweiligen Fachplanungsgesetze unterworfen. Dies gilt allerdings nur für die in den Fachplanungsgesetzen beschriebene Aufgabenstellung und Zweckbestimmung der jeweiligen Vorhaben, eine weitergehende Freistellung liegt nicht vor. Eine Beschränkung der kommunalen Planungshoheit kann also nur im Umfang der Zweckbestimmung des Fachplanungsvorhabens erfolgen.[17] Indessen gehen auch von diesen überörtlichen Fachplanungen mittelbare Folgewirkungen aus, die die gemeindliche Bauleitplanung zu berücksichtigen und aufzufangen hat.[18]

Grundsätzlich gilt für die Einbindung der kommunalen Planungshoheit in die überörtlichen Planungen:
– Die Gemeinden haben einen gerichtlich durchsetzbaren Anspruch auf Verfahrensbeteiligung, soweit sich überörtliche Planungen auf

---

[15] *Brohm*, DÖV 1989, 429 (433, 439f.); *Langer*, VerwArch 80 (1989), 352 (355).
[16] *Brohm*, DÖV 1989, 429 (438f.).
[17] BVerwGE 81, 111.
[18] *Langer*, VerwArch 80 (1989), 352 (357).

die Gestaltung des Gemeindegebietes oder bestehender Pläne auswirken können.

- Die gemeindliche Planungshoheit ist ein abwägungsrechtlich relevanter Belang in jeder überörtlichen Planung, wenn eine hinreichend bestimmte Planung vorliegt und diese nachhaltig gestört wird.[19] Neuerdings wird gefordert, als abwägungsrelevanten Belang auch die Entscheidung einer Gemeinde anzusehen, ein bestimmtes Gebiet bewußt nicht zu beplanen (sog. Freihaltebelang).[20] Allerdings erscheint insoweit schon eine entsprechende Ausnutzung des vorhandenen Instrumentariums ausreichend, etwa indem positive Festsetzungen in Flächennutzungsplänen, beispielsweise hinsichtlich der Grünflächen oder der Flächen für die Land- und Forstwirtschaft vorgenommen werden.[21]

5. Finanzen und Haushalt

Die Befugnis zur Abgabenerhebung folgt aus den Abgabengesetzen, nicht aus dem Haushaltsrecht. Jedoch nehmen die allgemeinen Haushaltsgrundsätze, insbesondere der Grundsatz der Sparsamkeit und Wirtschaftlichkeit (vgl. etwa § 77 Abs. 2 GO BW, § 62 Abs. 2 GO NW) sowie die Grundsätze der Einnahmebeschaffung (§ 78 Abs. 2 GO BW, § 63 Abs. 2 GO NW) Einfluß auf die inhaltliche Ausgestaltung der Abgabensatzungen.[22] Darüber hinaus werden häufig durch ministerielle Erlasse Anreize zu Gebührenerhöhungen ausgeübt, um in den Genuß zusätzlicher Landesmittel zu kommen[23] oder die Bewilligung einer zweckgebundenen Finanzzuweisung davon abhängig gemacht, daß die Gemeinde ihre Einnahmequellen voll ausschöpft.[24]

Bezüglich Haushaltssatzungen enthalten die Gemeindeordnungen einige Besonderheiten, die eine einheitliche Planung, Verwaltung und Kontrolle aller öffentlichen Finanzen sicherstellen sollen (vgl. etwa §§ 79 ff. GO BW, 64 ff. GO NW). Die Gemeinden müssen zwingend eine Haushaltssatzung erlassen (Pflichtsatzung). Sie sind zudem ver-

---

[19] *Birk*, NVwZ 1989, 905 (910); vgl. aber jetzt BVerwG, NVwZ 1989, 654 (655).
[20] *Birk*, NVwZ 1989, 905 (910).
[21] Vgl. auch die Diskussion auf dem 9. Deutschen Verwaltungsrichtertag 1989, NVwZ 1989, 945.
[22] Vgl. dazu noch unten S. D 92.
[23] Vgl. etwa den Runderlaß des Ministeriums für Umwelt, Raumordnung und Landwirtschaft NW vom 1. Februar 1989, MBl NW 1989, S. 181; dazu *Thormann* beim Symposium des Deutschen Städtetages am 12. 6. 1989 in Hannover.
[24] BVerwG, DVBl. 1989, 929; vgl. dazu auch unten S. D 79.

pflichtet, Muster zu verwenden, die der Innenminister aus Gründen der Vergleichbarkeit der Haushalte für verbindlich erklärt hat (vgl. etwa § 145 GO BW, § 119 Abs. 3 Satz 2 GO NW). Weitere Besonderheiten betreffen ihr Erlaßverfahren (§ 81 GO BW, § 66 GO NW).

6. Mustersatzungen und Satzungsmuster

Einfluß auf die Ausgestaltung kommunaler Satzungen nehmen in der Praxis vor allem Mustersatzungen und Satzungsmuster. Hier hat sich ein abgestuftes System entwickelt. Danach sind etwa vom Innenministerium erlassene Mustersatzungen für Haushaltssatzungen verbindlich (vgl. oben 5.). Geringere Bindungswirkung entfalten diejenigen Mustersatzungen, bei deren Verwendung lediglich die Genehmigungspflicht entfällt oder umgekehrt Abweichungen vom Muster der Genehmigung durch die Aufsichtsbehörde bedürfen (vgl. etwa Art. 2 Abs. 3 Satz 2 KAG Bay für Abgabensatzungen; § 3 Abs. 3 Satz 1 KAG SH für Steuersatzungen). Der Erlaß einer Mustersatzung stellt sich in diesen Fällen gewissermaßen als eine für einen bestimmten Satzungsinhalt allgemein vorweg erteilte Genehmigung dar.[25] Daneben existiert noch eine Vielzahl von Satzungsmustern der kommunalen Spitzenverbände, insbesondere der Spitzenverbände der Gemeinden, die lediglich Empfehlungen darstellen, auch wenn häufig den Gemeinden die Verwendung des Musters dringend nahegelegt wird.

Nach einer Untersuchung von *Schink*[26] ist der Einfluß von Satzungsmustern auf das kommunale Ortsrecht umso größer, je spezieller und juristisch komplizierter die in der Satzung zu regelnde Materie und je kleiner die Gemeinde ist. Insbesondere in kleinen Gemeinden fühlen sich die Entscheidungsträger im Hinblick auf komplizierte juristische Satzungsregelungen häufig überfordert. Im Bedürfnis nach Rechtssicherheit greifen sie daher gerne nach den von den Spitzenverbänden angebotenen Satzungsmustern.

Mustersatzungen und Satzungsmuster tragen zu einer Vereinheitlichung des kommunalen Ortsrechts bei, gehen dadurch aber zu Lasten seiner Vielfalt und Individualität. Angesichts der Kompliziertheit der durch kommunale Satzungen zu regelnden Sachverhalte sowie der erheblichen Verwaltungskraftunterschiede scheint dieses Ergebnis jedoch unvermeidlich.[27] Allerdings haben insbesondere die von den kommunalen Spitzenverbänden angebotenen Satzungsmuster auch positive Seiten. Indem sie häufig Alternativen anbieten, erweitern sie

---

[25] *Thiem*, KAG SH, § 3 Rdn. 37.
[26] *Schink*, ZG 1986, 33 (50 ff.).
[27] *Schink*, ZG 1986, 33.

auch die Gestaltungsmöglichkeiten der kommunalen Entscheidungsträger. Dadurch, daß Satzungstexte und Erläuterungen häufig kombiniert werden, bieten sie den Mitgliedern der kommunalen Vertretungskörperschaften wichtige Informationen, die in dieser Komprimiertheit ansonsten kaum vorhanden sind und damit auch die Gelegenheit, ihre Kontrollfunktion gegenüber der Verwaltung sach- und rechtskundig auszuüben.

II. Kontrolle durch staatliche Aufsicht

1. Das abgestufte System staatlicher Einflußnahme bei dem Erlaß kommunaler Satzungen

Das Recht, alle Angelegenheiten der örtlichen Gemeinschaft in eigener Verantwortung zu regeln, besteht gem. Art. 28 Abs. 2 Satz 1 GG und den entsprechenden Bestimmungen der Landesverfassungen[1] im Rahmen der Gesetze. Demnach haben die Gemeinde- und Kreisordnungen sowie verschiedene Sondergesetze die Verwaltung der Gemeinden und Gemeindeverbände auf der Grundlage eigener landesverfassungsrechtlicher Regelungen[2] der Kontrolle durch die staatliche Aufsicht unterworfen. In den Angelegenheiten des eigenen Wirkungskreises, in dem der größte Teil kommunaler Satzungen erlassen wird, beschränkt sich die staatliche Aufsicht auf die Kontrolle der Gesetzmäßigkeit (Rechtsaufsicht). In den Angelegenheiten des übertragenen Wirkungskreises (Auftragsangelegenheiten) bzw. der Pflichtaufgaben nach Weisung[3] erstreckt sich die staatliche Aufsicht auch auf die Handhabung des gemeindlichen Verwaltungsermessens (Fachaufsicht) bzw. richtet sich nach den hierüber erlassenen Gesetzen (Sonderaufsicht).[4]

Beim Erlaß kommunaler Satzungen kann die Aufsicht sowohl repressiv (z. B. Beanstandungsrecht) als auch präventiv (Beratung, Anzeige- oder Vorlagepflichten, Genehmigungsvorbehalte) tätig wer-

---

[1] Art. 71 Abs. 1 LV BW; Art. 11 Abs. 2 LV Bay; Art. 137 LV Hess; Art. 44 Abs. 1 vLV Nds; Art. 78 LV NW; Art. 49 LV RhPf; Art. 117 Abs. 3, 118 LV Saarl; Art. 39 Abs. 1 und 2 LS SH.

[2] Art. 75 LV BW; Art. 83 Abs. 4 LV Bay; Art. 137 Abs. 3 Satz 2 LV Hess; Art. 44 Abs. 5 vLV Nds; Art. 78 Ziff. 4 LV NW; Art. 49 Abs. 3 Satz 2 LV RhPf; Art. 122 LV Saarl; Art. 39 Abs. 3 LS SH.

[3] Zum Erlaß von Satzungen bei Weisungsaufgaben bzw. im übertragenen Wirkungskreis vgl. § 4 Abs. 1 Satz 2 GO BW, § 6 Abs. 1 Satz 2 GO Nds.

[4] Vgl. die genannten Bestimmungen der Landesverfassungen sowie § 118 GO BW; Art. 109 GO Bay; § 135 GO Hess; § 127 GO Nds; § 106 GO NW; § 117 GO RhPf; § 127 KSVG Saarl; § 120 GO SH sowie die entsprechenden Bestimmungen der (Land)-kreisordnungen.

den. Nach dem in den Gemeindeordnungen[5] verankerten Grundsatz, die Aufsicht so zu handhaben, daß die Entschlußkraft und die Verantwortungsfreudigkeit der Gemeinden nicht beeinträchtigt werden, wird von dem Beanstandungsrecht in der Praxis sehr zurückhaltend Gebrauch gemacht. Der Schwerpunkt der Kommunalaufsicht liegt auf der präventiven, insbesondere der beratenden Tätigkeit.[6] Alle Aufsichtsmittel, die der Gemeinde verbindlich etwas vorschreiben wollen, bedürfen einer gesetzlichen Grundlage.[7] Da die staatliche Aufsicht nicht nur die Erfüllung der Pflichten der Gemeinden sichern, sondern auch die Gemeinden in ihren Rechten schützen soll (§ 9 GO NW), haben sich Aufsichtsmittel auf solche Vorgänge zu beschränken, in denen sich ein besonderes „Gefährdungs"- oder ein spezielles „Mitsprachepotential" angesammelt hat,[8] d. h. auf Fälle, die entweder aufgrund ihrer Bedeutung über den gemeindlichen Interessenbereich hinausgehen und sonstige, insbesondere staatliche, Interessen betreffen oder wegen besonders schwieriger Sachlage oder rechtlicher Problematik eine eingehende aufsichtsbehördliche Kontrolle erforderlich scheinen lassen. Die Aufsichtsmittel bedürfen daher im Hinblick auf das gemeindliche Selbstverwaltungsrecht jeweils einer besonderen Rechtfertigung. Ihr Einsatz, insbesondere ihre Auswahl, unterliegt darüber hinaus dem Grundsatz der Verhältnismäßigkeit.[9] Bei der Kontrolle kommunaler Satzungen wird, jedenfalls soweit die rechtlichen Maßstäbe nicht eindeutig sind, auch zu berücksichtigen sein, daß die Entscheidung von einem demokratisch legitimierten Kollegialorgan getroffen worden ist.[10]

Den Aufsichtsbehörden steht nach den Gemeindeordnungen zunächst ein Informations- bzw. Unterrichtungsrecht zu. Im Sinne der Stärkung der kommunalen Selbstverwaltung ist es, wenn dieses Recht, das eine jederzeitige umfassende Unterrichtung zuläßt, restriktiv gehandhabt, d. h. nur insoweit in Anspruch genommen wird, als zur Erfüllung der Aufgaben der Aufsichtsbehörden erforderlich ist.[11] Kernstück der gesamten Kommunalaufsicht ist die Beratung der Selbstverwaltungsorgane. Positiv-rechtlich ist sie nur in Bayern vorgesehen (Art. 108 GO Bay). In der Praxis kommt ihr jedoch, insbesondere bei kleineren Gemeinden, eine große Bedeutung zu. Soweit es sich nicht um die Übernahme von Musterentwürfen handelt, legen

---

[5] Vgl. etwa § 118 Abs. 3 GO BW, § 135 Satz 2 GO Hess.
[6] So Schreiben des Hess. Ministerium des Innern vom 22. 5. 1989.
[7] *Von Mutius*, Gutachten E zum 53. DJT, 1980, S. 39; *Schmidt-Aßmann*, in: von Münch (Hrsg.), Besonderes Verwaltungsrecht, 8. Aufl. 1988, S. 135.
[8] *Schmidt-Aßmann* (Fn. 7), S. 135.
[9] *Schmidt-Aßmann* (Fn. 7), S. 131.
[10] *Von Mutius* (Fn. 7), S. 202.
[11] So § 120 GO BW, vgl. auch schon *von Mutius* (Fn. 7), S. 203.

viele Gemeinden, bevor der Gemeinderat Beschluß faßt, schon den Satzungsentwurf der Aufsichtsbehörde zur Überprüfung und ggfs. Abstimmung vor.[12] Zur Kontrolle von Satzungen sehen die meisten Kommunalgesetze[13] lediglich eine einfache Anzeige- bzw. Mitteilungspflicht gegenüber der Aufsichtsbehörde vor; die Kommunalgesetze von Nordrhein-Westfalen und Schleswig-Holstein enthalten auch eine solche Pflicht nicht. Diese Anzeigepflicht ist ein rein vorbereitendes Aufsichtsmittel, durch das die Rechtsaufsichtsbehörde in die Lage versetzt werden soll, zu prüfen, ob die Satzung gegen Rechtsvorschriften verstößt. Die Verletzung der Anzeigepflicht hindert weder das rechtswirksame Zustandekommen noch die Vollziehbarkeit der Satzung, sondern führt lediglich zu aufsichtsbehördlichen Folgen.[14] Grundsätzlich kann im Anzeigeverfahren die Vorlage des Satzungsbeschlusses vor oder nach der öffentlichen Bekanntmachung erfolgen.[15]

Nach Art. 25 GO Bay sollen Satzungen kreisangehöriger Gemeinden spätestens vier Wochen vor ihrem Inkrafttreten der Rechtsaufsichtsbehörde vorgelegt werden. Ein Verstoß gegen die Verpflichtung zur Vorlage macht die Satzung indessen nicht nichtig.[16]

Nach § 24 Abs. 2 Satz 2 und 3 GO RhPf ist die Satzung vor ihrer öffentlichen Bekanntmachung der Aufsichtsbehörde vorzulegen. Sofern nicht gesetzlich eine Genehmigung vorgeschrieben ist, darf die Satzung erst bekanntgemacht werden, wenn die Aufsichtsbehörde innerhalb eines Monats keine Bedenken wegen Rechtsverletzung erhebt.[17] Die Verletzung dieser Vorlagepflicht führt nach einer Entscheidung des OVG RhPf[18] zur Nichtigkeit der Satzung. Eine Abstimmung der Satzung vor der Beschlußfassung mit der Aufsichtsbehörde sowie eine nachträgliche Unbedenklichkeitsbescheinigung der Aufsichtsbehörde reichen danach zur Einhaltung des gesetzlich vorgeschriebenen Verfahrens nicht aus.

---

[12] Ausführlich zur Beratungstätigkeit *Bracker*, in: von Mutius (Hrsg.), Selbstverwaltung im Staat der Industriegesellschaft, Festgabe für von Unruh, 1983, S. 459 (466 ff.).
[13] § 4 Abs. 3 Satz 3 GO BW; § 3 Abs. 3 Satz 3 KrO BW; § 5 Abs. 1 Satz 2 2. Hbs. GO Hess, § 5 Abs. 1 Satz 2 2. Hbs. KrO Hess; § 6 Abs. 4 Satz 2 GO Nds, § 7 Abs. 4 Satz 2 KrO Nds.
[14] *Kunze/Bronner/Katz/von Rotberg*, GO BW, § 4 Rdn. 34; *Schlempp/Schlempp*, GO Hess, § 143 Erl. V; *Lüersen/Neuffer*, GO Nds, § 6 Erl. IX; *von der Heide*, Der Abbau von Genehmigungsvorbehalten im Kommunal- und Baurecht, 1987, S. 20.
[15] *Kunze/Bronner/Katz/von Rotberg*, GO BW, § 4 Rdn. 34; *von der Heide* (Fn. 14), S. 36.
[16] *Widtmann/Grasser*, GO Bay, Art. 25 Erl. VI; *Hölzl/Hien*, GO Bay, Art. 25 Erl. II; *Masson/Samper*, Bayerische Kommunalgesetze, Art. 25 GO, S. 146.
[17] Ähnlich § 12 Abs. 2 Satz 2 GO Saarl.
[18] OVG RhPf, DÖV 1988, 518.

Gem. § 121 Abs. 2 GO BW darf ein Beschluß der Gemeinde, der nach gesetzlicher Vorschrift der Rechtsaufsichtsbehörde vorzulegen ist (etwa die Haushaltssatzung gem. § 81 Abs. 3 GO BW) erst vollzogen (d. h. öffentlich bekanntgemacht) werden, wenn die Rechtsaufsichtsbehörde die Gesetzmäßigkeit bestätigt oder den Beschluß nicht innerhalb eines Monats beanstandet hat. Auch die Verletzung dieser mit einer Vollzugssperre gekoppelten qualifizierten Anzeigepflicht[19] führt indessen nicht zur Unwirksamkeit der Satzung oder auf ihrer Grundlage getroffener Vollzugsmaßnahmen.[20]
Gem. § 11 Abs. 1 BauGB bedürfen Bebauungspläne, außer selbständigen und vorzeitigen (§ 8 Abs. 2 Satz 2, Abs. 4 BauGB), nur noch einer Anzeige gegenüber der höheren Verwaltungsbehörde. Ist ein Bebauungsplan anzuzeigen, so hat gem. § 11 Abs. 3 BauGB die höhere Verwaltungsbehörde die Verletzung von Rechtsvorschriften, die eine Versagung der Genehmigung nach § 6 Abs. 2 BauGB rechtfertigen würde, innerhalb von drei Monaten nach Eingang der Anzeige geltend zu machen. Der Bebauungsplan darf nur in Kraft gesetzt werden, wenn die höhere Verwaltungsbehörde die Verletzung von Rechtsvorschriften nicht innerhalb der in Satz 1 bezeichneten Frist rügt oder wenn sie vor Ablauf der Frist erklärt hat, daß sie keine Verletzung von Rechtsvorschriften geltend macht. Aus dem vom Gesetzgeber mit der Einführung des Anzeigeverfahrens verfolgten Beschleunigungsziel wird die objektiv-rechtliche Pflicht der höheren Verwaltungsbehörde abgeleitet, der Gemeinde dies nach Abschluß der Prüfung auch zu erklären und nicht die Frist rügelos ablaufen zu lassen.[21] Die Maßstäbe für die Rechtsaufsicht der höheren Verwaltungsbehörde im Anzeigeverfahren sind dieselben wie im Genehmigungsverfahren, d. h. der Bebauungsplan unterliegt der vollen Rechtmäßigkeitskontrolle.[22] Dies bedeutet, daß gem. § 216 BauGB auch die Vorschriften zu prüfen sind, deren Verletzung sich nach den §§ 214, 215 BauGB auf die Rechtswirksamkeit des Bebauungsplans nicht auswirkt. Nach den Hinweisen des Innenministeriums Baden-Württemberg zum BauGB sollen insbesondere diejenigen Punkte eines Bebauungsplans besonders sorgfältig geprüft werden, die zu nicht oder nur langfristig heilbaren Fehlern führen können. Die zuständige Behörde kann also ihre Prüfung so gestalten, daß sie sich hierauf konzentriert und z. B. Verfahrensvorschriften, die für die Rechtsgültigkeit des Bebauungsplans unbeachtlich sind oder deren Nichtbeachtung kurzfri-

---

[19] *Von der Heide* (Fn. 14), S. 20.
[20] *Kunze/Bronner/Katz/von Rotberg*, GO BW, § 121 Rdn. 23; *Seeger/Wunsch*, Kommunalrecht in Baden-Württemberg, 4. Aufl. 1983, S. 71.
[21] *Gaentzsch*, in: Berliner Kommentar zum BauGB, § 11 Rdn. 10.
[22] *Löhr*, in: Battis/Krautzberger/Löhr, BauGB, § 11 Rdn. 4; *ders.*, NVwZ 1987, 361 (367).

stig heilbar ist, nur näher prüft, wenn Anhaltspunkte für Rechtsverstöße vorliegen.[23]

Die Einführung des Anzeigeverfahrens wird in einem Bericht des Bundesbauministeriums über erste Erfahrungen mit dem Vollzug des Baugesetzbuches[24] positiv bewertet. Probleme mit der Neuregelung hätten sich bisher nicht gezeigt. Dagegen wird aus der Praxis teilweise kritisch vermerkt, wegen § 216 BauGB müsse sich die Aufsichtsbehörde weiterhin die gesamten Unterlagen vorlegen lassen. Zudem seien bei Beanstandungen durch die Aufsichtsbehörde weiterhin Streitigkeiten zu erwarten.[25]

Das Anzeigeverfahren des § 11 Abs. 3 BauGB gilt auch für andere Satzungen des Baugesetzbuches (§ 22 Abs. 3, § 34 Abs. 4 Satz 1 Nr. 2 und Nr. 3, §§ 143 Abs. 1, 162, § 170 BauGB). Darüber hinaus ist für einige Satzungen auf eine Genehmigungs- und Anzeigepflicht verzichtet worden (§§ 16, 25, 172 BauGB). Insoweit ist etwa für Satzungen über Veränderungssperren (§ 16 BauGB) streitig, ob das landesrechtliche Anzeigeverfahren weiterhin besteht.[26]

Die weitestgehende Form staatlicher Einflußnahme auf den Erlaß von Satzungen stellen Genehmigungsvorbehalte dar. Soweit sie gesetzlich vorgesehen sind, erlangt die Satzung ohne Genehmigung keine Rechtswirksamkeit.[27] Die Gemeindeordnungen der Bundesländer gehen indessen schon seit einiger Zeit vom Grundsatz der Genehmigungsfreiheit für kommunale Satzungen aus. Danach bedürfen Satzungen einer Genehmigung durch die Rechtsaufsichtsbehörde nur noch in den Fällen, in denen eine Genehmigung ausdrücklich gesetzlich vorgeschrieben ist.[28] Seitdem sich der Deutsche Juristentag zuletzt mit dem Kommunalrecht befaßt hat,[29] sind Genehmigungsvorbehalte noch weiter abgebaut worden. Dies gilt insbesondere für Satzungen über Anschluß- und Benutzungszwang sowie für Satzungen, die rückwirkend erlassen werden.[30] Spezielle Genehmigungsvorbe-

---

[23] Vgl. BWGZ 1989, 493 (494), Ziff. II A 6 der Niederschrift der 50. Baurechtsreferentenbesprechung.

[24] Unveröffentlichter Bericht vom 7. 6. 1988, Manuskript S. 9, Ziff. 3.

[25] Schreiben des Städtetages BW vom 1. 3. 1989; zu den möglichen Entscheidungen der höheren Verwaltungsbehörde und den jeweiligen Folgen für den Bebauungsplan vgl. ausführlich *Gaentzsch*, in: Berliner Kommentar zum BauGB, § 11 Rdn. 8 ff.

[26] Zu Recht verneinend *Krautzberger*, NVwZ 1987, 449 (450); *Ley*, NVwZ 1988, 1105; a. A. Bericht des Bauministeriums (Fn. 24), S. 9, Ziff. 3; Ministerium des Innern und für Sport Rheinland-Pfalz vom 22. 9. 1987, Mitt.GStGB RP Nr. 265/1987.

[27] So ausdrücklich Art. 17 Abs. 2 GO Bay, Art. 3 Abs. 2 LKrO Bay; § 143 Abs. 1 GO Hess, § 54 Abs. 1 KrO Hess; § 133 Abs. 1 GO Nds, § 77 Abs. 1 Satz 1 KrO Nds; § 104 Abs. 1 GO NW, § 42 Abs. 1 KrO NW.

[28] So ausdrücklich § 5 Abs. 1 Satz 2, 1. Hbs. GO Hess, § 6 Abs. 3 GO Nds, § 4 Abs. 1 Satz 2 GO NW; § 12 Abs. 2 Satz 1 KSVG Saarl.

[29] *Von Mutius* (Fn. 7), 1980, S. 145.

[30] Art. 25 GO Bay enthält keine allgemeine Genehmigungspflicht für rückwirkende

halte bestehen insbesondere noch für einzelne Bestandteile der Haushaltssatzung, und zwar bezüglich des Gesamtbetrages der Kredite und Verpflichtungsermächtigungen sowie des Höchstbetrages der Kassenkredite und der Höhe der Steuersätze.[31] In Hessen, Nordrhein-Westfalen und im Saarland[32] bedürfen Satzungen über die Erhebungen von Steuern der Genehmigung. Wenn eine im Lande nicht erhobene Steuer erstmalig oder erneut eingeführt werden soll, ist zusätzlich die Zustimmung des Innen- und des Finanzministers erforderlich.[33] In Bayern und Schleswig-Holstein bedürfen Abgabenbzw. Steuersatzungen der Genehmigung nur, wenn keine Mustersatzung vorliegt oder von einer bestehenden Mustersatzung abgewichen werden soll.[34] Die Gemeindeordnungen von Niedersachsen und Schleswig-Holstein sehen darüberhinaus noch eine Genehmigungspflicht für Hauptsatzungen vor.[35]

Verschiedene Kommunalgesetze[36] enthalten die Regelung, daß die Genehmigung nach Ablauf von drei Monaten als erteilt gilt. Der 53. Deutsche Juristentag 1980 hatte bislang vergeblich gefordert, diese Fiktion auch in weiteren Landesrechten einzuführen.[37]

Hält die Genehmigungsbehörde die Satzung für änderungs- oder ergänzungsbedürftig, so wird die Genehmigung i. d. R. mit Maßgaben erteilt. Eine Genehmigung unter Maßgaben ist eine Ablehnung der Genehmigung der Satzung in der vorgelegten Fassung, verbunden mit einer im voraus erklärten Genehmigung der Satzung in einer Fassung, die die Maßgaben berücksichtigt. Ist die Gemeinde mit den Maßgaben einverstanden, muß sie über die verlangte Änderung der Satzung erneut beschließen (sog. Beitrittsbeschluß). Eine erneute Beschlußfassung ist nur dann entbehrlich, wenn es sich um ganz unwesentliche Änderungen handelt, die den materiellen Satzungsgehalt nicht berühren.[38]

Nach § 143 Abs. 1 GO Hess ist die Genehmigung der Aufsichtsbehörde schriftlich zu erteilen. § 119 Abs. 1 GO RhPf läßt eine Be-

---

Satzungen mehr, jedoch Art. 2 Abs. 3 Satz 2 Nr. 3 KAG Bay für rückwirkend erlassen Abgabensatzungen.
[31] Vgl. etwa § 64 Abs. 2 Satz 3 GO NW.
[32] § 2 Abs. 1 Satz 1 KAG Hess; § 2 Abs. 2 KAG NW; § 2 Abs. 2 KAG Saarl.
[33] § 2 Abs. 2 Satz 2 KAG Hess; § 2 Abs. 2 KAG Nds; § 2 Abs. 3 KAG NW; § 2 Abs. 3 KAG Saarl; § 3 Abs. 3 Satz 2 KAG SH.
[34] Art. 2 Abs. 3 Satz 2 KAG Bay; § 3 Abs. 3 Satz 1 KAG SH.
[35] § 7 Abs. 2 Satz 1 2. Hbs. GO Nds; § 4 Abs. 1 Satz 3 GO SH.
[36] §§ 143 Abs. 1 Satz 3 GO Hess, 54 Abs. 1 KrO Hess; §§ 133 Abs. 1 GO Nds, 77 Abs. 1 Satz 2 KrO Nds; § 119 Abs. 1 Satz 2 GO RhPf; vgl. auch § 11 Abs. 2 i. V. m. § 6 Abs. 4 Satz 4 BauGB.
[37] *Von Mutius* (Fn. 7), S. 199; Beschlüsse des 53. DJT, DVBl. 1980, 909 (911) unter C. IV.
[38] Vgl. BVerwG, DVBl. 1989, 1105.

kanntmachung der Satzung ausdrücklich erst nach Erteilung der Genehmigung zu, andere Gemeindeordnungen[39] sehen dies für Haushaltssatzungen vor, die genehmigungspflichtige Teile enthalten. In Hessen und im Saarland[40] ist mit der Bekanntmachung der Satzung zugleich eine Bekanntmachung der Genehmigung vorgeschrieben, in anderen Ländern muß die Gemeinde bei der Veröffentlichung der Satzung auf die erfolgte Genehmigung hinweisen.[41] Gem. § 12 BauGB ist die Erteilung der Genehmigung oder die Durchführung des Anzeigeverfahrens ortsüblich bekanntzumachen. Ein unter „Auflagen" genehmigter Bebauungsplan ist allerdings nicht deshalb ungültig, weil die Gemeinde nach Erfüllung der „Auflagen" (sog. Beitrittsbeschluß) die Genehmigung des Bebauungsplans ohne einen Hinweis auf die „Auflagen" gem. § 12 BBauG ortsüblich bekanntgemacht hat.[42]

2. Insbesondere Rechtscharakter der Genehmigungsvorbehalte und Kontrollmaßstab

Das gesetzlich angeordnete Erfordernis eines Genehmigungsvorbehalts für den Erlaß kommunaler Satzungen verstößt als solches nicht gegen Art. 28 Abs. 2 GG, da es von der Beschränkung „im Rahmen der Gesetze" mit erfaßt wird;[43] umgekehrt begegnet es aber auch keinen verfassungsrechtlichen Bedenken, wenn bestimmte Satzungen einer Genehmigungspflicht nicht unterworfen werden.[44]

Fraglich sind indessen die rechtssystematische Einordnung des Genehmigungsvorbehalts in das Verhältnis Staat – Gemeinden sowie insbesondere die bei Prüfung und Erteilung der Genehmigung anzuwendenden Kontrollmaßstäbe. Nach einer Auffassung handelt es sich bei den Genehmigungsvorbehalten um Aufsichtsmittel, bei denen Kontrollmaßstab nur die Rechtmäßigkeit des jeweiligen Satzungsbeschlusses sein dürfe. Die von der Aufsichtsbehörde durchzuführende Rechtskontrolle habe allein eine rechtliche Unbedenklichkeitserklärung zum Inhalt.[45] Nach anderer Auffassung bedarf es dagegen der

---

[39] Art. 65 Abs. 3 GO Bay; § 97 Abs. 5 Satz 2 GO Hess; § 86 Abs. 2 GO Nds; § 66 Abs. 6 GO NW; § 97 Abs. 1 Satz 2 GO RhPf.
[40] § 7 der Hess. BekanntmachungsVO; § 12 Abs. 3 Satz 2 KSVG Saarl.
[41] Vgl. § 2 BekanntmachungsVO Nds; § 2 Abs. 4 Nr. 2 BekanntmachungsVO NW; Nr. 6 der VV zu § 24 GO RhPf; § 66 LVWG SH.
[42] BVerwGE 75, 262; vgl. aber OVG Lüneburg, OVGE 28, 329.
[43] BayVGH, NVwZ 1989, 551 (552).
[44] VG Schleswig, Die Gemeinde 1989, 341 (343) für Vergnügungssteuersatzungen.
[45] *Von Mutius* (Fn. 7), S. 83, 145, 202; *Schmidt-Jortzig*, Kommunalrecht, 1982, Rdn. 643; *Stern*, in: Bonner Kommentar zum GG, Art. 28, Rdn. 135ff., 139; *Erichsen*, Kommunalrecht des Landes NW, 1988, S. 127; *Schmidt-Aßmann* (Fn. 7), S. 135, 165 („im Regelfall").

Beurteilung im Einzelfall je nach Normzweck sowie Sinn und Zweck der Genehmigung, ob es sich um eine präventive Rechtskontrolle oder um eine staatliche Mitentscheidung (Kondominium) handelt, bei der der Staat über eine bloße Rechtskontrolle hinaus im Wege einer politischen oder sonstigen Zweckmäßigkeitskontrolle auch eigene Interessen verfolgen dürfe.[46] Die erstgenannte Auffassung verweist insbesondere auf die Bestimmungen der Landesverfassungen,[47] nach denen in Angelegenheiten des eigenen Wirkungskreises dem Staat lediglich eine Rechtskontrolle obliegt, nur Art. 75 LV BW enthält weitergehende Genehmigungsmaßstäbe. Der Versuch der Gegenmeinung,[48] diese Verfassungsbestimmungen nur auf die repressive Aufsicht zu beziehen und die präventiven Aufsichtsvorgänge ganz aus dem Garantiebereich auszuklammern, vermag jedenfalls für den Erlaß von Satzungen im eigenen Wirkungskreis nicht zu überzeugen.[49] Staatliche Zweckmäßigkeitserwägungen können daher nach der erstgenannten Auffassung, abgesehen von der Sonderregelung in Art. 75 LV BW, in Genehmigungsvorbehalte für Satzungen nur dann Eingang finden, wenn der Gesetzgeber die Maßstäbe für die Rechtmäßigkeitskontrolle weit gefaßt (etwa Wirtschaftlichkeit) formuliert.[50] Eine nähere Stellungnahme zu diesem Streit erfordert zunächst eine Betrachtung einzelner Genehmigungsvorbehalte.

Die Genehmigungspflicht von Bebauungsplänen ist nach § 11 Abs. 2 i. V. m. § 6 Abs. 2 BauGB als reine Rechtsaufsicht ausgestaltet.[51] Soweit örtliche Bauvorschriften einer Genehmigung bedürfen, hängt der Kontrollmaßstab davon ab, ob sie im eigenen (z. B. § 73 LBO BW, reine Rechtskontrolle) oder im übertragenen Wirkungskreis (§ 97 LBO Nds, auch Zweckmäßigkeitskontrolle) erlassen werden.[52] Für Hauptsatzungen beschränkt § 7 Abs. 2 Satz 2 GO Nds das Genehmigungsverfahren ausdrücklich auf eine Rechtskontrolle.

---

[46] OVG Münster, OVGE 19, 192 (196), OVG Lüneburg, OVGE 27, 400 (404); *Pagenkopf*, Kommunalrecht, Bd. 1, 2. Aufl. 1975, S. 385; *Knemeyer*, Bay. Kommunalrecht, 6. Aufl. 1988, Rdn. 310; *Bracker* (Fn. 12), S. 459 (473).
[47] Vgl. schon oben Fn. 2.
[48] Vgl. etwa *Pagenkopf* (Fn. 46), S. 386; *Keller*, Die staatliche Genehmigung von Rechtsakten der Selbstverwaltungsträger, 1976, S. 71 ff.; ebenso VG Köln, DVBl. 1986, 737 (739).
[49] *Schmidt-Aßmann* (Fn. 7), S. 136; *Erichsen* (Fn. 45), S. 312 f.; *ders.*, Eildienst LKT NW 1985, 243.
[50] *Schmidt-Aßmann* (Fn. 7), S. 136; *Meyer*, in: Meyer/Stolleis, Hess. Staats- und Verwaltungsrecht, 2. Aufl. 1986, S. 201; *Stober*, Kommunalrecht, 1987, S. 187.
[51] *Löhr*, in: Battis/Krautzberger/Löhr, BauGB, § 6 Rdn. 2; *Brügelmann/Gierke*, BauGB, § 11 Rdn. 27; *Gaentzsch*, in: Berliner Kommentar zum BauGB, § 11 Rdn. 1; a. A. *Schmidt-Jortzig* (Fn. 45), Rdn. 643; vgl. auch *Meyer* (Fn. 50), S. 201.
[52] Vgl. *Sauter*, LBO BW, § 73 Rdn. 126 ff.; *Neuffer*, LBO BW, § 73 Rdn. 73; *Grosse-Suchsdorf/Schmaltz/Wiechert*, LBO Nds, § 97 Rdn. 12.

Nach überwiegender Auffassung im Schrifttum[53] ist die Genehmigung der genehmigungsbedürftigen Teile der Haushaltssatzung von Kreisen und Gemeinden keine reine rechtliche Unbedenklichkeitserklärung, sondern Ausdruck eines Kondominiums. Jedenfalls bei Ausgleichsstockgemeinden ist auch nach Ansicht des OVG NW[54] die Genehmigung der Haushaltssatzung nach § 64 Abs. 2 Satz 3 GO NW ein Akt staatlicher Mitwirkung (Kondominium). In Anbetracht des konkreten Interessengegensatzes zwischen der für die Aufstellung des Haushaltsplans zuständigen Gemeinde einerseits und den von einer Inanspruchnahme des Ausgleichsstocks betroffenen Gemeinden andererseits ermögliche der Genehmigungsvorbehalt einen Interessenausgleich aus überörtlicher Sicht in gleichmäßiger Distanz zu allen Betroffenen. Diese Funktion des Genehmigungsvorbehalts entnimmt das OVG NW der Auslegung des § 64 Abs. 2 Satz 3 GO NW und seines Regelungszusammenhangs.

Bei der Genehmigung des Kreisumlagesatzes als Bestandteil der Haushaltssatzung des Kreises nach § 45 Abs. 2 KrO NW hat das VG Köln[55] ebenfalls der Aufsichtsbehörde ein sachliches Mitspracherecht (Kondominium) eingeräumt. Dies hat es mit dem Schutz der kreisangehörigen Städte und Gemeinden und der Funktion der Aufsichtsbehörde, einen gerechten finanziellen Interessenausgleich zwischen Kreis und kreisangehörigen Gemeinden herbeizuführen sowie dem staatlichen Interesse an einem geordneten kommunalen Finanzausgleich begründet. Ein großer Teil des Schrifttums[56] billigt hingegen dem Staat insoweit nur eine Rechtskontrolle zu. Solle die Genehmigung mehr sein als eine Bescheinigung der Rechtmäßigkeit, so bedürfe dies im Hinblick darauf, daß das Kondominium einen Ausnahmefall darstelle, nach dem verfassungsrechtlichen Bestimmtheitsgrundsatz ausdrücklicher gesetzlicher Regelungen, wobei das Gesetz selbst die Entscheidungskriterien (etwa Abwägungsprinzipien im Hinblick auf den finanziellen Interessenausgleich) nennen müsse. Dagegen ist das VG Köln[57] der Ansicht, diesem Erfordernis sei hier genügt, denn aus Sinn und Zweck des Genehmigungsvorbehalts nach § 45 Abs. 2 KrO NW lasse sich hinreichend sicher ermitteln, daß hier ein sog. Kondominium vorliege.

---

[53] *Kottenberg/Rehn*, GO NW, § 9 Anm. IV 3; *Müller*, DVBl. 1986, 739 (740) m.w.N.
[54] OVG NW, NVwZ 1988, 1156; zustimmend *von Loebell/Stork*, GO NW, § 64 Erl. IX.
[55] VG Köln, DVBl. 1986, 737.
[56] *Friauf/Wendt*, Rechtsfragen der Kreisumlage, 1980, S. 21; *Kirchhof*, KrO NW, § 45 Anm. 11; *Günther*, in: Püttner (Hrsg.), HdkWP, Bd. 6, S. 380; *von Mutius*, StGR 1981, 161 (166); *Müller*, DVBl. 1986, 739 (740).
[57] VG Köln, DVBl. 1986, 737 (739).

In dem soeben ergangenen Berufungsurteil führt dagegen das OVG NW[58] aus, § 45 Abs. 2 KrO NW besage nichts über den Inhalt der Prüfung, die im Genehmigungsverfahren anzustellen sei. Inhalt und Umfang der staatlichen Mitwirkung ergäben sich aber aus dem Verfassungsrecht (Art. 28 Abs. 2 Satz 2 GG). Im eigenen Wirkungskreis habe die Aufsichtsbehörde sich auf die Prüfung zu beschränken, ob der vom Selbstverwaltungsträger eingeschlagene Weg mit höherrangigem Recht zu vereinbaren sei; eigener Zweckmäßigkeitserwägungen habe sie sich zu enthalten. Die Anerkennung kommunaler Eigenverantwortlichkeit in Art. 28 Abs. 2 GG schließe jedoch beschränkte staatliche Mitwirkungsrechte wie einen Genehmigungsvorbehalt mit dem alleinigen Ziel, übergeordnete, vom Selbstverwaltungsrecht nicht mehr erfaßte Gestaltungsinteressen zu verwirklichen, nicht aus. Auch die Festsetzung des Kreisumlagesatzes berühre solche Interessen. Weder die insoweit betroffenen Interessen der kreisangehörigen Gemeinden und Städte noch eigene Interessen des Landes rechtfertigten jedoch eine sachliche Mitsprache des Landes durch eine eigene Zweckmäßigkeitsprüfung im Rahmen des Genehmigungsverfahrens nach § 45 Abs. 2 KrO NW, weil einerseits die kreisangehörigen Städte und Gemeinden gegenüber der aus der Kreisumlage folgenden Verpflichtungen nicht schutzlos gestellt seien, andererseits die Betroffenheit des Landes durch die Kreisumlage nur mittelbar und relativ geringfügig sei. Im übrigen verbleibe in beiden Fällen dem Land die Möglichkeit, über gesetzliche Regelungen und die Kontrolle ihrer Einhaltung im Wege der Rechtsaufsicht diese Interessen wahrzunehmen.

In einer anderen Entscheidung hat das OVG NW[59] ausgeführt, die Frage, ob und wie die von einer Einrichtung des Kreises ausgehende finanzielle Belastung durch eine besondere Umlage ausgeglichen werden solle, unterliege grundsätzlich der eigenverantwortlichen Entscheidung des Kreistages, die der gerichtlichen Überprüfung weitgehend entzogen sei. Hingegen sei die Einhaltung der gesetzlichen Vorgaben für die Erhebung einer Mehrbelastung gem. § 45 Abs. 3 KrO NW und für die Bestimmung ihres Umfangs voll überprüfbar.

Die Rechtsqualität der Genehmigungsvorbehalte und der Kontrollmaßstab der Aufsichtsbehörden sind auch im Bereich des Steuererfindungsrechts der Gemeinden umstritten.[60] Das BVerwG hatte 1979 entschieden,[61] daß jedenfalls Art. 28 Abs. 2 Satz 1 GG einem landes-

---

[58] OVG NW, Urt. v. 15. 12. 1989 – 15 A 436/86, NWVBl. 1990, 121.
[59] OVG NW, NVwZ-RR 1989, 661 (662).
[60] Vgl. etwa *Winands*, JuS 1986, 942 (949); *Lamprecht*, ZKF 1989, 42.
[61] BVerwG, NJW 1980, 799.

gesetzlich geregelten Genehmigungsvorbehalt nicht entgegenstehe, in dessen Rahmen – über die bloße Rechtskontrolle hinausgehend – auch politische oder sonstige Zweckmäßigkeitserwägungen angestellt werden könnten, was z. B. Art. 2 Abs. 4, 2. Hbs. KAG Bay ausdrücklich zulasse. Ein derart ausgestaltetes staatliches Mitwirkungsrecht im Bereich der gemeindlichen Steuerfindung entspreche den überkommenen Erscheinungsformen der Selbstverwaltung und taste deren Kernbereich nicht an.

Nach § 2 Abs. 2 KAG Hess bedürfen Satzungen über die Erhebung von Steuern der Genehmigung durch die Aufsichtsbehörde. Wenn eine bisher im Lande nicht erhobene Steuer neu eingeführt werden soll, hat die Aufsichtsbehörde vor der Genehmigung die Zustimmung des Ministers des Innern und des Ministers der Finanzen einzuholen.[62] Der HessVGH[63] hat im Wege der Auslegung nach dem Zweck der Vorschrift entschieden, daß diese die ministerielle Überprüfung der einzuführenden Steuer auf ihre Verträglichkeit mit der Steuerpolitik des Landes, insbesondere, ob die neue Steuer finanzpolitisch sinnvoll und notwendig sei, ermöglichen solle. Der Zweck der Vorschrift bestehe unverkennbar darin, zu verhindern, daß Steuern eingeführt würden, die Bundes- oder Landessteuern ähneln, deren zu erwartender Ertrag in keinem Verhältnis zu dem Verwaltungsaufwand stehe oder die die steuerpolitischen oder sonstigen Pläne des Landes durchkreuzten. Mit diesem Zweck des Zustimmungserfordernisses werde kein durch Verfassungsbestimmungen geschütztes Recht der Gemeinden auf freie, allenfalls einer Rechtmäßigkeitskontrolle unterworfene Ausschöpfung ihres Steuererfindungsrechts verletzt. Art. 28 Abs. 2 GG gewährleiste die Selbstverwaltung der Gemeinden nur „nach Maßgabe der Gesetze". Nach Art. 2 Abs. 4 KAG Bay ist die Genehmigung bei Abgabensatzungen zu versagen, wenn die Satzung Bundes- oder Landesrecht widerspricht; Steuersatzungen dürfen darüber hinaus nicht genehmigt werden, wenn sie öffentliche Belange, insbesondere volkswirtschaftliche oder steuerliche Interessen des Staates beeinträchtigen. Der BayVGH[64] hatte anhand dieser Vorschrift für die Genehmigung einer gemeindlichen Reitpferdesteuersatzung entschieden, die Genehmigung stehe, wenn keine zwingenden Versagungsgründe vorlägen, im Ermessen der staatlichen Genehmigungsbehörde. Im Rahmen des ihr zustehenden Ermessensspielraums dürfe die Behörde berücksichtigen, daß derzeit die Einführung einer kommunalen Bagatellsteuer nicht erwünscht sei.

---

[62] Vgl. auch die ähnlichen Regelungen in anderen Landesgesetzen, Fn. 33.
[63] HessVGH, NVwZ 1989, 585; KStZ 1989, 142.
[64] BayVGH, NVwZ 1983, 758; ebenso BayVGH, BayVBl. 1986, 622 für eine Satzung über die Erhebung einer Zweitwohnungsteuer.

Dem hatte der BayVerfGH[65] ausdrücklich widersprochen. Zunächst stellte er fest, daß die gesetzlich normierten Versagungsgründe des Art. 2 Abs. 4 Satz 2 KAG Bay nicht Gegenstand der verfassungsgerichtlichen Überprüfung seien. Es sei deshalb auch nicht zu entscheiden, ob und in welchem Umfang Art. 2 Abs. 4 Satz 2 KAG den Genehmigungsbehörden bei Auslegung und Anwendung der dort aufgeführten unbestimmten Rechtsbegriffe einen Beurteilungs- oder Prognosespielraum einräume und welche Grenzen das gemeindliche Selbstverwaltungsrecht einem solchen Spielraum setze. Die Auffassung, neben den weiten gesetzlichen Versagungstatbeständen des Art. 2 Abs. 4 KAG bestehe noch ein Ermessensspielraum für die Genehmigungsbehörden, berücksichtige jedoch Inhalt und Tragweite des Selbstverwaltungsrechts nicht ausreichend. Eine solche Einschränkung der gemeindlichen Finanzhoheit erscheine auch durch übergeordnete staatliche Erfordernisse nicht geboten, weil bereits der weit gefaßte Versagungstatbestand des Art. 2 Abs. 4 KAG ein ausreichendes Instrument darstelle, um Steuersatzungen entgegenzutreten, deren Erlaß öffentliche Belange beeinträchtige.

Gegen einen Ermessensspielraum spreche auch Art. 83 Abs. 4 Satz 2 der LV Bay. Der Erlaß von Abgabensatzungen, insbesondere auch der Erlaß gemeindlicher Satzungen über örtliche Verbrauchs- und Aufwandsteuern, gehöre zum eigenen Wirkungskreis. Dann aber sei nach dieser Verfassungsnorm lediglich eine Rechtskontrolle zulässig. Die auf die Rechtsaufsicht beschränkte staatliche Behörde könne in diesem Rahmen keine politischen Überlegungen und Zweckmäßigkeitserwägungen anstellen.

Eine zusammenfassende Stellungnahme zur Problematik der Genehmigungsvorbehalte hat von der Verfassungslage auszugehen. Danach enthalten die Landesverfassungen zunächst dem Art. 28 Abs. 2 GG entsprechende Bestimmungen, die das Selbstverwaltungsrecht im Rahmen der Gesetze gewährleisten. Daneben beschränken sie die staatliche Aufsicht in Angelegenheiten des eigenen Wirkungskreises auf eine reine Rechtskontrolle.[66] Lediglich Art. 75 Abs. 1 Satz 2 LV BW regelt zusätzlich, durch Gesetz könne bestimmt werden, daß die Übernahme von Schuldverpflichtungen und Gewährschaften sowie die Veräußerung von Vermögen von der Zustimmung der mit der Überwachung betrauten Staatsbehörde abhängig gemacht werden und daß diese Zustimmung unter dem Gesichtspunkt einer geordneten Wirtschaftsführung erteilt oder versagt werden könne. Daneben enthalten aber einzelne Landesverfassungen noch weitere Bestimmungen, die bisher, soweit ersichtlich, noch nicht in die Diskussion

---

[65] BayVGH, NVwZ 1989, 551; dazu *Knemeyer*, BayVBl. 1989, 232 (233).
[66] Vgl. oben die Nachweise in Fn. 1 und 2.

einbezogen worden sind. Danach führen Gemeinden und Gemeindeverbände ihre Finanz- und Haushaltswirtschaft im Rahmen der Gesetze in eigener Verantwortung. Sie haben das Recht, Steuern und sonstige Abgaben nach Maßgabe der Gesetze zu erheben.[67] Diese spezielle Gewährleistung tritt neben die allgemeine verfassungsrechtliche Gewährleistung des Selbstverwaltungsrechts. Beide unterliegen einem Gesetzesvorbehalt.

Indessen muß auch eine danach zulässige gesetzliche Ausgestaltung des gemeindlichen Haushalts- und Abgabenrechts die spezifische Funktion der kommunalen Selbstverwaltung berücksichtigen[68] und darf dem staatlichen Einfluß im Wege der aufsichtsbehördlichen Kontrolle nicht beliebigen Raum einräumen. Nach dem Bay VerfGH[69] gehört es zum Kernbereich der Selbstverwaltung, daß die Gemeinden grundsätzlich ein Recht zum Erlaß von Abgabensatzungen haben. Selbstverwaltung im Rahmen der Gesetze könne nicht bedeuten, daß der Gesetzgeber die Inhaltsbestimmung des gemeindlichen Selbstverwaltungsrechts im Bereich der kommunalen Finanzhoheit dem Ermessen der staatlichen Exekutive überlasse.

Andererseits bleibt jedoch zu beachten, daß der Staat, auch wenn er verpflichtet ist, die kommunale Selbstverwaltung zu achten und zu schützen (vgl. § 9 GO NW für die Aufsicht des Landes), doch zugleich auch die Interessen anderer Selbstverwaltungskörperschaften sowie die Interessen des Gesamtstaates zu wahren hat. Die Einordnung der kommunalen Selbstverwaltung in den Staatsaufbau verlangt daher, daß auch solche Interessen (etwa gesamtwirtschaftliches Gleichgewicht, geordnete Haushaltswirtschaft, etc.) angemessene Beachtung finden. Es liegt daher nahe, wie es in Art. 75 LV BW und in Art. 2 Abs. 4 Bay KAG geschehen ist, jeweils gesetzlich klarzustellen, inwieweit im Rahmen der Genehmigungsvorbehalte zum Erlaß von Satzungen an den Satzungsgeber gerichtete inhaltliche Voraussetzungen des Satzungserlasses betroffen sind, die lediglich einer reinen Rechtskontrolle unterliegen und inwieweit es sich um an die Genehmigungsbehörde gerichtete zusätzliche Voraussetzungen der Genehmigungserteilung handelt, die vor allem die Interessen anderer Kom-

---

[67] So Art. 119 Abs. 1 der LV Saarl, mit gleichem Inhalt Art. 40, 41 LS SH sowie für die Erhebung von Steuern und Abgaben auch Art. 73 Abs. 2 LV BW; Art. 79 LV NW normiert, das Land sei verpflichtet, dem Anspruch der Gemeinden auf Erschließung eigener Steuerquellen bei der Gesetzgebung Rechnung zu tragen; Art. 137 Abs. 5 Satz 2 LV Hess, Art. 45 vLV Nds und Art. 49 Abs. 5 Satz 2 LV RhPf regeln lediglich, daß das Land den Gemeinden und Gemeindeverbänden die für ihre freiwillige öffentliche Tätigkeit in eigener Verantwortung zu verwaltenden Einnahmequellen zur Verfügung stellt; Art. 83 Abs. 2 LV Bay enthält das Recht der Gemeinden, ihren Bedarf durch öffentliche Abgaben zu decken.
[68] BVerfG, NVwZ 1989, 347 (348).
[69] BayVGH, NVwZ 1989, 551, Ls. 5.

munen bzw. des Staates berücksichtigen sollen. Weitere Ermessenserwägungen im Hinblick auf die Erteilung der Genehmigung kommen daneben nicht in Betracht.

Soweit im Rahmen der Voraussetzungen der Satzungsgebung unbestimmte Rechtsbegriffe vorhanden sind und Spielräume belassen (etwa Sparsamkeit und Wirtschaftlichkeit), eröffnen sich diese den Gemeinden, nicht der Aufsichtsbehörde.[70] Soweit die Voraussetzungen der Genehmigungserteilung unbestimmte Rechtsbegriffe enthalten, die Spielräume belassen (etwa geordnete Haushaltswirtschaft, z. B. in § 72 Abs. 2 Satz 2 GO NW, oder öffentliche Belange in Art. 2 Abs. 4 Satz 2 Bay KAG[71]), eröffnen sich diese der Aufsichtsbehörde. In beiden Fällen bestehen diese Spielräume jedoch nicht unbegrenzt, sie unterliegen einer rechtlichen Kontrolle durch die Aufsichtsbehörde bzw. das Gericht. Im zweiten Fall, den rechtlichen Voraussetzungen der Genehmigungserteilung, die insbesondere die Berücksichtigung staatlicher Interessen zum Inhalt haben, kann dabei im Rahmen der gerichtlichen Kontrolle überprüft werden, ob bei der Abwägung zwischen den Interessen der betroffenen Kommune und den Interessen anderer Kommunen bzw. des Staates im Ergebnis ein angemessener Interessenausgleich zustande gekommen ist, der auch die spezifische Funktion und Eigenverantwortlichkeit der kommunalen Selbstverwaltung nicht verkennt.

III. Gerichtliche Kontrolle

1. Äußeres Verfahren beim Erlaß von Satzungen

a) Bebauungspläne

Nach neueren Untersuchungen hat der Anteil der Form- und Verfahrensfehler an den Gründen für die Nichtigkeit von Bebauungsplänen abgenommen. Dies wird neben den Auswirkungen des § 155a BBauG sowie Lernprozessen in der kommunalen Praxis auch auf eine verwaltungsrichterliche Zurückhaltung bei der Suche nach Form- und Verfahrensfehlern zurückgeführt.[1] Dabei hat insbesondere die Rechtsprechung des BVerwG die Anforderungen an Form und Ver-

---

[70] BVerfG, NVwZ 1989, 45 (46).
[71] Für einen begrenzten Beurteilungsspielraum der Aufsichtsbehörde *Hölzl/Hien*, GO Bay, Art. 22 Exkurs B 2 e.
[1] *Wollmann*, in: Rechtstatsachenuntersuchung zur Baugenehmigungspraxis, Schriftenreihe 03 „Städtebauliche Forschung" des Bundesministers für Raumordnung, Bauwesen und Städtebau, 1985, S. 47 (57); *Scharmer*, Bebauungspläne in der Normenkontrolle, 1988, S. 116, 119, 132 ff.

fahren beim Erlaß von Bebauungsplänen zurückgenommen und zu einer „Selbstkorrektur" geführt.[2] Beispielhaft seien folgende Entscheidungen genannt:
- Bereits in einer Entscheidung vom 7. 9. 1979 hat das BVerwG[3] für die gerichtliche Prüfung die Tendenz, Bebauungspläne nach einem gewissen Zeitablauf nicht ohne Not an Erfordernissen ihres verfahrensfehlerfreien Zustandekommens scheitern zu lassen, als sachgerecht bezeichnet.
- Hinsichtlich der Planaufstellung hat das BVerwG[4] entschieden, daß das Vorliegen eines ordnungsgemäßen Beschlusses gem. § 2 Abs. 1 Satz 2 BauGB nach Bundesrecht keine Wirksamkeitsvoraussetzung für den späteren Bebauungsplan darstelle.
- Großzügiger als die bisherige Rechtsprechung hat das BVerwG[5] die Anforderungen an die Bekanntmachung der Auslegung des Planentwurfs (§ 2a Abs. 6 Satz 2 BBauG) verstanden. Es genüge, wenn die Bekanntmachung zur Kennzeichnung des Plangebiets an geläufige geographische Bezeichnungen anknüpfe.
- In einer Entscheidung vom 18. 12. 1987 hat das BVerwG[6] Sinn und Zweck der Bürgerbeteiligung gem. §§ 2 BBauG/3 BauGB herausgearbeitet. Ein erneutes Beteiligungsverfahren nach öffentlicher Auslegung des Planentwurfs sei nicht erforderlich und sein Unterbleiben mache den Bebauungsplan nicht nichtig, wenn der Plan in Punkten geändert worden sei, zu denen die betroffenen Bürger sowie die Träger öffentlicher Belange zuvor Gelegenheit zur Stellungnahme hatten und die entweder auf ausdrücklichen Vorschlag Betroffener beruhten oder nur eine Klarstellung von im ausgelegten Entwurf bereits enthaltenen Festsetzungen bedeuteten.
- Im Hinblick auf die Wirksamkeit des Satzungsbeschlusses hat das BVerwG[7] ausgeführt, ein Bebauungsplan sei bundesrechtlich nicht deshalb nichtig, weil Ratsbeschlüsse, die im Verfahren zu seiner Aufstellung vor dem Satzungsbeschluß (§ 10 BBauG/BauGB) gefaßt worden seien, infolge der Mitwirkung befangener Gemeinderäte – nach Landesrecht – rechtswidrig seien.
- Für den Antrag nach § 11 i. V. m. § 6 Abs. 3 Satz 2 BBauG hat das BVerwG[8] entschieden, Bundesrecht schreibe nicht vor, daß für die-

---

[2] *Schlichter*, ZfBR 1985, 107; *Gaentzsch*, DVBl. 1985, 29 (33 ff.); *Dolde*, NJW 1986, 815 (822 ff.); *Hendler*, JZ 1987, 495 (496 ff.); *Stüer*, StGR 1989, 8 (10).
[3] BVerwG, DVBl. 1980, 230.
[4] BVerwG, ZfBR 1988, 88; NVwZ 1988, 916 (917); ebenso OVG Lüneburg, Urt. v. 10. 6. 1988 – 6 C 7/86.
[5] BVerwG, BauR 1984, 602.
[6] BVerwG, ZfBR 1988, 90.
[7] BVerwG, NVwZ 1988, 916.
[8] BVerwG, DVBl. 1985, 387 mit Anm. Hendler, der das Erfordernis eines entsprechenden Ratsbeschlusses aus dem Landesrecht ableitet.

sen Antrag ein Ratsbeschluß vorliegen oder ein Beitrittsbeschluß des Rates bis zur Bekanntmachung gefaßt werden müsse.
- Auch im Hinblick auf die häufigste Fehlerursache, die Bekanntmachung der Genehmigung des Bebauungsplans gem. § 12 BauGB/ BBauG sind einige klarstellende bzw. die Anforderungen zurücknehmende höchstrichterliche Entscheidungen ergangen. Zunächst hat das BVerfG[9] auf Vorlage des HessVGH die Vereinbarkeit des § 12 Satz 3 BBauG mit dem Grundgesetz bestätigt. Die Anforderungen an die Kennzeichnung des Plangebietes bei der Bekanntmachung der Genehmigung des Bebauungsplans hat das BVerwG in seinen Urteilen vom 6. 7. 1984[10] gemindert. Allerdings reicht nach wie vor die bloße Angabe der Nummer des Bebauungsplans nicht aus.[11] Wird beim Bekanntmachungsverfahren nach § 12 BauGB nicht darauf hingewiesen, bei welcher Stelle der Bebauungsplan eingesehen werden kann, ist er nichtig.[12]
Die Bekanntmachung der Genehmigung eines Bebauungsplans muß nach der Rechtsprechung des BVerwG[13] keinen Hinweis auf „Auflagen" enthalten, unter denen die Genehmigung erteilt worden und denen die Gemeinde „beigetreten" ist. Voraussetzung für die Wirksamkeit des Plans ist allerdings, daß ein entsprechender Beitrittsbeschluß vorliegt.[14] Klarstellungen und andere Änderungen nur redaktioneller Art ohne Einfluß auf den Inhalt des Plans in der Genehmigung durch die höhere Verwaltungsbehörde machen keinen Beitrittsbeschluß des Gemeinderates erforderlich.[15]
Als „gemeindefreundlich" können auch die Entscheidungen des BVerwG[16] bezeichnet werden, nach denen § 155b Abs. 1 Nr. 8 BBauG 1979 auch den Fall erfaßt, daß die Genehmigung des Bebauungsplans vor der Genehmigung des Flächennutzungsplans bekannt gemacht worden ist.
- In einer Entscheidung vom 9. 2. 1989 hat das BVerwG[17] entschieden, der Beschluß über die Aufstellung des Bebauungsplans und

---

[9] BVerfGE 65, 283; HessVGH, DVBl. 1982, 363; zur früheren und nachfolgenden Rechtsprechung des HessVGH vgl. *Scharmer* (Fn. 1), S. 114 ff. (116); *Gerschlauer*, DÖV 1984, 493 (498, Fn. 40).
[10] BVerwG, BauR 1984, 602 u. 606; sowie BVerwG, Urt. v. 22. 3. 1985, ZfBR 1985, 140, vgl. auch OVG NW, Urt. v. 16. 2. 1988, 7 a NE 55/85.
[11] So schon BVerwGE 55, 369, sowie jetzt BVerwG, NVwZ 1989, 661; OVG Lüneburg, Die Gemeinde SH 1987, 234 (235).
[12] VGH BW, NVwZ 1989, 681.
[13] BVerwG, BauR 1984, 606; DÖV 1987, 688.
[14] BVerwG, DÖV 1987, 688 (689 f.).
[15] BVerwG, DVBl. 1989, 1105.
[16] BVerwG, ZfBR 1985, 50 (140).
[17] BVerwG, NVwZ 1989, 661.

der Beschluß über die Veränderungssperre könnten in derselben Gemeinderatssitzung gefaßt werden.

Statt das Problem der form- und verfahrensfehlerhaften Bebauungspläne durch Abbau bzw. Vereinfachung der Verfahrensvorschriften des BBauG zu entschärfen, hat der Gesetzgeber erstmals mit der Novelle 1976 die Verletzung von Form- und Verfahrensvorschriften unter der Voraussetzung einer innerhalb eines Jahres schriftlich gegenüber der Gemeinde erhobenen Rüge für unbeachtlich erklärt, die Novelle 1979 hat diese Regelung erweitert (§§ 155a–c BBauG 1979), das BauGB 1987 hat sie systematisch neu gefaßt und bestätigt.[18] Trotz dieser gerichtlichen Unbeachtlichkeit bleibt die für das Genehmigungs- und Anzeigeverfahren zuständige Behörde gemäß § 216 BauGB (früher § 155c BBauG) weiterhin verpflichtet, die Einhaltung der Vorschriften zu prüfen, deren Verletzung sich nach den §§ 214 und 215 BauGB auf die Rechtswirksamkeit der Satzung nicht auswirkt. Die gesetzlichen Unbeachtlichkeitsregelungen hatten, angeregt durch Klagen der Kommunen, das eindeutige Ziel, eine Beschränkung der gerichtlichen Kontrollkompetenz herbeizuführen und damit die „Bestandskraft" der Pläne zu erhöhen.[19] Ihre praktischen Folgen sind empirisch schwer festzustellen. Ihr Einfluß soll jedoch seit 1981 deutlich zugenommen haben.[20]

Im Zusammenhang mit den oben dargestellten eingeschränkten Anforderungen des BVerwG an das Verfahren zum Erlaß der Bauleitpläne[21] bewirken damit die Unbeachtlichkeitsregelungen der §§ 214 bis 216 BauGB, daß die Form- und Verfahrensvorschriften dieses Gesetzes trotz ihrer nach wie vor vorhandenen relativen Dichte keine allzu gravierende Einschränkung der kommunalen Planungsmöglichkeiten darstellen. Dennoch führt das komplizierte und langwierige Verfahren zum Erlaß eines Bebauungsplans dazu, daß eine förmliche Planung in der Praxis häufig unterbleibt und auf Befreiungen, Planersatzregelungen und informale Verfahrensweisen ausgewichen wird.[22]

Die Vorschriften der §§ 155a ff. BBauG (§§ 214ff. BauGB) haben zunächst ungewöhnlich heftige verfassungsrechtliche und rechtspolitische Kritik ausgelöst.[23] Inzwischen hat die höchstrichterliche Rechtsprechung mehrere Vorschriften für verfassungsmäßig erklärt bzw.

---

[18] Zur Entstehungsgeschichte vgl. *Battis*, in: Battis/Krautzberger/Löhr, BauGB, vor §§ 214–216, Rdn. 3ff.; vgl. jetzt § 8 EWoBauErlG, BT-Drs. 11/5972.
[19] Vgl. BT-Drs. 8/2885, S. 35; 10/6166, S. 134f.
[20] *Schäfer/Schmidt-Eichstaedt*, Praktische Erfahrungen mit dem Bundesbaugesetz, 1984, S. 323; *Scharmer* (Fn. 1), S. 83f., 82, 56.
[21] Fn. 3ff.; vgl. auch *Battis* (Fn. 18), vor §§ 214–216, Rdn. 6.
[22] *Schäfer/Schmidt-Eichstaedt* (Fn. 20), S. 92 (94, 106f.); *Wollmann* (Fn. 1), S. 66.
[23] Vgl. *Battis* (Fn. 18), vor §§ 214–216 Rdn. 6 m.w.N.

verfassungskonform ausgelegt.[24] Das auch nach der systematischen Neuordnung durch das BauGB komplizierte System der Unbeachtlichkeitsvorschriften läßt jedoch nach wie vor einige erhebliche dogmatische Probleme offen. So ist insbesondere fraglich, welche Folgen die Form- oder Verfahrensfehler gem. § 214 Abs. 1 Nr. 1 und 2 (jeweils erster Halbsatz) BauGB und die Rüge gem. § 215 Abs. 1 Nr. 1 BauGB bzw. ihr Unterbleiben für den Rechtscharakter des Plans haben.[25]

§ 155a Abs. 5 BBauG sah die Möglichkeit der Heilung eines verfahrensfehlerhaften Plans durch Behebung des Fehlers und erneute Inkraftsetzung der Satzung mit Rückwirkung vor. § 215 Abs. 3 BauGB übernimmt diese Heilungsmöglichkeit und präzisiert bzw. erweitert sie insoweit, als deutlich klargestellt wird, daß hierfür die Wiederholung des dem Fehler nachfolgenden Verfahrens erforderlich ist und eine Inkraftsetzung des Plans sowohl ex nunc als ex tunc (mit Rückwirkung) erfolgen kann. Nach Kenntnis der Mitglieder des Arbeitskreises „Baurechtliche und verwaltungsprozessuale Fragen" beim Bundesminister für Raumordnung, Bauwesen und Städtebau[26] fand § 155a Abs. 5 BBauG nur in wenigen Fällen auf Bebauungspläne Anwendung und auch dann nur, wenn Verfahrens- und Formfehler im letzten Teil des Aufstellungsverfahrens vorlagen. Dies hängt damit zusammen, daß Voraussetzung für eine rückwirkende Inkraftsetzung ist, daß keine Änderung des materiellen Abwägungsergebnisses, die sich etwa aufgrund eines erneuten Verfahrens ergeben kann, erfolgt. Je früher aber der Fehler begangen worden ist, um so wahrscheinlicher ist eine solche Änderung.[27]

Die Voraussetzungen einer nachträglichen Heilung gem. § 215 Abs. 3 BauGB,[28] insbesondere sein Zusammenhang mit anderen Verfahrensmöglichkeiten der Gemeinde bei nichtigen bzw. rechtswidrigen Plänen,[29] sind noch nicht endgültig geklärt. Das BVerwG[30] hat entschieden, daß die rückwirkende Inkraftsetzung eines Bebauungsplans nach Fehlerbehebung – jedenfalls soweit die Planungskonzeption nicht geändert werde – eine Beteiligung der Bürger oder Träger öffentlicher Belange nicht voraussetze. In einer weiteren Entschei-

---

[24] Vgl. BVerwGE 64, 33; BVerwG, DVBl. 1982, 1095; BVerwGE 66, 111, 122; 75, 262; BGH, NVwZ 1988, 759; *Gaentzsch*, DVBl. 1985, 29 (33).
[25] Zuletzt dazu *Schmaltz*, DVBl. 1990, 77; vgl. noch unten S. D 51.
[26] BBauBl. 1985, 359 (363).
[27] Vgl. auch *Battis* (Fn. 18), § 215 Rdn. 12; sowie jetzt OVG NW, NVwZ-RR 1989, 529.
[28] Vgl. ausführlich *von Mutius/Hill*, Die Behandlung fehlerhafter Bebauungspläne durch die Gemeinden, 1983, S. 7ff.
[29] Vgl. dazu noch unten S. D 100ff.
[30] BVerwGE 75, 262, 269; vgl. noch OLG München, BayVBl. 1985, 374; *Battis* (Fn. 18), § 215 Rdn. 13 m.w.N.

dung hat das BVerwG[31] ausgeführt, der Mangel einer fehlenden Ausfertigung des Bebauungsplans gehöre zu den „sonstigen Verfahrens- und Formfehlern nach Landesrecht" i. S. d. § 215 Abs. 3 BauGB. Solle nach der Nachholung der unterbliebenen Ausfertigung eines Bebauungsplans die Satzung durch erneute Bekanntmachung der Genehmigung nunmehr (ex nunc) in Kraft gesetzt werden, so bedürfe es hierzu grundsätzlich keines (erneuten) Beschlusses der Gemeindevertretung. Ob ein Beschluß des Gemeinderates bei rückwirkender Inkraftsetzung des Bebauungsplans gem. § 215 Abs. 3 Satz 2 BauGB erforderlich ist,[32] hat das BVerwG in dieser Entscheidung offen gelassen.

b) Allgemeine Regeln

Für das Verfahren zum Erlaß von Satzungen im allgemeinen fehlt es an einer geschlossenen gesetzlichen Regelung. Die wichtigsten Verfahrensvorschriften ergeben sich aus den Regeln der Gemeindeordnungen über die innergemeindliche Willensbildung. Im Schrifttum[33] wird teilweise eine analoge Anwendung des VwVfG zur Ausfüllung von Lücken bejaht, soweit nicht Besonderheiten des Rechtsetzungsverfahrens entgegenstehen. Wegen der Struktur des gemeindlichen Entscheidungsprozesses bei der Satzungsgebung wird dies jedoch in der Regel nicht in Betracht kommen.

Der Erlaß von Satzungen gehört nach allen Gemeindeordnungen zu den *Vorbehaltsaufgaben* der kommunalen Vertretungskörperschaft. Umstritten ist, ob diese Kompetenz in dringenden, eiligen Fällen vom Gemeindevorsteher/-vorstand wahrgenommen werden kann.[34]

Eine öffentliche *Auslegung* des Satzungsentwurfs ist grundsätzlich nicht erforderlich, nur in besonderen Fällen (wie etwa bei der Haushaltssatzung, vgl. § 81 Abs. 1 GO BW oder beim Bebauungsplan, vgl. § 3 Abs. 2 BauGB) ist sie gesetzlich vorgeschrieben.[35] Eine andere Form der *Bürgerbeteiligung* besteht ebenfalls nur in Sonderfällen (vgl. § 3 Abs. 1, 13, 34 Abs. 5, 137 BauGB).[36] Bezüglich einer Stra-

---

[31] BVerwG, ZfBR 1989, 227 (228).
[32] So OVG NW, BauR 1984, 47; *von Mutius/Hill* (Fn. 28), S. 47ff.; *Battis* (Fn. 20), § 215 Rdn. 12.
[33] *Mayer/Kopp*, Allgemeines Verwaltungsrecht, 5. Aufl. 1985, S. 247; dagegen *Schuster/Diehl/Steenbock*, Kommunales Verfassungsrecht Rheinland-Pfalz, § 24 GO Anm. VIII 3.
[34] Bejahend OVG NW, OVGE 38, 133 (135); ZKF 1989, 135, verneinend *von Mutius*, JuS 1978, 181 (183f.); *Schmidt-Jortzig*, ZG 1987, 193 (200); *Hofmann/Beth/Dreibus*, GO RhPf, § 24 Anm. 5; vgl. auch *Kunze/Bronner/Katz/von Rotberg*, GO BW, § 4 Rdn. 13.
[35] Vgl. noch *Schuster/Diehl/Steenbock* (Fn. 33), § 24 GO Anm. VIII 2.
[36] Vgl. noch *Foerster*, Kommunalverfassungsrecht Schleswig-Holstein, 3. Aufl. 1986, § 4 GO Rdn. 4.

ßenreinigungssatzung hat der BayVGH[37] entschieden, ein subjektives verfassungsmäßiges Recht auf Gehör der durch eine Normsetzung Betroffenen bestehe selbst dann nicht, wenn der Kreis der durch die Normsetzung in ihren Belangen berührten Bürger überschaubar und feststellbar sei. Auch aus dem Rechtsstaatsgrundsatz lasse sich eine Pflicht zur *Anhörung* der von der Norm Betroffenen regelmäßig nicht ableiten.

Hinsichtlich der Einberufung der Sitzungen hat der VGH BW[38] entschieden, die Gemeinderäte seien dann rechtzeitig einberufen, wenn sie ausreichend Gelegenheit gehabt hätten, sich vor der Sitzung mit den auf der Tagesordnung stehenden Verhandlungsgegenständen vertraut zu machen und sich zu informieren. Es sei nicht erforderlich, daß den Gemeinderäten sämtliche Unterlagen übermittelt würden. Insbesondere sei es nicht notwendig, den Gemeinderäten mit der Tagesordnung auch den Entwurf einer Satzung über eine Veränderungssperre zu übersenden, dies könne jedoch bei umfangreichen und inhaltlich schwierigen Satzungen zweckmäßig oder sogar geboten sein.[39] Die *Beschlußfassung* über die Satzung setzt nicht voraus, daß dem Beschluß eine Beratung vorangeht.[40]

Nach überkommener Auffassung haben Verstöße gegen *Geschäftsordnungs*vorschriften, soweit es sich nicht um wiedergegebene Vorschriften der Gemeindeordnung handelt, ebenso wie im Parlamentsrecht keinen Einfluß auf die Gültigkeit eines Beschlusses. In jüngerer Zeit wird insofern jedoch eher eine differenzierende Auffassung vertreten und die Rechtsfolge von der Bedeutung der Vorschrift bzw. des Verstoßes abhängig gemacht.[41]

Im kommunalen Alltag besonders bedeutsam sind die Vorschriften der Gemeindeordnungen über den *Ausschluß befangener Ratsmitglieder*.[42] Für den Erlaß von Satzungen erlangen sie indessen nur teilweise Bedeutung; sie gelten nicht für Abgabensatzungen,[43] sondern finden ihr Hauptanwendungsgebiet beim Erlaß von Bebauungsplänen. Die

---

[37] BayVGH, BayVBl. 1977, 369.
[38] VGH BW, Urt. v. 18. 11. 1980, II 1402/78, dazu *Dohle*, VBlBW 1985, 373 (378) sowie VGH BW, VBlBW 1989, 259.
[39] Zur Information der Öffentlichkeit über Ratssitzungen vgl. OVG Lüneburg, NVwZ 1983, 484; zum Erfordernis der Sitzungsöffentlichkeit vgl. OVG NW, NWVBl. 1989, 436.
[40] So *Schmidt-Jortzig*, ZG 1987, 193 (204); zur unterschiedlichen Intensität der Diskussion im Gemeinderat je nach politischer Bedeutung der Satzung vgl. *Schink*, ZG 1986, 33 (53).
[41] Vgl. *Schmidt-Jortzig*, ZG 1987, 193 (205); ausführlich *Hill*, Das fehlerhafte Verfahren und seine Folgen im Verwaltungsrecht, 1986, S. 80 f.
[42] Vgl. etwa zur jüngsten Schulhausmeisterentscheidung des OVG NW, Städtetag 1987, 343; *Schink*, NWVBl. 1989, 109.
[43] VGH BW, ESVGH 37, 29 (30); BayVGH, BayVBl. 1987, 49.

hierzu ergangenen Entscheidungen sind kaum noch übersehbar.[44] Folgende seien besonders erwähnt:
- Ein Gemeinderat, der Eigentümer eines Grundstücks im Plangebiet ist, darf an der Beschlußfassung über einen Bebauungsplan, der ein Verbrennungsverbot festsetzt, nicht mitwirken.[45]
- Für die Beurteilung, ob die Entscheidung einer Angelegenheit einem Gemeinderat einen unmittelbaren Vorteil oder Nachteil bringen kann und er deshalb wegen Befangenheit ausgeschlossen ist, kommt es nicht auf den Inhalt der schließlich getroffenen Entscheidung, sondern auf die in Betracht zu ziehenden Entscheidungsmöglichkeiten an.[46]
- Das Vorbringen von Bedenken und Anregungen während des Aufstellungsverfahrens zu einem Bebauungsplan durch ein Ratsmitglied und/oder seine Beteiligung an einer Bürgerinitiative gegen den Plan begründen kein Mitwirkungsverbot gem. § 23 Abs. 2 Nr. 3 i. V. m. § 30 Abs. 2 GO NW. Wird der Ratsherr dennoch ausgeschlossen, so führt dies zur Nichtigkeit des ohne ihn gefaßten Beschlusses.[47]
- Verläßt jedoch ein Mitglied des Gemeinderates die Sitzung in der irrigen Meinung oder unter dem Vorwand, befangen zu sein, so führt dies allein nicht zur Rechtswidrigkeit eines in Abwesenheit gefaßten Gemeinderatsbeschlusses. Rechtswidrig ist ein Beschluß nur, wenn der Gemeinderat zu Unrecht eine Ausschlußentscheidung trifft.[48]

Eine geringere Häufigkeit fehlerhafter Beschlüsse ist sicher die Folge einer neuen Entscheidung des BVerwG.[49] Danach ist ein Bebauungsplan bundesrechtlich nicht deshalb nichtig, weil Ratsbeschlüsse, die im Verfahren zu seiner Aufstellung vor dem Satzungsbeschluß gefaßt worden sind, infolge der Mitwirkung befangener Gemeinderäte – nach Landesrecht – rechtswidrig sind. Dem hat sich nunmehr auch das OVG RhPf[50] unter Aufgabe seiner früheren Rechtsprechung angeschlossen und entschieden, daß in diesem Fall auch eine Nichtigkeit nach Landesrecht nicht vorliegt.

Neben dem Beschlußverfahren als internem Ablauf der Entscheidungsfindung im Rat kann als zweiter Abschnitt die *äußere Präsentation der Satzung* als von jedermann zu beachtender Rechtsnorm un-

---

[44] Vgl. etwa Überblick bei *von Arnim*, JA 1986, 1; *Schaaf*, DVP 1986, 59; *Seeger*, BWVPr 1989, 49; *Broß*, VerwArch 1989, 143 (153 ff.).
[45] VGH BW, BWGZ 1987, 27.
[46] VGH BW, VBlBW 1986, 270.
[47] OVG NW, BRS 48, 58.
[48] VGH BW, NVwZ 1987, 1103.
[49] BVerwG, NVwZ 1988, 916.
[50] OVG RhPf, NVwZ 1989, 674.

terschieden werden.[51] Die in § 66 LVwG SH enthaltenen ausdrücklichen Anforderungen an Form und Gestalt der Satzung stellen grundsätzlich nur reine Ordnungsgebote dar, deren Mißachtung nicht zur Nichtigkeit der Satzung führt.[52] Dazu gehört etwa nach bisheriger Auffassung auch die Kennzeichnung des Beschlusses als Satzung. Die Überschrift „Satzung" wird in den Kommentaren,[53] ohne zwingend vorgeschrieben zu sein, zur deutlichen Abgrenzung von anderen Beschlüssen empfohlen. Neuerdings hat jedoch der VGH BW entschieden,[54] aus Gründen der Rechtsklarheit und Rechtssicherheit sei zu verlangen, daß die vom Gemeinderat beschlossenen Satzungen auch ausdrücklich als Satzung bezeichnet seien. Sei dies nicht der Fall, führe dies zur Ungültigkeit der Satzung. Dagegen ist es nach der Rechtsprechung nicht erforderlich, in einer gemeindlichen Abgabensatzung die Ermächtigungsnorm anzugeben. Ein strenges Zitiergebot wie bei Rechtsverordnungen gem. § 80 Abs. 1 Satz 3 GG besteht somit für Satzungen nicht. Entscheidend ist allein, daß die Satzung überhaupt über eine gesetzliche Grundlage verfügt.[55]

Ein Verstoß gegen das aus dem Rechtsstaatsprinzip folgende Gebot, Satzungen, etwa Bebauungspläne, auszufertigen, d. h. Authentizität des Norminhalts und Legalität des Normsetzungsverfahrens durch Unterschrift zu bestätigen, führt zur Nichtigkeit der Satzung.[56] Diese Rechtsprechung ist nicht nur deshalb auf Kritik gestoßen, weil damit viele ältere Bebauungspläne, die über eine entsprechende Ausfertigung nicht verfügen, nichtig sind, sondern vor allem, weil eine entsprechende gesetzliche Vorschrift in den Gemeindeordnungen nicht vorhanden ist und damit durch die Rechtsprechung ein Erfordernis in das Verfahren der Satzungsgebung gebracht werde, das sich nicht unbedingt aus dem Rechtsstaatsprinzip ableiten lasse.[57] Das BVerwG[58] hat in einer neueren Entscheidung bestätigt, daß sich das Erfordernis einer Ausfertigung des Bebauungsplans ungeschrieben aus dem Rechtsstaatsprinzip ergebe. Dieses Prinzip habe für die staatliche Tätigkeit auf der Ebene der Länder, der auch die Schaffung von

---

[51] So *Schmidt-Jortzig*, ZG 1987, 193 (201, 206 ff.).
[52] *Schmidt-Jortzig*, ZG 1987, 193 (207); vgl. auch *Hill* (Fn. 41), S. 80.
[53] Etwa *Kottenberg/Rehn*, GO NW, § 4 Anm. II 3; *Hofmann/Beth/Dreibus*, GO RhPf, § 24 Anm. V.
[54] VGH BW, NVwZ-RR 1989, 267; vgl. auch HessVGH, BauR 1989, 178.
[55] VGH BW, BWVPr 1975, 228; OVG Saarl, KStZ 1986, 55; *von Loebell*, GO NW, § 4 Anm. 15.
[56] VGH BW, NVwZ 1985, 206, UPR 1989, 399; ebenso OVG RhPf, DÖV 1986, 708; BauR 1989, 693; Urt. v. 29. 11. 1989 – 10 C 18/89; ausführlich *Ziegler*, DVBl. 1987, 280; *ders.*, BWVPr 1989, 196 (200).
[57] *Scharmer* (Fn. 1), S. 53 (133); *Schuster/Diehl/Steenbock* (Fn. 33), § 24 GO Anm. VIII 3.
[58] BVerwG, ZfBR 1989, 227; vgl. auch schon oben bei Fn. 31.

örtlichen Normen durch gemeindliche Satzungen zuzuordnen sei, seine Ausformung im jeweiligen Landesverfassungsrecht gefunden.[59] Die wohl wichtigste Fehlerquelle der örtlichen Rechtsetzung ist die Form der Verkündung (Bekanntmachung).[60] Sie liegt entweder schon gesetzlich fest, richtet sich (zusätzlich) nach einer entsprechenden Rechtsverordnung und/oder kann im vorgegebenen Rahmen von den Kommunen geregelt werden.[61] Auch ohne eine entsprechende Regelung in den Gemeindeordnungen folgt sie als integrierter Bestandteil von Rechtsnormen unmittelbar aus dem Rechtsstaatsprinzip.[62] Aus der reichen Kasuistik der Rechtsprechung zu Detailanforderungen bei Bekanntmachung der Satzung seien nur zwei neuere Entscheidungen erwähnt:

– Der HessVGH[63] hat es in einem Eilverfahren für ernstlich zweifelhaft erklärt, ob eine Satzung wirksam veröffentlicht sei, wenn der Abdruck im Amtsblatt in einer Schriftgröße erfolge, die der im Impressum des Gesetz- und Verordnungsblattes für das Land Hessen Verwendeten gleiche, aber der seitliche Abstand der Buchstaben geringer sei und die Typen undeutlicher seien als dort, so daß das Lesen schwerer falle und dadurch unübersichtlich sei, da sich die Paragraphenzahlen und -überschriften nicht vom Text abhöben.

– Das OVG NW hat am 4. 12. 1987 entschieden, ein Amtsblatt, das in einem privaten Anzeigen- und Nachrichtenblatt abgedruckt werde, könne ein für öffentliche Bekanntmachungen taugliches Publikationsorgan sein, wenn die Anforderungen des § 5 Bekanntm-VO beachtet seien und – bei Herstellung des Druckwerks durch einen (privaten) Dritten – eine hinreichende Dispositionsbefugnis der Gemeinde über Inhalt, Erscheinungsweise, Vertrieb und Zugänglichkeit des Blattes sichergestellt sei.[64]

Im Anschluß an § 155a Abs. 1 BBauG haben alle Flächenländer außer Bayern und Schleswig-Holstein in ihre Gemeinde- bzw. Kreisordnungen ähnliche Regelungen für die Folgen von Verfahrens- und Formfehlern eingeführt. Sie alle folgen dem in § 155a Abs. 1 BBauG und jetzt § 214 Abs. 1 Satz 1 Nr. 1 und 2 i.V.m. § 215 Abs. 1 Nr. 1

---

[59] Zu Anzeige-, Vorlage- und Genehmigungspflichten bei kommunalen Satzungen vgl. schon oben II.
[60] Vgl. ausführlich *Ziegler*, Die Verkündung von Satzungen und Rechtsordnungen der Gemeinden, 1976; *ders.*, VBlBW 1989, 201; F. *Kirchhof*, DÖV 1982, 397.
[61] Vgl. *Schmidt-Jortzig*, ZG 1987, 193 (208); *Hill* (Fn. 41), S. 82f.
[62] BVerfGE 65, 283.
[63] HessVGH, NVwZ 1985, 511.
[64] OVG NW, DÖV 1988, 647; ähnlich auch schon VGH BW, VBlBW 1982, 18; sowie noch *Rehn/Cronauge*, GO NW, § 4 Anm. V 5; *von Loebell*, GO NW, § 4 Rdn. 24; *Kunze/Bronner/Katz/von Rotberg*, GO BW, § 4 Rdn. 23; *Hölzl/Hien*, GO Bay, Art. 26 Anm. 2b, aa.

BauGB enthaltenen Rügemodell, sind jedoch in Wortlaut und Inhalt (Fehlerarten, Fristen, Hinweis, Beanstandungspflicht, Harmonisierung mit ähnlichen Fehlerfolgeregelungen bei Verletzung des kommunalen Mitwirkungsverbotes) sehr uneinheitlich.[65] So heißt es etwa in § 5 Abs. 4 GO Hess, § 6 Abs. 5 GO Nds und § 24 Abs. 6 GO RhPf, eine Verletzung von Verfahrens- bzw. Formvorschriften sei unbeachtlich, wenn sie nicht innerhalb von 6 Monaten bzw. einem Jahr gegenüber der Gemeinde schriftlich geltend gemacht worden sei. § 4 Abs. 6 GO NW regelt dagegen lediglich, daß die Verletzung nicht mehr geltend gemacht werden kann, während § 4 Abs. 4 GO BW und § 12 Abs. 5 GO Saarl davon ausgehen, daß die Satzung unter den genannten Voraussetzungen als „von Anfang an gültig zustande gekommen gilt".

Auch diese Regelungen lassen daher die bei § 155a Abs. 1 BBauG entstandene dogmatische Streitfrage letztlich offen, welchen Einfluß die (unterbliebene) Rüge auf den Rechtscharakter der Satzung hat. Diese Streitfrage ist auch für die Praxis von Bedeutung.[66] Denn folgt man der im Schrifttum vertretenen Auffassung,[67] nach der der Verfahrensfehler zur Nichtigkeit der Satzung führt, diese aber für das Gericht wegen der gesetzlichen Regelung unbeachtlich ist, so würde dies eine Änderung des § 47 Abs. 6 VwGO darstellen, die zwar durch das BBauG bzw. BauGB als späteres bundesrechtliches Gesetz, aber nicht durch die Gemeindeordnungen der Länder eingeführt werden kann. Insofern wären dann diese Regelungen aus kompetenzrechtlichen Gründen verfassungswidrig. Deshalb wurde vorgeschlagen, abweichend von der üblichen Nichtigkeitsfolge von einer trotz Rechtswidrigkeit wirksamen Satzung auszugehen und die Rüge als materielle Voraussetzung eines Anspruchs des von der Satzung betroffenen Bürgers auf gerichtliche Aufhebung der aufgrund des Form- oder Verfahrensfehlers rechtswidrigen Satzung zu verstehen, die auch im Normenkontrollverfahren möglich sein müsse.[68] Zu dieser materiellen Regelung wäre aber der Landesgesetzgeber für das Kommunalrecht ebenso wie der Bundesgesetzgeber für das Baurecht in der Lage.

Wenn auch die Regelung der Folgen von Form- und Verfahrensfehlern in § 155a BBauG bzw. § 214f. BauGB inzwischen in Rechtspre-

---

[65] Vgl. ausführlich *Hill* (Fn. 41), S. 83ff.
[66] A. A. *Schuster/Diehl/Steenbock* (Fn. 33), § 24 GO Anm. X.
[67] *Maurer*, in: Püttner (Hrsg.), Festschrift Bachof, 1984, S. 215 (233f.); *ders.*, in: Hill (Hrsg.), Zustand und Perspektiven der Gesetzgebung, 1989, S. 233 (241); *Ossenbühl*, NJW 1986, 2805 (2810); *Ipsen*, Die Verwaltung 1987, 477 (486f.); *Morlok*, Die Folgen von Verfahrensfehlern am Beispiel von kommunalen Satzungen, 1988, S. 221; *Schmaltz*, DVBl. 1990, 78 (79); letztlich offen gelassen bei *Schmidt-Aßmann*, in: von Münch (Hrsg.), Besonderes Verwaltungsrecht, 8. Aufl. 1988, S. 166.
[68] So *Hill* (Fn. 41), S. 157 m. w. N.

chung und Schrifttum weitgehend toleriert wird, so wird es doch als verfehlt angesehen, die §§ 155 a f. BBauG vorschnell zum Regelungsmodell für untergesetzliche Normen schlechthin aufzustufen.[69] Zwar sollen die kommunalrechtlichen Fehlerfolgeregelungen vor allem im Hinblick auf die Bauleitplanung die offen gebliebene Flanke eines Verstoßes gegen kommunalrechtliche Verfahrensvorschriften absichern, da trotz der ausführlichen Verfahrensvorschriften des BauGB sich die Schaffung von Bebauungsplänen überwiegend nach dem landesrechtlich ausgestalteten Verfahren richtet.[70] Zugleich erfassen aber diese allgemein gehaltenen Fehlerfolgeregelungen auch andere kommunalrechtliche Satzungen. Wenn dem Gesetzgeber bei der Regelung der Rechtsfolgen von Verfahrensfehlern ein Sanktionsspielraum zustehe,[71] müsse sich jedoch die gesetzliche Abwägung zwischen den Geboten der Rechtssicherheit und des Vertrauensschutzes, der Gerechtigkeit und des Rechtsschutzes sowie der Gesetzesbindung, aber auch der Funktionsfähigkeit der kommunalen Selbstverwaltung nach dem Grundsatz der Verhältnismäßigkeit richten.[72] Insofern sei unter verschiedenen Gesichtspunkten eine Differenzierung zwischen den baurechtlichen und den kommunalrechtlichen Fehlerfolgeregelungen[73] erforderlich.

Zunächst bestehe ein wesentlicher Unterschied zwischen dem Bebauungsplan einerseits und sonstigen abstrakt-generellen Satzungen andererseits. Der Bebauungsplan ergehe angesichts einer konkreten Sachlage und stelle eine Bündelung von Einzelentscheidungen dar. Dagegen beträfen abstrakt-generelle Satzungen eine Vielzahl je eigener, erst in Zukunft entstehender und aktuell werdender Fälle. Ihre Rechtswirkungen seien sachlich, personell und zeitlich nicht übersehbar. Wenn daher der Bebauungsplan wegen seines ambivalenten Charakters und seiner spezifischen Nähe zur Einzelfallregelung etwa in der Form der Allgemeinverfügung auch spezifische, dem Verwaltungsakt angenäherte Fehlerfolgeregelungen zulasse, so sei dies bei abstrakt-generellen Normen gerade nicht der Fall.[74] Daneben wird auf die möglichen Gegenmittel zur Immunisierung des fehlerhaften Staatsaktes abgestellt.[74] Die Beachtung, die „gewöhnliche" Satzungen

---

[69] *Maurer* (Fn. 67), S. 243; *Ossenbühl*, NJW 1986, 2805 (2812); *Schmidt-Aßmann*, DVBl. 1984, 582 (586); *Schmidt-Jortzig*, ZG 1987, 193 (205 f.).
[70] Vgl. BVerwGE 79, 200; BVerwG, ZfBR 1989, 227; *Morlok* (Fn. 67), S. 51.
[71] Vgl. *Hill* (Fn. 41), S. 136, 163, 332 ff.
[72] *Ossenbühl*, NJW 1986, 2805 (2811); *Schmidt-Aßmann*, in: Maunz/Dürig/Herzog/Scholz, GG, Art. 19 Abs. 4 Rdn. 240 f.
[73] Vgl. *Maurer* (Fn. 67), S. 215 (237 ff.); *ders.*, in: Hill (Fn. 67), S. 243.
[74] Vgl. *Maurer* (Fn. 67), S. 238 ff.; *Ossenbühl*, NJW 1986, 2805 (2811); *Morlok* (Fn. 67), S. 56.
[75] Vgl. *Schmidt-Aßmann* (Fn. 72), Rdn. 241; *ders.*, DVBl. 1984, 582 (587); *Morlok* (Fn. 67), S. 56.

finden, ist nicht zu vergleichen mit der Aufmerksamkeit, die regelmäßig einem Bebauungsplanentwurf durch die Öffentlichkeitsbeteiligung des § 3 BauGB, die Diskussion im Gemeinderat, den konkreten überschaubaren Bezug und die gleitende Umsetzungstechnik zuteil wird. Insofern erscheinen sowohl die in § 5 Abs. 4 GO Hess verkürzte Frist von 6 Monaten als auch die in § 6 Abs. 5 GO Nds fehlende Hinweispflicht (Warnfunktion) nicht frei von Bedenken.

Schließlich wird noch auf die verwaltungsinterne Präventivkontrolle durch die Aufsichtsbehörde hingewiesen, die zwar nach § 11 BBauG und auch § 11 BauGB, nicht aber bei den meisten kommunalrechtlichen Satzungen vorhanden ist.[76] Im Rahmen dieser Rechtskontrolle nach § 1 BauGB ist gem. § 216 BauGB auch die Einhaltung der Vorschriften zu prüfen, deren Verletzung sich nach den §§ 214 und 215 BauGB auf die Rechtswirksamkeit der Satzung nicht auswirkt. Dagegen sind die Befugnisse der allgemeinen Rechtsaufsichtsbehörde bei Verfahrensfehlern nach Kommunalrecht umstritten, soweit ihr Beanstandungsrecht nicht wie in § 4 Abs. 4 Satz 2 Nr. 2 GO BW und in § 5 Abs. 4 Satz 2 i.V.m. § 138 GO Hess ausdrücklich geregelt und zeitlich auf die Dauer der für den Bürger geltenden Rügefrist beschränkt ist.[77]

Wenn insofern auch verschiedene Unterschiede zwischen Bebauungsplänen und sonstigen Satzungen vorhanden sind, so bleibt andererseits für die sonstigen Satzungen zu beachten, daß auch bei anderen abstrakt-generellen Rechtsnormen der Ausschluß der Nichtigkeitsfolge bei Verstößen gegen Form- und Verfahrensvorschriften nicht mehr als ungewöhnlich angesehen wird. So führen etwa bei Gesetzen nach Ansicht des BVerfG[78] nur grobe bzw. evidente Verfahrensverstöße zur Nichtigkeit. Im Hinblick auf Rechtsverordnungen hat das BVerwG[79] entschieden, daß nicht jeder Verstoß des Verordnungsgebers gegen Vorschriften des Rechtsetzungsverfahrens zwingend die Nichtigkeit der Rechtsverordnung zur Folge haben müsse, sondern dabei eine differenzierte Betrachtung Platz zu greifen habe und die Folge der Nichtigkeit u.a. von der Schwere des Verstoßes, dem Sinn und Zweck der Mitwirkung und dem Gewicht des jeweiligen Mitwirkungsrechtes abhänge. Die kommunalrechtlichen Vorschriften über die Unbeachtlichkeit von Verfahrensfehlern beim Erlaß von Satzungen differenzieren in unterschiedlichem Umfang zwischen absolut und nur auf Rüge beachtlichen Fehlern, unbeachtli-

---

[76] Vgl. *Maurer* (Fn. 67), S. 215 (242); *Morlok* (Fn. 67), S. 54 f.; vgl. ausführlich oben II. 1.
[77] Vgl. *Wilhelm*, NVwZ 1984, 424; *Morlok* (Fn. 67), S. 54 f.
[78] BVerfGE 31, 47 (53); 34, 9 (25); vgl. *Hill*, Jura 1986, 286 (293).
[79] BVerwGE 59, 48 (50 f.); vgl. *Hill* (Fn. 41), S. 70 f.

che Fehler wie das BauGB kennen sie dagegen nicht.⁸⁰ Diese Differenzierung kann angesichts des Gestaltungsspielraums des Gesetzgebers nicht als unzureichend oder gar willkürlich angesehen werden. Der Zusammenhang von Verstößen gegen Verfahrensvorschriften des Baurechts und des Kommunalrechts beim Erlaß von Bebauungsplänen zeigt sich etwa auch darin, daß gem. § 215 Abs. 3 BauGB eine nachträgliche Fehlerbehebung und erneute Inkraftsetzung der Satzung auch bei Verfahrens- oder Formfehlern nach Landesrecht zulässig ist.⁸¹

2. Inneres Verfahren beim Erlaß von Satzungen

a) Bebauungspläne

Unter dem sog. inneren Verfahren versteht man den Prozeß der Willens- und Entscheidungsbildung des beschlußfassenden Organs.¹ Im Bauplanungsrecht ist es als Abwägungsvorgang Gegenstand gerichtlicher Kontrolle (§ 214 Abs. 3 Satz 2 BauGB, § 155 b Abs. 2 Satz 2 BBauG). Im Schrifttum wird teilweise² die eigenständige Bedeutung des Abwägungsvorgangs neben dem Abwägungsergebnis für die gerichtliche Kontrolle bestritten. Nach Auffassung des BVerwG,³ das das Abwägungsgebot vor allem aus dem Rechtsstaatsgebot herleitet, muß auch der Abwägungsvorgang gerecht erfolgen und deshalb grundsätzlich einer gerichtlichen Kontrolle unterliegen. Der Gesetzgeber wolle den Mängeln im Abwägungsvorgang nicht generell jede Erheblichkeit absprechen. Dies sei mit Verfassungsrecht nicht vereinbar. Die Auswirkungen auf das verfassungsrechtlich geschützte Eigentum (Art. 14 Abs. 1 GG), die rechtsstaatliche Absicherung des Abwägungsgebotes sowie die Rechtsschutzgarantie des Art. 19 Abs. 4 GG nötigten deshalb zu einer engen Auslegung des § 214 Abs. 3 Satz 2 BauGB, soweit diese Vorschrift die Unerheblichkeit von Abwägungsmängeln für die Gültigkeit von Bauleitplänen anordne.⁴

Danach sind Mängel im Abwägungsvorgang nur erheblich, wenn sie offensichtlich und auf das Abwägungsergebnis von Einfluß gewesen sind. „Offensichtlich" ist nach der Rechtsprechung des BVerwG⁵

---

⁸⁰ Vgl. dazu *Morlok* (Fn. 67), S. 225.
⁸¹ Vgl. dazu etwa BVerwG, ZfBR 1989, 227; vgl. auch *von Mutius/Hill* (Fn. 28), S. 8f.
¹ *Hill*, Einführung in die Gesetzgebungslehre, 1982, S. 83ff.; *ders.*, Das fehlerhafte Verfahren und seine Folgen im Verwaltungsrecht, 1986, S. 63, 77, 286.
² *Heinze*, NVwZ 1986, 87.
³ BVerwGE 64, 33 (35, 39); vgl. auch *Schmidt-Aßmann*, in: Maunz/Dürig/Herzog/Scholz, GG, Art. 19 Abs. 4 Rdn. 215.
⁴ BVerwGE 64, 33 (36).
⁵ BVerwGE 64, 33 (38); vgl. dazu *Dolde*, NJW 1982, 1785 (1787); *Breuer*, NVwZ 1982, 273 (278); *Schwerdtfeger*, JuS 1983, 270 (271).

alles das, was zur „äußeren" Seite des Abwägungsvorgangs derart gehört, daß es auf objektiv erfaßbaren Sachumständen beruht, also solchen, die sich etwa aus Aktenprotokollen, aus der Entwurfs- oder Planbegründung oder aus sonstigen Unterlagen ergeben, nicht dagegen die sog. „innere" Seite des Abwägungsvorgangs, also die Motive, die etwa fehlenden oder irrigen Vorstellungen der an der Abstimmung beteiligten Mitglieder des Planungsträgers. Das BVerwG verweist dazu auf die Rechtsprechung des BVerfG bei Gesetzen, nach der etwa allein maßgebend sei, ob Gesetze objektiv gegen Art. 3 GG verstießen, nicht aber, ob den Abgeordneten subjektiv Willkür vorzuwerfen sei.[6]

Mängel im Abwägungsvorgang sind dann i. S. d. § 214 Abs. 3 Satz 2 BauGB auf das Abwägungsergebnis von Einfluß gewesen, wenn nach den Umständen des jeweiligen Falls die konkrete Möglichkeit besteht, daß ohne einen solchen Mangel die Planung anders ausgefallen wäre.[7] Für die gerichtliche Kontrolle des Abwägungsvorgangs ist gem. § 214 Abs. 3 Satz 1 BauGB die Sach- und Rechtslage im Zeitpunkt der Beschlußfassung über den Bauleitplan maßgebend, für die Prüfung des Abwägungsergebnisses dagegen der Zeitpunkt der abschließenden Bekanntmachung.[8]

Im Schrifttum ist umstritten, welche Prüfmaßstäbe für die gerichtliche Kontrolle von Abwägungsvorgang und Abwägungsergebnis angewendet werden sollen.[9]

Das BVerwG hat in Übereinstimmung mit dem Schrifttum verschiedene Prüfmaßstäbe bzw. Abwägungsfehler entwickelt. Hierzu zählen bekanntlich der Abwägungsausfall, das Abwägungsdefizit, die Abwägungsfehleinschätzung sowie die Abwägungsdisproportionalität. Dabei wird die Forderung, daß eine Abwägung überhaupt stattfinden müsse (Abwägungsausfall), unbestritten allein auf den Abwägungsvorgang bezogen. Dagegen wendet das BVerwG die übrigen Maßstäbe sowohl auf den Abwägungsvorgang als auch auf das Abwägungsergebnis an.[10]

Im Rahmen der Kontrolle des Abwägungsvorgangs kommt es zunächst darauf an, daß keine unzulässige Vorwegbindung vorliegt,[11] so daß eine ordnungsgemäße Abwägung überhaupt nicht mehr stattfinden kann. Dazu reichen allerdings bloße Kontakte oder Sondierungen im Vorfeld der Planung, die in vielen Fällen in der Praxis üblich sind,

---

[6] BVerfGE 54, 1, 26; BVerwGE 64, 33 (40).
[7] BVerwGE 64, 33 (39f.).
[8] BVerwGE 56, 283 (288).
[9] *Koch*, DVBl. 1983, 1125; ders., DVBl. 1989, 399; *Erbguth*, DVBl. 1986, 1230; *Ibler*, DVBl. 1988, 469 (471 ff.); *Blumenberg*, DVBl. 1989, 86.
[10] BVerwGE 45, 309 (315); dazu *Koch*, DVBl. 1989, 399 (400).
[11] Vgl. BVerwGE 45, 309; *Hendler*, JZ 1987, 495 (500).

nicht aus, solange noch eine freie und offene Entscheidung des Plangebers möglich ist. Diese Kontakte können im Gegenteil nach der Rechtsprechung sogar sachgerecht sein, wenn sie im Interesse einer zügigen Realisierbarkeit einer Planung für den Fall des Satzungsbeschlusses erfolgen.[12]

Hat eine Abwägung grundsätzlich stattgefunden, so kann dennoch ein sog. Abwägungsdefizit vorliegen, wenn nach Lage der Dinge relevante Belange nicht in die Abwägung eingestellt worden sind. Ein solches Abwägungsdefizit wird neuerdings in der Rechtsprechung vielfach im Zusammenhang mit sog. *Altlasten* gesehen. Danach obliegt es den Gemeinden, im Rahmen des Abwägungsvorgangs bei der Zusammenstellung des Planmaterials entsprechende Gefährdungen zu ermitteln und aufzuklären, die im Zeitpunkt der Beschlußfassung über den Bebauungsplan bekannt waren oder hätten bekannt sein müssen. Diese Prüfungspflicht geht um so weiter, je mehr die Vorbenutzung die Möglichkeit einer gefährlichen Bodenverunreinigung nahelegt. Eine Verletzung dieser Prüfungspflicht kann Amtshaftungsansprüche nach sich ziehen.[13] Dabei gelten für die Mitglieder kommunaler Vertretungskörperschaften keine milderen Sorgfaltsmaßstäbe als für Beamte. Nach der Rechtsprechung des BGH[14] kann der Bürger im sozialen Rechtsstaat auch von Mitgliedern kommunaler Vertretungskörperschaften erwarten, daß sie bei ihrer Amtstätigkeit den nach § 276 BGB zu verlangenden Standard der verkehrserforderlichen Sorgfalt einhalten. Andernfalls würde das Schadensrisiko in unzumutbarer Weise auf den Bürger verlagert. Die Mitglieder von Ratsgremien müßten sich auf ihre Entschließungen sorgfältig vorbereiten und, soweit ihnen die eigene Sachkunde fehle, den Rat ihrer Verwaltung oder die Empfehlung von sonstigen Fachbehörden einholen bzw. notfalls sogar außerhalb der Verwaltung stehende Sachverständige zuziehen.

Ähnliche Ermittlungs- und Aufklärungspflichten sieht die Rechtsprechung im Zusammenhang mit immissionsrechtlichen Konfliktsituationen. Dabei betont sie die eigene Verpflichtung der Gemeinde, sich selbst Gewißheit über die abwägungserheblichen Belange zu verschaffen. Dazu sei in der Regel die Einholung eines Sachverständigen-

---

[12] Vgl. BVerwGE 75, 214 (231); BVerwG, NVwZ 1988, 916 (917); OVG RhPf, NVwZ-RR 1988, 114, 116; sowie Urt. v. 7. 6. 1989 – 10 C 34/88.
[13] BGH, DVBl. 1989, 504 mit Anm. *Papier* = JZ 1989, 1122 mit Anm. *Ossenbühl*; BGH, ZfBR 1989, 261; BGH, Urt. v. 21. 8. 1989 (Osnabrück); OLG Hamm, NVwZ 1988, 762; OLG Düsseldorf, NVwZ 1989, 993; vgl. auch OVG NW, Urt. v. 13. 6. 1989 – 10 a NE 28/85; VG Gelsenkirchen, NVwZ 1988, 1061; sowie *Krautzberger*, UPR 1989, 14; *Bielfeldt*, DÖV 1989, 67; *Jochum*, NVwZ 1989, 635; *Rehbinder*, JuS 1989, 885; *Dörr/Schönfelder*, NVwZ 1989, 933; *Rombach*, Vr 1989, 398.
[14] BGH, NVwZ 1986, 504 (505), DVBl. 1989, 504 (506), ZfBR 1989, 261 (262).

gutachtens erforderlich. Eine Stellungnahme von Fachbehörden reiche allein nicht aus.[15] Neben der Ermittlung der Belange ist es weiterhin erforderlich, daß sich der Plangeber auch mit entsprechenden Einwendungen befaßt. So hat es das OVG Bremen[16] als einen offensichtlichen Fehler im Abwägungsvorgang angesehen, wenn sich der Plangeber mit objektiv gravierenden Einwendungen eines Betroffenen nicht inhaltlich befaßt hat. Die fehlerhafte Nichtberücksichtigung der Einwendung eines Betroffenen kann indessen unschädlich sein, wenn die Gemeinde seine Belange kannte und in der Sache einwandfrei gewürdigt hat.[17]

Ein ordnungsgemäßer Abwägungsvorgang verlangt auch, daß in Betracht kommende Entscheidungsmöglichkeiten (Planungsalternativen) in Erwägung gezogen und geprüft werden.[18]

Im Zeitpunkt des Satzungsbeschlusses bei der Abstimmung über den Bebauungsplan muß die Möglichkeit bestehen, unbeeinflußt von sachwidrigen Gesichtspunkten das Für und Wider abzuwägen und das Ergebnis durch das Votum für oder gegen den Bebauungsplan kundzutun. Wird daher der Satzungsbeschluß für einen Bebauungsplan im Wege der en bloc-Abstimmung (einheitlicher Abstimmungsvorgang über verschiedene Abstimmungsgegenstände) gefaßt, so leidet der Plan jedenfalls dann an einem Fehler im Abwägungsvorgang, wenn die mit der Satzung verbundenen Abstimmungsgegenstände mit dem Bebauungsplan sachlich nicht zusammenhängen.[19]

Als Dokumentation des Werdegangs des Bebauungsplans und damit zur Kontrolle der Abwägung dient vor allem die *Begründung* gem. § 9 Abs. 8 BauGB. Nach der Rechtsprechung des BVerwG ist in der Regel davon auszugehen, daß eine vorliegende Begründung eines Bebauungsplans auch Gegenstand der Beschlußfassung der Gemeinde war.[20] Ein völliges Fehlen der Begründung kann nicht durch einen Rückgriff auf Materialien oder Ratsprotokolle ausgeglichen werden. Es stellt einen Form- bzw. Verfahrensfehler dar.[21] Gleiches gilt, wenn sich die Begründung in einer Beschreibung des Planinhalts erschöpft oder wenn sie lediglich formelhafte Ausführungen (Leerformeln) ent-

---

[15] BVerwG, DVBl. 1989, 1105; OVG RhPf, NVwZ 1989, 674; NVwZ 1988, 371 (372).
[16] OVG Bremen, ZfBR 1986, 50.
[17] BVerwG, BauR 1989, 435. Diese Argumentation kommt einer Heilung durch Zweckerreichung gleich, vgl. *Hill*, Das fehlerhafte Verfahren und seine Folgen im Verwaltungsrecht, S. 127, 176, 313.
[18] Vgl. dazu BVerwG, NVwZ 1988, 351 (353); OVG Bremen, ZfBR 1986, 50.
[19] OVG NW, UPR 1988, 110.
[20] BVerwG, NJW 1985, 1569; *Battis*, in: Battis/Krautzberger/Löhr, BauGB, § 214 Rdn. 6; *Löhr*, ebenda, § 9 Rdn. 135; *Gaentzsch*, in: Berliner Kommentar zum BauGB, 1988, § 214 Rdn. 15.
[21] BVerwGE 74, 47; BVerwG, DVBl. 1989, 1061.

hält.[22] Dieser Fehler ist gem. § 214 Abs. 1 Nr. 2 i.V.m. § 215 Abs. 1 Nr. 1 BauGB unbeachtlich, wenn er nicht innerhalb eines Jahres seit Bekanntmachung der Satzung schriftlich gegenüber der Gemeinde geltend gemacht worden ist.

Ist dagegen die Begründung lediglich unvollständig, so ist dies nach der internen Unbeachtlichkeitsklausel des § 214 Abs. 1 Nr. 2, 2. Hbs. BauGB auf jeden Fall unbeachtlich. Soweit in diesen Fällen allerdings die Begründung in den für die Abwägung wesentlichen Beziehungen unvollständig ist, hat die Gemeinde gem. § 214 Abs. 1 Satz 2 BauGB auf Verlangen Auskunft zu erteilen, wenn ein berechtigtes Interesse dargelegt wird. Diese Auskunftspflicht berechtigt die Gemeinde allerdings nicht, vom Gemeinderat nicht erwogene Gründe (gegenüber dem Bürger) nachzuschieben.[23] Auch ein Nachschieben von Gründen im Gerichtsverfahren ist nicht mehr möglich.[24]

Zwischen dem Verstoß gegen die (formelle) Pflicht zur Begründung und der Verletzung der materiellen Anforderungen, die an den Abwägungsvorgang zu stellen sind, ist bei der gerichtlichen Kontrolle zu unterscheiden.[25] Das Verwaltungsgericht hat, wenn sich infolge unvollständiger Begründung Zweifel an der Abwägung ergeben, von Amts wegen gem. § 86 Abs. 1 VwGO die notwendigen Ermittlungen und ggf. Beweiserhebungen anzustellen.[26] Unzulässig sind jedoch wesentliche Ergänzungen der planerischen Erwägungen in dem verwaltungsgerichtlichen Verfahren und insbesondere die gerichtliche Heilung eines Abwägungsdefizits. Ist z.B. das Abwägungsmaterial für die Abwägung aller nach Lage der Dinge einzustellenden Belange unzureichend ermittelt worden, so ist dieser Mangel im Gerichtsverfahren nicht heilbar. Die Gerichte haben nachzuvollziehen, ob die planerische Abwägung der Gemeinde den rechtlichen Anforderungen entspricht, nicht aber Mängel der Abwägung selbst aufzuarbeiten oder zu prüfen, auf welche Weise rechtsfehlerfrei hätte geplant werden können.[27] Insofern kann das Gericht die Sachaufklärung durch die Gemeinde nicht nachholen und die Abwägung nicht ersetzen, sondern muß es ihr überlassen, in einem ordnungsgemäßen neuen Verfahren eine erneute Entscheidung zu treffen.

Einem Mangel in der gebotenen Begründung kommt in aller Regel indizielle Bedeutung für das Vorhandensein eines materiellen Fehlers zu.[28] Im übrigen führen Verfahrensfehler, etwa die Mitwirkung Be-

---

[22] BGH, NVwZ 1982, 210; VGH BW, NVwZ 1984, 529.
[23] *Battis* (Fn. 20), § 214 Rdn. 8.
[24] *Löhr* (Fn. 20), § 9 Rdn. 135.
[25] BVerwG, NVwZ-RR 1989, 528.
[26] BVerwGE 64, 33 (38); *Gaentzsch* (Fn. 20), § 214 Rdn. 17.
[27] BVerwG, DVBl. 1988, 844, DVBl. 1989, 1105.
[28] BVerwG, NVwZ-RR 1989, 528 (529); OVG RhPf, NVwZ 1984, 529 (530).

fangener, nach der Rechtsprechung nur dann zur Rechtswidrigkeit des Abwägungsvorgangs, wenn sie sich in diesem Vorgang auch ausgewirkt haben können.[29] Indessen wird im Schrifttum[30] die Meinung vertreten, daß fast jeder Verfahrensfehler in einen Fehler des Abwägungsvorgangs umgedeutet werden könne. Auch ein Konkretisierungsdefizit, also eine unbestimmte materielle Festsetzung im Bebauungsplan, kann mit einem Fehler im Abwägungsvorgang verbunden sein, wenn sie anzeigt, daß keine Auseinandersetzung im Hinblick auf eine notwendige Differenzierung bzw. Konkretisierung der Festsetzung stattgefunden hat.[31]

b) Sonstige baurechtliche Satzungen

– Örtliche Bauvorschriften (Gestaltungssatzungen)
Das OVG NW[32] versteht den Erlaß einer Gestaltungssatzung als Planungsentscheidung, die eine angemessene Abwägung der Belange des Einzelnen und der Allgemeinheit erkennen lassen müsse. Das Abwägen dieser maßgeblichen Belange setze einen Abwägungsvorgang im Satzungsgebungsverfahren voraus. Über diesen Abwägungsvorgang müßten die Satzungsunterlagen selbst Aufschluß geben. Zwar habe die Bauordnung keine Formerfordernisse im Hinblick auf den Abwägungsprozeß normiert, insbesondere keine Begründungspflicht, diese landesrechtlichen „Lücken" im Satzungsgebungsverfahren änderten aber nichts an der landes- oder bundesrechtlichen Verpflichtung einer Gemeinde, eine Satzung als Abwägungsergebnis nur auf der Basis eines ordnungsgemäßen Abwägungsvorgangs zu erlassen. Dies habe Folgen für die gerichtliche Überprüfung. Es sei eine Obliegenheit der Gemeinde, ihre planerische Abwägung – mangels gesetzlicher Formerfordernisse: egal in welcher Art und Weise – nachzuweisen, anderenfalls laufe sie Gefahr, daß das Gericht, weil es eine Abwägung relevanter Belange nicht positiv feststellen könne, die Satzung für ungültig erkläre. Zu verlangen sei, daß grundsätzlich die Satzung selbst die Gründe ihres Entstehens überhaupt, ihrer räumlichen Erstreckung und der Grundzüge ihrer inhaltlichen Festsetzung zum Ausdruck bringe. Diese Auffassung wird vom OVG Lüneburg[33] abgelehnt. Es möge zwar in hohem Maße zweckmäßig sein, einer örtlichen Bauvorschrift über gestalterische Anforderungen eine Begründung beizufügen, solange der Gesetzgeber eine Begründung aber nicht vor-

---

[29] BVerwG, ZfBR 1988, 88 (89), NVwZ 1988, 916 (918).
[30] *Scharmer*, Bebauungspläne in der Normenkontrolle, 1988, S. 133.
[31] Vgl. OVG NW, NVwZ 1983, 752 für eine Gestaltungssatzung.
[32] OVG NW, NJW 1982, 845, NVwZ 1984, 319.
[33] OVG Lüneburg, NJW 1982, 2012; vgl. auch *Ortloff*, NVwZ 1983, 10 (12).

schreibe (vgl. etwa § 97 Abs. 1 Satz 2 Nds BauO durch Verweisung auf das BauGB), hänge die Wirksamkeit einer örtlichen Bauvorschrift nicht von einer Begründung oder davon ab, daß die Satzungsunterlagen Aufschluß über den Abwägungsvorgang gäben. Damit sei freilich die gerichtliche Überprüfung des Abwägungsvorgangs weitgehend ausgeschlossen und konzentriere sich auf das Abwägungsergebnis. Das OVG Lüneburg äußert Zweifel, ob, wie das BVerwG[34] angenommen hatte, die gerichtliche Überprüfbarkeit des Abwägungsvorgangs wirklich verfassungsrechtlich geboten sei. Jedenfalls könne diese Rechtsprechung zum Planungsrecht nicht auf das Baugestaltungsrecht übertragen werden, weil zum einen der Freiraum der planenden Gemeinde, der eine gerichtliche Kontrolle auch des Abwägungsvorgangs nahelege, mit dem „Ermessensspielraum" des Ortsgesetzgebers einer Baugestaltungssatzung in seiner Weite nicht vergleichbar sei, andererseits die Gestaltungssatzung nur Modalitäten der Bebauung betreffe und nicht im entferntesten die eigentumsrechtliche Bedeutung eines Bebauungsplans habe.

Auch der HessVGH[35] lehnt die Auffassung des OVG NW ab und folgt dem OVG Lüneburg. Allerdings obliege es der Gemeinde, im einzelnen den Nachweis zu erbringen, daß die Abwägung ordnungsgemäß erfolgt sei. Dazu läßt das Gericht auch eine Erläuterung im gerichtlichen Verfahren zu. In einer weiteren Entscheidung hat der HessVGH[36] festgestellt, eine Gestaltungssatzung müsse auch dann als Satzung beschlossen werden, wenn sie in den Bebauungsplan aufgenommen werde; den Gemeindevertretern müsse klar sein, daß sie nicht nur den Bebauungsplan, sondern auch eine Gestaltungssatzung beschließen.

– Erhaltungssatzungen

Nach der Rechtsprechung des OVG Lüneburg,[37] die vom BVerwG und vom BVerfG gebilligt wurde, ist bei der Erhaltungssatzung gem. § 172 BauGB (früher § 39h BBauG) die Beifügung einer besonderen Begründung nicht erforderlich. Wird der Satzung gleichwohl eine Begründung beigefügt, so braucht diese nicht öffentlich bekannt gemacht zu werden. Der Gesetzgeber habe damit, daß er eine Begründung für Erhaltungssatzungen nicht vorgeschrieben habe, die gerichtliche Überprüfung des Abwägungsvorgangs weitgehend ausgeschlossen und auf das Abwägungsergebnis konzentriert.

---

[34] BVerwGE 64, 33; vgl. dazu oben S. D 54.
[35] HessVGH, BRS 47, 317 = HessStGZ 1988, 408.
[36] HessVGH, BauR 1989, 178.
[37] OVG Lüneburg, NJW 1984, 2905 = BRS 40, 344; BVerwG, NuR 1989, 127; BVerfG, ZfBR 1987, 203; vgl. noch HessVGH, NuR 1988, 150; *Lemmel*, in: Berliner Kommentar zum BauGB, § 172 Rdn. 16.

Die damit verbundene Einschränkung der gerichtlichen Überprüfung begegne auch im Hinblick auf die Rechtsprechung des BVerwG, wonach die gerichtliche Überprüfung auch des Abwägungsvorgangs bei Bauleitplänen verfassungsrechtlich geboten sei, keinen verfassungsrechtlichen Bedenken, weil der Erlaß einer Erhaltungssatzung mit dem Erlaß eines Bebauungsplans in seiner eigentumsrechtlichen Tragweite nicht verglichen werden könne. Zudem sei der Erlaß einer Erhaltungssatzung an relativ genaue materielle gesetzliche Voraussetzungen gebunden und mit dem Planungsermessen der Gemeinde und den komplexen Festsetzungen beim Erlaß eines Bebauungsplans nicht vergleichbar. Auch das für Bauleitpläne vorgeschriebene Verfahren nach den §§ 2ff. BBauG (3 ff. BauGB) müsse nicht durchlaufen werden.

- Sanierungssatzungen
Das Sanierungsrecht enthält keine Verpflichtung, der Sanierungssatzung eine Begründung beizufügen. Jedoch ist der höheren Verwaltungsbehörde nach § 143 Abs. 1 BauGB die Sanierungssatzung anzuzeigen; der Anzeige ist ein Bericht über die Gründe, die die förmliche Festlegung des sanierungsbedürftigen Gebietes rechtfertigen, beizufügen. Dies wird vor allem damit erklärt, daß das Gesetz den Anwendungsbereich der Sanierung selbst definiert. Der planerische Entscheidungsvorgang der Gemeinde ähnele daher mehr einer Subsumtion. Im Rahmen der Bauleitplanung habe die Gemeinde dagegen die Wahl zwischen vielfältigen, möglicherweise auch gegensätzlichen Lösungsmöglichkeiten; aus der Begründung müsse sich daher u. a. ergeben, aus welchen Erwägungen sie sich für eine bestimmte Lösung entschieden habe.[38]

c) Gebühren- und Beitragssatzungen

In den letzten Jahren sind die Gerichte zunehmend dazu übergegangen, auch bei Gebühren- und Beitragssatzungen Anforderungen an das innere Verfahren zu stellen. Zulässigkeit und Reichweite dieser Anforderungen sind zwischen den Obergerichten der Länder (trotz vergleichbarer Rechtsgrundlagen), aber teilweise auch zwischen den Senaten eines Gerichts umstritten.

Nach der Rechtsprechung des VGH BW[39] handelt es sich bei der Festsetzung der Beitrags- oder Gebührensätze um Ermessensent-

---

[38] *Krautzberger*, in: Battis/Krautzberger/Löhr, BauGB, § 142 Rdn. 14; *Fislake*, in: Berliner Kommentar zum BauGB, § 142 Rdn. 24 f.
[39] VGH BW, BWVPr 1984, 278, BWGZ 1985, 492, VBlBW 1985, 299, 428, ESVGH 37, 29, VBlBW 1986, 68, BWGZ 1987, 159, 162, VBlBW 1988, 478, VBlBW 1989, 65; *J. Scholz*, in: Scholz/Sammet/Gössl, Recht und Praxis der Globalberechnung in Baden-Württemberg, 1988, S. 5, 7 f.; *ders.*, BWGZ 1989, 239 (244).

scheidungen, die der Gemeinderat spätestens bei der Beschlußfassung über diese Sätze in einer für das Gericht erkennbaren und nachprüfbaren Weise zu treffen habe. Dies werde in aller Regel nur anhand einer schon damals vorliegenden Globalberechnung (bei Beiträgen) bzw. Gebührenkalkulation nachgewiesen werden können. Ob die Ermessensentscheidungen fehlerfrei getroffen worden seien, richte sich allein nach den Verhältnissen bei Ergehen des Satzungsbeschlusses.

Dagegen ist nach der Rechtsprechung des BayVGH[40] und des Hess VGH[41] das Vorliegen einer Globalberechnung/Gebührenkalkulation beim Erlaß der Satzung nicht erforderlich. Die gerichtliche Überprüfung der Beitrags- bzw. Gebührensätze sei Ergebnis-, nicht Verfahrenskontrolle. Für ihre Gültigkeit komme es daher letztlich allein darauf an, ob sich diese Sätze im Ergebnis als „richtig" i. S. von „nicht überhöht" erwiesen. Allein das Fehlen der Globalberechnung im Zeitpunkt des Satzungserlasses könne nicht – ohne Rücksicht auf das Ergebnis – zur Unwirksamkeit der Satzungsregelung führen. Es genüge, daß eine solche Berechnung, vorher oder nachträglich erstellt, das Ergebnis rechtfertige.

Nach Ansicht des OVG NW[42] hängt die Gültigkeit des Beitrags bzw. Gebührensatzes nicht nur davon ab, daß er nicht zu hoch festgesetzt sei, sondern auch davon, daß die der Festsetzung vorausgehende Ermittlung des Aufwands in einer dem Gesetz (§ 2 Abs. 1 Satz 2 bzw. § 6 Abs. 1 Satz 3 KAG NW) entsprechenden Weise zustandegekommen sei und demgemäß auch der Ermittlungsvorgang vom Ortsgesetzgeber zumindest stillschweigend im Zusammenhang mit der Beschlußfassung über die Satzung gebilligt worden sei, d. h. daß er zumindest die Möglichkeit der Kenntnisnahme hatte. Eine fehlende bzw. fehlerhafte Kalkulation soll der Rat nachträglich auch noch während eines Verwaltungsstreitverfahrens durch einfachen Beschluß einer den bereits beschlossenen Gebühren- oder Beitragssatz rechtfertigenden Kalkulation heilen können, wenn sich der ursprüngliche Satz nicht ändert, anderenfalls bedürfe es einer Änderungssatzung.

Der 3. Senat des OVG Lüneburg war zunächst der Ansicht, Kostenveranschlagung und Beitragskalkulation seien keine Bestandteile der Satzung; sie bedürften auch keiner Billigung durch den Ortsgesetzgeber. Abweichend von dieser Rechtsprechung entschied der

---

[40] BayVGH, BayVBl. 1983, 755, BayGemeindetag 1984, 155, Der Gemeindehaushalt 1985, 284; *Gern*, NVwZ 1986, 713 (716).
[41] HessVGH, DVBl. 1984, 1129, HessStGZ 1987, 530, Der Gemeindehaushalt 1988, 160.
[42] OVG NW, StGR 1982, 240, NWVBl. 1987, 21, NWVBl. 1988, 344, Der Gemeindehaushalt 1989, 136, Urt. v. 14. 6. 1988, 2 A 642/82, Urt. v. 15. 3. 1989 – 2 A 462/84; *Dahmen*, in: Driehaus (Hrsg.), Kommunalabgabenrecht, 1989, § 6 Rdn. 72 ff.; *ders.*, KStZ 1989, 101.

dann zuständig gewordene 9. Senat jedoch, die Kalkulation des Beitragssatzes für leitungsgebundene Einrichtungen fiele in die Kompetenz des Rates. Weder das Gericht noch die Verwaltung seien befugt, den Beitragssatz zu korrigieren oder dem durch Satzung festgesetzten Beitragssatz eine andere Beitragskalkulation zu unterschieben. Zur Heilung eines fehlerhaften Beitragssatzes reiche es auch nicht aus, daß der Rat nach Ergänzung des Beitragsmaßstabes die Beitragsbedarfsberechnung bestätige, vielmehr müsse die Bestimmung des Beitragssatzes als Gemeindesatzung neu beschlossen und bekanntgemacht werden.[43]

Neuerdings weicht der inzwischen für das Straßenreinigungsrecht zuständig gewordene 9. Senat des OVG NW in umgekehrter Richtung von der ständigen Rechtsprechung des für das kommunale Abgabenrecht zuständigen 2. Senats dieses Gerichts ab.[44] Er führt aus, jedenfalls bei Straßenreinigungsgebühren komme es für die richterliche Kontrolle des Gebührensatzes ausschließlich darauf an, daß der Gebührensatz im Ergebnis mit den gesetzlichen Bemessungsregelungen in Einklang stehe. Sei letzteres der Fall, seien Fehler in der zugrundeliegenden Bedarfsrechnung bzw. Gebührenkalkulation, auch wenn sie sich rechnerisch auf die Höhe des Gebührensatzes auswirkten, solange unbeachtlich, wie der Beschluß des Gebührensatzes selbst von der Willensbildung des Rates als gedeckt angesehen werden könne. Für die materielle Rechtmäßigkeit der Satzung komme es auch im Hinblick auf den der Norm unterworfenen Bürger ebenso wie bei Gesetzen und Rechtsverordnungen nur auf das Ergebnis des Rechtsetzungsverfahrens, also auf die erlassene Vorschrift in ihrer regelnden Wirkung, nicht aber auf die die Rechtsnorm tragenden Motive oder Unterlagen an. Die rechtsstaatliche Kontrolle des Satzungsgebers sei nicht maßgeblich hierdurch, sondern durch seine Bindung an hinreichend bestimmte gesetzliche Regelungen, durch die die verfassungsrechtlichen Grenzen einer Gebührenerhebung und sonstige objektiv weitergehenden Bindungen festgelegt würden, zu leisten. Eine Überprüfung des Normsetzungsvorgangs sei allerdings dort geboten, wo der Gesetzgeber nicht nur den Regelungsgehalt der Norm, sondern auch den Vorgang der Willensbildung besonderen zu überprüfenden Anforderungen unterwerfe. Solche seien aber weder in der hier maßgeblichen Vorschrift des § 3 StrReinG NW noch in § 2 Abs. 1 Satz 2 bzw. § 6 Abs. 2 und 3 KAG enthalten. Soweit aus dem Begriff des „veranschlagten" Gebührenaufkommens in § 6 Abs. 1

---

[43] OVG Lüneburg, NST-N 1988, 83, NST-N 1989, 252, Urt. v. 24. 5. 1989 – 9 L 1/89.
[44] OVG NW, Urt. v. 12. 4. 1989, 9 A 254/87, Urt. v. 26. 5. 1989 – 9 A 135/87; dazu *Dahmen*, KStZ 1989, 212.

Satz 3 KAG NW entnommen werden könne, daß auch der Vorgang des „Veranschlagens" selbst für die Rechtmäßigkeit der Gebührenbemessung und Gebührensätze von Bedeutung sein könne, sei diese Regelung schon nach dem Wortlaut des § 3 Abs. 1 Satz 2 StrReinG NW nicht anwendbar. Soweit daher der Rat sich bei der Wahrnehmung des normativen Ermessens von fehlerhaften Vorlagen und Informationen der Verwaltung habe leiten lassen, betreffe dies ausschließlich sein Vertrauensverhältnis zur Verwaltung und die Frage, ob er es in politischer Hinsicht gegenüber dem Bürger rechtfertigen könne, diesen mit nach seinem ausgeübten Ermessen in bestimmter Höhe festgesetzten Gebühren zu belasten.

Schon vor einiger Zeit hat der 3. Senat des OVG NW[45] in einer Entscheidung über eine Vergnügungssteuersatzung ausgeführt, für die an § 25 VStG auszurichtende Überprüfung der Satzung als Rechtsnorm sei allein ihr normativer Inhalt, nicht aber der dem Rechtsetzungsakt vorangehende interne Entscheidungsvorgang maßgebend. Dieser sei neben dem Inhalt der Satzung als dem Produkt dieses Vorgangs nur dann bedeutsam, wenn der Gesetzgeber nicht nur den sachlichen Inhalt der Norm, sondern auch den Vorgang der Willensbildung besonderen Anforderungen unterwerfe, was aber weder nach § 25 VStG noch nach höherrangigen bundesrechtlichen Vorschriften der Fall sei.

d) Sonstige Satzungen

Für die Überprüfung der den Anschlußzwang an eine gemeindliche Wasserversorgungsanlage anordnenden Satzung ist nach Auffassung des OVG NW[46] allein ihr normativer Inhalt, nicht aber der dem Rechtsetzungsakt vorangehende interne Entscheidungsvorgang maßgebend. Der Entscheidungsvorgang sei neben dem Inhalt der Satzung als dem Produkt dieses Vorgangs grundsätzlich nur dann bedeutsam, wenn der Gesetzgeber nicht nur den sachlichen Inhalt der Norm, sondern auch den Vorgang der Willensbildung besonderen Anforderungen unterwerfe, wie dies beispielsweise in § 1 Abs. 7 BBauG für den gem. § 10 BBauG als Satzung zu erlassenden Bebauungsplan geschehen sei.

Zur Regelung der Zahl der Mitglieder in den verschiedenen Ausschüssen durch die Hauptsatzung einer Gemeinde hat das BVerwG[47] entschieden, persönliche Vorstellungen der am Verfahren der Satzungsgebung beteiligten Ratsmitglieder könnten das rechtliche

---

[45] OVG NW, Urt. v. 10. 1. 1985 – 3 A 366/84; vgl. jetzt auch OVG NW, Urt. v. 7. 9. 1989 – 4 A 698/84.
[46] OVG NW, NVwZ 1987, 727, dazu *Brodersen*, JuS 1987, 1000.
[47] BVerwG, NVwZ-RR 1988, 41, 42.

Schicksal der erlassenen Vorschrift nicht beeinflussen. Die bloß subjektive Willkür des Normgebers führe nicht zur Verfassungswidrigkeit der Norm.[48] Auch die Grundsätze über die Ermessensentscheidung beim Erlaß von Verwaltungsakten seien auf die Bestimmung der Maßstäbe, die für den Erlaß von Satzungen gelten, nicht übertragbar.

e) Zum Vergleich: Gesetz- und Verordnungsgebung

In verschiedenen Fällen hat das BVerfG[49] Anforderungen an das innere Verfahren beim Erlaß von Gesetzen gestellt. Verfassungsrechtliche Herleitung und Qualität dieser Anforderungen sind im Schrifttum umstritten. *Schwerdtfeger*[50] sieht die optimale Methodik der Entscheidungsfindung als Verfassungspflicht an. Nach *Schlaich*[51] schuldet der Gesetzgeber dagegen nichts anderes als das Gesetz. Es komme bei der verfassungsrechtlichen Kontrolle allein auf das Gesetz als Ergebnis an, nicht auf die Argumentation oder auch sonstiges im Grundgesetz nicht vorgeschriebenes Verfahren und Verhalten des Gesetzgebers bzw. einzelner am Gesetzgebungsverfahren Beteiligter. Eine vermittelnde Auffassung[52] will im Hinblick auf den politisch-demokratischen Charakter der gesetzgeberischen Entscheidungsfindung Anforderungen an das innere Verfahren allenfalls vom Inhalt eines fertigen Gesetzes her entwickeln. Als Maßstäbe kommen dabei insbesondere der Grundsatz der Verhältnismäßigkeit sowie das Willkürverbot in Betracht.

So geht etwa *Merten*[53] grundsätzlich davon aus, daß ein fehlerhafter Entscheidungsfindungsprozeß nicht die Unrichtigkeit bzw. Ungültigkeit des Ergebnisses zur Folge haben könne. Die Verfassungsgerichtskontrolle sei Ergebniskontrolle und formelle Verfahrenskontrolle, nicht aber Verhaltenskontrolle. Allerdings könnten sich aus den Grundrechten, insbesondere dem Willkürverbot und aus der Geeignetheits- und Erforderlichkeitskontrolle, im Rahmen der Verhältnismäßigkeit Rückwirkungen für eine rationale Gesetzgebung ergeben. Hierbei handele es sich aber nicht um selbständige und echte Verfassungspflichten, sondern um in ihrer Wirkung begrenzte La-

---

[48] So BVerfGE 51, 1, 26f.
[49] Vgl. etwa BVerfGE 30, 292 (316); 36, 47 (64); 50, 290 (334); 57, 139 (160); 65, 1 (55); *Benda*, Grundrechtswidrige Gesetze, 1979, S. 22f., 44ff.
[50] *Schwerdtfeger*, in: Stödter/Thieme (Hrsg.), Hamburg, Deutschland, Europa, Festschrift H. P. Ipsen, 1977, S. 173ff.; ders., JuS 1983, 270 (272).
[51] *Schlaich*, VVDStRL 39 (1981), 99, 109f.; gestützt auf BVerfGE 51, 1 (26f.).
[52] *Kloepfer*, VVDStRL 40 (1982), 63 (90); *Ossenbühl*, VVDStRL 39 (1981), 189 (190); ders., NJW 1986, 2805 (2809); vgl. noch *Schmidt-Aßmann* (Fn. 3), Art. 19 Abs. 4, Rdn. 215 für das Abwägungsgebot.
[53] *Merten*, in: Hill (Hrsg.), Zustand und Perspektiven der Gesetzgebung, 1989, S. 81 (88, 90, 97).

sten. Versäume es der Gesetzgeber, für ausreichende Unterlagen zur gerichtlichen Beurteilung der Verfassungsmäßigkeit, insbesondere der Geeignetheit und Erforderlichkeit eines grundrechtsbeschränkenden Gesetzes zu sorgen, so könne als Sanktion für die unzulängliche Sachverhaltsaufklärung die Nichtigerklärung der vom Verfassungsgericht als verfassungswidrig erachteten Norm drohen. Da nach überwiegender Auffassung[54] eine Pflicht zur Begründung bei Gesetzen nicht besteht, muß das Gericht diese Prüfung anhand der Materialien des Gesetzgebungsverfahrens vornehmen. Teilweise wird dabei auch die Stellungnahme der Gesetzgebungsorgane im Gesetzgebungsverfahren berücksichtigt.[55]

In seiner Entscheidung vom 13. 12. 1984 zur Kapazitätsverordnung im Hochschulzulassungsrecht führt das BVerwG im Hinblick auf seine Kontrollmaßstäbe bei der Verordnungsgebung aus, das dichtere, den Abwägungsvorgang einbeziehende Kontrollnetz der Rechtsprechung zum Planungsrecht gewinne seine Rechtfertigung daraus, daß planerische Festsetzungen „näher am Sachverhalt" lägen und deshalb stärker der durch die Rechtsprechung zu wahrenden Einzelfallgerechtigkeit verpflichtet seien als andere Normativbestimmungen. Der Konkretheit planerischer Abwägung entspreche also eine auch den Abwägungsvorgang erfassende intensivere verwaltungsgerichtliche Kontrolle, als dies im Hinblick auf das normative Ermessen bei Normen mit abstrakt-generellem Gehalt der Fall sei. Danach ist die gerichtliche Kontrolldichte grundsätzlich nach dem Maß abgestuft, in dem durch den Rechtssatz konkret-individuelle Verhältnisse geordnet werden.[56]

Im Schrifttum wird neuerdings im Hinblick auf den grundgesetzlich gewährten Rechtsschutz eine Pflicht zur Begründung von Rechtsverordnungen gefordert.[57] Die Rechtsprechung ging dagegen bisher davon aus, daß es zur Gültigkeit einer Rechtsverordnung einer Begründung nicht bedürfe.[58] Das BVerwG[59] weist in der erwähnten Entscheidung zur Kapazitätsverordnung ebenfalls darauf hin, daß ein Begründungsdefizit nicht unmittelbar zur Ungültigkeit der Norm führen müsse. Die Begründung enthalte vor allem Argumentationsmaterial im Vorfeld und zur Vorbereitung der eigentlichen normativ verbindlichen Entscheidung, die wiederum vor allem durch politische

---

[54] A. A. *Lücke*, Begründungszwang und Verfassung, 1987, dazu *Hill*, DÖV 1988, 979.
[55] BVerfGE 72, 9 (24), *Merten* (Fn. 53), S. 90.
[56] BVerwGE 70, 318 (328f.); *Badura*, in: GS Martens, 1987, S. 25 (32); *Langer*, VerwArch 80 (1989), 352 (361).
[57] *Ossenbühl*, NJW 1986, 2805 (2809); *von Danwitz*, Die Gestaltungsfreiheit des Verordnungsgebers, 1989, S. 138 ff.
[58] VGH BW, NVwZ 1983, 369.
[59] BVerwGE 70, 318 (336); ebenso *von Danwitz* (Fn. 57), S. 200.

Kompromisse geprägt und durch die politische Verantwortung des Verordnungsgebers legitimiert werde.

Allerdings könne das Fehlen einer fundierten Normbegründung Indiz der Rechtswidrigkeit sein. Die Rechtsverletzung folge jedoch daraus, daß der Regelung selbst eine mit der Gleichheitskomponente des Kapazitätserschöpfungsgebotes unvereinbare Willkür innewohne.[60] Den Verordnungsgeber trifft daher im Hinblick auf die Rechtmäßigkeit bzw. Rechtfertigung seiner Entscheidung (gegenüber dem Gericht) eine Darlegungslast. Diese kann als notwendiges Korrelat seiner Gestaltungsfreiheit angesehen werden.[61]

f) Zusammenfassung

Anforderungen an den Entscheidungsvorgang beim Erlaß von Satzungen werden in der Rechtsprechung vor allem dann gestellt, wenn, wie im Abgaben- und Bauplanungsrecht, grundrechtliche Eingriffe bzw. Belastungen zu erwarten sind und die Entscheidung des Satzungsgebers vom Gesetz nicht vollständig determiniert ist, also Abwägungs- bzw. Gestaltungsspielräume bestehen oder Schätzungen und Prognosen erforderlich sind. Dann werden aus rechtsstaatlichen Gründen eine rationale Gestaltung der Entscheidungsgrundlagen sowie ein gerechter Abwägungsprozeß gefordert. Die Entscheidungsgrundlagen sind transparent und nachvollziehbar zu gestalten und zu dokumentieren, zumindest nachweisbar zur Verfügung zu halten. Der Rat als Satzungsgeber muß sich die Grundlagen und den Gegenstand seiner Entscheidung bewußt machen; er muß zumindest die Möglichkeit zur Prüfung der Entscheidungsgrundlagen und ihrer Verwertung bei seiner Entscheidung haben. Im Gegensatz zu dieser rationalen Aufbereitung und Dokumentation der Entscheidungsgrundlagen wird die Entscheidung selbst aufgrund mehrheitlicher Abstimmung und politischer Verantwortung getroffen. Insoweit sind subjektive Motive und Vorstellungen unerheblich.

Der Vergleich mit der Gesetz- und Verordungsgebung hat gezeigt, daß das BVerwG dem Verordnungsgeber ein Mehr an offengelegter Rationalität abverlangt als dem Gesetzgeber, der nach überkommener Auffassung seine Normierungen überhaupt nicht mit einer Begründung zu versehen braucht. Darin klingt das Bemühen an, Rechtsetzungsakte der Exekutive einem stärkeren Rechtfertigungszwang zu unterwerfen als Rechtsetzungsakte der Legislative. Innerhalb der Exekutive können Funktion, Legitimation, Entscheidungsstruktur und Verfahrensweise des jeweiligen Normgebers nicht ohne Auswir-

---

[60] BVerwGE 70, 318 (339); BVerwG, NVwZ 1987, 682 (684); vgl. auch *von Danwitz* (Fn. 57), S. 200; *Henseler*, ZG 1986, 76 (85).
[61] *Theuersbacher*, NVwZ 1986, 978 (985); *Salzwedel/Viertel*, DVBl. 1987, 765 (772).

kungen auf Gegenstand und Ausmaß der gerichtlichen Kontrolle bleiben.[62] Schließlich sind der Konkretheitsgrad und die Distanz der Norm zum Einzelfall zu beachten. An eine gebündelte Einzelfallentscheidung, die angesichts einer konkreten Sachlage ergeht, werden größere Anforderungen im Hinblick auf den Entscheidungsprozeß gestellt als an abstrakt-generelle Normen.[63] Fraglich bleibt, ob die aus dem Rechtsstaatsprinzip abgeleiteten Anforderungen der Gerichte an das innere Verfahren beim Erlaß von Satzungen im Hinblick auf die im Rechtsstaatsprinzip selbst angelegten Gegenläufigkeiten[64] einerseits und die Eigenverantwortlichkeit der gemeindlichen Willensbildung und Entscheidungsfindung (Art. 28 Abs. 2 GG) sowie die politisch-demokratische Legitimation und Verantwortung des Rats als Satzungsgeber (Art. 28 Abs. 1 Satz 2 GG) andererseits nicht einer ausdrücklichen gesetzlichen Konkretisierung bedürfen.

3. Inhaltliche Anforderungen an Satzungen

a) Bebauungspläne und andere baurechtliche Satzungen

Bei der gerichtlichen Kontrolle von Bebauungsplänen scheint sich in letzter Zeit, bedingt durch die Unbeachtlichkeitsvorschriften der §§ 155a ff. BBauG/214ff. BauGB, der Schwerpunkt von einer Verfahrenskontrolle auf eine Inhaltskontrolle zu verlagern.[1]
Ein Bebauungsplan verstößt gegen § 1 Abs. 1 BBauG/BauGB, wenn er bei objektiver Betrachtungsweise nicht städtebaulichen, sondern sonstigen Belangen, wie z.B. rein privaten Interessen Einzelner, dient. Unbedenklich ist dagegen, wenn private Bauwünsche den Anlaß und Anstoß zu einem städtebaulich sinnvollen Bebauungsplan gegeben haben. In jedem Fall muß jedoch der Planinhalt objektiv geeignet sein, dem Entwicklungs- und Ordnungsauftrag der Gemeinde zu dienen. Dieser finale Bezug ist nur gegeben, wenn hinreichend gewichtige städtebauliche Allgemeinbelange für eine bestimmte Planung sprechen.[2]
Obwohl die Begriffe der Erforderlichkeit als auch der städtebaulichen Entwicklung und Ordnung in § 1 Abs. 3 BBauG/BauGB unbe-

---

[62] *Henseler*, ZG 1986, 76, 84 (86).
[63] *Kloepfer*, ZG 1988, 289 (298); *Badura*, in: GS Martens, S. 25 (32).
[64] BVerfGE 57, 250 (276); 65, 281 (290); *Hill* (Fn. 17), S. 229.
[1] *Scharmer*, Bebauungspläne in der Normenkontrolle, 1988, S. 55f.; *Paetow*, NVwZ 1985, 309 (314); *Stüer*, DVBl. 1989, 810 (811); *ders.*, StGR 1989, 8, 11; *Krüger*, BauR 1989, 529 (541); zum Anteil der Fehler vgl. noch *Scharmer*, aaO, S. 69, 76, 81.
[2] Vgl. OVG RhPf, BauR 1986, 412; VGH BW, BRS 40, 1; *Kohl*, VBlBW 1988, 351 (355); *Quaas/Müller*, Normenkontrolle und Bebauungsplan, 1986, Rdn. 318.

stimmte Rechtsbegriffe darstellen, unterliegen sie in ihrer konkreten Ausformung nicht uneingeschränkter gerichtlicher Kontrolle. Die Erforderlichkeit der Bauleitplanung hängt vielmehr von der planerischen Konzeption der Gemeinde ab. Das Merkmal der Erforderlichkeit i. S. d. § 1 Abs. 3 BauGB ist stets dann gegeben, wenn die konkrete Planung jedenfalls auch zur Verwirklichung der generellen planerischen Konzeption der Gemeinde notwendig ist. Umgekehrt fehlt es an der Erforderlichkeit in diesem Sinne regelmäßig erst bei groben und einigermaßen offensichtlichen, von keiner nachvollziehbaren städtebaulichen Konzeption getragenen planerischen Mißgriffen.[3]

Entwickeln als planerisch-konzeptionelle Ableitung i. S. d. § 8 Abs. 2 BauGB bedeutet nicht bloßen Vollzug oder bloße konkretisierende Ausfüllung des Flächennutzungsplans, sondern eine von Gestaltungsfreiheit gekennzeichnete planerische Fortentwicklung der im Flächennutzungsplan dargestellten Grundkonzeption.[4] In einer neueren Entscheidung[5] hat das BVerwG ausgeführt, dem Anliegen, die Gemeinde anzuhalten, ihre städtebauliche Entwicklung auf der Grundlage einer in sich stimmigen Grundkonzeption für das ganze Gemeindegebiet zu steuern, dienten alle das Verhältnis zwischen Flächennutzungsplan und Bebauungsplan regelnden Vorschriften. Verstoße ein Bebauungsplan nicht gegen dieses Anliegen, so sei die Einhaltung der diesem Anliegen nur instrumentell dienenden Verfahrensvorschriften zweitrangig; ihre Verletzung berühre nach Maßgabe des § 155 b BBauG die Wirksamkeit des Bebauungsplans nicht.

Bei den in § 1 Abs. 5 BauGB genannten Zielen und Planungsleitsätzen handelt es sich nach Auffassung des BVerwG[6] um sog. unbestimmte Rechtsbegriffe, die sowohl in ihrer Auslegung als auch in ihrer Anwendung einer uneingeschränkten Kontrolle nicht nur der höheren Verwaltungsbehörde, sondern auch der Verwaltungsgerichte unterliegen. Erst auf einer zweiten Stufe bei der Gewichtung und Abwägung des zusammengestellten Materials sollen die planerische

---

[3] BVerwG, DVBl. 1971, 759 (762); *Gaentzsch*, in: Berliner Kommentar zum BauGB, § 1 Rdn. 21; *Blumenberg*, DVBl. 1989, 86 (90ff.); sowie zuletzt BVerwG, NVwZ 1989, 664; VGH BW, NVwZ-RR 1988, 63; OVG RhPf, Urt. vom 7. 6. 1989 – 10 C 34/88; OVG Lüneburg, Urt. vom 10. 6. 1988 – 6 C 7/86; OVG NW, Urt. vom 13. 6. 1989 – 10 a NE 28/85.

[4] BVerwGE 48, 70; HessVGH, NVwZ-RR 1989, 346; *Gaentzsch*, DVBl. 1985, 29 (34).

[5] BVerwGE 70, 171 (177).

[6] BVerwGE 34, 301 (308); *Krautzberger*, in: Battis/Krautzberger/Löhr, BauGB, § 1 Rdn. 61; vgl. auch *von Mutius*, Gutachten E zum 53. DJT, 1980, S. 93 f.; *Breuer*, NVwZ 1982, 273 (274f.); a. A. der überwiegende Teil des Schrifttums, vgl. *Ibler*, JuS 1990, 7 (8) m. w. N.; im Hinblick auf die Annäherung der gerichtlichen Kontrolle von Bebauungsplänen und Planfeststellungsbeschlüssen (dazu etwa BVerwG, NVwZ 1989, 664), vgl. jetzt auch BVerwGE 75, 214 (254) – Flughafen München.

Gestaltungsfreiheit und die abwägungsbezogenen eingeschränkten gerichtlichen Kontrollkriterien zum Zuge kommen.

Nach den Untersuchungen von *Scharmer*[7] haben die Gerichte nur eine von drei Fehlerrügen bezüglich des Abwägungsergebnisses für berechtigt gehalten. Die Gefahr, über eine zu weitgehende Überprüfung der Gewichtung einzelner Belange letztlich in eine Zweckmäßigkeitsprüfung abzugleiten und damit Planungsermessen anstelle der planenden Gemeinde auszuüben, wird von den Gerichten durchaus gesehen. Die Grenze der Rechtskontrolle sei deshalb da zu ziehen, wo die objektive Gewichtigkeit eines Belangs völlig verfehlt werde und das Ergebnis der Planung unter Beachtung der Schutzwürdigkeit der betroffenen Belange nicht mehr vertretbar erscheine. Dagegen könne es nicht Aufgabe der Plankontrolle sein, aus den jenseits dieser Vertretbarkeitsschwelle verbleibenden Planungsmöglichkeiten sozusagen die optimale Planungsalternative herauszufinden und zu erzwingen.[8]

Im Arbeitskreis „Baurechtliche und verwaltungsprozessuale Fragen" zur Vorbereitung des BauGB beim Bundesminister für Raumordnung, Bauwesen und Städtebau wurde berichtet,[9] im wesentlichen seien inhaltliche Fehler des Bebauungsplans darin begründet, daß in der Praxis zunehmend mehr Festsetzungen getroffen würden, als dies nach den planerischen Konzeptionen der Gemeinden und den Anforderungen an die Abwägung erforderlich sei. Zum Teil wirkten auch die Genehmigungsbehörden auf die Gemeinden ein, ein Mehr an Festsetzungen aufzunehmen. Beide, Gemeinden und Genehmigungsbehörden, fühlten sich hierzu veranlaßt, weil die Rechtsprechung zunehmend Anforderungen aus den immer weiter differenzierten Planungsgrundsätzen[10] herleite.

Festsetzungen im Bebauungsplan gem. § 9 Abs. 1 BauGB sind ebenso wie sein Erlaß (§ 1 Abs. 3 BauGB) nur dann zulässig, wenn sie erforderlich sind. Ob dies der Fall ist, richtet sich nach der planerischen Konzeption der Gemeinde, die gerichtlich nur begrenzt überprüfbar ist. Ergeht die Festsetzung auf der Grundlage eines nachvollziehbaren und objektiv schlüssigen Konzepts, ist sie vernünftigerweise geboten und damit auch im Hinblick auf eine möglicherweise mit ihr verbundene Einschränkung einer dem Eigentümer möglichen Nutzung (Privatnützigkeit) durch Gründe des Allgemeinwohls gerechtfertigt. Erweist sich die Festsetzung im Rahmen einer konkreten Bauleitplanung danach als erforderlich im planungsrechtlichen Sinne,

---

[7] *Scharmer* (Fn. 1), S. 73.
[8] So OVG RhPf, NVwZ 1988, 371 (372); vgl. auch OVG Lüneburg, NST-N 1988, 81 (83).
[9] Bericht des Arbeitskreises, BBaubl. 1985, 359 (363).
[10] Vgl. etwa *Kohl*, VBlBW 1988, 351 (357).

so kann sie im Einzelfall gleichwohl wegen einer Verletzung des Verhältnismäßigkeitsgrundsatzes gegen das Abwägungsgebot verstoßen.[11]

Trifft ein Bebauungsplan auf vorhandene Konflikte oder schafft er solche, so besteht grundsätzlich die Pflicht, soweit es mit den planerischen Mitteln (Festsetzungen) möglich ist, diese zu bewältigen. Dieses Gebot der Konfliktbewältigung wird von der Rechtsprechung als Unterfall des Abwägungsgebots angesehen.[12] Die meisten Konflikte werden in der Praxis durch Verkehrsplanungen ausgelöst, an zweiter Stelle stehen sog. Gemengelagenprobleme und an dritter Stelle entstehen Konflikte durch das Problem der heranrückenden Wohnbebauung an landwirtschaftliche Betriebe.[13]

Besondere Probleme erwachsen aus dem Verhältnis der Bauleitplanung zu einem nachfolgenden immissionsschutzrechtlichen Genehmigungsverfahren. Das BVerwG hat hierzu entschieden, daß es nicht Aufgabe der Bauleitplanung sei, Entscheidungen zu treffen, die nach den Bestimmungen des BImSchG oder auch des AtomG dem jeweiligen Genehmigungs-, Vorbescheids- oder Anordnungsverfahren vorbehalten sind, daß eine zu starke Verfeinerung der planerischen Aussagen das Planungsverfahren übermäßig belaste und daß die Ratsmitglieder, die für die Abwägung des Planes verantwortlich seien, überfordert würden, wenn sie bereits im Bebauungsplan Festsetzungen treffen müßten, die die Fachbehörden auf der Grundlage umfangreicher wissenschaftlicher Erhebungen und Begutachtungen im Rahmen des Genehmigungsverfahrens nach dem BImSchG (oder nach dem AtomG) zu treffen hätten.[14]

Im Hinblick auf die planerische Lösung von Verkehrsproblemen hat das BVerwG[15] darauf hingewiesen, daß ein Bebauungsplan nicht wie ein Planfeststellungsbeschluß unmittelbar Pflichten begründe, sondern seine Verwirklichung stets weiteres Verwaltungshandeln voraussetze, so daß er unmittelbar die selbstgeschaffenen Verkehrs-

---

[11] Vgl. BVerwG, NVwZ 1988, 727; NVwZ 1989, 664.
[12] Vgl. BVerwG, NVwZ 1988, 351 (353); ausführlich *Groh*, Konfliktbewältigung in der Bauleitplanung, 1988; *Pfeifer*, Der Grundsatz der Konfliktbewältigung in der Bauleitplanung, 1989; ders., DVBl. 1989, 337; *Scharmer*, (Fn. 1), S. 128 („planungshemmend"); *Sendler*, WuV 1985, 211; *Gaentzsch*, DVBl. 1985, 29 (35); *Hoppe/Beckmann*, NuR 1988, 6.
[13] *Scharmer* (Fn. 1), S. 74.
[14] BVerwGE 69, 30 (35) gegen OVG Berlin, DVBl. 1984, 147 m. Anm. *Gierke* – Heizkraftwerk Reuter –; vgl. aber BayVGH, BayVBl. 1988, 332 (336) – WAA Wackersdorf; dazu auch BayVerfGH, DVBl. 1987, 1067.
[15] BVerwG, NVwZ 1988, 351 (353); zu den verschiedenen Stufen der Konfliktbewältigung bei der Lösung von Verkehrsproblemen (Zuordnung der Flächen, aktive Schutzmaßnahmen, passive Schutzmaßnahmen) vgl. OVG NW, Urt. vom 19. 1. 1989 – 11 a NE 57/88.

probleme durch planerische Festsetzungen nicht zu lösen vermöge. Deshalb seien derartige nach dem Gesetz nicht erfüllbare Anforderungen an den Bebauungsplan nicht zu stellen. Die Gemeinde könne mit dem Instrument Bebauungsplan Probleme nur insoweit lösen, wie es das Gesetz ihr gestatte.

Das erforderliche Maß der Konkretisierung von Festsetzungen eines Bebauungsplans richtet sich nach der Rechtsprechung des BVerwG[16] danach, was nach den Umständen des Einzelfalls (Planungsziele, örtliche Verhältnisse) für die städtebauliche Entwicklung und Ordnung erforderlich ist und dem Gebot gerechter Abwägung der konkret berührten privaten und öffentlichen Belange entspricht. Dabei dürfe der Plangeber berücksichtigen, daß § 15 BauNVO die Lösung von Konflikten im Einzelgenehmigungsverfahren ermögliche. Festsetzungen eines Bebauungsplans können allerdings durch § 15 BauNVO nur ergänzt, nicht korrigiert werden. Der Blick auf § 15 BauNVO kann danach zwar eine planerische Zurückhaltung rechtfertigen, nicht aber planerische Fehleinschätzungen.

Die Vielzahl der möglichen inhaltlichen Mängel eines Bebauungsplans wird in einer neueren Zusammenstellung deutlich. Danach kann eine Festsetzung unbestimmt sein, weil sie unleserlich, räumlich nicht abgegrenzt, in sich widersprüchlich, mit anderen Festsetzungen nicht vereinbar, unvollständig oder aber durch unbestimmte Zusätze unbestimmt geworden ist. Aber auch bestimmte Festsetzungen werden von den Gerichten teilweise für unzulässig gehalten, weil sie, wie sich aus dem Gesamtzusammenhang und den Materialien ergebe, vom Rat gar nicht gewollt seien.[17]

Gemäß § 1 Abs. 4–9 BauNVO kann der Bebauungsplan auch eine ins einzelne gehende Gliederung/Differenzierung bzw. den Ausschluß bestimmter Nutzungen oder Anlagen festsetzen. Gem. § 1 Abs. 5 BauNVO können im Bebauungsplan auch einzelne der unter einer Nummer einer Baugebietsvorschrift der BauNVO zusammengefaßten Nutzungen ausgeschlossen werden. § 1 Abs. 9 BauNVO gestattet, über § 1 Abs. 5 BauNVO hinausgehend, einzelne Unterarten von Nutzungen mit planerischen Festsetzungen zu erfassen. Dazu ist es erforderlich, aber auch ausreichend, daß es spezielle städtebauliche Gründe gerade für die gegenüber § 1 Abs. 5 BauNVO noch feinere Ausdifferenzierung der zulässigen Nutzungen gibt. Auch bei Einschränkungen nach § 1 Abs. 5 und 9 BauNVO muß jedoch der allgemeine Typus und Gebietscharakter gewahrt bleiben. Die Festsetzun-

---

[16] BVerwG, NVwZ 1989, 659 (663), ZfBR 1989, 129, UPR 1989, 438.
[17] *Krüger*, BauR 1989, 529 ff. (538).

gen dürfen weder die Grenzen zwischen mehreren Typen verwischen noch den Typus von innen her aushöhlen.[18] Eine besondere Schwierigkeit für die Gemeinden ergibt sich daraus, daß § 1 Abs. 9 BauNVO auch positive Festsetzungen der in einem Baugebiet zulässigen Betriebe ausdrücklich vorsieht. Diese sog. Positivlisten werden von den Gerichten daraufhin kontrolliert, ob die Auswahl der Betriebe und die Berücksichtigung von Vergleichsfällen sachgerecht erfolgt ist. D. h. es muß nachvollziehbar sein, warum gerade diese und nicht auch andere Betriebe für zulässig erklärt worden sind, da sonst ein Mangel im Abwägungsvorgang vorliegt.[19]

Hat jedoch die Gemeinde dem Abwägungsgebot genügt und eine sachgerechte Auswahl getroffen, so kann die Festsetzung u. U. an einer mangelnden Bestimmtheit scheitern. Sowohl Enumeration der Betriebe i. S. einer Positivliste als auch generalklauselartige Definition der Auswahlkriterien schaffen daher Probleme. Je bestimmter und einengender die Festsetzungen gefaßt werden, desto eher stellt sich die Frage nach der Berücksichtigung von Vergleichsfällen. Je mehr mit Generalklauseln gearbeitet wird, um so eher kann eine Festsetzung wegen mangelnder Bestimmtheit unwirksam sein. Hier scheinen sich neue Probleme für die gemeindliche Bauleitplanung anzudeuten.[20]

Zu beachten bleibt weiterhin, daß sowohl für Festsetzungen nach § 1 Abs. 5 als auch nach § 1 Abs. 9 BauNVO städtebauliche Gründe erforderlich sind. Allein wettbewerbspolitische Gründe, etwa bestimmte Betriebe vor unerwünschten Konkurrenzunternehmen zu schützen, reichen nicht aus.[21] So muß die Gemeinde etwa auch in bezug auf Probleme, die nicht die Ordnung der Bodennutzungen in der Gemeinde, sondern andere Bereiche betreffen, wie den allgemeinen Jugendschutz und die Vorsorge gegen Förderung oder Ausbeutung der Spielleidenschaft, die Wertung des dafür zuständigen Bundesgesetzgebers hinnehmen, der die Gewerbefreiheit z. b. auch für Spielhallen gewährleistet und den möglichen Gefahren für die genannten Gemeinwohlbelange durch bestimmte Anforderungen in der Gewerbeordnung vorzubeugen sucht. Die Gemeinde darf nicht mit den Mitteln der Bauleitplanung ihre eigene, von der Wertung des Bundesgesetzgebers abweichende „Spielhallenpolitik" betreiben, in-

---

[18] BVerwGE 77, 308; 77, 317 (321 f.); *Krüger*, BauR 1989, 529 (538 ff.); *Stüer*, DVBl. 1989, 810 (812).
[19] Insofern erlangt die Begründung der Festsetzung besondere Bedeutung, vgl. BVerwGE 77, 317 (322); BVerwG, NVwZ 1989, 659 (660).
[20] *Krüger*, BauR 1989, 529 (540 f.); *Stüer*, DVBl. 1989, 810 (812); vgl. auch OVG NW, StGR 1989, 285.
[21] OVG RhPf, NVwZ 1988, 379 (380); *Hüttenbrink*, DVBl. 1989, 69 (74); *Lenz*, ZfBR 1989, 193 (196).

dem sie diese Einrichtungen unabhängig von Erwägungen der Ordnung der Bodennutzungen allgemein für ihr Gemeindegebiet ausschließt.[22] Andererseits vermag die Gemeinde durch Bauleitplanung gebietsbezogen zu steuern, ob gewisse Nachteile oder Belästigungen i. S. d. § 3 Abs. 1 BImSchG erheblich sind, d. h. die Gemeinden sind im Rahmen der Bauleitplanung ermächtigt, entsprechend dem Vorsorgeprinzip des § 5 Abs. 1 Nr. 2 BImSchG vorbeugenden Umweltschutz zu betreiben.[23] Der Entwurf einer Verordnung zur Änderung der Baunutzungsverordnung soll in einem neuen § 1 Abs. 10 die Festsetzungsmöglichkeiten bei Aufstellung von Bebauungsplänen in überwiegend bebauten Gebieten erweitern.[24]

Bei der Festsetzung eines Sondergebietes nach § 11 BauNVO ist die Gemeinde an den Katalog der Nutzungsarten der BauNVO nicht gebunden. Soweit sie einen Begriff aus diesem Katalog verwendet, ist sie nicht gehindert, ihn anhand der besonderen Zweckbestimmung des Sondergebietes abzuwandeln.[25] Diese Rechtsprechung schafft der Gemeinde weitere Gestaltungsmöglichkeiten für die Festsetzung von Sondergebieten. Im übrigen ist die Rechtsprechung nach der teilweisen Klärung des Begriffs eines großflächigen Einzelhandelsbetriebes in § 11 Abs. 3 Nr. 2 BauNVO nun auch bemüht, den Begriff des Einkaufszentrums in § 11 Abs. 3 Nr. 1 BauNVO weiter zu konkretisieren.[26]

Gestaltungssatzungen (örtliche Bauvorschriften) müssen im Hinblick auf die Einschränkung des Eigentums zur Durchführung der baugestalterischen Absicht erforderlich, d. h. vernünftigerweise geboten sein. Diesen Anforderungen ist dann genügt, wenn sich die Satzung aus einem Konzept ableiten läßt, das an die jeweiligen örtlichen Verhältnisse des von der Regelung getroffenen Gebietes anknüpft.[27] Bei der Bestimmung der gestalterischen Ziele steht den Gemeinden ein nur eingeschränkt überprüfbarer Ermessensspielraum zu.[28] Die Gemeinden haben dabei jedoch die Grundsätze des Abwägungsgebotes zu beachten. Beim Erlaß einer Satzung über die äußere Gestaltung

---

[22] BVerwGE 77, 308 (312); OVG NW, NVwZ 1990, 85; OVG Lüneburg, DÖV 1987, 211; vgl. auch BR-Drs. 354/89 vom 30. 6. 1989, S. 47f.; *Jahn*, Vr 1989, 389 (391).
[23] BVerwG, ZfBR 1989, 35, ZfBR 1989, 74, ZfBR 1989, 225.
[24] BR-Drs. 354/89; S. 3, 42; *Bielenberg/Söfker*, DVBl. 1989, 987 (992); *Jahn*, Vr 1989, 389 (390).
[25] BVerwG, BauR 1985, 173, NVwZ 1989, 1060.
[26] BVerwG, NVwZ 1987, 176; OVG NW, NVwZ-RR 1988, 9; *Schenke*, NVwZ 1989, 632; *Hüttenbrink*, DVBl. 1989, 69 (75f.); zur Regelvermutung des § 11 Abs. 3 Satz 3 BauNVO 1977 vgl. BVerwG, ZfBR 1989, 266.
[27] OVG Lüneburg, BRS 48, 272 (274); *Sauter*, LBO BW, § 73 Rdn. 13ff.
[28] VGH BW, BWGZ 1982, 676, BWGZ 1989, 161; *Sauter*, LBO BW § 73 Rdn. 15.

von Werbeanlagen sind indes an die Abwägung keine strengen Anforderungen zu stellen.[29] Der Erlaß einer *Erhaltungssatzung* nach § 172 BauGB setzt keine so umfassende Abwägung voraus wie der Erlaß eines Bebauungsplans. Die gerichtliche Überprüfung des Abwägungsvorgangs ist weitgehend ausgeschlossen und auf das Abwägungsergebnis konzentriert.[30] Die förmliche Festlegung eines *Sanierungsgebietes* ist eine planerische Entscheidung, der eine Abwägung zugrundeliegen muß. Für die Bewertung, ob städtebauliche Mißstände vorliegen sowie für die Abgrenzung des Sanierungsgebietes steht der Gemeinde ein weiter Beurteilungsspielraum zu.[31]

Gemäß § 215 Abs. 1 Nr. 2 BauGB sind Mängel der Abwägung unbeachtlich, wenn sie nicht innerhalb von sieben Jahren seit Bekanntmachung des Flächennutzungsplans oder der Satzung schriftlich gegenüber der Gemeinde unter Darlegung des Sachverhalts, der den Mangel begründen soll, geltend gemacht worden sind. Mit dieser Regelung hat das BauGB rechtsdogmatisch Neuland betreten. Im Schrifttum ist sie bisher unterschiedlich kommentiert worden. Die Stellungnahmen reichen von verfassungsmäßig bzw. rechtsstaatlich vertretbar über verfassungsrechtlich bedenklich bis hin zu verfassungswidrig.[32] Teilweise wird auch eine verfassungskonforme Auslegung versucht.[33]

Die Problematik kann hier nicht ausführlich diskutiert werden. Im Ergebnis könnte die Regelung allenfalls im Hinblick auf den besonderen Rechtscharakter eines Bebauungsplans gerechtfertigt werden. Der Bebauungsplan enthält im Gegensatz zu anderen Rechtsvorschriften in der Regel keine abstrakt-generellen Regelungen, sondern ergeht angesichts einer konkreten Sachlage. Andererseits begründet er nicht unmittelbar Pflichten wie etwa ein Planfeststellungsbeschluß, vielmehr setzt seine Verwirklichung stets weiteres Verwaltungshandeln voraus. Er ist insofern zwar weniger vollzugsorientiert als ein Plan-

---

[29] HessVGH, HessStGZ 1988, 408; OVG Münster, NVwZ 1984, 319. Inwieweit lediglich das Abwägungsergebnis oder auch der Abwägungsvorgang vom Gericht überprüft werden kann, ist umstritten; vgl. schon oben S. D 59 f.
[30] OVG Lüneburg, NJW 1984, 2905 (2907 f.); *Krautzberger*, in: Battis/Krautzberger/Löhr, BauGB, § 172 Rdn. 21.
[31] OVG Bremen, UPR 1988, 193 (194); *Krautzberger* (Fn. 30), § 142 Rdn. 5, 9.
[32] *Bielenberg/Krautzberger/Söfker*, BauGB, Leitfaden, 1987, Rdn. 85; *Stelkens*, UPR 1987, 241 (248); *Battis*, in: Battis/Krautzberger/Löhr, BauGB, vor §§ 214–216, Rdn. 6; *Lenz*, ZfBR 1987, 65 (69); *Dürr*, VBlBW 1987, 201; *Kohl*, VBlBW 1988, 351 (356); *Koch*, in: Koch/Hosch, Baurecht, Raumordnungs- und Landesplanungsrecht, 1988, S. 181; *Gern/Schneider*, VBlBW 1988, 125.
[33] *Löhr*, NVwZ 1987, 361 (368 f.); *Gaentzsch*, in: Berliner Kommentar zum BauGB, § 215 Rdn. 5; vgl. auch *Peine*, NVwZ 1989, 637 (639).

feststellungsbeschluß, jedoch vollzugsorientierter als eine gewöhnliche Rechtsnorm. Er ist weniger auf Geltung denn auf Erfüllung angelegt. Es handelt sich um eine vollzugsbedürftige Norm, die gleitend umgesetzt wird.[34]
Diese Eigenarten im Hinblick auf den Vollzug bzw. die Verwirklichung der Regelungen des Bebauungsplans könnten auch für die Beurteilung der Folgen der Fehlerhaftigkeit seiner materiellen Festsetzungen Bedeutung gewinnen. Da die Abwägung der verschiedenen öffentlichen und privaten Belange im Bebauungsplan vollzugsorientiert, d. h. auf die Verwirklichung seiner Regelungen angelegt ist, ist mit dem Vollzug auch ein Zweck der Abwägung, nämlich einen Interessenausgleich zwischen den verschiedenen Belangen herbeizuführen, jedenfalls faktisch erfolgt. Auch wenn dieser Ausgleich aufgrund eines objektiv fehlerhaften Vollzugsprogramms vorgenommen worden ist, war dieses Programm aber, wie die Realität gezeigt hat, faktisch vollziehbar und erfüllbar, ohne daß es durch die Betroffenen beanstandet worden wäre. Der fehlerhafte Bebauungsplan ist daher durch seine Anwendung in Funktion gesetzt worden.

Bisher war schon anerkannt, daß ein Bebauungsplan durch Nichtanwendung unter besonderen Umständen wegen Funktionslosigkeit außer Kraft treten kann.[35] Zwar war umgekehrt ebenfalls anerkannt, daß durch die langjährige Anwendung unerkannt nichtiger Bebauungspläne allein kein Gewohnheitsrecht entstehen kann.[36] Hier kommt aber zur gewohnheitsrechtlichen Anwendung des fehlerhaften Bebauungsplans hinzu, daß diese reale Vollzugslage vom Gesetz nach Ablauf der Sieben-Jahres-Frist ausdrücklich anerkannt und bestätigt wird. Insofern kann im Ergebnis der verfassungskonformen Auslegung gefolgt werden,[37] die entsprechend der Intention des Gesetzgebers auf die Invollzugsetzung des Bebauungsplans abstellt und davon ausgeht, daß bei einem wegen Mängeln der Abwägung fehlerhaften Bebauungsplan für den Fall, daß dieser über sieben Jahre hinweg nicht in wesentlichen Teilen in Vollzug gesetzt worden ist, die Vorschrift des § 215 Abs. 1 Nr. 2 BauGB die Geltendmachung gravierender inhaltlicher Mängel des Bebauungsplans auch nach Ablauf von sieben Jahren nicht hindert. Dabei bleibt zu betonen, daß diese

---

[34] BVerwGE 50, 114 (119ff.); 54, 5 (9); BVerwG, NVwZ 1988, 351 (353); *von Mutius/Hill*, Die Behandlung fehlerhafter Bebauungspläne durch die Gemeinden, 1983, S. 20; *Schmidt-Aßmann*, in: Maunz/Dürig/Herzog/Scholz, GG, Art. 19 Abs. 4, Rdn. 241; vgl. auch *Battis* (Fn. 32), vor §§ 214–216, Rdn. 6.
[35] Vgl. BVerwGE 54, 5; 67, 334; OVG Lüneburg, ZfBR 1986, 49.
[36] BVerwG, BRS 35, 44; OVG Lüneburg, Die Gemeinde SH 1987, 234.
[37] Vgl. *Löhr*, NVwZ 1987, 361 (369); *Gaentzsch* (Fn. 33), § 215 Rdn. 5; vgl. auch BT-Drs. 10/6166, S. 134 sowie in anderem Zusammenhang BayVGH, BayVBl. 1989, 629.

Rechtsauffassung nur im Hinblick auf den Regelungscharakter und die Vollzugsbedürftigkeit des Bebauungsplans, nicht aber im Hinblick auf andere Rechtsnormen, etwa generell-abstrakte Satzungen, Geltung beanspruchen kann. Dort wäre weiterhin bei materiellen Fehlern in jedem Fall von einer Nichtigkeit der Norm auszugehen.[38]

b) Erschließungsbeitragssatzungen

Ziel der gesetzlichen Regelungen zur Erhebung von Erschließungsbeiträgen aufgrund gemeindlicher Satzungen ist eine möglichst gerechte Abgeltung des aus der Erschließung folgenden Vorteils für die Eigentümer der erschlossenen Grundstücke. Das Vorliegen eines Erschließungsvorteils ist allein nach objektiven Kriterien zu beantworten.[39] Jedoch ist der einem einzelnen Grundstück konkret erwachsene Vorteil nur schwer festzustellen. Dies führte dazu, daß vor allem in den 70er Jahren viele Erschließungsbeitragssatzungen der Gemeinden von den Gerichten für nichtig erklärt wurden, was in den Kommunen erhebliche Probleme und Verunsicherung auslöste.[40] Die Rechtsprechung des BVerwG in den 80er Jahren billigte den Gemeinden bei der Abwägung der Gesichtspunkte der Verteilungsgerechtigkeit, der Normenklarheit und der Praktikabilität, insbesondere bei der Verteilung des Erschließungsaufwandes, grundsätzlich einen weiten Ermessensspielraum zu. Dennoch führte die Fülle der unbestimmten Rechtsbegriffe in den §§ 127 ff. BauGB und ihre Konkretisierung durch die obergerichtliche Rechtsprechung angesichts der Vielgestaltigkeit der tatsächlichen Verhältnisse zu teilweise sehr kasuistischen Entscheidungen.

Gem. § 132 BauGB konkretisieren die Gemeinden durch Satzungen die gesetzlichen Voraussetzungen zur Erhebung von Erschließungsbeiträgen. Die Satzung ist nicht nur Voraussetzung für das Entstehen der Beitragspflicht, sondern auch Rechtsgrundlage für den Erlaß der Beitragsbescheide.[41] Von den in § 132 BauGB genannten Regelungen des Satzungsinhalts sind die Vorschriften über die Art der Erschließungsanlagen (Nr. 1), die Art der Aufwandsverteilung (Nr. 2) und die Merkmale der endgültigen Herstellung (Nr. 4) für die Vollständigkeit der Satzung und damit die Wirksamkeit der Beitragserhebung unbedingt erforderlich. Andere Satzungsvorschriften sind

---

[38] Vgl. auch *Ossenbühl*, NJW 1986, 2805 (2811); *Schmidt-Aßmann*, DVBl. 1984, 582 (586); vgl. auch *Maurer*, in: Hill (Hrsg.), Zustand und Perspektiven der Gesetzgebung, 1989, S. 233 (237).
[39] *Driehaus*, in: Berliner Kommentar zum BauGB, vor §§ 127–135, Rdn. 10.
[40] Vgl. etwa *Franßen*, KStZ 1977, 1; *Hansen/Lange*, DVBl. 1980, 28; *Hansen*, DVBl. 1981, 435; *von Mutius* (Fn. 6), S. 96 ff.
[41] BVerwGE 64, 218 (223); *Löhr*, in: Battis/Krautzberger/Löhr, BauGB, § 132 Rdnr. 1.

lediglich bedingt erforderlich, etwa weil sie Voraussetzungen für die Anwendbarkeit eines bestimmten Verfahrens im Rahmen der Beitragserhebung darstellen. Die Gemeinden können darüber hinaus etwa im Interesse einer aus der Satzung allein heraus zu verstehenden Regelung weitere Regelungsinhalte in die Satzung aufnehmen, auch wenn es sich dabei um Wiederholungen unmittelbar aufgrund Gesetzes geltender Bestimmungen handelt.[42]

Im einzelnen verdienen folgende Entscheidungen Erwähnung: Eine selbständige öffentliche Verkehrsanlage ist nach der Rechtsprechung nur dann i. S. d. § 127 Abs. 2 Nr. 1 BauGB „zum Anbau bestimmt", wenn sie bei verallgemeinernder Betrachtung den anliegenden Grundstücken eine tatsächliche und vom Widmungsumfang gedeckte Anfahrmöglichkeit bietet, d. h. gewährleistet, daß mit Personen- und Versorgungsfahrzeugen an die Grenze dieser Grundstücke herangefahren werden kann.[43] Sammelstraßen i. S. d. § 127 Abs. 2 Nr. 3 BauGB sind öffentliche Straßen, Wege und Plätze, die selbst nicht zum Anbau bestimmt, aber zur Erschließung der Baugebiete notwendig sind. Der Begriff der Notwendigkeit wird vom BVerwG als unbestimmter Rechtsbegriff verstanden, der der vollen verwaltungsgerichtlichen Überprüfung unterliegt. Die Notwendigkeit einer Sammelstraße richte sich danach, ob es einleuchtende Gründe gebe, die nach städtebaulichen Grundsätzen die Anlegung einer solchen Verkehrsanlage – unter Berücksichtigung der örtlichen Gegebenheiten des jeweiligen Einzelfalls – als eine zur ordnungsgemäßen verkehrlichen Bedienung des betreffenden Baugebietes angemessene Lösung erscheinen ließen.[44] Nach der Rechtsprechung des BVerwG[45] erschließen Grünanlagen (und Kinderspielplätze gem. § 127 Abs. 2 Nr. 4 BBauG 1976) in räumlicher Hinsicht Grundstücke, die von der Anlage nicht weiter als 200 Meter Luftlinie entfernt sind. Die auf dieser Grundlage gebildete Grenze des Abrechnungsgebietes könne bei Vorliegen besonderer Gründe in gewissem Umfang über- oder unterschritten werden. Eine selbständige öffentliche Grünanlage sei infolge ihrer besonderen Ausdehnung dann nicht notwendig i. S. d. § 127 Abs. 2 Nr. 3 BBauG, wenn sie – vergleichbar z. B. dem Tiergarten in Berlin oder dem Englischen Garten in München – die typische Größenordnung von Grünanlagen innerhalb der Baugebiete erheblich überrage.[46]

---

[42] Vgl. *Driehaus* (Fn. 39), § 132 Rdn. 9; *Löhr* (Fn. 41), § 132 Rdn. 11; *Ernst*, in: Ernst/Zinkahn/Bielenberg, BauGB, § 132 Rdn. 8.

[43] BVerwGE 67, 216; 68, 41; BVerwG, NVwZ-RR 1989, 322; zur Reaktion auf diese Rechtsprechung vgl. §§ 127 Abs. 2 Nr. 2, 241 Abs. 4 BauGB; dazu *Löhr* (Fn. 41), § 127 Rdn. 24f.; *ders.*, NVwZ 1987, 537 (549).

[44] BVerwG, BRS 37, 61 (63); NVwZ 1989, 322; *Driehaus* (Fn. 39), § 127 Rdn. 54.

[45] BVerwG, NVwZ 1985, 833; NVwZ 1986, 130; *David*, NVwZ 1986, 263 (265).

[46] BVerwG, NVwZ-RR 1989, 212 = DVBl. 1989, 418.

Die Erforderlichkeit i. S. d. § 129 Abs. 1 Satz 1 BauGB bezieht sich sowohl auf das Ob als auch auf das Wie der Herstellung einer beitragsfähigen Erschließungsanlage. Nach einhelliger Auffassung steht den Gemeinden bei der Beurteilung dessen, was sie im konkreten Fall für erforderlich halten, ein Spielraum zu. Ungeklärt ist dabei allerdings, ob es sich um einen unbestimmten Rechtsbegriff mit Beurteilungsspielraum oder um einen Ermessensspielraum handelt und wie weit dieser im Einzelfall reicht.[47]

Ist ein in der Satzung gem. § 130 Abs. 1 Satz 1 BauGB festgesetzter Einheitssatz wegen eines Rechtsfehlers unanwendbar, entsteht die (sachliche) Beitragspflicht kraft Gesetzes nach Maßgabe der tatsächlich angefallenen Kosten. Die Gemeinde ist in Ausnahmefällen berechtigt, zur Ermittlung des beitragsfähigen Erschließungsaufwands die tatsächlich entstandenen Kosten mit Hilfe gesicherter Erfahrungssätze zu schätzen. Ein solcher Ausnahmefall sei beispielsweise anzunehmen, wenn der Gemeinde für vor langer Zeit auf ihre Kosten durchgeführte Herstellungsarbeiten die Rechnungen nicht mehr zugänglich seien.[48] Der beitragsfähige Erschließungsaufwand kann gem. § 130 Abs. 2 BauGB für die einzelne Erschließungsanlage oder für bestimmte Abschnitte einer Erschließungsanlage ermittelt werden. Die Entscheidung darüber steht im Ermessen der Gemeinde.[49]

Abgesehen von der Mindestgrenze von 10% gem. § 129 Abs. 1 Satz 3 BauGB steht es im Ermessen der Gemeinde, mit welchem Anteil sie sich an dem beitragsfähigen Erschließungsaufwand beteiligen will. Allerdings sind dieser Ermessensentscheidung Grenzen, insbesondere durch die Finanzlage der Gemeinde und den im Gemeindehaushaltsrecht verankerten Grundsatz der Wirtschaftlichkeit und Sparsamkeit gesetzt.[50] Das BVerwG[51] hat es weder als einen Verstoß gegen § 129 Abs. 3 Satz 3 BauGB noch gegen die Gewährleistung der kommunalen Selbstverwaltung in Art. 28 Abs. 2 Satz 1 GG angesehen, wenn eine rechtssatzmäßig ermächtigte Verwaltungsvorschrift die Bewilligung einer zweckgebundenen Finanzzuweisung regelmäßig davon abhängig macht, daß die Gemeinde, die eine Finanzzuweisung begehrt, ihre Einnahmequellen ausschöpft und sich daher darauf beschränkt, nur den Mindestanteil von 10% des beitragsfähigen Erschließungsaufwands gem. § 129 Abs. 1 Satz 3 BauGB zu tragen.

Bei der Verteilung des Erschließungsaufwands gem. § 131 Abs. 1

---

[47] Vgl. BVerwG, NVwZ 1985, 833 (836); NVwZ 1986, 130 (131); 925 (927); *Ernst* (Fn. 42), § 129 Rdn. 10; *Löhr* (Fn. 41), § 129 Rdn. 8; *Driehaus* (Fn. 39), § 129 Rdn. 13.
[48] BVerwG, NJW 1986, 1122, NVwZ 1986, 299; vgl. auch *David*, NVwZ 1986, 263 (266).
[49] BVerwG, NVwZ 1983, 473 (474); *David*, NVwZ 1984, 414 (416).
[50] *Driehaus* (Fn. 39), § 129 Rdn. 26; *Löhr* (Fn. 41), § 129 Rdn. 30.
[51] BVerwG, DVBl. 1989, 929.

Satz 1 BauGB komme der Gemeinde für die Abgrenzung zwischen erschlossenen und nicht erschlossenen Grundstücken keine Einschätzungsprärogative und kein Ermessensspielraum zu, da das Baugesetzbuch die Begriffe des Vorteils und des Erschlossenseins als Rechtsbegriffe ausgestaltet habe.[52] Der Begriff des erschlossenen Grundstücks i. S. d. § 131 Abs. 1 BauGB deckt sich indessen nicht mit dem Begriff des erschlossenen Grundstücks i. S. d. § 133 Abs. 1 Satz 2 BauGB. Erschlossen i. S. d. § 131 Abs. 1 BauGB sind alle die Grundstücke, deren Eigentümer die tatsächliche und rechtliche Möglichkeit haben, von der Erschließungsanlage eine Zufahrt bzw. einen Zugang zu ihren Grundstücken zu nehmen. I. S. d. § 133 Abs. 1 BauGB ist ein Grundstück dagegen erst dann erschlossen, wenn neben der tatsächlich herstellbaren Zugänglichkeit die rechtliche Möglichkeit von Zufahrt bzw. Zugang bereits voll gesichert ist.[53]

Kernstück des Erschließungsbeitragsrechts und zugleich häufigste Fehlerquelle für entsprechende gemeindliche Satzungen sind die Vorschriften des § 131 Abs. 2 und 3 BauGB über die Maßstäbe, nach denen der umlagefähige Erschließungsaufwand auf die erschlossenen Grundstücke zu verteilen ist. Nach der Rspr. des BVerwG[54] verlangen die bundesrechtlichen Rechtsgrundsätze der Abgabengleichheit und der Vorhersehbarkeit von Abgabepflichten eine Vollständigkeit der satzungsmäßigen Verteilungsregelung derart, daß sie eine annähernd vorteilsgerechte Verteilung des umlagefähigen Erschließungsaufwands in allen Gebieten ermöglichen muß, die in der betreffenden Gemeinde im Zeitpunkt des Erlasses der Satzung vorhanden sind oder deren Entstehen aufgrund konkreter Anhaltspunkte zu erwarten ist. Dieses Erfordernis der sog. konkreten Vollständigkeit erschließungsbeitragsrechtlicher Verteilungsregelungen zwingt die Gemeinden dazu, Vorsorge zu treffen für solche Verteilungskonstellationen, die in ihrem Hoheitsgebiet entweder schon eingetreten sind oder erwartungsgemäß eintreten werden.

In Gebieten mit nach Art und Maß unterschiedlicher Nutzung ist gem. § 131 Abs. 3 BauGB die Anwendung qualifizierter Verteilungsmaßstäbe erforderlich. Das in dieser Vorschrift zum Ausdruck gebrachte Differenzierungsgebot hat angesichts seiner schwierigen praktischen Umsetzbarkeit in den 70er Jahren häufig zu Nichtigerklärungen von Satzungen geführt. Mit seinem Urteil vom 26. 1. 1979

---

[52] BVerwG, NVwZ 1982, 555 (556); *David*, NVwZ 1982, 170 (172); *Buhl*, VBlBW 1989, 1; *Driehaus* (Fn. 39), § 131 Rdn. 11.
[53] BVerwG, BRS 37, 194 (196), NVwZ 1984, 172, NVwZ 1989, 570; *Löhr* (Fn. 41), § 131 Rdn. 5; *Driehaus* (Fn. 39), § 131 Rdn. 17.
[54] Vgl. BVerwGE 50, 2 (4); BVerwG, NVwZ 1989, 566 (567); *Driehaus* (Fn. 39), § 131 Rdn. 56 ff.; kritisch *Hansen*, DVBl. 1981, 435 (436); *Löhr* (Fn. 41), § 131 Rdn. 31.

hat das BVerwG[55] dann eine „Tendenzwende im Erschließungsbeitragsrecht" herbeigeführt. Danach ist bei der Verteilung des Erschließungsaufwands gem. § 131 Abs. 3 BauGB im Hinblick auf die Vorteilsgerechtigkeit der Verschiedenheit der baulichen oder sonstigen Nutzung nach Art und Maß nur dergestalt zu entsprechen, daß das Heranziehungsverfahren für die Gemeinde praktikabel und für den Bürger überschaubar bleibt. In Fortsetzung dieser Rechtsprechung hat das BVerwG[56] bei der Bewertung der Unterschiedlichkeiten in Nutzungsmaß und Nutzungsart dem gemeindlichen Satzungsgeber ein weites Bewertungsermessen eingeräumt. Die Ausübung dieses Ermessens sei insbesondere durch die Grundsätze des Willkürverbotes, der Verhältnismäßigkeit und des Vorteilsprinzips, das dieser Regelung zugrundeliege und in sie eingeschlossen sei, eingeschränkt. Infolge dieses Ermessens sind verschiedenartige Verteilungsmaßstäbe, insbesondere hinsichtlich der Höhe des sog. Artzuschlags, als mit den Anforderungen des § 131 Abs. 3 BBauG vereinbar angesehen worden.[57] Diese Rechtsprechung hat die Gemeinden spürbar entlastet.

Gem. § 132 Nr. 4 BauGB muß in der Satzung schließlich eine Festlegung der Merkmale der endgültigen Herstellung einer Erschließungsanlage getroffen werden. Dabei ist zur Vermeidung von Rechtsunsicherheiten eine derart eindeutige Regelung erforderlich, daß es dem beitragspflichtigen Bürger möglich sein muß, sich ein eigenes Urteil darüber zu bilden, wann die sein Grundstück erschließende Anlage endgültig mit der Rechtsfolge hergestellt ist, daß nach § 133 Abs. 2 BBauG seine Beitragspflicht entsteht, sofern deren sonstige rechtliche Voraussetzungen erfüllt sind.[58]

c) Gebührensatzungen

Kommunale Abgaben werden in der Regel aufgrund der Ermächtigungsgrundlagen in den Kommunalabgabengesetzen der Länder erhoben. Diese legen den Mindestinhalt fest, der in Abgabensatzungen zu regeln ist. Es sind dies der Kreis der Abgabenschuldner, der Abgabentatbestand bzw. -gegenstand, der Abgabenmaßstab und der Abgabesatz sowie der Zeitpunkt der Fälligkeit der Abgabe. Einige Länder fügen noch den Zeitpunkt der Entstehung der Abgabe hinzu.[59] Bei

---
[55] BVerwGE 57, 240; *Hansen/Lange*, DVBl. 1980, 27 (28); *Niethammer*, BayVBl. 1981, 452 (453); *von Mutius* (Fn. 6), S. 96 ff.
[56] BVerwG, NVwZ 1982, 37; BVerwGE 62, 300; *David*, NVwZ 1982, 170 (173).
[57] Vgl. BVerwG, BauR 1980, 563; DVBl. 1980, 757; BVerwGE 62, 308; 65, 61; BVerwG, NVwZ 1986, 229, NVwZ 1987, 420; *Löhr* (Fn. 41), § 131 Rdn. 67.
[58] Vgl. BVerwG, NVwZ 1982, 37 (38), NVwZ 1983, 473 (474), NVwZ 1985, 833 (836), NVwZ 1986, 130, NVwZ 1989, 566 (569); *Löhr* (Fn. 41), § 132 Rdn. 18; *Driehaus* (Fn. 39), § 132 Rdn. 18, 26.
[59] Vgl. *Bauernfeind*, in: Driehaus (Hrsg.), Kommunalabgabenrecht, 1989, § 2 Rdn. 27; *J. Scholz*, BWGZ 1989, 239 (241).

der Finanzierung öffentlicher Einrichtungen/Anlagen[60] kommt den Gemeinden grundsätzlich ein Auswahlermessen zu, in welchem Umfang sie die Investitionskosten durch Beiträge oder Benutzungsgebühren decken wollen.[61] Werden zur Deckung des Herstellungsaufwands keine Beiträge erhoben, kann das allerdings etwa bei einer Abwasseranlage bei Vorliegen einer besonderen Sachlage zu einem Verstoß gegen den Gleichheitssatz führen.[62]

Für die Erhebung von *Benutzungsgebühren* gilt gemäß Konkretisierung in den Kommunalabgabengesetzen zunächst der sog. Kostendeckungsgrundsatz. Er verlangt keine Gebührenbemessung nach Maßgabe der durch die einzelne Inanspruchnahme verursachten Kosten, sondern verbietet lediglich, die Gebühren so zu kalkulieren, daß das veranschlagte Gebührenaufkommen die voraussichtlichen Kosten der Einrichtung in ihrer Gesamtheit übersteigt. Das Prinzip wirkt daher nicht individualisierend, sondern generalisierend.[63] Nach überwiegender Auffassung wird gegen das Kostendeckungsprinzip nur verstoßen, wenn es sich um eine gröbliche Verletzung handelt, z. B., wenn mit der Gebühr von vornherein ein Überschuß angestrebt wird.[64]

Das sog. Äquivalenzprinzip wird vom BVerwG unabhängig von einer konkreten landesrechtlichen Ausprägung als auf die Gebühr bezogener Ausdruck des allgemeinen auf Verfassungsrecht beruhenden bundesrechtlichen Grundsatzes der Verhältnismäßigkeit angesehen. Danach darf die Gebühr nicht in einem Mißverhältnis zu der von dem Träger öffentlicher Verwaltung erbrachten Leistung stehen. Das Äquivalenzprinzip fordert in Verbindung mit dem Gleichheitssatz, daß die Benutzungsgebühr im allgemeinen nach dem Umfang der Benutzung bemessen wird, so daß bei gleicher Inanspruchnahme der öffentlichen Einrichtung etwa gleich hohe Gebühren und bei unterschiedlicher Benutzung diesen Unterschieden in etwa angemessene Gebühren bezahlt werden. Nur bei einer gröblichen Störung des Ausgleichsverhältnisses zwischen der Gebühr und dem Wert der Leistung für den Empfänger sei das Äquivalenzprinzip verletzt. Eine

---

[60] Zu den Grundsätzen des kommunalen Haushaltsrechts vgl. unten.
[61] OVG Lüneburg, KStZ 1981, 193; OVG Münster, DVBl. 1981, 831; VGH BW, VBlBW 1985, 299 (300), ESVGH 37, 29 (30).
[62] BVerwG, NVwZ 1982, 622, dazu *Stolterfoht*, NVwZ 1982, 605; *Gern*, NVwZ 1983, 451 (452); *Dahmen*, in: Driehaus (Hrsg.), Kommunalabgabenrecht, 1989, § 4 Rdn. 150.
[63] BVerwG, KStZ 1975, 191; *Scholz*, BWGZ 1989, 239, 242; *Dahmen* (Fn. 62), § 6 Rdn. 27ff.
[64] BVerwG, KStZ 1975, 191; OVG Lüneburg, NST-N 1985, 281, 282; *Dahmen* (Fn. 62), § 6 Rdn. 35; a. A. *J. Scholz*, BWGZ 1989, 239 (243), der auch bei geringfügiger Überschreitung eine Verletzung annimmt.

Bemessung der Gebühr nach dem Maß der durch die jeweilige Benutzung verursachten Kosten verlange das Äquivalenzprinzip nicht.[65] Die Bemessung der Benutzungsgebühren ist weiterhin durch das aus dem allgemeinen Gleichheitssatz (Art. 3 Abs. 1 GG) folgende Willkürverbot eingeschränkt. Art. 3 Abs. 1 GG beläßt jedoch den Gemeinden beim Erlaß von Satzungen ebenso wie dem Gesetzgeber eine weitgehende Gestaltungsfreiheit. Er verbietet nur eine willkürlich ungleiche Behandlung (wesentlich) gleicher Sachverhalte. Die Grenze liege dort, wo ein sachlich einleuchtender Grund für die gesetzliche Differenzierung fehle. Nur die Einhaltung dieser äußersten Grenzen sei unter dem Gesichtspunkt des Gleichheitssatzes zu prüfen, nicht aber die Frage, ob der Gesetzgeber im einzelnen die zweckmäßigste, vernünftigste oder gerechteste Lösung gefunden habe.[66] Aus der Auslegung des Gleichheitssatzes als eines bloßen Willkürverbotes folge, daß der Gesetzgeber nicht jede denkbare und mögliche Differenzierung vornehmen müsse.[67]

Eine Gleichbehandlung ungleicher Sachverhalte kann nach dem Grundsatz der sog. Typengerechtigkeit zulässig sein. Dieser Grundsatz gestattet dem Gesetzgeber, bei der Gestaltung abgabenrechtlicher Regelungen in der Weise zu verallgemeinern und zu pauschalieren, daß an Regelfälle eines Sachbereichs angeknüpft wird und dabei die Besonderheiten von Einzelheiten außer Betracht bleiben.[68] Dadurch kann die Gleichbehandlung ungleicher Sachverhalte indessen nur so lange gerechtfertigt werden, als nicht mehr als 10% der von der Regelung betroffenen Fälle dem „Typ" widersprechen.[69]

Sachliche Gründe, die eine willkürliche Ungleichbehandlung von wesentlich Gleichem ausschließen, liegen nach der Rechtsprechung auch in den Gesichtspunkten der Verwaltungspraktikabilität und der besonderen örtlichen Verhältnisse, die der Ortsgesetzgeber im Rah-

---

[65] BVerwGE 26, 305 (308f.); BVerwG, KStZ 1975, 191 (192); BVerwG, NVwZ 1982, 622 (623f.), NVwZ 1985, 496, NVwZ 1989, 456 (457); vgl. auch BVerwG, NVwZ 1988, 159 (160), NVwZ-RR 1989, 577 zu sog. wiederkehrenden Beiträgen nach rheinland-pfälzischem Recht; Kritik an der Rspr. zum Äquivalenzprinzip bei *Dahmen* (Fn. 62), § 6 Rdn. 206ff.
[66] BVerwGE 26, 317 (320); BVerwG, NVwZ 1982, 622 (623); *J. Scholz*, BWGZ 1989, 239 (248f.).
[67] BVerwG, NVwZ 1985, 496, NVwZ 1987, 503, NVwZ-RR 1989, 577; vgl. auch *Dahmen* (Fn. 62), § 4 Rdn. 78ff., 81; Kritik an der Rspr. wegen zu weitgehender Differenzierungsgebote bei *Stolterfoht*, NVwZ 1982, 605 (607); *Gern*, NVwZ 1986, 713 (715).
[68] BVerwG, NVwZ 1982, 622 (623), NVwZ 1983, 289 (290).
[69] BVerwG, NVwZ 1987, 231 (232); vgl. auch BVerwG, NVwZ 1984, 380 für Beiträge; zu den Grenzen der zulässigen Typisierung im kommunalen Beitragsrecht vgl. *Reichert/Reichert-Leininger*, KStZ 1980, 46; zur Kurtaxe vgl. VGH BW, BWGZ 1986, 372; *Gern*, NVwZ 1987, 1042 (1046).

men seiner Gestaltungsfreiheit berücksichtigen darf.[70] Der Gesichtspunkt der Verwaltungspraktikabilität[71] steht in einem Spannungsverhältnis zu dem aus der Abgabengerechtigkeit folgenden Differenzierungsgebot. Nach Ansicht des OVG RhPf[72] müssen die an eine Regelung hinsichtlich der materiellen Gerechtigkeit zu stellenden Anforderungen desto geringer angesetzt werden, je schwieriger sich eine gerechte Regelung praktisch verwirklichen läßt.

Mit dem Äquivalenzprinzip und dem Willkürverbot ist es vereinbar, die Benutzungsgebühren nach einem Wahrscheinlichkeitsmaßstab zu bemessen, wobei der Satzungsgeber nicht verpflichtet ist, unter mehreren geeigneten Wahrscheinlichkeitsmaßstäben denjenigen zu wählen, der dem Wirklichkeitsmaßstab am nächsten kommt.[73] Auch müssen für die Wahrscheinlichkeit eines von der Maßstabsregelung vorausgesetzten Zusammenhangs keine Beweise erbracht werden. Der Ortsgesetzgeber hat lediglich zu prüfen, ob der von der Maßstabsregelung vorausgesetzte Zusammenhang denkbar und nicht offensichtlich unmöglich ist. Ist letzteres der Fall, liegt ein offensichtliches Mißverhältnis zur Inanspruchnahme vor. Nur in diesem Fall ist der gewählte Wahrscheinlichkeitsmaßstab unzulässig.[74]

Im einzelnen sind folgende Bereiche umstritten:

Bezüglich Müllgebühren vertritt der VGH BW die Ansicht, der Satzungsgeber müsse die Müllgebührensätze bzw. -anteile je Haushaltsangehörigen bzw. je Bewohner eines Grundstücks degressiv gestalten, wenn er die Gebührenbemessung am Grundsatz der Leistungsproportionalität ausrichte. Der Ansicht des OVG NW sowie des BayVGH, wonach es dem Satzungsgeber aus Gründen der Verwaltungspraktikabilität gestattet sei, es bei der Erhebung einer gleich hohen Gebühr je Person zu belassen, ist der VGH BW nicht gefolgt, weil nach seiner Ansicht degressiv gestaffelte Gebührensätze keinen nennenswerten zusätzlichen Verwaltungsaufwand gegenüber einer linearen Staffelung der Gebührensätze verursachten. Die Entscheidung über die Höhe der einzelnen Degressionsstufen liege weitgehend im Ermessen des Satzungsgebers. Willkürlich, d.h. ohne hinreichende sachliche Rechtfertigung sei es hingegen, wenn er andernorts vorgenommene Erhebungen, die zwar nicht in den Einzelergebnissen, wohl aber in ihrer Tendenz verallgemeinerungsfähig erschienen, bei

---

[70] BVerwGE 49, 227 (230).
[71] BVerwG, NVwZ 1982, 622 (623); vgl. noch BVerwG, KStZ 1985, 107, KStZ 1989, 136 (137), NVwZ 1989, 456; *Gern,* NVwZ 1986, 713 (714, 715).
[72] OVG RhPf, NVwZ 1985, 440.
[73] BVerwG, NVwZ 1985, 496 (497); VGH BW, VBlBW 1984, 346.
[74] OVG NW, Der Gemeindehaushalt 1983, 214 (215); zur früheren Rechtslage in NW vgl. *Hinsen,* in: Schmidt/Roithmeier, Kommunen vor Verwaltungsgerichten, 1979, S. 27 (28, 29f.).

der Gebührenbemessung übergehe, ohne sich selbst durch eigene Erhebungen zuverlässigere Erkenntnisse verschafft zu haben.[75]

Umstritten ist, ob es zulässig ist, einen Ortsfremden-Zuschlag (Auswärtigen-Zuschlag) auf kommunale Gebühren zu erheben. Von dieser Praxis wird insbesondere bei Friedhofsgebühren häufig Gebrauch gemacht. Die Rechtsprechung hält dies unter Hinweis auf das Äquivalenzprinzip für unzulässig. Das Schrifttum hält den Ortsfremden-Zuschlag teilweise für zulässig, wenn eine Gemeinde keine kostendeckende Gebühr erhebe und insoweit ihre Einwohner aus allgemeinen Steuermitteln subventioniere. Dies sei Ausfluß des kommunalen Selbstverwaltungsrechts. Eine Verletzung des Gleichheitssatzes scheide aus.[76]

Eine vor allem in jüngster Zeit umstrittene Frage ist, inwieweit bei Kindergartengebühren eine soziale Staffelung erfolgen darf. Dies wurde teilweise unter Hinweis auf den in den Kommunalabgabengesetzen normierten Grundsatz der speziellen Entgeltlichkeit abgelehnt.[77] Auch wenn insoweit eine generelle Staffelung der Kindergartengebühren nach dem Einkommen der Eltern als unzulässig angesehen wird, verbleibt die Möglichkeit einer Ermäßigung aus sozialen Gründen für bestimmte Personengruppen[78] bzw. ein Billigkeitserlaß im Einzelfall.

Dagegen hat der VGH BW[79] entschieden, daß mangels einer speziellen landesrechtlichen Regelung das Äquivalenzprinzip nur in seiner bundesrechtlichen Ausprägung gelte. Es bilde nur eine Obergrenze, unterhalb derer die Gestaltungsfreiheit des Satzungsgebers bei der Gebührenbemessung im wesentlichen nur durch das aus dem Gleichheitssatz folgende Willkürverbot eingeschränkt sei. Mit dem bundesrechtlichen Äquivalenzprinzip sei eine Staffelung der Kindergartengebühren aus sozialen Gründen vereinbar, sofern dies nicht auf Kosten der übrigen Gebührenpflichtigen, sondern auf Kosten der Allgemeinheit geschehe. Der Satzungsgeber sei jedoch nicht verpflichtet,

---

[75] VGH BW, VBlBW 1988, 142; *J. Scholz*, BWGZ 1989, 239 (252); OVG NW, Der Gemeindehaushalt 1983, 214; BayVGH, BayVBl. 1985, 17; vgl. noch OVG Lüneburg, NVwZ 1985, 441; HessVGH, KStZ 1987, 191; BayVGH, NVwZ 1989, 179; OVG RhPf, Urt. v. 29.11.1989 – 10 C 30/89 zu § 25 KAG RhPf.
[76] OVG NW, NJW 1979, 565; OVG Lüneburg, Urt. v. 25.1.1978 – VIII A 2/78; *Faiss*, KAG BW, § 9 Rdn. 31, 34e; *Bauernfeind* (Fn. 59), § 1 Rdn. 54; a.A. *Schieder/Happ*, Bayerisches Kommunalabgabengesetz, Art. 8 Rdn. 8.2.1; *Hatopp*, KAG Nds, § 5 Anm. 10.
[77] HessVGH, NJW 1977, 452; OVG Lüneburg, NVwZ 1987, 708, ebenso jetzt OVG Lüneburg zu § 6 Abs. 4 Satz 2 KAG SH, NST-N 1989, 245 sowie VG Schleswig, Die Gemeinde SH 1989, 318; bestätigt durch OVG Lüneburg – 3 B 86/88.
[78] OVG Lüneburg, NST-N 1989, 245; OVG Münster, OVGE 37, 160 (162); *Hinsen*, KStZ 1986, 181 (183).
[79] VGH BW, ESVGH 34, 274; *J. Scholz*, BWGZ 1989, 239 (249).

die Kindergartengebühren nach dem Einkommen der Eltern zu staffeln. Neuerdings behelfen sich die Gerichte damit, daß sie Kindergartengebühren nicht als Gebühren oder Beiträge im abgabenrechtlichen Sinne verstehen, vielmehr als Entgelte, die auf einer eigenständigen, unabhängigen Ermächtigung in den Kindergartengesetzen oder in bundes- und landesrechtlichen Regelungen des Jugendwohlfahrtsrechts beruhten und deshalb nicht an abgabenrechtlichen Prinzipien zu messen seien.[80] Soweit man das Problem nicht durch den Hinweis auf die Vorrangigkeit spezieller Gesetze lösen will, bleiben die jeweiligen landesgesetzlichen Regelungen des Kommunalabgabenrechts für die Beantwortung der Frage maßgebend. Danach gilt jedoch der Grundsatz der speziellen Entgeltlichkeit nicht überall absolut, vielmehr können teilweise bei der Gebührenbemessung auch öffentliche Belange bzw. Interessen berücksichtigt werden (Art. 8 Abs. 4 KAG Bay; § 5 Abs. 1 Satz 3 KAG Nds).[81] Dies läßt auch eine Beachtung des Sozialstaatsprinzips zu. Danach kommt eine soziale Staffelung vor allem dort in Betracht, wo Einrichtungen dem Sozialstaat besonders dienen sollen, wie etwa im Kindergarten-, aber auch im Altenheim- und Betreuungsbereich. Allerdings darf der Ausfall an Gebühren durch die Begünstigung sozial schwächerer Bevölkerungskreise nicht zu Lasten der übrigen Benutzer gehen, sondern muß von der Gemeinde aus allgemeinen Deckungsmitteln bestritten werden.[82]

Neuerdings stellt sich auch die Frage, ob bei der Gebührenbemessung neben der Berücksichtigung sozialer Gesichtspunkte auch verbrauchslenkende Anreize, etwa zur Müllvermeidung oder zum sparsamen Wasserverbrauch zulässig sind. In § 10 Abs. 2 Satz 3 (für Benutzungsgebühren) und in § 17 Abs. 5 Satz 1 (für wiederkehrende Beiträge) des neuen KAG RhPf ist dies ausdrücklich geregelt.[83] Aber auch wenn keine diesbezügliche Regelung vorliegt, wird dies zunehmend bejaht.[84] Die darüber hinausgehende Frage, inwieweit die

---

[80] OVG Bremen, NVwZ-RR 1989, 269; OVG NW, NVwZ-RR 1989, 273; OVG RhPf, Urt. v. 7. 9. 1988 – 6 A 78/88; vgl. noch *Gern*, DVBl. 1984, 1164; *Schmid*, ZKF 1985, 26; *Wilke*, in: Püttner (Hrsg.), HdkWP, Bd. 6, 2. Aufl. 1985, S. 246 (256f.); *Rogosch*, KStZ 1987, 121; *Brückmann*, KStZ 1988, 21.
[81] Vgl. dazu jetzt OVG Lüneburg, NVwZ 1990, 91 (9. Senat, Abw. v. d. Rspr. des bisher zuständigen 3. Senats); grds. zur Berücksichtigung von Nebenzwecken neben der Einnahmenerzielung bei der Gebührenerhebung, BVerfGE 50, 217 (226f.).
[82] OVG Lüneburg, NVwZ 1990, 91 (93); *Schieder/Happ* (Fn. 78), Art. 8 Anm. 8.2.2; *Faiss*, KAG BW, § 9 Rdn. 31; *Schmid*, ZKF 1985, 26 (28).
[83] Vgl. dazu *Bogner/Steenbock*, KAG RhPf, § 10 Anm. III 4, Rdn. 130ff.
[84] Vgl. OVG Lüneburg, NVwZ 1985, 441 (442); VGH BW, VBlBW 1984, 346 (348); Gemeindetag BW, BWGZ 1986, 648 (657, 668); *Faiss*, KAG BW, § 9 Rdn. 30; *J. Scholz*, BWGZ 1989, 239 (249, 250); BayVGH, NVwZ 1989, 179 (180); *Dahmen* (Fn. 62), § 4 Rdn. 56f.; zur Berücksichtigung von Nebenzwecken bei Vergnügungs-

Kommunen auch zusätzliche Abgaben zur Verwirklichung von Umweltschutzzielen auf kommunaler Ebene erheben können, ist noch nicht geklärt.[85]

d) Satzungen über Beiträge nach KAG

Kommunale *Beiträge* werden von den Grundstückseigentümern als Gegenleistung dafür erhoben, daß ihnen durch die Möglichkeit der Inanspruchnahme der Einrichtungen und Anlagen wirtschaftliche Vorteile geboten werden (§ 8 Abs. 2 Satz 2 KAG NW). Bei dem Begriff des Vorteils handelt es sich um einen ausfüllungsbedürftigen unbestimmten Rechtsbegriff.[86] Demnach prüfen die Gerichte nach, ob in dem dem Beitrag zugrunde liegenden Tatbestand bzw. Gegenstand überhaupt ein Vorteil für den Beitragspflichtigen besteht und ob der Beitrag vorteilsgerecht bemessen worden ist. Die erste Frage stellt sich etwa hinsichtlich des Problems, ob der Ausbau bzw. Umbau einer Straße eine Verbesserung (etwa i.S.d. § 8 Abs. 2 Satz 1 KAG NW) darstellt. Dafür ist nicht entscheidend, ob die Anlieger subjektiv eine Verbesserung erkennen. Maßgeblich ist vielmehr, ob für die Gesamtheit der Straßenbenutzer objektiv eine Verbesserung eingetreten ist.[87] Eine beitragsfähige Verbesserung einer Straße durch Umbaumaßnahmen kann ausgeschlossen sein, soweit zugleich mit dem Ausbau eine Verschlechterung der Situation durch Verkehrserschwernisse eintritt. Die Verschlechterung kann als Vorteilsminderung die Verbesserung als Vorteilserhöhung kompensieren.[88]

Die von den Gemeinden erhobenen Beiträge müssen „in richtigem Verhältnis" zu den besonderen wirtschaftlichen Vorteilen stehen, die den beitragspflichtigen Grundstückseigentümern durch die Inanspruchnahme der öffentlichen Einrichtung geboten werden. Insoweit sei allerdings davon auszugehen, daß der Gemeinde ein ortsgesetzgeberisches Ermessen zustehe, insbesondere bei der Bestimmung des sog. Gemeindeanteils, durch den der Vorteil der öffentlichen Einrichtung für die Allgemeinheit abgegolten werde. Als Fehler der gemeindlichen Ermessensausübung kämen insbesondere Verstöße gegen das Vorteilsprinzip oder gegen den allgemeinen Gleichheits-

---

steuersatzungen – erhöhte Besteuerung von sog. Killerautomaten – vgl. OVG Lüneburg, NVwZ 1989, 591.
[85] Zu Verpackungssteuern bzw. -abgaben vgl. *Graf*, ZKF 1988, 172; *Corsten*, ZKF 1989, 2; *Gern*, KStZ 1989, 61; *Tiedemann*, DÖV 1990, 1.
[86] OVG NW, VerwRspr. 28, 464; *Driehaus*, Erschließungs- und Ausbaubeiträge, 2. Aufl. 1987, Rdn. 818; ders., in: ders. (Hrsg.), Kommunalabgabenrecht, 1989, § 8 Rdn. 265.
[87] OVG NW, NVwZ 1984, 671; HessVGH, KStZ 1985, 171; *Gern*, NVwZ 1985, 241 (244), NVwZ 1986, 713 (717),NVwZ 1987, 1042 (1046), NVwZ 1988, 1088 (1091).
[88] OVG NW, NVwZ-RR 1989, 663; *Gern*, NVwZ 1982, 416 (420); *Driehaus* (Fn. 86), § 8 Rdn. 307.

grundsatz in Betracht.[89] Im Gegensatz zu Straßenausbaubeitragssatzungen ist bei Satzungen über Wasserversorgungs- und Entwässerungsbeiträge umstritten, ob die Absetzung eines gemeindlichen Eigenanteils erforderlich ist.[90] Ebenso wie im Erschließungsbeitragsrecht sind im Straßenbaubeitragsrecht Maß und Art der Grundstücksnutzung ein geeignetes Kriterium, an das die Verteilung des umlagefähigen Aufwands anknüpfen kann. Die Entscheidung über die Mehrbelastung, die etwa gewerblich oder industriell nutzbare Grundstücke erfahren müssen (Höhe des Artzuschlags), liegt auch hier im ortsgesetzgeberischen Bewertungsermessen.[91] Das gleiche gilt nach der Rechtsprechung des OVG NW für Kanalanschlußbeiträge. Dagegen zwingt nach der Rechtsprechung des VGH BW das Vorteilsprinzip den Ortsgesetzgeber grundsätzlich nicht, in der Entwässerungsbeitragssatzung einen sog. Artzuschlag für gewerblich oder industriell genutzte oder nutzbare Grundstücke vorzusehen, da die durch die Anschlußmöglichkeit geschaffenen Vorteile bei gewerblich oder industriell genutzten bzw. nutzbaren Grundstücken regelmäßig nicht größer seien als bei einer anderen Nutzungsart.[92]

Die Schwierigkeit der Beitragsbemessung und -berechnung in der Praxis illustriert folgende Formel, die das BVerwG[93] für die Abgrenzung des bundesrechtlich relevanten Erschließungsaufwands und des landesrechtlich relevanten Entwässerungsaufwands gefunden hat: Die Kosten einer sowohl der Straßenentwässerung als auch der Grundstücksentwässerung (Schmutzwasser) dienenden Mischkanalisation sind auf den bundesrechtlich relevanten Erschließungsaufwand und den landesrechtlich relevanten Entwässerungsaufwand in der Weise aufzuteilen, daß zunächst die Kostenmassen der allein der Straßenentwässerung, der allein der Grundstücksentwässerung und der beiden Funktionen dienenden Bestandteile der Anlage getrennt ermittelt und sodann die letztgenannten Kosten auf die Straßenentwässerung und die Grudnstücksentwässerung in dem Verhältnis aufgeteilt werden, in dem die Kosten einer selbständigen Regenwasserkanalisation für die

---

[89] OVG Lüneburg, Urt. v. 12. 1. 1988 – 9 C 2/87; zum Ermessen bei der Bestimmung des Gemeindeanteils vgl. noch OVG Lüneburg, KStZ 1981, 89; *Gern*, NVwZ 1982, 416 (420); zur Berücksichtigung des Gleichheitssatzes im Beitragsrecht vgl. noch BVerwG, NVwZ 1983, 289, NVwZ 1984, 380, NVwZ 1986, 483.

[90] Bejahend VGH BW, VBlBW 1985, 299 (302); dazu *Gern*, NVwZ 1983, 451 (454); ders., NVwZ 1986, 713 (716); verneinend BayVGH, NVwZ 1983, 425; dazu *Gern*, NVwZ 1984, 691 (693).

[91] *Driehaus*, Erschließungs- und Ausbaubeiträge, Rdn. 970; ders., Kommunalabgabenrecht, § 8 Rdn. 472, 476.

[92] OVG NW, Der Gemeindehaushalt 1988, 162; VGH BW, BWGZ 1983, 685; vgl. aber VGH BW, BWGZ 1987, 162 (163 f.); *Gern*, NVwZ 1984, 691 (694).

[93] BVerwG, NVwZ 1986, 221; *Gern*, NVwZ 1987, 1042 (1045).

Straßen und die Kosten einer selbständigen Schmutzwasserkanalisation zueinander stehen.

e) Allgemeine Anforderungen

Soweit es sich bei dem Erlaß kommunaler Satzungen nicht um Pflichtsatzungen handelt, wie etwa bei Haushaltssatzungen und überwiegend bei Hauptsatzungen, hängt der Erlaß einer Satzung in der Regel davon ab, ob die Kommune einen entsprechenden Gestaltungsbereich aufgreift.[94] In Ausnahmefällen ist der Satzungsinhalt vorgegeben, wie etwa bei Haushaltssatzungen, oder die zugrundeliegenden Gesetze regeln bestimmte Mindestanforderungen, wie etwa bei Abgabensatzungen. Im übrigen ist eine Regelungspflicht aus der Funktion der kommunalen Satzungsgebung (Art. 28 Abs. 2 GG) zu bestimmen. Danach obliegt dem erlassenden Organ (Gemeinderat) aufgrund seiner demokratischen Legitimation (Art. 28 Abs. 1 Satz 2 GG), ähnlich wie dem staatlichen Parlament, die Regelung der grundsätzlichen und wesentlichen, d.h. vor allem grundrechtsrelevanten Anliegen.[95] So unterliegt etwa der Regelungspflicht des kommunalen Satzungsgebers im Hinblick auf ihre grundrechtsverwirklichende Bedeutung die Festlegung von Ausnahmen und Befreiungen, etwas bei Baumschutzsatzungen oder Satzungen, die einen Anschluß- und Benutzungszwang anordnen.[96] Dagegen fällt die Regelung weniger wichtiger Angelegenheiten, von Einzelfällen sowie von solchen Entscheidungen, die sich einer generalisierenden Regelung entziehen,[97] aus der Regelungskompetenz des Satzungsgebers heraus. Durch Satzung darf dem Gemeindevorstand/Magistrat die Entscheidung übertragen werden, ob, unter welchen Voraussetzungen und in welchem Umfang im Einzelfall von den in der Satzung festgelegten Merkmalen der endgültigen Herstellung einer Erschließungsanlage abgewichen werden kann.[98] In der Regelungskompetenz und -verantwortung des Satzungsgebers liegt es weiterhin, ähnlich wie bei Gesetzen und Rechtsverordnungen, die von ihm erlassenen Rechtsnormen nach angemessener Frist auf ihre fortdauernde Geeignetheit zu überprüfen und ggf. nachzubessern bzw. anzupassen. Teilweise ist eine solche Anpassungspflicht sogar ausdrücklich gesetzlich geregelt.[99]

---

[94] *Schmidt-Jortzig*, Kommunalrecht, 1982, Rdn. 625.
[95] Vgl. auch *Maurer*, Allgemeines Verwaltungsrecht, 6. Aufl. 1988, § 9 Rdn. 34; OVG Lüneburg, ZfBR 1987, 206 (208).
[96] Vgl. *Wolff/Bachof/Stober*, Verwaltungsrecht II, 5. Aufl. 1987, § 99 Rdn. 21; *Kunze/Bronner/Katz/von Rotberg*, GO BW, § 11 Rdn. 22; VGH BW, ESVGH 30, 150.
[97] BVerwG, NVwZ 1989, 566 (569), NVwZ-RR 1989, 212 (213).
[98] HessVGH, Der Gemeindehaushalt 1987, 186, Der Gemeindehaushalt 1988, 159; vgl. aber auch OVG Münster, NVwZ 1983, 752.
[99] Vgl. etwa § 9 Abs. 2 Satz 3 KAG BW, dazu *J. Scholz*, BWGZ 1989, 239 (243); vgl. noch OVG NW, KStZ 1986, 138 (140).

Soweit Satzungen grundrechtsrelevante, insbesondere belastende Wirkungen erzeugen, bedürfen sie einer ausdrücklichen gesetzlichen Ermächtigungsgrundlage. Die allgemeine Ermächtigungsnorm zum Erlaß von Satzungen in den Gemeindeordnungen reicht hierzu nicht aus.[100] Dies gilt etwa für die Regelung eines Anschluß- oder Benutzungszwangs, für den Erlaß örtlicher Bauvorschriften, für Abgabensatzungen oder für Sanktionsbewehrungen.[101] Ebenfalls aus grundrechtlicher Sicht ist zu fordern, daß es sich um eine hinreichend bestimmte Ermächtigungsgrundlage handeln muß. Die Anforderungen an die Bestimmtheit können nicht einheitlich festgestellt werden. Sie hängen von den Besonderheiten des jeweiligen Regelungsgegenstandes sowie der Art und Intensität des Verhaltens, zu dem die Verwaltung ermächtigt wird, insbesondere des Ausmaßes und der Intensität, mit der Grundrechte betroffen werden, ab.[102]

Der HessVGH hat die in §§ 1 Abs. 1, 2 Abs. 1 KAG Hess enthaltene allgemeine Ermächtigung der Kommunen zum Erlaß von Gebührensatzungen nach Maßstab des KAG für ausreichend gehalten, um im Rahmen von Dauerbenutzungsverhältnissen die Erhebung von Abschlagszahlungen vorzusehen. Für die Bestimmtheit der Satzungsermächtigung genüge die durch § 10 KAG vorgenommene Bezeichnung des Gegenstandes, der der autonomen Regelung durch Satzung überantwortet werde. Dagegen gehen das OVG NW und der Bay VGH[103] davon aus, daß die Regelung von Vorauszahlungen in Gebühren- und Beitragssatzungen einer ausdrücklichen gesetzlichen Ermächtigungsgrundlage bedürfe, die in den jeweiligen KAG nicht vorhanden sei. In diesen Zusammenhang gehört auch die Entscheidung des BayVGH[104] zur satzungsmäßigen Beschränkung der Haftung einer Gemeinde aus § 839 BGB i. V. m. Art. 34 GG. Der BayVGH geht davon aus, daß Art. 24 Abs. 1 Nr. 1 GO, der die Ermächtigung enthält, die Benutzung der öffentlichen Einrichtungen zu regeln, auch die Ermächtigung beinhalte, diese gesetzlich begründete Haftung durch Satzung auf Vorsatz und grobe Fahrlässigkeit zu beschränken.

Bei der Ausgestaltung kommunaler Satzungen sind vor allem Grundrechte zu beachten. Dies führt dazu, daß etwa bei örtlichen Bauvorschriften[105] oder Baumschutzsatzungen besonders sorgfältig

---

[100] *Schmidt-Aßmann*, in: von Münch (Hrsg.), Besonderes Verwaltungsrecht, 8. Aufl. 1988, S. 97 (164); *Ossenbühl*, in: Isensee/Kirchhof (Hrsg.), Handbuch des Staatsrechts, Bd. 3, 1988, § 66 Rdn 28 ff.
[101] Dazu OVG Lüneburg, DÖV 1986, 341.
[102] Vgl. *Hill*, DVBl. 1985, 88 (90 m..w.N.).
[103] HessVGH, Der Gemeindehaushalt 1987, 137 (140); OVG NW, DVBl. 1986, 780; BayVGH, BayVBl. 1985, 691; vgl. auch *Gern*, NVwZ 1987, 1042 (1043).
[104] BayVGH, NVwZ 1985, 844.
[105] Vgl. etwa BVerwG, BRS 36, 315; VGH BW, BRS 39, 283.

geprüft wird, ob Art. 14 Abs. 1 GG verletzt ist, oder bei Steuersatzungen, ob diesen eine erdrosselnde Wirkung zukommt.[106] Neuerdings wird etwa bei örtlichen Bauvorschriften ähnlich wie bei der Planrechtfertigung im Planfeststellungs- und Bauplanungsrecht zunächst gefragt, ob die Regelung der Satzung zur Verwirklichung der gesetzlichen Ziele im Hinblick auf die betroffenen Grundrechte (Art. 14 Abs. 1 GG) erforderlich, d. h. vernünftigerweise geboten ist.[107]
Im übrigen liegt die inhaltliche Ausgestaltung der Satzung weitgehend im sog. Regelungs-, Gestaltungs- oder Organisationsermessen (auch ortsgesetzgeberisches oder normatives Ermessen genannt) des Gemeinderates, das nur durch den zugrundeliegenden (gesetzlich geregelten) Zweck sowie durch die aus den Grundrechten abgeleiteten Grundsätze der Verhältnismäßigkeit und des Willkürverbotes begrenzt wird.[108]
Die inhaltlichen Regelungen bzw. Festsetzungen der Satzung müssen hinreichend bestimmt sein. Das Maß der erforderlichen Bestimmtheit richtet sich nach der Eigenart des zu ordnenden Lebenssachverhalts und nach dem Normzweck. So werden etwa an die Bestimmtheit einer Satzungsregelung je nach Satzungsart und Inhalt unterschiedliche Anforderungen zu stellen sein.[109] Viel Aufsehen hat in jüngster Zeit in der Praxis eine Entscheidung des OVG NW zur Bestimmtheit von Baumschutzsatzungen erregt. Das BVerwG hat dem OVG NW vorgehalten, es stelle zu hohe Anforderungen an den Bestimmtheitsgrundsatz. Der Zweck einer Baumschutzsatzung sei hinreichend deutlich durch die Angabe beschrieben, sie bezwecke die Bestandserhaltung der Bäume; einer besonderen Rechtfertigung der

---

[106] Vgl. OVG NW, NVwZ 1989, 588; OVG Lüneburg, NVwZ 1989, 591 sowie jetzt BVerwG, ZKF 1990, 15.
[107] Vgl. etwa OVG Lüneburg, BRS 35, 251 (253); 44, 281 (282); VGH BW, BRS 39, 282; vgl. auch OVG RhPf, BauR 1989, 68.
[108] Vgl. etwa für die Regelung der Benutzung öffentlicher Einrichtungen VGH BW, NJW 1979, 1900 – Badeordnung; BayVGH, DVBl. 1985, 904 – Archivsatzung; Bay VGH, BayVBl. 1977, 369 – Straßenreinigung; für die Bestimmung der Größe von Mülleimern BayVGH, NVwZ 1983, 423 oder die Einführung sog. grüner Mülltonnen, OVG NW, DÖV 1988, 307; für die Festlegung von Ablösungsbeträgen für Einstellplätze gem. § 47 Abs. 6 Satz 2 NdsBauO, OVG Lüneburg, dng 1988, 63; für die Regelung der Mitgliederzahl von Ausschüssen des Gemeinderates, VGH BW, DÖV 1988, 472 oder die Verteilung der Sitze auf mehrere Wohnbezirke bei der sog. unechten Teilortswahl gem. § 27 Abs. 2 GO BW, VGH BW, Urt. vom 3. 8. 1989 – 1 S 1754/89, durch die Hauptsache.
[109] VGH BW, NVwZ 1989, 174 (175); zur Bestimmtheit von Abgabensatzungen vgl. etwa *Bauernfeind* (Fn. 59), § 2 Rdn. 69ff.; speziell für Vergnügungssteuersatzungen vgl. OVG Lüneburg, NVwZ 1989, 591 (593), Die Gemeinde SH 1989, 185; zur Bestimmtheit von örtlichen Bauvorschriften vgl. VGH BW, BRS 38, 335; OVG NW, BRS 40, 341 = NVwZ 1983, 752; OVG Lüneburg, BRS 46, 280.

Unterschutzstellung der Bäume für einzelne Stadtgebiete bedürfe es nicht.[110]

Besondere Bedeutung gewinnt in der Rechtsprechung die Frage, inwieweit sog. *unbestimmte Rechtsbegriffe* gerichtlich voll überprüfbar sind bzw. der Gemeinde einen Beurteilungsspielraum einräumen. Nach überkommener verwaltungsrechtlicher Dogmatik[111] sind unbestimmte Rechtsbegriffe grundsätzlich voll überprüfbar. Ein Beurteilungsspielraum der Gemeinde kann sich daher nur aus dem normativen Zusammenhang ergeben, in dem der unbestimmte Rechtsbegriff vom Gesetzgeber gebraucht wird, d. h. anhand der Auslegung des Gesetzeswortlauts muß festgestellt werden, inwieweit der Gesetzgeber die Gemeinde zu einem letztverantwortlichen Entscheidungsspielraum ermächtigen wollte. Im einzelnen sind folgende Beispiele von Interesse:

– Bei der Veranschlagung von Gebühren sind auch die haushaltsrechtlichen Gebote der Wirtschaftlichkeit und Sparsamkeit zu beachten. Bei deren Anwendung steht den Gemeinden nach der Rechtsprechung ein weitgehender Entscheidungsspielraum zu. Die gerichtliche Prüfung der Grundsätze der Sparsamkeit und Wirtschaftlichkeit beschränkt sich auf die Frage, ob die einschlägigen Ausgabensätze des Haushaltsplans einen sachlich nicht mehr vertretbaren Verbrauch öffentlicher Mittel erkennen lassen.[112]

– In den Gemeindeordnungen ist weiterhin bestimmt, daß die Gemeinde die zur Erfüllung ihrer Aufgaben erforderlichen Einnahmen, soweit vertretbar und geboten, aus Entgelten für ihre Leistungen, im übrigen aus Steuern zu beschaffen hat, soweit die sonstigen Einnahmen nicht ausreichen. Bei diesen Vorschriften handelt es sich um verbindliches Haushaltsrecht, nicht nur um eine finanzpolitische Programmbestimmung.[113] Inwieweit die unbestimmten Rechtsbegriffe „vertretbar und geboten" der Gemeinde einen Beurteilungsspielraum einräumen, ist umstritten.[114] Das OVG NW vertritt nun eine differenzierende Auffassung. Danach räumt das Tatbestandsmerkmal „vertretbar" der Gemeinde einen Gestaltungsspielraum ein und ist gerichtlich nur eingeschränkt überprüfbar.

---

[110] OVG NW, NVwZ 1986, 494; dazu *Dombert*, StGB 1987, 551; BVerwG, NVwZ 1989, 555.

[111] Vgl. *Maurer* (Fn. 95), § 7 Rdn. 22.

[112] OVG NW, KStZ 1980, 112; dazu *Gern*, NVwZ 1987, 416 (417); vgl. auch OVG Lüneburg, KStZ 1981, 193; OVG NW, NJW 1983, 2517 (2518), NVwZ 1988, 1156 (1157); *Dahmen* (Fn. 62), § 4 Rdn. 12; zur Notwendigkeit einer Ausschreibung vgl. OVG RhPf, KStZ 1986, 113; *J. Scholz*, BWGZ 1989, 239 (247); im Zusammenhang mit Haushaltssatzungen vgl. BVerfG, NVwZ 1989, 45 (46) sowie oben S. D 26.

[113] OVG RhPf, NVwZ 1986, 148; dazu *Gern*, NVwZ 1987, 1042 (1046).

[114] Vgl. einerseits OVG RhPf, NVwZ 1985, 511 (verneinend); andererseits VG Braunschweig, KStZ 1989, 154 (bejahend).

Das Tatbestandsmerkmal „geboten" binde die Gemeinde – gerichtlich voll überprüfbar – an den Grundsatz der Verhältnismäßigkeit.[115]
- Im Zusammenhang mit den Beratungen zum Erlaß eines Baugesetzbuchs war vorgeschlagen worden, § 1 Abs. 6 BBauG, nach dem die Bauleitpläne eine geordnete städtebauliche Entwicklung gewährleisten sollen, um den Zusatz: „nach sachgemäßer Beurteilung der Gemeinde" zu ergänzen.[116] Ein ähnlicher Vorschlag ging dahin, in § 1 Abs. 7 BBauG, nach dem bei der Aufstellung der Bauleitpläne die öffentlichen und privaten Belange gegeneinander und untereinander gerecht abzuwägen sind, einzufügen, daß diese Abwägung von den Gemeinden „im Rahmen ihrer Gestaltungsfreiheit nach sachgemäßer Beurteilung" getroffen werden sollte.[117] Während der erste Vorschlag die allgemeinen Ziele der Bauleitplanung (sog. Planungsleitsätze) betrifft, die ebenso wie die nachfolgenden konkreten Planungsleitlinien unbestimmte Rechtsbegriffe darstellen, die der gerichtlichen Kontrolle unterliegen,[118] zielt der zweite Vorschlag auf die Gewichtung der einzelnen Belange innerhalb der Abwägung, die als Akt planerischen Ermessens nur im Hinblick auf sog. Abwägungsfehler vom Gericht überprüfbar ist. Nur der erste Vorschlag hätte daher eine Änderung der geltenden Rechtsprechung bewirken können. Beide Vorschläge sind jedoch im Gesetzgebungsverfahren nicht verwirklicht worden.
- Daß auch gesetzliche Ermächtigungen an die Gemeinde zur letztverantwortlichen Entscheidung von den Gerichten nicht immer respektiert werden, zeigen die folgenden zwei Beispiele: Die Einführung des sog. Anschluß- und Benutzungszwangs für kommunale Einrichtungen hängt nach den Gemeindeordnungen von einem „öffentlichen Bedürfnis" ab. Ob dieser Begriff einen Beurteilungsspielraum einräumt, ist umstritten.[119] Als Antwort auf diese Rechtsprechung der Gerichte hat der niedersächsische Landesgesetzgeber § 8 Nr. 2 GO Nds dahin umformuliert, daß die Gemeinden den beschriebenen Anschluß- und Benutzungszwang durch Satzung

---

[115] OVG NW, Urt. v. 7. 9. 1989 – 4 A 698/84; vgl. zuvor OVG NW, Der Städtetag 1979, 767, DVBl. 1980, 72 (73), NVwZ 1988, 1156 (1157); *Dahmen* (Fn. 62), § 4 Rdn. 12.
[116] Vgl. *Helmrich*, in: Götz/Klein/Starck (Hrsg.), Die öffentliche Verwaltung zwischen Gesetzgebung und richterlicher Kontrolle, 1986, S. 227; ebenso *Papier*, DÖV 1986, 621 (628).
[117] *Stich*, ZG 1986, 148 (156).
[118] Vgl. *Krautzberger*, in: Battis/Krautzberger/Löhr, BauGB, § 1 Rdn. 61 sowie schon oben S. D 69.
[119] HessVGH, Die Gemeinde SH 1976, 323 (326); NVwZ 1988, 847 (849); ebenso VGH BW, ESVGH 23, 21, ESVGH 30, 40 (verneinend); OVG NW, NVwZ 1987, 727 sowie schon OVGE 18, 71 (bejahend).

vorschreiben dürfen, „wenn sie ein dringendes öffentliches Bedürfnis dafür feststellen". In der Begründung zum Gesetzentwurf hieß es, es sei erforderlich, den kommunalen Aufgabenträgern einen Ermessensspielraum einzuräumen, der sich aus ihrer Gestaltungsfreiheit für Planungen über ihre weitere Entwicklung ergebe. Demgemäß sehe der Entwurf vor, daß es entscheidend auf die Feststellung des dringenden öffentlichen Bedürfnisses durch die Gemeinde oder den Landkreis ankomme. Der gerichtlichen Überprüfung im Streitfalle unterliege die Frage, ob der kommunale Träger bei dieser Feststellung seine in der Planungshoheit wurzelnde Gestaltungsfreiheit überschritten habe.[120] Trotz des ausdrücklichen Gesetzeswortlauts und der eindeutigen Bekundungen in den Gesetzesmaterialien hat das OVG Lüneburg jedoch anschließend entschieden, daß die Entscheidung darüber, ob ein dringendes öffentliches Bedürfnis im Sinne dieser Vorschrift vorliege, nicht im Ermessen des Trägers hoheitlicher Verwaltung stehe, sondern (auch nach der Neufassung der Vorschrift) als sog. unbestimmter Rechtsbegriff der vollen verwaltungsgerichtlichen Nachprüfung unterliege.[121]

- Ein anderes Beispiel stellt Art. 21 GO Bay dar. Danach sind Anlagen, die demselben Zweck dienen, grundsätzlich als eine Einrichtung zu behandeln. Durch Gesetz vom 21. 11. 1985 (GVBl. S. 677) wurde dieser Regelung angefügt: „Sie können als mehrere Einrichtungen behandelt werden, wenn die Gemeinde das im Hinblick auf die örtlichen Gegebenheiten für sachgerecht hält". Nach der Begründung zum Gesetzentwurf[122] sollte die Änderung die Entscheidungsfreiheit der Kommunen erweitern, ihnen jedoch keinen unbegrenzten Freiraum bieten. Sie hätten ihre Entscheidungen vielmehr nach sachgerechten Erwägungen zu treffen, um dem Gleichbehandlungsgebot zu entsprechen. Jedoch deutet der Gesetzeswortlaut eindeutig darauf hin, daß es für die Beurteilung der Sachgerechtigkeit auf die Einschätzung der Gemeinde ankommt. Dennoch hat der BayVGH in seiner Entscheidung vom 1. 9. 1988[123] ausgeführt, die gesetzliche Formulierung enthalte unbestimmte Rechtsbegriffe, die mit Ausnahme eines begrenzten Bereichs der Unvertretbarkeit des für die Schaffung einer einheitlichen Regelung für alle Teilanlagen erforderlichen besonderen Verwaltungsaufwands der Gemeinde kein Recht auf eine eigene Bewertung (Beurteilungsspielraum) einräume. Diese Rechtsprechung läßt es fast un-

---

[120] Vgl. LT-Drs. Nds. 7/125, S. 17; *Starck*, in: Behrends/Henckel, Gesetzgebung und Dogmatik, 1989, S. 106 (112).
[121] OVG Lüneburg, dng 1988, 367, 397 (398); kritisch dazu neben *Starck* (Fn. 120), S. 112f., auch *Wortmann*, NWVBl. 1989, 342 (345).
[122] LT-Drs. 10/6698 vom 25. 4. 1985.
[123] NVwZ-RR 1989, 264; bestätigt durch Urt. v. 9. 12. 1988 – Nr. 23 B 88.02258.

möglich erscheinen, den Gemeinden durch Gesetz einen letztverantwortlichen Entscheidungsspielraum einzuräumen, da eine eindeutigere Formulierung in dieser Richtung, wie sie sowohl § 8 Nr. 2 GO Nds als auch Art. 21 Abs. 2 2. Hbs. GO Bay enthalten, kaum noch vorstellbar ist.

Satzungen können sich ebenso wie andere Rechtsnormen auch rückwirkende Kraft beilegen, wenn dadurch die allgemeinen Grundsätze des Rechtsstaates nicht verletzt werden. Diese sind durch die Rechtsprechung des BVerfG und des BVerwG präzisiert worden.[124] Danach ist eine unechte Rückwirkung grundsätzlich zulässig, eine echte nur dann, wenn das Vertrauen auf eine bestimmte Rechtslage sachlich nicht gerechtfertigt wäre, wenn der Bürger mit dieser Regelung rechnen mußte, wenn die geltende Rechtslage unklar und verworren ist oder wenn zwingende Gründe des Gemeinwohls die Rückwirkung rechtfertigen. Durch die Weiterentwicklung der Rechtsprechung des BVerfG zur Rückwirkungsproblematik hat sich jedenfalls für das kommunale Abgabenrecht in der Praxis wohl kaum etwas geändert.[125] Die Möglichkeit des Erlasses rückwirkender Satzungen gilt nach der Rechtsprechung sowohl zur Heilung formeller als auch materieller Mängel der ursprünglichen Satzung.[126]

Im Erschließungsbeitragsrecht kommt der Rückwirkung von Satzungen seit dem Urteil des BVerwG vom 25. 11. 1981[127] keine besondere praktische Bedeutung mehr zu, da nach dieser geänderten Rechtsprechung auch das Inkrafttreten einer Satzung ohne Rückwirkungsanordnung bewirken kann, daß ein vorher erlassener, mangels Entstehens der Beitragspflicht zunächst rechtswidriger Erschließungsbeitragsbescheid rechtmäßig wird und deshalb nicht der Aufhebung unterliegt.

Der vom BVerfG gezogene Rahmen, innerhalb dessen nach rechtsstaatlichen Grundsätzen rückwirkende Abgabesatzungen zulässig sind (vgl. auch § 3 Abs. 1 KAG Hess, § 2 Abs. 3 Satz 1 KAG Nds), wird für das Kommunalabgabenrecht teilweise von einigen Landesgesetzgebern eingeschränkt.[128] Die landesgesetzlichen Regelungen in den Kommunalabgabengesetzen enthalten im wesentlichen Einschränkungen hinsichtlich des Zeitraums der zulässigen Rückwir-

---

[124] Vgl. Überblick bei *von Loebell,* GO NW, § 4 Anm. 6a; *Bauernfeind* (Fn. 59), § 2 Rdn. 90; *Galette/Laux,* GO SH, § 4 Anm. 9.
[125] So *Thiem,* KAG SH, § 2 Rdn. 65a; BVerfGE 72, 200 (241f.).
[126] Vgl. BVerwG, KStZ 1979, 71; *Bauernfeind* (Fn. 59), § 2 Rdn. 91; *Hatopp,* KAG Nds, § 2 Anm. 14; *von Loebell,* GO NW, § 4 Anm. 6a.
[127] BVerwGE 64, 218; vgl. noch *Driehaus* (Fn. 39), § 132 Rdn. 32ff.; *Löhr* (Fn. 41), § 132 Rdn. 34ff.; wichtig noch BVerwG, DVBl. 1989, 678.
[128] Vgl. § 3 Abs. 2 KAG Hess, § 2 Abs. 3 KAG Nds, § 2 Abs. 2 KAG RhPf, § 2 Abs. 3 KAG SH; *Bauernfeind* (Fn. 59), § 2 Rdn. 97ff.; *Thiem,* KAG SH, § 2 Rdn. 66.

kung und hinsichtlich der Höhe der durch die rückwirkende Satzung entstehenden Abgabepflicht.[129]

4. Sonstige Besonderheiten

Es mag sein, daß die Klagen aus der kommunalen Praxis stimmen und einige Gerichte, insbesondere im Bau-und Abgabenrecht, ihre Kontrollkompetenz teilweise extensiv ausüben, auch daß dies manchmal geschieht, obwohl man zuvor in vorangestellten allgemeinen Überlegungen ein Bekenntnis zur Zurückhaltung abgelegt hat. Jedoch gibt es auch andere Entscheidungen, in denen die Gerichte eindeutig die Grenzen ihrer Kontrollkompetenz anerkennen und auch einhalten. So hat etwa das BVerwG[1] schon 1971 entschieden, ein Verwaltungsgericht sei nicht verpflichtet, den wirksamen Erlaß des Bebauungsplans nachzuprüfen, wenn von keiner Partei Gründe vorgetragen würden, die Bedenken gegen die Wirksamkeit hervorrufen könnten. Der BGH[2] vertritt die Ansicht, es sei – insbesondere bei lange zurückliegenden Maßnahmen – grundsätzlich davon auszugehen, daß die Gemeinde bei der Fluchtlinienfestsetzung in den Jahren 1925/1930 die gesetzlichen Bestimmungen beachtet habe. Dagegen stellte das BVerwG[3] klar, eine allgemeine und im wesentlichen nur von einem gewissen Zeitablauf, nicht aber von besonderen konkreten Umständen abhängige „Vermutung", daß jeder Bebauungsplan unter Beachtung des gesetzlich vorgeschriebenen Verfahrens zustandegekommen sei, werde durch das Bundesrecht nicht begründet, sondern im Gegenteil – in dieser Form und Reichweite – ausgeschlossen. Allerdings sei die Tendenz, Bebauungspläne nach einem gewissen Zeitablauf nicht ohne Not an Erfordernissen ihres verfahrensfehlerfreien Zustandekommens scheitern zu lassen, sachgerecht. Angesichts dessen sei es verfehlt, wenn die Verwaltungsgerichte ihre Sachaufklärungspflicht zum Anlaß nähmen, in Verwaltungsstreitverfahren (gleichsam ungefragt) in eine Suche nach Fehlern in der Vor- und Entstehungsgeschichte eines Bebauungsplans einzutreten.

Diese Marksteine der obergerichtlichen Rechtsprechung wurden indessen von den Instanzgerichten nicht immer befolgt. Allerdings gibt es auch insofern positive Beispiele. So war sich das OVG RhPf[4] durchaus der Gefahr bewußt, über eine zu weitgehende Überprüfung der Gewichtung einzelner Belange letztlich in eine Zweckmäßigkeits-

---

[129] BVerwG, KStZ 1978, 149; OVG Lüneburg, NST-N 1988, 142; HessVGH, HessStGZ 1982, 348; VGH BW, VBlBW 1985, 428; *Gern*, NVwZ 1986, 713 (718).
[1] BRS 24, 269.
[2] BGH, NVwZ 1982, 458 (459).
[3] BVerwG, DVBl. 1980, 230.
[4] OVG RhPf, NVwZ 1988, 371 (372).

prüfung abzugleiten und damit Planungsermessen anstelle der planenden Gemeinde auszuüben. Das OVG NW[5] vertrat die Ansicht, auch der Grundsatz des Übermaßverbots gebe den Verwaltungsgerichten keine Handhabe dafür, einzelne Bestimmungen örtlicher Gestaltungssatzungen ähnlich wie Verwaltungsakte auf ihre Notwendigkeit im weitesten Sinne zu überprüfen. Bemerkenswert scheint auch eine Entscheidung des OVG Lüneburg[6] zur Bemessung von Straßenreinigungsgebühren. Danach liegt die Verantwortung für die Auswahl eines Verteilungsmaßstabs, auch für die Berücksichtigung besonders gelagerter Fälle durch eine Sonderregelung, allein bei dem Rat der Gemeinde. In diesem Zusammenhang nimmt das OVG Lüneburg Bezug auf die Rechtsprechung des BVerfG[7], das in anderem Zusammenhang unter ausdrücklichem Hinweis auf den Grundsatz der Gewaltenteilung ausgeführt hat, die Verwaltungsgerichte hätten die von einer Behörde aufgrund willkürfreier Ermittlungen vorgenommenen Bewertungen nur auf ihre Rechtmäßigkeit hin zu überprüfen, nicht aber ihre eigenen Bewertungen an deren Stelle zu setzen. Soweit daher, so führt das OVG Lüneburg weiter aus, wie in dem zu entscheidenen Fall ein Rechtsetzungsvorbehalt vor der verfassungsrechtlichen Kompetenzordnung Bestand habe, könne er nicht durch Inanspruchnahme oder Ausweitung der gerichtlichen Kontrollbefugnisse wieder in Frage gestellt werden. Habe der Ortsgesetzgeber einen gültigen, auch in anderen Bundesländern allgemein als rechtsgültig angesehenen Maßstab für die Verteilung von Straßenreinigungsgebühren gewählt, könnten die Bürger der Gemeinde nicht verlangen, daß die Verwaltungsgerichte den Rat zum Erlaß eines anderen Maßstabs anhielten. In einer anderen Entscheidung verwies das OVG Lüneburg[8] darauf, es sei nicht Sache der Verwaltungsgerichte, sich über einen hinsichtlich der Berechnung von Geschoßflächenzahlen in einer Beitragssatzung eindeutig geäußerten Willen des Ortsgesetzgebers hinwegzusetzen.

Zu weitgehende Anforderungen der Instanzgerichte an die kommunale Satzungsgebung sind vom BVerwG schon mehrfach zurechtgerückt worden.[9] Ausdrückliche Erwähnung verdient in diesem Zusammenhang eine Entscheidung des BVerwG,[10] in der es unter Hinweis auf das Gebot der bundesrechtskonformen Auslegung von orts-

---

[5] OVG NW, BRS 33, 238 (240).
[6] OVG Lüneburg, NST-N 1988, 254 (255).
[7] BVerfGE 61, 82 (114f.).
[8] OVG Lüneburg, NST-N 1989, 116.
[9] Vgl. oben die Rechtsprechung zur Verteilungsregelung bei Erschließungsbeitragssatzungen, S. D 80f., sowie zu Verfahrensanforderungen beim Erlaß von Bebauungsplänen, S. D 41ff.
[10] BVerwG, NVwZ 1983, 473.

rechtlichen Normen dem Berufungsgericht verboten hat, eine Regelung der Herstellungsmerkmale in einer Erschließungsbeitragssatzung, die mit ihrem durch die Entstehungsgeschichte bestätigten Wortlaut den bundesrechtlichen Anforderungen standhielt, gegen ihren Wortlaut korrigierend in einem Sinne auszulegen, der Bundesrecht verletze und daher zur Nichtigkeit führe. In derselben Entscheidung hat es ausgeführt, sofern nicht ausnahmsweise der Sachverhalt Anhaltspunkte dafür hergebe, die Gemeinde habe bestimmte gesetzliche Begriffe verkannt und sich infolgedessen in ihrer Verfahrensweise gebunden geglaubt, sei kein Raum für die Annahme, die Gemeinde habe bei ihrer Entscheidung versäumt, das ihr zustehende Ermessen überhaupt auszuüben.

Das BVerwG[11] hat in mehreren Entscheidungen die (teilweise) Aufrechterhaltung eines zu Unrecht auf das Erschließungsbeitragsrecht gestützten Bescheids unter Anwendung des Straßenbaubeitragsrechts für zulässig gehalten und das Gericht verpflichtet, im Rahmen des § 113 Abs. 1 Satz 1 VwGO eine entsprechende Prüfung vorzunehmen. Ebenso hat es im umgekehrten Fall einen zu Unrecht auf das Straßenbaubeitragsrecht gestützten Bescheid als Erschließungsbeitragsbescheid aufrecht erhalten. Im Hinblick auf diese Rechtsprechung des BVerwG wurde den Kommunen empfohlen, die erstmalige Herstellung von Fußwegen, die Erschließungsanlagen i.S.d. § 123 Abs. 1, nicht aber i.S.d. § 127 Abs. 2 BBauG sind, durch Erlaß einer entsprechenden Satzung einer landesrechtlichen Beitragspflicht zu unterwerfen, die bei Nichtanerkennung einer Beitragspflicht nach dem BBauG durch das BVerwG sozusagen als Auffangsatzung und Rechtsgrundlage für eine Aufrechterhaltung des Bescheids herangezogen werden könnte.[12] Diese „Satzung auf Vorsorge" zum Zwecke der Behebung des Ausfallrisikos der Gemeinden führt zu einer Instrumentalisierung der Rechtsnorm Satzung.

Wie in anderen Rechtsgebieten, etwa im Sozialrecht,[13] nehmen die Gerichte auch im Abgabenrecht im Rahmen der Kontrolle von Satzungen Aufgaben der Rechtsfortbildung wahr. Dies geschieht dadurch, daß sie insbesondere unbestimmte Rechtsbegriffe in feste Zahlen und Prozentwerte übersetzen. Diese Quantifizierung stellt jedoch in den meisten Fällen lediglich eine sog. gegriffene Größe dar. Als Beispiel mag etwa dienen:
– Der Grundsatz der Typengerechtigkeit vermag die aus einer abgabenrechtlichen Verteilungsregelung folgende Gleichbehandlung

---

[11] BVerwGE 64, 356 (358 ff.); 67, 216 (221 f.); BVerwG, NVwZ-RR 1989, 322 (323), NVwZ-RR 1989, 497 (499); BVerwG, NVwZ 1989, 471.
[12] *Sebastian/Rödl*, NVwZ 1985, 231 (236).
[13] Vgl. *Hill*, VVDStRL 47 (1989), 172 (189 f.).

ungleicher Sachverhalte zu rechtfertigen, solange nicht mehr als zehn von hundert der von einer solchen Regelung betroffenen Fälle dem „Typ" widersprechen,[14]
- Grünanlagen sowie Kinderspielplätze erschließen in räumlicher Hinsicht Grundstücke, die von der Anlage nicht weiter als 200 m Luftlinie entfernt sind,[15]
- durch einen Wall zum Schutz von Straßenlärm (§ 127 Abs. 2 Nr. 5 BBauG) werden i. S. d. § 131 Abs. 1 BBauG die Grundstücke erschlossen, die durch die Anlage eine Schallpegelminderung von mindestens 3 dB(A) erfahren.[16]

Dagegen überlassen es die Gerichte in anderen Fällen dem Satzungsgeber, örtlich unterschiedliche Differenzierungen anzubringen.[17]

Soweit das Gericht unter Darlegung seiner Rechtsauffassung Hinweise für das weitere Verfahren gibt,[18] kann dies für eine erneute Satzungsgebung durchaus hilfreich sein, dagegen wirken lediglich beiläufige Bemerkungen in einem obiter dictum i. d. R. verunsichernd auf die Kommunen. Das OVG Münster[19] ging sogar einmal soweit, in einer Entscheidung Leitlinien für die Entwicklung einer qualifizierten Verteilungsregelung gem. § 131 Abs. 3 BBauG aufzuzeigen, ohne damit allerdings Anspruch auf Vollständigkeit zu erheben und auszuschließen, daß auch davon abweichende Normen den herausgestellten Prinzipien genügen mögen.

Auf eine beabsichtigte Änderung der Rechtsprechung sollte frühzeitig hingewiesen werden. Zwar gebietet es die Pflicht zur rechtsstaatlichen Verfahrensgestaltung grundsätzlich nicht, Parteien auf eine solche beabsichtigte Änderung hinzuweisen, dennoch kann ohne einen solchen Hinweis im Einzelfall eine Verletzung des Gebots des fairen Verfahrens vorliegen.[20] Im Hinblick auf die Aufstellung von Berechnungen, die im Zusammenhang mit der Gewährung rechtlichen Gehörs der Anwendung materiellen Rechts gleichstehen, ist das

---

[14] BVerwG, NVwZ 1984, 380; vgl. auch die Prozentsätze in BVerwG, NVwZ 1982, 622.
[15] BVerwG, NVwZ 1985, 833.
[16] BVerwG, NVwZ 1989, 566.
[17] Vgl. etwa für die Festlegung eines sog. Artzuschlags gem. § 131 Abs. 3 BauGB durch den Ortsgesetzgeber die Nachweise bei *Löhr*, in: Battis/Krautzberger/Löhr, BBauG, § 131 Rdn. 67 oder die Veranlagung des vermuteten Aufenthalts von Zweitwohnungsinhabern für die Festsetzung der Jahreskurtaxe, HessVGH, NVwZ 1987, 160 (161); VGH BW, BWGZ 1986, 372.
[18] Vgl. etwa BVerwGE 67, 216 (221).
[19] OVG Münster, KStZ 1977, 11 (12).
[20] BVerfG, NJW 1988, 2787; BGH, NJW 1989, 2270 für das Zivil- bzw. Strafverfahren; *Birk*, BWGZ 1985, 472 für das verwaltungsgerichtliche Verfahren; allgemein zur Kontinuität der Rechtsprechung und zur rückwirkenden Rechtsprechungsänderung vgl. *Robbers*, JZ 1988, 481; *Sangmeister*, BB 1989, 396; *Wassermeyer*, DStR 1989, 561.

Gericht nach Ansicht des BVerwG[21] zwar nicht verpflichtet, seine Überlegungen den Beteiligten in allen Einzelheiten vor der Entscheidung offenzulegen; es müsse aber Überraschungsentscheidungen vermeiden. Vorbildlich erscheint eine Entscheidung des OVG Lüneburg.[22] Dort weist der Senat darauf hin, er habe, um den Gebietskörperschaften die Möglichkeit einer Anpassung zu geben, bereits mehrfach, und zwar in Entscheidungen, die ca. 2 Jahre zurücklagen, zu erkennen gegeben, daß er an seiner früheren Rechtsprechung nicht festhalten werde. Erst in der betreffenden Entscheidung machte er dies dann wahr.[23]

IV. Behandlung (möglicherweise) nichtiger Bebauungspläne durch die Gemeinde und Dritte

Erhebliche Schwierigkeiten bereitet in der Praxis die Behandlung fehlerhafter Bebauungspläne, wenn entweder die Gemeinde selbst oder eine andere Behörde den Bebauungsplan für nichtig halten oder etwa ein Verwaltungsgericht den Plan inzident für nichtig erklärt hat und nunmehr die Gemeinde bzw. andere Behörden vor die Frage gestellt sind, wie zu verfahren ist. Das Problem ist im Schrifttum äußerst umstritten.[1] Die Rechtsprechung des BGH und des BVerwG hat inzwischen für diese Diskussion Eckwerte gesetzt, aber das eigentliche Problem noch nicht entschieden.

Der BGH hat im Urteil vom 10. 4. 1986[2] ausgeführt, die Bediensteten der Genehmigungsbehörde handelten amtspflichtwidrig, wenn sie einen unwirksamen Bebauungsplan anwendeten. Sie hätten einen Bauwilligen auf die Bedenken, die gegen die Wirksamkeit eines Bebauungsplans bestünden, hinzuweisen. Vor einer Entscheidung über seinen Antrag hätten sie die Kommunalaufsicht zu hören. Dagegen hat sich der BGH einer Aussage enthalten, wie sich die Genehmigungsbehörde und die Gemeinden weiter zu verhalten haben. Das BVerwG hat sich in drei Urteilen vom 21. 11. 1986[3] mit der Fragestellung befaßt. Im erstgenannten Urteil[4] hat es entschieden, die höhere

---

[21] BVerwG, UPR 1988, 346.
[22] NStV-N 1987, 62 = dng 1987, 126.
[23] Zur Änderung von Rechtsprechungsgrundsätzen vgl. noch unten S. D 111.
[1] Vgl. von Mutius/Hill, Die Behandlung fehlerhafter Bebauungspläne durch die Gemeinden, 1983, S. 54ff.; Kopp, DVBl. 1983, 821; Gerschlauer, DÖV 1984, 493, 502; Gierke, ZfBR 1985, 14, 62; Menzel, JuS 1985, 975; Jung, NVwZ 1985, 790; Volhard, NVwZ 1986, 105; Pietzcker, DVBl. 1986, 806; Jäde, BayVBl. 1988, 5.
[2] BGH, NVwZ 1987, 168 (169).
[3] BVerwG, ZfBR 1987, 96, 98, 99 mit Anm. Söfker.
[4] BVerwGE 75, 142 = ZfBR 1987, 96 = DVBl. 1987, 481 mit Anm. Steiner; vgl. jetzt auch BVerwG, NVwZ 1990, 57 (58).

Verwaltungsbehörde als Plangenehmigungsbehörde sei nicht befugt, die Nichtigkeit eines von ihr als ungültig erkannten Bebauungsplans (abstrakt) verbindlich festzustellen. Ebensowenig könne sie die rechtswidrig erteilte, inzwischen aber gem. § 12 BBauG ortsüblich bekannt gemachte Genehmigung des damit in Kraft getretenen Bebauungsplans zurücknehmen.

Dagegen ist es nicht auf die Frage eingegangen, wie sich eine Behörde bei der Entscheidung eines Einzelfalls – etwa die Bauaufsichtsbehörde bei der Entscheidung über ein Baugesuch – zu verhalten hat, wenn sie Zweifel an der Gültigkeit eines Bebauungsplans hat und es auf diese für die Entscheidung ankommt. Darüber hinaus hat das BVerwG in dem erstgenannten Urteil entschieden, auch ein als ungültig erkannter Bebauungsplan sei – abgesehen von der gerichtlichen Nichtigkeitserklärung im Normenkontrollverfahren – in dem für die Aufhebung von Bebauungsplänen geltenden Verfahren aufzuheben, um damit den Anschein seiner Rechtsgeltung zu beseitigen. Zu dieser „Aufhebung" sei die Gemeinde nicht nur befugt, sondern aus Gründen der Rechtssicherheit auch verpflichtet. Damit hat das BVerwG insbesondere Vorschlägen für ein vereinfachtes Verfahren zur Feststellung der Nichtigkeit eines Bebauungsplans[5] eine Absage erteilt. Die Durchführung eines förmlichen Aufhebungsverfahrens (§ 2 Abs. 6 BBauG/§ 2 Abs. 4 BauGB), insbesondere die Beteiligung der Träger öffentlicher Belange und der Bürger, solle dazu dienen, der Gemeinde Erkenntnisse darüber zu vermitteln, ob die Aufstellung eines neuen Bebauungsplans i.S.d. § 1 Abs. 3 BBauG erforderlich sei und welche Belange dabei zu berücksichtigen seien. Beruhe die Ungültigkeit des Plans auf einem Verfahrens- oder Formfehler, habe die Gemeinde darüber zu entscheiden, ob sie den Plan, statt ihn aufzuheben, unter Behebung des Fehlers und Wiederholung des nachfolgenden Verfahrens (gem. § 215 Abs. 3 BauGB) rückwirkend in Kraft setze. Das BVerwG ist damit ähnlich wie der zuständige Ausschuß im Gesetzgebungsverfahren bemüht, der Gemeinde die Wahlmöglichkeit im Hinblick auf verschiedene planerische Gestaltungen und damit die Planungskompetenz zu erhalten.[6]

Trotz dieser Entscheidungen des BGH und des BVerwG bleiben in der Praxis Unklarheiten bestehen. Insbesondere andere Behörden, bei deren Entscheidung es auf die Gültigkeit eines Bebauungsplans ankommt, sehen sich in einem Dilemma. Sie dürfen im Hinblick auf ihre Bindung an Recht und Gesetz (Art. 20 Abs. 3 GG) einen nichtigen Bebauungsplan nicht anwenden, andererseits dürfen sie ihn im Hinblick auf die gesetzliche Zuweisung der Rechtsetzungskompetenz an

---

[5] Vgl. insbesondere *von Mutius/Hill* (Fn. 1), S. 63 ff.
[6] BT-Drs. 10/6166, S. 135; vgl. auch *Stelkens*, UPR 1987, 241 (244).

die Gemeinden (§ 2 Abs. 1 und 4 BauGB), die durch die Planungshoheit als Bestandteil des gemeindlichen Selbstverwaltungsrechts (Art. 28 Abs. 2 Satz 1 GG) verfassungsrechtlich verstärkt wird,[7] auch nicht verwerfen.[8] Wenn schon eine Baugenehmigungsbehörde eine Baugenehmigung in einem zusammenhängend bebauten Ortsteil (§ 34 BBauG) gegen den Willen der Gemeinde auch dann nicht erteilen darf, wenn sie nach Prüfung des Baugesuchs zu dem Ergebnis kommt, die Gemeinde habe ihr – gesetzlich erforderliches – Einvernehmen rechtswidrig versagt, also eine Bindung auch an rechtswidrige Einzelfallentscheidungen der Gemeinde besteht, die nur durch gerichtliche Entscheidung überwunden werden kann, so muß dies erst recht gelten, wenn es sich um eine kommunale Satzung handelt, die in einem besonderen, mit Öffentlichkeitsbeteiligung (§ 3 BauGB) ausgestatteten Verfahren zustande gekommen ist. Daher kann eine „Verwerfung" nur durch einen Gegenakt des Normgebers oder durch gerichtliche Entscheidung herbeigeführt werden,[9] letzteres mit allgemeinverbindlicher Wirkung nach geltendem Recht nur in einem Normenkontrollverfahren gem. § 47 Abs. 6 VwGO.

Auch im Einzelfall kann daher kein Verwerfungsrecht einer anderen Behörde bestehen. Dies gilt im Hinblick auf den durch das Rechtsetzungsverfahren gesetzten Rechtsschein und Rechtsgeltungsanspruch aus Gründen der Rechtssicherheit auch in Fällen „eindeutiger" Nichtigkeit,[10] da die Kompetenz zur Nichtigerklärung bzw. Aufhebung nur der Gemeinde obliegt und diese nur in dem dafür vorgesehenen Verfahren wahrgenommen werden kann.[11] Ein bloßer Beschluß der Gemeindevertretung über die Feststellung der Nichtigkeit eines Bebauungsplans reicht dazu nicht aus. Er hat keine konstitutive Wirkung und kann auch den Zweifel, ob der Plan gültig ist oder nicht, nicht beseitigen.[12] Sollte darin eine Ankündigung gesehen werden, den als nichtig angesehenen Bebauungsplan nicht mehr anzuwenden,[13] so hätte diese keine Verbindlichkeit. Sollte diese mit Blick auf die Entscheidung des BGH dazu dienen, die Betroffenen auf Bedenken gegen die Gültigkeit des Bebauungsplans hinzuweisen und

---

[7] BVerwG, ZfBR 1987, 98; *von Mutius/Hill* (Fn. 1), S. 57; *Löhr*, in: Battis/Krautzberger/Löhr, BauGB, § 10 Rdn. 10.
[8] So zu Recht schon BayVGH, BayVBl. 1982, 654; a.A. *Gaentzsch*, in: Berliner Kommentar zum BauGB, § 10 Rdn. 19.
[9] BVerwG, ZfBR 1987, 96 (97); *Steiner*, DVBl. 1987, 483 (484).
[10] *Von Mutius/Hill* (Fn. 1), S. 58, *Löhr* (Fn. 7), § 10 Rdn. 10; teilweise wird in den Ländern eine andere Auffassung vertreten, vgl. MittDST 1984, 207 für Nordrhein-Westfalen; BWGZ 1989, 493, 494 für Baden-Württemberg, vgl. auch MittDST 1987, 273.
[11] BVerwG, ZfBR 1987, 96 (97); vgl. auch schon OVG Münster, NVwZ 1982, 636.
[12] So auch *Gaentzsch* (Fn. 8), § 10 Rdn. 17.
[13] So HessVGH, NJW 1987, 1661 (1662).

damit Amtshaftungsansprüche auszuschließen,[14] so stellt dies eher eine Vorsichtsmaßnahme dar, kann aber die Rechtslage im Hinblick auf den Bebauungsplan nicht verändern. Auch kann der Gemeinderat der plangebenden Kommune die Gemeindeverwaltung nicht autorisieren, in jedem baurechtlichen Einzelfall, bei dessen Entscheidung es auf die Gültigkeit des Bebauungsplans ankommt, diesen nicht anzuwenden[15] oder ihr bei Identität zwischen Gemeinde und Bauaufsichtsbehörde eine entsprechende Weisung erteilen.[16] Ebenso ist eine entsprechende Erklärung des Gemeinderates an eine sonstige Behörde nicht verbindlich.

Vielmehr muß die Gemeinde, wenn sie die Nichtigkeit des Plans annimmt, nach der Rechtsprechung des BVerwG[17] das förmliche Aufhebungsverfahren einleiten. Diese Pflicht besteht nicht nur, wenn in dem Gebiet, auf das sich der unwirksame Plan erstreckt, „städtebauliche Bewegung" entsteht. Dabei hat sie auch keinen Spielraum gem. § 1 Abs. 3 BauGB,[18] da es sich jedenfalls insoweit nicht um eine materielle Planungsentscheidung handelt, so daß auch das Abwägungsgebot gem. § 1 Abs. 6 BauGB nicht eingreift.[19] Die Prüfung der Erforderlichkeit gem. § 1 Abs. 3 BauGB und das Abwägungsgebot gem. § 1 Abs. 6 BauGB bestehen nur im Hinblick auf die evtl. Neuaufstellung eines Bebauungsplans. Insoweit soll die Beteiligung der Träger öffentlicher Belange und der Bürger am Verfahren zur Aufhebung des nichtigen Plans der Gemeinde Erkenntnisse verschaffen,[20] welche Form der städtebaulichen Ordnung sie im Rahmen des § 1 Abs. 3 BauGB anstrebt (erneute Inkraftsetzung gem. § 215 Abs. 3 BauGB, Neuaufstellung eines Bebauungsplans oder Rückgriff auf §§ 34, 35 BauGB).

Zusammenfassend ergibt sich daher für die praktische Behandlung des Problems folgendes Bild:[21]
– Ist die Gemeinde aufgrund eigener Prüfung, eines Hinweises der Bauaufsichtsbehörde oder einer gerichtlichen Entscheidung von der Nichtigkeit des Plans überzeugt und besteht ein Bedürfnis für Bauleitplanung, hat der Gemeinderat den Fehler entweder durch Wiederholung des Verfahrens gem. § 215 Abs. 3 BauGB oder

---

[14] So die Empfehlung der Fachkommission „Städtebau" der ARGE-BAU, beschlossen auf der 84. Sitzung am 17./18. Mai 1988, Anlage 1, S. 2; ebenso *Söfker*, Behandlung als unwirksam erkannter kommunaler Bauleitpläne, Material aus den Lehrgängen des Deutschen Volksheimstättenwerks, Nr. 435, September 1988, S. 5.
[15] So auch *Steiner*, DVBl. 1987, 486.
[16] So aber *Gaentzsch* (Fn. 8), § 10 Rdn. 20.
[17] Vgl. Fn. 4.
[18] So aber jeweils *Söfker* (Fn. 14), S. 4.
[19] So auch *Steiner*, DVBl. 1987, 485.
[20] Vgl. BVerwG, ZfBR 1987, 96 (97); *Gaentzsch* (Fn. 8), § 10 Rdn. 18.
[21] Vgl. auch *Löhr* (Fn. 7), § 10 Rdn. 12.

durch Neuaufstellung des Bebauungsplans zu beseitigen. Ist das Bedürfnis für die Bauleitplanung entfallen, hat die Gemeinde den Plan lediglich im förmlichen Verfahren aufzuheben.

– Kommen andere Behörden im Zusammenhang mit einer Entscheidung, bei der es auf die Gültigkeit eines Bebauungsplans ankommt, zur Überzeugung, daß dieser nichtig ist, so haben sie zunächst das Verfahren auszusetzen[22] und den Bürger auf ihre Bedenken hinzuweisen.[23] Die dadurch eintretende Verzögerung muß aufgrund der Rechtslage bis zur Grenze, bis zu der eine rechtmäßige Veränderungssperre gem. § 18 BauGB zu dulden ist,[24] hingenommen werden. Sodann haben sie sich mit der Gemeinde ins Benehmen zu setzen, um sie zur Beseitigung des Fehlers auf den genannten Wegen zu veranlassen. Bestehen über die Gültigkeit des Bebauungsplans zwischen der Behörde und der Gemeinde Meinungsunterschiede oder ist die Gemeinde von der Ungültigkeit nicht überzeugt, so bleibt im Hinblick auf die Wahrung der Kompetenzen und die Herstellung von Rechtssicherheit als einzig akzeptabler Weg, daß die andere Behörde gem. § 47 Abs. 2 VwGO eine prinzipale Normenkontrolle einleitet.[25] Kommt das OVG zu der Überzeugung, daß der Plan ungültig ist, so erklärt es ihn mit allgemeinverbindlicher Wirkung für nichtig, kommt es nicht zu dieser Überzeugung und wendet die andere Behörde daraufhin den Bebauungsplan an, würden Amtshaftungsansprüche jedenfalls am mangelnden Verschulden scheitern. Ein Normenkontrollantrag der Gemeinde selbst gem. § 47 Abs. 2 VwGO ist abzulehnen.[26]

---

[22] Vgl. *Steiner*, DVBl. 1987, 486.
[23] BGH, NVwZ 1987, 168 (169).
[24] *Gaentzsch* (Fn. 8), § 10 Rdn. 23.
[25] Vgl. auch BayVGH, BayVBl. 1982, 654; sowie jetzt BVerwG, NVwZ 1990, 57.
[26] Vgl. schon *von Mutius/Hill* (Fn. 1), S. 62f.

D. Weiterentwicklung der gerichtlichen Kontrolle von Satzungen

I. Zulässigkeit einer Normenkontrolle gem. § 47 VwGO

1. Nachteil i. S. d. § 47 Abs. 2 VwGO

Die gerichtliche Angreifbarkeit von Satzungen im Wege der Normenkontrolle ist grundsätzlich von dem Vorliegen eines Nachteils abhängig (vgl. § 47 Abs. 2 VwGO). Ein Nachteil liegt jedenfalls dann vor, wenn der Antragsteller durch die Rechtsvorschrift oder ihre Anwendung unmittelbar in seinen rechtlich geschützten Interessen beeinträchtigt ist, etwa indem er den Bestimmungen der Vorschrift nachkommen oder mit dem Erlaß eines auf ihrer Grundlage gegen ihn gerichteten Verwaltungsakts rechnen muß.[1] Darüber hinaus ist das Vorliegen eines Nachteils umstritten. Das BVerwG[2] hat trotz der unterschiedlichen Normwirkung planungsrechtlicher (wie z. b. Bebauungspläne) und vollzugsbedürftiger Normen (wie z. b. Abgabensatzungen) das Vorliegen eines Nachteils allgemein an dem im Bauplanungsrecht geltenden Abwägungsgebot orientiert. Einen Nachteil i. S. d. § 47 Abs. 2 VwGO hat es dann angenommen, wenn der Antragsteller durch die zu kontrollierende Rechtsvorschrift oder durch deren Anwendung negativ, d. h. verletzend in einem Interesse betroffen wird bzw. in absehbarer Zeit betroffen werden könnte, das bei der Entscheidung über den Erlaß oder den Inhalt dieser Rechtsvorschrift als privates Interesse des Antragstellers hätte berücksichtigt werden müssen. Dabei obliege die Entscheidung über die Beachtlichkeit eines privaten Interesses, das bei der Normsetzung in die Abwägung einzugehen habe, dem Gesetzgeber der jeweiligen Fachmaterie.

Für Bebauungspläne hat es die Abwägungsbeachtlichkeit auf solche Betroffenheit beschränkt, die mehr als geringfügig, in ihrem Eintritt zumindest wahrscheinlich und für die planende Stelle bei der Entscheidung über den Plan als abwägungsbeachtlich erkennbar sind. Dabei hat es zunächst für die Abwägungsbeachtlichkeit eines Interes-

---

[1] BVerwGE 56, 172 (175); 59, 87 (97); BVerwG, NVwZ 1989, 654 (655); Hess VGH, NVwZ-RR 1989, 360 (361); *Groß*, DVBl. 1989, 1076 (1079).

[2] BVerwGE 59, 87 (99); HessVGH, NVwZ-RR 1989, 360 (362); OVG Saarl, NVwZ 1985, 354; a. A. für Rechtsnormen, die nicht wie Bebauungspläne auf einer Abwägung der betroffenen Belange beruhen, VGH BW, NVwZ 1988, 842; *Papier*, in: Erichsen/Hoppe/von Mutius (Hrsg.), System des verwaltungsgerichtlichen Rechtsschutzes, Festschrift Menger, 1985, S. 517 (524); *Groß*, DVBl. 1989, 1076 (1079 f.).

ses in zeitlicher Beziehung grundsätzlich auf die Sach- und Rechtslage im Zeitpunkt der Beschlußfassung über den Bauleitplan (vgl. § 155 b Abs. 2 Satz 1 BBauG) abgestellt. In einer neueren Entscheidung hat es jedoch auch einen Antrag eines Mieters als zulässig angesehen, der erst nach dem Inkrafttreten des Bebauungsplans Räume im Planbereich mietet und dem im Hinblick auf die Festsetzungen des Bebauungsplans untersagt werden kann, eine Nutzung aufzunehmen, die dort zuvor nicht ausgeübt worden ist. Dabei hat es den Nachteil nicht aus einem individuellen Interesse, das für die Gemeinde im Zeitpunkt des Erlasses des Bebauungsplans möglicherweise nicht erkennbar war, sondern aus einer aktuellen Einschränkung der mit dem Grundeigentum verbundenen Nutzungsrechte hergeleitet.[3] Mit dieser Entscheidung ist die gerichtliche Angreifbarkeit von Satzungen neben der ohnehin schon weiten Auslegung des Nachteilsbegriffes noch einmal wesentlich erweitert worden.

2. Rechtsschutzbedürfnis

Nach der Rechtsprechung[4] ist das Normenkontrollverfahren nach § 47 VwGO, jedenfalls soweit es auf Antrag einer natürlichen oder juristischen Person eingeleitet wird, kein rein objektives Prüfungsverfahren, sondern weist insbesondere bei Bebauungsplänen wegen ihres konkret-individuellen Regelungsgehalts auch Elemente des Individualrechtsschutzes auf. Das hiernach erforderliche Rechtsschutzbedürfnis ist nicht gegeben, wenn der Antragsteller seine Rechtsstellung mit der begehrten gerichtlichen Entscheidung nicht verbessern kann und die Inanspruchnahme des Gerichts deshalb als für ihn nutzlos erscheint. Wann dies der Fall ist, richtet sich nach den jeweiligen Verhältnissen im Einzelfall.[5]

Andererseits ist aber auch eine Behörde (vgl. § 47 Abs. 2 Satz 1, 2. Hbs. VwGO) nicht schlechthin, sondern nur dann antragsbefugt, wenn sie ein Rechtsschutzinteresse hat. Dies ist der Fall, wenn sie nur mit der Ausführung der von ihr beanstandeten Norm befaßt ist, ohne selbst über die Norm verfügen, insbesondere sie aufheben oder ändern zu können.[6]

---

[3] Vgl. zunächst BVerwGE 59, 87 (104) sowie jetzt BVerwG, DVBl. 1989, 359 m. Anm. *Dürr* = NVwZ 1989, 553.
[4] BVerwGE 68, 12 (14); 69, 30 (33); 78, 85 (91).
[5] BVerwGE 78, 85 (91); BVerwG, NVwZ 1989, 653.
[6] Vgl. für einen Antrag einer Gemeinde gegen einen Regionalplan BVerwG, NVwZ 1989, 654; für den Antrag einer höheren Verwaltungsbehörde gegen einen Bebauungsplan BVerwG, NVwZ 1990, 57.

3. Frist

Eine gelegentlich für Normenkontrollanträge erörterte, über die spezielle (materielle) Rügefrist bei Bebauungsplänen hinausgehende generelle prozessuale Antragsfrist begegnete nicht nur verfassungsrechtlichen Bedenken, sondern wäre mit der abstrakt-generellen, auf Dauerwirkung angelegten Natur von Rechtssätzen auch nicht zu vereinbaren.[7]

II. Kontrollumfang bei der Normenkontrolle

Im Zusammenhang mit der gerichtlichen Kontrolle eines Planfeststellungsbeschlusses hat es das BVerwG[8] für zulässig gehalten, daß der Landesgesetzgeber im Landesnaturschutzgesetz die Klagebefugnis von Verbänden (zulässiges „Klageprogramm") inhaltlich auf die Verletzung naturschutzrechtlicher Vorschriften beschränkt mit der Folge, daß auch der Erfolg einer solchen gegenständlich begrenzten Klage davon abhängig ist, daß der angegriffene Verwaltungsakt gerade aus den mit der Verbandsklage geltend zu machenden speziellen Gründen fehlerhaft ist.

Im Schrifttum[9] wird gefordert, auch die Nichtigerklärung eines Bebauungsplans durch Änderung des § 47 VwGO entsprechend der Formulierung in § 113 Abs. 1 Satz 1 VwGO mit dem Nachteil des Antragstellers zu verknüpfen. Gem. § 113 Abs. 1 Satz 1 VwGO hebt das Gericht den Verwaltungsakt nur auf, soweit er rechtswidrig *und* der Kläger *dadurch* in seinen Rechten verletzt ist, d. h. für den Erfolg einer Anfechtungsklage ist ein Rechtswidrigkeitszusammenhang zwischen objektiver Rechtswidrigkeit und subjektiver Rechtsverletzung des Klägers erforderlich.[10] Eine dem § 113 Abs. 1 Satz 1 und Abs. 4 Satz 1 VwGO entsprechende, den gerichtlichen Entscheidungszugriff in materieller Hinsicht steuernde Regelung besteht für das Normenkontrollverfahren in § 47 VwGO nicht. Daraus ergibt sich für die Praxis das Problem, daß Satzungen aus Gründen für nichtig erklärt

---

[7] So schon *Paetow*, NVwZ 1985, 309 (315); a. A. *Schmidt-Eichstaedt* und *Köstering*, in: Kommunalpolitik im Gerichtssaal?, 1984, S. 44, 54; ein entsprechender Vorschlag im Zusammenhang mit der Vorbereitung des Baugesetzbuchs, vgl. Materialien zum Baugesetzbuch, Schriftenreihe des Bundesministers für Raumordnung, Bauwesen und Städtebau Nr. 03.108, 1984, S. 60; *Schäfer/Scharmer/Schmidt-Eichstaedt*, Planspiel zum Baugesetzbuch, 1986, S. 47, wurde vom Gesetzgeber des Baugesetzbuchs nicht übernommen.
[8] BVerwG, NVwZ 1988, 527 (528).
[9] *Scharmer*, Bebauungspläne in der Normenkontrolle, S. 164 f.
[10] Vgl. dazu noch BVerwGE 67, 74; 74, 109; 77, 86; BVerfG, NVwZ 1987, 969.

werden, die der Antragsteller weder gerügt hat noch die ihn unmittelbar betreffen.

Das BVerwG[11] sieht die Problematik, löst sie indessen nicht über § 47 Abs. 6 VwGO, sondern über die Zulässigkeit. Wenn danach durch einen zulässigen Normenkontrollantrag ein gerichtliches Verfahren in Gang gesetzt worden sei, so könne innerhalb des vom Antrag gesteckten Rahmens die Rechtsvorschrift oder der Bebauungsplan auch dann teilweise für nichtig erklärt werden, wenn der Antragsteller insoweit durch die gerichtliche Feststellung keine Verbesserung seiner Rechtsposition erlange, weil er durch die von der Nichtigerklärung erfaßte Teilregelung nicht nachteilig betroffen sei. Ein Normenkontrollantrag könne aber unzulässig sein, wenn schon der Antrag sich nur auf die Nichtigerklärung solcher Teile einer umfassenderen Regelung richte, die den Antragsteller nicht berührten und deren Aufhebung ihm nichts nützen würde. Dies könne sich auch aus einer Auslegung des Antrags mit Hilfe seiner Begründung ergeben. Im Hinblick auf die (auch) objektive Funktion des Normenkontrollverfahrens, aber auch die Verfahrensökonomie und Rechtssicherheit, die mit einer allgemeinverbindlichen Entscheidung gem. § 47 Abs. 6 Satz 2 VwGO verbunden ist, erscheint eine Übernahme der Regelung des § 113 Abs. 1 Satz 1 VwGO in diese Vorschrift nicht angezeigt.

III. Kontrolldichte

Im Schrifttum[12] wird teilweise gefordert, die Auslegung unbestimmter Rechtsbegriffe, die Abwägungen und Prognosen oder Wertungen zum Inhalt haben, gerichtlich allgemein nur auf ihre Vertretbarkeit hin zu überprüfen. Nach richtiger Auffassung wird indessen das Maß der Rechtsbindung der kontrollierten Verwaltung nicht durch das Prozeßrecht, sondern durch das jeweilige materielle Verwaltungsrecht bestimmt. Insofern ist eine allgemeine undifferenzierte

---

[11] BVerwG, DVBl. 1989, 1100 (1103); vgl. auch VGH BW, Urt. v. 28. 9. 1988 – 8 S 934/87, der einen Nachteil bei einem Antrag verneint hat, der ein das Grundstück des Antragstellers nicht betreffendes Verbrennungsverbot in einem Bebauungsplan betraf; sowie HessVGH, Der Gemeindehaushalt 1988, 88 (89), der seine Zweifel bei einer Müllgebührensatzung im Hinblick auf die Gebühr für Haushalte von fünf Personen als außerhalb des Rechtsschutzinteresses des Antragstellers sah, der sein Haus mit seiner Ehefrau allein bewohnte.
[12] Vgl. *Schmidt-Eichstaedt*, Bundesgesetze und Gemeinden, 1981, S. 196f.; ders., DVBl. 1985, 645 (649); sowie den Vorschlag der sog. *Waffenschmidt-Kommission* zur Einführung eines § 114a VwGO, dazu noch *Helmrich*, in: Götz/Klein/Starck (Hrsg.), Die öffentliche Verwaltung zwischen Gesetzgebung und richterlicher Kontrolle, 1985, S. 227; grundlegend *Ule*, Verwaltungsprozeßrecht, § 2 I 3.

Vertretbarkeitslehre abzulehnen, vielmehr hängt es von der jeweiligen materiellen gesetzlichen Regelung ab, inwieweit ein letztverantwortlicher Entscheidungsspielraum der Verwaltung, auch im Hinblick auf den Erlaß von Satzungen, besteht.[13] Dabei sollte die gesetzliche Zuweisung eines Entscheidungsspielraums möglichst eindeutig erfolgen, damit er auch bei der gerichtlichen Kontrolle Anerkennung findet.[14]

IV. Verwerfungskompetenz und Vorlagepflicht

Nach geltendem Recht kann jedes Gericht eines jeden Gerichtszweigs in jeder Verfahrensstufe eine kommunale Satzung inzident für nichtig erklären. Diese Entscheidung gilt jedoch lediglich im Einzelfall und wirkt daher nur zwischen den Parteien des jeweiligen Rechtsstreits. Diese Rechtslage hat zu erheblicher Unsicherheit bei den Kommunen geführt. Deshalb ist vorgeschlagen worden,[15] bei kommunalen Satzungen dem OVG/VGH ein Verwerfungsmonopol zuzuerkennen und entsprechend Art. 100 Abs. 1 GG eine Vorlagepflicht für andere Gerichte (Verwaltungsgerichte, Zivilgerichte) zu normieren, wenn diese eine Satzung, auf deren Gültigkeit es bei der Entscheidung ankommt, für nichtig halten.

Zwar besteht im Hinblick auf das erlassende Organ und die gerichtliche Kontrolle keine Gleichwertigkeit zwischen Gesetzen und Satzungen,[16] dennoch verdient der Vorschlag im Hinblick auf Rechtssicherheit und Rechtseinheitlichkeit innerhalb eines Bundeslandes sowie Funktionsfähigkeit der kommunalen Selbstverwaltung Zustimmung. Eine entsprechende Regelung würde auch dem Normcharakter von Satzungen Rechnung tragen (vgl. auch § 47 Abs. 6 Satz 2, 2. Hbs. VwGO). Gesichtspunkte einer Verfahrensverzögerung oder der Hinweis auf ein voreiliges Aussetzen und Vorlegen erscheinen demgegenüber nicht durchschlagend, da auch im Rahmen einer Inzidentprüfung das Verfahren durch mehrere Instanzen gehen kann und die Vorlage ausführlich begründet werden müßte. Bei einer Vorlage

---

[13] *Papier*, DÖV 1986, 621 (625); vgl. auch die sog. normative Ermächtigungslehre, *Schmidt-Aßmann*, in: Maunz/Dürig/Herzog/Scholz (Hrsg.), GG, Art. 19 Abs. 4, Rdn. 185; *Hill*, NVwZ 1989, 401 (403, 407) sowie schon oben S. D 15, D 92.
[14] Vgl. dazu schon oben S. D 93 ff.
[15] *Schmidt-Eichstaedt* (Fn. 12), S. 204; *ders* (Fn. 7), S. 43, 62; *v. Mutius/Hill*, Die Behandlung fehlerhafter Bebauungspläne durch die Gemeinden, 1983, S. 22 f., 73; *Gierke*, ZfBR 1985, 62 (66); abgelehnt vom 54. DJT 1982, vgl. Band II, Sitzungsberichte, S. L 213 f. (Antrag Rehn, S. 216); dagegen auch *Sendler*, in: Kommunalpolitik im Gerichtssaal?, S. 37, 61 f.; Bericht des Arbeitskreises „Baurechtliche und verwaltungsprozessuale Fragen", BBauBl. 1985, 359 (364).
[16] So die Begründung von *Schmidt-Eichstaedt* (Fn. 12), S. 202 ff.; vgl. oben S. D 13.

durch das BVerwG wäre das OVG/der VGH an die rechtliche Beurteilung des BVerwG, soweit es sich auf Bundesrecht bezieht, gebunden. Die Vorlagepflicht des OVG/VGH an das BVerwG gem. § 47 Abs. 5 VwGO sowie die entsprechende Nichtvorlagebeschwerde nach § 47 Abs. 7 VwGO[17] blieben dadurch unberührt.

Im Hinblick auf die gewünschte Rechtseinheitlichkeit innerhalb eines Landes wäre es erforderlich, auch in den Ländern, die dies noch nicht getan haben, einen einzigen Normenkontrollsenat des OVG/VGH zu schaffen und diesen mit der Überprüfung der vorlagepflichtigen Satzungen zu beauftragen. Diesem Senat müßten dann auch andere Senate des OVG/VGH vorlegen. Solange nicht alle Bundesländer eine abstrakte Normenkontrolle gem. § 47 Abs. 1 Nr. 2 VwGO eingeführt haben, wäre eine konkrete Normenkontrolle für alle kommunalen Satzungen indessen aus systematischen Gründen nicht möglich. Die Einführung einer abstrakten Normenkontrolle auch in den Ländern, in denen dies bisher noch nicht geschehen ist, erscheint jedoch wegen der positiven Erfahrungen in den anderen Ländern sinnvoll.[18]

V. Gerichtliche Sanktionen und Tenorierung

1. Allgemeinverbindlichkeit der Normenkontrollentscheidung?

Teilweise wird im Schrifttum[19] die Forderung erhoben, über § 47 Abs. 6 Satz 2 VwGO hinaus auch der Entscheidung, die einen Normenkontrollantrag als unbegründet abweist, Allgemeinverbindlichkeit beizulegen, um damit die Rechtsklarheit und Rechtssicherheit zu erhöhen. Abgesehen davon, daß die Zielrichtung und Dichte der Gültigkeitskontrolle wesentlich vom Vortrag und der konkreten Betroffenheit des jeweiligen Antragstellers mitbestimmt wird, würde ein solches umfassendes Gültigkeitsattest jedoch die Gerichte überfordern, da es eine umfassende Prüfung jedes nur erdenklichen Rechtsverstoßes erfordern würde, jedoch immer wieder neue Fallkonstellationen auftreten können, die im Zeitpunkt der Prüfung nicht erkennbar sind. Diese Beschränkung gilt umso mehr, je abstrakt-genereller der Charakter der Norm ist. Den gleichen Bechränkungen unterliegen indessen auch die Gemeinden beim Erlaß der Satzungen.

---

[17] Dazu *Schlichter*, NJW 1985, 2446; *Grooterhorst*, DVBl. 1989, 1176.
[18] *Bickel*, NJW 1985, 2441 (2446); *Stüer*, DVBl. 1985, 469 (481); *Paetow*, NVwZ 1985, 309 (315f.); kritisch *Köstering* (Fn. 7), S. 53.
[19] *Breuer*, NVwZ 1982, 273 (280); *von Mutius/Hill* (Fn. 15), S. 72; *Köstering* (Fn. 7), S. 53f.; a.A. *Paetow* (Fn. 18), 315.

Allerdings kann dies nicht zur Folge haben, daß die Gerichte eine Satzung nur dann für nichtig erklären dürfen, wenn sie etwa im Abgabenrecht Möglichkeit bzw. Vorhandensein eines offensichtlich deutlich besseren Maßstabes nachweisen oder den Gemeinden verbindliche Wege zur Aufstellung gültiger Pläne aufzeigen,[20] denn die Rechtsetzung bleibt Sache der Gemeinden, die Gerichte sind lediglich auf eine Rechtskontrolle beschränkt.

2. „Rückwirkung von Rechtsprechungsgrundsätzen"

Von der Verwaltungspraxis wird häufig die fehlende Kontinuität und Berechenbarkeit der Rechtsprechung beklagt, die sich in Überraschungsentscheidungen und einer „Rückwirkung von Rechsprechungsgrundsätzen" zeige. Danach sei es den Kommunen unmöglich, rechtmäßige Satzungen zu erlassen, wenn sie sich im Zeitpunkt des Satzungserlasses an die bis dahin ständige Rechtsprechung gehalten hätten, in einem späteren Prozeß vom Gericht aber rückwirkend eine andere Rechtsauffassung vertreten werde.[21] Dem hält etwa der VGH BW[22] entgegen, Mängel der Kostenermittlung, die nach geläuterter Rechtserkenntnis zur Ungültigkeit des Beitragssatzes führen müßten, würden nicht erst dann beachtlich, wenn sie von der Rechtsprechung aufgedeckt würden. Die Rechtsprechung habe sich bei der Entscheidung über Rechtsstreitigkeiten an ihrer eigenen, durch sorgfältige Prüfung geläuterten Rechtsüberzeugung auszurichten, für die naturgemäß nicht ausschlaggebend sein könne, von welchen mitunter gegensätzlichen Rechtserkenntnissen die Prozeßbeteiligten sich ihrerseits bei der Gestaltung ihrer Rechtsbeziehungen leiten ließen.

Scharmer[23] schlägt vor, das Problem durch eine Übertragung des Rechtsgedankens aus § 214 Abs. 3 Satz 1 BauGB zu lösen, wonach für die Abwägung die Sach- und Rechtslage zum Zeitpunkt der Beschlußfassung über den Bebauungsplan maßgebend ist. Dies trifft indessen das Problem nicht ganz. Es geht nicht um die für die Feststellung von Abwägungsfehlern maßgebliche Rechtslage, sondern um eine Änderung der maßgeblichen Rechtsauffassung. Zwar kann man von den Mitgliedern kommunaler Vertretungskörperschaften die Rechtskenntnisse eines durchschnittlichen Beamten verlangen.[24] Die-

---

[20] So *Franßen*, KStZ 1977, 1; dagegen *Krüger*, BauR 1989, 529 (543); zu allgemeinen Hinweisen der Gerichte vgl. schon oben S. D 99.
[21] Vgl. *Scharmer* (Fn. 9), S. 103 ff. (133); *Schmitt*, in: Dokumentation zum 7. Deutschen Verwaltungsrichtertag, 1983, S. 106 (120); *Janning*, DVBl. 1983, 401 (412); *Plate*, VBlBW 1985, 365 (366).
[22] VGH BW, VBlBW 1989, 184.
[23] *Scharmer* (Fn. 9), S. 166.
[24] BGH, DVBl. 1989, 504 (506); ZfBR 1989, 261 (262); vgl. schon oben S. D 56.

ser handelt indessen grundsätzlich nicht schuldhaft, wenn ein mit mehreren Rechtskundigen besetztes Kollegialgericht sein Verhalten als objektiv berechtigt angesehen hat.[25] Hält sich daher der Gemeinderat beim Beschluß über die Satzung an die geltende Rechtsauffassung, handelt er zumindest nicht sorgfaltswidrig. Es ist daher zu überlegen, ob diese Maßstäbe für den sekundären Rechtsschutz nicht auch in der Weise auf den primären Rechtsschutz übertragen werden könnten, daß bei fehlendem Sorgfaltsverstoß die Satzung zwar als objektiv rechtswidrig, aber bestandskräftig angesehen wird. Danach würde die objektive Rechtskontrolle durch eine Pflichtenkontrolle, bezogen auf den Stand der (Rechts)Erkenntnis im Zeitpunkt des Satzungsbeschlusses, ersetzt. Dies könnte insbesondere für die Anerkennung von Beitrags- und Gebührenmaßstäben Anwendung finden.

3. Abgestufte gerichtliche Tenorierung

Im Schrifttum[26] wird zum Teil die Ansicht vertreten, daß dem OVG/VGH im Rahmen des Normenkontrollverfahrens gem. § 47 Abs. 6 VwGO nur zwei Entscheidungsmöglichkeiten zur Verfügung stünden: entweder die Abweisung des Antrags oder die Nichtigerklärung der Norm. Nach anderer Ansicht[27] schließt dagegen die Befugnis zur Nichtigerklärung auch andere Tenorierungen als Minus mit ein. In materieller Hinsicht läßt sich jedenfalls aus Art. 20 Abs. 3 GG kein Argument dafür herleiten, daß etwa beim Verstoß von Satzungen gegen gesetzliche Normen die Nichtigkeitsfolge zwingend geboten wäre. Sie ist vielmehr umso weniger erforderlich, je mehr zumutbare Rechtsschutz- und sonstige Kontrollmöglichkeiten bestehen.[28] Die Wahl einer differenzierenden Rechtsfolge bei Verstößen von Satzungen gegen gesetzliche Vorschriften im Rahmen des § 47 Abs. 6 VwGO ist daher jedenfalls nicht von vornherein ausgeschlossen.

Vielmehr erscheint es geboten, daß Rechtsprechung und Dogmatik ähnliche Differenzierungen entwickeln, wie sie der Gesetzgeber für Verwaltungsakte bereits in § 113 VwGO vorgesehen[29] oder die Rechtsprechung des BVerfG sie für die Kontrolle von Gesetzen mit

---

[25] BGHZ 73, 161 (164); *Ossenbühl*, Staatshaftungsrecht, 3. Aufl. 1983, S. 44.
[26] *Redeker/von Oertzen*, VwGO, § 47 Rdn. 44; *Eyermann/Fröhler*, VwGO, § 47 Rdn. 38 b; *Pestalozza*, NJW 1978, 1782 (1786).
[27] *Kopp*, VwGO, § 47 Rdn. 64; *Schenke*, Rechtsschutz bei normativem Unrecht, 1979, S. 294; vgl. auch OVG Berlin, NVwZ 1983, 416 (418).
[28] Zum sog. Nichtigkeitsdogma vgl. *Hill*, DVBl. 1983, 1 (5); *Ossenbühl*, NJW 1986, 2805 (2807) sowie schon oben S. D 51, D 53.
[29] Vgl. auch BVerwGE 60, 274 zur isolierten Aufhebung von Nebenbestimmungen; BVerwG, NJW 1979, 64 (70) zum Anspruch auf Planergänzung beim Planfeststellungsbeschluß.

der Folge einer differenzierenden Tenorierungspraxis entwickelt hat. Diese hat jedenfalls teilweise inzwischen auch im Gesetz (§§ 31 Abs. 2 Satz 2 und 3, 79 Abs. 1 BVerfGG) Anerkennung gefunden. Danach soll der Verzicht auf die Nichtigerklärung die (vorläufige oder partielle) Anwendbarkeit des verfassungswidrigen Gesetzes ermöglichen und dem Gesetzgeber die Wahl der Alternative zur Beseitigung der Verfassungswidrigkeit überlassen.[30]

Der Ausspruch einer Teilnichtigkeit ist auch bei kommunalen Satzungen schon anerkannt. Nach der Rechtsprechung des BVerwG[31] führt die Ungültigkeit eines Teils einer Satzungsbestimmung dann nicht zu ihrer Gesamtnichtigkeit, wenn die Restbestimmung auch ohne den nichtigen Teil sinnvoll bleibt (Grundsatz der Teilbarkeit) und mit Sicherheit anzunehmen ist, daß sie auch ohne diesen erlassen worden wäre (Grundsatz des mutmaßlichen Willens des Normgebers). Auch ein Verfahrensfehler muß nicht stets zur Nichtigkeit des gesamten Bebauungsplans führen.[32] Ob das Gericht aufgrund der Vorschrift des § 88 VwGO daran gehindert ist, über einen Antrag auf Teilnichtigerklärung hinaus die gesamte Satzung für nichtig zu erklären, ist umstritten.[33]

Oftmals wird eine vollständige Nichtigerklärung ex tunc im Hinblick auf die Schwere des Fehlers bei Satzungen unverhältnismäßig sein.[34] Darüber hinaus dient eine Nichtigerklärung dann nicht dem Rechtsfrieden, wenn zu erwarten ist, daß eine Gemeinde mit einer neuen, diesmal fehlerfreien Satzung eine ausreichende Rechtsgrundlage für einen Bescheid in gleicher Höhe schafft. Deswegen wäre eine Übertragung der differenzierenden Rechtsprechung des BVerfG bei der Kontrolle von Gesetzen auf kommunale Satzungen im Rahmen des Normenkontrollververfahrens durchaus überlegenswert.[35] Teilweise sind auch entsprechende Ansätze in der Rechtsprechung schon vorhanden.[36] Es wäre etwa denkbar, daß das Gericht lediglich die

---

[30] Überblick bei *Schlaich*, Das Bundesverfassungsgericht, 1985, S. 160 ff.; *Löwer*, in: Isensee/Kirchhof (Hrsg.), Handbuch des Staatsrechts, Band II, 1987, § 56 Rdn. 100 ff.
[31] BVerwG, DVBl. 1989, 1103 (1104), NVwZ 1989, 664 (666); BayVGH, BayVBl. 1989, 210 (211).
[32] BVerwG, DVBl. 1989, 1100; vgl. auch den Vorlagebeschluß des OVG NW, UPR 1988, 114.
[33] Bejahend OVG NW, BauR 1980, 235; BayVGH, BayVBl. 1985, 437; OVG Saarl, AS 19, 291; verneinend VGH BW, DVBl. 1985, 130; *Lemmel*, DVBl. 1985, 131.
[34] OVG Berlin, NVwZ 1983, 416 (418f.); *Schmidt/Lange*, in: Damrau/Kraft/Fürst (Hrsg.), Festschrift Mühl, 1981, S. 595 (609 f.); *Püttner* und *Hill*, in: Götz/Klein/Starck (Hrsg.); Die öffentliche Verwaltung zwischen Gesetzgebung und richterlicher Kontrolle, S. 144 bzw. 238; *Scharmer* (Fn. 9), S. 165 f.
[35] Vgl. schon *Sandtner*, BayVBl. 1969, 232 (236); *Schenk/Meyer-Ladewig*, DVBl. 1976, 198 (209).
[36] OVG NW, DVBl. 1970, 294 (295); HessVGH, DVBl. 1978, 175; VGH BW,

Rechtswidrigkeit der Satzung feststellt und ggfs. innerhalb einer bestimmten Frist der Gemeinde Gelegenheit zur Änderung, Nachbesserung oder Ergänzung der Satzung gibt.[37] Die Feststellung, daß eine bereits außer Kraft getretene Satzung ungültig war, hat das BVerwG[38] bereits als zulässig anerkannt.

Für die Fälle, in denen die Normwirkung andere Folgen zeigt als sie bei der Normsetzung erkennbar waren, etwa wenn im Bauplanungsrecht erst nach Erlaß des Bebauungsplans ein Konflikt oder eine Beeinträchtigung entsteht oder im Abgabenrecht eine neue Fallkonstellation zutage tritt, für die der in der Satzung gewählte Maßstab nicht mehr adäquat erscheint, ist umstritten, auf welchen Zeitpunkt die gerichtliche Kontrolle abzustellen hat.[39] Insoweit könnte eine neuere Entscheidung des BayVGH[40] einen Lösungsansatz erbringen. Danach muß ein im Schweigen des Gesetzgebers liegender Verstoß gegen höherrangiges Recht nicht immer zur Nichtigkeit der Regelung führen. Ein aufgrund der lückenhaften Norm erlassener Verwaltungsakt beruhe jedoch auf einer gesetzwidrigen Rechtsgrundlage und sei, wenn der Betroffene gerade deshalb von einer Begünstigung ausgeschlossen werde, aufzuheben. Dies heißt: Die lückenhafte Satzung ist zwar nicht nichtig, sondern bestandskräftig, lediglich insoweit (d. h. in bezug auf den Antragsteller) rechtswidrig.[41] Dies hat zur Folge, daß sie für den auf ihr beruhenden Bescheid keine ausreichende Rechtsgrundlage darstellt. Es bleibt danach der Gemeinde überlassen, eine ausreichende Rechtsgrundlage zu schaffen, d. h. ihre Satzung entsprechend zu ändern oder nachzubessern.

DVBl. 1979, 916 (923); BayVGH, BayVBl. 1982, 726 (730); OVG Berlin, NVwZ 1983, 416 (418 f.).

[37] Vgl. etwa *Schmitt*, in: Dokumentation zum 7. Deutschen Verwaltungsrichtertag, 1983, S. 102 (122); *Munzert*, in: Kommunen, Bürger und Verwaltungsgerichte, 1984, S. 1 (7 f.); *Stüer*, DVBl. 1985, 469 (479); *Scharmer* (Fn. 9), S. 169; *Gaentzsch*, in: Berliner Kommentar zum BauGB, § 10 Rdn. 11.

[38] BVerwGE 68, 12 (15) leitet dies aus § 47 Abs. 2 Satz 1 VwGO, nicht aus einer entsprechenden Anwendung des § 113 Abs. 1 Satz 4 VwGO her; vgl. auch den Vorlagebeschluß des OVG Berlin, DÖV 1983, 644.

[39] Vgl. oben zur Rückwirkung von Rechtsprechungsgrundsätzen, S. D 111; sowie zum Normenkontrollantrag des Mieters BVerwG, NVwZ 1989, 553 und oben S. D 106.

[40] BayVGH, BayVBl. 1989, 724 (725).

[41] Vgl. in diesem Zusammenhang auch § 25 Abs. 6 Satz 3 GO Hess; § 22 Abs. 5 Satz 3 GO RhPf.

Gutachten E
zum 58. Deutschen Juristentag
München 1990

VERHANDLUNGEN DES ACHTUNDFÜNFZIGSTEN DEUTSCHEN JURISTENTAGES

München 1990

Herausgegeben von der
STÄNDIGEN DEPUTATION
DES DEUTSCHEN JURISTENTAGES

BAND I
(Gutachten)
Teil E

C.H. BECK'SCHE VERLAGSBUCHHANDLUNG
MÜNCHEN 1990

Welche Maßnahmen empfehlen sich – auch im Hinblick auf den Wettbewerb zwischen Juristen aus den EG-Staaten – zur Verkürzung und Straffung der Juristenausbildung?

GUTACHTEN E
für den 58. Deutschen Juristentag

erstattet von

DR. WINFRIED HASSEMER
Professor an der Universität Frankfurt

und

DR. FRIEDRICH KÜBLER
Professor an der Universität Frankfurt

C. H. BECK'SCHE VERLAGSBUCHHANDLUNG
MÜNCHEN 1990

ISBN 3 406 34631 6

© 1990 C.H. Beck'sche Verlagsbuchhandlung (Oscar Beck), München
Printed in Germany
Satz und Druck: C.H. Beck'sche Buchdruckerei, Nördlingen

Über den Gegenstand des Gutachtens haben wir im Sommersemester 1989 zusammen mit unserem Kollegen Professor Dr. Joachim Scherer LL.M. ein Seminar abgehalten; wir sind ihm und allen Teilnehmern zu besonderem Dank verpflichtet. Wir haben wichtige Hinweise erhalten zur Ausbildung in Frankreich: von Professor Dr. Konstanze Grewe-Kabanoff, Universität Caen; in Italien: von Professor Dr. Niccolò Trocker, Universität Florenz; in Spanien: von den Professoren Dr. Francisco Muñoz Conde, Universität Sevilla, und Dr. Wolf Paul, Universität Frankfurt; in Großbritannien: von Professor Geoffrey Wilson, Universität Warwick. Eine Fülle von Anregungen, Informationen und Material hat uns der Präsident des Hessischen Landesjustizprüfungsamtes, Herr Ministerialdirigent Diether Schmidt vermittelt. Bei der Herstellung des Manuskripts haben uns Herr Assessor Kai Hart-Hönig und Herr cand. iur. Jens Waltermann geholfen. Ihnen allen möchten wir danken.

Frankfurt am Main, Januar 1990

Inhalt

A. Die Frage und der Inhalt des Gutachtens: Neue Probleme und altes Elend .... E 13

B. Bestandsaufnahme .... E 15
  I. Zur deutschen Entwicklung: Ausbildungsgeschichte als Reformgeschichte .... E 15
    1. Die Entstehung des Systems .... E 15
      a) Die deutsche Sonderentwicklung .... E 15
      b) Gründe .... E 16
      c) Merkmale des Systems .... E 16
    2. Reformdiskussion und Reformen .... E 17
      a) Kritik .... E 17
      b) Reformvorschläge .... E 17
      c) Novellierungen .... E 18
    3. Die aktuelle Situation .... E 19
      a) Die Umstellung der Einphasenmodelle .... E 19
      b) Fortdauernde Ausbildungsexperimente .... E 19
      c) Mängel der Novellierungen von 1971 und 1984 E 20
      d) Aktuelle Verschärfungen .... E 21
    4. Der Wert von Experimenten .... E 21
    5. Unbeantwortete Streitfragen .... E 22
  II. Klagen .... E 23
    1. Dauer .... E 23
      a) Studium .... E 23
      b) Referendariat .... E 24
      c) Prüfungsphasen, Wartezeiten, training on the job .... E 24
      d) Folgen .... E 25
    2. Stoff .... E 26
      a) Ausbildung .... E 26
      b) Prüfungen .... E 27
      c) Der Repetitor .... E 28
    3. Justizorientierung .... E 29
      a) Der „habilitationsfähige Oberrichter" .... E 29
      b) Entwicklung der Berufsfelder .... E 30
    4. Verfestigungen .... E 31
      a) Prüf- und Darstellungsschemata .... E 31

b) Formalwissen und Auswendiglernen .... E 32
c) Traditioneller Fächerkanon .... E 33
5. Defizite .... E 34
6. Zielkonflikte .... E 35
   a) Verhältnis von Rechtsstoff, Ausbildungsstoff und Prüfungsstoff .... E 35
   b) Studienzeitverkürzung und Europäisierung ... E 35
   c) Der spezialisierte Einheitsjurist .... E 36
   d) Theorie und Praxis .... E 36
   e) Rechtsdogmatik, Grundlagenfächer und außerjuristische Wissenschaften .... E 37
   f) Offene Universitäten und sorgfältige Ausbildung .... E 38

III. Vergleiche .... E 38
  1. Frankreich .... E 39
    a) Unterschiede zu Deutschland .... E 39
    b) Grundausbildung .... E 39
    c) Spezialisierungen .... E 40
    d) Bewertung .... E 42
    e) Zusammenfassung .... E 43
  2. Italien .... E 43
    a) Grundzüge .... E 43
    b) Der Ablauf der Ausbildung .... E 43
    c) Die Reform von 1969 .... E 44
    d) Die aktuelle Reformdiskussion .... E 45
    e) Zusammenfassung .... E 45
  3. Spanien .... E 46
    a) Grundzüge .... E 46
    b) Studium .... E 46
    c) Berufszugang .... E 47
    d) Reformbestrebungen .... E 47
    e) Zusammenfassung .... E 49
  4. England .... E 49
    a) Grundzüge .... E 49
    b) Ablauf der Ausbildung .... E 50
    c) Reformbestrebungen .... E 52
    d) Zusammenfassung .... E 52
  5. Vereinigte Staaten von Amerika .... E 52
    a) Grundzüge .... E 52
    b) Ablauf der Ausbildung .... E 54
    c) Reformbestrebungen .... E 56
    d) Zusammenfassung .... E 57

C. Analysen .... E 59

I. Regelungsintensität .... E 59
  1. Die Tradition .... E 59
     a) Der Bund (DRiG) .... E 59
     b) Die Länder .... E 60
     c) Die Universitäten .... E 60
     d) Die Lehrenden und die Lernenden .... E 60
  2. Alternative Mechanismen .... E 61
     a) Berufsständische Kontrolle .... E 61
     b) Märkte .... E 61
     c) Interaktionen .... E 61
  3. „Deregulierung" und „Entstaatlichung" .... E 61

II. Ausbildungsziele .... E 62
  1. Pluralität statt Uniformität juristischer Berufsauffassung .... E 62
  2. Einheitsjurist oder Spezialisierung? .... E 63
     a) Der klassische Einheitsjurist .... E 63
     b) Gabelung in spezialisierende Ausbildungsgänge E 63
     c) Gleichwertiger Abschluß inhaltlich differenzierter Ausbildung .... E 65
  3. Theorie und Praxis .... E 65
     a) Die Trennung von Theorie und Praxis ...... E 65
     b) Der Praxisbezug juristischer Theorien .... E 66
     c) Praxis und sozialwissenschaftliche Ausbildung E 67
  4. Professionalisierung der Juristen .... E 68
     a) Das Konzept der Professionalisierung ..... E 68
     b) Handwerkszeug und „skills" .... E 69
     c) „Sozialisation durch Wissenschaft" .... E 70
  5. Anforderungen und Chancen der „Europäisierung" .... E 72
     a) Die „Anerkennungs-Richtlinie" und ihre Umsetzung .... E 72
     b) Die EG als Arbeitgeber .... E 73
     c) Andere Betätigungschancen .... E 74
     d) Annäherung der Ausbildungssysteme .... E 74
  6. Sozialer Wandel und exemplarisches Lernen .... E 75

III. Problemfelder .... E 76
  1. Prüfungen .... E 76
     a) Funktionen .... E 76
     b) Informationsaufgabe .... E 77
     c) Didaktische Aufgabe .... E 77
     d) Wer soll prüfen? .... E 79

Inhalt

2. Stofffülle: Pflicht- und Wahlfächer	E	79
a) Entwicklung	E	79
b) Bestimmung des Pflichtstoffes	E	79
c) Wahlfachkataloge	E	81
d) Typen von Lehrveranstaltungen	E	82
e) Wer soll regeln?	E	82
3. Organisation des Praxisbezugs	E	83
a) Ziele theoretischer Ausbildung	E	83
b) Integration oder Abtrennung von Praxisphasen	E	83
c) Praktiker als Ausbilder	E	85
d) Formen des Praxisbezugs	E	86
4. Vertiefung durch exemplarisches Lernen	E	87
a) Kriterien der Exemplarietät	E	88
b) Die Bedeutung der Grundlagenfächer (Rechtsgeschichte, -philosophie, -theorie, -soziologie, -ökonomie)	E	89
c) Rechtsvergleichung, europäisches und internationales Recht	E	90
d) Exemplarisches Lernen und Berufschancen	E	91
5. Ausbildung an der „Massenuniversität"	E	91
D. Reform	E	93
I. Ziele	E	93
1. Verkürzung der Dauer der Ausbildung	E	93
2. Anpassung an die Europäisierung	E	94
3. Entkoppelung von Juristenausbildung und Zugang zum Richteramt	E	95
4. Konzentration der Ausbildung auf Jurisprudenz und juristisches Denken	E	95
5. Flexibilisierung und Aktualisierung des Ausbildungsangebots	E	97
6. Verknüpfung von Lehre und Prüfung	E	97
7. Differenzierung und Diversifizierung der Ausbildung (Modellvielfalt)	E	98
8. Stärkere Marktorientierung	E	99
9. Deregulierung und Entbürokratisierung	E	99
II. Schritte	E	100
1. Dauer der Ausbildung	E	100
a) Mängel der geltenden Regelung	E	100
b) Neuordnung der Prüfung	E	101
c) Beschränkung des Pflichtstoffs	E	101
d) Ergänzende Angebote und Zusatzqualifikationen	E	101

Inhalt

2. Umfang des Stoffs .... E 102
   a) Begrenzung des Pflichtstoffs .... E 102
   b) Festlegung für Wahlpflichtfächer .... E 103
   c) Andere prüfungsrelevante Lehrveranstaltungen E 104
   d) Sonstige Leistungsnachweise .... E 104
3. Prüfungen .... E 104
   a) Bezug der Prüfungen auf Lehrveranstaltungen . E 105
   b) Inhalt und Organisation der Leistungskontrolle E 105
   c) Mindestzahl der Leistungsnachweise .... E 106
   d) Ersetzung des 1. Staatsexamens durch sukzessiv erworbene Leistungsnachweise .... E 106
   e) Abschlußexamen (?): Stoffentlastung; Orientierung an juristischen Berufspraxen .... E 107

III. Deregulierung durch Regelungsverzicht .... E 108
1. Der Bund .... E 108
2. Die Länder .... E 108
3. Die Universitäten .... E 109
   a) Studienordnung .... E 109
   b) Studienplan .... E 109

E. Thesen .... E 110

A. Die Frage und der Inhalt des Gutachtens: Neue Probleme und altes Elend

Das Gutachten soll Maßnahmen zur Verkürzung und Straffung der Juristenausbildung vorstellen und dabei im Auge behalten, daß die bei uns ausgebildeten Juristen alsbald in einen Wettbewerb mit Juristen aus den anderen EG-Staaten werden treten müssen. Zwischen den Pfeilern Verkürzung und Wettbewerb spannt sich als Brücke die Befürchtung, unsere Juristen seien zu alt, wenn sie an den Start gehen. Also: Chancenverbesserung durch Studien(zeit)verkürzung. Wenn das so einfach wäre!

Die Geschichte der deutschen Juristenausbildung ist die Geschichte ihrer permanenten Reform unter Permanenz des alten Elends;[1] die Klagen über diese Ausbildung sind, mit an- und abschwellender Lautstärke, deren ständige Begleitmusik,[2] und auch die Partitur bietet seit mehr als einem Jahrhundert nicht viel Neues: Die Juristenausbildung
- dauert zu lang und verbaut den Leuten Lebenschancen;
- bereitet zu wenig und zu schlecht auf die Berufspraxis vor;
- häuft blind Ausbildungs- und Prüfungsstoff auf;
- desintegriert Ausbildung und Prüfung und schickt die Studenten so zum Einpauker;
- läßt sich durch Regulierung von außen kaum korrigieren.

Diese Mißstände werden von Kundigen nicht bestritten,[3] sie sind auf vertrackte Weise miteinander verkoppelt (fordert etwa eine bessere Vorbereitung auf die Berufspraxis nicht auch die Ausweitung des Lehrstoffs?), und sie sind außerordentlich resistent. Daraus folgt, daß man das Elend der Juristenausbildung, wenn überhaupt, nicht von einem einzigen Aspekt – etwa Verkürzung und Straffung angesichts der Europäisierung – her kurieren kann. Die Probleme der Ausbildung sind ein Gewebe; wer an einer Stelle dieses Tuchs zieht, verschiebt das Ganze. Verkürzung darf nicht Verschlechterung, Strukturierung darf nicht Verflachung, Europäisierung darf nicht Nivellierung, Rücksicht auf die Praxis darf nicht Verzicht auf Wissenschaft-

---

[1] Dazu B. I.
[2] Dazu B. II.
[3] Auch nicht von *Herzberg*, Das Elend des Referendarexamens?, JuS 1988, 239 ff., der gegen *Großfeld*, Das Elend des Jurastudiums, JZ 1986, 357 ff., im wesentlichen nur Einwände zur Beurteilung des 1. Staatsexamens, und dies bezogen auf die letzten Jahre, hat.

lichkeit bedeuten: Die neuen Probleme, die auf eine Antwort warten, können Anstoß und Leitfaden für Überlegungen über eine Reform der Juristenausbildung sein, nicht aber ihr einziger Gegenstand. Verkürzung und Straffung der Ausbildung müssen als Ziele einer Reform im Kontext mit den anderen Reformzielen verbleiben; man muß nicht nur über Möglichkeiten ihrer Verwirklichung nachdenken, sondern auch ihre Kosten im Auge behalten und Alternativen betrachten.

Das Gutachten läßt sich also von der Frage nach Wegen zu einer Verkürzung und Straffung der Juristenausbildung leiten und berücksichtigt dabei besonders den Anlaß der fortschreitenden europäischen Integration. Es kann die Frage jedoch nicht diskutieren ohne analytischen Blick auf all die Probleme, in welchen die Juristenausbildung auch jenseits dieses Anlasses steckt. Dabei liegt der Schwerpunkt unserer Überlegungen auf der Universitätsausbildung.

B. Bestandsaufnahme

I. Zur deutschen Entwicklung:
Ausbildungsgeschichte als Reformgeschichte

Die Juristenausbildung ist seit mehr als einem Jahrhundert Gegenstand einer permanenten Reformdiskussion, die auch den Deutschen Juristentag mehrfach beschäftigt hat. In dieser Zeit ist es zu zahlreichen Änderungen gekommen. Das Grundmuster der Ausbildung, ihr System, hat sich indessen als außerordentlich stabil erwiesen.

1. Die Entstehung des Systems

Die äußere Geschichte der deutschen Juristenausbildung ist mehrfach eingehend geschildert worden;[4] deshalb kann sich ihre Darstellung mit einer knappen Zusammenfassung begnügen.

a) In Mittel-, West- und Südeuropa entsteht die Juristenausbildung während des Spätmittelalters und des Übergangs zur Neuzeit als Universitätsstudium;[5] das gilt für den deutschen Sprach- und Kulturraum nicht weniger als für Frankreich, Italien, Spanien oder die Niederlande. Die deutsche Sonderentwicklung beginnt anfangs des 18. Jahrhunderts in Preußen. Wichtigste Neuerungen sind der vom Staat veranstaltete Vorbereitungsdienst, der seit 1793 nicht nur für das Amt des Richters und Staatsanwalts, sondern auch für den Beruf des Rechtsanwalts und des Notars verlangt wird, und – damit zusammenhängend – die von Richtern und Verwaltungsbeamten abgenommenen Staatsprüfungen.[6] Nur die Verwaltungsausbildung erfolgt ursprünglich in der und durch die Praxis; seit 1817 wird ein Rechtsstudium und seit 1879 ein Teil des Vorbereitungsdienstes durch die Justiz

---

[4] Vgl. vor allem die Denkschrift des von Gerhart *Husserl* gegründeten Arbeitskreises für Fragen der Juristenausbildung e.V., Die Ausbildung der deutschen Juristen (1960; im folgenden: Denkschrift), 52 ff.; *Oehler*, Gutachten E zum 48. DJT (1970), 17 ff.; *Hübner*, Die Einwirkung des Staates auf den Rechtsunterricht, FS Felgenträger (1969), 99 ff.; *Köbler*, Zur Geschichte der juristischen Ausbildung in Deutschland, JZ 1971, 768 ff.; *Hattenhauer*, Juristenausbildung – Geschichte und Probleme, JuS 1989, 513 ff.
[5] Dazu *Stolleis*, Geschichte des öffentlichen Rechts in Deutschland (1988), 68 ff. m.w.N.
[6] Erst seit 1890 sind die Professoren am Referendarexamen beteiligt: vgl. Denkschrift, 57.

verlangt; bis nach dem 2. Weltkrieg bleibt es bei einem je eigenen Vorbereitungsdienst und einem je eigenen Assessorexamen für die Justiz und für die Verwaltung.[7] 1869 kommt es zu einer durchgängigen gesetzlichen Regelung; für das Studium sind nunmehr drei, für das Referendariat vier Jahre vorgeschrieben.[8] 1904 erfolgt die – soweit ersichtlich: erste – gesetzliche Festlegung der Studien- und Prüfungsfächer.[9] Die anderen Länder übernehmen die Grundzüge des preußischen Systems; im Detail bleibt es bei Abweichungen; erst 1934 kommt es zu einer durchgreifenden Vereinheitlichung.[10]

b) Weniger eindeutig erscheint, warum es zu dieser Sonderentwicklung kam; sie ist offenbar durch mehrere ineinandergreifende Faktoren bewirkt worden. Im 18. Jahrhundert ging es vor allem darum, für das sehr heterogene Gebilde des preußischen Staates ein möglichst homogenes corps d'élite ebenso qualifizierter wie ergebener Justiz- und Verwaltungsbeamter heranzuziehen. Ein zusätzliches Motiv ergab sich aus der Weigerung der Universitäten, neben der Tradition des ius commune auch das positivierte Recht der territorialen Kodifikationen, insbesondere des preußischen Allgemeinen Landrechts, zu unterrichten;[11] diese Aufgabe hatte der Vorbereitungsdienst zu übernehmen. Hinzu traten im 19. Jahrhundert stärker politische Motive. Die zunehmende Integration der Verwaltungs- in die Justizausbildung hatte vor allem liberal-rechtsstaatliche Gründe.[12] Zugleich übernahmen der Vorbereitungsdienst (mit den „Conduitenlisten") und die Staatsprüfungen die Funktion, den an den Universitäten virulenten nationaldemokratischen Bestrebungen entgegenzuwirken.[13]

c) Das aus der geschilderten Entwicklung hervorgegangene Ausbildungssystem wird vor allem durch die folgenden Merkmale bestimmt:

– Justizorientierung: Ziel der Ausbildung ist die „Befähigung zum Richteramt",[14] die den Zugang zu anderen juristischen Berufen in Form einer Annexwirkung eröffnet.

– Rigidität durch Verrechtlichung: Inhalt und Verfahren der Ausbildung werden minutiös durch Gesetz geregelt und damit uniform und starr auf Dauer festgelegt.

– Bürokratisierung durch Verstaatlichung: Vorbereitungsdienst und vor allem Prüfungswesen liegen in den Händen einer Justizverwal-

---

[7] In einigen der nichtpreußischen Territorien war diese Trennung erst 1937 eingeführt worden; vgl. *Oehler*, Gutachten E, 22.
[8] Denkschrift, 54; *Oehler*, a.a.O., 19.
[9] Denkschrift, 57.
[10] Denkschrift, 61 ff.
[11] Dazu *Bleek*, Von der Kameralausbildung zum Juristenprivileg (1972), 53 und 115.
[12] *Bleek*, Kameralausbildung, 135.
[13] *Hattenhauer*, JuS 89, 575; *Bleek*, Kameralausbildung, 153 ff.
[14] So zuerst § 2 I GVG von 1877; vgl. *Hattenhauer*, JuS 89, 518.

tung, deren Struktur auf ganz andere als didaktische Aufgaben zugeschnitten ist.
– Trennung von Unterricht und Prüfung: in dieser Lücke hat sich frühzeitig das Gewerbe der „Einpauker" und „Repetitoren" etabliert.[15]

2. Reformdiskussion und Reformen

a) Die Reformdiskussion hat längst nicht mehr überschau- und referierbare Ausmaße angenommen;[16] im folgenden kann nur summarisch auf Schwerpunkte und Entwicklungslinien der Kritik verwiesen werden. Schon im Vormärz wurden Defizite der akademischen Ausbildung registriert: die Justiz- und Verwaltungsjuristen bedürften eines philosophisch, historisch und „staatswissenschaftlich" (d.h. ökonomisch) begründeten „Bildungsstudiums", das – unter dem Druck des Staatsexamens – zunehmend vom „Brotstudium" verdrängt werde.[17] Von den Präsidenten der Preußischen Justizprüfungskommission wird immer wieder bemerkt, daß das Einpauken positiven Wissens und die Einübung der Klausurentechnik, der „Examensdrill", ein gründliches wissenschaftliches Studium nicht verdrängen sollten.[18] Damit im Zusammenhang steht die Klage über die „Abwendung von der Universität", die sich vor allem in der Rolle des Repetitors manifestiert.[19] Zugleich wird die strikte Trennung von universitärer und praktischer Ausbildung beklagt[20] und der Wert des Vorbereitungsdienstes generell in Zweifel gezogen.[21] Angesichts ständig zunehmender Verrechtlichung wurde schließlich verlangt, daß „jede Reform mit einer Einschränkung des zu lehrenden Stoffes einsetzen" muß.[22]

b) Die sich im Laufe der Zeit ständig steigernde Unzufriedenheit mit dem überlieferten Ausbildungssystem hat nach dem 2. Weltkrieg eine Reihe fundiert ausgearbeiteter Reformvorschläge unterschiedlicher Richtung und Intensität hervorgebracht; zu erinnern ist an:
– den „Hattenheimer Plan" einer von der Fakultätenkonferenz eingesetzten Kommission, der vor allem auf Stoffentlastung zielte,[23] von

---

[15] Dazu *Hattenhauer*, JuS 89, 517; *Bleek*, Kameralausbildung, 53.
[16] Umfassende und detaillierte Berichte finden sich in der Denkschrift, 166 ff., und bei *Oehler*, Gutachten E, 45 ff.
[17] *Bleek*, Kameralausbildung 52 und 111.
[18] PrJMBl. 1913, 47; 1938, 109; 1930, 49 ff.; 1933, 30 ff.
[19] Denkschrift, 173 f. und 196 ff.
[20] Repräsentativ *Zitelmann*, Was not tut!, DJZ 1909, 505.
[21] So etwa *Radbruch* und die Handelskammer Berlin; vgl. Denkschrift, 185 ff.
[22] *Pringsheim*, Zur Verbesserung des Rechtsstudiums, JZ 1953, 302.
[23] Er ist nicht veröffentlicht worden; über seinen Inhalt berichten die Denkschrift, 152 ff. und *Ridder*, Bemerkungen zur Reform des juristischen Studiums, JZ 1956, 525 ff.

der Konferenz aber nicht angenommen wurde, da die Verantwortung für den Studienplan bei den Fakultäten bleiben sollte;[24]
- die „Vorschläge einer Neugestaltung der Juristenausbildung" des Arbeitskreises für Fragen der Juristenausbildung e. V., die die akademische Ausbildung in ein je zweijähriges Grund- und Vertiefungsstudium gliedern wollten, an deren Ende jeweils eine – das Referendarexamen ersetzende – Universitätsprüfung steht;[25]
- das „Loccumer Memorandum", das die Integration theoretischer und praktischer Ausbildung, die intensivierte Berücksichtigung der Sozialwissenschaften sowie die Umsetzung lerntheoretischer Erkenntnisse verlangte und damit die konzeptionelle Basis für die Reformmodelle der Einphasenausbildung schuf;[26]
- die Beschlüsse des 48. DJT, der – nach ungewöhnlich lebhaften Debatten – mit großer Mehrheit die Einführung der „Experimentierklausel" für die Erprobung einstufiger (einphasiger) Studiengänge befürwortete.[27]

c) An diesen Projekten gemessen ist die Reformpraxis marginal geblieben. Gewiß: die Universitätsausbildung hat sich in von Ort zu Ort unterschiedlicher Weise verändert. Da aber der Spielraum für derartige Modifikationen durch das Korsett der zunehmend detaillierten staatlichen Regelung und den zunehmend bürokratisierten Prüfungsbetrieb immer weiter eingeschränkt worden ist, sind auch sie punktuell und weithin zusammenhanglos geblieben. Die gesetzlichen Randbedingungen sind nur vorübergehend gelockert worden. Aus neuerer Zeit ist an die folgenden Novellierungen zu erinnern:
- Im Zuge der Schaffung des DRiG wurde die Mindeststudiendauer bundeseinheitlich auf 7 Semester erhöht;[28]

---

[24] Stellungnahme vom 9. Januar 1957, JZ 1957, 116.
[25] Denkschrift, 280ff., 320ff., 341ff. mit umfangreicher und sorgfältiger Begründung. Eine prägnante und nach wie vor aktuelle Zusammenfassung der Reformmotive findet sich bei *Kunkel*, JZ 1956, 637 (vgl. etwa S. 638 zur Examenserfahrung: „Die meisten dieser Kandidaten besitzen ein großes stoffliches Wissen – es ist umfangreicher als der Wissensbestand, mit dem ich selbst vor mehr als 30 Jahren mein Referendarexamen bestritten habe. Sie benutzen auch eine mehr oder minder geläufige Technik, Fälle anzufassen und zu lösen. Aber sobald sie die gewohnten ausgefahrenen Geleise der Schlußfolgerung und der Kombination verlassen sollen, versagen sie in einem oft ganz erschreckenden Ausmaße").
[26] Loccumer Arbeitskreis (Hrsg.), Neue Juristenausbildung (1970); grundlegend die Beiträge von *Wiethölter* (vgl. etwa S. 26: „nichtapologetische Rechts- und Rechtsausbildungsreform" wird „zur folgenreichen, partiellen, antizipierten Gesellschaftsreform").
[27] 48. DJT Bd. II (1970), P 314ff. Grundlage waren die – kontrovers diskutierten – Gutachten von *Oehler* und *Richter* (Bd. I, 1970, E und F) sowie die Referate von *Mühl* und *Rinken* (Bd. II, P 35 ff. und P 7ff.); vor allem letzteres hatte erheblichen Einfluß auf die Beschlußfassung.
[28] BGBl. 1961, I, 1665.

– durch Änderung des DRiG vom 18. 8. 1965 wurde die Dauer des Vorbereitungsdienstes von 3½ auf 2½ Jahre verkürzt;
– durch Einführung der Experimentierklausel des § 5b DRiG wurde den Ländern 1971 die Erprobung der einstufigen (einphasigen) Juristenausbildung ermöglicht;[29] für die herkömmliche Juristenausbildung hat die Landesgesetzgebung die Unterscheidung von Pflichtfächern und Wahlfachgruppen eingeführt;[30]
– durch das Dritte Gesetz zur Änderung des DRiG vom 25. Juli 1984[31] wurde die Experimentierklausel aufgehoben; damit waren die Bundesländer gezwungen, zur herkömmlichen (zweistufigen) Ausbildung zurückzukehren. Zugleich wurden bundeseinheitlich praktische Studienzeiten in den Semesterferien (§ 5a III 1 und 2 DRiG) und studienbegleitende Leistungskontrollen unter Prüfungsbedingungen (§ 5a IV DRiG) vorgeschrieben.

3. Die aktuelle Situation

Kennzeichen der aktuellen Situation der Juristenausbildung sind Unübersichtlichkeit, Unzufriedenheit und diffuse, sich aber zunehmend konsolidierende Hoffnungen auf Besserung.

a) Die Fakultäten und Fachbereiche, die bis 1984 einstufig ausgebildet haben, sehen sich vor enormen Organisationsproblemen: Sie müssen seitdem die zweistufige Ausbildung anbieten, haben aber bis 1992 noch die einstufige Ausbildung abzuwickeln; sie führen also über Jahre hin zwei Curricula parallel, was nicht nur Schwierigkeiten in der Ausstattung macht (Lehrpersonen, Sachmittel, Räume), sondern auch die Motivation aller Beteiligten belastet. Einige freilich nutzen die günstige Gelegenheit, die Leistungsfähigkeit beider Ausbildungsmodelle direkt in Beziehung setzen zu können und post festum die Überlegenheit der einstufigen Ausbildung statistisch zu belegen: kurze Studiendauer bei verbesserter Qualifikation; Verzahnung von Theorie und Praxis; vernünftige Stoffbeschränkung; Überflüssigkeit des Repetitors.[32]

b) Die Aufhebung der Experimentierklausel 1984 hat nicht zugleich auch sämtliche Ausbildungsexperimente aufgehoben. Insbesondere, aber nicht ausschließlich, in der einstufigen Juristenausbildung wur-

---

[29] Gesetz vom 10. 9. 1971; BGBl. I, 1557.
[30] Grundlage waren die vom Studienreformausschuß des Fakultätentages gefaßten Münchner Beschlüsse zur Fortführung der Studienreform vom 16./17. Februar 1968, vgl. JZ 1968, 223 ff.
[31] BGBl. I, 995.
[32] Paradigmatisch Harald *Weber*, Die Bielefelder einstufige Juristenausbildung – Reminiszenz oder Vorbild für eine zukünftige Juristenausbildung?, JuS 1989, 678 ff.

den Modelle einer besseren Verzahnung von Theorie und Praxis und einer stärkeren Berücksichtigung der rechtswissenschaftlichen Grundlagendisziplinen über Jahre hinweg erprobt.[33] Die Erfahrungen, die man dabei machen konnte, wirken in bestimmten Studiengängen bis heute fort: Einführungsveranstaltungen unterschiedlichen Typs, Projekte, Beteiligung von Praktikern, Spezialisierungsmöglichkeiten. Es kommt hinzu, daß verschiedene Fachbereiche in letzter Zeit mit besonderen Angeboten für sich werben: Fremdsprachen in der Juristenausbildung, thematische Schwerpunkte, Magisterstudiengänge, Graduiertenkollegs: Eine Situation mit Orientierungsproblemen, aber auch mit Angebotsvielfalt und Spezialisierungschancen.

c) Die Geschenke des Gesetzgebers 1971 und 1984: Unterscheidung von Pflicht- und Wahlfächern, praktische Studienzeiten und studienbegleitende Leistungskontrollen, haben die Beschenkten nicht sehr froh gemacht.[34] Sie werden überwiegend und zu Recht als eher kontraproduktiv eingeschätzt:

Die Wahlfächer gelten als schlecht geschnitten (sachlich bisweilen mißglückt, zu groß, ungleichmäßig), und vor allem darf man ihnen nachsagen, daß sie den Prüfungsstoff eher vermehrt als, wie beabsichtigt, vermindert haben. Nicht viele Studenten begrüßen das Wahlfachangebot als Chance vertiefter und exemplarischer Einarbeitung in das Fach; die allermeisten „erledigen" es durch den Besuch einer Lehrveranstaltung und hastige Oberflächenlektüre zwischen schriftlichem und mündlichem Examen. Die praktischen Studienzeiten in den Semesterferien überraschen die Studenten regelmäßig ohne die notwendige universitäre Vorbereitung, Nachbereitung und Anbindung an das zuvor Gelernte, sie sind für ein solides Verständis der Praxis zu kurz bemessen und zu bunt gemischt, und es ist schwer zu sagen, welches Bild von juristischer Theorie und Praxis sie in den Köpfen der Studenten hinterlassen. Die studienbegleitenden Leistungskontrollen, durchweg über Klausuren organisiert, fragen ein papierenes Verständnis der Jurisprudenz ab, zwingen die Studenten frühzeitig zur Konzentration auf schematisches und formales Wissen, gefährden die Chancen eines Interesses sowohl an den Grundlagen als auch an der Praxis des Fachs schon in den Anfangssemestern, haben einen zweifelhaften Prognosewert und halten wahrscheinlich nicht wenige ungeeignete Studenten im Studium, welche ohne die knapp bestandene Leistungskontrolle die Universität verlassen würden (und vor 1984 verlassen hätten).

---

[33] Paradigmatisch und materialreich für das Strafrecht *Giehring/Schumann*, Die Zukunft der Sozialwissenschaften in der Ausbildung im Straf- und Strafverfahrensrecht – Erfahrung versus Programmatik, in: *Hassemer/Hoffmann-Riem/Limbach* (Hrsg.), Juristenausbildung zwischen Experiment und Tradition (1986), 65 ff.
[34] Knapp und eindrücklich *Großfeld*, JZ 1986, 357 ff.

d) Zu all dem kommen die klassischen Klagen über die Juristenausbildung, deren Permanenz ihrer Aktualität keinen Abbruch tut und die wir deshalb alsbald systematisch aufführen wollen.[35] Aktuelle Verschärfungen der Situation sind die wieder wachsende Überfüllung der Hochschulen, die im Wintersemester 1988/89 zu erheblicher und berechtigter Unruhe auch unter den Jurastudenten geführt hat, und die Befürchtungen vor einem Wettbewerb mit anderen Juristen auf dem künftigen europäischen Binnenmarkt.

4. Der Wert von Experimenten

Von 1971 bis 1984 hatten wir Gelegenheit, mit Alternativen der Juristenausbildung Erfahrungen zu machen und aus diesen Erfahrungen zu lernen. Diese Gelegenheit haben wir teuer bezahlt: nicht nur mit Geld für die Lehre, die wissenschaftliche Beobachtung und die Evaluation,[36] sondern auch mit mannigfaltiger Verunsicherung der Betroffenen. Wir haben sie schlecht genutzt: Die Ergebnisse der Experimentierphase sind, wie der hessische Justizminister das heute vornehm formuliert, bei der Neuordnung der Juristenausbildung „nur sehr bedingt zur Kenntnis genommen worden."[37]

Hier ist nicht der Ort, den Wert von Experimenten für die politische Planung oder auch nur den Wert der Experimentierphase für die Neuordnung der Juristenausbildung 1984 theoretisch zu besprechen.[38] Auch sind wir außerstande, wenigstens einen Teilkonsens hinsichtlich der Ergebnisse des Experiments zu berichten, auf dem sich

---

[35] Unten B. II.
[36] Auf der Grundlage von Konzepten des „Unterausschusses der Justizministerkonferenz zur Koordinierung der einstufigen Juristenausbildung" wurde eine an dessen Weisungen gebundene „Zentrale Forschungsgruppe zur Juristanausbildung" (ZFG) mit Sitz in Mannheim und Anbindung an das dortige Landgericht eingerichtet. Die ZFG nahm ihre Tätigkeit im Herbst 1977 auf; sie wurde 1981 beendet. Die ZFG bestand aus drei hauptamtlichen Mitarbeitern – zwei Juristen aus der Praxis und einem Sozialwissenschaftler – und zwei Schreibkräften; sie verfügte über entsprechende Sachmittel. Finanziert wurde die ZFG aus Mitteln des Bundesministeriums für Bildung und Wissenschaft (insg. 1,3 Millionen DM). Zu dem Forschungskonzept und den Forschungsergebnissen s. ZFG, Abschlußbericht mit Anlagenband (1981); ferner die konzentrierten Informationen über die ZFG bei *Haag*, Juristenausbildung als Gesetzgebungsexperiment. Zur Entstehung, Struktur und Verwertung von Begleitforschung, in: *Hassemer/Hoffmann-Riem/Limbach* (Hrsg.) Juristenausbildung, 11 ff. (15 ff.); vgl. *Enck*, Die „Bundesevaluation" aller einphasigen Jura-Studiengänge, in: *Hellstern/Wollmann* (Hrsg.), Experimentelle Politik – Reformstrohfeuer oder Lernstrategie (1983), 358 ff.
[37] K.-H. *Koch*, Die Juristenausbildung braucht neue Wege, ZRP 1989, 282.
[38] Dazu umfänglich *Haag*, Juristenausbildung; *Nocke*, Die Juristenausbildungsreform als Gesetzgebungsexperiment, in: *Hassemer/Hoffmann-Riem/Limbach*, (Hrsg.) Juristenausbildung, 25 ff.

nunmehr weiterbauen ließe. Da es keine ernsthafte Auseinandersetzung über diese Ergebnisse gegeben hat, kann auch von Konsensen und Dissensen nicht die Rede sein. Die Lage ist, daß die Befürworter der einstufigen Juristenausbildung[39] deren Ergebnisse werbend referieren,[40] während deren Gegner mit der Entscheidung 1984 offenbar still zufrieden sind. Überdies verlaufen die Fronten, die den 48. DJT geprägt hatten, heute jedenfalls nicht mehr so wie vor 20 Jahren, und Neues ist seitdem hinzugekommen. Aus diesen Gründen macht es keinen Sinn, die Fäden dort wieder aufzunehmen, wo man sie 1984 hat liegen lassen, und die Ergebnisse der Experimentierphase im einzelnen zu präsentieren und zu bewerten.

Sinnvoll aber ist es, diese Ergebnisse bei den einzelnen Streitfragen, wie sie heute anstehen, jeweils zu berücksichtigen. Und lohnenswert ist es, sich den Wert von Experimenten in der Juristenausbildung zu vergegenwärtigen. Dieser Wert ist eher symbolischer Natur: Experimente dieser Art werden nicht immer zum Gewinn besserer Erkenntnis angestellt; bisweilen sind sie auch Öl auf den Wogen politischer Auseinandersetzungen oder Vehikel einer Politik unter dem Slogan „Keine Experimente!". Dies spricht dafür, die nunmehr anstehende Reform der Juristenausbildung nicht über eine neuerliche Experimentierphase zu organisieren.

5. Unbeantwortete Streitfragen

Es ist nach alledem nicht verwunderlich, daß die Experimentierphase zwischen 1971 und 1984 die alten Streitfragen um die Juristenausbildung nicht beantwortet hat.

Schon vor Beginn dieser Phase war man sich immerhin weitgehend darüber einig, um welche Streitfragen es geht;[41] umstritten waren Modalitäten und Inhalte einer Antwort. Die Fragen konzentrierten sich auf
- die Verkürzung der Ausbildungs- und Prüfungsdauer;
- die Verknappung und Modernisierung des Stoffs, der gelehrt und geprüft wird;
- eine Annäherung von Theorie und Praxis;

---

[39] Umfangreiche Information über die einstufigen Ausbildungsmodelle bei *Rinken*, Einführung in das juristische Studium (1977), S. 22 ff.
[40] Paradigmatisch *Donepp*, Die Neuordnung der Juristenausbildung. Überlegungen nach 15 Jahren Diskussion und Erprobung (549 ff., 555 ff.); *Rinken*, Reform als Prozeß. Zu den rechtlichen Rahmenbedingungen der Juristenausbildungsreform (605 ff.) – beide in FS Wassermann (1985).
[41] Knappe Übersicht bei *Donepp*, FS Wassermann, 552 f., 553 ff.

– die verstärkte Beachtung von Grundlagen- und Nachbarwissenschaften;
– die Verknüpfung von Ausbildungs- und Prüfungsstoff;
– Spezialisierungs- und Vertiefungsangebote mit oder ohne Beibehaltung des „Einheitsjuristen";
– Möglichkeiten, ungeeignete Studenten frühzeitig zum Verlassen der Ausbildungsgänge zu bewegen.

Die Antworten der Reformmodelle waren, mit unterschiedlichen Schwerpunkten und Einzelheiten zwischen Augsburg und Bremen, weitgehend einheitlich. Die drei zentralen Ziele[42] waren die Integration jeweils von Theorie und Praxis sowie von Rechts- und Grundlagenwissenschaften und eine Prüfungsreform. Organisatorische Vorgaben waren eine Verkürzung der Ausbildung auf gut sechs Jahre, eine Schwerpunktausbildung und die Konzentration auf kleine Gruppen.

Unterschiede gab es insbesondere in der Organisation der praktischen Ausbildung und der Vertiefungsphase sowie im Stellenwert der Grundlagenwissenschaften. Einheitlich wiederum war die positive Selbstbeurteilung der Reformmodelle.[43]

Ob diese Antworten tauglich waren, ob sie insbesondere auch in Zeiten überfüllter Hochschulen und knappen Geldes gelten können, weiß man nicht. Mit dem Abbruch der Reformmodelle war die Chance dahin, auf den von ihnen gegebenen Antworten weiterzubauen. Die Streitfragen vom Beginn der siebziger Jahre stehen folglich auch heute noch an. Die Erfahrungen mit der Massenuniversität und die Erwartungen eines europäischen Binnenmarkts sind als Probleme hinzugekommen.

II. Klagen

Daß die zentralen Streitfragen unbeantwortet sind, wird belegt auch durch die Tatsache, daß die Klagen über die Juristenausbildung alle Reformen und Reformversuche unbeschadet überstanden haben. Ihre Liste ist beeindruckend und verlangt Beachtung vor jeder Suche nach Verbesserung.

1. Dauer

a) Während der Gesetzgeber 1984 eine Tür zur Verkürzung des Universitätsstudiums geöffnet hat, indem er die Studienzeit von drei-

---

[42] Zusammenfassung bei *Rinken*, FS Wassermann, 608 u. ff.; *Haag*, in: *Hassemer/Hoffmann-Riem/Limbach*, 13 ff.; s. ferner *Hoffmann-Riem*, Zum Stand der reformierten Juristenausbildung, RuP 14 (1978), 127 ff.
[43] Einzelheiten und Nachweise bei *Donepp*, FS Wassermann, 555 ff.

einhalb Jahren nicht mehr als Mindest-, sondern als Regelstudienzeit ausgestaltete,[44] sind die Studenten in wachsender Zahl durch die gegenüberliegende, vom Gesetzgeber gänzlich offen gelassene, Tür gegangen und haben ihr Studium stetig verlängert.[45] Gerade ein halbes Prozent meldet sich nach sieben Semestern zum Examen, nach neun Semestern ist es etwas mehr als ein Zehntel; etwa zwei Drittel benötigen zehn bis zwölf Semester, und die durchschnittliche Studiendauer währt heute knapp sechs Jahre. Vor 20 Jahren studierte man im Durchschnitt zwischen neun und zehn Semester lang Jura.[46]

b) Der juristische Vorbereitungsdienst liegt zwar am Rande unseres Blickfelds, muß als Zeitfaktor der Juristenausbildung aber mitgerechnet werden. Die Dauer des Referendariats ist ein Regler, den der Gesetzgeber – im Unterschied zur Universitätsausbildung – immer wieder im politischen Interesse und mit realen Folgen für die Dauer der Juristenausbildung bedienen konnte.[47] Ob eine spürbare Verkürzung der Ausbildungsdauer von heute zweieinhalb Jahren verantwortet werden kann, hängt von der Antwort auf mancherlei Vorfragen ab – zuvörderst was die Ziele der Juristenausbildung und die Organisation des Praxisbezugs anlangt.[48] Jedenfalls klagen nicht nur Referendare über das Referendariat, seine Gegenstände, seine Organisation und Dauer.[49]

c) Mit der schlichten Addition von Universitätsausbildung und Vorbereitungsdienst ist die Dauer der Juristenausbildung noch nicht vollständig errechnet. Drei weitere Konstanten summieren sich für viele Juristen auf eine mehrjährige Verlängerung. Zeit brauchen die beiden Examina, vorsichtig gerechnet zusammen ein Jahr.[50] Berichte in der Literatur sprechen von einer achtmonatigen Wartezeit bis zur Einstellung des geprüften Rechtskandidaten in den Vorbereitungsdienst.[51] Wer der Praxis der Juristenausbildung gerecht werden will,

---

[44] § 5a I 1 DRiG i.d.F. vom 25.7.1984, BGBl. 1984, I, 995; Begr. in BT-Dr. 10/1108, 10f.

[45] Genaue Angaben etwa bei *Steiger*, Deutsche Juristenausbildung und das Jahr 1992, ZRP 1989, 283 (284); Übersicht für das Jahr 1984 in JuS 1985, 576, für 1985 in JuS 1986, 664, für 1986 in JuS 1987, 672, für 1987 in JuS 1988, 584.

[46] *Bilda*, Zur Reform der Juristenausbildung, JuS 1989, 681 (682).

[47] So assoziiert etwa *Koch*, ZRP 1989, 282, die Verkürzung des Vorbereitungsdienstes freimütig mit dem „Reformschwung 1971" und die Wiederverlängerung 1981 mit einer „Haltung des Mißtrauens und der Abwehr gegen ideologiebetonte Strömungen, wie sie sich in den Reformen von 1971 teilweise niedergeschlagen hatten".

[48] Dies wird hier diskutiert unter C. II. und C. III. 3.

[49] Zuletzt, mit zahlreichen Nachweisen, *Pieper*, Leid und Elend der Referendarzeit, ZRP 1989, 201 ff.

[50] In Hessen betrug im Jahr 1987 die durchschnittliche Dauer des Prüfungsverfahrens für die erste jur. Staatsprüfung 7 Monate (die Jahre vorher konstant 6½ Monate), für die zweite 7½ Monate, Hess. JMBl. 1988, 925, 929.

[51] *Pieper*, ZRP 1989, 202.

muß überdies in Rechnung stellen, daß die jungen Assessoren in der Regel für den Praxiseinsatz noch nicht voll tauglich sind. Die Wirtschaft verlangt, daß ein Trainee-Programm absolviert wird, Behörden wie die Bundespost, die Finanzverwaltung oder das Auswärtige Amt verordnen eine „postassessorale" Ausbildung, das Weiterbildungsangebot der Anwaltsvereinigungen für junge Rechtsanwälte ist stark angewachsen, und in großen Kanzleien zieht man ausbildungsintensive Konsequenzen aus dem Zweifel am know how des jungen Kollegen.[52] Man kann für das Training on the job zahlreicher Assessoren getrost ein Jahr veranschlagen: Ein dreißigjähriger voll ausgebildeter Jurist darf hierzulande heute als jung gelten.

d) Die Folgen dieses Mißstandes sind vielfältig. Zwei sollen hervorgehoben werden. Auf dem europäischen Binnenmarkt werden die von uns ausgebildeten Juristen Startprobleme und Konkurrenzschwierigkeiten haben, weil sie zu alt sind.[53] Höheres Alter besagt beim Berufsbeginn nicht nur reduzierte räumliche und geistige Mobilität, sondern auch geringere Chancen für learning by doing: Wessen Welt- und Berufsbild fester gefügt ist, der wird ceteris paribus weniger geneigt sein, sich auf die permanenten Veränderungen der professionellen Anforderungen – aus welchen Europäisierung für die Juristen ja zu einem guten Teil besteht – neugierig und innovativ einzulassen.

Nicht weniger gewichtig sind die menschlichen Kosten, welche eine lange Dauer der Juristenausbildung den Betroffenen abfordert. Wer erst nach sechs Jahren Universitätsausbildung oder gar als Dreißigjähriger durch die Zweite Staatsprüfung erfährt, daß er für juristische Berufe nicht geeignet ist, hat nicht nur Selbstvertrauen, sondern auch die Chance eingebüßt, sich rechtzeitig an beruflichen Möglichkeiten zu orientieren, die ihm gemäß sind.

---

[52] *Kötz*, Glanz und Elend der juristischen Einheitsausbildung, ZRP 1980, 94 (95f.); ders., Juristenausbildung und Anwaltsberuf, AnwBl. 1988, 320 (323); *Pieper*, ZRP 1989, 204f.; *Koch*, ZRP 1989, 283.

[53] Die Ausbildung der Juristen dauert woanders nicht so lange wie bei uns: Unter dem Gesichtspunkt der Dauer der Ausbildung zum Anwalt gilt dies etwa für Frankreich, Griechenland, Luxemburg, Niederlande sowie für Großbritannien und Irland (für Solicitor wie für Barrister), *BMJ*, Dauer der Ausbildung zum Anwalt in den EG-Mitgliedsstaaten, zusammengestellt im wesentlichen nach Berichten der Botschaften der Bundesrepublik Deutschland 1988/89 (August 1989). Diese Angaben sind freilich nur mit Vorsicht zu verwenden, da sie nicht auf statistischen Erhebungen beruhen und ihre methodischen Grundlagen nicht bekannt sind. Näheres zu Frankreich, Italien, Spanien, Großbritannien und den USA unter III.

2. Stoff

Wer die Dauer der Juristenausbildung verkürzen will, muß die Ursachen ihrer stetigen Verlängerung kennen. Die nächstliegende Ursache ist das stetige Anwachsen des Stoffs, der gelehrt, gelernt und geprüft werden soll. Daß dieser Stoff zu umfangreich sei, wird traditionell beklagt und ist deshalb hier nachzuzeichnen. Zugleich ist der Umfang des Ausbildungs- und Prüfungsstoffs aber auch ein systemisches und politisches Problem; Vorschläge zu seiner Verknappung oder gar Modernisierung setzen nämlich eine inhaltliche Verständigung darüber voraus, was für den Juristen heute in welchem Umfang wichtig ist, sie treffen ins Selbstverständnis von Rechtswissenschaft und Rechtspraxis.[54]

a) Der Stoff, der in der Juristenausbildung gelehrt werden soll, wächst mit der Ausdifferenzierung des Rechtssystems von selbst; er kann nur durch strategische Intervention, nicht durch schlichte Selbstregulation des Ausbildungssystems beschnitten werden. Ausdifferenzierung des Rechtssystems ist ein doppelter Prozeß: sowohl die Verkomplizierung bisheriger als auch das Entstehen neuer Rechtsgebiete.

Auf beiden Wegen ist unser Rechtssystem schnell vorangeschritten.[55] Die Anzahl der Publikationen und Entscheidungen, die den jungen Juristen zur Kenntnis gebracht werden müßten, wächst schneller als der Kreis derjenigen, die als überholt gelten dürfen. Die Vermehrung der Professorenstellen vermehrt die publizierten Wichtigkeiten; die „Juristenschwemme" nährt den Markt der Ausbildungsliteraturen, welche sich auf immer schmalere Gebiete – wie etwa die Sicherungsgeschäfte oder die Vermögensdelikte – ausdehnen und dort die ausbildungsrelevante Komplexität des Stoffs vorantreiben. Neue Rechtsgebiete, die selbstverständlich und auch zu Recht Ausbildungsgegenstand werden, weiten – wie etwa das Europa- oder das Umweltrecht – die Anforderungen nicht nur quantitativ, sondern auch qualitativ aus, weil sie einen Blick über den normativ-juristischen Zaun verlangen. Die offensichtliche Attraktivität dieser Rechtsgebiete reizt die Vertreter der klassischen Disziplinen zu verstärkten Anstrengungen, ihr Fach auch weiterhin vernehmlich zu Gehör zu bringen, denn das Stundenkontingent im universitären Curriculum ist nicht der schlechteste Indikator für den Rangplatz in der Hierarchie

---

[54] Deshalb besprechen wir die Stoffülle unter C. III. 2 systematisch als Problemfeld. Die Konsequenzen für eine Ausbildungsreform werden unter D. II. 2. vorgestellt.

[55] Einzelheiten und weitere Nachweise zum Folgenden bei *Steiger*, ZRP 1989, 285; *Großfeld*, JZ 1986, 357, und Rechtsausbildung und Rechtskontrolle, NJW 1989, 876; *Bilda*, JuS 1989, 682. Insbesondere zum Faktor juristische Publikationen F.-C. *Schroeder*, Die Last des Kommentators, FS Tröndle (1989), 86 f.

der Fächer. Die Abspaltung der Wahlfächer war nicht die strategische Intervention zur Stoffverknappung, die sie sein sollte, sondern hat eher kontraproduktiv gewirkt.[56] Betrachtet man sich die Kataloge der für die Ausbildung verbindlichen Pflicht- und Wahlfächer und vergegenwärtigt man sich die Stoffmassen, die sich hinter den Fächerbezeichnungen heute versammeln, so muß man den Eindruck gewinnen, nur derjenige könne effektiv studieren, der einerseits klug auswählen und andererseits ungerührt weghören kann. Für beides finden die Studenten freilich Hilfe: beim Verhältnis von Ausbildungs- und Prüfungsstoff und beim Repetitor.

b) Nicht erst heute[57] haben die Studenten im Prüfungssystem einen scheinbar verläßlichen Ratgeber für Hin- und Weghören während des Studiums. Dabei ist wichtig zu sehen, daß „Prüfungssystem" nicht die normativ definierten, sondern die faktisch erwarteten und prognostizierten Wissensanforderungen sind.

Die Juristenausbildungsgesetze und -ordnungen beschreiben den Prüfungsstoff so vage und flächendeckend, daß sie, de iure, die Fülle des Ausbildungsstoffs ihrerseits noch einmal vergrößern und die Verunsicherung der Studenten damit vertiefen. Wer, wie etwa das hessische JAG 1985, aus dem Zivilrecht „die allgemeinen Lehren, das Schuldrecht und das Sachenrecht einschließlich ihrer besonderen Ausprägungen außerhalb des BGB" oder wer den (gesamten) Besonderen Teil des StGB zum Pflichtfach erklärt, neutralisiert sogar die Selektionsleistungen, welche die Universitätsausbildung immerhin noch erbringt (indem sie beispielsweise dem Abschnitt „Landesverrat und Gefährdung der äußeren Sicherheit" eine nur mindere Aufmerksamkeit widmet). Auch der Ausweg, Prüfungsstoff auf „Grundzüge" zu beschränken, führt eher in die Irre denn ans Ziel, denn dieses Merkmal ist ein Passepartout in der Hand des jeweiligen Prüfers.[58]

Hilfe erwarten die Studenten vielmehr von den allenthalben kursierenden Prognosen über das, was für die Prüfungen „wirklich wichtig" ist. Die universitäre Ausbildungserfahrung lehrt, daß die Studenten spätestens ab dem vierten Semester mit dem konsequenten Weghören beginnen. Da die Prognosen in der Regel so falsch nicht sind, zahlt sich diese Selektionsleistung – bei aller Unschärfe – regelmäßig aus: Die Studenten können die Differenz von Ausbildungs- und Prüfungsstoff praktikabel managen; sie konzentrieren sich auf prüfungs-

---

[56] Näheres unter C. III. 2.
[57] Eindrücklich und mit Beispielen aus der ersten Hälfte des 19. Jahrhunderts *Bleek*, Kameralausbildung, 113 f. u. ö. („Die Realität des Prüfungssystems und nicht unverbindliche Anweisungen und Studienpläne bestimmten das akademische Studium...", 114).
[58] Treffend *Großfeld*, NJW 1989, 877 f.; auch *Steiger*, ZRP 1989, 285: „Der Jurastudent wird unter Stoff begraben".

relevante Kerngebiete und Prüfungsschemata und überlassen die Jurisprudenz den Professoren und deren happy few.

Nicht so sehr also für die unmittelbaren Interessen der Studenten, sondern vielmehr für den Ausbildungsauftrag der Universität und das Ausbildungsniveau der künftigen Juristen ist die Differenz von Ausbildungs- und Prüfungsstoff verheerend. Da gelernt wird, was – erfahrungsgemäß – geprüft wird und da eine Selektion des Lernstoffs angesichts der Stoffülle[59] dringend naheliegt, mißlingt der Transfer des Stoffs an die Adressaten nicht nur quantitativ, sondern auch qualitativ; die Studenten erhalten ein nicht nur lückenhaftes, sondern auch verzerrtes Bild dessen, was Recht ist: beschränkt auf die eher formelhaften, weil prüf- und abfragbaren Partien. Grundlagen, Hintergründe, Wechselbezüge, Politik, Methode und Geschichte, kurz: der Reichtum juristischer Kunst und Wissenschaft hat bei der Masse der Studenten keine Rezeptionschancen.

Es kommt hinzu, daß die Studenten angesichts des Verhältnisses von Ausbildungs- und Prüfungsstoff nicht schlecht beraten sind, wenn sie den engen, auf die Prüfung gerichteten, Blick um ein weiteres konzentrieren: auf das iterative Lernen. Was prüfungsrelevant ist, wird wieder und wieder eingepaukt, bis die Formeln „sitzen" und die Prüfungsschemata „im Schlaf" zur Verfügung stehen: in Arbeitsgemeinschaften, privaten Arbeitsgruppen, an Ausbildungszeitschriften, in Übungen, Klausurenkursen, Examinatorien und beim Repetitor.[60] Dies blockiert nicht nur die Zeit für Wichtigeres, sondern – viel schlimmer – sozialisiert den künftigen Juristen auf das Formelhafte und Schematische. Deshalb ist die Forderung gegenüber der Universität, sie solle den Studenten dadurch Erleichterung verschaffen (und dem Repetitor das Wasser abgraben), daß sie vermehrt Examensvorbereitung betreibt,[61] allenfalls der zweitbeste Weg; vernünftiger wäre es, in den Prüfungen das nachzufragen, was die Studenten gelernt haben sollten: Jurisprudenz.

c) Professionelle Hilfe für kluges Weghören verspricht den Studenten der Repetitor.[62] Dieser nährt sich aus zwei Quellen, die miteinander verbunden sind: aus der Differenz von Ausbildungs- und Prüfungsstoff[63] und aus dem Umstand, daß am Staatsexamen Praktiker folgenreich mitwirken. Sein Angebot besteht aus Selektion und Infor-

---

[59] Oben B II 2a.
[60] Siehe auch unten B. II. 4.
[61] In der Tendenz etwa *Pieper*, ZRP 1989, 203, 205; vgl. ZFG, Abschlußbericht, Anlageband, 87 (Gründe, zum Repetitor zu gehen).
[62] Dazu, teilweise mit Angaben über Kosten und Besucherzahlen, *Wesel*, Juristenausbildung. Wider den geplanten Leerlauf, Kursbuch 97 (1989), 29 ff. (35 f.).
[63] Es geht mittlerweile nicht mehr nur ums Examen, sondern auch schon um die Vorbereitung auf die Studienbegleitenden Leistungskontrollen.

mation; er weiß besser als die Studenten, welche Partien des Ausbildungsstoffs sich wie in die Prüfung verlängern und was die dem Studenten noch fernen Praktiker in der Prüfung verlangen werden. Er nimmt die Studenten an die Hand und mindert Unsicherheit und damit auch Angst vor der Prüfung. Er wird überleben, solange diese beiden Quellen sprudeln.[64]

Der Repetitor verstärkt die Probleme, die sich aus der selektiven Einübung in den Rechtsstoff ergeben,[65] und er tut das um so nachdrücklicher, je früher die Studenten sich von ihm unterrichten lassen. Daß viele Studenten sich bei ihm wohlfühlen und viele Juristen eine verklärte Erinnerung an ihn haben, versteht sich aus den strukturellen Problemen von Ausbildung und Prüfung, wie sie hier geschildert worden sind, und rechtfertigt seine Existenz deshalb nur relativ zum Fortwirken dieser Probleme. Sein Geschäft ist Selektivität, Simplifizierung und Prüfungszentrierung, es ist nicht Einübung in Jurisprudenz und nicht Berufsvorbereitung. Die verbreitete Meinung, wir stünden vor einer „gute Dienste leistende(n) Symbiose zwischen Rechtsfakultäten und Repetitoren",[66] übersieht zudem gerne, daß die Studenten diese Symbiose aus ihrer eigenen Tasche bezahlen, während doch Ausbildung und Prüfungsvorbereitung Aufgaben allein der Rechtsfakultäten sind. Alles in allem spricht die Existenz von Repetitoren für eine Reform von Ausbildung und Prüfung.

3. Justizorientierung

Nicht nur durch seinen Umfang, sondern auch durch seinen Zuschnitt belastet der Stoff in Ausbildung und Prüfung die Vorbereitung der jungen Juristen auf ihren Beruf. Die Auswahl des Stoffs ist einseitig am Justizjuristen orientiert.[67]

a) Vor zwanzig Jahren hat Wiethölter das damalige Leitbild der Juristenausbildung als „habilitierfähige(n) Oberlandesgerichtsrat in

---

[64] Aus den einstufigen Fachbereichen wird nahezu übereinstimmend berichtet, daß es dort Raum für den Repetitor nicht gab. Das wird auch durch die uns vorliegenden Daten bestätigt: ZFG, Abschlußbericht, Anlageband, 338 (Bremen), 367 (Hamburg), 318 (Bielefeld; vgl. H. *Weber*, JuS 1989, 679); eine Ausnahme ist Augsburg, wo die Hälfte der Befragten angab, einen Repetitor besucht zu haben (ZFG, 308) – allerdings überwiegend nur im letzen halben Jahr vor dem Examen; jedoch haben nur 35% der Befragten geantwortet (25 von 72), und vor allem wiegt dies wenig im Vergleich zum Repetitorbesuch der Studenten zweistufiger Fachbereiche (bundesweit 1978–1980 67,3% aller Studenten durchschnittlich insgesamt 19 Monate lang bei 7 Wochenstunden). Ähnlich wie hier, aber mit pessimistischer Prognose, *Hattenhauer*, JuS 1989, 519 unter V. 6.
[65] Oben B II 2 b.
[66] *Hattenhauer*, JuS 1989, 519.
[67] Zum Folgenden insbes. *Steiger*, ZRP 1989, 285.

der ordentlichen Gerichtsbarkeit" verspottet;[68] das könnte er heute wiederholen. Sowohl die Gegenstände als auch die Arbeitstechniken, welche den jungen Juristen nahegebracht und abgefragt werden sollen, sind eher am rechtswissenschaftlichen System als an der juristischen Praxis, sind eher an der Konfliktverarbeitung als an der Konfliktvermeidung, sind eher an der papierenen Normauslegung als an der konkreten Rechtsverwirklichung ausgerichtet.

Die Auswahl des Stoffs für Ausbildung und Prüfung an der Universität und im ersten Staatsexamen wird über drei Filter gesteuert und damit hoch verdichtet. Die Linien der Auswahl bündeln sich in der Revisionsinstanz und konzentrieren sich dort noch einmal auf die Aufgaben des Richters. Von diesen Aufgaben wird überdies derjenige Stoff als unbedeutend ausgeblendet, welcher nicht den „klassischen" Gegenständen der Rechtswissenschaft zugehört. „Justizorientierung" bedeutet also – seit Jahrzehnten – eine radikale Verengung des Blickwinkels auf die Theorie und vor allem auf die Praxis der Jurisprudenz: Von der Herstellung des Falles durch den Tatrichter, von den professionellen Aufgaben der nichtrichterlichen Juristen im Revisionsverfahren und auch von den praktisch wichtigen „Nebengebieten" in der Rechtsprechung nimmt der junge Jurist allenfalls am Rande Kenntnis – ganz zu schweigen von den vielfältigen Tätigkeiten der nichtrichterlichen Juristenprofessionen. Ihm werden „fertige" Sachverhalte präsentiert, welche er ausschließlich unter dem Aspekt richtiger Normauslegung zu bearbeiten hat, und zu den relevanten Normen zählen nur die „klassischen": so gehören etwa das umfängliche Nebenstrafrecht oder das Strafvollzugsrecht, mit dem viele Strafsenate der Oberlandesgerichte beschäftigt sind, trotz der Konzentration auf richterliche Revisionstätigkeit, nicht zum Programm.

b) Diese selektive Verdunkelung des Blickfeldes erklärt sich vor allem aus der beherrschenden Bedeutung der überkommenen Rechtswissenschaft für universitäre Ausbildung und Prüfung, aus der Präponderanz des normativen Systems gegenüber dem praktischen Handeln. Sie liegt für den Rechtsunterricht an einer Massenuniversität auch nahe, welche Systemvermittlung eher managen kann als praktische Arbeit im Einzelfall. Sie mag überdies auch didaktisch partiell sinnvoll sein als frühe Vermittlung systematischer Zusammenhänge juristischen Denkens.[69] Gleichwohl ist offenbar, daß diese Form der Justizorientierung ein falsches Bild juristischen Handelns vermittelt: Die meisten Juristen sind nichtrichterlich tätig, und unter diesen

---

[68] *Wiethölter*, Didaktik und Rechtswissenschaft, in: Loccumer Arbeitskreis, 38.
[69] Wir werden diese Frage unter C. III. 4 systematisch besprechen. Dort wird sich dann freilich zeigen, daß Kriterium einer guten Stoffauswahl nicht das System der Rechtswissenschaft, sondern die Exemplarität des Stoffs für das juristische Denken ist.

arbeiten die wenigsten an Revisionsfragen.[70] Juristische Arbeit ist zu einem guten Teil Arbeit am entstehenden Sachverhalt: mit Betroffenen und Mandanten, in Beweiserhebung und Beweiswürdigung, bei Vertragsgestaltung oder Rechtsmittelbegründung. Nicht nur Streitentscheidung, sondern auch Streitvermeidung gehört zur juristischen Kunst. Ohne juristische und außerjuristische Kenntnisse in Steuern, Wirtschaft oder Verwaltungsorganisation können die meisten Juristen nicht arbeiten. Neue Berufsfelder für Juristen in Unternehmen, Verbänden und Behörden, in Bereichen etwa der Wirtschaftsprüfung und Steuerberatung, verlangen Beachtung auch im rechtswissenschaftlichen Curriculum. Die internationalen Bezüge bestimmen immer nachdrücklicher die juristische Tätigkeit: Man muß nach neuen Kriterien der Stoffauswahl suchen, welche eine gute Didaktik mit den Bedingungen universitärer Ausbildung und der Realität juristischer Berufspraxis vermitteln können.

4. Verfestigungen

Daß sich die Studenten im Verlauf ihres Studiums zunehmend auf Formeln und Schemata konzentrieren, ist, so hatten wir gesehen,[71] als Vorbereitung auf juristische Berufe zwar kontraproduktiv, angesichts des Verhältnisses von Ausbildungs- und Prüfungsstoff aber eine rationale Strategie. Solcherlei Verfestigungen dürften alle diejenigen bemerkt haben, welche an Ausbildung und Prüfung professionell beteiligt sind. Im Konzert der Klagen klingt diese Stimme freilich eher leise.[72] Da ihre Botschaft für den Zustand und die Reform der Juristenausbildung aber wichtig ist, muß ihr stärker Gehör verschafft werden.

a) Daß die Juristen mit Handwerkszeug umgehen und für einen kunstgerechten Umgang auch ausgebildet werden müssen, steht außer Frage.[73] Wir bedienen uns einer Fachsprache, prüfen Rechtslagen in geordneten Schritten, folgen bewährten Mustern juristischer Rede (wie etwa dem Gutachten- und Urteilsstil oder der Relationstechnik)[74] und halten uns an vielerlei Schemata juristischen Handelns.

---

[70] Am 1. 1. 1989 waren tätig 17 627 Richter, 3 759 Staatsanwälte, 46 397 Rechtsanwälte (davon 7 710 Anwaltsnotare), 1 014 Nurnotare, Statistisches Jahrbuch 1989 für die Bundesrepublik Deutschland (1989), 321.
[71] Oben B II 2 b.
[72] Eine Ausnahme ist insbesondere H. A. *Hesse*, Über den Beitrag der Juristenausbildung zur Kultivierung juristischer Praxis, in: FS Wassermann, 565 ff., 572 ff.; auch *Großfeld*, JZ 1986, 359, bespricht das Problem unter den Stichworten „Verlust an Flexibilität" und „Gefahr für das Rechtssystem".
[73] Wir werden das unter C II 4 b systematisch darlegen.
[74] Zu diesem Aspekt formaler Ordnung juristischer Darstellung W. *Hassemer*, Einführung in die Grundlagen des Strafrechts, 1981, § 23.

Allein dadurch verwirklicht sich zwar nicht materiale Gerechtigkeit. Allein dadurch schaffen wir aber notwendige Voraussetzungen für eine Annäherung an Gerechtigkeit in einer säkularen Kultur, die nach dem Ende des Naturrechts an eine einzige richtige Entscheidung eines Rechtsproblems nicht mehr glauben kann: Wir machen unsere Prüf- und Entscheidungsverfahren transparent, einsichtig, kritisierbar und kontrollierbar.

Außer Frage steht auch, daß Prüf- und Darstellungsschemata in der Juristenausbildung unverzichtbare Hilfsmittel sind. Wenn der zu vermittelnde Stoff systematisch geordnet ist – und das ist er bei Juristen in hohem Maße –, so macht es didaktisch Sinn, diese Ordnung auch schematisch abzubilden. Auch läßt sich nicht bestreiten, daß Jurist nicht sein kann, wer sich in juristischen Systemen nicht professionell bewegen kann – von der Einsicht in die Ordnung des BGB oder der VwGO bis hin zu dogmatischen Paraphrasierungen der Anwartschaft oder des Urkundenbegriffs. Die Attacken gegen das Formale in Rechtswissenschaft, Rechtspraxis und Juristenausbildung mit gutgemeinter Berufung auf „das Eigentliche" oder „die Gerechtigkeit" waren und sind nicht progessiv, sondern naiv. Und restaurativ: Sie bedrohen Durchsichtigkeit und Kontrollierbarkeit juristischen Handelns.

b) In der heutigen Juristenausbildung freilich hat das Formale bedrohlich überhand genommen. Die mit dem expandierenden Markt der Juristenschwemme gewachsene Ausbildungsliteratur überbietet sich in Schematisierungen, formalisierenden Übersichten und „Rechtsproblemen leicht gemacht". Der Repetitor schleift Definitionen und Formeln ein. Die Studenten, deren Examensvorbereitung sich vernünftigerweise weniger auf die Hausarbeit und die mündliche Prüfung, sondern im wesentlichen auf die Klausuren konzentriert, füllen ihr Gedächtnis mit auswendig gelerntem Formalwissen an, das dann die Brücke zwischen dem Gesetzestext und der Fallösung schlagen soll.

Jeder Prüfer im Staatsexamen und jeder Ausbilder im Referendardienst kennt die Folgen. Der objektive Nutzen der studentischen Bemühung um Begriffliches und Schematisches ist offenbar gering: der Klausurenblock bildet, trotz alledem, regelmäßig den schlechtesten Teil des Examens.[75] Die objektiven Schäden aber sind manifest: In einer historischen Phase, in der Rechtspraxis und Rechtswissenschaft durch Output-Orientierung gekennzeichnet sind,[76] legen sich

---

[75] *Großfeld*, NJW 1989, 876; Hess. JMBl. 1988, 925, je mit numerischen Angaben.

[76] Näheres mit Nachweisen bei W. *Hassemer,* Über die Berücksichtigung von Folgen bei der Auslegung der Strafgesetze, in: FS Coing I, 1982, 492 (493 ff., 510 ff.); s. auch *Lübbe-Wolff,* Rechtsfolgen und Realfolgen. Welche Rolle können Folgenerwä-

die Studenten auf Input-Orientierung fest: Während Gesetzgebung, Rechtsprechung und Rechtsberatung, unter eher beifälligen Reaktionen der Rechtswissenschaft, verstärkt auf die Folgen von Rechtsregeln achten, sind die Studenten auf diese Rechtsregeln selbst borniert; während vom Juristen heute der Blick über den Zaun der dogmatischen Systeme verlangt wird, büffelt der Student in extenso die systemischen Quisquilien. Der instrumentale Charakter rechtlicher Begriffe und Regeln wird, wie der Wald hinter den Bäumen, hinter der examensvorbereitenden Begriffsarbeit zunehmend unsichtbar. Die Folge ist, daß Studenten – bis in die Hausarbeit und die mündliche Prüfung hinein – die Begriffe und Regeln des Rechts nicht verwenden, sondern nur reproduzieren können. Wer das Begriffliche nur blind einpaukt, statt es in seiner Hintergründigkeit und Funktionalität sich anzueignen, wird es alsbald wieder vergessen; er wird keine persönliche Beziehung zu diesem System gewinnen, sondern es als Ballast emotiv ablehnen; er wird, da er ihn nicht „beherrscht", eine eher ängstliche Beziehung zum Rechtsstoff aufbauen, weil er vor Überraschungen nie sicher sein kann; er wird unfähig sein, mit diesem Stoff souverän umzugehen, eine argumentative Distanz zu gewinnen, eigenständige Argumente aus ihm zu formen und durchzuhalten; er wird flächig statt vernünftig argumentieren, Prüfungsreihen blind abspulen und sein Heil in formaler Vollständigkeit suchen. Die von aufmerksamen Prüfern registrierte „Lust an der Ausdehnung der Haftung" im Deliktsrecht, an der Verfolgung technischer Einzelheiten im Verfassungsrecht[77] oder an einer allumfassenden Strafbarkeit im Kriminalrecht hat hier ihren Grund. Die juristischen Gutachten haben kein Relief, häufen Gründe auf, statt sie zu bewerten, und von einer – für die juristischen Berufe so wichtigen – Fähigkeit zum Perspektivenwechsel kann schon gar keine Rede sein.

Die wachsende Klage, die Masse der heutigen Jurastudenten sei zu juristischem Denken nicht fähig, mag am Ende berechtigt sein. Bevor man in diese Klage einstimmt, sollte man sich freilich fragen, ob diese Unfähigkeit nicht unserem Ausbildungs- und Prüfungssystem zu verdanken ist.

c) Blinde Reproduktion juristischer Regeln und Begriffe ist ein Feind juristischen Denkens und belastet deshalb alle Fächer und Juristenprofessionen. Ihre schlimmsten Auswirkungen muß sie freilich

---

gungen in der juristischen Regel- und Begriffsbildung spielen?, 1981; *Hoffmann-Riem,* Rechtswissenschaft als Rechtsanwendungswissenschaft. Lernzielthesen zur Integration von Rechts- und Sozialwissenschaft, in: *ders.* (Hrsg.): Sozialwissenschaften im Studium des Rechts. Bd. II: Verfassungs- und Verwaltungsrecht, 1977, 8. Über den Unterschied von Input- und Outputorientierung *Luhmann,* Rechtssystem und Rechtsdogmatik, 1974, 25 ff.
[77] *Großfeld,* JZ 1986, 359.

nicht beim traditionellen Fächerkanon, sondern bei denjenigen Rechtsgebieten haben, die ihren Platz in Ausbildung und Prüfung der Juristen erst finden müssen; dies sind insbesondere die Gebiete, welche einerseits mit der Modernisierung des Rechts und andererseits mit der Europäisierung der juristischen Professionen verbunden sind. Diese Fächer sind charakterisiert durch einen relativ geringen Grad an Ausdifferenzierung und Dogmatisierung. Sie können deshalb adäquat nur gelehrt und gelernt werden in einem Ausbildungsklima, das für Output-Orientierung und Funktionswissen offen ist: Wer auf schematischen Zugängen mit dem Besonderen Schuldrecht noch einigermaßen zurechtkommen mag, wird auf diesem Zugang am Europarecht oder am internationalen Wirtschaftsrecht vollständig scheitern. Wer Modernisierung des Rechts und der Juristenausbildung zum Ziel hat, wer sich auf die Europäisierung einstellen will, muß schematisierende und begriffsorientierte Juristenausbildung mit besonderem Nachdruck überwinden wollen.

5. Defizite

Die Defizite unseres Ausbildungs- und Prüfungssystems liegen danach auf der Hand. Auf die Integration der EG-Länder und die Binnenkonkurrenz der europäischen Juristen sind wir so schlecht vorbereitet,[78] daß man[79] deutschen Jurastudenten schon anrät, ihre Ausbildung nicht bei uns, sondern im eurpäischen Ausland zu absolvieren.

Die von uns ausgebildeten Juristen sind zu alt. Ihre Zeit haben sie verloren durch Fülle, durch mangelnde Strukturierung, Modernisierung und Integration des Stoffs in Ausbildung und Prüfung. Nach dem ersten Staatsexamen sind sie auf die praktische Ausbildung im Referendariat, nach dem zweiten Staatsexamen auf eine Berufstätigkeit schlecht vorbereitet; Nachbesserungen, training on the job kosten neuerlich Zeit und verlangen Umstellung. Die Fähigkeit zur Umstellung wird den Juristen durch eine zunehmende Schematisierung juristischen Wissens eher ausgetrieben als anerzogen. Die Konzentration von Ausbildung und Prüfung auf einen traditionellen Fächerkanon und auf den in der Revision tätigen Justizjuristen verwehrt den neuen Rechtsgebieten, den nicht-justiziellen Denkmethoden und Arbeitstechniken ihren Platz in der juristischen Sozialisation. Die Kosten eines mangelhaften Ausbildungs- und Prüfungssystems hat nicht nur dieses System selbst, sondern haben auch die Betroffenen zu tragen. Es gibt keine „Durchgefallenennachsorge", obwohl ein Vier-

---

[78] Besonders eindringlich die Warnungen von *Koch*, ZRP 1989, 282; *Steiger*, ZRP 1989, 284.
[79] *Großfeld*, NJW 1989, 876.

tel bis ein Drittel die Prüfungen nicht schaffen;[80] die Zahl der Studienabbrecher ist eine eher dunkle, gleichwohl beunruhigende Größe;[81] der Repetitor als faktische und funktionale Ausbildungsinstanz[82] schmälert den Studenten die durchweg schmalen Ressourcen; eine begründete Einschätzung ihrer Eignung für den Juristenberuf wird den Studenten und Referendaren zu lange vorenthalten.[83]

6. Zielkonflikte

Nicht nur die Defizite der heutigen Juristenausbildung müssen die Debatte bestimmen: damit sie aufgearbeitet und so weit wie möglich ausgeglichen werden. Es gibt auch Zielkonflikte, welche Ausbildung und Ausbildungsreform zwangsläufig begleiten; sie kann man nicht ausgleichen, mit ihnen muß man leben. Man muß sie aber im Auge haben, wenn man eine wohlbegründete Wahl treffen will: Nur selten lassen sich auf einem glücklichen Ausweg divergierende Ziele zugleich und mit gleicher Kraft verfolgen; im Normalfall bedeutet die Option für ein Ziel den (teilweisen) Verzicht auf die Realisierung eines anderen.

a) Daß der Rechtsstoff, der beanspruchen darf, Gegenstand von Ausbildung und Prüfung der Juristen zu sein, gewachsen ist und weiter wachsen wird, läßt sich nicht bestreiten.[84] Unbestritten ist freilich auch – und zwar schon vor und außerhalb jeglicher Bemühung um eine Verkürzung des Studiums –, daß Ausbildung und Prüfung mit dem Rechtsstoff nicht gleichsinnig wachsen können: immer mehr Stoff muß in derselben (oder gar in kürzerer) Ausbildungszeit vermittelt werden. Nicht-Verlängerung (oder gar Kürzung) der Ausbildungszeit bedeutet also Stoffverzicht in Ausbildung und Prüfung. „Entrümpelung" lautet der nächstliegende Ausweg; „Neustrukturierung" könnte die Bezeichnung für den vernünftigeren Ausweg sein.[85]

b) Der Wunsch, die Studienzeiten zu verkürzen und die Studenten zugleich für die europäische Binnenkonkurrenz besser auszustatten, führt in denselben Konflikt und spitzt ihn spezifisch zu. Gewiß ist

---

[80] *Großfeld*, NJW 1989, 876; BMJ, Die Neuordnung der Juristenausbildung (1984), 18; JuS 1986, 663; JuS 1987, 671; JuS 1988, 583.
[81] Selbst in Konstanz war diese Zahl zwischen 1974 und 1981 sehr hoch (etwa ein Viertel, mit starken Schwankungen: LT-Dr. Baden-Württemberg 8/3447, S. 4) und dürfte dem bundesweiten Durchschnitt entsprechen, vgl. Wissenschaftsrat, Empfehlungen des Wissenschaftsrates zu den Perspektiven der Hochschulen in den 90er Jahren (1988), 125.
[82] Oben B II 2c.
[83] Oben B II 1d.
[84] Oben B II 2a.
[85] Analyse unten C III 4; Zielbeschreibung unten D I; Realisierungsschritte unten D II 2, 3.

das hohe Alter der deutschen Juristen ein Handicap, und gewiß wäre deshalb eine Studienzeitverkürzung eine Wohltat. „Europäisierung" aber verlangt ja, im Vergleich zur aktuellen Situation, nicht nur ein Weniger (an Ausbildungs- und Prüfungszeit), sondern auch ein Mehr (an Wissen und Fähigkeiten). Also muß die Rücksicht auf Europäisierung und Internationalität bisherige Inhalte von Ausbildung und Prüfung verdrängen und die Fragen aufwerfen: wie viele, welche, warum diese?[86]

c) Geradezu klassisch ist der Zielkonflikt zwischen einer einheitlichen Ausbildung und Prüfung aller Juristen einerseits und einer frühzeitigen Konzentration auf bestimme Gerichtszweige, Arbeitsbereiche oder Berufsrollen andererseits. Für und gegen beide Ziele lassen sich gute Gründe nennen.[87] Gerade hier ist die Dringlichkeit eines Auswegs besonders augenfällig, der sich nicht in mechanischer Kürzung der divergierenden Zielvorgaben erschöpft: Der Verzicht auf eine allen Juristen gemeinsame Berufsqualifizierung („Einheitsjurist") wäre ein Angriff nicht nur auf deren berufliche Mobilität (und damit auf ein wichtiges Element der Europäisierung), sondern auch auf die Einheit der Rechtswissenschaft und der Rechtspraxis (und damit auf eine der besten Traditionen der deutschen Jurisprudenz); der Verzicht auf eine Spezialisierung der Juristen wäre angesicht der neuen Anforderungen an unsere Profession anachronistisch. Also muß man nach einem Modell suchen, welches im Idealfall die Chancen des einen mit den Vorteilen des anderen in Übereinstimmung bringt und dabei die Schäden minimiert, welche immer dann drohen, wenn man auf die Verfolgung eines bewährten oder erstrebten Ziels teilweise verzichten muß.

d) Daß Theorie und Praxis in der Juristenausbildung in Einklang gebracht werden sollen, ist selbstverständlich: Wir bilden für praktisches Handeln aus. Daß dieser Einklang schon die Universitätsausbildung bestimmen soll, war ein Leitstern aller Reformüberlegungen, besonders in den siebziger Jahren.[88] Der Stern ist verblaßt, aber nicht untergegangen. Versuche einer Integration von Theorie und Praxis haben überlebt,[89] und heute werden die Rufe nach einer solchen Integration wieder lauter.[90] Daß die derzeit vorgeschriebenen praktischen

---

[86] Diskussion der Europäisierung als Ausbildungsziel unten C II 5, als Reformziel unten D I 2.

[87] Systematische Diskussion unten C II 2; zu Auswegen aus dem Dilemma unten D I, insbes. 3.

[88] Oben B I 2, 5.

[89] Oben B I 3 a.

[90] So fordert etwa K.-H. *Koch* jetzt mit großer Eindringlichkeit wieder die „Verbindung von Theorie und Praxis" (in: Überlegungen zur Reform der Juristenausbildung) ZRP 1990, 44.

Studienzeiten die Integration nicht tragen können, steht außer Frage.[91]

Eine Integration von Theorie und Praxis in der Universitätsausbildung wird herkömmlich als Zielkonflikt wahrgenommen:[92] Vordergründig stiehlt Praxisausbildung die Zeit, die man für eine solide theoretische Unterweisung braucht; hintergründig hat die Vermittlung praktischer Fähigkeiten mit dem Ziel „rechtsmethodischer Allgemeinbildung" nichts zu tun, ja stört dieses sogar. Offensichtlich ist, daß die Berechtigung dieser Wahrnehmung von zwei Voraussetzungen abhängt: von den Vorstellungen, die man – unter dem Gesichtspunkt einer vernünftigen Juristenausbildung – jeweils mit „Theorie" und „Praxis" verbindet,[93] und von der Art und Weise, wie man den Praxisbezug der Universitätsausbildung verwirklicht;[94] es läßt sich nämlich denken, daß „Praxis" theoretisch so begriffen und praktisch so vermittelt wird, daß sie den Bildungsauftrag der Universität nicht stört, sondern stützt, daß sie der Theorie nicht in die Quere kommt, sondern sie einsichtig macht. Unter diesen Voraussetzungen stünden Theorie und Praxis nicht in einem Zielkonflikt, sondern in glücklicher Ergänzung.

e) Auch hinsichtlich der Ausbildung der Juristen in Grundlagenfächern, außerjuristischen Wissenschaften und Rechtsdogmatik ist man gewohnt, in Zielkonflikten zu denken: Je mehr „sozialwissenschaftliche Eingangsstufe", je mehr und je früher Rechtsphilosophie oder Wirtschaftswissenschaften, desto schmaler die Chance solider rechtsdogmatischer Unterweisung, je „abgehobener" die Grundlagenausbildung, desto verheerender die Folgen für den Juristenstand.[95] Auch diese Sichtweise (deren Protagonisten übrigens nicht notwendig identisch sind mit denen eines Konflikts zwischen Theorie und Praxis) macht die Voraussetzungen eines tiefen inhaltlichen Unterschieds zwischen Rechtsdogmatik und anderen Wissenschaften und der Unmöglichkeit, diesen Unterschied in der Juristenausbildung fruchtbar zu machen. Auch hier aber läßt sich denken, daß außerdogmatische Fächer (nicht nur eine allgemeine Bildung tragen, die jedem Juristen gut anstünde, sondern auch) eine hilfreiche Grundlage eines anspruchsvollen Unterrichts in der Rechtsdogmatik bilden könnten.[96]

---

[91] Oben B I 3 c.
[92] Paradigmatisch aus jüngster Zeit *Hattenhauer*, JuS 1989, 519.
[93] Dazu unten C II 3.
[94] Dazu unten C III 3.
[95] Immer noch lehrreich die auf hohem Niveau geführte Auseinandersetzung zwischen *Coing*, Bemerkungen zu dem Modellentwurf für die einstufige Juristenausbildung in Hessen, JuS 1973, 797, und *Lüderssen*, Wie rechtsstaatlich und solide ist ein sozialwissenschaftlich-juristisches Grundstudium?, JuS 1974, 131.
[96] Wir analysieren dies unten C III 4b und formulieren es als Ziel unten D I 5.

f) Manifest und folgenreich ist der Zielkonflikt zwischen einer sorgfältigen Juristenausbildung und einem ungehinderten Zugang aller Studienberechtigten zu diesem Fach. Dieser Konflikt[97] hat durchaus unterschiedliche Chancen öffentlicher Kenntnisnahme. Studenten und Hochschullehrer, die unter ihm leiden und auf absehbare Zeit leiden werden,[98] nehmen ihn als restriktive Bedingung jeglicher Reform wahr; praktisch tätige Juristen und Politiker, die sich zur Reform der Juristenausbildung zu Wort melden (und diese Reform im wesentlichen mitbestimmen werden), übersehen ihn gerne. Für die Reformdebatte liegt darin die Gefahr, daß Rechnungen ohne den Wirt gemacht werden.

Die meisten juristischen Fakultäten und Fachbereiche können schon heute eine sorgfältige Ausbildung nicht mehr gewährleisten. Studentenzahlen von 300 und mehr pro Semester führen beim derzeitigen Stand von Stellen, Mitteln und Räumen in eine allseits unzumutbare Ausbildungssituation: Frontalunterricht in überfüllten Sälen, Massenabfertigung in Übungen und Arbeitsgemeinschaften, Engpässe beim Zugang zu Literatur und bei der Korrektur und Besprechung von Übungsarbeiten, Flucht aus der Universität. Wer diese Zustände bei seiner Planung konstant setzt, plant für den Papierkorb. Die Reform der Juristenausbildung ist nicht kostenneutral.

III. Vergleiche

Die Diskussion über die Juristenausbildung hatte bislang wenig Anlaß, sich mit ausländischen Beispielen zu befassen.[99] Die Fortschritte der europäischen Integration, insbesondere die Erleichterung der Zulassung von Anwälten aus anderen EG-Ländern legen es nahe, die Ausbildungssysteme der wichtigsten dieser Partnerstaaten – Frankreich, Italien, Spanien und Großbritannien – in die Reformüberlegungen einzubeziehen. Auf die Ausbildung in den USA ist vor allem deshalb einzugehen, weil sie die Anpassung an die Anforderungen einer großräumigen, intern differenzierten („föderalen") und international verflochtenen Rechtsordnung in erheblichem Maße schon vollzogen hat.

---

[97] Wir besprechen ihn als Problemfeld unten C III 5.
[98] Dieselbe Einschätzung bei *Koch*, ZRP 1989, 281 f.
[99] Rechtsvergleichende Darlegungen finden sich in der Denkschrift, 10 ff., und bei *Oehler*, Gutachten E, 10 ff. Es ist nicht ersichtlich, daß sie die Ausbildungsdiskussion sonderlich beeinflußt haben.

1. Frankreich[100]

a) Die französische Ausbildung entspricht dem kontinentaleuropäischen Grundmuster[101] eines staatlich reglementierten Universitätsstudiums.[102] Trotzdem sind die Unterschiede zu Deutschland beträchtlich:
- das Studium vermittelt den Zugang auch zu „mittleren" und „gehobenen" Laufbahnen (etwa den Positionen der huissiers und greffiers); vor allem die Verwaltungsausbildung ist stark mit anderen sozialwissenschaftlichen Studiengängen (vor allem der politischen und der Wirtschaftswissenschaften) verzahnt;
- die Ausbildung ist vielfältig in Stufen oder Abschnitte („cycles") gegliedert, die jeweils den Zugang zu bestimmten Berufen eröffnen; die (ausschließlich universitäre) Grundausbildung ist überwiegend allgemein; die Aufbauabschnitte, die die Rechtspraxis in vielfältiger und sehr unterschiedlicher Weise einbeziehen, dienen der Spezialisierung zum Anwalt, Notar, Justiz-, Verwaltungs- oder Wirtschaftsjuristen;
- dieser Abstufung entspricht das Prüfungswesen: im Grundsatz finden jährliche Abschlußexamina statt, die von den Dozenten der jeweiligen Lehrveranstaltung abgenommen werden; auch dadurch hat sich die Universität größere Freiheit in der Ausgestaltung und Durchführung ihrer Studienpläne bewahrt.

b) Die universitäre Grundausbildung, zu der jeder Absolvent des baccalauréat[103] zuzulassen ist, gliedert sich in zwei Abschnitte („cycles") von je zwei Jahren:

aa) Der 1. cycle führt traditionell zum D.E.U.G. (Diplome d'Etudes Universitaires Générales)[104] bzw. zum (für die Juristen vorgesehenen) D.E.U.G. mention droit.[105] Ziel ist die Vermittlung (zusätzlicher) Allgemeinbildung und juristischer Grundkenntnisse, die in (Massen)-Vorlesungen und in den „travaux dirigés"[106] vermittelt wer-

---

[100] Zum Folgenden grundlegend, aber in vielem veraltet *Aubin*, Der juristische Hochschulunterricht in Frankreich und seine Reform (1958). Einen vorzüglichen aktuellen Überblick bietet *Sonnenberger*, Die französische Juristenausbildung, JuS 1987, 10ff. Über praktische Details informiert *Béatrice Lecerf*, Réussir ses études de droit (2. Aufl. 1987).
[101] Zur Geschichte *Aubin*, Hochschulunterricht, 10ff.
[102] Mit der Folge, daß Ausbildungsreform grundsätzlich auf den Weg legislatorischer Rechtsänderung verwiesen ist.
[103] Es entspricht dem deutschen Abitur, wird aber in der Regel schon nach 12 Schuljahren abgelegt. Zum Studienzugang über den 2. Bildungsweg vgl. *Sonnenberger*, JuS 1987, 10.
[104] Arreté relatif au D.E.U.G. vom 27. 2. 1973.
[105] Arreté relatif au D.E.U.G. mention droit vom 2. 3. 1973.
[106] Diese entsprechen in etwa unseren Übungen; es werden aber neben der Fallö-

den. Es gibt – weitgehend von der jeweiligen Universität festgelegte – Pflicht- und Wahlfächer; beide schließen in erheblichem Umfang nichtjuristische, insbesondere sozialwissenschaftliche Disziplinen ein.[107] Im Mittelpunkt steht weiterhin die Wissensvermittlung; auch die Prüfungen sind anscheinend nach wie vor stark auf die Wiedergabe auswendig gelernter Kenntnisse ausgerichtet. Die Durchfallquote ist hoch: schon nach dem 1. Jahr werden mehr als ⅔ der Studierenden zum Ausscheiden gezwungen. Der Erwerb des D.E.U.G. ist Bedingung für die Zulassung zum 2. cycle, hat aber die Funktion eines den Berufszugang vermittelnden Abschlusses weitgehend eingebüßt. Deshalb wurde durch Gesetz vom 16. 7. 1984 die Möglichkeit geschaffen, anstelle des D.E.U.G. ein D.E.U.S.T. (Diplome d'Etudes Universitaires Scientifiques et Techniques) für rechtsnahe Berufe (etwa den eines Immobilienmaklers oder -händlers) zu erlangen. Das Angebot an derartigen Studiengängen scheint bislang aber gering geblieben zu sein.

bb) Das Lehrprogramm für den 2. cycle wird von den Universitäten in sehr unterschiedlicher Weise festgelegt. Generell läßt sich sagen, daß der Weg von der Vertiefung der Grundkenntnisse (durch Pflichtveranstaltungen) zur Spezialisierung (durch Wahlveranstaltungen) führt.[108] In diesem Abschnitt scheint der Unterricht weniger auf die Wissensvermittlung als auf den Erwerb methodischer Fähigkeiten gerichtet. Am Ende des 3. Studienjahres steht die licence, die ihren traditionellen Charakter eines in die Praxis überleitenden Abschlußexamens verloren hat. Das 4. Studienjahr endet mit der maîtrise, die mit dem Referendarexamen gleichgesetzt und nur von 10–20% der Studienanfänger erreicht wird.[109] Durch eine 1985 vollzogene Reform ist neben licence und maîtrise ein dreijähriger Studiengang getreten, der – wiederum mit unterschiedlichen Spezialisierungsmöglichkeiten – zum Diplom des „magistère" mit dem Berufsziel des Wirtschafts- und Unternehmensjuristen führt.[110] Der Zugang ist nicht frei; es wird von einem Elitestudiengang gesprochen.

c) Es ist zwar möglich, aber nicht üblich, die Ausbildung mit der maîtrise zu beenden; ihre eigentliche Bedeutung liegt darin, daß sie den Zugang zu spezialisierten Ausbildungsgängen und damit zu den klassischen juristischen Professionen eröffnet; die folgenden Wege (des sogenannten 3. cycle) sind zu unterscheiden:

---

sungstechnik auch andere handwerkliche Fertigkeiten („skills"), z.B. die Abfassung von Vertrags- und Gesetzestexten oder von Entscheidungsanalysen eingeübt.

[107] Einzelheiten bei *Sonnenberger*, JuS 1987, 10ff.
[108] Einzelheiten bei *Sonnenberger*, JuS 1987, 11.
[109] Eine Ausnahmesituation wird für Paris II berichtet: da dort die Studenten entsprechend ihrer Qualifikation zugelassen werden, liegt die Erfolgsquote wesentlich höher.
[110] Dazu *Lecerf*, Etudes, 51 ff.

aa) Die Universität bietet ein wissenschaftliches Vertiefungsstudium an, zu dem nur eine eng begrenzte Anzahl der besten Bewerber zugelassen wird. Nach einjährigem Studium und Anfertigung einer Diplomarbeit („mémoire") kann der D.E.A. (Diplome d'Etudes Approfondies) erworben werden. Besonders erfolgreiche Absolventen werden zur Promotion („doctorat") zugelassen; die Ausarbeitung der Dissertation („thèse") nimmt zwei bis vier Jahre in Anspruch; der sich anschließende „concours d'agrégation" eröffnet den Weg zum Beruf des Hochschullehrers.

bb) Als Alternative zum D.E.A. kann an der Universität – wiederum in einem einjährigen Studium – der Abschluß des „Diplôme d'Etudes Supérieures Spécialisées" (D.E.S.S.) erworben werden. Es handelt sich um – von Universität zu Universität variierende – berufsorientierte Aufbaustudiengänge etwa für Kommunalverwaltung, Steuerwesen, Notariat, Wirtschaftsrecht oder Unternehmensberatung.[111] Der erfolgreiche Abschluß eröffne besonders gute Berufschancen.

cc) Die Ausbildung zum Rechtsanwalt führt über die berufsständischen Ausbildungszentren der C.F.P.A. (Centres de Formation Professionelle d'Avocat).[112] Neben der maîtrise ist eine Aufnahmeprüfung erforderlich. Nach einem Jahr kann das „certificat d'aptitude à la profession d'avocat" erworben werden. Es gibt Anspruch auf Zulassung zum „avocat-stagiaire" durch Registrierung bei der Anwaltskammer. Es folgt eine zweijährige „stage" im Anstellungsverhältnis bei einem Anwalt, an deren Ende das „certificat de fin de stage" erteilt wird, das zur Niederlassung als selbständiger Anwalt berechtigt.

dd) Für den Notarberuf gibt es wiederum eigene berufsständische Ausbildungsstätten, die die praktische Ausbildung bei einem Notar durch seminarartige Lehrveranstaltungen ergänzt. Es gibt zwei Möglichkeiten: entweder dreijähriges Praktikum (die „vie professionelle") oder ein einjähriges Universitätsstudium, das mit einem „D.E.S.S. de Droit Notarial" abgeschlossen wird und dem ein zweijähriges Praktikum folgt.

ee) Wer Richter oder Staatsanwalt werden will, muß sich um einen Studienplatz an der E.N.M. (Ecole nationale de la magistrature) bewerben. Auf diesen concours bereiten sich die Kandidaten durch ein einjähriges Sonderstudium an einem I.E.J. (Institut d'études judiciaires) vor. Die Ausbildung der „auditeurs de justice" an der E.N.M. dauert zwei Jahre; sie umfaßt theoretische und praktische Elemente. Am Ende steht ein Examen, das zusammen mit der Bewertung der Ausbildungsleistungen über die Plazierung (das „classement") ent-

---

[111] Einzelheiten bei *Sonnenberger*, JuS 1987, 11.
[112] Zu den Rechtsgrundlagen *Sonnenberger*, JuS 1987, 12.

scheidet, von dem wiederum die Verteilung der offenen Stellen bei Gerichten und Staatsanwaltschaften abhängt.

ff) Zum höheren Verwaltungsdienst führen mehrere Wege. Nach einem juristischen, politik- oder wirtschaftswissenschaftlichen Studium kann ein verwaltungsorientiertes D.E.S.S. erworben oder eine der Verwaltungshochschulen (wiederum über einen concours) absolviert werden. Am bekanntesten und renommiertesten ist die E.N.A. (Ecole nationale d'administration). Sie nimmt jedes Jahr 120 Bewerber auf. Die 30monatige Ausbildung verzahnt theoretische und praktische Elemente.

d) Eine knappe Bewertung des französischen Ausbildungssystems, das trotz zahlreicher Reformen nach wie vor sehr stark von spezifisch französischen Traditionen bestimmt wird, ist nicht einfach.[113] Für die deutsche Diskussion erscheinen vor allem die folgenden Aspekte bemerkenswert:

aa) Die Ausbildungsdauer ist effektiv begrenzt. Sie beträgt für den – bei Unternehmen oder Verbänden – „angestellten Juristen" (D.E.S.S. oder magistère) fünf, für die „klassischen Professionen" des Anwalts und Richters sieben Jahre. Die strikte Einhaltung der vorgegebenen Studienzeiten ist eine Folge vor allem des Prüfungssystems: „Die französische Lösung vermeidet... die Kluft, die das deutsche System zwischen Universität und Praxis, zwischen Studium und Prüfung aufreißt. Lehr- und Prüfungsbetrieb sind in Frankreich organisch verbunden; die Prüfungen werden von der Universität organisiert und passen sich in Charakter und Inhalt dem akademischen Unterricht an, die Prüfer sind (jedenfalls im Prinzip) die gleichen Professoren, die den Unterricht erteilen und denen der Staat die Entscheidung über die Laufbahneignung ihrer Schüler anvertraut".[114]

bb) Vor allem das Grundstudium des 1. cycle ist stark verschult. Es ist weiterhin an „Bildung" im Sinne des Erwerbs von positiven Kenntnissen und nicht an „Wissenschaft" im Sinne des Erwerbs methodischer Fähigkeiten durch exemplarisches Lernen orientiert.[115] Die späteren Phasen der Ausbildung sind „wissenschaftlicher"; die methodische Vertiefung bezieht sich aber in aller Regel auf spezialisierte Berufsfelder.

cc) Der Verzicht auf Beschränkungen der Zulassung zum Grundstudium und die außerordentlich restriktive Zulassung zu den besonders interessanten der darauf aufbauenden Ausbildungsgänge belastet vor allem den 1. cycle mit erheblichen Frustrationen nicht nur für die Studierenden sondern auch für die Dozenten.

---

[113] Eine immer noch aktuelle, ebenso sorgfältige wie einfühlsame Würdigung findet sich bei *Aubin*, Hochschulunterricht, 186 ff.
[114] *Aubin*, Hochschulunterricht, 197.
[115] Vgl. *Aubin*, Hochschulunterricht, 187 f.

dd) Besonders charakteristisch ist die „Gabelung der Studienzweige"[116] zum Zweck der beruflichen Spezialisierung. Sie beruht auf einer – für Frankreich traditionellen – scharfen Unterscheidung zwischen den einzelnen Berufsfeldern und zudem auf dem Ziel, durch die Ausbildung alle für einen bestimmten Beruf erforderlichen Kenntnisse und Fertigkeiten zu vermitteln. Es wird offenbar zunehmend zweifelhaft, ob sich dieses Ziel erreichen läßt: so sieht der Conseil d'Etat selbst für die Absolventen der E.N.A. eine zusätzliche Ausbildungsphase vor (die der Gesamtausbildungszeit zuzurechnen ist). Vor allem aber zwingt die Gabelung zu frühzeitiger Berufsentscheidung und unterbindet zugleich den späteren Berufswechsel. Das wird in zunehmendem Maße als fragwürdig angesehen: es mehren sich die Ausnahmevorschriften, die den Quereinstieg in die Spezialausbildungen erleichtern sollen.[117]

e) Die französische Ausbildung wird für uns ein besonders interessantes und anregendes Feld vergleichender Beobachtung bleiben, zumal mit weiteren Änderungen zu rechnen ist. Aus den angeführten Gründen ist aber eine auch nur teilweise Übernahme des traditionell stark verrechtlichten und damit sehr rigiden Systems nicht zu empfehlen.

2. Italien

a) Die italienische Juristenausbildung folgt in ihren Grundzügen dem französischen System: ein auf vier Jahre angelegtes Universitätsstudium bildet das Fundament für – freilich sehr viel weniger strukturierte – Ausbildungsgänge, die den Zugang zu den Berufen des Richters, Staatsanwalts, Verwaltungsbeamten, Notars und Rechtsanwalts eröffnen. In jüngerer Zeit ist es zu nicht unerheblichen Veränderungen gekommen, die freilich keine ganz eindeutige Richtung erkennen lassen. Die lebhafte Reformdiskussion erscheint von zuweilen in die Tiefe gehenden politischen und methodischen Kontroversen bestimmt. Insgesamt drängt sich der Eindruck einer wenig übersichtlichen Lage auf.

b) Das klassische Ausbildungssystem läßt sich wie folgt umreißen:
aa) Das Studium der Rechte verlangt einen Gymnasialabschluß (diploma di maturità classica). Für das vierjährige Grundstudium ist durch Verordnung des Justizministeriums[118] ein Pflichtfachkanon von 18 Lehrveranstaltungen vorgeschrieben; mehr als ein Viertel dieses Programms ist dem römischen und dem kanonischen Recht ge-

---

[116] *Aubin*, Hochschulunterricht, 189.
[117] Vgl. *Sonnenberger*, JuS 87, 12.
[118] Regio decreto Nr. 1625 vom 30. 9. 1938.

widmet. Hinzu kommen 22 Wahlfächer, von denen 3 zu belegen sind. Im Lauf der vier Jahre sind 26 Leistungsnachweise durch (ausschließlich!) mündliche Prüfungen zu erbringen.[119] Im 4. Jahr ist eine schriftliche Examensarbeit („tesi") anzufertigen, über die eine Disputation stattfindet. Der erfolgreiche Absolvent erwirbt die „laurea" und ist berechtigt, den Titel eines „dottore die legge" zu führen. Er erwirbt zudem den status eines „practicante", der in etwa dem eines Referendars entspricht.

bb) Die laurea ist die Basis für berufsspezifische Zugangsexamen und Ausbildungsgänge. Für den Justiz- und den Verwaltungsdienst sind Eingangsprüfungen vorgesehen, die mit dem Assessorexamen vergleichbar sind. Ihre derzeitige Ausgestaltung wird als fragwürdig geschildert.[120] Die Vorbereitung auf diese Prüfungen erfordert zwei Jahre; es gibt keinen dem deutschen Referendariat entsprechenden Vorbereitungsdienst. Den Zugang zum höheren Verwaltungsdienst vermitteln nunmehr auch Verwaltungshochschulen in Rom und in Caserta. Wer sich für den Anwaltsberuf entscheidet, hat zunächst ein zweijähriges Praktikum („tirocinio") bei einem zugelassenen Rechtsanwalt zu absolvieren und dann das Procuratorenexamen abzulegen.[121] Danach ist die Einschreibung als „procuratore" möglich, die zum Auftreten vor Amts- und Landgerichten berechtigt. Nach sechsjähriger Betätigung als Prokurator darf der Titel „avvocato" angenommen und die Praxis auf die Vertretung der Mandanten auch vor den Obergerichten erweitert werden.[122]

c) Wachsende Unzufriedenheit mit diesem System hat 1969 zu einer Reform geführt, die vor allem zwei Änderungen bewirkt hat:[123]

aa) Um die juristischen Berufe vom Stigma des Oberschichtprivilegs zu befreien, ist das Erfordernis des Gymnasialabschlusses beseitigt worden. Das hat offenbar eine sozial besser ausgewogene Zusammensetzung nicht nur der Studentenschaft, sondern auch des Justizpersonals bewirkt. Weitere Folge war freilich, daß die Zahl der Studierenden rapide und in einer von den ohnehin schon überlasteten Universitäten nicht mehr zu bewältigenden Weise zugenommen hat. Damit ist zugleich die Zahl der Studienabbrecher gewachsen: nur noch 5% der Studienanfänger schaffen den Abschluß der laurea. Zu-

---

[119] *Certoma*, The Italian Legal System (1985), 43.
[120] *Carpi/di Federico/Nobili*, Formazione degli operatori di giustizia e riforme processuali, Quaderni della Giustizia 1986 Heft 65, 1 ff., 3 f.
[121] Art. 2 Gesetz Nr. 406 vom 24. 7. 1985. Durch dieses Gesetz wurde der „Examenstourismus" zu den als einfach geltenden Prüfungsorten unterbunden; das Examen ist nunmehr dort abzulegen, wo der Praktikantentätigkeit stattgefunden hat.
[122] *Certoma*, Legal System, 44 f.
[123] Gesetz Nr. 910 vom 11. 12. 1969, Gazetta Ufficiale 314 vom 13. 12. 1969.

gleich hat sich die Studienzeit nicht unerheblich verlängert: das Grundstudium wird nunmehr erst nach 5 bis 6 Jahren abgeschlossen.

bb) Zugleich wurde der Pflichtfachkanon aus dem Jahr 1938 aufgehoben. Danach war den Studierenden zunächst völlige Wahlfreiheit eingeräumt. Das hat zu Mißbräuchen geführt: Vorlesungen sind vielfach primär unter dem Gesichtspunkt des geringsten Arbeitsaufwandes ausgewählt worden. Deshalb sind die Fakultäten dazu übergegangen, für die ersten beiden Studienjahre zwingende Vorlesungsprogramme festzulegen; für das 3. und 4. Jahr verbleiben weitreichende Wahlmöglichkeiten.

d) Die aktuelle Reformdiskussion konzentriert sich auf die Ziele und Methoden der Ausbildung an der Universität. Klassische Unterrichtsform ist die auf die Vermittlung von Begriff und System gerichtete Vorlesung:[124] „The ... lectures are concerned largely with the explanation and classification of definitions and concepts. It is frequently stated that the case method ist not used because the basic law is codified. A more fundamental explanation ist that legal education is concerned not with the techniques of problem-solving but with the inculcation of fundamental concepts and principles. Not analysis of factual situations but analysis of the components of the law is the desired content of legal education. Law school is not considered a professional training school but a cultural institution where law is taught as a science ...".[125] Diese Form der Vorlesung dominiert nach wie vor; Übungen, Arbeitsgemeinschaften und Seminare sind (seltene) Ausnahmen. Zugleich wird über das mangelnde pädagogische Engagement der Professoren geklagt, die – infolge sehr niedriger Gehälter – fast durchweg zugleich oder überwiegend als Anwälte tätig sind. Trotzdem sind vielerorts Änderungen zu registrieren: vor allem jüngere Professoren experimentieren mit neuen Formen und Inhalten der Lehre; insbesondere die Integration der Sozialwissenschaften scheint mit z. T. beträchtlichem didaktischen Erfolg praktiziert zu werden. Repräsentativ für die aktuelle Reformdiskussion erscheint ein Aufsatz des Dekans der Mailänder Fakultät, der für Stärkung der Hochschulautonomie durch weitere staatliche Deregulierung, neue Formen des Unterrichts und der Prüfung sowie für die Öffnung zugunsten neuer Rechtsgebiete plädiert.[126]

e) Zusammenfassend ist festzuhalten:
– die Dauer der Ausbildung wird für Justiz, Anwaltschaft und Verwaltung mit 7 bis 8 Jahren angegeben; für die Einstellung bei

---

[124] Die Begriffsjurisprudenz hat in Italien wesentlich länger überlebt als in Deutschland.
[125] *Cappelletti/Merryman/Perillo*, The Italian Legal System (1967), 87 f.
[126] *Padoa Schioppa*, La facoltà di giurisprudenza: problemi e proposte, Foro Italiano 1985, 325 ff.

Unternehmen und Verbänden reicht vielfach die laurea aus; die längste Zeit (8 bis 9 Jahre) scheint die Ausbildung zum Notar zu beanspruchen;
- Ziel und Methoden des akademischen Unterrichts sind zunehmend streitig; wichtige Transformationen erscheinen im Gange;
- obwohl die Einheit von Lehre und Prüfung gewährleistet ist, wird die weitergehende Deregulierung der Ausbildung gefordert.

3. Spanien

a) Die Juristenausbildung Spaniens weist signifikante Ähnlichkeiten mit der Italiens auf; einige der spezifisch romanisch-mediterranen Züge erscheinen in Spanien noch schärfer ausgeprägt und noch reiner erhalten. Soweit die Ausbildung staatlich organisiert ist, ist sie mit dem Studium identisch. Dieses soll nicht so sehr auf einen juristischen Beruf vorbereiten, sondern eine universitär-juristische Bildungstradition vermitteln:[127] im Mittelpunkt der Vorlesung steht weiterhin die vom Gesetzestext ausgehende und auf systematisches Verständnis zielende Begriffsanalyse; die Erörterung praktischer Fallbeispiele ist auf die (erst in den letzten Jahren regelmäßig angebotenen) Übungskurse („clases prácticas") beschränkt. Damit hängt zusammen, daß die akademische Ausbildung aus der Sicht der Studierenden nicht auf bestimmte professionelle Befähigungen vorbereiten, sondern den gesellschaftlichen Status des Titels eines „licenciado" verleihen soll, von dem aber erwartet wird, daß er den beruflichen Aufstieg auch in nichtjuristischen Funktionen zu fördern vermag. Das gilt keineswegs nur für politische und industrielle Spitzenpositionen. Es gibt derzeit rund 150000 Jurastudenten; erfahrungsgemäß bricht nur jeder Fünfte das Studium ab; viele der Absolventen kommen in an sich nichtakademischen Berufen – etwa als Polizist oder als Bankangestellter – unter.

b) Die derzeit an fast allen Fakultäten praktizierte Ausbildung folgt im Prinzip noch einem Studienplan aus dem Jahre 1944 in der Fassung des Dekrets vom 11. 8. 1953, der seinerseits bis auf die „Ley Moyano" von 1857 zurückgeht.[128] Dieser Plan sieht ein fünfjähriges

---

[127] Dazu näher *Paul*, La Formación de los juristas en Espana y Alemania – Aspectos comparativos, in: Facultad de Derecho, Universidad de Zaragoza (Hrsg.), La Enseñanza del Derecho (1985), 68.

[128] Anfang der siebziger Jahre wurden die Fakultäten durch ein Bildungsreformgesetz dazu angehalten, neue Studienpläne auszuarbeiten; sie wurden eingeführt, aber kurze Zeit später durch den alten Studienplan von 1953 ersetzt. Allein den Fakultäten in Sevilla und Valencia sind (gemäßigte) Reformprojekte gestattet. Zu den Einzelheiten vgl. *Junoy Guerrero Salom*, Problemática General de las Reformas de los Planes de Estudio, in: Ministerio de Educación y Ciencia (Hrsg.), I. Jornadas sobre la Enseñanza del Derecho, (Granada 1981), 131 ff.

Studium vor, das mit dem Lizentiat („licenciatura") abgeschlossen wird. Der Kanon der in jedem Studienjahr anzubietenden und zu hörenden Vorlesungen atmet den Geist der Vergangenheit: Disziplinen wie Naturrecht, Römischem Recht, Rechtsgeschichte, Kanonischem Recht und Geschichte der Rechtsphilosophie ist breiter Raum zugewiesen. Am Ende des Studienjahres – Juni bis Juli – sind die Jahresabschlußprüfungen (pruebas) abzulegen; das kann schriftlich oder mündlich geschehen; wenn weniger als die Hälfte nicht bestanden wird, besteht die Möglichkeit der Wiederholung im September, d.h. zu Beginn des neuen Studienjahrs. Das Bestehen aller fünf Jahresabschlußprüfungen summiert sich automatisch zur licenciatura; es handelt sich mithin um einen reinen Universitätsabschluß. Den Benotungen wird offenbar wenig Bedeutung beigemessen: für den öffentlichen Dienst sind zusätzliche Prüfungen abzulegen; im privaten Bereich kompensieren oft Herkunft und Beziehungen unzulängliche Ergebnisse.

c) Der Berufszugang ist sehr unterschiedlich geregelt. Der „licenciado" kann nicht nur eine Anstellung in der Wirtschaft suchen, sondern sich auch als Anwalt niederlassen: es werden weder eine – praktische oder theoretische – Zusatzausbildung noch irgendwelche weiteren Examina verlangt. Für das Richteramt, die Staatsanwaltschaft und das Notariat gibt es hingegen Zugangsprüfungen in Form von sogenannten „oposiciones". Für die „Abogados de Estado", „Escuela Judicial" und „Notarias" sind 3 bis 5 Jahre Vorbereitung durch (kostspielige) private Rechtsschulen üblich; andere „oposiciones" verlangen einen etwas geringeren Aufwand. Neuerdings werden private Kurse auch in den vom Studienplan vernachlässigten Materien des Wirtschafts- und des Europarechts angeboten; das geschieht auch durch die den Universitäten angeschlossenen halbprivaten „colegios", die wesentlich höhere Studiengebühren verlangen und einen dem amerikanischen LL.M. vergleichbaren Abschluß anbieten. Es wird nicht ausgeschlossen, daß es in Spanien zu privaten Rechtsschulen kommen wird.

d) Die aktuellen Reformbestrebungen stehen im Zusammenhang einer Gesamtreform des spanischen Universitätswesens. Sie konzentrieren sich auf die nationale Neuordnung der offiziellen Hochschulabschlüsse (titulos) und der Studienpläne in Form von Rahmenrichtlinien auf der Grundlage des Universitätsreformgesetzes von 1983.[129] In Ausführung dieses Gesetzes wurden Mitte 1986 vom „Nationalen Universitätsrat" – einer Einrichtung des Ministeriums für Bildung und Wissenschaft – sechzehn Facharbeitsgruppen eingesetzt, u.a. die rechtswissenschaftliche Arbeitsgruppe X unter Leitung des katalani-

---

[129] Ley Orgánica 11/1983 de Reforma Universitaria.

schen Verfassungsrechtlers Jordi Solé Tura. Diese hat 1987 ihr Sachgutachten über den Titel des Lizentiaten des Rechts, sein akademisches Profil und die formalen Voraussetzungen seines Erwerbs vorgelegt.[130] Das Gutachten entwickelt und begründet einen generellen Rahmen für die künftige Gestaltung des rechtswissenschaftlichen Studiengangs durch die insoweit autonomen Rechtsfakultäten des Landes. Als Neuerung wird ein zyklischer Aufbau des juristischen Studiums vorgeschlagen (1. Zyklus: Grundstudium mit Diplomabschluß; 2. Zyklus: Spezialisierung mit Lizenzabschluß), ferner Modernisierung des Fächerkatalogs im Sinne der Betonung neuer Materien wie Wirtschafts- und EG-Recht und der Verabschiedung alter wie Naturrecht, Römisches Recht und Kirchenrecht.[131] In Ergänzung dazu fordert ein Königliches Dekret von 1987[132] einheitliche Richtlinien für Studiendauer (3 und 2 Jahre), Aufbau (2 ciclos), Leistungsbewertung (créditos), Einstufung der Lehrfächer nach Stammfächern (troncales), universitätsspezifischen Pflichtfächern (obligatorias de Universidad), Wahlpflichtfächern (materias de libre elección). Die Stammfächer wie z.B. Verfassungs- und Verwaltungsrecht, Prozeßrecht, Arbeitsrecht, Strafrecht, auch Rechtstheorie, sind mit einem Anteil von 30% am 1. Zyklus, mit einem Anteil von 25% am 2. Zyklus zu beteiligen. Die freien Wahlfächer, worunter z.B. alle ökonomischen, soziologischen, politologischen etc. Komplementärfächer fallen, sollen einen zehnprozentigen Studienanteil umfassen. Das staatliche Reformvorhaben erscheint insgesamt eher moderat. Gleichwohl ist die Akzeptanz gering. Die Kritik stößt sich u.a. daran, daß im 1. Zyklus der professionelle Kenntnisse bescheinigende Diplomabschluß kaum mit dem auf Vermittlung von juristischem Grundwissen orientierten Studienprogramm zu vereinbaren sei, ferner daran, daß der didaktischen Modernisierung eine ultrajuristische Konzeption zugrundeliege, die der gebotenen Einbeziehung sozialwissenschaftlicher Disziplinen keine Chance läßt, und schließlich daran, daß die Reformplanung den sogenannten 3. Zyklus, die Vorbereitungsphase auf die professionellen Karrieren, unberücksichtigt gelassen hat u.a.m.[133] Derzeit (Ende 1989) stagniert die Reform, die Fakultäten verhalten sich abwartend. Da die vom genannten Real Decreto de Directrices Comunes bestimmte Frist zur Ausarbeitung von Studienplänen in diesem Jahr abläuft, ist mit weiteren Aktivitäten zu rechnen.

---

[130] Consejo de Universidades, Informe Técnico del Grupo de Trabajo No. 10, Titulo de Licenciado en Derecho, 1987.
[131] Vgl. *Paul,* Jornades sobre la Investigació e l'Ensenyament do la Sociologia Juridica '88, in: Zeitschrift f. Rechtssoziologie 1988, 329f.
[132] Real Decreto de Directrices Comunes 1497/1987 (27. Nov. 1987).
[133] Eingehend dazu Pablo Salvador *Coderch,* La Reforma de las Enseñanzas de Derecho en Espana, in: La Ley Jg. IX, No. 1921, vom 8. 3. 1988, 1ff.

e) Zusammenfassend ist festzuhalten:
- Die derzeitige Ausbildung erscheint in Form und Inhalt antiquiert. Der Erfolg der erwähnten Reformbestrebungen ist nicht zuletzt deshalb ungewiß, weil sich die Universität in der Zwangslage sieht, eine weiterhin wachsende Zahl von Studierenden mit einer nach wie vor unzureichenden Kapazität und Ausstattung auszubilden. Auch aus diesem Grund werden weiteren „Teilprivatisierungen" gute Chancen eingeräumt.
- Die (formale) Ausbildung zum Anwalt läßt sich in vergleichsweise sehr kurzer Zeit bewältigen. Die Schulzeit beträgt 11 Jahre, hinzu kommt ein obligatorisches Übergangsjahr der „cursos de orientación universitaria". Rund die Hälfte der Studierenden bewältigt das Studium in den vorgeschriebenen fünf Jahren. Die Anwaltszulassung mit 23 Jahren ist nicht nur im Ausnahmefall möglich.

4. England[134]

a) Die historischen Wurzeln der englischen Juristenausbildung unterscheiden sich grundlegend von denen der geschilderten kontinentaleuropäischen Systeme. Das römische Recht ist nicht rezipiert worden; deshalb gab es kein auf die Praxis bezogenes Studium seiner Quellen.[135] Das Common Law ist aus der Urteilspraxis der Königsgerichte hervorgegangen; seine Regeln wurden bis zum Ende des 19. Jahrhunderts – fast wie eine handwerkliche Lehre – allein von der Praxis für die Praxis vermittelt. Erst im 20. Jahrhundert hat sich ein grundlegender Wandel vollzogen: heute studiert jeder angehende Jurist an einer der englischen Universitäten oder Gesamthochschulen („polytechnics"), obwohl das nirgends vorgeschrieben wird. Das heißt: die Ausbildung ist weiterhin staatsfrei. Es gibt keine „Richterlaufbahn"[136] und in der Verwaltung kein „Juristenmonopol".[137] Die Juristenausbildung bereitet für den Anwaltsberuf, d.h. für die seit langem getrennten Funktionen des „barrister"[138] und des „solici-

---

[134] Einen vorzüglichen Überblick bieten *Zweigert/Kötz*, Einführung in die Rechtsvergleichung auf dem Gebiete des Privatrechts, Bd. I (2. Aufl. 1984) § 17. Detaillierter, aber in einzelnen Punkten überholt die Darstellung durch *Hecker*, Die Ausbildung der englischen Juristen (Diss. Marburg 1973).

[135] Römisches und kanonisches Recht sind in Oxford und Cambridge seit dem Ausgang des Mittelalters gelehrt worden; diese Vorlesungen hatten aber keinerlei Beziehung zur Ausbildung der englischen Juristen.

[136] Traditionell werden die nach Meinung der Profession fähigsten Anwälte zu Richtern berufen; das Amt ist weiterhin mit außerordentlichem Ansehen verbunden.

[137] Jedes Universitätsstudium (einschließlich Philosophie, Altphilologie oder Archäologie) qualifiziert in grundsätzlich derselben Weise für den civil service.

[138] Ihm ist kraft jahrhundertealter Praxis die Vertretung der Parteien durch Schrift-

tor"[139] vor. Für die Ausbildung der barrister sind traditionell die „Inns of court" und heute der von ihnen gebildete „Council of Legal Education" zuständig; für die solicitors werden die entsprechenden Aufgaben seit langem von der „Law Society" wahrgenommen; in allen Fällen handelt es sich um berufsständische Organisationen. Die erwähnte Akademisierung bedeutet die wichtigste Änderung seit langem; sie hat sich in diesem Jahrhundert auch unter dem mittelbaren Staatseinfluß vollzogen, der von den Empfehlungen ausgeht, die von der Regierung eingesetzte Expertenkommissionen ausgearbeitet und der Öffentlichkeit vorgelegt haben.[140]

b) Der Ablauf der Ausbildung vollzieht sich in den folgenden Schritten:

aa) Sie beginnt mit einem dreijährigen Rechtsstudium an einer Universität oder Gesamthochschule. Für den barrister ist ein Studium vorgeschrieben; es braucht kein juristisches zu sein. Für den solicitor gibt es kein derartiges Erfordernis; er hat aber grundsätzlich zunächst einen einjährigen Rechtskurs zu absolvieren und mit dem Common Professional Exam (CPE) abzuschließen; dieser Ausbildungsabschnitt kann durch ein Universitätsstudium ersetzt werden, sofern es die Prüfung in den 6 „core-subjects" des Verfassungs-, Vertrags-, Delikts-, Sachen-, trust-[141] und Strafrechts vorsieht; von dieser Möglichkeit wird heute fast ausnahmslos Gebrauch gemacht. Der Universität steht die Ausgestaltung ihres Studienplanes rechtlich völlig frei; die „core-subjects" werden überall, auch im Doppelstudium („mixed degree" etwa zugleich in Wirtschaftswissenschaft oder Soziologie), angeboten und verlangt. Das Studium setzt freilich eine – strikt gehandhabte – Zulassung voraus, über die anhand der Abiturnoten und eventueller zusätzlichen Tests entschieden wird. Deshalb bleibt die Zahl der Studierenden vergleichsweise niedrig;[142] das hat zur Folge, daß es kaum Abbrecher oder arbeitslose Juristen gibt. Der Unterricht erfolgt in der Form von Vorlesungen (die sich freilich mehr und mehr der von den USA übernommenen „case method" bedienen), Semina-

---

satz und Plädoyer vor den höheren Gerichten vorbehalten, dagegen der unmittelbare Kontakt mit den Parteien ebenso wie der Zusammenschluß zu Sozietäten untersagt.

[139] Ihm obliegt vor allem die Beratung der Mandanten und das „conveyancing", d. h. die Vornahme der immobiliarrechtlichen Formalakte. Die solicitors dürfen sich zu Sozietäten zusammenschließen; in London gibt es mittlerweile einige „firms" mit mehreren Hundert Anwälten.

[140] Vgl. vor allem den „Report of the Committee on Legal Education" (Onrod-report) von 1971 und „A Time for Change. Report of the Committee on the Future of Legal Education" (Marre-report) von 1981.

[141] Zu seiner Bedeutung vgl. *Zweigert/Kötz*, Rechtsvergleichung, § 21.

[142] Nach den uns gemachten Angaben werden jährlich nicht mehr als 6000 bis 8000 Studierende zugelassen, von denen 2000 bis 3000 nach Abschluß nicht den Anwaltsberuf, sondern eine andere Beschäftigung wählen.

ren und den für England typischen „tutorials", in denen die von den Studierenden regelmäßig vorzulegenden schriftlichen Arbeiten besprochen werden: die Lehre ist insgesamt sehr viel weniger auf passive Rezeption als auf aktive Mitarbeit der Studierenden angelegt. Am Ende jeden Studienjahres finden – in der Regel: schriftliche – Abschlußprüfungen statt, die von den Dozenten für die jeweils unterrichtete Veranstaltung abgenommen werden; die Möglichkeiten der Wiederholung sind sehr beschränkt. Die Summe der bestandenen Examina ergibt nach drei Jahren automatisch den Abschluß des „Bachelor of Law" (LL.B.);[143] eine Verlängerung des Studiums ist nur ausnahmsweise (etwa im Falle schwerer Krankheit) möglich. Der Absolvent hat die Wahl zwischen einer Anstellung (vor allem in Wirtschaft oder Verwaltung) und der Fortsetzung der Ausbildung zum Anwalt.

bb) Für den Anwaltsberuf ist als nächstes eine einjährige theoretische Ausbildung mit anschließender Prüfung vorgesehen („vocational stage"). Hier gabelt sich der weitere Weg. Für den künftigen barrister findet die Instruktion an der „Inns' School of Law" statt; im Mittelpunkt stehen Prozeßrecht (das von der Universität vernachlässigt wird) und die Techniken der Prozeßpraxis. Die Abschlußprüfung besteht aus 6 Aufsichtsarbeiten. Für angehende solicitors findet der vocational course an einem der fünf dafür vorgesehenen Colleges of Law oder an einer Gesamthochschule statt; Schwerpunkte des Unterrichtsprogramms bilden das Grundstücks- und Mietrecht, das Familien- und Erbrecht, das Gesellschaftsrecht und das Steuerrecht sowie die Einübung praktischer Fertigkeiten, die für die Rechtsberatung wichtig sind. Für das Abschlußexamen sind 7 Klausuren zu schreiben.

cc) An die jeweilige Prüfung schließt sich eine Phase praktischer Ausbildung an. Für den künftigen barrister wird die einjährige „pupillage" bei einem zugelassenen barrister, für den angehenden solicitor eine 30monatige Lehrzeit als „articled clerk" bei einer Kanzlei („solicitor firm"), einem Untergericht („magistrates' court") oder einem staatlichen Rechtshilfezentrum („law center") verlangt. Der „articled clerk" soll Erfahrungen in unterschiedlichen Rechtsgebieten sammeln; deshalb wird seine Ausbildung durch die Law Society überwacht.[144] Schließlich veranstaltet die Law Society seit einiger Zeit Fortbildungskurse für junge solicitors; seit 1985 sind diese während der ersten drei Jahre ihrer Berufstätigkeit zur Teilnahme verpflichtet.[145] Seit 1986 bieten die Inns of court entsprechende Vertiefungs-

---

[143] Nur Oxford und Cambridge vergeben weiterhin den „Bachelor of Arts" (B.A.) auch an ihre juristischen Absolventen.
[144] Vgl. den Marre-report, 137.
[145] Marre-report, 139.

kurse für junge barristers an; hier besteht (noch) keine Pflicht zur Teilnahme.

c) Aktuelle Reformbestrebungen zielen nicht so sehr auf die Ausbildung als auf die traditionelle Spaltung der Anwaltschaft in barristers und solicitors. Die Beseitigung dieser Trennung würde sich auf die Ausbildung auswirken: sie hätte dann sehr viel stärker als bisher den nichtspezialisierten „Einheitsjuristen" zum Ziel.

d) Zusammenfassend sind die folgenden Aspekte als für die deutsche Reformdiskussion besonders aufschlußreich festzuhalten:
- Die englische Ausbildung ist vergleichsweise kurz: der „angestellte" Wirtschafts-, Verbands- oder Verwaltungsjurist benötigt 3, der barrister 5 und der solicitor 6½ Jahre; bei letzteren ist eine Phase des „training on the job" in die Ausbildung integriert.
- Die Ausbildung ist staatsfrei geregelt. Das kommt vor allem dem Studium zugute: es vermag flexibel auf neue Herausforderungen und Bedürfnisse zu reagieren. Das Pflichtprogramm ist eng begrenzt. Lehre und Prüfung sind nicht getrennt. Die Studierenden verlassen die Universität nach drei Jahren; die Praxis ist mit den in dieser Zeit vermittelten Kenntnissen und Fähigkeiten offenbar zufrieden.
- Besonders interessant erscheint die historische Entwicklung von einer rein praktischen zu einer immer stärker vom Universitätsstudium dominierten Ausbildung. In dieser Annäherung an die kontinental-europäische Tradition manifestiert sich die wachsende Überzeugung, daß es nicht mehr so sehr auf positive Kenntnisse und handwerkliche Fertigkeiten (die „skills"), sondern auf methodische Fähigkeiten ankommt, die durch exemplarisches Lernen erworben werden: „... the University experience as a whole is as important as what is studied in particular ... Within limits, it does not matter what you teach ... Legal education is not like a wine to be bottled early and kept to mature. It is a much more continuing process than we have treated it in the past".[146]

5. Vereinigte Staaten von Amerika[147]

a) Das amerikanische System der Ausbildung ist zwar aus dem englischen hervorgegangen, unterscheidet sich von diesem mittlerweile aber in mehrfacher Hinsicht:

---

[146] So Prof. *Wilson* in der schriftlichen Fassung des im Rahmen unseres Seminars erstatteten Referats.
[147] Die amerikanische Literatur zu Ausbildungsfragen ist sehr umfangreich. Besonders hinzuweisen ist auf das monatlich erscheinende Journal of Legal Education. Aufschlußreiche vergleichende Darstellungen sind: *Jescheck,* Bedingungen und Methoden

aa) Anders als in Großbritannien ist die Juristenausbildung in den USA ein post-graduate-Studium: nach dem Abschluß der High School (in der Regel mit 17 Jahren) wird zunächst der 4jährige Besuch eines College verlangt. Das bedeutet, daß die angehenden Jurastudierenden bereits eine wissenschaftliche Ausbildung durchlaufen haben. Dabei wird es sich vielfach um ein sozial- oder geisteswissenschaftliches Fach handeln (besonders häufig vertreten: Wirtschaftswissenschaft, Geschichte, Soziologie, Psychologie), aber auch eine mathematisch-naturwissenschaftliche oder technische Vorbildung ist nicht selten.

bb) Jede Law School beschränkt die Zahl der Ausbildungsplätze und wählt sich ihre Studierenden aus.[148] Da es mehrere hundert (staatliche oder private) Law Schools gibt, kommt jeder Interessent zum Zuge. Es ist aber wichtig, von welcher Law School man zugelassen wird: ihr Rang in der „Hierarchie der Ausbildungsstätten" bestimmt die späteren Berufschancen in ganz erheblichem Maße.[149] Das Zulassungsverfahren gewährleistet ein vergleichsweise homogenes Begabungsniveau der jeweiligen Studentenschaft; auch aus diesem Grunde kommt es nur sehr selten zum Mißerfolg oder zum Abbruch des Studiums.

cc) Die Ausbildung ist kostspielig: die renommierten privaten Universitäten verlangen derzeit bis zu 15 000 Dollar Jahresgebühren allein für den Unterricht. Die Chance auf Zulassung durch eine der (sehr) angesehenen Law Schools steigt durch den Besuch privater High Schools und Colleges. Da auch sie teuer sind, kann die Ausbildung zum lawyer im Einzelfall einem finanziellen Aufwand von bis zu 200 000 Dollar entsprechen. Angesichts späterer Verdienstchancen wird das als Investition betrachtet: es ist durchaus üblich, College und vor allem Law School wenigstens teilweise mittels – von den Universitäten zinsverbilligt angeboteter – Darlehen zu finanzieren. Die Kosten wirken auf die Ausbildung zurück: sie steigern nicht nur die Arbeitsbereitschaft, sondern auch die Ansprüche an die Qualität des angebotenen Unterrichts, und sie begrenzen die Dauer des Studiums, weil niemand mehr als unbedingt erforderlich bezahlen will.

dd) Die USA haben die Trennung der Anwaltschaft in den barrister und den solicitor frühzeitig aufgegeben: es gibt eine als Einheit ver-

---

des Rechtsunterrichts in den Vereinigten Staaten von Amerika (1970); *Weyrauch*, Hierarchie der Ausbildungsstätten, Rechtsstudium und Recht in den Vereinigten Staaten von Amerika (1976); *Casper*, Vergleichende Anmerkungen zu der Ausbildung der Juristen in der Bundesrepublik und in den Vereinigten Staaten, ZRP 1984, 116 ff.

[148] Maßgeblich sind der wissenschaftliche Status des besuchten College, der College-Abschluß, das Ergebnis des von den Universitäten gemeinsam veranstalteten Law School Admission Test (LSAT) und der biographische Nachweis besonderer, insbesondere sozial nützlicher Eigeninitiative.

[149] Dazu eingehend *Weyrauch*, Hierarchie.

standene Profession, die durch die Figur des „lawyer" bestimmt wird. Dieser Begriff ist weit zu verstehen: im Mittelpunkt steht gewiß der Anwalt, aber der lawyer spielt auch eine sehr wichtige Rolle in Politik und Verwaltung. Deshalb läßt sich sagen, daß der amerikanischen Ausbildung die Leitfigur des „Einheitsjuristen" zugrundeliegt.[150]

ee) Neben den staatlichen gibt es eine große Zahl privater Ausbildungsstätten. Sie bilden die Spitze[151] und die Basis der Statuspyramide.[152] Koordination und Kontrolle sind Aufgabe nicht des Staates, sondern privater berufsständischer Vereinigungen: für den Status der Law School ist es außerordentlich wichtig, daß sie das Gütesiegel der Zulassung durch die American Bar Association (ABA) und durch die Association of American Law Schools (AALS) gefunden hat.

ff) Schließlich ist die föderale Struktur der amerikanischen Rechtsordnung von erheblicher Bedeutung: Privatrecht, Strafrecht und Verwaltungsrecht ist weithin state law; Verfassungsrecht, Wirtschaftsrecht (Antitrust, Securities Regulation), Steuerrecht und Zivilprozeßrecht überwiegend federal law.

b) Der Ablauf der Ausbildung ist vereinfachend wie folgt zu umschreiben:

aa) Im Mittelpunkt steht das 3jährige Studium an der Law School. Jede Law School legt – im wesentlichen für das erste Jahr – ein Pflichtprogramm fest, das in der Regel aus den Fächern Verfassungs-, Vertrags-, Delikts-, Sachen-, Straf- (einschließlich Strafprozeß-) und Zivilprozeßrecht besteht; außerdem wird meist der Besuch einer Grundlagenveranstaltung (Rechtsgeschichte, -vergleichung, -theorie oder -ökonomie zur Auswahl) verlangt. Alle übrigen Rechtsgebiete (einschließlich Familienrecht, Verwaltungsrecht, Handels-, Gesellschafts- und Arbeitsrecht) sind Wahlfächer. (Auch) die Fächer des Pflichtprogramms werden natürlich nicht erschöpfend sondern exemplarisch behandelt: regelmäßig ist jeweils eine 4stündige Lehrveranstaltung während eines Semesters vorgesehen. Im 2. und 3. Jahr steht es den Studierenden frei, sich ihr Programm aus dem Wahlangebot zusammenzustellen; Inkompatibilitäten gibt es nur dort, wo sich Lehrveranstaltungen sachlich überschneiden. Der Wahlfachunterricht wird zu einem erheblichen Teil von lehrbeauftragten Praktikern (Richtern, Anwälten, Verwaltungsjuristen) angeboten. In begrenztem Umfang werden Lehrveranstaltungen anderer Disziplinen, die prakti-

---

[150] *Casper*, ZRP 84, 116.
[151] Harvard, Yale, Columbia, Stanford, Chicago, N.Y.U., Pennsylvania. In dieselbe Kategorie gehören die staatlichen Schulen von Berkeley, Michigan und Wisconsin.
[152] Die unterste Schicht bilden die privaten Repetitorien, die in den Einzelstaaten auf das jeweilige Bar Examination vorbereiten.

sche Tätigkeit in „legal clinics" und eigenständige wissenschaftliche Arbeit[153] anerkannt.

bb) Unterrichtsformen sind der „course" und das Seminar; bei nicht allzugroßen Studentenzahlen sind die Übergänge fließend. Im Mittelpunkt nahezu aller Lehrveranstaltungen steht die vom Dozenten durch Fragen zu steuernde intensive Diskussion der vorbereiteten Materialien;[154] es ist nicht selten, daß im Rahmen einer 4stündigen Lehrveranstaltung ein tausendseitiges „case book" durchgearbeitet wird. Dieser Unterrichtsstil wird nicht zuletzt durch die föderale Struktur der Rechtsordnung bedingt: im Gesellschaftsrecht etwa soll nicht die Kenntnis der Aktiengesetzgebung eines einzelnen Staates, sondern Verständnis der Regelungszusammenhänge und die Fähigkeit vermittelt werden, alte oder neue Probleme selbständig zu analysieren und aufzuarbeiten. Aus ähnlichen Gründen wird „diversity" des Lehrangebots (und damit des Lehrpersonals) angestrebt: den Studierenden soll das Nachdenken über die Probleme sozialer Regelung durch Recht aus möglichst unterschiedlichen praktischen, methodischen und ideologischen Perspektiven nahegelegt werden.

cc) Das Prüfungswesen wird von dem Grundsatz beherrscht, daß zu jeder Lehrveranstaltung eine Leistungskontrolle stattfindet. Beurteilung und Bewertung ist Sache allein des jeweiligen Dozenten.[155] Um eine einigermaßen konstante und gleichmäßige Benotungspraxis zu gewährleisten, wird von jeder Law School ein Bewertungsrahmen vorgegeben, der die Vergabe der einzelnen Noten prozentual festlegt.[156] Für jede Lehrveranstaltung wird eine – meist mit der der Semesterwochenstunden identische – Zahl von „credits" vergeben; „credits" gibt es außerdem für praktische („clinics") und wissenschaftliche („Law Review") Arbeit. Die Studienordnung schreibt vor, daß in jedem Semester eine festgelegte Mindestzahl von „credits" (ca.

---

[153] Dabei handelt es sich meist um die Tätigkeit für eine der wissenschaftlichen Zeitschriften („Law Review"), die von den Studenten eigenverantwortlich redigiert und herausgegeben werden. Das jeweilige Herausgeberteam kooptiert die besten Absolventen des ersten Studienjahres. Die Rechtspraxis mißt dieser Form selbständiger wissenschaftlicher Arbeit außerordentliche Bedeutung zu.

[154] Das wird traditionell als „case method" bezeichnet; der Ausdruck ist ungenau geworden: neben der Urteilsanalyse und der Falldiskussion steht zunehmend häufig die Erörterung rechtspolitischer oder theoretisch-methodischer Probleme.

[155] Für größere Kurse sind Aufsichtsarbeiten die Regel; für kleinere Lehrveranstaltungen ist es Sache des Dozenten, die Form der Prüfung (Klausur, Hausarbeit oder Bewertung der mündlichen Leistung) zu bestimmen.

[156] Etwa: sehr gut – 10%; gut – 20%; befriedigend – 30%; ausreichend 40%. Dieses Vorgehen verdeutlicht allen Beteiligten, daß es für die Praxis nicht um Begriffe, sondern um Relationen, d.h. allein darum geht, ob ein Absolvent an der Spitze, im Mittelfeld oder im unteren Bereich seiner Bezugsgruppe eingestuft wird. Vgl. unten D II 3 d).

15–18) zu erbringen sind; ihre Summe ergibt nach drei Jahren automatisch den Abschluß des „Juridical Doctor" (J.D.).

dd) Die amerikanische Juristenausbildung verlangt keine dem deutschen Vorbereitungsdienst vergleichbare Praxisphase. Während des Studiums besteht die Möglichkeit, sich an einem von jungen Anwälten geleiteten Rechtshilfeprojekt zugunsten Bedürftiger („legal aid clinic") oder einem simulierten Gerichtsverfahren („moot court") zu beteiligen. In der vorlesungsfreien Zeit zwischen den Studienjahren arbeiten viele Studierende für eine Anwaltskanzlei; das dient dem Sichkennenlernen und führt häufig zur Festanstellung nach Studienabschluß. Besonders qualifizierte Absolventen erhalten das Angebot, ein oder zwei Jahre als Hilfsarbeiter („clerk") eines Richters zu fungieren.

ee) Vor allem die besonders angesehenen Law Schools bieten einjährige Aufbaustudiengänge an, die mit dem Abschluß des „Master of Law" (LL.M.) enden. Von dieser Studienmöglichkeit machen überwiegend ausländische Juristen Gebrauch. Für Einheimische hat diese Zusatzqualifikation nur dann eine gewisse Bedeutung, wenn die Laufbahn eines akademischen Lehrers angestrebt wird. Die Promotion zum „Doctor of Juridical Science" (S.J.D.) ist zwar möglich, aber auch für Hochschullehrer ganz unüblich. Ähnlich wie in Großbritannien werden für junge Anwälte immer mehr Vertiefungskurse als „continuing legal education" angeboten.

ff) Die Zulassung als Anwalt erfolgt immer für das Gebiet eines Staates. Sie setzt voraus, daß das „Bar Exam" für diesen Staat bestanden wird. Es wird in der Regel von Anwälten abgenommen und verlangt Kenntnisse im Recht des jeweiligen Staates („black letter law"). Zur Vorbereitung wird vielfach von den Dienstleistungsangeboten privater Repetitorien Gebrauch gemacht. Das „Bar Exam" ist nicht so sehr als Teil der Ausbildung zu verstehen: es dient primär dem Schutz der Anwaltschaft vor allem der kleineren Staaten gegen die Konkurrenz der großen „law firms". Für die professionelle Qualifikation des jungen Juristen ist das „Bar Exam" unwichtig: sie beruht vor allem auf der Plazierung im Jahrgang der Law School und wiederum auf deren Status.

c) Da die Law Schools miteinander um die besten Studenten, um die Anerkennung ihrer Absolventen durch die Praxis und um die finanzielle Unterstützung durch ihre „alumni" konkurrieren, ist die Verbesserung des Lehrangebots Gegenstand ständiger Überlegung und Anstrengung. Von grundlegenden Reformbestrebungen ist nicht die Rede. Soweit strukturelle Mängel festzustellen sind, wird versucht, ihnen innerhalb des Systems zu begegnen:

– Die Kosten der Ausbildung legen eine „kapitalistische" Orientierung der Absolventen nahe: sie streben vor allem die hochbezahlte

Tätigkeit in den wirtschaftsberatenden Großkanzleien an. Deshalb gehen die Law Schools dazu über, den Absolventen, die sich für die wesentlich schlechter dotierte Anstellung durch eine gemeinnützige Institution entscheiden, die zur Finanzierung des Studiums aufgenommenen Darlehen zu erlassen.

– Für die Rekrutierung durch die law firms spielen die „summer jobs" und damit die Prüfungsergebnisse des ersten Jahres[157] eine wachsende Rolle. Das entwertet die Abschlüsse nach dem 2. und 3. Jahr und gefährdet damit die Motivation für diese Phase des Studiums. Die Law Schools versuchen, dieser Gefahr dadurch zu begegnen, daß sie das Wahlangebot – auch in den Bereichen praktischen Lernens und selbständiger wissenschaftlicher Arbeit – verbreitern und verbessern.

d) Zusammenfassend ist festzuhalten, daß die amerikanische Juristenausbildung trotz erheblich abweichender Randbedingungen ein besonders interessantes Reformbeispiel bietet. Es ist ihr bislang exemplarisch gelungen, den wachsenden Ansprüchen einer sich ständig komplizierenden Rechtsordnung durch Anpassungsfähigkeit, organisatorische Effizienz und wissenschaftliche Vertiefung zu entsprechen; nicht zuletzt aus diesem Grund sind die führenden Law Schools zu den Zentren der grenzüberschreitenden rechtswissenschaftlichen Kommunikation avanciert. Folgende Punkte sind hervorzuheben:

– Die Ausbildung erscheint weder besonders kurz noch besonders lang. Es ist ohne Schwierigkeit möglich, die Ausbildung mit 24 Jahren abzuschließen.[158] Ein Teil der Absolventen ist älter, da sie sich nach dem College zunächst für eine nichtjuristische Berufslaufbahn entschieden hatten.

– Besonders interessant erscheint wiederum die langfristige Entwicklung von einer rein praktischen zu einer nunmehr fast ausschließlich akademischen Ausbildung, die – bei kürzerer Schulzeit – nicht weniger als 7 Jahre Universitätsstudium fordert. Es ist vor allem die Praxis der großen law firms, die nicht so sehr nach positiven Kenntnissen und handwerklichen Fertigkeiten als nach den methodischen Fähigkeiten selbständiger analytischer und kreativer Arbeit verlangt, die durch exemplarisches Lernen vermittelt werden.

– Die Ausbildung ist nicht staatlich reglementiert; sie wird durch berufsständische Organisationen und durch ineinander verzahnte Märkte kontrolliert. Das gibt ihr die Flexibilität, die es ihr ermöglicht hat, auf die grundlegenden Wandlungen und Herausforderungen der letzten Jahrzehnte rasch und unbürokratisch zu reagieren:

---

[157] Sie entscheiden zudem über die Aufnahme in den Herausgeberkreis der Law Review.
[158] High school-Abschluß mit 17, 4 Jahre College und 3 Jahre Law School.

So sind die Überlagerung des Common Law durch das wachsende Bundesrecht, die Internationalisierung der Rechtspraxis, die neu aufbrechenden Großstadt- und Rassenprobleme ebenso zwanglos in das Lehr- und Studienangebot integriert worden wie die theoretischen Neuansätze der Rechtsökonomie („law and economics") und der Critical Legal Studies.

– Schließlich ist an die praktische Effizienz des Unterrichts- und Prüfungssystems zu erinnern, das die Studierenden permanent zu aktiver Mitarbeit anhält und damit besonders günstige Lernchancen eröffnet.

C. Analysen

I. Regelungsintensität

Die Reformdiskussion wurde bislang von der Frage beherrscht, in welcher Weise die Ausbildung durch staatlich gesetztes Recht geregelt werden soll. Darüber ist eine wichtige Vorfrage vernachlässigt worden: wieviel überhaupt und durch wen geregelt werden sollte.

1. Die Tradition

Den geschilderten kontinentaleuropäischen Ausbildungssystemen[159] ist die weitgehende gesetzliche Festlegung gemeinsam: sie sind in starkem Maße verrechtlicht. Diese Eigenschaft ist in der deutschen Überlieferung besonders ausgeprägt:[160] hierzulande hat die rechtliche Fixierung die zusätzliche Funktion, die bürokratische Kontrolle durch die Justizverwaltung zu etablieren und zu rechtfertigen. Über die Ausbildung wird „oben" entschieden; das geht auf Kosten der Freiheit „unten". Es empfiehlt sich, die folgenden Ebenen zu unterscheiden:

a) Die – mit jeder Novellierung expandierende – bundesrechtliche Regelung im DRiG legt – vereinfachend – die folgenden Anforderungen fest:
– Ein Universitätsstudium von mindestens 3½ Jahren (§ 5a I) in den „Kernfächern" Bürgerliches Recht, Strafrecht, Öffentliches Recht und Verfahrensrecht „einschließlich der rechtswissenschaftlichen Methoden mit ihren philosophischen, geschichtlichen und gesellschaftlichen Grundlagen" sowie in „Wahlfächern" (§ 5a II); für die vorlesungsfreie Zeit sind „praktische Studienzeiten" (§ 5a III) und für das Studium „studienbegleitende Leistungskontrollen" vorgeschrieben (§ 5a IV).
– Einen Vorbereitungsdienst von 2½ Jahren; die einzelnen Stationen und ihre Länge werden weitgehend festgelegt (§ 5b).
– Zwei Staatsprüfungen als Abschluß des Studiums und des Vorbereitungsdienstes (§§ 5 und 5d); Einzelheiten der zeitlichen Abfolge (§ 5d II) und der Bewertung werden angeordnet (§ 5d III).

---

[159] Vgl. oben B III 1 bis 3.
[160] Vgl. oben B I 1.

– Die Anerkennung von Prüfungen und Anrechnung von Ausbildungsleistungen in anderen Bundesländern (§ 6).

b) Sehr viel umfangreicher und detaillierter sind die Regelungen in den (Justizausbildungs-)Gesetzen und den (Justizausbildungs- und Prüfungs-)Verordnungen der Länder;[161] hier geht es – stark vereinfacht – um die folgenden Schwerpunkte:
– Für die Erste Juristische Staatsprüfung werden nicht nur Form[162] und Verfahren, sondern auch die „Prüfungsgegenstände"[163] sowie die Zulassungsvoraussetzungen – insbesondere die zu erbringenden Leistungsnachweise – minutiös festgelegt; damit wird nicht allein die Prüfung, sondern vor allem das Studium reglementiert.
– Für den Vorbereitungsdienst werden die bundesrechtlichen Vorgaben verfeinert; nur für ein Fünftel der Ausbildungszeit werden eingeschränkte Wahlmöglichkeiten eröffnet.
– Gegenstände, Form und Verfahren der Zweiten Staatsprüfung sind in einer dem Referendarexamen entsprechenden Weise festgelegt.

c) Angesichts dieses minutiösen Gefüges staatlicher Normierung verbleibt den universitären Studienordnungen[164] und Studienplänen wenig Raum zu eigenständiger Regelung; sie haben sich weithin mit der Wiederholung der bundes- und landesrechtlichen Vorgaben zu begnügen. Hinzu kommen die faktischen Zwänge, die das Prüfungswesen auferlegt: an die Stelle wissenschaftlicher Vertiefung sind längst die Examinatorien und Klausurenkurse getreten, mit denen sich die Universität auf das Niveau des Repetitors begibt, weil der Inhalt ihrer Lehre nicht mehr wissenschaftlicher Einsicht entspringt, sondern durch das externe Datum des Examensbetriebs bestimmt wird.

d) Noch geringer ist der Spielraum, der den Lehrenden und den Lernenden verbleibt. Auf beiden Seiten ist der Anpassungsdruck immer spürbarer geworden. Das hat negative Folgen für die Motivation: es fehlt die Inspiration, der schlichte Spaß, den eine um ihrer selbst willen betriebene Sache vermittelt. Die studienverlängernden Jobs sind nicht nur materiell bedingt, sondern häufig auch eine Flucht vor der intellektuellen Öde des durch die Prüfung erzwungenen Lehrbetriebs und Lernverhaltens.

---

[161] Eine vollständige Auflistung der einschlägigen Bestimmungen findet sich bei *Wassermann/Kirchner/Kröpil*, Das Recht der Juristenausbildung (1988), 17 ff.
[162] Hier divergieren die Länder bekanntlich pro und contra Hausarbeit.
[163] Pflichtfächer und Wahlfachgruppen; Rheinland-Pfalz sieht außerdem noch „Grundlagenfächer" vor (§ 1 IV JAPO).
[164] Sie sind in einigen Bundesländern hochschulrechtlich vorgeschrieben; vgl. etwa § 44 HHG (Hessen) v. 6.6.78 (GVBl. I 319), § 17 NHG (Nieders.) v. 23.10.81 (GVBl. 263), § 85 WissHG (NRW) v. 20.11.79 (GV NW 926).

2. Alternative Mechanismen

Das deutsche System beruht auf der Überzeugung, nur die auf ein detailliertes Normengefüge gestützte staatlich-bürokratische Kontrolle biete die Gewähr einer hinreichend qualifizierten Ausbildung. Diese Auffassung, die im wesentlichen auf den Erfahrungen und Bedürfnissen des 18. und frühen 19. Jahrhunderts beruht, ist – nicht zuletzt im Lichte rechtsvergleichender Beobachtung – zunehmend fragwürdig geworden: die Ausbildungssysteme Großbritanniens und der USA kommen weiterhin ohne staatliche Regelung und administrative Aufsicht aus; sie bieten ein anschauliches Beispiel dafür, daß die Effizienz der Ausbildung – im Sinne der Erreichung ihrer Ziele durch angemessenen (Zeit-)Aufwand – auch durch andere Mechanismen sozialer Kontrolle, und durch sie vielleicht wirksamer gewährleistet werden kann:

a) An erster Stelle sind die Impulse zu nennen, die vom Berufsstand der Juristen auszugehen vermögen. Die Profession entwickelt – in der alltäglichen Interaktion ebenso wie in speziellen Organisationen[165] – Maßstäbe qualifizierter juristischer Arbeit, die auch ohne die retardierende Vermittlung staatlich-bürokratischer Instanzen auf die Ausbildung durchschlagen können.

b) Nicht weniger wichtig sind die Märkte für juristische Dienstleistungen. Vor allem das amerikanische Beispiel zeigt, in welchem Maße die Nachfrage der (potentiellen) Arbeitgeber über die – legitimen – Beschäftigungsinteressen der Studierenden Form und Inhalte der Ausbildung zu beeinflussen vermag.

c) Dabei darf die Interaktion der beiden Mechanismen nicht außer Betracht bleiben: die Nachfragemärkte werden in erheblichem Maße von den professionellen Standards wie diese von sich ändernden Interessen und Bedürfnissen geprägt.

3. „Deregulierung" und „Entstaatlichung"

Dieses Zusammenspiel berufsständischer und marktvermittelter Orientierungen vermag sich nur dort zu entfalten, wo ihm Staat und Gesetz die notwendigen Spielräume gewähren. Das soll nicht heißen, daß staatliche Regelung und behördliche Kontrollen generell verfehlt sind: sie werden durch den Gemeinwohlbezug der Juristenausbildung grundsätzlich legitimiert. Es geht nur darum, sie auf ein vernünftiges Maß zu reduzieren und damit der Autonomie der Hochschule, der wissenschaftlich zu verantwortenden Lehrfreiheit der Dozenten und

---

[165] Beispiele wie die Anwalts- und Richtervereinigungen verdeutlichen, daß es innerhalb des Juristenstandes relevante Teilprofessionen gibt.

vor allem der Wahlfreiheit der Studierenden soviel an Entfaltungsraum zu gewähren, daß berufsständische und Marktimpulse aufgenommen und verarbeitet werden können. Insoweit steht jedes Reformprogramm, das die Erfahrungen der letzten Jahrzehnte und sich selber ernst nimmt, unter den Postulaten der „Deregulierung" und der „Entstaatlichung" der Juristenausbildung.[166]

II. Ausbildungsziele

1. Pluralität statt Uniformität juristischer Berufsauffassung

Traditionelles Ziel des deutschen Systems ist die Ausbildung zum Justizbeamten; der Gesetzgeber hat dafür die Formel von der „Befähigung zum Richteramt" geprägt und bis heute beibehalten. Schwierigkeiten und Konflikte wurden in dem Maße unvermeidlich, in dem sich die juristischen Berufsfelder von der Rolle des preußischen Staatsdieners entfernt und immer weiter ausdifferenziert haben.[167] Die Reformdiskussion hat darauf mit der Ausformulierung von „Leitbildern" reagiert, die in vielfältiger Weise in die für die Ausbildung maßgeblichen Bestimmungen eingegangen sind.[168] Diese Bestrebungen haben sich als zunehmend fragwürdig erwiesen. Sind die Leitbilder generell konsensfähig, dann verschwimmt ihre Substanz zur Inhaltslosigkeit. Sind sie dagegen kontrovers, dann bedeuten sie den Versuch, den Verantwortungsbereich juristischer Praxis über die Ausbildung generell einzuschränken. Das kann die Grenzen verfassungsrechtlicher Zulässigkeit tangieren und ist nach allen verfügbaren Erfahrungen unwirksam. Denn wir sehen uns mit der Ausdifferenzierung nicht nur der juristischen Berufsfelder, sondern auch des professionellen (Vor- und Selbst-)Verständnisses vom Sinn und Zweck juristischer Arbeit konfrontiert.[169] Diese ist nicht weniger legitim als

---

[166] Die Grundfragen werden präzise formuliert durch den Hessischen Justizminister *Koch* (ZRP 1989, 281, 283): „Sollten nicht vielleicht gerade deshalb in der Vergangenheit so verhältnismäßig wenig Reformimpulse von den Juristischen Fakultäten der Universitäten ausgegangen sein, weil diese sich in einer langen Tradition an die durch Gesetze und Ausbildungsordnungen vorgegebenen staatlichen Reglementierungen gewöhnt haben? ... Freiheit ist die Voraussetzung für das Entstehen von Eigenverantwortung, und Eigenverantwortung mobilisiert Aktivität. Sollten wir nicht auch unseren Universitäten zutrauen, in eigener Verantwortung – und in dadurch bedingter Konkurrenz – jungen Menschen eine den Anforderungen der Zeit entsprechende juristische Grundausbildung zu vermitteln?"
[167] Vgl. oben B II 3.
[168] Beispiele bei *Wahl*, Gesetzgeber und Juristenausbildung, DVBl. 1985, 822 ff., 828.
[169] Dazu etwa *Paul*, Fakten und Überlegungen zur empirischen Verdeutlichung des Verhältnisses von Anwaltschaft und Gesellschaft in Deutschland, in: *Kübler* (Hrsg.), Anwaltsberuf im Wandel (1982), 11 ff.

jene: im freiheitlichen Rechtsstaat haben alle Protagonisten alternativer Sozialentwürfe grundsätzlich denselben Anspruch auf engagierte anwaltliche Vertretung. Die Ausbildung muß dieser Pluralität des Rechtsverständnisses ebenso Rechnung tragen wie den unverzichtbaren Forderungen professioneller Verantwortung; die einschlägigen Konflikte müssen verstärkt zum Gegenstand wissenschaftlicher und didaktischer Arbeit werden; sie lassen sich durch Generalklauseln weder beseitigen noch lösen.

2. Einheitsjurist oder Spezialisierung?

Das überlieferte deutsche System produziert den „Einheitsjuristen": alle lernen dasselbe für dieselben Prüfungsanforderungen; der Abschluß des Assessorexamens eröffnet den Zugang zu allen juristischen Berufen. In zahlreichen Ländern „gabelt" sich die Ausbildung auf halbem Weg: die letzten Phasen dienen einer berufsspezifischen Spezialisierung und enden mit Prüfungen, die nur noch bestimmte juristische Betätigungen erlauben.[170] In der Reformdiskussion wird die Übernahme dieser Lösung empfohlen.[171] Bei genauer Betrachtung stehen drei Alternativen zur Wahl:

a) Die formale Gleichwertigkeit des Abschlusses kraft inhaltlicher Uniformität von Ausbildung und Prüfungsanforderung: das ist der klassische Einheitsjurist. Dieses Konzept steht vor dem Dilemma der (inneren und äußeren) Vermehrung des Stoffs: es muß die Studierenden überfordern oder wichtige Rechts- und Problembereiche definitiv aus dem Ausbildungsprogramm eliminieren; keines von beidem ist akzeptabel; deshalb wäre die Rückkehr zu diesem Modell ein „verhängnisvoller Schritt in die falsche Richtung".[172]

b) Die Gabelung in spezialisierende Ausbildungsgänge mit je eigenen Abschlußprüfungen, die den Zugang nur noch zu speziellen

---

[170] Zu Frankreich, Italien, Spanien und Großbritannien vgl. oben B III 1 bis 4 Vergleichbares gilt für Österreich (nach Magisterprüfung und „Gerichtsjahr" Gabelung der praktischen Ausbildung für die Funktionen Justiz, Verwaltung, Anwaltschaft und Notariat mit spezifischen Prüfungen, deren wechselseitige Anerkennung zur Erleichterung beruflicher Mobilität neuerdings erheblich vereinfacht worden ist; vgl. *Sprung/Mayr*, Die juristischen Berufsprüfungen und ihr Verhältnis zueinander, ÖJZ 1983, 29 ff.; *Rechberger/Fuchs*, Das neue Rechtsstudium [4. Aufl. 1986], 37 ff.) und für die DDR (Trennung der „fachrichtungsspezifischen" Ausbildung in die Zweige „Rechtspflege", „Wirtschaft" und – künftig – „Verwaltung"; zum aktuellen Stand *Buchholz*, Überlegungen zur künftigen rechtswissenschaftlichen Ausbildung, Neue Justiz 1989, 176 ff.).
[171] Vor allem durch *Kötz*, Glanz und Elend der juristischen Einheitsausbildung, ZRP 1980, 94 ff.
[172] *Frowein/Kerner/Ulmer*, Baden-württembergischer Reformentwurf über die Ausbildung und Prüfung der Juristen – ein Schritt zurück, JZ 1983, 792, 795.

Rechtsberufen eröffnen. Das hat den Vorteil, daß sich der Stoff auf die jeweiligen Spezialisierungsfelder begrenzen und damit die Ausbildungszeit unter Kontrolle bringen läßt.[173] Diesem Vorzug stehen eine Reihe von Nachteilen gegenüber:

aa) Die angehenden Juristen werden zur Berufsentscheidung gezwungen, bevor sie auch nur ansatzweise erleben, mit welchen konkreten Anforderungen und Chancen sie von den ihnen eröffneten beruflichen Möglichkeiten konfrontiert werden.

bb) Der spätere Berufswechsel wird wenn nicht unterbunden so doch erheblich erschwert. Deshalb sehen Länder wie Frankreich und Österreich zunehmend Sonderregelungen vor, durch die die Mobilität, das spätere Umsteigen, erleichtert werden soll. Diese Bestimmungen untergraben die Glaubwürdigkeit des Spezialisierungskonzepts: wenn man auch mit dem Richterexamen Anwalt werden kann (und umgekehrt), ist nicht mehr einsichtig, warum die Ausbildung auf ganz bestimmte Spezialisierungen festgelegt wird.

cc) Die Kriterien, nach denen die Spezialisierungsfelder bestimmt werden, sind diffus. Es kommen drei Ansätze in Betracht (die häufig vermengt werden):

– Differenzierung nach Gerichtszweigen;[174] aber: wohin gehören die in der Wirtschaft angestellten Juristen und die wirtschaftsberatenden Anwälte?

– Differenzierung nach institutionell abgegrenzten Arbeitsbereichen;[175] aber: sind nicht Konflikte und Sachprobleme etwa des Arbeits-, Kartell- und Steuerrechts allen diesen Arbeitsbereichen gemeinsam? warum dann getrennte Ausbildung?

– Differenzierung nach Berufsrollen:[176] auch hier ist die Aufteilung nach Sachgebieten unklar; zudem ist zu fragen, ob es nicht zu den Vorzügen des traditionellen Vorbereitungsdienstes gehört, daß der angehende Anwalt die richterliche Beratung miterleben und der spätere Richter die Erfahrung der Anwaltstätigkeit gewinnen kann?

dd) Schließlich ist zu fragen, ob die Funktionseffizienz hochentwickelter und -komplexer Rechtsordnungen nicht in besonderem Maße davon abhängt, daß eine – bei allen Unterschieden – einer gemeinsamen Berufsethik verantwortliche Profession der Juristen be-

---

[173] Der Verkürzungseffekt kann auch darauf beruhen, daß das informelle „training on the job" in das formalisierte Ausbildungsprogramm integriert wird; das kann aber immer nur für die Berufsrichtungen gelten, auf die dieses offizielle Programm eingerichtet worden ist; für die anderen wird die Ausbildung noch länger.

[174] die sich mit Rechtsgebieten decken: Zivil- und Strafrecht, Verwaltungsrecht, Arbeits- und Sozialrecht, Steuerrecht. In diese Richtung zielen einige der Wahlfachgruppen und die Spezialisierungstendenzen in der Anwaltschaft.

[175] Meist: Justiz, Verwaltung, Wirtschaft; vgl. etwa Kötz, ZRP 1980, 96.

[176] des Richters, Verwaltungsjuristen, Anwalts, Notars usw.; so am ausgeprägtesten das französische Modell.

steht?[177] Insbesondere die amerikanische Erfahrung deutet in diese Richtung.

c) Die dritte Möglichkeit besteht darin, die formale Gleichwertigkeit des Abschlusses mit der inhaltlichen Ausdifferenzierung des Lehr- und Prüfungsstoffs zu kombinieren. Das entspricht dem amerikanischen Modell.[178] Die deutsche Ausbildungsreform ist mit der Einführung der Wahlfachgruppen einen wichtigen Schritt in diese Richtung gegangen. Daß es trotz der noch zu erörternden Schwierigkeiten[179] bei diesem Schritt geblieben ist, dürfte vor allem auf die Strukturvorgabe des Staatsexamens zurückzuführen sein: mit ihr sind die Erweiterung der Wahlmöglichkeiten und vor allem ihre freie Kombination nicht vereinbar. Gerade das wäre wissenschaftspolitisch wie didaktisch besonders erwünscht: die Rechtsordnung müßte – sachlich wie methodisch – von jeder Fakultät bei allen Unterschieden im Detail doch prinzipiell in ihrer ganzen Fülle angeboten werden, und die Studierenden wären gezwungen, sich mit dieser substantiell nicht mehr zu bewältigenden Menge wenigstens selektiv durch die Zusammenstellung eines individuellen „Menüs" von Lehrveranstaltungen auseinanderzusetzen. Grundsätzlich ist dieser Weg den anderen beiden vorzuziehen.

3. Theorie und Praxis

Die Unterweisung sowohl in der Theorie als auch in der Praxis der Jurisprudenz ist unanfechtbar Ziel der Juristenausbildung. Streiten kann man nur über das richtige Verständnis von „Theorie" und von „Praxis" und – daraus fließend – die vernünftige Organisation von Theorie- und Praxisbezügen.[180]

a) Eine Trennung von Theorie und Praxis, wie sie unsere zweiphasige Juristenausbildung charakterisiert, ist weder denknotwendig noch sachlogisch. Sie ist vielmehr Ergebnis einer historischen Entwicklung, deren Wirkungskraft heute fast erloschen ist, und sie kann sich deshalb weniger auf den Konsens der Fachleute als auf schlichtes Herkommen stützen:

Die praxisorientierte nachuniversitäre Juristenausbildung war seit Beginn eine Antwort auf Zustände, wie sie heute nicht mehr existieren.[181] Sie hatte zu sichern, daß die künftigen Staatsdiener sowohl die

---

[177] Dazu näher *Kübler*, Juristenausbildung im Zielkonflikt (1970), 20 ff.
[178] Vgl. oben B III 5.
[179] Vgl. unten III 2.
[180] Oben B II 6 d.
[181] Einzelheiten bei *Bleek*, Kameralausbildung, insbes. 50 ff.; *Hattenhauer*, JuS 1989, 515 ff.; außerdem oben B I 1 b.

Fähigkeiten als auch die Eigenschaften und Tugenden erwarben, die das Amt brauchte; sie lebte vom Verdacht gegenüber dem Universitätsstudium und übernahm, wenn dieser Verdacht gar zu berechtigt war, ihrerseits die Ziele einer wissenschaftlichen Ausbildung der Juristen. Heute begründet die universitäre Juristenausbildung, wie mangelhaft sie auch immer sei, nicht mehr hinreichend den Verdacht, sie gefährde ohne justizamtliche Nachbesserung und Nachschau das Niveau des Juristenstandes, und die Juristenprofessionen haben sich so ausdifferenziert und spezialisiert, daß die Forderung einheitlicher und an einer Stelle gebündelter rechtspraktischer Unterweisung nicht mehr zeitgemäß ist. Aus diesen Gründen findet sich in der Reformdebatte das Modell einer in das Universitätsstudium integrierten Praxisphase nicht erst und nicht nur bei den Befürwortern einer einphasigen Ausbildung,[182] sondern schon und auch bei eher zurückhaltenden Änderungsvorschlägen auf dem Boden der Zweiphasigkeit.[183]

b) Die frühzeitige Beachtung der Praxis in der universitären Juristenausbildung kann – bei einem angemessenen Verständnis von „Theorie" und „Praxis" – eine Hilfe auch für die Vermittlung von Theorie sein. In Abwandlung der Verhältnisbestimmung Kants über Begriff und Anschauung kann man sagen, daß Praxis ohne Theorie blind, daß Theorie ohne Praxis aber leer ist.

Theorien – oder besser: Lehren –, die wir den Studenten vermitteln, haben im Bereich der Rechtsdogmatik einen ursprünglichen Bezug zur Praxis. Die Dogmatiken der strafbaren Teilnahme oder der ungerechtfertigten Bereicherung sind keine Erfindungen analytischer Konstruktion, sondern normative Antworten auf wirkliche Konflikte. Die juristische Hermeneutik[184] hat herausgearbeitet, daß es Normverstehen ohne Wirklichkeitsbezug nicht geben kann: Erst von der Anwendungsrealität her läßt sich die „wirkliche" Bedeutung der Regeln erschließen, die Praxis der Regelanwendung macht Theorieverstehen sicher und reich. Nur wer die konkrete Funktionalität und Instrumentalität des juristischen Lehrstoffs für praktische Argumentation, Entscheidungsfindung und Entscheidungsbegründung begriffen hat, kann sich diesen Stoff „zu eigen machen".

Der an der Didaktik interessierte Ausbilder junger Juristen weiß das. Er weiß auch, daß „Praxis" in diesem Kontext anspruchsvoll und theoriebezogen zu verstehen ist (wie ja auch hier Theorie praxisbezogen verstanden wird): daß sie sich nicht im Handwerkszeug des Praktikeralltags erschöpft, daß sie theoretisch verstandene, aporetische,

---

[182] Paradigmatisch *Bannek*, Zur Integration von Theorie und Praxis in der Juristenausbildung, in: Loccumer Arbeitskreis, 111.

[183] Paradigmatisch Denkschrift, 297 ff.; das gilt leider nicht für das – freilich kurze – Papier des Studienausschusses des Deutschen Juristen-Fakultätentags vom 6. 11. 1989.

[184] Aktueller Überblick bei W. *Hassemer*, Juristische Hermeneutik, ARSP 1986, 195.

offene und immer kritisierbare Praxis ist.[185] In diesem Kontext meint „Praxis" nicht das, was Juristen faktisch, sondern das, was sie vernünftigerweise tun. Daraus folgt beispielsweise,[186] daß eine Praxisphase immer theoretischer Vor- und Nachbereitung bedarf und daß ein Curriculum auf der Basis von Theorie- und Praxis-Integration wohlüberlegte Vorgaben zur Lozierung der unterschiedlichen Typen von Praxis im Ausbildungsgang erarbeiten muß.

c) Der Praxisbezug juristischer Theorie ist dasjenige Moment, welches die in den siebziger Jahren so laute Forderung nach Einbeziehung der Sozialwissenschaften in die Juristenausbildung[187] zugleich begründet und begrenzt. Was die Sozialwissenschaften in den Augen derer auszeichnet, welche ihre Integration verlangen, ist ja nicht deren wissenschaftliche Fruchtbarkeit oder Stringenz, sondern vielmehr deren Nähe zur Jurisprudenz, vor allem zum praktischen juristischen Handeln. Nur über diese Nähe läßt sich überhaupt einsichtig machen, warum gerade die Sozialwissenschaften einschließlich der Wirtschaftswissenschaften (kaum die Biologie und gar nicht die Mathematik) Referenzgebiete der Juristenausbildung sein sollten: Sozialwissenschaftliche Unterweisung kann nicht Selbstzweck sein.

Daraus ergeben sich drei Folgerungen für die Juristenausbildung:

aa) Diejenigen Einphasenmodelle, welchen es schlecht gelungen ist, die Nähe zwischen Sozialwissenschaften und Jurisprudenz curricular herzustellen und in der Ausbildung auch erlebbar zu machen, sind im Maße dieses Mißlingens am praxisorientierten Brennpunkt der Ellipse „Theorie-Praxis-Integration" gescheitert: Sie haben „irgendeine" Wissenschaft unterrichtet, deren Relevanz für juristisches Handeln dunkel blieb. Diejenigen Einphasenmodelle, welchen es schlecht gelungen ist, die in ihnen vermittelte Praxis sozialwissenschaftlich aufzuklären und theoriebezogen zu durchdringen, sind im Maße dieses Mißlingens am theorieorientierten Brennpunkt gescheitert: Sie haben „irgendeine" Praxis präsentiert, deren Bedeutung und Stellenwert für juristisches Handeln nicht begreiflich wurde.

bb) Nicht alle Teilgebiete der Sozialwissenschaften und nicht nur die Sozialwissenschaften sind für die Juristenausbildung bedeutungsvoll, und sie sind es nicht in gleichem Maße für alle Rechtsgebiete.[188] Kriterium der Relevanz fremder Wissenschaften ist deren Fähigkeit, juristisches Handeln wissenschaftlich zu erklären. Dies kann etwa die Soziologie abweichenden Verhaltens (für das Strafrecht) besser als etwa die Industriesoziologie (für irgendein rechtliches Fach); die Mi-

---

[185] Wir werden das unter C II 4 sogleich vertiefen.
[186] Systematisch beschäftigt uns die Organisation des Praxisbezugs unten C III 3.
[187] Oben B I 2, 4, 5.
[188] Systematisch wird dies besprochen unter C III 4, insbes. b.

kroökonomie (für das Wirtschaftsrecht) besser als etwa die Psychoanalyse; dies kann aber auch etwa die philosophische Anthropologie oder die politische Philosophie (für fast alle Rechtsgebiete).

cc) Verbindet man, wie hier, die Einbeziehung der Sozialwissenschaften in die Juristenausbildung mit dem Ausbildungsziel, Theorie und Praxis zu integrieren, so gewinnt die Ausbildung der Juristen in Zielbeschreibung und Organisation eine genauere Kontur. Ziel der Ausbildung kann weder praxisferne Theorie noch theorielose Praxis sein. Der Rechtswissenschaft kann es, auf allen ihren Gebieten, nicht verwehrt sein, Lehren zu entwickeln, zu verfeinern und auszudifferenzieren, welche für eine Verwendung in der juristischen Praxis, jedenfalls im Zeitpunkt ihrer Entwicklung, nicht taugen. Die Juristenausbildung aber kann sich diese Esoterik nicht leisten; sie muß die von ihr vermittelte Theorie permanent auf deren Bedeutung für praktisches juristisches Handeln prüfen und inhaltlich reflektieren (selbst wenn, wie sich gleich zeigen wird, etwa die Organisationsform des Seminars differenzierte Theoriearbeit verlangt und verträgt). Dabei ist „praktisches juristisches Handeln" nicht die faktische Alltagspraxis, sondern die theoretisch aufgeklärte vernünftige Praxis. Für die theoretische Aufklärung juristischer Praxis können andere Wissenschaften, insbesondere die Sozialwissenschaften, hilfreich sein: von der Verfahrens-, Juristen- und Organisationssoziologie über die Wettbewerbs- und „public choice"-Theorie bis hin zu Entwicklungspsychologie oder Wirtschaftsgeschichte.

Organisatorisch ist die Juristenausbildung kein monolithischer Block. Die Betonungen und Mischungsverhältnisse im Bereich von Theorie und Praxis sind variabel über die Semester, die Rechtsgebiete und die Typen von Lehrveranstaltungen. Der didaktische Sinn praktischer Anschauung ist in einer Einführungsveranstaltung ein anderer als in einer Übung im fünften Semester, im Strafprozeßrecht ein anderer als im Sachenrecht; der didaktische Sinn strenger und differenzierter Theoriearbeit ist in einer Massenveranstaltung mit Überblickscharakter im öffentlichen Recht nicht derselbe wie im rechtsphilosophischen Seminar, und die Typen geeigneter praktischer Unterweisung variieren etwa von der aktiven Mitwirkung von Praktikern in einem Kolloquium zum vorbereiteten und nachbereiteten Gerichtsbesuch kleiner Studentengruppen aus einer Arbeitsgemeinschaft im Rahmen einer großen Vorlesung. Immer aber ist nicht nur Theorie wichtig für Praxis, sondern auch Praxis für Theorie.

4. Professionalisierung der Juristen

a) In einer sehr verallgemeinerten Beschreibung ist Ziel der Juristenausbildung die Professionalisierung, also die Vorbereitung auf den juristischen Beruf, und schon wegen dieser Verallgemeinerung darf dieses Ausbildungsziel auch auf allgemeine Zustimmung rechnen. Inhaltsreich und kontrovers dürfte die Debatte aber werden, wenn man nach der genauen Bedeutung von „Professionalisierung" fragt.[189] Dann nämlich geht es um die Vorstellung vom „guten Juristen", um dessen besondere Fähigkeiten und um Auswahl und Ausgestaltung der Wege, die zu diesem Ziel hinführen.

Die Vorstellungen über gelingende Professionalisierung, also Bilder vom „guten Juristen" und Meinungen über die Art und Weise seiner Erziehung, sind der rote Faden, der die gesamte Ausbildungsdebatte durchzieht, auch wenn er unter den vielen Einzelproblemen nicht immer sichtbar ist. In ihm bündeln sich die Erwartungen an die Leistungen der Juristen in einer bestimmten Gesellschaft.[190] Deshalb verspricht es Gewinn, den Faden wenigstens an den beiden Endpunkten freizulegen, an denen sich die Juristenausbildung orientieren könnte: Professionalisierung über „skills" oder Professionalisierung über „Wissenschaft". Zwischen diesen Endpunkten liegen die Optionen.

b) Daß Juristen ihr Handwerkszeug vertraut sein muß und was das bedeutet, haben wir gesehen.[191] Daß sie es am Ende ihrer Ausbildung heute nicht ausreichend beherrschten, ist eine häufig vorgebrachte[192] und berechtigte Klage (nicht nur von seiten der Praktiker) und ein wesentlicher Grund für die verbreitete Übung, den jungen Juristen die skills der Profession im postassessoralen training on the job beizubringen.[193] So steht beispielsweise außer Zweifel, daß ein erstinstanzlicher Richter der Vernehmungstechnik kundig sein muß oder ein Staatsanwalt der Kriminalistik; außer Zweifel steht aber auch, daß es dafür tauglich Ausbildungsprogramme nicht gibt. Zu streiten lohnt sich nur über die Fragen, wann und wie die Juristen das Handwerkszeug lernen sollen, das sie für ihren Beruf brauchen.

Die Ausdifferenzierung der juristischen Berufsfelder, vor allem – aber nicht nur – jenseits der Justizjuristen,[194] legt es nahe, die Vermittlung von berufsspezifischen Techniken in einem späten und womöglich spezialisierten Stadium der Ausbildung zu lozieren. Insofern ist die postassessorale Ausbildungsphase eine angemessene Antwort

---

[189] Zur Professionalisierungsdebatte allgemein *Daheim*, Der Beruf in der modernen Gesellschaft (2. Aufl. 1970); *ders.*, Berufssoziologie, in: *König* (Hrsg.), Handbuch der empirischen Sozialforschung, Bd. 8 (2. Aufl. 1977), 1 ff.
[190] Man vergleiche etwa die Optionen zwischen „Bildungsstudium" und „Brotstudium" der Juristen im deutschen Vormärz bei *Bleek*, Kameralausbildung, 108 ff.
[191] Oben B II 4a.
[192] S. nur *Steiger*, ZRP 1989, 286 und aus österreichischer, auf uns übertragbarer, Sicht *Jesionek*, Zur Ausbildung des österreichischen Richters, in FS Wassermann, 581 ff., 587 f.
[193] Oben B II 1c.
[194] Oben B II 3b.

auf die Entwicklung der juristischen Berufe: Juristen bei der Bundespost müssen anderes können als bei einer Bank oder im auswärtigen Dienst. (Freilich muß dann auch das training on the job in die Ausbildungsdauer eingerechnet werden.)[195] Es fragt sich aber, ob nicht ein Teil des „Handwerkszeugs" als „Praxis" gelten darf mit der Folge, daß seine Präsenz in der Juristenausbildung die Theorievermittlung hilfreich unterstützen kann[196] und deshalb seinen Platz schon im Universitätsunterricht finden sollte.

Die Frage läßt sich bejahen. So kann schon für Erstsemester eine wichtige frühzeitige Orientierung im Kontakt mit Praktikern und deren verschiedenen Berufsfeldern liegen – nicht um diese Praxis zu erlernen, sondern um an ihr eine Anschauung der Varianz und des Reichtums juristischen Handelns zu gewinnen; in einer solchen Veranstaltung sind es gerade die skills, die den Studenten in ihrer Übereinstimmung und Unterschiedlichkeit als ein proprium juristischer Berufe begreiflich werden. So können in jedem Studienabschnitt Aktenteile, Arbeitstechniken oder gar Formulare den Stoff näherbringen, an dem sie sich materialisiert haben. Voraussetzung ist freilich, daß dieses Handwerkszeug überlegt ausgewählt und nicht um seiner selbst willen, sondern exemplarisch, als Praxisform, dargeboten und in die Theorievermittlung eingebunden wird. Auf studentisches Interesse trifft es allemal: Auch am juristischen Handwerkszeug läßt sich juristisches Handeln studieren und theoretisch rekonstruieren.

c) Schon vom gesetzlichen Auftrag her (§ 5 I DRiG) soll das juristische Studium „wissenschaftlich" sein.[197] Nicht um Wissenschaftlichkeit als Ausbildungsziel braucht man heute also zu streiten; Nachdenken lohnt sich nur hinsichtlich der Inhalte und Vermittlungsmethoden einer „Sozialisation durch Wissenschaft".

Äußerlich betrachtet, bedeutet Wissenschaftlichkeit der Juristenausbildung die Zuständigkeit der Universitäten (anstatt von Berufsschulen irgendwelcher Art). Von den Inhalten her gesehen, bedeutet sie allgemein die Chance der Juristenausbildung, von den guten Traditionen der Hochschulen und der an ihnen betriebenen Wissenschaften zu profitieren. Im besonderen besagt das unter dem Aspekt des Ausbildungsziels vor allem: Die Freiheit der Lehrenden und Lernenden, den Unterrichtsstoff auszuwählen und kritisch zu bearbeiten, ist prinzipiell unbegrenzt; es reicht nicht aus, den Stoff bloß vermittelnd darzustellen, die Stoffvermittlung muß vielmehr für reflektierende Betrachtung immer offen sein; die Bezüge rechtswissenschaftlicher

---

[195] Oben B II 1 c.
[196] Wie dies oben C II 3 b entwickelt worden ist.
[197] Darauf verweist zu Recht *Großfeld*, NJW 1989, 877, 881, um dann den Verlust der Wissenschaftlichkeit zugunsten „positivistischer Fallösungstechnik" zu beklagen.

Theoriebildung zu anderen Wissenschaften dürfen von außen nicht beschnitten werden; die Standards wissenschaftlicher Methodologie bestimmen – über die methodologischen Standards der Rechtswissenschaft – auch die Juristenausbildung. Wissenschaftlichkeit der Juristenausbildung ist, wie man leicht sehen kann, eine komparative und historische Zielvorgabe. Nicht erst die Bedingungen der Ausbildung an der Massenuniversität, sondern schon und vor allem die staatlichen Interventionen in die Universitätsausbildung, die Ausbildungs- und Prüfungsregelungen im Interesse einer gleichmäßig geordneten Berufsvorbereitung, greifen auf die Wissenschaftlichkeit der Juristenausbildung durch und machen sie zu einem jeweils mehr oder weniger erreichten (und heute eher verfehlten) Standard.

Trotz des nur komparativen Charakters dieser Zielvorgabe läßt sich freilich immerhin einsichtig machen, wo die geborenen Feinde einer wissenschaftlichen Juristenausbildung sitzen. Es ist nicht das juristische Handwerkszeug, welches schon im Universitätsstudium didaktisch begründete Beachtung finden kann,[198] und es ist schon gar nicht die Praxis, welche universitäte Theorievermittlung nicht stören muß, sondern zu stützen vermag.[199] Es sind vielmehr überscharfe Regulierungen, welche den wissenschaftlichen Lernprozeß von außen kanalisieren und damit stören,[200] und vor allem sind es Auswendiglernen und schematisch angepauktes Formalwissen, zu dem die Studenten angesichts der Zustände im Ausbildungs- und Prüfungssystem neigen.[201] Es ist nur milder Sarkasmus, angesichts der von unserem Ausbildungs- und Prüfungssystem zusammen mit dem Repetitor produzierten Ergebnisse zu fragen, ob sich dies nicht effizienter, billiger und kürzer mittels eines straffen Berufsschulsystems erreichen ließe.

Gerade für die Juristenausbildung hat Wissenschaftlichkeit noch eine weitere Dimension. In der Reformphase der siebziger Jahre[202] hat man dogmatische Schulung und wissenschaftliche Ausbildung in einen Gegensatz gebracht und versucht, durch das Konzept „Rechtswissenschaft als Sozialwissenschaft" eine nunmehr wissenschaftlich verfahrende Kritik der Jurisprudenz zu etablieren: Die herkömmliche Ausbildung der Juristen in Dogmatik und Jurisprudenz habe nicht (nur) auf Wissensvermittlung im kognitiven Bereich gezielt, sondern auf personale Identifikation mit einem normativen Bezugssystem und damit letztlich auf die Stabilisierung staatlicher Herrschaftsinteressen

---

[198] Oben C II 4b.
[199] Oben C II 3b, c.
[200] Oben C I und unten D III.
[201] Oben B II 4b.
[202] Darstellung m. Nachw. der Debatte bei *Nocke*, Juristenausbildungsreform, 35–39.

via einer selektiven Weltsicht der diese Herrschaft sichernden Juristenprofession; eine wissenschaftliche Juristenausbildung müsse nun die Jurisprudenz zum Gegenstand der Rechtswissenschaft machen und die normative Homogenität der Juristensozialisation aufbrechen. Entzieht man dieser These ihre verschwörungstheoretische Einkleidung, so findet man den richtigen Kern: Wissenschaftlich betriebene Juristenausbildung darf nicht übersehen, daß die Erziehung der Juristen nicht nur kognitive, sondern auch personale, emotive Folgen hat, welche mit denjenigen Normen verbunden sind, mit denen Juristen umgehen. Die professionalisierungstheoretische Selbstverständlichkeit, daß berufliche Sozialisation Attitüden einschleift und personale Einstellungen bildet, daß sie besondere Zugänge zur Welt nicht nur eröffnet, sondern auch definiert („déformation professionelle"), wird für die Juristensozialisation aber noch nicht dadurch zum Skandalon, daß diese sich auf die „herrschenden" Normen richtet. Wissenschaftlichkeit der Juristenausbildung kann also nicht bedeuten, den normativen Bezug aufzubrechen oder „abzuschaffen", sie kann nur bedeuten, diesen Bezug und seine Erscheinungsformen wissenschaftlich zu beobachten und ins Bewußtsein zu heben. Die Identifikation des Juristen mit einem normativen Bezugssystem ist ein Gegenstand wissenschaftlicher (und das heißt natürlich immer: kritischer) Ausbildung, nicht ihre Zielscheibe.

5. Anforderungen und Chancen der „Europäisierung"

Mit den Fortschritten der europäischen Integration wächst ihre Bedeutung auch für die Ausbildung der deutschen Juristen: seit langem empfundene Mängel und die von ihnen bewirkten Nachteile treten immer deutlicher zutage. Die Ausbildungsreform darf die folgenden Aspekte nicht länger außer acht lassen:

a) Die Konkretisierung der im EWG-Vertrag gewährleisteten Dienstleistungs- und Niederlassungsfreiheit wird sich immer stärker auf die innerstaatlichen Märkte für Rechtsberatung und andere juristische Dienstleistungen auswirken.[203] Besondere Bedeutung ist der „Anerkennungs-Richtlinie" des Rates der EG vom 21. Dezember 1988 beizumessen, die die Anerkennung der innerhalb der Gemeinschaft erlangten Hochschuldiplome für den Zugang zu reglementierten Berufen verlangt.[204] Art. 4 (1) dieser Richtlinie erlaubt es den

---

[203] Vgl. etwa EuGH NJW 1975, 513 „Reyners" und 1095 „van Binsbergen" sowie die „Rechtsanwalts-Dienstleistungs-Richtlinie" des Rates ABl.EG Nr. L 78/17 vom 22. 3. 1977, umgesetzt durch Gesetz vom 16. 8. 1980, BGBl. I, 1453, und dazu *Rabe*, Internationales Anwaltsrecht – Dienstleistung und Niederlassung, NJW 1987, 2185 ff.

[204] Richtlinie des Rates über eine allgemeine Regelung zur Anerkennung der Hoch-

Mitgliedsstaaten, für rechtsberatende Berufe entweder den Nachweis von Berufserfahrung oder das Absolvieren eines höchstens dreijährigen Anpassungslehrgangs oder eine Eignungsprüfung zu verlangen. In der Bundesrepublik soll die Richtlinie in der Weise umgesetzt werden, daß von den EG-ausländischen Anwälten, die die deutsche Zulassung zur Ausübung ihres Berufes anstreben, eine Eignungsprüfung verlangt wird.[205] Sie soll aus zwei Aufsichtsarbeiten und einer mündlichen Prüfung aus einem eng umgrenzten Pflichtfachbereich[206] und einem Wahlfach[207] bestehen.[208] Dieses Vorhaben ist in mehrfacher Hinsicht aufschlußreich. Es läßt sich als ein Musterbeispiel dafür verstehen, wie der Pflichtstoff auf ein zuträgliches Maß beschränkt werden kann. Und es könnte die herkömmliche Ausbildung mit einem Konkurrenzmodell konfrontieren. Es ist zwar kaum zu befürchten, daß zahlreiche ausländische Anwälte versuchen werden, sich in der Bundesrepublik niederzulassen. Dagegen ist nicht auszuschließen, daß sich für sprachkundige Inländer die Anwaltsausbildung in Spanien oder England mit der sich anschließenden Eignungsprüfung als der kürzere Weg zur Anwaltszulassung in Deutschland erweisen wird. Auch unter diesem Aspekt ist eine beträchtliche Verkürzung der effektiven Ausbildungszeit dringend zu empfehlen.

b) Eine Reihe von Indizien legt den Eindruck nahe, daß sich die Absolventen der deutschen Juristenausbildung zunehmend schwer tun, in angemessenem Umfang Beschäftigung bei den Institutionen der EG zu finden.[209] Die Gründe sind nicht ganz eindeutig; immerhin

---

schuldiplome, die eine mindestens dreijährige Berufsausbildung abschließen (89/48/EWG) – ABl. L 19 (1989), 16 v. 24. 1. 1989.

[205] Das ergibt sich aus dem im Frühsommer 1989 verabschiedeten „Bericht des Ausschusses der Justizministerkonferenz zur Koordinierung der Juristenausbildung", an dessen Beratungen die Präsidenten der Landesjustizprüfungsämter sowie Vertreter der Bundesrechtsanwaltskammer und des Deutschen Anwaltsvereins beteiligt waren.

[206] Aus dem Zivilrecht die ersten drei Bücher des BGB und das „dazugehörende Verfahrensrecht einschließlich der Grundlagen im Gerichtsverfassungsrecht und der Grundzüge des Zwangsvollstreckungs- und Insolvenzrechts"; aus dem öffentlichen Recht: Grundrechte; Verwaltungsverfahrensrecht und Allgemeines Verwaltungsrecht „anhand typischer Fälle aus dem Bereich des Baurechts und des Rechts der öffentlichen Sicherheit und Ordnung"; Verwaltungsprozeßrecht einschließlich der Grundlagen im Gerichtsverfassungsrecht.

[207] Es sind fünf Wahlfächer vorgesehen: Zivilrecht (Grundzüge des Familien- und Erbrechts), Handelsrecht, Arbeitsrecht, Verwaltungsrecht und Strafrecht, jeweils mit dem dazugehörenden Verfahrensrecht.

[208] Die Bundesrepublik wird über diese Anforderungen nicht hinausgehen können, wenn sie nicht eine erneute Zurechtweisung durch den EuGH riskieren will; vgl. nur EuGH NJW 1988, 887: dieses Urteil hat das Umsetzungsgesetz von 1980 (vgl. oben Fn. 203) in nicht weniger als sechs substantiellen Punkten korrigiert.

[209] Vgl. etwa einen von der Kommission der EG an die Kultusminister der Länder verschickten „Vermerk zur Einstellungspolitik der Kommission der Europäischen Gemeinschaften" vom 17. 1. 1989.

läßt sich vermuten, daß sich die Länge und die Rigidität der deutschen Ausbildung auch insoweit negativ auswirken: die frischgebackenen Assessoren, die schon im vierten Lebensjahrzehnt stehen, konkurrieren mit den viel jüngeren Absolventen der Partnerländer; sie haben mindestens zweimal die Rechtsprechung des BGH in Strafsachen auswendig gelernt und deshalb wenig Zeit gefunden, sich mit Europarecht zu befassen und zusätzlich Fremdsprachen zu erlernen.

c) Die Fortschritte auf dem Weg zum europäischen Binnenmarkt lassen neue Aufgabenbereiche und Betätigungschancen für Juristen nicht nur bei den Institutionen der EG, sondern sehr viel mehr noch bei in- und ausländischen Unternehmen, Verbänden und Behörden entstehen. Aus diesem Grund wächst der Bedarf an jungen Juristen, die nicht nur mit Europarecht, sondern vor allem auch mit bestimmten Regelungen anderer Rechtsordnungen umgehen können.[210] Die Erwartung, daß diese Kompetenz zusätzlich zum derzeit verlangten Prüfungsstoff erworben wird, läuft auf eine weitere Verlängerung der Ausbildung hinaus. Deshalb ist es unerläßlich, daß innerhalb der Ausbildung neue Spielräume und Kompensationsmöglichkeiten geschaffen werden: das dringend erwünschte Mehr an auslands- und internationaler Erfahrung läßt sich sinnvoll nur durch Abstriche an den tradierten Pflichtstoffkatalogen erreichen.

d) Längerfristig sollte noch ein weiterer Punkt berücksichtigt werden. Die europäische Integration vollzieht sich bislang nicht so sehr durch Mechanismen demokratischer Willens- und Entscheidungsbildung als durch einen in den römischen Verträgen angelegten Prozeß der Verrechtlichung. Es ist zu bezweifeln, daß dieser spezifischen Form der Integration dauerhafter Erfolg beschieden sein wird, wenn sie sich nicht auf das Potential eines Juristenstandes stützen kann, der seine berufsethischen Impulse nicht zuletzt aus der gemeinsamen Verantwortung für die wachsende europäische Rechtsordnung empfängt. Eine derartige Professionalisierung über die alten Grenzen hinweg dürfte ohne Fundierung in der Juristenausbildung nicht möglich sein;[211] dafür ist wiederum erforderlich, daß sich die nationalen Systeme in flexibler Weise einander annähern können; vor allem (aber nicht nur) von Deutschland verlangt das Deregulierung und Entstaatlichung.[212]

---

[210] Das hier bestehende Defizit wird vor allem in der Unternehmenspraxis empfunden; vgl. etwa *Gutbrod*, Der selbständige Anwalt in Deutschland, in: Sociedade de Estudos Juridicos Brasil-Alemania (1988), 223, 254.

[211] Dazu grundlegend *Friedman/Teubner*, Legal Education and Legal Integration: European Hopes and American Experience, in: *Cappelletti/Seccombe/Weiler* (Hrsg.), Integration Through Law, Bd. III (1986), 345 ff.; vgl. auch *Coing*, Europäisierung der Rechtswissenschaft, NJW 1990, 937 ff.

[212] Anders *Hattenhauer*, JuS 1989, 513, 520: da die anderen Länder nicht bereit seien, ihre Ausbildungssysteme dem unsrigen anzugleichen, bestehe „auf deutscher

6. Sozialer Wandel und exemplarisches Lernen

Das Ziel, Juristen in Kenntnissen und Fähigkeiten (nur noch) exemplarisch auszubilden, dürfte in vielen Ohren bedrohlich modernistisch oder resignativ klingen: als kapituliere man angesichts der Schere von Ausbildungsstoff und Ausbildungsdauer und gäbe den umfassenden Bildungsauftrag der Universität zugunsten selektiver Einsichten auf. Ein solcher Verdacht wäre nicht begründet.

Jedenfalls seit geraumer Zeit (wenn dies jemals anders gewesen sein sollte) werden Juristen exemplarisch ausgebildet. Ein Hochschullehrer, welcher den Studenten beispielsweise den gesamten Besonderen Teil des StGB vortragen kann (oder will), dürfte eine Rarität sein; vom – in der Praxis wichtigen – Nebenstrafrecht erfährt der Student bestenfalls ausgewählte Stückchen (von der Strafzumessung, dem strafrechtlichen Sanktionenrecht oder Einzelheiten aus dem Strafprozeß ganz zu schweigen): Mehr oder weniger reflektiert und begründet verlassen wir uns darauf, daß der tatsächlich vermittelte Stoff den nicht vermittelten erschließen hilft.

Diesen Zustand sollten wir begrüßen und nicht faute de mieux in Kauf nehmen: Exemplarisches Lernen ist für Juristen hilfreich. Zu den Banalitäten der Rechtstheorie gehört die Erkenntnis, daß jedes Rechtsproblem in jedem Fall sich neu stellt. Den guten Juristen könnte man über (partielle) Unkenntnis definieren: Er ist in der Lage, gerade unbekannte Probleme zu erkennen, zu strukturieren und Lösungswege auszuarbeiten. Juristisches Denken ist analogisches Denken: begründetes Erstrecken des Bekannten ins Unbekannte.

Diese Umstände werden heute, in der Zeit schnellen sozialen Wandels, noch einmal verstärkt. Die Studenten, die wir heute ausbilden, dürfen, wenn sie erfolgreiche Juristen werden, den Höhepunkt ihrer Karriere nicht vor zwanzig Jahren erwarten. Niemand kann heute sagen, über welches Wissen sie dann verfügen (und was sie vergessen haben) müssen, um gute Juristen zu sein. Also müssen wir den Studenten nicht möglichst vollständiges, sondern möglichst typisches juristisches Wissen vermitteln: Wissen, an dem sich juristisches Denken ausbilden kann, welches analogiefähig ist, welches Strukturierungsleistungen begünstigt und es ausschließt, daß drei berichtigende Entwicklungen im Rechtsstoff ganze Ausbildungsfelder zu Makulatur werden lassen.[213]

Seite kein Grund, die bewährten Strukturen auf dem Altar Europas zu opfern". Der historisch motivierte Beitrag geht weder auf die spezifisch europäischen Fragen noch auf die aktuelle Reformdiskussion ein (selbst die besonders wichtigen Beiträge von *Großfeld* werden noch nicht einmal erwähnt).

[213] Bekanntlich hat J. v. *Kirchmann* (Die Wertlosigkeit der Jurisprudenz als Wissenschaft, 1848, Neudruck 1960, 25) die Rechtswissenschaft seiner Zeit so kritisiert: „In-

III. Problemfelder

Die praktische Umsetzung der unter II. dargelegten Ausbildungsziele konfrontiert mit Schwierigkeiten, die im folgenden schwerpunktmäßig zu erörtern sind.

1. *Prüfungen*

a) In einer auf leistungsbedingte Mobilität angelegten Gesellschaft sind Examina ein unerschöpfliches Thema. Sie haben vor allem zwei Funktionen:
aa) Sie sollen die potentiellen Arbeitgeber möglichst zuverlässig über die Qualifikation der um An- oder Einstellung konkurrierenden Absolventen informieren. Das ist für beide Seiten wichtig: mit der Glaubwürdigkeit und Aussagekraft des Prüfungssystems sinkt der Einfluß der „informellen" Selektionskriterien des Nepotismus, der Patronage und sonstiger „Beziehungen".[214]
bb) Sie sollen den Studierenden Anreize für richtiges Lernverhalten vermitteln. Ein Wirkungszusammenhang besteht in jedem Falle: „Gelernt wird, was (vermeintlich) geprüft wird!" Das bedeutet: die Prüfung muß ein integrales Element des didaktischen Konzepts bilden, durch das die vorgegebenen Ausbildungsziele erreicht werden sollen. Gewiß: die „primäre" Lernmotivation der klugen Neugierde und des wissenschaftlichen Eros ist besonders wichtig und erwünscht. Aber es dürfte auch unter den jeweiligen Spezialisten kaum streitig sein, daß die dogmatischen Probleme der Rücknahme des begünstigenden Verwaltungsakts, der Abgrenzung von Raub und räuberischer Erpressung oder der konditionsrechtlichen Abwicklung im Dreiecksverhältnis nicht zu den besonders faszinierenden Grundfragen menschlicher Sozialexistenz zu zählen sind: wo Jurisprudenz „technisch" ist, war ihre Vermittlung immer auf die „sekundäre" Motivation angewiesen, die durch Examensbelohnung (oder -bestrafung) erzeugt wird.
cc) Ebenso wenig sollte streitig sein, daß diese beiden Funktionen konfligieren können. Dann ist über Prioritäten und über Kompromisse nachzudenken.

---

dem die Wissenschaft das Zufällige zu ihrem Gegenstand macht, wird sie selbst zur Zufälligkeit; drei berichtigende Worte des Gesetzgebers und ganze Bibliotheken werden zu Makulatur." Diese Kritik läßt sich auf eine an der Vollständigkeit des Wissens haftende Juristenausbildung gut übertragen.

[214] Das ist besonders wichtig für strukturell benachteiligte (Minderheits-)Gruppierungen.

b) Das derzeit praktizierte Examenssystem, das – auch in seinen „nord-" und „süddeutschen" Abweichungen[215] – als bekannt vorauszusetzen ist, vermag seine „Informationsaufgabe" vergleichsweise besser zu erfüllen. Das strikte Reglement und die Kollegialität der Staatsprüfung gewährleisten ein erhebliches Maß an formaler Gleichbehandlung.[216] Trotzdem sollten für die Praxis gravierende Defizite auch insoweit nicht übersehen werden. Die mittels elektronischer Hilfsinstrumente bis auf zwei Stellen hinter dem Komma errechnete Endnote berücksichtigt nur einen Teil der Fähigkeiten, die die anzustrebende Qualifikation ausmachen: Konzentrationsvermögen; Gedächtnis; die Fähigkeit, Erlerntes – nicht selten: auswendig Gelerntes – rasch wiederzugeben; die Handhabung des überlieferten (an der Funktion des Kollegialrichters orientierten) Schemas des Gutachtenaufbaus.[217] Andere – nicht weniger wichtige – Aspekte bleiben weitgehend unberücksichtigt: die Breite und Seriosität der fachlichen wie der fachübergreifenden Interessen; die Kreativität; die Fähigkeit zu vertiefender wissenschaftlich-methodischer Arbeit.

c) Das „Elend des Jurastudiums"[218] beruht vor allem auf dem Umstand, daß das System der Staatsexamen die didaktische Aufgabe der Prüfung, ihre „Anreizfunktion", verfehlt. Das ist seit langem bekannt;[219] durch die – meist als „Stoffvermehrung" apostrophierte – Komplizierung der Rechtsordnung sind die Folgen der systematischen Trennung von Lehre und Prüfung immer gravierender geworden:[220]

aa) In den Ausbildungssystemen aller (auch nur einigermaßen) demokratisch verfaßten Staaten hat sich die Humboldt'sche Idee durchgesetzt, daß die – auf „exemplarisches Lernen" zielende – akademische Lehre durch den sich selber steuernden Prozeß wissenschaftlicher Erkenntnis bestimmt werden soll.[221] Das deutsche System entwertet diese Form der Lehre. Das zeigt sich nicht nur am Repetitor, sondern auch an den universitären Angeboten vor allem für vorge-

---

[215] Die „süddeutschen Systeme" sehen für den schriftlichen Teil der Staatsprüfungen nur Klausuren und keine Hausarbeiten vor.

[216] Sie ist als formal zu bezeichnen, weil sie erhebliche Divergenzen der Beurteilung (etwa der Bearbeitungen einer Prüfungsaufgabe durch unterschiedliche Prüfer oder Kommissionen) verdeckt.

[217] Das gilt in besonderem Maße, aber keinesweges allein, für das süddeutsche Klausurensystem.

[218] *Großfeld*, JZ 1986, 357.

[219] Vgl. die Nachweise oben zu B I 2.

[220] Auch die Vermehrung der Dozenten und der Prüfer dürfte eine Rolle spielen: sie trägt zur Anonymität des Betriebes bei und erschwert die informelle Abstimmung des eigentlichen Prüfungskanons.

[221] Hier ist an die nahezu revolutionäre Umstellung von einer rein praktischen auf eine überwiegend akademische Ausbildung in den Ländern des Common Law zu erinnern; vgl. oben zu B III 4. und 5.

rückte Studierende: Lehrveranstaltungen, die die Chance wissenschaftlicher Vertiefung eröffnen, sind zunehmend von Klausurenkursen und Examinatorien verdrängt worden. Damit sind die Dinge in fataler Weise auf den Kopf gestellt: nicht die Lehre bestimmt, was geprüft, sondern die Prüfung, was gelehrt wird.[222]

bb) Diese Verkehrung hat gravierende Auswirkungen auf die Lehre. Um die Überforderung der Studenten in Grenzen zu halten, wird der Unterricht – gemessen an dem, was er sein könnte – zunehmend banal. Die methodisch anspruchsvolle Aufarbeitung komplexer Problemzusammenhänge anhand von Fall- oder sonstigem Material unterbleibt, weil das so entweder nicht geprüft wird oder – mit Rücksicht auf die Absolventen anderer Lehrveranstaltungen – so nicht geprüft werden kann. Das hat Rückwirkungen auf die Motivation aller Beteiligten:[223] besonders qualifizierte Studenten wenden sich anderen Fächern zu; die Professoren konzentrieren ihre Zeit und Energie auf interessantere und angenehmere Aufgaben.

cc) Schließlich ist das Examenssystem die Hauptursache der Verlängerung der Ausbildung. Die Studierenden „pauken" bestimmte Dogmen oder Figuren des Straf-, Verwaltungs- oder Schuldrechts zuerst für die „studienbegleitenden Leistungskontrollen",[224] dann für die großen Übungen, dann – und spätestens nunmehr beim Repetitor – für die Erste Staatsprüfung und einige Zeit später wieder beim Repetitor immer noch dieselbe Materie für das Assessorexamen.[225] Dahinter steht der – bis zur krankhaften Examensphobie steigerungsfähige – psychische Druck, den die Stoffmenge,[226] die Anonymität des Prüfungsbetriebs und nicht zuletzt die Werbeanstrengungen der Repetitoren erzeugen und kontinuierlich verstärken.

---

[222] Insofern trifft weiterhin zu, daß das Staatsexamen „das institutionalisierte Mißtrauen gegen die Universität" ist; *Wesel*, Die Zeit Nr. 21 vom 19. 5. 1987, 64; vgl. auch *Martin*, Noch einmal: Das Elend des Jurastudiums, JZ 1987, 83 und die fundierte Kritik bei *Steiger*, ZRP 1989, 283, 285.

[223] die im Vergleich mit dem Unterricht an einer amerikanischen Law School besonders auffällig sind.

[224] Es wird überwiegend angenommen, daß die „studienbegleitenden Leistungskontrollen" (u.a. mangels Abschichtungseffekt) ausbildungsverlängernd wirken; vgl. etwa *Haack*, Die von der Bundesregierung geplante Neuordnung der Juristenausbildung – ein Jahrhundertwerk?, ZRP 1984, 113, 114; ähnlich *Hattenhauer*, Akademische Freiheit oder Studentenbeglückung, JURA 1984, 278, 279; *Fastenrath*, Studienbegleitende Leistungskontrollen in der Juristenausbildung, WiR 19 (1986), 141, 164; *Millgramm*, Studienbegleitende Leistungskontrollen, JURA 1987, 178, 181; *Neumann*, Studienbegleitende Leistungskontrollen in der Juristenausbildung, DVBl. 1987, 339, 346.

[225] Dazu kommt noch die Zeit, die die Abwicklung der beiden Staatsexamen in Anspruch nimmt; vgl. oben B II 1 c).

[226] Zu der aus ihr resultierenden Unübersichtlichkeit der Prüfungsanforderungen vgl. vor allem *Großfeld*, NJW 1989, 875, 877; und nunmehr *Steiger*, ZRP 1989, 283 ff.

d) Um jedes Mißverständnis auszuschließen: Das Problem sind nicht die Prüfer,[227] sondern das System, das Lehre und Prüfung trennt. Es ist eine deutsche Besonderheit:[228] zumindest für den akademischen Teil der Ausbildung gehen alle vergleichbaren Systeme von dem – didaktisch unbestrittenen – Grundsatz aus: Es prüft nur, wer lehrt!

2. Stoffülle: Pflicht- und Wahlfächer

a) Dem Staatsexamen, das in seiner ursprünglichen Form allein von Justiz- und Verwaltungsbeamten abgenommen worden ist, lag die Vorstellung zugrunde, das – um seiner Überschaubarkeit willen – kodifizierte Recht müsse im ganzen Gegenstand der Prüfung sein. Erst in dem Maße, in dem sich die Rechtsentwicklung von der Idee seiner abschließenden kodifikatorischen Erfassung entfernte, entstanden und wuchsen die Schwierigkeiten, die sich in den legislatorischen Bemühungen der Stoffbegrenzung für Ausbildung und Prüfung niedergeschlagen haben.[229] Ein wichtiger Schritt auf dem Weg zum derzeit praktizierten System war die behutsame Eingrenzung des traditionellen Pflichtstoffes durch die Einführung der Wahlfachgruppen.[230] Die in den Bundesländern getroffenen Regelungen sind nicht identisch, aber doch ähnlich; nur Baden-Württemberg weicht etwas stärker ab.[231]

b) Die Ausbildungspraxis zeigt, daß der Umfang des für alle Studierenden verbindlichen Pflichtpensums nach unterschiedlichen Methoden und Kriterien bestimmt wird; ohne wesentliche Vergröberung kann von zwei kontrastierenden Modellen gesprochen werden:

aa) Die nach wie vor sehr weit gefaßten Kataloge, die in den Justizausbildungsgesetzen und den Ausbildungs- und Prüfungsordnungen der Länder festgelegt sind, sind im Wege der Subtraktion entstanden. Ihnen liegt noch die überlieferte Vorstellung zugrunde, daß eigentlich alles gelehrt und geprüft werden müßte; nur widerstrebend sind eini-

---

[227] Es gibt unter den Professoren schwache und unter den Praktikern hervorragende Prüfer (von denen zu wünschen wäre, daß sie sich an der Lehre beteiligten). Zumindest für das Referendarexamen läßt sich freilich als Erfahrungsregel festhalten, daß die Schwierigkeiten mit der Distanz zur Lehre wachsen.
[228] Vgl. oben B I 1 und III.
[229] Zu den Anfängen vgl. oben B I 1. Von exemplarischer Bedeutung war die Entstehung neuer Gebiete (wie etwa des Arbeitsrechts); sie erhoben alsbald die legitime Forderung, in Ausbildung und Prüfung angemessen berücksichtigt zu werden.
[230] Ihr lagen die Münchner und Mainzer Beschlüsse des Fakultätentages zugrunde; vgl. JZ 1968, 223 ff.; 1969, 62 f., 65 ff.
[231] Der Pflichtfachkanon ist weiter gefaßt, die Zahl der Wahlfachgruppen auf drei beschränkt.

ge Materien ganz oder teilweise in die Wahlfachgruppen ausgegliedert worden.[232]

bb) Das Gegenbeispiel findet sich in der englischen und der amerikanischen Ausbildung[233] und nunmehr auch bei uns in den – weit fortgeschrittenen – Überlegungen zur Umsetzung der Anerkennungs-Richtlinie.[234] Hier wird von der Frage ausgegangen, was unter allen Umständen als unverzichtbar zu gelten hat. Die resultierenden Kataloge weisen ein überraschend hohes Maß an Übereinstimmung auf. Überall vorgegeben sind: Verfassungsrecht,[235] Vertragsrecht, Deliktsrecht, Sachen- und (Zivil-)Verfahrensrecht;[236] nur partiell sind eingeschlossen: Strafrecht[237] und allgemeines Verwaltungsrecht.[238] Für alle übrigen Rechtsgebiete[239] besteht insoweit Konsens: sie gehören in den Bereich der Wahlfächer.

cc) Für die Entscheidung zwischen diesen alternativen Verfahrensweisen ist davon auszugehen, daß die kraft bestehenden Landesrechts verbindlichen Pflichtfachkataloge längst unrealistisch geworden sind.[240] Die einschlägige Normgebung gesteht das zumindest mittelbar dort zu, wo bestimmte Fächer nur noch eingeschränkt[241] oder in

---

[232] Auch andere Faktoren dürfen nicht übersehen werden. Dazu prägnant *Dürig* (in: VVDStRL (Hrsg.), Probleme des öffentlichen Rechts im Universitätsunterricht, 1969, 223): „Einmal muß der juristische Lern- und Prüfungsstoff ja insgesamt unbedingt entlastet werden. Und ich weiß als zeitweiliger Vorsitzender des Fakultätentages und als langjähriges Mitglied seines Studienreformausschusses, in welche Lobby man da hineingerät. Alles kann natürlich gestrichen werden, aber bloß nicht – je nach Fach – die historische, die internationale, die sozialrechtliche, die steuerrechtliche, die verfahrensrechtliche (wie man sagt) „Dimension". Gleichsam in den Wind gesprochen, macht man dabei übrigens oft folgenden Fehler: Dies und jenes sei und werde doch in der Praxis immer wichtiger, folglich müsse es doch auch in den akademischen Unterricht hinein. Natürlich wissen wir, daß drei Viertel unserer Bevölkerung sozialversichert sind, aber deshalb bekommt doch das Sozialversicherungsgesetz noch keinen spezifisch akademischen Aussagewert gegenüber anderen Verfahrensarten. Bei diesen Fehlschlüssen von der zahlenmäßigen Häufigkeit in der Praxis müßte der Schuldrechtler ja dauernd Mietrecht lesen und müßten wir im Verwaltungsrecht permanent Steuerrecht treiben."

[233] Vgl. oben B III 4. und 5.

[234] Vgl. oben C II 5 a).

[235] Das müßte bei uns europarechtliche Elemente einschließen.

[236] Auch für diese Materien hat zu gelten, daß sie nicht erschöpfend angeboten bzw. in der Prüfung verlangt werden können.

[237] In England und den USA, nicht in den Überlegungen zur Umsetzung der Anerkennungs-Richtlinie.

[238] Für die Umsetzung der Richtlinie, aber nicht in England und den USA.

[239] Nicht aber für die „Grundlagenfächer"; vgl. unten d sowie C III 4 b.

[240] *Großfeld* (JZ 1986, 257, 358) verweist auf die Praxis, den Prüfern Musterlösungen für die Examensklausuren an die Hand zu geben: von ihnen kann nicht mehr erwartet werden, den Pflichtstoff in für die Korrektur ausreichendem Maße zu beherrschen.

[241] So ist gem. § 5 (2) 2. b) der bayerischen JAPO im Gesellschaftsrecht die GmbH(!) auszusparen.

„Grundzügen" unterrichtet und geprüft werden sollen. Es wird zunehmend bezweifelt, daß derartige Eingrenzungsversuche den angestrebten Zweck erreichen.[242] Wo die sachlichen Beschränkungen als willkürlich empfunden werden, schwindet ihre Chance, in der Unterrichtspraxis beachtet und befolgt zu werden. Was mit den „Grundzügen" gemeint ist, gilt als unklar.[243] Aus alldem folgt, daß der im Wege der Subtraktion ermittelte Pflichtfachkanon nach wie vor viel zu weit ist. Deshalb ist der staatlichen Regelung zu empfehlen, sich das Modell seiner sehr restriktiven Fassung zu eigen zu machen. Substanzverluste sind nicht zu befürchten: die englischen und amerikanischen Erfahrungen demonstrieren sehr eindrücklich, in welchem Maße sich Rechtsgebiete wie Verwaltungs-, Familien-, Arbeits-, Steuer-, Handels- und Gesellschaftsrecht kraft ihrer praktischen Bedeutung als Wahlfächer zu behaupten vermögen.

c) Die Einführung der Wahlfachgruppen ist überwiegend und mit guten Gründen als ein Schritt in die richtige Richtung empfunden worden. Trotzdem ist wachsende Unzufriedenheit zu registrieren: Das System „wird als unzureichend empfunden"[244] und „genügt ... manchen Anforderungen nicht", insbesondere das unterschiedliche Gewicht der einzelnen Gruppen und die unterschiedliche Nachfrage der Studenten gelten als störend.[245] Durch die Aufteilung in Gruppen „werden wichtige zusammengehörende Gebiete getrennt"[246] und umgekehrt sehr Heterogenes in kaum sinnvoller Weise zusammengebunden.[247] Das „Unbehagen" ist „weit verbreitet",[248] das ganze Unternehmen ein „Fehlschlag".[249] Das Ausmaß dieser Kritik wird weniger erstaunlich, wenn man sich vor Augen hält, daß die Wahlfachgruppen als Kompromiß zwischen zwei letztlich unvereinbaren Forderungen entstanden sind: es soll an einer Examensform festgehalten werden, die auf der Vorstellung beruht, daß die ganze Rechtsordnung Gegenstand der Prüfung ist; und zugleich soll zwischen Pflicht- und Wahlfächern unterschieden werden. Dieser Widerspruch läßt sich auflösen, wenn die Trennung von Lehre und Prüfung durch das herkömmliche Staatsexamen aufgegeben wird; dann können die Wahlfachgrup-

---

[242] Vgl. etwas *Wassermann*, Zur Neuordnung der Pflichtfächer der ersten juristischen Staatsprüfung in den Ausbildungs- und Prüfungsordnungen, JZ 1983, 788 ff.; *Großfeld*, NJW 1989, 875, 877.
[243] Dazu insbesondere *Großfeld*, JZ 1986, 357, 358 und NJW 1989, 875, 878.
[244] Reiner *Schmidt/Braun/Mögele*, JZ 1984, 364, 369.
[245] *Scheyhing*, JZ 1981, 262, 266 und 268.
[246] *Hart*, ZRP 1984, 25, 29.
[247] So schnürt etwa die 1. Wahlfachgruppe der Baden-Württembergischen JAPrO „Rechtsvergleichung, Wettbewerbs- und Kartellrecht, Grundzüge des Steuerrechts und des Bilanzrechts, Grundzüge des Sozialversicherungsrechts" zusammen.
[248] *Wassermann*, JuS 1983, 642.
[249] *Kötz*, ZRP 1980, 94, 95.

pen durch Wahlfachkataloge ersetzt werden, die den Studierenden sehr viel weitergehende Möglichkeiten eröffnen, sich ihr Studienprogramm ihren Interessen und Berufswünschen entsprechend zusammenzustellen.[250]

d) Ein diesen Vorstellungen folgendes System der Ausbildung könnte folgende Typen von Lehrveranstaltungen unterscheiden:[251]
- Pflichtfächer: sie müssen von allen Studierenden absolviert (und deshalb regelmäßig angeboten) werden.
- Wahlpflichtfächer: sie müssen regelmäßig angeboten, aber nicht von allen Studierenden absolviert werden.[252]
- Wahlveranstaltungen: sie können, müssen aber nicht angeboten werden (z. B. Seminare).
- Veranstaltungen anderer Fakultäten und ausländischer Universitäten: für sie ist der Umfang der Anrechenbarkeit auf die Ausbildung festzulegen.

e) Nicht weniger wichtig erscheint die Verteilung der Regelungsaufgaben:
- Der Staat sollte sich damit begnügen, einen ganz engen Pflichtfachkanon, die wichtigsten Wahlpflichtbereiche und den Umfang der Anrechenbarkeit „extern" erbrachter Leistungsnachweise festzulegen.
- Die Fakultäten sollten in Studienordnungen und -plänen den Umfang des Pflichtprogramms vor allem für die „Grundlagenfächer"[253] behutsam erweitern und einige Vorschriften zum Aufbau und Ablauf des Studiums machen (etwa: Pflichtprogramm vor Wahlprogramm).
- Sowohl den Fakultäten wie den einzelnen Dozenten muß die Befugnis zustehen, die Zulassung zu bestimmten Lehrveranstaltungen zu regeln, insbesondere vom erfolgreichen Besuch anderer Veranstaltungen abhängig zu machen; davon sollte aber nur zurückhaltender Gebrauch gemacht werden.
- Denn: den Studierenden muß die Möglichkeit „exemplarischen Lernens" durch ein breites Angebot von Wahl- und Vertiefungsveranstaltungen eröffnet werden.

---

[250] Dazu treffend *Scheyhing*, JZ 1981, S. 265: „Es ist ein Stück Freiheit und Eigenverantwortung, wenn in Ausbildung und Prüfung Gewichtungen nach eigenen Neigungen und Begabungsrichtungen vorgenommen werden können".
[251] Zu einer ähnlichen Typologie in Spanien vgl. oben B III 3.
[252] Diese Kategorie würde u. a. all das erfassen, was aus dem derzeitigen Pflichtfachkanon herausfällt.
[253] Rechtsgeschichte, Rechtsphilosophie, Rechtssoziologie, Rechtsökonomie („law and economics") und Rechtstheorie. Insoweit sollte jede Fakultät ein ihrem (Wissenschafts-)Verständnis entsprechendes Minimalprogramm erarbeiten. Vgl. auch unten D II 2a bb.

3. Organisation des Praxisbezugs

a) Eine strikte Trennung theoretischer und praktischer Juristenausbildung ist heute kein vernünftiges Ziel mehr. Theorievermittlung im Universitätsstudium – dies ist auch die richtige Botschaft der Forderung nach Einbeziehung der Sozialwissenschaften – kann von wohlüberlegter und variantenreicher Integration juristischer Praxis nur profitieren;[254] die Ziele theoretischer und praktischer Ausbildung müssen einander nicht stören.[255] Ob all dies freilich auch praktisch gelingt, hängt nicht zuletzt davon ab, wie man den Praxisbezug der Theorievermittlung organisiert.

Das Verhältnis von Theorie und Praxis in der Universitätsausbildung ist – neben den Prüfungen deutlicher als die anderen Grundprobleme der Juristenausbildung – ein Feld, auf dem staatliche Regulierungsfreude sich gern betätigt. Die einphasigen Ausbildungsgänge haben, vor allem aus der Sicht der Universitäten, unter Überregulierung gelitten.[256]

Gerade auf diesem Feld steht eine Überregulierung mit den Zielen theoretischer Ausbildung in besonders scharfem Gegensatz. Der Wert der Praxis für die Theorie liegt in deren Exemplarität für juristisches Denken und Handeln, also in der Chance, Theorie und Praxis in ihrer spezifischen Verbindung sichtbar zu machen.[257] Diese Chance läßt sich nicht sichern durch intensive außeruniversitäre Vorgaben universitärer Lehre, sondern nur durch die sachlich jeweils gebotene und didaktisch verantwortete Einbeziehung der Praxis in die Theorievermittlung. Unsere Reformziele der Flexibilisierung und Aktualisierung des Ausbildungsangebots, der Modellvielfalt und der Deregulierung[258] sind für die Organisation des Praxisbezugs deshalb besonders wichtig. Aus diesem Grund zielen unsere Vorschläge für eine solche Organisation nur hinsichtlich der Randbedingungen auf außeruniversitäre Vorgaben, hinsichtlich der praktischen Einrichtung und Durchführung aber auf die Fakultäten und die Lehrenden – auch auf die aus der Praxis.[259]

b) Auch wenn die Experimentierphase die Frage nach dem Wert einer einphasigen Juristenausbildung nicht eindeutig beantwortet hat,[260] auch wenn werbende Hinweise auf diesen Wert nie ganz ver-

---

[254] Oben C II 3.
[255] Oben B II 6 d.
[256] Zu Recht betont von *Koch*, ZRP 1990, 44 Sp. 1 f. (IV 1 b).
[257] Wir haben das oben C II 3 b, c dargestellt.
[258] Unten D I 6, 8, 10.
[259] Dazu sogleich unten C III 3 c.
[260] Wofür weder die Organisatoren der einphasigen Ausbildungsgänge noch die dort Lehrenden und Lernenden verantwortlich sind: oben B I 5, B II 6 d.

stumt sind,[261] so streiten doch die Reformziele der Flexibilität, Vielfalt und Deregulierung gegen eine staatliche Verordnung und Fixierung der Einphasigkeit. Die herkömmliche zweiphasige Ausbildung, wie kritikwürdig auch immer sie war und ist, hat gegenüber den einphasigen Modellen immerhin den Vorteil, daß sie den Studenten Nischen beläßt, in denen sie eigene, nicht vorgeschriebene Schwerpunkte setzen und ihren Neigungen nachgehen können, ohne daß dadurch der Studienfortschritt im ganzen aufgehalten wird, daß sie den Lehrenden die Chance beläßt, für Vertiefungsveranstaltungen oder Seminare mit „abgelegenen" Themen ein interessiertes Publikum zu finden. Eine Verbesserung der Ausbildung darf man – auch unter dem Aspekt verstärkter Einbeziehung von Praxis – nicht von einer Verengung, sondern nur von einer Erweiterung der Spielräume in Ausbildungsinhalten und Ausbildungsformen erwarten. Im übrigen dürfte ein Votum für eine strikte einphasige Ausbildung angesichts der auf absehbare Zeit erwartbaren Überfüllung der Hochschulen[262] derzeit an der ökonomischen Barriere scheitern: Einphasige ist lehrintensive Ausbildung; Massenveranstaltungen mögen System und Überblick vermitteln können – den Studenten zeigen, „wie man es macht", können sie nicht.

Praktische Ausbildung an der Universität muß mit der Theorievermittlung eng verbunden, sie muß vielfältig und auch an der Massenuniversität organisierbar sein. Das läßt sich mit den überkommenen Organisationsformen nicht sämtlich und nicht zugleich erreichen. Es läßt sich aber erreichen mit den hier vorgeschlagenen Reformen:

– Die Prüfungsreform, insbesondere die Verknüpfung von Lehre und Prüfung[263] und die Ersetzung des 1. Staatsexamens durch sukzessiv erworbene Leistungsnachweise,[264] wird der Praxis in der Universitätsausbildung eine Chance geben, die sie bislang nicht hatte. Die Studenten können für den Studienabschluß relevante Gratifikationen auch in praxisorientierten Lehrveranstaltungen erwerben. Sie können sich auf solche Veranstaltungen auch deshalb konzentrieren, weil sie nicht mehr, wie bisher, alles zur selben Zeit präsentabel wissen müssen.

– Die Reduzierung des Pflicht- und Pflichtwahlstoffs zugunsten des Wahlstoffs[265] wird Lehrenden und Lernenden die Möglichkeit geben die Praxisorientierung zu vervielfältigen und die Vermittlung

---

[261] Aus jüngster Zeit etwa *Donepp*, in: FS Wassermann, 555 ff., 559 ff.; *Rinken*, ebenda, 616 ff.; H. *Weber*, JuS 1989, 680 f.; eher skeptisch *Bilda*, JuS 1989, 682 f.

[262] Oben B II 6c; unter C III 5 werden wir dieses Problemfeld systematisch besprechen.

[263] Unten D I 7.

[264] Unten D II 3 d.

[265] Unten D I 8, D II 2.

von Theorie durch Praxis zu variieren. Man darf erwarten, daß sich im universitären Lehrangebot eine Vielzahl von Veranstaltungen etabliert (etwa Vertragsgestaltung, Strafzumessung oder kommunale Planung), die ohne Praxisbezug kaum denkbar sind.
- Die Empfehlung exemplarischen Lernens und Lehrens[266] wird die Praxisorientierung doppelt unterstützen: Sie reduziert den Stoff, der gelernt und gelehrt werden muß, und macht deshalb für neue Ausbildungsformen Platz, und „vernünftige Praxis[267] erfüllt die Kriterien der Exemplarietät bei der Auswahl des exemplarisch zu vermittelnden Stoffs.[268]
- Eine Öffnung universitärer Lehre für geeignete Praktiker[269] wird die praxisorientierte Universitätsausbildung nicht nur kapazitär, sondern auch inhaltlich erleichtern und bereichern.

Diese Vorschläge sind vorläufig. Nicht nur die Einzelheiten, sondern auch die Dimensionen integrierter oder abgetrennter Praxisphasen in der universitären Ausbildung sind relativ zu Ob und Wie des Referendardienstes und des 2. Staatsexamens. Dies aber ist nicht unser Gegenstand.

c) Es ist eine gute Tradition,[270] die Erfahrungen und Fähigkeiten von in der Praxis tätigen Juristen in der universitären Ausbildung zu nutzen und diese Juristen auch in einem gewissen Maße an die Fakultäten zu binden. Besser als ein an der Juristenausbildung interessierter und in den theoretischen Zusammenhängen bewanderter Praktiker kann niemand das Praxiselement in der Theorievermittlung präsentieren. Zu dieser guten Tradition gehört auch, daß Hochschullehrer die Verbindung zur Praxis suchen und mit den in ihrem Gebiet lehrenden Praktikern Kontakt halten, und nicht unwichtig ist es, daß solcher Kontakt nicht reglementiert ist, sich vielmehr aus sachlichem und persönlichem Interesse ergibt und daß an dieser Tradition nicht alle Hochschullehrer – wie ja auch nicht alle Praktiker – teilhaben (müssen).

Die allfällige Meinung, Praktiker gehörten nicht in die Universitätsausbildung, ist dünkelhaft und falsch. Es gibt didaktisch unfähige Hochschullehrer und didaktisch potente Praktiker, und es gibt keine nennenswerte Vorbereitung der Hochschullehrer auf die didaktischen Anforderungen ihres Berufs. Das Kriterium der Eignung ist nicht abstrakt, sondern konkret zu fassen: Die für die Universitätsausbil-

---

[266] Unten C III 4.
[267] Dazu oben C II 3 b.
[268] Unten C III 4a.
[269] Dazu sogleich unten C III 3c.
[270] Diese Tradition ist alt; vgl. etwa *Bleek*, Kameralausbildung, 212f., zur süddeutschen Personalunion von akademischem Lehramt und Beamtenstellung und zum „politischen Professor" im deutschen Vormärz.

dung geeigneten Praktiker müssen an den Stellen der Ausbildung eingesetzt werden, an denen sie sachverständig sind, und ihre Tätigkeit muß mit Theorievermittlung in einen sachlichen und für die Studenten einsehbaren Zusammenhang gebracht werden, ihre Lehre soll Theorievermittlung nicht ersetzen, sondern ergänzen.[271] Das setzt freilich Kooperation mit den Hochschullehrern und Kooperationsformen in den Studienplänen voraus.

Im übrigen müßte, wer sich gegen die Einbeziehung von Praktikern in den Universitätsunterricht wehrt, heute gegen die bestimmende Rolle von Praktikern im 1. Staatsexamen streiten, wo doch über die Erfolge der Universitätsausbildung entschieden wird: Ein Praktiker, der prüfen kann und didaktisch befähigt ist, müßte a fortiori auch lehren können. Aus der Sicht der Studenten jedenfalls, deren Examensvorbereitung sich derzeit auf das Prüfinteresse von Praktikern einstellen muß, die ihnen von der Universitätsausbildung her fremd sind,[272] wäre eine aktive Beteiligung von geeigneten Praktikern in der Lehre zwingend. Zwingend ist diese Beteiligung aber auch für diejenigen, welche das 1. Staatsexamen durch Leistungsnachweise während des Studiums ersetzen wollen:[273] Der Einfluß der Praxis auf die Universitätsausbildung, an welchem grundsätzlich nichts geändert werden soll, ist – besser als in einem ausbildungsfernen Staatsexamen – richtig in der Ausbildung selbst lokalisiert, wo die an der Ausbildung beteiligten und für sie geeigneten Praktiker die Leistungsnachweise für die von ihnen verantwortete Ausbildung erteilen können.

Da Praxis in der Universitätsausbildung die Theorievermittlung ergänzen soll,[274] besteht kein Anlaß, die Verantwortung der Fakultäten für die universitäre Juristenausbildung zu schmälern. Deshalb wird, wie bisher, der von seiten der Universität erteilte Lehrauftrag die im Normalfall geeignete Basis für die Beteiligung von Praktikern sein. Daneben sollten – gerade wenn man das System deregulieren will – freilich auch weniger formalisierte Kooperationsformen genutzt und verstärkt werden, insbesondere das team teaching oder die jeweilige Kooptation von Praktikern in bestimmten Veranstaltungen (oder Teilen davon) eines Hochschullehrers.

d) Angesichts der curricularen Aufgaben, welche die Praxis in der Universitätsausbildung erfüllen kann, ist es nicht sinnvoll, Praktiker vordringlich mit nicht-spezifizierten vorlesungsbegleitenden Arbeitsgemeinschaften oder mit examensvorbereitenden Kursen zu beschäftigen; das ist eine Unterforderung. Was sie zu sagen haben ist vielfäl-

---

[271] Das ist in der Sache oben C II 3 entwickelt und begründet worden.
[272] Ein Umstand, welcher zu einem guten Teil den Repetitor ernährt: oben B II 2 c.
[273] Wie dieses Gutachten: unten D II 3 d.
[274] Oben C II 3.

tiger und fundamentaler, und deshalb sind die Organisationsformen des Praxisbezugs grundsätzlich unbegrenzt.[275] Praxis kann schon im ersten Semester sinnvoll sein, etwa als frühe Anschauung eines Berufsfeldes, und sie kann die Ausbildung selbst in theoretischen Fächern bereichern, etwa in Form von Argumentationsanalysen in der Rechtstheorie anhand von Akten unter Anwesenheit der Juristen, welche die Akten gefertigt haben. Sie kann – im Sinne einer Bereicherung der Theorievermittlung – in der kurzfristigen Beteiligung des Praktikers im Rahmen einer Veranstaltung realisiert werden, etwa zu den Gründen und Hintergründen staatsanwaltlicher Opportunitätsentscheidungen, sie kann aber auch – im Sinne exemplarischen Lernens – die Studenten längerfristig mit außeruniversitärer (aber von der Universität vor- und nachbereiteter) Tätigkeit beschäftigen, etwa in Projektstudien zu bestimmten Themen oder in „legal clinics". Bei allen Formen des Praxisbezugs ist zweierlei entscheidend: die Übereinstimmung von Form und Inhalt (die Auswahl der Form je nach dem jeweiligen Ausbildungsziel und dem Typ der Veranstaltung) und die Integration von Theorie und Praxis (die Einbettung des Praxisbezugs in die Theorievermittlung, seine universitäre Vor- und Nachbereitung).

4. Vertiefung durch exemplarisches Lernen

Vertiefung durch exemplarisches Lernen ist ein Ausbildungsziel:[276] Durch sozialen Wandel nur bestärkt, nicht aber begründet ist die Notwendigkeit, die Juristen auf Unbekanntes hin auszubilden,[277] das Ziel der Ausbildung weniger im Stoff als in dessen Beherrschung, weniger im Wissen als im Denken und im Handeln zu sehen. Dabei ist exemplarisches Lehren und Lernen nichts Neues, sondern – jedenfalls heute – Ausbildungspraxis; in der Reformdebatte kommt es deshalb darauf an, sich dieser Praxis und ihres Werts bewußt zu werden, die Bedingungen ihrer Möglichkeit zu überlegen und in Ausbildungsorganisation umzusetzen.

---

[275] Ebenso *Koch,* ZRP 1990, 44 Sp. 2 (IV 1 d). Er nennt als mögliche Arbeitsformen einer Theorie-Praxis-Interpretation beispielhaft: Integrierte Universitätsveranstaltungen und Praktika; team teaching; Praktiker in universitären und Hochschullehrer in Praxis-Veranstaltungen; Projektstudium; Aktenfälle; Planspiel, Rollenspiel, Rollendarstellung, debating society; Exkursionen mit „Gerichtshausarbeiten"; Übungen in Entscheidungs- oder Vertragsentwürfen, in Aktenvorträgen usw.
[276] Oben C II 6.
[277] So verlangt etwa auch § 23 II des Hessischen JAG v. 20. 1. 1982, daß der Rechtsreferendar am Ende seiner Ausbildung in der Lage ist, „sich auch in solche juristische Tätigkeiten einzuarbeiten, in denen er nicht ausgebildet worden ist".

a) Exemplarisches Lehren und Lernen ist partieller Stoffverzicht[278] und setzt deshalb die Auswahl exemplarischer Ausbildungsgegenstände voraus. Die Auswahl muß begründet werden. Man muß angeben können, welche Teile der bereitstehenden Wissensmassen warum für die Ausbildung der Juristen wichtig oder unverzichtbar sind: man braucht Kriterien der Exemplarietät. Soweit exemplarisches Lernen schon heute Ausbildungspraxis ist, liegen dieser Praxis natürlich Kriterien der Exemplarietät zugrunde – freilich weithin unreflektiert und gleichsam naturwüchsig; man muß sie ans Licht heben und überdenken.

Kriterien der Exemplarietät finden sich auf zwei Feldern: in den Vorstellungen davon, was ein „guter Jurist" heute können muß, und in den faktischen Vorgaben der heutigen Ausbildungssituation. Das erste ist Zielvorgabe, das zweite restriktive Bedingung der Zielverwirklichung. Überlegungen zum ersten richten sich etwa auf die juristischen Berufsfelder und deren Anforderungen,[279] auf die Erwartungen gegenüber einer gelingenden Professionalisierung der Juristen,[280] auf Optionen im Spannungsfeld einheitlicher Juristenausbildung und Spezialisierung,[281] oder auf die notwendige Ausstattung eines „europäischen Juristen".[282] Überlegungen zum zweiten sind nicht weniger wichtig; sie richten sich etwa auf die Ausbildungszeit, die man zur Verfügung hat,[283] oder auf die Möglichkeiten einer Verbindung von Ausbildung und Prüfung.[284] Die Entscheidung darüber, welcher Stoff als wichtig oder unverzichtbar gelehrt und gelernt werden soll, setzt eine Orientierung nicht nur darüber voraus, was man mit der Vermittlung des Stoffs erreichen will, sondern auch darüber, welcher Stoff sich wie optimal vermitteln läßt.

Eine Reduzierung der Ausbildungsdauer[285] (als Randbedingung der Juristenausbildung) verlangt eine Reduzierung des Stoffs. Exemplarietät (als Zielvorgabe) verlangt insbesondere eine Reduzierung des Pflichtstoffs: Nicht „das" Rechtsgebiet soll gelehrt werden; vielmehr soll „am" Rechtsgebiet gelernt werden. Nicht im Wissen erschöpft

---

[278] Zum Konzept exemplarischen Lernens allgemein *Ballauff/Meyer* (Hrsg.), Exemplarisches Lehren – Exemplarisches Lernen (o. J.); *Gerner* (Hrsg.), Das exemplarische Prinzip (1963); in der Juristenausbildung *Rinken*, Einführung, 55 ff. m. w. N.; *Thoss*, Exemplarisches Lernen am Beispiel Strafrecht, in: *Francke/Hart* u. a. (Hrsg.), Einstufige Juristenausbildung in Bremen. 10 Jahre Bremer Modell (1982), 53 ff.
[279] Wir haben das oben B II 3b unter dem Aspekt der Justizorientierung exemplarisch ausgeführt.
[280] Oben C II 4.
[281] Oben C II 2.
[282] Oben C II 5.
[283] Unten D II 1.
[284] Unten D II 3.
[285] Unten D II 1.

sich das Lernziel; das Können muß angezielt werden. Ein guter Jurist überblickt sein Gebiet nicht nur; er kann mit ihm umgehen, sich auf ihm bewegen, er kann „juristisch denken" (und handeln). Gewiß ist juristisches Wissen eine notwendige Voraussetzung juristischen Denkens; gewiß aber ist auch, daß die derzeitige Universitätsausbildung mehr Wissen vermittelt und verlangt, als zur Einübung in juristisches Denken vonnöten wäre, daß sie den Studenten juristisches Denken eher austreibt als anerzieht[286] und daß man mit einem wohlüberlegten Konzept exemplarischen Lernens die Stoffülle entscheidend reduzieren könnte.

Dies bedeutet, daß beispielsweise im Besonderen Teil des StGB oder im Besonderen Verwaltungsrecht nicht (möglichst) alle Institute sinnvoller Lehrstoff sind, sondern nur einige wenige, an denen sich die Struktur dieses Rechtsgebiets lehren und lernen läßt, von denen her andere Institute sich analogisch erschließen lassen; daß beispielsweise Einzelheiten des Verfahrensrechts nur insoweit sinnvoller Lehrstoff sind, als an ihnen Verfahrensstrukturen gezeigt werden können, oder daß eine vergleichende Verfahrenslehre ein günstiger Lehrgegenstand sein könnte.[287]

b) Wer die Auswahl des von der Universität zu vermittelnden Wissens exemplarisch vom juristischen Denken her treffen will, findet in den sog. „Grundlagenfächern" zentrale Angebote. Geschichte, Philosophie, Theorie, Soziologie und Ökonomie des Rechts halten dasjenige Wissen bereit, mit dem man sowohl die Rechtsdogmatik als auch die Rechtspraxis wissenschaftlich betrachten und in ihren jeweiligen Handlungsbedingungen verstehen kann. Wer über dieses Wissen verfügt, ist gefeit gegen blinde Anwenderei und schematische Reproduktion eines angelernten Stoffs. Alle diese Fächer reflektieren juristisches Denken und Handeln in unterschiedlichen Perspektiven; sie bieten nicht nur Bildungs-, sondern auch Handlungswissen: Juristisches Denken verlangt nicht nur, daß man ein rechtsdogmatisches Institut oder eine rechtspraktische Institution (von innen her) kennt; man muß sie auch in ihren historischen, theoretischen und realen Bedingungen (von außen her) betrachten, relativieren und in größere Zusammenhänge einordnen können.[288]

---

[286] Wir haben das oben B II 4 beklagt.
[287] Die Konsequenzen für den Stoffumfang und für Pflicht- und Wahlfächer diskutieren wir unten D II 2. Zur Darstellung der „wesentlichen juristischen Denkweisen und Methoden an geeigneten Stoffen" (dort auch zum Verfahrensrecht und zum „Internationalen") *Scheyhing*, Zehn Jahre Wahlfachsystem, JZ 1981, 268.
[288] In dieser Einschätzung ähnlich etwa *Wassermann*, JZ 1983, 791 (gegen das „zunehmende Berufsbanausentum unter den jungen Juristen"); *Großfeld*, JZ 1986, 359; vgl. dazu *Schütte*, Die Einübung des juristischen Denkens. Juristenausbildung als Sozialisationsprozeß (1982).

„Grundlagenfächer" im Sinne exemplarischen Lernens und einer Ausbildung in juristischem Denken sind nicht nur diese klassischen Gebiete. Auch an den herkömmlichen dogmatischen Fächern lassen sich Grundlagen exemplarisch vermitteln: am Strafrecht etwa das Verhältnis von Individuum und Staat, am Wirtschaftsrecht die Spannung von Markt und Regulierung. Wie weit sich diese Potenz praktisch nutzen läßt, hängt ab von den jeweiligen Fachvertretern, von der Position dieser Fächer im Studienplan und von der Organisation exemplarischen Lernens – im wesentlichen also von Entscheidungen der Fachbereiche und Fakultäten.[289] Schon heute gibt es an manchen Fakultäten Einführungsveranstaltungen in die dogmatischen Rechtsgebiete, welche noch nicht die dogmatischen Institute, sondern erst einmal die historischen, theoretischen, systematischen, sozialen Grundlagen des Fachs vermitteln. Auch Einführungen in die Grundlagen der Gerichtsbarkeit und der (rechtlichen) Verfahren, womöglich mit Praxisbezug und mit breitem wissenschaftlichem Blick auf allgemeine Verfahrenslehre, Institutionentheorie oder soziale Kontrolle, eignen sich als „Grundlagenfächer", als thematische Brennpunkte exemplarischen Lernens.

In der Entscheidung der Fakultäten steht auch, ob die „klassischen" Grundlagenfächer als selbständige Veranstaltungen oder in andere Gebiete integriert angeboten werden sollen und – daraus teilweise folgend – für welches Studienalter sie passen. Dabei sollte man eine weitgehende Integration versuchen – schon um den Studenten den Kerngegenstand möglichst einheitlich zu präsentieren. Man darf aber nicht hoffen, daß diese Fächer mit allen ihren Angeboten sämtlich integriert werden können; also wird es auch weiterhin eigene Veranstaltungen für Rechtsgeschichte oder Rechtsphilosophie geben. Jedenfalls soweit eine Integration gelingt, ist eine Lozierung der Grundlagen schon am Beginn des Studiums sinnvoll.[290]

c) Rechtsvergleichung und die Unterweisung in den Grundlagen fremder Rechtsordnungen versprechen für exemplarisches Lernen dieselben Chancen wie die Grundlagenfächer. Auch solches Wissen befähigt, die Institute und Institutionen unseres Rechts und seiner

---

[289] S. auch oben C III 2 e und unten D II 2 a bb.

[290] Im derzeitigen System der Juristenausbildung werden nichtintegrierte Grundlagenfächer (Rechtsgeschichte, Rechtsphilosophie, Rechtstheorie, Rechtssoziologie) häufig an den Beginn des Studiums placiert mit der offensichtlich zutreffenden Begründung, zu einem späteren Zeitpunkt könne man die Studenten für diese Fächer nicht mehr gewinnen (Examensdruck, Repetitor usw.). Dem steht die ebenfalls richtige Überlegung gegenüber, wirklichen Gewinn könnten die Studenten aus den Grundlagenfächern erst ziehen, wenn sie schon Bekanntschaft mit dem positiven Recht gemacht haben. Eine reformierte Ausbildung, wie sie hier vorgeschlagen wird, wird unter dieser Examenslast nicht mehr leiden und folglich frei sein, die Grundlagenfächer dort zu lozieren, wohin sie nach curricularer und didaktischer Vernunft gehören.

Praxis von außen her zu betrachten und einzuordnen, öffnet den Blick für Bedingtheit und Funktion, für Rechtskultur und Rechtspolitik – auch hier nicht als Bildungs-, sondern als Handlungswissen.[291] Auch hier schließlich verfolgt die Wissensvermittlung, außerhalb einer Spezialisierung, das Ziel exemplarischen Lernens: Auf die Einzelheiten kommt es nur insoweit an, als sich an ihnen juristisches Denken und das proprium der rechtlichen Institute und Institutionen studieren lassen.

d) Eine zwingende Verbindung zwischen Ausbildungsformen und Berufschancen dürfte sich nicht knüpfen lassen; dazu sind die Bedingungen in Personen, Rollen und Markt zu komplex und variabel. Gleichwohl liegt ein Argument auf der Hand, welches gerade heute und gerade unter dem Aspekt der Europäisierung für das exemplarische Lernen streitet:

Für eine Zeit schnellen sozialen Wandels, da sich auch die Anforderungen an die juristischen Berufsrollen verändern, da überdies fremde Rechtsordnungen für die Juristen hierzulande tendenziell wichtiger werden, dürften diejenigen Juristen besser ausgestattet sein, die sich auf Unbekanntes professionell einstellen können, deren Stärke eher im Strukturieren als im Reproduzieren, eher im juristischen Denken als im juristischen Wissen liegt. Solche Fähigkeiten werden eher durch exemplarische als durch möglichst vollständige Wissensvermittlung verstärkt: In solchen Zeiten liegt das Heil eher in der Methode als in den Inhalten.

5. Ausbildung an der „Massenuniversität"

Wer die Juristenfakultäten für alle Studenten offenhalten und zugleich diese Studenten sorgfältig ausbilden will, befindet sich in einem Zielkonflikt.[292] Solange die Studentenzahlen in etwa konstant bleiben und die Mittel für Stellen, Räume und Bücher nicht deutlich wachsen, wird es zuvörderst um Mangelverwaltung und Schadensminderung gehen. Die Möglichkeiten der Fakultäten, sich und den Studenten selbst zu helfen, sind gering:

Massenveranstaltungen – sie haben didaktisch einen zweifelhaften

---

[291] Nicht konsistent ist insoweit der Vorschlag des Studienausschusses des DJFT, wenn er einerseits die Grundlagenfächer reduzieren, andererseits einen Grundkurs „Internationales Privatrecht/Rechtsvergleichung/Europarecht" in den Katalog der Pflichtfächer neu aufnehmen will (III 2a, III 1a): Beidesmal werden die Fächer nur unter dem Aspekt der Wissensvermittlung, nicht aber auch in ihrer Potenz für die Einübung in juristisches Denken wahrgenommen.
[292] Wir haben das oben B II 6f dargestellt. Die Einführung eines numerus clausus als politische Option wird hier nicht diskutiert.

Wert[293] und sind zumeist für alle Beteiligten eine Qual – wird es so lange geben wie genügend Lehrpersonal für die Aufteilung eines Jahrgangs nicht vorhanden ist. Man kann versuchen, diese Veranstaltungen auf das Mindestmaß zu reduzieren, ihnen reine Überblicksaufgaben zu belassen und sie durch Kolloquien und Arbeitsgemeinschaften zu ergänzen, welche nicht (nur) von Professoren, sondern (auch) von Assistenten, „Referendaren" und studentischen Tutoren angeboten werden. Dies setzt freilich eine Stellenvermehrung in diesen Bereichen und vor allem eine penible Planung dieser Veranstaltungen voraus, weil sonst die Studenten die Einzelteile nicht zu einem Bild zusammensetzen können – eine didaktische Katastrophe.

Ein schmaler, aber relativ kostengünstiger, Ausweg führt auch über die Ausweitung des Lehrpersonals unterhalb der Professorenstellen. Die aus curricularen Gründen wünschenswerte Beteiligung von Praktikern[294] kann die Arbeit in kleineren Gruppen eher möglich machen; dabei darf man, folgt man den hier gemachten Vorschlägen für eine Prüfungsreform,[295] auch in Rechnung stellen, daß praktisch tätige Juristen von den bisherigen Examensaufgaben entlastet werden. Didaktisch sinnvoll ist es auch, geeignete Studenten mehr als bisher mit Lehraufgaben zu betrauen. So können alle Beteiligten einen Nutzen ziehen aus Arbeitsgemeinschaften in den lehrintensiven Erst- und Zweitsemesterveranstaltungen, welche, vorlesungsbegleitend, von Tutoren aus mittleren und höheren Semestern durchgeführt werden; solche Tutoren können den Anfangsschwierigkeiten der jungen Studenten erfahrungsgemäß kundiger begegnen als ältere Lehrpersonen. Endlich kann auch eine Intensivierung der Studienberatung an den Massenuniversitäten die massiven Orientierungsprobleme der Studenten mildern.

Dies können didaktisch zwar sinnvolle, nicht aber durchgreifende Hilfen sein. Abgesehen davon, daß auch Lehraufträge und Tutorenstellen Geld kosten, ist klar, daß ein solches Ausbildungskonzept die Ausbildungslast der Professoren deutlich vermehrt. Mit der Diversifizierung der Lehre wachsen die Koordinationsaufgaben; ein aufgefächertes Veranstaltungsangebot kann nur verantwortet werden, wenn der Fächer von einer Hand gehalten wird. Über die permanenten studienbegleitenden Leistungskontrollen wachsen den verantwortlichen Lehrpersonen weitere erhebliche Aufgaben zu. Wie immer die Einzelheiten einer reformierten Juristenausbildung aussehen werden: Sie wird teurer sein als die herkömmliche.

---

[293] Dazu *Rinken*, Einführung, 92 ff. m. N.; vgl. ZFG, Abschlußbericht, Anlagenband, 85.
[294] Oben C III 3 c.
[295] Unten D II 3 d.

D. Reform

I. Ziele

Im folgenden werden die Ziele zusammengefaßt, an denen sich die Reform der Juristenausbildung orientieren sollte. Sie stehen in vielfältigen Beziehungen zueinander, die hier nicht abschließend erörtert werden können. Wichtig erscheint indessen die Einsicht, daß es sich dabei kaum um Konflikte, sondern überwiegend um Relationen der wechselseitigen Abhängigkeit, der Interdependenz, handelt: effektive Verkürzung läßt sich nur erreichen, wenn sowohl die Studienangebote wie das Prüfungssystem geändert werden. Beides setzt eine – hier unter den Postulaten der Flexibilisierung, stärkeren Marktorientierung und Deregulierung zusammengefaßte – Umverteilung der Regelungsaufgaben und Entscheidungsbefugnisse voraus, die wiederum nicht als Eigenwert zu betrachten ist, sondern ihre Legitimation aus der Fähigkeit und Bereitschaft der Universität erfährt, mehr als bisher Verantwortung für Studium und Prüfung zu übernehmen und dabei den Studierenden erweiterte Spielräume für die eigenverantwortliche Gestaltung ihrer Ausbildung einzuräumen. Deshalb handelt es sich um ein Konzept, das insoweit offen ist, als es die unterschiedliche Gewichtung der einzelnen Zielvorgaben erlaubt; es dürfte hingegen kaum möglich sein, zwischen diesen Leitgrundsätzen in der Weise zu differenzieren, daß auf einige völlig verzichtet wird.

1. Verkürzung der Dauer der Ausbildung

Es besteht weithin Übereinstimmung, daß die Dauer der Ausbildung effektiv zu lang ist und deshalb auf einen angemessenen Zeitraum verkürzt werden sollte. Weniger eindeutig ist, was insoweit als angemessen zu gelten hat. Bei der Festlegung eines Leitwerts sollte von den folgenden Überlegungen ausgegangen werden:
- Das geltende Recht legt die Ausbildungszeit auf sechs Jahre fest: die Studienzeit beträgt dreieinhalb, der Vorbereitungsdienst dauert zweieinhalb Jahre (§§ 5a I und 5b I DRiG).
- In den wichtigsten Vergleichsländern nimmt die Ausbildung zu den wichtigsten juristischen Berufen effektiv fünf bis sieben Jahre in Anspruch.[296]

---

[296] Vgl. oben B III.

– Wegen der dreizehnjährigen Schul- und der sich (für die männlichen Absolventen) anschließenden Wehr- bzw. Zivildienstpflicht beginnt die deutsche Ausbildung vergleichsweise spät.
– Auch unter der aktuellen Bedingung einer faktisch sehr langen Ausbildung verlangt die Praxis für die meisten juristischen Berufe zusätzlich eine Phase der Einarbeitung in das jeweilige Betätigungsfeld („training on the job"). Das gilt freilich nur mit Einschränkung für den Anwaltsberuf; insoweit hat aber die Anerkennungs-Richtlinie der EG die Voraussetzungen der Berufszulassung in einer Art und Weise modifiziert, die auch bei der Bestimmung der effektiven Ausbildungsdauer zu berücksichtigen ist.[297]
– Die effektive Verkürzung der Ausbildung schafft Raum für Aufbaustudiengänge (Magister, Promotion) und für theoretische Weiterbildung in der Praxis („continuing legal education").

Aus diesen Umständen ergeben sich Gründe, die sowohl für eine Verkürzung wie für eine Verlängerung der derzeit vorgeschriebenen Ausbildungsdauer von sechs Jahren sprechen. Es ist aber nicht ersichtlich, daß einem dieser Gründe überwiegendes Gewicht beizumessen ist. Deshalb erscheint es sinnvoll, insoweit an der bisherigen Regelung festzuhalten. Ziel der Reform muß es deshalb sein, die Bedingungen der Ausbildung so zu ändern, daß sie im Regelfall nach Ablauf der gesetzlich vorgesehenen Dauer von sechs Jahren abgeschlossen ist.

2. Anpassung an die Europäisierung

Dieses Reformziel erscheint vor allem unter den folgenden Aspekten von Bedeutung:
– Die effektive Ausbildungszeit ist zu verkürzen, um die Wettbewerbsfähigkeit des deutschen Ausbildungssystems[298] und seiner Absolventen[299] zu erhalten.
– Die wachsende Bedeutung der „europäischen Dimension" zahlreicher Rechtsgebiete verlangt die (permanente) Änderung von Lehr- und Prüfungsinhalten. Dabei geht es nicht nur um die Vermittlung eines realitätsnahen Verständnisses der Rechtsordnung, sondern auch um die methodische Vorbereitung auf EG-weite rechtspraktische Tätigkeit.[300]
– Schließlich geht es darum, die allmähliche Annäherung der unterschiedlichen Ausbildungssysteme in der EG zu erleichtern.[301]

---
[297] Vgl. oben C II 5.
[298] Vgl. oben C II 5a.
[299] Vgl. oben C II 5b und c.
[300] Vgl. oben C II 5c.
[301] Vgl. oben C II 5d.

3. Entkoppelung von Juristenausbildung und Zugang zum Richteramt

Dieses Reformziel hat, wenn man an einer zweiphasigen Ausbildung festhält, seinen Schwerpunkt in der nachuniversitären Phase: dort vor allem macht sich die Justizorientierung als Voraussetzung eines Zugangs zum Richteramt breit.[302] Gleichwohl ist auch die Universitätsausbildung mitbetroffen, denn es geht ja in beiden Phasen um ein möglichst einheitliches und konsistentes Konzept einer fortschreitenden Ausbildung zum Juristen.

Der Zugang zum Richteramt ist kein zwingendes Kriterium einer Ausbildung zum Einheitsjuristen:[303] Angesichts der Entwicklung der juristischen Berufsfelder[304] ist das Richteramt nur einer der Schwerpunkte juristischen Handelns.[305] Deshalb müssen die anderen juristischen Berufe (insbesondere Anwaltschaft, Wirtschaft, Verwaltung) die Ausbildung mit dem Gewicht mitbestimmen, das sie für die künftigen Juristen haben. Dies wird zugleich eine Erweiterung des Blickwinkels zur Folge haben und kann deshalb ein Gegenmittel gegen einseitige Schematisierung und Verfestigung[306] sein; je breiter der junge Jurist die Vielfalt und den Variantenreichtum juristischer Berufspraxis kennenlernt, desto besser werden die Chancen juristischen Denkens als Ergebnis der Ausbildung.

Kombiniert man, wie wir es vorschlagen,[307] die formale Gleichwertigkeit des Abschlusses mit der Ausdifferenzierung der Ausbildung, so ist der auf diesen Wegen ausgebildete Jurist für jeden juristischen Beruf formal befähigt. Seine materiale Befähigung ist – in Nachprüfung und Herstellung – Sache der für das jeweilige Berufsfeld Verantwortlichen; dies ist schon heute weithin nicht anders.[308] Das Richteramt wird insofern, wie auch schon bei den Ausbildungsinhalten, dieselbe Bedeutung haben wie die anderen zentralen juristischen Berufe auch.

4. Konzentration der Ausbildung auf Jurisprudenz und juristisches Denken

Rechtswissenschaft ist ein notwendiger, aber kein hinreichender Bestandteil der Juristenausbildung, juristisches Wissen ist ihre Etap-

---

[302] Oben B II 3.
[303] Dazu oben B II 6 c, C II 2.
[304] Oben B II 3 b.
[305] Ähnlich *Weber*, JuS 1989, 679, 680f.; *Koch*, ZRP 1989, 283.
[306] Oben B II 4.
[307] Oben C II 2 c.
[308] Oben B II 1 c am Ende.

pe, aber nicht ihr Ziel. Ziel der Juristenausbildung ist Einübung in Jurisprudenz und juristisches Denken.[309] Juristisches Denken ist die Fähigkeit, auch neue Probleme zu erkennen und zu strukturieren, Jurisprudenz ist vernünftige Praxis.[310] Deshalb sind Praxisbezug und Exemplarietät der Universitätsausbildung die Wege, welche sowohl eine Effektivierung (und mit ihr auch eine Verkürzung) als auch eine Vertiefung des Jurastudiums versprechen.

Eine Konzentration der Ausbildung auf Jurisprudenz und juristisches Denken wird – wenn man eine scharfe Trennungslinie zwischen beidem überhaupt ziehen will – sowohl der Rechtswissenschaft als auch der Rechtspraxis gerecht. Die Praxis wird für die Jurastudenten, im Vergleich zur herkömmlichen Ausbildung, früher und sachnäher bedeutungsvoll. Sie ist nicht die große Unbekannte, die mit den gelernten „Theorien" und Schemata nichts zu tun hat und auf die man sich, via Praktikerbeteiligung im Staatsexamen, faktisch einstellen muß. Sie ist vielmehr die Begleiterin der Theorievermittlung, welche theoretisches Wissen in dessen Bedeutung für Jurisprudenz durchsichtig machen kann. Die Wissenschaft verliert nichts von ihrer Wichtigkeit für die Juristenausbildung. Ihr verbleiben die mannigfaltigen Chancen, den Studenten unterschiedlich differenziert und vertieft theoretische Zugänge zu ihrem Fach zu eröffnen: von der systematisch orientierten Überblicksveranstaltung bis zur Feinarbeit im Seminar, von den Grundlagenwissenschaften und Wahlfächern bis zu den dogmatischen Fächern. Sie kann durch Exemplarietät und Praxisbezug des Lernens nur gewinnen:[311] Die begründete Angst der Studenten vor der Fülle des Stoffs in Ausbildung und Prüfung, welche zur Auswanderung aus der Universität[312] und in Schematisierungen des Wissens[313] führt, ist der schärfste Feind wissenschaftlicher Ausbildung;[314] dem kann durch die Ausbildungsreform abgeholfen werden.

Gerade dieses Reformziel darf freilich nicht auf die Universitätsausbildung beschränkt werden. Sollte man am Referendariat festhalten wollen, so muß auch diese Ausbildungsphase differenziert und in Abstimmung mit der universitären Phase zum Ziel juristischen Denkens hinführen.

---

[309] Im Ergebnis übereinstimmend *Hesse*, FS Wassermann, 575 f., mit Berufung auf F. *Haft*.
[310] Oben C III 3, 4.
[311] Das zeigen auch die guten Erfahrungen, die man in einphasigen Modellen mit wissenschaftlicher Vertiefung an der Universität nach einer Praxisphase gemacht hat; vgl. H. *Weber*, JuS 1989, 680.
[312] Oben B II 2 c.
[313] Oben B II 4.
[314] Oben C II 4 c.

5. Flexibilisierung und Aktualisierung des Ausbildungsangebots

Das überlieferte und bis heute praktizierte System wird durch die Merkmale der Uniformität und der Rigidität bestimmt.[315] Der Pflichtfachkanon ist viel zu umfangreich; nicht nur dadurch, sondern auch durch die Zwangsbündelung von Wahlfachgruppen werden Wahlmöglichkeiten weiterhin kaum eröffnet. Auch Form und Ablauf des Studiums (Leistungskontrollen, kleine und große Übungen) sind übermäßig reglementiert. Weitere Festlegungen ergeben sich aus der Institution der Staatsprüfungen.[316] Für didaktisch besonders wichtige Unterrichtsformen (Seminare, praxisbezogene Lehrveranstaltungen) gibt es keine hinreichende Möglichkeit prüfungsrelevanter Leistungsbeurteilung. Deshalb ist die ständige inhaltliche und formale Flexibilisierung und Aktualisierung des Ausbildungsangebots, seine spontane Anpassung an veränderte normative Vorgaben, faktische Umstände, wissenschaftliche Einsichten und didaktische Erfahrungen auch ohne die jeweilige Modifikation des staatlichen Rechts zu ermöglichen. Es muß künftig zulässig sein, daß die Grundzüge des französischen Rechts prüfungsrelevant unterrichtet, daß systematische mit Grundlagenveranstaltungen (etwa wirtschaftsrechtlicher und wirtschaftswissenschaftlicher Natur) wiederum prüfungsrelevant miteinander verknüpft, daß neue Formen der Praxisintegration erprobt und endlich die Prüfungen vom Ausschließlichkeitsanspruch der Relationstechnik befreit werden.

6. Verknüpfung von Lehre und Prüfung

Unser System der Juristenausbildung trennt die Lehre von der Prüfung nicht nur zeitlich, sondern auch sachlich: Ob ihre Ausbildung erfolgreich verlaufen ist, erfahren die Studenten und Referendare verbindlich erst nach vielen Lehrjahren.[317] Die während der Ausbildung abgelegten Prüfungen sind – einschließlich der studienbegleitenden Leistungskontrollen – nicht verläßlich indiziell für das Abschlußexamen; sie werden auf jenes nicht angerechnet und erreichen nicht seinen Schwierigkeitsgrad. Sachlich wird keineswegs all das geprüft, was gelehrt wird; der Prüfungsstoff ist de facto nur ein stark verdünntes und überdies trivialisiertes Überbleibsel des Ausbildungsstoffs, und die Studenten stellen sich darauf ein: Sie lernen nicht, was gelehrt

---

[315] Vgl. oben B I 1.
[316] Vgl. oben C III 1c.
[317] Oben B II 1d.

wird, sondern was sie im Examen erwarten, und sie lernen iterativ und schematisch.[318]
Die Folgen für die Ausbildung und die von ihr Betroffenen sind deutlich und schwerwiegend. Die Trennung von Lehre und Prüfung
- belastet die jungen Juristen auf ihrem persönlichen und beruflichen Weg;[319]
- verlängert die Ausbildungsdauer;[320]
- trivialisiert die Inhalte der Ausbildung;[321]
- nimmt vor allem den neuen Fächern und Fächerkombinationen die Rezeptionschancen.[322]

Deshalb muß vor allem derjenige, der eine Europäisierung und eine Verkürzung der Juristenausbildung will, eine Verknüpfung von Lehre und Prüfung wollen.[323] Diese Verknüpfung muß fest sein; sie darf nicht nur die Studienkontrollen während der Ausbildung, sie muß auch das Abschlußexamen beherrschen. Andernfalls bliebe es bei einer ausbildungsfernen, nur auf die Prüfungserwartung konzentrierten, Examensvorbereitung mit ihren Folgen für Betroffene, Fächer und Ausbildungsziele: Wenn das Lehrangebot die Studenten wirklich erreichen soll und wenn es stimmt, daß gelernt wird, was geprüft wird, dann muß wirklich geprüft werden, was gelehrt wird.[324]

7. Differenzierung und Diversifizierung der Ausbildung (Modellvielfalt)

Die Lockerung der traditionellen Uniformität und Rigidität bedeutet zugleich die wachsende Differenzierung und Diversifizierung lokaler und regionaler Ausbildungsangebote: sie werden sich nicht nur von Land zu Land, sondern auch von Universität zu Universität stärker als bisher unterscheiden. Das eröffnet einen Modellwettbewerb, zu dem es auf europäischer Ebene ohnehin kommen wird. Er ist grundsätzlich positiv einzuschätzen.[325]

---

[318] Oben B II 2 b.
[319] Oben B II 1 d.
[320] Oben B II 1; B II 2.
[321] Oben B II 2 b, c; B II 4.
[322] Oben D I 5.
[323] Der Studienausschuß des DJFT sieht das in seinem Papier vom 6. 11. 1989 nicht grundsätzlich anders, wenn er (unter III 1 c) in die Vorlesung integrierte Übungen und Abschlußtests mit enger Bindung an den Inhalt der Vorlesung fordert. Daß (unter III 2 b) gleichwohl an einem getrennten Staatsexamen festgehalten wird, ist halbherzig.
[324] Die Schritte zu diesem Ziel diskutieren wir unten D II 3.
[325] Anders *Wiethölter*, Sanierungskonkurs der Juristenausbildung?, KritV 86, 21, 35; er befürchtet „Zwei-Klassen-Ausbildungssysteme" als „unheimliche Mischung von Darwinismus und Frühkapitalismus". Das amerikanische Beispiel vermag diese Sorge

Ein auf Anpassungsflexibilität, d.h. auf die Institutionalisierung seiner Veränderbarkeit angewiesenes System bedarf der Möglichkeit des Vergleichs unterschiedlicher Erfahrungen, um auf Dauer entwicklungsfähig zu bleiben. Außerdem könnten sich den Studierenden zusätzliche Alternativen eröffnen: sie wären künftig in der Lage, zwischen Ausbildungsgängen zu wählen, die stärker die traditionelle Justizorientierung oder die anwaltliche Beratungspraxis oder die Internationalisierung bestimmter Zweige des Rechtsbetriebs betonen.[326] Deshalb zählt eine sich auf Vielfalt und Wettbewerb hin entwickelnde Differenzierung und Diversifizierung der Ausbildungsgänge zu den Reformzielen.

8. Stärkere Marktorientierung

Die Befürchtung, staatliche Zurückhaltung müsse zu Qualitätseinbußen und zur Desintegration der Ausbildung führen, wird durch die englische und mehr noch durch die amerikanische Erfahrung widerlegt. Denn sie zeigt, in welcher Weise und in welchem Maße der Einfluß der (organisierten) Profession und der Nachfrage nach qualifizierten juristischen Dienstleistungen die juristische Ausbildung zu steuern vermag. Die Konfrontation dieses Befundes mit der nicht länger zu leugnenden Krise des deutschen Systems verdeutlicht das Bedürfnis nach einer Reform, die den Marktimpulsen, d.h. der berufsständisch beeinflußten Steuerung der Ausbildung durch die Nachfrage nach (unterschiedlich) qualifizierten Juristen größeren Spielraum gewährt.[327]

9. Deregulierung und Entbürokratisierung

Die Mehrzahl dieser Postulate impliziert das umfassende Reformziel der Deregulierung und Entbürokratisierung. Es bedeutet den Verzicht auf minutiöse Reglementierung durch Gesetz und Verordnung, die Lösung des Prüfungsbetriebs von der staatlichen Justizpolitik, die Verlagerung der Regelungs- und Entscheidungsbefugnisse „von oben nach unten" und damit die Stärkung der Hochschulautonomie, die Intensivierung der individuellen Lehr- und Prüfungsver-

---

kaum zu bestätigen: in einer von erheblichen sozialen Diskrepanzen geprägten Gesellschaft haben sich gerade die unabhängigen Privatuniversitäten zu Institutionen der sozialen Integration entwickelt.
[326] Das könnte es wiederum den Fakultäten erleichtern, mehr als bisher ihr je eigenes ausbildungspolitisches und wissenschaftstheoretisches Profil zu entfalten.
[327] Vgl. oben C I 2 und dazu *Rinken*, FS Wassermann, 610 ff.

antwortung der Unterrichtenden und vor allem die Erweiterung der Auswahlfreiheit der Studierenden.[328]

II. Schritte

1. Dauer der Ausbildung

Das Ziel, die effektive Dauer der Ausbildung auf sechs Jahre zu verkürzen, ist nicht durch einfache Änderung normativer Vorgaben zu erreichen: diese lauten ohnehin auf sechs Jahre.[329] Die Aufgabe ist schwieriger: es sind die Randbedingungen zu modifizieren, die die Verlängerung der Ausbildung bewirken.

a) Das DRiG sieht in § 5a I für das Studium dreieinhalb und in § 5b I für den Vorbereitungsdienst zweieinhalb Jahre vor. Diese Aufteilung erscheint nicht länger sinnvoll:

aa) Die Dauer von dreieinhalb Jahren ist zu knapp für ein Studium, das auf den Erwerb der von der modernen Praxis verlangten methodischen Fähigkeiten angelegt ist. Die vergleichbaren Ausbildungssysteme gehen in der Regel von mindestens vier Jahren aus.[330] Nicht zuletzt im Vergleich mit der effektiven Studienzeit sind auch diese vier Jahre kurz bemessen; im Hinblick auf die unabweisbare Notwendigkeit der Ausbildungsverkürzung erscheinen sie als angemessener Kompromiß.

bb) Der Vorbereitungsdienst von zweieinhalb Jahren ist auf die „Befähigung zum Richteramt" ausgerichtet: er soll all die Kenntnisse und Fähigkeiten vermitteln, die für die unmittelbare Übernahme selbständiger Aufgaben im Bereich der Justiz erforderlich sind. Da die Ausbildung von dieser Dominanz der Justizorientierung zu lösen und auf ein wesentlich breiteres Spektrum beruflicher Qualifikationen anzulegen ist,[331] sollte auch der Vorbereitungsdienst vorrangig die breiten methodischen Fähigkeiten vermitteln, die durch „exemplarisches Lernen" erworben werden.[332] Dazu bedarf es keiner zweieinhalb Jahre; deshalb ist die Kürzung auf höchstens zwei Jahre zu empfehlen.[333]

---

[328] Vgl. oben C I 3.
[329] Vgl. oben I 1.
[330] Dabei ist für England der „vocational stage" einzubeziehen. Für die USA ist zu berücksichtigen, daß die Zulassung zur Law School ein wissenschaftliches Grundlagenstudium am College voraussetzt.
[331] Vgl. oben I 3.
[332] Vgl. oben I 5.
[333] In dieser Zeit muß auch das Abschlußexamen abgelegt werden; dazu näher unten b aa. *Steiger* (ZRP 1989, 283, 287) empfiehlt, den Vorbereitungsdienst auf 18 Monate zu verkürzen.

Soweit praktische Elemente in die Universitätsausbildung einbezogen werden, ist diese zu verlängern und der Vorbereitungsdienst entsprechend zu kürzen.[334]

b) Der wichtigste Schritt zur effektiven Verkürzung der Ausbildung ist die Neuordnung des Prüfungswesens:

aa) Es ist nicht einzusehen, daß der nachwachsenden Generation allein für die Durchführung der Staatsexamen im Schnitt mehr als ein Jahr ihrer Lebenszeit genommen wird. Schon aus diesem Grund ist zu fordern, daß die Prüfung sehr viel stärker als bisher in die Ausbildung selber integriert wird.[335] Dafür sprechen zugleich nicht weniger wichtige didaktische Gründe.[336]

bb) Die ausländischen Beispiele zeigen, daß sich das Rechtsstudium ohne Schwierigkeiten in der vorgesehenen Zeit bewältigen läßt, wenn die Prüfungen auf die Lehrveranstaltungen bezogen und damit sukzessiv abgelegt werden. Auch aus diesem Grund empfiehlt es sich, die Erste Staatsprüfung durch einen (Zwischen-)Abschluß zu ersetzen, für den eine vorzuschreibende Zahl von Leistungsnachweisen zu erbringen ist.[337] Diese Leistungsnachweise sollten grundsätzlich mit den einzelnen Lehrveranstaltungen verknüpft werden. Für den Fall des Nichtbestehens sollte allenfalls die Wiederholung der Prüfung in der vorlesungsfreien Zeit oder zu Beginn des folgenden Semesters, aber nicht die – ausbildungsverlängernde – Wiederholung der Lehrveranstaltung selber vorgesehen werden. Diese prüfungsersetzenden Leistungsnachweise sollten zugleich an die Stelle der „studienbegleitenden Leistungskontrollen" und der für die Anfänger- und Fortgeschrittenenübungen verlangten Aufsichts- und Hausarbeiten treten: damit werden die Übungen generell in die Lehrveranstaltungen integriert[338] und zugleich diejenigen Fächer aufgewertet, die vom herkömmlichen Übungsbetrieb ausgeschlossen sind.

cc) Auch für das Abschlußexamen (Zweite Staatsprüfung) sollte gelten, daß es – zumindest überwiegend – sukzessiv erbracht wird.

c) Zur Verkürzung der Ausbildung ist zudem eine drastische Beschränkung des Pflichtstoffs unerläßlich; darauf ist sogleich (zu 2.) zurückzukommen.

d) Mit der Verkürzung der effektiven Ausbildungsdauer wachsen die Spielräume für ergänzende Angebote und für Zusatzqualifikationen:

---

[334] Vgl. oben C III 3.
[335] Das bedeutet: die sechs Jahre haben der Ausbildung zu dienen und nebenbei die Prüfung zu ermöglichen.
[336] Vgl. oben C III 1.
[337] Vgl. unten 3.
[338] Damit haben einige Fakultäten offenbar gute Erfahrungen gemacht; dieselbe Empfehlung bei: Studienausschuß des Deutschen Juristen-Fakultätentages unter III 1 c (S. 6).

aa) Die wissenschaftliche Vertiefung durch eine Promotion gehört zu den in besonderem Maße bewährten und erfolgreichen Elementen des deutschen Ausbildungssystems; das zeigt sich nicht nur an der großen Zahl ausländischer Doktoranden, sondern auch an dem Wert, der diesem Abschluß durch die Einstellungspraxis beigemessen wird. Um den zusätzlichen Zeitaufwand zu begrenzen, sollte es den Doktoranden gestattet werden, die Wahlstation des Vorbereitungsdienstes mit der Arbeit für ihre Dissertation zu verbringen.

bb) Mehrere Fakultäten haben ein einjähriges Magisterstudium für ausländische Juristen eingeführt. Es ist zu prüfen, ob ein vergleichbares Aufbaustudium auch für inländische Absolventen in Betracht zu ziehen ist.

cc) In Großbritannien und in den USA[339] wird der „continuing legal education" vor allem der jungen Anwälte zunehmendes Gewicht beigemessen. Dafür sprechen zahlreiche Gründe. Der DJT sollte die Anwaltsorganisationen und die Fakultäten ermutigen, einschlägige Vorstellungen und Modelle – möglichst gemeinsam – zu entwickeln.

2. Umfang des Stoffs

Nach dem Prüfungssystem ist der Umfang des vorgeschriebenen Stoffs nicht nur für die Länge, sondern auch für andere Mängel der Ausbildung verantwortlich zu machen.[340] Deshalb sind auch in diesem Punkt grundlegende Änderungen zu empfehlen.

a) Aus den angeführten Gründen[341] sollte der allen Studierenden abverlangte Pflichtstoff sehr viel enger als bisher begrenzt werden:

aa) Falls die Festlegung durch Gesetz oder Verordnung beibehalten wird, sollte sie sich an dem Mindestkanon orientieren, der für die Umsetzung der Anerkennungs-Richtlinie vorgesehen ist. Danach sind unverzichtbar: Verfassungsrecht[342] mit den elementaren europarechtlichen Bezügen; die Kernmaterien des bürgerlichen Rechts[343] ohne Familien- und Erbrecht; allgemeines Verwaltungsrecht und –

---

[339] Dort wird das wichtigste Programm vom – in etwa dem DJT entsprechenden – American Law Institute zusammen mit der American Bar Association veranstaltet. Über den Umfang des Programms informiert der vom Committee on Continuing Professional Education herausgegebene Jahresbericht.

[340] Vgl. oben B II.

[341] Vgl. oben C III 2.

[342] Dazu *Dürig* in VVDStRL (Hrsg.), Probleme des öffentlichen Rechts im Universitätsunterricht (1969), 23 ff.

[343] Der pauschale Verweis auf Allgemeinen Teil, Schuld- und Sachenrecht geht zu weit: es ist nicht sinnvoll, das Vereins- und Stiftungsrecht, das Miet- und das Dienstvertragsrecht und das Hypothekenrecht in den Pflichtstoff einzubeziehen. Umgekehrt sollten sondergesetzlich ausgelagerte Problembereiche wie Verbraucherschutz und Gefährdungshaftung berücksichtigt werden.

zusätzlich – allgemeines Strafrecht. Einzuschließen sind die für das Verständnis dieser Rechtsgebiete unerläßlichen Elemente des jeweiligen Verfahrensrechts;[344] wo an der Trennung von Studium und Vorbereitungsdienst festgehalten wird, sollte zugleich klargestellt werden, daß die vertiefende Ausbildung im Verfahrensrecht primär Aufgabe des Vorbereitungsdienstes ist. Für den Pflichtfachbereich sind grundsätzlich Leistungsnachweise in der Form von Aufsichts- und Hausarbeiten zu verlangen.

bb) Den Fakultäten ist die Befugnis einzuräumen, diesen Katalog zu konkretisieren und – wiederum in engen Grenzen – zu erweitern. Letzteres ist notwendig vor allem im Hinblick auf die „Grundlagen- und Bezugsfächer".[345] Hier sollte jede Fakultät in der Lage sein, ihr eigenes Konzept zu entwerfen und organisch weiterzuentwickeln; wichtig erscheint jedoch, daß auch insoweit grundsätzlich Leistungsnachweise und damit die aktive Mitarbeit der Studierenden vorgesehen werden.

b) Für den Bereich der Wahlpflichtfächer[346] sind die folgenden Festlegungen zu empfehlen:

aa) Eine – nicht zu extensive – Bestimmung ihres Umfangs. Den Fakultäten sollte das (einigermaßen) regelmäßige Angebot von Lehrveranstaltungen aus den folgenden Bereichen auferlegt werden: Familien- und Erbrecht; besonderes Strafrecht und Strafverfahrensrecht; wichtige Materien des besonderen Verwaltungsrechts und Verwaltungsprozeßrecht; Europarecht und Völkerrecht; Handels- und Gesellschaftsrecht, Kartellrecht, Wettbewerbsrecht und gewerblicher Rechtsschutz; Steuerrecht; Arbeitsrecht und Sozialrecht; Zivilprozeß-, Zwangsvollstreckungs- und Insolvenzrecht; Internationales Privatrecht.

bb) Die Anzahl der aus diesem Bereich während des Studiums zu erbringenden Leistungsnachweise.[347] Dagegen sollte ihre Form weit-

---

[344] Für den Zivilprozeß grundlegende Diskussion mit sehr weitgehenden Vorschlägen bei *Gilles*, Juristenausbildung und Zivilverfahrensrecht (1983).

[345] Rechtsgeschichte, -philosophie, -soziologie, -theorie, -ökonomie usw. (vgl. C III 2e). Es sollte grundsätzlich ermöglicht werden, daß diese Form der „Theorie" mit systematisch-dogmatischen (Einführungs- und/oder Vertiefungs-)Veranstaltungen verknüpft wird; z.B. Gerichtsverfassungs- und Verfahrensrecht mit Justiz- und Anwaltssoziologie, Strafrecht mit Kriminologie, Zivil- und Wirtschaftsrecht mit ökonomischer Analyse.

[346] Vgl. oben C III 2d).

[347] Bei der Bestimmung dieser Zahl sind zunächst die für den Pflichtbereich geforderten Leistungen zu berücksichtigen. Zudem sollte die Zahl kleiner sein als die der den Studierenden zuzumutenden Lehrveranstaltungen: das ermöglicht sanktionslose Mißerfolge und vermindert damit sowohl den Leistungsdruck wie den Aufwand für Wiederholungsprüfungen. Außerdem ist ein angemessener Spielraum für reine Wahlveranstaltungen offenzuhalten.

gehend freigestellt bleiben: neben Aufsichts- und Hausarbeiten müssen auch Seminarleistungen sowie die Mitarbeit in rechtspraktischen und/oder rechtswissenschaftlichen Projekten anerkannt werden können. Allenfalls wäre daran zu denken, eine Mindestzahl zu absolvierender Aufsichts- und Hausarbeiten festzulegen.

cc) Dagegen sollte den Studierenden die Auswahl und die Kombination der Wahlpflichtfächer grundsätzlich freigestellt sein; es ist nur für hinreichende Möglichkeiten der Studienberatung Sorge zu tragen. Dadurch würde erreicht, daß sich das Qualifikationsprofil nicht mehr allein aus den Benotungen, sondern auch aus der Anzahl der vorgelegten Leistungsnachweise und vielleicht mehr noch aus dem freigewählten Studienprogramm ergibt.

c) Zudem ist klarzustellen, daß Leistungsnachweise auch aus den nicht in den Wahlpflichtkatalog aufgenommenen Rechtsgebieten erbracht werden können. Damit wäre es den Fakultäten freigestellt, prüfungsrelevante Lehrveranstaltungen etwa zu weiteren Bereichen des besonderen Verwaltungsrechts; zu Jugendstrafrecht und Kriminologie; zum Bank- und Wertpapierrecht, zum Bilanz- und Kapitalmarktrecht, zum Urheber-, Medien- und Datenschutzrecht anzubieten. Dieser Kategorie wären auch auslandsrechtliche und rechtsvergleichende Lehrveranstaltungen, weitere Angebote aus dem Bereich der Grundlagen- und Bezugsfächer sowie Seminare zu Spezialfragen zuzuordnen. Es ist zu erwägen, von jedem Studierenden den Besuch eines Seminars und die Anfertigung einer vertiefenden Abhandlung zu verlangen.

d) Schließlich ist zu bestimmen, in welchem Umfang Leistungsnachweise anzurechnen sind, die an ausländischen Universitäten und/oder in anderen Disziplinen erworben werden. Für Grenzfälle wäre an die Möglichkeit der Genehmigung einer mit Entscheidungsbefugnissen ausgestatteten Instanz der Studienberatung zu denken.

3. Prüfungen

Prüfungen haben dienende Funktion: für die Studierenden und die potentiellen Arbeitgeber.[348] Sie werden dieser Funktion heute nicht gerecht: Sie verlängern die Ausbildung, trivialisieren den Lernstoff, verleiten zu Schematisierungen, entmotivieren die Studenten, ernähren den Repetitor und blockieren die Rezeptionschancen neuer Rechtsgebiete.[349] Eine Prüfungsreform steht deshalb an.

---

[348] Oben C III 1 a.
[349] Oben B II 1 c, d; B II 2; B II 4; C III 1; D I 6.

a) Die Trennung von Lehre und Prüfung ist die reichste Quelle der Schäden, welche unser Prüfungssystem anrichtet,[350] und darüber besteht heute weithin Einigkeit;[351] diese Trennung sollte man aufheben. Integriert man die Leistungsnachweise in die Veranstaltungen, zu denen sie gehören, so gibt man ihnen ihren ursprünglichen Sinn zurück und wertet zugleich die Veranstaltungen so auf, wie es ihnen gebührt.

Ihre Orientierungsaufgabe können Prüfungen um so eher erfüllen, je früher sie im Ausbildungsgang und je sachnäher sie am Ausbildungsstoff lokalisiert sind. Ob und wie weit das jeweilige Ausbildungsziel erreicht ist, sollte der junge Jurist sofort und konkret erfahren, sonst macht diese Erfahrung für ihn und seine weitere Ausbildung wenig Sinn.

Da das, was nicht geprüft und gratifiziert wird, bei den allermeisten Studenten wenig Rezeptionschancen hat, stehen heute viele Fächer am Rande studentischer Wahrnehmung; dies betrifft vor allem Grundlagenfächer, Vertiefungsveranstaltungen und neue Rechtsgebiete. Wenn man der Meinung ist, daß diese Gebiete ein Bestandteil der Juristenausbildung sein sollen, ist schwer zu begründen, warum man deren Chancen durch die Verweigerung einer Gratifikation mindert.

b) Der Inhalt der Leistungskontrollen orientiert sich am Inhalt der Lehrveranstaltungen; das ist der Sinn einer Verbindung von Lehre und Prüfung. Dabei ist gewiß richtig, daß der Lehrstoff sich nicht in all seinen Verfeinerungen, Hintergründen und Bezüglichkeiten in einer Prüfung „abfragen" läßt. Gewiß ist aber auch, daß das wichtige Ziel größtmöglicher Nähe von Ausbildungs- und Prüfungsstoff[352] sich über veranstaltungsintegrierte Prüfungen ungleich vollständiger und leichter erreichen läßt als in einem trennenden System.

Die Organisation der Leistungskontrollen ist den juristischen Fakultäten und Fachbereichen nicht erst seit Einführung der studienbegleitenden Leistungskontrollen als Problem wohlbekannt. Die – insbesondere dann, wenn diese Leistungskontrollen das 1. Staatsexamen ersetzen sollen,[353] naheliegende – Befürchtung, die Fakultäten könnten dieses Problem nicht lösen, ist unbegründet.

Die Probleme der Organisation der Leistungskontrollen sind aus-

---

[350] Oben D I 6.
[351] Etwa *Bilda*, JuS 1989, 682; *Rinken*, FS Wassermann, 611f. („Curricularorientierung"); *Steiger*, ZRP 1989, 285, 286; K.-H. *Koch*, ZRP 1990, 43 Sp. 2 (III 2b); Studienausschuß des DJFT, 6. 11. 1989, III 1c; s. auch *Francke*, Prüfungen, in: *ders./Hopp* (Hrsg.), Einstufige Juristenausbildung in Bremen. Evaluation eines Reformmodells (1986), 154ff.
[352] Vgl. schon oben B II 2.
[353] Unten D II 3d.

schließlich Probleme von Massenveranstaltungen. In Kolloquien und Seminaren beruht das begründete Urteil des Veranstalters über die Leistungen der Teilnehmer seit jeher auf deren aktiver Teilnahme, und daran braucht sich nichts zu ändern. Massenveranstaltungen sollte es nicht geben.[354] Solange es sie aber gibt, kann man aus den Problemen, die sie für Ausbildung und Prüfung an den Universitäten schaffen, keine Argumente gegen die Fähigkeiten der Fakultäten herleiten, mit den Organisationsproblemen der Prüfungen zurechtzukommen. Schließlich entscheiden schon derzeit die studienbegleitenden Leistungskontrollen über die Möglichkeit, einen Ausbildungsabschluß zu erreichen, und diese Kontrollen werden von den Universitäten organisiert.

Das Ziel, die Ausbildungsdauer zu verkürzen, und die Erfahrungen mit vergleichbaren Prüfungsmodellen[355] legen es nahe, für Leistungskontrollen und deren Wiederholung feste Vorgaben zu machen.[356] Dies ist um so erträglicher, je besser – durch eine Integration von Lehre und Prüfung – die Studenten darüber orientiert werden, was von ihnen in den Prüfungen verlangt wird.

c) In einem System, welches die Prüfung an die Ausbildung bindet, sollte die Zahl der geforderten Leistungsnachweise von den curricularen Vorgaben der Ausbildung abhängen. Danach bemißt sich die Mindestzahl der Nachweise nach dem Stoff, den die Studenten mindestens beherrschen müssen: die Pflichtfächer und den Pflichtteil der Wahlpflichtfächer. Das bedeutet in unserer Sicht[357] eine Reduzierung der Anforderungen zugunsten der Angebote, der Vereinheitlichung zugunsten der Vielfalt. Es bedeutet Deregulierung, eine Stärkung studentischer Autonomie bei der Gestaltung der Ausbildung und schließlich auch eine Erleichterung der Organisationsprobleme der Massenuniversität.[358] Vor allem aber darf die Zahl der geforderten Leistungsnachweise innerhalb einer vorgegebenen Studiendauer die Freiräume der Studenten für selbstbestimmte Studienschwerpunkte nicht besetzen.

d) Gegen die Beibehaltung der Staatsexamina sprechen alle Gründe, die für eine Reform der Juristenausbildung sprechen: die Studiendauer, die Lernbedingungen, die Verbindung von Lehre und Prüfung, die Chancen neuer Fächer im Zuge einer Europäisierung. Für eine Beibehaltung könnte allein ein politischer Grund sprechen: das staatliche

---

[354] Oben C III 5.
[355] *Rinken*, FS Wassermann, 611 f.; H. *Weber*, JuS 1989, 680 f.; *Bilda*, JuS 1989, 683; ausführlich *Francke*, Prüfungen.
[356] S. auch oben D II 1 b.
[357] Einzelheiten oben D II 2.
[358] Oben D II 3 b.

Interesse an intensiver Kontrolle des Zugangs zum Referendariat bzw. zu den Juristenprofessionen.

Dieses Interesse ist alt,[359] heute aber kaum noch berechtigt.[360] Die juristischen Fakultäten sind – was man beklagen, auf absehbare Zeit aber nicht ändern kann – nicht nur mit der Lehre, sondern auch mit der Lehrverwaltung betraut und darin geübt. Für ein Mißtrauen der Art, man müsse staatlicherseits den chaotischen Universitäten auf die Finger schauen, gibt es keinen Anlaß.[361] Für die Befürchtung, ohne Überwachung durch Praktiker entferne sich die Universitätsausbildung zu weit von der Praxis, gibt es angesichts der Vorschläge für eine praxisorientierte Ausbildung – unter Beteiligung von Praktikern[362] – keinen Grund

Gegen den Verdacht, die Fakultäten würden ohne das staatliche Korsett das strenge juristische Notensystem verflüssigen, gibt es Argumente: Ein solcher Verdacht ist nicht konsistent gegenüber einer Institution, welcher man immerhin die Ausbildung der Juristen anvertraut und damit einen Einfluß auf den Juristenstand, welcher den Einfluß einer Prüfung bei weitem überwiegt; gegen das Gespenst einer universitären Notengebung nahe „Sehr gut" gibt es einerseits die Erinnerung, daß die Ergebnisse der universitären Benotung bei den Juristen sich schon heute von denen in den Staatsexamina nicht unterscheiden, und andererseits das einfache Mittel, auf den Bescheinigungen der Leistungsnachweise die Notenverteilung in der jeweiligen Veranstaltung mit abzudrucken. So kann sich jeder Interessierte seine Meinung über den relativen Wert – und einen anderen gibt es nicht! – der Noten bilden.

e) Die Gründe, die gegen das Erste Staatsexamen sprechen, sprechen auch gegen eine Abschlußprüfung. Sollte man sich – was wir bedauern würden[363] – gegen ihre Ersetzung durch sukzessiv erworbene Leistungsnachweise entscheiden, so müßte man wenigstens zweierlei sicherstellen: eine Beschränkung des Prüfungsstoffs und seine Orientierung an Jurisprudenz und juristischen Berufspraxen.

---

[359] Zur Ersetzung akademischer Abschlußprüfungen durch staatliche Eingangsexamina im Interesse einer Kontrolle und Lenkung der Universitäten *Bleek*, Kameralausbildung, 210 ff.

[360] So im Ergebnis auch K.-H. *Koch*, ZRP 1989, 283; *ders.*, ZRP 1990, 43 Sp. 2 (III 2 a), 44 Sp. 1 (III 3). Er führt als Gründe im wesentlichen die Entwicklung der Fachbereiche zu „geordneten Verwaltungskörpern" an sowie die Ziele, die Individualität der einzelnen Fachbereiche deutlicher zu markieren und die Eigenverantwortlichkeit der Universitäten zu stärken; ähnlich auch *Steiger*, ZRP 1989, 285, 286; *Großfeld*, NJW 1989, 881.

[361] Ebenso K.-H. *Koch*, ZRP 1989, 283, der es für an der Zeit hält, den „etwas provinziell wirkenden Schirm" der Staatsprüfung angesichts der Europäisierung „doch einmal zuzuklappen".

[362] Oben C III 3.

[363] In Übereinstimmung mit *Steiger*, ZRP 1989, 287; zu diesem Ergebnis neigend auch K.H *Koch*, ZRP 1990, 43 f.

III. Deregulierung durch Regelungsverzicht

Deregulierung bedeutet die Delegation von Regelungs- und Entscheidungsbefugnissen; sie verlangt, daß (verfassungs-)rechtlich gewährte Zuständigkeiten nicht (länger) voll ausgeschöpft werden. Im folgenden werden die Umrisse eines Deregulierungsmodells entworfen; es sollte evident sein, daß es sich dabei um nicht mehr als eine in vielen Punkten ergänzungsbedürftige Skizze handeln kann. Grundsätzlich sollten die Regelungsaufgaben wie folgt verteilt werden:

1. Der Bund

Der Bund sollte sich mit der Festlegung des äußersten Rahmens der Ausbildung begnügen. Er sollte die Dauer der Ausbildung auf sechs Jahre begrenzen und ein Universitätsstudium von (mindestens) vier Jahren verlangen, den Pflichtstoff pauschal umreißen und (eventuell) den Kanon der Wahlpflichtfächer festhalten. Außerdem sollte eine dem § 6 DRiG entsprechende Bestimmung gewährleisten, daß die Abschlüsse und Leistungsnachweise bundesweit anerkannt werden.

2. Die Länder

Auch die Länder sollten weniger reglementieren als bisher. Notwendig oder sinnvoll erscheinen vor allem die folgenden Regelungen:
- Soweit nicht durch den Bund geschehen: Bestimmung des Pflichtstoffs und des Wahlpflichtkanons sowie des Umfangs anrechenbarer Leistungen.[364]
- Organisation der praktischen Ausbildung und ihrer Verknüpfung mit dem Studium.
- Festlegung der Grundzüge des Prüfungswesens einschließlich der Anzahl der während des Studiums zu erbringenden Leistungsnachweise.[365]
- Ermächtigung der Universitäten zu weiteren Regelungen in Studienordnungen und Studienplänen.

---

[364] Vgl. oben II 2.

[365] Die organisatorischen Vorkehrungen sind hier nicht zu erörtern. Erforderlich wäre jedenfalls eine intensivere Zusammenarbeit der Justizprüfungsämter mit den Fakultäten.

3. Die Universitäten

Die Universitäten haben den durch Bundes- und Landesrecht vorgegebenen Rahmen durch Studienordnungen und Studienpläne auszufüllen. Da sich diese Texte leichter ändern lassen als Gesetze, wächst damit die Anpassungsflexibilität. Trotzdem ist auch insoweit jede Überreglementierung zu vermeiden: der individuellen Lern- und Lehrfreiheit müssen hinreichende Auswahlmöglichkeiten und Gestaltungsräume erhalten bzw. eröffnet werden.

a) In der Studienordnung ist zu bestimmen:

aa) welche Leistungsnachweise im Zuge des Studiums in welcher Zeit zu erbringen sind;

bb) das Verfahren der Leistungsbewertung: Korrektur durch den Dozenten und seine Mitarbeiter; Notenskala; Vorgabe eines Bewertungsrahmens;[366] Wiederholungsmöglichkeiten;

cc) die Einrichtung einer obligatorischen Studienberatung, die die Fortsetzung des Studiums erlauben kann, wenn die vorgeschriebenen Leistungen nicht rechtzeitig erbracht worden sind;

dd) die Anrechenbarkeit im Studienplan nicht vorgesehener Lehrveranstaltungen und der dafür erlangten Leistungsnachweise.

b) Die Studienpläne legen fest:

aa) Form und Umfang der – von jedem Studierenden zu absolvierenden – Pflichtveranstaltungen, deren Gegenstand der gesetzlich vorgeschriebene Pflichtstoff und die von der jeweiligen Fakultät verlangten Grundlagen- und Bezugsfächer sind;

bb) den Aufbau des Studiums, insbesondere die Zeiträume in denen die Pflichtveranstaltungen zu absolvieren sind;

cc) Form und Umfang des Wahlpflichtangebots;

dd) Form und Umfang der praxisbezogenen Lehrveranstaltungen;

ee) die Form weiterer anzuerkennender Lehrveranstaltungen.

---

[366] Vgl. oben II 3.

E. Thesen

I.

1. Die Reform der Juristenausbildung sollte sich von den aktuellen Desideraten der Verkürzung und Straffung sowie der Anpassung an die Europäisierung leiten lassen. Angesichts unauflösbarer Sachzusammenhänge darf sie aber die übrigen Probleme nicht vernachlässigen.
2. Die Experimentierphase 1971 bis 1984 hat über Wert und Richtung einer Reform kaum Klarheit und noch weniger Konsens erbracht. Angesichts dieser Erfahrung ist nicht zu empfehlen, notwendige Reformen erneut als Experiment zu organisieren.

II.

Die Juristenausbildung ist – nicht erst seit heute – reformbedürftig:
1. Sie dauert nicht nur dann zu lange, wenn man die – meist unerläßliche – postassessorale Ausbildung einbezieht. Und sie droht – nicht zuletzt wegen der Prüfungs- und Wartezeiten – immer noch länger zu werden.
2. Der vorgeschriebene Ausbildungs- und Prüfungsstoff ist viel zu umfangreich; er verlängert vor allem das Studium.
3. Die Ausbildung ist einseitig am Justizjuristen orientiert und vernachlässigt nicht nur alle anderen Berufsfelder, sondern auch die sich intensivierende Europäisierung und Internationalisierung juristischer Berufspraxis.
4. Die durch die Staatsexamen bewirkte Trennung von Ausbildung und Prüfung entwertet den Unterricht, demotiviert die Lehrenden, verunsichert die Studierenden, alimentiert die Repetitoren und trägt zur Verlängerung der Ausbildung bei.
5. Vor allem wegen dieser Trennung liegt der Schwerpunkt bei der Vermittlung schematischer Fertigkeiten und der Vermehrung von Formalwissen; der Erwerb methodischer Fähigkeiten wird vernachlässigt.
6. Die Juristenausbildung wird traditionell von Zielkonflikten beherrscht, die sich derzeit verschärfen und vermehren. Deshalb geht es nicht so sehr um Konfliktentscheidung, sondern vor allem darum, neue Wege der Optimierung zu finden.

III.

Die Geschichte der deutschen Juristenausbildung ist die ihrer zunehmenden Verrechtlichung:
1. Die exzessive Reglementierung und Bürokratisierung demotiviert die Lehrenden und die Studierenden.
2. Die – besonders erfolgreichen – Beispiele Großbritanniens und der USA zeigen, daß es auch ohne den Staat geht: die interaktiven Mechanismen berufsständischer Kontrolle und des Marktes gewährleisten eine sowohl straffe wie qualifizierte Ausbildung.
3. Vorrangiges Reformziel ist die Deregulierung und Entstaatlichung der Ausbildung: wichtige Entscheidungskompetenzen sind von „oben" nach „unten" zu verlegen.

IV.

Die Reform der Juristenausbildung hat sich von den folgenden Grundsätzen leiten zu lassen:
1. Die Ausbildung sollte effektiv in sechs Jahren abgeschlossen sein. Soweit Universitätsstudium und praktische Vorbereitung getrennt bleiben, sollten dabei für das Universitätsstudium – einschließlich Prüfung – mindestens vier Jahre und für das Referendariat – wiederum einschließlich Prüfung – höchstens zwei Jahre vorgesehen werden.
2. Die strikte Trennung von „Theorie" und „Praxis" in Studium und Referendariat ist überholt. Ein früher, klug gewählter und vorbereiteter Blick auf die Praxis hilft den Studenten und der Theorie. Vor allem – aber nicht nur – hier ist die Einbeziehung der Sozialwissenschaften sinnvoll.
3. Der herkömmliche Pflichtstoff ist drastisch zu beschränken; Richtschnur sollte die Umsetzung der „Anerkennungs-Richtlinie" sein. An die Stelle der Wahlfachgruppen sollte ein breites Angebot von Wahl(pflicht)fächern treten, das den Studierenden breite Möglichkeiten der Auswahl eröffnet.
4. An einem den Zugang zu allen juristischen Berufen eröffnenden Abschluß ist festzuhalten: eine „Gabelung" der Ausbildung in rechtlich festgelegte Spezialisierungen (nach französischem Muster) ist nicht zu empfehlen.
5. Die erste juristische Staatsprüfung ist durch Leistungsnachweise zu ersetzen, die sukzessiv im Rahmen der einzelnen Lehrveranstaltungen (des Pflicht- wie des Wahlprogramms) erworben werden. Dafür soll gelten:

a) Es können allenfalls Prüfungen, nicht aber Lehrveranstaltungen wiederholt werden.
b) „(Nur) wer lehrt, prüft": vor allem ist die Prüfungsaufgabe vom jeweiligen Dozenten oder Ausbilder festzulegen.
6. Für die Abschlußprüfung sollte weitgehend dasselbe gelten.

V.

Die Regelungsaufgaben sollten wie folgt verteilt werden:
1. Der Bund sollte sich mit der Festlegung des äußersten Rahmens der Ausbildung begnügen.
2. Auch die Länder sollten weniger regeln als bisher.
3. Die wesentlichen Festlegungen sollten durch die Studienordnungen und Studienpläne der Universitäten erfolgen.

Gutachten F
zum 58. Deutschen Juristentag
München 1990

VERHANDLUNGEN DES ACHTUNDFÜNFZIGSTEN DEUTSCHEN JURISTENTAGES

München 1990

Herausgegeben von der
STÄNDIGEN DEPUTATION
DES DEUTSCHEN JURISTENTAGES

BAND I
(Gutachten)
Teil F

C.H. BECK'SCHE VERLAGSBUCHHANDLUNG
MÜNCHEN 1990

Welche Maßnahmen empfehlen sich – auch im Hinblick auf den Wettbewerb zwischen Juristen aus den EG-Staaten – zur Verkürzung und Straffung der Juristenausbildung?

GUTACHTEN F
für den 58. Deutschen Juristentag

erstattet von

HORST-DIETHER HENSEN

Vizepräsident des Hans. OLG Hamburg
Präsident des Landesjustizprüfungsamtes

und

DR. WOLFGANG KRAMER

Richter am Landgericht Hamburg
Geschäftsführender Referent des Landesjustizprüfungsamtes

C. H. BECK'SCHE VERLAGSBUCHHANDLUNG
MÜNCHEN 1990

ISBN 3 406 34690 1

© 1990 C.H.Beck'sche Verlagsbuchhandlung (Oscar Beck), München
Printed in Germany
Satz und Druck: C.H.Beck'sche Buchdruckerei, Nördlingen

Inhaltsverzeichnis

A. Aufgabenstellung .... F 9
B. Die Geschichte der Juristenausbildung und der Reformbemühungen .... F 12
   I. Die Entwicklung der deutschen Juristenausbildung ... F 12
     1. Die Zeit bis zum Zweiten Weltkrieg .... F 12
     2. Die Zeit nach dem Zweiten Weltkrieg .... F 15
     3. Die Zeit der Einstufigen Juristenausbildung ...... F 16
     4. Die derzeitige Rechtslage .... F 18
   II. Reformvorschläge im Überblick .... F 19
     1. Reformbemühungen in der Zeit vor dem Zweiten Weltkrieg .... F 19
     2. Reformanstrengungen aus der Nachkriegsphase ... F 21
     3. Die Reformbewegung im Vorfeld der Einstufigen Juristenausbildung .... F 24
     4. Der 48. Deutsche Juristentag .... F 26
     5. Die Reformdiskussion nach Auslaufen der Experimentierklausel .... F 28
     6. Die derzeitige Reformdiskussion im Vorfeld Europas .... F 31
   III. Die durch die Entwicklung in der Europäischen Gemeinschaft geschaffene Situation .... F 32
C. Die gegenwärtige Ausbildung – Befund und Änderungsbedarf .... F 34
   I. Studium .... F 34
     1. Studiendauer .... F 34
     2. Stoffülle .... F 35
     3. Ungenügender Praxisbezug des Studiums .... F 36
     4. Ungenügende Schulung im sprachlichen Ausdruck .. F 37
     5. Unattraktive Präsentation des universitären Lehrangebots .... F 38
     6. Fehlende Transparenz der Examensanforderungen .. F 40
   II. Praktische Ausbildung .... F 41
     1. Dauer der Referendarausbildung .... F 42
     2. Inhalt und Art der Referendarausbildung .... F 42
     3. Das Assessorexamen .... F 44
     4. Der Bezug zur Universität im Vorbereitungsdienst .. F 46

D. Grundentscheidungen der Gestaltung juristischer Ausbildung .... F 47
   I. Ziel der Ausbildung: Der Einheitsjurist .... F 47
   II. Das Zueinander von universitärer und praktischer Ausbildung .... F 49
     1. Parallelität von universitärer und praktischer Ausbildung .... F 50
       a) Theorie-Praxis-Integration als Zielvorstellung .. F 50
       b) Die Schwierigkeiten bei der Umsetzung des Integrationsmodells .... F 51
       c) Die Nachteile eines zu frühen Praxiskontaktes .. F 54
       d) Das Zeitmoment .... F 55
     2. Intervall von universitären und praktischen Ausbildungsphasen .... F 57
       a) Die unterschiedlichen Intervallmodelle .... F 57
       b) Die Würdigung der Modelle .... F 58
     3. Das Nacheinander von universitärer und praktischer Ausbildung .... F 60
     4. Fazit: Beibehalten der Zweistufigkeit .... F 61
   III. Die Dauer der Ausbildung: Sechs Jahre .... F 62
   IV. Grundausbildung, Vertiefung und Spezialisierung ... F 63
     1. Die Struktur des Studiums .... F 64
       a) Das Grundstudium .... F 65
       b) Das Vertiefungsstudium .... F 66
       c) Der vorgezogene praktische Ausbildungsabschnitt .... F 67
     2. Die Struktur des Referendariats .... F 68
       a) Die Berücksichtigung der verschiedenen Berufsfelder .... F 68
       b) Aufteilung der praktischen Ausbildung nach Rechtsgebieten .... F 71
       c) Die Verbindung von berufsfeldorientierter und fachgebietsbezogener Praxisausbildung .... F 71
   V. Reglementierung und Intensivierung der Ausbildung F 72
     1. Maßnahmen zur Straffung des Studiums .... F 72
       a) Zeitliche Vorgaben .... F 73
         (1) Die verfehlte Zielsetzung der studienbegleitenden Leistungskontrollen .... F 73
         (2) Die zeitliche Begrenzung des Grund- und Vertiefungsstudiums .... F 75
         (3) Die Zulässigkeit von Studienzeitbegrenzungen .... F 77
       b) Form und Anzahl der Leistungsnachweise ..... F 80

c) Die Einbindung der vorlesungsfreien Zeit in die Ausbildung .... F 82
d) Formen der Lehrveranstaltungen .... F 84
e) Verbesserung von Studienhilfen .... F 87
f) Insbesondere: Die Examensvorbereitungsphase F 88
2. Intensivere Nutzung der Referendarzeit .... F 89
   a) Die Suche nach geeigneten Ausbildern .... F 89
   b) Einzel- und Gruppenausbildung von Referendaren .... F 91
   c) Leistungsanforderungen während des Vorbereitungsdienstes .... F 92
   d) Der am Anfang des Ausbildungsabschnitts stehende Einführungsblock .... F 93
   e) Die Bedeutung der Begleitkurse .... F 94
3. Die Weiterbildung während der beruflichen Tätigkeit .... F 95
VI. Finanzielle Absicherung der Studenten .... F 95
VII. Art und Ablauf der Examina .... F 98
  1. Der Abschluß des Studiums: Die erste juristische Staatsprüfung .... F 98
   a) Hochschul- oder Staatsprüfung .... F 98
   b) Die schriftlichen Prüfungsleistungen: Klausuren und Hausarbeit .... F 102
     (1) Klausurexamen am Ende des Grundstudiums .... F 102
     (2) Häusliche Arbeit im Rahmen des Vertiefungsstudiums .... F 104
   c) Die mündliche Prüfung am Ende der universitären Ausbildung .... F 105
   d) Die gestreckte Erste Juristische Staatsprüfung in der Gesamtschau .... F 106
  2. Der Abschluß des Vorbereitungsdienstes: Die Zweite Juristische Staatsprüfung .... F 106
   a) Die schriftlichen Prüfungsleistungen: Klausuren und Hausarbeit .... F 107
     (1) Klausuren als Spiegelbild der Ausbildung in den Pflichtstationen .... F 107
     (2) (Kurz-)Hausarbeit im gewählten Schwerpunktbereich .... F 108
   b) Die mündliche Prüfung: Kurzvortrag mit anschließendem Prüfungsgespräch .... F 109
   c) Die Zweite Juristische Staatsprüfung auf einen Blick .... F 110

E. Studium und Referendariat im Modell .... F 111
  I. Das Grundstudium .... F 111
    1. Die Leitlinien für die Stoffauswahl .... F 111
      a) Die Grundlagenfächer .... F 111
      b) Die Kernfächer des materiellen Rechts in Teilen nur im Überblick .... F 112
      c) Die Wesentlichkeiten des Verfahrensrechts ..... F 114
      d) Die Einbeziehung von Sozialwissenschaften .... F 114
    2. Der Materienkatalog des Grundstudiums .... F 116
    3. Der Studienplan .... F 119
    4. Die Leistungsnachweise .... F 122
      a) Kontrollklausuren .... F 122
      b) Fortgeschrittenennachweise .... F 123
      c) Praktikumsbescheinigung.................. F 123
  II. Das Klausurexamen .... F 123
    1. Die Gegenstände der sechs Klausuren .... F 124
    2. Der technische Ablauf .... F 124
  III. Das Vertiefungsstudium....................... F 125
    1. Die Wahlschwerpunkte .... F 125
    2. Die Einbeziehung einer praktischen Studienzeit ... F 125
    3. Die häusliche Arbeit........................ F 126
  IV. Die mündliche Prüfung und Schlußentscheidung zur Ersten Juristischen Staatsprüfung .... F 126
    1. Inhalt und Gang der mündlichen Prüfung .... F 126
    2. Die Bildung der Gesamtnote.................. F 127
    3. Wiederholung bei Nichtbestehen .... F 127
  V. Referendariat.............................. F 127
    1. Die Pflichtstationen in ihrer Vielfalt .... F 127
    2. Die Wahlstation .... F 131
      a) Ausgestaltung und Plazierung .... F 131
      b) Schwerpunktbereiche.................... F 132
  VI. Die Zweite Juristische Staatsprüfung.............. F 132
    1. Die vier Klausuren .... F 132
    2. Die Kurzhausarbeit .... F 135
    3. Die mündliche Prüfung .... F 135
    4. Wiederholung bei Nichtbestehen .... F 136

F. Gesetzesvorschläge .... F 137
  I. Änderung des Deutschen Richtergesetzes........... F 137
  II. Entwurf einer Landesjustizausbildungs- und Prüfungsordnung zum Abschnitt Zweite Juristische Staatsprüfung .... F 139

Thesen .... F 141

A. Aufgabenstellung

Nach nur 20 Jahren Pause steht die Juristenausbildung wieder auf dem Tagungsprogramm eines Deutschen Juristentages. Der äußere Anlaß ist der im Jahre 1993 auf uns zukommende Europäische Binnenmarkt. Der eigentliche Grund für die wieder aufgelebte Diskussion liegt woanders. Trotz der weithin anerkannten Reformbedürftigkeit der Deutschen Juristenausbildung ist die letzte Reformwelle der 70er Jahre ohne nennenswerten Erfolg geblieben. Das Dritte Gesetz zur Änderung des Deutschen Richtergesetzes[1] aus dem Jahre 1984 hat der langen Geschichte der Reformdiskussionen ohne wirkliche Reformen eine weitere Episode hinzugefügt. Dieses Gesetz hat den Schritt zurück zum Früheren verordnet; aber es gärt.

Soll der gegenwärtigen Reformbewegung nicht erneut ein Mißerfolg zuteil werden, so müssen die Fehler der Vergangenheit vermieden werden. Angesichts der zwar von vielen Seiten beklagten, aber nun einmal vorhandenen Beharrung des Juristenstandes auf vermeintlich bewährten Organisationsformen wird sich eine einschneidende und nachhaltige Strukturwandlung der Ausbildung nicht auf einen Schlag verwirklichen lassen. Eine zeitgemäße Juristenausbildung ist nur durch eine schrittweise Veränderung nach und nach zu erreichen. Das sollte die Vergangenheit gelehrt haben. Jedenfalls gehen wir davon aus.

Auch die Triebfeder „Europäischer Binnenmarkt" rechtfertigt keine andere Einschätzung. Zwar offenbart der vergleichende Blick auf die anderen europäischen Länder,[2] daß die Juristenausbildung in der Bundesrepublik zu lange dauert. Diese Erkenntnis ist aber nicht neu und allenfalls geeignet, einen Konsens in Richtung auf eine Verkürzung der Ausbildungszeit zu bewirken. Die entscheidende, untrennbar damit verbundene Frage, wie die – verkürzte – Juristenausbildung inhaltlich zu gestalten ist, wird auf diese Weise nicht geklärt. Die Antwort auf diese Frage dürfte sogar schwieriger geworden sein. An-

---

[1] Vom 25. Juli 1984 (BGBl. I S. 995).
[2] Einen Überblick über die Dauer der Ausbildung zum Rechtsanwalt in Belgien, Dänemark, Frankreich, Griechenland, Großbritannien, Irland, Italien, Luxemburg, den Niederlanden, Portugal und Spanien vermittelt die vom *BMJ* herausgegebene Übersicht von August 1989, die auf Berichten der Botschaften der Bundesrepublik Deutschland in den betreffenden Staaten beruht; (weitere) Einzelheiten zur Juristenausbildung in Frankreich, Italien, Spanien, Großbritannien und den USA im Parallel-Gutachten von *Hassemer/Kübler* unter B III; zur Ausbildung in Frankreich ausführlich auch W. *Müller*, DRiZ 1990, 81, 85 ff, ebenso zur Ausbildung in Österreich 94 ff.

gesichts des Europäischen Binnenmarktes ist nämlich die Vielfalt der Reformvorstellungen noch gewachsen. Dies erschwert es zunehmend, einen Reformansatz zu finden, der von den bedeutsamen gesellschaftlichen und politischen Kräften im Kern gemeinsam getragen wird.

Ohne einen solchen Grundkonsens wird jede Reform ohne durchschlagenden Erfolg bleiben müssen. Eine zeitlich verkürzte Ausbildung muß, will man inhaltlich keine wesentlichen Abstriche machen, effektiver gestaltet sein. Voraussetzung dafür ist die Mitwirkung aller Beteiligten, der Ausbildungsstellen und hier vorrangig der Universität, aber auch der Justiz, der Verwaltung, der Anwaltschaft, der Wirtschaft, der Justizprüfungsämter, des Staates als Geldmittelgebers und nicht zuletzt der Auszubildenden selbst. Insofern muß jede Reform auf viele Füße gestellt werden, was tiefgreifende Veränderungen in einem Zuge nicht zuläßt.

Nach den gewonnenen Erfahrungen empfiehlt es sich auch nicht, Reformen nur partiell durchzuführen und den reformierten Ausbildungsgang von der Ausbildung im übrigen abzukoppeln. Auf einen ausgewählten Personenkreis beschränkte und unter günstigen Sonderbedingungen veranstaltete Experimente laufen Gefahr, daß die gewonnenen Erkenntnisse nicht für die Ausbildung im allgemeinen Gültigkeit haben und daher auch nicht im Sinne einer umfassenden Ausbildungsreform fruchtbar gemacht werden können. Auch läßt es sich kaum vermeiden, daß solche speziellen Reformausbildungsgänge einer bestimmten politischen Richtung zugeordnet werden und dort gewonnene Erfahrungen schon aus diesem Grunde – mag man diese Borniertheit auch beklagen – auf Widerstand stoßen. Das läßt dringend benötigte Reformkräfte leerlaufen. Die anzustrebenden Veränderungen sollten daher im Rahmen der für alle geltenden Ausbildungsvorschriften ihren Standort haben.

Das bedeutet allerdings nicht, daß alle Absolventen der Juristenausbildung eine völlig gleich verlaufende Ausbildung erfahren müßten. Vielmehr kann es sich als sachgerecht erweisen, die gesetzlichen Rahmenbedingungen flexibel zu gestalten und es den Auszubildenden in Abstimmung mit den Ausbildungsstellen zu überlassen, den konkreten Ausbildungsgang zu bestimmen. Je nach Wunschvorstellung des Auszubildenden kann insoweit differenziert werden. Allerdings müssen die Unterschiede sich in einem Rahmen halten, der es zuläßt, nach wie vor von einer einheitlichen Ausbildung mit einem allgemein anerkannten Abschluß zu sprechen.

Vor diesem Hintergrund wird dieses Gutachten es nicht leisten, die Juristenausbildung gleichsam wie auf einem Reißbrett neu zu planen. Indessen sollen etliche Modifikationen der vorhandenen Struktur diskutiert und empfohlen werden, die eine Verkürzung und Straffung der Juristenausbildung bewirken und zugleich Perspektiven in Richtung auf eine zukunftsorientierte Ausbildung eröffnen. Diese sollte theorie-praxisintegrativ sein sowie eine fachliche und berufsfeldorientierte Spezialisierung ermöglichen. Denkbar ist, daß diese Veränderungen bei andauernder Reformbereitschaft mittelfristig in eine einstufige Ausbildung münden.

B. Die Geschichte der Juristenausbildung und der Reformbemühungen

Das Studium der Rechtswissenschaften und die anschließende praktische Ausbildung zum Volljuristen haben in Deutschland eine lange Tradition (I.). Gleiches gilt für die Bemühungen um Ausbildungsreformen. Für die Zeit bis zum Jahre 1970 kann hier nur ein kurzer Überblick gegeben werden; die Zeit nach 1970 bedarf einer eingehenderen Darstellung (II.). Besondere Bedeutung kommt der europäischen Entwicklung zu (III.).

I. Die Entwicklung der deutschen Juristenausbildung

1. Die Zeit bis zum Zweiten Weltkrieg

Während im Mittelalter die Beschäftigung mit dem Recht den Universitäten vorbehalten war, die den wissenschaftlich ausgewiesenen Personen den Doktor juris verliehen,[1] läßt sich seit dem 17. Jahrhundert ein zunehmendes Interesse des Staates an der Ausbildung von Juristen feststellen.[2] Die gelehrten Juristen verdrängen nach und nach die nicht juristisch ausgebildeten, sondern lediglich im praktischen Recht erfahrenen und entsprechend eingesetzten Personen.[3]

Die erste Phase der akademischen Ausbildung zum Juristen bildete das Universitätsstudium. Dieses fand schon bald nicht mehr an den altehrwürdigen, international angesehenen Universitäten statt, sondern wurde mehr und mehr von den Landesuniversitäten übernommen, da die gelehrten Juristen für die Übernahme in das Beamtenverhältnis auch das in dem jeweiligen Land geltende Recht kennen sollten. Vermutlich ist daher das in Deutschland verbreitete Partikularrecht auch ein Grund dafür gewesen, das Universitätsstudium schon von vornherein durch praktische Ausbildungsgänge zu ergänzen.[4]

---

[1] Vgl. Die Ausbildung der Deutschen Juristen, Darstellung, Kritik und Reform, *Denkschrift* des *Arbeitskreises für Fragen der Juristenausbildung e.V.* (1960), S. 52; *Kübler*, Juristenausbildung im Zielkonflikt (1971), S. 9.

[2] Zur Einwirkung des Staates auf den Rechtsunterricht vgl. *Hübner*, Festschrift für Felgenträger (1969), S. 99 ff.

[3] *Denkschrift* (Fn. 1), S. 52; *Oehler*, Gutachten E zum 48. DJT (1970), S. 17.

[4] Vgl. *Köbler*, JZ 1971, 768, 770 und *Hattenhauer*, JuS 1989, 513, 514; einen ausführlichen Überblick über die Geschichte der Juristenausbildung und juristischen Staatsprüfungen am Beispiel Oldenburgs gibt *H. Kramer* in Hundertfünfundsiebzig Jahre Oberlandesgericht Oldenburg (Festschrift 1989), S. 119–149.

Kennzeichnend für die Struktur der deutschen Juristenausbildung ist die Entwicklung in Brandenburg-Preußen. Anlaß für die Reglementierung der Ausbildung war die Besetzung der Stellen der Hof- und Kammergerichtsräte. In diesem Zusammenhang ist neben der Einführung staatlicher Prüfungen auch der juristische Vorbereitungsdienst festgeschrieben worden, und zwar erstmals in Brandenburg durch das Reskript vom 17. Februar 1710 und die allgemeine Ordnung betreffend die Verbesserung des Justizwesens vom 21. Juni 1713.[5] Richtungweisend wurde der Codex Fridericiani Marchici aus dem Jahre 1748, der zwar Entwurf geblieben ist, nach dessen Bestimmungen über die juristische Ausbildung und juristischen Prüfungen aber von der Mitte des 18. Jahrhunderts an in Preußen verfahren wurde. Danach mußte ein Bewerber um eine Stelle bei einem höheren Kollegialgericht einen zweigliedrigen Vorbereitungsdienst abgeleistet und drei Prüfungen vor dem Kammergericht in Berlin abgelegt haben. Die zweite und dritte Prüfung sahen in ihren schriftlichen Teilen die Anfertigung von Proberelationen vor. Der mündliche Teil der Prüfung war öffentlich; im Rahmen des Assessorexamens war alsbald auch ein Aktenvortrag vorgesehen.[6] Seit dem Ende des 18. Jahrhunderts mußten neben den künftigen Richtern auch die Staatsanwälte, Rechtsanwälte und Notare den Vorbereitungsdienst ableisten. Vom Jahre 1849 an mußten alle Richter, Staatsanwälte und Rechtsanwälte das Assessorexamen bestanden haben.[7]

Das Gesetz über die juristischen Prüfungen und die Vorbereitung zum höheren Justizdienste vom 6. Mai 1869[8] ordnete die juristische Ausbildung in Preußen neu. Die Auskultatur, der erste Teil des Vorbereitungsdienstes, und eine der bisher drei Staatsprüfungen fielen fort. Die Dauer der praktischen Ausbildung blieb allerdings unverändert. Die bisher eineinhalb Jahre dauernde Auskultatur und das zweieinhalbjährige Referendariat wurden zu einem Vorbereitungsdienst von vier Jahren Dauer zusammengefaßt. Das Referendarexamen, das nach wie vor lediglich Eingangsprüfung für den Vorbereitungsdienst blieb, setzte ein Rechtsstudium an einer Universität von – wie seit 1804 festgeschrieben[9] – mindestens drei Jahren voraus. Die Prüfung bestand aus einer „Sechs-Wochen-Arbeit" und einer mündlichen Prüfung und sollte feststellen, ob der Kandidat die „für seinen künftigen Beruf erforderliche allgemeine rechts- und staatswissenschaftliche Bildung" erworben hatte. Das Assessorexamen sah zwei Hausarbeiten vor, eine Relation und eine wissenschaftliche Arbeit. Bestandteil

---

[5] Vgl. *Köbler*, JZ 1971, 768, 770.
[6] Dazu *Denkschrift* (Fn. 1), S. 53; *Oehler* (Fn. 3), S. 17 f.
[7] Vgl. *Denkschrift* (Fn. 1), S. 54.
[8] Preußische Gesetzsammlung S. 656.
[9] Vgl. *Denkschrift* (Fn. 1), S. 54; *Oehler* (Fn. 3), S. 18.

der mündlichen Prüfung war ein Aktenvortrag. Geprüft werden sollte, ob der Kandidat befähigt war, im praktischen Justizdienst eine „selbständige Stellung mit Erfolg" einzunehmen. Die Leistungen der erfolgreichen Kandidaten wurden mit den Noten „vorzüglich", „gut", oder „ausreichend" bewertet.[10] Ab 1883 galten diese Noten auch für das Referendarexamen.[11]

Um die Jahrhundertwende wurde das Referendarexamen – neben seiner Funktion als Eingangsprüfung für die praktische Ausbildung – zugleich auch Universitätsabschlußprüfung. Damit erhielt die Erste Juristische Staatsprüfung den doppelten Charakter, den sie bis heute beibehalten hat.[12] Der Grund für diesen Funktionswandel lag darin, daß das Rechtsstudium an der Universität Ende des 19. Jahrhunderts sein rein theoretisches Gepräge verlor. Bis dahin hatte sich die universitäre Ausbildung in erster Linie mit der Dogmatik des römischen Rechts beschäftigt und war vornehmlich eine Art Denkschulung für den angehenden Juristen gewesen. Kenntnisse im geltenden Landesrecht wurde nicht oder jedenfalls kaum vermittelt.[13] Die Schaffung eines einheitlichen bürgerlichen Gesetzbuches für das gesamte Reich und die fortschreitende Entwicklung des Verwaltungsrechts machten die universitäre Juristenausbildung praxisnäher, weil geltendes Recht gelehrt wurde und im Referendarexamen abgefragt werden konnte.[14] Seit dem Jahre 1890 wirkten in den Ausschüssen für das Referendarexamen folglich auch Universitätslehrer mit.[15]

Im Jahre 1908 wurden erstmals Klausuren Bestandteil des Referendarexamens.[16] Kurze Zeit später wurden auch im Assessorexamen Klausuren geschrieben.[17] Der juristische Vorbereitungsdienst änderte sich dahin, daß der Schwerpunkt der Ausbildung an den Gerichten der ordentlichen Gerichtsbarkeit stattfand. Die Ausbildung bei Staatsanwälten, Rechtsanwälten und Notaren verlor an Bedeutung.[18] Im Jahr 1920 wurde der juristische Vorbereitungsdienst in Preußen von vier auf drei Jahre verkürzt.[19] Weitere grundlegende Veränderungen erfuhr die Juristenausbildung in Preußen während der Weimarer Republik nicht. Einen gesonderten Weg ging in Preußen – ebenso wie

---

[10] Zu allem *Denkschrift* (Fn. 1), S. 54 ff.; *Oehler* (Fn. 3), S. 19.
[11] Dazu *Denkschrift* (Fn. 1), S. 56 und dort Fn. 1.
[12] *Oehler* (Fn. 3), S. 20.
[13] So auch *Kunkel*, JZ 1956, 637, 640.
[14] Vgl. *Oehler* (Fn. 3), S. 21.
[15] Allgemeine Verfügung vom 3. 11. 1890 (PrJMBl. S. 277).
[16] Allgemeine Verfügung vom 30. 3. 1908 (PrJMBl. S. 186).
[17] Allgemeine Verfügung vom 17. 6. 1913 (PrJMBl. S. 194).
[18] Vgl. *Oehler* (Fn. 3), S. 19 f.
[19] Gesetz vom 6. 5. 1920 (Preußische Gesetzsammlung S. 158); zu den Einzelheiten vgl. *Denkschrift* (Fn. 1), S. 58.

in Sachsen und Württemberg, anders als in Bayern und Baden – die Ausbildung zum höheren Verwaltungsbeamten.[20] In der NS-Zeit erhielt das Reich die bisher bei den Ländern liegende Kompetenz für die Regelung der Juristenausbildung. Die Justizausbildungsordnungen vom 22. Juli 1934[21] und 4. Januar 1939[22] übernahmen für die Ausbildung der Justizjuristen[23] das „Preußische Modell".

2. Die Zeit nach dem Zweiten Weltkrieg

In der Zeit zwischen 1949 und 1951 erließen nach einer bis zur Gründung der Bundesrepublik Deutschland während Übergangsperiode die meisten Bundesländer eigene Ausbildungsordnungen,[24] die die wesentlichen Strukturen der Reichsjustizausbildungsordnung beibehielten. Unterschiede ergaben sich bei den schriftlichen Prüfungsleistungen. In den süddeutschen Ländern beschränkte sich der schriftliche Teil der Ersten und Zweiten Juristischen Staatsprüfung nunmehr wieder auf die Anfertigung von Aufsichtsarbeiten, während in den norddeutschen Ländern durchweg auch eine häusliche Arbeit anzufertigen war. Durch das Gesetz zur Herstellung der Rechtseinheit vom 12. September 1950[25] wurde die Dauer des Vorbereitungsdienstes für das gesamte Bundesgebiet auf mindestens dreieinhalb Jahre festgesetzt. Auf einen gesonderten Ausbildungsgang für den höheren Verwaltungsdienst wurde in allen Bundesländern verzichtet.

Das Deutsche Richtergesetz vom 8. September 1961[26] brachte keine grundsätzlichen Änderungen der Juristenausbildung. Lediglich die Mindeststudiendauer wurde einheitlich auf sieben Semester erhöht.[27] In § 5 Abs. 1 DRiG wurde festgeschrieben, was bisher in § 2 GVG a.F. geregelt war, daß die Befähigung zum Richteramt durch das Bestehen zweier Prüfungen erworben wird, wobei der ersten Prüfung ein Studium der Rechtswissenschaft und der zweiten Prüfung ein Vorbereitungsdienst vorauszugehen hat.

---

[20] Zur Ausbildung des Nachwuchses für den höheren Verwaltungsdienst vgl. *Geib*, AöR Bd. 80 (1955/56), 307, 319 ff., der zugleich auch einen Überblick über die geschichtliche Entwicklung des Erwerbs der Befähigung zum höheren Justizdienst gibt (S. 314 ff.); des weiteren *Denkschrift* (Fn. 1), S. 59 f.
[21] RGBl. S. 727.
[22] RGBl. S. 5.
[23] Für die Ausbildung der höheren Verwaltungsbeamten war die Verordnung vom 20. Juni 1937 (RGBl. S. 666) maßgebend, die eine besondere Ausbildung der Regierungsreferendare vorsah.
[24] Vgl. den Überblick in *Denkschrift* (Fn. 1), S. 71 ff.
[25] BGBl. I S. 455.
[26] BGBl. I S. 1665.
[27] § 5 Abs. 2 DRiG a.F.

Durch das Gesetz zur Kürzung des Vorbereitungsdienstes für den Erwerb der Befähigung zum höheren Beamtendienst und zum Richteramt vom 18. August 1965[28] wurde § 5 Abs. 3 DRiG neu gefaßt. Die Dauer des Vorbereitungsdienstes wurde auf zweieinhalb Jahre reduziert.

Grundlegende Neuerungen brachte das (erste) Gesetz zur Änderung des Deutschen Richtergesetzes vom 10. September 1971.[29] Der Vorbereitungsdienst wurde weiter auf jetzt zwei Jahre verkürzt und bundesrechtlich flexibler ausgestaltet: Die Ausbildung war bei einem ordentlichen Gericht in Zivilsachen, bei einem Gericht in Strafsachen oder bei einer Staatsanwaltschaft, bei einer Verwaltungsbehörde, bei einem Rechtsanwalt und bei einer Wahlstelle abzuleisten. Die Ausbildung bei einer Stelle mußte mindestens drei Monate dauern. Dem Landesgesetzgeber wurde außerdem die Möglichkeit eröffnet vorzusehen, daß Teile von Prüfungen während der Ausbildungszeit abgeleistet werden.[30] Daneben konnte das Landesrecht bestimmen, daß Noten für die Leistungen im Vorbereitungsdienst bis zu einem Drittel auf die Gesamtnote der zweiten Prüfung angerechnet werden.[31]

3. Die Zeit der Einstufigen Juristenausbildung

Vor allem aber brachte das Änderungsgesetz die Einführung der Einstufigen Juristenausbildung. Dem Landesgesetzgeber wurde die Möglichkeit eröffnet, Studium und praktische Vorbereitung in einer gleichwertigen Ausbildung von mindestens fünfeinhalb Jahren zusammenzufassen. Die Erste Juristische Staatsprüfung konnte durch eine Zwischenprüfung und ausbildungsbegleitende Leistungskontrollen ersetzt werden. Die Abschlußprüfung sollte in ihren Anforderungen der zweiten Prüfung im Rahmen der zweistufigen Ausbildung gleichwertig sein. Der als Experimentierklausel bezeichnete § 5b DRiG war zeitlich befristet, und zwar zunächst bis zum 15. September 1981.

Von der Möglichkeit, die Einstufige Juristenausbildung einzuführen, haben sieben Länder Gebrauch gemacht, und zwar Bayern an der

---

[28] BGBl. I S. 891.
[29] BGBl. I S. 1557.
[30] Davon haben – in unterschiedlichem Umfang – nur die Länder Berlin, Bremen, Hamburg, Niedersachsen und Schleswig-Holstein Gebrauch gemacht; vgl. *Rinken,* Einführung in das juristische Studium (1977), S. 22.
[31] Die Länder Berlin, Bremen, Hamburg, Hessen, Nordrhein-Westfalen und Schleswig-Holstein berücksichtigten die Ausbildungsnote mit einem Drittel, Niedersachsen mit drei Zehnteln; vgl. *Rinken* (Fn. 30), S. 21 und *Braun,* Juristenausbildung in Deutschland (1980), S. 39 und 42.

Universität Augsburg und später an der Universität Bayreuth, Bremen, Baden-Württemberg an der Universität Konstanz, Hamburg am Fachbereich Rechtswissenschaft II, Niedersachsen an der Universität Hannover und Rheinland-Pfalz an der Universität Trier. Da die bundesgesetzlichen Vorgaben den Ländern – bewußt – einen weiten Spielraum belassen haben, wichen die Ländermodelle[32] stark voneinander ab, wobei die Unterschiedlichkeiten auf verschiedenen Ebenen liegen.

Nach der Art der organisatorischen Verbindungen von Studium und praktischer Vorbereitung läßt sich zwischen einem Integrationsmodell wie in Hamburg, in welchem Hochschulstudium und praktische Ausbildung einander begleiten, und den Intervallmodellen wie in den anderen Bundesländern, in denen der Ausbildungsgang in mehrere universitäre und praktische Phasen eingeteilt ist, unterscheiden.[33] Was das Maß der Einbeziehung von Sozialwissenschaften angeht, so weichen die Modelle ebenfalls erheblich voneinander ab; extreme Positionen nehmen Bayern auf der einen und Bremen auf der anderen Seite ein.[34] Baden-Württemberg, Bayern, Nordrhein-Westfalen und Rheinland-Pfalz sehen eine Zwischenprüfung nach zwei, drei oder vier Jahren vor, während in Bremen, Hamburg und Niedersachsen die Zwischenprüfung durch studienbegleitende Leistungskontrollen ersetzt wird.[35] Die schriftlichen und mündlichen Prüfungsteile des Abschlußverfahrens sind gänzlich unterschiedlich ausgestaltet und können hier nicht näher dargestellt werden. Gleiches gilt für die Art der Anrechnung von Ausbildungsleistungen auf die Schlußnote.[36]

Durch das Zweite Gesetz zur Änderung des Deutschen Richtergesetzes vom 16. August 1980[37] ist die Erprobungsphase für die Einstufige Juristenausbildung bis zum 15. September 1984 verlängert worden. Gleichzeitig ist die Dauer des Vorbereitungsdienstes in der Zweistufigen Juristenausbildung mit Wirkung vom 1. November 1982 wieder auf zweieinhalb Jahre festgesetzt worden.

---

[32] Vgl. zu den Einzelheiten *Braun* (Fn. 31), S. 31 bis 50, 113 bis 182; *Rinken* (Fn. 30), S. 24 bis 45.
[33] Ein anschauliches Bild über Umfang und Zeitpunkt der Praxisanteile gibt die Tabelle bei *Braun* (Fn. 31), S. 10.
[34] Vgl. dazu *Rinken* (Fn. 30), S. 24 ff.; zur Einteilung in die sogenannten „Südmodelle" (Augsburg/Bayreuth, Konstanz, Trier und Bielefeld) und die sogenannten „Nordmodelle" (Bremen, Hamburg und Hannover), die mehr sozialwissenschaftlich ausgerichtet waren, vgl. *Braun* (Fn. 31), S. 17 ff.
[35] Vgl. *Braun* (Fn. 31), S. 46 f.
[36] Im einzelnen *Braun* (Fn. 31), S. 48.
[37] BGBl. I S. 1451.

4. Die derzeitige Rechtslage

Durch das Dritte Gesetz zur Änderung des Deutschen Richtergesetzes vom 25. Juli 1984[38] ist die Wiedervereinheitlichung der Juristenausbildung auf der Grundlage der herkömmlichen zweistufigen Ausbildung beschlossen worden. § 5 Abs. 1 DRiG schreibt fest, daß die Befähigung zum Richteramt erwirbt, wer ein rechtswissenschaftliches Studium an einer Universität mit der ersten Staatsprüfung und einen anschließenden Vorbereitungsdienst mit der zweiten Staatsprüfung abschließt.

Das Gesetz enthält darüber hinaus einige Neuerungen zum Studium. Die Studienzeit von dreieinhalb Jahren kann unterschritten werden, sofern die zur Zulassung zur ersten Prüfung erforderlichen Leistungen nachgewiesen sind.[39] Erstmals werden Wahlfächer, welche die landesgesetzlichen Ausbildungs- und Prüfungsordnungen seit Anfang der siebziger Jahre kennen, bundesgesetzlich angesprochen. Über die Kernfächer Bürgerliches Recht, Strafrecht, Öffentliches Recht und Verfahrensrecht – einschließlich der rechtswissenschaftlichen Methoden mit ihren philosophischen, geschichtlichen und gesellschaftlichen Grundlagen – hinaus hat der Student sich Wahlfächern zu widmen, die der Ergänzung des Studiums und der Vertiefung der mit ihnen zusammenhängenden Pflichtfächern dienen.[40] Die Ableistung von praktischen Studienzeiten von mindestens dreimonatiger Dauer während der vorlesungsfreien Zeit wird bundeseinheitlich zur Pflicht gemacht.[41] Bis zum Ende des zweiten Studienjahres hat sich der Student im Bürgerlichen Recht, Strafrecht und Öffentlichen Recht studienbegleitenden Leistungskontrollen unter Prüfungsbedingungen zu unterziehen, die bei Mißerfolg innerhalb eines Jahres einmal wiederholt werden können.[42] Das Landesrecht hat zu bestimmen, daß die Teilnahme an weiterführenden Lehrveranstaltungen und die Zulassung zur ersten Prüfung davon abhängig sind, daß das Kontrollverfahren[43] erfolgreich abgeschlossen worden ist.

Nach der Neufassung des § 5b DRiG findet im Rahmen des insgesamt zweieinhalb Jahre dauernden Vorbereitungsdienstes die Ausbil-

---

[38] BGBl. I S. 995; s. dazu *W. Müller* DRiZ 1990, 81, 83 ff.
[39] § 5a Abs. 1 Satz 1 DRiG.
[40] § 5a Abs. 2 DRiG.
[41] § 5a Abs. 3 DRiG.
[42] § 5a Abs. 4 DRiG.
[43] Zu den nicht unbeträchtlichen Unterschieden bezüglich der Ausgestaltung der Kontrollverfahren vgl. *Zwischenbericht* des *Ausschusses der Justizministerkonferenz* zur Koordinierung der Juristenausbildung über die bisherigen Erfahrungen mit der Neugestaltung der Juristenausbildung (1989), S. 4 bis 10.

dung zwei Jahre in Pflichtstationen und sechs Monate in Wahlstationen statt, denen das letzte halbe Jahr des Vorbereitungsdienstes zu widmen ist. Angesichts der Vielfalt der in Betracht kommenden Stationen bestimmt das Gesetz, daß das Landesrecht die Wahlstationen zu Schwerpunktbereichen zusammenzufassen hat.[44] Insgesamt soll der Vorbereitungsdienst bei höchstens sieben Stationen abgeleistet werden, wobei eine Pflichtstation mindestens drei Monate dauern soll.[45]

Angesichts der Aufteilung des Vorbereitungsdienstes in Pflicht- und Wahlstationen bestimmt § 5 d Abs. 2 DRiG, daß die schriftlichen Leistungen auf beide Ausbildungsbereiche bezogen sein müssen und grundsätzlich gegen Ende des entsprechenden Ausbildungsabschnittes zu erbringen sind. Bundesgesetzlich festgeschrieben ist auch, daß der Anteil der mündlichen Prüfungsleistungen an der Gesamtnote 40 vom Hundert nicht übersteigen darf und daß die schriftlichen Prüfungsleistungen, die sich auf den Schwerpunktbereich beziehen, mit einem Anteil bis zu 40 vom Hundert in das Ergebnis der schriftlichen Prüfung einfließen.

II. Reformvorschläge im Überblick

Kritische Äußerungen zur deutschen Juristenausbildung gibt es seit langem. Hier ist nicht der Ort, die vielfältigen Reformvorstellungen im einzelnen nachzuzeichnen. Nur einige wenige sollen kurz skizziert werden, und zwar vor allem diejenigen, deren Ansatzpunkte bis heute Gültigkeit haben.

1. Reformbemühungen in der Zeit vor dem Zweiten Weltkrieg

Bereits in den 80er Jahren des letzten Jahrhunderts ist von *Dernburg*[46] ein Studienplan entwickelt worden, der einen Wechsel zwischen theoretischer Ausbildung an der Universität und praktischer Ausbildung im Sinne des juristischen Vorbereitungsdienstes vorsah. Einem theoretischen Studium von fünf Semestern sollte eine zweijäh-

---

[44] § 5 b Abs. 1 Satz 2 Nr. 5 DRiG; die Zusammenfassung haben die Länder so vorgenommen, daß als Schwerpunktbereiche überwiegend „Zivil- und Strafrechtspflege" (teilweise auch getrennt), „Staat und Verwaltung", „Wirtschaft (und Steuern)", „Arbeit und Soziales" und zum Teil auch „Internationales" bzw. „Europarecht" und „Familie" vorgesehen sind (vgl. *Wassermann/Kirchner/Kröpil,* Das Recht der Juristenausbildung (1988), § 5 b DRiG Rdnr. 6.
[45] § 5 b Abs. 3 Satz 1 und 2 DRiG.
[46] Die Reform der juristischen Studienordnung (1886), insbes. S. 24 ff.

rige Ausbildung in der Praxis folgen. Danach sollte der angehende Jurist wieder für drei Semester an die Universität zurückkehren, um nach erneutem eineinhalbjährigen Dienst in der Praxis die Große Staatsprüfung abzulegen.

Gut 20 Jahre später hat *Zitelmann*[47] diesen Vorschlag aufgegriffen. Allerdings sollte die erste Studienphase nur eineinhalb Jahre und dafür die zweite zweieinhalb Jahre betragen. Wichtig erschien *Zitelmann*, daß der Rechtsstoff den Studenten zunächst einmal elementar und nach Sammeln erster praktischer Erfahrungen sodann noch einmal vertieft dargeboten werde.

Eine Zweiteilung des Studiums – allerdings ohne Einschub einer praktischen Ausbildungzeit – wurde 1911 auch von *Gerland*[48] gefordert: In der ersten Studienhälfte seien die bedeutsamen Fächer zum Gegenstand einer Zwischenprüfung als „einer Art propädeutischem Examen" zu machen, während in der zweiten Hälfte ausgewählte Kapitel vertieft zu behandeln seien.

Kritik am juristischen Vorbereitungsdienst hat *Radbruch* unter anderem in seiner Rede am 25. Januar 1921 im Reichstag[49] lautwerden lassen. Die Justizorientiertheit führe dazu, daß die Rechtspraxis zu sehr aus der Sicht des Richters statt aus dem Blickwinkel des Rechtsuchenden nahegebracht werde; die praktische Ausbildung habe beim Anwalt und nicht beim Amtsgericht zu beginnen.

In den Berichten der Präsidenten der preußischen Justizprüfungskommissionen ist wiederholt[50] darauf hingewiesen worden, daß das Einpauken positiven Wissens und die ständige Übung der Klausurtechnik ein gründliches wissenschaftliches Studium nicht ersetzen könne, weswegen der Hausarbeit und dem mündlichen Vortrag ein höherer Prüfungswert beizumessen sei als den Aufsichtsarbeiten; diese hätten zwar Kontrollfunktion, gerade schwachen Kandidaten gelinge es aber oft, mit einem gewissen Maß erlernter Routine brauchbare Aufsichtsarbeiten abzuliefern.

Der Reduzierung des schon damals als zu umfangreich empfundenen Prüfungsstoffs diente ein Vorschlag der elf nichtpreußischen Fakultäten aus dem Jahre 1930:[51] Die Prüfung sollte auf einige grundlegende Pflichtfächer und auf vom Kandidaten selbst zu bestimmende Wahlfächer beschränkt werden, um eine gewisse Vertiefung der geforderten Kenntnisse zu erreichen.

Kritik wurde auch an den Unterrichtsmethoden geübt. Als Beispiel sei hier auf die Denkschrift des Preußischen Kultusministeriums aus

---

[47] DJZ 1909, 505 ff.
[48] Die Reform des juristischen Studiums (1911), insbesondere S. 146 ff.
[49] Vgl. *Denkschrift* (Fn. 1), S. 185; *Oehler* (Fn. 3), S. 48.
[50] So PrJMBl. 1928, 107; 1930, 49; 1932, 40; 1933, 30.
[51] DJZ 1930, 952 ff.

dem Jahre 1930[52] hingeweisen, in welcher als Ergänzung zur Vorlesung die sogenannte „Besprechungsstunde" vorgeschlagen wurde, die Gespräche zwischen Dozenten und Studenten ermöglichen und fördern sollte. Umstritten waren auch die in den zwanziger Jahren aufgekommenen Referendararbeitsgemeinschaften. Dabei stand nicht deren Ausbildungswert in Frage, sondern die Gefahr einer zu starken Verschulung.[53]

2. Reformanstrengungen aus der Nachkriegsphase

Nach dem Zweiten Weltkrieg nahm die Kritik an der Juristenausbildung langsam, aber stetig, nicht zuletzt wegen der ständig wachsenden Zahl der Studierenden[54] zu. Im Zusammenhang mit der Reform der akademischen Ausbildung insgesamt stellte *Pringsheim*[55] 1953 fest, daß die Begrenzung des Unterrichtsstoffs eine Existenzfrage der deutschen Universität sei, die sich an allen Fakultäten stelle, und daß am Anfang jeder Reform die Vermehrung und bessere Entlohnung der Lehrkräfte sowie die Verbesserung der Lehrmittel stehen müsse. Eine Dreiteilung des Studiums schlug *Husserl*[56] vor. Der erste, zwei Semester dauernde Abschnitt sollte als propädeutisches Studium den Studenten das soziale Weltbild der Gegenwart vermitteln. In einem zweiten Abschnitt von fünf Semestern habe das elementare Rechtsstudium im engeren Sinne einer wissenschaftlichen Vorbereitung für den Beruf des Juristen zu folgen. Der dritte Abschnitt sollte die Natur eines spezialisierten wissenschaftlichen Nachstudiums haben, das ausschließlich für promotionswillige, ggf. auch fertige Juristen vorzusehen sei.

Einen detaillierten Ausbildungsplan erarbeitete der von der Konferenz der Dekane der rechtswissenschaftlichen Fakultäten im März 1956 in Münster eingesetzte Ausschuß für Fragen der Studienreform. Dieser sogenannte „*Hattenheimer Studienplan*"[57] machte für die unbefriedigende Juristenausbildung das Massenproblem, die mangelnde Eignung und Fortbildung bei den meisten Studierenden in der

---

[52] Vgl. dazu *Denkschrift* (Fn. 1), S. 172f.; *Oehler* (Fn. 3), S. 47.
[53] Vgl. Berichte des Präsidenten der Preußischen Justizprüfungsämter der Jahre 1927 (PrJMBl. S. 46ff.), 1929 (PrJMBl. S. 45ff.), 1930 (PrJMBl. S. 44ff.) und 1932 (PrJMBl. S. 40ff.).
[54] Vgl. dazu *Husserl*, JZ 1956, 634, 635f.
[55] JZ 1953, 301ff.
[56] JZ 1953, 453ff.
[57] Vgl. dazu ausführlich *Oehler* (Fn. 3), S. 53ff.; der sog. Hattenheimer Studienplan ist nicht veröffentlicht worden; dazu des weiteren *Denkschrift* (Fn. 1), S. 182 mit Fn. 3, die auf *Ridder*, JZ 1956, 525 und die Entschließung der Fakultätenkonferenz vom 9. 1. 1957, JZ 1957, 116, verweist.

Rechtswissenschaft und schließlich die auf die wirtschaftliche Lage der Studenten zurückzuführende verbreitete Nebenbeschäftigung während des Grundstudiums verantwortlich. Auch der Stoffumfang stelle ein Problem dar, das nicht durch schlichte Vermehrung der Vorlesungen gelöst werden könne. Die lediglich „stoffdarbietende" Vorlesung müsse zu einer „Problemvorlesung" umgewandelt werden, ohne von einer möglichst vollständigen Darstellung der Grundfächer abzurücken, um ein Abwandern der Studenten zum Repetitor zu verhindern. Der auf sieben Studiensemester ausgerichtete Plan sah eine Aufgliederung in „Grundvorlesungen" zu den Kerngebieten sowie in „Fachvorlesungen" zu Einzelfächern und Sondergebieten vor, die von den Studenten nach Wahl nur in beschränkter Zahl gehört werden müßten. Die von Arbeitsgemeinschaften begleiteten Grundvorlesungen sowie die Übungen sollten in den ersten fünf Semestern belegt werden, während die beiden letzten Semester den Fachvorlesungen sowie Seminaren und Wiederholungskursen vorbehalten bleiben sollten. Auch für das erste Staatsexamen sollten die Prüfungsgebiete unterteilt werden in für alle geltende „klassische" Fächer und in Wahlfächer, unter denen der Student auswählen könne.

Im Jahre 1960 legte der auf Initiative von *Husserl* schon 1954 gegründete Arbeitskreis für Fragen der Juristenausbildung seine *Denkschrift*[58] vor, die umfangreiches rechtstatsächliches und rechtsvergleichendes Material verarbeitet hat. In der Analyse kam die Denkschrift zu ähnlichen Ergebnissen wie der *„Hattenheimer Studienplan"*. Das Hauptproblem sei die Stoffülle, wobei auffalle, daß trotz der erheblichen Stoffausweitung – im Gegensatz zu anderen Disziplinen – an der Mindeststudienzeit festgehalten worden sei, die jeden Musterstudienplan zur Überlastung verurteile.[59] Bemängelt wurde auch der Versuch, den Prüfungsstoff dadurch zu verringern, daß bestimmte Fächer nur in „Grundzügen" Gegenstand der Prüfung sein sollten. Was zu diesen Grundzügen gehöre, sei schon für die Prüfer kaum auszumachen und erst recht nicht für die Kandidaten.[60] Kritisch stand die Denkschrift auch dem Wert der Aufsichtsarbeiten gegenüber, jedenfalls soweit diese entscheidendes Gewicht für die Prüfung hätten wie in den süddeutschen Ländern.[61] Als Mängel des Vorbereitungsdienstes wurden das Überfüllungsproblem sowie die Zersplitterung des Vorbereitungsdienstes in kleine und kleinste Ausbildungsabschnitte, das oft nur geringe pädagogische Geschick der Ausbilder und der immer wieder festzustellende Leerlauf genannt, welcher Anlaß zu

---

[58] Wie oben Fn. 1.
[59] *Denkschrift* (Fn. 1), insbesondere S. 144 ff., 209 ff.
[60] *Denkschrift* (Fn. 1), S. 102 und vor allem S. 208.
[61] *Denkschrift* (Fn. 1), S. 326.

einer Verkürzung der Gesamtdauer des Vorbereitungsdienstes gebe.[62] Auch müsse der Referendar mehr Gelegenheit zu selbständiger und eigenverantwortlicher Arbeit erhalten.[63] Von dem „idealen" Juristen verlangte die Denkschrift gediegene Rechtskenntnisse, verbunden mit einem Sinn für die spezifische juristische Methode und einer Beherrschung der Rechtssprache, Verständnis für soziale und wirtschaftliche Zusammenhänge, eine möglichst umfassende Bildung, einen guten Charakter und eine zupackende Entschlußkraft.[64] Vorgeschlagen wurde eine Aufteilung der Universitätsausbildung in ein Grund- und in ein Vertiefungsstudium von je vier Semestern; zwischen diesen beiden Abschnitten sei ein praktisches Studiensemester von etwa fünf Monaten Dauer zu absolvieren. Nach einer Vorprüfung am Ende des Grundstudiums sei das Vertiefungsstudium mit einer Universitätsprüfung abzuschließen.[65] Der Vorbereitungsdienst sei auf zweieinhalb Jahre zu verkürzen. Am Ende der Ausbildung habe eine stärker auf die Praxis ausgerichtete Staatsprüfung zu stehen.[66]

Die Beschlüsse des *Tübinger Fakultätentages* von Juli 1961[67] bezeichneten als Ziel der Ausbildung „den fachlich geschulten, geistig selbständigen und seiner Verantwortung bewußten jungen Juristen" und befinden sich damit ebenso auf der Linie der Denkschrift wie das der ständigen Konferenz der Innenminister und dem Bundesminister des Innern im Jahre 1965 erstattete Gutachten über die juristische Ausbildung unter besonderer Berücksichtigung der Interessen der Verwaltung (sog. „*Loschelder-Gutachten*").[68] Dieses Gutachten betonte, daß die Rechtsprechung über Ereignisse der Vergangenheit entscheide, während die „tätig werdende Verfassung" primär auf Gegenwart und Zukunft gerichtet sei, so daß Fähigkeit zur Koordinierung, Verhandlungsgeschick, Durchsetzungsvermögen, Kenntnis der besonderen Sachgebiete, Entschlußfreudigkeit, Initiative, Einfallsreichtum und Organisationsgabe vom Verwaltungsjuristen im besonderen Maße zu fordern seien.[69] Dennoch sollte an einer Einheitsausbildung für Justiz- und Verwaltungsjuristen festgehalten werden, und

---

[62] *Denkschrift* (Fn. 1), S. 215 ff.
[63] *Denkschrift* (Fn. 1), S. 220, 318.
[64] *Denkschrift* (Fn. 1), S. 232 ff.
[65] *Denkschrift* (Fn. 1), S. 281 ff., 291 ff., 297 ff. und 325 ff.
[66] *Denkschrift* (Fn. 1), S. 308 ff. und 331 ff.
[67] Sog. „Tübinger Studienplan", bei *Bader* JZ 1961, 735 ff. und Sonderheft der JZ „Materialien zur Studienreform" (November 1968), S. 1 ff.
[68] Erstattet aufgrund des Auftrages vom 14./15. 6. 1961.
[69] *Loschelder-Gutachten*, S. 54, 59, 62 ff.

zwar insbesondere, um den Verwaltungsjuristen im späteren Berufsleben eine größere Beweglichkeit zu erhalten.[70]

Die von der Konferenz der Dekane der juristischen Fakultäten fortgesetzten Reformbemühungen führten zu den im Februar 1968 vorgelegten *Münchener Beschlüssen*,[71] die eine einschneidende Beschränkung des Prüfungsstoffes anstrebten. Erreicht werden sollte dies durch eine merkliche Reduzierung der materiellen Pflichtfächer und Einführung von Wahlfachgruppen, aus denen der Prüfling eine als Prüfungsfach auszuwählen hat. Diese *Münchener Beschlüsse*, die auf heftige Kritik[72] gestoßen sind, wurden schließlich durch die Empfehlungen, die der Ausschuß des Juristischen Fakultätentages für die Studienreform im Herbst 1968 in Mainz beschlossen hat (sog. *Mainzer Beschlüsse*),[73] nicht unerheblich modifiziert. Pflichtprüfungsfächer sollten danach sein: das erste bis dritte Buch des BGB, Familien-, Erb-, Gesellschafts- und Arbeitsrecht in beschränkter Form, Strafrecht Allgemeiner und Besonderer Teil, Staats- und Allgemeines Verwaltungsrecht, aus dem besonderen Verwaltungsrecht Kommunalrecht und Polizeirecht sowie das Verfahrensrecht in eingeschränkter Form. Als Wahlfachgruppen waren vorgesehen:[74] (a) Allgemeine Staatslehre, Völkerrecht und Internationale Organisationen; (b) Verwaltungslehre und Verwaltungsprozeß; (c) Familien- und Erbrecht, Internationales Privatrecht und Freiwillige Gerichtsbarkeit; (d) Deutsches und Europäisches Wirtschaftsrecht, Arbeitsrecht, Handels- einschließlich Wertpapierrecht; (e) Kriminologie, Strafvollzug, Jugendstrafrecht, Recht der Ordnungswidrigkeiten; (f) Rechtshistorische Fächer; (g) Rechtsphilosophie und Rechtssoziologie.

3. Die Reformbewegung im Vorfeld der Einstufigen Juristenausbildung

Abweichend von den vornehmlich pragmatischen Vorschlägen des juristischen Fakultätentages entwickelte sich Ende der sechziger Jahre eine Reformbewegung, welche die politische Verantwortung der Juristen in den Vordergrund stellte und die Berücksichtigung dieses Gesichtspunktes in der Diskussion um die Form der Juristenausbildung anmahnte. Im Jahre 1968 befaßte sich eine Tagung der Evangelischen Akademie *Loccum* mit den politischen und sozialen Dimensionen der Ausbildungsreform und bildete einen Arbeitskreis für Juristenausbil-

---

[70] So *Loschelder-Gutachten* (S. 129); dazu auch *Brintzinger*, VerwArch Bd. 57 (1966), S. 295 ff.

[71] JZ 1968, 223 f.

[72] So z.B. *Ramm*, JZ 1968, 295; *Wiethölter*, JZ-Sonderheft (Fn. 67), S. 10; *Bosch*, FamRZ 1968, 280; *Bartholomeyczik*, FamRZ 1968, 341 ff.

[73] JZ 1969, 62 f.

[74] JZ 1969, 63.

dung. Die von *Wassermann* 1969 herausgegebene Schrift „Erziehung zum Establishment, Juristenausbildung in kritischer Sicht" und dort insbesondere der Beitrag von *Wiethölter*[75] zeigten die Grundgedanken für diesen Reformansatz auf. Im Jahre 1969 legte der Arbeitskreis das sog. *Loccumer Memorandum*[76] zur Reform der Juristenausbildung mit folgenden drei Grundforderungen vor: Integration von theoretischer und praktischer Ausbildung, Einbeziehung der Sozialwissenschaften in die Rechtsausbildung und Nutzbarmachung moderner didaktischer Erkenntnisse.[77]

Vorschläge zur Einführung einer Einstufigen Juristenausbildung entwickelte der von der Justizbehörde der Freien und Hansestadt Hamburg eingesetzte Arbeitskreis für eine Reform der Juristenausbildung unter Vorsitz von *Stiebeler* (sog. Hamburger Modell). Nach dem von diesem Gremium zugrunde gelegten Leitbild[78] sollte der angehende Jurist zu eigenständiger, verantwortlicher Tätigkeit am Recht als einem Mittel zur sinnvollen Ordnung menschlichen Zusammenlebens befähigt werden, die spezifische Bezogenheit des Rechts auf die zu ordnende Wirklichkeit erfassen können, es lernen, soziale Hintergründe und Folgen rechtlicher Regelungen zu erkennen und diese Erkenntnis rechtlich zu bearbeiten, und sich bewußt sein, daß die Arbeit mit sowie an dem Recht und die ständige Rechtsfortbildung zur politischen Gestaltung unserer Gesellschaft beitragen. Zu diesem Zweck müsse der Jurist wissenschaftlich im Sinne streng rationaler Erfassung der rechtlich und sozial bedeutsamen Faktoren und Zusammenhänge geschult werden. Grundlegende Bedeutung komme auch der sachgerechten Stoffauswahl und der Praxisbezogenheit der juristischen Ausbildung zu. Theorie und Praxis müßten möglichst intensiv ineinander verzahnt sein und die entsprechenden Ausbildungseinheiten deshalb weitgehend gleichzeitig stattfinden.

Von anderer Seite wurde eine einstufige Ausbildung im Sinne eines sog. „Intervallsystems" gefordert, bei dem sich Studium und praktische Tätigkeit periodisch abwechseln. Ein solches Intervallmodell enthielten die gemeinsamen Vorschläge des Bundesarbeitskreises christlich-demokratischer Juristen und des Arbeitskreises Juristen der christlich-sozialen Union für die Reform der Juristenausbildung (sog. *Münchener Modell*).[79] Auch dieser Arbeitskreis formulierte ein „Leitbild der Reform der Juristenausbildung" und verlangte insoweit den exemplarisch, aber vertieft ausgebildeten Juristen.

---

[75] Anforderungen an den Juristen heute, in Erziehung zum Establishment (herausgegeben von *Wassermann*, 1969), S. 1 ff., insbesondere S. 20 ff.
[76] Loccumer Arbeitskreis (Herausgeber), Neue Juristenausbildung (1970), S. 12 ff.
[77] Vgl. auch *Wassermann/Kirchner/Kröpil* (Fn. 44), Einl. Rdnr. 14.
[78] Hierzu und zum folgenden *Stiebeler*, JZ 1970, 457.
[79] Vorgelegt im April 1970; dazu *J. Blomeyer*, JR 1970, 296 ff.

4. Der 48. Deutsche Juristentag

Vor dem Hintergrund des Streits um das Leitbild des künftigen Juristen und der Frage der Ein- oder Zweistufigkeit der Juristenausbildung fand im September 1970 der 48. Deutsche Juristentag statt, dessen ausbildungsrechtliche Abteilung sich der Frage zu stellen hatte, in welcher Weise es sich empfiehlt, die Ausbildung der Juristen zu reformieren. Die Gutachten wurden von *Oehler*[80] und *Richter*[81] erstattet, die Referate von *Rinken*[82] und *Mühl*[83] gehalten.

Oehler[84] sprach sich für die Beibehaltung einer einheitlichen, grundsätzlich zweiphasigen Ausbildung mit zwei Staatsprüfungen aus. Der schriftliche Teil beider Prüfungen sollte auf Aufsichtsarbeiten beschränkt werden. Eine Anrechnung der während des Studiums bzw. des Referendariats gezeigten Leistungen sei vorzunehmen. Der Vorbereitungsdienst sei auf 18 Monate zu bemessen (sechs Monate Zivilgericht, sechs Monate Verwaltungsgericht, drei Monate Strafgericht/Staatsanwaltschaft und drei Monate Rechtsanwalt). Die zweite Staatsprüfung habe sich auf die Beurteilung der Fähigkeit zur praktischen Rechtsanwendung zu beschränken und dürfe sich in keiner Weise als eine Wiederholung der ersten Prüfung darstellen. Nach dieser auf ca. fünfeinhalb Jahre verkürzten Gesamtausbildung sei eine einjährige, ohne weitere Prüfung abzuschließende Spezialisierungsphase in einem der juristischen Berufe vorzusehen, nach deren Beendigung der Jurist berechtigt sei, den Titel Assessor zu führen. Die Zusammenfassung von Studium und juristischen Vorbereitungsdienst in einen einheitlichen Ausbildungsgang von etwa fünfeinhalb Jahren Dauer solle, vorläufig begrenzt auf zehn Jahre, in Form eines Intervallmodells erprobt werden. Nach etwa dreieinhalb Jahren sei eine Zwischenprüfung vorzusehen. Die Abschlußprüfung müsse der bisherigen zweiten Saatsprüfung im Gehalt entsprechen. Das Studium sei durch Verkleinerung der Zahl der Teilnehmer an den Lehrveranstaltungen, durch Vorbereitung der Studenten auf den Unterrichtsstoff, durch begleitende Arbeitsgemeinschaften und andere geeignete Lehrveranstaltungen sowie durch Studienkontrollen intensiver zu gestalten. Am Anfang der Ausbildung habe der Student Sonderlehrveranstaltungen auf dem Gebiet der Sozial- und Wirtschaftswissenschaften zu besuchen. Die Aufgliederung in Pflicht- und Wahlfächer sei zu unterstützen. Mittelfristig sei eine zunehmende Anrechnung der wäh-

---

[80] Gutachten E zum 48. DJT (1970).
[81] Gutachten F zum 48. DJT (1970).
[82] Verhandlungen des 48. DJT (1970) Bd. II, Teil P 7 ff.
[83] Verhandlungen des 48. DJT (1970) Bd. II, Teil P 35 ff.
[84] Wie Fn. 80, S. 130 ff.

rend der Ausbildung gezeigten Leistungen auf die Abschlußbeurteilung mit der Folge des allmählichen Abbaus von Prüfungen anzustreben.

Richter[85] kam in seinem Gutachten zu dem Ergebnis, daß an der Zweistufigkeit der Ausbildung festzuhalten sei, und erachtete auch die Erprobung der einphasigen Ausbildung als unzweckmäßig. Im Universitätsstudium sei das Schwergewicht auf praxisorienterte Theorie, im Vorbereitungsdienst auf wissenschaftsorientierte Praxis zu legen. Die theoretische Ausbildung im Studium müsse exemplarisch erfolgen und die erheblichen Grundlagen der Gesellschafts- und Wirtschaftswissenschaften umfassen. In den Kernfächern sei ein Grundwissen zu fordern und in einem obligatorischen Wahlfach ein vertieftes Studium nachzuweisen. Die Universität müsse neue didaktische Formen mit größerer Effektivität entwickeln und gleichzeitig den Studenten zu eigener wissenschaftlicher Arbeit anregen. Der Vorbereitungsdienst sei nach einer Übergangszeit auf 18 Monate zu verkürzen (drei Monate Staatsanwaltschaft, sechs Monate Zivilgericht, sechs Monate Verwaltungsbehörden und drei Monate Rechtsanwalt oder Notar); allerdings solle der Referendar die Möglichkeit erhalten, für eine Wahlstation von sechs Monaten die Ausbildungsstelle selbst zu bestimmen. Im zweiten Examen seien als Prüfungsleistungen eine Hausarbeit, ein Aktenvortrag und ein Prüfungsgespräch vorzusehen, die Abschlußnote sei zur Hälfte aus den Leistungen im Vorbereitungsdienst und zur Hälfte aus den Leistungen aus dem Examen zu bilden.

Rinken[86] forderte in seinem Referat die stärkere Betonung der Sozialwissenschaften in der Juristenausbildung; allerdings könne eine Ausbildungsreform nicht auf eine sozialwissenschaftlich informierte Rechtswissenschaft zurükgreifen, weil die Sozialwissenschaften für eine Zusammenarbeit mit den Rechtswissenschaften noch nicht ausgelegt seien. Als Ausbildungsmodell sei ein differenziertes Kursprogramm im Blocksystem zu wählen. An die Stelle der Vorlesungen hätten ein bis zwei Kurse in kleinen Gruppen von drei bis sechs Wochen Dauer zu treten. So werde der Weg zur Spezialisierung bei grundsätzlicher Beibehaltung der Einheitsausbildung geebnet. Der sozialwissenschaftlich informierte Jurist als Ausbildungsziel verlange die Theorie-Praxis-Integration in einem einzigen Studiengang. Im übrigen müsse die Reform der Juristenausbildung im Zusammenhang mit einer umfassenden Bildungsreform gesehen werden, insbesondere einer Reform des Schulsystems. An der Universität sei der Lehrkörper neu zu strukturieren und didaktisch auszubilden.

---

[85] Wie Fn. 81, S. 82 ff.
[86] Wie Fn. 82.

Mühl[87] gelangte in seinem Referat dahin, daß am Einheitsjuristen festzuhalten sei, ebenso an der zweiphasen Ausbildung. Jeder angehende Jurist solle bis zum zweiten Semester zwei Monate in einem industriellen oder handwerklichen Betrieb arbeiten. Bei der Darstellung des Rechts seien die soziologischen, wirtschaftswissenschaftlichen und psychologischen Gesichtspunkte zu behandeln. Die Studiendauer sei zu verkürzen. Anzustrebende Lehrform sei der Kursunterricht mit 20 bis 30 Studenten. Der Unterricht sei stärker auf das Examen zu beziehen. Der Hochschullehrer solle sich persönlich verantwortlich fühlen für die Betreuung und Heranführung der Studenten an das Examen. In der Referendarausbildung solle eine selbstverantwortliche Tätigkeit möglich sein. Die Referendarzeit sie auf zwei Jahre zu verkürzen, die Zahl der Stationen, die mindestens sechs Monate zu dauern hätten, sei zu verringern. Der junge Richter dürfe nicht dem rechtstechnisch gut ausgebildeten Rechtspfleger unterlegen sein.

Nach einer erwartungsgemäß kontrovers geführten Debatte unterstützte der Juristentag mit Mehrheit[88] die vom *Loccumer Memorandum* geforderte Einführung einer Experimentierklausel, die die Rechtsgrundlage für die Erprobung von Ausbildungsmodellen schaffen sollte, in denen theoretische und praktische Ausbildung in einem Ausbildungsgang einstufig zusammengefaßt werden.

Weitere Erhebungen und Expertenanhörungen führten schließlich zur Änderung des Deutschen Richtergesetzes und zur Einführung der sogenannten Experimentierklausel zum Zwecke der Erprobung der einstufigen Juristenausbildung.[89]

5. Die Reformdiskussion nach Auslaufen der Experimentierklausel

Während in der Zeit der Einführung der einstufigen Ausbildungsmodelle in den verschiedenen Bundesländern die Diskussion um die zukünftige Juristenausbildung in Deutschland in den Hintergrund trat, die Reformpotentiale vielmehr in die Ausgestaltung der einzelnen Ausbildungsgänge flossen, änderte sich dies, als der Ablauf der Experimentierphase näher rückte. Allerdings zeigte sich bald, daß die Zeit nicht ausreichte, um rechtzeitig vor Ende der Zehn-Jahres-Frist Ergebnisse vorzulegen, die die anstehende Entscheidung über die Zukunft der Juristenausbildung auf gesicherte Grundlagen stellen konn-

---

[87] Wie Fn. 83.
[88] Vgl. Verhandlungen des 48. DJT (1970) Bd. II, Teil P 314 ff.
[89] § 5b DRiG, eingefügt durch das (erste) Gesetz zur Änderung des DRiG vom 10. 9. 1971 (BGBl. I S. 1557).

te. Deswegen wurde alsbald der Wunsch nach einer Verlängerung laut,[90] dem der Gesetzgeber mit dem zweiten Gesetz zur Änderung des Deutschen Richtergesetzes vom 16. August 1980[91] und der Verlängerung der Experimentierklausel bis zum 15. September 1984 Rechnung trug. Letztlich genügte allerdings der Gewinn von drei Jahren nicht, die Erfahrungen mit den einstufigen Ausbildungsmodellen umfassend auszuwerten. Zwar wurden Ende der siebziger und Anfang der achtziger Jahre für nahezu alle Einstufenmodelle Berichte vorgelegt;[92] zu einem übergreifenden Konsens, der zu einem konkreten Gesetzesvorschlag hätte führen können, kam es indessen nicht. Einig war man sich darin, daß die Einstufigkeit zu einer Verkürzung der Ausbildungszeit geführt habe; auch in Hinsicht auf die beabsichtigte Integration von Theorie und Praxis seien positive Erfahrungen gemacht worden; nicht so positiv wurden die Erfahrungen mit der Einbeziehung sozialwissenschaftlicher Erkenntnisse und Fragestellungen in die Juristenausbildung gewertet.[93] Unklar blieb auch die Frage, ob der Ausbildungserfolg dem der zweistufigen Ausbildung gleichwertig war.[94]

In der Diskussion um die Ausgestaltung der Juristenausbildung nach Beendigung der Experimentierphase bestand weithin Einigkeit dahin, daß an einer Ausbildung zum Einheitsjuristen festzuhalten sei.[95] Empfehlungen, eine berufsfeldspezifische Auffächerung zu erwägen oder jedenfalls für Verwaltungsjuristen einen gesonderten Vorbereitungsdienst einzurichten,[96] haben sich nicht durchgesetzt. So gingen denn auch die unterbreiteten Gesetzesvorschläge von der Ausbildung zum Einheitsjuristen aus.

Das vom *Deutschen Richterbund*[97] erarbeitete Modell sah eine Aus-

---

[90] Vgl. zum zeitlichen Verlauf *Schwind*, DRiZ 1981, 441, 442.
[91] BGBl. I S. 1451.
[92] Vgl. z. B. *Juristische Fakultät der Universität Augsburg* (Herausgeber), Die Augsburger Juristenausbildung (1980); *Stürner* (Herausgeber), Konstanzer Juristenausbildung – Eine Bilanz (1981); *Stellungnahme des Beirats für die einstufige Juristenausbildung in Nordrhein-Westfalen* vom 28. 10. 1981 (JA 1982, 77ff.); *Francke/Hart/Lautmann/Thoss* (Herausgeber), Einstufige Juristenausbildung in Bremen, 10 Jahre Bremer Modell (1982); *Zentrale Forschungsgruppe zur Juristenausbildung*, Abschlußbericht: Evaluationsergebnisse, bearbeitet von *Bandilla/Becker-Touissaint/Eith* (1981).
[93] Vgl. den Überblick bei *Wassermann/Kirchner/Kröpil* (Fn. 44), Einl. Rdnr. 17.
[94] Vgl. zu Gleichwertigkeitsproblemen der Ausbildungsreform *Rinken*, Reform als Prozeß, zu den rechtlichen Rahmenbedingungen der Juristenausbildungsreform, in Festschrift für Rudolf Wassermann (1985), S. 605, 620ff.
[95] Vgl. hierzu *Wassermann*, DRiZ 1981, 185f.
[96] So hat z. B. *Thieme*, Verwaltungslehre, 3. Aufl. (1977), Rdnr. 673ff. einen speziellen Vorbereitungsdienst für Verwaltungsjuristen angeregt; *Kötz*, ZRP 1980, 94ff. hat weitere Formen einer spezialisierten Ausbildung für graduierte Diplomjuristen vorgeschlagen.
[97] Veröffentlicht als *Beschlußvorlage* in *DRB-Information* 4/1981, I, S. 25ff.

bildung in drei Studienphasen und zwei Praxisphasen vor. Am Ende einer der Vermittlung von materiellen Grundkenntnissen dienenden Studienphase I habe der Student ein Klausurexamen (Teil 1 einer staatlichen Zwischenprüfung) abzulegen; die anschließende Studienphase II diene im Schwerpunkt der Vermittlung von Verfahrensrecht und sei mit einer mündlichen Prüfung (Teil 2 der staatlichen Zwischenprüfung) abzuschließen. Die Praxisphase I von zwei Jahren Dauer sei in sechs Monate Strafrecht, acht Monate Zivilrecht, sechs Monate Verwaltungsrecht und vier Monate Anwalt aufzugliedern. Die nachfolgende Studienphase III von drei Semestern diene vor allem der Vertiefung und Schwerpunktausbildung unter Einbeziehung sozialwissenschaftlicher Erkenntnisse; in diesem Zeitraum könne auch eine wissenschaftliche Hausarbeit möglichst aus dem Schwerpunktbereich angefertigt werden. Als letzter Ausbildungsabschnitt folge die Praxisphase II, die ein Jahr dauern solle und in eine Pflicht- und eine Pflichtwahlstation zu unterteilen sei. Am Ende der Ausbildung stehe eine Staatsprüfung, die einen schriftlichen und einen mündlichen Teil enthalten müsse.

Der SPD-Vorschlag, der ursprünglich als Regierungsentwurf konzipiert war (sog. *Schmude-Entwurf*)[98] und nach dem Regierungswechsel in Bonn mit einigen Änderungen als Gesetzesentwurf der *SPD-Fraktion*[99] eingebracht wurde, sieht in seiner Grundstruktur eine einphasige, Theorie und Praxis in Intervallen integrierende Ausbildung vor. Untergliedert wird diese Ausbildung in eine Grundausbildung, die ein Studium von drei Jahren und eine – grundsätzlich – daran anschließende Ausbildung in der Praxis von zwei Jahren umfaßt, und in eine Schwerpunktausbildung von einem Jahr Studium und einem halben Jahr Praxis. Am Ende des universitären Teils der Grundausbildung findet eine Zwischenprüfung statt, die zugleich Praxiseingangsprüfung ist. Die Abschlußprüfung besteht aus zwei Teilen: Der erste Teil am Ende der Grundausbildung ist flächendeckend und prüft die Qualifikation für die Zulassung zur Schwerpunktausbildung. Der zweite Teil ist schwerpunktbezogen. Beide Teile der Abschlußprüfung fließen je zur Hälfte in die Abschlußnote ein. Das Landesrecht kann bestimmen, daß Teile von Prüfungen während der Ausbildungszeit abgelegt werden.

Gesetz wurde schließlich der Vorschlag der *Bundesregierung*,[100] der auf einen von den Ländern *Niedersachsen* und *Schleswig-Holstein*

---

[98] Entwurf eines dritten Gesetzes zur Änderung des DRiG von August 1982, BR-Dr 311/82.
[99] Ende Juni 1983 neu eingebrachter Entwurf (BT-Dr 10/213).
[100] BT-Dr 10/1108.

eingebrachten Bundesratsentwurf[101] zurückging. Seitdem ist die Juristenausbildung wieder ausnahmslos zweiphasig, unterteilt in eine universitäre Ausbildung von sieben Semestern und eine praktische Vorbereitungszeit von zweieinhalb Jahren. Die Annahme des Regierungsentwurfes durch den Bundestag führte zu heftiger Kritik, und zwar nicht nur durch progressive Kräfte, sondern auch seitens der Verbände und auch aus konservativen Kreisen.[102] Die Kritik gipfelte in dem Schlagwort von der „verweigerten Ausbildungsreform".[103]

6. Die derzeitige Reformdiskussion im Vorfeld Europas

Schien die Diskussion um die Reform der Juristenausbildung mit Verabschiedung des Dritten Gesetzes zur Änderung des Deutschen Richtergesetzes für mehrere Jahre zu den Akten gelegt, so änderte sich dies unerwartet schnell.

Der erste Anstoß ging von dem vielbeachteten Aufsatz *Großfelds* „Das Elend des Jurastudiums"[104] aus. Angeprangert wurden dort insbesondere die unnötige Stoffülle, zu schwierige Klausuraufgaben, mangelnde Transparenz des Prüfungsstoffes, Umstände, die zu unnötigen Ängsten der Studenten und damit zu einer überlangen Studiendauer führten. Diese Kritik fand überwiegend Zustimmung[105] und wurde auch vom juristischen Fakultätentag aufgegriffen.[106] Vergleichbare Klagen über die Referendarausbildung schlossen sich an.[107]

Entscheidenden Auftrieb erfuhr die auf eine Verkürzung des Studiums abzielende Reformdiskussion durch die Entwicklung innerhalb der Europäischen Gemeinschaft.

---

[101] BR-Dr 353/82.
[102] Vgl. z.B. *Schmidt/Braun/Mögele*, JZ 1984, 364 m.N.
[103] So *Wassermann*, Vorsorge für Gerechtigkeit – Rechtspolitik in Theorie und Praxis (1988), S. 288 ff.
[104] JZ 1986, 357 ff.
[105] *Stahlhacke*, RdA 1987, 100; *H. W. Arndt*, NJW 1987, 1808; *Martin*, JZ 1987, 83; ablehnend *Herzberg*, JuS 1988, 239.
[106] Vgl. *Knemeyer*, JuS 1987, Heft 4, Umschlag sowie die *Thesen zur Studienzeitverkürzung des Deutschen Juristen-Fakultätentages* vom 13. Mai 1988.
[107] *Pieper*, ZRP 1989, 201 ff.

III. Die durch die Entwicklung in der Europäischen Gemeinschaft geschaffene Situation

Erste Auswirkungen des bevorstehenden Europäischen Binnenmarktes gingen auf die davon am stärksten betroffene juristische Berufsgruppe, die Rechtsanwälte, von der Richtlinie 77/249 des Rates der Europäischen Gemeinschaft vom 22. März 1977 zur Erleichterung der tatsächlichen Ausübung des freien Dienstleistungsverkehrs der Rechtsanwälte (Amtsblatt der EG L 78, S 17) und des dazu erlassenen deutschen Durchführungsgesetzes vom 16. August 1980 (BGBl. I S 1453) aus. Spätestens seit der Entscheidung des Europäischen Gerichtshofes vom 25. Februar 1988[108] war offenbar, daß der deutsche Gesetzgeber in seiner Befugnis, dienstleistende Rechtsanwälte aus den EG-Staaten bei ihrer Tätigkeit in der Bundesrepublik Deutschland Reglementierungen zu unterstellen, durch die Bestimmungen des EWG-Vertrages und der erlassenen Richtlinie 77/249 beschränkt ist.

Im weiteren Verlauf der europäischen Entwicklung zeigte sich, daß eine Annäherung insbesondere auch der akademischen Ausbildungsgänge der einzelnen Mitgliedstaaten nicht zu erreichen war und auch die für die verschiedenen Berufsfelder angestrebten Einzelrichtlinien zur Niederlassung bzw. zur Diplom-Anerkennung auf unvorhergesehene Schwierigkeiten stießen. Die mit den Ärzten, Zahnärzten, Tierärzten, Hebammen und nicht zuletzt Apothekern und Architekten gemachten Erfahrungen haben den Europäischen Gesetzgeber von weiteren Bemühungen Abstand nehmen lassen.[109] Dies um so mehr, als sich abzeichnete, daß auch die Rechtsanwälte keine Einigung würden erzielen können.[110] Stattdessen hat der Europäische Rat, nach dem bereits im August 1985 von der Kommission ein entsprechender Vorschlag unterbreitet worden war, am 21. Dezember 1988 die Richtlinie 89/48/EWG „über eine allgemeine Regelung zur Anerkennung der Hochschuldiplome, die eine mindestens dreijährige Berufsausbildung abschließen" erlassen (Amtsblatt der EG L 19/16). Diese Richtlinie eröffnet jedem Bewerber, der in seinem Herkunftsstaat die Voraussetzungen für die Ausübung erfüllt, die Zulassung zum Anwaltsberuf im Aufnahmestaat, sofern er einen höchstens dreijährigen Anpassungslehrgang oder eine Eignungsprüfung in diesem Staat absolviert (Art. 4 Abschn. 1 lit. b Abs. 1). Allerdings kann der Aufnahmestaat dieses Verlangen nur stellen, wenn seine Rechtsordnung sich wesentlich von derjenigen unterscheidet, in der der Bewerber seine

---

[108] NJW 1988, 887.
[109] Vgl. dazu *Hüchting* in BRAK-Mitt. 1/1989, S. 2.
[110] *Hüchting* (Fn. 109), S. 2.

Ausbildung erhalten hat. Hiervon wird im Verhältnis der Bundesrepublik zu allen anderen Mitgliedstaaten bei der Ausübung des Rechtsanwaltsberufs auszugehen sein. Die Richtlinie räumt dem Aufnahmestaat für alle rechtsberatende Berufe zudem das Recht ein, vorzuschreiben, ob der Bewerber an einem Anpassungslehrgang teilzunehmen oder eine Eignungsprüfung abzulegen hat (Art. 4 Abschn. 1 lit. b Abs. 2). Ausweislich des Berichts,[111] den der Ausschuß zur Koordinierung der Juristenausbildung über die Beratungen zur Umsetzung der Richtlinie des Rates vorgelegt hat, wird die Bundesrepublik Deutschland von ihrem Recht Gebrauch machen, eine Eignungsprüfung zu verlangen. Neben den schwierigen Detailfragen der Umsetzung dieser EG-Richtlinie ist für die Diskussion um die Zukunft der deutschen Juristenausbildung von besonderem Interesse, daß die Prüfung anwaltsspezifische Fähigkeiten zu kontrollieren hat und daher nicht ohne weiteres die justizorientierten Prüfungsinhalte übernehmen kann, wie sie bundesweit überwiegend im Rahmen der zweiten juristischen Staatsprüfung abgefragt werden. Für die Einzelheiten der recht kompliziert ausgestalteten Eignungsprüfung ist im übrigen auf den zwischenzeitlich vorliegenden Entwurf eines Gesetzes[112] zur Umsetzung der EG-Richtlinie 89/48 zu verweisen.

Die für das Jahr 1993 drohende Konkurrenz von Juristen aus den EG-Ländern verstärkt den Druck auf eine Reform der deutschen Juristenausbildung. Will man das Alter, in dem der Jurist in der Bundesrepublik Deutschland Berufsreife erlangt, dem der anderen EG-Länder angleichen, kommt man an einer merklichen Verkürzung der tatsächlichen Ausbildungszeit nicht vorbei.

Aber nicht nur die Dauer der Ausbildung, sondern auch die Struktur steht erneut auf dem Prüfstand. So fordert der hessische Staatsminister *Koch*[113] neue Wege, und zwar den Übergang von der gegenwärtigen Form der einheitlichen staatlichen Zwangsausbildung zu einem System vielfältiger Ausbildungsangebote unter Stärkung der Verantwortlichkeit der Universität und des auszubildenden jungen Juristen. Auch wird der Ruf nach der Ausbildung zum Euro-Juristen[114] laut.

Angesichts dieser Entwicklung verwundert es nicht, daß auch der juristische Fakultätentag, der Deutsche Richterbund und nicht zuletzt der Deutsche Juristentag das Thema der Juristenausbildung wieder aufgegriffen haben.

---

[111] Vom 24. Januar 1989 mit Stellungnahmen der *Bundesrechtsanwaltskammer* und des *Deutschen Anwaltvereins* als Anlagen.
[112] Gesetzentwurf vom 20. 10. 1989 zur Umsetzung der Richtlinie 89/48/EWG des Rates vom 21. 12. 1988 (Amtsblatt der EG L 19/16), BR-Dr 568/89.
[113] ZRP 1989, 281 ff.
[114] *Steiger*, ZRP 1989, 283 ff.

C. Die gegenwärtige Ausbildung – Befund und Änderungsbedarf

I. Studium

1. Studiendauer

Als wesentlicher Mangel des rechtswissenschaftlichen Studiums in der Bundesrepublik Deutschland gilt einhellig die zu lange Studiendauer. Sie beträgt für Studenten, die sich erstmalig zur Ersten Juristischen Staatsprüfung melden, im Bundesdurchschnitt um 11,5 Semester und nimmt mit leichten Schwankungen tendenziell zu.[1]
Diesen sich seit längerem abzeichnenden Befund scheint der Bundesgesetzgeber nicht zur Kenntnis nehmen zu wollen. Während in früheren Regelungen zur Studiendauer eine Mindeststudienzeit von dreieinhalb Jahren normiert war (vgl. § 5 Abs. 2 DRiG a. F.),[2] heißt es im derzeit geltenden § 5a Abs. 1 S. 1 DRiG: „Die Studienzeit beträgt dreieinhalb Jahre". Daß damit auch in der Sache keine Mindeststudienzeit gemeint ist, ergibt sich aus dem zweiten Halbsatz von § 5a Abs. 1 S. 1 DRiG, wonach die Studienzeit von dreieinhalb Jahren unterschritten werden kann, sofern die für die Zulassung zur ersten Prüfung erforderlichen Leistungen nachgewiesen sind.
Die von den Prüfungsämtern statistisch ermittelte durchschnittliche Studiendauer ist sogar noch mit einem Zuschlag zu versehen. Dieser Wert gibt nämlich nur die Dauer des Studiums bis zur Meldung zum Examen wieder. Hinzuzurechnen ist die Examenszeit, die je nach Bundesland und Prüfungsverfahren zwischen sechs und neun Monaten liegt.[3] Die durchschnittliche Studiendauer für Studenten, die im

---

[1] Die durchschnittliche Semesterzahl aller geprüften Kandidaten betrug im Bundesgebiet 1984 11,59 (JuS 1985, 576), 1985 11,60 (JuS 1986, 664), 1986 11,56 (JuS 1987, 672), 1987 11,62 (JuS 1988, 584), 1988 11,59 (JuS 1990, 79); für 1989 liegen die Zahlen von Düsseldorf 13,05, Hamm 12,20, Hamburg 11,85 und Köln 12,50 vor; die durchschnittliche Studiendauer lag vor 20 Jahren noch zwischen 9 und 10 Semestern; dazu auch *Bilda*, JuS 1989, 681 f.

[2] Vom 8. September 1961 (BGBl. I S. 1665) in der bis zum Dritten Gesetz zur Änderung des Deutschen Richtergesetzes vom 25. Juli 1984 (BGBl. I S. 995) geltenden Fassung.

[3] So dauerte beispielsweise im Jahre 1989 das Prüfungsverfahren in Hamburg 8,23 Monate, in Düsseldorf 7 Monate 6 Tage, in Hamm 6 Monate 6 Tage, in Köln 7 Monate 4 Tage und in Schleswig-Holstein 7,40 Monate und im Jahre 1988 in Niedersachsen 8 Monate 4 Tage.

ersten Anlauf erfolgreich sind, beläuft sich also bis zum Ende des Examens auf sechs oder gar sechseinhalb Jahre. Rechnet man den derzeit zweieinhalb Jahre dauernden Vorbereitungsdienst hinzu sowie die daran anschließende Prüfungszeit, beträgt die durchschnittliche Dauer der Ausbildung zum Juristen – ohne die Wartezeit zwischen erstem Examen und Beginn des Referendariats[4] – mindestens neun Jahre.

Selbst wenn man einräumt, daß im Vergleich zu anderen akademischen Ausbildungsgängen[5] der Jurist bis zum Abschluß bereits eine beachtlich lange Praxisphase durchlaufen hat, so vermag dies die Gesamtdauer nicht zu rechtfertigen. Denn festzuhalten ist, daß angesichts der Vielfalt der in Betracht kommenden Berufsfelder der Jurist mit Abschluß seiner Ausbildung keineswegs berufsfertig ist, sondern noch einer Einarbeitung in den jeweiligen Beruf bedarf. Die Dauer der juristischen Ausbildung ist daher sowohl absolut als auch im Verhältnis zum Ausbildungsergebnis zu lang. In diesem Befund ist man sich allgemein einig. Es gilt, die Gründe ausfindig zu machen.

2. Stoffülle

Die Erkenntnis, daß die Hauptursache für die zu lange Studiendauer in der Stoffülle liegt, zieht sich wie ein roter Faden durch die Reformdiskussion.[6] Die Gründe für die ständige Zunahme des Ausbildungs- und Prüfungsstoffes sind mehrere: Die Zahl der relevanten Rechtsgebiete hat sich vermehrt. Hier ist vor allen Dingen die Ausdehnung des Öffentlichen Rechts in allen seinen Erscheinungsformen wie etwa Umweltrecht, Steuerrecht, Sozial(versicherungs)recht, Betriebsverfassungsrecht, Ausländerrecht und Europarecht zu nennen. Aber auch im Privatrecht haben sich zusätzliche, eigenständige Rechtsgebiete wie etwa das Arbeitsrecht und das Unternehmensrecht entwickelt. Darüber hinaus ist aber auch der Stoff in jedem einzelnen Rechtsgebiet angeschwollen. Der Hang zur Kasuistik hat im deutschen Recht zugenommen, und zwar schon in der Normsetzung und erst recht in der Normanwendung. Die Flut von Entscheidungssammlungen und sonstigen Veröffentlichungen sind Ausdruck dessen. Der Student und angehende Jurist (und nicht nur er) werden

---

[4] So beträgt in Hamburg gegenwärtig die Wartezeit für Referendare, die nicht über die Leistungsliste oder als Härtefälle vorzeitig eingestellt werden (dazu unten Fn. 22), bis zu 14 Monaten; vergleichbare Entwicklungen zeichnen sich in anderen Ländern ab.
[5] Auch in anderen Studiengängen werden die Überalterung der Hochschulabsolventen (*Heckhausen*, Der Arbeitgeber 1987, 336ff.) und ein unvermindert anhaltender Anstieg der Studienzeiten (*Keller*, Der Arbeitgeber 1988, 297ff.) beklagt.
[6] Vgl. dazu oben B II S. 20ff.

damit überschüttet. Schließlich hat auch der Einfluß der Nachbarwissenschaften zugenommen. Dies gilt nicht erst angesichts der in den 60er Jahren erhobenen Forderungen nach der Einbeziehung der Sozialwissenschaften in die rechtswissenschaftliche Ausbildung. Schon vorher waren Nachbarwissenschaften wie insbesondere die Wirtschaftswissenschaften zum Verständnis bestimmter Rechtsgebiete unverzichtbar. Die Ebenen, in denen Berührungspunkte zwischen der Rechtswissenschaft und anderen Sozialwissenschaften bestehen, sind vielfältiger geworden und erfordern zusätzliche Kenntnisse der Juristen.

Bisher sind die verschiedentlichen Versuche, den Ausbildungs- und Prüfungsstoff zu begrenzen, ohne durchschlagenden Erfolg geblieben. Der richtige Ansatz, die Rechtsgebiete zu unterteilen in Pflichtfächer, die uneingeschränkt Prüfungsgegenstand sind, in Pflichtfächer, die nur auf Teile oder Grundzüge beschränkt Prüfungsstoff sind, und in Wahlfachgruppen, von denen nach Wahl des Studenten jeweils nur eine in der Prüfung abverlangt wird, ist nicht konsequent verfolgt worden.[7] Insbesondere ist es nicht gelungen, die damit bezweckte Stoffbeschränkung für Dozenten, Prüfer und namentlich für Studenten griffig zu machen und in die Ausbildungs- und Prüfungspraxis umzusetzen.[8]

Die Studienpläne insgesamt wie auch der Gegenstand der einzelnen Lehrveranstaltungen müssen auf den eingegrenzten Lehrstoff zugeschnitten sein. Ebenso wie im Ausbildungsangebot – oder vielleicht sogar erst recht – muß sich die Stoffreduzierung in der Prüfung widerspiegeln. Die Prüfungsämter müssen bei der Auswahl der schriftlichen Arbeiten, insbesondere der Aufgaben für die Aufsichtsarbeiten,[9] die vorgegebene Stoffbeschränkung streng beachten. Gleiches gilt für die Prüfer bei der Bewertung der schriftlichen Arbeiten und bei der Auswahl der Themen und Fragestellungen in den mündlichen Prüfungen. Hier gilt es, nachhaltige Aufklärungsarbeit zu leisten und eine enge Zusammenarbeit zwischen den Lehrkörpern der Universitäten und den Prüfungsämtern herzustellen.

3. *Ungenügender Praxisbezug des Studiums*

In der Bevölkerung ist die Ansicht weit verbreitet, das Jurastudium sei öde, blutleer und sehr abstrakt. Sicherlich beruht diese Einschät-

---

[7] Kritisch zum Wahlfachstudium *Scheyhing*, JZ 1981, 262; *Wassermann*, Jus 1983, 642 und JZ 1983, 788 sowie die *Heidelberger Empfehlungen*, JuS 1982, 950.
[8] So auch *Großfeld*, NJW 1989, 875, 877f.
[9] So enthält beispielsweise § 12 Abs. 2 Satz 2 hmbJAO die Bestimmung: „Soweit gemäß § 5 nur Grundzüge Prüfungsgegenstand sind, darf der Schwerpunkt der Aufsichtsarbeiten der Rechtsmaterie nicht entnommen werden."

zung zu einem erheblichen Teil auf Fehlvorstellungen über Ablauf und Inhalt des rechtswissenschaftlichen Studiums. Einen Funken Wahrheit enthält jenes Urteil indes doch. Obwohl die juristische Praxis in aller Regel sehr konkrete Fragen zu lösen hat und es auch nicht an einer Vielfalt lebensnaher Probleme mangelt, hat die universitäre Ausbildung den Hang zu gekünstelten Fragestellungen noch nicht ganz abschütteln können.

So läßt sich ins Feld führen, daß juristisches Denken und methodische Fähigkeiten sich auch an gestellten Fällen schulen ließen und es nicht einmal des Rückgriffs auf geltendes Recht bedürfe, sich beispielsweise das römische Recht für die juristische Ausbildung trefflich eigne. Das mag so sein. Keinen Zweifeln kann aber unterliegen, daß aus dem Leben gegriffene Sachverhalte und das geltende Recht dies ebensogut vermögen. Besteht insoweit eine Wahlmöglichkeit, so sprechen verschiedene Kriterien dafür, die theoretische Ausbildung der Studenten praxisnah durchzuführen. Nur auf diese Weise erhält der Student einen Einblick dahin, zu welchen tatsächlichen Konsequenzen die verschiedenen theoretischen Ansätze und Lösungsmöglichkeiten führen, und nur so wird ihm die Möglichkeit eröffnet, die sich abzeichnenden Ergebnisse bei seiner Entscheidungsfindung mit zu berücksichtigen. Diese Art der Ausbildung versetzt den Studenten in die Lage, im Rahmen seiner späteren praktischen Tätigkeit auf die theoretischen Grundlagen zurückgreifen zu können.

Trotz des in § 5 Abs. 2 DRiG aufgestellten Postulats, daß Studium und Vorbereitungsdienst inhaltlich aufeinander abzustimmen sind, vermissen die Referendare es immer wieder, die theoretisch erlernten Ansätze für die praktische Arbeit fruchtbar machen zu können. Aufgabe der Universität ist es, sie dafür besser zu schulen, was nur durch praxisnähere Ausbildung möglich ist. Aller Erfahrung nach geht von einer solchen Praxisnähe zugleich auch ein Motivationsschub für die Studenten aus, den sich die Ausbildung zunutze machen sollte. Diese Forderung nach „praxisorientierter Theorie"[10] läßt nicht außer acht, daß es aus didaktischen Gründen in der Anfangsphase des Studiums geboten sein kann, vereinfachte Fälle zu behandeln. Aber auch dies kann praxisnah geschehen und muß vor allen Dingen im Laufe des Studiums alsbald ein Ende finden. Der Student muß rechtzeitig mit der Komplexität unseres Rechts vertraut gemacht werden.

4. Ungenügende Schulung im sprachlichen Ausdruck

Ein beträchtlicher Teil der von den Studenten in der Ausbildung und vor allem im ersten Examen angefertigten schriftlichen Arbeiten

---

[10] So beispielsweise ausdrücklich *Richter*, Gutachten F zum 48. DJT (1970), S. 139 ff., 211.

gibt bereits deshalb zu erheblicher Kritik Anlaß, weil Gedankenführung und sprachlicher Ausdruck mangelhaft sind. Zwar ist die Form der Darstellung nicht immer ein aussagekräftiger Parameter für die materielle Qualität einer – juristischen – Arbeit; dennoch kommt diesem Gesichtspunkt gewichtige Bedeutung zu. Die Überzeugungskraft von Argumenten hängt nämlich durchaus von der Art ihrer Unterbreitung und ihrer Einordnung in den Gedankengang ab. Insofern ist ein ansprechendes Gewand die Mindestvoraussetzung für jede schrift(sätz)liche Äußerung und somit ein Gütesiegel juristischer Tätigkeit gleich welcher Profession. Weithin verbreitet ist die Ansicht, Mängel im sprachlichen Ausdruck ließen in der Regel auch auf Schwächen in der sachlichen Argumentation schließen. In jedem Fall geben sprachliche Unzulänglichkeiten Anlaß, den materiellen Gehalt der unterbreiteten Gedanken kritischer zu untersuchen und den Argumenten nicht selten geringeres Gewicht beizumessen.

Abgesehen von dieser mancherorts als formal geltenden Sichtweise gibt aber auch noch eine andere Erwägung Anlaß, den Studenten und angehenden Juristen eine intensive Sprachschulung anzuraten. Nur wer im sprachlichen Ausdruck hinreichend sicher ist, wird unter Zeitdruck in der Lage sein, die Bearbeitung einer Aufgabe sachgerecht zu Papier zu bringen. Insofern wirken sich entsprechende Defizite besonders stark bei der Anfertigung von Klausuren aus. Die Erfahrung zeigt aber, daß viele Kandidaten auch bei der Bearbeitung von häuslichen Arbeiten gegen Fristende in Zeitnot geraten und daß sprachliche Schwächen hier gleichfalls nachteilige Folgen haben.

Nicht zu verkennen ist, daß an der verbreiteten Ungeübtheit der Studenten im sprachlichen Ausdruck die Schulausbildung ihren gehörigen Anteil hat.[11] Dies ändert indes nichts daran, daß die Sprache für die juristischen Berufe besonders bedeutsam ist.[12] Mancher Streit entsteht oder lebt nur aufgrund sprachlicher Fehlgriffe. Aus diesem Grunde muß es Aufgabe der juristischen Ausbildung sein, im Rahmen des Möglichen die sprachliche und gedankliche Schulung nachzuholen und dafür geeignete Übungsmöglichkeiten im Rahmen des Studiums zur Verfügung zu stellen.

5. Unattraktive Präsentation des universitären Lehrangebots

Man darf wohl schätzen, daß rund 70% der Jurastudenten zur Vorbereitung auf die Erste Juristische Staatsprüfung einen privaten Repe-

---

[11] Die Senkung der Ansprüche in der gymnasialen Oberstufe beklagt nachhaltig *Herzberg*, JuS 1988, 239, 242 ff.

[12] So meint z. B. *Haft*, JA 1989, 293, daß derjenige, der mit der deutschen Sprache nicht pfleglich genug umgehen könne, vielleicht besser für einen technischen Beruf geeignet sei.

titor aufsuchen,[13] und zwar überwiegend nicht zusätzlich, sondern statt der Teilnahme an den universitären Lehrveranstaltungen insbesondere im vorgerückten Stadium. Ein nicht unwichtiger Teil der juristischen Ausbildung ist damit der Universität aus der Hand genommen. Da der Repetitor sich im wesentlichen auf das Einpauken positiven Wissens beschränkt,[14] ist neben der damit verbundenen Kostenlast für die Studenten die „Entwissenschaftlichung" der Ausbildung und eine zusätzliche zeitliche Verzögerung die Folge. Die Frage ist, ob und ggf. mit welchen Mitteln diesem für die juristische Ausbildung seit langem typischen Phänomen begegnet werden kann. Unbestreitbar ist, daß nach der subjektiven Einschätzung der meisten Studenten das Aufsuchen eines Repetitors zur Vorbereitung auf das Referendarexamen unverzichtbar ist. Dieser Befund ist deshalb überraschend, weil trotz der intensiven Teilnahme der Studenten an Repetitorien die Ergebnisse des ersten Examens keineswegs berauschend sind, so daß der nicht nachlassende Zustrom nur damit zu erklären ist, daß die Studenten bei Nichtaufsuchen eines Repetitors die Gefahr, die Prüfung nicht zu bestehen, als noch höher einschätzen.

Dieses ist sicherlich zutreffend, wenn an die Stelle des Repetitorbesuchs keine andere Art der Examensvorbereitung tritt. Vermittelt werden müßte den Studenten, daß eine intensive Teilnahme an universitären Lehrveranstaltungen mit entsprechender Vor- und Nachbereitung, wie sie für Repetitorien üblich ist, eine sinvollere Ausbildung darstellt und, was noch wichtiger ist, im Hinblick auf die Erste Juristische Staatsprüfung mindestens ebenso erfolgversprechend ist wie das mit Kosten verbundene Aufsuchen eines Repetitors.

Kennzeichnend für die Tätigkeit des Repetitors ist ein intensiver Unterricht mit klarem Aufbau, ein flächendeckendes Ausbildungsprogramm, die Bereitstellung von Lernhilfen, insbesondere Karteikarten und Skripten, und mitunter das Angebot zum täglichen Üben von Klausuren. Sicherlich ist es nicht möglich und auch nicht unbedingt erstrebenswert, die Tätigkeit des Repetitors an der Universität nachzuahmen. Dennoch sollten die schon längst angestellten Überlegungen weiter vertieft werden, wie man einige für sinnvoll erachtete Elemente der Repetitorentätigkeit auf die universitäre Ausbildung insbesondere im Stadium der Examensvorbereitungsphase übertragen kann.

---

[13] Zum Phänomen des „Repetitors" vgl. *Oehler*, Gutachten E zum 48. DJT (1970), S. 43 und dort insbesondere Fn. 61; zum Repetitor, teilweise mit Angaben über Kosten und Teilnehmerzahlen, vgl. auch *Wesel*, Juristenausbildung, Wider den geplanten Leerlauf, Kursbuch 97 (1989), 29 ff.

[14] Schon bei *R. Leonhard*, Noch ein Wort über den Universitätsunterricht (1887), S. 18 heißt es zum Examen: „Je größer der verlangte Schatz an Kenntnissen, desto bedeutender wird die Notwendigkeit einer vorherigen qualvollen Abrichtung, desto größer der Einfluß des Repetenten...".

6. Fehlende Transparenz der Examensanforderungen

Entscheidender Faktor für die lange Studiendauer und insbesondere für eine unnötige in die Länge gezogene Examensvorbereitungsphase ist die Angst der Studenten vor dem ersten Examen.[15] Sicherlich ist diese den Kandidaten nicht gänzlich zu nehmen. Dafür ist die Bedeutung der Ergebnisse von Prüfungen in unserer Gesellschaftsordnung zu groß. Das Ausmaß der Angst läßt sich aber vermindern. Neben der Fülle des Prüfungsstoffes, der überdies am Ende des Studiums auf einmal für die Prüfung bereit gehalten werden muß, wird diese Angst zusätzlich dadurch geschürt, daß bei den Studenten weitgehende Unklarheit darüber herrscht, was von ihnen in der Prüfung eigentlich verlangt wird.[16] Das gilt für die Anfertigung der Aufsichtsarbeiten und der häuslichen Arbeit, soweit diese in der Prüfung verlangt wird, ebenso wie für das mündliche Prüfungsgespräch.

Ein erster Schritt muß sein, in einem intensiven Dialog zwischen den Prüfern, insbesondere den Hochschullehrern, und den Prüfungsämtern die entsprechenden Prüfungsgegenstände und Prüfungsanforderungen festzulegen. Obwohl ein solcher Meinungsbildungsprozeß zum Teil sogar gesetzlich vorgesehen ist,[17] findet er bisher überhaupt nicht oder nur unvollkommen statt. Die Zurückhaltung der Prüfungsämter dürfte darauf beruhen, daß sie sich an derartigen Festlegungen durch die gesetzlich verankerte Unabhängigkeit der Prüfer[18] gehindert sehen, die zudem noch, zumindest was die Hochschullehrer anbetrifft, in der in Art. 5 Abs. 3 GG gesicherten Wissenschaftsfreiheit zusätzliche Nahrung findet. Der Grundsatz der Unabhängigkeit des Prüfers ist aber nicht verletzt, wenn das Prüfungsamt nach entsprechender Abstimmung Empfehlungen erläßt, die dazu beitragen, den Prüfungsstoff überschaubar zu machen und zu vereinheitlichen.[19] Solche Empfehlungen richten sich im übrigen nicht nur an die

---

[15] Vgl. *Großfeld*, JZ 1986, 357, 358.
[16] Angesichts der ungenügenden Bestimmtheit der Prüfungsanforderungen und des Mißverhältnisses von Regelstudienzeit und Umfang des Fächerkatalogs zieht *Großfeld*, NJW 1989, 875, 877 f. sogar die Rechtmäßigkeit der Prüfungsbestimmungen in Zweifel; ebenso *Martin*, JZ 1987, 83.
[17] So z.B. § 8 Abs. 4 Satz 2 hmbJAO, der vorschreibt, daß der Präsident des Landesjustizprüfungsamtes die interessierte Öffentlichkeit in geeigneter Weise über Prüfungsinhalte, Prüfungsverfahren und Prüfungsanforderungen unterrichtet.
[18] So z.B. § 8 Abs. 5 Satz 1 hmbJAO, § 56 ndsJAO.
[19] Vgl. die (zu) umfangreichen Empfehlungen des niedersächsischen Landesjustizprüfungsamtes für Prüfungsinhalte in der Ersten Juristischen Staatsprüfung, abgedruckt in *Wassermann/Kirchner/Kröpil*, Das Recht der Juristenausbildung (1988), Anhang 2, S. 245 bis 273; zur Entstehung und zur Bedeutung dieser Empfehlungen, *dieselben*, § 7 ndsJAO Rdnr. 2 ff.

Prüfer, sondern sollen auch die Prüfungsämter selbst, insbesondere bei der Auswahl der Aufgaben für die schriftlichen Arbeiten, zur Selbstkontrolle anhalten. Daneben sollten die Empfehlungen auch Ausführungen zu den Prüfungsanforderungen enthalten. Insoweit müssen die speziellen landesgesetzlichen Regelungen ausgefüllt werden, wobei es etwa zu betonen gilt, daß die mündliche Prüfung „in erster Linie eine Verständnisprüfung"[20] ist.

Der zweite Schritt, der ebenso wichtig wie das Aufstellen der Empfehlungen selbst ist, liegt darin, sie zu veröffentlichen. So bestimmt beispielsweise § 8 Abs. 4 S. 3 hmbJAO, daß der Präsident des Landesjustizprüfungsamtes die interessierte Öffentlichkeit in geeigneter Weise über Prüfungsinhalte, Prüfungsverfahren und Prüfungsanforderungen unterrichtet. Der wichtigste Teil der Öffentlichkeit sind insoweit aber die Studenten selbst. Nur wenn es den Prüfungsämtern gelingt, die Studenten über die Inhalte und Anforderungen in den schriftlichen und mündlichen Prüfungsteilen sachgerecht zu informieren, wird die Angst der Studenten vor der Ersten Juristischen Staatsprüfung abgebaut und damit auch die Flucht zum Repetitor vermindert werden können. Angesagt sind deshalb regelmäßige Zusammenkünfte der Prüfungsämter mit den Studenten wie mit den Prüfern.

II. Praktische Ausbildung

Auch die praktische Ausbildung, das sog. Referendariat oder der „Vorbereitungsdienst" (§ 5 DRiG), unterliegt kritischer Betrachtung, wenngleich nicht bei weitem derart vehement wie das juristische Studium. Denn die Zeit der praktischen Ausbildung wird von vielen als die angenehmste Spanne des beruflichen Werdegangs des Juristen gewertet. Die erste Staatsprüfung – und damit nach verbreiteter und berechtigter Einschätzung das schwerere von beiden Examen – ist geschafft, der staatliche Unterhaltszuschuß läßt einen jedenfalls von wirtschaftlichen Sorgen befreiten Alltag zu, der Arbeitstag ist in manchen Stationen zeitlich noch weniger fest strukturiert als der studentische, so daß neben der Ausbildung eine Betätigung auf vielerlei Feldern möglich ist,[21] und die verstärkte Hinwendung zur juristischen Praxis war seit langem ersehnt. Gleichwohl stehen Dauer, Inhalt, Art und Abschluß der Referendarausbildung unter Kritik.

---

[20] So z.B. § 19 Abs. 1 Satz 1 hmbJAO, § 15 Abs. 1 Satz 1 ndsJAO.
[21] So auch *Pieper*, ZRP 1989, 201, 202; *Kuhlmann*, ZRP 1989, 431.

1. Dauer der Referendarausbildung

Die in § 5b Abs. 1 DRiG bestimmte Dauer des Vorbereitungsdienstes von zweieinhalb Jahren wird – für sich genommen – nicht als unangemessen lang empfunden. Unerträglich ist jedoch die oft lange Wartezeit zwischen der ersten Staatsprüfung und der Einstellung als Referendar. Derzeit beträgt sie in Hamburg für alle Studenten unterhalb der Note Vollbefriedigend im Bereich von 10,5 Punkten vierzehn Monate.[22] Rechnet man noch vier bis sechs Monate als Prüfungsdauer hinzu,[23] so ist die Ausbildung erst rund vier Jahre nach Abschluß des Studiums beendet.

Der Spielraum für die Verkürzung der eigentlichen praktischen Ausbildung ist gering, aber doch vorhanden. Allerdings erscheint ein Zeitraum von weniger als 18 Monaten Vorbereitungsdienst zu knapp, eine Spanne von 24 Monaten am einträglichsten. Alles Mühen um eine verantwortbare, sinnvolle Abkürzung wird allerdings vergebens sein, wenn der Staat bei der vorzuschlagenden Beibehaltung des Vorbereitungsdienstes nicht einen zeitlich nahtlosen Übergang von der ersten Staatsprüfung zum Referendariat verwirklicht.

2. Inhalt und Art der Referendarausbildung

Viele Juristen beklagen im Rückblick auf ihre Referendarzeit am lautesten die starke Ausrichtung des Vorbereitungsdienstes auf die richterliche Tätigkeit oder – bei anderer Sicht – die ungenügende Ausrichtung auf die Arbeit des Rechtsanwalts.[24] Nach § 5b DRiG sind zwei der vier Pflichtstationen während des Vorbereitungsdienstes solche der Justiz. In Hamburg müssen zwölf[25] von 30 Monaten

---

[22] In Hamburg werden nach der Verordnung über die Zulassung zum juristischen Vorbereitungsdienst vom 29. 3. 1988 (GVBl. S. 38) bis zu 10% der Bewerber bei Vorliegen von Härtefällen, 18% nach den in der Ersten Juristischen Staatsprüfung erzielten Noten und Punktzahlen sowie 72% nach der Dauer der Wartezeit eingestellt.

[23] Im zweiten Examen fällt wegen der vorgezogenen Anfertigung von schriftlichen Arbeiten (vgl. § 5d Abs. 2 DRiG) die Dauer des Prüfungsverfahrens im Vergleich zum ersten Examen kürzer aus und schwankt je nach Prüfungsamt zwischen dreieinhalb und sechs Monaten.

[24] In diesem Sinne z. B. *Pieper*, ZRP 1989, 201, 202; *Gruber*, ZRP 1989, 428; *Partenfels*, ZRP 1989, 429; *Blum*, ZRP 1989, 432.

[25] Vier Monate bei einer Staatsanwaltschaft oder einem Gericht in Strafsachen, vier Monate bei einem Amtsgericht oder Landgericht in Zivilsachen und vier Monate bei einem Landgericht oder Oberlandesgericht in Zivilsachen (§ 34 Abs. 1 Nr. 1, 2 und 5 hmbJAO).

bei der Justiz abgeleistet werden, nur fünf bei einem Rechtsanwalt,[26] obschon ein Großteil der Assessoren Rechtsanwälte wird.[27] In der Justiz würde ein Rückgang der Ausbildungsaufgaben lebhaft begrüßt werden, da die Referendarausbildung einen merkbaren Anteil der Arbeitskraft der Justizjuristen bindet. Referendare beklagen in den Gerichtsstationen, daß ihre Ausbilder sich wenig Zeit nehmen, um die vorgelegten Entscheidungsvorschläge mit ihnen gründlich – und folglich mit didaktischem Gewinn – durchzusprechen. Neue Akten auszugeben, ohne daß die vorherige Bearbeitung zeitgleich oder doch zügig vom Ausbilder votiert worden ist, hat nur wenig Sinn. Und erstaunlicherweise soll es – namentlich bei den Obergerichten – immer noch Richter geben, die den Verkehr mit den Referendaren im wesentlichen über ein Referendarfach in der Geschäftsstelle abwickeln.

Die verhältnismäßig lange Ausbildung in der Justiz dürfte für den angehenden Rechtsanwalt dennoch von einigem Nutzen sein, weil er erfährt, wie richterliche Entscheidungen entstehen oder entstehen können, und weil er einen Einblick in das Funktionieren des Betriebs etwa der Staatsanwaltschaft gewinnt.[28] Die Vorbereitung auf den Anwaltsberuf ist vor allen Dingen deswegen unzureichend, weil in der Anwaltsstation ganz überwiegend gar keine Ausbildung stattfindet, selbst wenn die Referendare im Rahmen ihrer Wahlmöglichkeiten noch mehrere weitere Monate bei Anwälten verbringen. Von den Referendaren wird während der Anwaltszeit die Anfertigung von Gutachten verlangt, sie werden auf ausgefallene Rechtsfragen angesetzt, sie verfassen – alsbald am laufenden Band – Schriftsätze und nehmen gerichtliche Verhandlungstermine wahr, häufig als eine Art Terminsknecht in eigener Verantwortung. Eine Schulung unterbleibt weitgehend.[29] Selten findet sich Zeit, um die Akten gemeinsam mit dem Rechtsanwalt durchzusprechen, Marschrouten und Taktiken zu erörtern, abzuwägen und festzulegen. Der Referendar ist bis zu einem erheblichen Grad Einzelkämpfer und um so beliebter, je einsamer oder (im Anwaltsdeutsch) selbständiger er sich mit Erfolg schlägt. Gewiß empfinden viele Referendare gerade diese Art der Arbeit als hocherfreulich und motivierend,[30] aber ihr Ausbildungswert ist begrenzt.

---

[26] § 34 Abs. 1 Nr. 4 hmbJAO.
[27] Nach dem Statistischen Jahrbuch 1989 für die Bundesrepublik Deutschland waren am 1.1. 1989 tätig 17627 Richter, 3759 Staatsanwälte und 46397 Rechtsanwälte (S. 321).
[28] Vgl. *Pfaff,* ZRP 1989, 430, 431.
[29] So auch *Gruber,* ZRP 1989, 428.
[30] In diesem Sinne auch *Pieper,* ZRP 1989, 201, 202.

Die Klagen der Rechtsanwaltschaft über die Justizlastigkeit der Referendarausbildung sollten Gehör finden. Mit diesen Klagen ist allerdings nicht zugleich die Bereitschaft der Anwälte einhergegangen, einen gründlichen Wandel von Stil und Inhalt der Ausbildung beim Rechtsanwalt zu gewährleisten; vielmehr ist zu befürchten, daß das Bewußtsein, wie dürftig die Ausbildung in der Anwaltschaft häufig ist, erst einmal geweckt werden muß.

Wenn Ausbildungsstationen der Verwaltung kritisiert werden, geht die Kritik vor allem dahin, daß die Behördenstationen langweilig gewesen seien. Das beruht zum einen auf der Eintönigkeit des Sachstoffs, zum anderen darauf, daß zwar die Dienstzeiten einzuhalten sind, aber nicht immer mit sinnvoller Arbeit angefüllt werden.

Soweit die Klagen der Referendare darauf gerichtet sind, daß Ausbilder die Ausbildungstätigkeit als Last empfänden, sich und damit auch die Referendare müde durch die Monate quälten, das Einzelausbilder wie Arbeitsgemeinschaftsleiter fachlich schlechter seien als die Referendare sowie didaktisch und pädagogisch unbedarft,[31] wird sich in keinem Ausbildungsgang dadurch etwas ändern, daß das Ausbildungssystem geändert wird. Solange flächendeckende und zeitintensive Schulungen von Ausbildern ausbleiben, weil hierfür keine sachlichen Mittel und keine Fachkräfte zur Verfügung stehen, werden Referendare Mängellisten aufstellen und sich weiterhin damit helfen, daß die vielen engagierten, guten Ausbilder untereinander gehandelt und weiterempfohlen werden.

3. Das Assessorexamen

Die Kritik am Abschlußexamen erscheint recht konturenlos. So wird beklagt, daß die schon im ersten Staatsexamen geforderte Allwissenheit in der zweiten Staatsprüfung noch eher gesteigert sei, daß es an der Beherrschbarkeit des Examens fehle[32] und daß die Prüfungsfälle lebensfremd seien.[33]

Das ist wenig griffig. Beklagenswert ist, daß in den „Hausarbeitsländern" die Aktenfälle oft ein hohes – zu hohes – Alter erreicht haben, um den zur Prüfung Antretenden hinreichend zu motivieren. Auch wenn diese Fälle gerade deshalb so alt geworden sind, weil sie sich als gut bearbeitbar erwiesen haben, sollten die Akten – soweit es bei dieser Art der Hausarbeit bleibt[34] – jedenfalls dann ausgesondert

---

[31] Zu allem *Martin*, JZ 1981, 302; *Pieper*, ZRP 1989, 201, 203; *Uken*, ZRP 1989, 432.
[32] Vgl. *Martin*, JZ 1981, 302, 303.
[33] So *Pieper*, ZRP 1989, 201, 203.
[34] Vgl. dazu unten D VII 2a (2), S. 108f. und E VI 2, S. 135.

werden, wenn sie ein solches Alter erreicht haben, daß der Referendar von den Zeitumständen des Falles keine eigene Kenntnis haben kann. Das gilt auch für die Vortragsakten. Sofern nicht – wie etwa in Nordrhein-Westfalen[35] – allen Prüflingen am Prüfungstage derselbe Kurzvortrag aufgegeben wird, sind die Erfahrungen mit der über drei Tage zu bearbeitenden Vortragsakte ungut. Viele Referendare sind nach den drei Vorbereitungstagen körperlich erschöpft, kommen also abgespannt in die mündliche Prüfung. Zudem werden sie verführt, den Vortrag nicht wirklich frei zu halten, sondern weitgehend auswendig zu lernen, und dieses Rezitieren wirkt bei Menschen dieser Altersgruppe eher peinlich. Das – heute noch – hohe Alter[36] der Referendare bewirkt allerdings häufig jedenfalls in der mündlichen Prüfung ein übereinstimmend wohlwollendes Zensurenklima bei den Prüfern.

Die eigentliche mündliche Prüfung, das Prüfungsgespräch, hat ein deutlich anderes Gesicht als die mündliche Prüfung im ersten Examen. Der Grund dafür liegt wohl darin, daß hier die Praktiker unter sich bleiben. Die Dogmatik hat einen wesentlich geringeren Stellenwert, und selbst rechtssystematische Erörterungen sind selten; erörtert wird, was in der letzten Zeit an Prüfenswertem über den Schreibtisch gekommen ist, worunter sich viel Verfahrensrechtliches findet. Man führt eben schon mit „seinen" Referendaren ein Gespräch der Praxis.

Prüfer sind im zweiten Staatsexamen ganz überwiegend Richter und Staatsanwälte. Die Zahl der Verwaltungsjuristen ist noch nennenswert, die Zahl der Rechtsanwälte nicht.[37] Wo der Anteil der Anwälte ausnahmsweise einmal höher liegt, bleibt die Zahl der tatsächlich wahrgenommenen Prüfungen verhältnismäßig gering. Das Beklagen, daß sich die Ausbildung zu wenig auf den Anwaltsberuf hin ausrichte, geht nicht mit der Bereitschaft der Anwaltschaft einher, sich am Prüfungsverfahren in beiden Examina in starkem Maße zu beteiligen. Das ist bedauerlich. Die Hinwendung der Ausbildung auf den Anwaltsberuf kann nicht ohne lebhaftes Engagement der Anwälte von Erfolg sein. Der Umstand, daß auch im Anwaltsbereich konzentriert wird und immer größere Sozietäten entstehen, sollte es erleichtern, aus diesen Sozietäten jeweils einen oder gar zwei Anwälte zu Prüfern bestellen zu lassen.

---

[35] Vgl. § 37 Abs. 1 nrwJAO; zu Vor- und Nachteilen dieser sog. Kurzvorträge vgl. auch *Wassermann/Kirchner/Kröpil* (Fn. 19), § 49 ndsJAO Rdnr. 5.

[36] So lag z.B. in Niedersachsen für das Jahr 1988 das durchschnittliche Alter der Referendare am Tage der mündlichen Prüfung des zweiten Examens bei 30 Jahren und 11 Monaten (Referendarinnen 29 Jahre und 9 Monate, Referendare 31 Jahre und 4 Monate).

[37] In Hamburg verteilt sich z.B. die Gesamtzahl der in den juristischen Staatsprüfungen (einschließlich der Einstufenausbildung) tätigen Praxisprüfer wie folgt: 77% Richter, 7% Staatsanwälte, 7% Verwaltungsjuristen, 9% Rechtsanwälte.

4. Der Bezug zur Universität im Vorbereitungsdienst

Zu beklagen ist die gänzliche Abkoppelung des Vorbereitungsdienstes von der Universität. Nur wenige Referendare bleiben mit der Universität verbunden, weil sie promovieren oder Lehraufträge haben. Anregungen oder gar Vorstöße aus Kreisen der Referendare, die Universität möge den Vorbereitungsdienst wissenschaftlich begleiten, sind nicht bekannt geworden. Das kann seine Ursache darin haben, daß die Erinnerungen an die universitäre Studienzeit nicht die besten sind. Auch mag der Gedanke, neben den heutigen Arbeitsgemeinschaften noch Universitätskurse zu besuchen, von vielen als Last erachtet werden. Auf der anderen Seite fehlt es jedoch ebenso daran, daß die rechtswissenschaftlichen Fakultäten oder Fachbereiche von sich aus auf die Referendare zugehen und sich anbieten, deren Schlußausbildung anzureichern.[38] Dabei dürfte der Gewinn, den Referendare aus der wissenschaftlichen Befassung mit ausgewählten Praxisthemen ziehen können, groß sein; wer je als Referendar Vorlesungen besucht hat, wird oftmals erst zu dieser Zeit die ganze Substanz der universitären Veranstaltungen ermessen und gewürdigt haben. Die theoretischen Erkenntnisse könnten auf diese Weise für die praktische Arbeit nutzbar gemacht werden. Hier wird offenbar eine Chance zur Verbesserung des Vorbereitungsdienstes, nämlich zu dessen wissenschaftlicher Begleitung und Untermauerung, vertan. Die Universitäten werden diese zusätzliche Leistung allerdings nur erbringen können, wenn dafür Kapazitäten zur Verfügung stehen. Auf jeden Fall wäre es mehr als schade, wenn die Universitäten ihre Ausbildungsarbeit mit dem ersten Examen beendeten. Die fachliche Verbindung mit den Referendaren würde vermutlich auch interessante und einträgliche Rückwirkungen auf die universitäre Ausbildung haben.

---

[38] Die in Ausfüllung von § 5b Abs. 2 Satz 2 DRiG bei verschiedenen Universitäten bestehenden Ausbildungsangebote (vgl. *Zwischenbericht* des *Ausschusses der Justizministerkonferenz* zur Koordinierung der Juristenausbildung über die bisherigen Erfahrungen mit der Neugestaltung der Juristenausbildung aus dem Jahre 1989, S. 16 bis 19) sind bisher von den Referendaren überwiegend nicht nachgefragt worden (a.a.O. S. 19).

D. Grundentscheidungen der Gestaltung juristischer Ausbildung

I. Ziel der Ausbildung: Der Einheitsjurist

Zwar ist der Streit um das „Leitbild des Juristen" in der in den 60er und 70er Jahren geführten Form[1] weitgehend[2] überholt; nicht der „statische", sondern der „dynamische" und „kritische" Jurist muß das Leitbild der Ausbildung sein.[3] Das wird heute für breite Kreise konsensfähig sein. Mit dieser Feststellung ist aber nur die grobe Richtung des Ausbildungsziels bezeichnet; die Feinheiten machen indes die Schwierigkeiten aus. Zu vielfältig sind die Meinungsäußerungen zu diesem Themenkreis, als daß im Rahmen dieses Gutachtens eine wissenschaftliche Aufbereitung vorgenommen werden könnte. Hier können nur die eigenen Vorstellungen dargestellt und erläutert werden:

– Vermittlung theoretischer, auf wissenschaftlicher Grundlage stehender Rechtskenntnisse im Lichte ihrer praktischen Bedeutung

Am Ende der Ausbildung muß der Jurist ein bestimmtes Normwissen insbesondere in den zentralen Bereichen unserer Rechtsordnung haben. Insoweit ist dem angehenden Juristen die Bedeutung der wichtigsten Normen und Normanwendungssätze des geltenden Rechts zu vermitteln. Auf wissenschaftlicher Grundlage sind die theoretischen Zusammenhänge darzustellen und die praktische Relevanz der einzelnen Rechtssätze zu verdeutlichen. In diesem Sinne sind die theoretischen und praktischen Ausbildungsteile aufeinander abzustimmen.

– Vermittlung und Schulung juristischer Grundfähigkeiten

Die juristische Ausbildung hat ihr Augenmerk nicht allein und wohl nicht einmal vorrangig auf Wissensvermittlung zu legen. Wichtig ist, daß der angehende Jurist Aufbau und Struktur von Gesetzen, systematische Zusammenhänge sowie Funktion und Prinzipien des Rechts kennenlernt. Er hat „juristisch" denken zu

---

[1] Vgl. dazu oben B II 2 und 3, S. 22 ff.
[2] Die unterschiedlichen Vorstellungen zum Juristenleitbild spiegeln sich aber heute noch in den Formulierungen der Juristenausbildungsordnungen wider; vgl. hierzu *Wahl*, DVBl 1985, 822, 828.
[3] Vgl. dazu *Richter*, Gutachten F zum 48. DJT (1970), S. 54 bis 61 und *Rinken*, Einführung in das juristische Studium (1977), S. 134, 139.

lernen, d. h. die Fähigkeit zu entwickeln, eine Problemlage in ihrer rechtlichen Bedeutung zu analysieren, ihre Lösung methodisch exakt anzugehen und eine den einschlägigen Gesichtspunkten gerecht werdende Entscheidung zu finden.[4] Dieses Grundvermögen versetzt den Juristen in die Lage, sich in unbekannte Rechtsgebiete schnell und systematisch einzuarbeiten.

– Begreifen der Rechtsordnung als ein gesellschaftlichen und politischen Änderungen unterliegendes, der Wahrung und dem Ausgleich von Interessen dienendes Regelwerk

Der Jurist muß in seiner Ausbildung begreifen lernen, daß die Rechtsordnung in allen ihren Verästelungen kein starres Gebilde ist, sondern sich als ein Regelwerk darstellt, das sich ständig ändernden gesellschaftlichen und politischen Bedingungen anzupassen hat, weil es nur so der Wahrung und dem Ausgleich einander widersprechender Einzel- und Gruppeninteressen dienen kann. Der Jurist wird dabei erfahren müssen, daß die Bindung an Recht und Gesetz dem Spannungsfeld von Rechtssicherheit, Gerechtigkeitsvorstellungen und Rechtsfortbildung ausgesetzt ist, und so die Fähigkeit entwickeln, an der Gestaltung des Rechtslebens zur Erhaltung und Wahrung sozialen Ausgleichs mitzuwirken.

– Verständnis für die Zusammenhänge zwischen rechtlichen Regelungen und sozialer Wirklichkeit

Der Jurist hat im Rahmen seiner Tätigkeit auch zu beachten, welche Folgen rechtliche Regelungen auf das soziale Umfeld haben und welche gesellschaftlichen Erkenntnisse für den zu beurteilenden Sachverhalt bedeutsam sein könnten. Kritikfähigkeit und Aufgeschlossenheit hierfür sind anzustreben, damit der Jurist entsprechende Erkenntnisse in sein eigenes Entscheidungsverhalten einfließen lassen kann.

– Kennenlernen der bedeutsamen juristischen Berufsfelder

Neben der praxisorientierten Vermittlung theoretischer Grundlagen hat im Rahmen der juristischen Ausbildung auch eine Einführung in die Arbeitsfelder der bedeutsamen juristischen Berufe zu erfolgen. Der angehende Jurist soll einen Einblick davon gewinnen, welche Tätigkeiten in Justiz, Verwaltung, Anwaltschaft und Wirtschaft anfallen, und die wichtigsten Handlungsformen in ihren Grundzügen beherrschen. Er soll kennenlernen, wie die Standards für Urteile oder sonstige schriftliche abgefaßte Entscheidungen, für Anklagen, Schriftstücke, Verträge oder sonstige standardisierte

---

[4] Zu den Fähigkeiten des „Einheitsjuristen" *Steiger*, ZRP 1989, 283, 286. Vgl. auch *W. Müller* DRiZ 1990, 81, 110.

Schreiben aussehen und wie die Verhandlungen, Sitzungen oder Mandantengespräche ablaufen.

Faßt man diese verschiedenen Elemente des Ausbildungsziels zusammen, so zeigt sich, daß der Schwerpunkt in der Vermittlung von solchen Fähigkeiten und Kenntnissen liegt, die für jeden Juristen Geltung haben. Diese übergreifenden Qualifikationsmerkmale sind hinreichend Anlaß, an der Ausbildung zum Einheitsjuristen festzuhalten.[5] Sein Vorzug ist es, einen breitgefächerten Einblick in unterschiedliche berufliche Bereiche zu gewährleisten und allen Juristen die gemeinsame Basis zu verschaffen, die zur Lösung von Konflikten erforderlich ist.

Die Beibehaltung des Einheitsjuristen ist nicht notwendig mit der Festschreibung einer völlig einheitlichen Ausbildung gleichzusetzen. Im Rahmen der Ausbildungsabschnitte, im Studium ebenso wie in der praktischen Ausbildungszeit, sind fachliche und berufsfeldorientierte Spezialisierungen zuzulassen. Eine Flexibilisierung der Ausbildung in diesem Sinne ist anzustreben, ohne aber den Rahmen einer einheitlichen Ausbildung zu verlassen. Nur eine solche Ausbildung verhindert, daß die spezifischen Interessen der einen oder anderen Berufsgruppe überbetont werden.

Allerdings gewinnt bei der Beibehaltung des Einheitsjuristen das Zeitmoment zusätzlich an Gewicht. Der wissenschaftlich geschulte und in der praktischen Anwendung berufsfeldübergreifend ausgebildete Jurist ist nicht gänzlich berufsfertig. Nach Ausbildungsabschluß ist eine berufsfeldspezifische Weiterbildung in dem gewählten Berufsbereich unerläßlich.[6] Deswegen darf die Ausbildung zum Einheitsjuristen einen bestimmten zeitlichen Rahmen nicht überschreiten. Ansonsten würde der „deutsche Einheitsjurist" im nationalen und internationalen Bereich nicht konkurrenzfähig sein.

II. Das Zueinander von universitärer und praktischer Ausbildung

Auch wenn weithin Einigkeit darin besteht, daß der ausgebildete (Einheits-)Jurist sowohl einer fundierten theoretischen Ausbildung

---

[5] Für die Beibehaltung des Einheitsjuristen ausdrücklich *Donnepp*, Die Neuordnung der Juristenausbildung, in Festschrift für Rudolf Wassermann (1985), S. 549, 553; Gegner der Ausbildung zum Einheitsjuristen beklagen insbesondere die Justizlastigkeit der praktischen Ausbildung; statt dessen wird eine berufsfeldorientierte Spezialisierung vorgeschlagen, so insbesondere *Kötz*, ZRP 1980, 94 und AnwBl 1988, 320 und neuerdings *Koch*, ZRP 1989, 281, 283; 1990, 41, 42 f.
[6] Überzogen sind allerdings die ersten Überlegungen der *Ausbildungskommission des Deutschen Richterbundes* (DRiZ 1990, 69), wo für die verschiedenen Berufsfelder zusätzlich zum zweiten Examen eine ergänzende Prüfung als Berufseingangsvoraussetzung gefordert wird.

bedarf als auch eine praktische Vorbereitung für den späteren Beruf erfahren muß, so ist seit langem und in jüngerer Zeit zunehmend umstritten, wie die theoretischen und praktischen Ausbildungsabschnitte zeitlich zueinander angeordnet sein sollten. Das traditionelle dualistische Ausbildungssystem im Sinne einer strikten Trennung von theoretisch-wissenschaftlicher Ausbildung an der Universität und praktischer Ausbildung im Rahmen eines sich anschließenden Vorbereitungsdienstes steht dabei an dem einen Ende der Skala, an dem anderen Ende das theorie-praxisintegrierte Ausbildungssystem, in dem Hochschulstudium und praktische Ausbildung einander ständig begleiten. Dazwischen liegen die verschiedenen Formen an Intervallmodellen, bei denen die Ausbildung in mehrere sich abwechselnde universitäre und praktische Phasen unterschiedlicher Dauer aufgeteilt ist.

1. *Parallelität von universitärer und praktischer Ausbildung*

Der Gedanke, theoretische und praktische Ausbildung in wechselseitiger Abstimmung nebeneinander durchzuführen,[7] ist die Reaktion darauf, daß das mit der Ersten Juristischen Staatsprüfung abschließende Studium an der Universität trotz seiner ständig zunehmenden Dauer als eine nicht ausreichende Vorbereitung auf die juristische Praxis empfunden wird und es daher nicht gelingt, im Rahmen des zeitlich begrenzten Vorbereitungsdienstes dem angehenden Juristen eine Ausbildung zuteil werden zu lassen, die ihn hinreichend für die Tätigkeit in den immer komplexer werdenden Berufsfeldern befähigt.[8]

a) Theorie-Praxis-Integration als Zielvorstellung

Die Parallelität von Lehrveranstaltungen und Praktika hat eine ständige Wechselwirkung zwischen Theorie und Praxis zum Ziel. Der Student soll die theoretisch erworbenen Kenntnisse in den einzelnen Rechtsgebieten im Rahmen der das Studium ständig begleitenden Praktika zeitnah auf ihre Bedeutung und Verwertbarkeit für die juristische Praxis überprüfen und einordnen können. Im Gegenzug erhält er die Möglichkeit, Probleme der Praxis in die weiterlaufende theoretische Ausbildung einzubringen und mit theoretischen Lösungsansätzen zu verknüpfen.[9]

---

[7] Ein solches Integrationsmodell hat es nur in Hamburg am Fachbereich Rechtswissenschaft II gegeben; vgl. *Eith*, ZRP 1982, 47, 48 und *Rinken* (Fn. 3), S. 24, der auch einen ausführlichen Überblick über die verschiedenen Modelle gibt (a.a.O. S. 24f.).
[8] Vgl. statt vieler *Stiebeler*, JZ 1970, 457.
[9] Zu diesem Ausbildungsziel haben sich nahezu alle Einstufenmodelle bekannt, vgl. z.B. *Schmidt/Braun/Mögele*, JZ 1984, 364, 367.

Der frühzeitig beginnende, sich über die ganze Ausbildung erstreckende Kontakt mit der Praxis vermittelt dem Studenten alsbald die Erfahrung, daß theoretisch erzielte Ergebnisse, denen eine methodisch exakte Anwendung von rechtlichen Regelungen zugrunde liegt, sich in der Praxis bei der Übertragung auf soziale Vorgänge als unvollkommen und mitunter als unannehmbar erweisen. Dieser gemeinhin als „Praxisschock" bezeichnete Vorgang wird vorverlagert und gedämpft, wenn der Student im frühen Stadium mit der praktischen Rechtsanwendung Kontakt erhält. Die erst im Anschluß an eine langjährige universitäre Ausbildung stattfindende Konfrontation mit der Praxis erweist sich als nachteilig, weil der angehende Jurist mehr oder weniger schlagartig das erlernte wissenschafts-theoretische Rechtsgefüge als in dieser Form für die Praxis kaum oder nicht verwertbar empfindet. Auf diese Weise werden die für die praktische Rechtsanwendung – natürlich – durchaus fruchtbar zu machenden theoretischen Erkenntnisse fast vollständig zurückgedrängt und verschüttet. Dem zu begegnen, erscheint die Parallelität von universitärer und praktischer Ausbildung in der Tat geeignet, weil sie die Trennung zwischen Theorie und Praxis, die absolut verstanden zweifellos von Übel ist, aufweicht.

b) Die Schwierigkeiten bei der Umsetzung des Integrationsmodells

Allerdings ist die angestrebte Integration von Theorie und Praxis nicht schon durch das Nebeneinander von Vorlesungen und Praktika gewährleistet. Mit der zeitlichen Parallelität muß eine inhaltliche Integration einhergehen. Es wird nicht ausreichen, daß der Student, der im frühen Stadium der Ausbildung mit praktischen Problemen konfrontiert wird, sich in geeigneten Fällen zu entsprechenden Rückfragen im Rahmen der theoretischen Veranstaltung veranlaßt sieht und damit in gewissem Umfang eine stärkere Praxisorientierung der universitären Lehrveranstaltung bewirkt.

Eine wirkliche Integration setzt mehr voraus. Die Ausbildungsinhalte von Lehrveranstaltungen und Praktika müssen aufeinander abgestimmt sein und sich gegenseitig ergänzen. Dies stößt schon vom äußeren Zuschnitt her auf Schwierigkeiten, insbesondere in den Flächenstaaten.[10] Mit den Praktika haben die parallel verlaufenden Lehrveranstaltungen inhaltlich nur zu einem Teil zu tun, sie betreffen auch andere Rechtsbereiche, die keinen Zusammenhang mit den Ausbil-

---

[10] Die durchgängige Parallelität von theoretischer und praktischer Ausbildung dürfte daher nur in Stadtstaaten durchführbar sein; so auch *Donnepp* (Fn. 5), S. 557; zu den Integrationsproblemen im Rahmen der einstufigen Ausbildung in Hamburg *Stiebeler*, Zum Stand der einstufigen Juristenausbildung nach dem Hamburger Modell, in: Aus dem Hamburger Rechtsleben, Festschrift für Walter Reimers (1979), S. 103, 114f.

dungsinhalten der Praktika aufweisen. Die Studenten haben also Lehrveranstaltungen aus unterschiedlichen Gebieten zu besuchen und sich zudem den besonderen Anforderungen der praktischen Ausbildung zu stellen. Das erfordert ein ständiges Umdenken seitens der Studenten und verführt dazu, den einen oder den anderen Teil der Ausbildung zu vernachlässigen, was das gesamte Ausbildungskonzept zu entwerten droht.

Daneben fällt auch die inhaltliche Koordinierung von Lehrveranstaltungen und Praktika nicht leicht. Rechtswissenschaftliche Lehrveranstaltungen an der Universität sind darauf angelegt, einen festumrissenen Stoff zu vermitteln, und werden zu diesem Zweck systematisch strukturiert. Dies kann für die Praktika nicht gelten. Die Art der Akten, Verwaltungssachen oder sonstigen Angelegenheiten, mit denen die Studenten befaßt werden, ist weitgehend zufällig. Eine Beschränkung auf Fälle oder Vorgänge, die nur oder vorwiegend ausgewählte Rechtsfragen enthalten und damit zu einer kontinuierlichen Weiterbildung auf einem bestimmten Rechtsgebiet führen, ist nicht oder jedenfalls nur ganz unvollkommen möglich, und diese Steuerung führt zwangsläufig zu einer Verfremdung der Praxis. Zusätzlich erschwert wird dieses Anliegen dadurch, daß die Ausbildungsstellen für dieselben Gerichts-, Verwaltungs- oder Anwaltspraktika unterschiedliche Sachzuständigkeiten, Tätigkeitsfelder und Spezialisierungsgrade haben.[11]

Das Ziel, Theorie und Praxis in der Ausbildung integrativ zu vermitteln, erfordert daher einen hohen Aufwand im organisatorischen Bereich und eine Bereitstellung erheblicher Ausbildungskapazitäten in der Praxis. Soll die angestrebte sinnvolle Verknüpfung auch nur annähernd gelingen, so müssen die Ausbilder der Praxis im Vorwege – möglichst in Abstimmung mit den Hochschullehrern – Konzepte entwickeln und zudem in die eigentliche Ausbildung erhebliche Zeit und Mühe investieren. Dies wird in den staatlichen Stellen der Justiz und der Verwaltung nur bei Freistellung der Ausbilder von sonstigen Aufgaben erreicht werden können. Nach den bisher gemachten Erfahrungen dürfte dabei die Ausbildung von Studenten im frühen Stadium erheblich aufwendiger sein als die Ausbildung von Referendaren, so daß die Verteilung der Praxisstationen über die gesamte Ausbildung nicht eine bloße Kapazitätsverlagerung darstellt, sondern eine Vermehrung der Ausbildungskapazitäten zur Voraussetzung hat.

Noch größere Schwierigkeiten werden solche studienbegleitenden Praktika bei Anwälten oder Wirtschaftsunternehmen mit sich bringen. In diesen Bereichen die Ausbilder zu den für die Strukturierung

---

[11] So auch *Stiebeler* (Fn. 10), S. 114.

und Durchführung der Praktika erforderlichen zeitlichen Investitionen zu bewegen, dürfte nur schwer möglich sein, weil dieser Ausbildungsaufwand sich nicht als genuiner Teil ihrer beruflichen Tätigkeit darstellt. Anders als im staatlichen Bereich kommt hier eine Entlastung von anderen Aufgaben nicht in Betracht. Auch dürfte es nicht durchführbar sein, den Anwälten oder Wirtschaftsunternehmen einen finanziellen Ausgleich für die Übernahme von Ausbildungsaufgaben im Rahmen der Praktika zu gewähren. Jenseits der damit verbundenen Kosten für die öffentliche Hand würde kein hinreichender Anreiz geboten werden können, die berufliche Tätigkeit zugunsten von Ausbildungsaufgaben einzuschränken. Der erhöhte Bedarf an Ausbildungskapazität in der Praxis wird auch nicht durch eine entsprechende Verringerung der Kapazitätserfordernisse im universitären Bereich ausgeglichen. Das universitäre Lehrangebot wird bei einer Parallelität von theoretischer und praktischer Ausbildung im Vergleich zum gegenwärtigen Stand nicht reduziert, sondern nur anders strukturiert. Eine Entlastung der Universität ist nicht zu erwarten, vielmehr ist jedenfalls in der Anfangsphase der Entwicklung eines solchen Ausbildungsmodells sogar mit einem erhöhten Arbeitsaufwand für die Universitätslehrer zu rechnen.

Wie schwer sich Universität und Praxis bei der Abstimmung von Lehrveranstaltungs- und Praktikumsinhalten jedenfalls im Rahmen einer Massenuniversität tun, haben die ersten Erfahrungen mit der Durchführung der obligatorisch gewordenen praktischen Studienzeiten gezeigt. § 6 Abs. 5 Sätze 4 und 5 hmbJAO bestimmen, daß das Vertiefungspraktikum durch Veranstaltungen der Universität vor- und nachbereitet wird und daß die Schwerpunktausbildung in der Universität und das Vertiefungspraktikum aufeinander bezogen sein sollen. Trotz dieses gesetzlichen Auftrags ist es bisher nicht gelungen, den gewünschten Ausbildungsverbund von Lehrveranstaltungen und Vertiefungspraktika herzustellen. Die Schwierigkeiten beruhen dabei keineswegs allein auf einem fehlenden oder unzureichenden Engagement der Hochschullehrer. Auch die Praktiker, obwohl sie, jedenfalls was die Justiz angeht, in ihrem Hauptamt entlastet werden, zeigen sich in unzureichendem Maße geneigt, die Praktikumsausbildung inhaltlich mit den universitären Veranstaltungen im Schwerpunktbereich abzustimmen. Der Versuch seitens der die Ausbildung leitenden, beim Präsidenten des Hanseatischen Oberlandesgerichts angesiedelten Stelle, übergreifende Konzepte zu entwickeln, scheiterte zumindest bisher. Der Grund hierfür lag nicht zuletzt auch in der Verschiedenartigkeit der Ausbildungsstellen und der Vielfalt[12] der zur Wahl stehenden Schwerpunkte.

---

[12] § 5 Abs. 3 hmbJAO sieht 15 Wahlschwerpunkte vor.

c) Die Nachteile eines zu frühen Praxiskontaktes

Muß nach allem davon ausgegangen werden, daß ein sinnvoll aufeinander abgestimmtes Ausbildungskonzept für parallel angebotene universitäre Veranstaltungen und Praktika jedenfalls im Massenbetrieb nicht zu realisieren ist, so gewinnen die grundsätzlichen Bedenken, die gegen eine zu frühe Praxisberührung der Studenten sprechen, zusätzlich an Gewicht. Zu befürchten ist nämlich, daß der institutionale Einbezug der juristischen Praxis, die von überkommenen arbeitsmarktorientierten Qualifikationsanforderungen und organisierten standespolitischen Ansprüchen geprägt wird, berufliche Anpassungszwänge in das Studium vorverlagert und die zu diesem Zeitpunkt kaum ausgebildeten Theorieansätze endgültig zurückdrängt.[13] Die „Verpraxung" des Studiums wird riskiert, was bei vielen Studenten in Theorieskepsis, mangelnder Kritikbereitschaft und Nachbeten der jeweils herrschenden Meinung münden kann.[14] Der von einem frühen Praxiskontakt durchaus ausgehende Motivationsschub wird vielfach nicht für eine Verfeinerung der theoretischen Kenntnisse fruchtbar gemacht, sondern vorrangig zur effektiven Vorbereitung auf den späteren Beruf genutzt. Ziel der Ausbildung wird es, diejenigen Fertigkeiten zu erlangen, die von der Praxis für den beruflichen Einstieg gefordert werden. Diese Anforderungen werden zugleich maßgebend die Aufgabenstellungen im Abschlußexamen bestimmen.

Auch wenn nicht zu verkennen ist, daß in der herkömmlichen zweistufigen Ausbildung die an die Erste Juristische Staatsprüfung gestellten Anforderungen zu einem überzogenen Anlernen von Theorien geführt haben, so kann doch nicht übersehen werden, daß eine abgerundete theoretische Ausbildung Grundvoraussetzung für jeden „guten" Juristen und im späteren beruflichen Werdegang nicht nachzuholen ist. Eine gewisse Überbetonung der Theorie, die sich nicht allein an der greifbaren Verwertbarkeit für die Praxis orientiert, dürfte sogar erforderlich sein, um jedenfalls einige der theoretischen, die Kritikfähigkeit erhaltenden Ansätze in die praktische Tätigkeit hinüberzuretten. Diese positive Fernwirkung des theoretisch ausgerichteten Studiums dürfte von heute im Beruf stehenden Juristen, sofern sie die herkömmliche zweistufige Ausbildung durchlaufen haben, bisweilen unterschätzt werden, weil sie nun einmal diese theoriegeprägte Ausbildung erfahren haben und daher die Nachteile ihres Fehlens nicht gewichten können. Ihnen ist lediglich die unzureichende Praxisorientierung des Studiums im Verlaufe ihres beruflichen Lebens als

---

[13] In diesem Sinne auch *Salge*, DRiZ 1980, 41, 45 unter Bezug auf *Leibfried*, KritJ 1973, 182 ff.
[14] *Salge*, DRiZ 1980, 41, 46.

Mangel fühlbar geworden.[15] Hinzuweisen ist auch darauf, daß eine Reduzierung des theoretischen Ausbildungsanteils die Gefahr eines fortschreitenden Prozesses in sich birgt, der über Generationen zu einer Theoriearmut und den damit verbundenen Innovationsverlusten der juristischen Ausbildung führen kann.

d) Das Zeitmoment

Neben einer stärkeren Praxisorientierung und einer besseren Lernmotivation gilt als weiterer Vorteil des Nebeneinander von universitärer und praktischer Ausbildung die Verminderung der Ausbildungsdauer.[16] Verwiesen wird insoweit auf die Absolventen der einstufigen Ausbildungsmodelle, die das Abschlußexamen zu einem hohen Anteil nach einer Gesamtausbildungszeit von 6 bis $6^{1}/_{2}$ Jahren ablegen und damit erheblich schneller die Befähigung zum Richteramt erlangen als die zweistufig Ausgebildeten.[17]

Fragt man nach den Gründen, so zeigt sich, daß in der einstufigen Ausbildung, sei es in dem integrativen Modell wie in Hamburg, sei es in den verschiedenen Intervallmodellen, der zeitliche Anteil an Praxisausbildung in etwa der zweijährigen Referendarzeit entspricht,[18] wie sie zum Zeitpunkt der Einführung der einstufigen Ausbildung für die zweistufige Ausbildung gesetzlich vorgesehen war. Der zeitliche Gewinn wird vor allem bei der Dauer der universitären Ausbildung[19] und bei den Prüfungszeiten erreicht.

In den Einstufen-Modellen beträgt die Dauer des universitären Ausbildungsanteils etwa 4 Jahre,[20] während die zweistufig Ausgebildeten im Durchschnitt etwa $5^{1}/_{2}$ Jahre[21] für das Universitätsstudium verwenden. Dieser Zeitgewinn ist allerdings nicht auf die Verknüpfung von universitärer und praktischer Ausbildung zurückzuführen; entscheidend für die Verkürzung der Universitätsausbildung ist vielmehr, jedenfalls in erster Linie, die Reglementierung und Verschulung der einstufigen Ausbildungsgänge. Durch die Zusammenfassung der Auszubildenden in Jahrgänge, die durch die Kleingruppenarbeit

---

[15] *Scheyhing*, JZ 1985, 278 spricht von „weltanschaulicher Überhöhung des Praxisbezuges".
[16] Den Zeitgewinn der Einstufenausbildung betonen z. B. *Braun*, JZ 1978, 633; *Hillermeier*, JuS 1979, 755; *Eith*, ZRP 1982, 47, 50f.; *Schmidt/Braun/Mögele*, JZ 1984, 364, 366f.; *Donnepp* (Fn. 5), S. 560, die von einer Verkürzung der Ausbildung um etwa drei Jahre ausgeht.
[17] Dazu oben C I 1, S. 34f. mit Fn. 1 und C II 1, S. 42.
[18] Vgl. den Überblick bei *Braun*, Juristenausbildung in Deutschland (1980), S. 10.
[19] So auch *Stiebeler* (Fn. 10), S. 112.
[20] Vgl. auch hierzu den Überblick bei *Braun* (Fn. 18), S. 10.
[21] Dazu oben C I 1, S. 34 mit Fn. 1.

erzielten persönlichen Kontakte von Ausbildern und Auszubildenden, die zeitliche Fixierung und Aneinanderreihung der einzelnen Ausbildungsabschnitte und Ausbildungsphasen und das damit verbundene zwangsläufige Hinführen zu den Examina ist es in den Einstufen-Modellen gelungen, daß ein großer Teil der Auszubildenden aus dem vorgegebenen zeitlichen Ablauf bis zur Abschlußprüfung nicht ausbricht.[22] Die Befürchtung, aus dem sozialen Umfeld, dem „Jahrgang", herausgerissen zu werden und zudem in der Regel ein ganzes Jahr zu verlieren, hält den größten Teil der Auszubildenden dazu an, alle Energien darauf zu verwenden, die für das Verbleiben im Ausbildungsrhythmus erforderlichen Voraussetzungen und Leistungen zu erbringen. Auch sehen sich die Ausbilder, die wegen des persönlichen Kontakts zu den Auszubildenden häufig um diese gravierenden Folgen des Nichtbestehens einer Leistungskontrolle wissen, in Grenzfällen eher gehalten, dem Auszubildenden den Erfolg bei einer Leistungskontrolle zu bescheinigen.

Zu einer zeitlichen Verkürzung der einstufigen Ausbildung trägt des weiteren bei, daß die mit den beiden Staatsprüfungen in der herkömmlichen Ausbildung verbundenen beträchtlichen Zeitverluste[23] vermindert werden. Die erste Staatsprüfung entfällt entweder ganz[24] oder ist als Zwischenprüfung[25] derart in die Ausbildung integriert, daß diese nicht oder nur zu einer geringfügigen Verzögerung der Ausbildung führt. Angesichts der Dauer der Ersten Juristischen Staatsprüfung in der herkömmlichen Ausbildung ist der dadurch erzielte Zeitgewinn nicht unbeträchtlich. Die Schlußprüfungen der Einstufen-Modelle sind in Teilen ebenfalls in die Ausbildung integriert. Allerdings gibt es diese Möglichkeit nach der Neufassung von § 5 d Abs. 2 DRiG auch für die Zweite Juristische Staatsprüfung, so daß sich insoweit ein – weiterer – nennenswerter Zeitgewinn nicht erkennen läßt.

Festzuhalten bleibt, daß die Parallelität von universitärer und praktischer Ausbildung den Vorteil hat, auf die theoretische Ausbildung einen Zwang zur Ausrichtung auf die Praxis auszuüben, zugleich aber mit der Gefahr verbunden ist, daß die theoretischen Grundlagen nicht genügend ausgebildet werden können, sondern sogleich von der Pra-

---

[22] Zum hohen Anteil der Kandidaten, die die einstufige Ausbildung in kürzestmöglicher Zeit durchlaufen haben, vgl. *Schmidt/Braun/Mögele*, JZ 1984, 364, 367 unter Hinweis auf den dritten Tätigkeitsbericht der ZFG (Mannheim 1980), S. 21 ff.
[23] Dazu oben C I 1, S. 34 mit Fn. 3.
[24] So in Bremen, Hamburg und Niedersachsen, wo statt einer Zwischenprüfung ausbildungsbegleitende Leistungskontrollen verlangt werden.
[25] So in Baden-Württemberg, Bayern, Nordrhein-Westfalen und Rheinland-Pfalz; neben der Anfertigung von Aufsichtsarbeiten ist nur in Bayern die mündliche Prüfung obligatorisch; vgl. im einzelnen *Braun* (Fn. 18), S. 46 f.

xis aufgesogen werden. Einen zeitlichen Gewinn bringt die Theorie-Praxis-Integration per se nicht mit sich. Daß die einstufige Ausbildung in einer erheblich verminderten Ausbildungszeit zum Abschluß führt, beruht auf anderen Gründen, nämlich auf der stärkeren Reglementierung und Verschulung sowie auf den kleineren Ausbildungseinheiten.

2. Intervall von universitären und praktischen Ausbildungsphasen

Einen Mittelweg zwischen den extremen Positionen, dem Nebeneinander von universitärer und praktischer Ausbildung auf der einen und dem Nacheinander dieser beiden Ausbildungsabschnitte auf der anderen Seite, beschreiten die verschiedenen Formen der Intervallmodelle, in denen theoretische und praktische Ausbildungsphasen einander abwechseln.

a) Die unterschiedlichen Intervallmodelle

Beispiele für Intervallmodelle sind die einstufigen Ausbildungsgänge in Konstanz, Augsburg/Bayreuth, Bremen, Hannover, Bielefeld und Trier,[26] aber auch zahlreiche Modellvorschläge,[27] so der Vorschlag des Deutschen Richterbundes[28] und der sogenannte Schmude-Entwurf,[29] favorisieren eine Intervallausbildung.

Übereinstimmung besteht darin, daß die Ausbildung mit einer Studienphase zu beginnen hat. Bezüglich Länge und Inhalte dieses ersten Ausbildungsabschnitts zeigen sich aber schon deutliche Unterschiede. Augsburg/Bayreuth und Bremen sehen bereits nach etwa 2 Jahren, Hannover und Bielefeld nach etwa $2^{1}/_{2}$ Jahren und Konstanz und Trier erst nach 3 Jahren die erste Praxisphase vor. Gänzlich uneinheitlich stellt sich der weitere Ablauf der Ausbildungsgänge dar, und zwar insbesondere hinsichtlich der Häufigkeit des Wechsels zwischen universitären und praktischen Ausbildungsphasen.[30]

---

[26] Zu den Einzelheiten vgl. die Übersichten bei *Braun* (Fn. 18), S. 31 ff. und 113 ff. sowie *Rinken* (Fn. 3), S. 24 ff.

[27] Neben den hier erörterten Vorschlägen z.B. noch *Schwind*, DRiZ 1981, 441, 445 und *Eike Schmidt*, DRiZ 1982, 47, 55.

[28] Veröffentlicht als Beschlußvorlage in DRB-Informationen 4/1981, I S. 25 ff.; vgl. dazu oben B II 5, S. 29 f. und *Herr*, DRiZ 1981, 339, 340, der zugleich ausführt, daß der Deutsche Anwaltsverein das DRB-Modell in allen Leitlinien übernommen hat (AnwBl 1981, 138 ff.).

[29] Entwurf eines dritten Gesetzes zur Änderung des DRiG der sozialliberalen Bundesregierung von August 1982, BR-Dr 311/82; von der SPD-Fraktion wurde dieser Entwurf in modifizierter Form Ende Juni 1983 neu eingebracht (BT-Dr 10/213); vgl. dazu *Wassermann*, JuS 1984, 316, 317.

[30] Vgl. dazu den Überblick bei *Braun* (Fn. 18), S. 10.

Der Vorschlag des Deutschen Richterbundes aus dem Jahre 1981[31] sieht zunächst eine Studienphase I mit einer Länge von 4 Semestern und nach dem ersten Teil einer staatlichen Zwischenprüfung eine Studienphase II von 2 Semestern Dauer vor. Nach dem zweiten Teil der Zwischenprüfung folgt die Praxisphase I (Dauer 2 Jahre), sodann die Studienphase II mit einer Länge von 3 Semestern, im Rahmen derer die wissenschaftliche Hausarbeit anzufertigen ist, sowie abschließend die Praxisphase II von einem Jahr Dauer.

Der sogenannte „Schmude-Entwurf" aus dem Jahre 1983[32] teilt das Studium in eine Grundausbildung und eine Schwerpunktausbildung auf. Danach umfaßt die Grundausbildung ein Studium von drei Jahren und eine daran anschließende Ausbildung in der Praxis von zwei Jahren; die Schwerpunktausbildung setzt sich aus einem Studium von einem Jahr und einer Ausbildung in der Praxis von einem halben Jahr zusammen.

b) Die Würdigung der Modelle

Untersucht man diese verschiedenen Formen an Intervallmodellen darauf, inwieweit die oben[33] entwickelten kritischen Gedanken zur Theorie-Praxis-Integration auf sie übertragen werden können, so zeigt sich, daß diese Überlegungen mit geringfügigen Modifizierungen für die Modelle Gültigkeit haben, die die erste Praxisstation zu einem frühen Zeitpunkt und einen mehrfachen Wechsel zwischen universitärer und praktischer Ausbildung vorsehen. Zwar entschärfen sich die organisatorischen und inhaltlichen Abstimmungsprobleme ein wenig, weil die Lehrveranstaltungen und Praktika nicht parallel laufen; aber auch bei einer in kurzen Abständen wechselnden Abfolge von universitären und praktischen Ausbildungseinheiten ist eine intensive wechselseitige Abstimmung erforderlich, will man eine sinnvolle Ausbildung erreichen und ein komplettes Ausbildungsprogramm gewährleisten. Muß man demnach auch bei diesen Modellen davon ausgehen, daß eine „wirkliche" Theorie-Praxis-Integration schon aufgrund unzureichender Kapazitäten, aber auch mangels hinreichender Koordination und wechselseitiger Hinwendung nicht zu bewerkstelligen sein wird, so bleibt es bei den aufgezeigten Bedenken, daß der zu frühe Praxiskontakt zu einer Vorverlagerung beruflicher Anpassungszwänge in das Studium führt und die Ausbildung von Theorieansätzen nicht genügend zuläßt.

Eine andere Einschätzung müssen die Intervallmodelle erfahren, bei denen eine längere, etwa dreijährige universitäre Studienphase am

---

[31] Wie Fn. 28.
[32] Wie Fn. 29.
[33] Unter 1. S. 51 ff.

Anfang der Ausbildung steht und die nur jeweils zwei Universitäts- und Praxisblöcke vorsehen, wie es etwa bei der einstufigen Ausbildung in Trier,[34] dem Vorschlag des Deutschen Richterbundes und dem sog. Schmude-Entwurf der Fall ist. Nach einer intensiv genutzten universitären Ausbildungszeit von 3 Jahren sollten die theoretisch vermittelten Rechtskenntnisse eine erste Abrundung erfahren haben, so daß sich mit guten Gründen vertreten läßt, daß die gegen eine zu frühe Praxisausbildung bestehenden Bedenken nunmehr zurücktreten müssen und durch die von den praktischen Erfahrungen ausgehenden Impulse aufgewogen werden. Einen Vorzug eines solchen eingeschobenen praktischen Ausbildungsabschnitts kann man auch darin sehen, daß dadurch zwei deutlich voneinander getrennte universitäre Ausbildungsphasen geschaffen werden, die eine Stoffeinteilung in elementare und vertiefende Kenntnisbereiche ermöglichen.[35] Außerdem erhält der Auszubildende Gelegenheit, die in der Praxis gesammelten Erfahrungen anschließend in der zweiten universitären Ausbildungsphase theoretisch aufzuarbeiten und in den Gesamtzusammenhang einzuordnen.

Allerdings setzt dieses Anliegen voraus, daß dieser zweite universitäre Ausbildungsabschnitt alle zentralen Bereiche des Rechts vertiefend abdeckt und nicht ausschließlich oder jedenfalls vornehmlich als eine Spezialisierungsphase ausgestaltet ist. Letzteres hätte nur den Vorteil, daß der Auszubildende in einem darauf zugeschnittenen Spezialgebiet exemplarisch vertieft und umfassend ausgebildet werden könnte und dadurch zugleich in die Lage versetzt würde, in einem ihm erschlossenen Rechtsgebiet eine häusliche Arbeit mit wissenschaftlichem Anspruch anzufertigen. Für manche Rechtsgebiete dürfte es sich zudem als Vorteil erweisen, daß der Auszubildende vor Anfertigung der wissenschaftlichen Hausarbeit bereits praktische Erfahrungen gesammelt hat und es ihm dadurch leichter fällt, Erkenntnisse sozialwissenschaftlicher Nachbardisziplinen in die wissenschaftliche Arbeit einfließen zu lassen.

Ein so geschnittenes Intervallmodell bringt einen relativ frühen Kontakt mit der Praxis und schafft eine zweite, von der ersten deutlich abgesetzte universitäre Ausbildungsphase. Allerdings sind in dem Zeitraum von einem Jahr, auf den die zweite universitäre Ausbildungsphase beschränkt bleiben muß, beide Ziele, umfassende Vertiefung und eingehende Spezialisierung, kumulativ nicht zu erreichen.

---

[34] In Trier folgten auf das insgesamt dreijährige Einführungs- und Hauptstudium ein Hauptpraktikum von 18 Monaten, ein Vertiefungs- und Wahlstudium von zwei Semestern und ein entsprechendes Wahlpraktikum von sechs Monaten mit abschließendem Praxislehrgang von zwei Monaten.
[35] Dies betont *Scheyhing*, JZ 1985, 278, 279.

Gegen dieses Intervallmodell läßt sich weiter einwenden, daß trotz der Beschränkung auf jeweils zwei universitäre und praktische Ausbildungsphasen immer noch eine mehrfache Umstellung des Auszubildenden erforderlich ist und es insbesondere auf Schwierigkeiten stoßen kann, den Auszubildenden nach der ersten, mindestens einenhalb Jahre währenden Praxisphase wieder zu einer theoriegeprägten, rein universitären Ausbildung zu bewegen. Auch werden im Rahmen der Massenausbildung zwischen den beiden universitären und praktischen Ausbildungsabschnitten die Verbindungslinien nur schwer hergestellt werden können, die ein sinnvolles Aufeinanderaufbauen der einzelnen Ausbildungseinheiten und die angestrebte Vielfalt der Ausbildungsinhalte gewährleisten.

3. Das Nacheinander von universitärer und praktischer Ausbildung

Die traditionelle Aufteilung der rechtswissenschaftlichen Ausbildung in ein Universitätsstudium und einen praktischen Vorbereitungsdienst beruht auf der Vorstellung, daß der angehende Jurist die theoretisch-wissenschaftliche Ausbildung vollständig durchlaufen haben muß, bevor er in die Praxis überwechselt. Die Vor- und Nachteile dieser zweistufigen Ausbildung sind im wesentlichen bereits im Rahmen der Auseinandersetzung mit den anderen Ausbildungsmodellen dargelegt worden und sollen daher hier nur noch einmal kurz zusammengefaßt werden.

Ein wesentlicher Nachteil der formalen Unterteilung der Ausbildung in Studium und Referendariat ist darin zu sehen, daß die Isolierung der theoretischen Ausbildung die Gefahr einer unnötigen Aufblähung in sich birgt und wegen dieser Trennung die wechselseitigen Bezüge zwischen Theorie und Praxis ausbleiben, die Theorie also nicht genügend für die Praxis fruchtbar gemacht wird und umgekehrt die praktischen Ergebnisse nicht theoretisch überprüft und abgesichert werden.

Dagegen erleichtert die Unterteilung in eine universitäre und eine praktische Ausbildungsphase das Stoffgliederungsproblem. Beide Bereiche können jeder für sich ein durchgängiges, in sich geschlossenes Ausbildungskonzept entwickeln. Im Rahmen der ersten Ausbildungsphase werden ausschließlich universitäre Veranstaltungen zu einem sinnvollen Studienplan zusammengefügt. Die Gegenstände dieser Lehrveranstaltungen sind fest umrissen, so daß sich ein inhaltlich sinnvoll strukturiertes und die entsprechenden Rechtsgebiete vollständig abdeckendes Ausbildungsprogramm erstellen läßt. Die Einfügung von praktischen Ausbildungsphasen, die von Inhalt und Verlauf her weniger präzise festgeschrieben werden können, entfällt. Umgekehrt kann die praktische Ausbildung eine umfassende Kenntnis des theoretischen Stoffes voraussetzen und sich vornehmlich auf die Vermittlung spezifisch praktischer Fähigkeiten und Fertigkeiten konzentrieren.

Auch muß sich der Auszubildende nicht mehrfach, sondern nur einmal in seinem Lern- und Ausbildungsverhalten auf die zwischen Universität und Praxis bestehenden Unterschiede umstellen. Schließlich muß ein Vorteil der traditionellen zweistufigen Ausbildung auch daran gesehen werden, daß der Auszubildende mit dem Abschluß des ersten Ausbildungsabschnitts den Studentenstatus endgültig ablegt und in ein Referendariat überwechselt, das ihm neben einer finanziellen Absicherung auch einen besseren sozialen Status bringt. Insofern erfährt der Auszubildende durch den Eintritt in das Referendariat einen Fortschritt in seinem persönlichen und beruflichen Werdegang und wird so kontinuierlicher auf den späteren Einstieg in die Praxis vorbereitet.

Die Beibehaltung der Unterteilung in Studium und Referendariat bietet schließlich den Vorteil, daß es bei einer das rechtswissenschaftliche Studium abschließenden ersten juristischen Staatsprüfung verbleiben kann und dieses Examen – anders als es bei einer Zwischenprüfung der Fall wäre – die Qualität einer universitären Abschlußprüfung für diejenigen Absolventen behält, die nicht die Ausbildung zum Volljuristen, sondern lediglich einen akademischen Hochschulabschluß als Grundlage für andere berufliche Tätigkeiten anstreben.

4. Fazit: Beibehalten der Zweistufigkeit

Eine parallel an der Universität und in der Praxis verlaufende juristische Ausbildung ist als Regelmodell ungeeignet. Da eine umfassend abgestimmte theorie-praxisintegrative Ausbildung aus inhaltlichen und organisatorischen Gründen im Rahmen eines Massenbetriebes nicht zu realisieren ist, erweisen sich die gegen den zu frühen Kontakt mit der Praxis sprechenden Gründe als durchschlagend: Die Theorieansätze werden nicht genügend ausgebildet und durch die zu früh auf die Studenten zukommenden Praxiszwänge sogleich wieder aufgesogen. Aus diesem Grunde hat die juristische Ausbildung mit einer längeren Studienphase zu beginnen, die allerdings in ihren Inhalten und ihrem Ausbildungsmaterial in stärkerem Maße, als es bisher weithin der Fall ist, auf die praktischen Bedürfnisse ausgerichtet sein sollte.

Letztlich abzulehnen ist auch ein Intervallmodell, in welchem sich an das Grundstudium eine erste Praxisphase und später ein zweiter universitärer Ausbildungsabschnitt sowie eine weitere Praxisstation anschließen. Zwar hat die Unterteilung der Ausbildung in zwei theoretische und zwei praktische Ausbildungsabschnitte den Vorteil, daß der Praxiskontakt nicht zu weit hinausgeschoben und zugleich die Möglichkeit eröffnet wird, in dem zweiten universitären Ausbildungsabschnitt die praktischen Erfahrungen aufzuarbeiten und in den Gesamtzusammenhang einzuordnen. Dieses Modell würde aber voraussetzen, daß die zweite universitäre Phase die Bandbreite der juristischen Kernfächer abdeckt, weil sonst die vertiefende theoretische Auseinandersetzung mit den Praxiseindrücken nicht in der erforderlichen Bandbreite stattfinden kann. Da diese zweite universitäre Phase von ihrem zeitlichen Zuschnitt her einen solchen Anspruch indes nicht zu erfüllen vermag, sondern nur der Vertiefung der Kenntnisse in einem Schwerpunktbereich dienen kann, erweist es sich als entbehrlich, daß diesem universitären Ausbildungsabschnitt eine umfassende Praxisphase in den Kernbereichen des Rechts vorausgegangen sein muß.

Im Ergebnis haben daher die Gesichtspunkte, die für die Beibehaltung einer Zweiteilung der Ausbildung in Studium und Referendariat sprechen, so insbesondere die günstigere Bewältigung der Stoffgliederungsproblematik, das nur einmal erforderliche Umstellen des Lern- und Ausbildungsverhaltens auf seiten des Auszubildenden sowie das endgültige Überwinden des Studentenstatus zu einem relativ frühen Zeitpunkt so viel Gewicht, daß es bei der Zweiteilung der Ausbildung in Studium und Referendariat verbleiben sollte.

III. Die Dauer der Ausbildung: Sechs Jahre

Zwangsläufige Konsequenz der Beibehaltung einer theoretischen und praktischen Ausbildung zum Einheitsjuristen ist, daß die Dauer der Ausbildung im Vergleich zu der derzeit geltenden Mindestzeit von sechs Jahren (sieben Semester Studium und zweieinhalb Jahre Referendarzeit) nicht nennenswert verkürzt werden kann.

Sowohl die Erfahrungen mit den Einstufen-Modellen als auch der Blick auf die Ausbildungsgänge anderer Länder[36] zeigen, daß eine solide juristische Ausbildung in Theorie und Praxis auch bei bestmöglicher Straffung für den Durchschnittsstudenten nicht schneller

---

[36] Dabei ist die deutsche Juristenausbildung nicht in ihren gesetzlichen Vorgaben (sieben Semester Studium und zweieinhalb Jahre Referendarzeit), sondern in ihrer tatsächlichen Dauer zu lang; Soll- und Istzeit differieren in den meisten anderen Ländern nicht so stark (vgl. die vom BMJ herausgegebene Übersicht von August 1989 oben S. 1, Fn. 2).

als in insgesamt sechs Jahren[37] bewerkstelligt werden kann. Nicht die gesetzlich vorgeschriebenen (Mindest-)Zeiten sind zu verkürzen, sondern die tatsächliche Ausbildungsdauer ist mit den Vorgaben in Einklang zu bringen oder diesen jedenfalls weitestgehend anzunähern.

Ist demnach davon auszugehen, daß insgesamt für die Ausbildung sechs Jahre zur Verfügung stehen, so stellt sich die Frage, wie diese Zeit zwischen universitärer und praktischer Ausbildung aufzuteilen ist. Kein Zweifel kann daran bestehen, daß für das Studium ein längerer Zeitraum als für den praktischen Vorbereitungsdienst vorzusehen ist. Für die Bemessung der universitären und praktischen Ausbildungsanteile wird als Verhältnis zueinander eine Spannbreite zwischen zwei zu eins und drei zu zwei zugunsten des Studiums diskutiert.[38] Betrachtet man die derzeitige tatsächliche Dauer des Studiums und stellt man in Rechnung, daß der Ausnutzungsgrad der Studienphasen, selbst wenn man die vorlesungsfreie Zeit reduziert oder für die Ausbildung stärker fruchtbar macht, geringer ist als der der Praxisphasen, so fällt die Entscheidung zugunsten des Verhältnisses von zwei zu eins.

Die Regelstudienzeit ist daher auf acht Semester[39] und die Referendarzeit auf zwei Jahre auszulegen. Dieser zeitlichen Bemessung steht nicht entgegen, daß damit die im Jahre 1984 vorgenommene Verlängerung des Referendariats von ehemals zwei auf jetzt zweieinhalb Jahre wieder rückgängig gemacht wird. Eine Referendarzeit von zwei Jahren muß und wird ausreichen,[40] wenn die universitäre Ausbildung besser auf die Praxis vorbereitet und die praktischen Ausbildungsabschnitte noch effektiver genutzt werden. Die Verkürzung der Ausbildung muß daher auch den praktischen Ausbildungsanteil erfassen.

IV. Grundausbildung, Vertiefung und Spezialisierung

Auch wenn, wie oben[41] ausgeführt, die besseren Argumente dafür sprechen, an der Zweistufigkeit der juristischen Ausbildung festzu-

---

[37] *Bilda*, JuS 1989, 681 hält eine Ausbildungszeit von fünf Jahren (drei Jahre Studium, 18 Monate Vorbereitungszeit, zweimal drei Monate Prüfungszeit) für ausreichend.
[38] Vgl. *Eike Schmidt*, DRiZ 1982, 47, 54, der sich im Ergebnis ebenfalls für ein Verhältnis zwei zu eins entscheidet.
[39] *Großfeld*, NJW 1989, 875, 880 favorisiert ein (Regel-)Studium von dreieinhalb Jahren.
[40] Insoweit a. A. *Wassermann/Kirchner/Kröpil*, Das Recht der Juristenausbildung (1988), § 5b DRiG Rdnr. 2, die zweieinhalb Jahre Vorbereitungsdienst zur sachgerechten Einheitsausbildung für unbedingt erforderlich halten.
[41] Unter II 4, S. 61 f.

halten, so heißt das nicht, daß Studium und Vorbereitungsdienst in der heute gängigen Form ablaufen müßten. Vielmehr bleibt innerhalb des Ausbildungskonzepts der Zweistufigkeit Raum für inhaltliche und strukturelle Änderungen. Es gilt, den Weg zum Erreichen des oben vorgestellten Ausbildungsziels so kurz und zugleich so motivierend wie möglich zu gestalten. Am Ende seiner Ausbildung soll der Jurist auf gefestigter Wissensbasis mit dem Recht umgehen können, zu wissenschaftlicher juristischer Arbeit fähig sein und in den wichtigsten juristischen Berufsfeldern gearbeitet haben. An diesem Dreierlei von Wissen, Können und Sichauskennen hat sich die juristische Ausbildung zu orientieren. Sowohl theoretische wie praktische Ausbildung haben breitgefächerte Grundkenntnisse und Grundfähigkeiten zu vermitteln, aber auch Raum für Vertiefung und Spezialisierung zu belassen. Diesem Postulat ist bei der Gliederung von Studium und Referendarzeit Rechnung zu tragen.

1. Die Struktur des Studiums

Zu Beginn der universitären Ausbildung muß der Student zunächst einmal in die Fülle der Rechtsmaterien eindringen, hiervon ganze Teile schlicht erlernen und deren Systematik begreifen. Dabei steht er regelmäßig vor der erheblichen Schwierigkeit, mit einem Stoff konfrontiert zu sein, der ihm völlig fremd ist. Daran hat auch der Rechtskundeunterricht, wie er in den letzten Jahrgängen der Gymnasien vielfach angeboten wird, nichts geändert; mehr als einen Einblick in die Vielfalt juristischer Tätigkeit kann er nicht vermitteln. Aber nicht nur die ungewohnte Materie erschwert den Studenten den Weg bis zu den ersten Schritten auf einigermaßen sicherem Boden, sondern auch und in mindestens gleichem Maße die juristische Denkweise und Methodik. Für das Studienprogramm folgt daraus, daß ein ganz wesentlicher Teil für die Vermittlung positiver Rechtskenntnisse sowie das Erlernen der Rechtsanwendung vorzusehen ist. Welchen Umfang dieses Grundwissen haben muß, auf welche Rechtsgebiete es sich erstrecken soll und auf welche Weise es den Studenten zu vermitteln ist, läßt sich außerordentlich kontrovers diskutieren.

Daß der Sachstoff entweder flächendeckend oder exemplarisch[42] zu lehren sei, dürfte in dieser strikten Gegensätzlichkeit falsch sein. Beide Methoden sind angezeigt. Ein bestimmtes Grundwissen in den Kernfächern des Rechts ist in ganzer Breite zu vermitteln, während die vertiefende Behandlung von Rechtsproblemen im Lichte gesellschaftlicher und politischer Zusammenhänge sowie unter Einbezie-

---

[42] Den exemplarischen Charakter betont *Kröpil*, JuS 1990, 75, 76.

hung sozialwissenschaftlicher Erkenntnisse nur beispielhaft in einem ausgewählten Teilbereich erfolgen kann. Damit beide Elemente in der universitären Ausbildung ihren Platz finden, ist eine entsprechende Untergliederung in ein Grund- und in ein Vertiefungsstudium geboten.[43] Angesichts der Vielzahl der unverzichtbaren rechtlichen Kernbereiche müssen für das Grundstudium sechs Semester zur Verfügung stehen und muß sich die Vertiefungsphase mit einer Länge von zwei Semester begnügen.

a) Das Grundstudium

Damit das Grundstudium tatsächlich von den Durchschnittsstudenten in sechs Semestern bewältigt werden kann, muß der Katalog an Materien, in welchen flächendeckendes Grundwissen verlangt wird, eine Beschränkung erfahren. Darin aufzunehmen sind nur solche Rechtsgebiete, die zu den zentralen Bereichen unserer Rechtsordnung zählen oder denen in rechtssystematischer Hinsicht ein besonderer paradigmatischer Wert beizumessen ist. Will man das Studium ernsthaft verkürzen, so muß insoweit ein Maßstab angelegt werden, der auch einige traditionelle Rechtsmaterien durch das Rost fallen läßt. Unten[44] wird gewagt werden, einen solchen für das Grundstudium gedachten Katalog aus der Sicht von Praktikern zusammenzustellen.

Die im Grundstudium erworbene Sockelqualifikation sollte direkt am Ende dieses Ausbildungsabschnitts in einem ersten, mit der Gefahr des Scheiterns ausgestatteten Prüfungsschritt nachgewiesen werden müssen. Dieses hat den Vorteil, daß die Studenten schon von Beginn an auf ein nicht zu fern liegendes Ziel hinarbeiten können und der für sie bis dahin zu bewältigende Stoff einigermaßen überschaubar ist. Dieser erste Prüfungsabschnitt entscheidet über den Fortgang des juristischen Studiums und bildet zugleich eine feste Grundlage für das Erste Juristische Staatsexamen. Nur wer das Grundstudium erfolgreich beendet, gelangt in die Vertiefungsphase und nimmt das Ergebnis dieses ersten Teils der Prüfung als Sockelnote mit.

Steht bereits nach einem sechssemestrigen Studium ein erstes Stück Examen an,[45] das für den Fortgang der Ausbildung bestanden sein muß, so werden die als lästig und ineffektiv bezeichneten studienbegleitenden Leistungskontrollen als Mittel der frühzeitigen Aussonde-

---

[43] Statt von Grund- und Vertiefungsstudium wird auch von Grund- und Hauptstudium gesprochen, so z.B. *Steiger*, ZRP 1989, 283, 286.
[44] Unter E I 2, S. 116 ff.
[45] Näheres dazu unter VII 1 b (1), S. 102 ff., und unter E II, S. 123 f.

rung ungeeigneter Studenten überflüssig.[46] Die erste Hürde kommt nicht – wie die Leistungskontrollen – zu frühzeitig und auch nicht – anders als das bisherige erste Staatsexamen – zu spät, um ungeeignete Studenten von einem nutzlosen Fortgang des Studiums abzuhalten.

b) Das Vertiefungsstudium

Nach dem erfolgreichen Abschluß des Grundstudiums beginnt für den Studenten die zwei Semester[47] währende Vertiefungsphase. Der Student soll auf einem Gebiet seiner Wahl – im Rahmen des Wahlschwerpunktkatalogs[48] – unter Anleitung der Hochschullehrer Studien nachgehen, die ihn zu einer gründlichen Befassung und zu einem besseren Verständnis eines begrenzten Rechtsbereichs führen. Dabei ist weniger daran gedacht, ein bislang außen vor gebliebenes Rechtsgebiet zu erschließen, als vielmehr den Ausschnitt einer Rechtsmaterie in seiner Vielschichtigkeit zu ergründen und aufzuarbeiten.

Die Stoffvermittlung während des Grundstudiums muß vielfach auf die rein positiv-rechtlichen Aspekte beschränkt bleiben und versäumt es, die geschichtlichen, gesellschaftlichen und politischen Zusammenhänge aufzuzeigen sowie die rechtstatsächlichen Gegebenheiten zu untersuchen. Ein solches umfassendes Verständnis für einen exemplarisch ausgewählten Bereich zu vermitteln, ist Aufgabe dieses Vertiefungsstudiums.[49] Daß damit eine gewisse Spezialisierung einhergeht, die im Verlaufe der Ausbildung weiter verfolgt werden kann – nicht muß, ist nicht vorrangiges Ziel, wohl aber zwangsläufige Folge einer intensiven Beschäftigung mit einem Teilgebiet über einen Zeitraum von zwei Semestern, zumal wenn eine wissenschaftliche Arbeit in diesem Bereich angefertigt werden soll.[50]

---

[46] Zur Fragwürdigkeit der fristgebundenen studienbegleitenden Leistungskontrollen eingehend unten V 1 a (1), S. 73 ff.

[47] Verbreitet wird für die Vertiefungsphase eine längere Dauer veranschlagt; so verlangte die *Denkschrift des Arbeitskreises für Fragen der Juristenausbildung e. V.* (1960), S. 270 ein Vertiefungsstudium von vier Semestern; *Schwind*, DRiZ 1981, 441, 446 schlägt eine zwei- bis dreisemestrige Vertiefungsphase vor.

[48] Trotz vielfacher Kritik muß das Wahlfachstudium inzwischen als fester Bestandteil der Juristenausbildung gelten, vgl. *Wassermann/Kirchner/Kröpil* (Fn. 40), § 5a DRiG Rdnr. 10; um den Vertiefungscharakter stärker zu verdeutlichen, wird hier statt von einem Wahlfach von einem Wahlschwerpunkt gesprochen, so auch § 5 Abs. 3 hmbJAO.

[49] *Landwehr/Martens/Seiler*, JZ 1985, 109, 110 verkennen in ihrer ironischen Auseinandersetzung mit dem Gesetzentwurf zur Neuordnung der Juristenausbildung in Hamburg aus dem Jahre 1984, daß eine vertiefende Ausbildung in der Tat nur in einem ausgewählten Bereich, gleichwie man diesen benennt, stattfinden kann.

[50] Einzelheiten dazu unter VII 1 b (2), S. 104 f. und unter E III 3, S. 126.

Bei der inhaltlichen Gestaltung dieser Vertiefungsphase sollten Universität und Hochschullehrer weitgehend freie Hand haben,[51] wobei es dann nicht ausbleiben wird, daß die Universitäten miteinander in Wettstreit geraten, was zu begrüßen wäre. Auch wird sich herausschälen, daß entsprechend den Vorstellungen und den Spezialgebieten der Hochschullehrer im Wahlbereich unterschiedliche Schwerpunkte gesetzt werden, an denen sich die Studenten bei der Wahl der Universität ausrichten können.

c) Der vorgezogene praktische Ausbildungsabschnitt

Um zum einen die Motivation der Studenten zu eigenständiger Arbeit in der Vertiefungsphase zu erhöhen und um zum anderen für bestimmte Schwerpunktbereiche eine spezielle Verknüpfung von theoretischen und praktischen Erkenntnissen zu ermöglichen, wird vorgeschlagen, in das Vertiefungsstudium eine praktische Ausbildungsphase[52] von etwa einem halben Jahr in der Weise zu integrieren, daß eine Praxisstation, nämlich der der Wahlstation des Referendariats entsprechende Zeitraum, in die Studienzeit vorgezogen werden kann und das spätere Referendariat entsprechend verkürzt wird.

Sinnvolle Arbeit im Vertiefungsstudium wird oftmals praktische Kentnnisse im Bereich des gewählten Schwerpunkts voraussetzen, jedenfalls werden Erfahrungen aus der Praxis förderlich sein. So kann ein Übergreifen des Studiums in die Praxis stattfinden und für den überschaubaren Kreis an Studenten, die den betreffenden Schwerpunkt gewählt und sich für eine vorgezogene Praxisstation entschieden haben, eine wirkliche Verbindung von theoretischen und praktischen Ausbildungsinhalten stattfinden, wie sie in diesem Ausbildungsstadium wünschenswert und bei kleinen Gruppen auch zu verwirklichen ist.[53] Sollte dieses Konzept sich bewähren, so dürfte das ebenfalls anzustrebende Ziel, daß auch in der Referendarzeit die Universität ihre Dienste bei der Aufarbeitung der Probleme der Praxis anbietet, eher zu erreichen sein.

Beachtet werden muß allerdings, daß diese Praxisstation – von einem kurzen Ferienpraktikum abgesehen[54] – den ersten praktischen Ausbildungsabschnitt darstellt und es nicht Sinn dieser Ausbildungsstation sein kann, den Studenten das praktische Grundhandwerks-

---

[51] Hier ist die von *Koch,* ZRP 1989, 281, 283 vermißte Eigenverantwortung der Universitäten gefordert.
[52] Ein praktisches Studiensemester sah bereits die von der *Denkschrift* (Fn. 47), S. 272 ff. angestrebte Reform vor, allerdings zwischen dem Grund- und dem Vertiefungsstudium.
[53] Zur Theorie-Praxis-Integration vgl. oben II 1, S. 50 ff.
[54] Vgl. dazu unten E I 4c, S. 123.

zeug in seinen Verästelungen zu vermitteln. Dann würde nämlich kaum Raum bleiben, dem eigentlichen Zweck nachzugehen, theorie-praxis-übergreifend einen bestimmten Rechtsbereich zu erschließen. Hier gilt es, ein zwischen Universität und Praxis sorgsam abgestimmtes Ausbildungskonzept zu entwickeln. Dazu können Hochschullehrer und Praktiker beitragen. Ein besonderer Impuls dürfte auch von den Studenten ausgehen, wenn sie im Rahmen dieser Vertiefungsphase eine wissenschaftliche Arbeit anzufertigen haben und die Themenstellung theorie-praxis-integrative Aspekte enthält.

Sichergestellt werden muß auch, daß der Student, der die Wahlstation des Referendariats in das Vertiefungsstudium vorverlegt, eine Ausbildungsvergütung erhält, die das Vorziehen dieses Ausbildungsabschnitts wirtschaftlich[55] vertretbar erscheinen läßt.

2. Die Struktur des Referendariats

Der nach erfolgreichem Abschluß der Ersten Juristischen Staatsprüfung abzuleistende Vorbereitungsdienst ist in mehrere Praxisstationen zu unterteilen, die sich zum einen nach der Art der Ausbildungsstellen, zum anderen nach der fachlichen Ausrichtung der Ausbildungsgegenstände unterscheiden. Zu untersuchen ist, in welchen Berufsfeldern Praxisstationen von welcher Dauer abzuleisten sind und welcher zeitliche Anteil der Ausbildung den einzelnen Rechtsgebieten zukommen soll. Dabei ergeben sich verschiedene Kombinationsmöglichkeiten.

a) Die Berücksichtigung der verschiedenen Berufsfelder

Der juristische Vorbereitungsdienst sollte einen zumindest kurzen Einblick in die wichtigsten juristischen Berufsfelder geben. Die Ausbildung auf lediglich ein Berufsfeld zu beschränken, ist abzulehnen. Zwar mag eine solche Ausbildung effektiver sein; sie engt aber den Blickwinkel des noch in der Ausbildung befindlichen Juristen zu sehr ein. Die Referendarzeit ist zu einem wesentlichen Teil noch eine Phase des Erlernens und des Kennenlernens. Ganze Rechtsmaterien, insbesondere der Verfahrensrechte, aber auch materielle Rechtsgebiete, die im Universitätsstudium nicht oder nicht vollständig geboten werden konnten, werden den Referendaren nahegebracht. Schließlich ist es für das gegenseitige Verständnis der juristischen Berufe und zur Überwindung von Vorurteilen von beträchtlichem Wert, eigene Er-

---

[55] Zur finanziellen Absicherung des Studenten im übrigen vgl. unten VI, S. 95 ff.

fahrungen – und seien es auch schmale – in den verschiedenen Bereichen juristischer Berufe gesammelt zu haben.[56] Eine endgültige berufliche Festlegung nach dem ersten Examen würde zu früh kommen. Auch erweist es sich als unrealistisch, durch gesetzliche Gleichstellung verschiedener berufsfeldbezogener Ausbildungsgänge eine spätere Wechselmöglichkeit offenzuhalten; stets wäre der in dem jeweiligen Beruf ausgebildete Jurist in der Vorhand, zumal bei getrennten Ausbildungsgängen kaum zu vermeiden ist, daß sich darin entwickelnde Besonderheiten mehr und mehr ausweiten und das Überwechseln zu einem späteren Zeitpunkt erschweren.[57]

Die wichtigsten Berufsfelder, die der angehende Jurist kennengelernt haben sollte, sind die Anwaltschaft, die Justiz, die Wirtschaft und die Verwaltung. Um eine zu weit gehende Aufsplitterung der Referendarzeit nicht zur Regel zu machen, dürfte es sachgerecht sein, die Berufsfelder Wirtschaft und Verwaltung zu einem Bereich zusammenzufassen. Die Strukturen in Verwaltung und Wirtschaft weisen gewisse Ähnlichkeiten auf; auch dürften die Spezifika dieser Berufsfelder nicht so gewichtig sein, als daß sämtliche Referendare in beiden Bereichen kumulativ ausgebildet werden müßten. Den Referendaren, die dies für angebracht halten, sollte man jedoch die Möglichkeit eröffnen, die entsprechende Station zwischen den beiden Bereichen aufzuteilen.

Geht man demnach davon aus, daß der Referendar in den drei Berufsbereichen Rechtanwaltschaft, Justiz und Wirtschaft/Verwaltung ausgebildet werden muß, und beläßt man es bei der inzwischen wohl als bewährt zu bezeichnenden Unterteilung der Referendarzeit in Pflicht- und Wahlstationen, so bietet es sich an, für die Pflichtstationen 18 Monate der Ausbildungszeit vorzusehen und diese auf die drei Bereiche Anwaltschaft, Justiz und Wirtschaft/Verwaltung gleichmäßig zu verteilen, so daß für diese drei Stationen ebenso wie für die Wahlstation jeweils sechs Monate zur Verfügung stehen. Vergleicht man diese Aufteilung des Referendariats mit der gegenwärtigen und derjenigen Untergliederung der Jahre 1972 bis 1984, als die Referendarzeit bereits einmal auf zwei Jahre verkürzt war,[58] so zeigt sich, daß insbesondere der Justizanteil der Ausbildung abnimmt. Dies trägt der vielfach geübten Kritik an der Justizlastigkeit der Juristenausbildung Rechnung.

---

[56] In diesem Sinne wohl auch *Steiger*, ZRP 1989, 283, 287.
[57] Zur Frage von Spezialisierung und einheitlicher Befähigung vgl. schon *Richter* (Fn. 3), S. 121 ff.; *Oehler*, Gutachten E zum 48. DJT (1970), S. 131 ff. und *Kübler*, Juristenausbildung im Zielkonflikt (1971), S. 18 ff.
[58] Zum Ablauf der Praxisstationen in den einzelnen Bundesländern nach dem damals geltenden Recht vgl. die Tabelle bei *Braun* (Fn. 18), S. 32/33.

Allerdings ist zu bemerken, daß die Effektivität der Justizstationen allgemein anerkannt ist und deswegen dafür Sorge getragen werden muß, daß die Verlagerung von Ausbildungsanteilen auf andere Bereiche nicht zu einem Qualitätsverlust führt. Sicherlich wird die Ausbildungsintensität in den übrigen Bereichen auch davon abhängen, in welchem Maße die dort erlernbaren Inhalte sich in den Prüfungsanforderungen der Zweiten Juristischen Staatsprüfung widerspiegeln.

Die Verwaltungsausbildung ist für diejenigen Referendare, die die dritte Pflichtstation in voller Länge von sechs Monaten dafür nutzen, angemessen ausgelegt. An Gewicht verliert das Berufsfeld Verwaltung allerdings für den Referendar, der sich für eine Verwaltungsstation von lediglich drei Monaten Dauer entscheidet oder sie sogar ganz abwählt. Dieses erscheint aber hinnehmbar, weil der angehende Referendar eine ausreichende Vorstellung von den Berufsfeldern Verwaltung und Wirtschaft hat, um entscheiden zu können, ob für seinen persönlichen Ausbildungsweg entweder eine Verwaltungs- oder eine Wirtschaftsstation vorzuziehen ist, wobei er im Zweifelsfalle die Station teilen und beide Bereiche kennenlernen kann.

Das Berufsfeld Wirtschaft, das bisher in der Pflichtausbildung nicht vorgesehen war, erfährt durch die Aufnahme in den Pflichtbereich eine Aufwertung. Das sollte dazu beitragen können, diesen Bereich, der einen erheblichen Teil an Assessoren aufnimmt, schon in der Ausbildung attraktiv zu machen und ihm die notwendige Transparenz zu verschaffen.

Die Ausbildung bei der Anwaltschaft wird durch die Dreiteilung des Pflichtbereichs gestärkt. Während in den meisten anderen Staaten das Schwergewicht der praktischen Juristenausbildung bei den Rechtsanwälten liegt,[59] ist dies bei uns, jedenfalls was den Pflichtbereich angeht, bisher nicht der Fall gewesen. Dieses ist angesichts der Bedeutung des Berufsfeldes Anwaltschaft zu korrigieren.

Da die Pflichtstationen mit Anwaltschaft, Justiz, Verwaltung und Wirtschaft sämtliche bedeutenden juristischen Berufsfelder erfassen, kommt der Wahlstation nicht, jedenfalls nicht vorrangig, die Bedeutung zu, dem Referendar ein weiteres Berufsfeld zu erschließen. Insoweit eröffnet die Wahlstation lediglich die Möglichkeit, einen abgewählten Bereich (Verwaltung oder Wirtschaft) nachzuholen. Des weiteren kann vorgesehen werden, daß die Vielfalt der Ausbildungsstellen für die Wahlstation im Vergleich zur Pflichtstation vermehrt wird.

Neben der Möglichkeit, ein weiteres Tätigkeitsfeld zu erschließen oder einer speziellen Ausbildungsstelle zugewiesen zu werden, soll die Wahlstation dem Referendar aber vor allem die Chance geben,

---

[59] Vgl. hierzu *Wassermann/Kirchner/Kröpil* (Fn. 40), § 31 ndsJAO Rndr. 5.

sich einem von ihm ausgewählten Berufsbereich intensiver zu widmen. In der Wahlstation soll der Referendar Gelegenheit haben, in dem von ihm bevorzugten Berufsfeld vermehrte Erfahrungen zu sammeln und sich so bereits für die spätere berufliche Tätigkeit spezialisieren zu können.

b) Aufteilung der praktischen Ausbildung nach Rechtsgebieten

Ebenso wie die Pflicht- und Wahlstationen dem Referendar einen Einblick in die wichtigsten Berufsfelder geben, zugleich aber auch schon eine Spezialisierung ermöglichen sollen, muß der angehende Jurist sich auch schon auf ein Rechtsgebiet spezialisieren können, ohne daß allerdings die Abwahl eines ganzen Kerngebietes zuzulassen ist. Als Regelfall der Aufteilung der 18 Monate Pflichtstationszeit bieten sich neun Monate Zivilrecht, sechs Monate Öffentliches Recht und drei Monate Strafrecht an. Betrachtet man das Strafrecht richtigerweise als Untergebiet des Öffentlichen Rechts, so entfällt auf die beiden großen Rechtsbereiche je die Hälfte der Ausbildungszeit.

Will man den Referendaren eine gewisse Spezialisierung ermöglichen, so muß ihnen das Recht eingeräumt werden, die Ausbildung in einem Gebiet zu verlängern, was zwangsläufig die Verkürzung eines anderen Bereichs zur Folge haben muß. Der Vorschlag für die zu eröffnenden Spielräume geht dahin, auf das Zivilrecht eine Mindestausbildungszeit von sechs Monaten und eine Höchstzeit von einem Jahr zu verwenden; im eigentlichen Öffentlichen Recht sollte die Mindestzeit drei Monate betragen, die Höchstzeit neun Monate; für das Strafrecht sind eine Mindestzeit von ebenfalls drei Monaten und eine Höchstzeit von sechs Monaten vorzusehen.

Die Wahlstation von sechs Monaten hat ebenfalls, was die inhaltliche Ausrichtung des Referendariats angeht, doppelte Funktion. Der Referendar kann eine etwas einseitige Ausrichtung der Pflichtstationen ausgleichen, aber auch weiter verstärken. Die Entscheidung über den Grad der Spezialisierung bleibt ihm überlassen.

Auch bleibt des dem Referendar unbenommen, nicht nur die Wahlstation im Hinblick auf die Zuordnung zu einem Schwerpunktbereich auszusuchen, sondern auch schon die Pflichtausbildung an dem in Aussicht genommenen Schwerpunktbereich zu orientieren.

c) Die Verbindung von berufsfeldorientierter und fachgebietsbezogener Praxisausbildung

Das Vorhaben, den Referendaren zu ermöglichen, die Pflicht- und Wahlstation nach Berufsfeld und Fachgebiet individuell zusammenzustellen, setzt voraus, daß der Referendar über die Aufgliederung der Ausbildung in die drei Pflichtstationen und die Wahlstation hinaus eine weitere Unterteilung der Stationen vornehmen kann. Eine wirkliche Flexibilität bei der Gestaltung des Ausbildungsganges ist nur gegeben, wenn der Referendar die berufsfeldbezogenen Stationen nach Fachgebieten noch einmal unterteilen kann. Deshalb bietet es sich an, die gesamte Ausbildungszeit nach Dreimonatsblöcken zu gliedern.[60] Dieser blockweise Wechsel erleichtert es auch, am Ende einer Ausbildungsstation vorgezogene Examensklausuren schreiben zu lassen, die den vom Referendar gewählten Ausbildungsgang widerspiegeln.[61] Schließlich ist dieser Dreimonatsrhythmus auch für das Anliegen von Nutzen, die Praxisstationen durch von Hochschullehrern abzuhaltende Theoriekurse begleiten zu lassen.

V. Reglementierung und Intensivierung der Ausbildung

Sämtliche inhaltlichen und strukturellen Neuerungen werden eine merkliche Verkürzung der Ausbildungszeit ohne wesentlichen Qualitätsverlust nur bewirken können, wenn zugleich der Ausbildungsverlauf für den angehenden Juristen reglementiert und die zur Verfügung stehende Zeit intensiver genutzt werden. Spielraum bietet insoweit insbesondere die universitäre Ausbildungsphase, aber auch das Referendariat läßt sich effektiver gestalten.

1. Maßnahmen zur Straffung des Studiums

Die ständig zunehmende Dauer des rechtswissenschaftlichen Studiums hat mannigfache Gründe. Allerdings liegt in der zunehmenden Komplexität unserer Rechts- und Wirtschaftsordnung nicht die einzige Erklärung für die steigende Studiendauer. Ein Blick auf andere Länder mit vergleichbaren Recht- und Wirtschaftssystemen zeigt, daß dort die tatsächliche Ausbildungsdauer[62] nicht oder jedenfalls nicht in demselben Maße zugenommen hat wie in der Bundesrepublik Deutschland. Erreicht wird dies vor allen Dingen durch eine zeitliche Begrenzung,[63] aber auch durch eine konzentriertere Ausbildung. Derartige Maßnahmen müssen auch für die hiesige Juristenausbildung erwogen werden.

---

[60] Vgl. dazu unten E V 1, S. 127 ff.
[61] Dazu unten VII 2 a (1), S. 107 f. und E VI 1, S. 132 ff.
[62] Vgl. dazu oben S. 9, Fn. 2.
[63] Dies haben auch die Einstufenmodelle gezeigt, vgl. dazu oben II 1 d, S. 55 ff.

a) Zeitliche Vorgaben

Die Studienordnungen der Länder sehen zwar Regelstudienzeiten vor, legen aber durchweg[64] keine Höchststudiendauer fest, nach welcher sich der Student zum Examen gemeldet haben muß, will er nicht seinen Prüfungsanspruch verlieren. Die Folge ist, daß sich Studenten nicht selten das erste Mal nach 15 oder mehr Semestern zur Ersten Juristischen Staatsprüfung melden. Daß bei einer solchen Studiendauer im Normalfall nicht mehr von einem sinnvollen Studium gesprochen werden kann, liegt auf der Hand. Man wird nach derzeitiger Rechtslage allerdings nicht sagen können, daß es in solchen Fällen an einem ordnungsgemäßen Studium fehlt, so daß mit dieser Begründung die Zulassung zur Ersten Juristischen Staatsprüfung nicht abgelehnt werden kann.[65]

Es müssen also andere Maßnahmen zur Begrenzung der Studiendauer gesucht werden. Dabei geht es nicht allein und nicht einmal vorrangig darum, die Langzeitstudenten von der Prüfung auszuschließen bzw. sie nach einer Semesterhöchstzahl zur Meldung zum Staatsexamen zu zwingen. Eine zeitliche Reglementierung muß zum Ziel haben, die Studiendauer für den Durchschnittsstudenten zu verkürzen, und zugleich eine sinnvolle zeitliche Aufteilung zwischen den einzelnen Studienphasen sicherstellen. Dieses dürfte durch die Festlegung allein einer Studienhöchstdauer nicht zu erreichen sein. Selbst wenn man hier einschneidende Maßnahmen, etwa eine Begrenzung des Studiums auf höchstens 10 Semester, vorsähe, wäre nicht gewährleistet, daß das Studium des Durchschnittsstudenten in den richtigen zeitlichen Dimensionen verläuft. Die zeitlichen Vorgaben müssen in einem früheren Stadium des Studiums greifen.

(1) Die verfehlte Zielsetzung der studienbegleitenden Leistungskontrollen

Ein Schritt in diese Richtung schienen die durch § 5a Abs. 4 DRiG eingeführten studienbegleitenden Leistungskontrollen zu sein, durch die dem Studenten vorgeschrieben wurde, innerhalb festgelegter Fristen Kontrollklausuren mit Erfolg zu absolvieren, um nicht des Prüfungsanspruchs verlustig zu gehen. Die Erfahrungen zeigen aber, daß diese Kontrollklausuren nicht zu einer Beschleunigung des Studiums

---

[64] Zur Gesetzeslage in Bayern vgl. unter (2), S. 76.
[65] Soweit ein ordnungsgemäßes Studium der Rechtswissenschaft von den Prüfungsordnungen der Bundesländer als Examenszulassungsvoraussetzung überhaupt verlangt wird, was nicht überall der Fall ist, vgl. *Wassermann/Kirchner/Kröpil* (Fn. 40), § 1 ndsJAO Rdnr. 9.

führen, vielmehr eher eine weitere Verzögerung von ihnen zu erwarten ist.[66]

Der Grund dafür dürfte in der falschen Zielsetzung liegen. Bei der Einführung der fristgebundenen studienbegleitenden Leistungskontrollen stand für den Bundesgesetzgeber der Selektionszweck im Vordergrund. Ungeeignete Studenten sollten nicht erst anläßlich der Ersten Juristischen Staatsprüfung, sondern schon zu einem früheren Zeitpunkt von der weiteren Ausbildung abgehalten werden.[67] So begrüßenswert dieses Ziel der vorzeitigen Aussonderung ungeeigneter Studenten nicht zuletzt im Hinblick auf die hohe Durchfallquote im ersten Staatsexamen auch ist, es bleiben Zweifel, ob der eingeschlagene Weg der richtige ist.

Erste Auswertungen der Ergebnisse der studienbegleitenden Leistungskontrollen zeigen, daß die Mißerfolgsquote beim ersten Versuch an den meisten Universitäten unter 15% liegt und bei Berücksichtigung der Wiederholungsmöglichkeit äußerst gering ausfällt.[68] Die selektierende Wirkung dieser Kontrollklausuren dürfte daher in erster Linie darin bestehen, denjenigen Studenten den Prüfungsanspruch zu nehmen, die sich dem Kontrollverfahren überhaupt nicht unterziehen oder das Kontrollverfahren vorzeitig abbrechen. Es spricht aber alles dafür, daß es sich bei diesen „Studenten", die im übrigen nur in einigen Bundesländern zwangsexmatrikuliert werden, in der weit überwiegenden Zahl um diejenigen handelt, die sich ohnedies nicht zum Examen gemeldet hätten und daher durch die drohende Zwangsexmatrikulation lediglich daran gehindert werden, den Studentenstatus zum Schein weiterzuführen. Diese Einschätzung beruht darauf, daß auch nach altem Recht, vor Einführung des Leistungskontrollverfahrens, ca. 35% der Studienanfänger die Erste Juristische Staatsprüfung gar nicht in Angriff genommen haben.[69]

Gegen die studienbegleitenden Leistungskontrollen spricht weiter, daß die Selektionswirkung, soweit sie ihnen tatsächlich zukommt, durchaus nicht unproblematisch ist. Neben den erhobenen verfassungsrechtlichen Bedenken[70] ist einzuwenden, daß der Prognosewert von Klausurleistungen in den Anfangssemestern nicht überbewertet

---

[66] Vgl. zu den Befürchtungen von seiten der Fakultäten den *Zwischenbericht* des *Ausschusses der Justizministerkonferenz* zur Koordinierung der Juristenausbildung über die bisherigen Erfahrungen mit der Neugestaltung der Juristenausbildung (1989), S. 11.

[67] Vgl. die Begründung des Gesetzentwurfs, BT-Dr 10/1108, S. 9 sowie BR-Dr 545/83, S. 9.

[68] Vgl. *Zwischenbericht* (Fn. 66), S. 10/11.

[69] Vgl. dazu *Hennecke*, JURA 1986, 634 ff.

[70] Dazu *Neumann*, DVBl. 1987, 339 ff.; *v. Brünneck*, JA 1985, 609 ff.; *Fastenrath*, BayVBl. 1985, 423 ff.; *Millgramm*, JURA 1985, 555 ff.

werden darf. Nicht ganz selten haben Studenten mit besonders guten Examensergebnissen besonders schlechte Leistungen in den studienbegleitenden Leistungskontrollen. Die Fähigkeit zum juristischen Denken wächst erst im Laufe der Zeit, und es ist nicht auszuschließen, daß umfangreiches angelerntes Wissen im frühen Stadium nicht richtig verarbeitet wird und zu Mißerfolgen bei der Bewältigung von Klausuraufgaben führt.[71]

Die Leistungskontrollen haben demnach kaum Selektionswirkung, wohl aber für die Studenten, die „bei der Stange" bleiben, nachteilige Folgen. Die Studenten werden frühzeitig und über einen längeren Zeitraum einem gesteigerten Leistungs- und Examensdruck ausgesetzt, so daß sich ihr Lernverhalten auf das konzentriert, was in den Kontrollklausuren verlangt wird.[72] Sowohl in der Ausbildungsliteratur als auch bei den privaten Repetitoren entwickelt sich ein auf die Zwischenprüfungsklausuren ausgerichteter eigener Markt.[73] Die Notwendigkeit, diese Klausuren fristgebunden bestehen zu müssen, gewinnt eine derartige Eigendynamik, daß der Sinn von Leistungskontrollen, den sachgerechten Studienfortgang zu steuern, verfehlt wird. Beginnen die Studenten erst nach Abschluß der Kontrollen wieder mit einem systematischen Studium, so dürfte sich die Befürchtung der Fakultäten bewahrheiten, daß dieses Kontrollverfahren zu einer Verlängerung der Studienzeiten führt. Stellt man zudem in Rechnung, daß die Leistungskontrollen mit einem erheblichen Aufwand verbunden sind und daher zu einer Beeinträchtigung des Lehrbetriebs im übrigen führen,[74] so wird man von dem durch § 5a Abs. 4 DRiG eingeführten Kontrollverfahren wieder Abstand nehmen und zum „alten" Leistungsnachweissystem[75] zurückkehren müssen.

(2) Die zeitliche Begrenzung des Grund- und Vertiefungsstudiums

Darf man mit den zeitlichen Vorgaben, wie die Fristen für die studienbegleitenden Leistungskontrollen zeigen, nicht zu früh ansetzen und kommt, wie aufgezeigt, der Festlegung einer Studienhöchstzeit für sich allein auch nicht die erhoffte Wirkung zu, so bleibt zu erwägen, ob nicht ein dazwischenliegender Weg zum Erfolg führen kann. Insoweit bietet es sich an, mit den zeitlichen Vorgaben an das Grundstudium anzuknüpfen.

Das Grundstudium dient der Vermittlung von Kenntnissen in den Kernfächern des Rechts. Abgeschlossen werden soll diese Sockelaus-

---

[71] Vgl. *Schmidt/Braun/Mögele*, JZ 1984, 364, 368.
[72] Also insbesondere auf die Fallösungstechnik; vgl. *Millgramm*, JURA 1987, 181.
[73] So *Wassermann/Kirchner/Kröpil* (Fn. 40), § 5a DRiG Rdnr. 28 und schon *Haak*, ZPR 1984, 113, 114.
[74] So die Klagen der Universitäten, vgl. *Zwischenbericht* (Fn. 66), S. 12.
[75] Dazu unten V 1b, S. 80ff. und E I 4, S. 122f.

bildung mit einem ersten schriftlichen Prüfungsabschnitt,[76] der von den Studenten mit Erfolg durchlaufen sein muß, um in die grundsätzlich zwei Semester währende Vertiefungsphase hinüberwechseln zu können, an derem Ende der Abschluß der Ersten Juristischen Staatsprüfung steht.

Um sicherzustellen, daß die Studenten sich diesem mit einer Selektionswirkung verbundenen ersten Prüfungsabschnitt nicht zu spät stellen, erweist es sich als notwendig, die Dauer des Grundstudiums zeitlich zu begrenzen.[77] Da ein endgültiger Verlust des Prüfungsanspruchs sich auch bei einer vom Studenten zu vertretenden Fristversäumung als unverhältnismäßig erweisen dürfte, bietet es sich an, den Weg zu wählen, der in Bayern gemäß § 15 Abs. 1 u. 2 BayJAPO i. V. m. § 70 Abs. 3 u. 4 BayHSchG bereits derzeit geltendes Recht ist. Hiernach hat der Bewerber sich unmittelbar im Anschluß an das Studium der Prüfung zu unterziehen, wobei die Frist für die Meldung einen Monat vor Vorlesungsschluß des achten Semesters endet. Überschreitet der Student aus Gründen, die er zu vertreten hat, diese Frist um mehr als vier Semester oder legt er eine Prüfung, zu der er sich gemeldet hat, nicht ab, so gilt die Prüfung als erstmals abgelegt und nicht bestanden.[78]

Die Regelstudienzeit für das Grundstudium, die allerdings unterschritten werden kann, wenn die für die Zulassung zur Prüfung erforderlichen Leistungen nachgewiesen sind,[79] sollte auf sechs Semester bemessen werden.[80] Die gesetzliche Regelung müßte dahin gehen, daß der Bewerber sich unmittelbar im Anschluß an das Grundstudium dem ersten Prüfungsabschnitt zu unterziehen hat und die Frist für die Meldung zur Prüfung einen Monat vor Vorlesungsschluß des sechsten Studiensemesters endet. Überschreitet der Student aus Gründen, die er zu vertreten hat, diese Frist um mehr als zwei Semester oder legt er diese Prüfung, zu der er sich gemeldet hat, nicht ab, so gilt diese Prüfung als erstmals abgelegt und nicht bestanden. Zwar handelt es sich bei dem das Grundstudium abschließenden ersten Prüfungsabschnitt nicht um eine Vor- oder Zwischenprüfung im Sinne der Hochschulgesetze;[81] dennoch sollte aber die Frist, um die die Regelstudienzeit überschritten werden kann, auf zwei Semester beschränkt werden. Im Hinblick auf das noch ausstehende Vertiefungs-

---

[76] Vgl. dazu unten VII 1 b (1), S. 102 ff. und E II, S. 123 f.
[77] Für eine zeitliche Begrenzung des Studiums auch *Großfeld*, NJW 1989, 875, 880.
[78] Eine solche Regelung dürfte verfassungsrechtlich unbedenklich sein; vgl. dazu unter (3), S. 77.
[79] So auch die derzeit geltende Regelung des § 5a Abs. 1 Satz 1 DRiG.
[80] Vgl. dazu oben IV 1, S. 65.
[81] Vgl. die Differenzierung in Art. 70 Abs. 3 Satz 2 Nr. 6 Halbsatz 2 BayHSchG.

studium ist eine Meldung spätestens nach dem achten Semester geboten. Das nach dem erfolgreichen Ablegen des ersten Prüfungsabschnitts sich anschließende Vertiefungsstudium sollte grundsätzlich auf zwei Semester ausgelegt sein und sich nur für den Fall des Vorziehens eines praktischen Ausbildungsabschnittes[82] um ein halbes Jahr auf drei Semester verlängern. Hat sich der Student nach Abschluß des Grundstudiums zur Prüfung gemeldet und den ersten Abschnitt mit Erfolg durchlaufen, so bleibt er gleichsam im Examen und unterfällt für den weiteren Studienverlauf bis zum Abschluß der Ersten Juristischen Staatsprüfung der Aufsicht der Prüfungsämter,[83] die auf diese Weise auf die Einhaltung der vorgesehenen Dauer der Vertiefungsphase Einfluß nehmen können. Eine Verlängerung des Vertiefungsstudiums über zwei bzw. bei Vorziehen der praktischen Ausbildungszeit über drei Semester hinaus sollte nur in begründeten Ausnahmefällen und nur für ein Semester zugelassen werden. Auch die Meldung zur Wiederholung der Prüfung sollte nur innerhalb einer bestimmten Frist, die auf zwei Semester zu bemessen ist, erfolgen können.

(3) Die Zulässigkeit von Studienzeitbegrenzungen

Fragt man danach, aus welchen Gründen es für das rechtswissenschaftliche Studium ebenso wie für die meisten Studiengänge an deutschen Universitäten bisher keine Höchstbegrenzungen gegeben hat, so wird man dies sicherlich als Ausdruck der Lern- und Studierfreiheit verstehen müssen, wie sie in § 3 Abs. 4 HRG positiv-rechtlich festgelegt ist, wobei dahinstehen kann, ob diese in Art. 5 Abs. 3 oder in Art. 12 Abs. 1 GG[84] wurzelt. Diese Freiheit umfaßt die freie Wahl von Lehrveranstaltungen sowie das Recht, innerhalb eines Studienganges eigene Schwerpunkte zu setzen und wissenschaftliche bzw. künstlerische Meinungen erarbeiten und äußern zu dürfen. Grenzen gesetzt sind dieser Freiheit durch die Studien- und Prüfungsordnungen (§ 3 Abs. 3 S. 2 und Abs. 4 HRG).

Die Studienordnungen regeln auf der Grundlage der einschlägigen Prüfungsordnungen Inhalt und Aufbau des Studiums (§ 11 Abs. 1 S. 3 HRG), wobei die Studieninhalte so auszuwählen und zu begrenzen sind, daß das Studium in der Regelstudienzeit abgeschlossen werden

---

[82] Vgl. dazu oben IV 1 c, S. 67 f. und unten E III 2, S. 125 f.
[83] Dieses sollte in enger Abstimmung mit den Universitäten geschehen; insoweit kann auch auf Erfahrungen der Einstufenmodelle zurückgegriffen werden, so etwa des Ausbildungs- und Prüfungsamtes in Hamburg, vgl. zu dessen Errichtung *Stiebeler* (Fn. 10), S. 103, 105 ff.
[84] Vgl. dazu *Wassermann/Kirchner/Kröpil* (Fn. 40), § 5 a DRiG Rdnr. 4 m. N.

kann (§ 11 Abs. 2 S. 1 HRG). Der Katalog an Studiengegenständen, der in der Regelstudienzeit verlangt werden kann, hat sich dabei zu orientieren an einem Studenten, der die für den betreffenden Studiengang erforderlichen durchschnittlichen Qualifikationsmerkmale aufweist und das Studium mit der entsprechenden Intensität betreibt.

Bei einer nach diesen Grundsätzen bemessenen Regelstudienzeit die Überschreitung um einen bestimmten Zeitraum mit der Sanktion des (fiktiven) erstmaligen Nichtbestehens der Prüfung zu versehen, dürfte unter dem Gesichtspunkt der an den Studenten zu stellenden Qualifikationsanforderungen gerechtfertigt sein. Soll die am Ende des Grundstudiums stehende Prüfung der Selektion dienen, so ist es zulässig, wenn nicht sogar geboten, vom Studenten zu verlangen, daß er den Qualifikationsnachweis nach einer bestimmten Studiendauer, gestaffelt nach erstmaliger oder wiederholter Ablegung der Prüfung, zu erbringen hat. Von einem für den juristischen Beruf hinreichend qualifizierten Bewerber ist zu verlangen, daß er die erforderlichen Rechtskenntnisse und das notwendige Rechtsverständnis in einer angemessenen Zeit erwirbt.

Die Forderung, daß ein genügend qualifizierter Student das Ziel des (Grund- bzw. Vertiefungs-)Studiums in einem bestimmten Zeitraum erreicht haben müßte, läßt sich allerdings nur für einen „full time"-Studenten erheben. Die Frage bleibt daher, ob es zulässig ist, durch die zeitliche Begrenzung – mittelbar – zu erzwingen, daß der Student sich während des Studiums ganz seiner Ausbildung zu widmen hat, oder ob es zur Lern- und Studierfreiheit gehört, nur einen Teil seiner Zeit und seiner Arbeitskraft auf das Studium zu verwenden und eine dementsprechend längere Ausbildungszeit zu durchlaufen.[85] Unter der Voraussetzung, daß der Student durch staatliche Förderung oder durch private Unterhaltsgewährung wirtschaftlich in die Lage versetzt wird,[86] sich ganz auf das Studium zu konzentrieren, dürfte es legitim sein, die Studienhöchstdauer an einem „full time"-Studenten auszurichten und bei Nichteinhalten mit Sanktionen zu versehen.

Studienzeitbegrenzungen erweisen sich nicht zuletzt auch deswegen als unentbehrlich, weil ansonsten jeder Versuch, die Materienkataloge des (Grund- und Vertiefungs-)Studiums wirklich zu begrenzen, zum Scheitern verurteilt ist.[87] Die Erfahrungen der Vergangenheit lehren, daß die Reduzierung des Ausbildungs- und Prüfungsstoffes so lange nicht ernst genommen wird, wie man die Studenten darauf verweisen kann, daß sie eben so lange studieren müßten und dies

---

[85] Zweifel an der Zulässigkeit einer „Höchststudienzeit" finden sich bei *Donnepp* (Fn. 5), S. 561.
[86] Vgl. dazu unten VI, S. 95 ff.
[87] In diesem Sinne auch *Großfeld*, NJW 1989, 875, 880.

ja auch könnten, bis der geforderte Stoff erlernt und verstanden sei. Nur wenn die durch die entsprechenden Studien- und Prüfungsordnungen vorgegebene inhaltliche Beschränkung des Stoffes mit einer entsprechenden zeitlichen Begrenzung des Studiums einhergeht, ist die Akzeptanz des reduzierten Materienkatalogs durch Ausbilder und Prüfer wirklich zu erwarten. Die Festlegung einer von der Mehrzahl der Studenten ohnehin nicht eingehaltenen Regelstudienzeit hat insoweit nicht die beabsichtigte Wirkung gehabt.

Unter diesem Blickwinkel rechtfertigt die im allgemeinen öffentlichen Interesse liegende Verkürzung der durchschnittlichen Ausbildungsdauer an den deutschen Universitäten die Einführung von Studienhöchstzeiten. Im Falle der unterbliebenen Meldung nach acht Semestern die das juristische Grundstudium abschließende Prüfung als nicht bestanden zu fingieren und die Frist für die Wiederholung auf zwei Semester zu begrenzen, erweist sich insoweit auch als verhältnismäßig. Großzügiger bemessene Fristen wären weitgehend wirkungslos. Unbillige Härten sollten dadurch ausgeglichen werden, daß bei Vorliegen eines wichtigen Grundes die Fristen angemessen verlängert werden können.

Auch die Möglichkeit, den Studienort und die Universität frei zu wählen, sollte durch die zeitlichen Vorgaben nicht weiter unangemessen beschnitten werden. Ohnehin tendiert die Mehrzahl der Studenten heute dahin, das gesamte Studium möglichst an einer oder zwei Universitäten zu absolvieren und Studienorte in der Nähe des bisherigen Wohnsitzes auszuwählen. Dafür ist nicht allein die zentrale Vergabe der Studienplätze durch die ZVS verantwortlich; denn auch die durchweg gegebene Möglichkeit, nach dem zweiten oder dritten Semester den Studienort zu wechseln, wird selten genutzt. Maßgeblich dafür dürfte die immer mehr festzustellende Seßhaftigkeit der Studenten sein[88] und die Sorge, am neuen Studienort keine Wohnung zu finden. Dennoch sollte den Studenten die Chance erhalten bleiben, durch den Wechsel des Studienorts den Horizont zu erweitern. Dem trägt die Unterteilung des Studiums Rechnung.

Der Student kann in der ersten Phase des Grundstudiums den Studienort wechseln und unterschiedliche Eindrücke sammeln. Die zeitlichen Vorgaben stehen dem nicht entgegen. Wichtiger ist insoweit, daß der Ausbildungsgang an den verschiedenen Universitäten vergleichbare Inhalte und Abläufe aufweist. Von besonderer Bedeutung dürfte sein, daß das Leistungsnachweissystem einheitlich ausgestaltet ist und die Gegenstände der nachfolgenden Prüfung sich weitgehend

---

[88] Dazu *Wassermann/Kirchner/Kröpil* (Fn. 40), § 5a DRiG Rdnr. 5.

decken. Dies wird angesichts der Beschränkung des Grundstudiums auf die Kernbereiche des Rechts[89] gewährleistet werden können.

Mit der Meldung zu dem am Ende des Grundstudiums stehenden ersten Prüfungsabschnitt legt der Student sich auf die Universität fest, bei der er das Vertiefungsstudium nach Überleitung in diesen Ausbildungsabschnitt ableisten will. In dieser regelmäßig zwei Semester während Vertiefungsphase ist ein Studienortwechsel nicht mehr angezeigt. Durch ein auf den gewählten Bereich zugeschnittenes spezielles universitäres Lehrangebot wird der Student, der sich nunmehr in einem gestreckten Prüfungsverfahren befindet, gleichsam unter Aufsicht der Prüfungsämter zum Studienende und zum Abschluß der Ersten Juristischen Staatsprüfung geführt.

b) Form und Anzahl der Leistungsnachweise

Einen wichtigen Faktor für das Studienverhalten der Studenten stellen die für die Zulassung zur Prüfung vorgeschriebenen Leistungsnachweise dar. Bei der Frage, wieviele solcher Nachweise zu verlangen sind und welcher Art sie sein sollten, sind mehrere, teils einander widerstreitende Gesichtspunkte zu berücksichtigen.

Eine zu hohe Zahl an Leistungsnachweisen birgt die Gefahr in sich, daß die Studenten ihr Studium allein danach ausrichten und dadurch der kontinuierliche Studienverlauf gestört wird. Auch ist nicht zu verkennen, daß durch ein Übermaß an Leistungsnachweisen[90] Ausbildungskapazitäten in starkem Maße gebunden werden, und zwar sowohl bei den Studenten als auch auf seiten der Universität.

Andererseits gibt das System der Leistungsnachweise der Universität ein Instrumentarium an die Hand, die Studenten vermehrt zur Teilnahme an universitären Lehrveranstaltungen zu bewegen und vom (auschließlichen) Besuch des Repetitors abzuhalten. Je größer die Kongruenz ist zwischen den Inhalten der universitären Lehrveranstaltungen und den Gegenständen der Aufgaben, die im Rahmen der Leistungsnachweise gestellt werden, desto eher werden die Studenten angehalten, das Studium an der Universität ernsthaft zu betreiben. Gelingt es, den Stoff aus den Universitätsveranstaltungen in den Aufgaben für die Leistungsnachweise vollauf wiederkehren zu lassen, so wird das Bedürfnis, schon in der Anfangsphase den Repetitor aufzusuchen, geringer. Dieses spricht dafür, die Zahl der Leistungsnachweise eher zu erhöhen als zu vermindern. Auch wenn als Leistungsformen lediglich Klausuren und häusliche Arbeiten zur

---

[89] Vgl. dazu unten E I 2, S. 116 ff.
[90] So betont auch *Wassermann*, DRiZ 1981, 185, 189, daß die Auferlegung einer Vielzahl von ausbildungsbegleitenden Leistungskontrollen schädlich ist.

Verfügung stehen,[91] heißt dies nicht, daß es bei den traditionellen Übungen verbleiben muß und für die Leistungsnachweise in den Kernbereichen des Rechts durchweg die Anfertigung einer häuslichen Arbeit und einer Aufsichtsarbeit zu verlangen ist.

Sicherlich ist der Ausbildungswert der Hausarbeiten hoch einzuschätzen,[92] so daß auf diese Leistungsform nicht vollständig verzichtet werden kann. Auf der anderen Seite binden aber gerade die häuslichen Arbeiten umfangreiche Kapazitäten. Der Student verwendet während der Anfertigung einer solchen Arbeit einen beträchtlichen Teil seiner Zeit allein darauf und nimmt während der Bearbeitungszeit, soweit diese in der Vorlesungszeit liegt, nicht oder kaum noch am universitären Lehrbetrieb teil. Auch die universitären Kapazitäten (Entwurf der Aufgaben, Korrekturen und Besprechungen) sind gerade bei der Anfertigung von häuslichen Arbeiten stark in Anspruch genommen.

Stellt man in Rechnung, daß die Aufgaben für die häuslichen Arbeiten den Inhalt der Lehrveranstaltungen nicht in dem Maße widerspiegeln können, wie es bei Klausuraufgaben der Fall sein kann, und diese Leistungsform daher weniger geeignet ist, die Studenten zum Besuch der universitären Veranstaltungen zu bewegen, so sollte man die Anzahl der Leistungsnachweise, in denen häusliche Arbeiten verlangt werden, nicht erhöhen, sondern eher reduzieren und zudem einen Weg suchen, die Bearbeitungszeit für die häuslichen Arbeiten möglichst in die vorlesungsfreie Zeit zu legen.[93]

Anders ist dies für die Anfertigung von Aufsichtsarbeiten zu beurteilen. Diese erfordern keinen solchen Aufwand, lassen sich besser in den Kursverlauf integrieren und gewährleisten in einem höheren Maße, daß die Studenten an den Lehrveranstaltungen teilnehmen. Dies gilt vor allen Dingen, wenn die Klausuraufgaben nicht durchgängig die Lösung von Fällen zum Gegenstand haben, sondern auch die Beantwortung von Fragen oder die Bearbeitung von Themen verlangen, die dem Inhalt der betreffenden Lehrveranstaltung entnommen sind.[94] Zu den sich aus Hausarbeit und Klausur zusammensetzenden Scheinen sollten daher in angemessener Zahl Leistungsnachweise hinzutreten, die lediglich die Anfertigung einer Aufsichtsarbeit erfordern. Ein solcher Leistungsnachweis bietet sich beispielsweise für das

---

[91] Eine Überprüfung des Leistungsstandes in Gesprächsform dürfte angesichts der hohen Studentenzahlen ausscheiden, obwohl gerade darin eine Auflockerung des anonymen Massenbetriebes liegen könnte.
[92] Vgl. dazu oben unter B II 1 die *Berichte der Präsidenten der Preußischen Justizprüfungsämter*, S. 20 mit Fn. 50.
[93] Siehe dazu unter c, S. 82.
[94] Die „Dressur für die Klausur" rügt z. B. *Millgramm*, JURA 1987, 178, 181.

„Abfragen" erster Kenntnisse in den Grundlagenfächern an,[95] sollte aber auch für andere Bereiche vorgesehen werden. Wie hoch die Zahl der Leistungsnachweise zu veranschlagen ist, in denen eine häusliche Arbeit und eine Aufsichtsarbeit anzufertigen sind, welche Leistungsnachweise in Klausurform hinzukommen sollten und in welchen (Rechts-)Gebieten und zu welchem Zeitpunkt des Studiums die entsprechenden Leistungsnachweise zu erbringen sind, kann abschließend erst beantwortet werden,[96] wenn der Materienkatalog für Grund- und Vertiefungsstudium festgelegt ist und anhand des daraus zu entwickelnden Studienplanes zu ersehen ist, in welchem Studiensemester von den Studenten welche Leistungsnachweise zumutbarerweise verlangt werden können.

c) Die Einbindung der vorlesungsfreien Zeit in die Ausbildung

Die Aufteilung des Hochschulstudiums in Semester entspricht deutscher Tradition. Aufgabe dieses Gutachtens kann es nicht sein zu erörtern, ob eine Veränderung in die eine oder die andere Richtung, d.h. die Einführung von Studienjahren oder Trimestern, einer strafferen Ausbildung förderlich wäre. Angesichts der eingefahrenen Strukturen dürfte eine Veränderung auf dieser Ebene kurzfristig ohnehin nicht möglich sein. Ebenso wenig erscheint es realistisch, die derzeit pro Semester auf 14 Wochen bemessene Vorlesungszeit verlängern zu wollen, so daß der Nützlichkeit eines solchen Vorhabens hier nicht nachgegangen zu werden braucht.

Eine andere Frage ist, ob und ggf. in welcher Form die zwischen den Semestern liegende vorlesungsfreie Zeit für die Ausbildung nutzbar gemacht werden kann. Bereits angeregt wurde, die Anfertigung von Hausarbeiten möglichst für die vorlesungsfreie Zeit vorzusehen, damit der Vorlesungsbetrieb davon nicht beeinträchtigt wird.

Während der vorlesungsfreien Zeit ist auch eine praktische Studienzeit bei einem Rechtsanwalt, in der Justiz, in der Verwaltung oder in der Wirtschaft abzuleisten. Ein solches Praktikum sollte entsprechend der derzeitigen Fassung von § 5a Abs. 3 S. 2 DRiG für die Studenten verpflichtend sein, frühestens nach dem dritten Semester stattfinden und auf die Dauer von sechs Wochen bemessen werden. Eine längere Praxisphase während des Grundstudiums ist nicht angezeigt. Um diesen ersten Studienabschnitt nicht zu überfrachten, ist es erforderlich, daß das Praktikum bequem während einer vorlesungs-

---

[95] Dazu unten E I 1 a, S. 111 f.
[96] Dazu oben E I 4, S. 122 f.

freien Zeit abgeleistet werden kann.⁹⁷ Dies ist bei einer Dauer von sechs Wochen gewährleistet.

Die vorlesungsfreie Zeit sollte schließlich von den Studenten auch zur Vor- und Nachbereitung der universitären Lehrveranstaltungen genutzt werden. Mag diese Forderung auch banal klingen und nur eine Selbstverständlichkeit wiedergeben, so ist dieser Hinweis dennoch geboten. Ein Grund für die unverhältnismäßig lange Dauer des juristischen Studiums dürfte auch darin liegen, daß die Studenten vielfach nur während der Vorlesungszeiten das Studium betreiben und die dazwischen liegenden Wochen, die nicht von ungefähr als Semesterferien bezeichnet werden, nicht oder unzureichend für ein Fortkommen im Studium fruchtbar machen.

Sicherlich kann man sich auf den Standpunkt stellen, zu der akademischen Freiheit gehöre eben auch die Eigenverantwortlichkeit der Studenten und es sei daher vornehmlich ihre Sache, durch den entsprechenden Arbeitseinsatz die Schnelligkeit des Studienfortschritts selbst zu bestimmen. Dennoch gilt es aber zu erwägen, ob nicht der Anreiz zum Eigenstudium in der vorlesungsfreien Zeit durch Maßnahmen von seiten der Universität stärker gefördert werden kann.⁹⁸ Die Hochschullehrer könnten den Studenten für Veranstaltungen des vergangenen bzw. des kommenden Semesters konkrete Schrifttumsnachweise oder sogar kurze Skripten an die Hand geben und ihnen auf diesem Wege die Nachbereitung oder den ersten Einstieg in die jeweilige Rechtsmaterie erleichtern. Dabei ist nicht zu verkennen, daß dies für die im Massenbetrieb ohnehin stark belasteten Hochschullehrer zusätzlichen Aufwand bedeutet. Sinnvoll ist es sicherlich nicht, daß jeder Hochschullehrer speziell für seine Lehrveranstaltung ein solches Papier erstellt. Vielmehr ist insoweit eine gewisse Standardisierung geboten, die es ermöglicht, diese Hinweise oder Skripten mehrfach, ggf. nach Überarbeitung, zu verwenden. Nur so können Aufwand und Nutzen in ein angemessenes Verhältnis gebracht werden. Eine solche Handhabung würde sicherlich erleichtert, wenn der Universität dafür die moderne Technik zur Verfügung stünde,⁹⁹ was jedenfalls bisher weitgehend nicht der Fall ist.

Eine letzte Anregung zur Einbindung der vorlesungsfreien Zeit in das Studium geht dahin, für interessierte Studenten zu ausgewählten Themen nach Abschluß der Vorlesungen Kurztutorien von vier bis sechs Wochen Dauer einzurichten, die unter der Leitung von wissen-

---

⁹⁷ Das ist bei dem zehnwöchigen Vertiefungspraktikum nach § 6 Abs. 5 hmbJAO nicht der Fall.
⁹⁸ Eine Anleitung der Studenten zum Eigenstudium verlangt auch *Kröpil*, JuS 1990, 75, 76.
⁹⁹ Auf den Einsatz „neuer Lernmedien" weist *Haft*, JA 1989, 291, 293 hin.

schaftlichen Mitarbeitern, Referendaren oder Studenten aus höheren Semestern stehen könnten. Derartige Veranstaltungen sind sowohl für die Kursleiter als auch für die Studenten von besonderem Nutzen, weil in solchen kleinen Gruppen über einen kurzen Zeitraum intensiv gearbeitet werden kann. Auch kann diese Veranstaltungsform zur Bildung homogener Arbeitsgruppen für das weitere Studium beitragen, weil die Studenten erfahren können, welche Mitstudenten ähnliche Interessen und einen vergleichbaren Leistungsstand haben und nach ihrer Persönlichkeit für eine weitere Zusammenarbeit in Betracht kommen.

d) Formen der Lehrveranstaltungen

Als Mangel der universitären (Juristen-)Ausbildung wird weithin das Festhalten an überkommenen Veranstaltungsformen empfunden. Vorlesungen, Übungen, Seminare und der Examensklausurenkurs[100] seien nicht mehr zeitgemäß und müßten neu strukturiert und konzipiert werden. Aufgabe dieses aus der Sicht des Praktikers erstatteten Gutachtens kann es nicht sein, vertieft und umfassend auf die Vorzüge und die Nachteile der unterschiedlichen Veranstaltungsformen einzugehen. Hier können nur einige wenige Gedanken entwickelt werden, die bei der Ausgestaltung der Lehrveranstaltungen Berücksichtigung finden sollten.

Im Kreuzfeuer der Kritik steht die juristische Vorlesung alten Stils, und dies schon seit langem. So geht der soeben erst wieder erhobene Vorwurf,[101] diese Veranstaltungsform sei seit der Einführung der Buchdruckerkunst durch Gutenberg überholt, auf eine Äußerung Gottlieb Fichtes aus dem Jahre 1807 zurück.[102] Die gegen die Vorlesung alter Art erhobenen Vorbehalte sind unterschiedlicher Natur. Zum einen gelten sie dem Inhalt, weil alles, was dort von den Dozenten vorgetragen würde, auch in Büchern geschrieben stehe und damit viel bequemer und besser abrufbar sei. Zum anderen wird aber auch die äußere Form wegen der monologischen Darbietung des Stoffes durch den Dozenten und des rein rezeptiven Verhaltens der Studenten abgelehnt.[103] Beide Kritikpunkte sind im Grundsatz berechtigt; nur fragt sich, ob und wie ihnen abgeholfen werden kann.

---

[100] Dazu *Haft*, JA 1989, 291, 292.
[101] *Haft*, JA 1989, 291.
[102] *Fichte*, Deduzierter Plan einer zu Berlin zu errichtenden höheren Lehranstalt (1807), wiedergegeben in *Anrich* (Herausgeber), Die Idee der deutschen Universität (1964), S. 127 f.
[103] Vgl. dazu *Rinken* (Fn. 3), S. 93 f. und *Wassermann/Kirchner/Kröpil* (Fn. 40), § 5 a DRiG Rdnr. 19.

Sicherlich wären die universitären Lehrveranstaltungen effektiver, wenn die Dozenten, statt den Stoff in ganzer Breite darzubieten und bloßes Wissen zu vermitteln, sich darauf konzentrieren könnten, Problemverständnis zu wecken, wissenschaftliche Methoden aufzuzeigen und das Wesentliche der jeweiligen Materie auch unter Praxisaspekten akzentuiert herauszuarbeiten. Dafür ist es jedoch erforderlich, daß die Studenten im Vorwege aus Lehrbüchern oder anderen Quellen genügend Kenntnisse erworben haben, um dem Dozenten in seinen Äußerungen folgen und sich in ein Gespräch mit ihm einlassen zu können. Diese Voraussetzung ist regelmäßig bei einem Großteil der Studenten trotz des vielfältigen Ausbildungsmaterials nicht erfüllt und stellt den Dozenten vor das Dilemma, entweder problemorientiert zu lehren und damit die Mehrzahl der Studenten zu überfordern oder den Stoff darzubieten und damit die Vorinformierten zu enttäuschen. Es verwundert nicht, wenn hier häufig ein wenig fruchtbarer Mittelweg beschritten wird.

Besserung wäre nur zu erwarten, wenn es gelänge, die Studenten in größerer Zahl zum Eigenstudium zu bewegen. Wichtiger als der Einsatz neuer Lernmedien dürfte insoweit das Einleiten eines gruppendynamischen Prozesses sein. Die Studenten müßten in Erwartung einer auf vorhandenes Wissen aufbauenden Lehrveranstaltung sich wechselseitig dazu anhalten, Vorkenntnisse zu erwerben, und darin von den Dozenten bestärkt werden. Eine solche Interaktion findet aber nach aller Erfahrung nicht bei Massenveranstaltungen statt,[104] sondern setzt eine Begrenzung der Teilnehmerzahl voraus. Insoweit sind die inhaltlichen Fragen untrennbar mit den Rahmenbedingungen verbunden, unter denen das universitäre Lehrangebot steht.

Niemand wird bestreiten wollen, daß eine Ausbildung in Kursgruppen von 20 bis 30 Studenten, wie sie für die einstufigen Ausbildungsgänge gefordert und dort auch teils praktiziert worden ist, nutzbringender ist als das Abhalten von Massenvorlesungen. Nur fehlen dafür im allgemeinen die Lehrkapazitäten. Dennoch ist den Fakultäten anzuraten, die Bemühungen dahin zu verstärken, eine möglichst große Zahl an Kleingruppenveranstaltungen in den Kernbereichen des Rechts abzubieten.

Neben dem Einsatz von wissenschaftlichen Mitarbeitern und Lehrbeauftragten aus der Praxis ist dabei auch daran zu denken, Lehrveranstaltungen in rechtlichen Nebengebieten zu reduzieren, d.h. sie entweder nicht in jedem Semester anzubieten oder traditionell getrennt dargebotene Rechtsgebiete zu einer Lehrveranstaltung zusammenzufassen. Sicherlich wird dadurch mancher Hochschullehrer sel-

---

[104] Zu dieser Problematik B. *Behrendt* (Herausgeber), Massenveranstaltungen – Probleme und Lösungsansätze (1987); vgl. auch *Rinken* (Fn. 3), S. 99.

tener in seinem Spezialgebiet eingesetzt werden können, diese Selbstbeschränkung sollte im Interesse eines ausbildungsfreundlichen Lehrangebots aber eingegangen werden.

Die Anzahl der Teilnehmer ist selbstverständlich nicht das einzige Problem. Auch größere Lehrveranstaltungen bieten Möglichkeiten, die Studenten zu beteiligen und zu sinnvollem Lernen zu führen.[105] Ein wichtiges Kriterium ist das pädagogische Geschick des Dozenten, um das es unterschiedlich bestellt ist. Auch wenn für die Berufung von Professoren und Dozenten die pädagogischen Fähigkeiten nicht allein und wohl nicht einmal in erster Linie entscheidend sein können, so kann doch kein Zweifel daran bestehen, daß dieses Qualifikationsmerkmal im Rahmen der Massenuniversität und jedenfalls für den juristischen Bereich an Bedeutung gewonnen hat und bei der Berufung von Hochschullehrern angemessene Berücksichtigung finden sollte.

Bedeutsam für das Gelingen von Lehrveranstaltungen sind auch die Auswahl des Lehrgegenstandes und die jeweilige Lehrmethode.[106] Allerdings läßt sich hier wenig allgemein Verbindliches sagen. In manchen Bereichen muß angesichts der Stoffülle auf den exemplarischen Charakter geachtet werden, in anderen ist gerade die Gegenüberstellung von unterschiedlichen Regelungsstrukturen am Platz. Teils ist das Augenmerk darauf zu legen, dem Studenten den Normalfall nahezubringen, andererseits ist aber mitunter gerade der atypische Sonderfall geeignet, Wertungen zu verdeutlichen und Wertungswidersprüche aufzuzeigen. Besonders hervorzuheben ist, daß die Hochschullehrer in allen Bereichen vermehrt die praktische Bedeutung von Streitständen und Lehrmeinungen aufzeigen sollten.

Ebenfalls nicht unumstritten ist das Beibehalten klassischer Übungen als eine eigenständige Lehrveranstaltungsform.[107] Soweit an diesen Übungen festgehalten wird, sollten die Studenten allerdings in ihnen das Lösen von Fällen und die Anfertigung von schriftlichen Arbeiten wirklich erlernen. Nicht dürfen die Übungen, wie es weithin der Fall ist, sich darin erschöpfen, die Studenten schriftliche Arbeiten anfertigen zu lassen, die lediglich anschließend besprochen werden. Die Übungen müssen vielmehr in weit stärkerem Maße den Studenten die Probleme der Falltechnik nahebringen und in die Kunst des wissenschaftlichen Arbeitens einführen. Die Übungsstunden sollten nicht darauf verwandt werden, Aufsichtsarbeiten anzufertigen.

Gegen das Abhalten von Seminaren mit begrenzter Teilnehmerzahl lassen sich durchgreifende Bedenken so lange nicht erheben, als der Hochschullehrer die Thematik des Seminars auch an den Bedürfnis-

---

[105] Dies betonen *Wassermann/Kirchner/Kröpil* (Fn. 40), § 5a DRiG Rdnr. 19.
[106] Dazu *Kröpil*, JuS 1990, 75, 76.
[107] Vgl. dazu z.B. *von Münch*, JZ 1981, 185 ff., der für die Einbeziehung von „Übungen" in die Vorlesungen plädiert.

sen der Studenten ausrichtet und zudem gewährleistet ist, daß die vorgetragenen Referate nicht zu lang ausfallen und ein anschließendes Gespräch zwischen allen Seminarteilnehmern stattfindet.[108] Gerade für die Vertiefungsphase des Studiums und hier insbesondere für das Hinführen auf die Anfertigung einer häuslichen Arbeit[109] ist diese Veranstaltungsform gut geeignet.

Eine wichtige Einrichtung ist auch der (Examens-)Klausurenkurs. Die von *Haft*[110] aufgestellte Behauptung, wer eine Klausur schreibt, lernt nichts, ist so nicht richtig. Sicherlich verbessert er nicht seine Rechtskenntnisse; er lernt aber, unter Zeitdruck Gedanken zu entwickeln, zu ordnen und zu Papier zu bringen. Diesen Vorgang zu beherrschen, ist eine wesentliche Voraussetzung für die Anfertigung einer gelungenen Klausur. Es erweist sich auch als sehr vordergründig, dies mit der Abqualifizierung als „Klausurtechnik" abzutun. Vielmehr ist es für fast jeden juristischen Beruf ein Qualifikationsmerkmal, in kurzer Zeit sprachlich gelungene und gedanklich geordnete Schriftstücke zu entwerfen.[111] Demnach sollten die Studenten nicht nur im Hinblick auf das Examen, sondern auch für den späteren Beruf dazu angehalten werden, in der entsprechenden Studienphase an den Klausurenkursen teilzunehmen.

e) Verbesserung von Studienhilfen

Eine Intensivierung des Studiums setzt auch voraus, daß von den Studenten die zur Verfügung stehenden Hilfsmittel effektiv genutzt werden. Zunächst ist hier natürlich auf die Eigenverantwortlichkeit der Studenten zu verweisen, die es – vorbehaltlich ihrer finanziellen Möglichkeiten – in der Hand haben, von der Vielfalt der Ausbildungsliteratur und dem wachsenden Angebot neuer Lernmedien wie Lerncomputer, Bildplattenspieler oder Videoanlagen Gebrauch zu machen.[112]

Allerdings sollte auch die Universität ihren Teil beitragen. Die Ausstattung mancher juristischer Bibliotheken ist recht dürftig. Der Staat läßt sich die juristische Ausbildung im Vergleich zu den naturwissenschaftlichen und medizinischen Ausbildungsgängen relativ wenig kosten. Hier ließe sich manches verbessern, und zwar nicht nur in Rich-

---

[108] Die Forderung, daß (auch) Seminare auf dialogische Kommunikation ausgerichtet sein sollten, erheben auch *Wassermann/Kirchner/Kröpil* (Fn. 40), § 5 a DRiG Rdnr. 20.
[109] Vgl. dazu unten VII 1 b (2), S. 105.
[110] JA 1989, 291, 292.
[111] Zur ungenügenden Schulung der angehenden Juristen im sprachlichen Ausdruck vgl. schon oben C I 4, S. 37 f.
[112] Vgl. auch *Kröpil*, JuS 1990, 75, 76.

tung auf die Vermehrung des Bücherbestandes. *Haft*[113] weist zu Recht darauf hin, daß es nicht einzusehen ist, weswegen die juristischen Seminarbibliotheken nur begrenzt geöffnet sind. Allerdings sollte man schon aus organisatorischen Gründen hier nicht an die Eigeninitiative der Studenten appellieren,[114] sondern die staatlichen Stellen anmahnen, das Geld für das erforderliche Aufsichtspersonal zur Verfügung zu stellen.

Feststehen dürfte auch, daß die universitäre Ausbildung effektiv nur dann sein kann, wenn es den Hochschullehrern gelingt, die mündliche Form der Wissen- und Verständnisvermittlung, wie sie in universitären Lehrveranstaltungen stattfindet, mit anderen von Studenten im Heimstudium einsetzbaren Ausbildungshilfen zu einem Ausbildungsverbund zusammenzufügen. Die Attraktivität des Repetitors liegt nicht allein und vielleicht nicht einmal vorrangig in den didaktischen Fähigkeiten der den mündlichen Unterricht gestaltenden Personen begründet, sondern hat ihre Ursache vor allem in der Bereitstellung von kursbegleitenden Lernmaterialien wie Karteikarten und Skripten.[115]

Ein solches Zusammenspiel von Lehrveranstaltungen und Ausbildungsunterlagen muß auch für die universitäre Ausbildung angestrebt werden. Aus der Sicht der Studenten ist ein weitgehend gleiches System für sämtliche (Rechts-)Bereiche angebracht, auf das sie sich einstellen können, während die einzelnen Hochschullehrer sicherlich unterschiedliche Vorstellungen[116] davon haben dürften, was für die Studenten nützlich ist und was ihnen geboten werden kann. Will man aber erreichen, daß die universitäre Ausbildung von der Mehrzahl der Studenten angenommen wird, so wird man nicht daran vorbeikommen können, eine gewisse Standardisierung der kursbegleitenden Ausbildungsunterlagen und Fortbildungshinweise einzuführen. Der Einsatz der modernen Technik läßt hier vieles zu, was allerdings voraussetzt, daß die Hochschullehrer an einem Strang ziehen und den Fakultäten von seiten des Staates die dafür erforderlichen sächlichen und personellen Mittel zur Verfügung gestellt werden.

f) Insbesondere: Die Examensvorbereitungsphase

Ein wesentlicher Faktor im Kampf um die Verkürzung der Studiendauer ist die Examensvorbereitungsphase.[117] Das Ziel muß sein, daß

---

[113] JA 1989, 291 f.
[114] So aber *Haft*, JA 1989, 292.
[115] Vgl. dazu bereits oben C I 5, S. 39.
[116] Die sie zudem als Ausdruck ihrer Wissenschaftsfreiheit aus Art. 5 Abs. 3 GG verstehen könnten.
[117] Persönliche Äußerungen von Studenten zeigen, daß hier die meiste Zeit verloren wird; *Rollmann*, JuS 1988, 206 spricht von einer Zweiteilung des Studiums in ein

im Anschluß an das Durchlaufen des vorgesehenen Lehrveranstaltungsprogramms sich die Studenten alsbald zum Examen melden. Das setzt voraus, daß den Studenten von der Universität ein Weg gewiesen wird, wie sie in kurzer, überschaubarer Zeit den examensrelevanten Stoff vertiefen und wiederholen können. Wichtig dabei ist, daß die Examenskurse auf die Bedürfnisse der Studenten zugeschnitten sind, was insbesondere erfordert, daß die Rechtsgebiete systematisch dargestellt werden und das Angebot flächendeckend ist. Für die Studenten muß ersichtlich sein, welcher Stoff zu welchem Zeitpunkt von welchem Dozenten angeboten wird, und es muß die Gewähr bestehen, daß die Dozenten sich an die zeitlichen Vorgaben halten.

Die Dauer dieses Wiederholungskurses sollte nicht zu lang bemessen werden. Je länger er sich hinzieht, desto mehr besteht die Gefahr, daß die Studenten am Ende des Kurses das Gefühl gewinnen, wieder von vorn beginnen zu müssen, weil sie glauben, den Stoff, der am Anfang des Kurses vermittelt wurde, wieder vergessen zu haben. Angesichts der hier vorgeschlagenen Beschränkung des Grundstudiums auf die Kernfächer des Rechts sollte die Dauer von etwa fünf Monaten ausreichen,[118] so daß der Examenskurs zweimal im Jahr angeboten werden kann.

2. Intensivere Nutzung der Referendarzeit

Die Abkürzung der Pflichtstationszeiten im Vorbereitungsdienst auf 18 Monate fordert Überlegungen heraus, ob und welche organisatorischen Maßnahmen die Verkürzung der Ausbildung wettmachen können. Dabei ist sowohl an die Gestaltung der Ausbildung in den Stationen selbst als auch an zusätzliche Begleitveranstaltungen unterschiedlicher Art zu denken.

a) Die Suche nach geeigneten Ausbildern

Die Notwendigkeit herauszustellen, daß auf die Eignung der Referendarausbildung in den Stationen wie in den Begleitkursen besondere Obacht zu geben sei, erscheint nicht sonderlich originell, gehört

---

Studium zum Scheinerwerb einerseits und zur Examensvorbereitung andererseits; *Haft*, JA 1989, 292 geht sogar von „drei ganz unterschiedlichen Studien" aus, und zwar das erste an der Hochschule, das zweite beim Repetitor und das dritte zur Examensvorbereitung.

[118] In der Regelstudienzeit von sechs Semestern ist dafür das 6. und letzte Semester vorgesehen, vgl. unten E I 3, S. 119.

indes gleichwohl an die Spitze aller Einzelmaßnahmen, die eine Mehrung des Ausbildungsnutzens zum Gegenstand haben. Ein Ausbilder mit ausgeprägten didaktischen Fähigkeiten[119] erreicht die Referendare nicht nur rasch; er macht zugleich seinen fachlichen Bereich interessant und motiviert zur Eigenarbeit der Lernenden. Deshalb haben die mit dem Einsatz der Referendarausbilder betrauten Stellen auf die Auswahl der Ausbilder zu achten.

Das werden die Referendarabteilungen allerdings nur begrenzt leisten können, nämlich nur in ihren Nahbereichen, der Verwaltung und der Justiz. Namentlich in der Justiz sollte die Verminderung der dort abzuleistenden Stationszeiten sowie die Kenntnis des Personenkreises zu dem Ergebnis führen, daß nur (noch) solche Richter und Staatsanwälte mit Ausbildungsaufgaben betraut werden, die dazu bereit und auch fähig sind. Da auf die Anwaltschaft verstärkt Ausbildungsaufgaben zukommen sollen, wird es schwer fallen, Referendare auch dort nur didaktisch befähigten und ausbildungsbereiten Einzelausbildern zuzuweisen. In den Stationen von Wirtschaft und Verwaltung wird eher damit zu rechnen sein, daß die Unternehmen und Körperschaften von sich aus befähigte Ausbilder benennen.

Auf allen Feldern der praktischen Ausbildung würden Einsatz und Engagement der Ausbilder spürbar erhöht, wenn diese in ihrem Hauptamt entlastet werden. Denn Ausbildung wird gemeinhin als Last empfunden, wenn sie nebenher geleistet werden muß und namentlich dann, wenn die Ausbildungsaufgaben nicht gleichmäßig auf die Schultern der Arbeitskollegen verteilt sind. Ein wichtiger Schritt muß überall dahin getan werden, daß Referendarausbildung als Arbeitsanteil anerkannt und quantitativ bewertet wird. Wer mehr ausbildet als andere, muß ein geringeres übriges Arbeitsmaß zugewiesen erhalten. Nur dieser Weg erscheint aber in Verbindung mit einer stetigen Auswertung von Rückmeldungen der Referendare über ihre Ausbildungsstationen erfolgversprechend dafür, daß sich die Ausbilder die erforderliche Zeit nehmen.

In den Ausbildungsstationen Justiz und Verwaltung/Wirtschaft bereitet es bei entsprechender Kapazität keine Schwierigkeiten, dem Umfang der Ausbildungsaufgaben durch Entlastung auf dem eigentlichen beruflichen Aufgabensektor Rechnung zu tragen. Im Anwaltsberuf ist dies so nicht durchführbar. Die insoweit einzig denkbare Möglichkeit, daß der Staat oder die Rechtsanwaltskammern die Stationsausbildung eines Referendars mit einem festen Betrag vergüten, muß die Diskussion um die Geeignetheit von Anwälten als Ausbilder

---

[119] Zum Stellenwert der Didaktik in der juristischen Lehre vgl. auch *Haft*, JA 1989, 291, 293; vgl. auch *Volkert* ZRP 1990, 46.

auf einen umfassenderen Aspekt lenken. Denn bevor im anwaltlichen Bereich über die Eignung zur Ausbildung nachgedacht wird, ist der Tatsache ins Auge zu sehen, daß in der Rechtsanwaltsstation derzeit eine Ausbildung nur recht begrenzt stattfindet. Angesichts der allenthalben beklagten gegenwärtigen justizlastigen Ausbildung im Studium und im Vorbereitungsdienst muß schon die universitäre Ausbildung auf eine Unterweisung in berufsspezifisch anwaltlichen Tätigkeiten ausgerichtet sein. Infolge der verstärkten Hinwendung der Assessoren zum Anwaltsberuf und der zu erwartenden Option für eine ebenso verstärkte Anwaltsausbildung während der Referendarzeit wird die Anwaltschaft vor die schwierige Aufgabe gestellt, die Referendarausbildung auf breiter Basis – erstmals – zu konzipieren. Noch ist die Anwaltsstation der Referendare ganz überwiegend Arbeits- und nicht Ausbildungsstelle, was sich in einem häufig geleisteten Entgelt ausdrückt. Die Referendarausbildung sollte indes die Kunst des Mandantengesprächs ebenso vermitteln wie den Prozeß der Streitverhütung. Der Rechtsanwalt hat dafür jedoch schlicht keine Zeit.

Die Anwaltskammern werden in ihrem Bestreben nach einer Beseitigung des Ausbildungsdilemmas im Anwaltsbereich lediglich die Leiter von Begleitkursen sorgsam aussuchen können; diese Rechtsanwälte müssen gewährleisten, daß sie dem Referendar den Kern der Tätigkeit eines Rechtsanwalts begreifbar machen, daß sie die zur Verfügung stehenden Spielarten anwaltlichen Handelns aufzeigen und die Beweggründe, die den Anwalt bei seiner Wahl zwischen den einzelnen Wegen steuern. Anwaltliche Kursleiter dieser Qualität müßten für ihre Ausbildungstätigkeit dann aber auch attraktiv vergütet werden.

b) Einzel- oder Gruppenausbildung von Referendaren

Die Ausbildung der Referendare in den Stationen dürfte am effektivsten sein, wenn jedenfalls zwei Referendare einem Ausbilder zugewiesen werden. Dabei ist vorausgesetzt, daß die Ausbildung nicht im bloßen Verteilen von schriftlichen Arbeitsaufträgen und in der Besprechung der von den Referendaren vorgelegten Schriftwerke besteht. Zum einen ist eine eingehende Unterweisung der Referendare im Arbeitsfeld des Ausbilders von größerem Nutzwert, wenn gleichzeitig mehr als ein Referendar betreut wird. Insbesondere aber ist das rechtliche Fachgespräch mit zwei oder drei Gesprächspartnern leichter und lebendiger zu führen. Auch hat ein solches Gruppengespräch den guten Nebeneffekt, daß die zutage tretenden Stärken und Schwächen der einzelnen Referendare von diesen selbst erkannt und so der eigene Leistungsstand besser geortet werden können.

Diese Vorteile der gleichzeitigen Ausbildung mehrerer Referendare sprechen deutlich dafür, eine Gruppenausbildung zu favorisieren und dafür sogar fünf bis sechs Referendare vorzusehen. Indessen kann dies nicht jede der drei Ausbildungsstationen gleichmäßig leisten. Für die Anwaltsstation versteht sich das von selbst. Dagegen ließe sich in der Wirtschaft und Verwaltung, sofern die jeweiligen Unternehmen und die Behördenorganisationen groß genug sind, die Stelle eines Berufsausbilders schaffen, der stets eine Referendargruppe zu betreuen hat. Auch könnte hier das oben angesprochene Erfordernis einer spürbaren Entlastung im sonstigen Hauptamt am leichtesten erfüllt werden. In der Justiz ist die Ausbildung in einer größeren Gruppe gleichfalls zu bewerkstelligen. Das einzige Hindernis könnte darin bestehen, daß nicht stets eine genügende Zahl von ausbildungsgeeigneten Aktenstücken anfällt, zumal das Dezernat zum Zwecke der Entlastung verkleinert werden soll. Hier läßt sich mit der parallelen Ausgabe derselben Akte helfen.

c) Leistungsanforderungen während des Vorbereitungsdienstes

Ablauf und Inhalt der Referendarausbildung sind in den Stationen des Vorbereitungsdienstes naturgemäß unterschiedlich. Das hehre Ziel der Ausbildungsordnungen, den Referendar zu eigenständiger Arbeit zu führen, wird nur in eingeschränktem Maße erreicht, und es fragt sich auch, ob jenes Ziel überhaupt gewollt sein kann. Denn Eigenständigkeit der Arbeit und Ausgebildetwerden widersprechen sich weithin. Solange die Leistungen des Referendars zu Ausbildungszwecken ständiger Kontrolle unterliegen, muß ihnen die Eigenschaft der Eigenständigkeit abgehen. Was stattdessen in der Referendarausbildung erreicht werden sollte, ist die produktive Teilhabe des Referendars an der Arbeit seines Ausbilders.

Eigenständige Arbeit mit der hier beigegebenen negativen Tendenz wird von den Referendaren noch überwiegend in der Anwaltsstation geleistet. Häufig hat der Referendar niemals erfahren, wie sein Ausbilder Mandantengespräche führt; sie waren ihm von Anfang an allein überlassen. Sein Auftreten in den Gerichtsverhandlungen wird nicht vom Anwalt begleitet, seine Schriftsätze werden alsbald vor der Unterzeichnung nur noch überflogen. Daß eine solche Mitarbeit dem Referendar Freude macht, ist verständlich. Die Leistung des Referendars besteht hier allerdings nicht in der Umsetzung dessen, was ihn der Anwalt gelehrt hat; die Anwaltsstation bleibt vielmehr eine Sammelstelle von Erfahrungen.

Auf der anderen Seite ist zu wünschen, daß in der Wirtschaftsstation eine stärkere Einbindung des Referendars in das betriebliche Geschehen stattfindet. Gewiß bleiben die Juristen im Gefüge des Unternehmens vielfach auf bloße Kontrollaufgaben beschränkt, so daß die Wirtschaftsstation im Vorbereitungsdienst keinen tieferen Einblick in die Entscheidungsprozesse der Wirtschaft gewährt. Hier sollte jedoch eine Änderung möglich sein, auch im Interesse der Wirtschaft selbst. Der Referendar muß in dieser Station erfahren und seine Leistungen daran ausrichten können, daß die Wirtschaft den Generalisten mit Sprachkenntnissen und wirtschaftlichem Verständnis sucht, der kommunikationsfähig ist und vorauszudenken vermag, damit er Schaden nicht beseitigen muß, sondern dessen Eintritt abwendet. Die verbleibenden Stationen, Verwaltung und Justiz, leisten gemeinhin eine Ausbildung, die den Referendar hinreichend einbindet und ein zuverlässiges Bild von seiner Leistungsfähigkeit vermittelt.

Die Leistungen des Referendars im Vorbereitungsdienst sollten auch fortan von den Ausbildern beurteilt werden. Selbst wenn der Verzicht auf eine Beurteilung den Leistungsdruck mindert und Verkrampfungen löst, erscheint der Vorteil von Beurteilungen erheblich. Der Referendar kann auf seine Beurteilungen verweisen, wenn ein unglückliches Zusammentreffen der typischen Examenszufälligkeiten den Notenwert im zweiten Examen nach unten gedrückt hat. Zu erwägen ist, nur auf Wunsch des Referendars eine Beurteilung zu erstellen. Da der Referendar nach dem hier vorgestellten Modell indes seinen Vorbereitungsdienst nach seinen Wünschen mitgestaltet, ist kaum zu erwarten, daß er auf Beurteilungen keinen Wert legt. Die Frage bleibt, ob die Beurteilung auch eine Benotung nach Maßgabe der geltenden Notenskala enthalten soll. Soweit die Länder oder die Ausbildungsstellen keine Beurteilungsbögen in Rasterform herausgeben, also für eine unbenotete Beurteilung ein umfangreicher individueller Text verfaßt werden müßte, ist zu bedenken, daß das Schreiben von Beurteilungen gemeinhin zu den unbeliebteren Tätigkeiten gehört. Brauchbare Beurteilungen verlangen Muße und Sprachkraft. Deshalb sollte die Flucht in die Note nicht verbaut werden.

Zum Bereich der Leistungsanforderungen gehört schließlich, wie es mit der Anwesenheitspflicht des Referendars in der Station zu halten ist. Hier sollte der Hinweis genügen, daß die Forderung nach Präsenz des Referendars mit der Möglichkeit einhergehen muß, ihn während seiner Abwesenheit sinnvoll arbeiten zu lassen. Für stupides Abdienen vorgegebener Arbeitsstunden, wie es von Referendaren in größeren Verwaltungseinheiten beklagt wird, ist in einer verkürzten Ausbildungsstation kein Platz mehr.

d) Der am Anfang des Ausbildungsabschnitts stehende Einführungsblock

Die Konzentration des Vorbereitungsdienstes auf Ausbildungsblöcke von drei Monaten führt zu dem Vorschlag, an den Anfang eines neuen Ausbildungsabschnitts eine Einführungsveranstaltung zu stellen.[120] Sie setzt voraus, daß die Dreimonatsblöcke für alle Referendare gleichzeitig beginnen. Die Veranstaltung sollte einen Zeitraum von einer Woche umfassen. Referenten aus der betreffenden Ausbildungsstation führen in das Berufsfeld sowie in Rechtsgebiete ein, die zum Sockelbereich des Ausbildungsabschnitts gehören und so den späteren Einzelausbildern die Grundlagenarbeit abnehmen. Hierfür kommen namentlich Bereiche des Verfahrensrechts in Betracht, die im Studium noch nicht behandelt worden sind, das Ineinandergreifen von Verfahrensrecht und Gebührenrecht in der Anwaltstätigkeit, aber auch Gebiete des materiellen Rechts wie Wechsel- und Scheckrecht sowie ein Überblick über Bereiche des besonderen Verwaltungsrechts. Gelänge es, kompetente Fachkräfte aus Anwaltschaft, Wirtschaft, Verwaltung und Justiz zu gewinnen, so könnten solche Einführungsblöcke hohen Ausbildungswert haben.

e) Die Bedeutung der Begleitkurse

Die Einführungsveranstaltungen sollen keineswegs die Begleitkurse im Vorbereitungsdienst ersetzen. Vielmehr zwingt die Verkürzung der Referendarzeit die für die Ausbildung zuständigen Verwaltungsstellen, in ganz besonderem Maße auf die pädagogische Eignung der jeweiligen Berufsvertreter für die Leitung solcher Begleitkurse zu achten. Als Inhalte bieten sich übergreifende Themen wie etwa die Tatsachenfeststellung vor Gericht, aber auch die Nacharbeit von Referendarerfahrungen an. Welche Gegenstände in den Arbeitsgemeinschaften behandelt werden, sollte den Ländern überlassen sein. Angesichts einer verkürzten Ausbildungszeit wächst die Verantwortung für die inhaltlichen Vorgaben, und es wird auch Sache der Referendare sein, auf Effektivität der Begleitkurse zu achten und Kritik zu üben, wenn der Arbeitsstil des Leiters zwar Unterhaltungswert hat, aber weithin Nutzlosigkeit des Kurses gebiert.

Gedacht ist auch daran, daß die Universität die Referendarausbildung begleitet. Sofern die Universität Kräfte dafür freisetzen kann, daß sie während des Vorbereitungsdienstes Rechtsmaterien wissenschaftlich übergreifend behandelt, könnte ein heute bestehendes bedauerliches Defizit der Referendarausbildung beseitigt werden. Manche Rechtsgebiete erschließen sich dem werdenden Juristen erst, wenn er selbst praktische Erfahrungen gesammelt hat. Die in diesem

---

[120] Niedersachsen kennt dieses z.B. für die Ausbildung der Referendare in der allgemeinen Verwaltung in Form einer sogenannten verdichteten Eingangsphase: Danach steht am Anfang der Station im Rahmen der Arbeitsgemeinschaft ein ein- bis dreiwöchiger Lehrgang, in diesem Zeitraum findet die Einzelausbildung nicht statt, vgl. dazu *Wassermann/Kirchner/Kröpil* (Fn. 40), § 38 ndsJAO Rdnr. 6.

Stadium einsetzende wissenschaftliche Nachbereitung sorgt für eine Fundamentierung, die – wie sich zeigen wird – den Hochschullehrern einen dankbaren und engagierten Hörerkreis erschließt. Vorstellbar ist zudem, daß die Rückkoppelung zwischen Lehre und Praxis dem Dozenten bei entsprechender Gestaltung dieser Begleitkurse vielerlei Anregungen für die universitären Lehrveranstaltungen vermittelt.

3. Die Weiterbildung während der beruflichen Tätigkeit

In einer dritten Stufe kann sich den Hochschullehrern ein noch weithin unbestelltes Feld eröffnen, nämlich die Fortbildung der fertigen Juristen.[121] Erstaunlich ist, in welch kargem Maße die Universität ihre Lehrkräfte dafür einsetzt, die Kenntnisse der praktisch tätigen Juristen beständig auf wissenschaftlicher Basis aufzufrischen.

Gegenwärtig besorgt dies ein fester, aber kleiner Stamm von Hochschullehrern und Praktikern in Fortbildungsveranstaltungen von Anwaltsvereinen; Adressaten sind allein Rechtsanwälte. Erstrebenswert ist, daß die Professoren ihre reichen Fachkenntnisse zu aktuellen Themenbereichen den Juristen aller Berufssparten anbieten, am besten in zweistündigen Veranstaltungen am frühen Abend und nicht nur an den Universitätsorten, sondern landauf, landab, etwa an den Sitzen der Industrie- und Handelskammern oder der Landgerichte. Das muß von den Hörern angemessen bezahlt werden. Natürlich wird dieser Hörerkreis kritisch sein.[122] Gewiß ist aber, daß alle Seiten – nicht zuletzt die Universität und damit die Studenten – davon profitieren werden.

VI. Finanzielle Absicherung der Studenten

Eine einschneidende Verkürzung und damit einhergehende Intensivierung des juristischen Studiums fordert den „ganzen" Studenten über die gesamte Studiendauer einschließlich der vorlesungsfreien Zeit.[123] Die volle Arbeitskraft auf das Studium zu verwenden, kann man von den Studenten aber redlicherweise nur verlangen, wenn sie ihren Lebensunterhalt nicht – auch nicht zum Teil – selbst bestreiten müssen. Folglich muß gewährleistet sein, daß die Studenten die erforderlichen Geldmittel für das Führen eines dem Studentenstatus entsprechenden Lebensstils erhalten, sei es durch staatliche Ausbildungs-

---

[121] So zutreffend *Haft*, JA 1989, 291, 294; *W. Müller* DRiZ 1990, 81, 102.
[122] Dazu *Haft*, JA 1989, 294: „Man kann hier (auch materiellen) Erfolg haben, man kann aber auch durchfallen".
[123] Vgl. dazu oben V 1 a (3), S. 78.

förderung, sei es durch Unterhaltszahlung der den Studenten Unterhaltspflichtigen. Ein wichtiger Faktor ist insoweit eine der Höhe nach angemessene Leistung zur Deckung der für den Lebensbedarf und die Ausbildung entstehenden Kosten im Rahmen des Berufsausbildungsförderungsgesetzes.[124] An dieser Stelle können keine abschließenden Ausführungen dazu erwartet werden, welcher Bedarf einem Studenten in welchem Ausbildungsstadium zuzubilligen ist. Sicherlich muß hier auf der einen Seite berücksichtigt werden, daß der Lebensstandard eines Studenten nicht in allem dem entsprechen muß, den Personen vergleichbaren Alters nach bereits durchlaufener Berufsausbildung häufig haben. Berufsausbildungsförderung ist insoweit zunächst einmal Existenzsicherung. Andererseits läßt sich aber bei realistischer Betrachtung nicht verkennen, daß in unserer heutigen Wohlstandsgesellschaft auch der Student bestimmte Ansprüche hat, die er sich erfüllen will. Erhält der Student dafür nicht die erforderlichen Geldmittel, so wird er dahin tendieren, sich entsprechende zusätzliche Geldbeträge hinzuzuverdienen. Dieses geht, wenn die Nebentätigkeit nicht ganz unerheblich ist,[125] zwangsläufig zu Lasten des Studiums und muß daher verhindert werden.

Ist dafür Sorge getragen, daß der Student nicht nebenbei Geld verdienen muß, so läßt sich auch mit guten Gründen vertreten, daß der Student innerhalb der Regelstudienzeit das Studium zu Ende gebracht haben sollte und Förderung nur für diese Dauer erhält. Als Richtschnur sollte hier gelten, eher die monatlichen Beträge angemessen zu erhöhen und die Förderungshöchstdauer sachgerecht zu begrenzen, als zu geringfügige Geldmittel zur Verfügung zu stellen und damit einer Studienverlängerung Vorschub zu leisten.

Ebenso wichtig, wenn nicht sogar noch wichtiger als Höhe und Dauer der BAföG-Leistungen ist allerdings die Frage, welcher Personenkreis gefördert wird; denn es ist keineswegs so, daß nur BAföG-geförderte Studenten ihr Budget durch Übernahme von Jobs aufbessern; in noch stärkerem Maße gilt dies für Studenten, die keine staatliche Förderung erhalten.[126] Der Hinweis darauf, daß den Studenten,

---

[124] Vgl. §§ 11 Abs. 1, 13 BAföG.
[125] Zu den Einnahmequellen der – nach dem BAföG – geförderten und bisher nicht geförderten Normalstudenten für die Jahre 1985 und 1988 – aufgeschlüsselt nach Hochschulart – vgl. Das soziale Bild der Studentenschaft in der Bundesrepublik Deutschland, *12. Sozialerhebung des Deutschen Studentenwerkes* (herausgegeben vom Bundesminister für Bildung und Wissenschaft im August 1989), Bild 7.16, S. 316.
[126] Nach der *12. Sozialerhebung des Deutschen Studentenwerkes* (Fn. 125) betrug – bezogen auf Universitätsstudenten – im Jahr 1988 der durchschnittliche (Neben)verdienst bei BAföG-Empfängern DM 261 mtl., während er bei bisher nicht geförderten Studenten bei DM 409 mtl. lag.

die keinen Anspruch auf Berufsausbildungsförderung haben, in der Regel ein entsprechender Unterhaltsanspruch zusteht, trifft den Kern des Problems nicht. Selbst wenn rechtlich ein solcher Unterhaltsanspruch gegeben ist, so heißt dies keineswegs, daß der oder die Unterhaltspflichtigen diesem Anspruch auch nachkommen. Die Gründe dafür sind mannigfaltig. Neben gänzlich unverständlichen Verweigerungsfällen gibt es auch Konstellationen, die eine unterbleibende oder reduzierte Unterhaltsgewährung einsehbar machen.

In jedem Fall ist es für den Studenten psychologisch schwierig und in vielen Fällen auch sehr belastend, entsprechende rechtliche Schritte gegen die Unterhaltsverpflichteten, d. h. regelmäßig die Eltern, einzuleiten. Daran ändert auch die in § 36 BAföG bei Nichtleistung des Unterhaltsbetrages bzw. Nichterteilung von Auskünften durch die Eltern unter bestimmten Prämissen vorgesehene Vorausleistung von Ausbildungsbeihilfe nur wenig,[127] wie sich daran zeigt, daß von dieser Möglichkeit tatsächlich wohl selten Gebrauch gemacht wird. Der mit einer solchen Leistung verbundene Übergang der Unterhaltsforderung auf das Land läßt nämlich erwarten, daß von dieser Seite rechtliche Schritte zur Durchsetzung des Unterhaltsanspruchs in die Wege geleitet werden, was den familiären Zwist in gleicher Weise zur Folge hat. Zur Vermeidung solcher Spannungen verzichtet ein nicht unerheblicher Teil der Studenten auf BAföG und Unterhalt und erarbeitet sich die erforderlichen Geldbeträge durch Übernahme von Nebenbeschäftigungen.

Verhindert werden muß, daß eine Straffung, Intensivierung und Reglementierung des juristischen Studiums dazu führt, daß Studenten, die auf die Nebentätigkeit zur Existenzsicherung wirklich angewiesen sind, vom Studium abgehalten werden. Aufgabe des Gesetzgebers ist es, dieser Gefahr durch entsprechende Maßnahmen zu begegnen, wobei die Ausdehnung der Berufsausbildungsförderung durch Zuschuß an die Studenten der bessere Weg sein dürfte, als den Unterhaltspflichtigen steuerliche Vergünstigungen einzuräumen. Zum einen bringt die Steuerersparnis wegen der Ausgestaltung als Freibetrag einem großen Teil der Unterhaltspflichtigen, nämlich den geringer Verdienenden, nicht viel; zum anderen ist nicht gesichert, daß diese den Unterhaltspflichtigen eingeräumten Steuervorteile den Studenten tatsächlich zugute kommen. Insoweit erscheint es sachgerechter, sämtliche Förderungsbeträge direkt an die Studenten zu leisten.

---

[127] Zumal damit zu rechnen ist, daß die Möglichkeit der Gewährung von Vorausleistungen nach § 36 BAföG durch das 12. BAföGÄndG (BR-Dr 548/89, S. 7) eingeschränkt wird, vgl. dazu und zur Entwicklung des Ausbildungsförderungsrechts *Ramsauer*, NVwZ 1990, 17 ff., 22 mit Fn. 52.

VII. Art und Ablauf der Examina

Die Unterteilung der juristischen Ausbildung in ein universitäres Studium und einen praktischen Vorbereitungsdienst führt zu der Frage, Abschlüsse welcher Art am Ende der beiden Ausbildungsphasen stehen sollen.

1. Der Abschluß des Studiums: Die erste juristische Staatsprüfung

Nach § 15 Abs. 1 HRG wird das Hochschulstudium in der Regel durch eine Prüfung abgeschlossen. Unabhängig davon, ob diese Prüfung für Juristen Hochschul- oder Staatsprüfung ist und aus welchen Prüfungsabschnitten sie sich zusammensetzt, sollte an dem Prüfungscharakter des Abschlusses festgehalten werden.

Eine studienbegleitende Abschichtung durch fortlaufende Leistungskontrollen über einen längeren Zeitraum ist nicht geeignet, eine Prüfung zu ersetzen. Zum einen gibt das sich aus solchen Leistungsnachweisen zusammensetzende Leistungsbild den Kenntnisstand des Studenten am Ende des Ausbildungsabschnitts nicht repräsentativ wieder. Zum anderen werden die Studenten dazu verleitet, speziell für die einzelnen Leistungskontrollen in den verschiedenen Fächern zu lernen und nach Abschichtung des Gebietes das Erlernte wieder zu verdrängen, um sich auf die nächste Leistungskontrolle vorzubereiten.[128] Dieses fördert in zu starkem Maße punktuelles Wissen und läßt das Ziel des Studiums, die einzelnen Rechtsgebiete nicht nur isoliert, sondern in ihrem Zusammenwirken zu begreifen, außer acht. Am Ende des Studiums hat daher eine Prüfung zu stehen, wobei es sich allerdings anbietet, entsprechend der Aufteilung des Studiums in Grund- und Vertiefungsphase mehrere Prüfungsabschnitte vorzusehen.

a) Hochschul- oder Staatsprüfung

Die Qualifizierung der das juristische Studium abschließenden Prüfung als Staatsexamen entspricht deutscher Tradition und ist in § 5 Abs. 1 DRiG auch vom Bundesgesetzgeber festgeschrieben worden. Mit Blick auf die Ausgestaltung der Universitätsabschlußprüfungen in anderen Ausbildungsgängen und in anderen Ländern ist zu fragen, ob für den Studiengang Rechtswissenschaft an einer Staatsprüfung festzuhalten ist.

---

[128] In diesem Sinne auch *Schmidt/Braun/Mögele*, JZ 1984, 364, 370.

Die Forderung, daß am Ende des Studiums eine Universitätsprüfung stehen müsse, stützt sich vor allem darauf, daß die anzustrebende Aufeinanderbezogenheit von Lehr- und Prüfungsinhalten nur erreicht werden könne, wenn die Prüfung in die Hände der juristischen Fakultäten gelegt werde.[129] So wünschenswert das Ziel der Harmonisierung von Lehr- und Prüfungsgegenständen auch ist, es stellt sich dennoch die Frage, ob dieser Gesichtspunkt den Verzicht auf eine Staatsprüfung zu rechtfertigen vermag.

Die am Ende der universitären Ausbildung stehende Prüfung soll der Feststellung dienen, ob der Student das rechtswissenschaftliche Studienziel erreicht hat und für den juristischen Vorbereitungsdienst fachlich geeignet ist. An diesem Doppelcharakter sollte festgehalten werden, da das Bestehen dieser Prüfung nicht den Abschluß der juristischen Ausbildung darstellt, sich vielmehr ein praktischer Vorbereitungsdienst anschließt. Die Forderung, daß Studium und Vorbereitungsdienst inhaltlich aufeinander abzustimmen sind (vgl. § 5 Abs. 2 DRiG) und wechselseitige Bezüge zwischen Theorie und Praxis hergestellt werden sollen, findet in dieser zweifachen Zweckbestimmung der Prüfung ihren Ausdruck. Folgerichtig ist insoweit auch, daß an dieser Prüfung Hochschullehrer und Praktiker in einem sachlich ausgewogenen Verhältnis zu beteiligen sind. Selbst bei einer Verlagerung der Prüfung auf die Universitäten müßte die Mitwirkung von Praktikern an der Prüfung gewährleistet bleiben, wobei es sicherlich wünschenswert ist, daß die Praktiker sich auch an der universitären Ausbildung der Juristen beteiligen. Zwingende Voraussetzung für eine Prüferbestellung darf eine solche Lehrtätigkeit aber schon aus kapazitären Gründen nicht sein; genügen muß insoweit, daß die Praktiker über die Inhalte der universitären Ausbildung in geeigneter Form unterrichtet sind.

Die Beteiligung von Hochschullehrern und Praktikern besagt allerdings noch nichts darüber, welche Stelle für die Abnahme der Prüfung federführend sein soll. Kein Zweifel sollte daran bestehen – und entsprechendes sollte durchaus normativ festgelegt werden –, daß im Interesse der Kongruenz von Lehr- und Ausbildungsinhalten die Aufgaben für die schriftlichen Arbeiten möglichst von Hochschullehrern zur Verfügung gestellt werden sollten. Ungeachtet dessen, daß die Verantwortung für die Aufgabenstellung letztlich bei den Prü-

---

[129] Für die Ausgestaltung des ersten Examens als Universitätsprüfung schon *Denkschrift* (Fn. 47), S. 325 ff.; neuerdings auch *Koch*, ZRP 1989, 281, 283; 1990, 41, 43; für die Ersetzung des ersten Examens durch Zwischenprüfungen und Verlagerung an die Universitäten sprechen sich auch die ersten Überlegungen der *Ausbildungskommission des DRB*, DRiZ 1990, 69 aus; für die Verbindung der Prüfungen mit den Lehrveranstaltungen und Abschaffung des abschließenden Staatsexamens *Steiger*, ZRP 1989, 283, 286.

fungsämtern liegt,[130] kann auf diese Weise von den Hochschullehrern ein nicht unerheblicher Einfluß auf die Prüfungsinhalte genommen werden. Dies setzt allerdings voraus, daß von seiten der Hochschullehrer Aufgaben in dem erforderlichen Umfange bereitgestellt werden, was derzeit – im Hinblick auf den damit verbundenen Zeitaufwand verständlicherweise – nicht überall in dem gebotenen Maße der Fall ist.

Wenn demnach die Möglichkeit der Einflußnahme der Hochschullehrer auf die Prüfungsinhalte auch im Rahmen einer Staatsprüfung durchaus gegeben ist, so ist dennoch nicht zu verkennen, daß die unmittelbare Verantwortung für die Prüfungsinhalte verstärkt würde, wenn die am Ende des Studiums stehende juristische Abschlußprüfung von den Universitäten abgenommen würde. Die Frage ist nur, ob dieses auch erstrebenswert ist.

Eine zu enge Verzahnung zwischen Hochschule und Prüfung birgt die Gefahr in sich, daß universitätsspezifische Eigenarten in unsachgemäßer Weise auf die Prüfungen einwirken. Hier ist zunächst einmal an die Einflüsse zu erinnern, die auf die Universität aufgrund allgemeiner politischer Entwicklungen zukommen können und auch schon zugekommen sind. Es kann kein Zweifel daran bestehen, daß in der Zeit der Studentenunruhen der 60er Jahre die Ausgestaltung der juristischen Abschlußprüfung als Staatsprüfung diese davor bewahrt hat, unter unmittelbaren Druck der Studenten und anderer in dieselbe Richtung wirkender Kräfte zu geraten.[131] Im Gegensatz zu Hochschulprüfungen in anderen Disziplinen hat das Erste Juristische Staatsexamen in jener Zeit keine Qualitäts- und Ansehensverluste hinnehmen müssen. So beklagenswert die mangelnde Innovationsfähigkeit staatlicher (Prüfungs-)Ämter in mancherlei Hinsicht auch sein mag, so haben solche Einrichtungen auch ihr Gutes, weil sie gegen sachwidrige Einflußnahmen von außen stärker gefeit sind als universitäre Prüfungsinstitutionen.

Die Übertragung der juristischen Abschlußprüfung auf die Universitäten ließe aber noch ein weiteres befürchten, daß nämlich die Aussagekraft der Prüfungsergebnisse mangels Vergleichbarkeit der Prüfungen entwertet würde. Wird die das juristische Studium abschließende Prüfung von den Universitäten abgenommen, so läßt sich kaum verhindern, daß die an die Prüfungen gestellten Anforderungs-

---

[130] So ausdrücklich z.B. §§ 11 Abs. 5 Satz 1, 12 Abs. 3 Satz 1 hmbJAO für häusliche Arbeit und Aufsichtsarbeiten; in diesem Sinne auch *Wassermann/Kirchner/Kröpil* (Fn. 40), § 11 ndsJAO Rdnr. 4 m.N.

[131] So auch *Wassermann/Kirchner/Kröpil* (Fn. 40), § 5 DRiG Rdnr. 3, die darauf hinweisen, daß sich in den siebziger Jahren das Interesse der Hochschulen an der Abnahme des ersten Examens verloren hat.

profile und die angelegten Beurteilungsmaßstäbe von dem in der jeweiligen Fakultät vorherrschenden Meinungsbild geprägt und im Vergleich zu anderen Fakultäten signifikant verschoben werden. Je homogener eine insbesondere kleine Fakultät auf Hochschullehrerseite zusammengesetzt ist, desto eher besteht die Gefahr, daß eine bestimmte Tendenz sich in den Prüfungen durchsetzt. Erfahrungen mit anderen Hochschulprüfungen dürften dies bestätigen. Staatsprüfungen sind einer solchen Entwicklung, insbesondere wenn mehrere Fakultäten an ihnen mitwirken, weit weniger ausgesetzt. Die Gleichwertigkeit der Prüfungen ist hier eher gewährleistet.

Einwenden läßt sich gegen diese Bedenken, daß eine unterschiedliche Qualität der Hochschulabschlüsse der verschiedenen Fakultäten sich in Fachkreisen herumsprechen würde und es Sache der Fakultäten sei, ihren Ruf zu wahren; der dadurch entstehende Konkurrenzdruck sei dem Bemühen um eine gute Ausbildung nur förderlich. Eine solche Betrachtung mag für andere Disziplinen wie etwa die Naturwissenschaften gelten können, für die juristische Ausbildung ist sie nicht angebracht. Die große Zahl der auszubildenden Juristen und die Vielfalt der Berufsfelder erfordern es, daß die Anforderungsprofile der das Studium abschließenden Prüfung und damit auch die Aussagekraft der Prüfungsergebnisse bundesweit möglichst gleichwertig sind. Erforderlich ist eine Standardisierung der Ausbildung auch wegen des sich anschließenden Vorbereitungsdienstes. Dieser Gedanke führt wieder zurück zum Doppelcharakter der Abschlußprüfung, welcher es erforderlich macht, die am Ende des Studiums stehende Prüfung als Staatsprüfung auszugestalten.

Aber nicht nur die Struktur der juristischen Ausbildung, sondern auch organisatorische Gründe legen es nahe, es auch für die erste Prüfung bei einer Staatsprüfung zu belassen. Angesichts der hohen Studentenzahlen ist das Abnehmen von Hochschulabschlußprüfungen mit dem bei den juristischen Fakultäten vorhandenen Verwaltungsapparat nicht zu bewerkstelligen; vielmehr müßten bei den Universitäten eigene Prüfungsämter gebildet werden.[132] Dieses ist ein recht aufwendiges Unterfangen und angesichts dessen, daß den Fakultäten dafür derzeit jegliches „know how" fehlt, keineswegs von heute auf morgen in die Tat umzusetzen. Die Verlagerung der Prüfungen in die Hand der Universität würde es erschweren, die Prüfungstätigkeit weiterhin von dem Semesterrhythmus abgekoppelt zu halten und die Prüfungsverfahren über das Jahr hinweg fortlaufend abzuwickeln, was angesichts der hohen Zahlen und der ohnehin schon zu langen Prüfungsdauer gewährleistet bleiben muß.

---

[132] So auch *Denkschrift* (Fn. 47), S. 325; *Wassermann/Kirchner/Kröpil* (Fn. 40), § 5 DRiG Rdnr. 3.

b) Die schriftlichen Prüfungsleistungen: Klausuren und Hausarbeit

Der durch die Bundesrepublik gehende Riß, der die Bundesländer nach der Art der im Examen verlangten schriftlichen Prüfungsleistungen in „Hausarbeitsländer"[133] und „Klausurenländer"[134] teilt, könnte vermutlich nur durch eine bundesgesetzliche Vorgabe gekittet werden. Allerdings ist zu vermuten, daß es zu einer einheitlichen Regelung nicht kommen wird, weil Eiferer in beiden Lagern sie verhindern werden. Dabei fragt sich, warum eigentlich keine gemeinsame Linie gefunden werden kann.

(1) Klausurexamen am Ende des Grundstudiums

Als Examensleistung die Lösung von Klausuraufgaben zu verlangen, hat wesentliche Vorteile für eine gerechte Beurteilung. Den Prüflingen werden jeweils dieselben Aufgaben gestellt, und die äußeren Bedingungen sind für alle Kandidaten gleich. Die Prüfer gewinnen einen sicheren Blick über die Leistungsbreite, was wiederum eine in sich stimmige Notengebung gewährleistet. Das gilt indes nur bei höheren Zahlen von Aufsichtsarbeiten. Das sog. Kommissionssystem, in welchem vier Prüfer die schriftlichen Arbeiten von bis zu fünf Prüflingen bewerten,[135] läßt durchaus Raum für Zufälligkeiten, die in der Zusammensetzung sowohl der Prüflingsgruppe als auch der Prüfer ihre Ursache haben und namentlich in fehlerhaft unterschiedlichen Bewertungsparametern ihren Niederschlag finden. Folglich läßt sich dem Klausurenschreiben als Examensleistung nur das Wort reden, wenn dieselben Prüfer eine höhere Zahl an Arbeiten votieren, weil sie sich nur dann bei der Benotung ein hinreichend abgesichertes Bild über den Standort der jeweiligen Arbeit im insgesamt gebotenen Leistungsfeld verschaffen können.

Die gängige Klausuraufgabe in den juristischen Prüfungen besteht heute in der gutachterlichen Bearbeitung eines Falles; der Klausurentyp ist somit praktisch stets derselbe,[136] nur ausnahmsweise wird zur Aufgabe gemacht, sich zu anderen juristischen Problemstellungen zu äußern. Die Konzentration auf die Fallösung als Klausuraufgabe führt notwendigerweise zum Erlernen von vielerlei Klausurtechniken. In allen Rechtsbereichen sind bestimmte Standardformeln im

---

[133] Berlin, Bremen, Hamburg, Hessen, Niedersachsen, Nordrhein-Westfalen, Schleswig-Holstein.

[134] Baden-Württemberg, Bayern, Rheinland-Pfalz, Saarland.

[135] So verfahren in der ersten juristischen Staatsprüfung weiterhin das Justizprüfungsamt Schleswig-Holstein und in der zweiten juristischen Staatsprüfung das Gemeinsame Prüfungsamt der Länder, Bremen, Hamburg und Schleswig-Holstein.

[136] So auch *Großfeld*, NJW 1989, 875, 877.

Gebrauch, und dieses Handwerkszeug muß beherrscht werden, wenn Kardinalfehler vermieden werden sollen. So unvermeidbar die Erfüllung dieser Voraussetzung auch ist, um zu bestehen, so wenig läßt sich leugnen, daß der juristische Lernwert dieser Techniken nicht gerade hoch einzuschätzen ist und daß die fünfstündige Bearbeitung eines Falles oder eines Themas zwangsläufig in deren Vordergründigkeit verweilt. Selbst wenn es guten Prüflingen gelingt, auch in Klausuren hin und wieder juristische Nischen auszuleuchten und ihren Lösungen einen persönlichen Pfiff zu geben, kann in fünf Stunden durchweg nicht mehr als eine glatte Bearbeitung eines nicht schweren Falles geboten und dabei unter Beweis gestellt werden, daß eine solide Normkenntnis in Verbindung mit den juristischen Grundfähigkeiten eine gut vertretbare Lösung an den Tag bringt. Immerhin hat aber die Bearbeitung einer Klausuraufgabe diesen Erkenntniswert, der für das Examen nutzbar zu machen ist.

Streng zu fordern ist, daß die „Prüfungsaufgaben nicht unangemessen schwierig sind und möglichst auf Kernfragen des jeweiligen Prüfungsfachs und die Anwendung rechtswissenschaftlicher Methoden konzentriert werden. Dies bedeutet auch, daß Probleme in kürzeren Abständen erneut Prüfungsgegenstand des jeweiligen Faches werden können".[137] Den Prüfungsämtern ist damit die Aufgabe gestellt, den Studenten deutlich zu machen, daß die oftmals geradezu abwitzigen Lösungsvorschläge zu Klausuren in den juristischen Ausbildungszeitschriften dem Anforderungsprofil des Klausurenexamens für die Erste Juristische Staatsprüfung nicht entsprechen.[138]

Die Klausur eignet sich am besten zum Nachweis dafür, ob im Verlaufe des Grundstudiums die angestrebte Sockelqualifikation erworben worden ist. Folglich sollte am Ende des Grundstudiums ein reines Klausurexamen stehen.[139] Für alle Studenten, die dieses Klausurexamen bestehen, bildet es den ersten Abschnitt des gestreckten Prüfungsverfahrens, und es sollte zur Hälfte in die Schlußnote der Ersten Juristischen Staatsprüfung eingehen. Im Falle des Scheiterns im ersten Versuch ist nach einem, spätestens zwei Semestern eine Wiederholung zuzulassen, nicht aber häufigere Versuche.

Für die auch im Wiederholungsfall erfolglosen Studenten ist das Studium irreparabel beendet. Wenn auch Klausuren nur eine bestimmte Form der Leistungsfähigkeit der Studenten abfragen, so erscheint es dennoch gerechtfertigt, das Bestehen eines solchen reinen Klausurexamens als Mindestanforderung zu normieren. Diese Serie

---

[137] So auch die *Thesen zur Studienzeitverkürzung* des *Deutschen Juristen-Fakultätentages* vom 13. Mai 1988.
[138] Siehe dazu auch *Großfeld,* JZ 1986, 357, 358.
[139] Dazu auch unter E II, S. 123 f.

von Spontanleistungen muß von jedem angehenden Juristen im Schnitt ausreichend bewältigt werden. Der Vorteil dieses recht zügig abwickelbaren Klausurverfahrens ist es, daß der Schlußpunkt für die Ausbildung ggf. rechtzeitig kommt und den betroffenen Studenten die Möglichkeit erhalten bleibt, noch einen anderen Berufsweg einzuschlagen.

(2) Häusliche Arbeit im Rahmen des Vertiefungsstudiums

Ein klarer Nachteil von Klausuren liegt darin, daß sie über die Abprüfung von Grundfertigkeiten nicht hinausgelangen. Die Klausur vermag von ihrer Funktion her nicht zu leisten, daß der Student seine Befähigung zu wissenschaftlicher Arbeit an einem Rechtsproblem darlegt. Jede intensive Befassung muß ausscheiden, und der Stellenwert gesellschaftlicher Erkenntnisse in ihrer Anwendung auf den zu beurteilenden Sachverhalt bleibt minimal, sofern die Klausur dafür überhaupt der richtige Platz ist. Die bloße Kombination von Klausuren und mündlicher Prüfung hat schließlich das Manko, daß allein Spontanleistungen gefordert werden; der Student hat niemals Gelegenheit, seine Äußerungen erst zu tun, nachdem er das Für und Wider gehörig abgewogen hat.

Die zu recht vielfach erhobene Forderung,[140] die Klausuraufgaben eher einfach zu gestalten, spricht schließlich in besonderem Maße dafür, auch eine häusliche Arbeit im ersten Examen zu verlangen. Sie soll dem Studenten Gelegenheit bieten und ihm zugleich abverlangen, einem Rechtsproblem gründlicher nachzuspüren, es wissenschaftlich aufzubereiten und einer eigenständigen Lösung zuzuführen.

Will man das Studium der Rechtswissenschaft nicht zu einem Antrainieren von Fertigkeiten herabsinken lassen, so muß darauf Bedacht genommen werden, daß die Studenten Hintergründe und gesellschaftliche Zusammenhänge von rechtlichen Regelungen erkennen lernen und sich mit solchen Problemstellungen nachhaltig auseinandersetzen. Das kann aber allein im Rahmen einer häuslichen Arbeit geleistet werden. Der wissenschaftliche Anspruch der Juristenausbildung sollte die Forderung – vor allem seitens der juristischen Fakultäten – im Gefolge haben, daß im Rahmen der Ersten Juristischen Staatsprüfung bundesweit die Anfertigung einer häuslichen Arbeit verlangt wird.

Diese schriftliche Hausarbeit sollte gegen Ende des zweisemestrigen Vertiefungsstudiums angefertigt werden.[141] Hat der Kandidat zur Intensivierung dieser Phase eine sechsmonatige Praxisstation einbezogen,[142] so kann dies für die Arbeit bei entsprechender Themenstel-

---

[140] Vgl. statt vieler *Großfeld,* JZ 1986, 385, 386.
[141] Dazu unten E III 3, S. 126.
[142] Vgl. oben IV 1 c, S. 67 f.

lung fruchtbar gemacht werden. Ebenso wie der juristischen Phantasie der Universitäten bei der inhaltlichen Gestaltung der Vertiefungsphase freier Lauf gelassen werden sollte, empfiehlt es sich, auch von einer einheitlichen Form für die häusliche Arbeit abzusehen. Vielmehr läßt sich an Hausarbeiten traditioneller Art von drei oder vier Wochen Dauer ebenso denken wie an eine im Benehmen mit dem Hochschullehrer gewählte Themenarbeit, die – ähnlich einer Diplomarbeit in anderen Studiengängen – sich über ein ganzes Semester erstreckt und zwischenzeitlich – unter Aufgabe der Anonymität für diesen Prüfungsteil – mit dem Dozenten besprochen werden darf. Besonders geeignet erscheint die Vertiefung von Themen, die Gegenstand von Seminarveranstaltungen sind. Je breiter die Streuung der Hausarbeitstypen gelingt und je intensiver die universitären Vorbereitung und Betreuung ist, desto geringer gerät die – jüngst wieder zunehmend beklagte[143] – Anfälligkeit der häuslichen Arbeiten für Täuschungen durch die (Mit-)Arbeit Dritter.

Die intensivierte Zusammenarbeit zwischen Universität und Studenten – und möglicherweise auch noch der Praxis – in dieser Vertiefungsphase sowie die Freiheit der Universität in der Bestimmung des oder der Hausarbeitstypen können diesem Studienabschnitt eine besondere Attraktivität verleihen. Mit seiner Hausarbeit belegt der Student den Erfolg vertiefter Studien in der Form einer wissenschaftlichen Arbeit – und dieser Typ der schriftlichen Arbeit hat schließlich den zusätzlichen Vorzug, der Pflege der Sprache dienen zu können; Klausuren vermögen dies durchweg nicht. So wird die Hausarbeit zur Visitenkarte des Studenten. Wegen der Eigenart der Vertiefungsphase, nicht in festen Bahnen zu verlaufen, und der Vielfalt der denkbaren Aufgabenformen ist nichts dagegen einzuwenden, daß allein zwei Hochschullehrer die Hausarbeit votieren; bei praktischer Ausrichtung der Aufgabe bietet es sich allerdings an, auch einen Prüfer aus der Praxis an der Bewertung zu beteiligen.

c) Die mündliche Prüfung am Ende der universitären Ausbildung

Die mündliche Prüfung als Abschluß des ersten Staatsexamens muß beibehalten werden.[144] Ein Verzicht auf sie würde zu einer Verarmung der Examina führen. Die persönliche Begegnung von Hochschullehrern, Studenten und Praktikern ist für alle Seiten von Gewinn, namentlich für die Studenten, die ihre Note aus den schriftlichen Leistungen durchweg[145] im Mündlichen aufbessern können.

---

[143] Vgl. die Begründung zur Ankündigung des nordrhein-westfälischen Justizministers *Krumsiek*, die Hausarbeiten abschaffen zu wollen, FAZ vom 16. Januar 1990, S. 5.
[144] Dazu unten E IV 1, S. 126.
[145] So die übereinstimmende Erfahrung aller juristischen Prüfungsämter.

Warum dies so ist, bedarf hier keiner Untersuchung. Allein die Tatsache ist angesichts des beklagenswerten Zensurenklimas im juristischen Prüfungswesen erfreulich genug.

Da die mündliche Prüfung an die Vertiefungsphase anschließt, liegt es nahe, auf den gewählten Schwerpunkt unter Einschluß des mit ihm zusammenhängenden Pflichtfachs den einen Teil der Prüfung zu verwenden. In dem anderen Teil bleibt Raum für die restlichen Pflichtfächer und für die Einbeziehung der Grundlagenfächer.

Was die inhaltliche Gestaltung dieses Prüfungsteils angeht, wäre es zu begrüßen, wenn nicht die Lösung von Fällen den Großteil der Prüfungszeit verbrauchte, sondern die Prüfer sich von dieser – für sie allerdings bequemsten – Methode zeitweise lossagten und in anderer Form juristische Themenbereiche, eingebunden in das jeweilige Prüfungsfach, zum Gegenstand von Fragen und Gesprächen machten.

d) Die gestreckte Erste Juristische Staatsprüfung in der Gesamtschau

Am Ende des Grundstudiums steht ein Klausurexamen, das vom Studenten bestanden sein muß, um in die Vertiefungsphase zu gelangen, und das mit 50% in die Endnote einfließt.

Im Rahmen des Vertiefungsstudiums ist unter Federführung der Universität in dem gewählten Schwerpunkt eine häusliche Arbeit anzufertigen, deren Gestaltung den juristischen Fakultäten überlassen bleibt. In der Endnote ist die häusliche Arbeit mit 20% zu berücksichtigen.

Am Ende des Vertiefungsstudiums findet nach Vorliegen des Ergebnisses der häuslichen Arbeit die abschließende mündliche Prüfung statt, in der noch 30% der Gesamtnote vergeben werden.

2. *Der Abschluß des Vorbereitungsdienstes: Die Zweite Juristische Staatsprüfung*

Das am Ende einer grundsätzlich zweijährigen Referendarzeit stehende zweite Examen muß nach allen Argumenten, die für eine Erste Juristische Staatsprüfung sprechen,[146] – erst recht – eine staatliche Prüfung sein. So wird auch nirgendwo diskutiert, daß die praktische Ausbildung in Gestalt der Referendarzeit anders als mit einem Staatsexamen abzuschließen hat. Die angestrebte Einbeziehung der Universität in die Ausbildung der Referendare macht es wünschenswert, daß interessierte Professoren als Prüfer am zweiten Staatsexamen mitwirken, vor allem diejenigen Hochschullehrer, die im Nebenamt als Richter tätig sind.

---

[146] Oben 1a, S. 98 ff.

a) Die schriftlichen Prüfungsleistungen: Klausuren und Kurzhausarbeit

Wie im Ersten Juristischen Staatsexamen ist die Art der in den einzelnen Bundesländern geforderten schriftlichen Prüfungsleistungen auch im zweiten Examen unterschiedlich, und zwar in noch größerem Maße als im ersten Examen insofern, als teilweise Klausuren durch Kurzarbeiten ersetzt werden können.

(1) Klausuren als Spiegelbild der Ausbildung in den Pflichtstationen

Die Aufteilung der praktischen Ausbildungszeit in Anwaltschaft, Justiz und Verwaltung/Wirtschaft gibt Anlaß und legt nahe, die Formen der Klausuraufgaben im zweiten Staatsexamen dem anzupassen, damit die Ausgestaltung der Referendarausbildung sich in ihnen widerspiegelt. Außer den Urteilsentwürfen im Zivilrecht und im Verwaltungsrecht sowie dem strafrechtlichen Gutachten nebst Anklageschrift läßt sich im Öffentlichen Recht ein Widerspruchsbescheid (oder eine sonstige Verwaltungsentscheidung) verfassen, wie er heute gelegentlich statt eines verwaltungsgerichtlichen Urteils zur Klausuraufgabe gemacht wird. Ein anwaltlicher Schriftsatz, sei es als Klagschrift, Berufungsschrift, Verteidigungsschrift oder ähnlichem, kann Klausuraufgabe in allen Rechtsgebieten sein. Bei diesem bisher kaum erprobten Typ des Anwaltsschriftsatzes werden diejenigen Klausuraufgaben einen gewissen Anhaltspunkt geben können, die im Rahmen der Eignungsprüfung für die Zulassung von Rechtsanwälten aus anderen EG-Ländern[147] vorgesehen sind, wobei diese Aufgaben allerdings anzureichern sein dürften. Der Entwurf eines Vertrages oder die Beurteilung eines vorliegenden Vertrages oder die Änderung eines Vertrages unter Berücksichtigung veränderter tatsächlicher oder rechtlicher Umstände, also typische Aufgaben von Wirtschaftsjuristen, werden ganz überwiegend im Zivilrecht anstehen. Zu denken ist auch an den Entwurf oder die Überprüfung von Allgemeinen Geschäftsbedingungen.

So lassen sich die Klausuraufgaben im zweiten Examen zu vier Typen zusammenfassen, die man schlagwortartig mit Urteil/Anklage, Widerspruchsbescheid, Anwaltsschriftsatz und Vertragsgestaltung bezeichnen kann. Urteil/Anklage und Anwaltsschriftsatz können dem Zivilrecht, dem Öffentlichen Recht oder dem Strafrecht entstammen, während der Widerspruchsbescheid nur im Öffentlichen Recht und die Vertragsgestaltung nur im Zivilrecht geschrieben werden kann.

---

[147] Vgl. den Gesetzentwurf zur Umsetzung der Richtlinie 89/48/EWG des Rates vom 21. 12. 1988 (Amtsblatt der EG L 19/16) vom 20. 10. 1989, BR-Dr 568/89.

Bei allem Bestreben, der etwaigen Neigung des Referendars zu einem bestimmten Berufsfeld in der praktischen Ausbildung zu entsprechen, sollte dennoch vorgegeben werden, daß der Referendar Typ und Rechtsgebiete der Klausuren nicht nach seinem Belieben bestimmen kann. Je eine der Klausuraufgaben wird dem Zivilrecht, dem Öffentlichen Recht und dem Strafrecht zu entstammen haben; die vierte Klausur wird je nach der Ausbildungsgestaltung des einzelnen Referendars dem Zivilrecht oder dem Öffentlichen Recht zu entnehmen sein. Des weiteren ist zur Harmonisierung von Ausbildung und Prüfung zu fordern, daß die vier Aufsichtsarbeiten an den Berufsfeldern zu orientieren sind, in dem der Referendar in dem jeweiligen Rechtsgebiet seine praktische Pflichtausbildung erfahren hat.[148]

Anzustreben ist, daß ein Teil der Klausuren oder sogar alle unmittelbar oder alsbald nach Beendigung der entsprechenden Pflichtstation geschrieben, also „abgeschichtet" werden können.

(2) (Kurz-)Hausarbeit im gewählten Schwerpunktbereich

Auch im zweiten Examen sollte auf eine Hausarbeit nicht ganz verzichtet werden; die Gründe, die für sie im ersten Examen sprechen,[149] gelten auch hier. Der Referendar soll Gelegenheit haben, eine schriftliche Leistung außerhalb der Klausurensituation zu erbringen. Allerdings muß es auch hier nicht bei dem bisherigen Hausaufgabentyp bleiben, dessen Eignung als Prüfungsleistung vielfach kritisch betrachtet wird, und dies nicht allein wegen der Justizlastigkeit. Angesichts der sich ständig ausweitenden EDV-Technik werden die relationsgeeigneten Akten und insbesondere die in ihnen enthaltenen Urteile, vor allem wenn die Entscheidung durch Obergerichte ergangen sind, in zunehmenden Maße der Öffentlichkeit zugänglich sein. Für die heute übliche mehrfache Ausgabe durch Prüfungsämter werden daher alsbald geeignete Akten kaum noch in der erforderlichen Zahl zur Verfügung stehen.

Vorzuschlagen ist, daß eine Aufgabe nach Art der oben beschriebenen vier Klausurtypen gestellt und vertieft bearbeitet wird. Allen Typen der praktischen Leistungen aus Anwaltschaft, Justiz und Verwaltung/Wirtschaft lassen sich erforderlichenfalls gutachterliche Bearbeitungen beigeben, die dem Rechtsstoff auf den Grund gehen und das am Ende stehende Schriftwerk vorbereiten. Um Praxisnähe zu erreichen, sollte die Zeitspanne für die häusliche Arbeit zwei Wochen nicht überschreiten. Für solche Kurzhausarbeiten wird sich auch die Bereitstellung von Aufgaben leichter gestalten. Daß sich für diese Art von Arbeiten ein Markt für Fremdleistungen bilden wird, ist kaum zu befürchten.

---

[148] Einzelheiten unten E VI 1, S. 132 ff.
[149] Oben 1 b (2), S. 104 f.

Als Rechtsgebiet für diese häusliche Arbeit kommt vor allen Dingen der vom Referendar gewählte Schwerpunktbereich in Betracht. Auf Wunsch sollte es dem Referendar aber nicht verweigert werden, diese häusliche Arbeit in einem der drei Pflichtbereiche anzufertigen. Den Landesjustizprüfungsämtern bleibt es überlassen, ob sie neben den genannten Aufgabentypen weitere Aufgabenformen zulassen, etwa die Bearbeitung von praxisrelevanten Themen.

Soll der Referendar die freie Wahl haben, welche Art der häuslichen Aufgabe er bearbeiten möchte, so setzt dies allerdings voraus, daß die Prüfungsämter in erheblichem Maße von der Anwaltschaft, der Wirtschaft und der Verwaltung unterstützt werden, indem diese ihnen geeignete Aufgaben übermitteln. Vorsorglich sollten die Prüfungsordnungen Vorratsklauseln aufnehmen,[150] denn die Prüfungsämter werden es nicht leisten können, Aufgaben aus den Berufsfeldern Anwaltschaft, Wirtschaft und Verwaltung in größerer Zahl zu erstellen, und dies wäre auch nicht rationell, da diese Bereiche die Aufgaben mit erheblich geringerem Aufwand fertigen könnten.

Etwaiger Kritik aus Hausarbeitsländern, daß die hier vorgeschlagene Zwei-Wochen-Arbeit das endgültige Aus der Relation alten Stils bedeute, ist entgegenzuhalten, daß schon heute Kenntnisse der Relationstechnik im Examen der Hausarbeitsländer dann nicht belegt werden, wenn der Referendar entweder eine strafrechtliche oder eine öffentlich-rechtliche Hausarbeit wählt. Überdies wird die Zwei-Wochen-Arbeit, soweit sie dem Zivilrecht entnommen wird, noch Raum für die Dreischichtigkeit der Darstellung bieten können. Sofern die verkürzte Bearbeitungsfrist von zwei Wochen den Verzicht auf Raffinessen der Relationstechnik erzwingt, ist dies nicht zu bedauern. Und schließlich ist es eigene Sache des Referendars, den Wert der Relationstechnik, die eigentlich keine Technik, sondern eine juristische Denkweise ist, nicht nur für Zwecke der Ausbildung, sondern für nahezu jeden juristischen Beruf zu entdecken und ihren Wert selbst einzuschätzen.

b) Die mündliche Prüfung: Kurzvortrag mit anschließendem Prüfungsgespräch

Der mündliche Teil der zweiten Staatsprüfung läßt sich ohne wesentliche Änderung beibehalten. Der am Anfang des Prüfungstages stehende Aktenvortrag findet sich gegenwärtig noch in zwei Spielar-

---

[150] So enthält die Übereinkunft der Länder Freie Hansestadt Bremen, Freie und Hansestadt Hamburg und Schleswig-Holstein über ein Gemeinsames Prüfungsamt und die Prüfungsordnung für die Große Juristische Staatsprüfung in § 7 Abs. 4 die Klausel „Die Wahl des Referendars ist zu berücksichtigen, soweit geeignete Aufgaben und Prüfer zur Verfügung stehen".

ten. Einmal gibt es die für alle Kandidaten desselben Tages einheitliche Vortragsaufgabe,[151] zum anderen die für jeden Referendar unterschiedliche Vortragsakte.[152] Die gewichtigeren Argumente sprechen für den einheitlichen Vortrag, der natürlicherweise nur ein Kurzvortrag sein kann. Die Gleichheit der Aufgabe sorgt für größere Gerechtigkeit in der Bewertung des Vortrags, und der Referendar kommt ohne den Kräfteverschleiß einer dreitägigen Vortragsvorbereitung in die Prüfung.

Das anschließende Prüfungsgespräch sollte die individuelle Ausgestaltung des Vorbereitungsdienstes durch den Referendar berücksichtigen und insbesondere – wie schon die mündliche Prüfung im ersten Examen – nicht nur aus der Lösung von Fällen bestehen. Wesentlich erscheint auch, daß die mündliche Prüfung hinreichenden Bezug zum Wahlschwerpunkt des Referendars aufweist und daß eine berufsfeldspezifische Ausrichtung des Referendars im Vorbereitungsdienst sich nach Möglichkeit in der Zusammensetzung der Prüferbank widerspiegelt. Das setzt voraus, daß Anwaltschaft, Wirtschaft und Verwaltung auch für die mündliche Prüfung genügend Prüfer stellen.

c) Die Zweite Juristische Staatsprüfung auf einen Blick

Im Verlaufe oder am Ende des Vorbereitungsdienstes fertigt der Referendar vier Aufsichtsarbeiten an, die sich an den in der Ausbildung durchlaufenen Berufsfeldern orientieren und von denen je eine aus den drei Kernfächern zu entnehmen ist; die vierte entstammt gemäß dem Ausbildungsverlauf[153] entweder dem Zivilrecht oder dem Öffentlichen Recht. Jede Klausur geht mit 10% in die Schlußnote ein.

Die nach Abschluß des Vorbereitungsdienstes anzufertigende zweiwöchige Kurzhausarbeit ist im gewählten Schwerpunktbereich oder – nach Wunsch des Referendars – in einem der Kernbereiche anzufertigen und wird mit 20% bei der Bildung der Endnote berücksichtigt.

Die mündliche Prüfung beginnt mit einem Kurzvortrag, dem ein Notenwert von 12% beizumessen ist. Das anschließende Prüfungsgespräch gliedert sich in vier Abschnitte, wovon drei auf die Kernfächer und einer auf den Wahlschwerpunkt entfallen; jeder Prüfungsabschnitt ist in der Endnote mit 7% zu berücksichtigen.

---

[151] So Berlin und Nordrhein-Westfalen (Bearbeitungszeit eine Stunde) sowie Rheinland-Pfalz (Bearbeitungszeit 90 Minuten).
[152] Dieses sehen die übrigen Bundesländer (außer Bayern) vor und gewähren dem Kandidaten drei Tage Bearbeitungszeit; vgl. dazu auch *Wassermann/Kirchner/Kröpil* (Fn. 40), § 49 ndsJAO Rdnr. 5.
[153] Dazu unten E VI 1, S. 132ff.

E. Studium und Referendariat im Modell

Nachdem unsere Vorstellungen vom Ausbildungsziel, vom Grund- und Vertiefungsstudium, von den Pflicht- und Wahlstationen im Referendariat sowie von der Ersten und Zweiten Juristischen Staatsprüfung im Grundsätzlichen beschrieben worden sind, ist es an der Zeit, in einem Aufriß die Abläufe von Studium und praktischem Vorbereitungsdienst darzustellen, wie sie nach den Vorgaben aussehen könnten.

I. Das Grundstudium

Für das Grundstudium ist eine Regelstudienzeit von sechs Semestern vorgesehen,[1] so daß ein Materienkatalog entwickelt werden muß, der in dieser Studienzeit leistbar ist und damit Gegenstand des am Ende des Grundstudiums stehenden Klausurexamens sein kann. Dabei gilt es, den Katalog so zusammenzustellen, daß er geeignet ist, einen hinreichenden Fundus von Rechtskenntnissen aufzubauen, und es müssen an ihm in nachhaltiger Weise methodische Ansätze sowie die Systematik des Rechts zu erfassen sein, damit von diesem festen Boden aus die Befähigung entwickelt wird, sich in die während des Studiums unvertraut gebliebenen Rechtsgebiete ohne größere Schwierigkeiten einzuarbeiten.

1. Die Leitlinien für die Stoffauswahl

Bevor der Materienkatalog im Detail benannt werden kann, müssen noch einige Punkte angesprochen werden, dir für die Frage der Stoffzusammenstellung Bedeutung haben.

a) Die Grundlagenfächer

Im Anschluß an § 5a Abs. 2 S. 1 DRiG, der den Gegenstand des Studiums bestimmt, enthalten die Juristenausbildungsordnungen der Länder mit unterschiedlichen Worten[2] zuvörderst die Feststellung,

---
[1] Dazu oben D IV 1a, S. 65.
[2] Vgl. dazu *Wassermann*, Die rechtlichen Grundlagen für die Einbeziehung der Sozialwissenschaften in die Juristenausbildung, in *Dästner/Patett/Wassermann* (Herausgeber), Sozialwissenschaften in der Rechtsausbildung, S. 13 ff.

daß die Prüfung sich auch auf die rechtswissenschaftlichen Methoden und auf die philosophischen, geschichtlichen und gesellschaftlichen Grundlagen des Rechts erstrecke. Dennoch sind diese sogenannten Grundlagenfächer weithin ohne das ihnen gebührende Gewicht geblieben, wohl auch deshalb, weil ihnen kein eigener Prüfungsabschnitt gewidmet ist.[3] Das ihnen schon im Studienverlauf beschiedene Mitläuferdasein hat seine Ursache gewiß auch darin, daß die Grundlagen des Rechts in ihrer wirklichen Bedeutung vielfach nur schwer isoliert zu vermitteln sind. Gleichwohl sollten die Studenten in einem frühen Stadium der Ausbildung im Rahmen eines Lehrveranstaltungsverbundes zumindest in die Eckpfeiler der Rechtsphilosophie, der Rechtssoziologie und insbesondere der Rechtsgeschichte eingeführt werden. Ein Grundstock an Kenntnissen und an Verständnis in diesen Basisfächern muß vorhanden sein; von den Verwurzelungen des Rechts zu wissen und sie nach und nach zu begreifen, darf keinen geringeren Stellenwert haben als das Sich-Auskennen in der Technizität des Rechts.

Damit die Studenten sich mit diesen Materien in der gebotenen Intensität beschäftigen, ist am Ende der Grundlagenveranstaltung ein Leistungsnachweis über die erworbenen Kenntnisse in einer Klausur zu verlangen, die aus einer Reihe unterschiedlich zu gewichtender Wissens- und Verständnisfragen bestehen mag und das gesamte Spektrum der Grundlagenfächer in zu bewältigender Weise abdeckt. Der Stoff dieses Lehrveranstaltungsverbundes sollte allen anderen Dozenten bekannt sein, damit in den weiterführenden Kursen darauf aufgebaut werden kann. Um den Wert der Grundlagenfächer zu wahren, sollten schließlich, wie bereits angedeutet, die mündlichen Prüfungsleistungen in der Ersten Juristischen Staatsprüfung regelmäßig auch Fragen aus Grundlagenfächern zum Gegenstand haben.[4]

b) Die Kernfächer des materiellen Rechts in Teilen nur im Überblick

Bei der Suche nach dem rechten Maß der Stoffbeschränkung ist der Gefahr zu entgehen, vom gesteckten Ziel der Studienzeitverkürzung aus ein juristisches Sparprogramm aufzulegen, das eine fundierte Ausbildung nicht mehr gewährleistet. Auch weckt man mit jeder Ausgrenzung von Studienmaterien Empfindlichkeiten der von den Kürzungen betroffenen Hochschullehrer. Insofern kann Zustimmung von allen Seiten nicht erwartet werden. Vielleicht läßt sich ein kleinster gemeinsamer Nenner darin finden, daß die Unterweisung im Bürgerlichen Recht wegen dessen hohen Abstraktionsgrades sowie

---

[3] So auch *Wassermann/Kirchner/Kröpil*, Das Recht der Juristenausbildung (1988), § 8 ndsJAO Rdnr. 4.
[4] Vgl. auch oben D VII 1c, S. 106.

der Strenge der Systematik einen besonders hohen Ausbildungswert hat. Wer mit dem Bürgerlichen Gesetzbuch zu arbeiten vermag, findet unschwer Zugang zu anderen Rechtsmaterien. Weitgehende Einigkeit wird sich vielleicht auch darin erzielen lassen, daß die heutige Ausbildung im Strafrecht – auch im Verhältnis zur tatsächlichen Bedeutung dieser Materie im Rechtsleben – zu viel Zeit und Kraft der Studierenden bindet.

Stets ist aber bei der kritischen Sicht auf den Materienkatalog im Auge zu behalten, daß sich an das Grundstudium die Vertiefungsphase und namentlich der praktische Vorbereitungsdienst anschließt, der auch die Aufgabe hat, mit Rechtsmaterien vertraut zu machen, die im Kanon für das Grundstudium fehlen. So braucht erst der Referendar z.B. das Wechsel- und Scheckrecht oder ganze Teile des besonderen Strafrechts oder Einzelheiten des Bau- und Raumordnungsrechts zu kennen.

Die in den heutigen Prüfungsordnungen enthaltenen Auflistungen von Rechtsgebieten fliehen über ganze Strecken in die Formel, daß nur die „Grundzüge" zu vermitteln seien. Das soll beruhigen; tatsächlich wird getäuscht.[5] So heißt es z.B. in den vom Präsidenten des Landesjustizprüfungsamtes im Niedersächsischen Ministerium der Justiz gegebenen Empfehlungen für Prüfungsinhalte in der Ersten Juristischen Staatsprüfung:[6] „Unter den Grundzügen eines Rechtsgebiets sind dessen Rechtsstrukturen, die grundlegenden Begriffe, die wesentlichen Regelungen und die gängigsten Probleme zu verstehen". Die negative Definition der Grundzüge würde demnach lauten, daß allein die unbedeutenden Rechtsbegriffe, die unwesentlichen Regelungen und die Randprobleme außenvor zu bleiben hätten. Zu ihnen vorzudringen, war und ist im Lehrbetrieb der Universität ohnehin nicht möglich – und auch unnötig.

Allerdings ist klar, was mit der Beschränkung auf „Grundzüge" gewollt ist: Das Rechtsgebiet kann nur – je nach seiner Anlage – in Ausschnitten oder in einem Rasterbild vermittelt werden; entweder werden also nur Teile gelehrt, oder es wird nur die Grobstruktur aufgezeigt oder eine Kombination von beidem. Diese Unterscheidung, ob die Rechtsmaterie ganz oder nur in Teilen Ausbildungsgegenstand ist und ob das Rechtsgebiet oder Teile von ihm von Grund auf gelehrt oder nur im Überblick geboten werden, muß auch weiterhin gemacht und vor allen Dingen in die Tat umgesetzt werden. Entsprechend diesem Ansatz differenziert der unten angeführte Materienkatalog zwischen uneingeschränkt zu vermittelnden Rechtsmaterien und solchen, die nur im Überblick dargeboten werden sollen.

[5] Zu dem Streit um den Grundzügebegriff vgl. *Wassermann/Kirchner/Kröpil* (Fn. 3), § 8 ndsJAO Rdnr. 3 m.N.

[6] Abgedruckt bei *Wassermann/Kirchner/Kröpil* (Fn. 3), Anhang 2, S. 245.

c) Die Wesentlichkeiten des Verfahrensrechts

Neben den Kernfächern des materiellen Rechts sind auch die jeweils zugehörigen Verfahrensordnungen zum Pflichtbereich zu zählen. Allerdings ist das Prozeßrecht im ersten Teil der Ausbildung, dem Grundstudium, den Studenten nur beschränkt auf einige Wesentlichkeiten zu vermitteln, aber unter Einschluß der freiwilligen Gerichtsbarkeit und des Arbeitsgerichtsgesetzes.

Als uneingeschränkt vermittelt dürften das Zivilprozeßrecht, das Verwaltungsprozeßrecht und das Strafprozeßrecht erst zum Abschluß der praktischen Ausbildung gelten. Die sonstigen verfahrensrechtlichen Regelungen wie die Finanzgerichtsordnung und das Sozialgerichtsgesetz sollten nur insoweit zum Ausbildungs- und Prüfungsstoff bestimmt werden, als sie im Rahmen der Wahlschwerpunktbereiche zum Verständnis erforderlich sind.[7]

Zu hoffen steht, daß die Vorlesungen im materiellen Recht bereits nach Kräften auch praktische Ausbildung leisten, den Rechtsstoff in ein lebensnahes Geschehensgefüge einbinden und dabei verfahrensrechtliche Bezüge herstellen und behandeln. So kann den Studierenden von Anfang an verdeutlicht werden, daß das Verfahrensrecht mit dem materiellen Recht auf das Engste verwoben ist und wie trefflich es dessen Durchsetzung dient.

In den zentralen Veranstaltungen zum Zivil-, Verwaltungs- und Strafrecht lassen sich bei der Vermittlung der materiellen Felder Kernstücke des Verfahrensrechts leicht einbeziehen. Der Student wird etwa den Beibringungsgrundsatz sowie das Zueinander von materieller und prozessualer Behauptungs- und Beweislast in den Vorlesungen zum materiellen Recht nachhaltiger begreifen als in einer Vorlesung über reines Zivilprozeßrecht. Gleiches gilt für das Verwaltungs- und das Strafprozeßrecht.

Über die Rechtsmittelzüge sollten die Studenten in allen Verfahrensarten eine Vorstellung haben; sie zu beherrschen, ist in diesem Ausbildungsabschnitt allerdings ohne besonderen Wert.

d) Die Einbeziehung von Sozialwissenschaften

Sozialwissenschaftliche Methoden und Erkenntnisse in die Juristenausbildung einzubeziehen, ist eine der zentralen Forderungen der Reformbewegung der 60er Jahre gewesen.[8] Dieses Einbeziehungsverlangen ist positiv-rechtlich auf die bundes- und landesgesetzlichen Bestimmungen zu den Grundlagenfächern gestützt worden.[9] Zumin-

---

[7] Dazu unten III 1, S. 125.
[8] Vgl. dazu oben B II 3, S. 25.
[9] So *Wassermann* (Fn. 2), S. 13 ff.

dest graduell besteht insoweit aber ein erheblicher Unterschied. Den angehenden Juristen in die historischen, gesellschaftlichen, philosophischen und auch wirtschaftlichen Grundlagen des Rechts einzuführen, ist grundsätzlich nichts Neues und knüpft insoweit an eine alte Tradition der Jurisprudenz an.[10] Die Forderung nach der Einbeziehung sozialwissenschaftlicher Erkenntnisse erschöpft sich aber keineswegs darin, dem angehenden Juristen die allgemeinen Grundlagen des Rechts zu vermitteln. Sie verlangt vielmehr von jedem Rechtsanwender, bei der Sachverhaltsanalyse und dem Entscheidungsprozeß sich der Hilfe der entsprechenden Nachbarwissenschaften zu bedienen. Hier ist nicht der Ort, ein abschließendes Urteil darüber abzugeben, in welcher Form und in welchen Grenzen die Heranziehung solcher Erkenntnisse nützlich und geboten ist. Hier kann nur die Feststellung getroffen werden, daß es einer normativen Regelung kaum zugänglich ist festzulegen, welche sozialwissenschaftlichen Erkenntnisse es sind, deren Beherrschung der angehende Jurist für die Anwendung von bestimmten Rechtsmaterien bedarf.

Obwohl bundesgesetzlich durch § 5 b DRiG nicht vorgegeben, galt es für die Reformmodelle der einstufigen Juristenausbildung als Selbstverständlichkeit, sich der Aufgabe zu stellen, Wege aufzuzeigen und zu erproben, die für die Einbeziehung von Sozialwissenschaften in die juristische Ausbildung richtungweisend hätten sein können. Insoweit sind aber die Reformmodelle, wie *Wassermann* als einer ihrer Väter selbst feststellt,[11] wenig erfolgreich verlaufen. Letztlich ist dem sozialwissenschaftlich und juristisch zugleich ausgewiesenen Dozenten die Entscheidung überlassen geblieben, welche sozialwissenschaftlichen Erkenntnisse in welchem Zusammenhang herangezogen werden könnten. Das Aufstellen allgemein verbindlicher Regeln erweist sich insoweit als schwierig. So benennt der Hamburger Gesetzgeber, der sich für die Einbeziehung sozialwissenschaftlicher Fragestellungen in den Wahlschwerpunktbereichen entschieden hat, in den jeweiligen Materienkatalogen neben den Rechtsgebieten die „für die genannten Rechtsmaterien erheblichen Erkenntnisse" der jeweiligen Sozialwissenschaften als Prüfungsgegenstand.[12]

Angesichts dieser Erfahrungen erscheint es derzeit sachgerecht, sich im Zusammenhang mit den Pflichtfächern auf die intensive Vermittlung der entsprechenden Grundlagenfächer zu beschränken und es darüber hinaus den Landesgesetzgebern oder besser noch den jeweiligen Universitäten zu überlassen, im Rahmen bestimmter Wahl-

---

[10] Vgl. *Richter*, Gutachten F zum 48. DJT, S. 137.
[11] Vgl. *Wassermann/Kirchner/Kröpil* (Fn. 3), Einleitung Rdnr. 17.
[12] Vgl. § 5 Abs. 3 Nr. 1 bis 15 hmbJAO.

schwerpunktgruppen[13] einschlägige Erkenntnisse der entsprechenden Sozialwissenschaften einfließen zu lassen.

2. Der Materienkatalog des Grundstudiums

a) Grundlagenfächer

Einführung in die Rechtswissenschaft
Rechtsphilosophie, Rechtstheorie, Rechtssoziologie
Privatrechtsgeschichte, Verfassungsgeschichte der Neuzeit, römisches Privatrecht
Methodenlehre
Ökonomie

b) Privatrecht

(1) Bürgerliches Recht
- aus dem allgemeinen Teil des BGB:
  Natürliche Personen (§§ 1–12), Sachen (§§ 90–103), Rechtsgeschäfte (§§ 104–185) und im Überblick:[14] Juristische Personen (§§ 21–89), Fristen, Termine (§§ 186–193), Verjährung (§§ 194–225), Selbstverteidigung, Selbsthilfe (§§ 226–231), Sicherheitsleistung (§§ 232–240),
- aus dem Recht der Schuldverhältnisse:
  Inhalt der Schuldverhältnisse (§§ 241–304), Schuldverhältnisse aus Verträgen (§§ 305–361), Erlöschen der Schuldverhältnisse (§§ 362–397), Übertragung der Forderung (§§ 398–413), Schuldübernahme (§§ 414–419), Mehrheit von Schuldnern und Gläubigern (§§ 420–432),
- von den einzelnen Schuldverhältnissen:
  Kauf beschränkt auf allgemeine Vorschriften (§§ 433–458) und Gewährleistung wegen Mängel der Sache (§§ 459–493), Tausch (§ 515), Schenkung (§§ 516–534), Miete (§§ 535–580a), Pacht (§§ 581–584b), Darlehen (§§ 607–610), Dienstvertrag (§§ 611–630), Werkvertrag (§§ 631–651), Reisevertrag (§ 651a–651k), Mäklervertrag (§§ 652–656), Auftrag (§§ 662–676), Geschäftsführung ohne Auftrag (§§ 677–687), Gesellschaft (§§ 705–740), Gemeinschaft (§§ 741–758), Bürgschaft (§§ 765–778), Vergleich (§ 779), Schuldversprechen, Schuldanerkenntnis (§§ 780–782), ungerechtfertigte Bereicherung (§ 812–822), unerlaubte Handlungen (823–853) und im Überblick: Leihe (§§ 598–606), Verwahrung (§§ 688–700), Leibrente (§§ 759–761), Spiel, Wette (§§ 762–764), Anweisung (§§ 783–792), Schuldverschreibung auf den Inhaber (§§ 793–808a),
- aus dem Sachenrecht:
  Besitz (§§ 854–872), allgemeine Vorschriften über Rechte an Grundstücken (§§ 873–902), Inhalt des Eigentums (§§ 903–924), Erwerb und Verlust des Eigentums an Grundstücken (§§ 925–928), Erwerb und Verlust des Eigentums an beweglichen Sachen (§§ 929–984), Ansprüche aus dem Eigentum (§§ 985–1007), Miteigentum (§§ 1008–1011), Hypothek (§§ 1113–1190), Grundschuld (§§ 1191–1198), Pfandrecht an beweglichen Sachen (§§ 1204–1258) und im Überblick: Dienstbarkeiten (§§ 1018–1093), Vorkaufsrecht (§§ 1094–1104), Reallasten (§§ 1105–1112), Pfandrecht an Rechten (§§ 1273–1296), WEG, ErbbauVO, GBO,

---

[13] Dazu unten III 1, S. 125.
[14] Zum Begriff „Überblick" vgl. oben 1 b, S. 112f.

- aus dem Familienrecht:
  Wirkungen der Ehe im allgemeinen (§§ 1353–1362), Unterhaltspflicht (§§ 1601–1615 o), Rechtsverhältnisse zwischen den Eltern und dem Kind im allgemeinen (§§ 1616–1625),
  der Rest einschließlich EheG, HausRVO und RegUnterhVO im Überblick,
- aus dem Erbrecht
  Erbfolge (§§ 1922–1941), Nachlaßverbindlichkeiten (§§ 1967–1969), Testament (§§ 2064–2273),
  der Rest im Überblick,
- das Recht der Gefährdungshaftung:
  Straßenverkehrshaftpflicht (§§ 7–18 StVG) und im Überblick § 1 RHG, § 22 WHG,
- das Recht der Produkthaftung (§§ 1–14 ProdHaftG) im Überblick,
- das materielle Recht der Abzahlungsgeschäfte (§§ 1–6, 8 AbzG) und der Allgemeinen Geschäftsbedingungen (§§ 1–12 AGBG).

(2) Handels- und Gesellschaftsrecht
- aus dem Handelsgesetzbuch:
  Kaufleute (§§ 1–7), Handelsregister (§§ 8–16), Handelsfirma (§§ 17–37), Prokura und Handlungsvollmacht (§§ 48–58), allgemeine Vorschriften für Handelsgeschäfte (§§ 343–372), Handelskauf (§§ 373–382)
  und im Überblick: Handelsgesellschaften und stille Gesellschaft (§§ 105–237),
- aus dem Recht der Kapitalgesellschaften:
  im Überblick allgemeine Vorschriften zur Aktiengesellschaft (§§ 1–22 AktG), Gründung der Gesellschaft (§§ 23– 53 AktG), Rechtsverhältnisse der Gesellschaft und der Gesellschafter (§§ 53 a–75 AktG), Vorstand (§§ 76–94 AktG), Aufsichtsrat (§§ 95–116 AktG),
  Errichtung der Gesellschaft mit beschränkter Haftung (§§ 1–12 GmbHG), Rechtsverhältnisse der Gesellschaft und der Gesellschafter (§§ 13–34 GmbHG), Vertretung und Geschäftsführung (§§ 35–52 GmbHG).

(3) Arbeitsrecht
- Begründung, Inhalt und Beendigung des Arbeitsverhältnisses,
- im Überblick: das Arbeitsschutzrecht, das Koalitionsrecht, das Tarifvertragsrecht und das Arbeitskampfrecht sowie das Arbeitsgerichtsverfahren.

c) Öffentliches Recht

(1) Staats- und Verfassungsrecht
- aus dem Grundgesetz:
  die Grundrechte (Art. 1–19), der Bund und die Länder (Art. 20–37), der Bundestag (Art. 38–48), der Bundesrat (Art. 50–53), der Bundespräsident (Art. 54–61), die Bundesregierung (Art. 62–69), die Gesetzgebung des Bundes (Art. 70–82)
  und im Überblick: die Ausführung der Bundesgesetze und die Bundesverwaltung (Art. 83–91), Finanzwesen (Art. 104a–115), Übergangs- und Schlußbestimmungen (Art. 116–146).

(2) Europarecht
- Organe und Handlungsformen der Europäischen Gemeinschaften,
- Verhältnis des EG-Rechts zum innerstaatlichen Recht.

(3) Allgemeines Verwaltungsrecht
- aus dem Verwaltungsverfahrensgesetz: Anwendungsbereich, örtliche Zuständigkeit (§§ 1–3), allgemeine Vorschriften über das Verwaltungsverfahren (§§ 9–34), Verwal-

tungsakt (§§ 35–53), öffentlich-rechtlicher Vertrag (§§ 54–62), Rechtsbehelfsverfahren (§§ 79, 80)
und im Überblick: Amtshilfe (§§ 4–8), besondere Verfahrensarten (§§ 63–78).

(4) Besonderes Verwaltungsrecht
– das Polizei- und Ordnungsrecht,
– im Überblick: das Kommunalrecht, das Umweltrecht und das öffentliche Baurecht.

d) Strafrecht

– aus dem allgemeinen Teil des Strafgesetzbuches:
das Strafgesetz (§§ 1–12), die Tat (§§ 13–37), Strafen (§§ 38–44), Strafbemessung (§§ 46–51), Strafbemessung bei mehreren Gesetzesverletzungen (§§ 52–55), Strafaussetzung zur Bewährung (§§ 56–58),
der Rest im Überblick,
– aus dem besonderen Teil des Strafgesetzbuches:
falsche uneidliche Aussage und Meineid (§§ 153–163), falsche Verdächtigung (§§ 164, 165), Beleidigung (§§ 185–200), Straftaten gegen das Leben (§§ 211–222), Körperverletzung (§§ 223–233), Straftaten gegen die persönliche Freiheit beschränkt auf Freiheitsberaubung (§ 239) und Nötigung (§ 240), Diebstahl und Unterschlagung (§§ 242–248c), Raub und Erpressung (§§ 249–256), Begünstigung und Hehlerei (§§ 257–262), Betrug und Untreue (§§ 263–266b), Urkundenfälschung (§§ 267–282), Sachbeschädigung (§§ 303–305a), Vollrausch (§ 323a), unterlassene Hilfeleistung (§ 323c)
und im Überblick: Widerstand gegen die Staatsgewalt beschränkt auf den Widerstand gegen Vollstreckungsbeamte (§ 113), Straftaten gegen die öffentliche Ordnung beschränkt auf Hausfriedensbruch (§§ 123–124), Landfriedensbruch (§§ 125–125a), unerlaubtes Entfernen vom Unfallort (§ 142) und Vortäuschen einer Straftat (§ 145d), strafbarer Eigennutz beschränkt auf Vereiteln der Zwangsvollstreckung (§ 288), Pfandkehr (§ 289), Jagd- und Fischwilderei (§§ 292–294) und Wucher (§ 302a), gemeingefährliche Straftaten beschränkt auf Brandstiftungsdelikte (§§ 306–310) und Delikte gegen den Bahn-, Schiffs- und Luftverkehr (§§ 315–316), Straftaten im Amt beschränkt auf Bestechungsdelikte (§§ 331–335) und Falschbeurkundung (§ 348), §§ 1–32, 105 JGG.

e) Verfahrensrecht

(1) Zivilprozeßrecht
– Verfahrensgrundsätze

– aus der Zivilprozeßordnung:
sachliche Zuständigkeit der Gerichte (§ 1 i.V.m. §§ 23–23c, 71, 72 GVG), Gerichtsstände (beschränkt auf §§ 12, 13, 17, 18, 29, 32, 33, 35), Partei- und Prozeßstandschaft (§§ 50–52), Anwaltsprozeß (§ 78), Mündlichkeit, Unmittelbarkeit, Schriftsätze (§§ 128 Abs. 1, 129), Erklärung über Tatsachen, Fragepflicht des Gerichts (§§ 138, 139), Klage und Rechtshängigkeit (§§ 253–266), Urteil (§§ 300–307), Bindung an Anträge (§ 308), Rechtskraft (§ 322)
und im Überblick: die Beweismittel, das Versäumnisverfahren, das Mahnverfahren, das Prozeßkostenhilfeverfahren und die Rechtszüge sowie Einzelzwangsvollstreckung und Konkurs,
– aus dem Gerichtsverfassungsgesetz:
Gliederung der Gerichte (§ 12), Zuständigkeit der ordentlichen Gerichte (§ 13).

(2) Verwaltungsprozeßrecht
- Verfahrensgrundsätze
- aus der Verwaltungsgerichtsordnung:
Gerichte (§ 2), Verwaltungsrechtsweg und Zuständigkeit (beschränkt auf §§ 40–47, 52), Beteiligung, Prozeßfähigkeit, Prozeßvertretung (§§ 61–67), besondere Vorschriften für Anfechtungs- und Verpflichtungsklagen (§§ 68–80), Klage (§§ 81, 82), Untersuchungsmaxime (§ 86), ne ultra petita (§ 88), Rechtshängigkeit (§ 90), mündliche Verhandlung (§§ 101, 103), richterliche Frage- und Erörterungspflicht (§ 104), Urteil (§§ 107–115), Rechtskraft (§ 121), einstweilige Anordnung (§ 123) und im Überblick: die Rechtsmittelzüge und die Vollstreckung.

(3) Strafprozeßrecht
- Verfahrensgrundsätze
- aus der Strafprozeßordnung:
Zuständigkeit der Gerichte (beschränkt auf §§ 1, 7, 8, 9), körperliche Untersuchung, Blutprobe, Lichtbilder und Fingerabdrücke (§§ 81a–81c), Haftbefehl (§§ 112–115), vorläufige Festnahme (§ 127), Vernehmung (§§ 136, 136a), Verteidigung (beschränkt auf §§ 137, 138, 140), Anklage (§§ 151, 152), Absehen von Verfolgung wegen Geringfügigkeit (§§ 153, 153a), Erhebung der öffentlichen Klage, Einstellung des Verfahrens (§§ 170, 172), Eröffnung des Hauptverfahrens (§ 199), Gang der Hauptverhandlung (§ 243), Urteil (beschränkt auf §§ 260, 261, 264, 265)
und im Überblick: Beschlagnahme (§§ 98–100, 101), Durchsuchung (§§ 102–110), Kontrollstellen (§ 111), vorläufige Entziehung der Fahrerlaubnis (§ 111a) sowie das Ermittlungsverfahren (§§ 158–168d), das Beweisverfahren (§§ 244–259), das Strafbefehlsverfahren (§§ 407–412) und die Rechtsmittelzüge.

3. Der Studienplan

Der vorgesehene Materienkatalog ist auf einen Zeitraum von fünf Semestern aufzuteilen. Das sechste Semester soll Wiederholungskursen, Examens- und Klausurenkursen vorbehalten bleiben und Gelegenheit geben, noch fehlende Leistungsnachweise beizubringen. Wer es nicht mehr zur Vorbereitung des Klausurenexamens benötigt, kann dieses bereits nach fünf Semestern ablegen.[15]

---

[15] Vgl. oben D V 1a (2), S. 76.

1. Semester	Wochen-stunden	2. Semester	Wochen-stunden	3. Semester	Wochen-stunden	4. Semester	Wochen-stunden	5. Semester	Wochen-stunden
Grundlagen I	5	Grundlagen II	6	Grundlagen III	4	Grundlagen (Vertiefung)	2	Grundlagen (Vertiefung)	2
ZivilR I	4	ZivilR II	4	ZivilR III	4	ZivilR V	4	ZivilR VI	3
				ZivilR IV	2	ZivilprozeßR	2	GesellschaftsR	3
						HandelsR	3	ArbeitsR	3
AllgVerwR I	2	AllgVerwR II	4	Grundrechte	4	BesVerwR I	2	BesVerwR II	2
StaatsorgR	2					EuropaR	2	VerwProzeßR	2
StrafR I	4	StrafR II	4	StrafR III	2				
				StrafprozeßR	2				
	17		18		18		15		15

Erläuterungen

Grundlagen I: Einführung in die Rechtswissenschaft, Rechtsphilosophie, Rechtstheorie und Privatrechtsgeschichte
Grundlagen II: Einführung in die juristische Methodenlehre, Rechtssoziologie und Verfassungsgeschichte der Neuzeit
Grundlagen III: Römisches Privatrecht; Ökonomie
ZivilR I: Rechtsgeschäftslehre einschließlich Vertretungsrecht anhand von Kauf- und Werkvertrag; restlicher Allgemeiner Teil des BGB
ZivilR II: Allgemeines Schuldrecht und Mängelgewährleistungsrecht, Verbraucherschutz, AGBG, AbzG
ZivilR III: Besondere vertragliche Schuldverhältnisse, Bereicherungsrecht, Geschäftsführung ohne Auftrag
ZivilR IV: Deliktsrecht, Gefährdungshaftung, Produkthaftung, Schadensrecht
ZivilR V: Sachenrecht
ZivilR VI: Familien- und Erbrecht
AllgVerwR I: Formen und rechtliche Grundlagen des Verwaltungshandelns
AllgVerwR II: Rechtmäßigkeit und Rechtsverbindlichkeit von Verwaltungsentscheidungen
BesVerwR I: Polizei- und Ordnungsrecht
BesVerwR II: Kommunalrecht, Umweltrecht, Baurecht
StrafR I: Einführung in das Strafrecht, das Strafgesetz, die Straftat anhand von Diebstahl und Betrug
StrafR II: Straftatfolgen, Straftaten gegen die Person, Vermögensdelikte
StrafR III: Restlicher Besonderer Teil des StGB, Jugendgerichtsgesetz

Zum Studienplan, der nicht mehr als eine Idee zur Plazierung der Gegenstände des Materialkatalogs bieten kann und will, sollen nur wenige Anmerkungen gemacht werden. Die verhältnismäßig niedrige Zahl von 17–18 Wochenstunden in den ersten Semestern ist um den Zeitaufwand für Arbeitsgemeinschaften zu ergänzen, die möglichst in Kleingruppen abgehalten werden sollten. In allen Semestern bleibt der dringend erforderliche zeitliche Raum für Nacharbeit in Form von Eigenstudien. Gegen Ende des Grundstudiums, wenn die Wochenstundenzahl bis auf 15 zurückgeht, besteht für den Studenten Gelegenheit, sich weiter umzusehen und auch schon diese oder jene Lehrveranstaltung der Vertiefungsphase zu besuchen; der Student kann prüfen, ob deren Kurse seinen Neigungen und Interessen für ein bestimmtes Rechtsgebiet zu entsprechen vermögen.

Die Grundlagenfächer durchziehen zwar die gesamte Grundausbildung; das Basiswissen soll hier aber schon mit 15 Wochenstunden in den ersten drei Semestern gelegt sein, so daß die Vorlesungen im vierten und fünften Semester vertiefender Thematik gewidmet sein können. Im Zivilrecht sollte – wiederum aus der Sicht von Praktikern – die isolierte Darstellung des Allgemeinen Teils des BGB unterbleiben. Mannigfache Befragungen von Examenskandidaten haben ergeben, daß dieser schwierigste Teil des BGB, isoliert als Vorlesung für Anfänger geboten, nicht nur ohne nachhaltigen Wert ist, sondern weithin Hilflosigkeit erzeugt. Darum wird vorgeschlagen, sich zunächst auf die Rechtsgeschäftslehre zu beschränken und die Titel Kauf- und Werkvertragsrecht zugleich systematisch einzubinden. So könnte am Ende des ersten Semesters eine erste Orientierung in Form eines schmalen, aber in sich geschlossenen Wissensgebäudes im Bürgerlichen Recht gewonnen sein. Ähnliches gilt für die erste Lehrveranstaltung im Strafrecht. Beobachtungen im Öffentlichen Recht haben gezeigt, daß dessen Lehrveranstaltungen nicht mit der Behandlung der Grundrechte beginnen sollten, weil die Gefahr erheblicher anfänglicher Mißverständnisse besteht; Bedeutung und systematischer Standort der Grundrechte können sinnvoll erst erfaßt werden, wenn solide Grundlagen im „einfachen" Öffentlichen Recht gelegt sind. Folglich sieht der Studienplan die „Grundrechte" erst für das dritte Semester vor.

4. Die Leistungsnachweise

Auf dem Weg durch das Grundstudium sind bis zur Zulassung zum ersten Prüfungsabschnitt, dem Klausurexamen, mehrere Leistungsnachweise zu erbringen.[16]

a) Kontrollklausuren

Auf der untersten Stufe stehen die Nachweise in Form einer Klausur am Ende der Lehrveranstaltung. Die Klausuraufgabe variiert in ihrer Art; die Lösung eines Falles wechselt mit der Bearbeitung eines Themas oder der Beantwortung einzelner Fragen ab. Ihren Gegenstand findet die Klausuraufgabe ausschließlich im Inhalt der Lehrveranstaltung, so daß die Klausur ihrem Charakter nach eine Kontrollarbeit ist.

Diese Kontrollklausuren, von denen in jedem Kernfach eine als Voraussetzung für den Erwerb des Fortgeschrittenennachweises (unten b) zu verlangen ist, können im BGB im ersten bis dritten Semester, im Strafrecht im ersten und zweiten Semester, im Öffentlichen Recht im zweiten und dritten Semester geschrieben werden. In den Grundlagenfächern[17] ist die Kontrollklausur am Ende des dritten Semesters eingestellt. Ein fünfter Nachweis über die erfolgreiche Teilnahme an einer Kontrollklausur ist im Handels-, Gesellschafts- oder Arbeitsrecht beizubringen. Zu diskutieren bleibt, ob für diese drei Gebiete eine übergreifende Klausuraufgabe zu stellen ist, mit deren Lösung der Student den erfolgreichen Besuch aller drei Lehrveranstaltungen belegt. Erstrebenswert und von besonderem inhaltlichen

---

[16] Oben D V 1b, S. 80 ff.
[17] Dazu oben 1a, S. 111 f.

Reiz wäre schließlich eine ebensolche übergreifende Arbeit im Zivil-, Straf- und Verwaltungsprozeßrecht. Sie soll aber hier nicht verlangt werden, um das Grundstudium nicht mit Leistungsnachweisen zu überladen. Möglicherweise vermag die Universität eine höhere Zahl an schriftlichen Leistungsnachweisen nicht zu bewältigen, und vermutlich genügt die hier insgesamt vorgeschlagene Zahl von fünf Kontrollklausuren, um die erstrebte Nähe der Studenten zu ihrer Universität zu gewährleisten.

b) Fortgeschrittenennachweise

In den drei Kernfächern Zivilrecht, Öffentliches Recht und Strafrecht muß sich der Student einen zusätzlichen Leistungsnachweis höherer Qualität erarbeiten. Der Begriff „Übungen für Fortgeschrittene" wird hier nicht verwendet,[18] weil ein besonderer Kurs für die Anfertigung der Arbeiten nicht vorgesehen werden soll und weil – was indes eher eine Nebensache ist – der Begriff „Übung" schon vom Wortsinn her nicht paßt; mit den Studenten wird in den Übungen in Wahrheit nicht geübt, sondern die Studenten scheitern, wenn sie nicht schon können, was in den „Übungen" verlangt wird. Der Fortgeschrittenennachweis erfordert eine wiederum am Semesterende geschriebene Klausur und daneben eine Hausarbeit, die in der vorlesungsfreien Zeit geschrieben werden kann. Die Aufgaben zur Erlangung des Fortgeschrittenennachweises sind im Strafrecht zum Ende des dritten Semesters anzubieten, im BGB zum Ende des vierten und im Öffentlichen Recht zum Ende des fünften Semesters.

c) Praktikumsbescheinigung

Um sich zum Examen melden zu können, ist schließlich die Bescheinigung über ein Praktikum beizubringen. Auf eine Benotung der Tätigkeit des Studenten während des Praktikum sollte verzichtet werden. Juristische Leistungen kann er, wenn er das Praktikum nach dem dritten Semester macht, noch nicht erbringen, und das Erfordernis einer Benotung kann die Praktikantenzeit eher belasten.

II. Das Klausurexamen

Für das am Ende des Grundstudiums stehende Klausurexamen ist eine Zahl an Klausuren zu bestimmen, die zum einen die verlangte Leistungsbreite des Studenten hinreichend einfängt, zum zweiten die

---

[18] Vgl. dazu schon oben D V 1 b, S. 80 f.

Universität in ihren Korrekturleistungen nicht überfordert und in der
– drittens – zum Ausdruck kommt, daß das erste Examen nicht nur
aus Klausuren besteht, sondern im schriftlichen Bereich auch eine
Hausarbeit einschließt. Mit der Zahl von sechs Klausuren sollten diese drei Forderungen erfüllt werden können.

1. Die Gegenstände der sechs Klausuren

Der Materienkatalog wie auch der Studienplan legen nahe, die sechs Klausuren auf das Privatrecht und das Öffentliche Recht einschließlich Strafrecht gleichmäßig aufzuteilen. Zwei Klausuren lassen sich dem BGB entnehmen, die dritte den Fächern Handels-, Gesellschafts- und Arbeitsrecht. Hier hatte der Student auch bereits eine Kontrollklausur zu schreiben. Im Öffentlichen Recht ist die Aufteilung in Verwaltungsrecht, Staats- und Verfassungsrecht sowie Strafrecht bereits vorgegeben.

Die Aufgaben sollten nicht durchgängig die Lösung von Fällen zum Gegenstand haben; jedenfalls zwei der sechs Klausuren sollten auch Themen zur Bearbeitung aufgeben, und zwar in wechselnder Folge zwischen den Rechtsgebieten. Der Student wird sich nicht darauf beschränken, Fertigkeiten in der Lösung von Fällen zu entwickeln, wenn er weiß, daß von ihm im Examen auch anderes verlangt wird.

2. Der technische Ablauf

Das Ziel, die Juristenausbildung zu beschleunigen, muß auch in einem zügigen technischen Ablauf des Klausurexamens seinen Niederschlag finden. Dieses sollte in den letzten beiden Semesterwochen mit je drei Klausuren stattfinden, und die Noten könnten bereits jede für sich mit der Prüfungsnummer durch Aushang bekannt gemacht werden, damit der Student möglichst innerhalb von sechs Wochen erfährt, ob er die Mindestanforderungen erfüllt hat und sich auf sein Vertiefungsstudium vorbereiten kann.

Bestanden ist das Klausurexamen, wenn vier der sechs Klausuren und auch der Durchschnitt aller Arbeiten mindestens vier Punkte aufweisen. So wird ein Doppeltes sichergestellt. Bei einem Blockversagen im Zivilrecht oder im Öffentlichen Recht scheidet ein Bestehen aus, und außerdem müssen etwaige mangelhafte Leistungen durch andere aufgewogen werden, um einen Schnitt von vier Punkten zu erreichen.

III. Das Vertiefungsstudium

Wer das „halbe" Examen bestanden hat, tritt in eine regelmäßig zweisemestrige Vertiefungsphase ein.

1. Die Wahlschwerpunkte

Der Student entscheidet sich für einen Wahlschwerpunkt, von denen ihm zehn zur Auswahl stehen. Diese Zahl läßt sich beliebig erhöhen wie beschränken. Hier werden zehn Schwerpunkte vorgeschlagen, von denen einer die Grundlagenfächer abdeckt, vier dem Privatrecht entnommen sind, vier dem Öffentlichen Recht und einer Strafrechtsbereiche zum Gegenstand hat:
1. Rechtsphilosophie, Rechtsgeschichte, Rechtssoziologie, Methodenlehre, Ökonomie
2. Familien- und Erbrecht, Prozeßrecht
3. Internationales Privat-, Wirtschafts- und Prozeßrecht, Privatrechtsvergleichung
4. Handels-, Gesellschafts- und Steuerrecht
5. Individuelles und kollektives Arbeitsrecht, Mitbestimmungsrecht
6. Europarecht und Recht der Internationalen Organisationen, Völkerrecht
7. Öffentliches Planungs- und Umweltrecht
8. Wirtschaftsverwaltungsrecht, Medienrecht, Recht des Öffentlichen Dienstes, Kommunalrecht
9. Sozialversicherungsrecht, Sozialhilferecht, Recht der Arbeitsförderung und der Berufsausbildungsförderung
10. Strafrecht, Jugendstrafrecht, Strafvollzug

Das Vertiefungsstudium umfaßt das dem Wahlschwerpunkt zugehörige Verfahrensrecht ebenso wie die einschlägigen Sozialwissenschaften, soweit sich deren Behandlung in dem jeweiligen Wahlschwerpunkt verwirklichen läßt.

2. Die Einbeziehung einer praktischen Studienzeit

Der Student hat die Möglichkeit, sein Vertiefungsstudium auszudehnen und anzureichern, indem er die sechsmonatige Wahlstation des Vorbereitungsdienstes in das Vertiefungsstudium einbezieht.[19] So ist gut vorstellbar, daß ein Student, der sich für den Wahlschwer-

---

[19] Vgl. oben D IV 1 c, S. 67 f.

punkt 2 entschieden hat, sechs Monate bei einem Familiengericht hospitiert oder daß ein Student des Wahlschwerpunkts 4 eine Wirtschaftsprüfergesellschaft aufsucht. Der Student sollte in diesem Halbjahr eine Ausbildungsvergütung erhalten.

3. Die häusliche Arbeit

Am Ende der Vertiefungsphase steht eine Hausarbeit, für die keine Form vorgegeben ist.[20] Je nach ihrer Eigenart wird sie allein von Hochschullehrern oder von einem Hochschullehrer und einem Praktiker korrigiert; mit ihrem Anteil von 20% an der Schlußnote kann sie sich als ein rein universitärer Prüfungsteil darstellen. Der Student erhält möglichst bald Kenntnis von der Note seiner Hausarbeit.

IV. Die mündliche Prüfung und Schlußentscheidung zur Ersten Juristischen Staatsprüfung

Mit dem Klausurexamen war bereits die halbe Wegstrecke zum ersten Examen zurückgelegt. Damit stand fest, daß ein bis dahin mindestens rundum „ausreichend" benoteter Student in die zweite Studienphase eingetreten ist. Da ein solcher Student auch die Hausarbeit in seinem Wahlschwerpunkt durchweg bewältigt haben wird, dürfte die mündliche Prüfung regelmäßig in einer vom Bestehen oder Nichtbestehen unbelasteten Atmosphäre stattfinden. Selbst ein völliges Mißlingen der Hausarbeit sperrt jedenfalls nicht den Einzug in die mündliche Prüfung.

1. Inhalt und Gang der mündlichen Prüfung

Gegenstände der mündlichen Prüfung sind die drei Kernfächer und der Wahlschwerpunkt. Nach Möglichkeit sollten nur jeweils vier Studenten geprüft werden, entweder von zwei Dozenten und zwei Praktikern oder – je nach Kapazität der Hochschule – von einem Dozenten und zwei Praktikern; vorausgesetzt ist dabei, daß der Dozent den Wahlschwerpunkt und das dazugehörige Kernfach prüft. Auf die Praktiker kommen dann die beiden anderen Kernfächer zu, und allen Prüfern obliegt die Einbeziehung der Grundlagenfächer.

---

[20] Vgl. oben D VII 1 b (2), S. 104 f.

2. Die Bildung der Gesamtnote

Für die mündliche Prüfung stehen noch 30% der Gesamtnote zur Verfügung. Davon sollten 15% auf den Wahlschwerpunkt einschließlich des ihm zugehörigen Kernfachs entfallen, die restlichen 15% auf die beiden anderen Kernfächer. Der Wahlschwerpunkt schlüge sonach – einschließlich der Hausarbeit – mit 35% (unter Einschluß eines Kernfaches im Mündlichen) zu Buche. Das erscheint sachgerecht, um eine hinreichende Motivation zur vertieften Wahlschwerpunktarbeit zu erreichen, andererseits deren Überbetonung zu vermeiden.

Die Möglichkeit, von der rechnerisch ermittelten Gesamtnote um einen Punkt abzuweichen,[21] ist beizubehalten.

3. Wiederholung bei Nichtbestehen

Sollte trotz ausreichender Leistungen in den Klausuren das erste Examen nicht bestanden werden, so darf der Student die Prüfung nach einem Semester wiederholen. Er kehrt in seinen Wahlschwerpunkt zurück, schreibt noch einmal eine Hausarbeit[22] und begibt sich erneut in die mündliche Prüfung.

V. Referendariat

Alle Anstrengungen um eine Verkürzung der juristischen Ausbildung sind vergeblich, wenn es nicht gelingt, die gegenwärtigen, teilweise mehr als ein Jahr betragenden Wartezeiten[23] bis zur Einstellung in den Referendardienst auf Null abzubauen.

1. Die Pflichtstationen in ihrer Vielfalt

Der zweijährige Vorbereitungsdienst gliedert sich in 18 Monate Pflichtstationen und einen sechsmonatigen Wahlbereich. Der Referendar muß drei sechsmonatige Pflichtstationen in der Justiz, in der Anwaltschaft und in der Verwaltung bzw. der Wirtschaft ableisten, kann aber wählen, in welchen Rechtsgebieten er in den Stationen

---

[21] Vgl. § 5d Abs. 3 Satz 1 und 2 DRiG.
[22] Das Klausurexamen hat er ja bereits erfolgreich hinter sich gebracht.
[23] Vgl. oben C II 1, S. 42.

ausgebildet werden will; insoweit ist nur vorgegeben, daß er sechs Monate auf das Zivilrecht und je drei Monate auf das Öffentliche Recht und das Strafrecht entfallen lassen muß und die Ausbildung im Zivilrecht zwölf Monate, im Öffentlichen Recht neun Monate und im Strafrecht sechs Monate nicht überschreiten darf.[24]

Eine der Pflichtstationen hat er in zwei Ausbildungsabschnitte aufzuteilen, und er kann dies mit allen drei Pflichtstationen tun. Der Referendar durchläuft also während der 18 Monate in den drei Stationen vier, fünf oder sechs Ausbildungsabschnitte. In der Justiz und in der Anwaltschaft kann der Referendar alle drei Rechtsgebiete abdecken, in der Verwaltung nur das Öffentliche Recht, in der Wirtschaft nur das Zivilrecht.

Das alles klingt ein wenig kompliziert, hat aber seinen guten Sinn. Der Referendar soll sich in den drei sechsmonatigen Pflichtstationen nicht nur mit jeweils einer Rechtsmaterie befassen, sondern in mindestens einer Station, nach seiner Wahl auch in zwei oder in allen drei Stationen, mit zwei Rechtsbereichen. Bei einer Unterteilung der dritten Station in drei Monate Wirtschaft und drei Monate Verwaltung versteht sich das von selbst, weil in dem einen Abschnitt nur Zivilrecht, in dem anderen nur Öffentliches Recht in Betracht kommt. In der Justiz ist die Unterteilung nach Rechtsgebieten ohne weiteres durchführbar. In der Anwaltsstation sind Spezialisierungen auf Rechtsgebiete dagegen seltener, so daß Rechtsanwalt und Referendar gemeinsam Obacht darauf legen müssen, daß die dem Referendar zugewiesenen Tätigkeiten jedenfalls ganz überwiegend dem von ihm gewählten Bereich angehören.

Eine Aufteilung in Dreimonatsabschnitte mag sehr kurz erscheinen. Indessen muß eine Verkürzung der Referendarausbildung in deren Intensivierung ihren Niederschlag finden, und immerhin verbleibt dem Referendar die Möglichkeit, sich für eine oder sogar zwei sechsmonatige Stationen innerhalb von 18 Monaten Pflichtausbildung zu entscheiden. Wählt der Referendar die Unterteilung aller drei Pflichtstationen in Dreimonatsabschnitte, so muß er jedenfalls die Wahlstation bei einer Ausbildungsstelle ableisten. Eine Unterteilung des Referendariats in mehr als sieben Ausbildungsabschnitte ist nicht zuzulassen.

Die Dreimonatsblöcke sollten jeweils am 1. März, 1. Juni, 1. September und 1. Dezember beginnen.[25] Das vereinfacht nicht nur die behördliche Verwaltungsarbeit der Ausbildungsstellen; auch für die

---

[24] Dazu oben D IV 2 b, S. 71.
[25] Mit den Dreimonatsblöcken am 1. Januar, 1. April, 1. Juli und 1. Oktober zu beginnen, dürfte unzweckmäßig sein.

Einzelausbilder sind solche festen Daten von Vorteil. Der Vorzug dieser Regelung für die Examina wird unten aufgezeigt.

Bei der Zusammenstellung des Ausbildungsverlaufs nach Rechtsgebieten sind fünf Varianten zu unterscheiden:

(1) Der Referendar, der die regelhafte Ausbildung bevorzugt, wird neun Monate auf das Zivilrecht, sechs Monate auf das Öffentliche Recht und drei Monate auf das Strafrecht entfallen lassen.

(2) Will der Referendar das Zivilrecht besonders betonen, so wird er eine zwölfmonatige Ausbildung im Zivilrecht wählen und nur jeweils drei Monate auf das Öffentliche Recht und das Strafrecht verwenden.

(3) Der Referendar, der sich im Öffentlichen Recht profilieren will, entscheidet sich für neun Monate Öffentliches Recht, sechs Monate Zivilrecht und drei Monate Strafrecht

(4) Bevorzugt der Referendar das Strafrecht, will aber auch das Zivilrecht nicht zurückstehen lassen, so wird er eine Aufteilung der Ausbildung in neun Monate Zivilrecht, drei Monate Öffentliches Recht und sechs Monate Strafrecht vornehmen.

(5) Schließlich bleibt noch die Möglichkeit, alle drei Bereiche gleich zu gewichten und die Ausbildung in jeweils sechs Monate Zivilrecht, Öffentliches Recht und Strafrecht zu unterteilen.

Ordnet man diesen unterschiedlichen Zuschnitt der Ausbildung nach Rechtsgebieten den Berufsfeldern zu, so ergeben sich je nach Unterteilung in vier, fünf oder sechs Ausbildungsabschnitte verschiedene Kombinationsmöglichkeiten, und zwar bei der Rechtsgebietsaufteilung gemäß (1) zehn, bei (2) sechs, bei (3) zehn, bei (4) fünf und bei (5) sechs, also insgesamt 37. Wie sich aus der nachfolgenden Aufstellung ergibt, sind diese Ausbildungsverläufe unterschiedlich attraktiv, lassen dem Referendar aber eine breite Wahl.

Verteilung nach Rechtsgebieten	Justiz 3 Monate	Justiz 3 Monate	Anwalt 3 Monate	Anwalt 3 Monate	Wirtschaft 3 Monate	Verwaltung 3 Monate	Zahl der Abschnitte
(1) 9 Monate Zivilrecht 6 Monate Öff. Recht 3 Monate Strafrecht	ZivR	ZivR	ZivR	StrR	ÖffR	ÖffR	4
	ZivR	ZivR	ÖffR	StrR	ZivR	ÖffR	5
	ZivR	ÖffR	ZivR	StrR	ZivR	ÖffR	6
	ZivR	ÖffR	ÖffR	StrR	ZivR	ZivR	5
	ZivR	StrR	ÖffR	ÖffR	ZivR	ZivR	4
	ZivR	StrR	ZivR	ZivR	ÖffR	ÖffR	4
	ZivR	StrR	ZivR	ÖffR	ZivR	ÖffR	6
	ÖffR	ÖffR	ZivR	StrR	ZivR	ZivR	4
	ÖffR	StrR	ZivR	ÖffR	ZivR	ZivR	5
	ÖffR	StrR	ZivR	ZivR	ZivR	ÖffR	5
(2) 12 Monate Zivilrecht 3 Monate Öff. Recht 3 Monate Strafrecht	ZivR	ZivR	ZivR	StrR	ZivR	ÖffR	5
	ZivR	ZivR	ÖffR	StrR	ZivR	ZivR	4
	ZivR	ÖffR	ZivR	StrR	ZivR	ZivR	5
	ZivR	StrR	ZivR	ÖffR	ZivR	ZivR	5
	ZivR	StrR	ZivR	ZivR	ZivR	ÖffR	5
	ÖffR	ÖffR	StrR	StrR	ZivR	ZivR	4
(3) 6 Monate Zivilrecht 9 Monate Öff. Recht 3 Monate Strafrecht	ZivR	ZivR	ÖffR	ÖffR	StrR	ÖffR	4
	ZivR	ÖffR	ZivR	StrR	ÖffR	ÖffR	5
	ZivR	ÖffR	ÖffR	StrR	ZivR	ÖffR	6
	ZivR	StrR	ZivR	ÖffR	ÖffR	ÖffR	5
	ZivR	StrR	ÖffR	ÖffR	ZivR	ÖffR	5
	ÖffR	ÖffR	ZivR	StrR	ZivR	ÖffR	5
	ÖffR	ÖffR	ÖffR	StrR	ZivR	ZivR	4
	ÖffR	StrR	ZivR	ÖffR	ZivR	ÖffR	6
	ÖffR	StrR	ÖffR	ÖffR	ZivR	ZivR	4
	ÖffR	StrR	ZivR	ZivR	ÖffR	ÖffR	4
(4) 9 Monate Zivilrecht 3 Monate Öff. Recht 6 Monate Strafrecht	ZivR	ZivR	StrR	StrR	ZivR	ÖffR	4
	ZivR	StrR	ZivR	StrR	ZivR	ÖffR	6
	ZivR	StrR	ÖffR	StrR	ZivR	ZivR	5
	ÖffR	StrR	ZivR	StrR	ZivR	ZivR	5
	StrR	StrR	ZivR	ZivR	ZivR	ÖffR	4
(5) 6 Monate Zivilrecht 6 Monate Öff. Recht 6 Monate Strafrecht	ZivR	ÖffR	StrR	StrR	ZivR	ÖffR	5
	ZivR	StrR	ZivR	StrR	ÖffR	ÖffR	5
	ZivR	StrR	ÖffR	StrR	ZivR	ÖffR	6
	ÖffR	StrR	ZivR	StrR	ZivR	ÖffR	6
	ÖffR	StrR	ÖffR	StrR	ZivR	ZivR	5
	StrR	StrR	ZivR	ÖffR	ZivR	ÖffR	5

2. Die Wahlstation

Von der zweijährigen Referendarzeit sollen nur 18 Monate insofern festgelegt sein, als jeder Referendar die eben behandelten drei Pflichtstationen absolvieren muß. Wie er die Wahlstation ausfüllt und in den Vorbereitungsdienst eingliedert, steht ihm weitgehend frei – vorausgesetzt, daß er die Wahlstation nicht schon zur Ergänzung seines Vertiefungsstudiums „verbraucht" hat.[26]

a) Ausgestaltung und Plazierung

Die Wahlstation setzt den juristischen Interessen des Referendars kaum Grenzen. Zunächst hat er einen ihm genehmen Schwerpunktbereich aus dem vom Landesgesetzgeber festgelegten Katalog[27] auszuwählen. Dieser wird häufig einen engen Bezug zum Gegenstand des Vertiefungsstudiums haben, kann sich davon aber auch gänzlich unterscheiden. Sodann hat der Referendar die Entscheidung zu treffen, in welchem Berufsfeld die Ausbildung für den Rechtsbereich des gewählten Schwerpunktes den größten Nutzen bringt.

Abhängig ist dies auch davon, welche Vielfalt an Ausbildungsstellen der Landesgesetzgeber über den für den Pflichtbereich festgelegten Rahmen hinaus für die Wahlstation vorsieht. So ließen sich zum Beispiel im Justizbereich die Pflichtstationen auf Ausbildungsstellen bei der ordentlichen Gerichtsbarkeit, der Verwaltungsgerichtsbarkeit und der Staatsanwaltschaft beschränken, während im Rahmen der Wahlstation die anderen Gerichtszweige wie Arbeitsgerichtsbarkeit, Finanzgerichtsbarkeit und Sozialgerichtsbarkeit hinzukommen könnten. Vergleichbare Abstufungen lassen sich in der Verwaltung, in der Wirtschaft und, was Fachanwälte angeht, auch für den Anwaltsberuf vornehmen.

Weiß der Referendar bereits, daß er den Rechtsanwaltsberuf ergreifen will, so wird er die Wahlstation voraussichtlich bei einem Anwalt ableisten und auf diese Weise die Anwaltsausbildung verlängern. Auch wird er sich einen Schwerpunktbereich aussuchen, der für seine zukünftige Praxis besondere Bedeutung hat.

Dem Referendar ist aber auch die Möglichkeit eröffnet, in der Wahlstation die Ausbildung in der Wirtschaft oder in der Verwaltung nachzuholen, sofern er einen dieser Bereiche während der Pflichtstationszeit abgewählt hat. Schließlich kann er die Wahlstation, falls er die Pflichtstationen nicht in sechs Abschnitte zergliedert hat, unter-

---

[26] Vgl. oben D IV 1 c, S. 67 f.
[27] Dazu sogleich unter b.

teilen und sich für jeweils drei Monate zwei unterschiedlichen Ausbildungsstellen zuweisen lassen.

Die Wahlstation muß nicht den Schlußteil des Vorbereitungsdienstes bilden. Auch insoweit ist der Referendar darin frei, diese sechs Monate in Abstimmung mit der für die Durchführung der Ausbildung zuständigen Stelle derart in seinen Ausbildungsplan einzupassen, daß er daraus für sich den größten Nutzen zieht. Namentlich wenn er in diesem Halbjahr ins Ausland gehen will, etwa zur EG nach Brüssel oder zu einem Rechtsanwalt in die USA, wird ihm daran gelegen sein, daß er den zeitlichen Ablauf selbst bestimmen kann. Dies gilt in gleicher Weise für die Ausbildung an einer rechtswissenschaftlichen Fakultät oder an der Hochschule für Verwaltungswissenschaften in Speyer, welche auf die Wahlstation angerechnet werden kann.[28]

b) Schwerpunktbereiche

Die Ausbildung in den Wahlstationen könnte zu folgenden Schwerpunktbereichen zusammengefaßt werden:

(1) Internationales, Familie und Erbfolge
(2) Kreditsicherung und Insolvenz
(3) Unternehmen und Steuern
(4) Arbeit und Mitbestimmung
(5) Wirtschaft und Europa
(6) Öffentliche Planung und Umwelt
(7) Soziale Sicherung
(8) Kriminalität.

VI. Die Zweite Juristische Staatsprüfung

Auch das zweite Examen ist in drei Abschnitte aufgeteilt. Der Referendar schreibt Klausuren und eine Kurzhausarbeit, den Abschluß bildet die mündliche Prüfung.

1. Die vier Klausuren

Die vier Klausuren, die der Referendar schreiben muß, sollen die durchlaufenen Berufsfelder widerspiegeln und die drei Kernfächer Zivilrecht, Öffentliches Recht und Strafrecht abdecken. Wie oben[29]

---

[28] Vgl. § 5 b Abs. 2 Satz 2 DRiG.
[29] Vgl. oben D VII 2 a (1), S. 107 f.

bereits dargestellt, stehen dafür acht verschiedene Aufgabenformen zur Wahl, drei zivilrechtliche, drei öffentlich-rechtliche und zwei strafrechtliche, und zwar in der Justiz ein zivilrechtliches oder verwaltungsrechtliches Urteil oder eine Anklageschrift, in der Anwaltsstation ein Anwaltsschriftsatz aus den drei Rechtsgebieten Zivilrecht, Öffentliches Recht und Strafrecht, in der Wirtschaftsstation die zivilrechtliche Vertragsgestaltung und in der Verwaltungsstation der Widerspruchsbescheid. Aus diesen acht Formen müssen für jeden Referendar die vier Klausurtypen ausgewählt werden, die dem konkreten Ausbildungsverlauf des Referendars gerecht werden und dennoch die zu fordernde Vielfalt gewährleisten.

Als erster Grundsatz ist festzuhalten, daß derselbe Klausurtyp in denselben Rechtsgebieten nicht zweimal geschrieben werden darf, also nicht zwei Zivilurteile oder zwei Verteidigerschriftsätze oder zwei Widerspruchsbescheide, wohl aber ein zivil- und ein verwaltungsrechtliches Urteil, eine zivilrechtliche Berufungsbegründung und eine verwaltungsgerichtliche Klage. Des weiteren ist zu fordern, daß der Referendar aus dem Bereich jeder der drei Pflichtstationen eine Aufgabe anfertigt, also eine Justizleistung, einen Anwaltsschriftsatz und eine Vertragsgestaltung oder einen Widerspruchsbescheid. Zudem muß je eine der Aufgaben aus den drei Kernbereichen Zivilrecht, Öffentliches Recht und Strafrecht stammen und die vierte aus dem Zivil- oder dem Öffentlichen Recht.[30]

Wendet man diese Grundsätze zur Ermittlung der vom Referendar anzufertigenden vier Klausurtypen auf die unterschiedlichen Möglichkeiten, die Pflichtausbildung zu gestalten, an, so zeigt sich folgendes:

Hat der Referendar nur eine der drei Pflichtstationen unterteilt, so ergeben sich die vier Klausurformen anhand der vier Ausbildungsabschnitte.[31] Der Referendar legt also durch die Ausgestaltung des Ausbildungsganges zugleich die vier Klausurtypen fest. Von den vier Abschnitten entfällt zwangsläufig nur eine auf das Strafrecht; hinzu kommen entweder zwei zivilrechtliche Abschnitte und ein öffentlich-rechtlicher oder zwei öffentlich-rechtliche und ein zivilrechtlicher. Durch die Berufsfelder, in denen der Referendar in den jeweiligen Rechtsgebieten ausgebildet worden ist, werden die Aufgabenformen konkretisiert.

Hat der Referendar zwei der Pflichtstationen unterteilt und daher fünf Ausbildungsabschnitte durchlaufen, so kommen fünf Klausurtypen in Betracht. Wendet man die oben entwickelten Grundsätze auf diese Ausbildungsgestaltungen an, so zeigt sich, daß je nach Auftei-

---

[30] Vgl. dazu oben D VII 2 a (1), S. 108.
[31] Zur Zahl der Ausbildungsabschnitte vgl. auch die Tabelle auf S. 130.

lung ein, zwei oder drei Aufgabenformen verbindlich festliegen, während zur Bestimmung der verbleibenden Aufgabenformen verschiedene Möglichkeiten in Betracht kommen. Noch weniger festgelegt sind die Klausurtypen, wenn der Referendar alle drei Stationen unterteilt und seine Pflichtausbildung in sechs Abschnitte zergliedert hat. Je nach Rechtsgebietsaufteilung ist dann nur eine oder überhaupt keine Aufgabenform verbindlich festgelegt.

Sachgerecht ist es, dem Referendar für die Bestimmung der verbleibenden Klausurtypen ein Wahlrecht einzuräumen, das allerdings keineswegs unbegrenzt ist. Vielmehr muß sich der Referendar für vier Aufgabenformen entscheiden, die den oben aufgezeigten Grundsätzen im Ergebnis genügen. Ein solches Wahlrecht stellt keine Bevorzugung für die Referendare dar, die fünf oder sechs Ausbildungsabschnitte durchlaufen haben. Hat der Referendar sich für nur vier Ausbildungsabschnitte entschieden, so hat er bezüglich der Aufgabenformen zwar kein Wahlrecht, er hat dafür aber den Vorteil, zwei Aufsichtsarbeiten zu schreiben, die sich an Ausbildungsabschnitte von sechs Monaten Dauer anlehnen. Hat der Referendar seine Ausbildung in fünf Abschnitte unterteilt, so hat er zwar ein gewisses Wahlrecht, schreibt dafür aber nur eine Klausur, die Bezug zu einem Ausbildungsabschnitt von sechs Monaten Dauer hat. Noch größer ist das Wahlrecht des Referendars, der seine Ausbildung in sechs Abschnitte zergliedert hat; dieser muß aber alle vier Klausuren in Anlehnung an Ausbildungsabschnitte anfertigen, die nur drei Monate gewährt haben. Insgesamt halten sich also Vor- und Nachteile die Waage.

Dem Referendar sollte in Abstimmung mit den Prüfungsämtern die Möglichkeit eingeräumt werden, die Klausuren bereits im Laufe des Vorbereitungsdienstes zu schreiben; auf diese Weise lassen sich die einzelnen Ausbildungsabschnitte und die Eigenarten der diesen Abschnitten entnommenen Aufgabentypen miteinander verknüpfen. Da es insgesamt acht verschiedene Klausurarten gibt, muß es den Prüfungsämtern vorbehalten bleiben, am Ende eines jeden Dreimonatsabschnitts nicht alle Arten anzubieten, so daß bestimmte Typen nur alle sechs Monate geschrieben werden können; auch dann dürfte aber, selbst wenn inzwischen drei Monate in einer neuen Station vergangen sind, noch eine hinreichende Nähe zu dem früheren Ausbildungsabschnitt gewahrt sein. Sofern die Prüfungsämter den Klausurenrhythmus weit im voraus bekannt geben, bleibt es dem Referendar überlassen, seinen Stationsverlauf entsprechend zusammenzustellen. Überdies können sich die Prüfungsämter, wie es derzeit schon für bestimmte Länder der Fall ist, zu einem Klausurenring zusammentun und übereinkommen, überall zu gleicher Zeit dieselbe Klausur auszugeben, wodurch die Frequenz erhöht werden kann und ggf. doch alle drei Monate sämtliche Klausurtypen angeboten werden können.

Jede Klausur geht mit 10% in die Schlußnote ein. Sie wird von zwei Prüfern bewertet, die sämtliche Arbeiten desselben Typus durchsehen und von denen mindestens einer dem entsprechenden Berufsfeld entstammen sollte.

2. Die Kurzhausarbeit

Die Hausarbeit in Kurzform, die den zweiten Teil der Prüfungsleistungen im zweiten Examen darstellt, ist oben[32] näher vorgestellt worden. Sofern die Prüfungsämter dies zu leisten vermögen, sollten die Aufgaben dem vom Referendar gewählten Schwerpunktbereich entnommen sein. Allerdings sollte dem Referendar das Recht eingeräumt werden, sich auch für eine Aufgabe aus dem Zivilrecht, dem Öffentlichen Recht oder dem Strafrecht zu entscheiden. Eine solche Möglichkeit muß insbesondere dem Referendar eröffnet werden, der die Wahlstation im Rahmen des Vorbereitungsdienstes nicht ableistet, weil er eine praktische Ausbildungszeit von sechs Monaten Dauer bereits in das Vertiefungsstudium vorgezogen hatte.

Im Interesse der Straffung der Ausbildungszeit sollte dem Landesgesetzgeber die Möglichkeit eingeräumt werden zu bestimmen, daß die Kurzarbeit von zwei Wochen Dauer bereits im Verlaufe der Wahlstation anzufertigen ist. In jedem Fall muß die Arbeit spätestens im unmittelbaren Anschluß an die letzte Ausbildungsstation geschrieben werden.

An der Schlußnote nimmt die Kurzarbeit mit 20% teil. Wichtig ist, daß insbesondere dann, wenn die Arbeit erst nach Beendigung des Vorbereitungsdienstes angefertigt wird, für ein kurzfristiges Votieren der Arbeit gesorgt wird. Die Kurzarbeit sollte von Mitgliedern der Prüfungskommission durchgesehen werden, die auch die mündliche Prüfung abnimmt.

3. Die mündliche Prüfung

Zur mündlichen Prüfung ist nur zuzulassen, wer in mindestens zwei schriftlichen Arbeiten, also entweder in der häuslichen Kurzarbeit und in einer Klausur oder in zwei Klausuren, jeweils vier Punkte erzielt hat. Die mündliche Prüfung beginnt mit einem Kurzvortrag.[33] Die Aufgabe für den Vortrag ist den drei Kernbereichen des Rechts oder dem vom Referendar gewählten Schwerpunktbereich zu entneh-

---

[32] Unter D VII 2a (2), S. 108f.
[33] Dazu oben D VII 2b, S. 109f.

men und dem Referendar am Prüfungstag zu übergeben. Den Prüfungsämtern muß es überlassen bleiben, ob sie hinsichtlich des Gebiets des Vortrages dem Referendar ein Wahlrecht einräumen oder ob sie die Aufgabe nach anderen Grundsätzen aussuchen. Insoweit sind kapazitäre Gesichtspunkte zu berücksichtigen.

Das anschließende Prüfungsgespräch erstreckt sich auf die drei Kernfächer und auf den vom Referendar gewählten Schwerpunktbereich. Auch wenn der Referendar anstelle der Wahlstation eine praktische Ausbildungszeit im Rahmen des Vertiefungsstudiums abgeleistet hat, wird von ihm verlangt werden können, daß er sich für einen Schwerpunktbereich entscheidet, auf den sich der vierte Abschnitt des Prüfungsgespräches zu beziehen hat. In der Regel wird sich dieser Schwerpunktbereich an den Wahlschwerpunkt aus dem Vertiefungsstudium anlehnen.

Die für die mündliche Prüfung noch offenen 40% der Schlußnote verteilen sich zu 12% auf den Vortrag und je 7% auf die vier Abschnitte des Prüfungsgespräches. Ergibt die aus den Einzelnoten gebildete Schlußnote einen Wert unter vier Punkten, so ist die Prüfung nicht bestanden.

4. Wiederholung bei Nichtbestehen

Der Referendar kann die zweite Prüfung einmal wiederholen. Einer erneuten Ableistung einer Station bedarf es nicht. Dem Landesgesetzgeber bleibt es überlassen, ob der Referendar stets sämtliche schriftliche Prüfungsleistungen noch einmal erbringen muß oder ob er – und ggf. unter welchen Voraussetzungen – das Ergebnis der häuslichen Kurzarbeit oder der vier Aufsichtsarbeiten in die Wiederholungsprüfung übernehmen kann. Sofern der Referendar die vier Klausuren nicht in einem Block anfertigen kann, sondern drei Monate dazwischen liegen, fertigt er die Zweiwochenarbeit in dem dazwischenliegenden Zeitraum an. Inwieweit unter bestimmten Voraussetzungen eine zweite Wiederholungsmöglichkeit vorzusehen ist, bleibt dem Landesgesetzgeber überlassen.

F. Gesetzesvorschläge

I. Änderung des Deutschen Richtergesetzes

Die §§ 5, 5a, 5b und 5d DRiG sind wie folgt zu fassen:

§ 5 Befähigung zum Richteramt[1]

(1) Die Befähigung zum Richteramt erwirbt, wer ein rechtswissenschaftliches Studium an einer Universität mit der ersten Staatsprüfung und einen anschließenden Vorbereitungsdienst mit der zweiten Staatsprüfung abschließt.

(2) Studium und Vorbereitungsdienst sind inhaltlich aufeinander abzustimmen.

§ 5a Studium

(1) Das Studium gliedert sich in ein Grundstudium von regelmäßig sechs Semestern und ein Vertiefungsstudium von grundsätzlich zwei Semestern.

(2) Gegenstand des Grundstudiums sind vor allem die Kernbereiche des Bürgerlichen Rechts, des Öffentlichen Rechts, des Strafrechts und des Verfahrensrechts. Das Grundstudium erstreckt sich auch auf die philosophischen, geschichtlichen, gesellschaftlichen und wirtschaftlichen Grundlagen des Rechts und auf die rechtswissenschaftlichen Methoden. Die Inhalte des Grundstudiums berücksichtigen die rechtsprechende, rechtsberatende, rechtsverwaltende und rechtsgestaltende Praxis. Während der vorlesungsfreien Zeit findet ein Praktikum von mindestens sechs Wochen Dauer statt. Die Zeit des Grundstudiums kann unterschritten werden, sofern die Voraussetzungen für die Zulassung zu dem das Grundstudium abschließenden ersten Prüfungsabschnitt nachgewiesen sind.

(3) Zum Vertiefungsstudium ist nur zuzulassen, wer den am Ende des Grundstudiums stehenden ersten Prüfungsabschnitt bestanden hat.

(4) Im Vertiefungsstudium werden die im Grundstudium erworbenen Kenntnisse und Fähigkeiten in einem von dem Studenten gewählten Schwerpunkt vertieft und ergänzt. Absatz 2 Satz 2 und 3 gelten entsprechend. In das Vertiefungsstudium kann eine praktische Ausbildungszeit von sechs Monaten Dauer vorgezogen werden.

(5) Das Nähere regelt das Landesrecht.

§ 5b Vorbereitungsdienst

(1) In den Vorbereitungsdienst wird nur eingestellt, wer die erste Juristische Staatsprüfung bestanden hat.

(2) Der Vorbereitungsdienst dauert vorbehaltlich Absatz 7 Satz 4 zwei Jahre. Davon entfallen achtzehn Monate auf den Pflicht- und sechs Monate auf den Wahlbereich.

(3) Die Ausbildung in den Pflichtstationen findet statt
1. bei einem Gericht oder bei einer Staatsanwaltschaft (Justizstation),
2. bei einem Rechtsanwalt (Anwaltsstation),

---

[1] Unverändert.

3. bei einer Verwaltungsbehörde einschließlich Stiftungen und Körperschaften des öffentlichen Rechts (Verwaltungsstation)
oder
bei einem Unternehmen, einem Verband, einer Gewerkschaft oder einer sonstigen geeigneten ausländischen oder inländischen Institution (Wirtschaftsstation).

(4) Jede der drei Stationen dauert sechs Monate, von denen eine in Ausbildungsabschnitte von jeweils drei Monaten zu unterteilen ist; die beiden anderen Stationen können in Ausbildungsabschnitte von jeweils drei Monaten unterteilt werden.

(5) Von der Ausbildungszeit im Pflichtbereich entfallen mindestens sechs und höchstens zwölf Monate auf das Zivilrecht, mindestens drei und höchstens neun Monate auf das Öffentliche Recht sowie mindestens drei und höchstens sechs Monate auf das Strafrecht.

(6) Die Ausbildung im Zivilrecht kann bei einem Zivilgericht, einem Rechtsanwalt oder im Rahmen der Wirtschaftsstation, die Ausbildung im Öffentlichen Recht bei einem Verwaltungsgericht, einem Rechtsanwalt oder im Rahmen der Verwaltungsstation, die Ausbildung im Strafrecht bei einem Strafgericht, einer Staatsanwaltschaft oder einem Rechtsanwalt abgeleistet werden.

(7) Die Ausbildung in den Wahlstationen, die durch Landesrecht zu Schwerpunktbereichen zusammenzufassen sind, findet statt bei den in Absatz 3 genannten oder durch Landesrecht zu bestimmenden Ausbildungsstellen. Die Wahlstation kann in zwei Ausbildungsabschnitte von jeweils drei Monaten unterteilt werden. Eine Ausbildung an einer rechtswissenschaftlichen Fakultät oder an der Hochschule für Verwaltungswissenschaften kann auf die Wahlstation bis zu drei Monaten angerechnet werden. Die Wahlstation entfällt, wenn der Referendar eine praktische Ausbildungszeit von sechs Monaten Dauer in das Vertiefungsstudium vorgezogen hat.

(8) Der Vorbereitungsdienst soll in höchstens sieben Abschnitte unterteilt werden.

(9) Das Nähere regelt das Landesrecht.

§ 5 d Prüfungen

(1) In den Prüfungen sind schriftliche und mündliche Leistungen zu erbringen. Die Einheitlichkeit der Prüfungsanforderungen und der Leistungsbewertung ist zu gewährleisten.

(2) Die Erste Juristische Staatsprüfung besteht aus Aufsichtsarbeiten, einer häuslichen Arbeit und einer mündlichen Prüfung. Am Ende des Grundstudiums sind in einem ersten Prüfungsabschnitt Aufsichtsarbeiten anzufertigen. Im Verlaufe oder am Ende des Vertiefungsstudiums hat der Student eine häusliche Arbeit zu erstellen. Die Erste Juristische Staatsprüfung endet mit der mündlichen Prüfung nach Abschluß des Vertiefungsstudiums. Die Aufsichtsarbeiten sind mit fünfzig v. H., die häusliche Arbeit mit zwanzig v. H. und die mündliche Prüfung mit dreißig v. H. bei der Bildung der Gesamtnote zu berücksichtigen.

(3) Die Zweite Juristische Staatsprüfung besteht aus vier Aufsichtsarbeiten, einer häuslichen Kurzarbeit und einer mündlichen Prüfung. Die vier Aufsichtsarbeiten sind dem Zivilrecht, dem Öffentlichen Recht und dem Strafrecht zu entnehmen und sollen Bezug zu den Berufsfeldern haben, die der Referendar in der Ausbildung in den Pflichtstationen durchlaufen hat. Die Aufgabe für die häusliche Kurzarbeit entstammt dem Zivilrecht, dem Öffentlichen Recht, dem Strafrecht oder dem Schwerpunktbereich des Referendars. Das Landesrecht kann bestimmen, daß schriftliche Prüfungsleistungen während des Vorbereitungsdienstes anzufertigen sind. Die mündliche Prüfung besteht aus einem Vortrag und einem Prüfungsgespräch, das auch die Ausbildung im Schwerpunktbereich zum Gegenstand haben soll. In die Gesamtnote fließen die Auf-

sichtsarbeiten mit vierzig v.H., die häusliche Kurzarbeit mit zwanzig v.H. und die mündliche Prüfung mit vierzig v.H. ein.

(4) Der Bundesminister der Justiz wird ermächtigt, durch Rechtsverordnung mit Zustimmung des Bundesrates eine Noten- und Punkteskala für die Einzel- und Gesamtnoten festzulegen.

(5) In der ersten und zweiten Prüfung kann der Prüfungsausschluß bei seiner Entscheidung von der rechnerisch ermittelten Gesamtnote abweichen, wenn dies aufgrund des Gesamteindrucks den Leistungsstand des Prüflings besser kennzeichnet und die Abweichung auf das Bestehen der Prüfung keinen Einfluß hat; hierbei sind bei der zweiten Prüfung auch die Leistungen im Vorbereitungsdienst zu berücksichtigen. Die Abweichung darf ein Drittel des durchschnittlichen Umfangs einer Notenstufe nicht übersteigen.

(6) Das Nähere regelt das Landesrecht.

II. Entwurf einer Landesjustizausbildungs- und Prüfungsordnung zum Abschnitt Zweite Juristische Staatsprüfung

Der Gesetzestext der Juristenausbildungsordnung eines Bundeslandes zur Zweiten Juristischen Staatsprüfung könnte folgenden Wortlaut haben:

§ 30[2] Zweck der Prüfung

Die Zweite Juristische Staatsprüfung dient der Feststellung, ob der Referendar die Ausbildung erfolgreich abgeschlossen hat.

§ 31 Bestandteile der Prüfung

Die Zweite Juristische Staatsprüfung besteht aus
1. vier Aufsichtsarbeiten,
2. einer häuslichen Arbeit und
3. der mündlichen Prüfung.

§ 32 Aufsichtsarbeiten

(1) Die Aufgaben für die Aufsichtsarbeiten sind den Berufsfeldern zu entnehmen, in denen der Referendar seine Pflichtausbildung erfahren hat. In jedem Bereich der drei Pflichtstationen (Justiz, Anwaltschaft, Verwaltung/Wirtschaft) ist mindestens eine Aufgabe anzufertigen. Von den vier Aufsichtsarbeiten entstammt je eine dem Zivilrecht, dem Öffentlichen Recht und dem Strafrecht. Die vierte Klausur ist dem Zivilrecht oder dem Öffentlichen Recht zu entnehmen und kann nur in einem Rechtsgebiet geschrieben werden, in welchem der Referendar seine Ausbildung in zwei Berufsfeldern erfahren hat. Aufgaben aus demselben Rechtsgebiet müssen verschiedenen Berufsfeldern entstammen. Kommen hiernach mehr als vier Aufgabenformen in Betracht, so hat der Referendar unter Beachtung der Sätze 1 bis 5 die Wahl.

(2) Der Referendar hat zu entwerfen
im Berufsfeld Justiz ein zivilgerichtliches oder verwaltungsgerichtliches Urteil oder eine staatsanwaltschaftliche Entschließung nach Begutachtung eines strafrechtlichen Ermittlungsvorgangs,
im Berufsfeld Anwaltschaft eine Klag- oder Rechtsmittelschrift oder einen sonstigen Schriftsatz aus dem Zivilrecht, dem Öffentlichen Recht oder dem Strafrecht,

---

[2] Dieser Gesetzesabschnitt könnte etwa mit § 30 beginnen.

im Berufsfeld Verwaltung einen Widerspruchsbescheid oder eine sonstige Verwaltungsentscheidung und
im Berufsfeld Wirtschaft einen Vertrag oder eine sonstige Vereinbarung oder Allgemeine Geschäftsbedingungen aus dem Zivilrecht.

(3) Das Prüfungsamt kann bestimmen, daß Aufsichtsarbeiten bereits während des Vorbereitungsdienstes anzufertigen sind, insbesondere gegen Ende der Ausbildungsabschnitte, denen die Aufsichtsarbeiten zuzuordnen sind.

§ 33 Häusliche Arbeit

(1) Nach Abschluß des Vorbereitungsdienstes hat der Referendar binnen zwei Wochen eine häusliche Arbeit anzufertigen.

(2) Die Aufgabe ist dem Wahlschwerpunktbereich des Referendars oder auf seinen Wunsch dem Zivilrecht, dem Öffentlichen Recht oder dem Strafrecht zu entnehmen. Der Referendar kann bestimmen, ob er ein Urteil oder eine staatsanwaltschaftliche Entschließung nach Begutachtung eines strafrechtlichen Ermittlungsvorgangs, eine Klag- oder eine Rechtsmittelschrift oder einen sonstigen Schriftsatz, einen Vertrag, eine sonstige Vereinbarung oder Allgemeine Geschäftsbedingungen oder einen Widerspruchsbescheid oder eine sonstige Verwaltungsentscheidung entwerfen will. Das Prüfungsamt kann weitere geeignete Aufgabenformen für einzelne Pflicht- oder Wahlschwerpunktbereiche vorsehen.

§ 34 Nichtbestehen ohne mündliche Prüfung

Die Prüfung ist nicht bestanden, wenn sämtliche schriftliche Prüfungsleistungen mit „ungenügend" oder „mangelhaft" oder mehr als drei schriftliche Arbeiten mit weniger als 4,0 Punkten bewertet worden sind.

§ 35 Mündliche Prüfung

(1) Die mündliche Prüfung besteht aus einem Vortrag und einem Prüfungsgespräch.

(2) Die Aufgabe für den Vortrag ist dem Zivilrecht, dem Öffentlichen Recht, dem Strafrecht oder dem gewählten Schwerpunktbereich zu entnehmen und dem Referendar am Prüfungstag zu übergeben. Die Vorbereitungszeit beträgt eine Stunde. Der Vortrag selbst soll eine Dauer von zehn Minuten nicht überschreiten.

(3) An den Prüfungsgesprächen sollen in der Regel nicht mehr als vier Referendare teilnehmen. Die mündliche Prüfung dauert so lange, daß auf jeden Referendar einschließlich des Vortrags etwa eine Stunde entfällt. Die Prüfung ist durch eine oder mehrere angemessene Pausen zu unterbrechen.

(4) Das Prüfungsgespräch gliedert sich in vier Abschnitte. Geprüft werden die Bereiche Zivilrecht, Öffentliches Recht und Strafrecht sowie der vom Referendar gewählte Schwerpunktbereich einschließlich des jeweils zugehörigen Verfahrensrechts.

§ 36 Prüfungsgesamtnote

(1) Bei der Berechnung der Prüfungsgesamtnote sind die Punktzahlen der vier Aufsichtsarbeiten mit je zehn v.H., der häuslichen Arbeit mit zwanzig v.H., des Vortrags mit zwölf v.H. und der vier Abschnitte des Prüfungsgesprächs mit je sieben v.H. zu berücksichtigen.

(2) Der Prüfungsausschuß kann von der nach Absatz 1 errechneten Punktzahl abweichen, wenn dies aufgrund des Gesamteindrucks den Leistungsstand des Referendars besser kennzeichnet und die Abweichung auf das Bestehen keinen Einfluß hat; hierbei sind auch die Leistungen im Vorbereitungsdienst zu berücksichtigen. Die Abweichung darf einen Punkt nicht überschreiten.

Thesen

1. Die Geschichte der Juristenausbildung in Deutschland zeigt, daß sich Veränderungen nur in maßvollen Schritten durchführen lassen.
2. Verkürzung und Straffung der Juristenausbildung lassen sich erreichen, wenn alle an dieser Ausbildung Beteiligten darin übereinstimmen, daß die Ausbildung erheblich effektiver gestaltet werden kann, und wenn sie diesen Konsens in sämtlichen Ausbildungsbereichen umsetzen.
3. Ziel der Ausbildung ist der Jurist, der sich in zentralen Bereichen unserer Rechtsordnung auskennt, Funktion und Prinzipien des Rechts begriffen hat und Verständnis für die Zusammenhänge zwischen rechtlichen Regelungen und sozialer Wirklichkeit beweist.
4. An der Ausbildung zum Einheitsjuristen ist festzuhalten, was nicht ausschließt, daß sowohl fachliche als auch berufsfeldorientierte Spezialisierungen während der Ausbildung stattfinden.
5. Die Zweiteilung der Ausbildung in Studium und Vorbereitungsdienst läßt sich aufrechterhalten, wenn die Wechselbezüge zwischen Theorie und Praxis in beiden Ausbildungsabschnitten in erheblich stärkerem Maße als bisher hergestellt werden.
6. Zur Verkürzung des Studiums sind Studienzeitbegrenzungen erforderlich, mit denen merkliche Beschränkungen des Ausbildungs- und Prüfungsstoffes einhergehen müssen.
7. Die Juristenausbildung läßt sich bei genügender wirtschaftlicher Absicherung des Studenten in sechs Jahren bewältigen, von denen vier Jahre auf das Studium entfallen und zwei Jahre auf das Referendariat.
8. Das Studium besteht aus einem sechssemestrigen Grundstudium, das auf die Kernbereiche des Rechts beschränkt ist, sowie aus einem zweisemestrigen Vertiefungsstudium, in welchem sich der Student einem Wahlschwerpunkt widmet und in das eine praktische Ausbildungszeit von sechs Monaten vorgezogen werden kann.
9. Das Vertiefungsstudium darf nur aufnehmen, wer den am Ende des Grundstudiums stehenden ersten Prüfungsabschnitt in Form eines Klausurexamens bestanden hat, das zur Hälfte in die Note der Ersten Juristischen Staatsprüfung einfließt.

10. Die zweite Hälfte der Note des gestreckten Examens wird aus der am Ende des Vertiefungsstudiums stehenden wissenschaftlichen Hausarbeit und der mündlichen Prüfung gebildet.
11. Der Vorbereitungsdienst besteht aus den drei sechsmonatigen Pflichtstationen Justiz, Anwaltschaft und Verwaltung/Wirtschaft sowie einer Wahlstation von gleichfalls sechs Monaten, wobei der Referendar wählen kann, ob er vorwiegend im Zivilrecht oder im Öffentlichen Recht einschließlich des Strafrechts tätig sein will.
12. Die Zweite Juristische Staatsprüfung besteht aus Klausuren, deren Aufgaben an den Berufsfeldern der Pflichtstationen ausgerichtet sind, sowie einer Kurzhausarbeit und einer mündlichen Prüfung, die sich aus einem Vortrag und einem Prüfungsgespräch zusammensetzt.